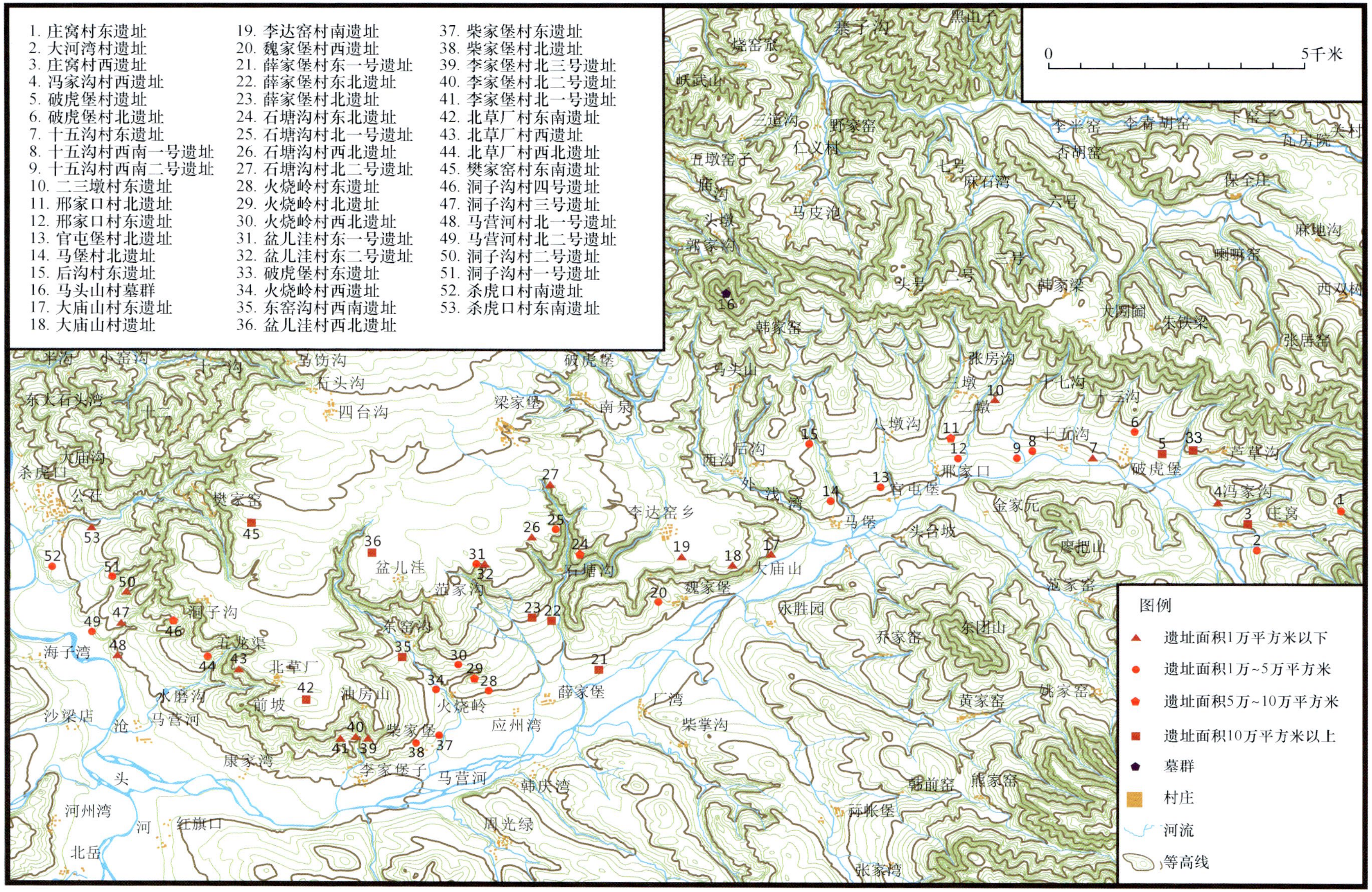

苍头河支流马营河流域遗址分布总图

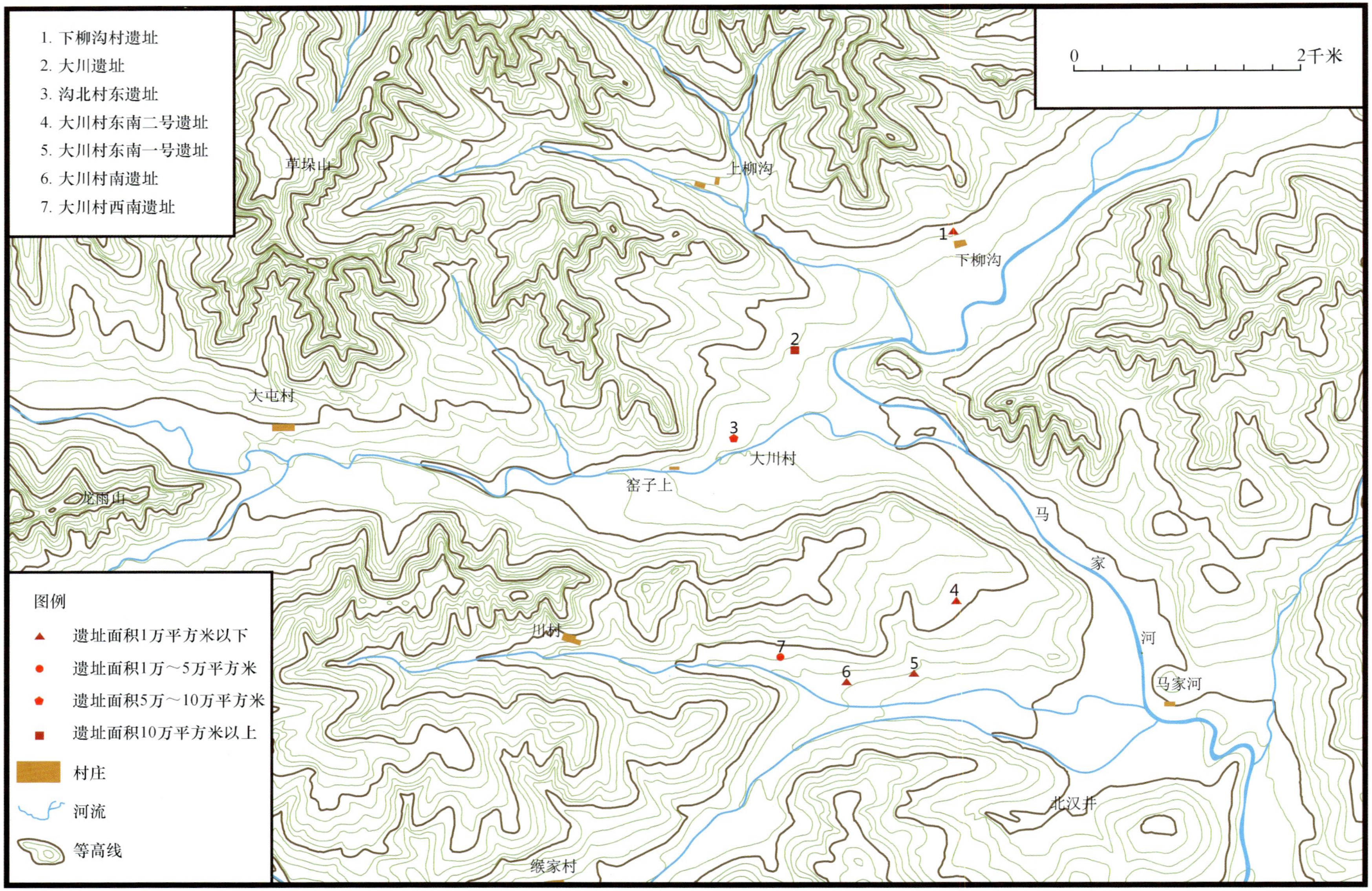

以大川为中心的调查区域遗址分布总图

国家文物局“十三五”规划重大课题“河套地区聚落与社会研究”成果之二

右玉縣蒼頭河流域區域考古調查報告

——以马营河北岸为中心

山西省考古研究院
右玉县博物馆 编著

科学出版社
北京

内 容 简 介

2014年7月山西省右玉县苍头河流域区域的考古调查工作开始实施，经过为期4个月"卷地毯式"的田野踏查，终于完成了右玉县苍头河支流马家营河北岸的调查，此次调查涉及4个乡镇30个自然村，调查面积约90平方千米。在本区域内共发现遗址64处，共设采集点138个，时代从新石器时代晚期仰韶文化至元代，时间跨度约6000年；发现的文化遗存以仰韶晚期、战国时期、汉代、辽金时期为主，首次揭示了山西北部的晋、陕、蒙交汇地带6000年以来古文化面貌，对中国北方考古学研究将起到积极的推动作用。

本书适用于考古、文物、历史等相关研究机构及高校专业学生参考阅读。

图书在版编目（CIP）数据

右玉县苍头河流域区域考古调查报告：以马营河北岸为中心/山西省考古研究院，右玉县博物馆编著. —北京：科学出版社，2020.7

ISBN 978-7-03-064670-5

Ⅰ. ①右… Ⅱ. ①山… ②右… Ⅲ. ①文化遗址-考古发掘-发掘报告-右玉县 Ⅳ. ①K878.05

中国版本图书馆CIP数据核字（2020）第043499号

责任编辑：赵 越 曹 伟 / 责任校对：邹慧卿

责任印制：肖 兴 / 封面设计：张 放

封面题字：武毓璋 / 扉页题字：温江鸿

科学出版社 出版

北京东黄城根北街16号

邮政编码：100717

http://www.sciencep.com

北京汇瑞嘉合文化发展有限公司 印刷

科学出版社发行 各地新华书店经销

*

2020年7月第 一 版 开本：889×1194 1/16

2020年7月第一次印刷 印张：32 1/2 插页：21

字数：900 000

定价：368.00元

（如有印装质量问题，我社负责调换）

祝贺

山西省考古研究院

（山西考古博物馆）

成立！

本报告得到

山西省文物局

“山西省右玉县苍头河流域先秦考古学文化与生业研究”

课题经费的支持

（批准文号：晋财教［2014］27号）

前　　言

近十年，在内蒙古中南部高原的东胜、准格尔旗、清水河、和林格尔等地发现大量青铜时代和史前时期重要遗址，如朱开沟遗址与墓地、西岔遗址等，建立了比较完善的考古编年，逐步揭开了其地方考古学文化的神秘面纱。

鉴于上述岱海及鄂尔多斯地区先秦时期考古学文化面貌已基本厘清，对宏观文化态势及与环境的互动问题研究也随之被提上议程，迫切需要凿开大同盆地与内蒙古中南部高原之间的文化通道。

但山西省该区域先秦时期的考古工作相对比较滞后，古代物质文化真实面貌更是扑朔迷离，迫切需要开展基础田野工作，建立其物质文化的时空框架，为区域文化交流的探讨奠定基础。

2014年7月，位于山西省最北端的右玉县苍头河流域区域考古调查工作开始实施。经过为期4个月“卷地毯式”的田野踏查，我们终于完成了右玉县北端苍头河支流马家营河北岸的调查，此次调查涉及4个乡镇30个自然村，调查面积约90平方千米。在本区域内共发现遗址64处，共设采集点138个，时代从新石器时代晚期仰韶文化至明代，时间跨度约六千年；发现的文化遗存以仰韶晚期、战国时期、汉代、辽金时期为主，首次揭示了山西北部的晋、陕、蒙交汇地带六千年以来古文化面貌，对中国北方考古学研究将起到积极的推动作用，主要学术意义如下：

（1）随着苍头河流域遗址考古调查与发掘工作完成，为理清大同盆地先秦物质文化序列，认识区域文化面貌及其演变提供参考。

（2）进一步推动山西省晋北考古工作的展开，促进晋北考古的科学化和系统化。

（3）为探讨晋陕高原先秦时期的文化交流和人群迁徙提供一扇窗。

目　　录

插图目录

插表目录

图版目录

第一章 引　言

右玉县位于山西省北部，与内蒙古自治区的和林格尔、凉城相邻，著名的杀虎口，又名西口，便在其北部出境处。右玉县自古为兵家必争之地，北部古关“杀虎口乃直北之要冲也，其地在云中之西，扼三关而控五原，自古称为险塞”。

右玉县考古调查一直是比较薄弱的环节，自中华人民共和国成立以来的六十余年里，只是有限的几次全国性的文物普查，所得成果寥寥。而在相邻的内蒙古自治区中南部考古却开展得红红火火，不仅有许多重量级的考古发现，还有一大批改变中华人民共和国考古研究的新资料。相比之下，作为文物大省的山西，确实让人汗颜。

为了搞清晋陕蒙三省交界处的考古学文化面貌，2013年山西省考古研究所主动申报右玉县苍头河流域区域考古调查的专项课题，目的主要是搞清三省交界处的考古学文化基本面貌，建立山西省北部边缘地带的考古学编年，为研究北方地区“一万年以来文化、生业和环境的变迁”提供重要的演变参数，为我国三北地区文化、环境建设服务（图一）。

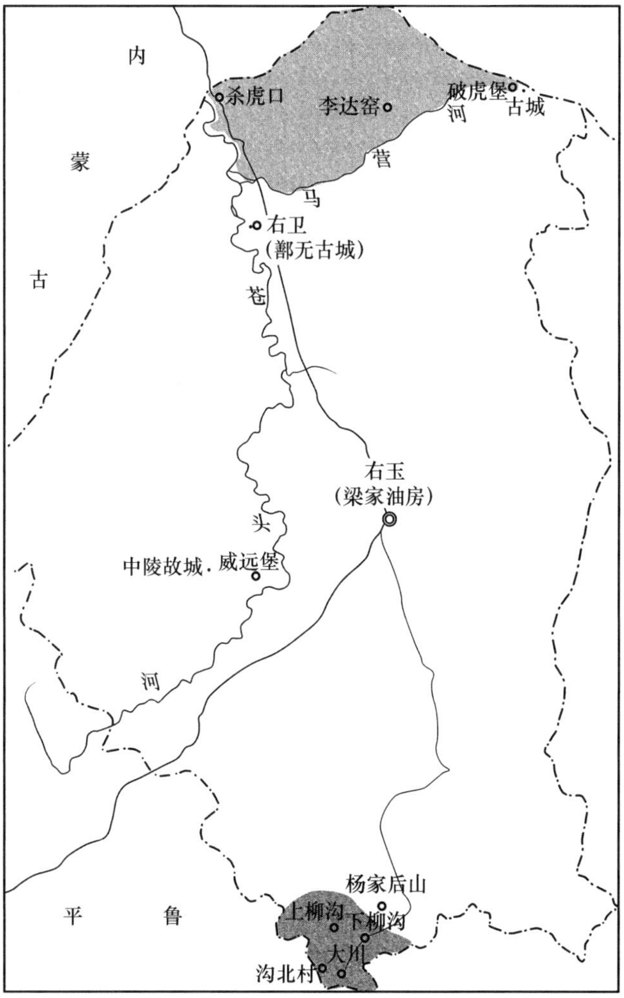

图一　右玉县调查范围示意图总图

从2014年6月接到项目获批的通知之日起，我们便开始筹划调查的具体事宜。从设备到人员、从文献资料到考古简报、报告的搜集无不让人着急，课题的开始到完成仅仅6个月时间，在这6个月中不但要完成田野调查，还要完成陶片的清洗、编号、绘图、照相等琐碎、繁杂的工作，时间十分紧张。

2014年7月初集中人员、设备，进行人员的选拔、初步培训，7月10日调查正式开始。右玉县苍头河调查的第一站我们选择右玉县大川村，确定以右玉县大川村为中心的近10平方千米的范围作为调查的试点和田野调查人员培训的基地。一是可以让新队员适应一下考古调查的辛苦；二是让大家明白此次调查的基本方法，如遗物的采集、采集点的设置和记录、遗址面积的估算、遗迹的确认等。有了这样明确的目的，大川村附近的调查便轰轰烈烈地开始了。右玉县大川村是每一个做北方考古的人都知道的一个村庄，它出名主要是1970年在大川村南0.5千米许的沟崖上发现一件商代乳钉纹青铜簋；再次出名则是发现著名的西汉胡傅温酒樽。这里发现的铜器全部定为国家一级文物，可想这个地区是怎样的重要、怎样的神秘！

大川村是位于右玉县最南端的一个小村落，村中约有20户人家；隶属于右玉县高家堡乡。为了确定这里有没有商代晚期的遗址或墓葬，我与调查队员共同复查了当年铜器出土地点。青铜簋的出土地点现在全部为暴露在外的石灰岩地层，当年发现的地方已无任何蛛丝马迹，寻遍附近的所有台地也没有发现一点商代晚期的遗物和遗迹。仅仅在据当年发现胡傅温酒樽的附近发现4个汉代晚期遗址。大川村南的调查确实让人失望。

大川村南的遗址调查完毕之后，我们便对大川村北及周边地区的右玉县高家堡乡的下柳沟村、沟北村、平鲁区榆岭乡的马营村进行了拉网式的调查，发现汉代遗址7处，其中大川村北遗址面积最大，有50万平方米之多。遗址紧靠元子河边，以台地西侧为主，台地东侧也有少许遗存；可以看出这是汉代善无县、中陵县至汉代马邑（今朔城区）主要交通线上的中心据点。

大川村调查结束之后，我们便来到右玉县杀虎口乡杀虎口村，对大川村附近的调查方法、调查成果进行总结和分析，对遗址表、采集点表填写过程中发现的问题进行及时纠正和补充。认真总结之后，2014年7月19日对苍头河支流马营河北岸的调查便开始了。

马营河发源于左云县元墩沟，经右玉县黄家湾入右玉县境，由东向西流经破虎堡、李达窑、城关（右卫）、杀虎口4个乡镇，于马营村西注入苍头河，全长30千米。右玉县南边山势险峻，植被绿化比较好，我们选择向阳、面水且地势低缓的被风台地作为此次调查的主要区域。破虎乡在2000年乡镇合并中与相邻的李达窑乡合并，现在已经成为一个自然村。由于此次调查使用的地图为五四北京坐标系74版，所以我们还是按照旧的乡镇来进行调查。马营河盆地为东高西底，北为明代长城与内蒙古相望，马营河河床面积宽大，在破虎乡破虎村附近河床已有360米宽，与河岸台地高差为10米。现在主要村落位于马营河边的一级阶地上，马营河的河道变窄，河床多已变为耕地；至杀虎口乡马营河村注入苍头河处其河床宽度为750米，与河岸台地高差为5米，从明清至今的马家营河村位于河床淤积层上。

马营河北岸台地调查开始于2014年7月20日，至9月中旬基本结束，调查面积约80平方千米。涵盖马营河北岸整个区域，调查区域中黄土发育完整。有黄土覆盖的区域已全部调查，余下的残虎堡、暖泉村、林家堡村、二十一村、四台沟村共5个自然村附近因为没有黄土覆盖等原因没有调查。经过初步整理分析，这一区域内从仰韶中期至明代还存有缺环，主要是庙底沟二期（以斝为主的遗存）、龙山早中期、商代、西周、春秋等五个时期。而这一区域内主要调查所得为：战国晚期至西汉晚期遗址占遗址总数的60.3%；辽金时期的遗址，占遗址总数的47.1%；其他如仰韶时期遗址占13.2%，龙山时期遗址占0.37%，夏商时期遗址占0.37%，元明时期遗址占0.018%。为了更好解决这一年代缺环，我们把右玉县境内以往发现的这类遗址重新复查以做更好的比较研究。田野调查结束之后，按照最初的计划，我们将这一区域内发现的各个时期重要遗址内的灰坑，提取土样，进行浮选；将浮选标本送至中国社会科学院考古研究所环境考古专家赵志军先生进行分析，以彻底搞清本区域内一万年以来的环境变迁与考古学遗存的共生关系。我们还要将本区域内发现的辽金时期的瓷器残片送到北京大学考古文博学院科技考古室进行成分分析，为确定瓷器成分、产地提供可靠的信息。

第二章　调查区域的历史与地理

第一节　地 理 环 境

右玉县位于山西省的西北端，东连左云县，西邻平鲁区，南接山阴县，北和西北隔长城与内蒙古的凉城县、和林格尔县毗邻。南北长67.7千米，东西宽45.7千米，总面积1964平方千米。其中丘陵面积1177.4平方千米，占总面积的59.92%；山地面积581.2平方千米，占总面积的29.58%。地形四周环山，南高北低，最高点红家山台顶海拔1969.3米，最低处杀虎口（苍头河出境处）海拔1230米，平均海拔1400米。苍头河纵贯全县南北，干流全长74.5千米，有支流179条，流域面积1693平方千米，占全县总面积的86%（其中马营河是苍头河流出山西省境之前最后一条支流，流域面积约248.1平方千米，涵盖破虎乡、李达窑乡、杀虎口乡3乡68个行政、自然村）。苍头河沿岸有梁家油坊（今右玉县城）、威远、右玉（右卫，明清右玉县城）三个小盆地，是右玉县的主要粮食产区。气候属于温带大陆性气候，冬季严寒少雪而漫长；春季干燥多风，气温回升快；夏季温凉适宜，雨量集中；秋季降温迅速，气候凉爽。年平均气温3.6℃，极端最高气温36℃，极端最低气温-40.4℃。无霜期104天，降水量449毫米，风速年平均2.7米每秒①。

杀虎口：是古长城的一道重要关口。春秋、战国时期曰“参合径”，又称“参合口”；唐曰“白狼关”；宋曰“雅狼关”；明称“杀胡口”；清代改为“杀虎口”②。

山系：大南山，又名贺兰山，位于高墙框乡境内，东南距县城6千米，山势雄伟，孤峰高耸，东西走向。西起南草场，东至程家窑，周长3千米，最高峰海拔1592.4米。北坡土层较厚，宜于植树。南坡系山石，山上杂草丛生，可以放牧。山上有北魏孝文碑；明清时期有显明三教寺，并有石洞，为右玉县十景之一，名为“贺兰插汉”。

水系：右玉县河流分属黄河、海河两大水系。属于黄河水系的主要是苍头河，属于海河水系主要是源子河。苍头河：古称中陵川水，流至马营村以北段又称兔毛河。“其水又东合一水，水出县东南六十里山下，北俗谓之灾豆浑水，西北流注与沃水。”③发源于平鲁县大破石、麻潢头村、黑果沟和郭家窑等地，汇流于三层洞，东流入右玉县境，南北纵贯威远堡、梁家油坊、高墙框、杨千河、旧城关（右卫）、杀虎口6个乡镇；于杀虎口村流入内蒙古和林格尔，注入浑河，而后汇入黄河。苍头河为北魏早期鲜卑语，名灾豆浑水。在右玉县流长75千米，流域面积1876平方千米，占全县总面积的89%，堪称第一大河。马营河，也称马家营河。

---

① 右玉县志编纂委员会：《右玉县志》，中华书局，1999年，第1页。

② 右玉县志编纂委员会：《右玉县志》，中华书局，1999年，第109页，“长城、墩台命名”。

③ 王先谦校：《水经注・三》，巴蜀书社，1985 年，第94页。

发源于左云县元墩沟，经右玉县黄家湾入右玉县境，由东向西流经破虎堡、李达窑、城关（右卫）、杀虎口4个乡镇，于马营村西注入苍头河，全长30千米，流域面积（杀虎口56平方米+李达窑110平方米+破虎堡95平方米=261平方千米）48.1（应该为248.1才对）平方千米，河床宽百米。平时流量每秒0.2立方米，属常流河。明清时沿河驻有骑兵，简称“马营”，古称马营河。源子河：属海河水系，也称马邑川水，也称元子河，发源于左云县马道头，流经右玉、山阴、平鲁，在朔县马邑村附近注入桑干河，属季节性河流。该河流经树儿里会诸水从右玉县增子坊村入境，由东向西横贯右玉县南部元堡子、高家堡两个乡，在大川村出境流入山阴县。境内全长21千米，流域面积230平方千米，有大小支流26条，其中较大的有毫子河、二道河、沙沟河、圪塔河、大屯河①。

第二节　历史沿革

右玉自古为兵家必争之地。北部古关“杀虎口乃直北之要冲也，其地在云中之西，扼三关而控五原，自古称为险塞”。

殷商时期属朔方，周代为少数民族居住，属冀州。春秋时期属娄烦，战国时期属赵国代地，为雁门郡治所。

战国时期，境内就置有雁门郡，并派大将军李牧带重兵驻守雁门一带，以防匈奴南下。赵武灵王十九年（前307年），在县境内设置雁门郡。秦雁门郡领三县，善无、马邑、平城，郡治所善无县（今右卫镇）。秦初置善无县，西汉高祖时，境内又增设中陵县，隶属雁门郡。汉代雁门郡领十四县，郡治所仍在善无县②。王莽始建国元年（前9年），更善无为阴馆；更中陵为遮害。东汉建武初（25年），均恢复原名；东汉建武二十六年（50年），定襄郡治所由盛乐（今和林格尔土城子）迁到善无县，定襄郡领善无、中陵、桐过、武城、骆5县③；东汉延光元年（122年）冬，鲜卑进攻雁门郡、定襄郡。破，十一月南下攻打太原郡。建安二十年（215年），所领5县合并为定襄县移居今雁门关内，属新兴郡。

北魏时期，登国元年（386年），道武帝在县境内复设善无县；迁都平城后，县境成为京畿之地，一度处于和平阶段。北魏正光年间（520～525年），设置善无郡，领善无、沃阳两县，郡治所善无城，属恒州。东魏天平二年（535年），寄治秀容郡。北齐废。

宋辽金时期，地陷契丹、女真，失去边防地位。

明代，自洪武二十六年（1393年）制定边卫，始筑右卫城。正统三年（1438年）置威远卫

---

① 右玉县志编纂委员会：《右玉县志》，中华书局，1999年，第119页，“山脉、水系”。

② 西汉时期属雁门郡，治善无，下辖中陵、武州（今左云县城）、东部都尉平城（今大同市城）、汪陶（今山阴县城）、剧阳（今应县城东北）、繁峙（今应县东）、崞县（今浑源县城西）、阴馆、马邑（今朔州市城区）、埒（lie）县（今神池县城），共10县。

③ 东汉时期属定襄郡，治善无；下辖中陵及今内蒙古自治区清水县大部分区域。雁门郡治移至阴馆，下辖平城、汪陶、剧阳、崞县、繁峙、武州（今平鲁和偏关之间）、广武（代县西南）、原平（今原平市城关镇）、娄烦、埒县、卤城（今繁峙东北），共11县。

堡，此后重新修筑边墙（明长城），加固城堡，再度成为边防重地。

过去的右玉“一年一场风，从春刮到冬，男人走口外，女人挖苦菜”；如今的右玉在县委、县政府带领下，使过去的不毛之地变成了“塞上绿洲”，一跃成为全国“水土保持先进县”[①]。

第三节　本区域以往主要考古成果

右玉县文化遗产十分丰富。县博物馆馆藏文物2000余件，其中一级品3件、二级品50件。例如，右玉县高家堡乡大川村南发现的商代乳钉纹青铜簋[②]、西汉时期鎏金铜胡傅温酒樽[③]等。境内古遗址、古墓葬有右玉县丁家村新石器时代遗存[④]、中陵古城[⑤]、常门铺墓群[⑥]、善家堡墓地[⑦]，多为省级、县级文物保护单位。

右玉县是我省考古工作开展比较薄弱的地区，虽然上述成果多已正式发表，但是县域内考古调查仅限全国三次文物普查。专业的、有针对性的区域考古专项调查，这还是第一次。本次调查本着区域调查和《中国考古发掘新规程》的要求，绝不漏掉一个可疑区域，目的将调查范围内的遗址全部搜罗出来。

对于本区域或涵盖本区域的考古遗存进行系统研究的论著有严文明《长城以北的新石器文化》[⑧]、《内蒙古中南部原始文化的有关问题》[⑨]，裴文中《雁北三处史前遗址之调查》，张忠培、关强《“河套地区”新石器时代遗存的研究》[⑩]，田广金《论内蒙古中南部史前考古》[⑪]，杨杰《晋陕冀北部及内蒙古中南部龙山时代考古学文化初探》[⑫]，许永杰、卜工《三北地区龙山文化研究》[⑬]，郭勇《山西省文管会在雁北忻县两专区发现古代遗址》[⑭]，韩建业

---

① 右玉县志编纂委员会：《右玉县志》，中华书局，1999年，第1页。

② 右玉县文化馆：《山西右玉县发现青铜簋》，《考古》1983年第8期，第740页。

③ 郭勇：《山西省右玉县出土的西汉铜器》，《文物》1963年第11期，第4～10页。

④ 山西省考古研究所、右玉县图书馆：《山西右玉丁家村新石器时代遗存》，《考古》1985年第7期，第662页。

⑤ 山西省考古研究所、暨南大学历史系考古专业：《山西右玉县中陵古城的调查与试掘》，《考古》2011年第10期，第30～39页。

⑥ 戴尊德、胡生：《右玉县常门铺汉墓》，《文物季刊》1989年第1期，第25～31页。

⑦ 王克林、宁立新、孙春林：《山西省右玉县善家堡墓地》，《文物季刊》1992年第4期，第1～21页。

⑧ 严文明：《长城以北的新石器文化》，《史前考古论集》，科学出版社，1998年。

⑨ 严文明：《内蒙古中南部原始文化的有关问题》，《内蒙古中南部原始文化研究文集》，海洋出版社，1991年。

⑩ 张忠培、关强：《“河套地区”新石器时代遗存的研究》，《江汉考古》1990年第1期。

⑪ 田广金：《论内蒙古中南部史前考古》，《内蒙古文物考古》1993年第1、2期。

⑫ 杨杰：《晋陕冀北部及内蒙古中南部龙山时代考古学文化初探》，《内蒙古中南部原始文化研究文集》，海洋出版社，1991年。

⑬ 许永杰、卜工：《三北地区龙山文化研究》，《辽海文物学刊》1992年第1期。

⑭ 郭勇：《山西省文管会在雁北忻县两专区发现古代遗址》，《文物参考资料》1954年第4期。

《中国北方地区新石器时代文化研究》[①]等。研究报告有山西省考古研究所、大同市博物馆《山西大同马家小村新石器时代遗址》[②]，北京大学考古系等《山西大同及偏关新石器时代遗址调查报告》[③]。

第四节　本次田野调查的基本方法

右玉县苍头河调查区域共两处：一处以右玉县大川村为中心，它是桑干河上游支流源子河发源地之一，与苍头河上游源头毗邻，四周辐射约2千米的范围内，地处东经112°25′46.4″—112°26′03.5″、北纬39°41′26.1″—39°43′36.3″；另一处为杀虎口以东、长城以南、马营河以北的右玉县范围内，地处东经112°18′47.0″—112°35′12.1″、北纬40°13′55.4″—40°14′11.2″。调查工作从2014年7月10日开始，至2014年10月13日结束，历时三个多月。2014年7月9日，考古队进驻平鲁区，因为大川村距平鲁区相对较近，因此第一调查点驻地选择在平鲁区。考古队的第二调查点驻地选择在杀虎口村。田野调查工作开始之前我们对参加调查的考古队员进行了集中培训，重点强调调查的步骤、方法和安全，要求每位队员认真做好遗物的采集、记录、绘图、照相等相关工作。

根据调查工作需要，我们将考古队员分为两组：第一组由杨志宏负责，成员有穆文军、甄志远、张弛、王福，王福为司机；第二组由张银才负责，成员有卢训、郭建新、铁元神、邱敏，邱敏为司机。王俊作为领队，安排调查各事项及协调各组人员。

此次调查我们认真执行总课题组的要求，主要参考《半支箭河中游先秦时期遗址》[④]及《吉县州川河流域区域考古调查》的基本方法，结合右玉县苍头河流域“大部分被黄土覆盖的丘陵山地”的地形、地貌，制定了具体的调查方法和工作要求。文物标本的采集根据遗址的具体情况，有一般采集法、随机采集法和系统采集法三种，在右玉县主要使用随机采集法和系统采集法两种；随机采集用于遗址，而系统采集用于灰坑或房址。为确保采集标本的科学性，我们制作了两种表格：“田野考古调查遗址记录表”和“田野考古调查遗址采集点记录表”。

调查工作严格按照《新田野考古操作规程》的要求作业。各个调查组以1∶10000的地图为基础，再以河流、自然壕沟等自然地形为分界线，分区域展开调查，确保调查区域内无盲区，争取不漏掉一处遗址。充分运用GPS卫星定位系统、数码相机等手段，对发现的遗址或地点逐一进行认真记录。每一处遗址根据面积大小附一张考古遗存调查登记表和若干张采集点登记表，力求客观、翔实、全面、准确地反映遗址的内涵。每位参加调查的队员，认真做好调查日记，每天晚上将当天调查发现的每一处遗址及采集点填写表格、计算上图，并对采集遗物进行

① 韩建业：《中国北方地区新石器时代文化研究》，文物出版社，2003年。

② 山西省考古研究所、大同市博物馆：《山西大同马家小村新石器时代遗址》，《文物季刊》1992年第3期。

③ 北京大学考古系等：《山西大同及偏关新石器时代遗址调查报告》，《考古》1994年第12期。

④ 国家文物局合组中国社会科学院考古研究所、内蒙古自治区文物考古研究所、吉林大学边疆考古中心赤峰考古队：《半支箭河中游先秦时期遗址》，科学出版社，2002年。

基本整理，初步辨别遗址的时代、内涵，做到当天任务当天完成。领队与各调查组、各个调查队员间保持经常的联系和交流，及时总结好的调查工作经验；同时，充分利用由于天气原因出现的田野调查间歇时间，对资料进行初步整理。

调查之初，我们有针对性地在区域内对已知遗址进行复查，检查我们制定的工作方法是否存在漏洞。通过在大川村的几天实践，我们发现了一些问题并及时修正工作方法。首先，进一步强调对遗址及周边地貌描述的要求，同时要求认定遗址内要尽量发现遗迹。在仅能采集到少量遗物的地方，只可确定为一处采集地点。同时，对低海拔区域调查过程遇到的某些因二次搬运出现的地层倒置现象也十分重视，力求对周围的环境、地貌收集更多的信息，力争每一处遗址收集的信息资料都具有科学性。最后，对采集标本分布密集的大型遗址，我们都及时分析其时空关系，确定遗址的性质和范围，为聚落考古研究打下坚实的基础。

本次调查采用卷地毯式的调查方式，不走回头路。大川村地点由南向北推进；马营河流域由东向西推进。调查组共配备有两部车，负责接送调查队员及运送调查采集的遗物。调查工作开始之初，调查队员早出晚归，为了节省时间，中午不回驻地，在就近村的小卖部买些干粮作为午饭，条件甚是艰苦。

调查发现遗址的编号按照2014开头，Y（右玉）为编号第一字母，村名第一字的首字母为编号第二字母，编号第二字母有重复者将村名第二字的首字母作为编号第三字母。一个村只有一处遗址的在编号字母后仍需加阿拉伯数字1，以保持体例统一。同一村有多处遗址的在编号尾字母后加阿拉伯数字予以区分，如十五沟村东遗址（2014YS1）、十五沟村西南1号遗址（2014YS2）、十五沟村西南2号遗址（2014YS3）；邢家口村东遗址（2014YXJ1）、邢家口村北遗址（2014YXJ2）。

调查报告中的发现的遗址介绍顺序以Y（右玉）为编号第一字母，以村名首字字母的英文26个字母为序进行叙述，例如“破虎堡村附近”。为了完善年代学框架，区域外的遗址我们还调查了朔州市右玉县右卫镇北善无古城遗址，设一个采集点，编码为YSW1①；朔州市怀仁县鹅毛口镇南街村鹅毛口遗址，共两个采集点，编号为HN1①、HN1②。

第三章　以马营河北岸为中心

第一节　北草场村附近

一、北草场村西北遗址（2014YB1）

（一）遗址介绍

北草场村西北遗址位于北草场村西北约1300米处，行政归属杀虎口乡北草场村，初查时间为2014年8月11日。遗址中心点GPS坐标为北纬40°12′54.8″，东经112°20′53.9″，海拔1386米±5米。遗址位于南北向坡地的中北部，地形呈缓坡状，地形较平坦，地表种植有灌木等。遗址北临洞子沟村至北草场村的乡间硬化路，南临坡地的南部，西临天然冲沟，东临杀虎口至洞子沟的硬化路。遗址东西约100米，南北约250米，面积总计约25000平方米（图二）。

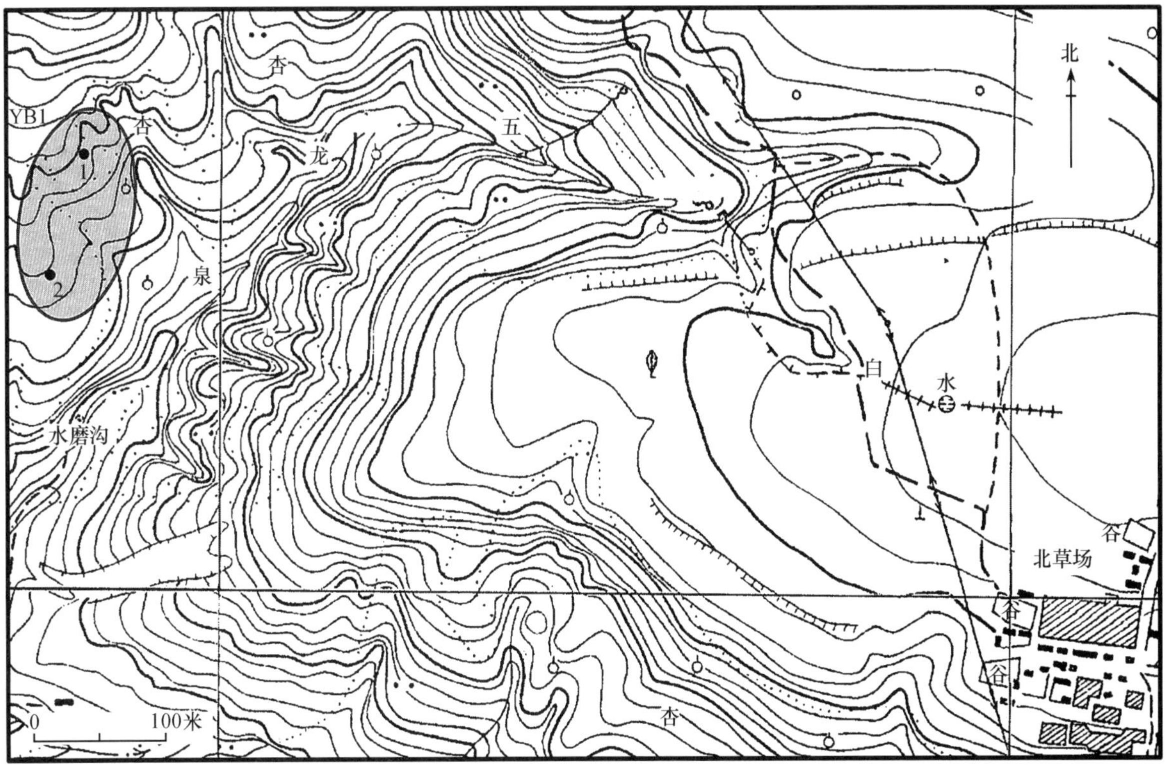

图二　北草场村西北遗址位置示意图

遗址区内未发现文化层、灰坑等遗迹，只发现散落遗址区地表的残留遗物。

遗址区遗物分布较零散且破碎，但采集遗物较重要。该遗址共设两个采集点。

北草场村西北遗址第一采集点

第一采集点位于遗址区东北部，中心坐标为北纬40°12′59.2″，东经112°20′55.7″，海拔1397米±5米。采集点地形为坡地，地表植被为松树、灌木。采集面积约100平方米。采集遗物分布较分散，所采遗物主要有夹砂陶罐鋬部、夹砂红陶线纹陶片、泥质陶篮纹陶片、泥质红陶黑彩陶片。采集标本共5件。

YB1①：1，夹砂灰褐色陶罐腹片。含石英。外壁饰左斜向较宽的线纹。手制、泥条盘筑。厚0.9厘米。

YB1①：2，夹砂灰褐色陶器鋬手。舌状。鋬以下残存竖向浅细线纹，内壁已缺失。手制。残长5.5厘米，最厚1.1厘米，残高3.4厘米（图三，1）。

YB1①：3，夹砂灰褐色陶器盖口部。含石英。扁圆唇，器盖较高。内壁有旋抹痕，外壁近口沿处研光。素面。手制。残长2.2厘米，厚0.7厘米，残高3.4厘米（图三，2）。

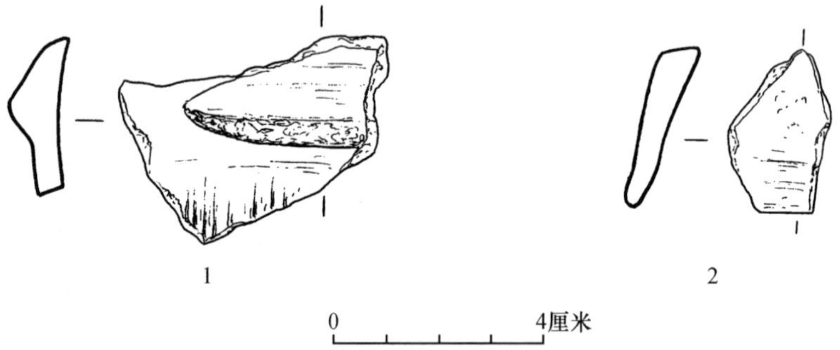

图三　北草场村西北遗址第一采集点采集标本

1. 陶器鋬手（YB1①：2）　2. 陶器盖口部（YB1①：3）

YB1①：4，夹砂红陶器物腹片。含石英。外壁呈橙红色，内壁呈黄褐色。器表施左斜向较浅的线纹。手制。厚0.6厘米。

YB1①：5，泥质彩陶钵腹片。呈铁锈红色。外壁施黑色彩带。手制。残长4厘米，厚0.7厘米，残高3厘米。

北草场村西北遗址第二采集点

第二采集点位于遗址区中部，中心坐标为北纬40°12′54.8″，东经112°20′53.9″，海拔1386米±5米。采集点地形为坡地，地表植被为灌木丛。采集面积总计约200平方米。采集遗物分布较分散，所采遗物主要有夹砂橙黄色陶线纹罐口部、重唇口尖底瓶口部、泥质彩陶钵口部等。采集标本共10件。

YB1②：1，夹砂橙黄色陶罐腹片。含石英。器表饰左斜向较宽的线纹。手制。厚0.7厘米（图五，5）。

YB1②：2，夹砂陶罐腹片。含石英。外壁呈橙黄色，内壁呈灰黑色。外壁饰左斜向规则的线纹。手制、泥片贴筑。厚0.8厘米（图五，2）。

YB1②：3，泥质铁锈红陶尖底瓶口部。葫芦瓶口，圆唇，卷沿，腹外鼓明显。器表有旋抹痕。手制。口径7.6厘米，厚0.8厘米，残高3.4厘米（图四，1）。

YB1②：4，泥质橙红色彩陶钵口部。侈口，扁圆唇。口沿及唇上施细窄的黑色彩带，内外壁均磨光。手制、泥片贴筑。口径22厘米，厚0.6厘米，残高3.4厘米（图四，2；图五，1）。

YB1②：5，泥质铁锈红色彩陶钵口部。敛口，尖圆唇，器壁厚，个体较大。口沿及外侧施宽黑彩带，外壁磨光。手制、泥片贴筑。残长4.7厘米，最厚1.1厘米，残高5厘米（图四，3）。

YB1②：6，泥质橙红色彩陶钵。微敛口。口沿及外侧施黑色彩带。手制。残长2.9厘米，厚0.6厘米，残高4厘米（图四，4）。

YB1②：7，泥质橙红色彩陶钵口部。敛口明显，扁圆唇。口沿及外侧施较宽的黑色彩带，外壁磨光。手制、泥片贴筑。残长2.9厘米，厚0.6厘米，残高2厘米（图四，5）。

YB1②：8，泥质橙黄色彩陶钵腹片。外壁施黑色彩带，磨光。手制、泥片贴筑。残长3.6

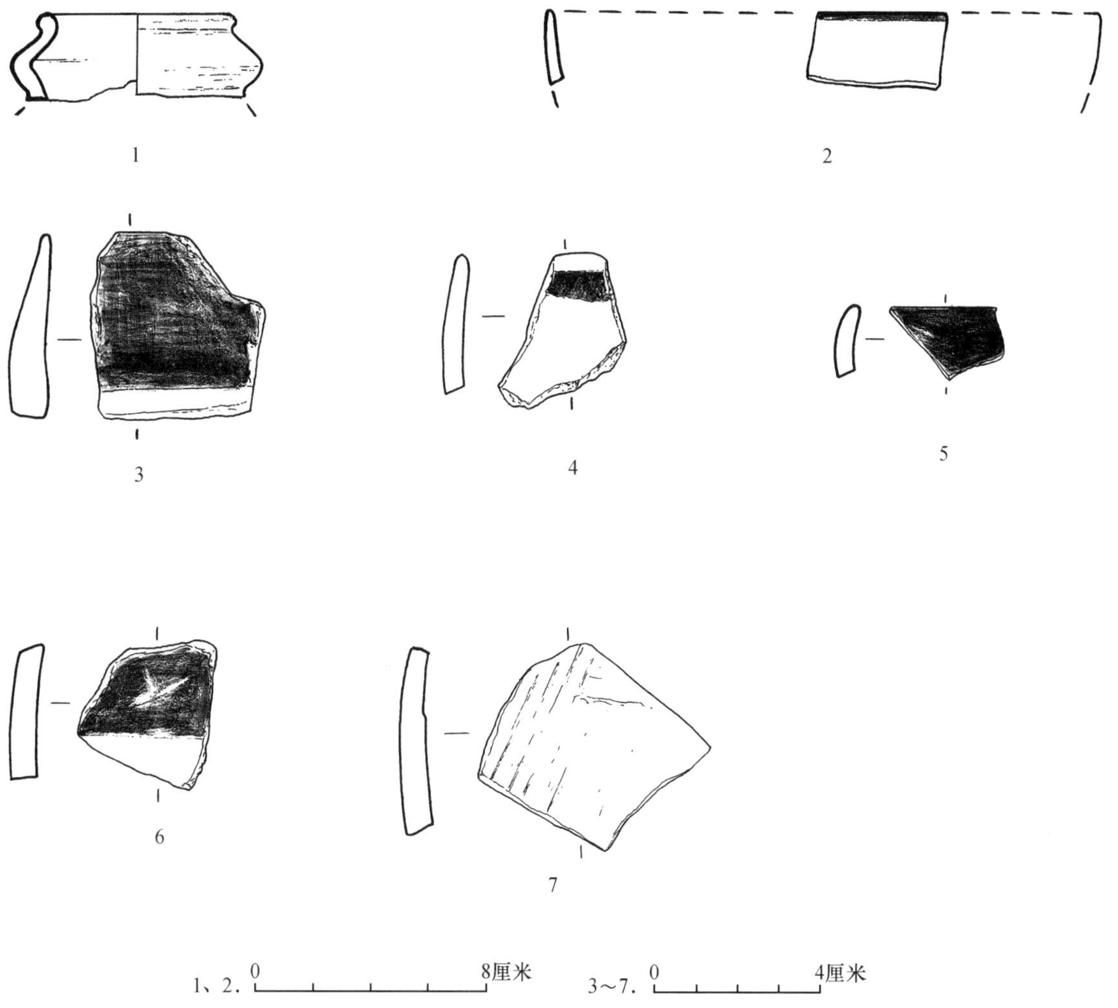

图四　北草场村西北遗址第二采集点采集标本

1. 陶尖底瓶口部（YB1②：3）　2、3、5. 彩陶钵口部（YB1②：4、YB1②：5、YB1②：7）　4. 彩陶钵（YB1②：6）　6. 彩陶钵腹片（YB1②：8）　7. 陶尖底瓶腹片（YB1②：10）

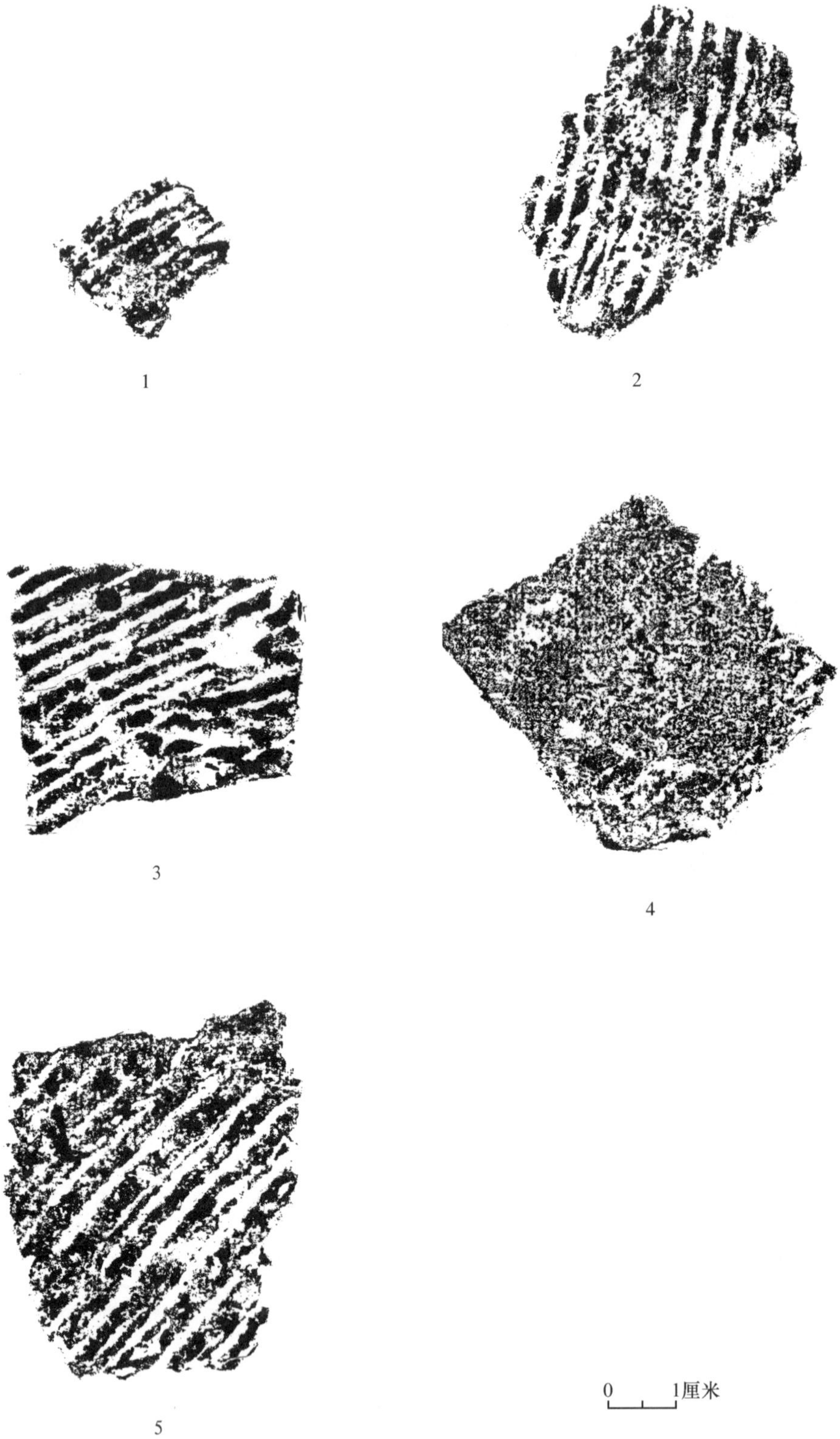

图五　北草场村西北遗址第二采集点采集标本拓片

1. 彩陶钵口部（YB1②：4）　2、5. 陶罐腹片（YB1②：2、YB1②：1）　3、4. 陶尖底瓶腹片（YB1②：9、YB1②：10）

厘米，厚0.7厘米，残高3.8厘米（图四，6）。

YB1②：9，泥质尖底瓶腹片。外壁呈灰褐色，内壁呈橙红色。外壁饰左斜向较宽的线纹。手制、快轮修整。厚0.6厘米（图五，3）。

YB1②：10，泥质橙红色陶尖底瓶腹片。为尖底瓶近底部。器表饰左斜向不规则的浅细绳纹，内壁有方向不一的抹痕。手制、泥条盘筑。残长6厘米，厚0.7厘米，残高5.5厘米（图四，7；图五，4）。

（二）遗址时代

遗址的文化时代为仰韶早期偏晚—仰韶晚期（表一）。

YB1②：3与清水河县后城嘴遗址第一阶段遗存Ⅰ式陶尖底瓶F13：01相似[①]；与《榆林市的仰韶时期遗存》半坡文化标本尖底瓶子洲县怀宁湾采：1相似[②]。

表一　北草场村西北遗址调查标本与其他地区同时代对比表

序号	北草场村西北遗址调查标本	对比标本一	对比标本二	对比标本三	其他	备注
1	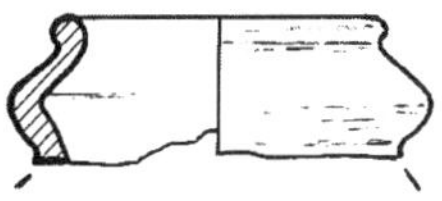 YB1②：3	 清水河县后城嘴遗址第一阶段遗存Ⅰ式陶尖底瓶F13：01	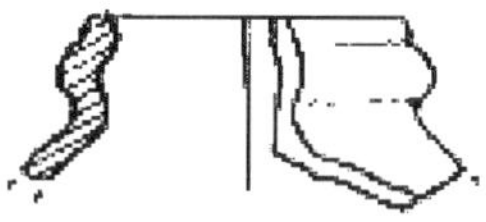 《榆林市的仰韶时期遗存》半坡文化标本陶尖底瓶洲县怀宁湾采：1			

二、北草场村西遗址（2014YB2）

（一）遗址介绍

北草场村西遗址位于北草场村西约600米处，行政归属杀虎口乡北草场村，初查时间为8月12日。遗址中心点GPS坐标为北纬40°12′44.7″，东经112°21′20.5″，海拔1417米±5米。遗址位于南北向坡地的北部，地势较陡、北高南低，地表植被有榆树、松树等。遗址北临洞子沟至北草场村的乡间硬化路，中心位置距硬化路约10米，东、西、南均临南北向的天然大冲沟，冲沟内现无流水。遗址东西约50米，南北约50米，面积总计约2500平方米（图六）。

遗址区内未发现文化层、灰坑等遗迹，只发现散落遗址区地表的残留遗物。

遗址区遗物分布相对集中，主要分布在遗址区的中部，因只设一个采集点。

① 内蒙古文物考古研究所编：《内蒙古文物考古文集（第二辑）》，中国大百科全书出版社，1997年，第155页，图七，1。

② 康宁武：《榆林市的仰韶时期遗存》，《考古与文物》2013年第4期，第48页，图三，1。

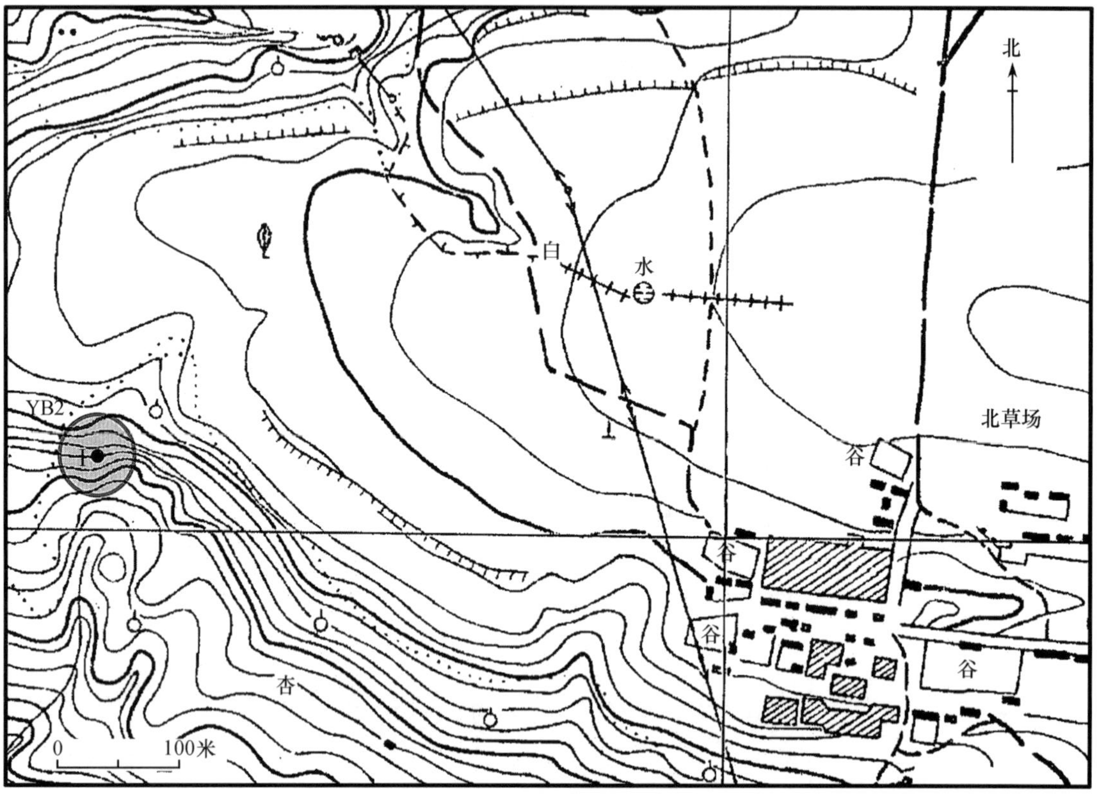

图六　北草场村西遗址位置示意图

北草场村西遗址第一采集点

第一采集点位于遗址区中部，中心坐标为北纬40°12′44.7″，东经112°21′20.5″，海拔1417米±5米。采集点地形为较陡的坡地，地表植被为榆树、松树等。采集遗物分布集中，所采遗物主要有泥质灰陶卷沿素面盆口部、卷沿敞口暗弦纹盆口部、平底盆残片、卷沿敞口暗弦纹盆；泥质红陶卷沿敞口盆口部、绳纹砖残块等；瓷器有天青釉红褐胎圈足碗残片、青釉印字碗残片、白釉圈足碗残片、黑釉敛口罐等。采集标本共18件。

YB2①：1，泥质灰陶盆口腹部。直口，圆唇，折沿外卷贴于外壁，弧腹斜收。外壁磨光，饰数周瓦楞纹；内壁残存两周研光暗弦纹。泥片贴筑、快轮修整。口径38厘米，厚0.6厘米，残高11.6厘米（图七，10）。

YB2①：2，泥质陶盆。颜色外壁呈橙黄色，内壁呈橙红色。圆唇，卷沿，浅腹斜收平底。外壁有磨光痕迹，饰数周不规则的瓦楞纹。泥片贴筑、快轮修整。口径46厘米，底径36.8厘米，高7.8厘米（图七，17）。

YB2①：3，泥质橙红色陶盆口腹部。圆唇，卷沿，斜腹。沿外侧有一周凹槽，内壁有研光痕迹。泥片贴筑、快轮修整。口径42厘米，厚0.7厘米，残高8.8厘米（图七，14）。

YB2①：4，泥质陶盆口腹部。外壁呈灰色，内壁呈红褐色。直口，斜方唇，折沿外卷贴于外壁，斜腹。口沿及内外壁均有磨光痕迹。泥片贴筑、快轮修整。口径40厘米，厚0.6厘米，残高13.2厘米（图七，16）。

YB2①：5，泥质灰陶盆。口微敛，尖圆唇，卷沿，浅腹斜收，平底。口沿及内壁有数周

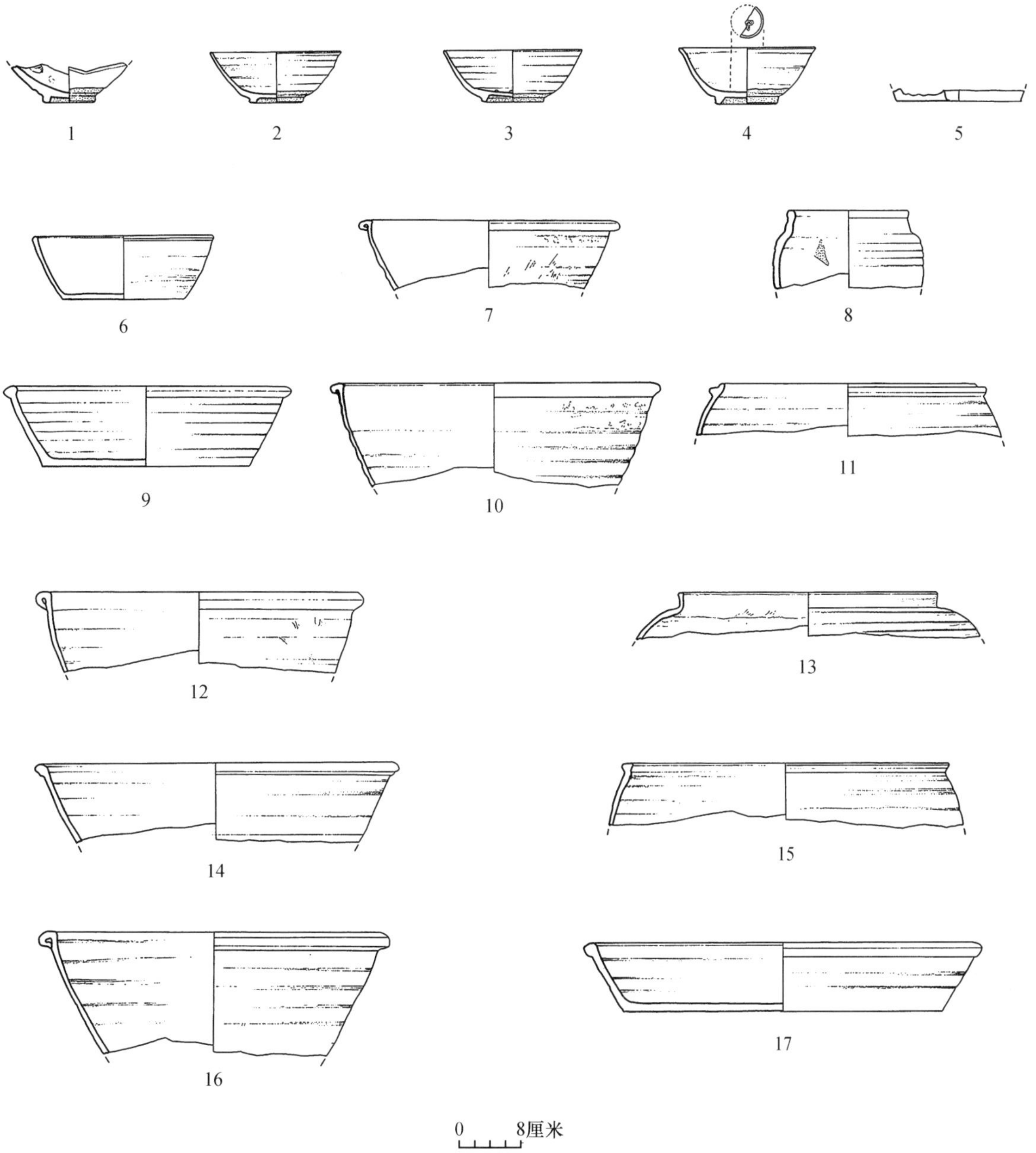

图七　北草场村西遗址第一采集点采集标本

1. 瓷碗底部（YB2①：18）　2～4. 瓷碗（YB2①：16、YB2①：17、YB2①：15）
5. 陶盆底部（YB2①：12）　6、9、17. 陶盆（YB2①：8、YB2①：5、YB2①：2）
7、10、12、14、16. 陶盆口腹部（YB2①：7、YB2①：1、YB2①：6、YB2①：3、YB2①：4）
8. 瓷罐口部（YB2①：14）　11、13、15. 陶罐口肩部（YB2①：11、YB2①：9、YB2①：10）

研光的暗弦纹。泥片贴筑。口径33.2厘米，底径24厘米，高8.8厘米（图七，9）。

YB2①：6，泥质陶盆口腹部。颜色为灰色，外壁局部为黑色。口微敛，圆唇，折沿外卷贴于外壁。外壁有磨光痕迹，内壁及口沿山有数周研光暗弦纹。泥片贴筑、快轮修整。口径38厘米，厚0.6厘米，残高9厘米（图七，12）。

YB2①：7，泥质灰陶盆口腹部。口微敛，圆唇，折沿外卷贴于外壁，斜腹。外壁凹凸不平。素面。泥片贴筑、快轮修整。口径30厘米，厚0.5厘米，残高7.8厘米（图七，7）。

YB2①：8，泥质陶盆。红褐色，局部呈灰黑色。口微侈，圆唇，浅腹斜收平底。器壁较薄，腹部厚薄不均。泥片贴筑、快轮修整。口径21.2厘米，底径0.5厘米，高7厘米（图七，6）。

YB2①：9，泥质灰陶罐口肩部。直口，圆唇，鼓肩。唇上及肩部饰数周不规则的研光暗弦纹。泥片贴筑、快轮修整。口径30厘米，厚0.6厘米，残高5厘米（图七，13）。

YB2①：10，泥质灰黑色陶罐口肩部。大口微敛，圆唇，折沿外卷贴于外壁，溜肩。素面。泥片贴筑、快轮修整。口径38厘米，厚0.6厘米，残高7厘米（图七，15）。

YB2①：11，泥质陶罐口肩部。口部及内壁呈灰色，外壁呈黑色。敛口，圆唇，溜肩。外侧口下饰一周凸棱。口径30.8厘米，厚0.5厘米，残高6厘米（图七，11）。

YB2①：12，泥质灰褐色陶盆底部。平底中心有一由内向外钻的圆孔，内底有轮修痕迹，凹凸不平，钻孔周围凸起。泥片贴筑、快轮修整。底径14厘米，厚1厘米，残高1.2厘米（图七，5）。

YB2①：13，泥质灰陶绳纹砖。器表一面饰压印规则的右斜向粗大绳纹。模制。残长9厘米，残宽7.8厘米，厚4.5厘米（图八）。

YB2①：14，瓷罐口部。坩子土。口微敛，圆唇，短颈，溜肩，弧腹。器表均先施化妆土，再施黑釉呈酱色；内壁摇釉不均，局部露出胎体。拉坯。口径14厘米，厚0.8厘米，残高8.6厘米（图七，8）。

YB2①：15，瓷碗。坩子土细料，灰白胎。敞口，圆唇，斜腹；圈足较高，足墙内侧斜削；内底饰模印纹，纹饰为单圈凸弦纹，圈内应为四个字，仅存一字应为“守”字，字凸起。内壁施满釉，釉色白色泛青，外壁饰半釉，釉色为青灰色；唇及内壁先施化妆土，再施釉；内壁及圈足底部存支钉痕。拉坯。口径15.6厘米，底径6.3厘米，高6.2厘米（图七，4）。

图八　北草场村西遗址第一采集点采集标本拓片
陶绳纹砖（YB2①：13）

YB2①：16，瓷碗。坩子土，灰白胎。圆唇，斜腹，圈足外撇。外壁由于拉坯形成数周凹弦纹，内壁施满釉，外壁施半釉，施釉前先施白色化妆土，再施透明釉，内壁及圈足底存支钉痕。口径15.2厘米，底径6厘米，高7.6厘米（图七，2）。

YB2①：17，瓷碗。坩子土，灰白胎。扁圆唇，斜腹急收，圈足略外撇，足墙内侧斜削过肩，外底微凸。内底施满釉，外壁施半釉，釉色白色略泛青，施釉前先施白色化妆土，再施透明釉，内底及圈足底均有支钉痕。口径16厘米，底径6.3厘米，高7.8厘米（图七，3）。

YB2①：18，钧釉瓷碗底部。缸胎。斜腹，圈足略高，外底微凸，内底为圜形，中心薄；足墙内侧斜削，底部斜削。内壁施满釉，外壁施半釉，蘸釉前，下腹部及圈足先施深红色颜料，蘸釉较厚，釉色呈天晴蓝，内壁近底部有窑变痕，呈天蓝斑。底径6厘米，厚0.9厘米，残高4.4厘米（图七，1；图版二五，5～7）。

（二）遗址时代

遗址的文化时代为明代。

三、北草场村东南遗址（2014YB3）

（一）遗址介绍

北草村东南遗址位于北草场村东南方向约500米处，行政归属杀虎口乡北草场村，初查时间为三普时间，复查时间为2014年8月21日。遗址中心点GPS坐标为北纬40°12′25.5″，东经112°22′14.4″，海拔1493米±5米。遗址位于南北向坡地中北部，地形呈北高南低阶梯状，地表种植有玉米、葫麻等农作物。遗址西北临北草场村约500米，西南临康家湾村约1700米。遗址东西约400米，南北约300米，总面积约120000平方米（图九）。

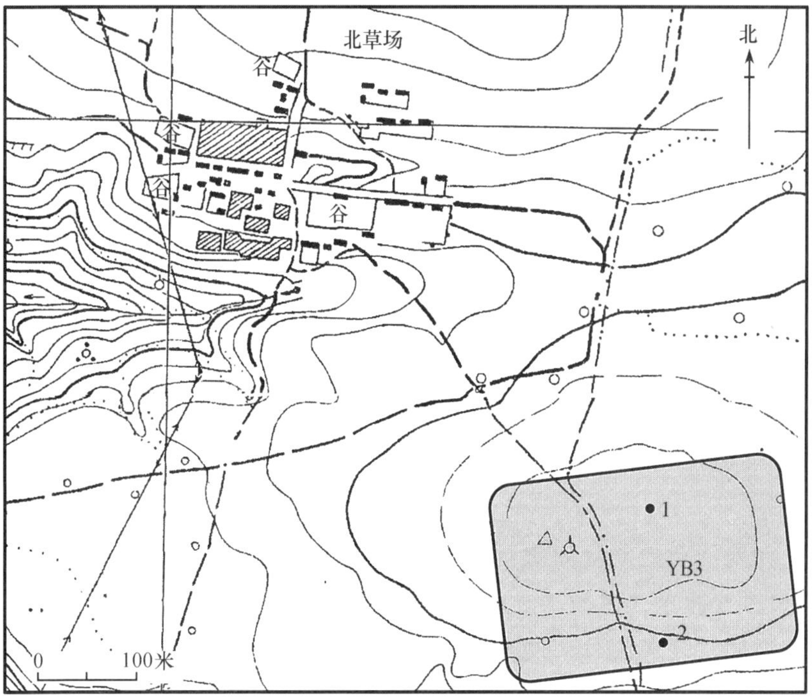

图九　北草场村东南遗址位置示意图

遗址区内未发现文化层等遗迹，但在该遗址区的北部发现有封土堆墓葬一座，编号为M1，现已被盗。M1封土残高约5米，周长约70米，在封土堆剖面上发现有夯筑痕迹，夯层厚0.15～0.2米。在墓葬封土堆东西两侧发现盗洞各一处。墓葬西部约30米处发现明代烽火台一处，未做具体测量。推测该墓葬时代应晚于遗址时代，初步拟定为东汉晚期或北魏。

该遗址区内所采集遗物主要集中分布于遗址区的北部、南部等，共设两个采集点。

北草场村东南遗址第一采集点

第一采集点位于遗址区北部，中心坐标为北纬40°12′25.5″，东经112°22′14.4″，海拔1493米±5米。采集点地形为南北向的坡地，地表植被为玉米、胡麻等农作物。采集面积约200平方米。采集遗物分布较集中，所采遗物主要有夹砂陶罐、绳纹陶釜口部、折沿圆唇罐口部、绳纹釜口部等，素面钵底部，泥质灰陶素面罐口部、平折沿绳纹盆口部、直口平底罐口部、卷沿深腹罐口部、素面筒瓦残片、绳纹板瓦残片等。采集标本共16件。

YB3①：1，夹细砂灰陶鬲口肩部。侈口，斜方唇，折沿上翘，溜肩。肩部饰交错粗绳纹，内壁抹光。泥片贴筑、快轮修整。残高5.2厘米，厚1厘米，残宽5.2厘米（图一〇，1）。

YB3①：2，夹细砂深灰色陶罐口肩部。侈口，圆唇，卷沿上翘，溜肩。肩部饰左斜向中偏粗绳纹，内壁抹光。泥片贴筑、快轮修整。口径16厘米，厚0.8厘米，残高4.7厘米（图一〇，4）。

YB3①：3，泥质灰陶盆口腹部。敞口，方唇，宽折沿略下捺，腹部斜收，器壁较厚，器形较大。外表饰竖向中粗绳纹且被抹光，内壁有明显的旋抹痕。泥片贴筑、快轮修整。口径50厘米，厚1.2～1.4厘米，残高7.4厘米（图一〇，11）。

YB3①：4，泥质深灰色直口大陶罐口肩部。直口，唇厚，平沿，溜肩。口外侧饰竖向细绳纹，近肩部纹饰被抹掉，口内壁有明细的旋抹痕。泥片贴筑、快轮修整。口径32厘米，厚1～1.6厘米，残高4.8厘米（图一〇，9）。

YB3①：5，夹细砂深灰色陶罐口肩部。侈口，圆唇，卷沿上翘，溜肩。肩部有若干周瓦楞纹，内壁旋抹痕明显。泥片贴筑、快轮修整。口径22厘米，厚0.8厘米，残高6.4厘米（图一〇，6）。

YB3①：6，泥质深灰色陶罐口肩部。侈口，圆唇，卷沿，溜肩。素面。泥片贴筑、快轮修整。口径24厘米，厚0.8厘米，残高5.8厘米（图一〇，7）。

YB3①：7，泥质深灰色陶罐口部。侈口，尖唇，卷沿下捺，束颈。口部及颈部有若干周暗弦纹，内壁有明显旋抹痕。泥片贴筑、快轮修整。口径16厘米，厚0.8～1厘米，残高4.5厘米（图一〇，3）。

YB3①：8，泥质深灰色陶盆口腹部。敞口，扁圆唇，折沿略下捺，弧腹。素面。泥片贴筑、快轮修整。口径26厘米，厚0.6～0.8厘米，残高5.2厘米（图一〇，8）。

YB3①：9，泥质深灰色陶盆口腹部。敞口，方唇，宽折沿下捺，腹部斜收。腹部外表有瓦楞纹两周，口沿及内侧有凹槽一周，口内壁有暗弦纹两周。泥片贴筑、快轮修整。口径43.8厘米，厚0.6～0.8厘米，残高4厘米（图一〇，10）。

YB3①：10，夹细砂灰色筒瓦。圆形瓦舌，较长，下凹明显。手制。长7.4厘米，宽9厘米，厚3厘米（图一〇，5）。

YB3①：11，泥质红褐色陶钵底部。饼底内凹，底面平整。素面，底内、外留有宽窄粗细不规则的刻划纹。手制、轮修。直径6厘米，残高1.2～1.4厘米（图一〇，2）。

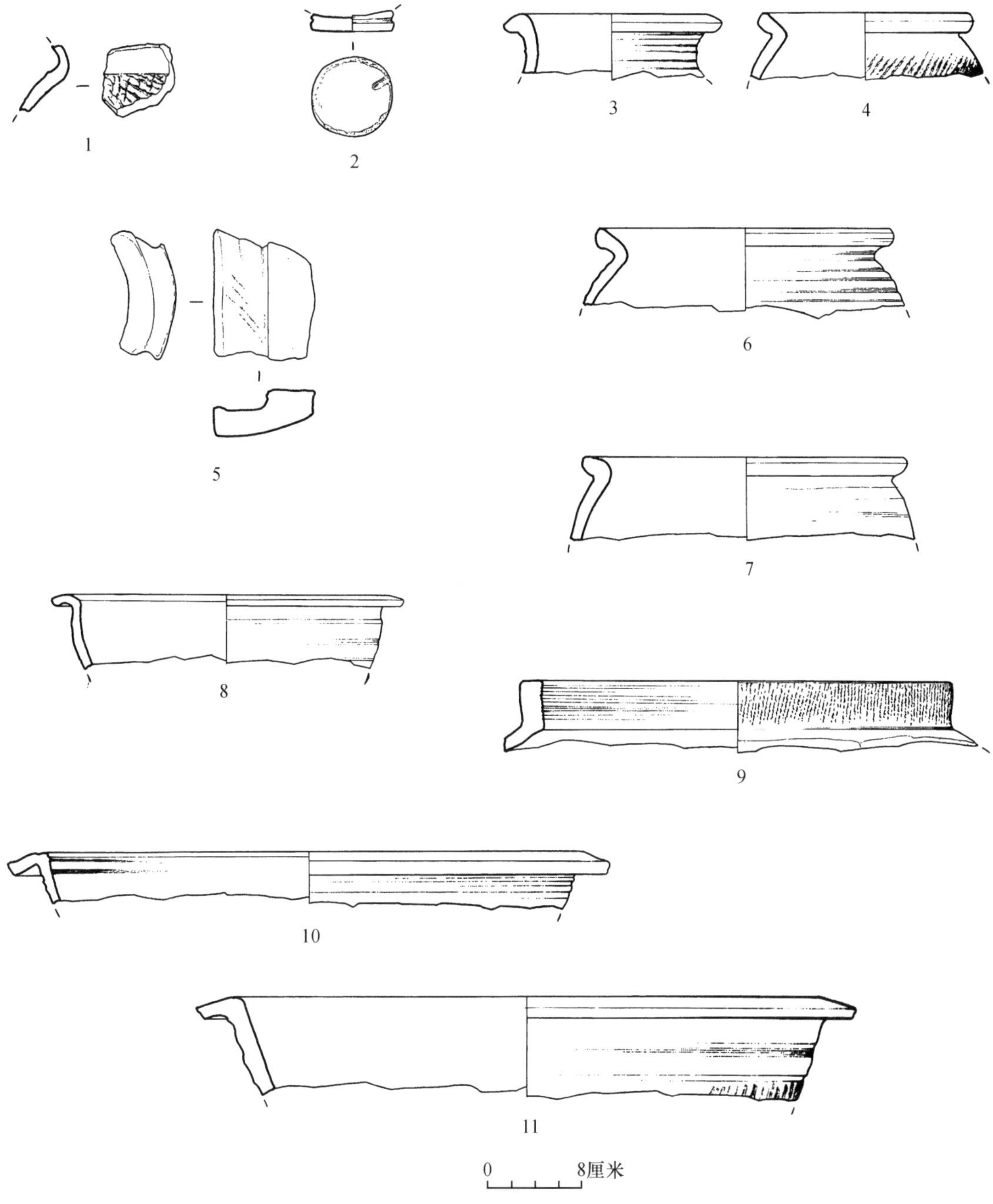

图一〇　北草场村东南遗址第一采集点采集标本

1. 陶鬲口肩部（YB3①：1）　2. 陶钵底部（YB3①：11）　3. 陶罐口部（YB3①：7）　4、6、7、9. 陶罐口肩部（YB3①：2、YB3①：5、YB3①：6、YB3①：4）　5. 筒瓦（YB3①：10）　8、10、11. 陶盆口腹部（YB3①：8、YB3①：9、YB3①：3）

YB3①：12，泥质灰陶盆腹片（？）。外表先饰中粗绳纹，后被旋抹，留下若干周明显的瓦楞纹。泥片贴筑、快轮修整。残高6.5厘米，厚0.8厘米，残宽6.2厘米（图一一，3）。

YB3①：13，夹细砂深灰色陶鬲腹部。外表饰交错粗绳纹，内壁抹光。泥片贴筑、快轮修整。残高6厘米，厚0.6厘米，残宽5.5厘米（图一一，4）。

YB3①：14，泥质灰陶盆腹片（？）。外表近口部有三周凹槽，之下饰右斜向中粗绳纹被

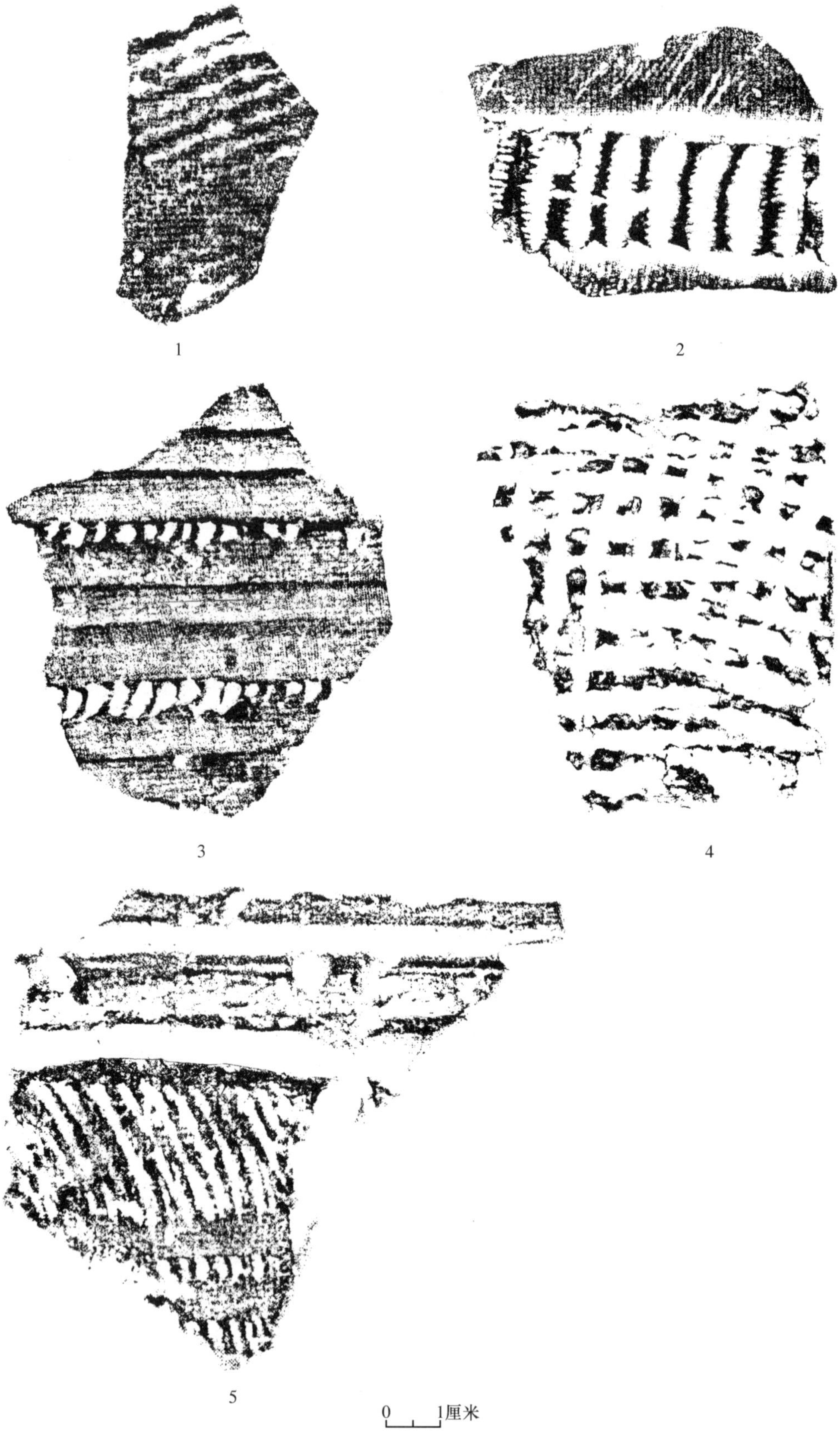

图一一　北草场村东南遗址第一采集点采集标本拓片

1. 陶罐腹部（YB3①：15）　2. 陶罐肩部（YB3①：16）　3、5. 陶盆腹片（YB3①：12、YB3①：14）　4. 陶鬲腹部（YB3①：13）

弦断。泥片贴筑、快轮修整。残高7.4厘米，厚0.8～1厘米，残宽8.4厘米（图一一，5）。

YB3①：15，夹细砂红褐色陶罐腹部。为器物下腹部残片。外表饰左斜向较浅细绳纹，内壁抹光。泥片贴筑、快轮修整。长4.8厘米，厚0.6厘米（图一一，1）。

YB3①：16，泥质深灰色陶罐肩部。外表饰细绳纹被抹，且有一周压印细绳纹附加泥条，内壁抹光。泥片贴筑、快轮修整。残高4厘米，厚0.6厘米，残宽5.3厘米（图一一，2）。

北草场村东南遗址第二采集点

第二采集点位于遗址区南部，中心坐标为北纬40°12′19.3″，东经112°22′14.8″，海拔1468米±5米。采集点地形为南北向坡地，地表植被为玉米、葫麻等农作物。采集面积约200平方米。采集遗物分布较集中，所采遗物主要有夹砂灰陶釜底残片、折沿罐口部、直口素面罐口部、纺轮残片、折沿盆口部、折沿绳纹罐口部、绳纹罐腹部残片以及白砂岩石杵残块等。采集标本共9件。

YB3②：1，夹砂陶罐口部。颜色外壁呈黑色，内壁呈灰黑色。敛口，短颈，溜肩，唇部外侧饰一周凸棱。素面。泥片贴筑、轮修。口径19.2厘米，厚0.8厘米，残高5.6厘米（图一二，7）。

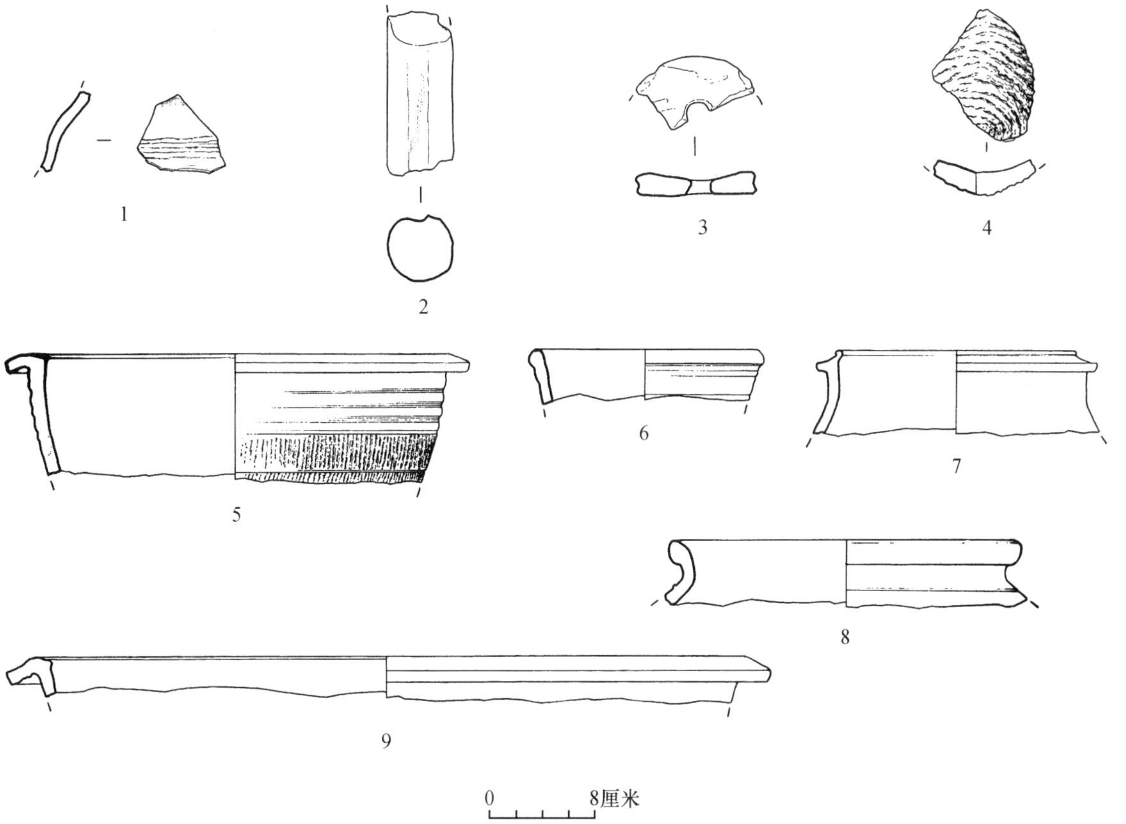

图一二　北草场村东南遗址第二采集点采集标本

1. 陶罐肩部（YB3②：7）　2. 陶磨棒（YB3②：9）　3. 陶纺轮坯（YB3②：6）　4. 陶釜底部（YB3②：8）　5. 陶盆口腹部（YB3②：4）　6. 陶钵口部（YB3②：5）　7. 陶罐口部（YB3②：1）　8. 陶釜口部（YB3②：2）　9. 陶盆口部（YB3②：3）

YB3②：2，泥质灰陶釜口部。敛口，圆唇，卷沿外侈，溜肩。素面。泥片贴筑、轮修。口径24厘米，厚0.8厘米，残高4.4厘米（图一二，8）。

YB3②：3，泥质灰陶盆口部。方唇，折沿下捺，沿内侧有一周凹槽，斜腹。素面。泥片贴筑、快轮修整。口径5.2厘米，厚0.8厘米，残高3.2厘米（图一二，9）。

YB3②：4，泥质灰黑色陶盆口腹部。方唇，折沿略下捺，弧腹斜收。外壁口沿下饰数周凹槽，下接竖向规则的中绳纹。泥片贴筑、轮修。口径31.6厘米，厚0.9厘米，残高8.2厘米（图一二，5）。

YB3②：5，泥质灰陶钵口部。侈口，扁圆唇，斜腹。素面。泥片贴筑、轮修。口径16厘米，厚0.6厘米，残高3.6厘米（图一二，6）。

YB3②：6，泥质灰陶纺轮坯。以饼底钵的底部为材料，在底中心内外对钻孔。素面。打制、钻孔。直径8厘米，高1.6厘米（图一二，3）。

YB3②：7，夹细砂灰陶罐肩部。肩部饰左斜近横向的中偏细绳纹。泥片贴筑、快轮修整。厚0.7厘米（图一二，1）。

YB3②：8，夹砂灰黑色陶釜底部。圜底中心略实，器壁较厚，器表饰横向粗大绳纹。泥片贴筑。最厚1.4厘米（图一二，4）。

YB3②：9，细砂岩灰黄色磨棒。剖面呈不规则圆形，两端均残，器表磨光。磨制。直径4.4厘米，残长10.6厘米（图一二，2）。

（二）遗址时代

遗址的文化时代为西汉晚期至魏（表二）。

YB3①：4（东汉）与张龙圪旦汉墓M4遗存B型罐M4：8相似①。

YB3①：5（东汉）与托克托县古城村古城遗址汉代B型Ⅲ式陶釜T1②：3相似②。

YB3①：7（东汉）与托克托县古城村古城遗址汉代C型陶壶H40：8相似③。

YB3②：3（东汉）与包头市麻池三队遗址D型Ⅰ式陶盆M1：12相似④。

YB3②：4（汉代）与托克托县古城村古城遗址汉代A型Ⅰ式陶盆T1⑤：2相似⑤。

---

① 内蒙古自治区文物考古研究所编：《内蒙古文物考古文集（第三辑）》，科学出版社，2004年，第306页，图四，2。

② 内蒙古自治区文物考古研究所编：《内蒙古文物考古文集（第三辑）》，科学出版社，2004年，第233页，图一六，8。

③ 内蒙古自治区文物考古研究所编：《内蒙古文物考古文集（第三辑）》，科学出版社，2004年，第230页，图一四，7。

④ 内蒙古自治区文物考古研究所编：《内蒙古文物考古文集（第三辑）》，科学出版社，2004年，第274页，图一五，3。

⑤ 内蒙古自治区文物考古研究所编：《内蒙古文物考古文集（第三辑）》，科学出版社，2004年，第228页，图一三，12。

YB3①：8（代魏）与托克托县古城村古城遗址代魏时期A型Ⅰ式陶盆H39：4相似[1]。

表二　北草场村东南遗址调查标本与其他地区同时代对比表

序号	北草场村东南遗址调查标本	对比标本一	对比标本二	其他	备注
1	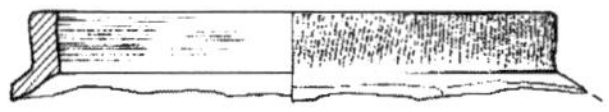 YB3①：4（东汉）	 张龙圪旦汉墓M4遗存B型陶罐M4：8			
2	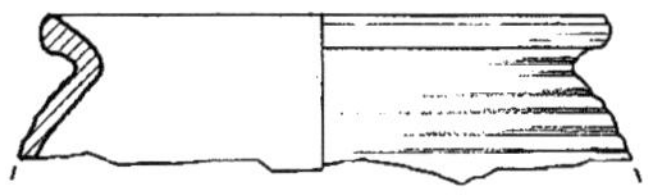 YB3①：5（东汉）	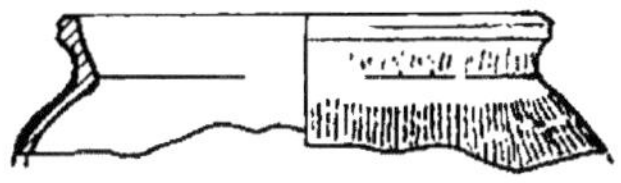 托克托县古城村古城遗址汉代B型Ⅲ式陶釜T1②：3			
3	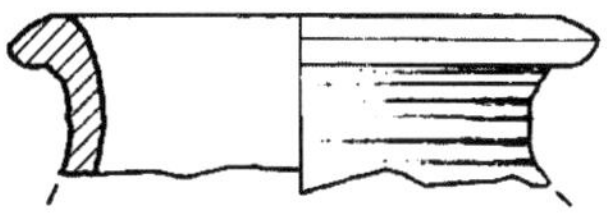 YB3①：7（东汉）	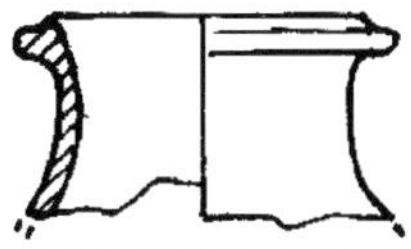 托克托县古城村古城遗址汉代C型陶壶H40：8			
4	 YB3②：3（东汉）	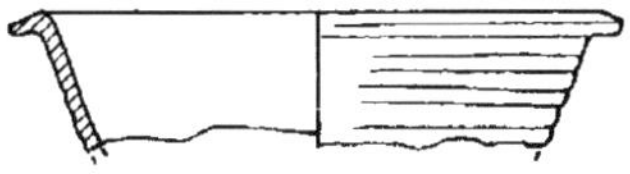 包头市麻池三队遗址D型Ⅰ式陶盆M1：12			
5	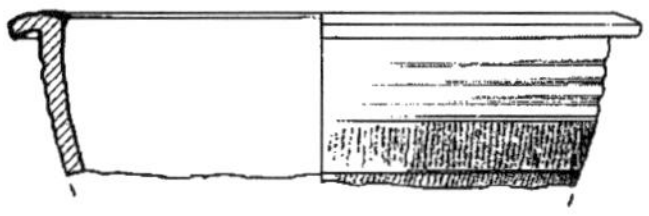 YB3②：4（汉代）	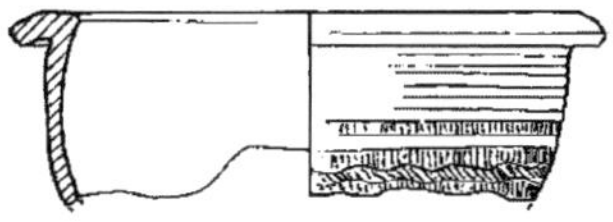 托克托县古城村古城遗址汉代A型Ⅰ式陶盆T1⑤：2			
6	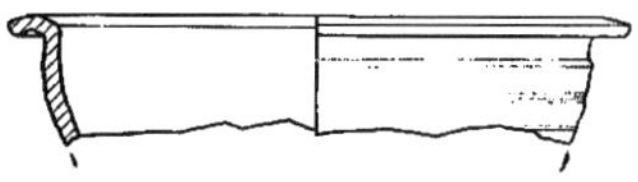 YB3①：8（代魏）	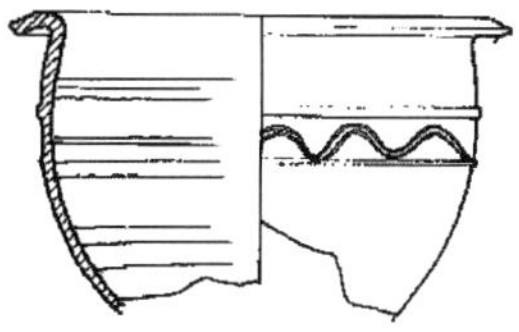 托克托县古城村古城遗址代魏时期A型Ⅰ式陶盆H39：4			

① 内蒙古自治区文物考古研究所编：《内蒙古文物考古文集（第三辑）》，科学出版社，2004年，第247页，图二九，12。

第二节　柴家堡村附近

一、柴家堡村北遗址（2014YC1）

（一）遗址介绍

柴家堡村北遗址位于柴家堡村北约300米处，行政归属杀虎口乡柴家堡村，初查时间为2014年8月14日。遗址中心点GPS坐标为北纬40°11′56.11″，东经112°23′44.3″，海拔1347米±5米。该遗址位于南北走向的阶梯式台地上，地势北高南低，西临小冲沟，东临由南向北的乡间土路，南临柴家堡村，地表植被为葫麻等农作物。遗址东西约150米，南北约200米，面积总计约30000平方米（图一三）。

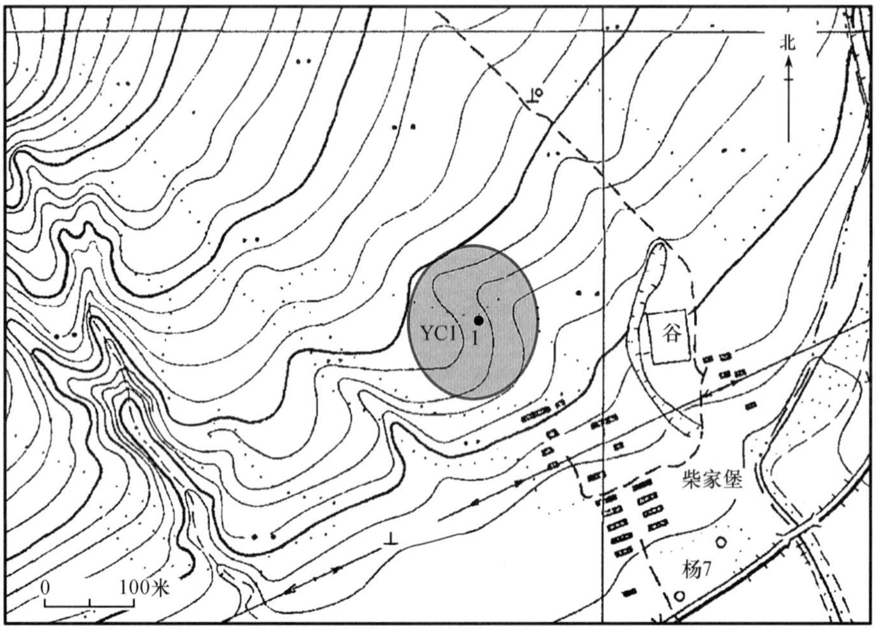

图一三　柴家堡村北遗址位置示意图

遗址区内未发现文化层、灰坑等遗迹，只发现散落遗址区地表的残留遗物。

遗物主要分布在遗址区的中部。故遗址区内只设一个采集点。

柴家堡村北遗址第一采集点

第一采集点位于遗址区中部，中心坐标为北纬40°11′56.11″，东经112°23′44.3″，海拔1347米±5米。采集点地形为阶梯式台地，地表植被为葫麻等农作物。采集面积约2000平方米。采集遗物分布较分散，所采遗物主要有泥质灰陶直口罐口部、侈口罐口部、小口罐口部、直口盆口部以及绳纹条形砖等。采集标本共12件。

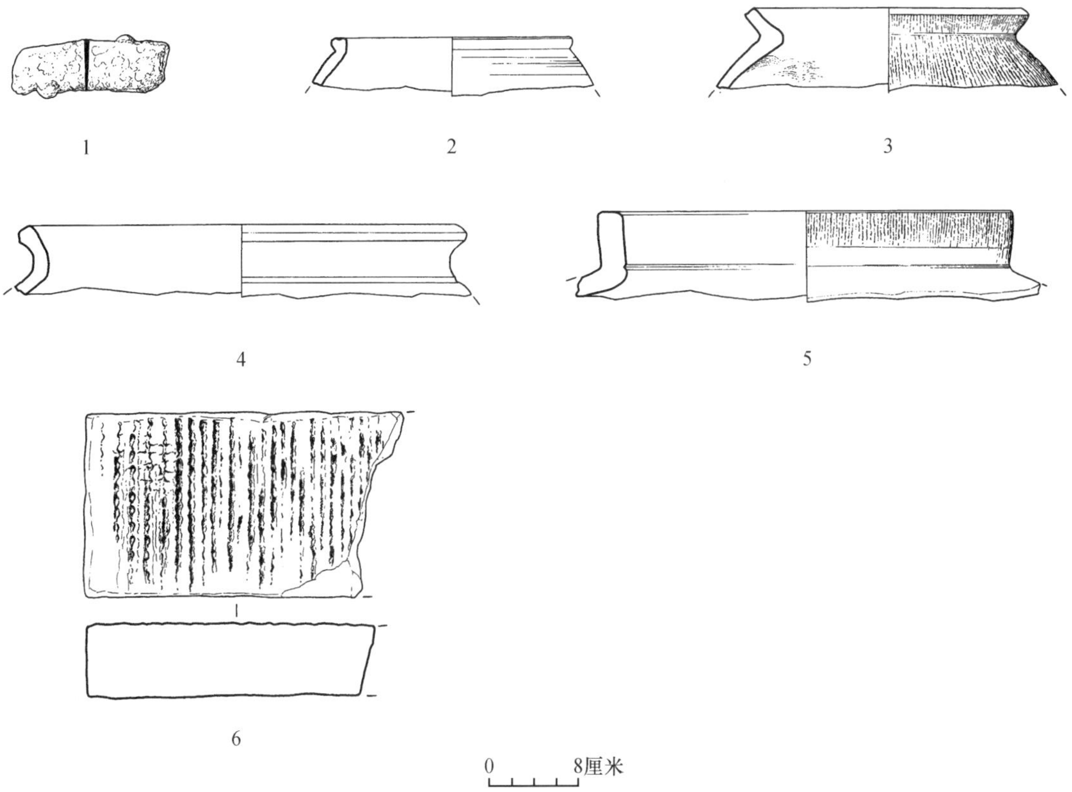

图一四　柴家堡村北遗址第一采集点采集标本

1. 铁环首刀（YC1①：12）　2～5. 陶罐口肩部（YC1①：1、YC1①：2、YC1①：4、YC1①：3）　6. 陶绳纹砖（YC1①：11）

YC1①：1，夹砂灰黑色陶罐口肩部。直口，方唇，溜肩，唇上有一周凹槽。泥片贴筑、快轮修整口部。口径19.2厘米，厚0.8厘米，残高4.6厘米（图一四，2）。

YC1①：2，泥质深灰色陶罐口肩部。敛口，方唇，卷沿外侈，溜肩。口沿外侧及肩部饰竖向浅细绳纹。手制、泥片贴筑。口径22.4厘米，厚0.7厘米，残高6.2厘米（图一四，3）。

YC1①：3，泥质深灰色陶罐口肩部。直口，方唇，耸肩，器壁较厚。口沿外侧饰竖向浅细绳纹。手制、泥片贴筑。口径33.2厘米，厚2厘米，残高7厘米（图一四，5）。

YC1①：4，泥质灰陶罐口肩部。敛口，方圆唇，卷沿外侈，溜肩。素面。泥片贴筑、快轮修整口部。口径36厘米，厚0.9厘米，残高5.6厘米（图一四，4）。

YC1①：5，泥质灰陶罐腹部。外壁饰两周横向泥条，上饰压印纹，下接水波状附加泥条。手制、泥片贴筑。厚0.6厘米（图一五，3）。

YC1①：6，泥质灰陶板瓦。瓦面饰抹断竖向中绳纹，瓦沟饰布纹。泥片贴筑。厚1.2厘米，残长7厘米，残宽5.5厘米（图一五，2）。

YC1①：7，泥质灰陶盆腹部。外壁饰数周平行暗弦纹。泥片贴筑、快轮修整。厚0.8厘米（图一五，4）。

YC1①：8，泥质灰陶罐腹部。器表附加一周泥条，上饰压印纹。手制、泥片贴筑。厚0.9厘米（图一五，1）。

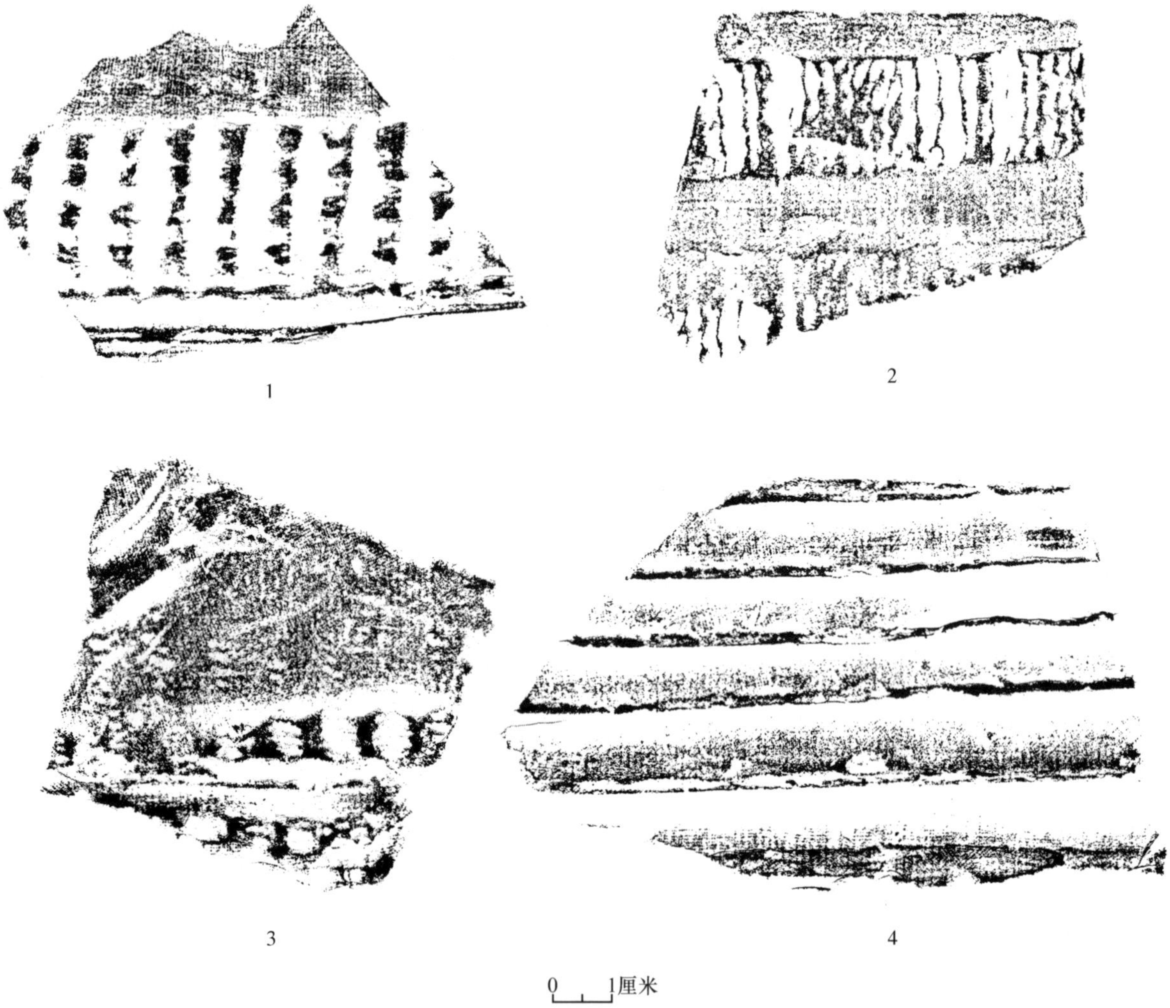

图一五　柴家堡村北遗址第一采集点采集标本拓片（一）
1、3. 陶罐腹部（YC1①：8、YC1①：5）　2. 板瓦（YC1①：6）　4. 陶盆腹部（YC1①：7）

YC1①：9，泥质深灰色陶罐腹部。外壁饰抹断浅细绳纹，内壁凹凸不平，饰反绳纹。手制、泥片贴筑。厚0.6厘米（图一六，1）。

YC1①：10，泥质灰陶板瓦。一端较薄。瓦面饰弦断左斜向粗绳纹，瓦沟饰布纹及方格。泥片贴筑。厚1.1～1.5厘米，残长8.5厘米，残宽7厘米（图一六，2）。

YC1①：11，泥质灰陶绳纹砖。一面饰横向粗大绳纹。模制。残长25.8厘米，厚5厘米，宽14.5厘米（图一四，6）。

YC1①：12，环首刀。尾部残缺。器身锈蚀严重。模制。残长6.3厘米，厚0.2厘米，宽2厘米（图一四，1）。

（二）遗址时代

遗址的文化时代为东汉至曹魏时期。

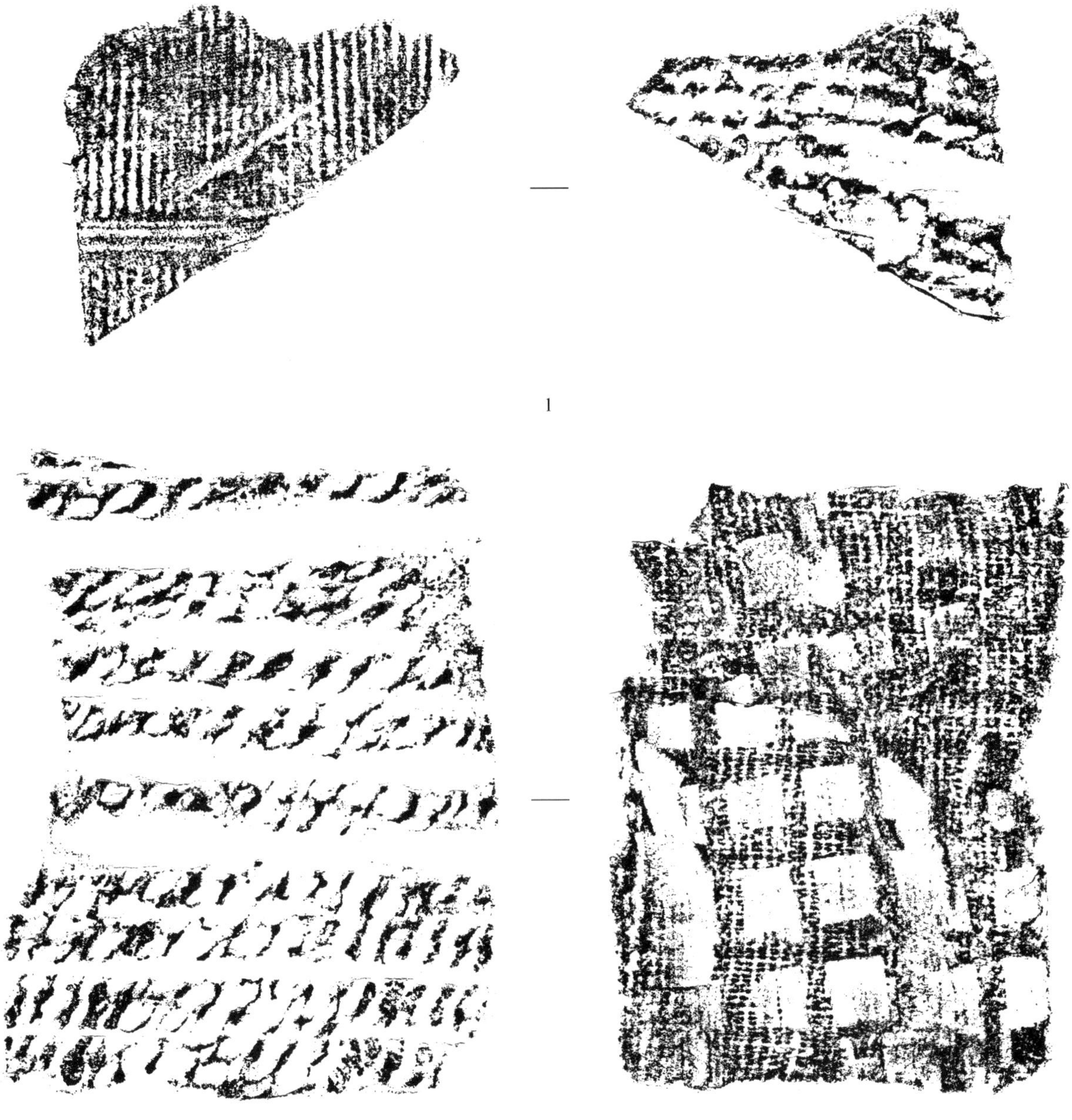

1

2

0 1厘米

图一六　柴家堡村北遗址第一采集点采集标本拓片（二）
1. 陶罐腹部（YC1①：9）（外表、内壁）　2. 板瓦（YC1①：10）（外表、内壁）

YC1①：3（东汉）与托克托县古城村古城遗址汉代A型Ⅱ式陶釜H55：3相似[①]。

YC1①：2（曹魏）与托克托县古城村古城遗址汉代B型Ⅰ式陶釜H50：1相似[②]。

标本对比见表三。

① 内蒙古自治区文物考古研究所编：《内蒙古文物考古文集（第三辑）》，科学出版社，2004年，第233页，图一六，7。

② 内蒙古自治区文物考古研究所编：《内蒙古文物考古文集（第三辑）》，科学出版社，2004年，第233页，图一六，9。

表三　柴家堡村北遗址调查标本与其他地区同时代对比表

序号	柴家堡村北遗址调查标本	对比标本一	对比标本二	其他	备注
1	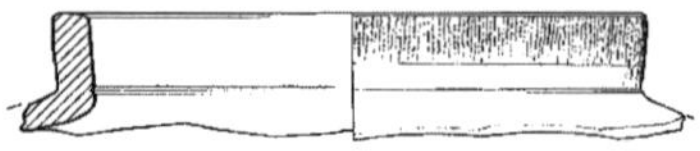 YC1①：3（东汉）	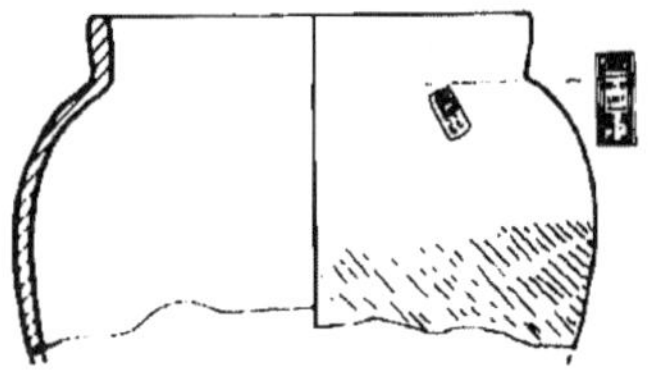 托克托县古城村古城遗址汉代A型Ⅱ式陶釜H55：3			
2	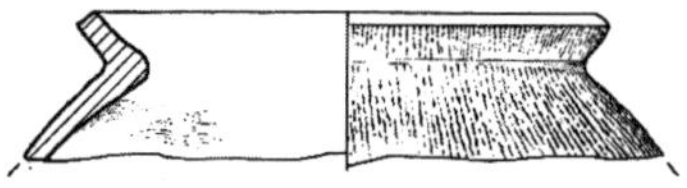 YC1①：2（曹魏）	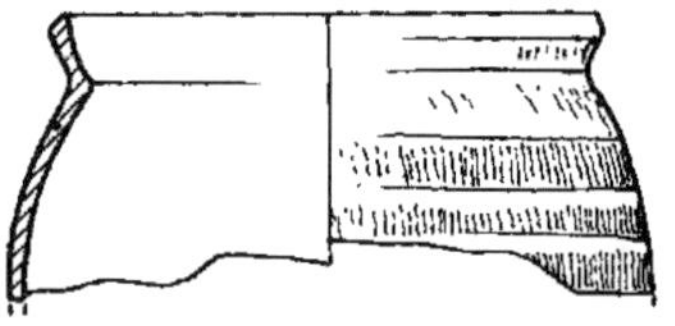 托克托县古城村古城遗址汉代B型Ⅰ式陶釜H50：1			

二、柴家堡村东遗址（2014YC2）

（一）遗 址 介 绍

柴家堡村东遗址位于柴家堡村东约300米处，行政归属杀虎口乡柴家堡村，初查时间为2014年8月15日。遗址中心点GPS坐标为北纬40°12′01.1″，东经112°24′03.4″，海拔1329米±5米。该遗址为南北走向的阶梯式坡地，地势北高南低。遗址东临由北向南注入马营河的支流，西临柴家堡村，南临马营河，地表植被有葫麻、土豆等。遗址东西约240米，南北约135米，面积总计约32400平方米（图一七）。

位于遗址区中南部小断崖上发现灰坑一处，编号H1。该灰坑呈锅底状，开口于第2层下。第1层耕土层，厚0.2～0.25米；第2层覆盖层，厚0.1～0.15米。灰坑口径2.2米，自深0.9米，土色较灰，土质疏松，包含物较少，仅夹杂少量粗绳纹器物腹片。未采集遗物。除此未发现其他遗迹。

遗物主要分布遗址区的中部，遗址区内设一个采集点。

柴家堡村东遗址第一采集点

第一采集点位于遗址区中部，中心坐标为北纬40°12′01.1″，东经112°24′03.4″，海拔1329米±5米。采集点地形为缓冲台地，地表植被为沙棘、胡杨等。采集面积约1000平方米。采集遗物分布较分散，所采遗物主要有夹砂灰陶类，粗大绳纹鬲口肩部、釜近底部；泥质灰陶折沿盆口部、小口罐口部、豆盘、钵口部、器盖等。采集标本共14件。

YC2①：1，夹砂灰黑色陶罐口肩部。敛口，唇部残，卷沿，溜肩。肩部饰超粗大交错绳纹。泥片贴筑、快轮修整口部。口内径20.8厘米，厚1厘米，残高6厘米（图一八，8）。

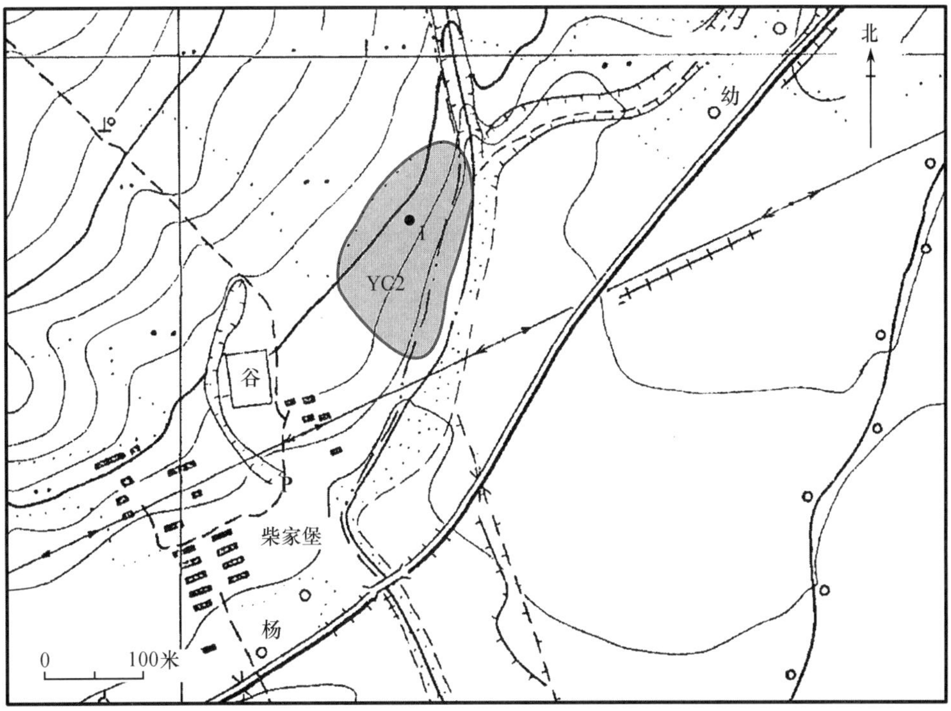

图一七　柴家堡村东遗址位置示意图

YC2①：2，夹砂灰黑色陶罐口腹部。敛口，斜唇，卷沿，短颈，溜肩。肩部饰右斜向超粗大绳纹。泥片贴筑、快轮修整口部。口径29.2厘米，厚1厘米，残高8厘米（图一八，12）。

YC2①：3，夹砂灰陶鬲口肩部。敛口，口沿残，折沿，溜肩。外壁饰较规则的交错粗绳纹，内壁有拍印纹。泥片贴筑、快轮修整口部。口内径9.8厘米，厚0.7厘米，残高6.2厘米（图一八，11）。

YC2①：4，夹砂灰黑色陶鬲口肩部。扁圆唇，折沿外侈，溜肩。口沿上饰一周凹弦纹，肩部饰左斜向下接横向粗大绳纹。泥片贴筑、快轮修整口部。口径28厘米，厚0.8厘米，残高7.8厘米（图一八，9）。

YC2①：5，泥质深灰色陶盆口腹部。口微侈，斜方唇，折沿下捺，弧腹斜收。外壁上腹部饰数周旋抹形成的瓦楞纹，下接抹断竖向粗绳纹。泥片贴筑、快轮修整。口径42厘米，厚0.8厘米，残高15厘米（图一八，7）。

YC2①：6，泥质深灰色陶盆口腹部。微敛口，斜方唇，折沿下捺，弧腹斜收。外壁口沿下饰数周旋抹形成的凹弦纹，下接竖向浅中绳纹，局部抹光绳纹；内壁及口沿上饰数周研光平行暗弦纹。泥片贴筑、快轮修整。口径48厘米，厚0.8厘米，残高11.8厘米（图一八，10）。

YC2①：7，泥质灰陶小盆口腹部。敛口，圆唇且外侧加厚，弧腹斜收。口沿下器壁较薄，下腹较厚。上腹部饰两周瓦楞纹。泥片贴筑、快轮修整。口径23.2厘米，厚0.5～0.9厘米，残高8厘米（图一八，5）。

YC2①：8，泥质深灰色陶高领壶口颈部。侈口，圆唇且外侧加厚，斜颈较长。口沿上饰两周凹弦纹，颈部内壁残存两周平行研光暗弦纹。泥片贴筑、快轮修整。口径14厘米，厚0.7

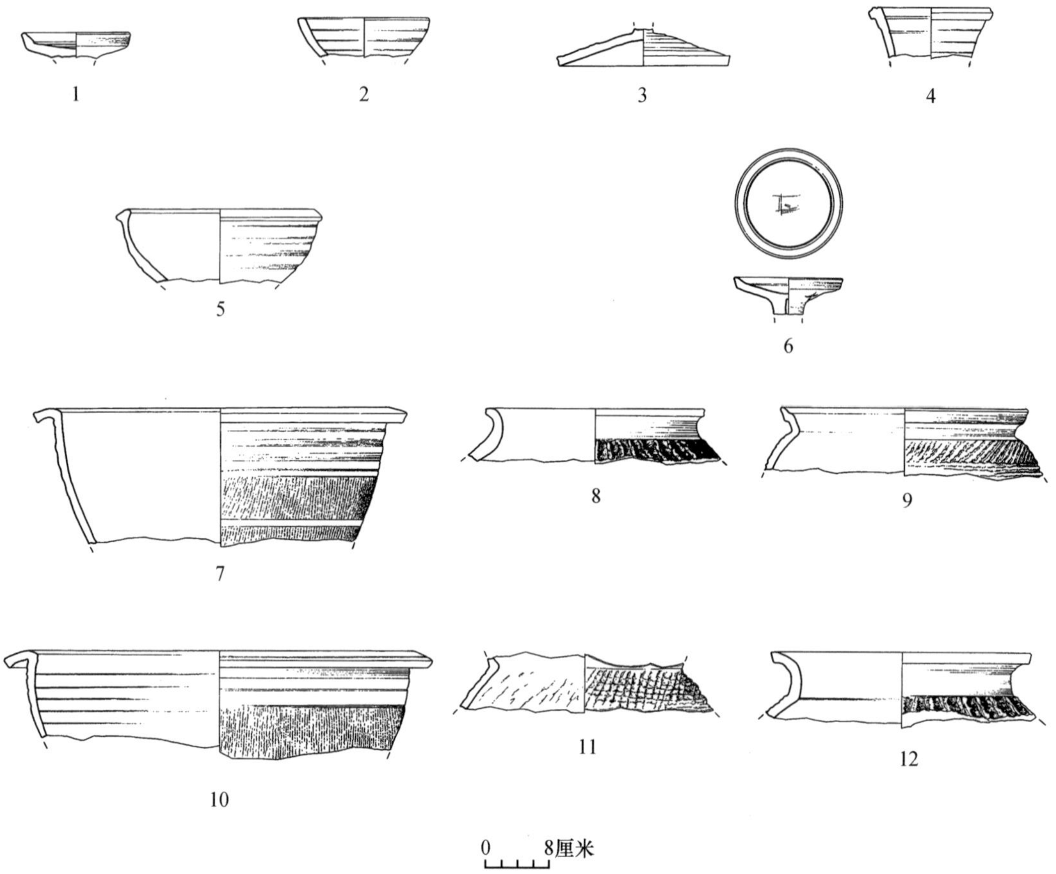

图一八　柴家堡村东遗址第一采集点采集标本

1、6. 陶豆盘（YC2①：9、YC2①：10）　2. 陶钵口腹部（YC2①：11）　3. 陶器盖（YC2①：12）　4. 陶高领壶口颈部（YC2①：8）　5. 小陶盆口腹部（YC2①：7）　7、10. 陶盆口腹部（YC2①：5、YC2①：6）　8. 陶罐口肩部（YC2①：1）　9、11. 陶鬲口肩部（YC2①：4、YC2①：3）　12. 陶罐口腹部（YC2①：2）

厘米，残高5.4厘米（图一八，4）。

YC2①：9，泥质灰陶豆盘。圆唇，斜腹折收，内底下凹。内底残存四周同心圆研光暗弦纹。泥片贴筑、快轮修整。口径12厘米，厚0.9厘米，残高2.8厘米（图一八，1）。

YC2①：10，泥质灰陶豆盘。圆唇，斜腹折收，豆柄中空，内底下凹。内壁饰一周研光暗弦纹，中心有刻“井”字形符号，外壁有“十”字形刻划符号。泥片贴筑、快轮修整。口径12厘米，厚0.8厘米，残高4厘米（图一八，6；图版二六，3）。

YC2①：11，泥质陶钵口腹部。颜色外表呈灰色，内壁呈黑色。侈口，圆唇，弧腹斜收。内壁残长三周研光平行暗弦纹。泥片贴筑、快轮修整。口径14厘米，厚0.8厘米，残高4厘米（图一八，2）。

YC2①：12，泥质灰陶器盖。斗笠状，方唇，盖顶中心有捉手，残缺。外壁饰数周平行凹弦纹，内壁凹凸不平，器型厚重，少见。泥片贴筑、轮修。口径19.2厘米，厚0.9厘米，残高4厘米（图一八，3）。

YC2①：13，夹砂陶釜腹部。外壁呈黑色，内壁呈灰黑色。外壁饰交错粗大绳纹。泥片贴筑。厚0.8厘米（图一九，1）。

YC2①：14，夹砂深灰色陶鬲腹部。外壁饰竖向超粗大绳纹。手制、泥片贴筑。厚0.9厘米（图一九，2）。

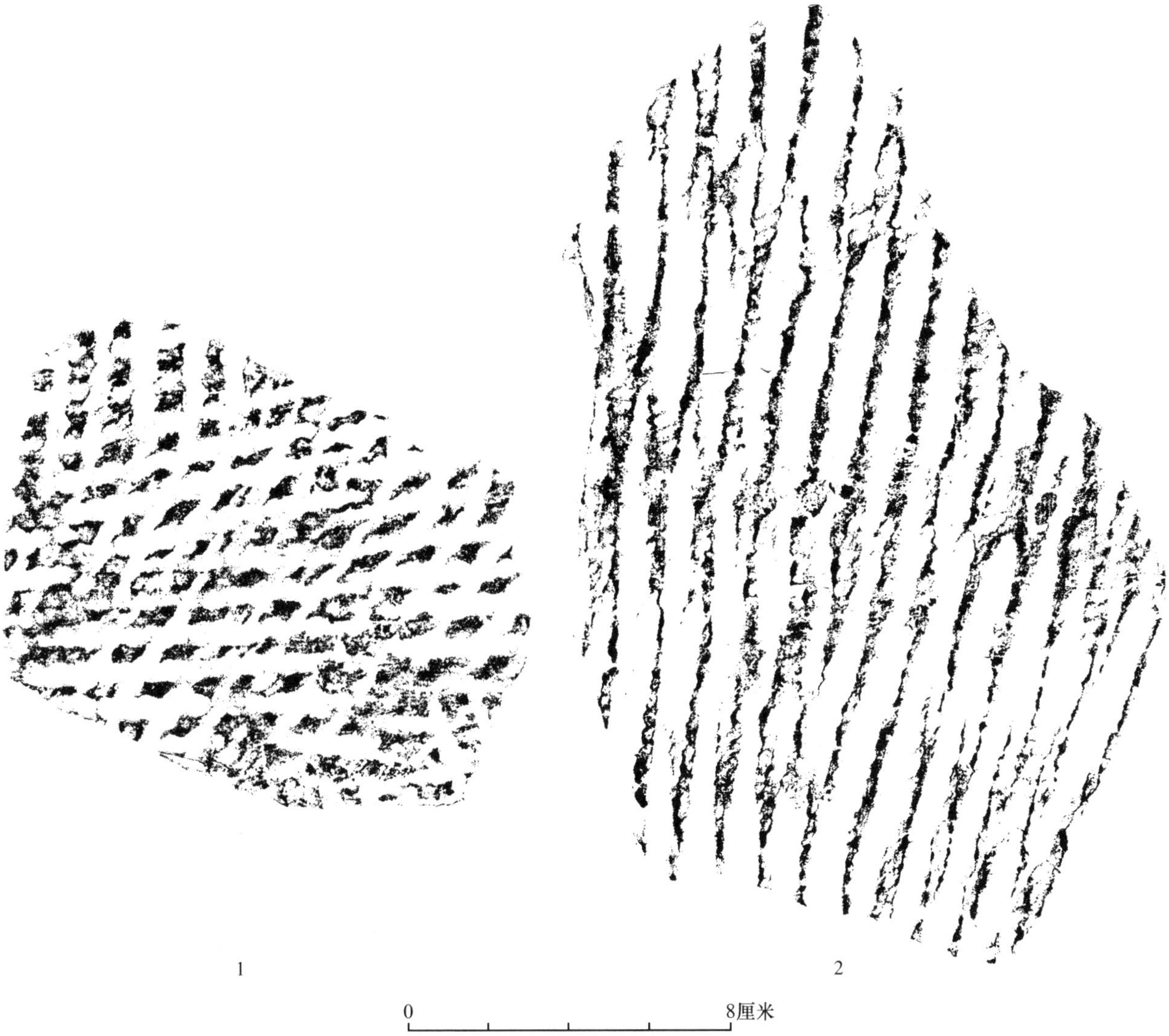

图一九　柴家堡村东遗址第一采集点采集标本拓片

1. 陶釜腹部残片（YC2①：13）　2. 陶鬲腹部残片（YC2①：14）

（二）遗址时代

遗址的文化时代为战国晚期（表四）。

YC2①：1（战国晚期）与卓资县城卜子古城遗址的B型陶罐C：23相似[①]。

---

① 内蒙古自治区文物考古研究所编：《内蒙古文物考古文集（第三辑）》，科学出版社，2004，第136页，图九，4。

YC2①：6（战国晚期）与卓资县城卜子古城遗址的A型Ⅲ式陶盆C：6相似[①]。

表四 柴家堡村东遗址调查标本与其他地区同时代对比表

序号	柴家堡村东遗址调查标本	对比标本一	对比标本二	其他	备注
1	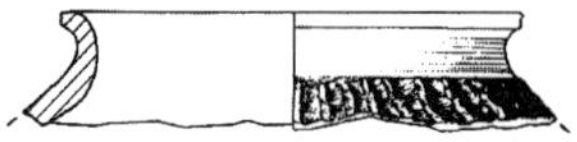 YC2①：1（战国晚期）	 卓资县城卜子古城遗址B型陶罐C：23			
2	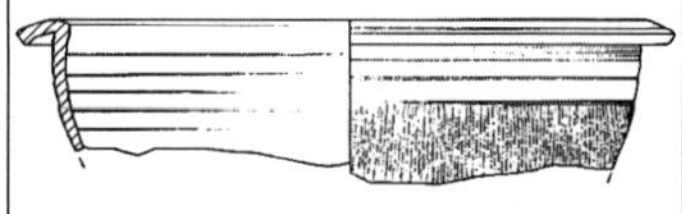 YC2①：6（战国晚期）	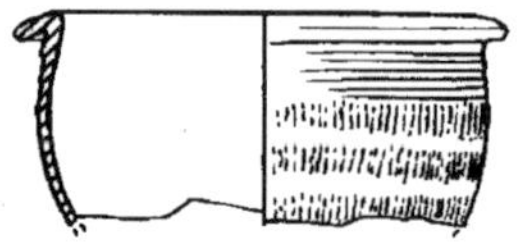 卓资县城卜子古城遗址A型Ⅲ式陶盆C：6			

第三节 大河湾村附近

大河湾村遗址（2014YDH1）

（一）遗址介绍

大河湾村遗址位于大河湾村及东南方向约500米处，行政归属李达窑乡大河湾村，初查时间为2014年7月21日。遗址中心点GPS坐标为北纬40°13′53.9″，东经112°35′19.0″，海拔1546米±5米。该遗址位于东西向缓坡台地上，其西临马营河，南北两侧均为东西向自然冲沟，遗址所在区域地表植被有葫麻、玉米、莜麦等农作物。遗址东西约550米，南北约250米，面积总计约137500平方米（图二〇）。

遗址区内未发现文化层、灰坑等遗迹，只发现散落遗址区地表的残留遗物。

遗址内遗物分布较分散，故设立两个采集点。

大河湾村遗址第一采集点

第一采集点位于遗址区东北部，中心坐标为北纬40°14′02.9″，东经112°35′18.4″，海拔1540米±5米。采集点地形为缓坡台地，地表植被为葫麻、玉米、莜麦等农作物。采集面积约130平方米。采集遗物分布较为分散，所采遗物主要有泥质灰陶折沿盆、卷沿盆、建筑构件（鸱吻）残块等。采集标本共4件。

YDH1①：1，泥质浅灰色建筑构件。鸱吻残件。手制（图二一，4）。

① 内蒙古自治区文物考古研究所编：《内蒙古文物考古文集（第三辑）》，科学出版社，2004，第134页，图七，3。

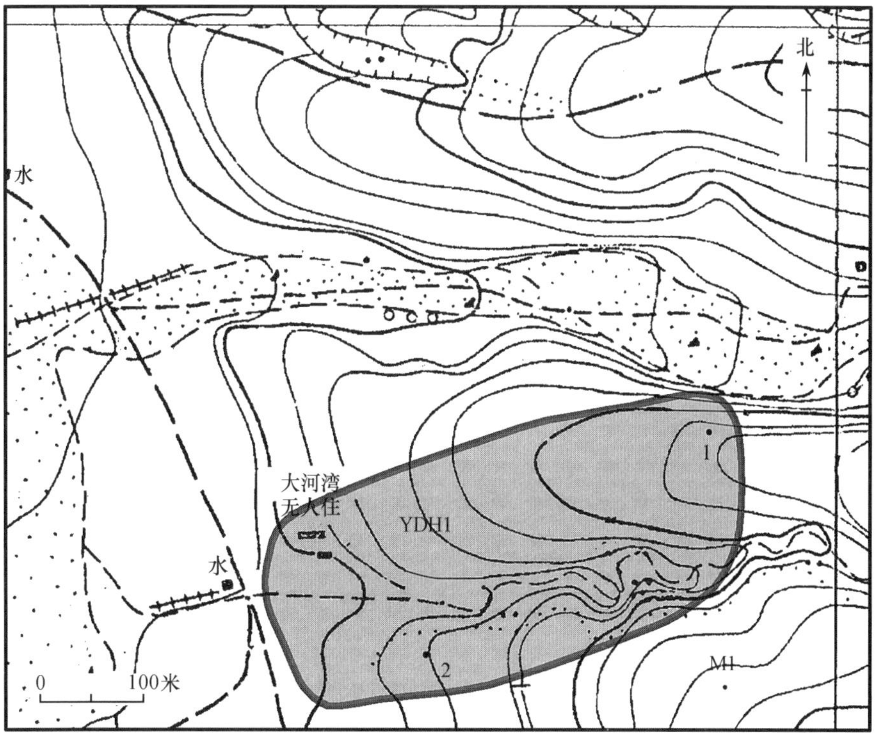

图二〇　大河湾村遗址位置示意图

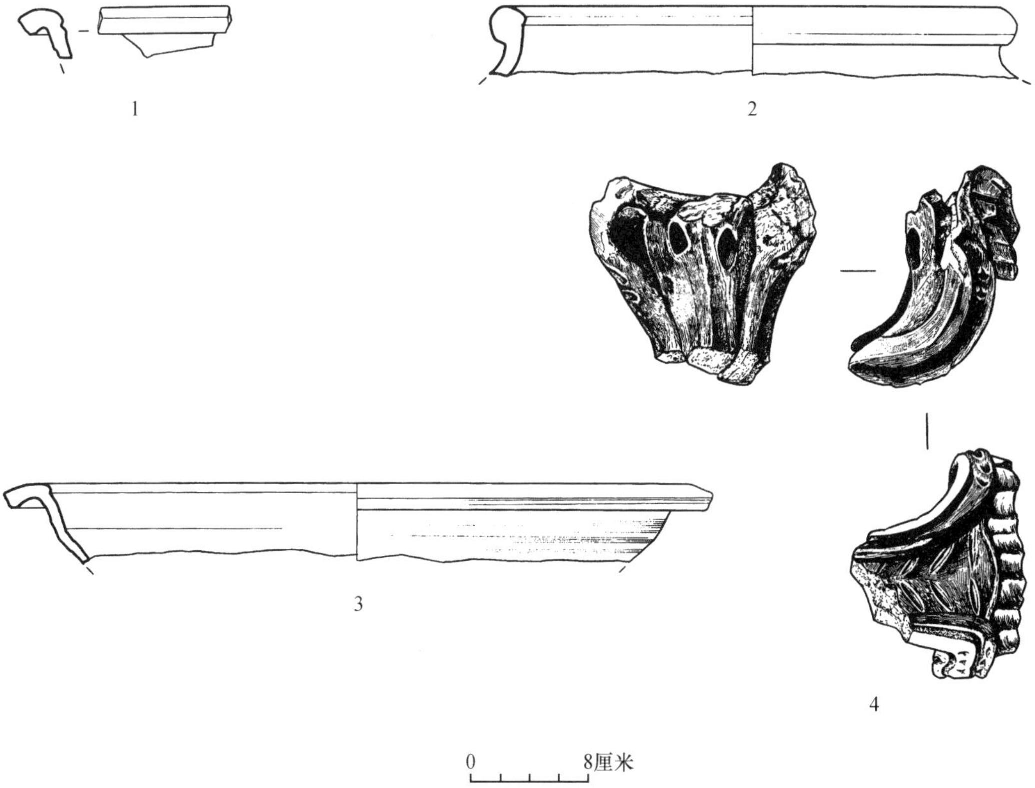

图二一　大河湾村遗址第一采集点采集标本

1. 陶盆口部（YDH1①：4）　2. 陶大口罐口部（YDH1①：3）　3. 陶盆口腹部（YDH1①：2）　4. 鸱吻残件（YDH1①：1）

YDH1①：2，泥质深灰色陶盆口腹部。侈口，斜方唇略内凹，折沿下捺，斜腹略内折。内壁口沿下饰一周凹弦纹，口沿上及内壁饰数周研光平行暗弦纹。泥片贴筑、快轮修整。口径48厘米，厚0.5厘米，残高5.2厘米（图二一，3）。

YDH1①：3，泥质大口罐口部。外壁呈黑色，内壁呈灰色。口微敛，圆唇，溜肩。唇外侧和残存肩部磨光。泥片贴筑、快轮修整。口径36厘米，厚1厘米，残高4.8厘米（图二一，2）。

YDH1①：4，泥质陶盆口部。夹心陶。外表呈灰色，内芯呈红褐色。敞口，斜方唇，卷沿外翻，斜腹。内壁口沿下饰一周凹弦纹。泥片贴筑、快轮修整。残长8.5厘米，厚1厘米，残高3.2厘米（图二一，1）。

大河湾村遗址第二采集点

第二采集点位于遗址区西南部，中心坐标为北纬40°13′54.9″，东经112°35′04.2″，海拔1513米±5米。采集点地形为缓坡台地，地表植被为玉米、葫麻等农作物。采集面积约130平方米。采集遗物分布较为分散，所采遗物主要有泥质灰陶卷沿盆、暗弦纹盆底部残片，白瓷碗底部等。采集标本共4件。

YDH1②：1，泥质深灰色陶盆底部。斜腹平底。内壁饰数周研光平行暗弦纹。泥片贴筑、快轮修整。底径30厘米，厚0.9厘米，残高8.6厘米（图二二，4）。

YDH1②：2，泥质灰色陶盆口腹部。敞口，斜方唇，卷沿外翻，短颈，斜腹。内壁口沿下

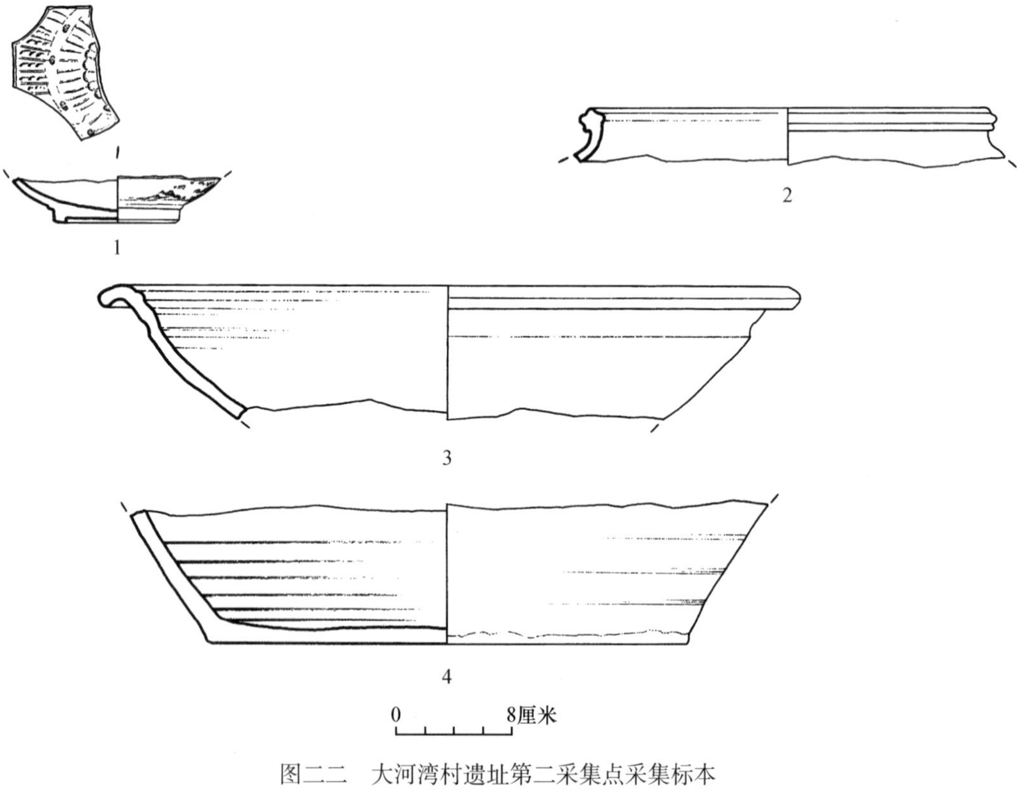

图二二　大河湾村遗址第二采集点采集标本

1. 瓷碗底部（YDH1②：4）　2. 陶罐口肩部（YDH1②：3）
3. 陶盆口腹部（YDH1②：2）　4. 陶盆底部（YDH1②：1）

饰一周凸棱。泥片贴筑、快轮修整。口径44厘米，厚0.7厘米，残高8厘米（图二二，3）。

YDH1②：3，泥质陶罐口肩部。外壁呈灰色，内壁呈灰黑色。敛口，圆唇，溜肩。素面。泥片贴筑、快轮修整口部。口径26厘米，厚0.5厘米，残高3.6厘米（图二二，2）。

YDH1②：4，瓷碗底部。坩子胎较细，灰白色。斜腹，圈足，足墙内侧较矮，外壁胎体凹凸不平。内底残存四个小支钉痕，饰印转菊花纹，内壁腹部饰浅印出筋。内壁施满釉，外壁施半釉，釉色白色泛青，局部呈灰黑色。拉坯。底径8厘米，厚0.5厘米，残高2.8厘米（图二二，1）。

（二）遗址时代

遗址的文化时代为辽代、金代（表五）。

YDH1②：3（辽金）与和林格尔县前瓦窑沟辽金时代遗址F型陶罐相似[①]。

YDH1①：2（辽金）与准格尔旗城坡古城遗址第二阶段遗存出土B型陶盆T2③：8相似[②]。

YDH1①：3（辽金）与察哈尔右翼后旗头道湾古城遗址C型陶瓮ⅠH51：1相似[③]。

表五　大河湾村遗址调查标本与其他地区同时代对比表

序号	大河湾村遗址调查标本	对比标本一	对比标本二	其他	备注
1	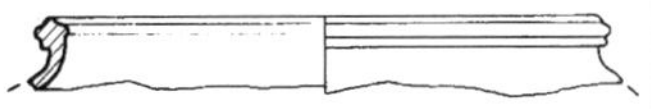 YDH1②：3（辽金）	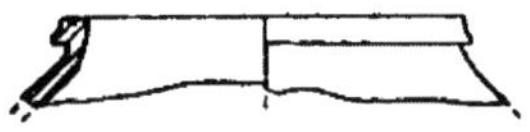 和林格尔县前瓦窑沟辽金时代遗址F型陶罐			
2	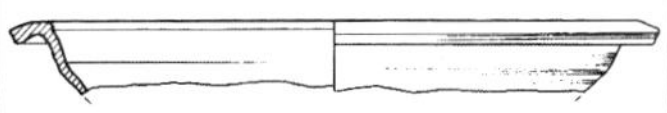 YDH1①：2（辽金）	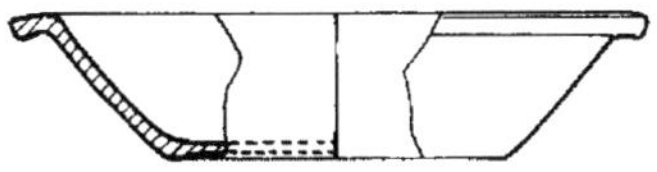 准格尔旗城坡古城遗址第二阶段遗存出土B型陶盆T2③：8			
3	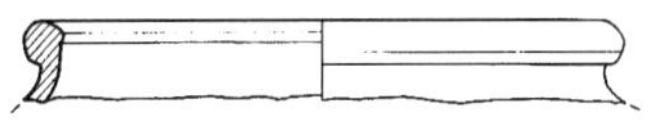 YDH1①：3（辽金）	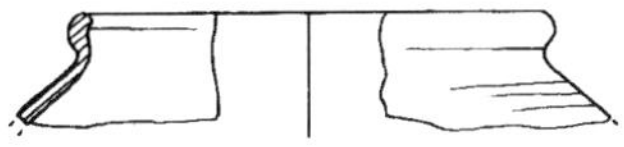 察哈尔右翼后旗头道湾古城遗址C型陶瓮ⅠH51：1			

① 内蒙古文物考古研究所编：《内蒙古文物考古文集》，中国大百科全书出版社，1994年，第556页，图六，9。

② 内蒙古自治区文物考古研究所编：《万家寨水利枢纽工程考古报告集》，远方出版社，2001年，第100页，图一七，8。

③ 内蒙古自治区文物考古研究所编：《内蒙古文物考古文集（第三辑）》，科学出版社，2004年，第340页，图二二，3。

第四节　大庙山村附近

一、大庙山村东遗址（2014YDM1）

（一）遗址介绍

大庙山村东遗址位于大庙山村东约900米处，行政归属李达窑乡大庙山村，初查时间为2014年8月2日。遗址中心点GPS坐标为北纬40°13′56.3″，东经112°28′39.6″，海拔1400米±6米。该遗址地形为东西走向的阶梯式台地，地势西高东低。遗址西临大庙山村，东北部有大冲沟，南临马营河，地表植被为荒地。遗址东西约120米，南北约50米，面积总计约6000平方米（图二三）。

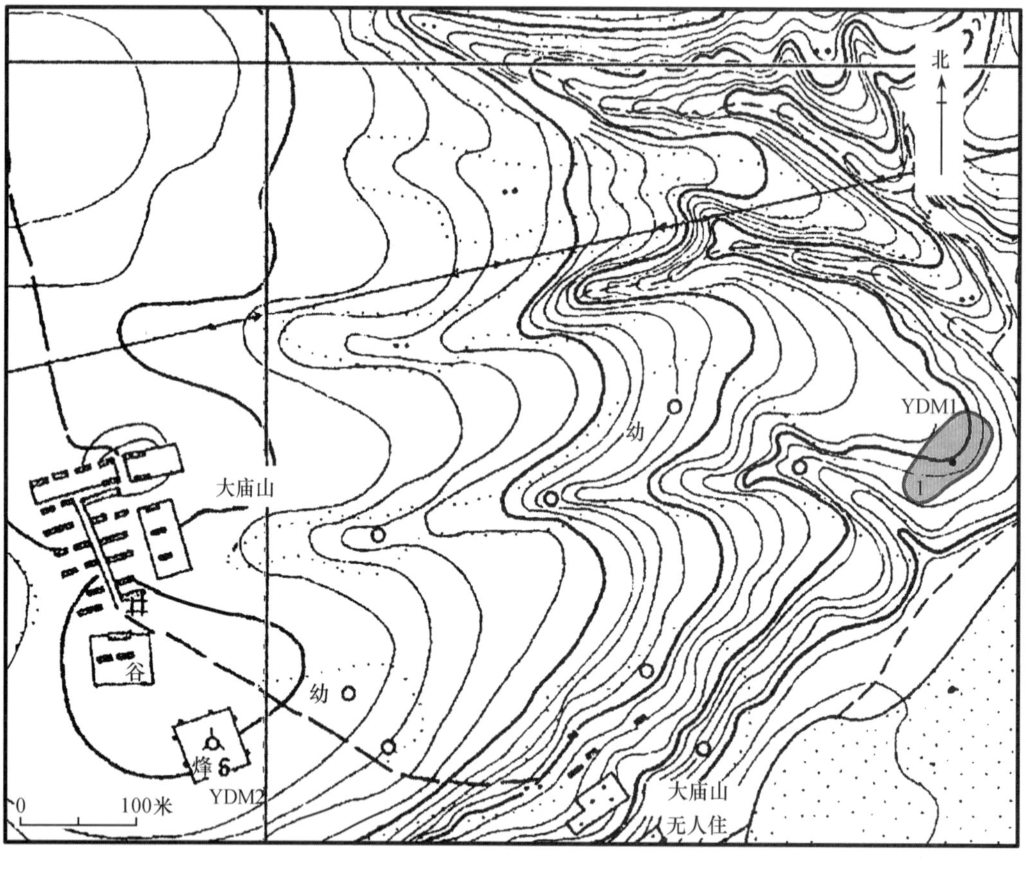

图二三　大庙山村东遗址位置示意图

在遗址区南部断面发现文化层。文化层距现地表深0.25～0.4米，文化层厚0.3～0.5米，暴露长度约0.5米，文化层土质较松散，土色灰色，包含物有陶片、瓷片、兽骨及少量石块。除此未发现其他遗迹。

遗物主要分布在遗址区的中南部，遗址区内设一个采集点。

大庙山村东遗址第一采集点

第一采集点位于遗址区中南部，中心坐标为北纬40°13′56.3″，东经112°28′39.6″，海拔1400米±6米。采集点地形为阶梯式台地，地表植被多荒地。采集面积约300平方米。采集遗物分布较分散，所采遗物主要为两个时代，战国晚期的有夹砂灰陶粗绳纹鬲、陶釜，泥质灰陶盆腹部残片；辽金时代的有泥质灰陶罐、折沿盆口部、卷沿盆口部，印花瓷碗、深腹瓷碗等。采集标本共17件。

YDM1①：1，泥质灰褐色陶盆上腹部。口外侧有四周宽窄不一的凹槽，腹部饰弦断中粗绳纹，内壁抹光，留有较明显的旋抹痕。泥片贴筑、快轮修整。残高9.6厘米，厚0.5～0.7厘米，腹部最大径33.2厘米（图二四，13；图二五，4）。

YDM1①：2，泥质深灰色浅腹盆。侈口，扁圆唇，腹部斜收。外壁有旋抹痕，内壁抹光。泥片贴筑、快轮修整。口径37.8厘米，厚0.5厘米，残高4.8厘米（图二四，10）。

YDM1①：3，泥质灰陶盆口腹部。侈口，扁圆唇，沿内卷，腹部斜收，器形偏大。外表有若干周瓦楞纹，内壁抹光。泥片贴筑、快轮修整。口径38厘米，厚0.8～1厘米，残高8.4厘米（图二四，11）。

YDM1①：4，泥质深灰色陶盆口腹部。敞口，方唇，平折沿略上翘，腹部斜收，器形偏大。外表有若干周瓦楞纹，内壁及口沿上有若干周暗纹，且研光。泥片贴筑、快轮修整。口径44厘米，厚0.8厘米，残高6厘米（图二四，12）。

YDM1①：5，泥质深灰色陶盆口腹部。直口，圆唇，折沿外翻下捺，弧腹，器形偏大。素面。泥片贴筑、快轮修整。口径34.8厘米，厚0.5～0.7厘米，残高5.8厘米（图二四，9）。

YDM1①：6，泥质灰陶盆口部。敞口，圆方唇，平折沿，沿内有宽、窄凹槽各一周，腹部斜收，器形较大。素面。泥片贴筑、快轮修整。口径52厘米，厚0.6～0.7厘米，残高2.8厘米（图二四，14）。

YDM1①：7，泥质深灰色陶盆口部。敛口，方唇，折沿向下翻卷，斜腹。素面，内壁抹光，口沿表面研光。泥片贴筑、快轮修整。口径32厘米，厚0.8厘米，残高3.2厘米（图二四，6）。

YDM1①：8，泥质深灰色陶罐口部。敛口，圆唇，卷沿，鼓肩。外表口沿下被研光，残存有两周暗弦纹。泥片贴筑、快轮修整。口径34厘米，厚0.8厘米，残高3.6厘米（图二四，7）。

YDM1①：9，泥质深灰色陶盆口部。圆唇，卷沿，腹部斜收，器壁较厚。内壁表面被研光，口沿外侧下有一周凹槽。泥片贴筑、快轮修整。口径40厘米，厚1.2厘米，残高3.6厘米（图二四，8）。

YDM1①：10，泥质灰陶盆底部。下腹斜收至平底。素面。泥片贴筑、快轮修整。底径12.2厘米，厚0.8厘米，残高8.2厘米（图二四，5）。

YDM1①：11，泥质浅灰色陶纺轮坯。器物腹部残片被打造成圆形，但无后期加工，只做坯料。表面有一段附加泥条，泥条表面有被抹压的细绳纹。泥片贴筑、手制。最大径5.5厘

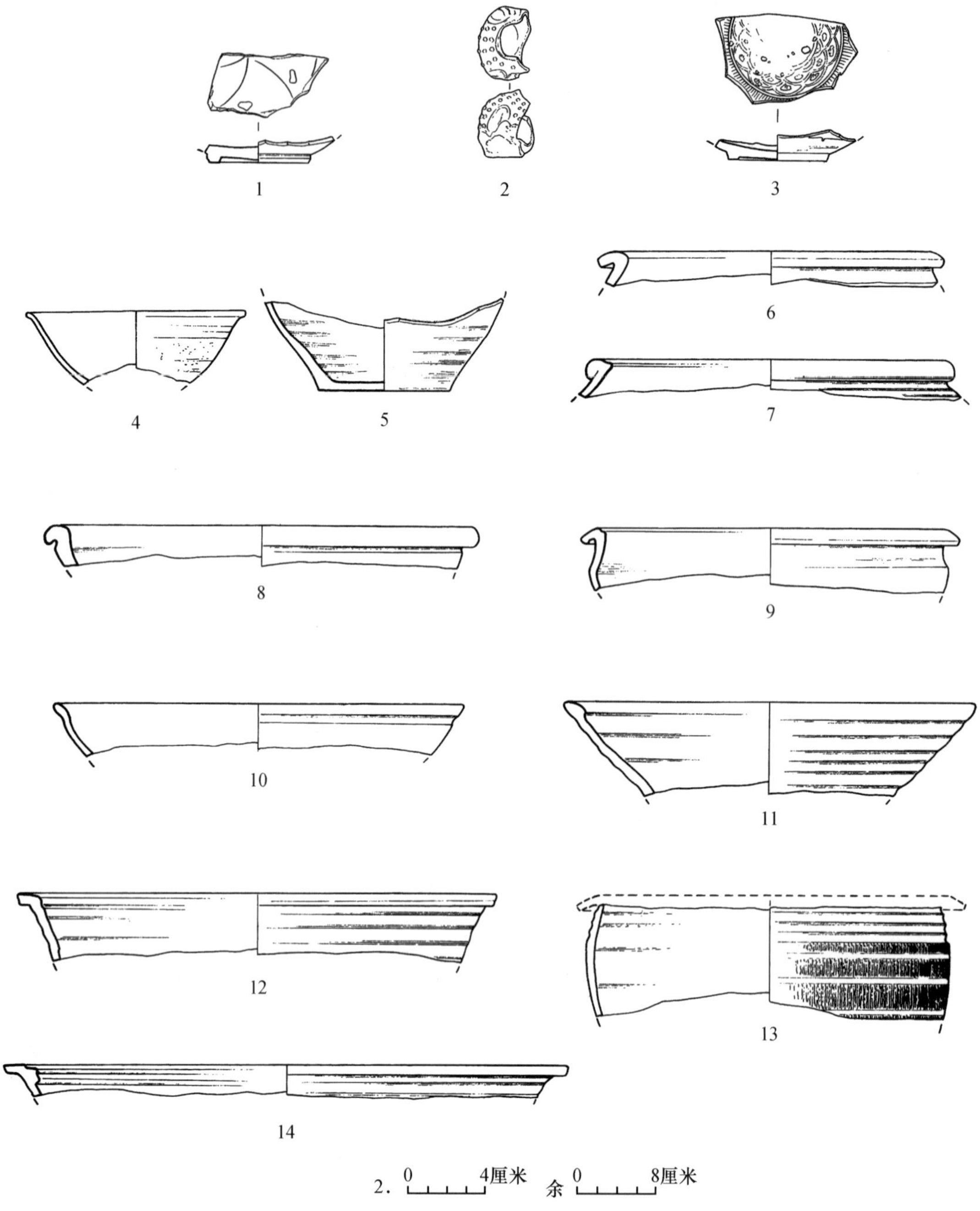

图二四　大庙山村东遗址第一采集点采集标本

1、3. 瓷碗底部（YDM1①：16、YDM1①：15）　2. 瓷蛙形水盂（YDM1①：17）　4. 瓷碗口腹部（YDM1①：14）
5. 陶盆底部（YDM1①：10）　6、8、14. 陶盆口部（YDM1①：7、YDM1①：9、YDM1①：6）
7. 陶罐口部（YDM1①：8）　9、11、12. 陶盆口腹部（YDM1①：5、YDM1①：3、YDM1①：4）
10. 陶浅腹盆（YDM1①：2）　13. 陶盆上腹部（YDM1①：1）

米，厚1厘米（图二五，2）。

YDM1①：12，夹砂深灰色陶鬲上腹部。器壁偏厚。外表饰右斜向较浅中偏细绳纹，内壁抹痕明显。轮制。残宽6.2厘米，厚0.9厘米，残高3.5厘米（图二五，1）。

YDM1①：13，夹砂深灰色陶鬲上腹部。器壁偏厚。外表饰交错粗大绳纹，内壁有明显的

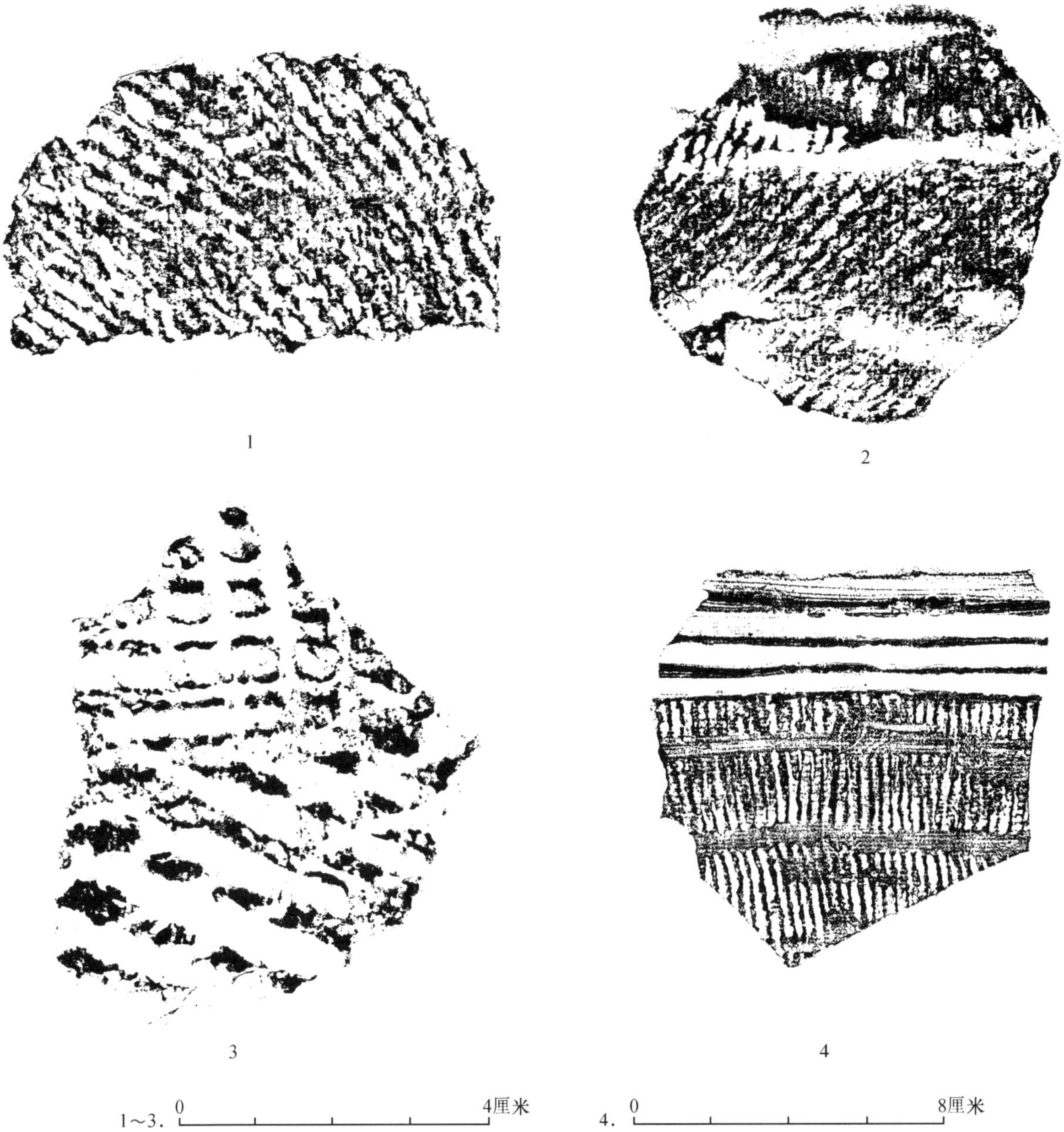

图二五 大庙山村东遗址第一采集点采集标本拓片

1、3. 陶鬲上腹部（YDM1①：12、YDM1①：13） 2. 陶纺轮坯（YDM1①：11） 4. 陶盆上腹部（YDM1①：1）

旋抹痕。轮制。残宽6.4厘米，厚0.7厘米，残高5.5厘米（图二五，3）。

YDM1①：14，瓷碗口腹部。细瓷，灰胎。扁圆唇，口沿外翻，腹部斜收至底部。内壁先施化妆土，后施透明白釉，釉色泛黄；外表施半釉，釉色泛黄；口沿处白釉已被长期使用磨掉。轮制、拉坯。口径20厘米，厚0.4厘米，残高6.4厘米（图二四，4）。

YDM1①：15，瓷碗底部。细瓷，灰胎。下腹斜收至底部，大圈足，足墙较矮、略圆钝，床面较平整，挖足未过肩，与肩平齐，系一次挖成，器壁较薄。内壁施透明白釉，釉色泛黄，未施化妆土，内外壁有爆釉现象。轮制、拉坯。底径9厘米，厚0.6厘米，残高2.8厘米（图二四，3）。

YDM1①：16，瓷碗底部。细瓷，灰胎。腹部斜收至底部，大圈足，足墙较高、平整，床面较宽、平整，挖足至肩。内壁先施化妆土，后施透明釉，釉色泛黄，底面有放射状刻划痕，且留有较大支钉痕。轮制、拉坯。底径9.4厘米，厚0.6厘米，残高2.4厘米（备注：可能为温碗）（图二四，1）。

YDM1①：17，蛙形水盂。细瓷，青灰胎。仅存后半部，蛙形，蛙背有凸起的小乳钉，后足制作不够规范，背部有圆形镂孔，底部粘砂有窑裂现象，但不影响使用，底足有明显使用痕迹。内侧施黑釉，外侧黑釉呈酱色。模制、用手捏制。高3厘米，长2.5厘米（图二四，2；图版二五，1）。

（二）遗址时代

遗址的文化时代为战国晚期、辽、金（表六）。

YDM1①：4（辽代）与察哈尔右翼后旗边墙路及其周边遗址察汗不浪古城采集A型陶盆C：4相似①。

YDM1①：5（辽金）与清水河县下河湾古城遗址A型Ⅱ式盆H7：9相似②。

表六　大庙山村东遗址调查标本与其他地区同时代对比表

序号	大庙山村东遗址调查标本	对比标本一	对比标本二	其他	备注
1	 YDM1①：4（辽代）	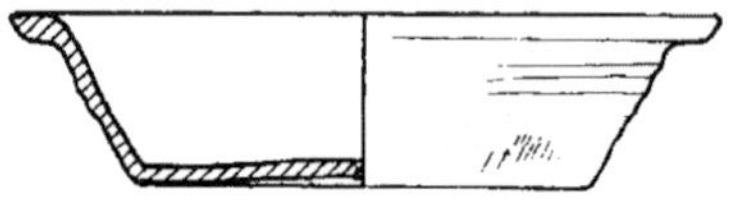 察哈尔右翼后旗边墙路及其周边遗址察汗不浪古城采集A型陶盆C：4			
2	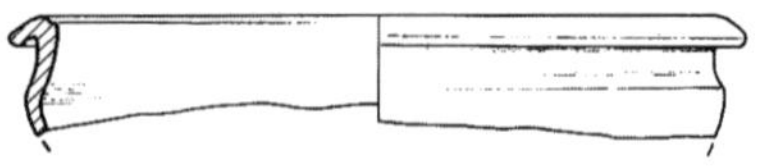 YDM1①：5（辽金）	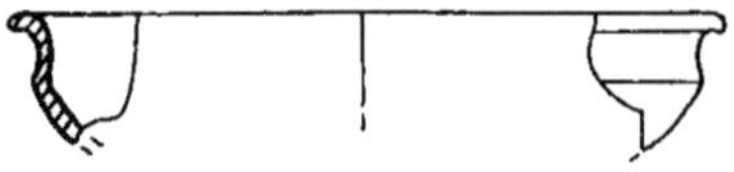 清水河县下河湾古城遗址A型Ⅱ式陶盆H7：9			

二、大庙山村遗址（2014YDM2）

（一）遗址介绍

大庙山村遗址位于大庙山村南约30米处，行政归属李达窑乡大庙山村，初查时间为2014年8月3日。遗址中心点GPS坐标为北纬40°13′50.3″，东经112°28′07.8″，海拔1483米±5米。该遗

① 内蒙古自治区文物考古研究所编：《内蒙古文物考古文集（第三辑）》，科学出版社，2004年，第356页，图三，2。

② 内蒙古自治区文物考古研究所编：《万家寨水利枢纽工程考古报告集》，远方出版社，2001年，第163页，图七，13。

址地形为南北走向的阶梯式台地，中部地势北高南低。遗址北临大庙山村，南临马营河，西临小冲沟，东临大冲沟，地表种植有葫麻、土豆农作物，其余为荒地。遗址东西约70米，南北约70米，面积总计约4900平方米（图二六；图版八，1）。

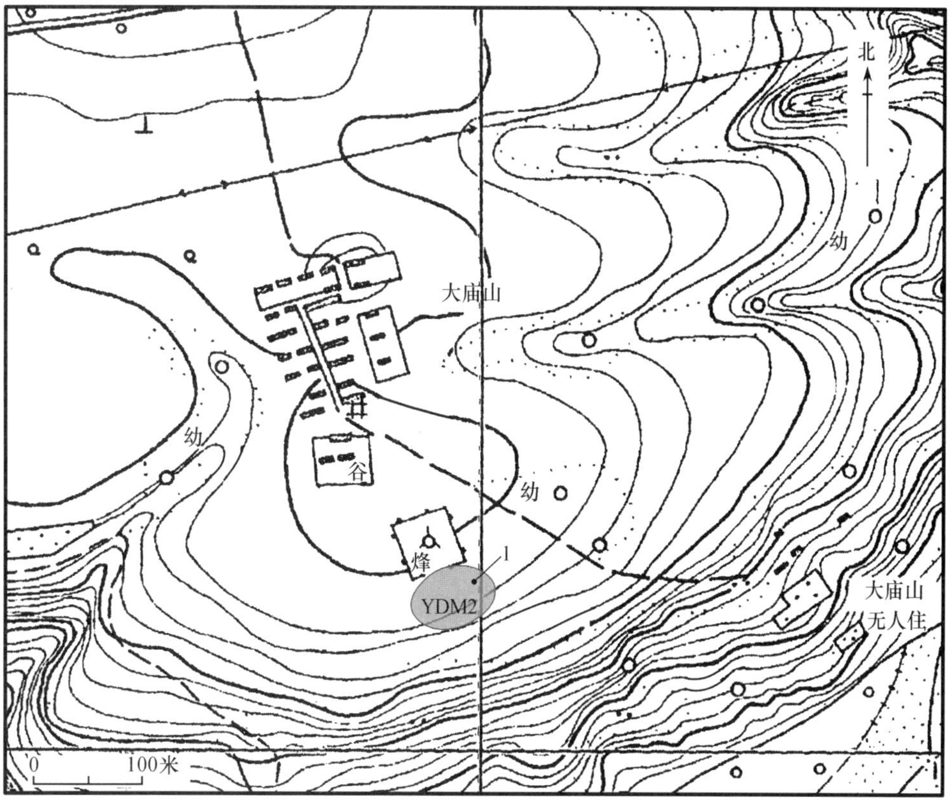

图二六　大庙山村遗址位置示意图

在遗址区中部有烽火台遗迹。烽火台遗迹外围为方形的围墙，围墙墙基宽约2.5米，围墙残高0.5 ~ 1.7米，围墙夯土层厚0.12、0.16、0.22米不等。围墙内中心为烽火台，烽火台目测高度约7米，周长约40米，夯土层厚0.15 ~ 0.17米。烽火台周围地形较平坦，现地表种植土豆。烽火台保存得基本完整，测得GPS坐标为北纬40°13′50.3″，东经112°28′07.8″，海拔1483米 ± 5米。除此未发现其他遗迹。

遗物主要分布在遗址区中部的烽火台周围 。故设一个采集点。

大庙山村遗址第一采集点

第一采集点位于遗址区内烽火台东南角，中心坐标为北纬40°13′50.3″，东经112°28′07.8″，海拔1483米 ± 5米。采集地形为较平整的台地，地表植被为荞麦等农作物。采集面积约120平方米。采集遗物分布于烽火台四周，较集中，所采遗物主要有泥质灰陶直口罐口部、折沿盆口部；筒瓦、板瓦、残石杵等。采集标本共12件。

YDM2①：1，泥质深灰色陶罐口肩部。直口，平沿，耸肩，个体较大，器壁较厚。口外侧及肩部饰竖向较浅细绳纹。泥片贴筑、快轮修整。口径30厘米，厚0.7 ~ 1厘米，残高10厘米（图二七，9）。

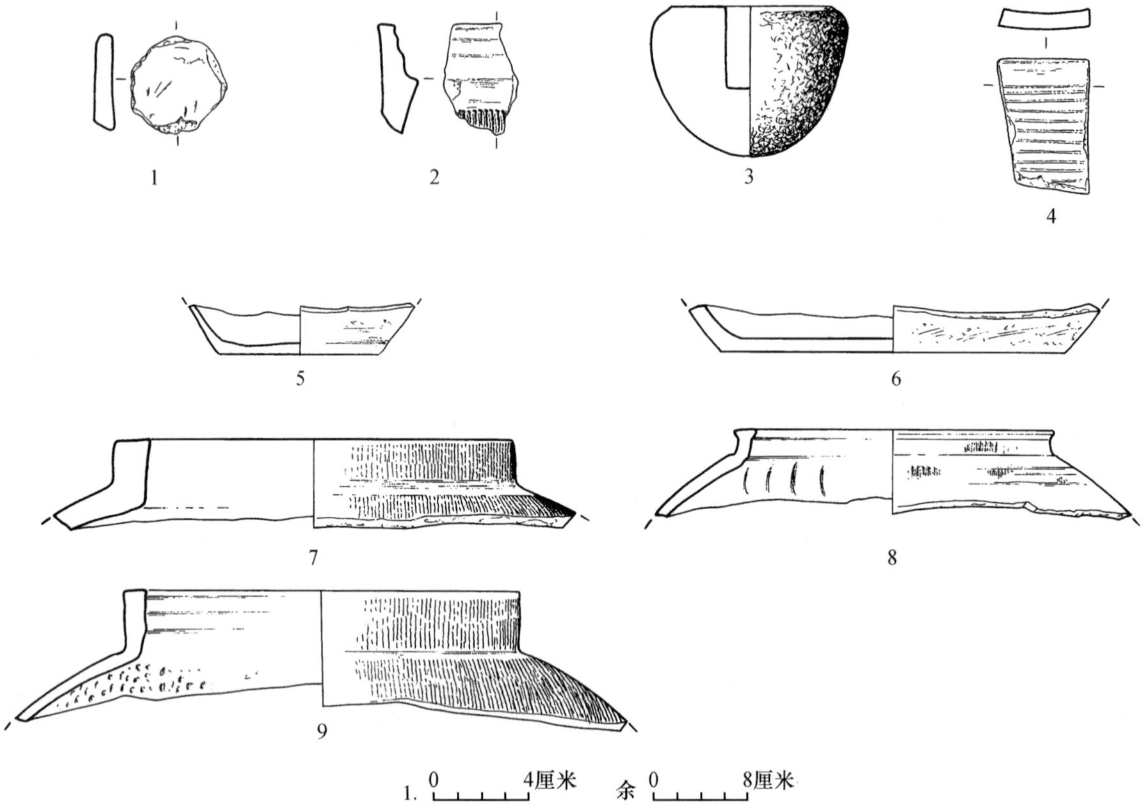

图二七　大庙山村遗址第一采集点采集标本

1. 陶纺轮坯（YDM2①：9）　2. 筒瓦（YDM2①：7）　3. 石杵（YDM2①：12）
4. 板瓦（YDM2①：4）　5. 陶盆下腹及底部（YDM2①：3）　6. 陶罐下腹及底部（YDM2①：6）
7～9. 陶罐口肩部（YDM2①：2、YDM2①：8、YDM2①：1）

YDM2①：2，泥质深灰色陶罐口肩部。口微敛，平沿，耸肩，个体较大，器壁特厚。口外侧、肩部均饰竖向细绳纹，口沿上的细绳纹大多被抹掉，内壁抹光。泥片贴筑、快轮修整。口径30厘米，残高6.5厘米，厚1.6～2厘米（图二七，7）。

YDM2①：3，泥质浅灰色陶盆下腹及底部。下腹斜收至底部。素面。泥片贴筑、快轮修整。底径12.2厘米，厚0.4～0.6厘米，残高3.8厘米（图二七，5）。

YDM2①：4，泥质浅灰色陶板瓦残断，平面呈长方形，瓦头圆钝，有凹槽一道。内、外均有若干周瓦楞纹。泥片贴筑、手制（内切）。残长9.8厘米，厚1.2厘米，残宽7厘米（图二七，4）。

YDM2①：5，泥质浅灰色陶盆口腹部。敛口，宽折沿，腹部斜收。口沿上有两周凹槽及较浅细绳纹，口外侧饰竖向较浅细绳纹，腹部有弦断压印纹及左斜向刻划纹。泥片贴筑、快轮修整。残高12.5厘米，厚0.9～1.4厘米，残宽16.5厘米（图二八，3）。

YDM2①：6，泥质浅灰色陶罐下腹及底部。下腹斜收至平底。素面。泥片贴筑、快轮修整。底径26厘米，厚1.2～1.4厘米，残高3.6厘米（图二七，6）。

YDM2①：7，泥质深灰色筒瓦。残段，带瓦舌筒瓦。外表饰中粗绳纹，内壁为横向细绳纹。泥片贴筑、手制。残长8厘米，厚1.2～1.8厘米，残宽5.6厘米（图二七，2）。

YDM2①：8，泥质深灰色陶罐口肩部。敛口，平沿，矮颈，溜肩。素面，表明磨光，领部与肩部细绳纹被抹掉，仅暴露少数纹饰。泥片贴筑、快轮修整。口径24厘米，厚0.8～1厘米，残高6厘米（图二七，8）。

YDM2①：9，泥质浅灰色陶纺轮坯。平面呈圆形。素面。泥片贴筑、手制。直径3.5厘米，厚0.6厘米（图二七，1）。

YDM2①：10，泥质浅灰色陶罐腹部。外表先饰竖向较浅细绳纹，局部被抹掉，后饰两周叶片状压印纹。泥片贴筑、快轮修整。残高13厘米，厚0.6～1厘米，残宽13.5厘米（图二八，2）。

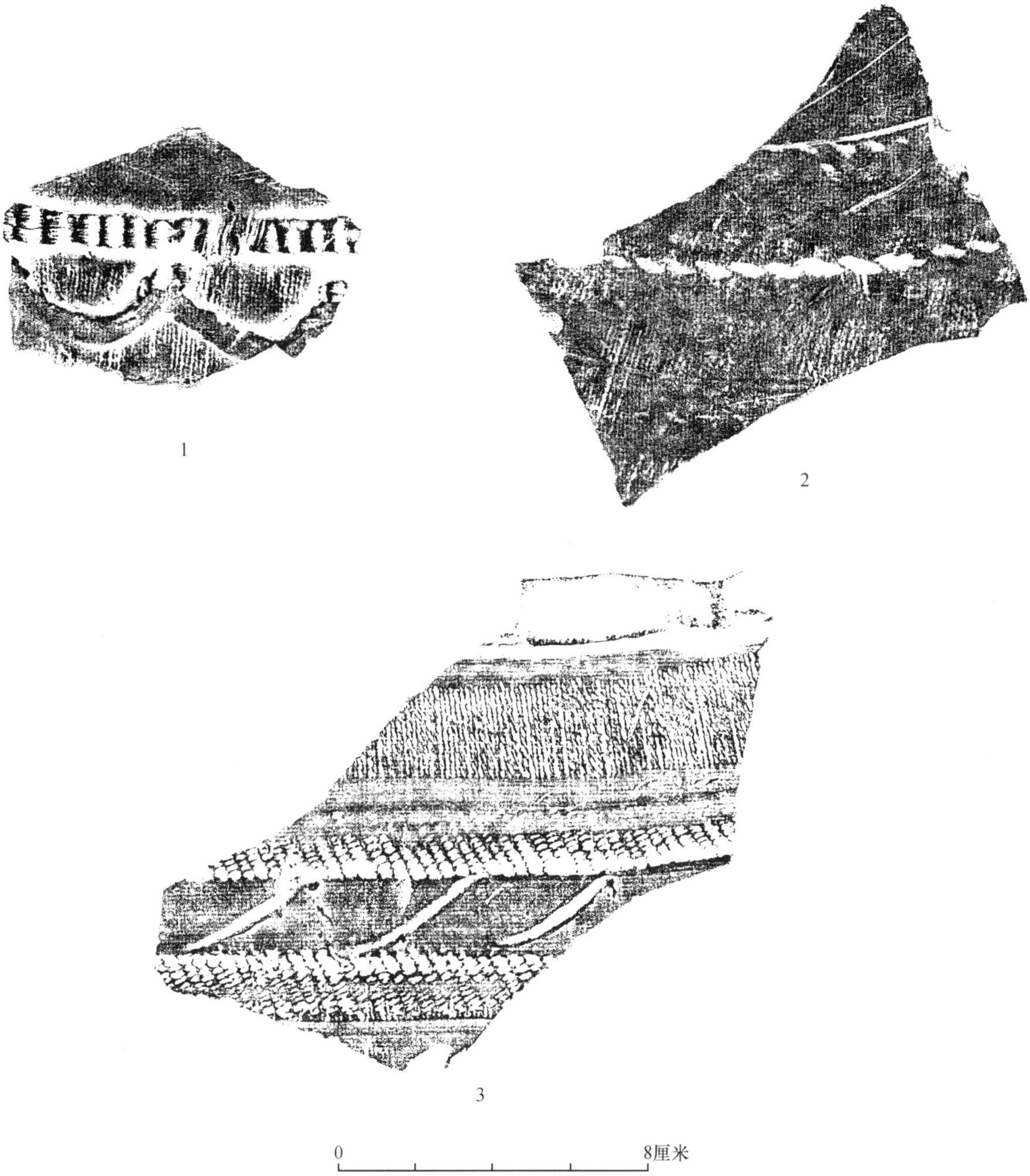

图二八　大庙山村遗址第一采集点采集标本拓片

1. 陶罐肩腹部（YDM2①：11）　2. 陶罐腹部（YDM2①：10）　3. 陶盆口腹部（YDM2①：5）

YDM2①：11，泥质深灰色陶罐肩腹部。溜肩，腹部斜收。肩部外表先饰竖向较浅细绳纹，后附加横向条带状，半月状压印泥条，内壁有明显的手抹痕。泥片贴筑、快轮修整。残高6厘米，厚0.6厘米，残宽9厘米（图二八，1；图版八，4）。

YDM2①：12，深灰色火山岩石杵（残半）。通体呈圆锥形，圆形柱状孔居中，深至二分之一处，个体偏大。素面。手工打制。最大径15厘米，通高11厘米，孔径1.9厘米，孔深6厘米（图二七，3；图版八，2、3）。

（二）遗址时代

遗址的文化时代为东汉，但有明代的烽火台。

三、大庙山村南断崖（采集）

采集：1，泥质灰陶板瓦（残）。瓦面饰水波纹，且有弦断，瓦沟残存部分素面，四边均残，瓦身略弧形。泥片贴筑。残长9厘米，厚3.1厘米，残宽10.5厘米。时期为北魏（图二九，1）。

采集：2，泥质深灰色建筑构件。残件，正面模印图案，有边框，背面较平整。模制。残长9厘米，厚2厘米，残宽9厘米。时期为北魏（图二九，2）。

第五节　东窑沟村附近

东窑沟村西南遗址（2014YDY1）

（一）遗址介绍

东窑沟村西南遗址位于东窑沟村西南约500米处，行政归属李达窑乡东窑沟村，初查时间为2014年8月12日。遗址中心点GPS坐标为北纬40°12′52.7″，东经112°23′33.9″，海拔1396米±5米。遗址为西北东南走向的阶梯式坡地，地势西北高东南低，地形较为平坦，地表植被为林地、灌木丛。遗址东北临西北向东南注入马营河的支流（现在有水流），西南临较大天然冲沟。遗址东西约470米，南北约340米，面积总计约159800平方米（图三〇）。

遗址未发现文化层、灰坑等遗迹，只采集散落在遗址区的残留遗物。

遗物主要分布在遗址区的中部。遗址区共设三个采集点。

东窑沟村西南遗址第一采集点

第一采集点位于遗址区东北部，中心坐标为北纬40°12′52.7″，东经112°23′33.9″，海拔1396米±5米。采集点地形为缓冲坡地，地表植被为胡杨树。采集面积约300平方米。采集遗物分布较集中，所采遗物主要有泥质灰陶折沿盆口部、卷沿盆口部、高领罐口部、罐下腹近底部、纺轮坯料等；青白釉瓷碗口部及底部，以及石臼等。采集标本共11件。

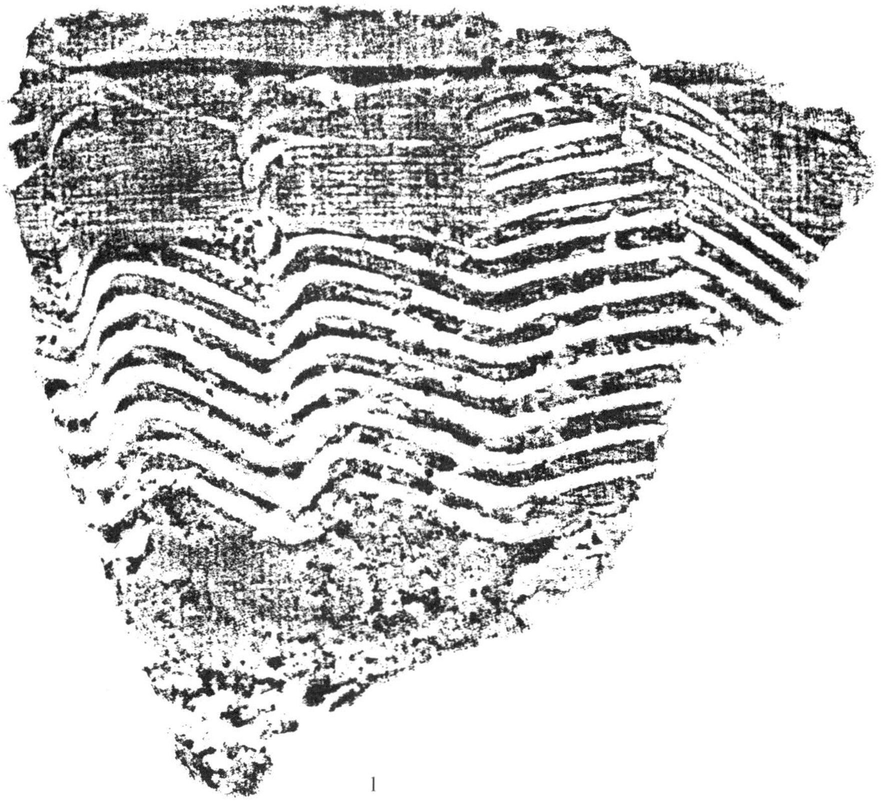
1

2

图二九　大庙山村南断崖采集标本拓片
1. 板瓦（采集：1）　2. 建筑构件（采集：2）

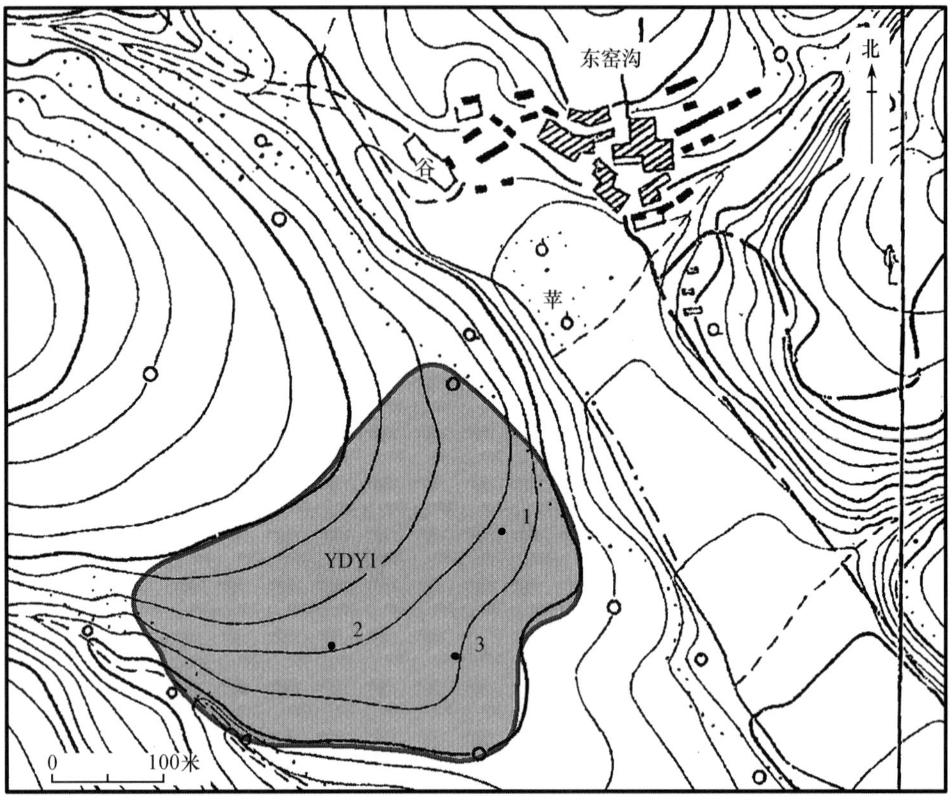

图三〇　东窑沟村西南遗址位置示意图

YDY1①：1，泥质深灰色陶盆口腹部。侈口，斜方唇，宽折沿略下捺，腹部斜收。素面，口沿内侧有一周较深凹槽。泥片贴筑、快轮修整。口径46厘米，厚0.8～1.2厘米，残高10.6厘米（图三一，6）。

YDY1①：2，泥质深灰色陶盆口腹部。口微敛，圆唇，宽折沿向下翻卷，腹部弧收。素面。泥片贴筑、快轮修整。口径44厘米，厚1厘米，残高6.4厘米（图三一，10）。

YDY1①：3，泥质深灰色陶盆口腹部。敛口，平宽折沿，腹部斜收。素面，口沿上有两周凹槽。泥片贴筑、快轮修整。口径44厘米，厚0.8厘米，残高4.4厘米。时期为辽金（图三一，4）。

YDY1①：4，泥质深灰色陶盆口腹部。口微敛，方唇，折沿略下捺，腹部斜收。素面。泥片贴筑、快轮修整。口径42厘米，厚0.8厘米，残高4厘米（图三一，8）。

YDY1①：5，泥质深灰色陶盆口腹部。侈口，圆唇，卷沿，腹部斜收。外表饰弦断戳刺三角纹，内壁抹光。泥片贴筑、快轮修整。口径24厘米，厚0.6厘米，通高3.8厘米（图三一，9）。

YDY1①：6，泥质深灰色陶罐口肩部。侈口，高领，溜肩。素面。泥片贴筑、快轮修整。口径22厘米，厚0.5～0.6厘米，残高4.2厘米（图三一，7）。

YDY1①：7，泥质深灰色陶纺轮坯。平面呈圆形，由陶盆腹片制成。素面。泥片贴筑、手制。最大径5.5厘米，厚0.9厘米（图三一，3）。

YDY1①：8，泥质灰陶罐肩部。肩部外表饰竖向长方、方块压印剔刺纹，内壁抹光。泥片贴筑、快轮修整。残高3.4厘米，厚0.5厘米，残宽5.4厘米（图三一，2）。

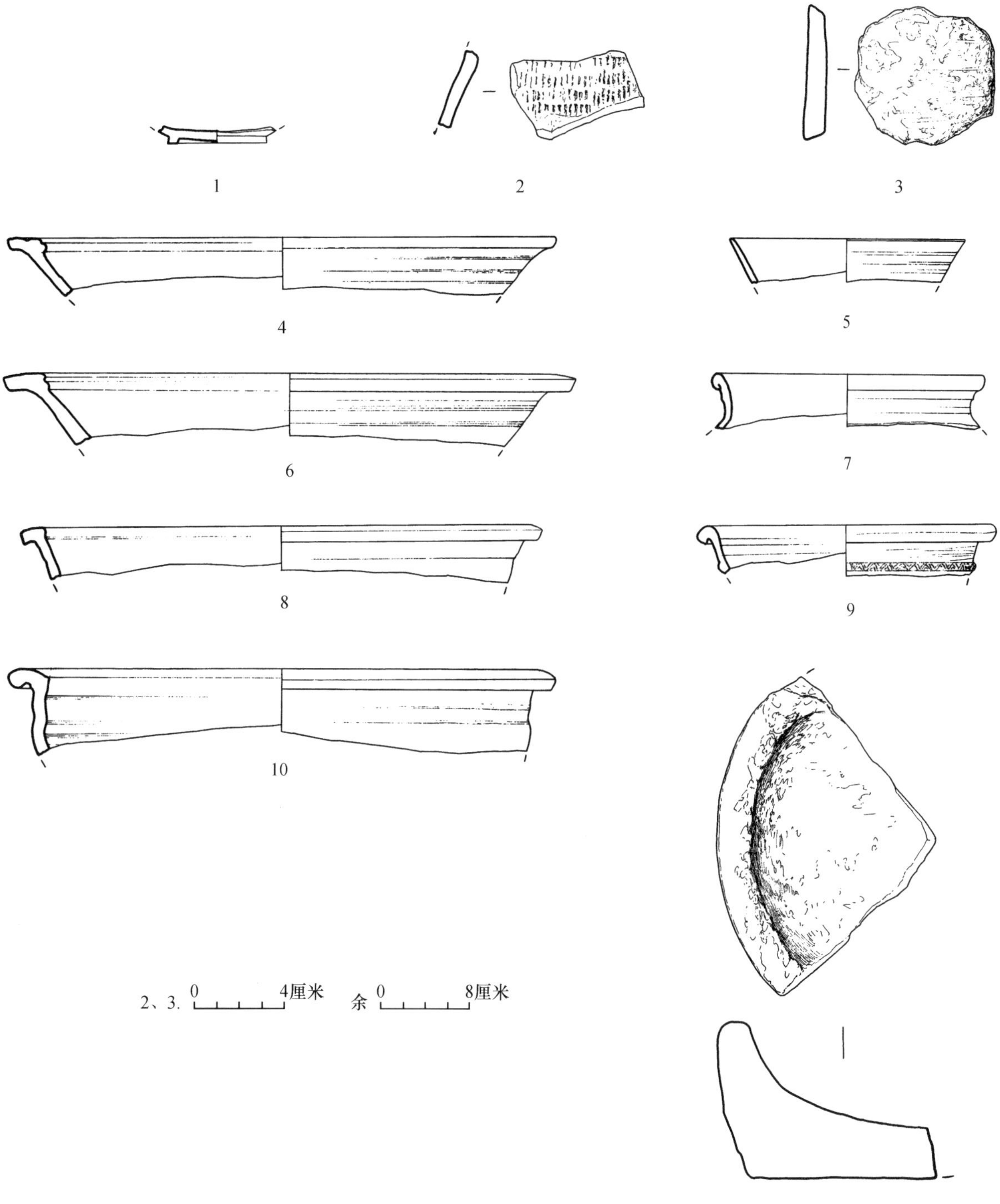

图三一　东窑沟村西南遗址第一采集点采集标本

1. 瓷碗底部（YDY1①：10）　2. 陶罐肩部（YDY1①：8）　3. 陶纺轮坯（YDY1①：7）　4、6、8~10. 陶盆口腹部（YDY1①：3、YDY1①：1、YDY1①：4、YDY1①：5、YDY1①：2）　5. 瓷碗口腹部（YDY1①：9）　7. 陶罐口肩部（YDY1①：6）　11. 火山岩石臼（YDY1①：11）

YDY1①：9，瓷碗口腹部。细瓷，灰胎。侈口，扁圆唇，腹部斜收。青绿釉，未施化妆土，内外壁施满釉。手制、拉坯、轮修。口径18.8厘米，厚0.4～0.5厘米，残高3.4厘米（图三一，5）。

YDY1①：10，瓷碗底部。细瓷，灰胎。矮圈足，足床平整，挖足较浅、未过肩，系一次挖成。釉色白色泛黄，未施化妆土。素面。内底施满釉，留有支钉痕，外壁支钉痕被打磨，系仰置叠烧。手制、轮修。足径8厘米，残高2.4厘米，厚0.7厘米（图三一，1）。

YDY1①：11，灰色火山岩石臼。平面呈圆形，内底呈弧底，底面平整。外壁及底部錾刻平整，内壁磨光。手制。残口径24.6厘米，厚3～3.8厘米，通高12厘米（图三一，11）。

东窑沟村西南遗址第二采集点

第二采集点位于遗址区西南部，中心坐标为北纬40°12′48.6″，东经112°23′25.9″，海拔1380米±5米。采集点地形为缓冲坡地，地表植被为荒地。采集面积约800平方米。采集遗物分布较分散，所采遗物主要有夹砂灰陶釜口部；泥质灰陶折沿盆口部、卷沿盆口部、大口罐口部、小口罐口部、弦断绳纹盆近底部、陶甑残片等；瓷碗口沿、底部。采集标本共16件。

YDY1②：1，夹细砂深灰色陶罐口肩部。侈口，溜肩。外表饰左斜向粗大绳纹，内壁抹光。泥片贴筑、快轮修整。残高4.8厘米，厚0.8厘米，残宽7.8厘米（图三二，2）。

YDY1②：2，泥质深灰色陶盆口腹部。敛口，方唇，宽折沿，沿上有两周较宽的凹槽，腹部斜收。素面。泥片贴筑、快轮修整。口径50厘米，厚0.7～1厘米，残高7厘米（图三二，16）。

YDY1②：3，泥质灰陶盆口腹部。敞口，斜方唇，折沿略下捺，直腹。口外侧有数周瓦楞纹，沿外侧有凹槽一周，内壁抹光。泥片贴筑、快轮修整。口径32厘米，厚0.8～1厘米，残高5.2厘米（图三二，5）。

YDY1②：4，泥质深灰色陶盆口腹部。口微侈，方唇，宽折沿略下捺，腹部斜收。口外侧有四周凹槽。泥片贴筑、快轮修整。口径34厘米，厚0.5～0.8厘米，残高4厘米（图三二，11）。

YDY1②：5，泥质深灰色陶盆口腹部。敛口，宽折沿，沿上有两周凹槽。素面。泥片贴筑、快轮修整。口径44厘米，厚0.7～0.8厘米，残高3.2厘米（图三二，13）。

YDY1②：6，泥质深灰色陶盆口腹部。侈口，圆唇，卷沿外翻，腹部斜收。素面，上腹部有由外向内圆形钻孔一个。泥片贴筑、快轮修整。口径39厘米，厚0.8～1.3厘米，残高4.6厘米（图三二，15）。

YDY1②：7，泥质灰陶罐口腹部。敛口，圆唇，卷沿，斜腹，个体较大，器壁较厚。素面。泥片贴筑、快轮修整。口径39厘米，厚1厘米，残高4.8厘米（图三二，12）。

YDY1②：8，泥质灰陶盆口腹部。敛口，圆唇，卷沿，鼓肩，弧腹。卷沿外侧有五道横向压印纹，近口部有较浅凹槽一周。泥片贴筑、快轮修整。口径30厘米，厚0.7厘米，残高5.7厘米（图三二，8）。

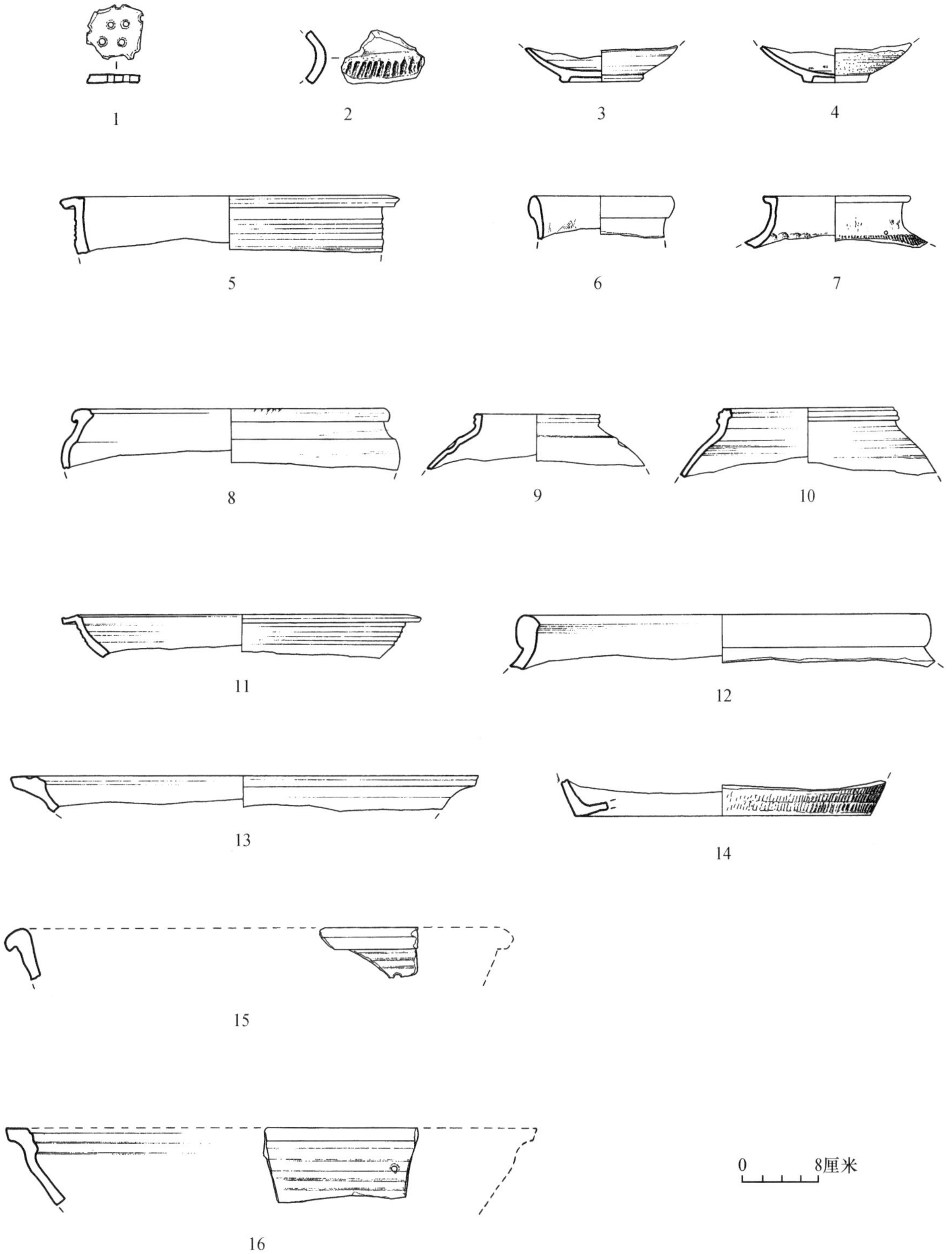

图三二　东窑沟村西南遗址第二采集点采集标本

1. 陶甑底部（YDY1②：13）　2、7、9、10. 陶罐口肩部（YDY1②：1、YDY1②：12、YDY1②：10、YDY1②：9）　3、4. 瓷碗下腹及底部（YDY1②：15、YDY1②：16）　5、8、11～13、15、16. 陶盆口腹部（YDY1②：3、YDY1②：8、YDY1②：4、YDY1②：7、YDY1②：5、YDY1②：6、YDY1②：2）　6. 陶小口罐口部（YDY1②：11）　14. 陶盆下腹及底部（YDY1②：14）

YDY1②：9，泥质灰陶罐口肩部。敛口，圆唇，平沿，沿上有一周凹槽，唇外侧有两周凹槽，溜肩。素面。泥片贴筑、快轮修整。口径17厘米，厚0.4～0.6厘米，残高6.2厘米（图三二，10）。

YDY1②：10，泥质灰陶罐口肩部。直口，鼓肩，肩部有残耳痕。肩部有一周暗弦纹，表面磨光；口外侧有凹槽一周，内壁抹光。泥片贴筑、快轮修整。口径12厘米，厚0.5厘米，残高5厘米（图三二，9）。

YDY1②：11，泥质灰陶小口罐口部。侈口，扁圆唇，唇较厚。素面。泥片贴筑、快轮修整。口径13.8厘米，厚0.4～0.6厘米，残高3.8厘米（图三二，6）。

YDY1②：12，泥质深灰色陶罐口肩部。直口，圆唇，平折沿，高领，溜肩。肩部外表饰竖向中偏细绳纹，且有由内向外的圆形钻孔一个，内壁抹光。泥片贴筑、快轮修整。口径14厘米，厚0.4～0.8厘米，残高4.8厘米（图三二，7）。

YDY1②：13，泥质灰陶甑底部。平底，若干个由上至下的圆形通气孔垂直于甑底面。素面。手制、轮修。残长5.2厘米，厚0.8厘米，残宽5厘米（图三二，1）。

YDY1②：14，泥质深灰色陶盆下腹及底部。下腹斜收至底部。外表饰竖向弦断压印剔刺纹至底部，内壁抹光。泥片贴筑、快轮修整。底径28厘米，厚0.7～1厘米，残高3.2厘米（图三二，14）。

YDY1②：15，瓷碗下腹及底部。细瓷，灰胎。下腹斜收至圈足，圈足圆钝，足墙较矮，挖足过肩，系二次挖成。茶叶末釉，未施化妆土，内外施满釉，内底有粘砂痕。手制、轮修。底径8厘米，厚0.4～0.6厘米，残高3.2厘米（图三二，3）。

YDY1②：16，瓷碗下腹及底部。细瓷，灰胎。下腹斜收至圈足，足墙圆钝，挖足过肩，系二次挖成。白釉泛黄，未施化妆土，外表刷釉至下腹部，近底部未施釉露胎，内壁刷满釉，局部有粘釉痕。手制、轮修。底径6厘米，厚0.4～0.5厘米，残高3.4厘米（图三二，4）。

东窑沟村西南遗址第三采集点

第三采集点位于遗址区东南部，中心坐标为北纬40°12′47.9″，东经112°23′31.5″，海拔1377米±4米。采集点地形为缓冲坡地，地表植被为荒地。采集面积约600平方米。采集遗物分布较为分散，所采遗物主要有夹砂灰陶釜口部；泥质灰陶溜肩罐口部、敛口罐口部、折沿盆口部、直口盆口部、弦断绳纹罐近底部、钵底部等以及瓷碗口部。采集标本共10件。

YDY1③：1，夹细砂灰陶鬲口肩部。侈口，方唇，矮领，溜肩。肩部外表饰较粗粗绳纹。泥片贴筑、手制轮修。口径30厘米，厚0.9～1.1厘米，残高7.3厘米（图三三，7）。

YDY1③：2，泥质深灰色陶盆口腹部。敛口，扁圆唇，斜折沿，腹部斜收。口外侧有一周指压纹，内壁抹光。泥片贴筑、快轮修整。口径34.8厘米，残高3.6厘米，厚1.2厘米（图三三，6）。

YDY1③：3，泥质深灰色陶盆口腹部。口微敛，方唇，宽折沿下捺，腹部斜收。口外侧有数周瓦楞纹，之下为弦断交错绳纹，内壁抹光。泥片贴筑、快轮修整。口径34厘米，厚0.7～0.9厘米，残高6.4厘米（图三三，8）。

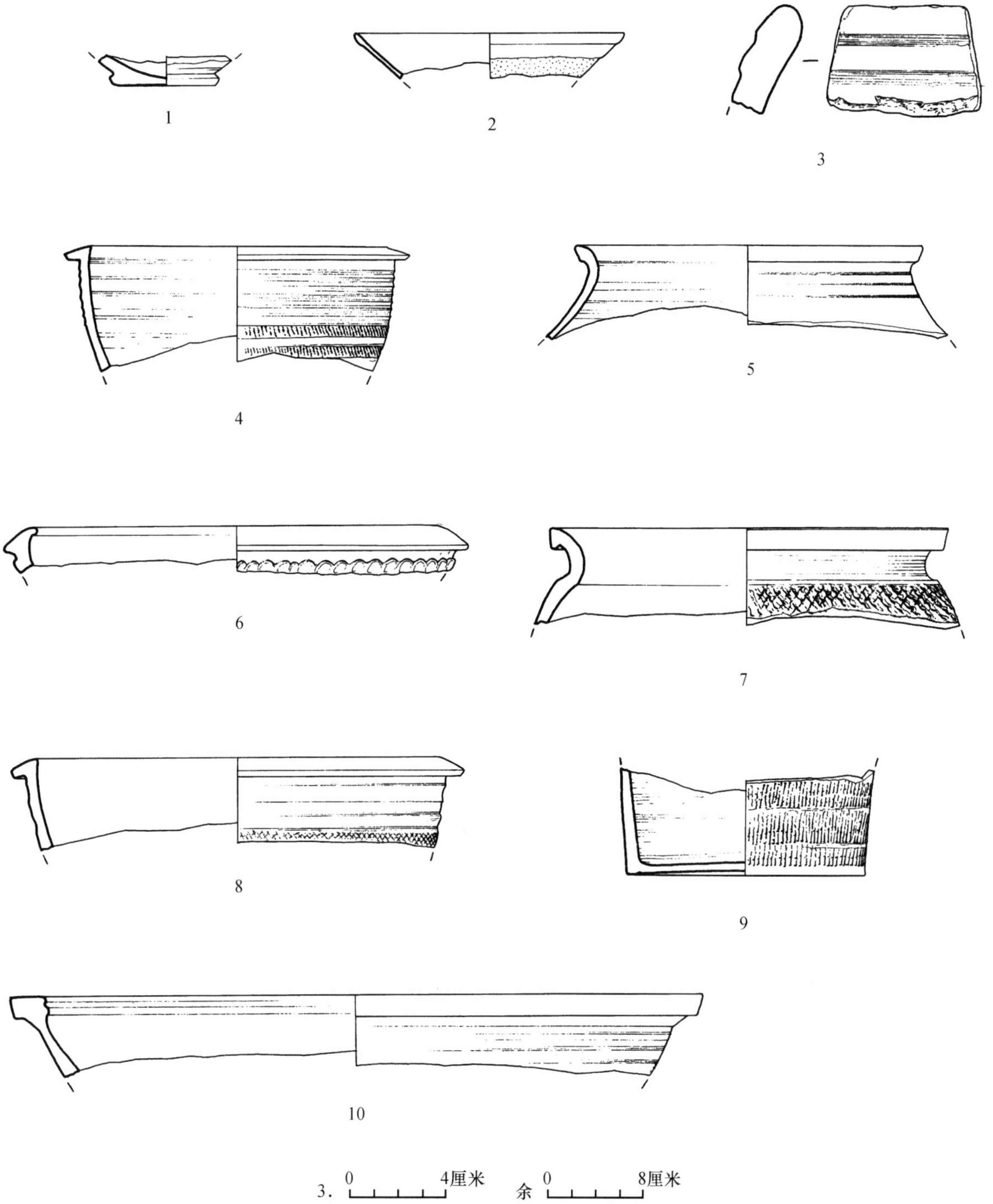

图三三　东窑沟村西南遗址第三采集点采集标本

1. 陶钵下腹及底部（YDY1③：8）　2. 瓷碗口腹部（YDY1③：10）　3. 陶碗口腹部（YDY1③：7）　4、6、8. 陶盆口腹部（YDY1③：5、YDY1③：2、YDY1③：3）　5. 陶罐口肩部（YDY1③：6）　7. 陶鬲口肩部（YDY1③：1）　9. 陶瓶底部（YDY1③：9）　10. 陶盆口部（YDY1③：4）

YDY1③：4，泥质深灰色陶盆口部。敛口，方唇，宽折沿，沿内侧有凹槽一周，腹部斜收。素面，外表有明显旋抹痕。泥片贴筑、快轮修整。口径52厘米，厚0.7～1.1厘米，残高5.8厘米（图三三，10）。

YDY1③：5，泥质深灰色陶盆口腹部。敛口，斜方唇，宽折沿，弧腹。口外侧有数周瓦楞纹，之下饰右斜向弦断中粗绳纹，内壁抹光。泥片贴筑、快轮修整。口径26厘米，厚0.7厘米，残高9厘米（图三三，4）。

YDY1③：6，泥质深灰色陶罐口肩部。侈口，方唇，折沿上翘，溜肩。肩部外表有数周暗弦纹。泥片贴筑、快轮修整。口径26厘米，厚0.6～0.7厘米，残高6.4厘米（图三三，5）。

YDY1③：7，泥质深灰色陶碗口腹部。敛口，圆唇，弧腹。口外侧有两周较宽凹槽。泥片贴筑、快轮修整。残高4厘米，厚1.4厘米，残宽5.8厘米（图三三，3）。

YDY1③：8，泥质深灰色陶钵下腹及底部。下腹斜收至饼底，底面平整。素面，下腹外表及底面有明显旋抹痕。泥片贴筑、快轮修整。底径8.2厘米，厚0.8厘米，残高2.2厘米（图三三，1）。

YDY1③：9，泥质灰陶瓶底部。直腹，下腹略内曲，平底，底略内凹，底部套接。外表饰竖向戳刺压印纹，内壁手抹；表面纹饰特殊，类似篦子剔刺而成，与辽代梅瓶装饰手法一致。泥片贴筑、手制轮修。底径18厘米，厚0.7～0.9厘米，残高7.6厘米（图三三，9；图三四；图版二七，2）。

YDY1③：10，瓷碗口腹部。细瓷，灰胎。侈口，扁圆唇，沿略外卷，腹部斜收。白釉泛黄，先施化妆土，内壁刷满釉，外表刷半釉，露胎较多。手制、轮修。口径20厘米，厚0.3厘米，残高3.2厘米（图三三，2）。

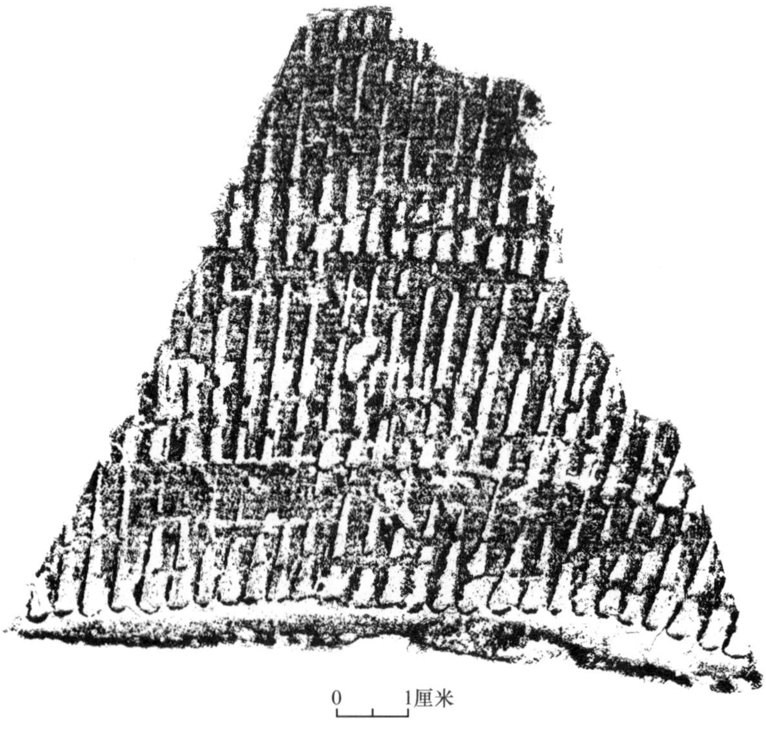

图三四　东窑沟村西南遗址第三采集点采集标本拓片

陶瓶底部（YDY1③：9）

（二）遗址时代

遗址的文化时代为战国晚期、辽金（表七）。

YDY1③：1（战国晚期）与准格尔旗城坡古城遗址第一阶段遗存出土A型陶罐H6：4相似[①]。

YDY1③：9（辽代）与巴林右旗敖包恩格尔辽墓M1随葬瓷牛腿瓶M1：3相似[②]。

YDY1③：4（辽代）与和林格尔县前瓦窑沟辽金时代遗址C型陶盆相似[③]。

YDY1①：6（辽金）与和林格尔县红山口遗址D型陶罐H98：2相似[④]。

YDY1②：4（辽金）与准格尔旗城坡古城遗址第二阶段遗存出土B型陶盆T26②：2相似[⑤]。

YDY1②：6（辽金）与准格尔旗城坡古城遗址第二阶段遗存出土D型陶盆T7②：24相似[⑥]。

YDY1②：7（辽金）与准格尔旗城坡古城遗址第二阶段遗存出土B型陶瓮T24③：1相似[⑦]。

YDY1②：8（金代）与苏尼特右旗新民乡全胜段金界壕陶罐H6：4相似[⑧]。

YDY1②：9（辽金）与准格尔旗城坡古城遗址第二阶段遗存出土B型陶瓮T2②：18相似[⑨]。

YDY1②：12（辽金）与准格尔旗城坡古城遗址第二阶段遗存出土B型陶壶T3③：6相似[⑩]。

---

① 内蒙古自治区文物考古研究所编：《万家寨水利枢纽工程考古报告集》，远方出版社，2001年，第92页，图六，2。

② 内蒙古文物考古研究所编：《内蒙古文物考古文集》，中国大百科全书出版社，1994年，第540页，图四，2。

③ 内蒙古文物考古研究所编：《内蒙古文物考古文集》，中国大百科全书出版社，1994年，第556页，图六，3。

④ 内蒙古自治区文物考古研究所编：《内蒙古文物考古文集（第三辑）》，科学出版社，2004年，第389页，图二九，6。

⑤ 内蒙古自治区文物考古研究所编：《万家寨水利枢纽工程考古报告集》，远方出版社，2001年，第100页，图一七，3。

⑥ 内蒙古自治区文物考古研究所编：《万家寨水利枢纽工程考古报告集》，远方出版社，2001年，第100页，图一七，6。

⑦ 内蒙古自治区文物考古研究所编：《万家寨水利枢纽工程考古报告集》，远方出版社，2001年，第99页，图一六，3。

⑧ 内蒙古自治区文物考古研究所编：《内蒙古文物考古文集（第三辑）》，科学出版社，2004年，第317页，图五，4。

⑨ 内蒙古自治区文物考古研究所编：《万家寨水利枢纽工程考古报告集》，远方出版社，2001年，第99页，图一六，4。

⑩ 内蒙古自治区文物考古研究所编：《万家寨水利枢纽工程考古报告集》，远方出版社，2001年，第99页，图一六，8。

YDY1③：3（辽代）与卓资县土城子村遗址A型Ⅰ式陶盆G3：4相似[①]。

YDY1③：6（辽金）与卓资县土城子村遗址Ⅱ式陶罐T5014②：10相似。[②]

表七　东窑沟村西南遗址调查标本与其他地区同时代对比表

序号	东窑沟村西南遗址调查标本	对比标本一	对比标本二	其他	备注
1	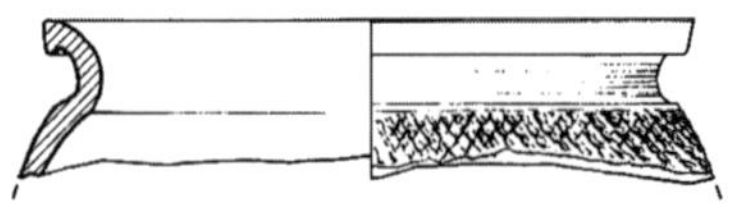 YDY1③：1（战国晚期）	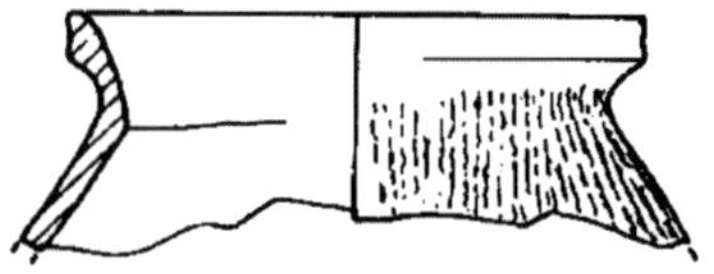 准格尔旗城坡古城遗址第一阶段遗存出土A型陶罐H6：4			
2	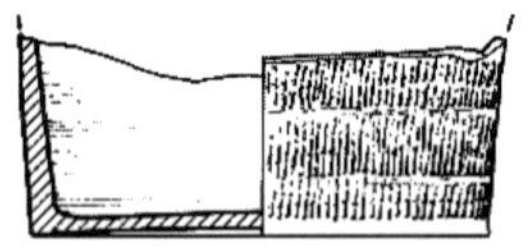 YDY1③：9（辽代）	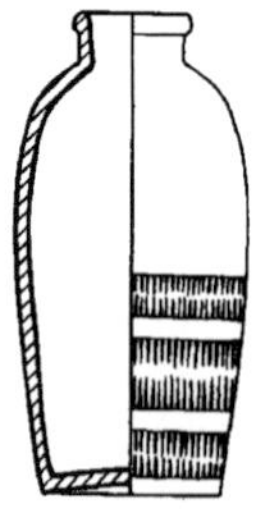 巴林右旗敖包恩格尔辽墓M1随葬瓷牛腿瓶M1：3			
3	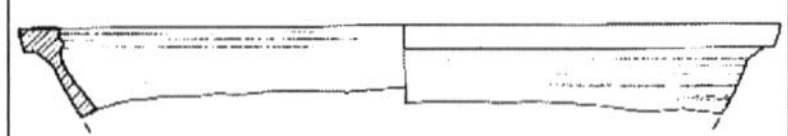 YDY1③：4（辽代）	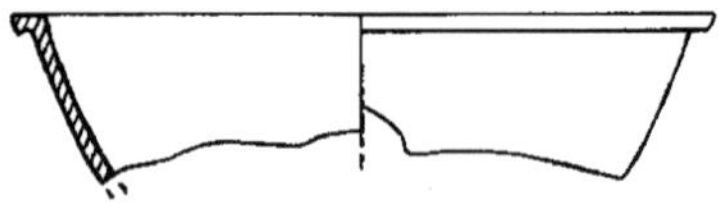 和林格尔县前瓦窑沟辽金时代遗址C型陶盆			
4	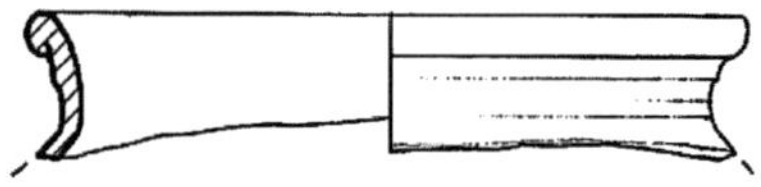 YDY1①：6（辽金）	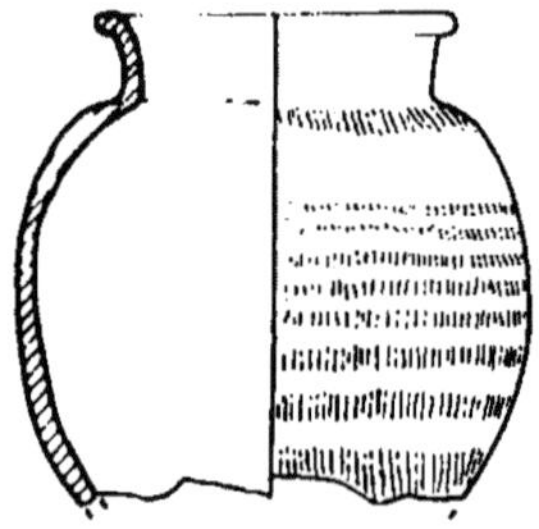 和林格尔县红山口遗址D型陶罐H98：2			

① 内蒙古自治区文物考古研究所、乌兰察布博物馆、卓资县文物管理所：《卓资县土城子遗址发掘简报》，《草原文物》2013年第2期，第60页，图一五·6。

② 同⑩第59页图一四·6。

续表

序号	东窑沟村西南遗址调查标本	对比标本一	对比标本二	其他	备注
5	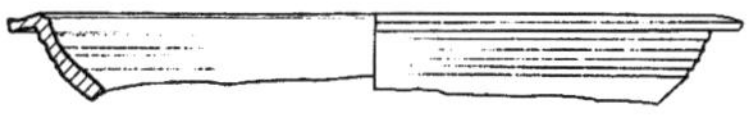 YDY1②：4（辽金）	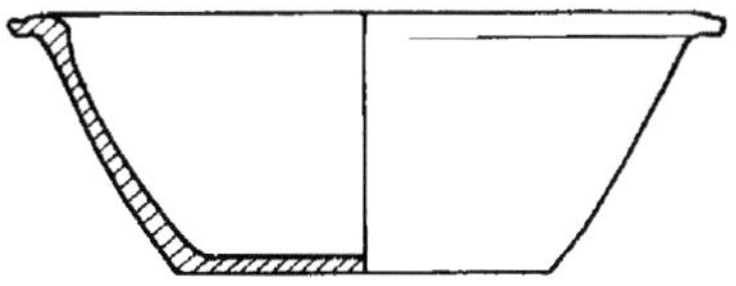 准格尔旗城坡古城遗址第二阶段遗存出土B型陶盆T26②：2			
6	 YDY1②：6（辽金）	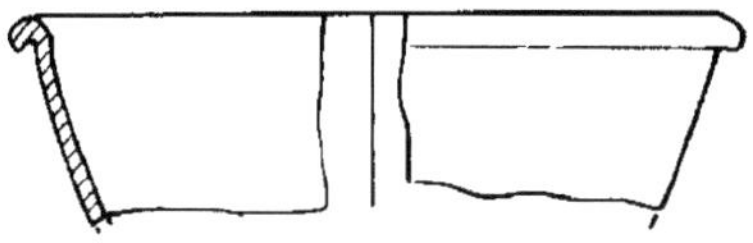 准格尔旗城坡古城遗址第二阶段遗存出土D型陶盆T7②：24			
7	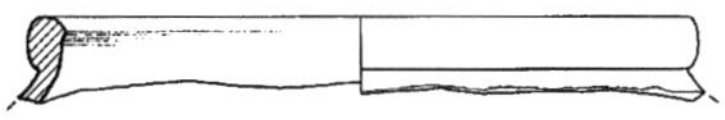 YDY1②：7（辽金）	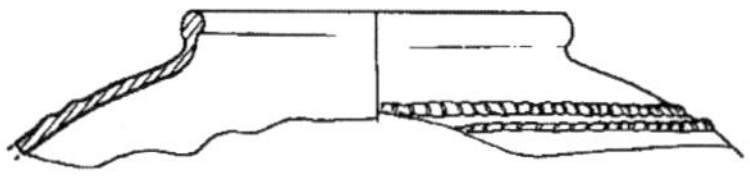 准格尔旗城坡古城遗址第二阶段遗存出土B型陶瓮T24③：1			
8	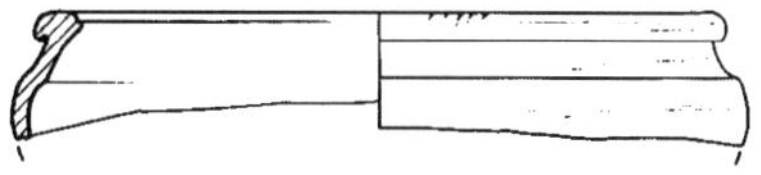 YDY1②：8（金代）	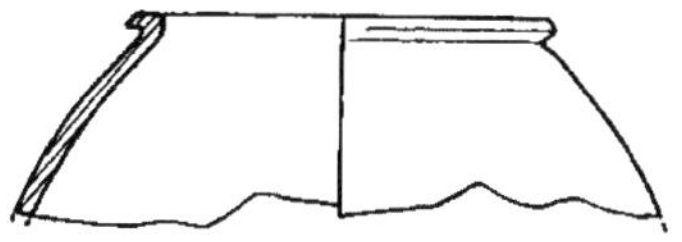 苏尼特右旗新民乡全胜段金界壕陶罐H6：4			
9	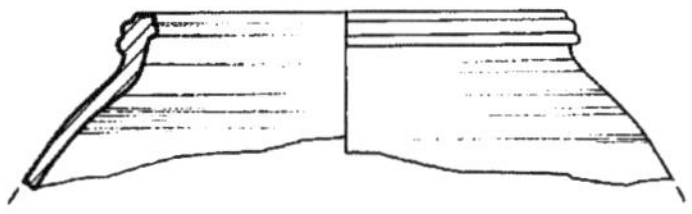 YDY1②：9（辽金）	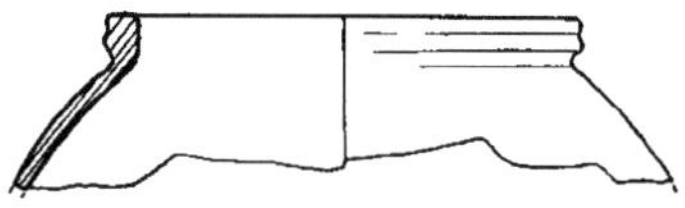 准格尔旗城坡古城遗址第二阶段遗存出土B型陶瓮T2②：18			
10	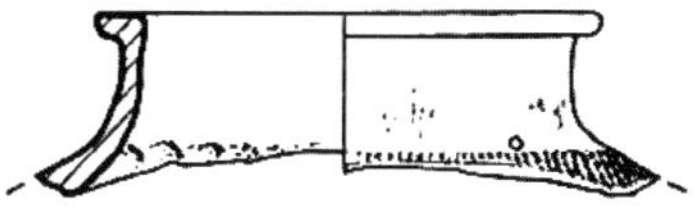 YDY1②：12（辽金）	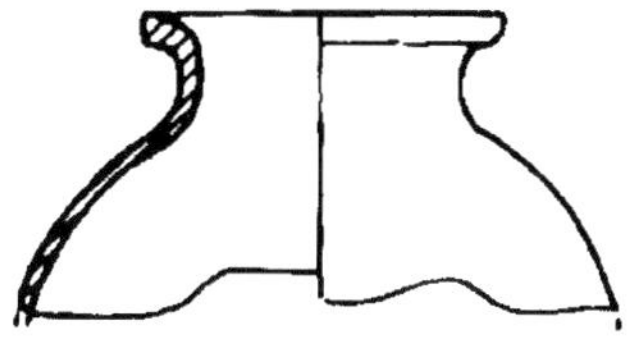 准格尔旗城坡古城遗址第二阶段遗存出土B型陶壶T3③：6			

续表

序号	东窑沟村西南遗址调查标本	对比标本一	对比标本二	其他	备注
11	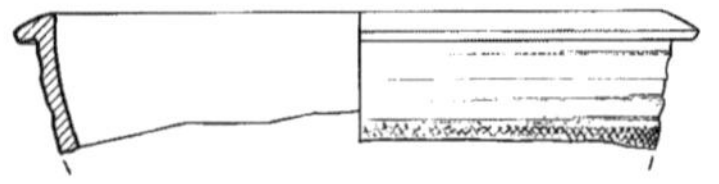 YDY1③：3（辽代）	 卓资县土城子村遗址A型Ⅰ式陶盆G3：4			
12	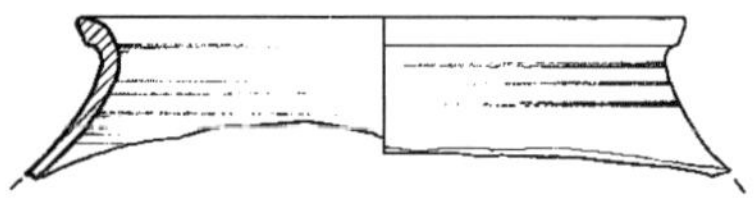 YDY1③：6（辽金）	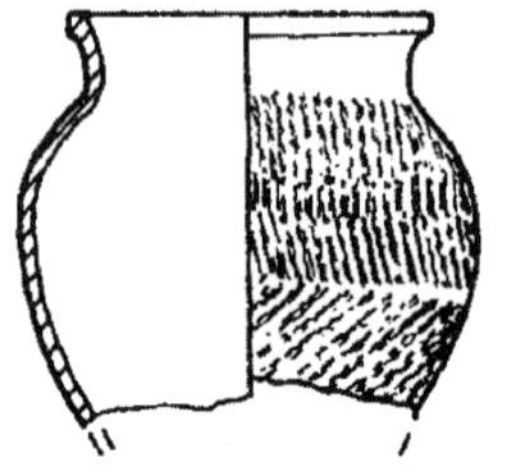 卓资县土城子村遗址Ⅱ式陶罐 T5014②：10			

第六节　洞子沟村附近

一、洞子沟村一号遗址（2014YDZ1）

（一）遗址介绍

洞子沟村一号遗址位于洞子沟村西北约1600米处，行政归属杀虎口乡洞子沟村，初查时间为2014年8月9日。遗址中心点GPS坐标为北纬40°13′48.3″，东经112°19′36.4″，海拔1343米±5米。该遗址位于呈南北向坡地的中部，地形较缓，地表种植有松树、灌木等。遗址北靠坡地北端，南临S211省道，东临天然冲沟，西临乡村硬化路。遗址东西约100米，南北约150米，面积总计约15000平方米（图三五）。

遗址区内未发现文化层、灰坑等遗迹，只采集散落遗址区地表的残留遗物。

遗址内遗物分布较集中，只设一个采集点。

洞子沟村一号遗址第一采集点

第一采集点位于遗址区中部，中心坐标为北纬40°13′48.3″，东经112°19′36.4″，海拔1343米±5米。采集点地形为略陡的坡地，地表植被为松树。采集面积约750平方米。采集遗物分布较为集中，所采遗物主要有泥质灰陶宽折沿盆口部、折沿盆口部、卷沿盆口部、器盖口部、卷沿罐口部以及黑釉圈足碗底部等。采集标本共12件。

YDZ1①：1，泥质灰陶盆口腹部。口微敛，圆唇，卷沿下捺，腹部弧收。个体较大，器壁较厚。素面。上腹部有由外向内圆形钻孔一个，内壁研光。泥片贴筑、快轮修整。口径52厘

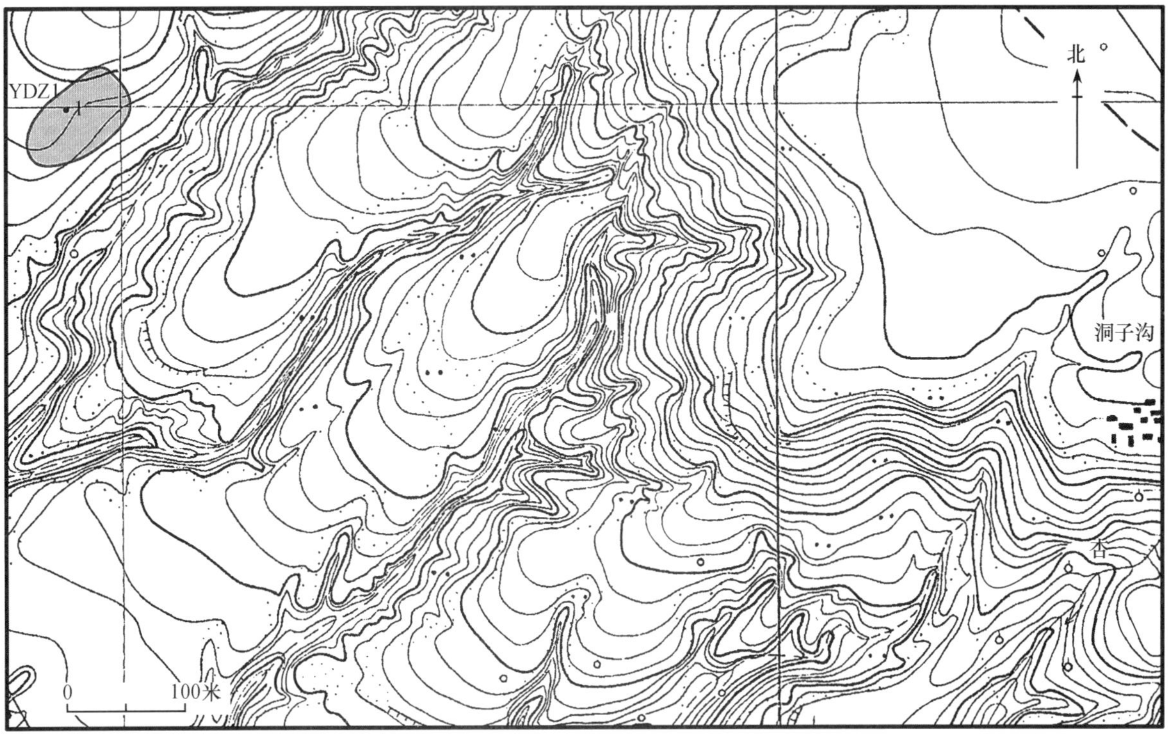

图三五　洞子沟村一号遗址位置示意图

米，残高11.4厘米，厚1 ~ 1.2厘米（图三六，11）。

YDZ1①：2，泥质深灰色陶盆口腹部。敛口，圆唇，卷折沿，鼓肩，弧腹。素面。口沿内侧有一周凹槽。泥片贴筑、快轮修整。口径36厘米，残高7.8厘米，厚0.9厘米（图三六，10）。

YDZ1①：3，泥质灰陶盆口腹部。侈口，圆唇，折沿下捺微卷，腹部斜收，个体较大。素面。口内侧有一周凹槽。泥片贴筑、快轮修整。口径48厘米，残高5.2厘米，厚0.8厘米（图三六，9）。

YDZ1①：4，泥质深灰色陶盆口腹部。侈口，扁圆唇，沿内卷，腹部弧收。上腹部有由内向外圆形钻孔一个。素面。泥片贴筑、快轮修整。口径41.6厘米，厚1厘米，残高4.5厘米（图三六，8）。

YDZ1①：5，泥质深灰色陶碗口腹部。侈口，方唇，沿微卷，腹部较深且斜收。素面，内壁有数周暗纹，外壁略磨光。泥片贴筑、快轮修整。口径18厘米，残高4.8厘米，厚0.5 ~ 0.7厘米（图三六，3）。

YDZ1①：6，泥质深灰色陶罐口肩部。侈口，圆唇，溜肩。肩外表饰横向暗纹三周及三角暗纹，纹饰可能使用一种较硬的工具如骨器连续叠压而成。泥片贴筑、快轮修整。口径16厘米，残高4.6厘米（图三六，5）。

YDZ1①：7，泥质深灰色陶盆口腹部。侈口，圆方唇，折沿下捺，腹部斜收。口沿外边缘凸起，外侧有凹槽一周；内壁研光，外表素面。泥片贴筑、快轮修整。口径34厘米，残高5.2厘米，厚0.9厘米（图三六，4）。

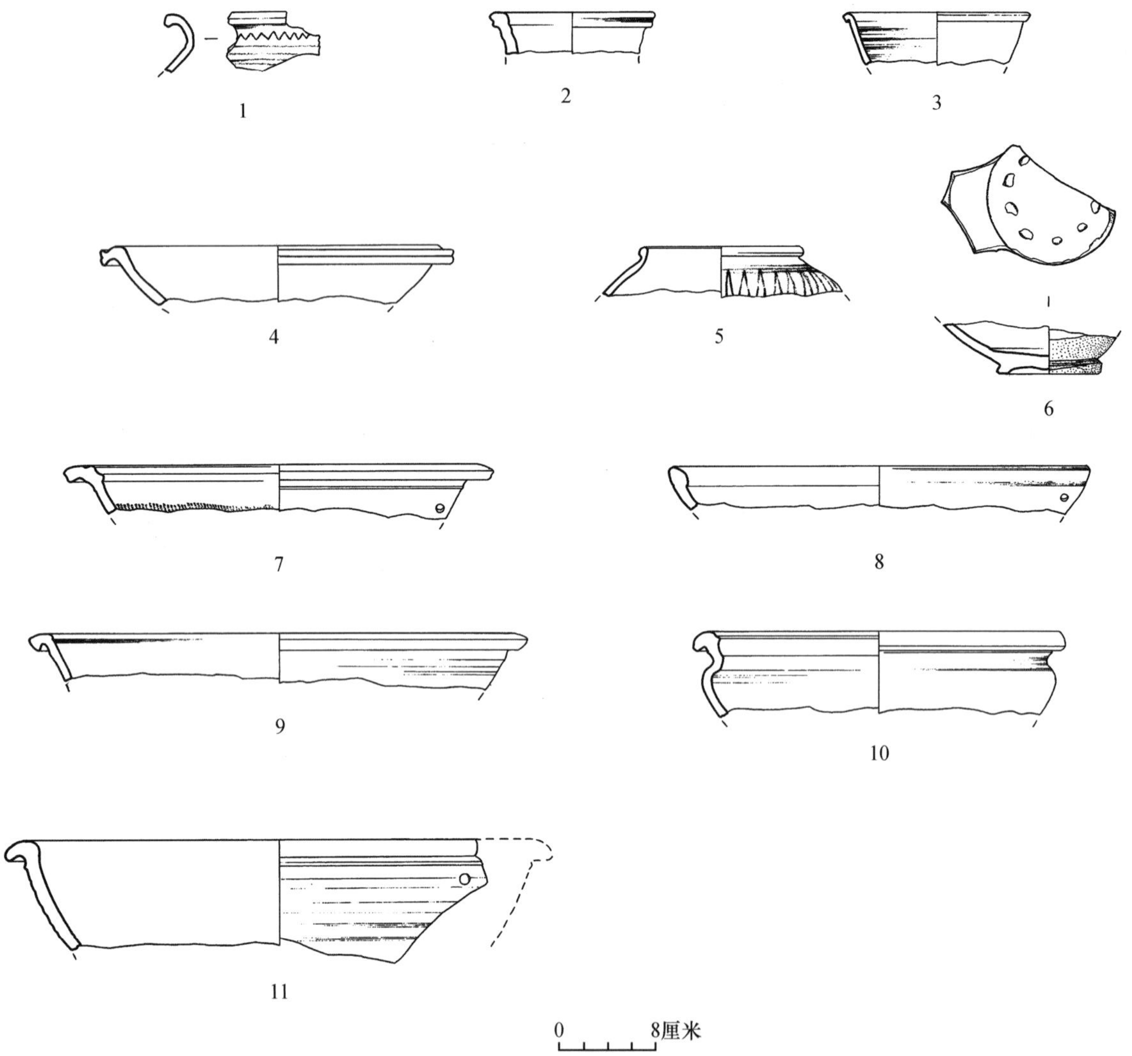

图三六　洞子沟村一号遗址第一采集点采集标本

1、5. 陶罐口肩部（YDZ1①：9、YDZ1①：6）　2. 陶罐口部（YDZ1①：8）　3. 陶碗口腹部（YDZ1①：5）　4、7～11. 陶盆口腹部（YDZ1①：7、YDZ1①：10、YDZ1①：4、YDZ1①：3、YDZ1①：2、YDZ1①：1）　6. 大瓷碗下腹及底部（YDZ1①：11）

YDZ1①：8，泥质灰陶罐口部。侈口，圆唇，平沿。口外侧有一周凹槽。泥片贴筑、快轮修整。口径16厘米，厚1厘米，残高3.8厘米（图三六，2）。

YDZ1①：9，泥质深灰色陶罐口肩部。侈口，圆唇，卷沿，束颈，溜肩。颈部饰三角暗纹“⋀⋀⋀⋀⋀”；肩部有数周暗纹且表面磨光，内壁有明显的抹痕。泥片贴筑、快轮修整。残高5.4厘米，厚0.6厘米，残宽9.2厘米（图三六，1）。

YDZ1①：10，泥质深灰色陶盆口腹部。侈口，方唇，宽折沿下捺，腹部斜收。口沿与口内侧有凹槽一周，腹部内壁有一周压印纹，且有由内向外圆形钻孔一个。泥片贴筑、快轮修整。口径41.2厘米，残高5厘米，厚0.9厘米（图三六，7）。

YDZ1①：11，大瓷碗下腹及底部。下腹斜收至大圈足，足床较平整，挖足至肩，足外侧刮削明显，系二次挖成；较矮，底部留有鸡心钉。内底与下腹间有一周挖痕。黑釉，内壁刷满釉，内底留有七个支钉痕；外表刷釉近下腹部，近底未施釉，露胎。手制、轮修。底径10.2厘米，残高5

厘米，厚0.8厘米（图三六，6）。

YDZ1①：12，泥质灰陶罐肩部。外表饰压印纹，内壁有明显的旋抹痕。泥片贴筑、快轮修整。残高7厘米，残宽6.5厘米，厚0.6厘米（图三七）。

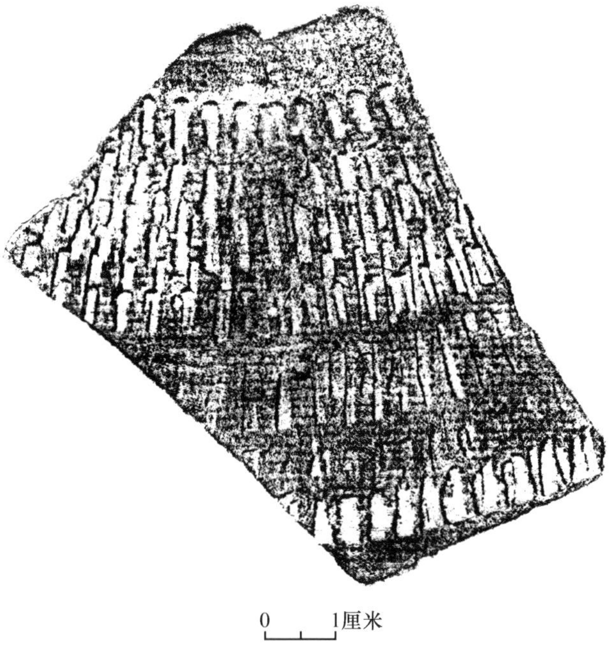

图三七　洞子沟村一号遗址第一采集点采集标本拓片
陶罐肩部（YDZ1①：12）

（二）遗址时代

遗址的文化时代为辽代、金代（表八）。

YDZ1①：2（金代）与准格尔旗城坡古城遗址第二阶段遗存出土F型陶盆T30②A：4相似[①]。

YDZ1①：3（辽金）与察哈尔右翼后旗头道湾古城遗址B型Ⅰ式陶盆ⅡH13：1相似[②]。

表八　洞子沟村一号遗址调查标本与其他地区同时代对比表

序号	洞子沟村一号遗址调查标本	对比标本一	对比标本二	其他	备注
1	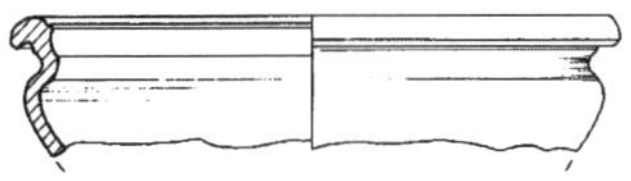 YDZ1①：2（金代）	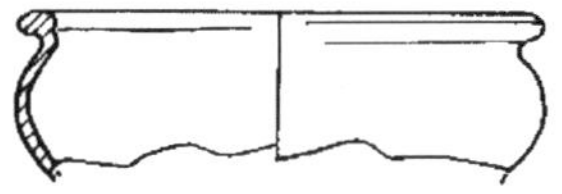 准格尔旗城坡古城遗址第二阶段遗存出土F型陶盆T30②A：4			
2	 YDZ1①：3（辽金）	 察哈尔右翼后旗头道湾古城遗址B型Ⅰ式陶盆ⅡH13：1			

二、洞子沟村二号遗址（2014YDZ2）

（一）遗址介绍

洞子沟村二号遗址位于洞子沟村西约1300米处，行政归属杀虎口乡洞子沟村，初查时间为2014年8月9日。遗址中心GPS坐标为北纬40°13′38.3″，东经112°19′50.2″，海拔1351米±5米。

① 内蒙古自治区文物考古研究所编：《内蒙古文物考古文集（第三辑）》，科学出版社，2004年，第339页，图二一，4。

② 内蒙古自治区文物考古研究所编：《万家寨水利枢纽工程考古报告集》，远方出版社，2001年，第101页，图一八，8。

该遗址位于呈南北向坡地的中部，地形略陡，地表无农作物，系荒地。遗址东西两侧均有天然大冲沟，北靠坡地北部，南临S211省道，遗址中心位置距东侧冲沟约10米，距西侧冲沟约20米，沟内现无流水。遗址东西约60米，南北约120米，面积总计约7200平方米（图三八）。

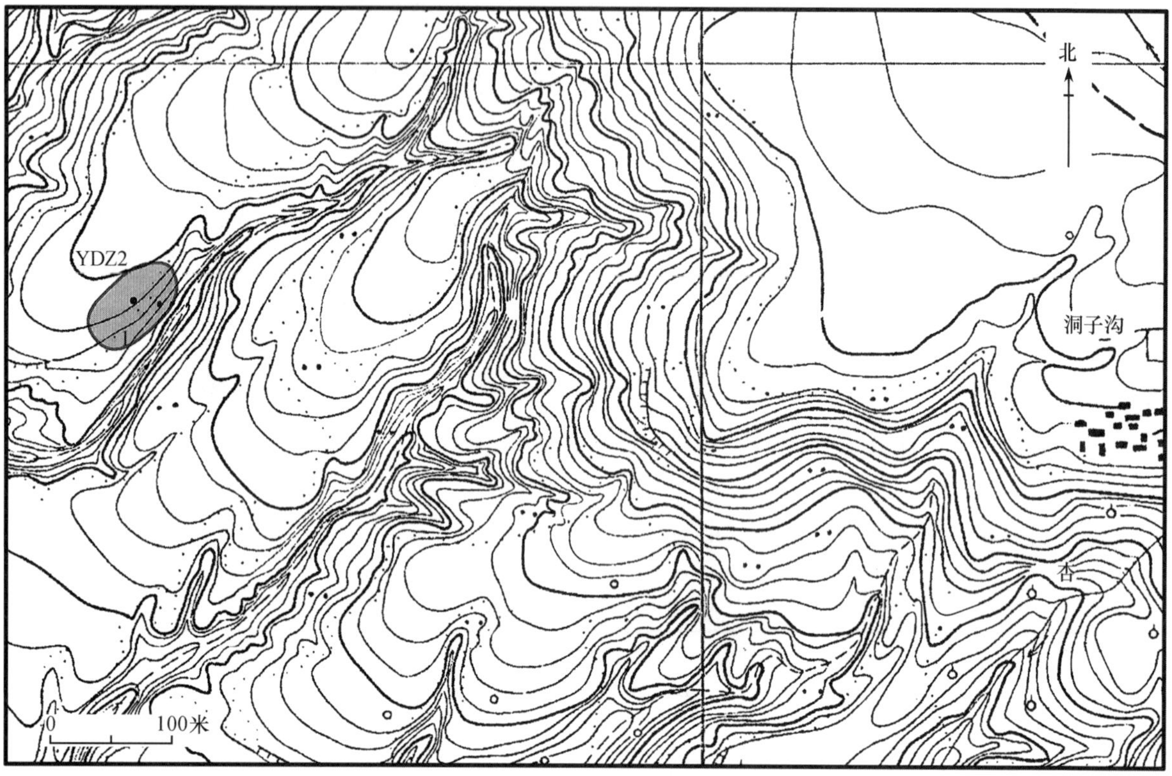

图三八　洞子沟村二号遗址位置示意图

遗址区内未发现文化层、灰坑等遗迹，只采集散落遗址区地表的残留遗物。

遗址内遗物分布较集中，只设一个采集点。

洞子沟村二号遗址第一采集点

第一采集点位于遗址区中部，中心坐标为北纬40°13′38.8″，东经112°19′50.2″，海拔1351米±5米。采集点地形为略陡的坡地，地表植被为荒地。采集面积约180平方米。采集遗物分布较集中，所采遗物主要有泥质灰陶折沿盆口部、折沿长颈壶口部等。采集标本共4件。

YDZ2①：1，泥质灰陶壶口部。侈口，扁圆唇，平折沿，腹部斜收。素面，内侧略有磨光。泥片贴筑、快轮修整。口径30厘米，残高5厘米，厚0.9厘米（图三九，2）。

YDZ2①：2，泥质灰陶盆口腹部。侈口，扁圆唇，双腹盆。外表用小刀切花边纹，内壁磨光。泥片贴筑、快轮修整。口径32厘米，厚0.7～1.2厘米，残高5.4厘米（图三九，4）。

YDZ2①：3，夹细砂深黑灰色陶瓶口部。侈口，扁圆唇，折沿略上翘。素面，内壁磨光。手制、轮修。口径13.2厘米，厚0.6～0.8厘米，残高1.4厘米（图三九，1）。

YDZ2①：4，泥质灰陶盆下腹部及底部。下腹斜收至平底。外表素面，内壁及内底有弦断压印连续条带小方格纹。泥片贴筑、快轮修整。底径16厘米，厚0.9～1.2厘米，残高6.4厘米（图三九，3）。

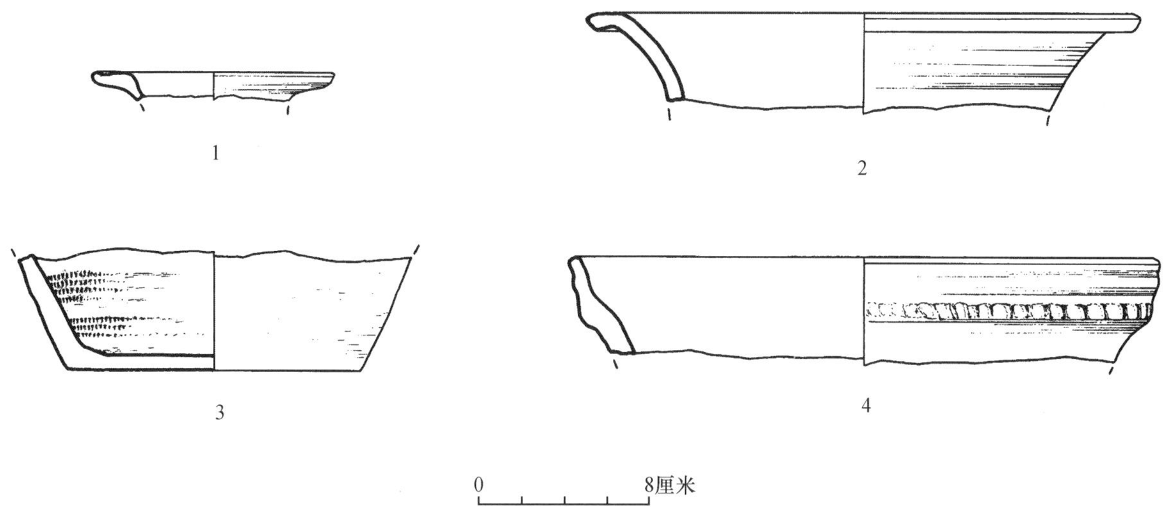

图三九　洞子沟村二号遗址第一采集点采集标本
1. 陶瓶口部（YDZ2①：3）　2. 陶壶口部（YDZ2①：1）　3. 陶盆下腹部及底部（YDZ2①：4）　4. 陶盆口腹部（YDZ2①：2）

（二）遗址时代

遗址的文化时代为辽代、金代。

三、洞子沟村三号遗址（2014YDZ3）

（一）遗址介绍

洞子沟村三号遗址位于洞子沟村西南约1500米处，行政归属杀虎口乡洞子沟村，初查时间为三普时间，复查时间为2014年8月10日。遗址中心点GPS坐标为北纬40°13′17.7″，东经112°19′44.0″，海拔1304米±5米。该遗址位于东西向小坡地上，坡地地势较平缓，地表无农作物，系荒地。遗址东临南北流向注入苍头河的季节性支流，西靠南北走向坡地中部，北临冲沟，南临铁路。遗址东西约50米，南北约80米，面积总计约4000平方米。遗址的文化时代为代魏、辽代、金代（图四〇；图版二）。

遗址区内未发现文化层、灰坑等遗迹，只采集散落遗址区地表的残留遗物。

遗址内遗物分布较集中，只设一个采集点。

洞子沟村三号遗址第一采集点

第一采集点位于遗址区中部，中心坐标为北纬40°13′17.7″，东经112°19′44.0″，海拔1304米±5米。采集点地形为略陡的坡地，地表多为荒地。采集面积约450平方米。采集遗物分布较分散，所采遗物主要有夹砂灰陶粗绳纹釜腹部；泥质灰陶钵底部、绳纹罐腹部、卷沿盆口部、壶口部等。采集标本共4件。

YDZ3①：1，泥质灰陶钵下腹及底部。下腹斜收至矮饼底，底面平整。素面。手制、轮修。底径为6.2厘米，厚2.2厘米，残高2.2厘米（图四一，1）。

图四〇　洞子沟村三号遗址位置示意图

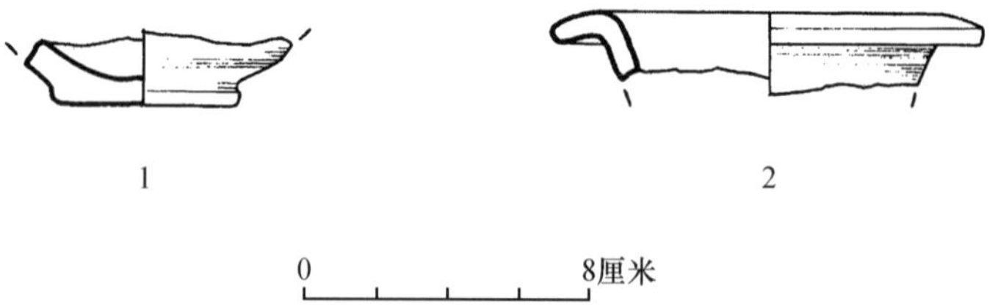

图四一　洞子沟村三号遗址第一采集点采集标本
1. 灰陶钵下腹及底部（YDZ3①：1）　2. 陶壶口部（YDZ3①：2）

YDZ3①：2，泥质深灰色陶壶口部。长颈壶口部，侈口，扁圆唇，折沿下捺。素面。泥片贴筑、快轮修整。口径14厘米，厚0.7厘米，残高2.4厘米（图四一，2）。

YDZ3①：3，夹粗砂深灰色陶釜下腹部。外表饰交错绳纹。手制、轮修。残长8.5厘米，厚0.5厘米，残宽4.2厘米（图四二，1）。

YDZ3①：4，泥质深灰色陶釜上腹部。外表饰竖向中粗绳纹，内壁抹光。手制、轮修。残长6.8厘米，厚0.5厘米，残宽6.7厘米（图四二，2）。

（二）遗址时代

遗址的文化时代为代魏、辽代、金代（表九）。

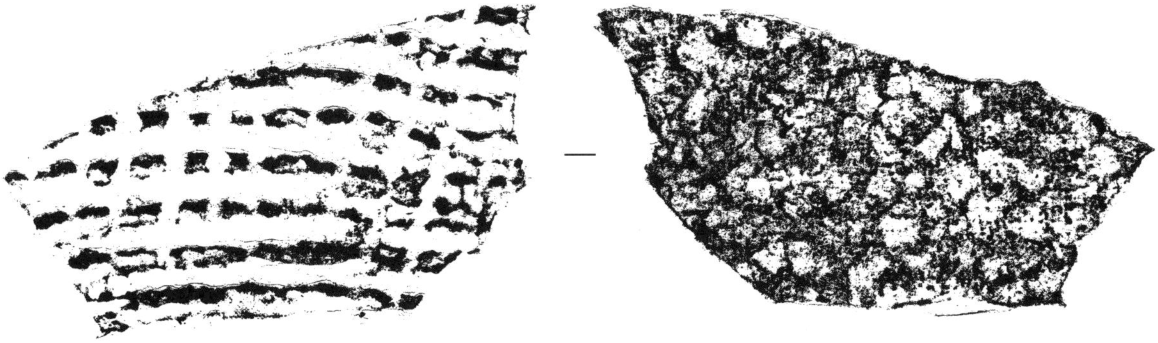

1

2

0　1厘米

图四二　洞子沟村三号遗址第一采集点采集标本拓片

1. 陶釜下腹部（YDZ3①：3）（外表、内壁）　2. 陶釜上腹部（YDZ3①：4）

YDZ3①：2（代魏时期）与托克托县古城村古城遗址代魏时期C型陶壶T1③：7相似[①]。

表九　洞子沟村三号遗址调查标本与其他地区同时代对比表

序号	洞子沟村三号遗址调查标本	对比标本一	对比标本二	其他	备注
1	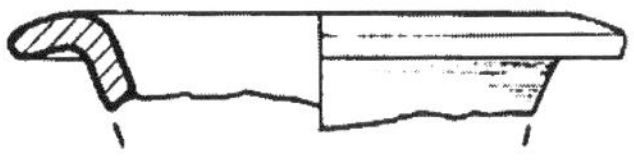 YDZ3①：2（代魏时期）	 托克托县古城村古城遗址代魏时期C型陶壶T1③：7			

① 内蒙古自治区文物考古研究所编：《内蒙古文物考古文集（第三辑）》，科学出版社，2004年，第251页图三一，8。

四、洞子沟村四号遗址（2014YDZ4）

（一）遗址介绍

洞子沟村四号遗址位于洞子沟村西南约600米处，行政归属杀虎口乡洞子沟村，初查时间为三普时间，复查时间为2014年8月10日。遗址中心点GPS坐标为北纬40°13′18.3″，东经112°20′27.2″，海拔1392米±5米。该遗址位于南北向的坡地中部，坡地地形略陡，地表种植有杨树。遗址东西两侧均为冲沟，北临洞子沟村，南临东西两侧冲沟之交汇处，沟内无流水，遗址中心位置距西侧冲沟约15米，距东侧冲沟约20米。遗址东西约200米，南北约350米，面积总计约70000平方米（图四三；图版九，1）。

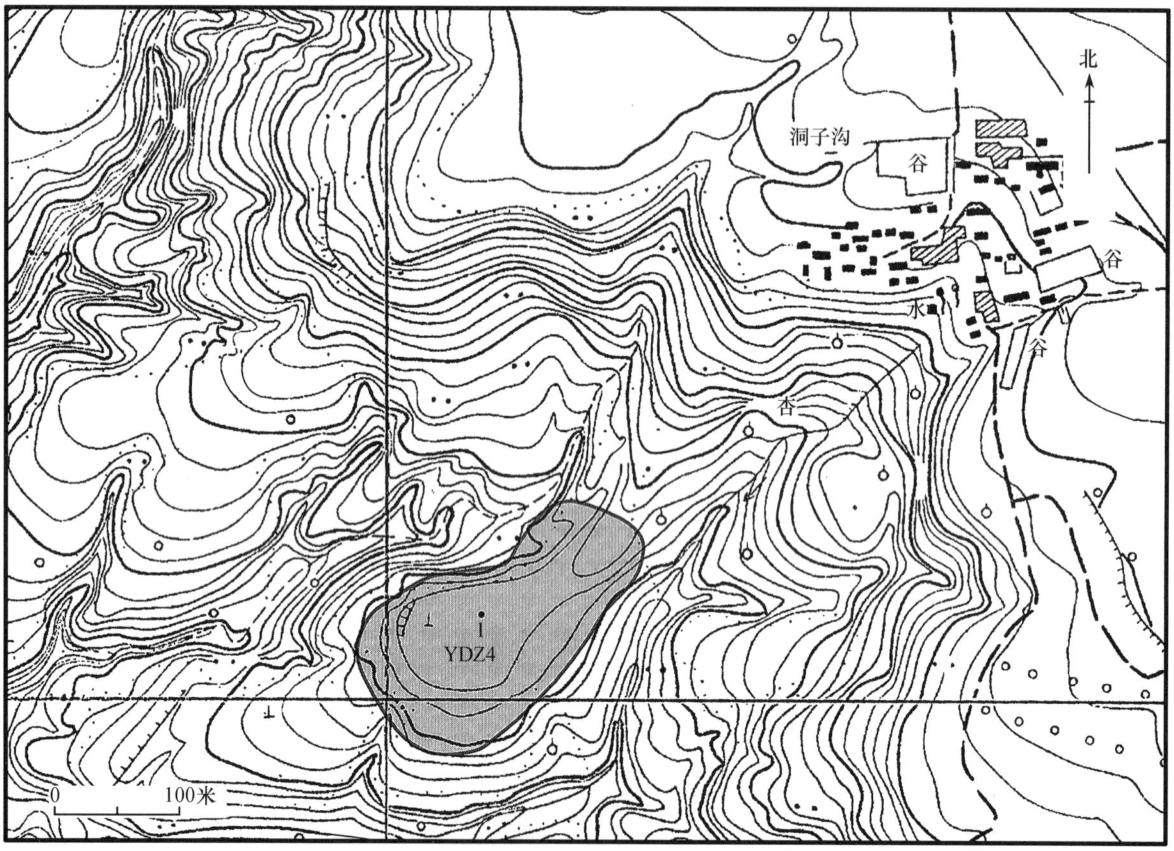

图四三　洞子沟村四号遗址位置示意图

遗址区内未发现文化层、灰坑等遗迹，只采集散落遗址区地表的残留遗物。

遗址区内遗物较破碎、稀疏，故只设一个采集点。

洞子沟村四号遗址第一采集点

第一采集点位于遗址区中部，中心坐标为北纬40°13′18.3″，东经112°20′27.2″，海拔1392米±5米。采集点地形为略陡的坡地，地表植被多杨树。采集面积约300平方米。采集遗物分布较分散，所采遗物分仰韶晚期至龙山早期和汉代两个时期，新石器时代有夹砂篮纹罐腹部、夹砂红陶细线纹陶片、细石器、泥质红陶陶片等；汉代遗物主要有泥质灰陶弦断绳纹陶片等。采集标本共16件。

YDZ4①：1，夹砂灰陶罐口部。折沿残，敛口，斜肩，肩部饰杂乱的线纹。手制、泥片贴筑。厚0.8厘米，残高4.4厘米（图四四，6）。

YDZ4①：2，夹砂深灰色陶罐底部。斜腹、平底、底较薄。外壁饰右斜向篮纹，局部抹光。手制、泥片贴筑。底径16厘米，厚0.8厘米，残高5.4厘米（图四四，2）。

YDZ4①：3，夹砂灰黄色陶罐口部。折沿残，斜肩。素面。手制、泥片贴筑。厚0.9厘米，残高3.5厘米（图四四，7）。

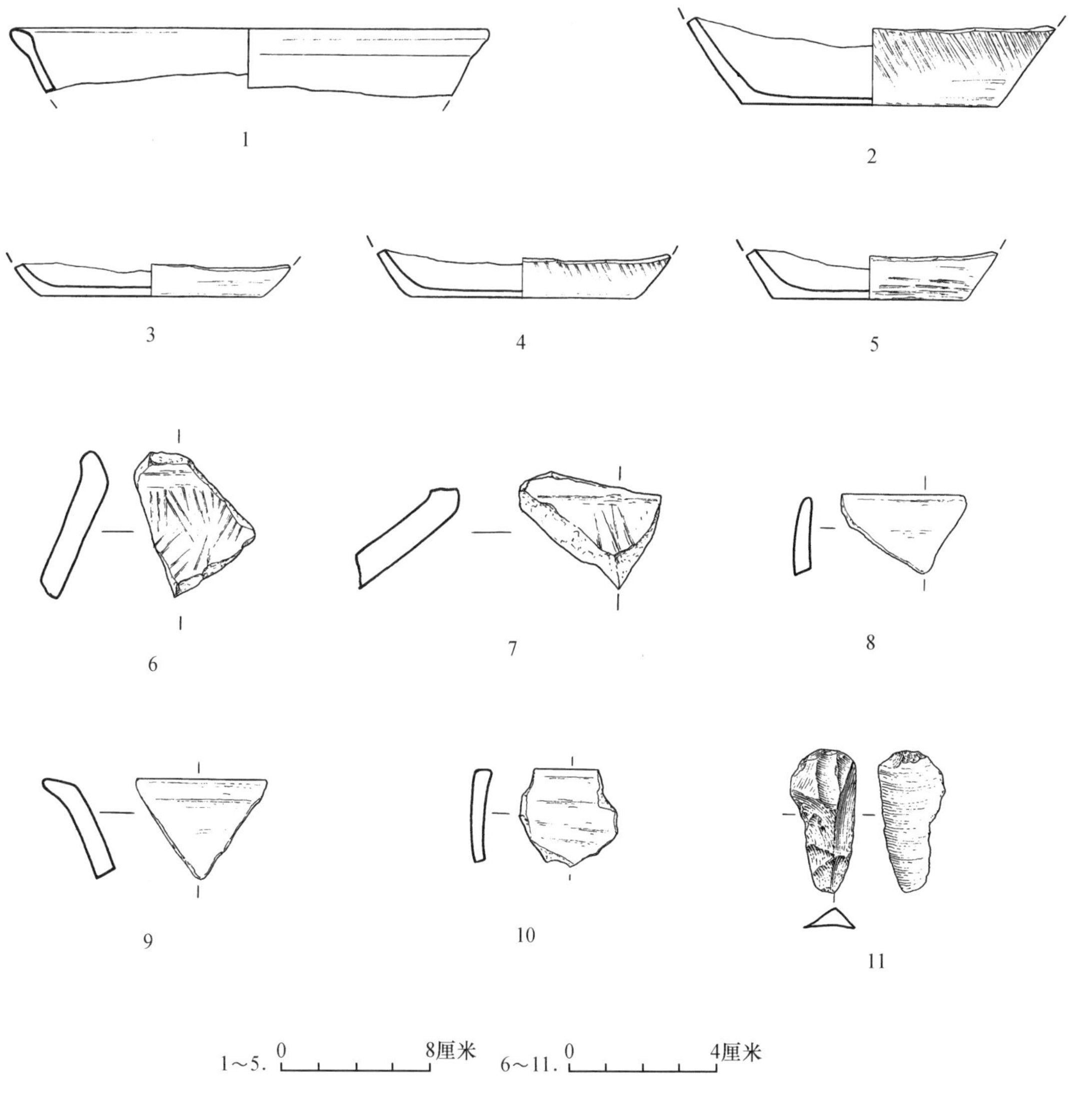

图四四　洞子沟村四号遗址第一采集点采集标本

1. 陶盆口腹部（YDZ4①：15）　2、4、5. 陶罐底部（YDZ4①：2、YDZ4①：4、YDZ4①：5）　3. 陶盆底部（YDZ4①：10）　6、7. 陶罐口部（YDZ4①：1、YDZ4①：3）　8、10. 陶钵口部（YDZ4①：11、YDZ4①：14）　9. 陶壶口部（YDZ4①：13）　11. 火山岩石器（YDZ4①：12）

YDZ4①：4，夹砂灰黄色陶罐底部。斜腹、平底、底较薄。下腹外壁残存右斜向中绳纹。手制、泥片贴筑。底径14厘米，厚0.7厘米，残高3厘米（图四四，4）。

YDZ4①：5，夹砂灰陶罐底部。斜腹，平底，底较薄。素面。手制、泥片贴筑。底径12厘米，厚0.8厘米，残高3厘米（图四四，5）。

YDZ4①：6，夹砂灰褐色篮纹陶片。手制、泥片贴筑。厚0.8厘米（图四五，5）。

YDZ4①：7，夹砂灰黄色篮纹陶片。手制、泥片贴筑。厚0.6厘米（图四五，3）。

YDZ4①：8，夹砂灰陶绳纹陶片。手制、泥片贴筑。厚0.5厘米（图四五，2）。

YDZ4①：9，夹砂篮纹陶片。夹心陶，颜色外表呈灰黄色，内芯呈红褐色。内壁光滑。手制、泥片贴筑。厚1厘米（图四五，4）。

YDZ4①：10，泥质灰黄色陶盆底部。斜腹，平底，底较薄，内外壁均抹光。手制、泥片贴筑。底径14厘米，厚0.7厘米，残高2.1厘米（图四四，3）。

YDZ4①：11，泥质灰陶钵口部。口微敛，扁圆唇，弧腹。素面。手制、泥片贴筑。残长4厘米，厚0.5厘米，残高2.4厘米（图四四，8）。

YDZ4①：12，黑色火山岩石器。剖面呈三角形状。打制。长4.3厘米，厚0.5厘米，宽2.1厘米（图四四，11；图版五，2）。

YDZ4①：13，泥质深灰色陶壶口部。侈口，扁圆唇，平折沿，束颈。素面。手制、泥片贴筑。残长4.1厘米，厚0.7厘米，残高3厘米（图四四，9）。

YDZ4①：14，泥质灰陶钵口部。口微敛，方唇，弧腹。素面。泥片贴筑、轮修。残长2.6厘米，厚0.5厘米，残高2.8厘米（图四四，10）。

YDZ4①：15，泥质灰陶盆口腹部。圆唇，窄折沿上翘，斜腹。素面。泥片贴筑、轮修。口径30厘米，厚0.6厘米，残高4厘米（图四四，1）。

YDZ4①：16，泥质深灰色陶盆腹部。弧腹。外壁饰抹断右斜向中绳纹，下部抹光，内壁饰数周研光暗弦纹。泥片贴筑、快轮修整。厚0.6厘米（图四五，1）。

（二）遗址时代

遗址的文化时代为仰韶晚期至龙山早期、汉代。

第七节　二三墩村附近

二三墩村东遗址（2014YE1）

（一）遗址介绍

二三墩村东遗址位于二三墩村东约250米处，行政归属李达窑乡二三墩村，初查时间为2014年7月28日。遗址中心点GPS坐标为北纬40°15′33.7″，东经112°31′45.9″，海拔1514米±6米。该遗址区位于南北向的缓冲台地上，北临长城，西临南北向注入马营河的支流（内现无流

图四五　洞子沟村四号遗址第一采集点采集标本拓片

1. 陶盆腹部（YDZ4①：16）　2～5. 陶片（YDZ4①：8、YDZ4①：7、YDZ4①：9、YDZ4①：6）

水），地表以耕地为主，有少量荒地，种植有莜麦、葫麻、荞麦等农作物。遗址东西约60米，南北约60米，面积总计约3600平方米（图四六；图版一〇，1、2）。

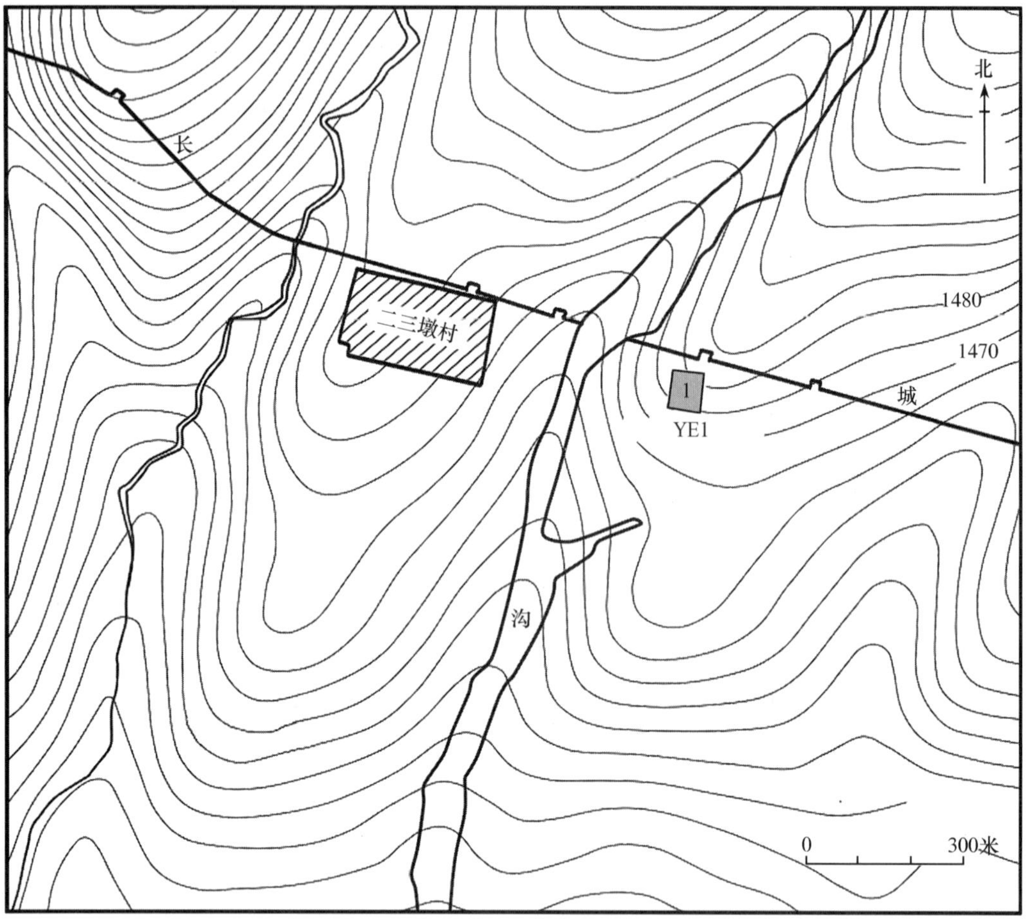

图四六　二三墩村东遗址位置示意图

遗址区内发现一座建筑基址，南北长约60米，东西宽约60米。现残存基址的东、西、南三面，残高2～3米，基址由平夯法夯筑而成，夯层厚0.1～0.14米（图版一〇，3）。除此外，未发现文化层等其他遗迹。

遗址区内遗物分布较集中，设一个采集点。

二三墩村东遗址第一采集点

第一采集点位于遗址区中部，中心坐标为北纬40°15′33.7″，东经112°31′45.9″，海拔1514米±6米。采集点地形为南北向缓冲台地，地表植被为莜麦、葫麻等农作物。采集面积约400平方米。采集遗物分布较为集中，所采遗物主要有泥质灰陶绳纹板瓦、绳纹筒瓦、饼底钵底部、折沿盆口部、罐底部、小口罐口部、直口绳纹罐口部、卷沿盆口部等。采集标本共14件。

YE1①：1，泥质浅灰色陶罐口肩部。直口微敛，方唇，平沿，圆肩，上宽下窄，个体较大，器壁厚重，器形少见。口沿上有一周较浅凹槽，肩部饰弦断中粗绳纹，部分绳纹被抹掉。泥片贴筑、快轮修整。口径13.2厘米，厚1.6厘米，残高9.6厘米（图四七，8）。

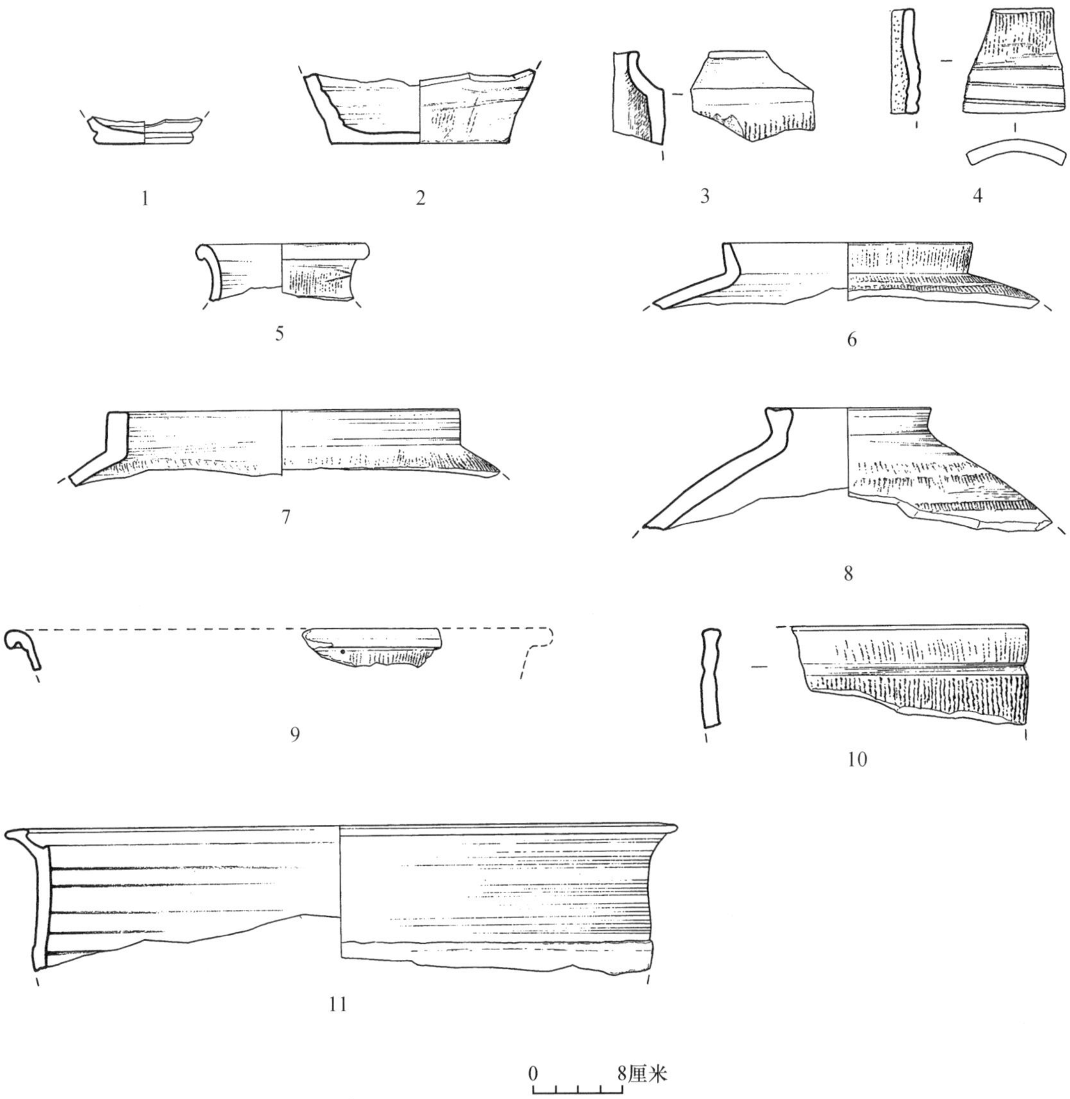

图四七　二三墩村东遗址第一采集点采集标本

1. 陶钵底部（YE1①：7）　2. 陶罐下腹及底部（YE1①：8）　3、4. 筒瓦（YE1①：10、YE1①：9）
5～7. 陶罐口部（YE1①：5、YE1①：4、YE1①：3）　8. 陶罐口肩部（YE1①：1）　9. 陶盆口部（YE1①：6）
10. 板瓦（YE1①：13）　11. 陶盆口部（YE1①：2）

YE1①：2，泥质灰陶盆口部。扁圆唇，折沿略下捺，腹部斜收，器形较大。内壁被抹光，且留有若干周暗弦纹，口沿内侧下有一周凹槽，外壁有若干周较规整的横向凹弦纹。泥片贴筑、快轮修整。口径54厘米，厚1厘米，残高11.6厘米（图四七，11）。

YE1①：3，泥质深灰色陶罐口部。直口，方唇，平沿，鼓肩，器壁较厚，器形偏大。肩部饰竖向细绳纹，且大部分被抹光。泥片贴筑、快轮修整。口径28.2厘米，厚1.6厘米，残高5.6厘米（图四七，7）。

YE1①：4，泥质灰陶罐口部。侈口，方唇，平沿，鼓肩。口沿及肩部有若干周弦断细绳纹。泥片贴筑、快轮修整。口径20厘米，厚1厘米，残高5.2厘米（图四七，6）。

YE1①：5，泥质浅灰色陶罐口部。侈口，卷沿，束颈。颈部外表饰竖向细绳纹，局部抹压，内壁抹光。泥片贴筑、快轮修整。口径14厘米，厚0.6～0.8厘米，残高4.6厘米（图四七，5）。

YE1①：6，泥质浅灰色陶盆口部。侈口，圆唇，卷沿外翻，斜腹。上腹部外表饰竖向细绳纹，被抹压；绳纹之上有凹槽一周，内壁旋抹较光滑，且有由外向内圆形小钻孔一处。泥片贴筑、快轮修整。口径44厘米，厚0.5厘米，残高3厘米（图四七，9）。

YE1①：7，泥质灰陶钵底部。下腹斜收至饼底，底面较平整。饼底外侧有两周凹槽，底面留有快轮修整过的涡纹。泥片贴筑、快轮修整。底径8厘米，厚0.6厘米，残高2.2厘米（图四七，1）。

YE1①：8，泥质浅灰色陶罐下腹及底部。下腹斜收至平底，器壁较厚。素面，外壁有两处较浅竖向划痕，且有数道较浅横向划痕。泥片贴筑、快轮修整。底径14厘米，厚1.2厘米，残高5.6厘米（图四七，2）。

YE1①：9，泥质深灰色筒瓦。瓦舌特别长，外表先饰绳纹，之后在瓦舌后饰连续几周凹弦纹，内壁有麻点状反绳纹，切痕窄细，工艺原始。泥片贴筑、内切。残长8.6厘米，厚1厘米，残宽8.2厘米（图四七，4）。

YE1①：10，泥质浅灰色筒瓦。瓦舌较短较圆，且朝上翻卷，瓦身上饰竖向中绳纹，较深。内壁有布纹，且留有布褶受挤压痕迹。泥片贴筑、外切。残长7厘米，厚1.4厘米，残宽9.6厘米（图四七，3）。

YE1①：11，泥质浅灰色筒瓦。整体呈半圆形筒状。外表内壁近瓦头处饰数道瓦楞纹，瓦身饰较规则中粗绳纹，内壁瓦身饰网格纹。手制、内切。残长13.6厘米，厚1.3厘米，残宽11厘米（图四八，2）。

YE1①：12，泥质深灰色陶板瓦。瓦头平齐，瓦身略呈弧形，个体较大。外表中部饰交错粗绳纹，近瓦头饰左斜向粗绳纹，内壁饰横向粗绳纹。泥片贴筑、手制、外切。残长12.5厘米，厚2.8厘米，残宽12.1厘米（图四八，4）。

YE1①：13，泥质深灰色陶板瓦。瓦前沿较厚，有一周凹弦纹，弦纹之前的绳纹被抹掉，内壁有反绳纹，较厚重，制作精细。泥片贴筑（图四七，10；图四八，1）。

YE1①：14，泥质深灰色陶板瓦。瓦头平齐，瓦身呈弧形，个体偏大。外表饰交错粗绳纹，内壁饰压印方格纹。泥片贴筑、手制、内切。残长10.5厘米，厚1.2厘米，残宽10.6厘米（图四八，3）。

（二）遗址时代

遗址的文化时代为汉代、辽代（表一〇）。

YE1①：3（东汉晚期）与托克托县古城村墓葬M3出土陶罐05TGM3：3相似[①]；与山西离石马茂庄东汉画像石墓M14出土陶罐相似[②]；与包头召湾90～97号墓葬A型矮领罐M91：12相似[③]。

---

① 内蒙古自治区文物考古研究所编：《内蒙古文物考古文集（第三辑）》，科学出版社，2004年，第231页，图一五，2。

② 山西省考古研究所、吕梁地区文物管理处、离石县文物管理所：《山西离石再次发现东汉画像石墓》，《文物》1996年第4期，第17页，图九，3。

③ 内蒙古文物考古研究所编：《内蒙古中南部汉代墓葬》，中国大百科全书出版社，1998年，第260页，图九，4。

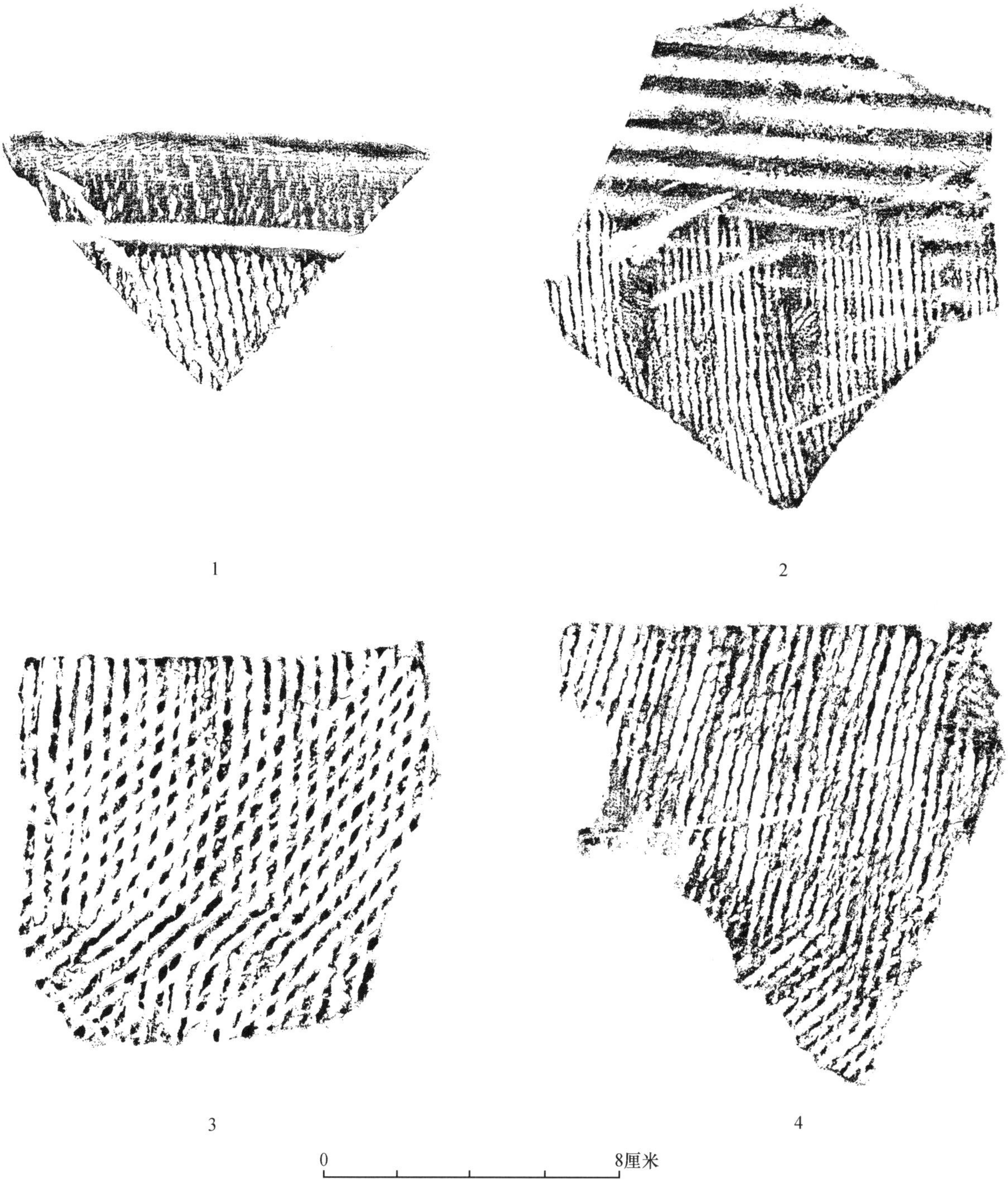

图四八　二三墩村东遗址第一采集点采集标本拓片

1、3、4. 板瓦（YE1①：13、YE1①：14、YE1①：12）　2. 筒瓦残部（YE1①：11）

YE1①：5（唐代晚期至西夏）与准格尔旗城坡古城第一阶段遗存出土B型陶壶H6：1相似[①]。

① 内蒙古自治区文物考古研究所编：《万家寨水利枢纽工程考古报告集》，远方出版社，2001年，第93页，图七，2。

表一〇　二三墩村东遗址调查标本与其他地区同时代对比表

序号	二三墩村东遗址调查标本	对比标本一	对比标本二	对比标本三	备注
1	 YE1①：3（东汉晚期）	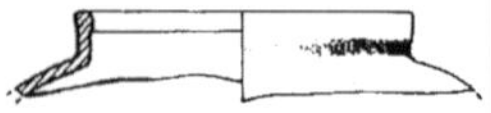 托克托县古城村墓葬M3出土陶罐05TGM3：3	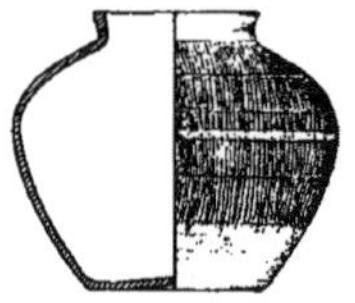 山西离石马茂庄东汉画像石墓M14出土陶罐	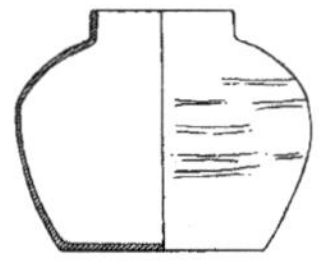 包头召湾90～97号墓葬A型陶矮领罐M91：12	
2	 YE1①：5（唐代晚期至西夏）	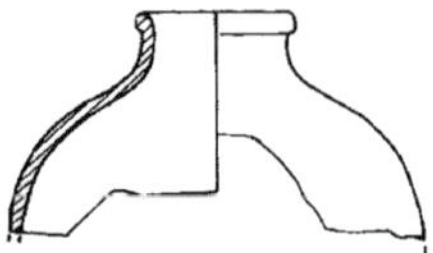 准格尔旗城坡古城第一阶段遗存出土B型陶壶H6：1			

第八节　樊家窑村附近

樊家窑村东南遗址（2014YFJ1）

（一）遗址介绍

樊家窑村东南遗址位于樊家窑村东南约900米处，行政归属杀虎口乡樊家窑村，初查时间为2014年8月20日。遗址中心点GPS坐标为北纬40°14′21.6″，东经112°21′32.0″，海拔1527米±4米。遗址位于南北走向的阶梯式缓冲台地，地势北高南低，地形较平坦，地表种植有葫麻、土豆等农作物。遗址西临南北向天然大冲沟，东部及南部临苗木林地，北临樊家窑移民新村，西北临樊家窑旧村。遗址东西约500米，南北约220米，面积总计约110000平方米（图四九）。

遗址未发现文化层、灰坑等遗迹，较多采集了散落在遗址区地表的残存遗物。

遗物主要分布在遗址区的西部，该遗址共设两个采集点。

樊家窑村东南遗址第一采集点

第一采集点位于遗址区的西部，坐标为北纬40°14′23.1″，东经112°21′24.0″，海拔1526米±4米。采集点地形为南北向的坡地，地表植被为葫麻、土豆等农作物。采集面积约100平方米。采集遗物分布较集中，所采遗物主要有泥质灰陶宽折沿盆口部、卷沿盆口部、卷沿素面罐口部、器盖等；瓷器有白釉圈足碗、白釉直口圆唇罐口部、白釉缸胎直口方唇罐口部、黑釉缸胎卷沿小缸口部、黑釉折沿矮颈罐口部等。采集标本共15件。

YFJ1①：1，泥质深灰色陶罐口肩部。敛口，圆唇，卷沿外翻，鼓肩。肩外表有暗纹且研光。泥片贴筑、快轮修整。口径30厘米，厚0.7厘米，残高3厘米（图五〇，9）。

YFJ1①：2，泥质深灰色陶盆口腹部。敛口，圆唇，折沿下捺撇卷，腹部斜收，个体较

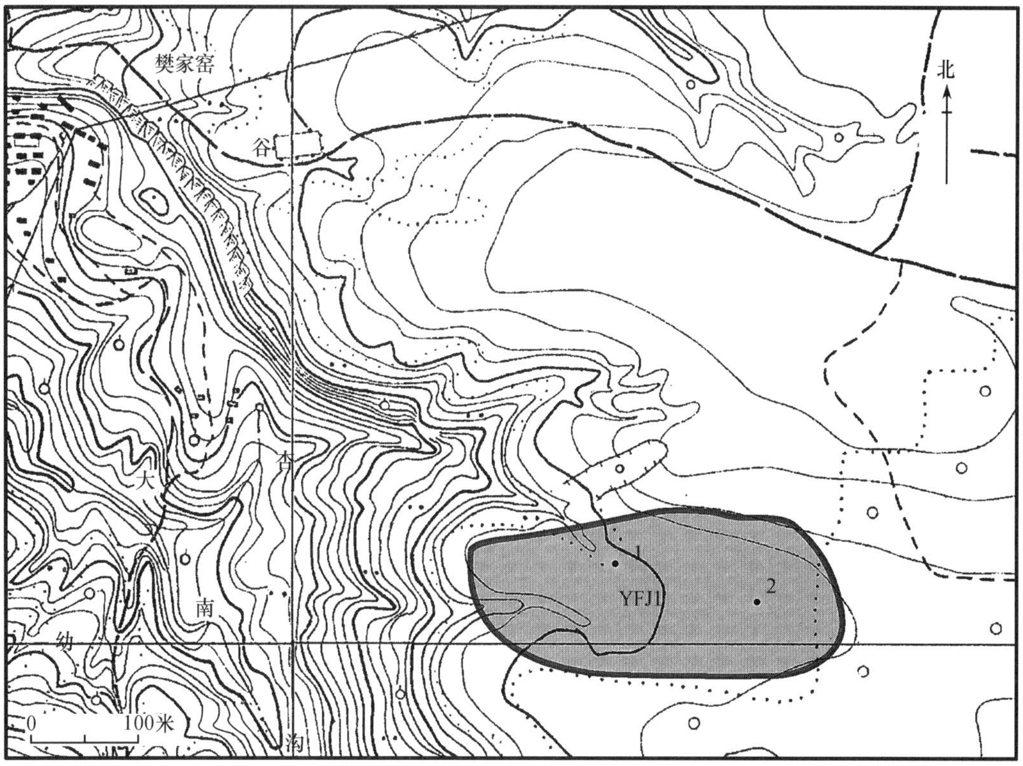

图四九　樊家窑村东南遗址位置示意图

大。外表有一周凹槽，口内侧有一周凹槽，腹部内侧有数周暗纹。泥片贴筑、快轮修整。口径52厘米，厚0.8厘米，残高4.4厘米（图五〇，15）。

YFJ1①：3，泥质深灰色陶盆口部。侈口，圆唇，沿内卷，腹部斜收。素面，口内侧有凹槽一周。手制、轮修。口径38厘米，厚0.6厘米，残高2.8厘米（图五〇，8）。

YFJ1①：4，泥质灰陶盆口腹部。侈口，方唇，斜折沿，腹部斜收，个体较大。口内侧有较浅凹槽一周，口沿外侧有一周凹槽，外表为素面，内壁抹光。泥片贴筑、快轮修整。口径44厘米，厚0.6～0.8厘米，残高4厘米（图五〇，12）。

YFJ1①：5，泥质深灰色陶盆口腹部。侈口，圆唇，卷沿，腹部斜收。口内侧有凹槽一周，外表为素面。泥片贴筑、快轮修整。口径46厘米，厚0.6～0.7厘米，残高3厘米（图五〇，14）。

YFJ1①：6，泥质灰陶盆口腹部。侈口，方唇，平折沿，腹部斜收。外表有宽窄不一的数周瓦楞纹，内壁抹光。泥片贴筑、快轮修整。口径44厘米，厚0.7～1厘米，残高4厘米（图五〇，11）。

YFJ1①：7，泥质灰陶盆口腹部。口微敛，方唇，宽折沿略下捺，腹部斜收，个体较大，器壁较厚。素面，上腹部有由外向内的圆形钻孔一个，口沿内侧有凹槽一周。泥片贴筑、快轮修整。口径48厘米，厚1.2～1.4厘米，残高3.8厘米（图五〇，13）。

YFJ1①：8，泥质深灰色陶盆口腹部。口微敛，方唇，折沿略下捺，腹部斜收。外表有四周瓦楞纹，内壁抹光，口内侧有凹槽一周。泥片贴筑、快轮修整。口径36厘米，厚1.2～1.4厘米，残高6.2厘米（图五〇，10）。

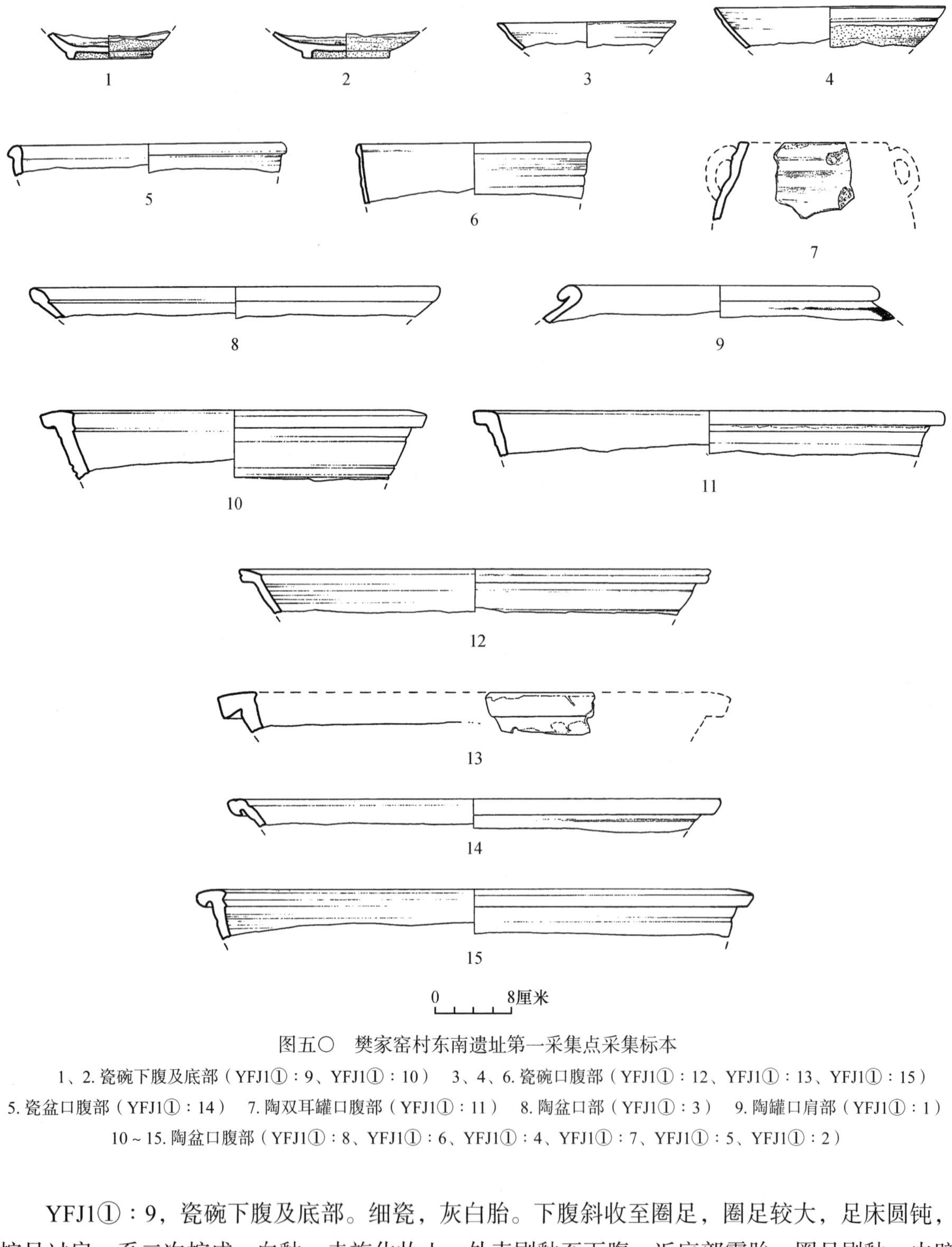

图五〇　樊家窑村东南遗址第一采集点采集标本

1、2. 瓷碗下腹及底部（YFJ1①：9、YFJ1①：10）　3、4、6. 瓷碗口腹部（YFJ1①：12、YFJ1①：13、YFJ1①：15）
5. 瓷盆口腹部（YFJ1①：14）　7. 陶双耳罐口腹部（YFJ1①：11）　8. 陶盆口部（YFJ1①：3）　9. 陶罐口肩部（YFJ1①：1）
10～15. 陶盆口腹部（YFJ1①：8、YFJ1①：6、YFJ1①：4、YFJ1①：7、YFJ1①：5、YFJ1①：2）

YFJ1①：9，瓷碗下腹及底部。细瓷，灰白胎。下腹斜收至圈足，圈足较大，足床圆钝，挖足过肩，系二次挖成。白釉，未施化妆土；外表刷釉至下腹，近底部露胎；圈足刷釉，内壁及内底刷满釉，内底留有支钉痕。底径8厘米，厚0.4～0.7厘米，残高2.4厘米（图五〇，1）。

YFJ1①：10，瓷碗下腹及底部。细瓷，灰白胎。下腹斜收至圈足，圈足平整，挖足略过肩，系二次挖成。白釉泛黄，外表下腹刷薄釉至底部；未施化妆土，内壁刷满釉，内底留有支钉痕。手制、轮修。底径8厘米，厚0.3～0.6厘米，残高3.4厘米（图五〇，2）。

YFJ1①：11，双耳罐口腹部。细瓷，灰白胎。敛口，平沿，双耳残缺，弧腹。白釉泛青，未施化妆土；口外表有凹槽两周，刷釉偏厚；内壁抹光露胎，未刷釉。手制、轮修。口径14厘米，厚0.7～0.8厘米，残高6.8厘米（图五〇，7）。

YFJ1①：12，瓷碗口腹部。细瓷，灰白胎。侈口，扁圆唇，腹部斜收。白釉泛黄，未施化妆土；内外刷釉，釉面磨损严重。手制、轮修。口径16.6厘米，厚0.3～0.4厘米，残高2.4厘米（图五〇，3）。

YFJ1①：13，瓷碗口腹部。细瓷，灰白胎。侈口，尖唇，弧腹，口外侧有一周凹槽。白釉泛黄，未施化妆土；内壁刷满釉，外表刷釉至口外侧。手制、轮修。口径21.6厘米，厚0.3～0.4厘米，残高3.6厘米（图五〇，4）。

YFJ1①：14，瓷盆口腹部。粗瓷，缸胎。侈口，圆唇，卷沿，腹部弧收。未施化妆土；通体施黑釉，釉面较厚。手制、轮修。口径26厘米，厚0.8厘米，残高2.6厘米（图五〇，5）。

YFJ1①：15，瓷碗口腹部。细瓷，灰胎。直口，扁圆唇，沿向外微卷，垂腹。青白釉，未施化妆土；通体施青白釉，上腹外表有较细线纹两周。手制、轮修。口径22厘米，厚0.3厘米，残高5厘米（图五〇，6）。

樊家窑村东南遗址第二采集点

第二采集点位于遗址区东部，中心坐标为北纬40°14′21.6″，东经112°21′32.0″，海拔1527米±4米。采集点地形为缓冲台地，地表植被为葫麻等农作物。采集面积为120平方米。采集遗物分布较分散，所采遗物主要有夹砂灰陶罐口部；泥质灰陶折沿盆口部、卷沿盆口部、敛口罐口部、小口罐口部、纺轮坯料等。采集标本共7件。

YFJ1②：1，夹细砂灰陶盘口壶口部。扁圆唇，折沿上翘，沿面上有凹槽一周。素面。手制、轮修。口径26.6厘米，厚0.5厘米，残高2.4厘米（图五一，3）。

YFJ1②：2，泥质深灰色陶罐口肩部。敛口，圆唇，卷沿，溜肩。素面。泥片贴筑、快轮修整。口径16厘米，厚0.4厘米，残高2厘米（图五一，2）。

YFJ1②：3，泥质灰陶盆口腹部。口微敛，扁圆唇，折沿向外翻卷，腹部斜收，个体较大。口内侧有凹槽一周，外表有旋抹痕。泥片贴筑、快轮修整。口径52厘米，厚0.8～0.9厘米，残高4.2厘米（图五一，7）。

YFJ1②：4，泥质深灰色陶盆口腹部。侈口，方唇，折沿下捺，口沿外侧有一周凹槽，腹部斜收。素面，口内侧有数周暗纹且研光。泥片贴筑、快轮修整。口径42厘米，厚0.4～0.5厘米，残高3.6厘米（图五一，6）。

YFJ1②：5，泥质深灰色陶盆口腹部。侈口，圆唇，卷沿，腹部斜收，个体较大。素面。泥片贴筑、快轮修整。口径44厘米，厚0.6厘米，残高2厘米（图五一，5）。

YFJ1②：6，泥质深灰色陶罐口部。侈口，圆唇，卷沿。口内侧有凹槽一周。泥片贴筑、快轮修整。口径32.6厘米，厚1厘米，残高4.6厘米（图五一，4）。

YFJ1②：7，泥质深灰色陶纺轮坯。平面呈圆形。素面。手制。直径4.6厘米，厚0.6～0.8厘米（图五一，1）。

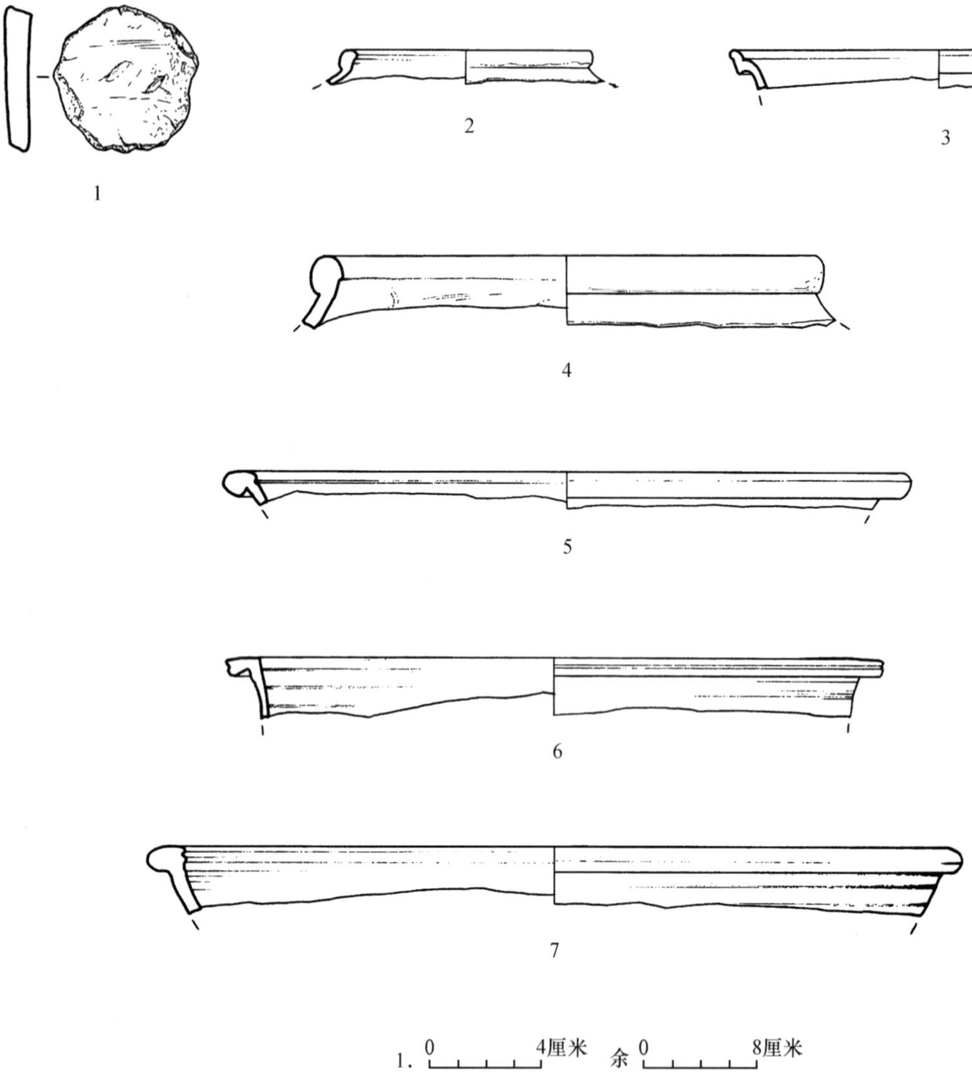

图五一　樊家窑村东南遗址第二采集点采集标本

1. 陶纺轮坯（YFJ1②：7）　2. 陶罐口肩部（YFJ1②：2）　3. 陶盘口壶口部（YFJ1②：1）　4. 陶罐口部（YFJ1②：6）　5～7. 陶盆口腹部（YFJ1②：5、YFJ1②：4、YFJ1②：3）

（二）遗址时代

遗址文化时代为辽代（表一一）。

YFJ1①：1（辽代）与土默特左旗沙尔沁古城遗址Ⅲ式陶罐H2：4相似[①]。

YFJ1①：11（辽代）与察哈尔右翼后旗头道湾古城遗址C型Ⅰ式瓷罐ⅠH26：3相似[②]。

① 内蒙古自治区文物考古研究所编：《内蒙古文物考古文集（第三辑）》，科学出版社，2004年，第420页，图八，13。

② 内蒙古自治区文物考古研究所编：《内蒙古文物考古文集（第三辑）》，科学出版社，2004年，第338页，图二〇，2。

表一一　樊家窑村东南遗址调查标本与其他地区同时代对比表

序号	樊家窑村东南遗址调查标本	对比标本一	对比标本二	其他	备注
1	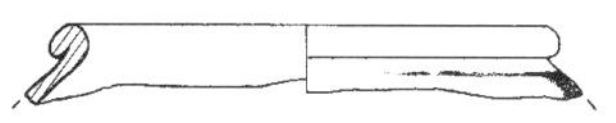 YFJ1①：1（辽代）	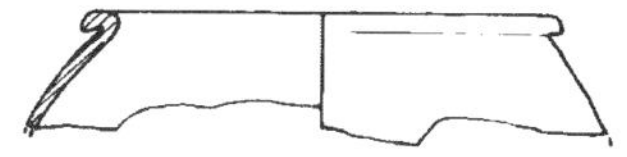 土默特左旗沙尔沁古城遗址Ⅲ式陶罐H2：4			
2	 YFJ1①：11（辽代）	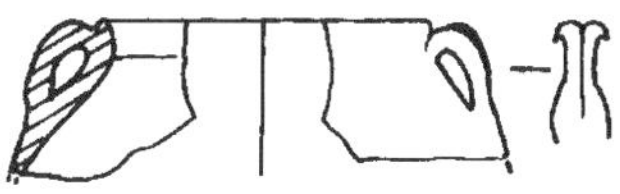 察哈尔右翼后旗头道湾古城遗址C型Ⅰ式瓷罐ⅠH26：3			

第九节　冯家沟村附近

冯家沟村西遗址（2014YF1）

（一）遗址介绍

冯家沟村西遗址位于冯家沟村西约550米处，行政归属李达窑乡冯家沟村，初查时间为2014年7月23日。遗址中心点GPS坐标为北纬40°14′25.4″，东经112°34′46.0″，海拔1498米±5米。遗址地形为阶梯式台地，东临冯家沟约550米，南临由东向西流入马营河的长流水支流，北临北高南低的大台地，西临马营河东岸，地表种植荞麦，其余为荒地。遗址面积东西约100米，南北约60米，总面积约6000平方米（图五二）。

遗址区内未发现文化层、灰坑等遗迹，只采集散落遗址区地表的残留遗物，因此遗址区内只设一个采集点。

冯家沟村西遗址第一采集点

第一采集点位于遗址区中部，中心坐标为北纬40°14′25.4″，东经112°34′46.0″，海拔1498米±5米。采集点地形为阶梯式台地，地表植被为荞麦、荒地。采集面积约300平方米。采集遗物分布较分散，所采遗物主要有泥质灰陶盆口部；白釉瓷碗底部、板瓦等。采集点周围有大小不等的石块较多，估计为废弃建筑。采集标本共10件。

YF1①：1，夹蚌质淡红色陶罐口腹部。口微敛，小平折沿外侧加厚，腹略鼓，器形偏小，陶泥中掺杂有蚌质或萤石之类的荧光材料，十分特殊。素面，磨损十分严重。泥片贴筑、快轮修整。口径18厘米，厚0.6～0.8厘米，残高3厘米（图五三，5）。

YF1①：2，泥质深灰色陶盆口腹部。敞口，圆唇，沿内卷，斜腹，个体较大。素面，上腹近口部有由内向外圆形钻孔一处。泥片贴筑、快轮修整。口径44厘米，厚0.8厘米，残高4厘米（图五三，6）。

YF1①：3，泥质浅灰色陶盆口部。口微敛，方唇，宽折沿略下捺，腹部斜收。口沿及内

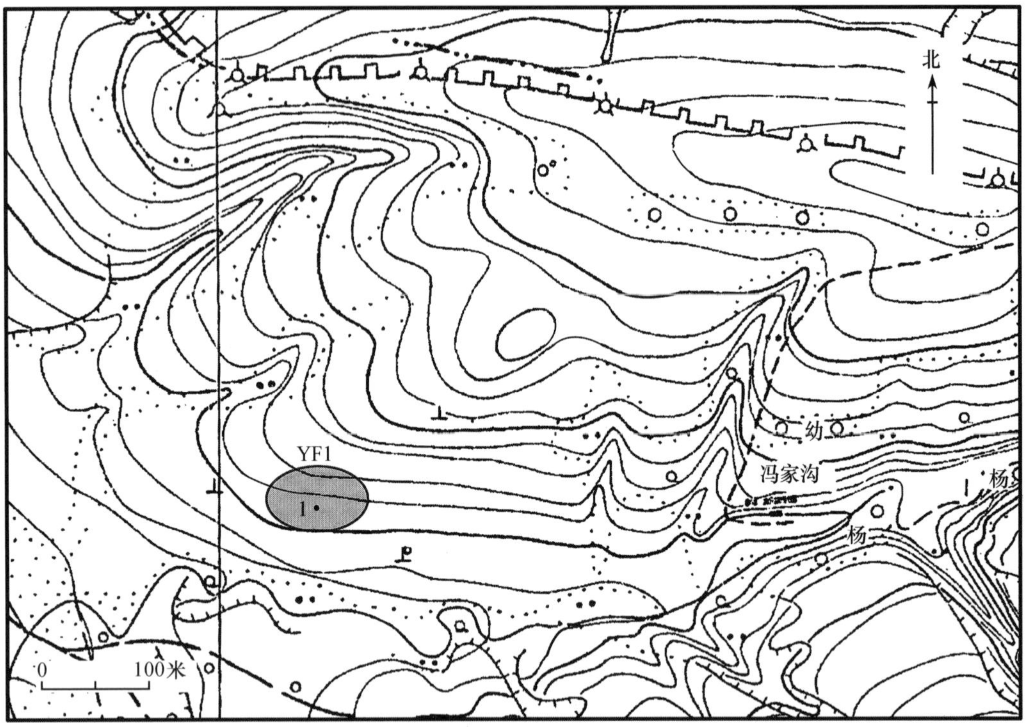

图五二　冯家沟村西遗址位置示意图

壁被抹光，有若干周暗弦纹，外表有若干周瓦楞纹，上腹部有一由外向内的圆形钻孔。泥片贴筑、快轮修整。口径50.2厘米，厚1厘米，残高6.8厘米（图五三，8）。

YF1①：4，泥质深灰色陶盆口腹部。敛口，圆唇，折沿向下翻卷，斜腹，个体较大。素面，内壁研光。泥片贴筑、快轮修整。口径49.6厘米，厚0.8厘米，残高6.5厘米（图五三，7）。

YF1①：5，泥质深灰色小口陶罐口部。小口，圆唇，溜肩。素面，外表略有磨光。泥片贴筑、快轮修整。口径12厘米，厚0.4厘米，残高2.4厘米（图五三，4）。

YF1①：6，瓷碗底部。细瓷，灰胎。下腹斜收至底部；圈足，足床较高、平整，床面略窄、平整，挖足未过肩，与肩平齐，系二次挖成；器壁偏薄。内壁先施化妆土，后施白釉；底面外围有四处较规整的支钉痕；外表施半釉，釉色泛黄，且有流釉现象。轮制、拉坯。底径7.2厘米，厚0.6厘米，残高2.6厘米（图五三，2）。

YF1①：7，瓷碗底部。细瓷，灰胎。下腹斜收至底部；圈足，足床较高、平整，床面平整，挖足过肩，系一次挖成；器壁偏厚。内壁先施化妆土，后施白釉；底面外围有两处支钉痕；外表施半釉，且有自上而下的流釉现象。轮制、拉坯。底径7.6厘米，厚1厘米，残高3.6厘米（图五三，3）。

YF1①：8，瓷碗底部。细瓷，灰胎。下腹斜收至底部；圈足，足床较矮、圆钝，床面平整，挖足未过肩，与肩平齐，系二次挖成。内壁施白釉，釉色泛黄；底面外围有三处支钉痕。轮制、拉坯。底径6厘米，厚0.6厘米，残高1.6厘米（图五三，1）。

YF1①：9，夹细砂深灰色陶罐腹片。外表饰竖向中粗绳纹，且局部有弦断。泥片贴筑、快轮修整。残高6.8厘米，厚1厘米，残宽6.2厘米（图五四，1）。

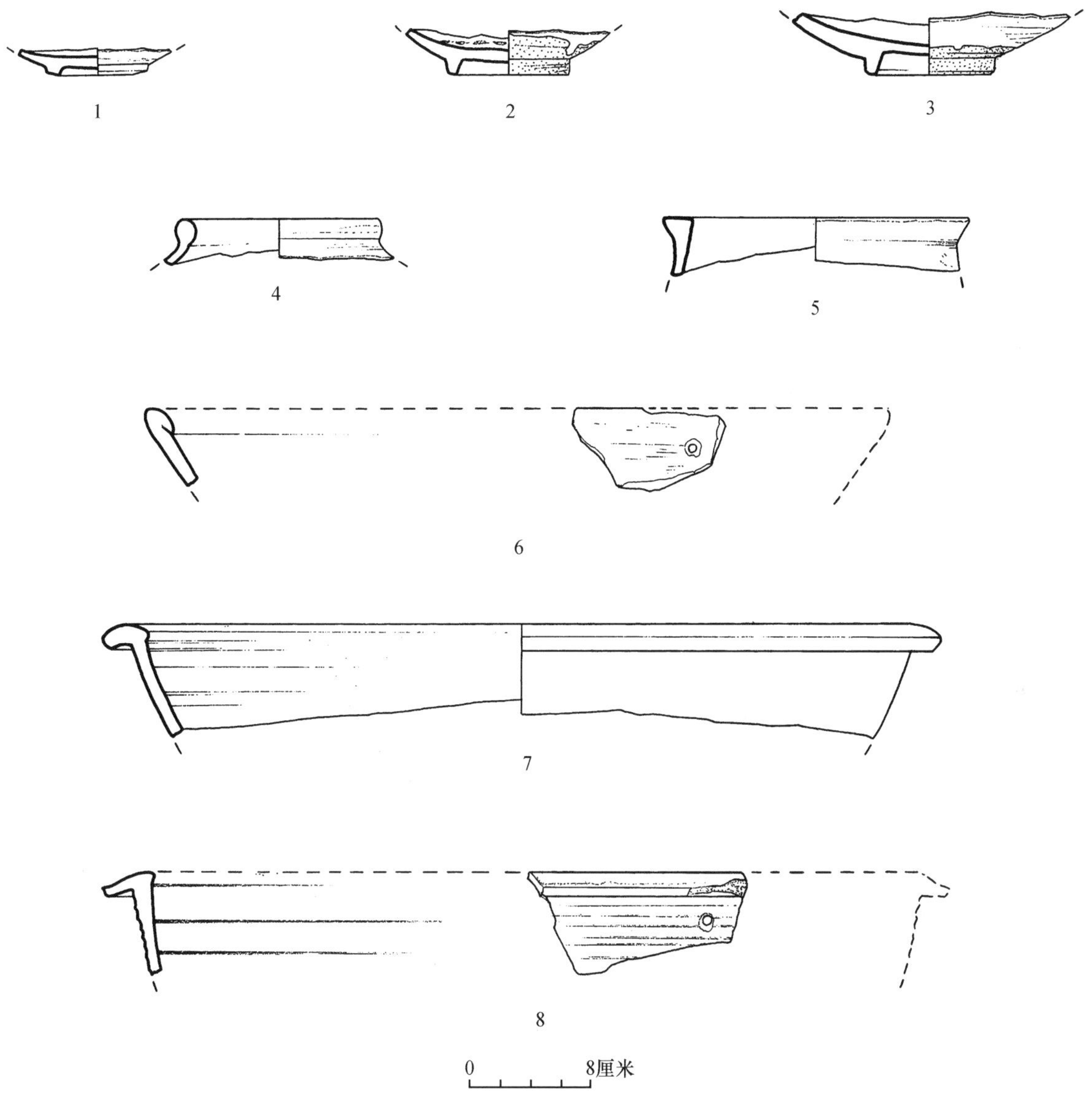

图五三　冯家沟村西遗址第一采集点采集标本
1～3. 瓷碗底部（YF1①：8、YF1①：6、YF1①：7）　4. 陶小口罐口部（YF1①：5）　5. 陶罐口腹部（YF1①：1）
6、7. 陶盆口腹部（YF1①：2、YF1①：4）　8. 陶盆口部（YF1①：3）

YF1①：10，泥质灰褐色陶盆腹片。斜腹，器壁偏厚，器形较大。外表饰竖向麦粒状绳纹被抹，内壁抹光，且有较浅不规则划痕四道。泥片贴筑、快轮修整 。残高12.5厘米，厚0.9厘米，残宽13.4厘米（图五四，2）。

（二）遗址时代

遗址的文化时代为汉代、辽代、金代。

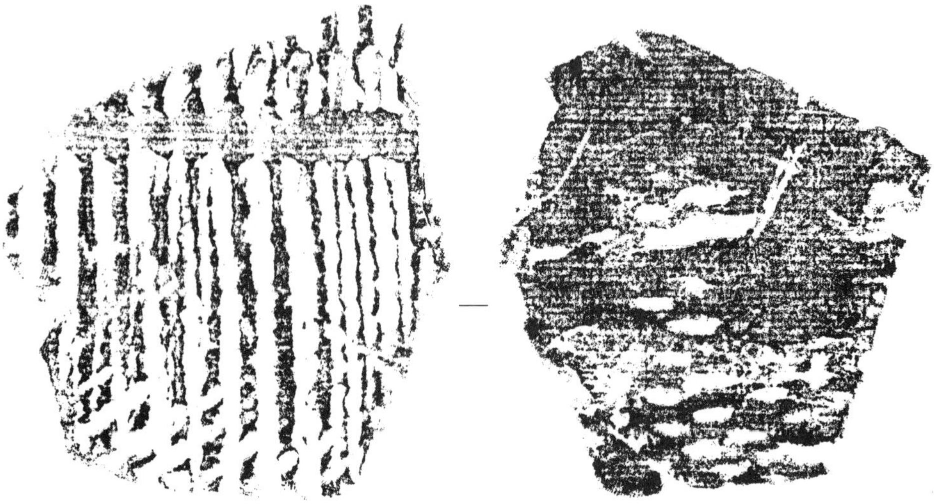

1

2

0　1厘米

图五四　冯家沟村西遗址第一采集点采集标本拓片

1. 陶罐腹片（YF1①：9）（外表、内壁）　2. 陶盆腹片（YF1①：10）

第十节　官屯堡村附近

官屯堡村北遗址（2014YGT1）

（一）遗址介绍

官屯堡村北遗址位于官屯堡村北约200米处，行政归属李达窑乡官屯堡村，初查时间为2014年7月30日。遗址中心点GPS坐标为北纬40°14′38.7″，东经112°30′10.3″，海拔1431米±5米。该遗址位于南北向长条形梯田南部，地形较平坦，地表种植有土豆、葫麻等农作物。遗址东临官屯堡至八墩沟村的乡间硬化路，西临南北向天然冲沟，北临北高南低的长条形梯田中上部，南临官屯堡村。遗址东西约300米，南北约150米，面积总计约45000平方米（图五五）。

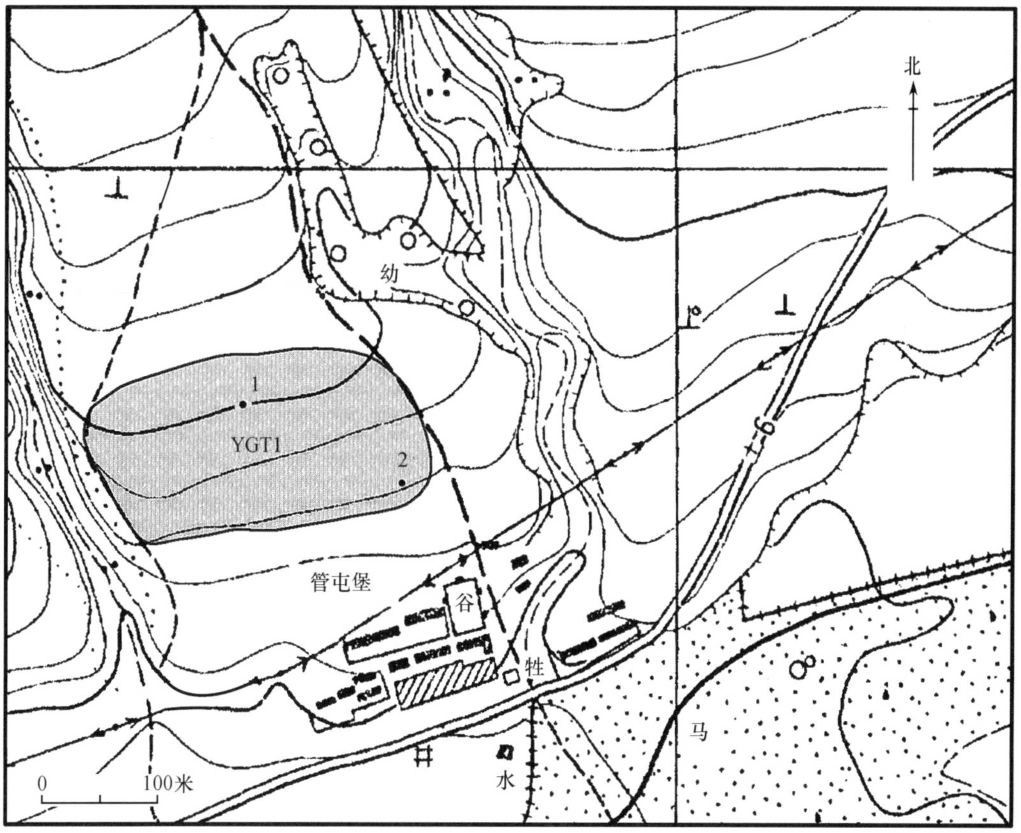

图五五　官屯堡村北遗址位置示意图

遗址内未发现文化层等遗迹，只在遗址区第一采集点所在耕地地表发现若干疑似灰坑的遗迹，但因其破坏较严重，无法做具体测量。

遗址区设两个采集点。

官屯堡村北遗址第一采集点

第一采集点所采集遗物主要分布在该遗址区北部。采集点中心坐标为北纬40°14′38.7″，东经112°30′10.3″，海拔1431米±5米。采集点地形为较平坦的台地，地表植被为葫麻、土豆等农作物。采集面积约400平方米。采集点遗物分布较为集中，所采遗物主要有泥质灰陶宽折沿盆口部、小口罐口部、敛口罐、深腹盆口部；白瓷温碗底部。采集标本共8件。

YGT1①：1，泥质灰黑色陶盆口肩部。口微敛，扁圆唇，卷沿外翻，短颈，鼓肩，腹部斜收。内壁口沿下有一周凸棱，口沿上及肩部有研光痕迹。手制、泥片贴筑。口径32厘米，厚0.7厘米，残高4.8厘米（图五六，5）。

YGT1①：2，泥质灰陶盆口腹部。敞口，斜方唇，平折沿，斜腹。内壁口沿下饰两周凸棱，内壁上腹部残存一周压印纹，口沿下有一个由外向内的圆形钻孔。手制、泥片贴筑。口径40厘米，厚0.9厘米，残高6.2厘米（图五六，7）。

YGT1①：3，泥质灰黑色陶盆口腹部。侈口，斜方唇，卷沿，斜腹急收。口沿内侧饰一周凹槽，内壁口沿下饰一周凸棱。手制、泥片贴筑。口径36厘米，厚0.6厘米，残高3.6厘米（图五六，3）。

YGT1①：4，泥质深灰色大口陶罐口肩部。敛口，斜方唇，卷沿，溜肩。肩部饰数周研光平行暗弦纹。泥片贴筑、快轮修整。口径32厘米，厚0.7厘米，残高4.6厘米（图五六，4）。

YGT1①：5，泥质灰黑色陶盆口腹部。口微敛，扁圆唇，内侧加厚，斜腹。素面。泥片贴筑、快轮修整。口径40厘米，厚0.7厘米，残高6.2厘米（图五六，8）。

YGT1①：6，泥质陶盆口腹部。外壁呈灰色，内壁呈黑色。斜方唇，卷沿，斜腹。外壁腹部有两周旋抹形成的瓦楞纹，口沿上及内壁饰若干周平行研光暗弦纹，口沿下有一个由内向外的圆形钻孔。泥片贴筑、快轮修整。口径38厘米，厚0.9厘米，残高7.6厘米（图五六，6）。

YGT1①：7，泥质陶盆口腹部。外壁呈灰色，口沿及内壁呈黑色。敞口，斜方唇，折沿，斜腹，器形较大，器壁厚。口沿上有磨光痕迹，内壁口沿下饰一周凸棱，腹部有两个圆形钻孔（上腹部的由外向内钻，下腹由内向外钻）。泥片贴筑、快轮修整。口径56厘米，厚1.2厘米，残高12厘米（图五六，2）。

YGT1①：8，白瓷碗底部。坩子胎细腻，胎色较白。弧腹，圈足，内、外底均下凹，外底削去鸡心钉，内底残存六个小支钉痕，内壁施满釉，外壁施半釉，白釉略泛青。拉坯。底径7.2厘米，厚0.3厘米，残高3厘米（图五六，1）。

官屯堡村北遗址第二采集点

第二采集点所采集遗物主要分布于遗址区东南部，中心坐标为北纬40°14′36.5″，东经112°30′16.4″，海拔1417米±5米。采集点地形为较平坦的台地，地表植被为葫麻、土豆等农作物。采集面积约700平方米。采集遗物分布较为分散，所采遗物主要有泥质灰陶盆口部、侈口罐口部、折沿盆口部、卷沿罐口部；白瓷浅印花碗口部、白瓷牡丹花碗口部、白瓷黑花碗底部等。采集标本共11件。

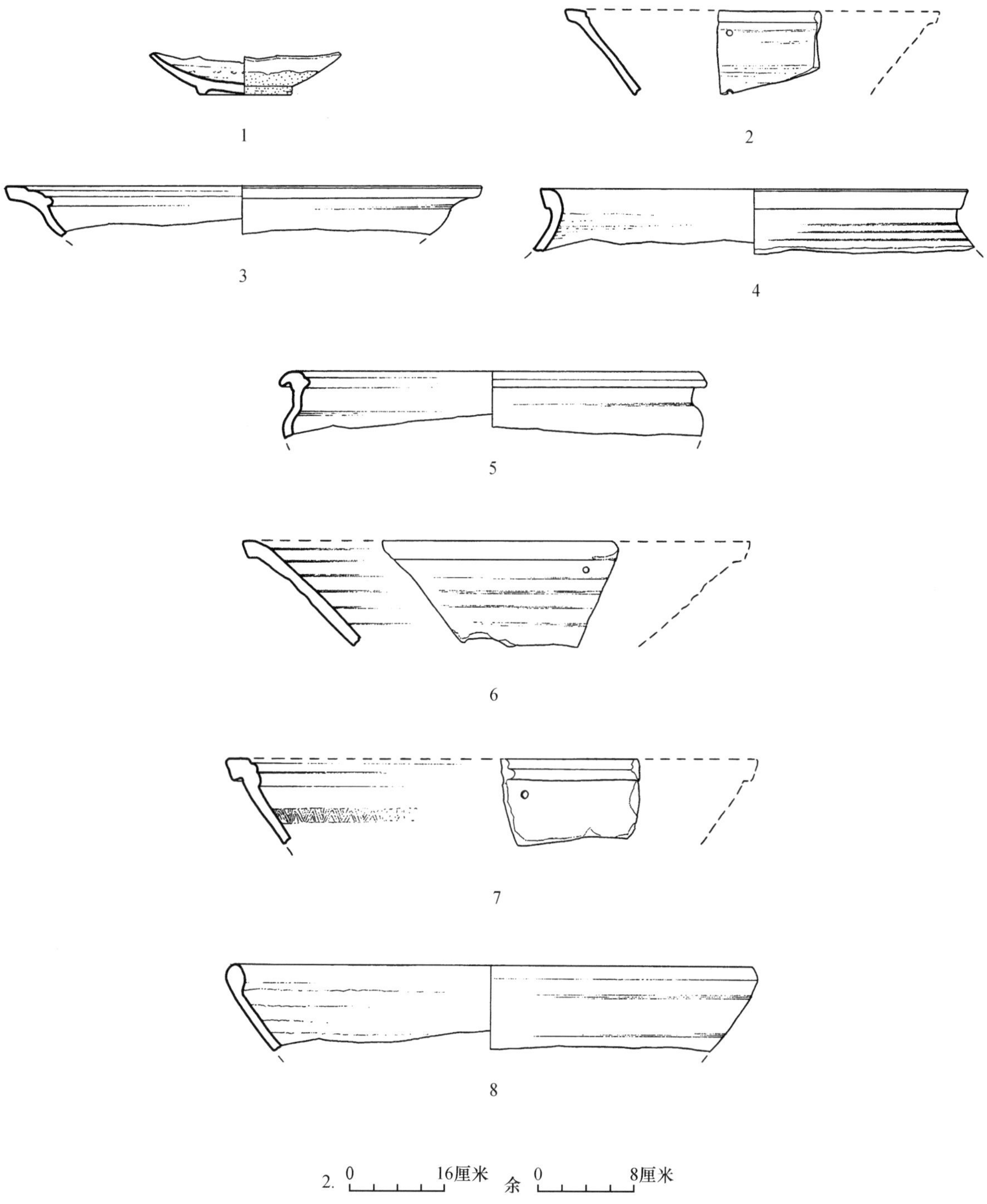

图五六　官屯堡村北遗址第一采集点采集标本

1. 白瓷碗底部（YGT1①：8）　2、3、5～8. 陶盆口腹部（YGT1①：7、YGT1①：3、YGT1①：1、YGT1①：6、YGT1①：2、YGT1①：5）　4. 陶大口罐口肩部（YGT1①：4）

YGT1②：1，泥质陶罐口肩部。外壁呈黑色，内壁呈灰色。敛口，圆唇，鼓肩。唇上有三周凹弦纹。泥片贴筑、快轮修整。口径19.4厘米，厚0.8厘米，残高4厘米（图五七，3）。

YGT1②：2，泥质灰陶罐口肩部。敛口，斜方唇，卷沿，溜肩。肩部饰数周研光平行暗弦纹。手制、泥片贴筑。口径28厘米，厚0.8厘米，残高4.2厘米（图五七，6）。

YGT1②：3，泥质灰黑色陶盆口腹部。侈口，圆唇，卷沿，弧腹斜收。口沿及内壁饰数周研光平行暗弦纹。泥片贴筑、快轮修整。口径40厘米，厚0.8厘米，残高4.6厘米（图五七，9）。

YGT1②：4，泥质灰黑色陶罐口肩部。直口，圆唇外侧加厚，短颈，鼓肩。颈部饰一周凸棱，肩部饰一周研光暗弦纹，下腹饰竖向“⋀”形纹，唇上有研光痕迹。器表装饰有暗纹，手法特殊。泥片贴筑、快轮修整。口径14厘米，厚0.7厘米，残高3.8厘米（图五七，2）。

YGT1②：5，瓷碗底部。坩子胎细腻，较白。弧腹，圈足略外撇，内底弧形，外底平整。内壁近底部处饰一周压印的凸菊花纹，内底有浅凸印花纹，内壁施满釉，外壁施半釉，白釉泛黄，内底残存两个小支钉痕。拉坯。厚0.5厘米，残高2.7厘米（图五七，4）。

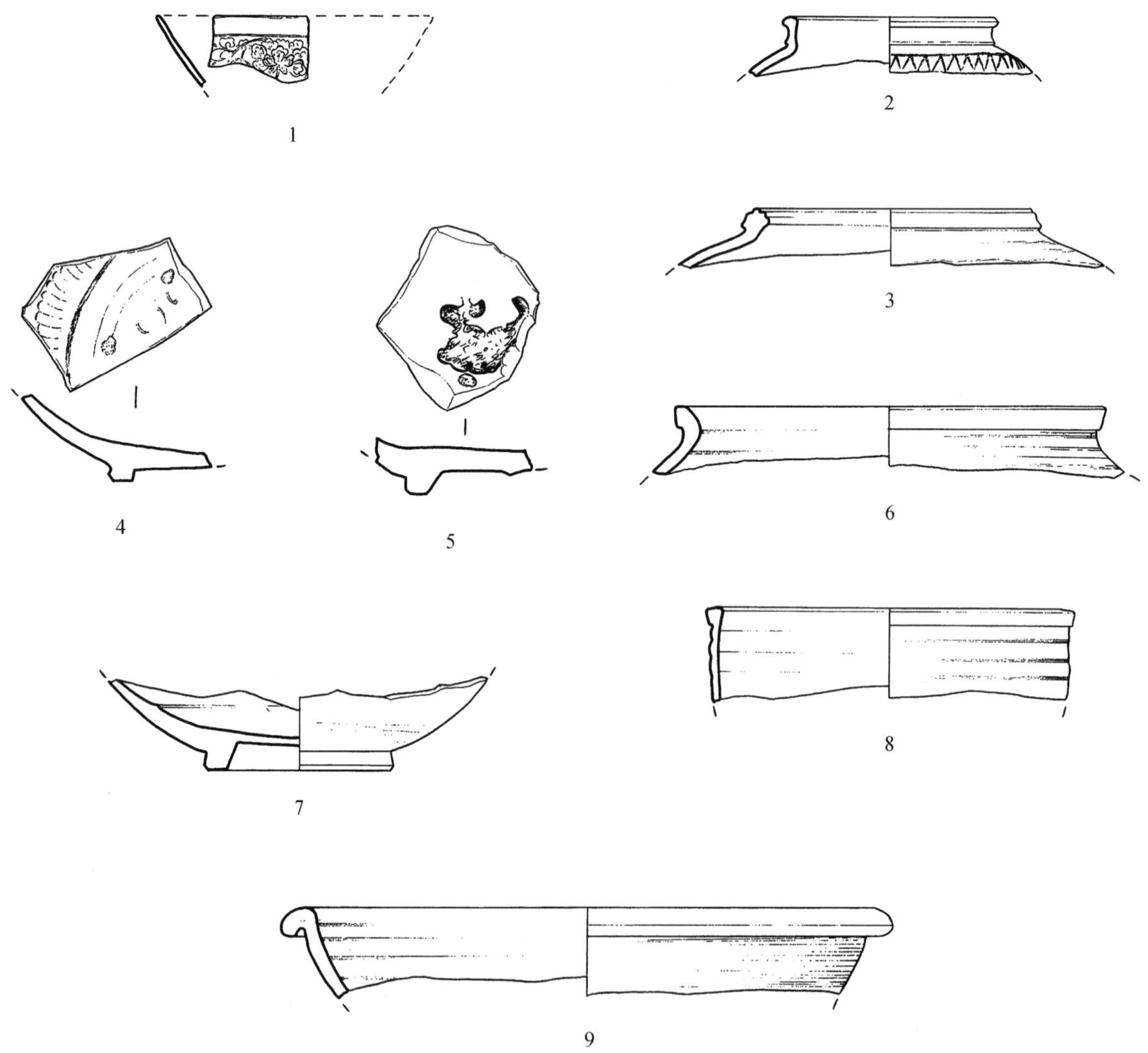

4、5、7. 0　4厘米　余 0　8厘米

图五七　官屯堡村北遗址第二采集点采集标本

1. 瓷碗口腹部（YGT1②：7）　2、3、6. 陶罐口肩部（YGT1②：4、YGT1②：1、YGT1②：2）　4、5、7. 瓷碗底部（YGT1②：5、YGT1②：8、YGT1②：6）　8. 瓷盆口腹部（YGT1②：9）　9. 陶盆口腹部（YGT1②：3）

YGT1②：6，瓷碗底部。坩子胎细腻，灰白色。弧腹，圈足略外撇，足墙内侧斜削过肩明显，底较薄，圈足底部外侧斜削。内底残存两个小支钉痕，内底下腹部饰一周凸弦纹，圈足足墙上有砂钉支烧痕迹。先施化妆土，再施透明釉，内壁施满釉，外壁施半釉，釉色白色泛青，未施化妆土，釉面油润，略有细微开片。拉坯。底径6厘米，厚0.8厘米，残高3厘米（图五七，7）。

YGT1②：7，瓷碗口腹部。坩子胎细腻，灰白色。敞口，尖唇，弧腹。内壁腹部饰压印牡丹花纹，内外壁均施釉，釉色白色泛青。拉坯。口径18厘米，厚0.3厘米，残高4.4厘米（图五七，1；图版二八，1）。

YGT1②：8，白瓷黑花碗底部。坩子土较细，灰白色。平底，圈足，足墙内侧斜削过肩，外底中心有一个小鸡心钉，内底有黑釉花纹，呈酱色。先施化妆土，再施透明釉，内底釉色白色泛青，外壁及足墙外侧施透明釉呈青色，足墙内侧及外底有釉痕。拉坯。厚0.7厘米，残高1.7厘米（图五七，5）。

YGT1②：9，瓷盆口腹部。坩子胎较细，灰白色。敛口，窄平沿，外侧加厚，腹微鼓。外壁饰较浅瓦楞纹，未施化妆土，内外壁均施釉，釉色白色泛青，唇部施釉后刮去，此件器物采用覆烧工艺，盆外壁留有轻微窑粘。拉坯。口径24厘米，厚0.7厘米，残高5.8厘米（图五七，8）。

YGT1②：10，泥质灰陶盆腹部。略鼓腹。外壁残存三组平行凹弦纹，每组由两条凹弦纹组成，内壁饰一周由三条凹弦纹组成的水波纹，下接两周凹弦纹，之下为压印三角状纹。泥片贴筑、快轮修整。厚0.7厘米（图五八，2）。

YGT1②：11，泥质灰陶盆腹部。器壁较厚。外壁先饰数周瓦楞纹，内壁残存三周压印三角状纹。泥片贴筑、快轮修整。厚1厘米（图五八，1）。

（二）遗址时代

遗址的文化时代为辽代、金代（表一二）。

YGT1①：1（辽代）与和林格尔县前瓦窑沟辽金时代遗址E型陶盆相似[①]；与准格尔旗城坡古城遗址第二阶段遗存出土F型陶盆T30②A：4相似[②]。

YGT1①：7（辽代）与和林格尔县前瓦窑沟辽金时代遗址H型陶盆相似[③]。

YGT1②：1（辽代）与和林格尔县前瓦窑沟辽金时代遗址F型陶罐相似[④]；与准格尔旗城坡古城遗址第二阶段遗存出土C型陶壶T13②：9相似[⑤]。

---

① 内蒙古文物考古研究所编：《内蒙古文物考古文集》，中国大百科全书出版社，1994年，第556页，图六，24。

② 内蒙古自治区文物考古研究所编：《万家寨水利枢纽工程考古报告集》，远方出版社，2001年，第101页，图一八，8。

③ 内蒙古文物考古研究所编：《内蒙古文物考古文集》，中国大百科全书出版社，1994年，第556页，图六，22。

④ 内蒙古文物考古研究所编：《内蒙古文物考古文集》，中国大百科全书出版社，1994年，第556页，图六，9。

⑤ 内蒙古自治区文物考古研究所编：《万家寨水利枢纽工程考古报告集》，远方出版社，2001年，第99页，图一六，14。

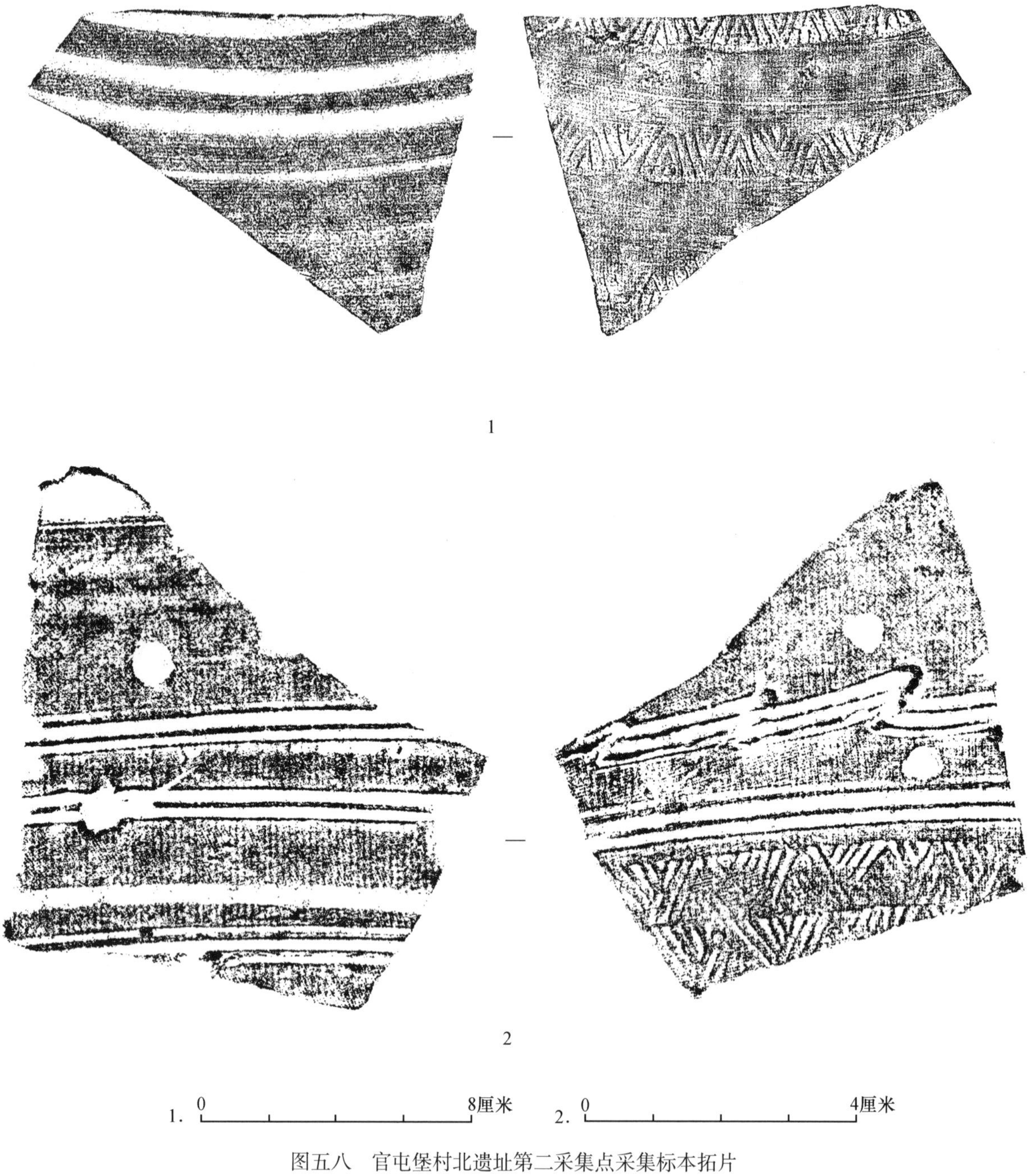

图五八　官屯堡村北遗址第二采集点采集标本拓片

1. 陶盆腹部（YGT1②：11）（外表、内壁）　2. 陶盆腹部（YGT1②：10）（外表、内壁）

YGT1②：3（辽代）与和林格尔县前瓦窑沟辽金时代遗址A型陶盆相似[①]；与苏尼特右旗新民乡全胜段金界壕A型陶盆H7：2相似[②]。

---

① 内蒙古文物考古研究所编：《内蒙古文物考古文集》，中国大百科全书出版社，1994年，第556页，图六，12。

② 内蒙古自治区文物考古研究所编：《内蒙古文物考古文集（第三辑）》，科学出版社，2004年，第317页，图五，5。

YGT1②：9（辽金）与准格尔旗城坡古城第二阶段遗存出土B型瓷盆T7③：6相似[①]。

表一二 官屯堡村北遗址调查标本与其他地区同时代对比表

序号	官屯堡村北遗址调查标本	对比标本一	对比标本二	其他	备注
1	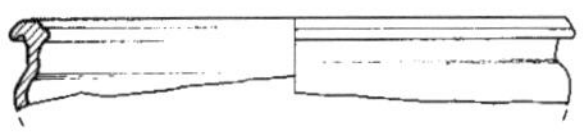 YGT1①：1（辽代）	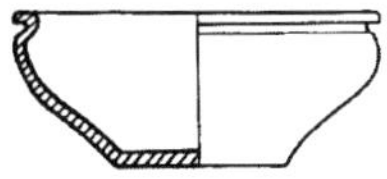 和林格尔县前瓦窑沟辽金时代遗址E型陶盆	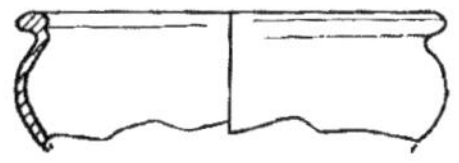 准格尔旗城坡古城遗址第二阶段遗存出土F型陶盆T30②A：4		
2	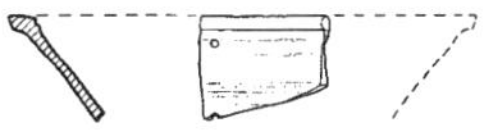 YGT1①：7（辽代）	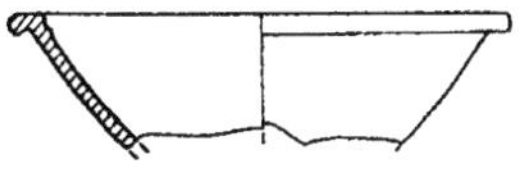 和林格尔县前瓦窑沟辽金时代遗址H型陶盆			
3	 YGT1②：1（辽代）	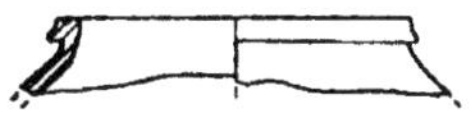 和林格尔县前瓦窑沟辽金时代遗址F型陶罐	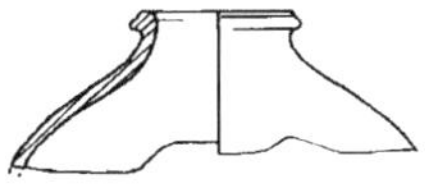 准格尔旗城坡古城遗址第二阶段遗存出土C型陶壶T13②：9		
4	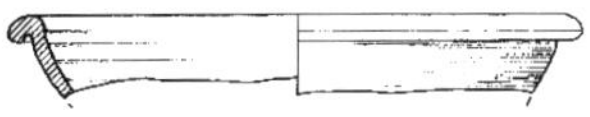 YGT1②：3（辽代）	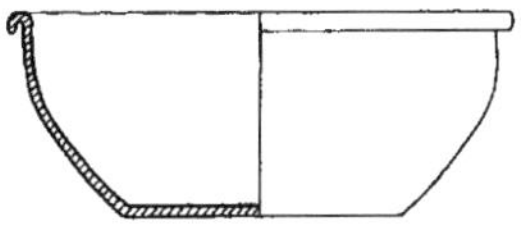 和林格尔县前瓦窑沟辽金时代遗址A型陶盆	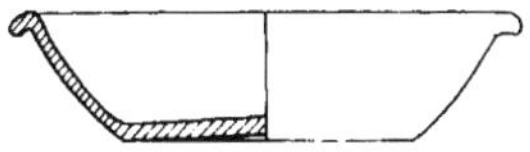 苏尼特右旗新民乡全胜段金界壕A型陶盆H7：2		
5	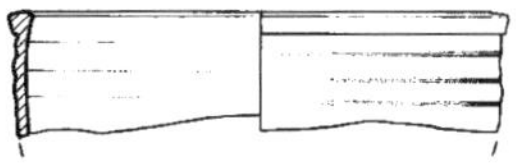 YGT1②：9（辽金）	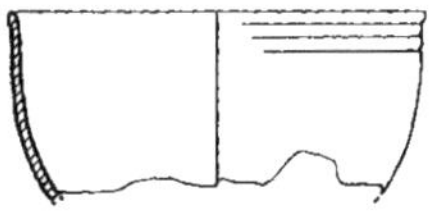 准格尔旗城坡古城第二阶段遗存出土B型瓷盆T7③：6			

第十一节 火烧岭村附近

一、火烧岭村北遗址（2014YHS1）

（一）遗址介绍

火烧岭村北遗址位于火烧岭村北约500米处，行政归属李达窑乡火烧岭村，初查时间为2014年8月10日。遗址中心GPS坐标为北纬40°12′37.9″，东经112°24′33.2″，海拔1374米±4米。该遗址地形为南北走向的阶梯式台地，地势北高南低。西临南北走向的季节性河流，北临东西向大冲沟，东临薛家堡村村北“三北”防护林带，南临火烧岭村约500米，地表植

① 内蒙古自治区文物考古研究所编：《万家寨水利枢纽工程考古报告集》，远方出版社，2001年，第110页，图二七，3。

被有葫麻、沙棘等。遗址东西约400米，南北约130米，面积总计约52000平方米（图五九；图版一一，1）。

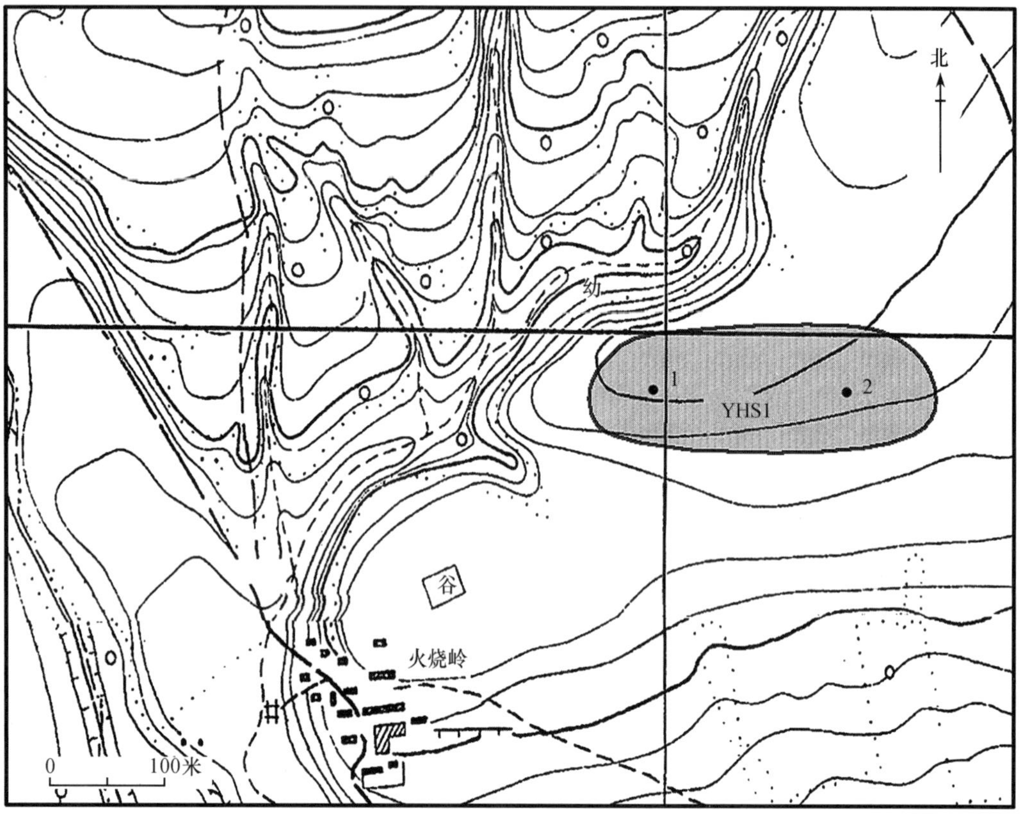

图五九　火烧岭村北遗址位置示意图

遗址区内未发现文化层、灰坑等遗迹，只发现散落遗址区地表的残留遗物。

该遗址共设两个采集点，所采集遗物分布较零散且破碎，但采集遗物较重要。

火烧岭村北遗址第一采集点

第一采集点位于遗址区的西部，中心坐标为北纬40°12′37.9″，东经112°24′33.2″，海拔1374米±4米。采集点地形为阶梯式台地，地表植被为葫麻、沙棘等。采集面积约500平方米。采集遗物分布较分散，所采遗物主要有夹砂红褐陶罐口部；夹砂灰陶罐口部；泥质红陶缸、盆底部；彩陶钵口腹部、纺轮坯料等。采集标本共12件。

YHS1①：1，泥质橙红色彩陶盆肩部。肩部施黑色彩带。手制。残长4.4厘米，厚0.6厘米，残高3.6厘米（图六〇，3）。

YHS1①：2，泥质橙红色大口陶缸口部，微夹细砂。扁圆唇，外侧加厚，大口，鼓腹。素面。手制、泥片贴筑。残长6.9厘米，最厚1.5厘米，残高3.4厘米（图六〇，4）。

YHS1①：3，泥质橙红色陶盆底部。下腹斜收，小平底，内底呈圜底状。素面，内壁较光。手制。底径10厘米，最厚1厘米，残高2.2厘米（图六〇，2）。

YHS1①：4，泥质红褐色彩陶钵口部。扁圆唇，口微敛。口部外侧施黑色宽条带，内外壁

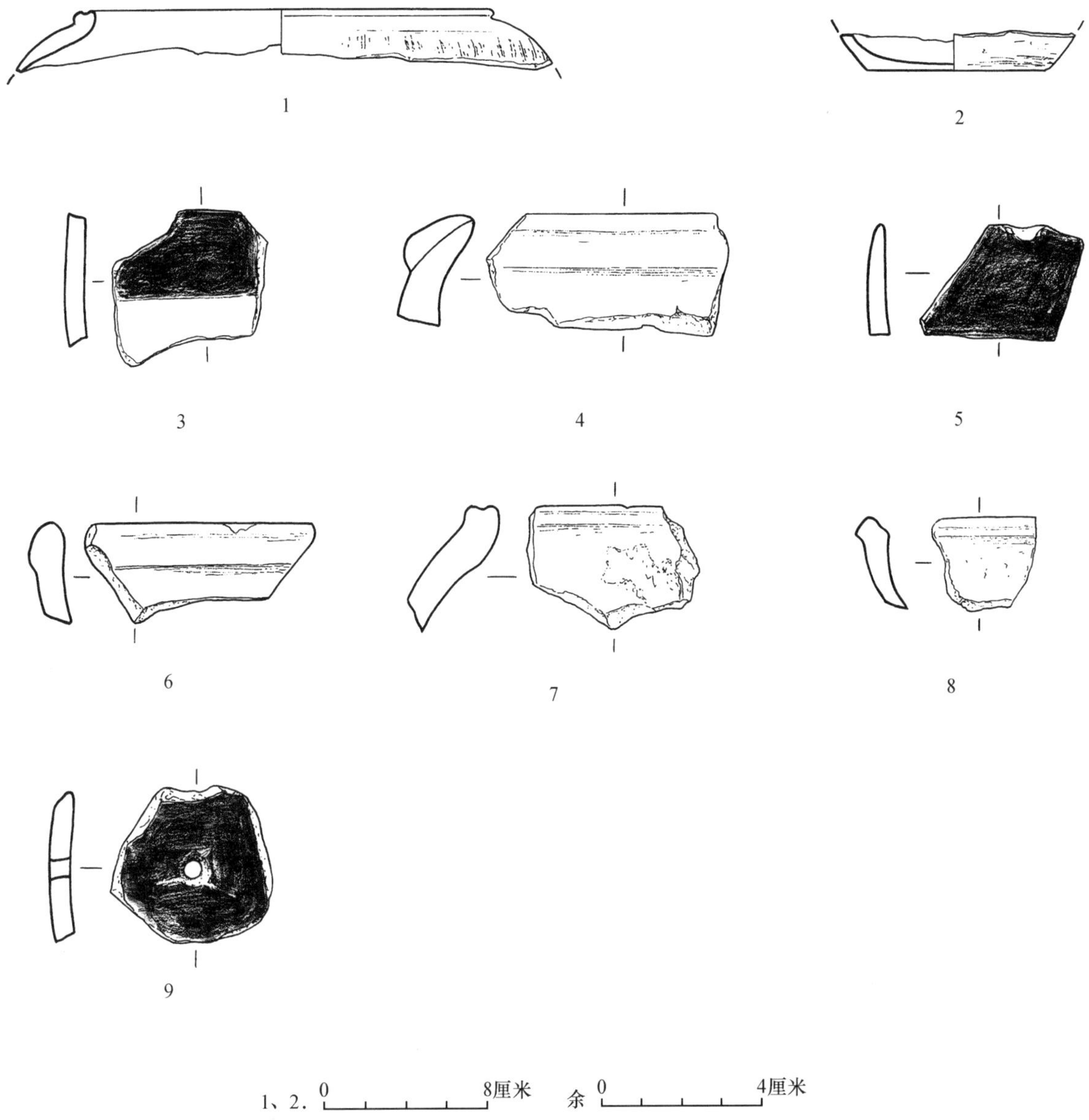

图六〇　火烧岭村北遗址第一采集点采集标本

1、7、8. 陶罐口部（YHS1①：5、YHS1①：7、YHS1①：8）　2. 陶盆底部（YHS1①：3）　3. 彩陶盆肩部（YHS1①：1）　4. 陶缸口部（YHS1①：2）　5. 彩陶钵口部（YHS1①：4）　6. 陶盆口部（YHS1①：6）　9. 陶纺轮坯（YHS1①：10）

均磨光。残长4厘米，厚0.6厘米，残高3.1厘米（图六〇，5）。

YHS1①：5，夹砂叠唇灰陶罐口部。夹粗砂，含石英。叠唇，大口，鼓肩，颈、肩部加厚。唇上有一周凹槽，颈部以下饰左斜向线纹，间距较宽，内壁抹光。手制。口径23.6厘米，厚1.2厘米，残高3.4厘米（图六〇，1）。

YHS1①：6，泥质橙黄色陶盆口部。斜方唇，外侧加厚，敞口，浅腹。素面。手制。残长6.7厘米，厚1.1厘米，残高2.7厘米（图六〇，6）。

YHS1①：7，夹砂橙红色陶罐口部。叠唇，大口，鼓肩。唇上饰一周凹槽，内外壁均有旋抹痕。手制、泥片贴筑。残长5厘米，厚1厘米，残高3.4厘米（图六〇，7）。

YHS1①：8，夹砂灰红色弦纹陶罐口部。夹砂含细岩粒。圆唇上饰一周浅凹槽，盘口斜收。口部为素面。手制，口沿内侧有抹痕。残长2.9厘米，最厚0.8厘米，残高2.5厘米（图六〇，8）。

YHS1①：9，泥质黄褐色线纹陶片，器物腹片。陶片外壁饰左斜向线纹，内壁有旋抹痕迹线纹间距较宽。手制。厚0.5厘米（图六一，1）。

YHS1①：10，泥质橙黄色纺轮坯。不规则近圆形，用盆或罐肩部残片制成。黑彩，对钻孔，背面有细线磨勒痕迹。打制、钻孔。最大径4.7厘米，厚0.7厘米，孔径0.5厘米（图六〇，9；图版一一，2）。

YHS1①：11，泥质橙黄色尖底瓶腹片。外壁饰左斜向线纹，间距较窄，内壁有旋抹痕迹。手制。厚0.7厘米（图六一，2）。

YHS1①：12，泥质灰色线纹陶片。外壁饰左斜向线纹，内壁有抹平痕迹。手制。厚0.5厘米（图六一，3）。

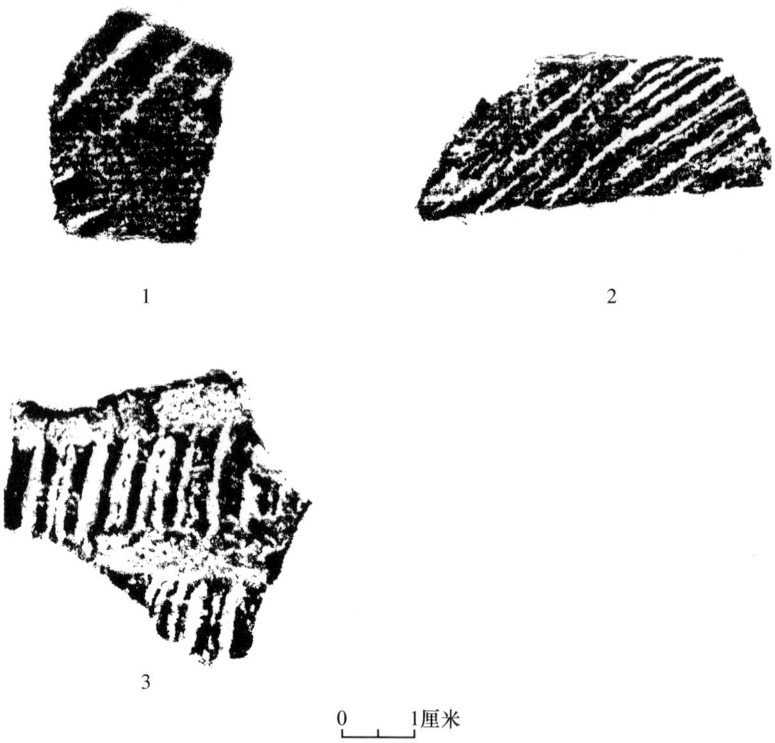

图六一　火烧岭村北遗址第一采集点采集标本拓片

1、3. 陶片（YHS1①：9、YHS1①：12）　2. 陶尖底瓶腹片（YHS1①：11）

火烧岭村北遗址第二采集点

第二采集点位于遗址区东部，中心坐标为北纬40°12′37.6″，东经112°24′42.6″，海拔1372米±4米。采集点地形为阶梯式台地，地表植被为胡麻、沙棘等。采集面积约600平方米。采集遗物分布较分散，所采遗物主要有夹砂灰陶罐口部，钵口部、尖底瓶口部等。采集标本共7件。

YHS1②：1，夹砂灰褐色弦纹陶罐口部。含细岩粒。圆唇上饰凹槽，口部略鼓，呈盘口状。口部为素面。手制，口沿内部有抹痕。残长3.6厘米，最厚1.1厘米，残高3.6厘米（图六二，3）。

YHS1②：2，夹砂灰褐色陶器盖，含细岩粒。盖较高，内壁有瓦楞纹。外壁饰左斜向线纹，间距较宽。手制、泥片贴筑。最厚1厘米（图六二，4）。

YHS1②：3，泥质黄褐彩陶盆口沿。折沿上翘，沿较宽。口沿上及外侧施黑色彩带和圆点相间隔。手制、泥片贴筑。残长4.9厘米，厚0.8厘米，残高2.2厘米（图六二，5；图版一一，3）。

YHS1②：4，细泥彩陶钵口部。外橙红色，内红褐色。圆唇略尖，口微敛。口外部施较宽的黑色彩带。手制、泥片贴筑。残长4.5厘米，厚0.5厘米，残高3厘米（图六二，6）。

YHS1②：5，泥质黄褐色彩陶钵口部。微含细砂。圆唇略尖，口微敛。唇上及口沿外侧施较细红色彩带。手制、泥片贴筑。残长3厘米，厚0.6厘米，残高3厘米（图六二，7）。

YHS1②：6，泥质橙红色陶尖底瓶口部。含细砂。圆唇外卷，葫芦口下腹较扁，口部以下残。口部素面，口沿外侧有旋抹痕迹。手制、泥片贴筑。口径7厘米，最厚0.5厘米，残高1.8厘米（图六二，1）。

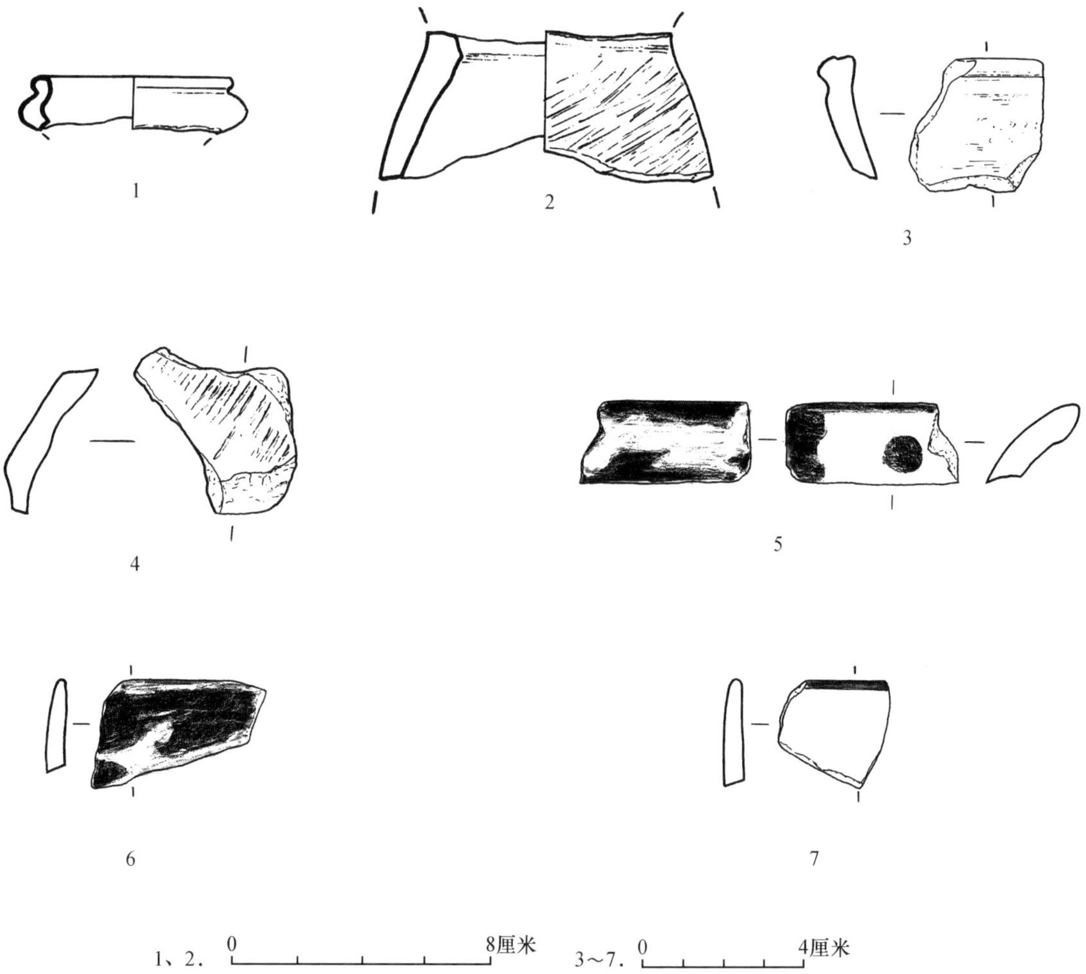

图六二　火烧岭村北遗址第二采集点采集标本

1. 陶尖底瓶口部（YHS1②：6）　2. 陶尖底瓶肩部近口处（YHS1②：7）　3. 陶罐口部（YHS1②：1）　4. 陶器盖（YHS1②：2）　5. 彩陶盆口沿（YHS1②：3）　6、7. 彩陶钵口部（YHS1②：4、YHS1②：5）

YHS1②：7，泥质红陶尖底瓶肩部近口处。铁锈红色。口已残，颈、肩交接处内侧残存有瓶口下部，溜肩，颈肩接合处明显加厚。颈部以下饰横向及略左斜的线纹，线纹较宽。手制、慢轮修整颈部。口部最大径8.6厘米，最厚0.7厘米，残高5厘米（图六二，2）。

（二）遗址时代

遗址的文化时代为仰韶中期偏晚段的半坡类型（表一三）。

YHS1②：6与童子崖二期陶小口尖底瓶040相似[①]；与王墓山坡下遗址ⅠF5陶小口尖底瓶ⅠF5：19相似[②]；与托克托县耿庆沟上游支流西沟与南沟沟畔遗址的调查与发掘第2地点出土及采集陶A型重唇口尖底瓶ⅡF1：8相似[③]。

YHS1②：7与西阴村史前遗存第二次发掘西阴文化葫芦口瓶Y1：7相似[④]。

YHS1②：1与王墓山坡下遗址ⅠF5陶中口罐ⅠF5：14相似[⑤]；与王墓山坡下遗址ⅠF5陶中口罐ⅠF5：15相似[⑥]；与王墓山坡下遗址ⅠF5陶中口罐ⅠF5：20相似[⑦]。

YHS1①：5与窑子梁出土白泥窑文化早期陶夹砂罐相似[⑧]；与清水河县庄窝坪遗址一期遗存陶敛口瓮H20：2相似[⑨]；与娄烦西街遗址娄烦一期陶器LXH1：1相似[⑩]。

YHS1①：2与娄烦童子崖遗址二期陶瓮H7：1相似[⑪]；与王墓山坡下遗址ⅠF5陶大口瓮ⅠF5：11相似[⑫]。

---

① 国家文物局、山西省考古研究所、吉林大学考古学系编：《晋中考古》，文物出版社，1999年，第36页，图二五，8。

② 内蒙古文物考古研究所、北京大学中国考古学研究中心、“聚落演变与早期文明”课题组编著：《岱海考古（三）——仰韶文化遗址发掘报告集》，科学出版社，2003年，第44页，图三八，12。

③ 内蒙古自治区文物考古研究所编：《内蒙古文物考古文集（第三辑）》，科学出版社，2004年，第29页，图六，8。

④ 山西省考古研究所、山西省考古学会编：《三晋考古（第二辑）》，山西人民出版社，1996年，第23页，图二六，5。

⑤ 内蒙古文物考古研究所、北京大学中国考古学研究中心、“聚落演变与早期文明”课题组编著：《岱海考古（三）——仰韶文化遗址发掘报告集》，科学出版社，2003年，第44页，图三八，5。

⑥ 内蒙古文物考古研究所、北京大学中国考古学研究中心、“聚落演变与早期文明”课题组编著：《岱海考古（三）——仰韶文化遗址发掘报告集》，科学出版社，2003年，第44页，图三八，8。

⑦ 内蒙古文物考古研究所、北京大学中国考古学研究中心、“聚落演变与早期文明”课题组编著：《岱海考古（三）——仰韶文化遗址发掘报告集》，科学出版社，2003年，第44页，图三八，6。

⑧ 内蒙古文物考古研究所编：《内蒙古文物考古文集》，中国大百科全书出版社，1994年，第127页，图一，14。

⑨ 内蒙古文物考古研究所编：《内蒙古文物考古文集（第二辑）》，中国大百科全书出版社，1997年，第168页，图四，5。

⑩ 国家文物局、山西省考古研究所、吉林大学考古学系编：《晋中考古》，文物出版社，1999年，第52页，图三八，1。

⑪ 国家文物局、山西省考古研究所、吉林大学考古学系编：《晋中考古》，文物出版社，1999年，第36页，图二五，4。

⑫ 内蒙古文物考古研究所、北京大学中国考古学研究中心、“聚落演变与早期文明”课题组编著：《岱海考古（三）——仰韶文化遗址发掘报告集》，科学出版社，2003年，第44页，图三八，1。

YHS1②：3与王墓山坡下遗址ⅠF6陶盆ⅠF6：15相似[①]；与大同马家小村新石器时代遗址DMF1陶盆F1：2相似[②]。

表一三　火烧岭村北遗址调查标本与其他地区同时代对比表

序号	火烧岭村北遗址调查标本	对比标本一	对比标本二	对比标本三	其他	备注
1	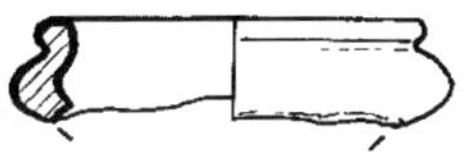 YHS1②：6	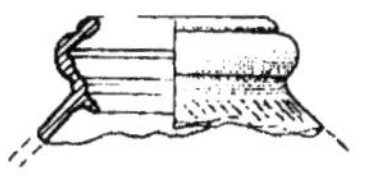 童子崖二期陶小口尖底瓶040	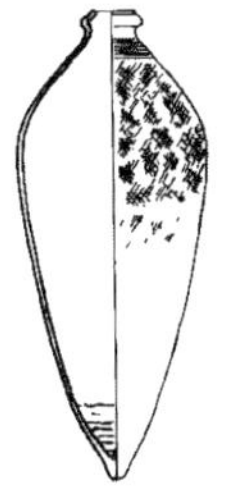 王墓山坡下遗址ⅠF5陶小口尖底瓶ⅠF5：19	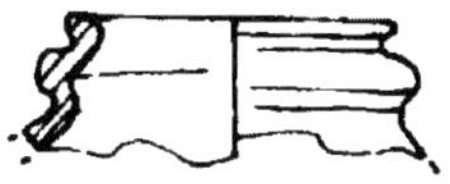 托克托县耿庆沟上游支流西沟与南沟沟畔遗址的调查与发掘第2地点出土及采集A型陶重唇口尖底瓶ⅡF1：8		
2	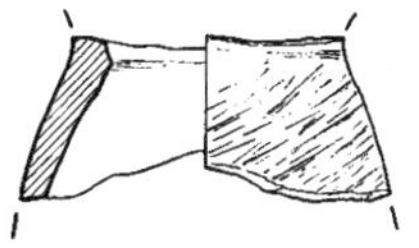 YHS1②：7	 西阴村史前遗存第二次发掘西阴文化陶葫芦口瓶Y1：7				
3	 YHS1②：3	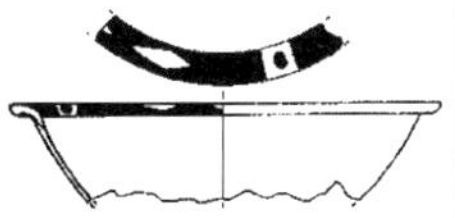 王墓山坡下遗址ⅠF6陶盆ⅠF6：15	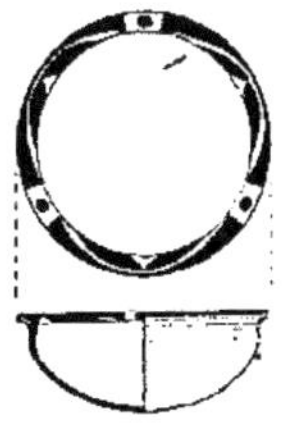 大同马家小村新石器时代遗址DMF1陶盆F1：2			

二、火烧岭村东遗址（2014YHS2）

（一）遗址介绍

火烧岭村东遗址位于火烧岭村东约400米处，行政归属李达窑乡火烧岭村，初查时间为

① 内蒙古文物考古研究所、北京大学中国考古学研究中心、"聚落演变与早期文明"课题组编著：《岱海考古（三）——仰韶文化遗址发掘报告集》，科学出版社，2003年，第50页，图四二，11。

② 山西省考古研究所、大同市博物馆：《山西大同马家小村新石器时代遗址》，《文物季刊》1992年第3期，第10页，图五，1。

2014年8月10日。遗址中心GPS坐标为北纬40°12′29.7″，东经112°24′44.7″，海拔1347米±5米。该遗址为南北走向的缓坡地，地势北高南低。北、东临“三北”防护林区，西临南北走向小冲沟，南临李达窑乡县级公路。地表植被为荒地，遗址区内为林区内小型空地。遗址东西约200米，南北约130米，面积总计约26000平方米（图六三）。

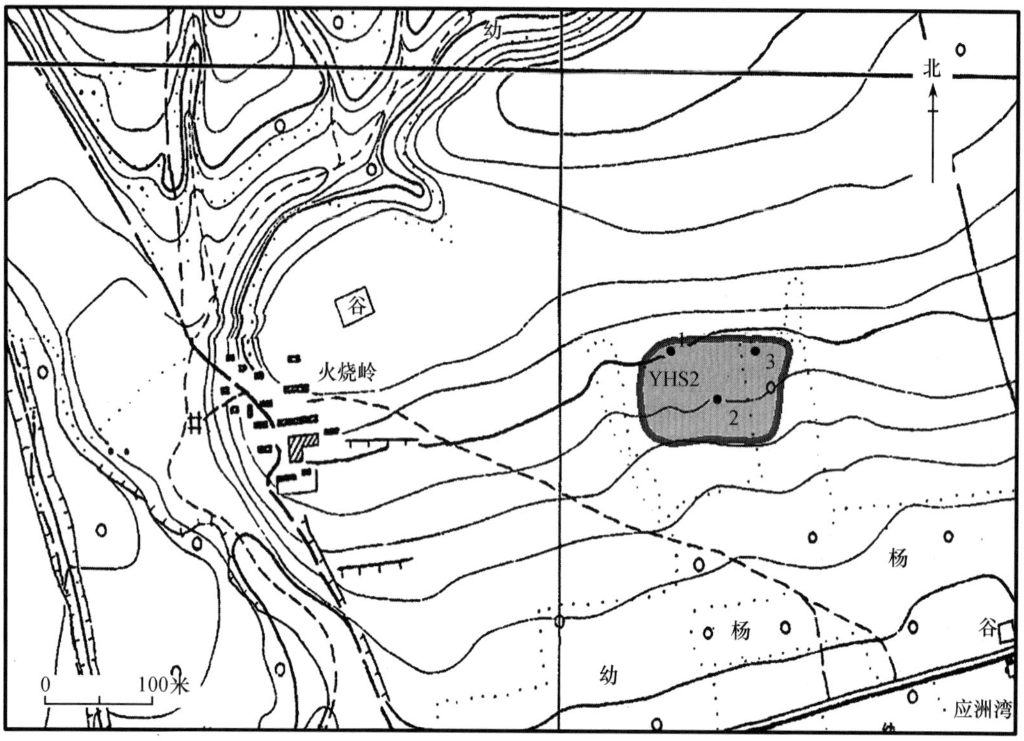

图六三　火烧岭村东遗址位置示意图

遗址区内未发现文化层、灰坑等遗迹，只发现散落遗址区地表的残留遗物。

该遗址共设三个采集点，所采集遗物分布较零散且破碎，但采集遗物较重要。

火烧岭村东遗址第一采集点

第一采集点位于遗址区的西北部，中心坐标为北纬40°12′29.8″，东经112°24′40.6″，海拔1348米±5米。采集点地形为缓坡地，地表植被为荒地。采集面积约200平方米。采集遗物分布较分散，所采遗物主要有夹砂灰陶鬲口肩部；泥质灰陶折沿盆口腹部、釜口肩部、直口罐口部、钵底部、纺轮坯料，筒瓦等。采集标本共9件。

YHS2①：1，夹砂灰黑陶鬲口部。斜方唇，卷沿上翘，溜肩，肩部饰左斜向规则的粗绳纹。泥片贴筑、慢轮修整口部。口径24厘米，厚0.7厘米，残高6厘米（图六四，9）。

YHS2①：2，泥质灰陶盆口腹部。口微敛，斜方唇，宽折沿下捺，弧腹。口沿折沿处饰一周凹槽，沿面上饰研光平行暗弦纹；外壁饰旋抹形成的较宽的平行凹弦纹，内壁残存三周研光平行的暗弦纹，上腹部存两个由外向内钻的圆孔。泥片贴筑、快轮修整。口径40厘米，厚0.9厘米，残高6厘米（图六四，4）。

YHS2①：3，泥质灰陶釜口肩部。敛口，圆唇，卷沿，溜肩。肩部饰交错中绳纹。泥片贴

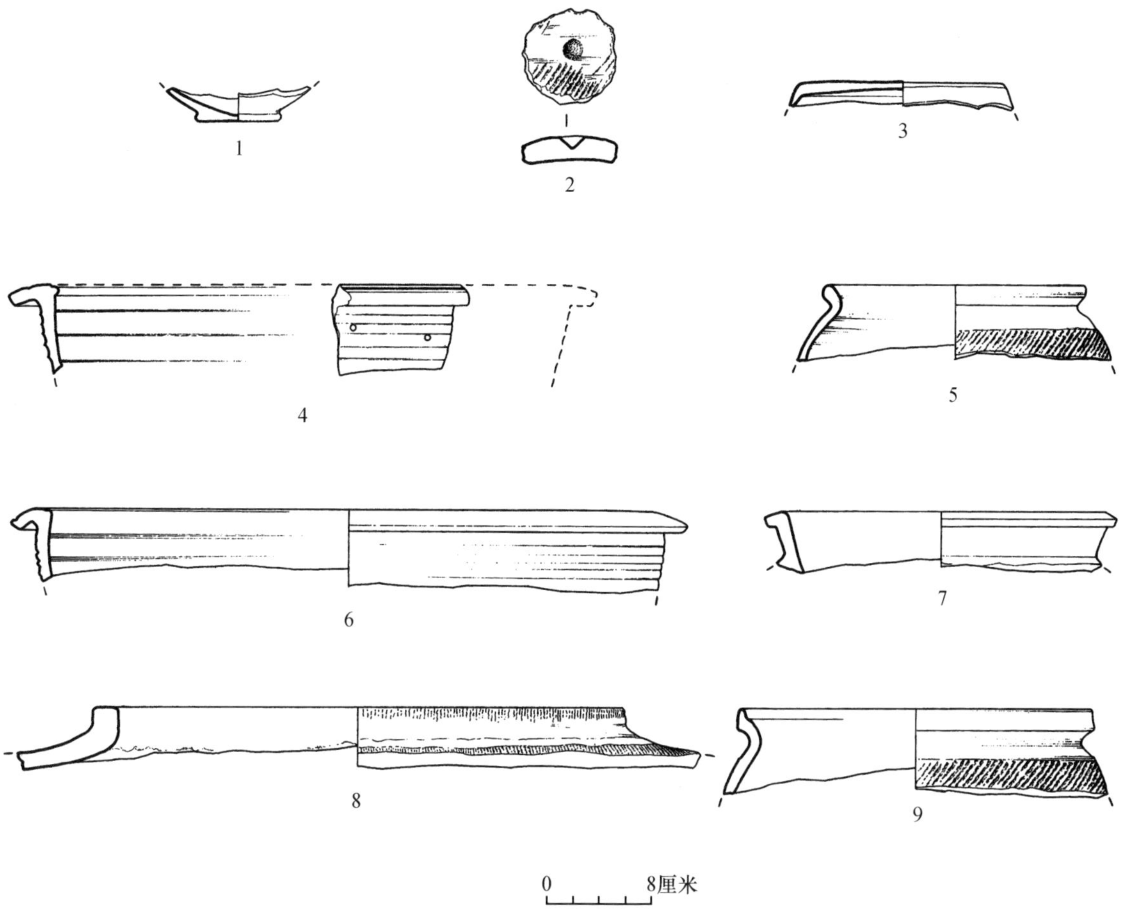

图六四　火烧岭村东遗址第一采集点采集标本

1. 陶钵底部（YHS2①：7）　2. 陶纺轮毛坯（YHS2①：8）　3. 陶盒盖（YHS2①：9）　4、6. 陶盆口腹部（YHS2①：2、YHS2①：4）　5. 陶釜口肩部（YHS2①：3）　7. 陶盆口肩部（YHS2①：6）　8. 陶直口罐口部（YHS2①：5）　9. 陶鬲口部（YHS2①：1）

筑、快轮修整。口径18厘米，厚0.7厘米，残高5厘米（图六四，5）。

YHS2①：4，夹细砂灰黄色陶盆口腹部。口微敛，斜方唇，折沿下捺明显，弧腹。口沿上内外两端各饰一周凹弦纹，外壁饰数周平行的凹弦纹。泥片贴筑、快轮修整。口径46厘米，厚0.9厘米，残高5.4厘米（图六四，6）。

YHS2①：5，泥质灰陶直口罐口部。方唇，耸肩，器壁较厚。口外侧及肩部饰竖向浅细绳纹。手制、泥片贴筑。口径36厘米，厚1.2厘米，残高4厘米（图六四，8）。

YHS2①：6，夹细砂灰陶盆口肩部。侈口，斜方唇，卷沿下捺，有颈，折肩。素面。手制、泥片贴筑。口径24厘米，厚0.8厘米，残高4厘米（图六四，7）。

YHS2①：7，泥质灰陶钵底部。斜腹，饼底，内底下凹，器壁较薄。素面。泥片贴筑、快轮修整。底径6厘米，厚0.4厘米，残高2.4厘米（图六四，1）。

YHS2①：8，泥质深灰色纺轮毛坯。筒瓦残片打制，瓦面向内钻孔，未钻通。瓦面饰抹断左斜向粗绳纹，瓦沟饰斜向方格纹。打制、钻孔。直径6.4厘米，厚1.4厘米（图六四，2）。

YHS2①：9，泥质灰陶盒盖。平顶。素面。拉坯。顶径14厘米，厚0.3厘米，残高1.8厘米（图六四，3）。

火烧岭村东遗址第二采集点

第二采集点位于遗址区的中南部，中心坐标为北纬40°12′27.6″，东经112°24′42.9″，海拔1339米±5米。采集点地形为缓坡地，地表植被为荒地。采集面积约300平方米。采集遗物分布较分散，所采遗物主要有夹砂灰陶器物腹部；夹砂灰陶鬲口部、敛口罐；泥质灰陶釜口部、钵口部、豆残片，绳纹板瓦、筒瓦及石斧等。采集标本共15件。

YHS2②：1，泥质灰陶钵。口微敛，圆唇，折腹斜收，饼底。泥片贴筑、快轮修整。口径15.2厘米，底径5.6厘米，高7.2厘米（图六五，5；图版二八，6）。

YHS2②：2，夹砂灰黑色陶罐口部。敛口，圆唇，平沿，溜肩，鼓腹。外壁饰竖向浅细绳纹，内壁饰拍印痕迹。泥片贴筑、快轮修整口部。口径22厘米，厚0.8厘米，残高7.6厘米（图六五，7）。

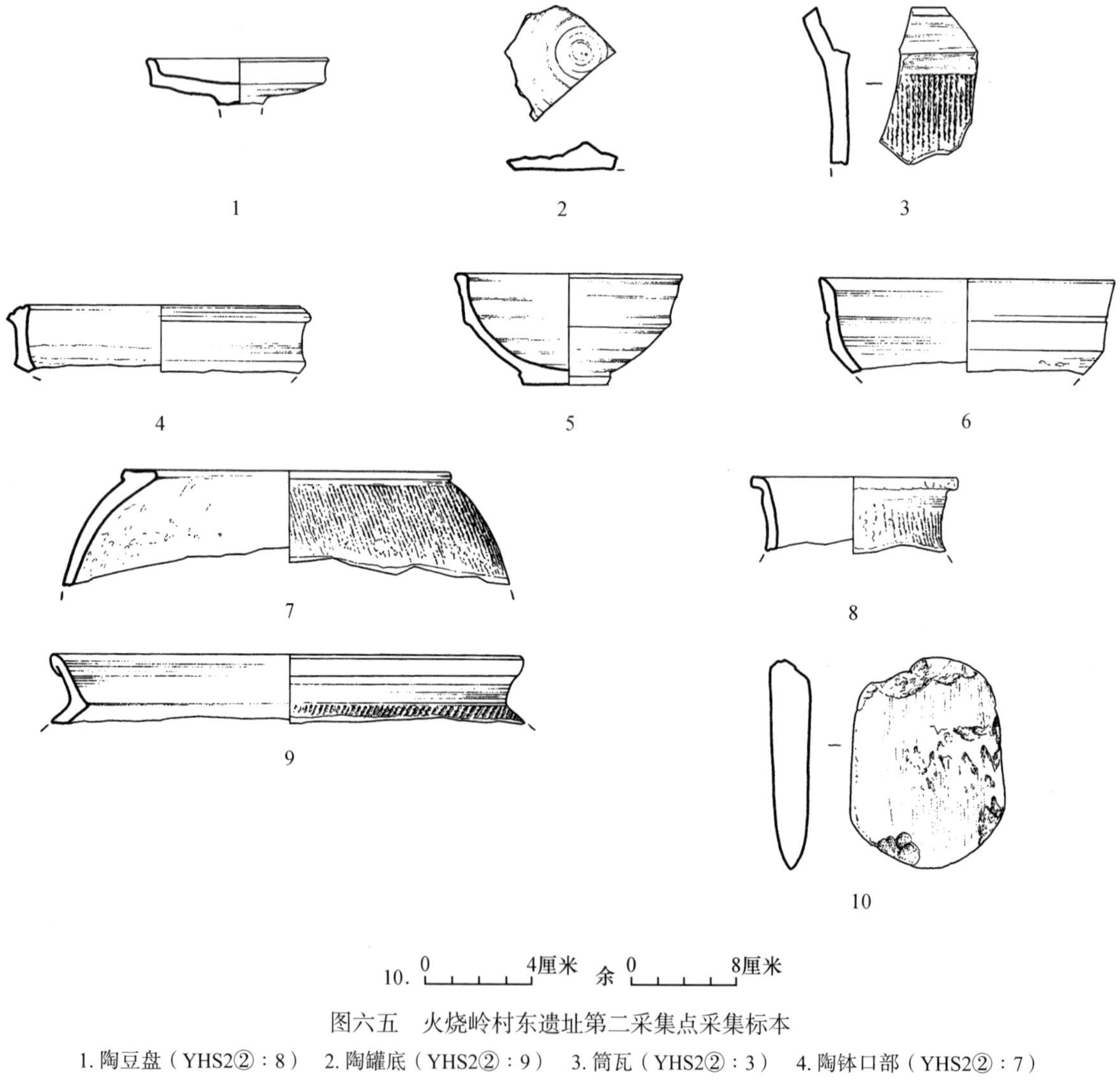

图六五　火烧岭村东遗址第二采集点采集标本

1. 陶豆盘（YHS2②：8）　2. 陶罐底（YHS2②：9）　3. 筒瓦（YHS2②：3）　4. 陶钵口部（YHS2②：7）　5. 陶钵（YHS2②：1）　6. 陶钵口腹部（YHS2②：5）　7. 陶罐口部（YHS2②：2）　8. 陶高领罐口颈部（YHS2②：6）　9. 陶釜口部（YHS2②：4）　10. 石斧（YHS2②：10）

YHS2②：3，泥质灰陶筒瓦。瓦头较长，斜方唇。瓦面饰竖向规则的粗绳纹，肩部抹光绳纹，瓦沟饰布纹。泥片贴筑。残长10厘米，厚1.2厘米，残宽6.8厘米（图六五，3）。

YHS2②：4，泥质灰陶釜口部。敛口，扁圆唇，折沿外翻贴于外壁，溜肩。肩部饰左斜向中绳纹。泥片贴筑、快轮修整。口径32厘米，厚0.7厘米，残高4.4厘米（图六五，9）。

YHS2②：5，泥质灰陶钵口腹部。口外侈，尖圆唇，斜腹折收。外壁上腹部饰一周凹弦纹。泥片贴筑、快轮修整。口径20厘米，厚0.7厘米，残高6.2厘米（图六五，6）。

YHS2②：6，夹砂灰陶高领罐口颈部。外壁灰色，内壁灰黑色。口微侈，方唇，卷沿，长颈。颈部饰左斜向浅中绳纹。口径14厘米，厚0.6厘米，残高5厘米（图六五，8）。

YHS2②：7，泥质灰陶钵口部。口微敛，尖圆唇，外侧加厚，折腹斜收。口沿上有两周平行研光细暗弦纹，内壁上腹部存一周研光细暗弦纹。手制、快轮修整。口径10.2厘米，厚0.7厘米，残高4.4厘米（图六五，4）。

YHS2②：8，泥质灰陶豆盘。口微侈，扁圆唇，折腹，内底弧形下凹，豆柄残缺，豆柄下被磨平，有二次使用的痕迹。素面。手制、快轮修整。口径12厘米，厚0.8厘米，残高3厘米（图六五，1）。

YHS2②：9，泥质灰陶罐底。平底中心凸起。轮制。最厚1.5厘米（图六五，2）。

YHS2②：10，火山岩石斧。灰色。尾部残，弧形刃面，中锋。磨制。残长1.4厘米，厚2.4厘米（图六五，10）。

YHS2②：11，泥质灰陶罐腹部。外壁先饰抹断左斜向浅细绳纹，再附加横向及水波状泥条。手制、泥片贴筑。厚0.5厘米（图六六，1）。

YHS2②：12，夹砂陶鬲口肩部。外表为黑色，内壁灰黑色。敛口，折沿残，溜肩，器壁较厚。肩部饰交错粗大绳纹。手制、泥片贴筑。厚1.1厘米（图六六，3）。

YHS2②：13，泥质灰陶罐腹部。外壁先饰左斜向浅细绳纹，再附加横向及水波状泥条，横向泥条上饰压印纹，水波状泥条边上饰横向及水波状凹弦纹。手制、泥片贴筑。厚0.7厘米（图六六，2）。

YHS2②：14，夹砂灰陶釜下腹部。外壁饰交错粗大绳纹，内壁饰拍印麻点纹。手制、泥片贴筑。厚0.8厘米（图六六，5）。

YHS2②：15，泥质灰陶板瓦。瓦面饰左斜向较规则的粗绳纹，瓦沟饰斜方格纹。泥片贴筑。残长11.5厘米，厚1.1厘米，残宽13厘米（图六六，4）。

火烧岭村东遗址第三采集点

第三采集点位于遗址区的东北部，中心坐标为北纬40°12′29.7″，东经112°24′44.7″，海拔1347米±5米。采集点地形为缓坡地，地表植被为荒地。采集面积约350平方米。采集遗物分布较分散，所采遗物主要有夹砂灰陶鬲口肩部，泥质灰陶折沿盆口部、直口大罐口肩部、绳纹板瓦、筒瓦等。采集标本共10件。

YHS2③：1，泥质深灰色陶筒瓦。瓦舌较短，圆唇。瓦面饰竖向规则的粗绳纹，头端抹光绳纹，瓦沟饰布纹。泥片贴筑。残长10厘米，厚1.2厘米，残宽10.4厘米（图六七，6）。

YHS2③：2，泥质深灰色陶鬲口部。敛口，斜方唇，折沿外侈，溜肩。肩部饰左斜向粗

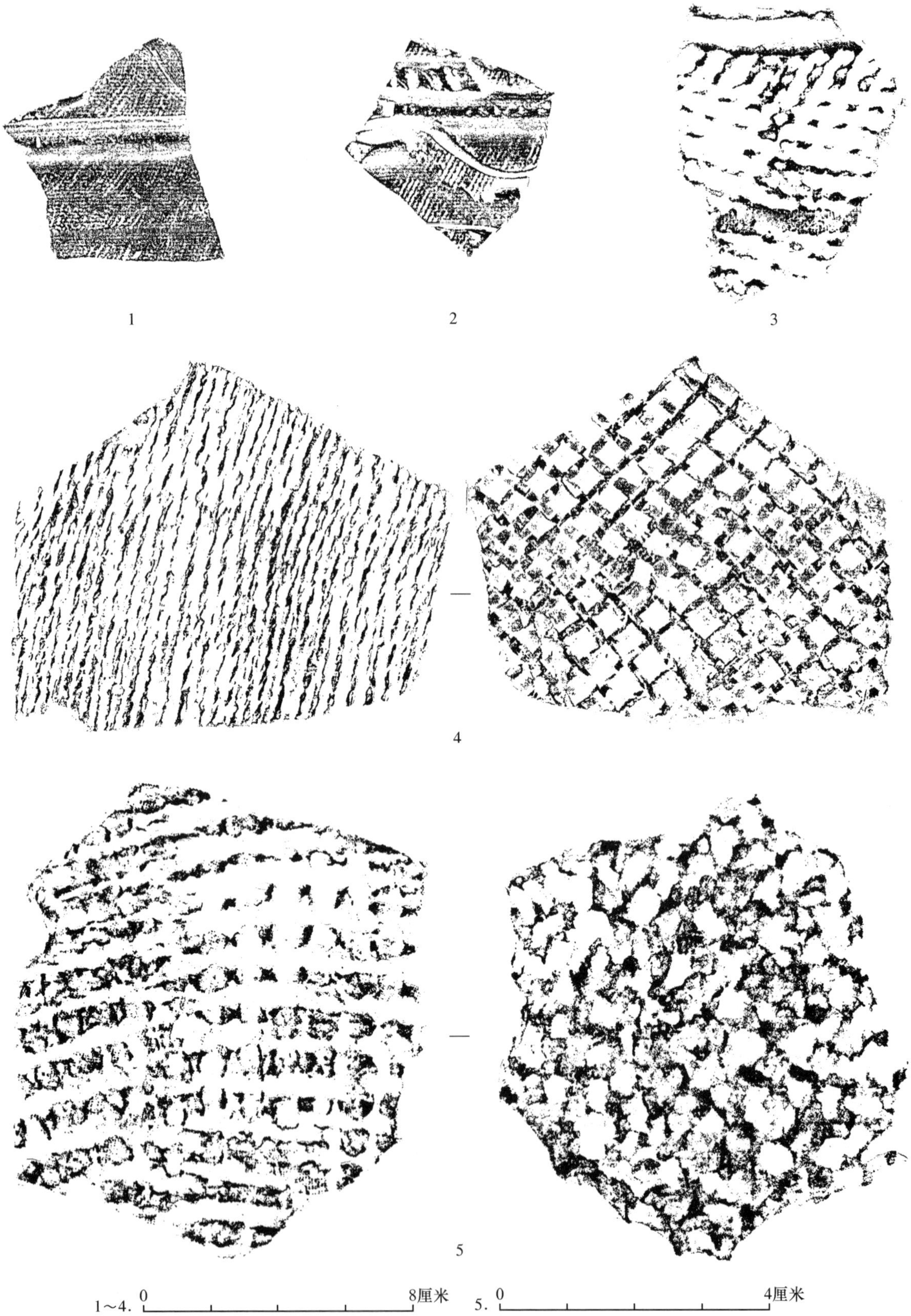

图六六　火烧岭村东遗址第二采集点采集标本拓片

1、2. 陶罐腹部（YHS2②：11、YHS2②：13）　3. 陶鬲口肩部（YHS2②：12）　4. 板瓦（YHS2②：15）（外表、内壁）　5. 陶釜下腹部（YHS2②：14）（外表、内壁）

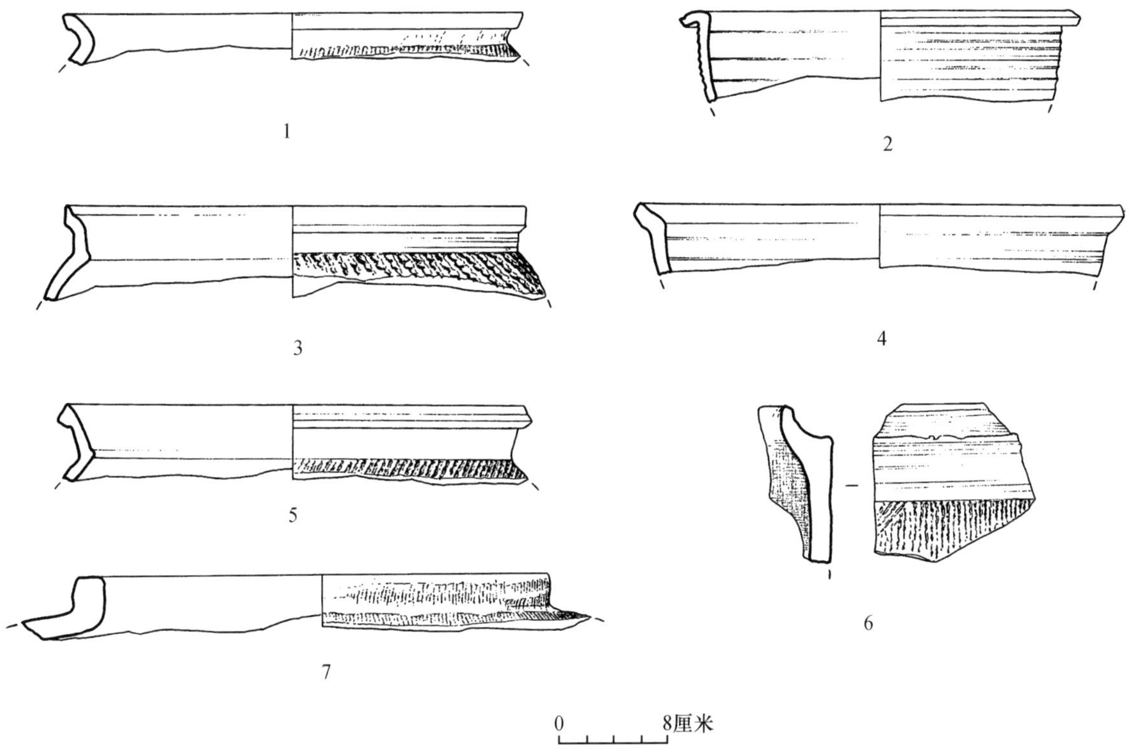

图六七　火烧岭村东遗址第三采集点采集标本

1. 陶釜口部（YHS2③：7）　2、4. 陶盆口腹部（YHS2③：3、YHS2③：6）　3. 陶鬲口肩部（YHS2③：5）
5. 陶鬲口部（YHS2③：2）　6. 筒瓦（YHS2③：1）　7. 陶罐口肩部（YHS2③：4）

绳纹。泥片贴筑、快轮修整口沿。口径31.2厘米，厚0.7厘米，残高5厘米（图六七，5）。

YHS2③：3，泥质深灰色陶盆口腹部。斜方唇，折沿下捺，弧腹斜收。外壁口沿下饰数周平行凹弦纹，内壁残存三周研光平行暗弦纹，口沿近唇处饰一周凹弦纹。泥片贴筑、快轮修整。口径26厘米，厚0.7厘米，残高5.8厘米（图六七，2）。

YHS2③：4，泥质灰陶罐口肩部。直口，方唇，耸肩。口外壁及肩部饰竖向浅细绳纹。器壁较厚。手制、泥片贴筑。口径31.2厘米，厚1.6厘米，残高4厘米（图六七，7）。

YHS2③：5，夹细砂深灰色陶鬲口肩部。敛口，斜方唇，折沿略外侈，溜肩。口沿近唇处饰一周凹弦纹，肩部饰右斜向粗大绳纹。手制、泥片贴筑、快轮修整口部。口径30厘米，厚0.9厘米，残高6厘米（图六七，3）。

YHS2③：6，泥质灰黑色陶盆口腹部。侈口，斜方唇，折沿外侈，斜腹。口沿及内壁均饰研光平行暗弦纹。泥片贴筑、快轮修整。口径为32厘米，厚0.8厘米，残高5.5厘米（图六七，4）。

YHS2③：7，夹细砂深灰色陶釜口部。敛口，斜方唇，卷沿外侈，溜肩。肩部饰左斜向中绳纹。泥片贴筑、快轮修整口部。口径30厘米，厚0.9厘米，残高3.2厘米（图六七，1）。

YHS2③：8，泥质灰陶筒瓦。器壁较厚。瓦面饰竖向粗大绳纹，瓦沟饰布纹。泥片贴筑。残长7.5厘米，厚1厘米，残宽6.5厘米（图六八，3）。

YHS2③：9，夹砂灰黑色陶片。为釜下腹部残片。外壁饰交错粗大绳纹，内壁饰拍印的麻

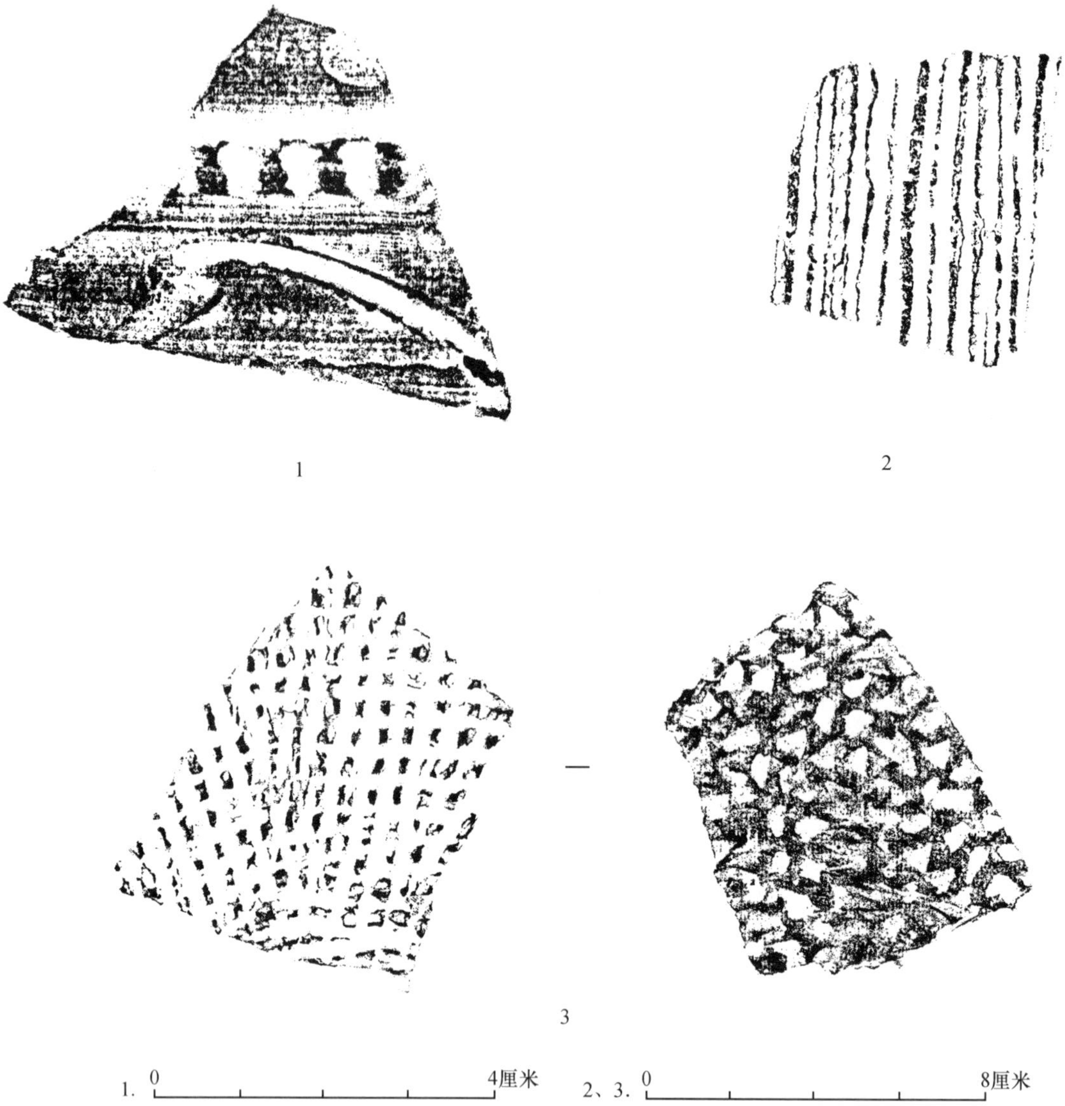

图六八　火烧岭村东遗址第三采集点采集标本拓片

1、2. 陶片（YHS2③：10、YHS2③：9）　3. 筒瓦（YHS2③：8）（外表、内壁）

点纹。手制、泥片贴筑。厚0.7厘米（图六八，2）。

YHS2③：10，泥质灰陶片。为盆腹部残片。外壁饰附加泥条，上饰压印纹、水波状凹弦纹；内壁饰研光暗弦纹。手制、泥片贴筑。厚0.6厘米（图六八，1）。

（二）遗址时代

遗址的文化时代为战国晚期、两汉时期（表一四）。

YHS2③：2（战国晚期）与卓资县土城子村遗址A型Ⅰ式陶瓮H23：5相似[①]；与和林格尔

① 内蒙古自治区文物考古研究所、乌兰察布市博物馆、卓资县文物保护管理所：《卓资县土城子村遗址发掘简报》，《草原文物》2013年第2期，第58页，图一二，1。

县胜利营东沟子遗址Aa型陶罐TS02E03②：2相似[①]。

YHS2③：7（战国晚期）与卓资县土城子村遗址B型Ⅱ式陶釜T6014②：1相似[②]；与卓资县城卜子古城遗址C型Ⅱ式陶罐T1822③：1相似[③]。

YHS2③：3（战国晚期）与卓资县土城子村遗址A型Ⅱ式陶盆T6011②：8相似[④]；与和林格尔县胜利营东沟子遗址A型陶盆TS02E04②：9相似[⑤]。

YHS2①：4（汉代）与和林格尔县胜利营东沟子遗址C型陶盆TS02E04②：4相似[⑥]；与卓资县土城子村遗址出土A型Ⅳ式陶盆H28：1相似[⑦]。

YHS2①：6（汉代）与和林格尔县胜利营东沟子遗址Ab型陶罐TS03E05②：3相似[⑧]；与卓资县土城子村遗址A型Ⅰ式陶瓮H23：5相似[⑨]。

YHS2②：2（汉代）与托克托县黑水泉遗址A型Ⅱ式陶釜H49：26相似[⑩]。

YHS2①：1（汉代）与和林格尔县胜利营东沟子遗址Bb型陶罐TS02E04②：7相似[⑪]。

YHS2②：1（汉代）与清水河县城嘴子遗址汉代遗存出土及采集Ba型陶碗ⅠT13③：1相似[⑫]；与卓资县城卜子古城遗址Aa型Ⅰ式陶碗C：1相似[⑬]。

---

① 内蒙古师范大学历史文化学院考古文博系、内蒙古自治区文物考古研究所：《和林格尔县胜利营东沟子遗址发掘简报》，《草原文物》2013年第1期，第11页，图六，4。

② 内蒙古自治区文物考古研究所、乌兰察布市博物馆、卓资县文物保护管理所：《卓资县土城子村遗址发掘简报》，《草原文物》2013年第2期，第58页，图一三，2。

③ 内蒙古自治区文物考古研究所编：《内蒙古文物考古文集（第三辑）》，科学出版社，2004年，第136页，图九，7。

④ 内蒙古自治区文物考古研究所、乌兰察布市博物馆、卓资县文物保护管理所：《卓资县土城子村遗址发掘简报》，《草原文物》2013年第2期，第60页，图一五，5。

⑤ 内蒙古师范大学历史文化学院考古文博系、内蒙古自治区文物考古研究所：《和林格尔县胜利营东沟子遗址发掘简报》，《草原文物》2013年第1期，第13页，图七，3。

⑥ 内蒙古师范大学历史文化学院考古文博系、内蒙古自治区文物考古研究所：《和林格尔县胜利营东沟子遗址发掘简报》，《草原文物》2013年第1期，第13页，图七，8。

⑦ 内蒙古自治区文物考古研究所、乌兰察布市博物馆、卓资县文物保护管理所：《卓资县土城子村遗址发掘简报》，《草原文物》2013年第2期，第61页，图一六，2。

⑧ 内蒙古师范大学历史文化学院考古文博系、内蒙古自治区文物考古研究所：《和林格尔县胜利营东沟子遗址发掘简报》，《草原文物》2013年第1期，第11页，图六，6。

⑨ 内蒙古自治区文物考古研究所、乌兰察布市博物馆、卓资县文物保护管理所：《卓资县土城子村遗址发掘简报》，《草原文物》2013年第2期，第58页，图一二，1。

⑩ 内蒙古自治区文物考古研究所编：《内蒙古文物考古文集（第三辑）》，科学出版社，2004年，第182页，图三七，8。

⑪ 内蒙古师范大学历史文化学院考古文博系、内蒙古自治区文物考古研究所：《和林格尔县胜利营东沟子遗址发掘简报》，《草原文物》2013年第1期，第11页，图六，14。

⑫ 内蒙古自治区文物考古研究所编：《内蒙古文物考古文集（第三辑）》，科学出版社，2004年，第112页，图三八，6。

⑬ 内蒙古自治区文物考古研究所编：《内蒙古文物考古文集（第三辑）》，科学出版社，2004年，第135页，图八，5。

表一四　火烧岭村东遗址调查标本与其他地区同时代对比表

序号	火烧岭村东遗址调查标本	对比标本一	对比标本二	其他	备注
1	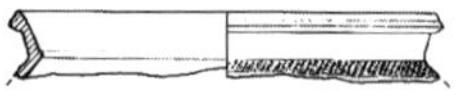 YHS2③：2（战国晚期）	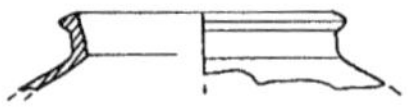 卓资县土城子村遗址A型Ⅰ式陶瓮H23：5	 和林格尔县胜利营东沟子遗址Aa型陶罐TS02E03②：2		
2	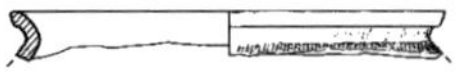 YHS2③：7（战国晚期）	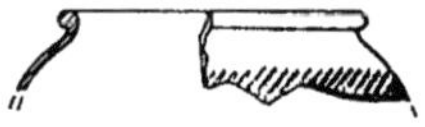 卓资县土城子村遗址B型Ⅱ式陶釜T6014②：1	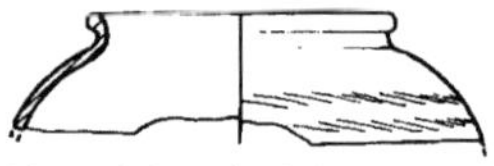 卓资县城卜子古城遗址C型Ⅱ式陶罐T1822③：1		
3	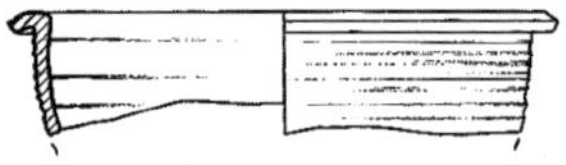 YHS2③：3（战国晚期）	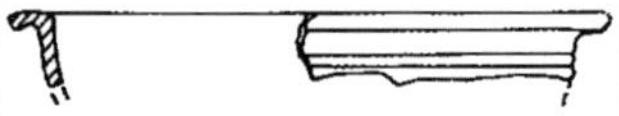 卓资县土城子村遗址A型Ⅱ式陶盆T6011②：8	 和林格尔县胜利营东沟子遗址A型陶盆TS02E04②：9		
4	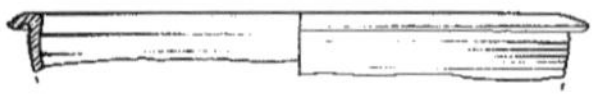 YHS2①：4（汉代）	 和林格尔县胜利营东沟子遗址C型陶盆TS02E04②：4	 卓资县土城子村遗址出土A型Ⅳ式陶盆H28：1		
5	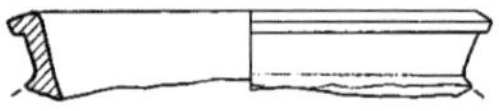 YHS2①：6（汉代）	 和林格尔县胜利营东沟子遗址Ab型陶罐TS03E05②：3	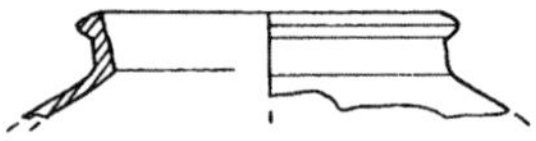 卓资县土城子村遗址A型Ⅰ式陶瓮H23：5		
6	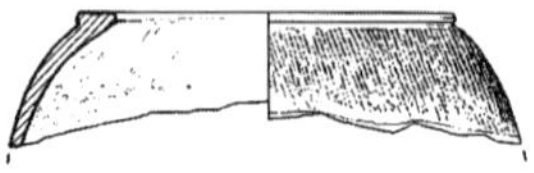 YHS2②：2（汉代）	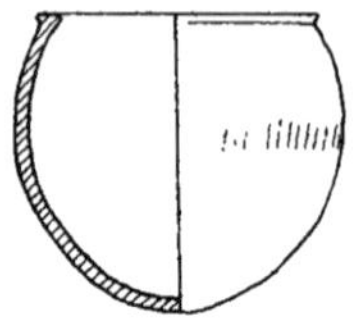 托克托县黑水泉遗址A型Ⅱ式陶釜H49：26			
7	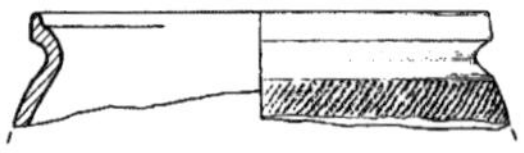 YHS2①：1（汉代）	 和林格尔县胜利营东沟子遗址Bb型陶罐TS02E04②：7			
8	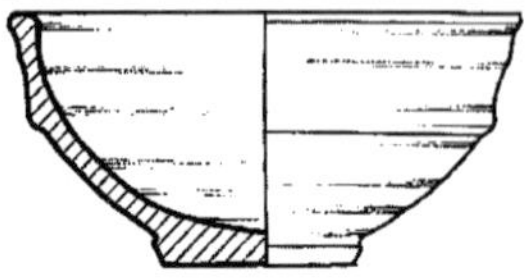 YHS2②：1（汉代）	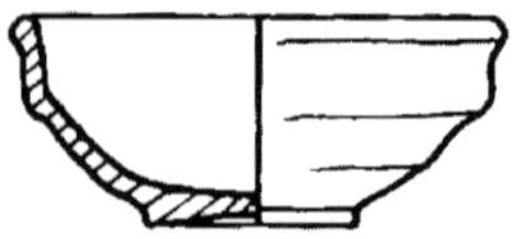 清水河县城嘴子遗址汉代遗存出土及采集Ba型陶碗ⅠT13③：1	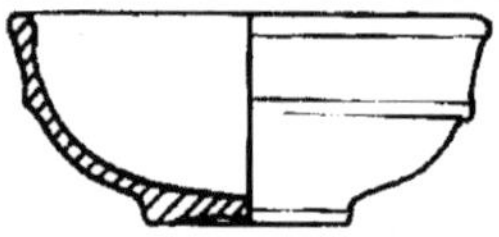 卓资县城卜子古城遗址Aa型Ⅰ式陶碗C：1		

三、火烧岭村西北遗址（2014YHS3）

（一）遗址介绍

火烧岭村西北遗址位于火烧岭村西北约500米处，行政归属李达窑乡火烧岭村，初查时间为2014年8月11日。遗址的中心GPS坐标为北纬40°12′47.3″，东经112°24′20.1″，海拔1383米±7米。该遗址为南北走向的阶梯式坡地，地势北高南低。西临小冲沟，东临较大冲沟，南临东西向大冲沟。地表现状不太完整，受流水侵蚀较严重，地表植被为灌木。遗址东西约130米，南北约120米，面积总计约15600平方米（图六九；图版五）。

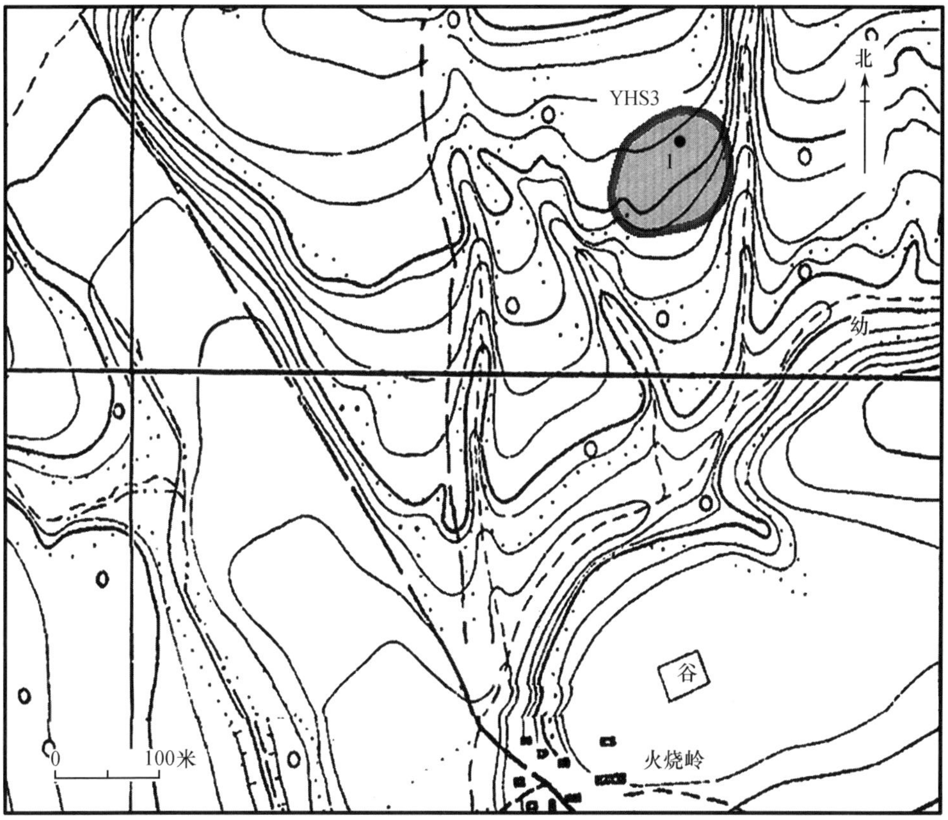

图六九　火烧岭村西北遗址位置示意图

遗址区内未发现文化层、灰坑等遗迹，只发现散落遗址区地表的残留遗物。

该遗址共设一个采集点，所采集遗物分布较零散且破碎，但采集遗物较重要。

火烧岭村西北遗址第一采集点

第一采集点位于遗址区的中部，中心坐标为北纬40°12′47.3″，东经112°24′20.1″，海拔1383米±7米。采集点地形为北高南低的阶梯式坡地，地表植被为灌木丛。采集面积约600平方米。采集遗物较分散，所采遗物主要有：较早时期的有夹砂红褐陶尖裆鬲裆部、甗腰部，罐底部。辽金时期的有泥质灰陶折沿盆颈部等。采集标本共11件。

YHS3①：1，夹细砂红褐色陶鬲裆部，为尖裆。裆部饰横向中偏细的绳纹。手制、套接。残宽4厘米，最厚3.3厘米，残高8.8厘米（图七〇，1）。

YHS3①：2，夹砂灰陶甗腰。有隔，腰部下接肥大袋足。器表饰竖向较细、较浅绳纹，腰部附加一周泥条，上饰指窝纹。手制、套接。腰部直径16厘米，最厚3.2厘米，残高4厘米（图七〇，2）。

YHS3①：3，夹砂灰陶甗腰。无隔，腰以下接大袋足。器表饰竖向较规整细绳纹，腰部饰一周附加泥条，上饰一周剔刺纹饰。手制、套接。腰部直径20厘米，最厚1.8厘米，残高8.8厘米（图七〇，3）。

YHS3①：4，夹砂灰陶鬲口部。敛口，扁圆唇，唇外侧加厚。手制。残长9.6厘米，最厚1.8厘米，残高6厘米（图七〇，4）。

YHS3①：5，夹细砂灰陶罐底部。斜腹近底略内凹，平底。器表饰竖向规则麦粒状中偏细绳纹。手制、慢轮修整。残长4厘米，厚1厘米，残高6厘米（图七〇，5；图七一，4）。

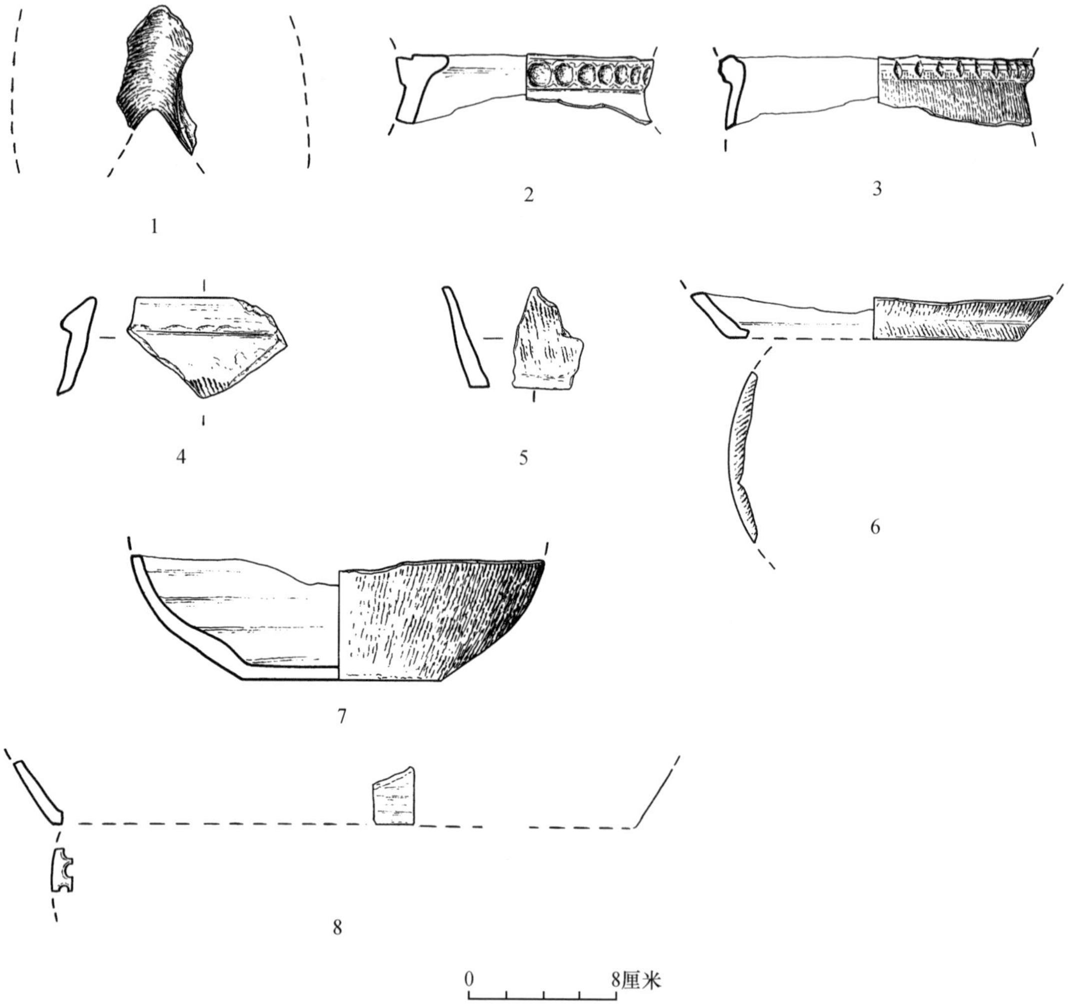

图七〇　火烧岭村西北遗址第一采集点采集标本

1. 陶鬲裆部（YHS3①：1）　2、3. 陶甗腰（YHS3①：2、YHS3①：3）　4. 陶鬲口部（YHS3①：4）　5、7. 陶罐底部（YHS3①：5、YHS3①：7）　6. 陶盆底部（YHS3①：9）　8. 陶甑底部（YHS3①：10）

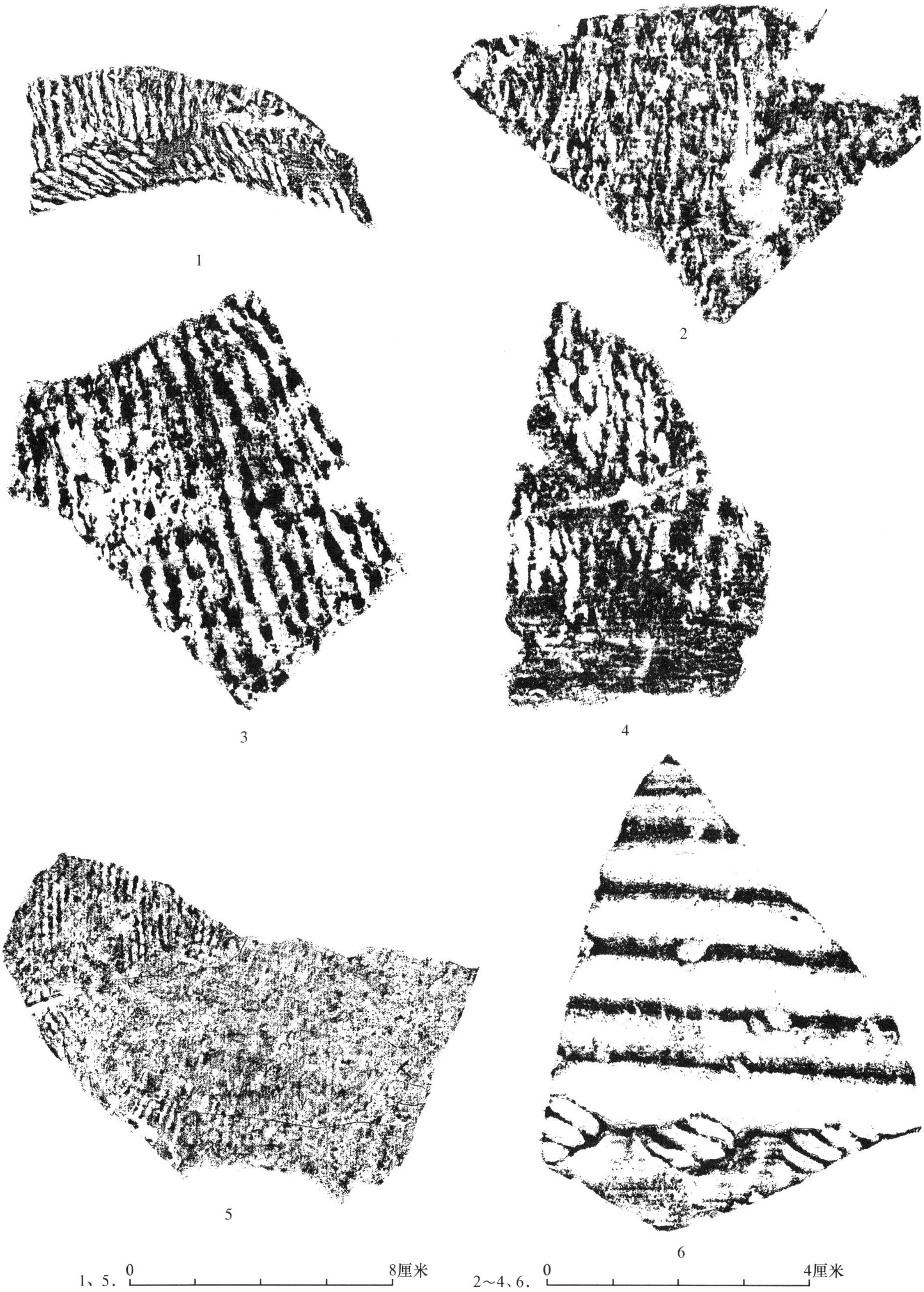

图七一　火烧岭村西北遗址第一采集点采集标本拓片

1. 陶盆底部（YHS3①：9）　2、3. 陶片（YHS3①：8、YHS3①：6）　4、5. 陶罐底部（YHS3①：5、YHS3①：7）
6. 陶折沿盆颈部（YHS3①：11）

YHS3①：6，夹砂橙红色陶片。含细石英粒，为器物腹片。器表饰竖向规则中绳纹。手制。厚0.7厘米（图七一，3）。

YHS3①：7，夹细砂灰褐色罐底部。鼓腹，最大径在中腹部，下腹略内凹，小平底，内底凸起。器表饰竖向较浅、较规则中偏细绳纹。泥条盘筑。底径12.2厘米，厚1.2厘米，残高7.4厘米（图七〇，7；图七一，5）。

YHS3①：8，泥质灰褐色陶片。陶盆腹片。器表饰竖向中偏细麦粒状绳纹，内壁有旋抹痕迹。手制、泥片贴筑。厚0.8厘米（图七一，2）。

YHS3①：9，夹细砂灰陶盆底部。斜腹，平底，底部较薄。器表及外底饰竖向及右斜向麦粒状绳纹，底部部分绳纹被磨平，内壁抹光。手制、套接、泥片贴筑。底径18.4厘米，厚1厘米，残高2.8厘米（图七〇，6；图七一，1）。

YHS3①：10，泥质灰陶甑底部。斜腹，平底，底部有不规则镂孔。内外壁有横向抹痕。镂孔、轮制。底径36厘米，孔径0.9厘米，厚0.9厘米，残高3.8厘米（图七〇，8）。

YHS3①：11，泥质灰陶折沿盆颈部。颈部外壁饰五周瓦楞纹，下接一周附加堆纹，上饰压印纹。轮制、泥片贴筑。厚0.6厘米（图七一，6）。

（二）遗址时代

遗址的文化时代为夏商、辽金（表一五）。

YHS3①：7与汾阳与孝义薛家会遗址陶罐H1：2相似[①]；与朱开沟墓葬M1083随葬品A型Ⅵ式带纽罐M1083：5（五段相当于二里冈文化阶段）相似[②]。

YHS3①：4与准格尔旗寨子塔遗址夏代中期或略早D型鬲H22：1相似[③]。

表一五　火烧岭村西北遗址调查标本与其他地区同时代对比表

序号	火烧岭村西北遗址调查标本	对比标本一	对比标本二	对比标本三	其他	备注
1	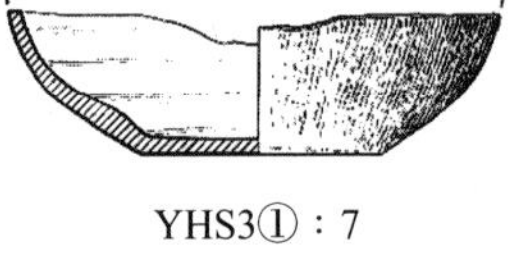 YHS3①：7	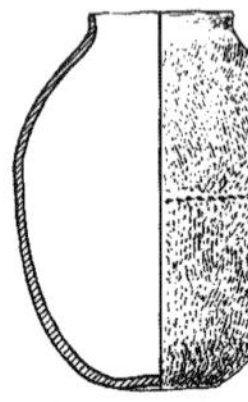 汾阳与孝义薛家会遗址陶罐H1：2	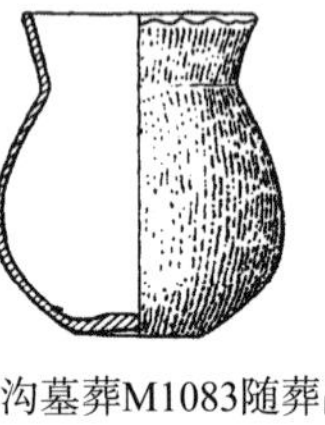 朱开沟墓葬M1083随葬品A型Ⅵ式陶带纽罐M1083：5（五段相当于二里冈文化阶段）			

① 国家文物局、山西省考古研究所、吉林大学考古学系编：《晋中考古》，文物出版社，1999年，第24页，图一四，3。

② 内蒙古自治区文物考古研究、鄂尔多斯博物馆：《朱开沟——青铜时代早期遗址发掘报告》，文物出版社，2000年，第216页，图一七八，5。

③ 内蒙古文物考古研究所编：《内蒙古文物考古文集（第二辑）》，中国大百科全书出版社，1997年，第315页，图四七，14。

续表

序号	火烧岭村西北遗址调查标本	对比标本一	对比标本二	对比标本三	其他	备注
2	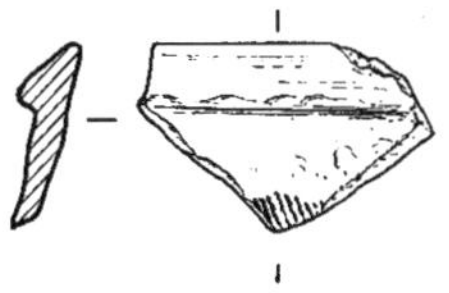 YHS3①：4	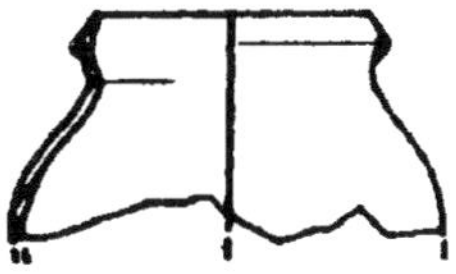 准格尔旗寨子塔遗址夏代中期或略早D型陶鬲H22：1				

四、火烧岭村西遗址（2014YHS4）

（一）遗址介绍

火烧岭村西遗址位于火烧岭村西约400米处，行政归属李达窑乡火烧岭村，初查时间为2014年8月13日。遗址中心点GPS坐标为北纬40°12′31″，东经112°24′1.4″，海拔1344米±6米。该遗址区位于西北东南走向的台地，地势西北高东南低。遗址区中心地带有较宽较深的人工改造河道。遗址东北临由西北流向东南注入马营河的季节性支流，东临火烧岭村，地表植被为林地。遗址东西约100米，南北约400米，面积总计约40000平方米（图七二）。

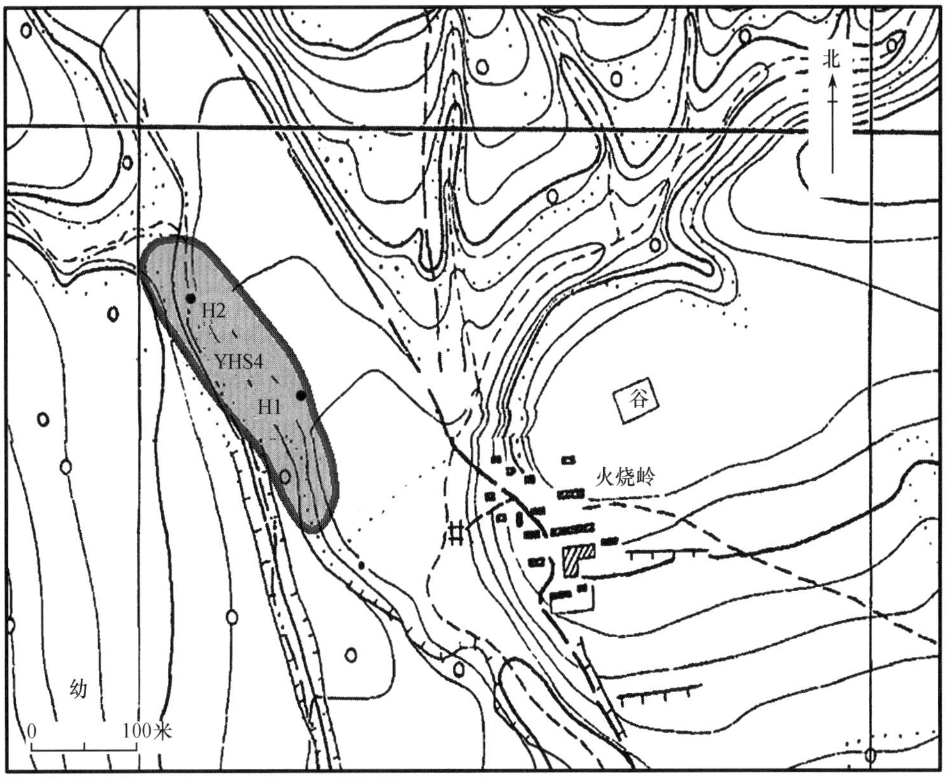

图七二　火烧岭村西遗址位置示意图

遗址区内西部断面发现灰坑一处，编号H1。人工改造河道南断面发现灰坑一处，编号H2。H1由于破坏较严重，无法确定灰坑形状及其厚度。H2呈不规则形，口径约6米，开口于耕土层下，耕土层厚0.15～0.2米，坑深0.4～2米，土色灰褐，土质疏松，包含有少量碎瓷片、陶片、石块。除此外，未发现其他遗迹。

遗物主要分布于台地中部H1和H2内。故设两个采集点。

火烧岭村西遗址第一采集点

第一采集点位于遗址区的东部，中心坐标为北纬40°12′31″，东经112°24′1.4″，海拔1344米±6米。采集点地形为缓冲坡地，地表植被葫麻、胡杨树。采集面积约200平方米。采集遗物分布较分散，所采遗物主要有泥质灰陶折沿盆口部、卷沿盆口部；黑釉瓷缸口腹部、黑釉碗口部、白釉罐口部、白釉缸口部、直口小罐等。采集点由于当地农民挖掘断面，暴露灰坑破坏较严重，无法确定灰坑形状及其灰土厚度。采集标本共15件。

YHS4①：1，泥质深灰色陶盆口腹部。敛口，圆唇，宽折沿略下捺，腹部斜收。口外侧有一周宽而深的凹槽，口内侧有两周较窄凹槽。泥片贴筑、快轮修整。口径44厘米，厚1厘米，残高7.4厘米（图七三，12）。

YHS4①：2，夹细砂深灰色陶罐口肩部。敛口，圆唇，沿面凸起，溜肩。口沿上、口内、外侧各有凹槽一周。肩部有竖向刻划痕。泥片贴筑、快轮修整。口径24厘米，厚0.6厘米，残高3.2厘米（图七三，9）。

YHS4①：3，泥质深灰色陶盆口部。敛口，圆唇，外卷沿，器壁较厚。口内外壁被磨光。泥片贴筑、快轮修整。口径38厘米，厚1.2～1.4厘米，残高4.4厘米（图七三，13）。

YHS4①：4，泥质灰陶盆口腹部。侈口，圆唇，卷沿外翻，腹部斜收。外表有两周凸棱，上腹部有对钻圆孔两个。泥片贴筑、快轮修整。口径42厘米，厚0.6～0.8厘米，残高7厘米（图七三，10）。

YHS4①：5，泥质深灰色陶盆口腹部。侈口，斜方唇，折沿下捺翻卷，腹部斜收。外表有数周细暗纹，内壁抹光。泥片贴筑、快轮修整。口径36厘米，厚0.3～0.5厘米，残高7厘米（图七三，8）。

YHS4①：6，瓷缸口肩部。细瓷，灰白胎。侈口，扁圆唇，颈部有一周较深凹槽，溜肩。内外壁先施化妆土，口及外壁刷白釉，有脱釉现象，内壁未施釉。手制、拉坯、轮修。口径30厘米，厚0.8～1厘米，残高6.6厘米（图七三，11）。

YHS4①：7，瓷碗口腹部。细瓷，灰胎。侈口，扁圆唇，腹部斜收。口、外壁通体刷黑色透明釉。手制、拉坯、轮修。口径20厘米，厚0.4～0.5厘米，残高5厘米（图七三，4）。

YHS4①：8，小瓷罐口、肩、腹部。粗瓷，灰胎。直口，短颈，溜肩，直腹，个体较小。外呈墨绿色较肥厚，内呈酱色，较稀薄。内、外壁通体刷黑色釉，上腹部内壁留有三周凹槽，外表光素无纹饰。手制、拉坯、轮修。口径6厘米，厚0.4～0.6厘米，残高5.2厘米（图七三，7）。

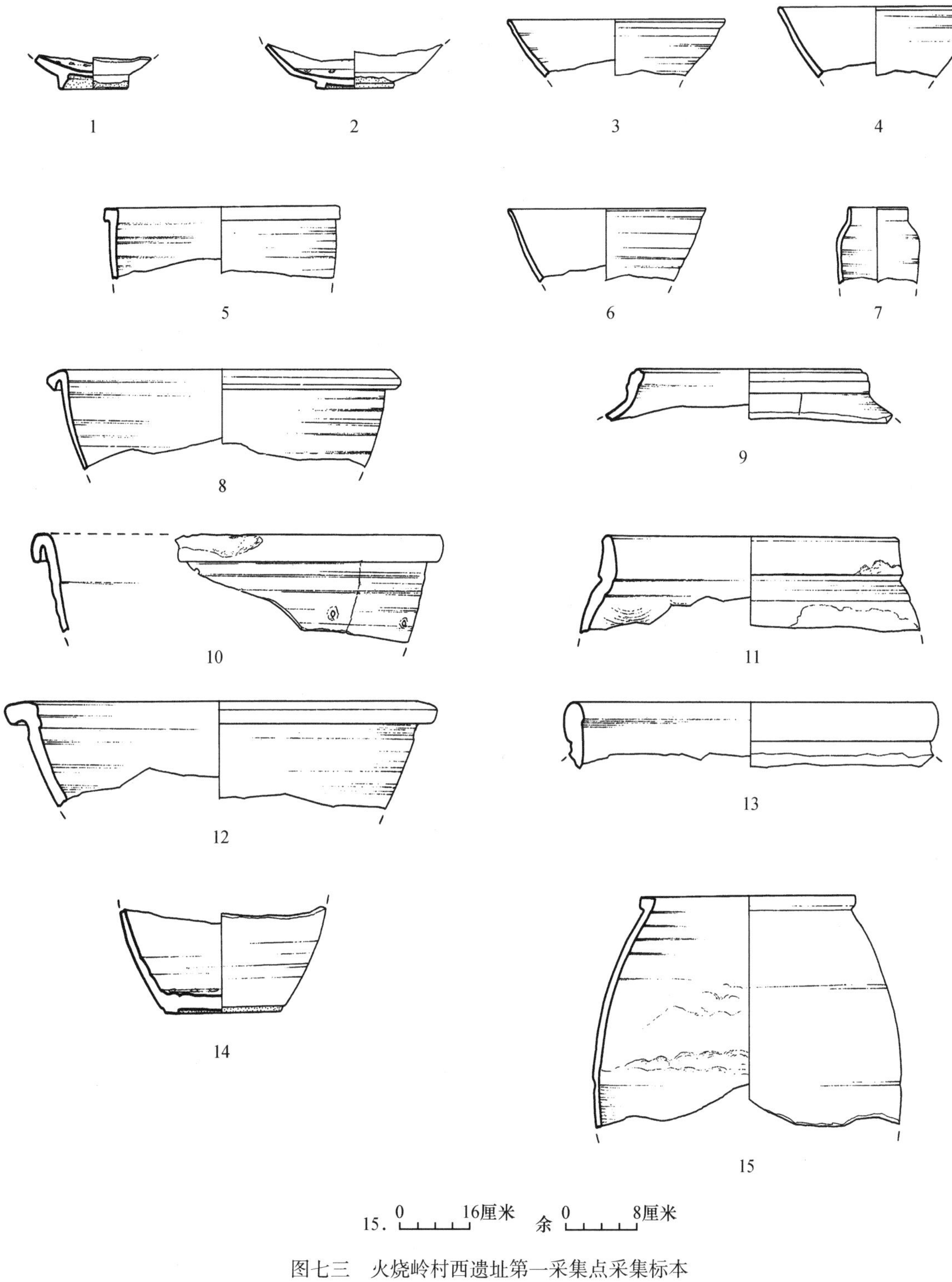

图七三　火烧岭村西遗址第一采集点采集标本

1、2. 瓷碗下腹及底部（YHS4①：13、YHS4①：14）　3、4、6. 瓷碗口腹部（YHS4①：9、YHS4①：7、YHS4①：11）　5. 瓷盆口腹部（YHS4①：10）　7. 小瓷罐口腹部（YHS4①：8）　8、10、12. 陶盆口腹部（YHS4①：5、YHS4①：4、YHS4①：1）　9. 陶罐口肩部（YHS4①：2）　11. 瓷缸口肩部（YHS4①：6）　13. 陶盆口部（YHS4①：3）　14. 瓷罐下腹及底部（YHS4①：12）　15. 大瓷缸口腹部（YHS4①：15）

YHS4①：9，瓷碗口腹部。细瓷，白胎。侈口，扁圆唇，腹部斜收。内外壁通体刷白釉。手制、拉坯、轮修。口径22厘米，厚0.3～0.5厘米，残高4厘米（图七三，3）。

YHS4①：10，瓷盆口腹部。细瓷，灰白胎。敞口、方唇、平折沿，直腹略鼓。口沿上有一周凹弦纹。通体未施化妆土，沿面先施釉后刮去，其内、外壁刷白釉，釉面光洁莹润，制作精细。手制、拉坯、轮修。口径24厘米，厚0.5～0.7厘米，残高5厘米（图七三，5）。

YHS4①：11，瓷碗口腹部。细瓷，白胎。侈口，扁圆唇，腹部斜收。内、外壁通体刷白釉，透明釉。手制、拉坯、轮修。口径20厘米，厚0.3～0.5厘米，残高5厘米（图七三，6）。

YHS4①：12，瓷罐下腹及底部。细瓷，灰胎。下腹弧收至假圈足，足床较宽、平整，挖足较浅，系二次挖成。除底部未施釉，通体刷黑釉；外表近底部有流釉痕，底面有粘釉现象，支钉痕被打磨，内底有支钉痕，系仰置叠烧；下腹内壁有修整时留下明显的两周凹槽。手制、拉坯、轮修。底径12厘米，厚0.5～0.8厘米，残高7.4厘米（图七三，14）。

YHS4①：13，瓷碗下腹及底部。细瓷，灰白胎。下腹斜收至圈足，圈足偏高，足床略凹，挖足过肩、较深，系三次挖成。内、外壁通体刷白釉，外表有自上而下的流釉痕，足床支钉痕被打磨，内底留有小支钉痕，系仰置叠烧。手制、拉坯、轮修。底径7.2厘米，厚0.5～0.7厘米，残高2.4厘米（图七三，1）。

YHS4①：14，瓷碗下腹及底部。细瓷，灰胎。下腹折收至矮圈足，足床平整，挖足略过肩，系三次挖成。外表刷青绿釉，近底部、内壁通体刷青釉；内底留有支钉痕，外底支钉痕被打磨，系仰置叠烧。手制、拉坯、轮修。底径8厘米，厚0.4厘米，残高3.2厘米（图七三，2）。

YHS4①：15，大瓷缸口腹部。粗瓷，坩子土，灰胎。敛口，方唇，平沿外凸，溜肩，鼓腹；个体较大，做工粗糙；内壁留有泥条盘筑和套接痕迹。除口沿上光滑施化妆土，未刷釉；通体刷黑釉。内壁有自上而下的流釉现象，系仰烧；外表有开片纹。手制、拍印、轮修。口径22厘米，厚0.6～0.7厘米，残高16厘米（图七三，15）。

火烧岭村西遗址第二采集点

第二采集点位于遗址区西北部，中心坐标为北纬40°12′35″，东经112°23′55.9″，海拔1352米±4米。采集点地形为缓冲台地，地表植被为胡杨树。采集面积约200平方米。采集遗物分布较集中，所采遗物主要有泥质灰陶折沿盆口腹部。采集点其他情况，因断崖至河床过高，目测高度约6米，无法解剖灰坑，所采遗物于断崖下与河床。采集标本共1件。

YHS4②：1，泥质灰陶盆口腹部。口微敛，斜方唇，宽折沿下捺，腹部弧收。口外侧有数周瓦楞纹，瓦楞纹之下饰竖向中粗绳纹，内壁有数周暗纹。泥片贴筑、快轮修整。口径36厘米，厚0.6～0.8厘米，残高6.4厘米（图七四）。

（二）遗址时代

遗址的文化时代为辽代、金代（表一六）。

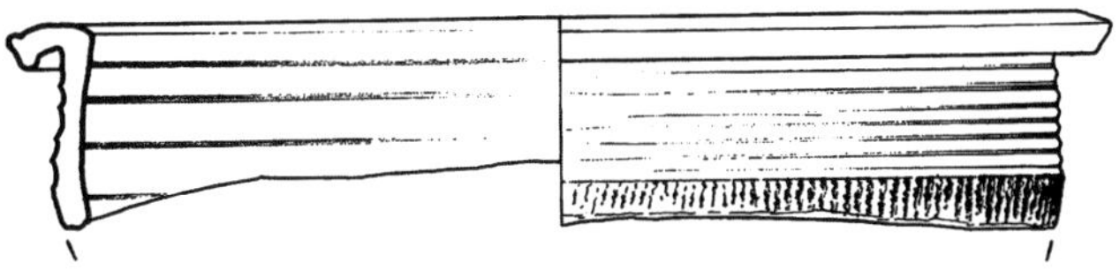

图七四　火烧岭村西遗址第二采集点采集标本
陶盆口腹部（YHS4②：1）

YHS4①：1（辽金）与准格尔旗城坡古城遗址第二阶段遗存出土A型陶盆T4③：4相似[①]；与察哈尔右翼后旗头道湾古城遗址B型Ⅳ式陶盆ⅡH2：2相似[②]。

YHS4①：3（辽金）与苏尼特右旗新民乡全胜段金界壕B型陶瓮T6②：2相似[③]；与察哈尔右翼后旗头道湾古城遗址C型陶瓮ⅠH51：1相似[④]。

YHS4①：10（辽金）与和林格尔县前瓦窑沟辽金时代遗址B型瓷盆相似[⑤]；与察哈尔右翼后旗头道湾古城遗址Ba型瓷罐ⅠH13：2相似[⑥]。

YHS4①：15（辽金）与准格尔旗城坡古城遗址第二阶段遗存出土B型陶瓮T30③：1相似[⑦]。

YHS4①：14（辽晚期至金中期）与凉城县古城梁遗址B型瓷盘H28：3相似[⑧]。

YHS4①：8（金代）与准格尔旗城坡古城遗址第二阶段遗存出土E型陶罐F1：2相似[⑨]。

YHS4①：5（金代）与山西大同市金代徐龟墓出土陶盆M：14相似[⑩]。

---

① 内蒙古自治区文物考古研究所编：《万家寨水利枢纽工程考古报告集》，远方出版社，2001年，第101页，图一八，6。

② 内蒙古自治区文物考古研究所编：《内蒙古文物考古文集（第三辑）》，科学出版社，2004年，第339页，图二一，5。

③ 内蒙古自治区文物考古研究所编：《内蒙古文物考古文集（第三辑）》，科学出版社，2004年，第317页，图五，1。

④ 内蒙古自治区文物考古研究所编：《内蒙古文物考古文集（第三辑）》，科学出版社，2004年，第340页，图二二，3。

⑤ 内蒙古文物考古研究所编：《内蒙古文物考古文集》，中国大百科全书出版社，1994年，第558页，图九，2。

⑥ 内蒙古自治区文物考古研究所编：《内蒙古文物考古文集（第三辑）》，科学出版社，2004年，第336页，图一九，6。

⑦ 内蒙古自治区文物考古研究所编：《万家寨水利枢纽工程考古报告集》，远方出版社，2001年，第99页，图一六，12。

⑧ 内蒙古文物考古研究所：《凉城县古城梁遗址发掘简报》，《内蒙古文物考古》2009年第1期，第31页，图七，1。

⑨ 内蒙古自治区文物考古研究所编：《万家寨水利枢纽工程考古报告集》，远方出版社，2001年，第98页，图一五，4。

⑩ 大同市博物馆：《山西大同市金代徐龟墓》，《考古》2004年第9期，第55页，图五，5。

表一六　火烧岭村西遗址调查标本与其他地区同时代对比表

序号	火烧岭村西遗址调查标本	对比标本一	对比标本二	其他	备注
1	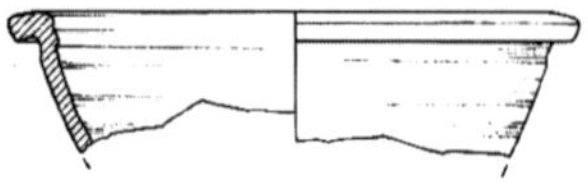 YHS4①：1（辽金）	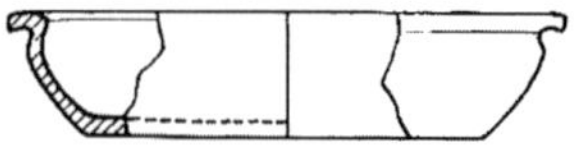 准格尔旗城坡古城遗址第二阶段遗存出土A型陶盆T4③：4	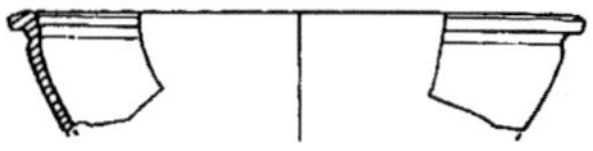 察哈尔右翼后旗头道湾古城遗址B型Ⅳ式陶盆ⅡH2：2		
2	 YHS4①：3（辽金）	 苏尼特右旗新民乡全胜段金界壕B型陶瓮T6②：2	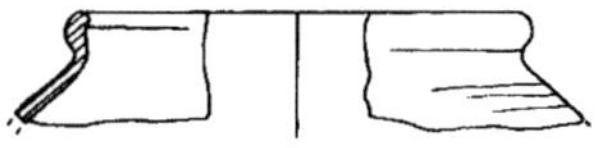 察哈尔右翼后旗头道湾古城遗址C型陶瓮ⅠH51：1		
3	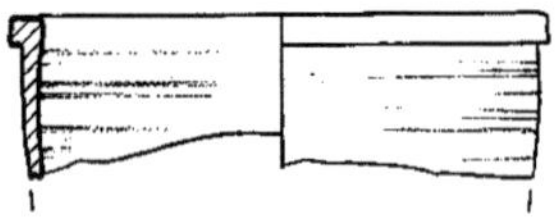 YHS4①：10（辽金）	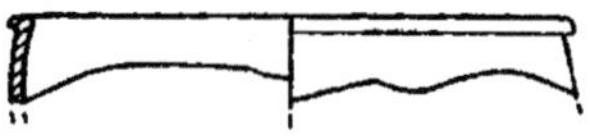 和林格尔县前瓦窑沟辽金时代遗址B型瓷盆	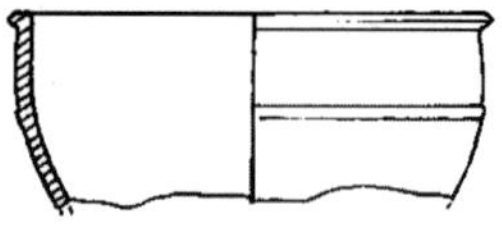 察哈尔右翼后旗头道湾古城遗址Ba型瓷罐ⅠH13：2		
4	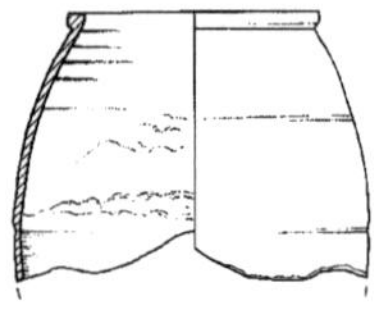 YHS4①：15（辽金）	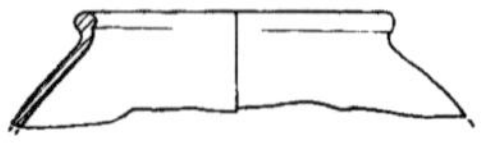 准格尔旗城坡古城遗址第二阶段遗存出土B型陶瓮T30③：1			
5	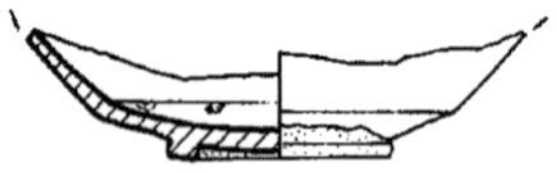 YHS4①：14（辽晚期至金中期）	 凉城县古城梁遗址B型瓷盘H28：3			
6	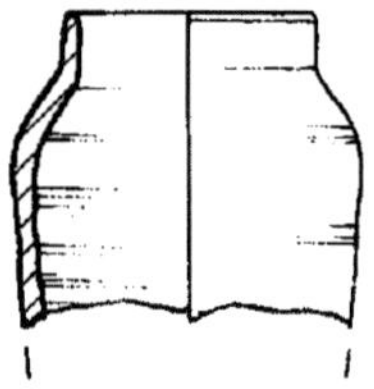 YHS4①：8（金代）	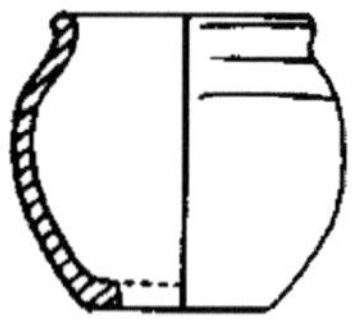 准格尔旗城坡古城遗址第二阶段遗存出土E型陶罐F1：2			
7	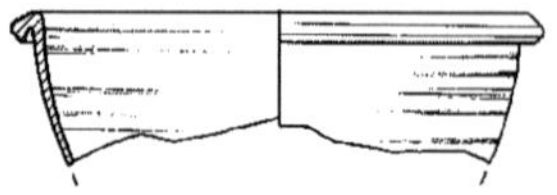 YHS4①：5（金代）	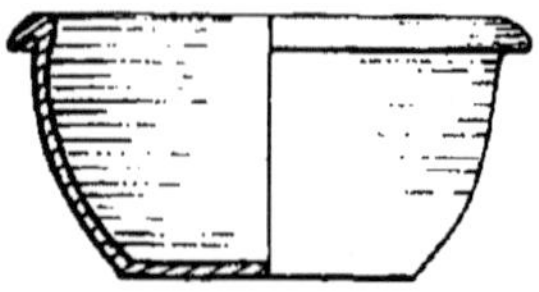 山西大同市金代徐龟墓出土陶盆M：14			

第十二节 后沟村附近

后沟村东遗址（2014YH1）

（一）遗址介绍

后沟村东遗址位于后沟村东约750米处，行政归属李达窑乡后沟村，初查时间为2014年7月31日。遗址中心点GPS坐标为北纬40°15′7.1″，东经112°29′12.1″，海拔1462米±5米。该遗址区西高东底，呈东西向的缓冲台地，南临东西向的小冲沟，东临南北向注入马营河的季节性支流，西临后沟村。地表植被以荒地为主，夹杂有少量耕地，种植有荞麦等。遗址东西约200米，南北约120米，面积总计约24000平方米（图七五）。

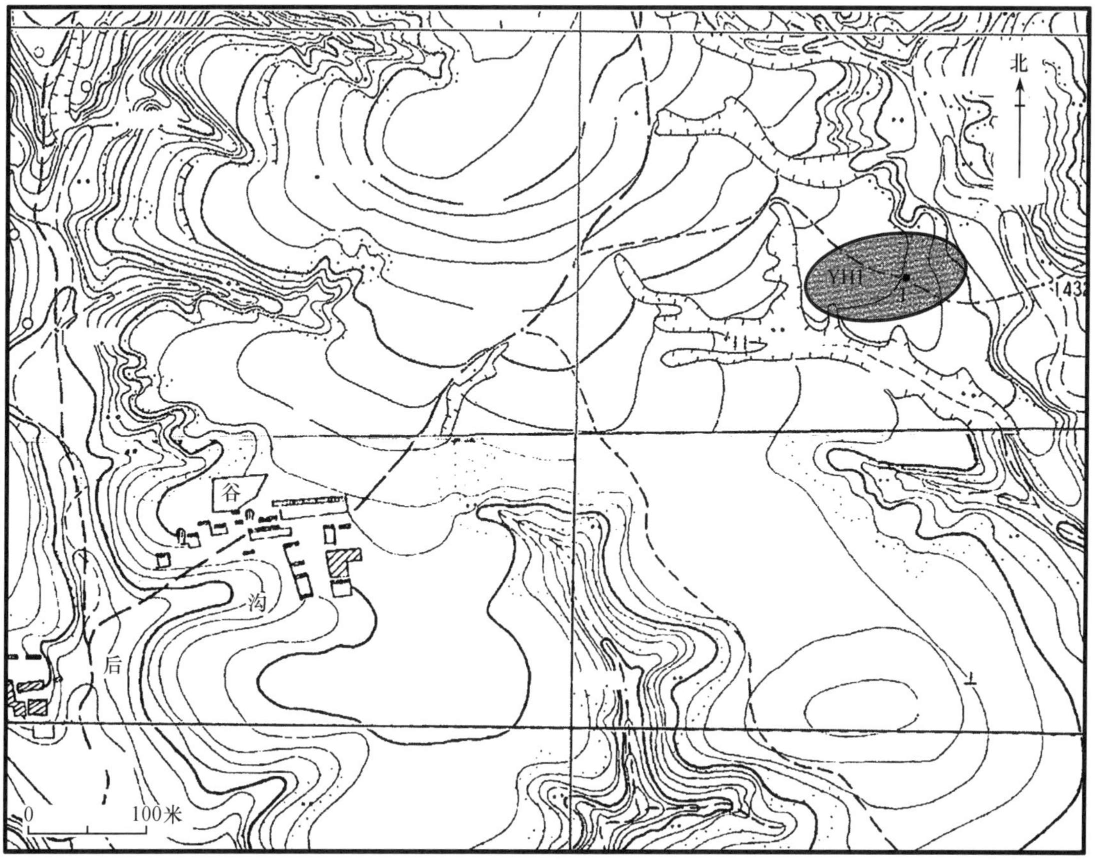

图七五 后沟村东遗址位置示意图

遗址区内未发现文化层、灰坑等遗迹，只采集了散落遗址区地表的残留遗物。

遗址区内遗物分布较零散，故只设一个采集点。

后沟村东遗址第一采集点

第一采集点位于遗址区中部，中心坐标为北纬40°15′07.1″，东经112°29′12.1″，海拔1462

米±5米。采集点地形为阶梯式台地，地表植被多为荒地。采集面积约500平方米。采集遗物分布较稀疏，所采遗物主要有夹砂灰陶鬲口部；泥质灰陶豆座、豆柄、折沿盆口部、小口罐口部、卷沿盆口部、直口罐口部、卷沿盆口部、折沿盆口部、板瓦残片等。采集标本共17件。

YH1①：1，夹砂灰陶鬲口部。含石英。方唇，卷沿，溜肩，短颈。肩部残存右斜向较规则粗绳纹，口沿上有一周凹槽。轮制。口径28厘米，厚0.9厘米，残高5厘米（图七六，7）。

YH1①：2，泥质灰陶盆口部。圆唇，折沿略下捺，沿面较宽，短颈，弧腹斜收。沿面饰一周

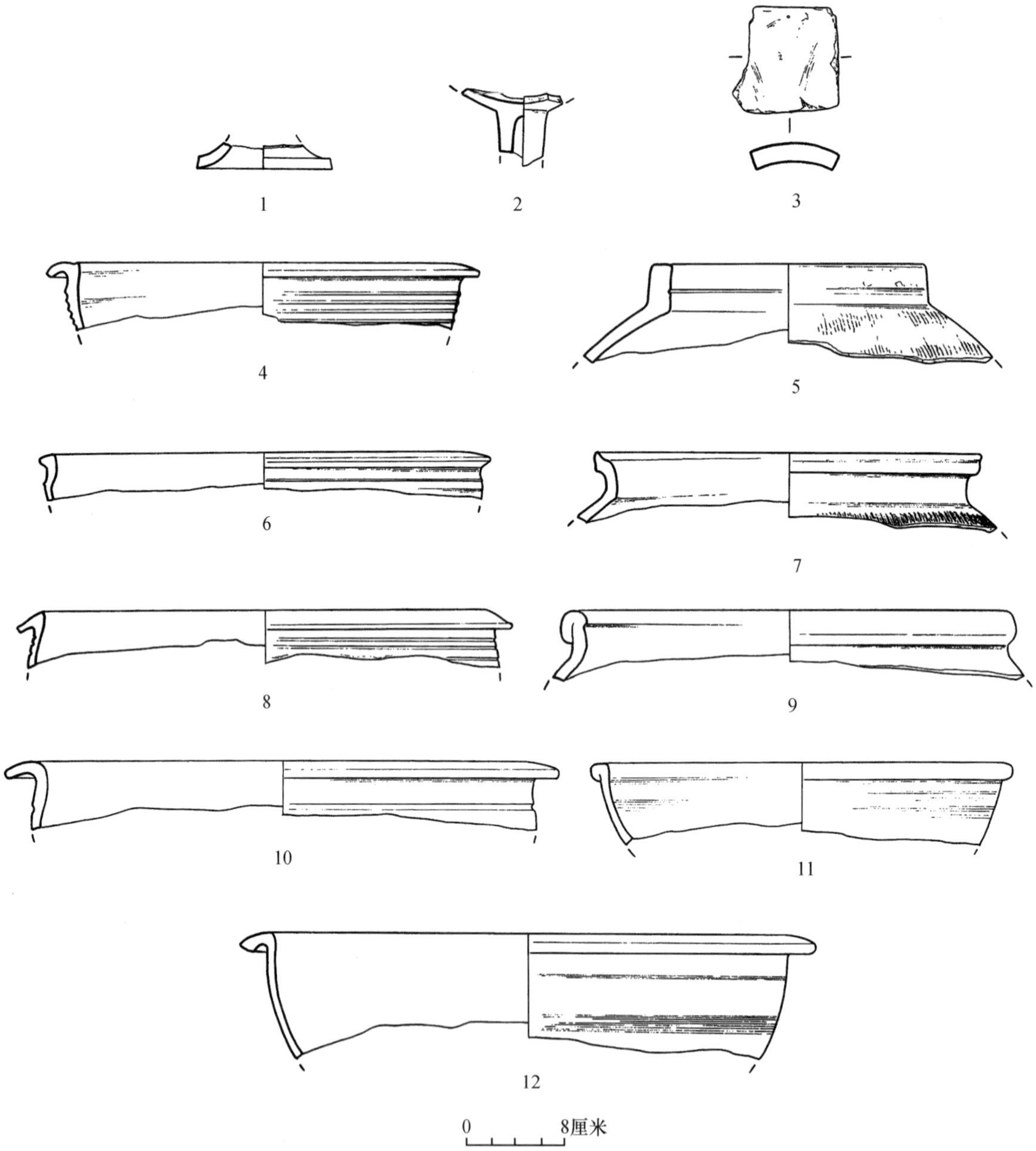

图七六　后沟村东遗址第一采集点采集标本

1. 陶豆座（YH1①：6）　2. 陶豆盘（YH1①：5）　3. 板瓦（YH1①：12）

4、6、8、10～12. 陶盆口部（YH1①：2、YH1①：9、YH1①：3、YH1①：11、YH1①：8、YH1①：7）

5、9. 陶罐口部（YH1①：4、YH1①：10）　7. 陶鬲口部（YH1①：1）

凹弦纹，颈部下残存五周凹弦纹。轮制。口径31.4厘米，厚0.9厘米，残高4.8厘米（图七六，4）。

YH1①：3，泥质灰陶盆口部。方唇，折沿下捺明显，沿面较宽。颈部残存三周凹弦纹。快轮修整。口径36厘米，厚0.6厘米，残高4厘米（图七六，8）。

YH1①：4，泥质陶罐口部。颜色外壁呈灰黑色，内壁灰色。直口，方唇，短颈，溜肩。口部有磨损痕迹，肩部先饰竖向规则浅细绳纹，再抹平，内壁有排印痕迹。泥片贴筑、快轮修整。口径20厘米，最厚1.6厘米，残高7厘米（图七六，5）。

YH1①：5，泥质灰陶豆盘。含细砂。浅盘，豆柄中空，孔较粗，器壁较厚。素面。手制、套接。厚1.2厘米，残高3.4厘米（图七六，2）。

YH1①：6，泥质灰陶豆座。喇叭形座。素面。快轮修整。底座直径10厘米，厚0.8厘米，残高1.8厘米（图七六，1）。

YH1①：7，泥质灰陶盆口部。圆唇，卷沿外翻，沿较宽，弧腹斜收，最大腹径在上腹部。口沿及器表饰若干周暗弦纹。快轮修整。口径42厘米，厚0.6厘米，残高9厘米（图七六，12）。

YH1①：8，泥质灰陶盆口部。方圆唇，卷沿紧贴外壁，沿面较窄，弧腹斜收。素面。快轮修整。口径30.8厘米，厚0.6厘米，残高5.8厘米（图七六，11）。

YH1①：9，泥质灰陶盆口部。尖圆唇，窄折沿，短颈，弧腹斜收。口沿上饰暗弦纹，其余素面。快轮修整。口径32.8厘米，厚0.8厘米，残高3.2厘米（图七六，6）。

YH1①：10，泥质灰黑色大陶罐口部。直口，圆唇，卷沿外翻贴于口部，圆肩。外壁磨光，口部内侧有一周凹槽。快轮修整。口径33.6厘米，厚1厘米，残高5厘米（图七六，9）。

YH1①：11，泥质灰陶盆口部。圆唇，卷沿外翻，沿面较宽，弧腹斜收。颈部饰一周凹弦纹。快轮修整。口径40.2厘米，厚0.9厘米，残高4.8厘米（图七六，10）。

YH1①：12，泥质灰陶板瓦前端。圆唇，较厚。外侧素面，内侧饰布纹。泥片贴筑。残长7.6厘米，厚1.2厘米，残宽7.6厘米（图七六，3）。

YH1①：13，夹砂灰黑色绳纹陶片。釜下腹部残片。外壁饰竖向规则的粗大绳纹。泥片贴筑。最厚1厘米，残高4.6厘米，残宽5.8厘米（图七七，4）。

YH1①：14，泥质灰陶绳纹陶片。盆腹部残片。器表先饰竖向规则的中偏细绳纹，再饰一周泥条，上饰压印绳纹。泥片贴筑。最厚1.1厘米（图七七，1）。

YH1①：15，泥质灰陶盆腹部。外壁饰竖向规则的中绳纹，内壁残存一周暗弦纹。快轮修整。厚1厘米（图七七，3）。

YH1①：16，泥质灰黑色陶板瓦残片。外壁饰左斜向规则的粗绳纹，内壁饰压印菱形方格纹。泥片贴筑。厚1.5厘米（图七七，5）。

YH1①：17，泥质深灰色绳纹陶片。器表残存两周弦断绳纹。泥片贴筑。厚0.5厘米（图七七，2）。

（二）遗址时代

遗址的文化时代为战国晚期、汉代（表一七）。

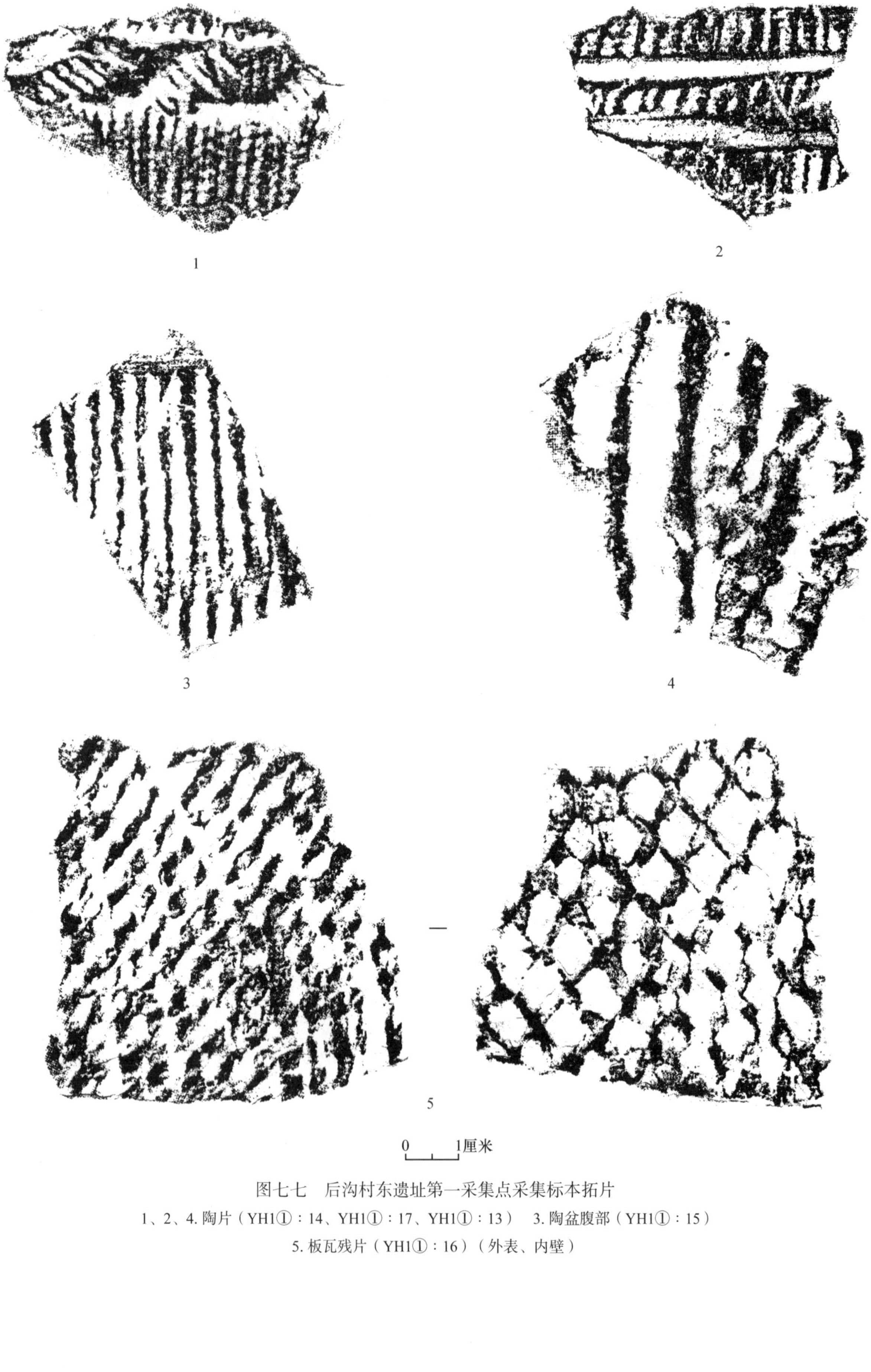

图七七　后沟村东遗址第一采集点采集标本拓片

1、2、4. 陶片（YH1①：14、YH1①：17、YH1①：13）　3. 陶盆腹部（YH1①：15）

5. 板瓦残片（YH1①：16）（外表、内壁）

YH1①：1（战国晚期）与卓资县土城子村遗址A型Ⅱ式陶瓮T6014②：19相似[①]。

YH1①：2（西汉晚期）与包头市麻池三队遗址C型Ⅰ式陶盆H4：75相似[②]。

YH1①：3（西汉晚期）与伊金霍洛旗王家坡汉代窑址A型Ⅱ式陶盆Y2：4相似[③]。

YH1①：4（东汉）与托克托县古城村古城遗址汉代A型Ⅲ式陶釜H55：2相似[④]。

表一七　后沟村东遗址调查标本与其他地区同时代对比表

序号	后沟村东遗址调查标本	对比标本一	对比标本二	其他	备注
1	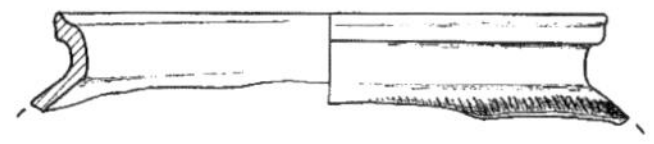 YH1①：1（战国晚期）	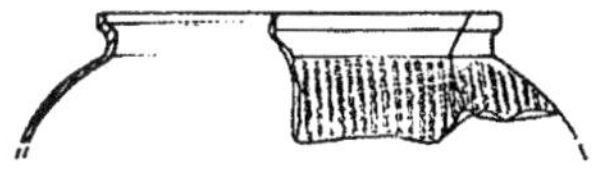 卓资县土城子村遗址A型Ⅱ式陶瓮T6014②：19			
2	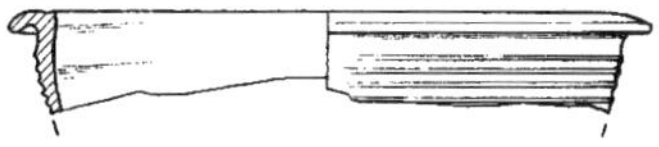 YH1①：2（西汉晚期）	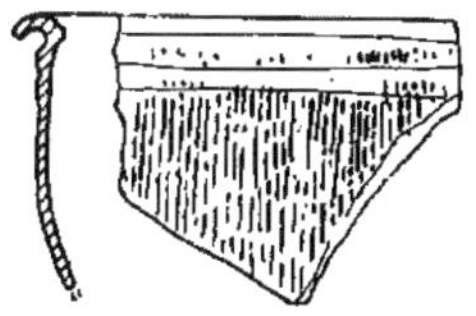 包头市麻池三队遗址C型Ⅰ式陶盆H4：75			
3	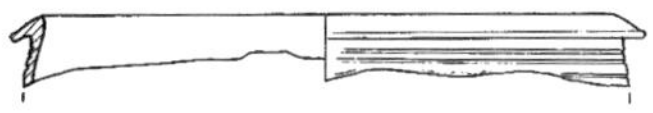 YH1①：3（西汉晚期）	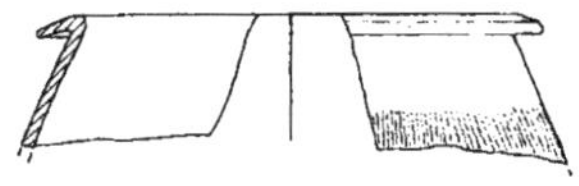 伊金霍洛旗王家坡汉代窑址A型Ⅱ式陶盆Y2：4			
4	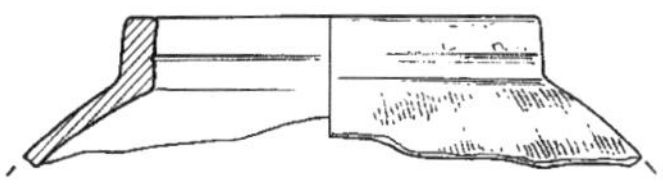 YH1①：4（东汉）	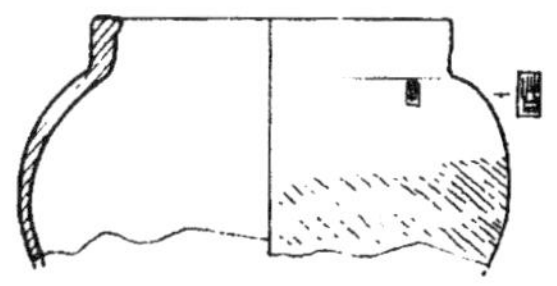 托克托县古城村古城遗址汉代A型Ⅲ式陶釜H55：2			

① 内蒙古自治区文物考古研究所、乌兰察布博物馆、卓资县文物管理所：《卓资县土城子遗址发掘简报》，《草原文物》2013年第2期，第58页，图一三，8。

② 内蒙古自治区文物考古研究所编：《内蒙古文物考古文集（第三辑）》，科学出版社，2004年，第267页，图八，8。

③ 内蒙古自治区文物考古研究所编：《内蒙古文物考古文集（第三辑）》，科学出版社，2004年，第289页，图一三，6。

④ 内蒙古自治区文物考古研究所编：《内蒙古文物考古文集（第三辑）》，科学出版社，2004年，第233页，图一六，12。

第十三节　李家堡村附近

一、李家堡村北一号遗址（2014YLJ1）

（一）遗址介绍

李家堡村北一号遗址位于李家堡村东北方向约800米处，行政归属杀虎口乡李家堡村，初查时间为2014年8月14日。遗址中心点GPS坐标为北纬40°12′00.3″，东经112°22′41.9″，海拔1389米±5米。该遗址位于南北向坡地中部，地形呈缓坡状，地表无耕作物，系荒坡地。遗址北靠坡地北部较高处，东西两侧均为天然冲沟，南临东西两冲沟交汇处。遗址中心位置距东侧冲沟约50米，冲沟内无流水，距西侧冲沟25米，冲沟内无流水。遗址东西约100米，南北约100米，面积总计约10000平方米（图七八；图版一二，1、2）。

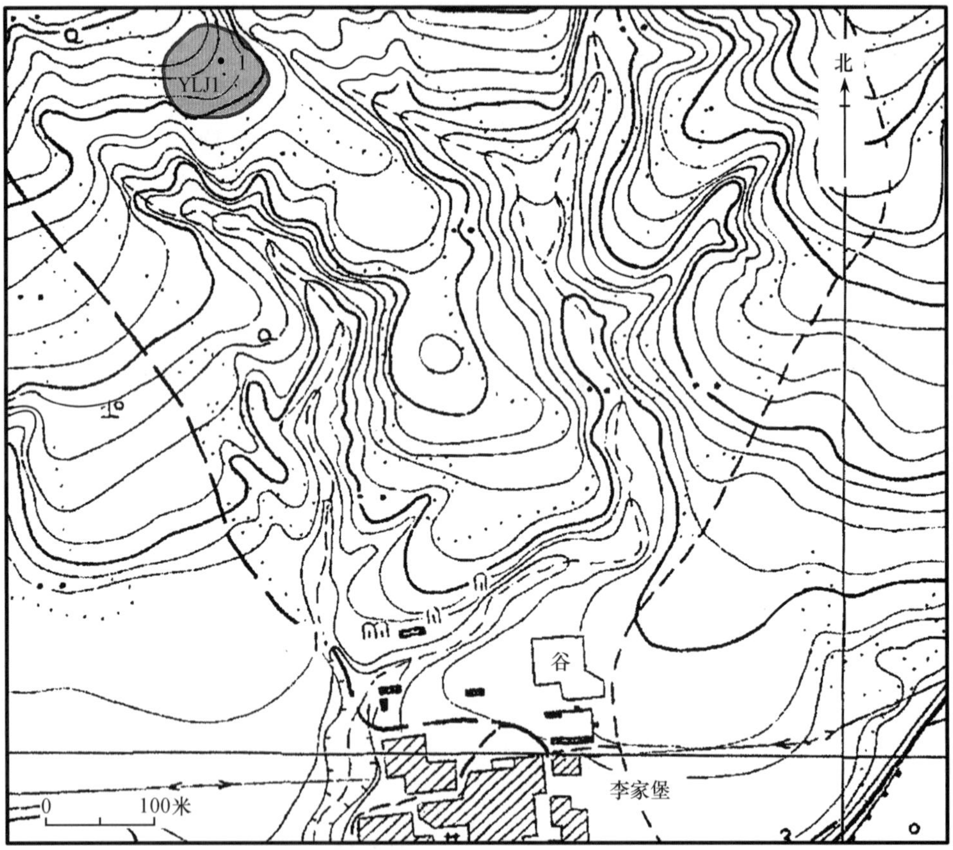

图七八　李家堡村北一号遗址位置示意图

遗址区内未发现文化层、灰坑等遗迹，只发现散落遗址区地表的残留遗物。

遗址区内遗物多暴露于遗址区西部近断崖处，故设一个采集点。

李家堡村北一号遗址第一采集点

第一采集点位于遗址区的中部，中心坐标为北纬40°12′00.3″，东经112°22′41.9″，海拔1389米±5米。采集点地形为缓冲坡地，地表植被为荒地。采集面积约300平方米。采集遗物分布较集中，所采遗物按年代可归属于仰韶中晚期和龙山时期。仰韶中晚期所采遗物主要有夹砂灰陶平底罐底部；泥质灰陶小口罐口部、折腹钵口部、敛口钵口部；泥质红陶双耳罐腹部、钵口部腹部、纺轮坯、单孔刀；草拌泥墙皮；细砂岩石斧；火山岩小刮削器等。龙山时期遗物主要有夹砂灰陶鬲口颈部；夹砂泥黄陶敛口瓮口部；夹砂红陶釜口部、夹砂灰陶直口瓮口部等。采集标本共26件。

YLJ1①：1，夹砂陶罐底部。含岩粒，颜色内壁呈红褐色，外壁呈灰褐色。斜腹，小平底，底部较厚，火候较低。器表饰竖向不规则的中绳纹。泥条盘筑。底径14厘米，最厚1.8厘米，残高3.4厘米（图八一，5）。

YLJ1①：2，泥质灰褐色陶罐口部。侈口，扁圆唇，束颈，溜肩。外壁及口沿上磨光。泥条盘筑、慢轮修整口部。口径14厘米，厚1厘米，残高7.4厘米（图八一，4）。

YLJ1①：3，泥质灰陶罐口部。侈口，扁圆唇，束颈，溜肩，个体较小。素面。泥片贴筑、慢轮修整。口径10厘米，厚0.8厘米，残高4.6厘米（图八一，2）。

YLJ1①：4，泥质灰陶钵口部。微敛口，扁圆唇，最大腹径在中腹部。内壁有连续抹迹，外壁磨光。泥片贴筑、慢轮修整。口径32厘米，厚0.8厘米，残高4.6厘米（图八一，3）。

YLJ1①：5，泥质灰陶钵口部。敛口略内凹，扁圆唇，折腹。素面，外壁磨光。泥片贴筑。口径16厘米，厚1厘米，残高4.8厘米（图八一，6）。

YLJ1①：6，黑色火山岩刮削器。压剥法。长2.2厘米，宽1.6厘米，最厚0.4厘米（图八一，7；图版一二，3）。

YLJ1①：7，泥质黄褐色陶钵口部。敛口，扁圆唇，腹部微鼓。素面，外壁磨光。泥片贴筑。口径30厘米，厚0.7厘米，残高3.4厘米（图八一，1）。

YLJ1①：8，泥质铁锈红色彩陶钵口部。含细砂。微敛口。外表饰黑色宽彩带，磨光。泥片贴筑。残长3厘米，厚0.5厘米，残高3.5厘米（图八一，8）。

YLJ1①：9，泥质灰褐色器物耳部。桥形耳，已残。器表残存较少左斜向篮纹。手制。残长5.6厘米，最厚2厘米，残高4.7厘米（图八一，9）。

YLJ1①：10，泥质橙红色彩陶片。为盆腹片（推测）。三角形黑彩，内外均磨光。泥片贴筑。残长3.7厘米，厚0.6厘米，残高3厘米（图七九，7）。

YLJ1①：11，泥质陶刀。内呈深铁锈红，外皮颜色较浅。长条状，圆角方形，钻孔靠近刀背，刀刃为中锋，对钻孔，已残为若干块，磨制精细。钻孔、泥片贴筑。残长8.8厘米，厚0.4厘米，高4.9厘米（图七九，4；图版二六，1）。

YLJ1①：12，泥质陶纺轮坯。外呈黑色，内呈红褐色。不规则圆形。素面。打制。最大径3.6厘米，厚0.7厘米（图七九，8）。

YLJ1①：13，沉积岩石斧。呈铁锈红和黄白色相间。剖面呈圆角方形，首部和尾部均残。磨制。残长13厘米，厚5.4厘米，宽6.2厘米（图七九，5）。

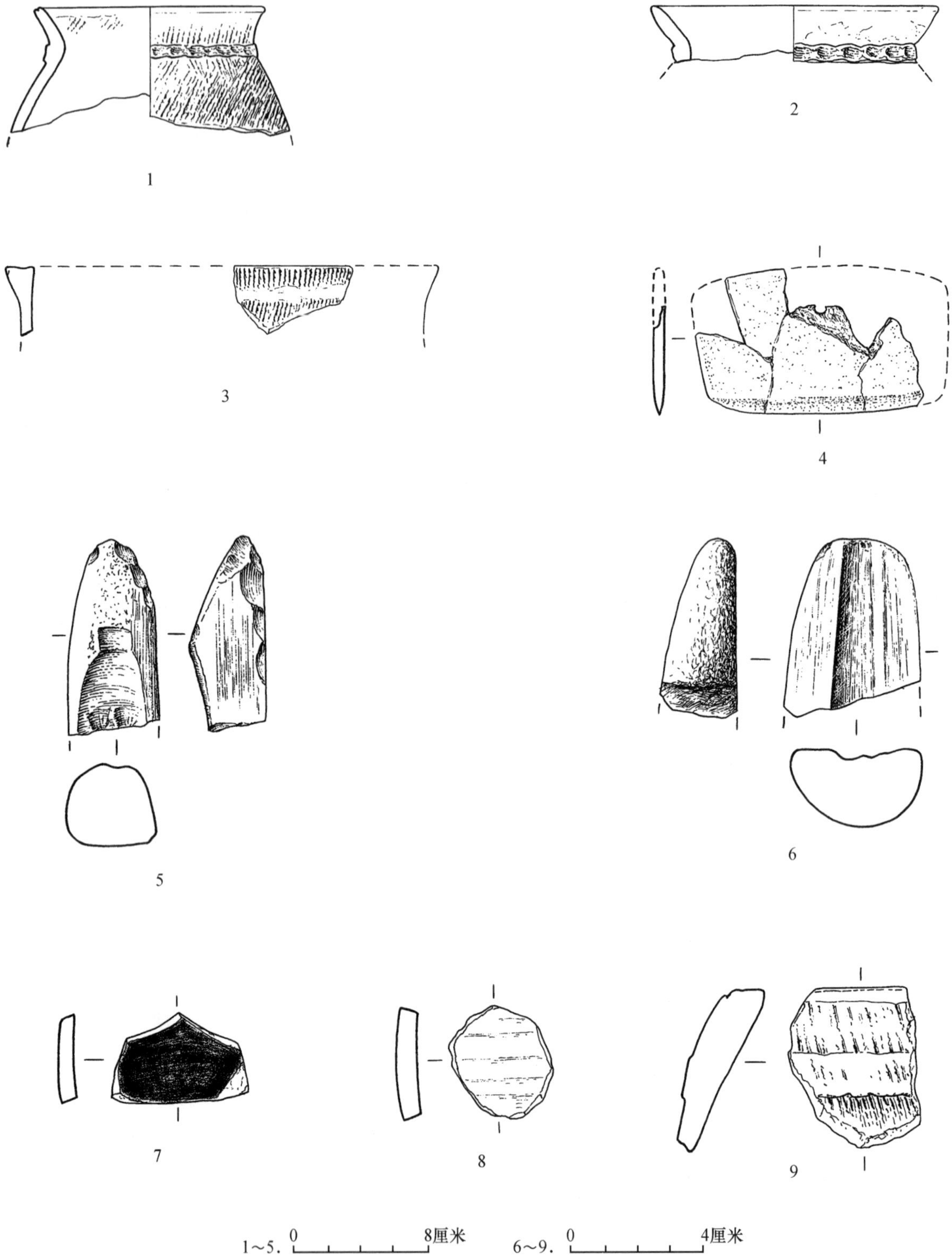

图七九　李家堡村北一号遗址第一采集点采集标本

1、2. 陶鬲口部（YLJ1①：16、YLJ1①：17）　3、9. 陶瓮口部（YLJ1①：19、YLJ1①：18）　4. 陶刀（YLJ1①：11）　5、6. 石斧（YLJ1①：13、YLJ1①：14）　7. 彩陶片（YLJ1①：10）　8. 陶纺轮坯（YLJ1①：12）

YLJ1①：14，沉积岩石斧。呈铁锈红。剖面呈半圆形，尾部残。磨制。残长11.8厘米，宽9.4厘米，厚4.8厘米（图七九，6）。

YLJ1①：15，泥质铁锈红陶鬲袋足残片。器表饰左斜向不规则的粗绳纹。模制。厚0.8厘米（图八二）。

YLJ1①：16，夹砂灰褐色陶鬲口部。含石灰岩。圆唇，软折沿较宽，溜肩。口沿下饰一周较薄较窄的泥条，上饰指窝纹；器表饰左斜向规则的中偏细绳纹，口沿上有压印横向浅绳纹。手制、套接。口径16厘米，最厚1.4厘米，残高8.8厘米（图七九，1；图版一二，4）。

YLJ1①：17，夹砂灰褐色陶鬲口部。圆唇，软折沿较宽，颈部饰一周附加堆纹，上饰指窝纹。手制、套接。口径20厘米，最厚1.4厘米，残高3.8厘米（图七九，2）。

YLJ1①：18，夹砂灰褐色陶瓮口部。敛口，鼓腹。口沿外饰一宽一窄泥片叠压，上饰竖向较规则较浅的中绳纹，器表饰竖向较规则较浅的中绳纹。手制、泥片贴筑。残长4.4厘米，最厚3厘米，残高5.3厘米（图七九，9）。

YLJ1①：19，夹砂灰褐色陶瓮口部。铁轨口，直口，口沿上有一周凹槽，外侧加厚，颈部有抹痕。口部抹光，器表饰竖向规则中绳纹，火候不高。泥片贴筑。口径30厘米，最厚2厘米，残高4.6厘米（图七九，3）。

YLJ1①：20，夹砂灰陶瓮口部。铁轨口，直口，外侧加厚，口部抹光。器表饰竖向规则较浅的中偏细绳纹，火候不高。泥片贴筑。残长45厘米，最厚3.2厘米，残高3.7厘米（图八〇，1）。

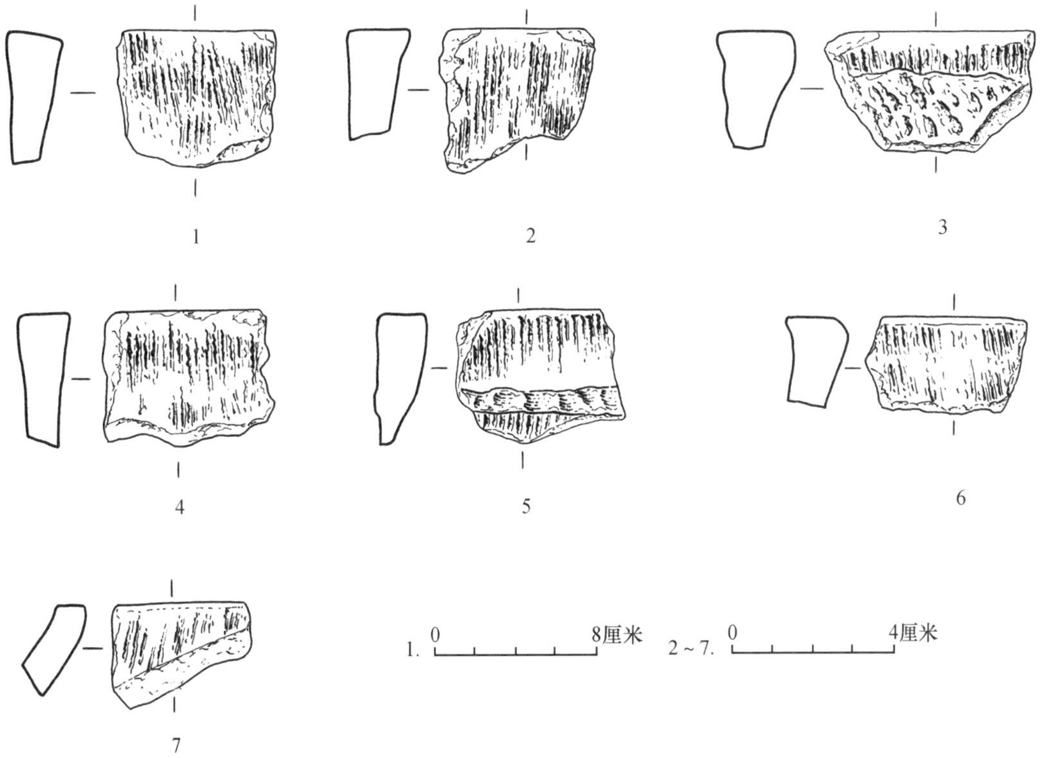

图八〇　李家堡村北一号遗址第一采集点采集标本

1～7. 陶瓮口部（YLJ1①：20、YLJ1①：21、YLJ1①：22、YLJ1①：23、YLJ1①：24、YLJ1①：25、YLJ1①：26）

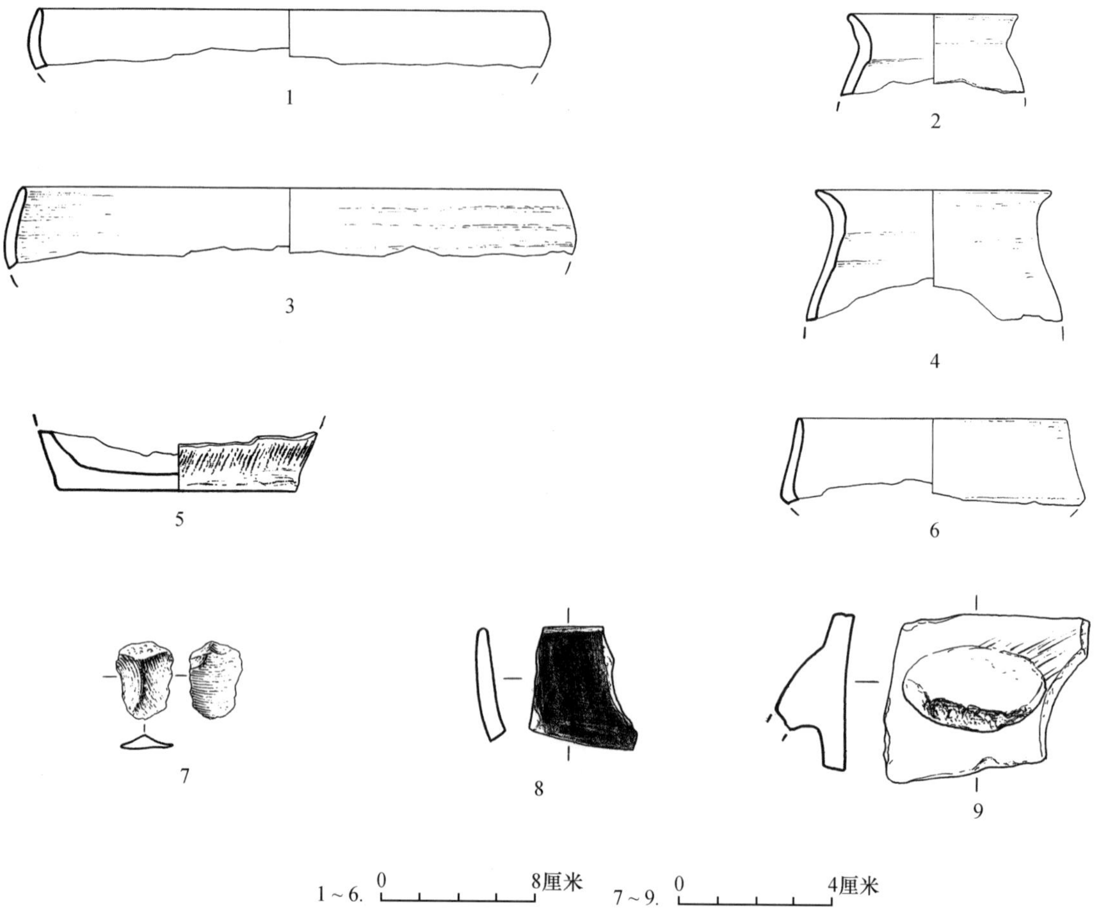

图八一　李家堡村北一号遗址第一采集点采集标本

1、3、6. 陶钵口部（YLJ1①：7、YLJ1①：4、YLJ1①：5）　2、4. 陶罐口部（YLJ1①：3、YLJ1①：2）　5. 陶罐底部（YLJ1①：1）　7. 火山岩刮削器（YLJ1①：6）　8. 彩陶钵口部（YLJ1①：8）　9. 器物耳部（YLJ1①：9）

YLJ1①：21，夹砂橙黄色陶瓮口部。铁轨口，直口，内壁加厚。器表饰竖向规则中偏细绳纹，口部抹平有划痕，火候不高。手制、泥片贴筑。残长4.3厘米，最厚1.8厘米，残高3.9厘米（图八〇，2）。

YLJ1①：22，夹砂橙黄色陶瓮口部。铁轨口，直口，外壁加厚。器表饰竖向较规则的中绳纹，口沿下饰一周附加堆纹，上施粗绳纹，口部抹平，火候不高。手制、泥片贴筑。残长5.9厘米，最厚2.2厘米，残高3.2厘米（图八〇，3）。

YLJ1①：23，夹砂灰陶瓮口部。铁轨口，直口，内侧加厚。口部抹平，上饰交错绳纹，器表饰竖向规则的较浅的中偏细绳纹，火候不高。手制。残长4.7厘米，最厚1.4厘米，残高3.7厘米（图八〇，4）。

YLJ1①：24，夹砂灰褐色陶瓮口部。含岩粒。铁轨口，直口，内侧加厚。颈部有一周较细的附加泥条，上饰剔刺纹，器表饰竖向规则较扁的中绳纹，口部抹光，火候不高。泥片贴筑。残长4.6厘米，最厚3厘米，残高3.7厘米（图八〇，5）。

YLJ1①：25，夹砂铁锈红色陶瓮口部。含石英。铁轨口，直口，外侧加厚。器表饰竖向规则较浅中绳纹，口部抹光，火候不高。手制、泥片贴筑。残长4.3厘米，最厚1.7厘米，残高2.5

厘米（图八〇，6）。

YLJ1①：26，夹砂铁锈红陶瓮口部。直口，斜方唇，口沿外侧加厚。内壁抹平，外壁饰竖向规则中绳纹。手制。残长3.9厘米，厚0.95厘米，残高2.8厘米（图八〇，7）。

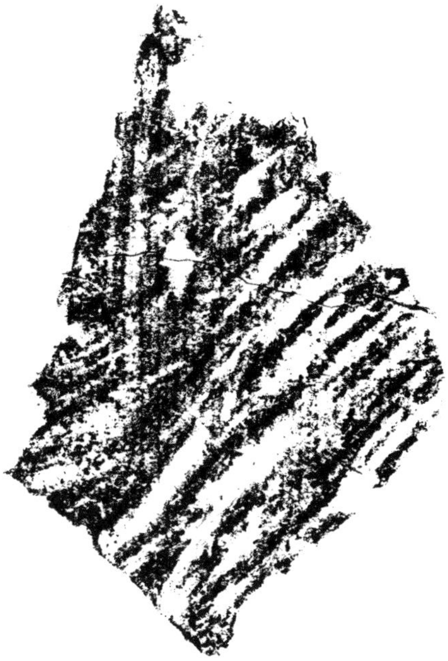

0　1厘米

图八二　李家堡村北一号遗址第一采集点采集标本拓片

陶鬲袋足残片（YLJ1①：15）

（二）遗址时代

遗址的文化时代为仰韶晚期至龙山早期（表一八）。

YLJ1①：17与山西河津固镇遗址第二期陶器篮纹泥质大口罐T107③c：5相似[①]；与凉城县王墓山坡上遗址A型Ⅱ式侈口鼓腹罐F10：5相似[②]。

YLJ1①：19与凉城县王墓山坡上遗址陶敛口瓮H10②：2相似[③]。

YLJ1①：3与庙子沟QMF20出土陶小口双耳罐QMF20：27相似[④]。

YLJ1①：2与托克托县耿庆沟上游支流西沟与南沟沟畔遗址的调查与发掘第4地点出土早期泥质陶Ⅰ式小口双耳罐ⅣT12②：4相似[⑤]。

表一八　李家堡村北一号遗址调查标本与其他地区同时代对比表

序号	李家堡村北一号遗址调查标本	对比标本一	对比标本二	对比标本三	其他	备注
1	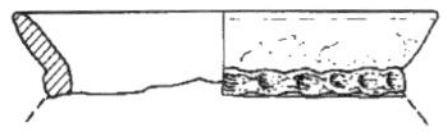 YLJ1①：17	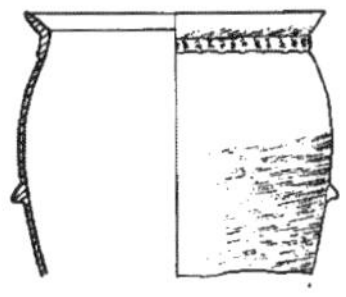 山西河津固镇遗址第二期篮纹泥质陶大口罐T107③c：5	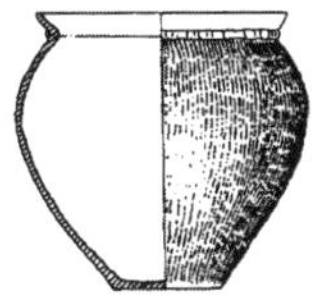 凉城县王墓山坡上遗址A型Ⅱ式陶侈口鼓腹罐F10：5			

① 山西省考古研究所、山西省考古学会编：《三晋考古（第二辑）》，山西人民出版社，1996年，第96页，图二七，2。

② 内蒙古文物考古研究所编：《内蒙古文物考古文集（第二辑）》，中国大百科全书出版社，1997年，第260页，图一五，4。

③ 内蒙古文物考古研究所编：《内蒙古文物考古文集（第二辑）》，中国大百科全书出版社，1997年，第259页，图一八，3。

④ 内蒙古文物考古研究所：《庙子沟与大坝沟——新石器时代遗址发掘报告》，中国大百科全书出版社，2003年，第72页，图七九，5。

⑤ 内蒙古文物考古研究所编：《内蒙古文物考古文集（第二辑）》，中国大百科全书出版社，1997年，第37页，图一四，2。

续表

序号	李家堡村北一号遗址调查标本	对比标本一	对比标本二	对比标本三	其他	备注
2	 YLJ1①：19	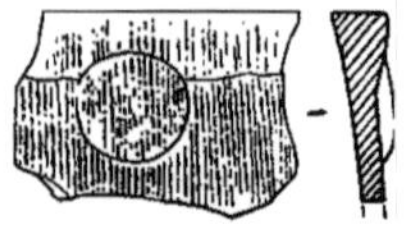 凉城县王墓山坡上遗址陶敛口瓮 H10②：2				
3	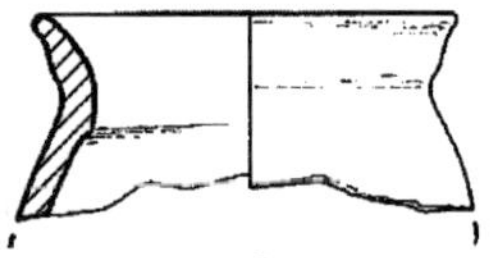 YLJ1①：3	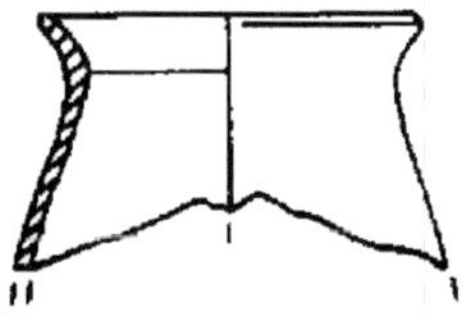 庙子沟QMF20出土陶小口双耳罐QMF20：27				
4	 YLJ1①：2	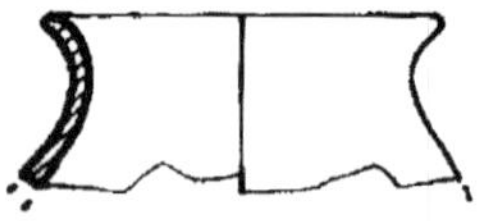 托克托县耿庆沟上游支流西沟与南沟沟畔遗址的调查与发掘第4地点出土早期泥质Ⅰ式陶小口双耳罐ⅣT12②：4				

二、李家堡村北二号遗址（2014YLJ2）

（一）遗址介绍

李家堡村北二号遗址位于李家堡村北约700米处，行政归属杀虎口乡李家堡村，初查时间为2014年8月14日。遗址中心点GPS坐标为北纬40°12′00.0″，东经112°22′54.4″，海拔1351米±5米。遗址位于南北向坡地中部，地形呈缓坡状，地表种植有杨树等。遗址北临陡坡地北部，东西两侧为冲沟，南临东西冲沟交汇处。遗址东西约80米，南北约110米，面积总计约8800平方米（图八三）。

遗址区内未发现文化层、灰坑等遗迹，只发现散落遗址区地表的残留遗物。

遗物主要分布于遗址区的中部，故只设一个采集点。

李家堡村北二号遗址第一采集点

第一采集点位于遗址区的中部，中心坐标为北纬40°12′00.0″，东经112°22′54.4″，海拔1351米±5米。采集点地形为略陡的坡地，地表植被为杨树等。采集面积约200平方米。采集遗物分布较集中，所采遗物主要有夹砂灰陶罐口部；泥质灰陶宽折沿盆口部、钵底部、小口罐口部、卷沿盆口部、敛口罐口部（口部有刻槽）、折沿盆口部、器盖等。采集标本共11件。

YLJ2①：1，夹细砂灰陶罐口部。侈口，卷沿，方唇，溜肩。素面。泥片贴筑、快轮修

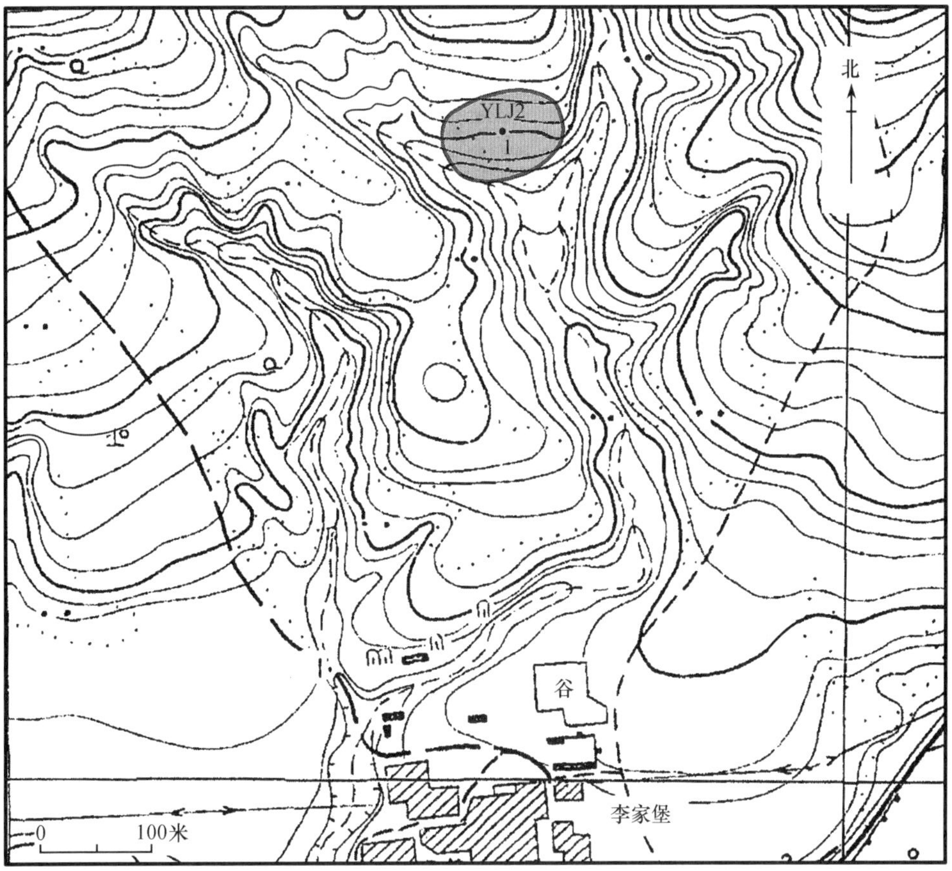

图八三　李家堡村北二号遗址位置示意图

整。口径26厘米，厚1.1厘米，残高4厘米（图八四，7）。

YLJ2①：2，夹细砂深灰色陶罐口部。侈口，圆唇，卷沿，溜肩。外壁饰抹断交错细绳纹。泥片贴筑、快轮修整。口径24厘米，厚0.6厘米，残高4.4厘米（图八四，5）。

YLJ2①：3，泥质灰陶盆口部。斜方唇，软折沿略下卷，腹部斜收。器表口沿下饰两周瓦楞纹，内侧被研光，口沿上及内壁均饰若干周暗弦纹，口沿内侧下饰一周凹槽，上腹部残存一个由外向内的圆形钻孔。泥片贴筑、快轮修整。口径67.2厘米，厚0.9厘米，残高6.6厘米（图八四，11）。

YLJ2①：4，泥质灰陶盆口部。圆唇，软折沿略下捺，腹部斜收。器表为素面，内侧被研光。口沿及内壁饰若干周暗弦纹，口沿内侧下饰一周较浅凹槽。泥片贴筑、快轮修整。口径81.2厘米，厚0.8厘米，残高2.4厘米（图八四，2）。

YLJ2①：5，泥质灰陶盆口部。斜方唇，平折沿，腹部斜收。器表为素面，内侧被研光。口沿及内壁残存数周暗弦纹；近口部残存两个一大一小由外向内的圆形钻孔。泥片贴筑、快轮修整。口径24厘米，厚0.8厘米，残高6厘米（图八四，6）。

YLJ2①：6，泥质深灰色陶盆口部。斜方唇，软折沿略下卷，腹部斜收。素面，口沿表面及内壁留有明显的若干周暗弦纹且被研光。泥片贴筑、快轮修整。口径50厘米，厚0.9厘米，残高7厘米（图八四，10）。

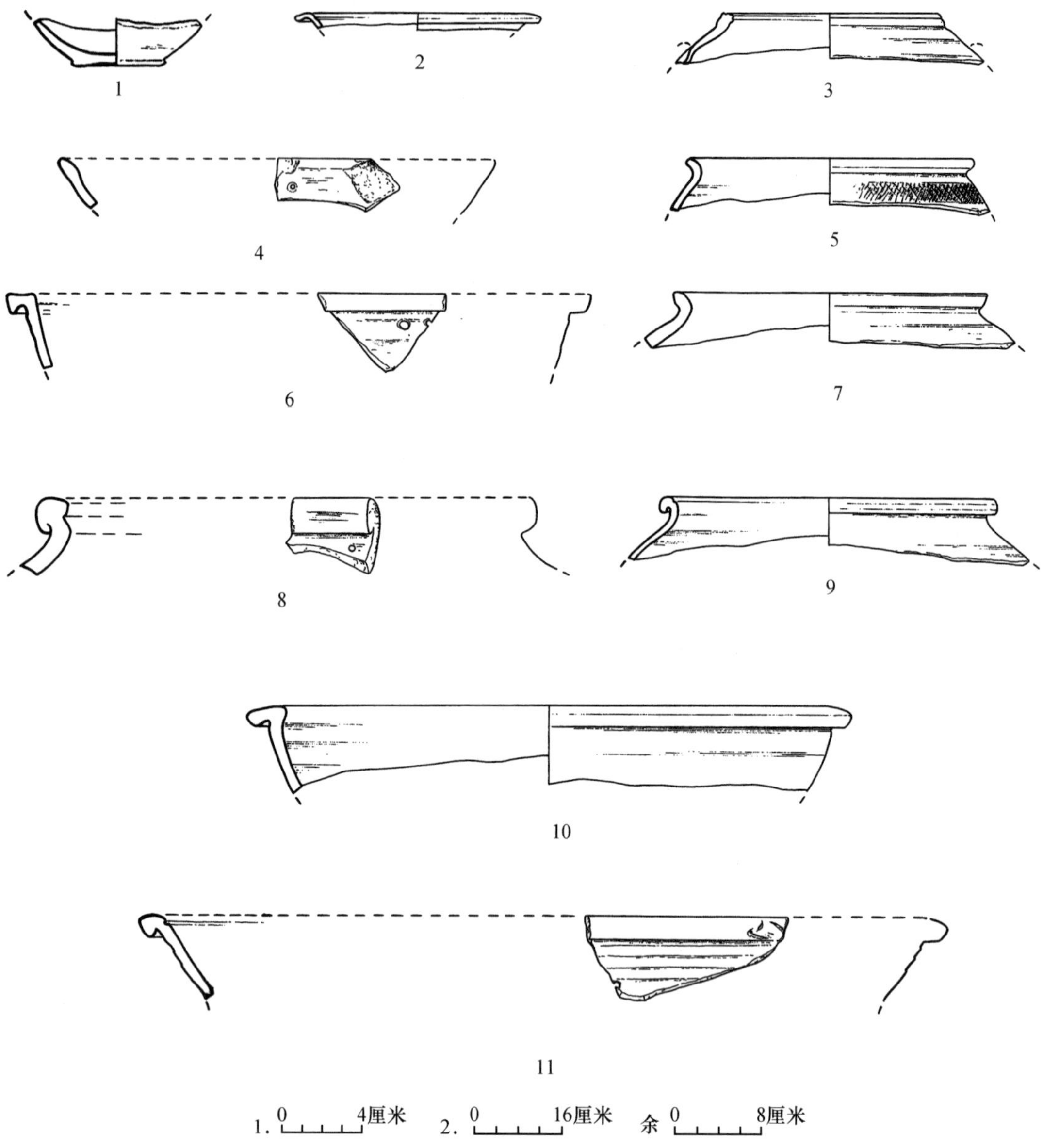

图八四　李家堡村北二号遗址第一采集点采集标本

1. 陶钵底部（YLJ2①：11）　2、4、6、7、10、11. 陶盆口部（YLJ2①：4、YLJ2①：7、YLJ2①：5、YLJ2①：1、YLJ2①：6、YLJ2①：3）　3、5、8、9. 陶罐口部（YLJ2①：8、YLJ2①：2、YLJ2①：10、YLJ2①：9）

YLJ2①：7，泥质深灰色陶盆口部。扁圆唇，沿内卷，腹部斜收。素面，内壁抹光，近口部留有由内向外钻通的圆形钻孔一个。泥片贴筑、快轮修整。口径36厘米，厚0.8 ~ 1.1厘米，残高4.2厘米（图八四，4）。

YLJ2①：8，泥质灰陶罐口部。敛口，圆唇，溜肩。肩部有附加双环耳的按压痕迹；口沿上留有三周凹槽。泥片贴筑、快轮修整。口径18厘米，厚0.8厘米，残高3.6厘米（图八四，3）。

YLJ2①：9，泥质深灰色陶罐口部。侈口，方唇，卷沿下翻，溜肩。素面，口沿外表留有明显的若干周暗弦纹且被研光，内壁抹光。泥片贴筑、快轮修整。口径28厘米，厚0.4 ~ 0.6厘米，残高5.2厘米（图八四，9）。

YLJ2①：10，泥质深灰色大陶罐口部。侈口，圆唇，卷沿，溜肩。素面，外表留有明显的若干周暗弦纹且研光，内壁抹光，肩部留有由外向内圆形钻孔一个。泥片贴筑、快轮修整。口径41厘米，厚1.4～1.5厘米，残高6厘米（图八四，8）。

YLJ2①：11，泥质灰陶钵底部。饼底。素面。泥片贴筑、快轮修整。底径4厘米，厚0.4厘米，残高2厘米（图八四，1）。

（二）遗址时代

遗址的文化时代为辽金（表一九）。

YLJ2①：1（辽金）与察哈尔右翼后旗头道湾古城遗址A型陶瓮ⅡH20：4相似[①]。

YLJ2①：3（金代）与察哈尔右翼后旗头道湾古城遗址B型Ⅰ式陶盆ⅡH13：1相似[②]。

YLJ2①：6（辽金）与苏尼特右旗新民乡全胜段金界壕A型陶盆H7：2相似[③]。

表一九　李家堡村北二号遗址调查标本与其他地区同时代对比表

序号	李家堡村北二号遗址调查标本	对比标本一	对比标本二	其他	备注
1	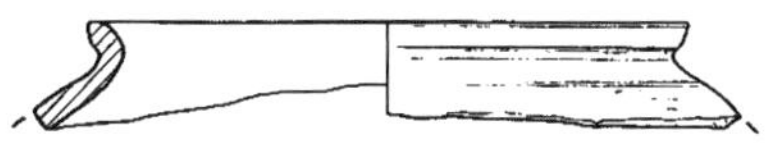 YLJ2①：1（辽金）	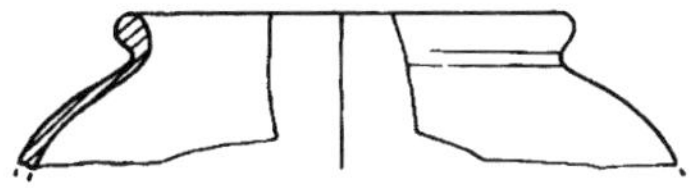 察哈尔右翼后旗头道湾古城遗址A型陶瓮ⅡH20：4			
2	 YLJ2①：3（金代）	 察哈尔右翼后旗头道湾古城遗址B型Ⅰ式陶盆ⅡH13：1			
3	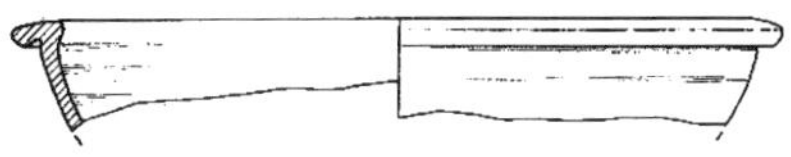 YLJ2①：6（辽金）	 苏尼特右旗新民乡全胜段金界壕A型陶盆H7：2			

三、李家堡村北三号遗址（2014YLJ3）

（一）遗址介绍

李家堡村北三号遗址位于李家堡村北约700米处，行政归属杀虎口乡李家堡村，初查时间

① 内蒙古自治区文物考古研究所编：《内蒙古文物考古文集（第三辑）》，科学出版社，2004年，第340页，图二二，8。

② 内蒙古自治区文物考古研究所编：《内蒙古文物考古文集（第三辑）》，科学出版社，2004年，第339页，图二一，4。

③ 内蒙古自治区文物考古研究所编：《内蒙古文物考古文集（第三辑）》，科学出版社，2004年，第317页，图五，5。

为2014年8月14日。遗址中心GPS坐标为北纬40°11′58.9″，东经112°23′04.6″，海拔1378米 ± 5米。遗址位于南北向坡地中北部，地表水土流失严重，地形略陡，地表无耕作物，系荒地。遗址北靠坡地北部，东西两侧为天然冲沟，南侧为东西冲沟交汇处。遗址东西约50米，南北约50米，面积总计约2500平方米（图八五；图版六）。

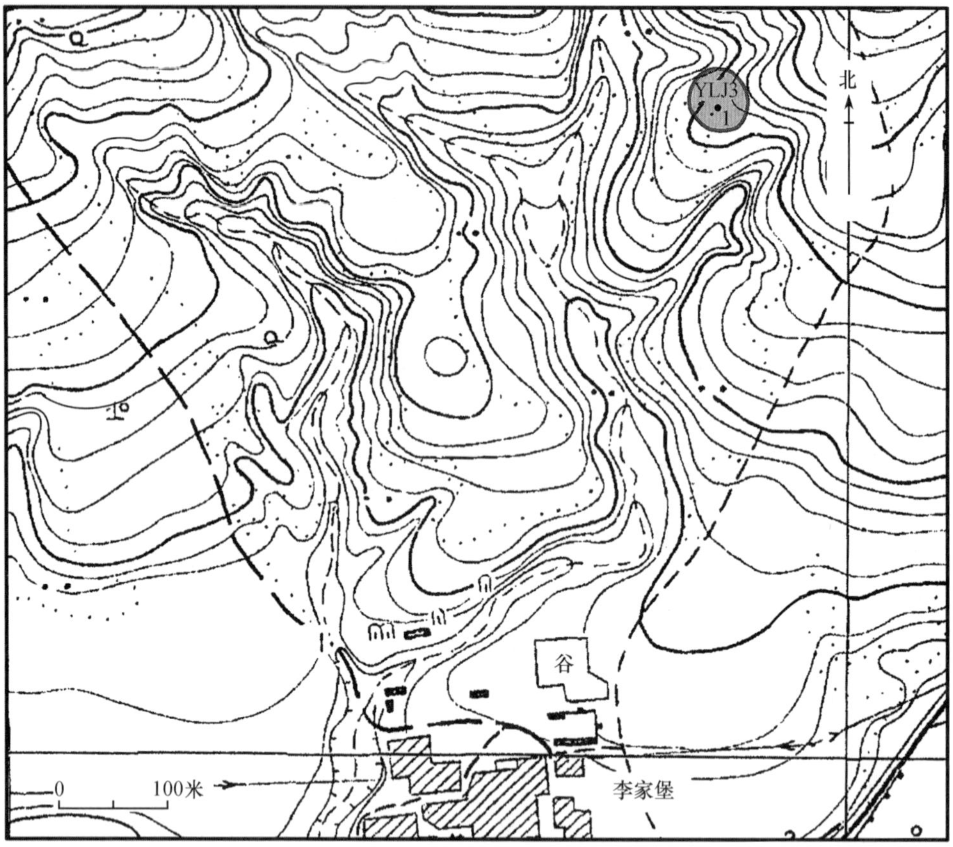

图八五　李家堡村北三号遗址位置示意图

遗址区内未发现文化层、灰坑等遗迹，只发现散落遗址区地表的残留遗物。

遗物主要分布于遗址区的中部，故只设一个采集点。

李家堡村北三号遗址第一采集点

第一采集点位于遗址区的中部，中心坐标为北纬40°11′58.9″，东经112°23′04.6″，海拔1378米 ± 5米。采集点地形为坡地，地表植被为荒地。采集面积约1000平方米。采集遗物分布较分散，所采遗物主要有彩陶盆口部；夹砂灰陶罐腹片；泥质灰陶敛口钵口部；泥质红陶篮纹陶片等。采集标本共6件。

YLJ3①：1，夹砂灰褐陶罐口部。扁圆唇，折沿较宽，有颈。器表饰竖向较规则较浅的中偏细绳纹，颈部饰一周细泥条。手制。残长2.7厘米，厚0.9厘米，残高4.5厘米（图八六，3）。

YLJ3①：2，夹砂绳纹陶片。外壁呈灰褐色，内壁呈铁锈红色。手制。厚0.9厘米（图八七，2）。

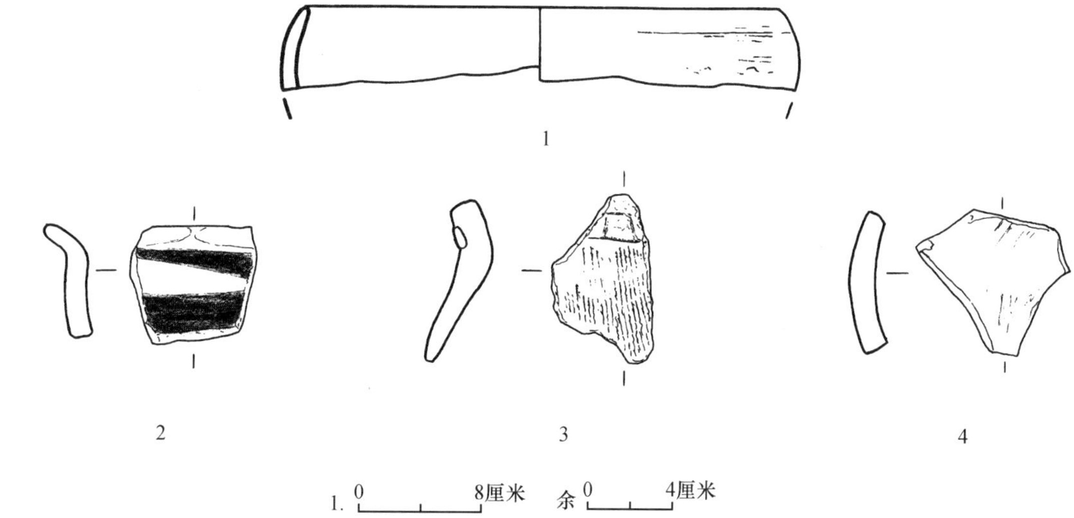

图八六　李家堡村北三号遗址第一采集点采集标本

1. 陶钵口部（YLJ3①：4）　2. 陶盆口部（YLJ3①：3）　3. 陶罐口部（YLJ3①：1）　4. 陶钵腹片（YLJ3①：5）

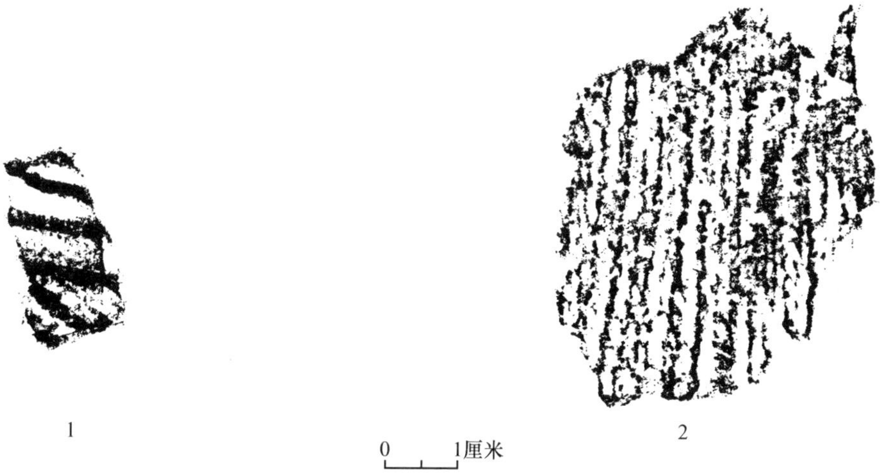

图八七　李家堡村北三号遗址第一采集点采集标本拓片

1、2. 陶片（YLJ3①：6、YLJ3①：2）

YLJ3①：3，泥质橙红色彩陶盆口部。软折沿，溜肩。口沿以下饰不同向黑色彩条，口沿及外壁磨光。手制、慢轮修整口部。残长3.5厘米，厚0.6厘米，残高3.1厘米（图八六，2）。

YLJ3①：4，泥质灰陶钵口部。含细砂。敛口明显，扁圆唇。素面，外壁略微磨光。手制。口径18厘米，厚0.5厘米，残高3厘米（图八六，1）。

YLJ3①：5，泥质灰褐陶钵腹片。腹部外鼓。素面，外壁磨光，内壁有旋抹痕。手制、慢轮修整。残长4厘米，厚0.7厘米，残高3.8厘米（图八六，4）。

YLJ3①：6，泥质铁锈红色篮纹陶片。器表饰横向不规则较细的篮纹。手制。厚0.7厘米（图八七，1）。

（二）遗址时代

遗址的文化时代为仰韶中晚期。

第十四节　李达窑村附近

李达窑村南遗址（2014YL1）

（一）遗址介绍

李达窑村南遗址位于李达窑村南约400米处，行政归属李达窑乡李达窑村，初查时间为2014年8月3日。遗址中心点GPS坐标为北纬40°13′55.7″，东经112°27′26.2″，海拔1482米±5米。遗址位于西高东低、呈东西走向的缓冲台地上，南临台地的断崖，北临李达窑乡，西临南北向的小冲沟，地表以荒地为主和少量的玉米作物。遗址东西约100米，南北约50米，面积总计约5000平方米（图八八）。

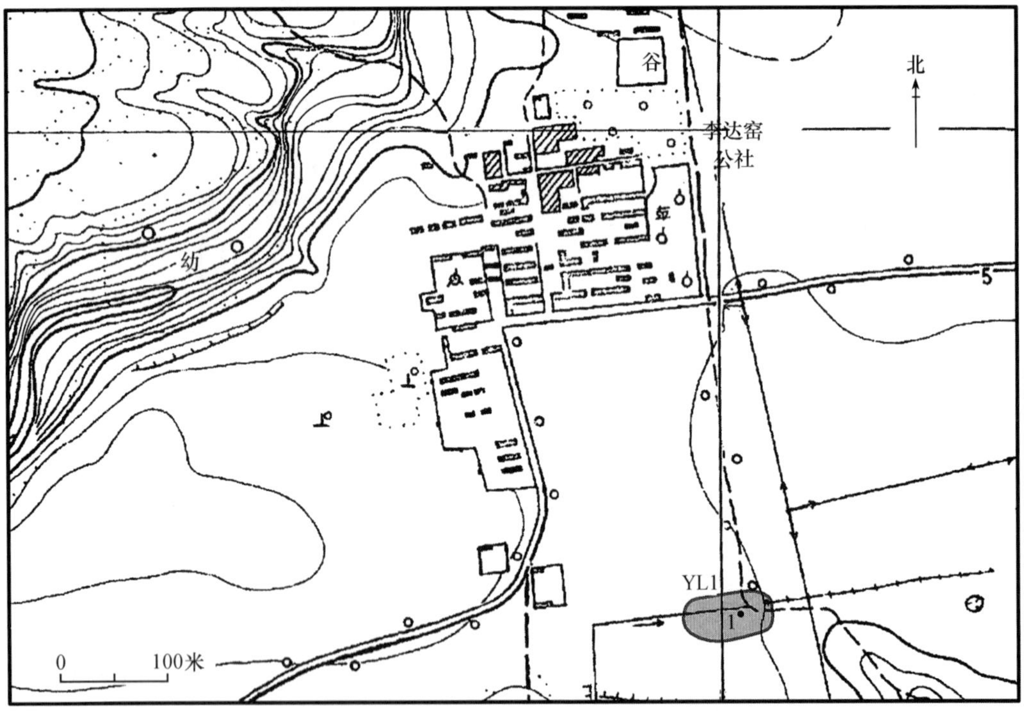

图八八　李达窑村南遗址位置示意图

遗址区内未发现文化层、灰坑等遗迹，只采集散落遗址区地表的残留遗物。

该遗址所采集遗物分布较分散，且陶器与瓷器交错分布，主要分布在遗址区的中部，因此遗址区只设一个采集点。

李达窑村南遗址第一采集点

第一采集点位于遗址区的中部。采集点坐标为北纬40°13′55.7″，东经112°27′26.2″，海拔1482米±5米。采集点地形为较平整的台地，地表植被为玉米、荒地。采集面积约300平方米。采集遗物分布较为分散，所采遗物主要有泥质灰陶宽折沿盆口部、平折沿盆口部、卷沿大口罐口部、折沿盆口部等；瓷器有青白釉带系罐口肩部、青白釉折沿瓷盆口部、青白釉碗残片、青白釉罐口部、青釉碗底部、青釉大碗底部、白釉折沿罐口部、黑釉折沿带系罐口部等。采集标本共16件。

YL1①：1，泥质深灰色陶盆口腹部。侈口，斜方唇，宽折沿下捺，腹部斜收，个体较大。口沿及口内侧有数周暗纹。泥片贴筑、快轮修整。口径50厘米，厚0.6厘米，残高3厘米（图八九，13）。

YL1①：2，泥质深灰色大陶罐口肩部。口微敛，圆唇，卷沿外翻，溜肩，个体较大。素面。泥片贴筑、快轮修整。口径44厘米，厚0.9厘米，残高4.8厘米（图八九，15）。

YL1①：3，泥质深灰色陶盆口腹部。口微敛，扁圆唇，宽折沿下捺，腹部斜收。素面。泥片贴筑、快轮修整。残高4厘米，厚0.7厘米，残宽6.6厘米（图八九，3）。

YL1①：4，泥质深灰色陶罐口肩部。敛口，圆唇，沿外卷，溜肩。表面磨光。泥片贴筑、快轮修整。残高4.5厘米，厚0.7～0.8厘米，残宽8厘米（图八九，4）。

YL1①：5，泥质深灰色陶盆口腹部。侈口，斜方唇，宽折沿下捺微卷，腹部斜收，个体较大。口沿及内侧有数周暗纹。泥片贴筑、快轮修整。口径52厘米，厚0.8～0.9厘米，残高3.6厘米（图八九，16）。

YL1①：6，瓷碗下腹及底部。坩子土，白胎。下腹斜收至饼底，底面仅挖极浅一刀，底略内凹。内外壁均未施釉，仅露胎色，下腹近底部有数周较细弦痕，底面有粘窑痕。素烧。手制、拉坯、轮修。底径7厘米，残高3.2厘米，厚0.7厘米（图八九，2）。

YL1①：7，瓷碗下腹及底部。细瓷，灰白胎。下腹斜收至大圈足，足床较高、较平整；挖足过肩、较深，系二次挖成；足床支钉痕被打磨。青白釉，内壁及内底刷满釉，内底有大支钉痕；外表刷釉至下腹近底部露胎，未施化妆土。手制、拉坯、轮制。底径10.4厘米，厚0.7～1厘米，残高4.4厘米（图八九，8）。

YL1①：8，瓷碗下腹及底部。细瓷，灰白胎。下腹斜收至小圈足，足床较高、平整，挖足过肩、较深，系三次挖成。内壁施青白釉，有黑色条带状，椭圆状划花，内底有粘砂痕，未施化妆土。手制、拉坯、轮修。底径8厘米，厚0.5～0.8厘米，残高3.4厘米（图八九，5）。

YL1①：9，双耳瓷罐口肩部。细瓷，灰胎。口微敛，扁圆唇，小卷折沿，颈与肩部贴复式双耳。墨绿釉施于外表，黑釉施内壁；内壁有数周瓦楞纹，口内侧有爆釉现象。手制、拉坯、轮修。口径14厘米，厚0.7厘米，残高7厘米（图八九，10）。

YL1①：10，瓷碗下腹及底部。下腹弧收至大圈足，足床平整，挖足未过肩，系三次挖成；足床支钉被打磨，内底留有支钉痕，有由上自下流釉痕，仰置叠烧。内、外壁通体青白釉，未施化妆土。手制、拉坯、轮修。底径7.4厘米，厚0.6厘米，残高2.4厘米（图八九，7）。

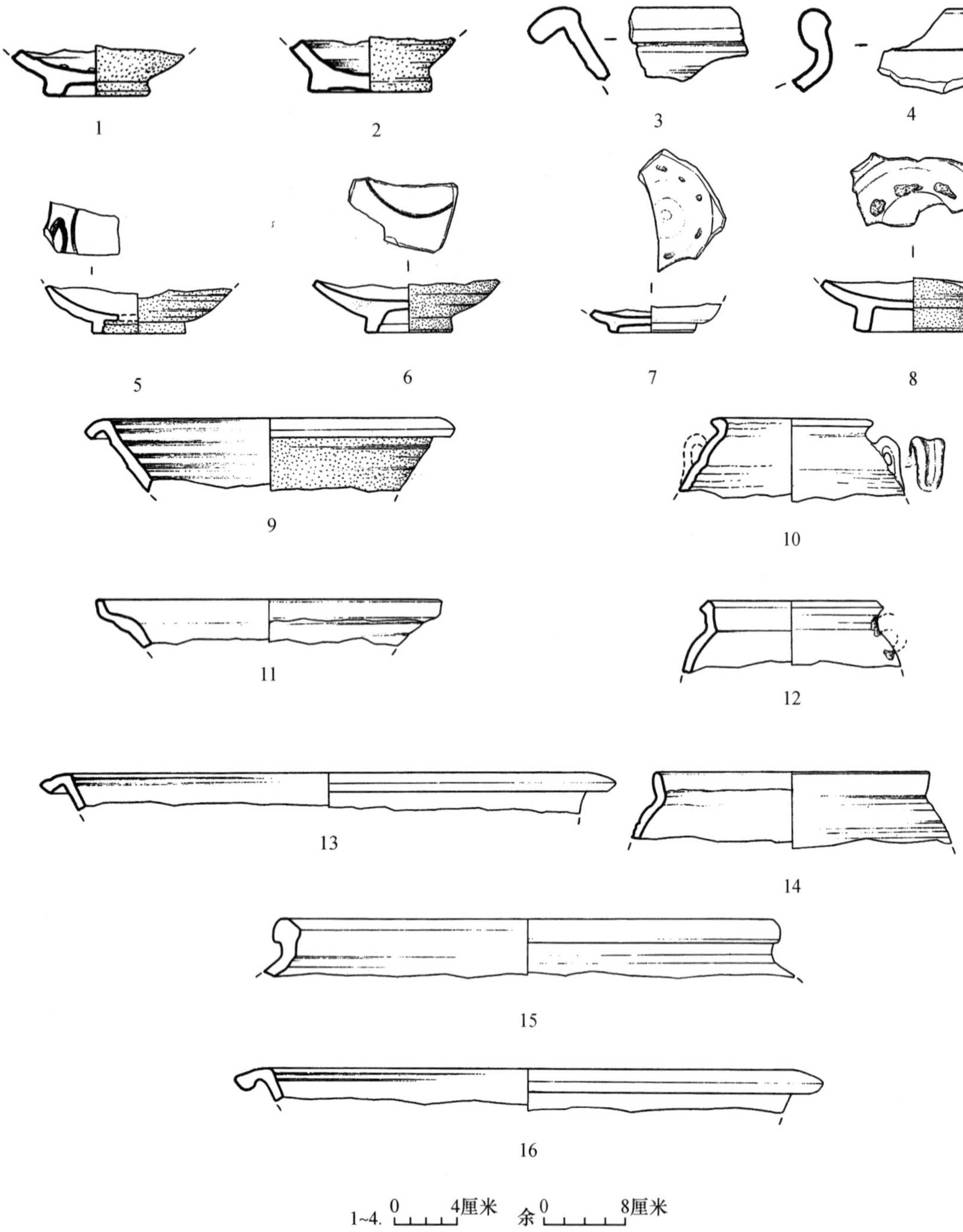

图八九　李达窑村南遗址第一采集点采集标本

1、2、5～8. 瓷碗下腹及底部（YL1①：13、YL1①：6、YL1①：8、YL1①：15、YL1①：10、YL1①：7）　3、13、16. 陶盆口腹部（YL1①：3、YL1①：1、YL1①：5）　4、15. 陶罐口肩部（YL1①：4、YL1①：2）　9. 瓷盆口腹部（YL1①：16）　10、12. 瓷罐口肩部（YL1①：9、YL1①：14）　11. 瓷壶腹部（YL1①：12）　14. 瓷罐口肩部（YL1①：11）

YL1①：11，瓷罐口肩部。细瓷，白灰胎。直口，扁圆唇，平沿，溜肩。口内壁及外表刷白釉，肩部内侧刷黑釉，肩部外表有数周瓦楞纹。手制、拉坯、轮修。口径24厘米，残高5.6厘米，厚0.6～0.7厘米（图八九，14）。

YL1①：12，盘口瓷壶腹部。细瓷，灰胎。侈口，扁圆唇，宽折沿上翘，腹部斜收。青釉泛黄，口部及内壁刷釉，外表之下露胎。手制、拉坯、轮修。口径30厘米，厚0.6～0.8厘米，残高4厘米（图八九，11）。

YL1①：13，瓷碗下腹及底部。细瓷，灰白胎。下腹弧收至圈足，足床圆钝，挖足略过肩，系二次挖成。青釉，内壁施釉至底部，底部有爆裂现象，有粘砂，外表露胎。手制、轮修。底径6厘米，厚0.6厘米，残高2.8厘米（图八九，1）。

YL1①：14，瓷罐口肩部。细瓷，灰白胎。直口，斜方唇，短颈，溜肩，颈肩部贴有耳系，现已残缺。内、外壁通体刷青釉，口内侧有流釉痕。手制、拉坯、轮修。口径16厘米，厚0.7厘米，残高6厘米（图八九，12）。

YL1①：15，瓷碗下腹及底部。细瓷，灰白胎。下腹弧收至高圈足，足床平整，挖足过肩，形成深足，系四次挖成；足床上的支钉痕被打磨。青白釉，内壁及底部刷釉较厚，内底有一周黑色划纹，且有支钉痕，未施化妆土。手制、拉坯、轮修。底径9.4厘米，厚0.5～0.8厘米，残高4厘米（图八九，6）。

YL1①：16，瓷盆口腹部。细瓷，灰胎。侈口，方唇，折沿下捺，腹部斜收。青白釉，口沿及内壁刷白釉；外壁露胎，仅留有修整时形成的两周凹槽，未施化妆土。手制、轮修。口径32厘米，厚0.8～1厘米，残高6厘米（图八九，9）。

（二）遗址时代

遗址的文化时代为代魏、辽金（表二〇）。

YL1①：12（代魏）与托克托县古城村古城遗址代魏时期A型Ⅲ式陶壶T2②：4相似[①]。

YL1①：2（辽代）与大连西甸子辽代遗址出土陶器罐口T0201⑤：11相似[②]。

YL1①：9（辽金）与准格尔旗城坡古城遗址第二阶段遗存出土B型陶罐T4②：21相似[③]；与大连西甸子辽代遗址出土陶器罐口T0201⑤：13相似[④]。

YL1①：16（辽金）与呼和浩特市土默特左旗沙尔沁古城遗址Ⅱ式陶盆相似[⑤]；与四子王旗城卜子古城及墓葬陶盆SZⅡM3：2相似[⑥]。

---

① 内蒙古自治区文物考古研究所编：《内蒙古文物考古文集（第三辑）》，科学出版社，2004年，第251页，图三一，7。

② 辽宁省辽金契丹女真史研究会编：《辽金历史与考古》，辽宁教育出版社，2009年，第21页，图4，5。

③ 内蒙古自治区文物考古研究所编：《万家寨水利枢纽工程考古报告集》，远方出版社，2001年，第98页，图一五，8。

④ 辽宁省辽金契丹女真史研究会编：《辽金历史与考古》，辽宁教育出版社，2009年，第21页，图4，1。

⑤ 内蒙古自治区文物考古研究所编：《内蒙古文物考古文集（第三辑）》，科学出版社，2004年，第420页，图八，14。

⑥ 内蒙古文物考古研究所编：《内蒙古文物考古文集（第二辑）》，中国大百科全书出版社，1997年，第701页，图一六，5。

表二〇　李达窑村南遗址调查标本与其他地区同时代对比表

序号	李达窑村南遗址调查标本	对比标本一	对比标本二	其他	备注
1	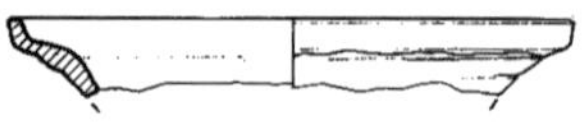 YL1①：12（代魏）	 托克托县古城村古城遗址代魏时期A型Ⅲ式陶壶T2②：4			
2	 YL1①：2（辽代）	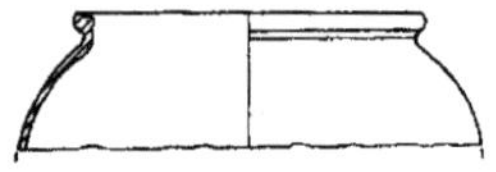 大连西甸子辽代遗址出土陶器罐口T0201⑤：11			
3	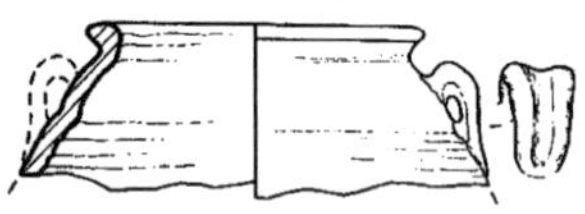 YL1①：9（辽金）	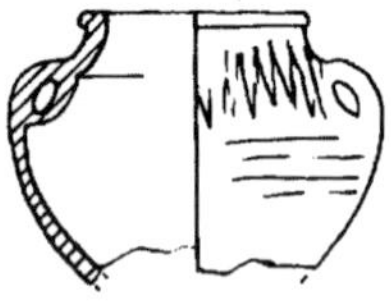 准格尔旗城坡古城遗址第二阶段遗存出土B型陶罐T4②：21	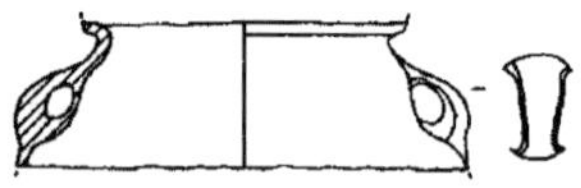 大连西甸子辽代遗址出土陶器罐口T0201⑤：13		
4	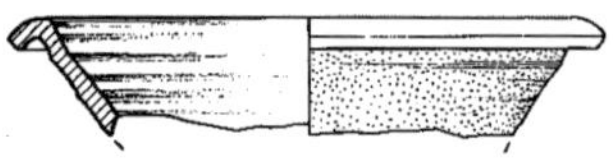 YL1①：16（辽金）	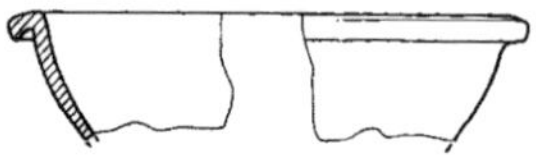 呼和浩特市土默特左旗沙尔沁古城遗址Ⅱ式陶盆	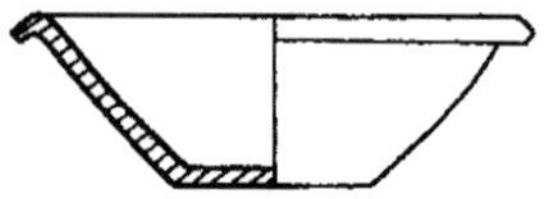 四子王旗城卜子古城及墓葬陶盆SZⅡM3：2		

第十五节　马堡村附近

马堡村北遗址（2014YMB1）

（一）遗 址 介 绍

马堡村北遗址位于马堡村以北约250米处，行政归属李达窑乡马堡村，初查时间为2014年7月31日。遗址中心点GPS坐标为北纬40°14′30.3″，东经112°29′28.8″，海拔1433米±5米。遗址位于马堡村以北的南北向坡地南部，地形较平坦，地表种植有松树、土豆、玉米等。遗址南临马堡村，北临南北向坡地中后部，东临注入马营河的南北流向季节河流，西临另一条注入马营河的南北流向季节河。遗址东西约200米，南北约120米，面积总计约24000平方米（图九〇）。

遗址区内未发现文化层、灰坑等遗迹，只采集散落遗址区的残留遗物。

遗址区内残留遗物多分布于遗址区的中部，因此遗址只设一个采集点。

马堡村北遗址第一采集点

第一采集点位于遗址区的中部。采集点中心坐标为北纬40°14′30.3″，东经112°29′28.8″，海拔

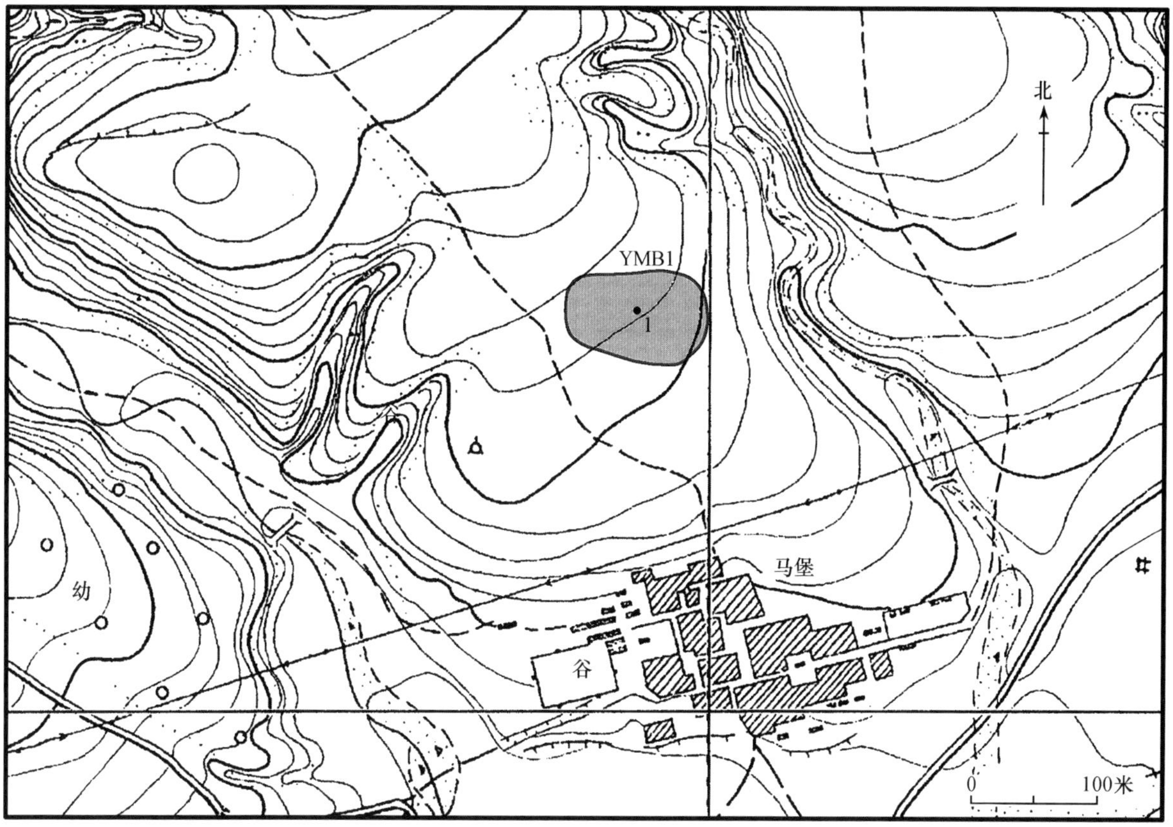

图九〇　马堡村北遗址位置示意图

1433米±5米。采集点地形为南北向坡地（梯田），地表植被为土豆、玉米等农作物。采集面积约200平方米。采集遗物分布较为集中，所采遗物主要有泥质灰陶卷沿罐口部、器盖、折沿盆口部等；瓷器有茶叶末釉印牡丹纹碗底部、划花白瓷枕残片。采集标本共12件。

YMB1①：1，泥质浅灰色陶罐口肩部。盘口，圆唇，折沿下卷，束颈，高领，溜肩。口外侧口沿下有凹槽一周，领部外表有一周三角暗纹，肩部磨光，有由外向内圆形钻孔一个。泥片贴筑、快轮修整。口径24厘米，厚0.4～0.6厘米，残高8厘米（图九一，3；图版二六，4）。

YMB1①：2，泥质深灰色陶盆口腹部。敛口，圆唇，折沿下捺翻卷，腹部弧收。外表饰一周弦断浅而疏绳纹，内壁砑光。泥片贴筑、快轮修整。口径40厘米，厚1厘米，残高7厘米（图九一，8）。

YMB1①：3，泥质深灰色陶盆口腹部。双重敛口，斜方唇，平折沿，腹部斜收，器形较大，器壁较厚。外表有明显的旋抹痕，内壁抹光。泥片贴筑、快轮修整。口径54厘米，厚1.2厘米，残高8.8厘米（图九一，12）。

YMB1①：4，泥质浅灰色陶盆口腹部。口微敛，折沿下捺，沿面近口部有凹槽一周。素面，内壁抹光，有凹槽一周。泥片贴筑、快轮修整。口径34厘米，厚0.6～0.9厘米，残高4.8厘米（图九一，4）。

YMB1①：5，泥质深灰色陶罐口肩部。敛口，圆唇，耸肩。素面，口内侧有凹槽一周，口外侧有凹槽两周，沿面上有凹槽两周。泥片贴筑、快轮修整。口径20厘米，残高5.4厘米，

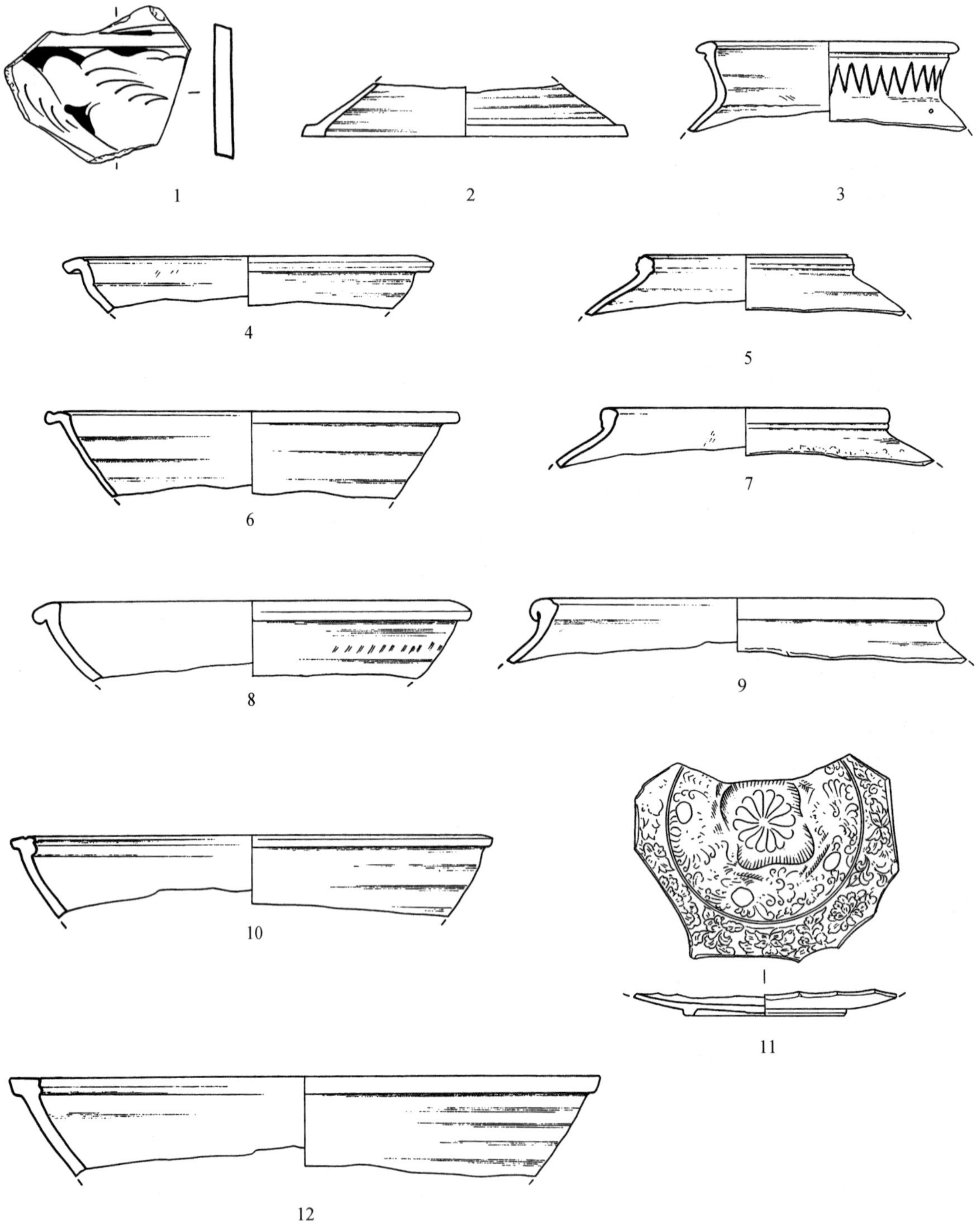

1、11. 0 4厘米　余 0 8厘米

图九一　马堡村北遗址第一采集点采集标本

1. 瓷枕（YMB1①：11）　2. 陶器盖（YMB1①：10）　3、5、7、9. 陶罐口肩部（YMB1①：1、YMB1①：5、YMB1①：7、YMB1①：6）　4、6、8、10、12. 陶盆口腹部（YMB1①：4、YMB1①：8、YMB1①：2、YMB1①：9、YMB1①：3）　11. 瓷碗下腹及底部（YMB1①：12）

厚0.5～0.8厘米（图九一，5）。

YMB1①：6，泥质深灰色陶罐口肩部。敛口，卷沿，沿向下翻卷，沿内侧近口部有凹槽一周，溜肩。素面。泥片贴筑、快轮修整。口径38厘米，厚0.7～0.9厘米，残高5.7厘米（图九一，9）。

YMB1①：7，泥质深灰色陶罐口肩部。敛口，圆唇，卷沿，耸肩。肩部外表有数周暗纹，内壁有刮抹、划痕。泥片贴筑、快轮修整。口径26.2厘米，厚0.6厘米，残高5厘米（图九一，7）。

YMB1①：8，泥质深灰色陶盆口腹部。敛口，扁圆唇，宽折沿，沿面边缘有较宽凹槽一周，腹部斜收。外表有两周明显的瓦楞纹，内壁有数周暗纹及三周刻划痕。泥片贴筑、快轮修整。口径38厘米，厚0.5～0.6厘米，残高7.6厘米（图九一，6）。

YMB1①：9，泥质浅灰色陶盆口腹部。敛口，斜方唇，平折沿，沿面内侧近口部及沿面中部各有凹槽一周。外表有明显的弦抹痕。泥片贴筑、快轮修整。口径44厘米，厚0.8～1厘米，残高7厘米（图九一，10）。

YMB1①：10，泥质深灰色陶器盖（残）。整体类似斗笠状，口微敛，斜方唇，平折沿，盖面斜收。表面有数周较细暗纹。泥片贴筑、手制、轮修。口径30厘米，厚0.4～0.6厘米，残高4.6厘米（图九一，2）。

YMB1①：11，瓷枕枕面残片，枕面平整。枕面有剔花图案，内侧有加固泥片留下的刀痕。灰胎。白釉泛黄，未施化妆土，手制。残长8.4厘米，残宽6.8厘米，厚0.8厘米（图九一，1）。

YMB1①：12，印花瓷碗下腹及底部。下腹斜收至圈足，足墙平整、偏矮，足墙有支钉痕，系二次挖成，足墙外侧有刀削痕，足墙内鸡心钉被切掉。内底印花后施青白满釉，有粘砂四处，外底仅施化妆土，未施釉，下腹刷釉至圈足，有向下流釉痕，应属仰置叠烧，内底中心是转轮菊纹，外侧为花瓣，再向外有弦纹一周，之后为牡丹纹，印花比较清晰，标本较珍贵。手制。底径7.3厘米，厚0.2～0.3厘米，残高1.1厘米（图九一，11；图版二五，2～4）。

（二）遗址时代

遗址的文化时代为辽代、金代（表二一）。

YMB1①：2（唐以后）与准格尔旗城坡古城遗址第二阶段遗存出土C型陶盆F2：6相似[①]；与山西大同操场城北魏二号遗址唐至清代器物陶盆H279：2相似[②]。

YMB1①：5（辽代）与和林格尔县前瓦窑沟辽金时代遗址F型陶罐相似[③]。

---

① 内蒙古自治区文物考古研究所编：《万家寨水利枢纽工程考古报告集》，远方出版社，2001年，第100页，图一七，11。

② 山西省考古研究所、大同市考古研究所：《山西大同操场城北魏二号遗址发掘简报》，《文物》2016年第4期，第23页，图四一，4。

③ 内蒙古文物考古研究所编：《内蒙古文物考古文集》，中国大百科全书出版社，1994年，第556页，图六，9。

YMB1①：7（辽代）与和林格尔县前瓦窑沟辽金时代遗址C型陶罐相似[①]。

YMB1①：8（唐以后）与准格尔旗城坡古城遗址第二阶段遗存出土B型陶盆T26②：2相似[②]；与山西大同操场城北魏二号遗址唐至清代陶盆H242：4相似[③]。

YMB1①：4（金代）与平鲁区庄子坪遗址第三期B型瓷盆H33：7相似[④]；与山西大同市金代徐龟墓出土陶盆M：13相似[⑤]。

表二一　马堡村北遗址调查标本与其他地区同时代对比表

序号	马堡村北遗址调查标本	对比标本一	对比标本二	其他	备注
1	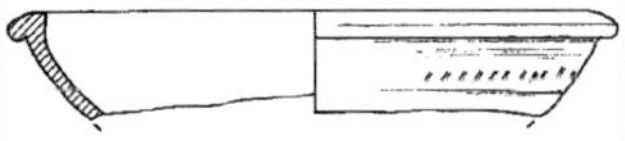 YMB1①：2（唐以后）	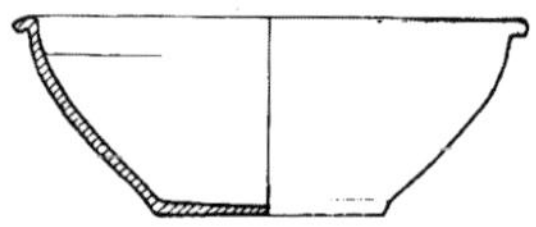 准格尔旗城坡古城遗址第二阶段遗存出土C型陶盆F2：6	 山西大同操场城北魏二号遗址唐至清代陶盆H279：2		
2	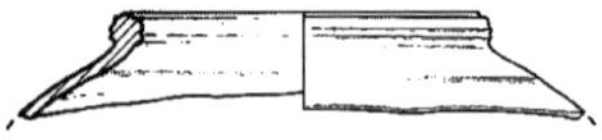 YMB1①：5（辽代）	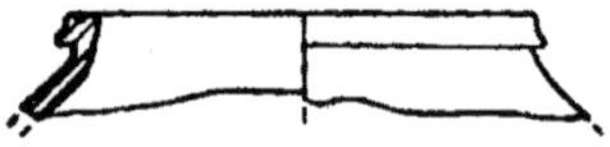 和林格尔县前瓦窑沟辽金时代遗址F型陶罐			
3	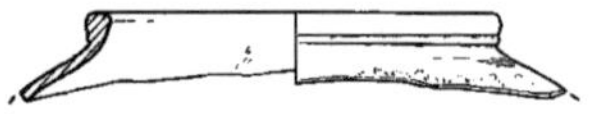 YMB1①：7（辽代）	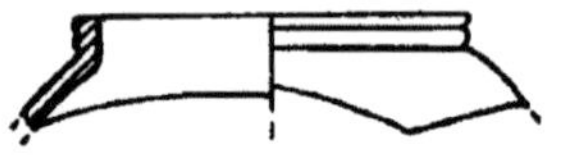 和林格尔县前瓦窑沟辽金时代遗址C型陶罐			
4	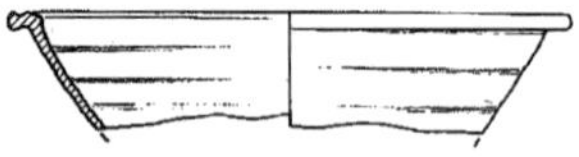 YMB1①：8（唐以后）	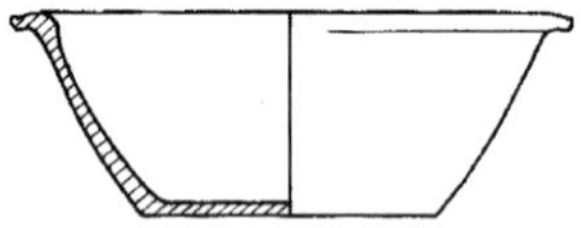 准格尔旗城坡古城遗址第二阶段遗存出土B型陶盆T26②：2	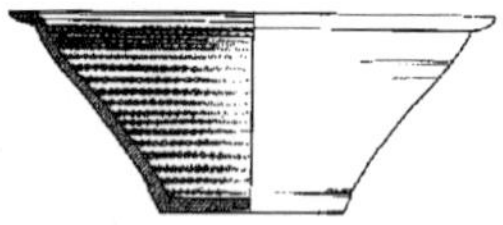 山西大同操场城北魏二号遗址唐至清代陶盆H242：4		
5	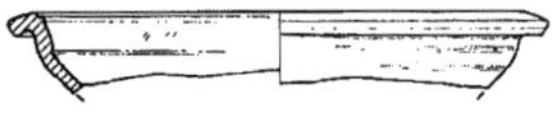 YMB1①：4（金代）	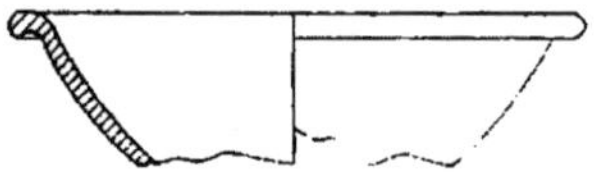 平鲁区庄子坪遗址第三期B型瓷盆H33：7	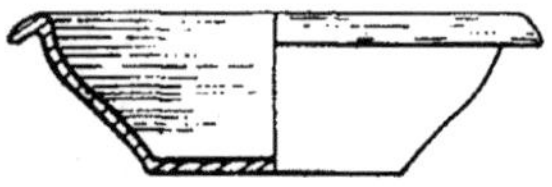 山西大同市金代徐龟墓出土陶盆M：13		

① 内蒙古文物考古研究所编：《内蒙古文物考古文集》，中国大百科全书出版社，1994年，第556页，图六，17。

② 内蒙古自治区文物考古研究所编：《万家寨水利枢纽工程考古报告集》，远方出版社，2001年，第100页，图一七，3。

③ 山西省考古研究所、大同市考古研究所：《山西大同操场城北魏二号遗址发掘简报》，《文物》2016年第4期，第23页，图四一，1。

④ 山西省考古研究所、山西省考古学会编：《三晋考古（第三辑）》，山西人民出版社，2006年，第365页，图一四，1。

⑤ 大同市博物馆：《山西大同市金代徐龟墓》，《考古》2004年第9期，第55页，图五，3。

第十六节　马头山村附近

马头山墓群（2014YMT1）

（一）墓群介绍

马头山墓群位于韩家窑村西北约1000米处，行政归属李达窑乡马头山村，初查时间为三普时间，复查时间为2014年8月1日。遗址的中心GPS坐标为北纬40°16′46.1″，东经112°28′05.5″，海拔1764米±4米。该墓群位于马头山峰顶，山势较陡峭，地表杂草丛生，峰顶西高东低呈缓冲状。墓群南临盆儿洼村，北与长城相望，东临韩家窑村，西为马头山向西延伸部分。遗址的文化时代为北魏，其文化属性为鲜卑文化（图九二；图版一三，1）。

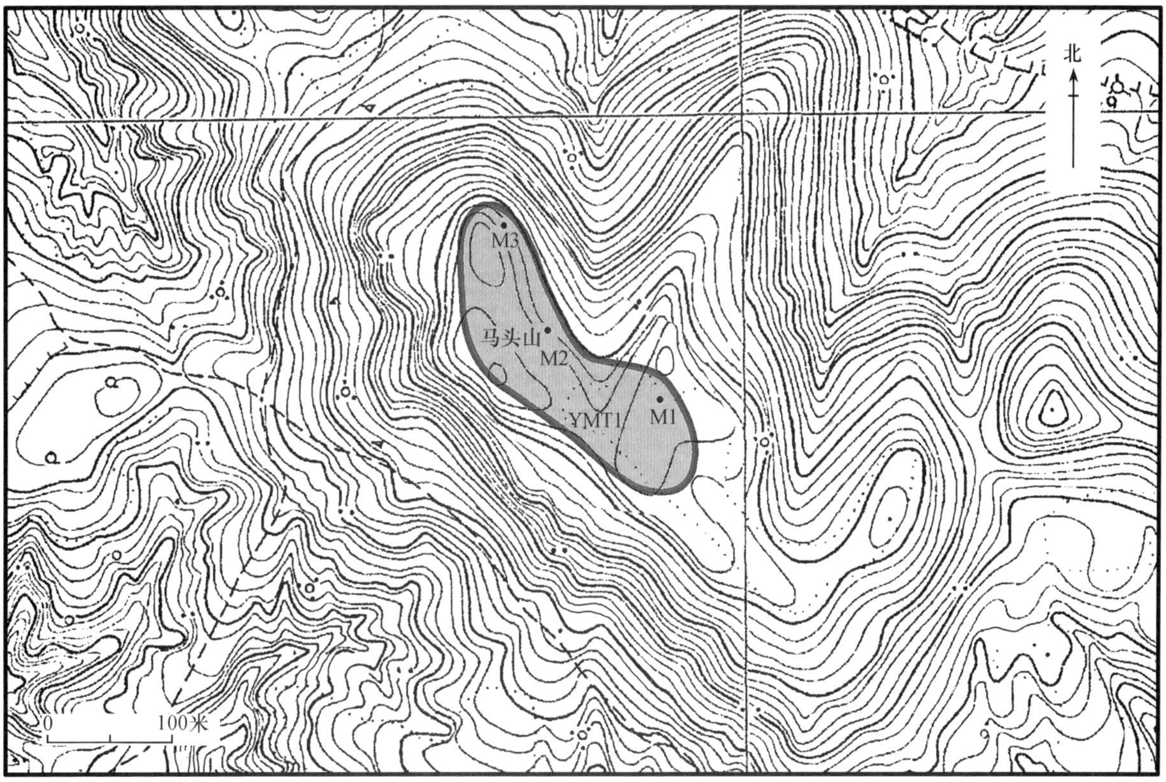

图九二　马头山墓群位置示意图

经实地调查，于马头山峰顶发现墓葬若干座，其中部分墓葬现以被盗或被破坏，我们选其中三座被盗墓葬做了GPS定位和简单的测量，并将这三座墓葬编号为M1、M2、M3。其中M1位于峰顶墓群的中部，故将其坐标点定位中心坐标点，坐标为北纬40°16′46.1″，东经112°28′05.5″，海拔1764米±4米。M2、M3位于峰顶墓群西段，系两座仍可以看到封土的大墓，呈南北排列，相互对峙，M2坐标为北纬40°16′48.1″，东经112°27′59.7″，海拔1775米±5米。M3坐标为北纬40°16′53.0″，东经112°27′59.1″，海拔1775米±5米（图版一三，2、3）。

M1位于马头山墓群的中部，现已被盗，破坏严重，根据其暴露情况可知，M1系一座双墓室的小型石室墓，墓葬坐北朝南，墓室墓圹平面呈“刀把”形，墓室南北长4.9米，东西长3.3米，面积接近17平方米，整个墓葬由墓道、前室、隔墙、过道、后室组成，结构较简单。墓道位于墓室的西南角，呈长条状，现暴露长度为1.1米，上口宽0.78米，墓道两壁均由石块垒砌而成。墓室为石砌，由隔墙分隔为前后两室，并由开口于隔墙中部的过道连接前后两室，隔墙宽0.98米，过道宽0.64米。前室平面近长方形，南北长1.8米，东西宽3.3米，后室平面也呈长方形，南北长1.76米，东西宽3.3米，墓室均为石块砌筑而成，墓室外墙宽1米。测量已被破坏的封土东西宽13米，南北长15米。

M2、M3位于该墓群的西部，呈南北排列，相互对峙，现仍可以看出M2和M3的封土，目测M2封土现存高度约5米，M3封土高度约6米，M2基座周长为123米。根据实地调查发现，M2、M3封土东北部均发现有盗洞。

在M2封土周围发现三块大小不等的残砖，我们将其分为大、中、小三类，经测量得出：大砖宽22厘米，厚7厘米；中砖宽19厘米，厚8厘米；小砖宽16厘米，厚6厘米，均未采集。此外，在该墓群范围内采集了两块泥质灰陶水波纹的板瓦残块。

马头山墓群第一采集点

YMT1①：1，泥质灰陶板瓦。器身厚重，瓦头部平直且凸起瓦面一周泥条，瓦面头端残存两周水波状泥条，与头部泥条将瓦头端分为两格，前面一格饰若干周平行凹弦纹，后面一格饰平行凹弦纹组成的水波纹，瓦沟抹光。泥条盘筑。厚5厘米（此类遗物极少见，与传说中的北魏金陵有关，只是器物过于厚重，需要特别关注）（图九三，2；图版一三，4）。

YMT1①：2，泥质灰陶板瓦。器身厚重，瓦面饰平行凹弦纹组成的水波纹，瓦沟饰系布纹。泥条盘筑。厚3.8厘米（图九三，1；图版一三，5）。

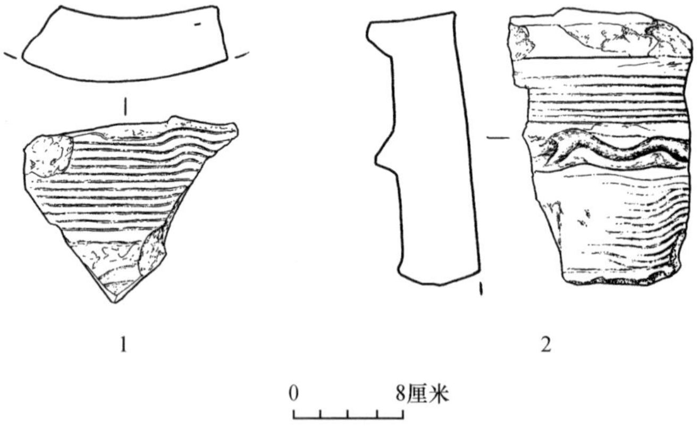

图九三　马头山墓群第一采集点采集标本

1、2. 板瓦（YMT1①：2、YMT1①：1）

（二）墓群时代

马头山墓群的文化时代为北魏早期。

第十七节　马营河村附近

一、马营河村北一号遗址（2014YMY1）

（一）遗址介绍

马营河村北一号遗址位于马营河村北约1400米处，行政归属杀虎口乡马营村，初查时间为2014年8月8日。遗址中心点GPS坐标为北纬40°12′56.2″，东经112°19′40.3″，海拔1291米±5米。该遗址位于东西向坡地的两端，地形略陡，地表种植有松树、荆棘等。遗址东为坡地中部，西临S211省道，南北两侧均为冲沟。遗址东西约100米，南北约50米，面积总计约5000平方米（图九四）。

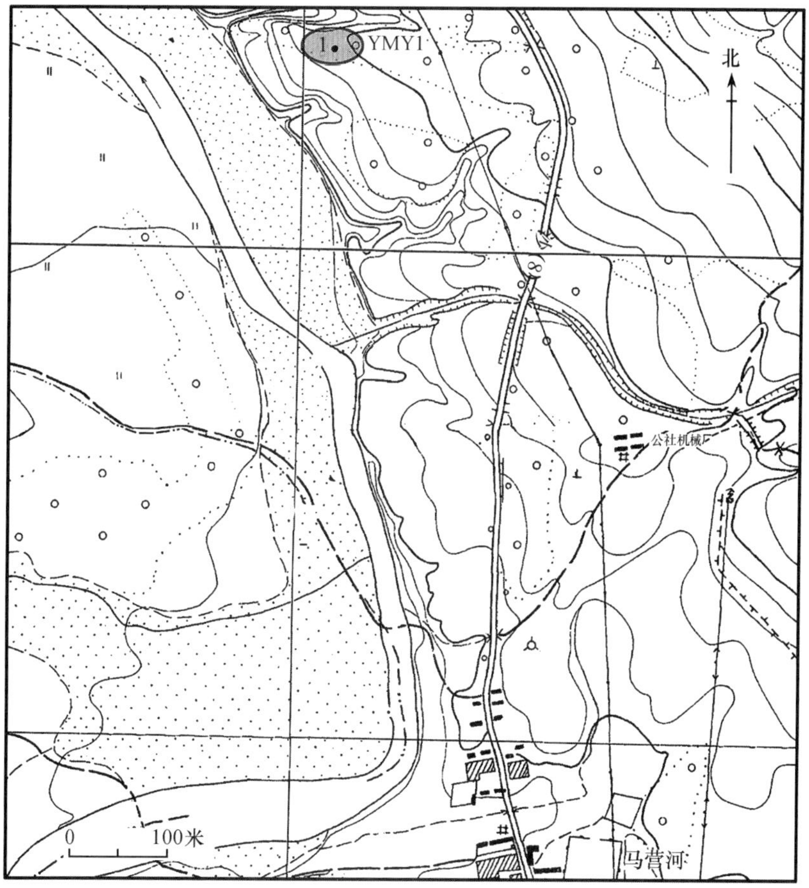

图九四　马营河村北一号遗址位置示意图

遗址区内未发现文化层、灰坑等遗迹，只采集散落遗址区地表的残留遗物。

遗址区内设一个采集点。

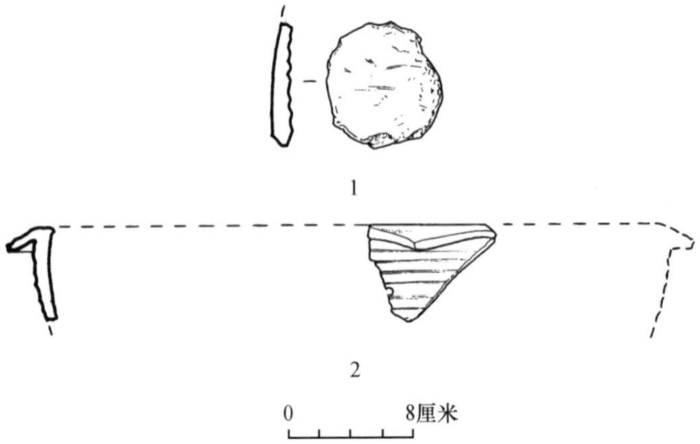

图九五　马营河村北一号遗址第一采集点采集标本

1. 陶纺轮毛坯（YMY1①：1）　2. 陶盆口部（YMY1①：2）

马营河村北一号遗址第一采集点

第一采集点位于遗址区中部，中心坐标为北纬40°12′56.2″，东经112°19′40.3″，海拔1291米±5米。采集点地形为略陡坡地，地表植被多松树。采集面积约150平方米。采集遗物分布较集中，所采遗物主要有泥质灰陶粗绳纹筒瓦、板瓦残片、纺轮坯子、折沿盆口部。采集标本共5件。

YMY1①：1，泥质深灰色纺轮毛坯。用盆近底部打制而成，一面有由于轮修而形成的凹弦纹。打制。直径6.8厘米，最厚1.2厘米（图九五，1）。

YMY1①：2，泥质灰陶盆口部。敛口，唇部残，折沿下捺，弧腹。外壁口沿下残存数周凹弦纹。泥片贴筑、快轮修整。内口径34厘米，厚0.8厘米，残高5.2厘米（图九五，2）。

YMY1①：3，泥质灰陶片。为罐腹部。外壁饰抹断竖向浅细绳纹。泥片贴筑。残宽4.8厘米，厚0.5厘米，残高5厘米（图九六，1）。

YMY1①：4，泥质灰褐色板瓦。瓦面饰竖向规则的粗绳纹，瓦沟饰斜方格纹。泥片贴筑。残宽2.8厘米，厚1.2厘米，残长5厘米（图九六，3）。

YMY1①：5，泥质灰陶筒瓦。瓦面凹凸不平，饰竖向规则的粗大绳纹，瓦沟饰布纹。泥片贴筑。残宽11.6厘米，厚1.1～1.5厘米，残长12.5厘米（图九六，2）。

（二）遗址时代

遗址的文化时代为汉代。

二、马营河村北二号遗址（2014YMY2）

（一）遗址介绍

马营河村北二号遗址位于马营河村北约1900米处，行政归属杀虎口乡马营河村，初查时间为2014年8月8日。遗址中心点GPS坐标为北纬40°13′12.0″，东经112°19′18.9″，海拔1278米±5米。该遗址位于苍头河一级台地上，台地地形较为平坦，种植有杨树、沙棘等。遗址南临苍头河，北临铁路桥，东临S211省道，西临天然冲沟。遗址东西约300米，南北约120米，面积总计约36000平方米（图九七）。

遗址区内未发现文化层、灰坑等遗迹，只采集散落遗址区地表的残留遗物。

遗址区内遗物分布较分散，故设一个采集点。

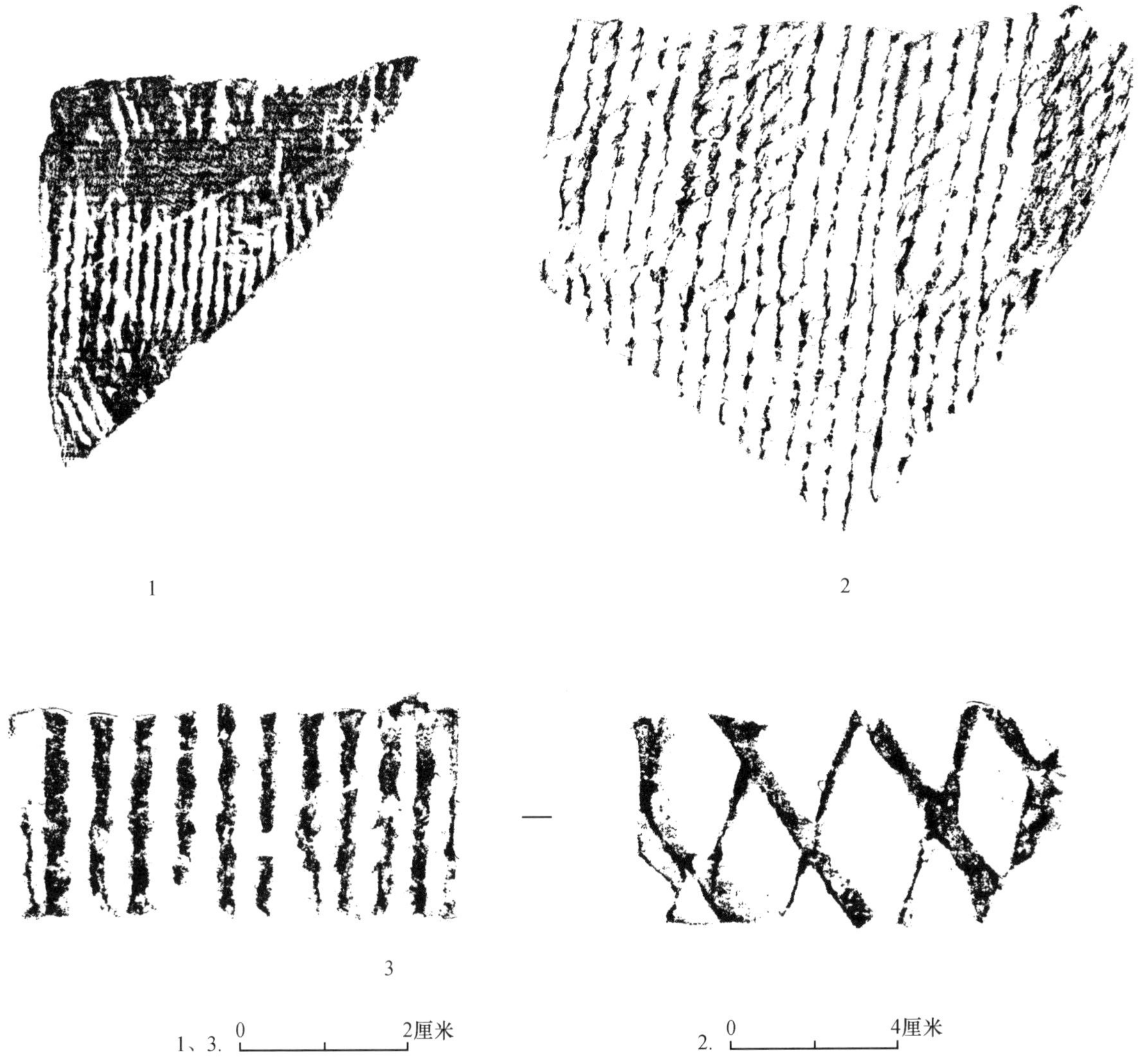

图九六　马营河村北一号遗址第一采集点采集标本拓片

1. 陶片（YMY1①：3）　2. 筒瓦（YMY1①：5）　3. 板瓦（YMY1①：4）（外表、内壁）

马营河村北二号遗址第一采集点

第一采集点位于遗址区中部，中心坐标为北纬40°13′12.0″，东经112°19′18.9″，海拔1278米±5米。采集点地形为较平坦的台地，地表植被为杨树、荆棘等。采集面积约150平方米。采集遗物分布较分散，所采遗物主要有泥质灰陶釜口肩部、折沿陶盆口腹部、建筑构件等；铁铺残块。采集标本共9件。

YMY2①：1，泥质灰陶釜口肩部。敛口，圆唇，卷折沿外侈，溜肩。肩部饰抹断交错中绳纹。泥片贴筑、快轮修整。口径24厘米，厚0.7厘米，残高6厘米（图九八，5）。

YMY2①：2，泥质灰陶盆口腹部。直口，斜方唇，折沿下捺，弧腹斜收。外壁口沿下饰数周平行凹弦纹，下接左斜向中绳纹，下部绳纹抹光。泥片贴筑、快轮修整。口径28厘米，厚0.8厘米，残高7.6厘米（图九八，4）。

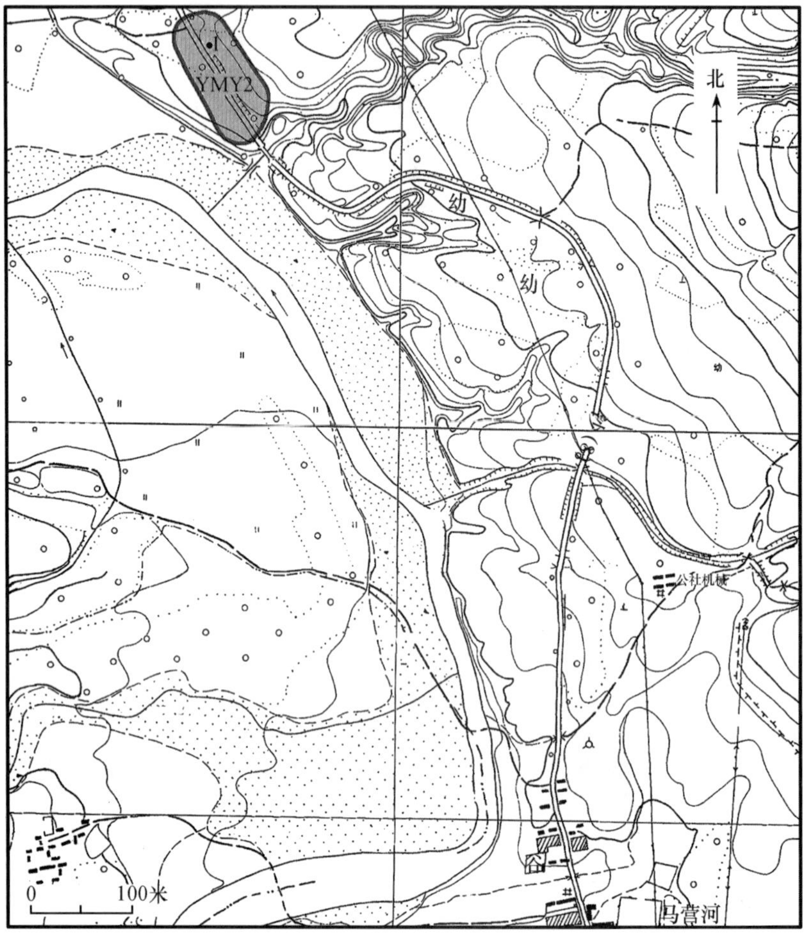

图九七　马营河村北二号遗址位置示意图

YMY2①：3，泥质灰陶釜口肩部。敛口，圆唇，折沿外翻，溜肩。素面。泥片贴筑、快轮修整。口径20厘米，厚0.7厘米，残高3.8厘米（图九八，3）。

YMY2①：4，建筑构件。泥质。灰色。手制。残长7.6厘米，厚3.4厘米，残高8厘米（图九八，2）。

YMY2①：5，建筑构件。泥质，灰色。外壁存一周附加泥条，上饰压印纹，腹底相接处饰压印纹。手制。口径26厘米，厚1.2厘米，残高7厘米（图九八，6）。

YMY2①：6，建筑构件。泥质，灰黑色。正面应为牡丹叶，背面有一条凸棱。手制。残宽10.6厘米，厚3厘米，残高18厘米（图九八，7）。

YMY2①：7，泥质灰陶罐（壶）肩腹部。溜肩，鼓腹。外壁饰抹断竖向中绳纹。泥片贴筑、手制。厚0.6厘米（图九九，1）。

YMY2①：8，灰黑色陶釜腹部。上腹部为泥质，下腹部为夹砂。上腹和下腹对接，上腹部饰抹断交错中绳纹，下腹部饰交错粗绳纹，内壁下腹部饰拍印麻点纹。手制、泥片贴筑。厚0.8厘米（图九九，2）。

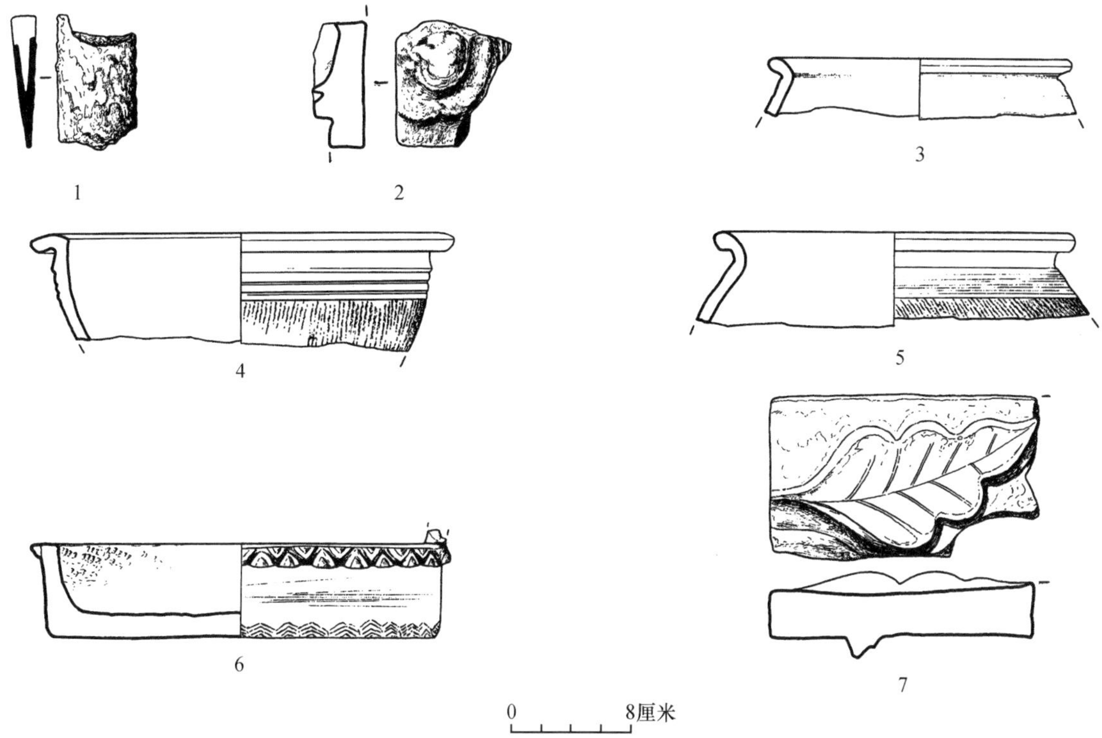

图九八　马营河村北二号遗址第一采集点采集标本

1. 铁锸（YMY2①：9）　2、6、7. 建筑构件（YMY2①：4、YMY2①：5、YMY2①：6）　3、5. 陶釜口肩部（YMY2①：3、YMY2①：1）　4. 陶盆口腹部（YMY2①：2）

YMY2①：9，铁锸。平面呈长条形，侧面呈锥形，中空，刃部和尾部均残，器表锈蚀。模制。宽9.2厘米，最厚1.6厘米，残高8.4厘米（图九八，1）。

（二）遗址时代

遗址的文化时代为战国晚期（表二二）。

YMY2①：1（战国晚期）与察哈尔右翼后旗头道湾古城遗址A型陶瓮ⅡH20：4相似①。

表二二　马营河村北二号遗址调查标本与其他地区同时代对比表

序号	马营河村北二号遗址调查标本	对比标本一	对比标本二	其他	备注
1	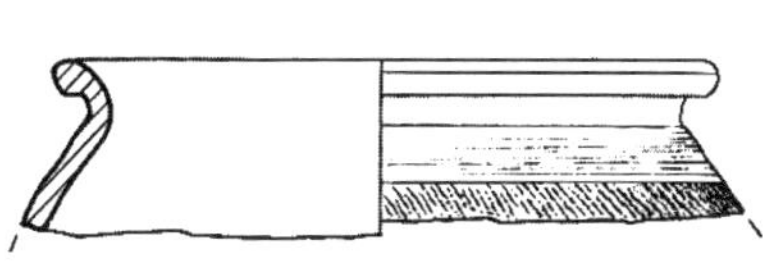 YMY2①：1（战国晚期）	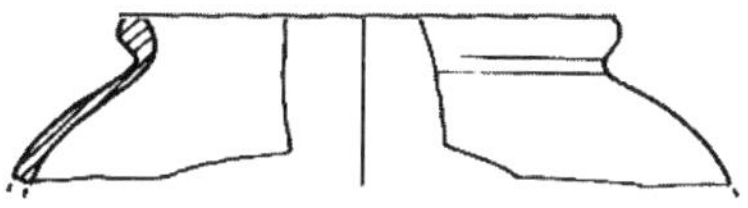 察哈尔右翼后旗头道湾古城遗址A型陶瓮ⅡH20：4			

① 内蒙古自治区文物考古研究所编：《内蒙古文物考古文集（第三辑）》，科学出版社，2004年，第340页，图二二，8。

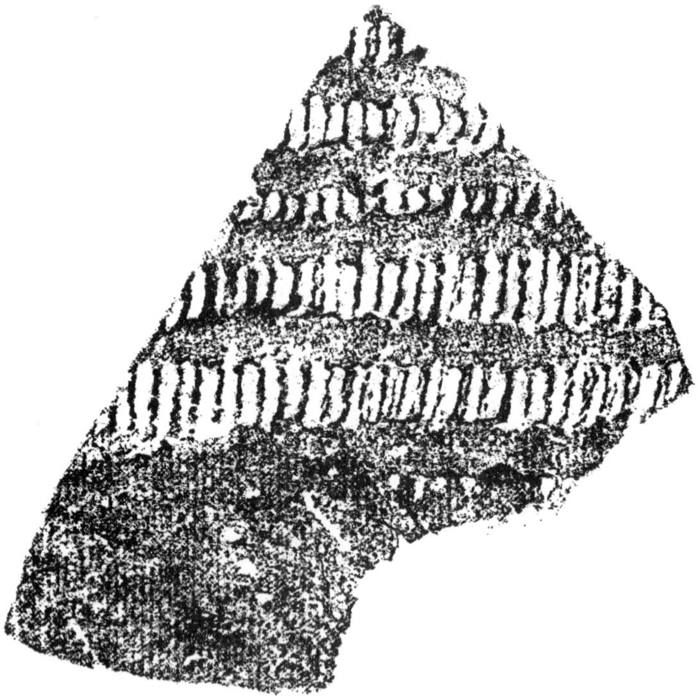

1

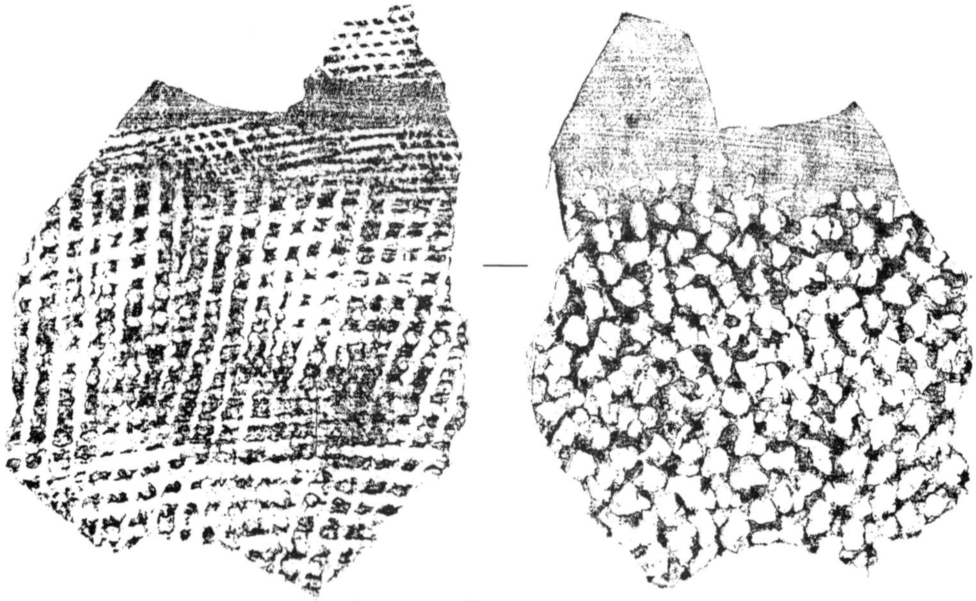

2

1. 0　2厘米　　2. 0　4厘米

图九九　马营河村北二号遗址第一采集点采集标本拓片

1. 陶罐（壶）肩腹部（YMY2①：7）　2. 陶釜腹部（YMY2①：8）（外表、内壁）

第十八节　盆儿洼村附近

一、盆儿洼村西北遗址（2014YPE1）

（一）遗址介绍

盆儿洼村西北遗址位于盆儿洼村西北约600米处，行政归属李达窑乡盆儿洼村，初查时间为2014年8月15日。遗址中心GPS坐标为北纬40°14′01.3″，东经112°23′10.5″，海拔1523米±4米。该遗址位于较平坦的大台地上，遗址西、西北临较大较深的蛤蟆沟，东南临盆儿洼，东临较大的苗木林地，地表种植土豆、荞麦、莜麦、葫麻等农作物。遗址东西约700米，南北约300米，面积总计210000平方米（图一〇〇）。

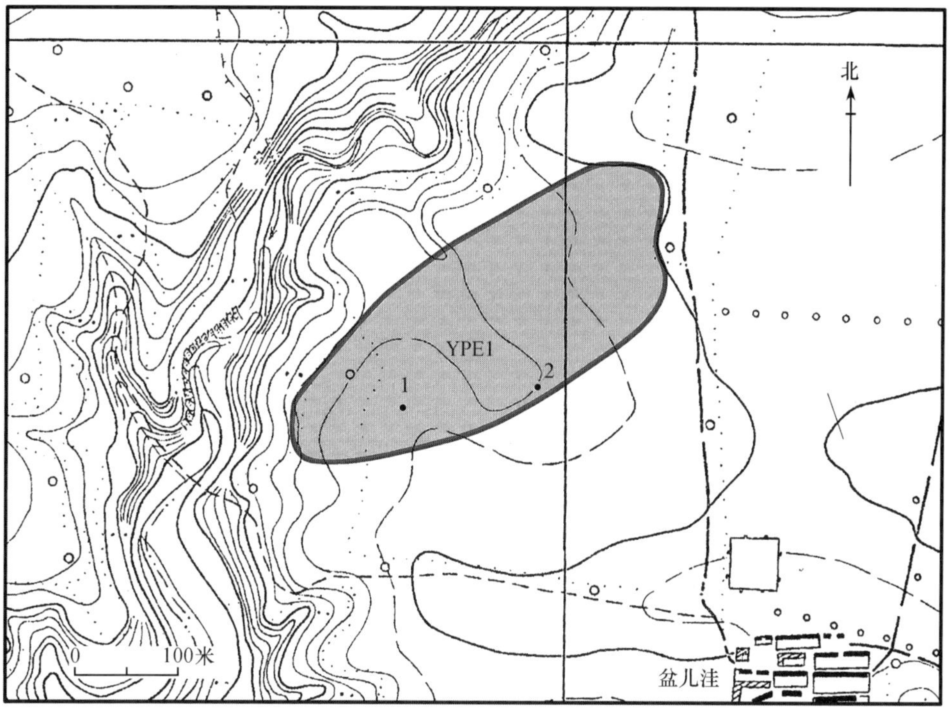

图一〇〇　盆儿洼村西北遗址位置示意图

遗址区内未发现文化层、灰坑等遗迹，只采集散落遗址区地表的残留遗物。

遗址内遗物较丰富，故设立两个采集点。

盆儿洼村西北遗址第一采集点

第一采集点位于遗址区中西部，中心坐标为北纬40°14′00.7″，东经112°23′01.3″，海拔1528米±4米。采集点地形为偏洼台地，地表植被为土豆、葫麻、莜麦、玉米等农作物。采集面积约300平方米。采集遗物分布较集中，所采遗物主要有泥质灰陶侈口罐口部、折沿盆口部、卷沿盆口部、纺轮坯；瓷器有白釉瓷罐口部、白釉双耳罐口部、青绿釉缸口部、筒形罐、碗底部、青釉器盖、黑釉器盖等。采集标本共17件。

YPE1①：1，泥质深灰色陶罐口肩部。侈口，斜方唇，折沿，短颈，溜肩。肩部外表磨光。泥片贴筑、快轮修整。口径24厘米，厚1～1.2厘米，残高6.6厘米（图一〇一，15）。

YPE1①：2，泥质深灰色陶盆口腹部。侈口，斜方唇，平折沿，腹部斜收。口内侧有凸棱一周。素面。泥片贴筑、快轮修整。口径46.6厘米，厚0.5～0.8厘米，残高5厘米（图一〇一，10）。

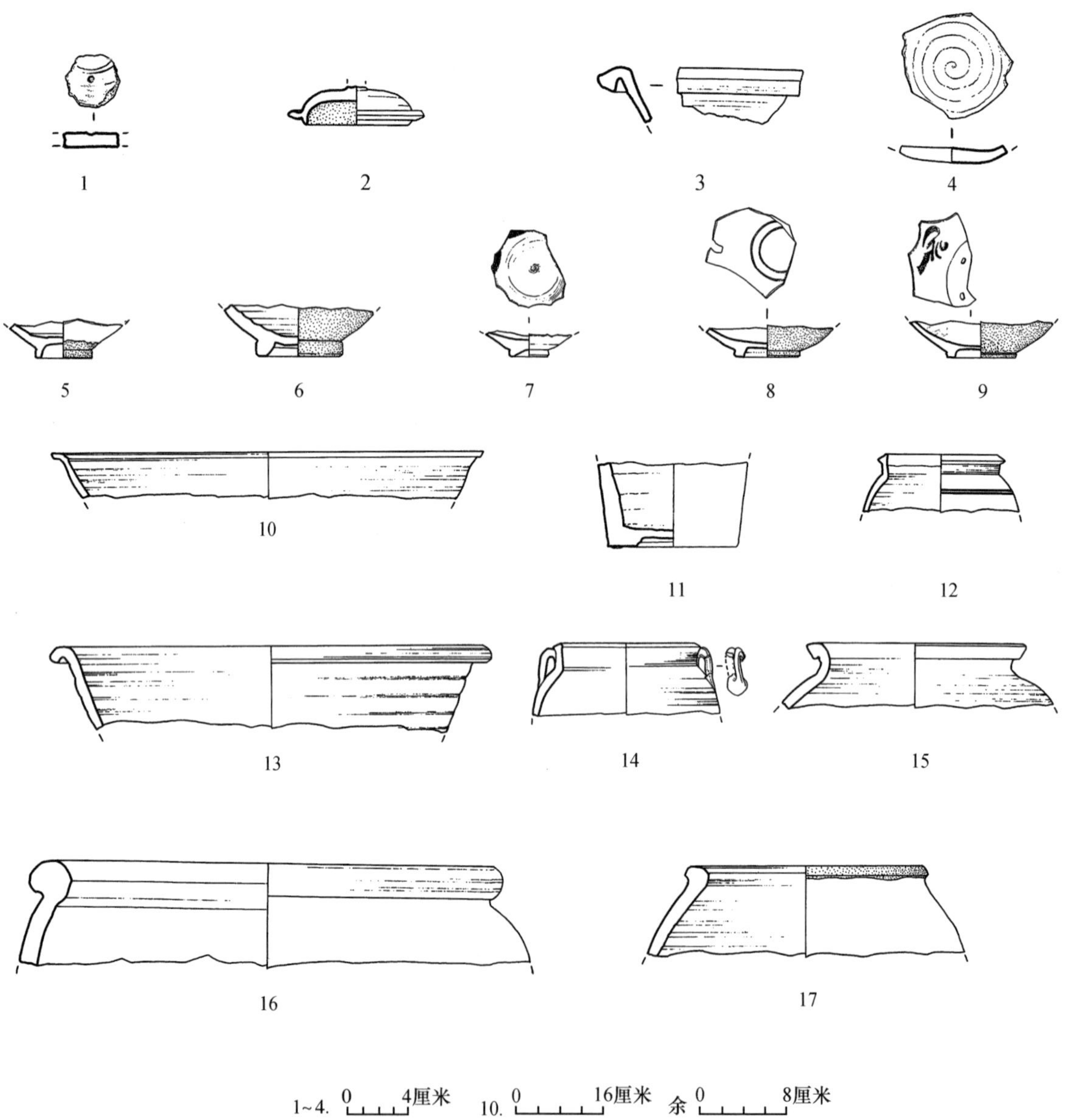

图一〇一　盆儿洼村西北遗址第一采集点采集标本

1. 陶纺轮坯（YPE1①：17）　2、4. 瓷器盖（YPE1①：6、YPE1①：16）　3. 陶盆口腹部（YPE1①：4）　5～9. 瓷碗下腹及底部（YPE1①：14、YPE1①：11、YPE1①：15、YPE1①：12、YPE1①：13）　10、13. 陶盆口腹部（YPE1①：2、YPE1①：3）　11. 瓷罐或瓶下腹及底部（YPE1①：10）　12. 瓷罐口部（YPE1①：8）　14. 瓷罐口肩部（YPE1①：9）　15. 陶罐口肩部（YPE1①：1）　16. 瓷缸口腹部（YPE1①：5）　17. 瓷缸口肩部（YPE1①：7）

YPE1①：3，泥质灰陶盆口腹部。侈口，圆唇，卷折沿，腹部斜收，个体较大，器壁偏厚。外壁有数周瓦楞纹，内壁抹光。泥片贴筑、快轮修整。口径47.8厘米，厚1厘米，残高9厘米（图一〇一，13）。

YPE1①：4，泥质深灰色陶盆口腹部。侈口，圆方唇，折沿下捺，腹部斜收。素面。泥片贴筑、快轮修整。残高4厘米，厚0.6～0.8厘米，残宽9.8厘米（图一〇一，3）。

YPE1①：5，大瓷缸口腹部。粗瓷、坩子土，灰胎。敛口，圆唇，卷沿外翻，腹部弧收，个体较大，器壁较厚。外表刷绿釉至口外侧；内壁至腹部有刷釉，未施化妆土。手制、轮修。口径50厘米，厚1.8厘米，残高10厘米（图一〇一，16）。

YPE1①：6，瓷器盖，残。细瓷、灰胎。直口，扁圆唇，子母扣，窄折沿略上翘，弧形顶，顶中间有微凸圆纽。未施化妆土。盖表面蘸黑釉，局部露胎；内壁未施釉，露胎。手制、轮修。口径10.8厘米，厚0.6～0.8厘米，高2.8厘米（图一〇一，2）。

YPE1①：7，瓷缸口肩部。坩子土，细瓷，灰胎。敛口，斜方唇，微卷沿，溜肩。外表施黑釉，未施化妆土，内壁局部刷黑釉，其余及口部露胎。手制、轮修。口径26厘米，厚1.3厘米，残高9厘米（图一〇一，17）。

YPE1①：8，瓷罐口部。细瓷、灰胎。直口，斜方唇，短颈，溜肩。此类型罐可能有双耳，因已残缺无法判断。外壁及口内侧局部施，青白釉；口部及外表施化妆土，满釉；肩部有两周黑釉划纹，内壁仅施透明釉。手制、轮修。口径14厘米，厚0.6厘米，残高6厘米（图一〇一，12）。

YPE1①：9，双耳瓷罐口肩部。细瓷、灰白胎。直口，斜方唇，溜肩，口肩部外贴双股双耳。白釉泛青，未施化妆土，内外壁均施满釉；双耳处点有黑釉，且口内侧少许白釉被刮去。手制、轮修。口径16厘米，厚0.7～0.9厘米，残高7.4厘米（图一〇一，14）。

YPE1①：10，瓷罐或瓶下腹及底部。细瓷、灰胎。呈筒状，直壁近底部略斜收至假圈足，挖足较浅，系二次挖成。黑釉，未施化妆土；内外壁均施满釉，外壁流釉至底面，底面露胎。手制、轮修。底径14厘米，厚1.4～1.8厘米，残高8.6厘米（图一〇一，11）。

YPE1①：11，瓷碗下腹及底部。粗瓷，坩子土、灰胎。下腹斜收至大圈足，足床厚大、平整，足床内侧挖成斜面，挖足略过肩，系一次挖成。黑釉，未施化妆土，内壁及底部施满釉，外壁露胎。手制、轮修。底径9.2厘米，厚1～1.2厘米，残高5厘米（图一〇一，6）。

YPE1①：12，瓷碗下腹及底部。细瓷，灰胎。下腹斜收至圈足，足床圆钝，挖足过肩，较深，系二次挖成，底面有鸡心钉。白釉，未施化妆土，内壁及底部施满釉；下腹部有一周划纹，内底有两周黑色划纹，且有支钉痕，外表及底部未施釉，露胎。底径7.2厘米，厚0.4～0.8厘米，残高3.2厘米（图一〇一，8）。

YPE1①：13，瓷碗下腹及底部。细瓷、灰白胎。下腹斜收至小圈足，足床平整，留有支钉痕，挖足过肩，系二次挖成。白釉，未施化妆土，外表刷釉至下腹，足床表面刷釉，下腹近底部施化妆土，未施釉；内壁刷满釉至底，下腹近底部有黑色印花图案，底部有一周黑色划纹，且有支钉痕。手制、轮修。底径7.6厘米，厚0.6～0.8厘米，残高3.8厘米（图一〇一，9）。

YPE1①：14，瓷碗下腹及底部。细瓷、灰胎。下腹斜收至小圈足，足床平整、较窄，挖足过肩，系二次挖成。黑釉，未施化妆土，外表蘸釉至下腹部，有向下流釉现象，下腹及底部露胎，内壁蘸釉至底部，内底有涩圈；有爆釉现象，系仰置叠烧。手制、轮修。底径6厘米，厚0.7厘米，残高4厘米（图一〇一，5）。

YPE1①：15，瓷碗下腹及底部。细瓷、灰胎。下腹斜收至小圈足，足床圆钝，外侧被刮，挖足形成涡状。黑釉，未施化妆土，内外壁刷半釉至下腹部，内外底未施釉。手制、轮修。底径4厘米，厚0.3～0.9厘米，残高2.6厘米（图一〇一，7）。

YPE1①：16，瓷器盖。细瓷、灰胎。边缘均残，平面呈圆形，顶部略凸起。青釉，顶部刷满釉；内侧未施化妆土，未刷釉，留有明显的旋抹痕。手制、轮修。残径8.6厘米，厚0.6～1.2厘米（图一〇一，4）。

YPE1①：17，泥质灰陶纺轮坯。平面呈圆形，中部有一处未穿透钻孔。素面。手制。直径3.8厘米，厚1厘米（图一〇一，1）。

盆儿洼村西北遗址第二采集点

第二采集点位于遗址区中东部，中心坐标为北纬40°14′01.3″，东经112°23′10.5″，海拔1523米±4米。采集点地形为偏洼台地，地表植被为土豆、葫麻、玉米、莜麦等农作物。采集面积约500平方米。采集遗物分布较分散，所采遗物主要有泥质灰陶卷沿盆口部、盆底部；瓷器有黑绿釉小口罐口部、瓷盏残片等。采集标本共5件。

YPE1②：1，泥质深灰色陶盆口腹部。侈口，圆唇，卷沿外翻，腹部斜收。素面。泥片贴筑、快轮修整。口径39.2厘米，厚0.8厘米，残高3.8厘米（图一〇二，4）。

YPE1②：2，泥质深灰色陶盆口腹部。侈口，尖圆唇，卷沿外翻，腹部斜收。口及内壁有数周暗纹，表面研光，外壁有数周瓦楞纹。泥片贴筑、快轮修整。口径38厘米，厚0.7厘米，残高6.2厘米（图一〇二，3）。

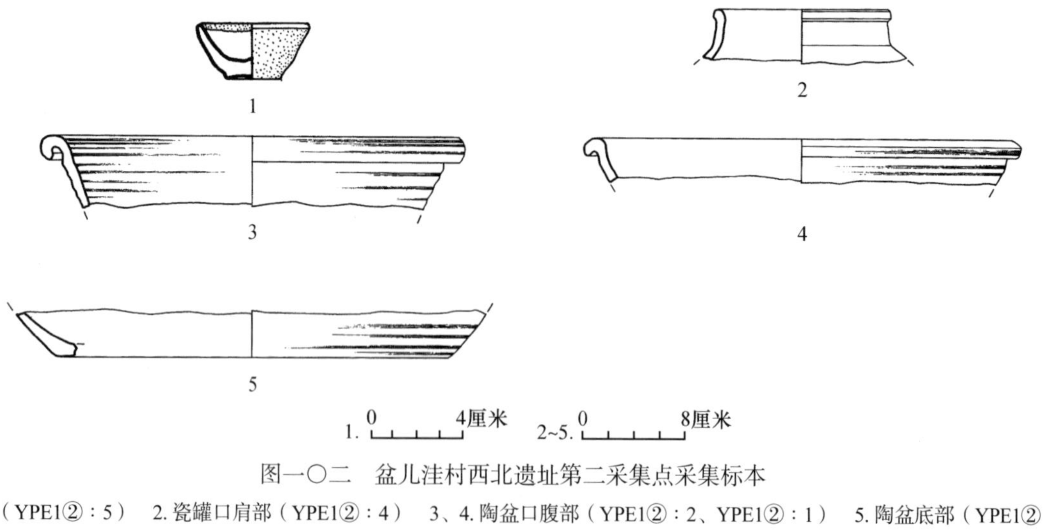

图一〇二　盆儿洼村西北遗址第二采集点采集标本

1. 瓷盏（YPE1②：5）　2. 瓷罐口肩部（YPE1②：4）　3、4. 陶盆口腹部（YPE1②：2、YPE1②：1）　5. 陶盆底部（YPE1②：3）

YPE1②：3，泥质深灰色陶盆底部。下腹斜收至平底。外表有不规则的刮削痕，内壁抹光。泥片贴筑、快轮修整。底径28厘米，厚0.7～1.6厘米，残高4厘米（图一〇二，5）。

YPE1②：4，瓷罐口肩部。细瓷、灰胎。直口，圆方唇，沿微卷，高领，溜肩。黑绿釉，未施化妆土，内、外壁均施黑绿釉。手制、轮修。口径15.8厘米，厚0.6厘米，残高4.8厘米（图一〇二，2）。

YPE1②：5，瓷盏（残）。灰胎。侈口，扁圆唇，腹部斜收至小平底。内壁施绿釉，未施化妆土，内底有爆釉现象，外表及底部未施釉，露胎。手制、轮修。口径6厘米，厚0.4～0.6厘米，高2.8厘米（图一〇二，1）。

（二）遗址时代

遗址的文化时代为辽金（表二三）。

YPE1①：5（辽代）与准格尔旗城坡古城遗址第二阶段遗存出土D型陶罐T14②：12相似[1]。

YPE1①：9（辽代）与苏尼特右旗新民乡全胜段金界壕B型瓷罐H4：6相似[2]；与山西浑源县界庄窑粗白Ⅲ式瓷罐相似[3]。

YPE1②：2（辽代）与准格尔旗城坡古城遗址第二阶段遗存出土D型陶盆T7②：24相似[4]。

YPE1①：8（辽代）与山西浑源县界庄窑图一〇黑瓷器Ⅳ式瓶相似[5]。

YPE1①：10（辽代）与山西浑源县界庄窑图一〇黑瓷器Ⅴ式瓶相似[6]。

YPE1①：6（金元之际）与平鲁区庄子坪遗址第三期瓷盆瓷罐盖采：01相似[7]。

表二三　盆儿洼村西北遗址调查标本与其他地区同时代对比表

序号	盆儿洼村西北遗址调查标本	对比标本一	对比标本二	其他	备注
1	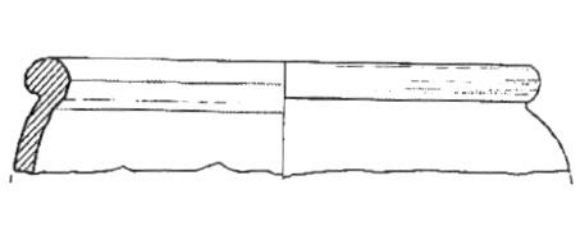 YPE1①：5（辽代）	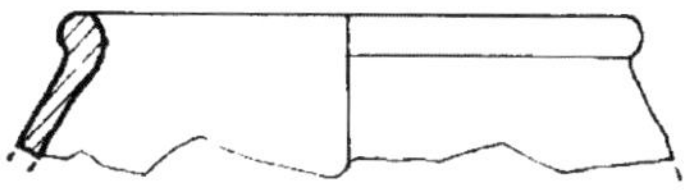 准格尔旗城坡古城遗址第二阶段遗存出土D型瓷罐T14②：12			

① 内蒙古自治区文物考古研究所编：《万家寨水利枢纽工程考古报告集》，远方出版社，2001年，第109页，图二六，4。

② 内蒙古自治区文物考古研究所编：《内蒙古文物考古文集（第三辑）》，科学出版社，2004年，第320页，图七，1。

③ 李知宴：《山西浑源县界庄窑》，《考古》1985年第10期，第933页，图三，25。

④ 内蒙古自治区文物考古研究所编：《万家寨水利枢纽工程考古报告集》，远方出版社，2001年，第100页，图一七，6。

⑤ 李知宴：《山西浑源县界庄窑》，《考古》1985年第10期，第937页，图一〇，4。

⑥ 李知宴：《山西浑源县界庄窑》，《考古》1985年第10期，第937页，图一〇，10。

⑦ 山西省考古研究所、山西省考古学会编：《平鲁区庄子坪遗址发掘报告》，《三晋考古（第三辑）》，山西人民出版社，2006年，第365页，图一四，7。

续表

序号	盆儿洼村西北遗址调查标本	对比标本一	对比标本二	其他	备注
2	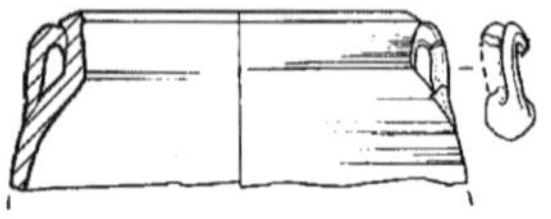 YPE1①：9（辽代）	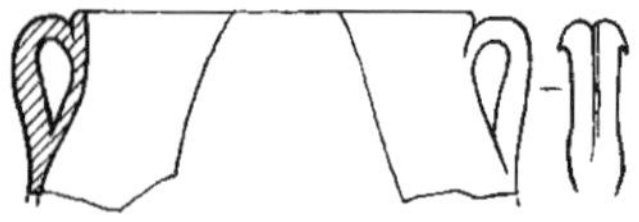 苏尼特右旗新民乡全胜段金界壕B型瓷罐H4：6	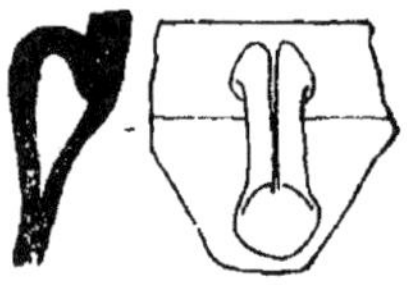 山西浑源县界庄窑Ⅲ式粗白瓷罐		
3	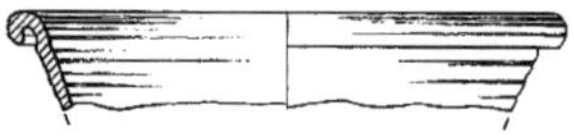 YPE1②：2（辽代）	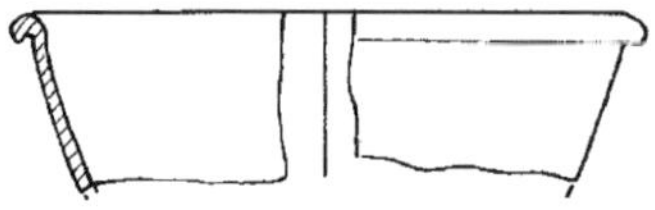 准格尔旗城坡古城遗址第二阶段遗存出土D型陶盆T7②：24			
4	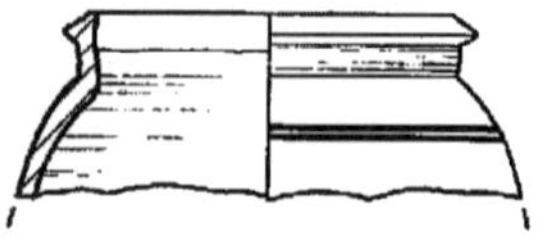 YPE1①：8（辽代）	 山西浑源县界庄窑图一〇Ⅳ式黑瓷瓶			
5	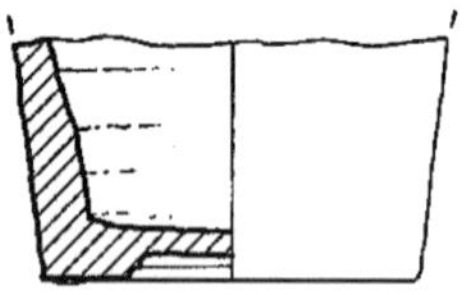 YPE1①：10（辽代）	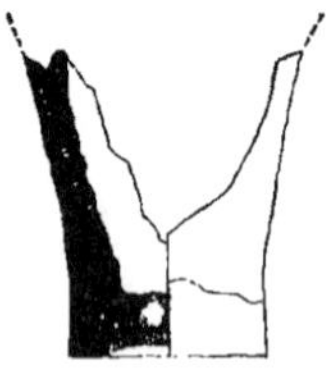 山西浑源县界庄窑图一〇Ⅴ式黑釉瓷瓶			
6	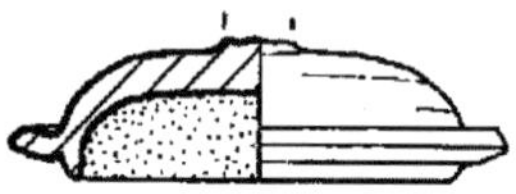 YPE1①：6（金元之际）	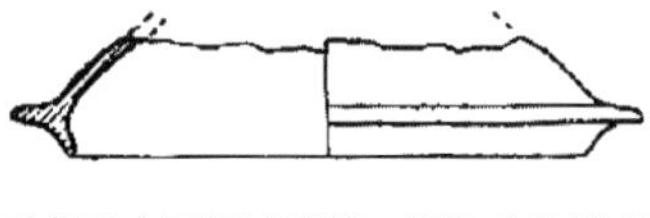 平鲁区庄子坪遗址第三期瓷盆瓷罐盖采：01			

二、盆儿洼村东一号遗址（2014YPE2）

（一）遗址介绍

盆儿洼村东一号遗址位于盆儿洼村东约1100米处，行政归属李达窑乡盆儿洼村，初查时间为三普时间，复查时间为2014年8月17日。遗址中心GPS坐标为北纬40°13′50.7″，东经112°24′19.4″，海拔1505米±5米。该遗址位于东西流向季节性小河北岸的阶梯式一级台地上，地势呈南低北高的缓坡状，地表种植有灌木，季节性小河沟内现无流水，与遗址高差5～8米。

遗址北临季节性小河沟二级台地，南临季节性小河沟，西临有两水冲刷形成的小冲沟，东临另一条南北流向的季节性小河沟，现沟内无流水。遗址东西约180米，南北约100米，面积总计约18000平方米（图一〇三）。

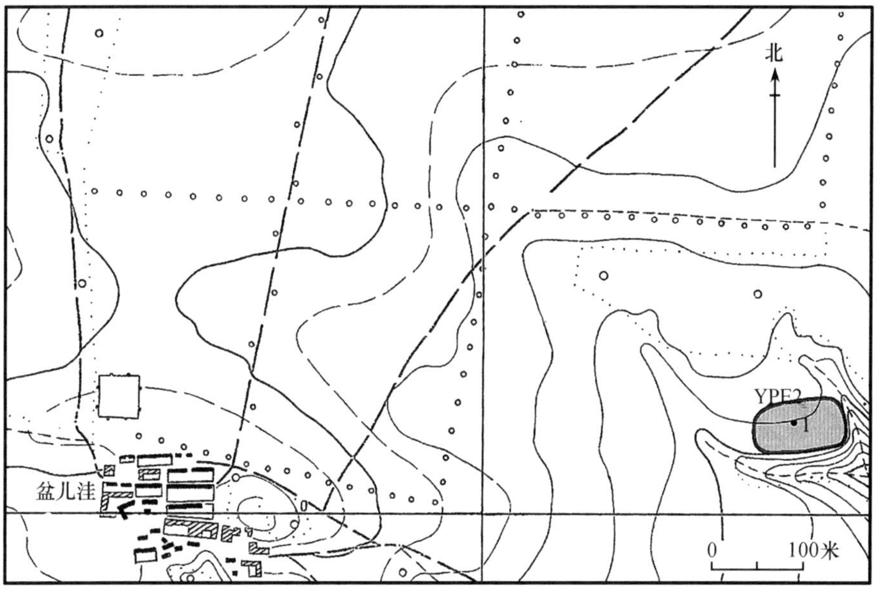

图一〇三　盆儿洼村东一号遗址位置示意图

遗址区内未发现文化层、灰坑等遗迹，只采集散落遗址区地表的残留遗物。

遗址区内设一个采集点。

盆儿洼村东一号遗址第一采集点

第一采集点位于遗址区的中部，中心坐标为北纬40°13′50.7″，东经112°24′19.4″，海拔1505米±5米。采集点地形为略陡的坡地，地表系荒地。采集面积约100平方米。采集遗物分布较集中，所采遗物主要有夹砂灰陶釜腹部；泥质灰陶折沿盆口腹部、陶甑底部、绳纹板瓦等。采集标本共9件。

YPE2①：1，泥质灰陶盆口腹部。侈口，方唇，折沿上翘，腹部斜收，沿上有一周凹槽。外壁有数周瓦楞纹，内壁抹光。泥片贴筑、快轮修整。口径44.4厘米，厚0.8～0.9厘米，残高9厘米（图一〇四，3）。

YPE2①：2，泥质深灰色陶盆口腹部。口微敛，方唇，折沿下捺，唇面、口沿内侧各有凹槽一周。外壁有数周瓦楞纹，内壁抹光。泥片贴筑、快轮修整。口径45.2厘米，厚0.9厘米，残高5.4厘米（图一〇四，2）。

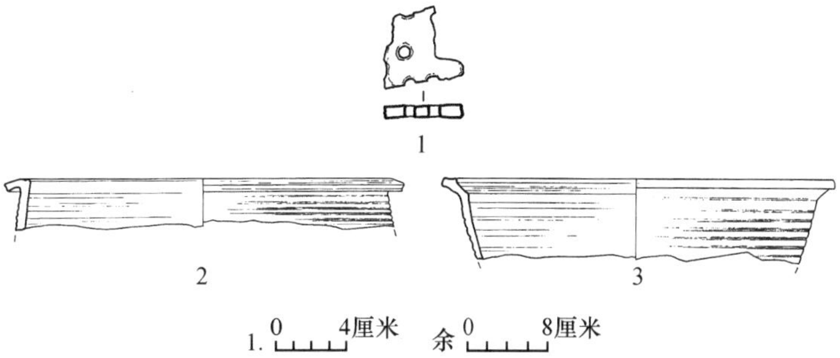

图一〇四　盆儿洼村东一号遗址第一采集点采集标本

1. 陶甑底部（YPE2①：3）　2、3. 陶盆口腹部（YPE2①：2、YPE2①：1）

YPE2①：3，泥质深灰色陶

甑底部。底部平整，有若干圆形钻孔作为通气孔。素面。手制、轮修。残长5.2厘米，厚0.8厘米，残宽5.3厘米，孔径0.6厘米（图一〇四，1）。

YPE2①：4，泥质深灰色陶釜上腹部。外表饰弦断中粗绳纹及交错中粗绳纹，内壁抹光。泥片贴筑、快轮修整。残长7厘米，厚0.5厘米，残宽6厘米（图一〇五，4）。

YPE2①：5，夹细砂灰陶釜近下腹部。外表饰左斜向弦断中粗绳纹。泥片贴筑、快轮修整。残长6.5厘米，厚0.6厘米，残宽4.5厘米（图一〇五，5）。

YPE2①：6，夹细砂深灰色陶釜下腹部。外表饰交错中粗绳纹。泥片贴筑、快轮修整。残长4.8厘米，厚0.7厘米，残宽5厘米（图一〇五，3）。

YPE2①：7，泥质深灰色陶釜上腹部。外表饰弦断交错绳纹。泥片贴筑、快轮修整。残长5.2厘米，厚0.6厘米，残宽4.5厘米（图一〇五，2）。

YPE2①：8，泥质灰陶釜上腹部。外表饰交错细绳纹。泥片贴筑、快轮修整。残长4.3厘米，厚0.5厘米，残宽5厘米（图一〇五，1）。

YPE2①：9，泥质灰陶板瓦。残段。外表饰交错中粗绳纹，内壁饰网格纹。泥片贴筑、手制（内切）。残长8.7厘米，厚0.9厘米，残宽10厘米（图一〇五，6）。

（二）遗址时代

遗址的文化时代为战国晚期至汉代。

三、盆儿洼村东二号遗址（2014YPE3）

（一）遗址介绍

盆儿洼村东二号遗址位于盆儿洼村东约1500米处，行政归属李达窑乡盆儿洼村，初查时间为三普时间，复查时间为2014年8月17日。遗址中心点GPS坐标为北纬40°13′53.2″，东经112°24′36.3″，海拔1510米±5米。该遗址位于南北流向季节性小河沟西南的东西向大坡地上，地形呈缓坡状，遗址中心位置距河沟约40米，河沟与遗址的高差30～40米，地表无耕作物，系荒地。遗址西部和北部均为成片的杨树林，东临季节性小河沟，南临另一条南北流向小河沟与遗址区的南北流向小河沟交汇处，遗址区内的小河沟仍有一股泉水。遗址东西约100米，南北约100米，面积总计约10000平方米（图一〇六）。

遗址区内未发现文化层、灰坑等遗迹，只采集散落遗址区地表的残留遗物。

遗址内遗物较丰富，故设两个采集点。

盆儿洼村东二号遗址第一采集点

第一采集点位于遗址区中部，中心坐标为北纬40°13′53.2″，东经112°24′36.3″，海拔1510米±5米。采集点地形为东西向坡地，地表多系荒地。采集面积约100平方米。采集遗物分布较集中，所采遗物主要有夹砂灰陶釜口部、腹部、底部。泥质灰陶钵口部；陶盆口腹部；陶罐肩腹部等。采集标本共13件。

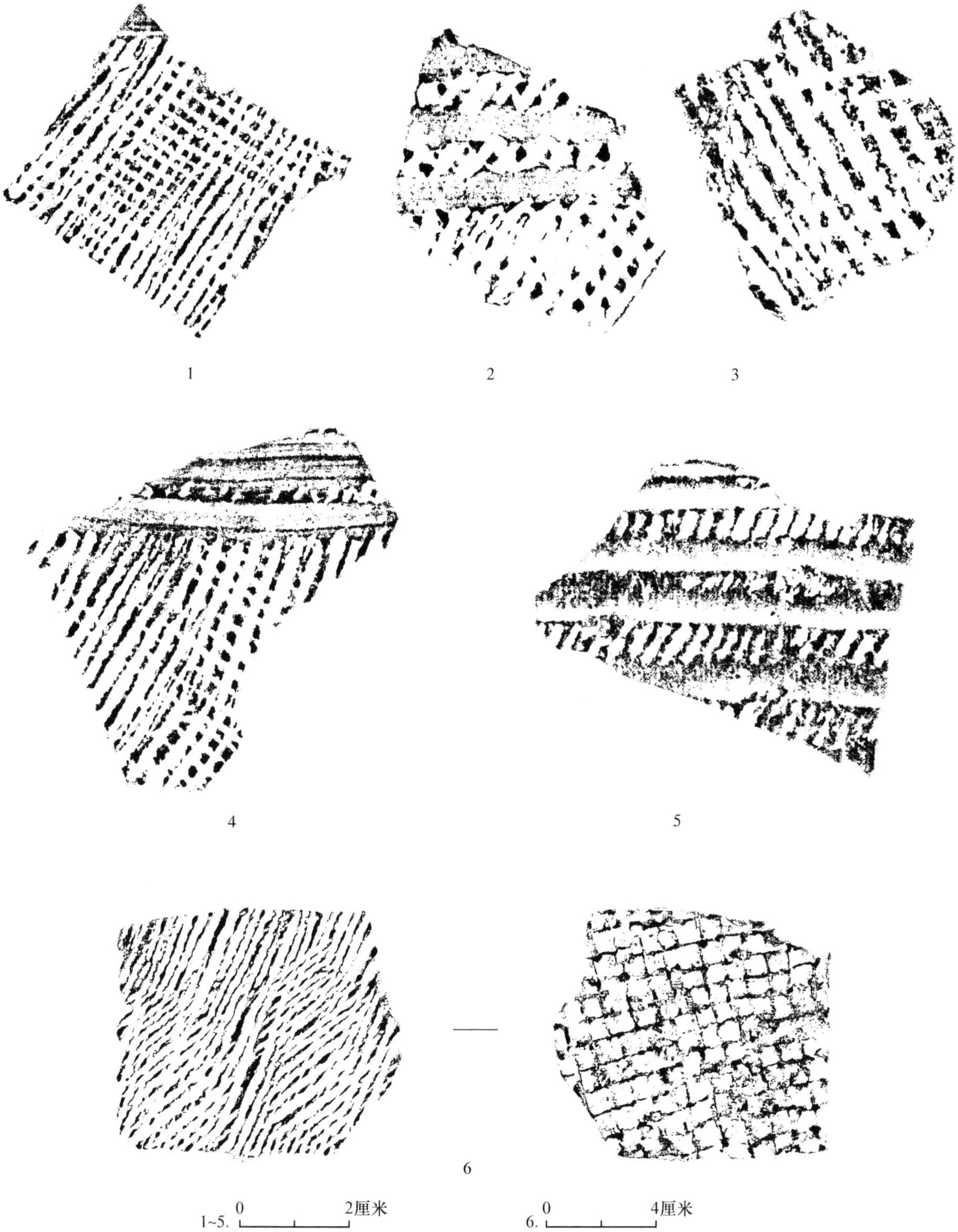

图一〇五　盆儿洼村东一号遗址第一采集点采集标本拓片

1～5. 陶釜腹部（YPE2①：8、YPE2①：7、YPE2①：6、YPE2①：4、YPE2①：5）　6. 板瓦（YPE2①：9）（外表、内壁）

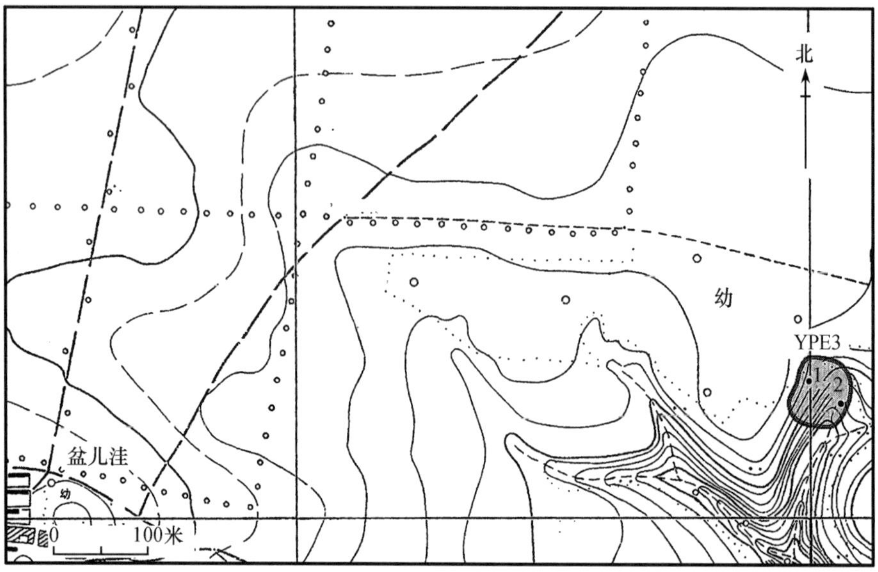

图一〇六　盆儿洼村东二号遗址位置示意图

YPE3①：1，泥质灰陶钵口部。侈口，尖唇，卷沿下捺。素面。泥片贴筑、快轮修整。口径20厘米，厚0.6厘米，残高3.4厘米（图一〇七，6）。

YPE3①：2，泥质深灰色陶釜口肩部。敛口，圆唇，折沿上翘，溜肩。外表饰左斜向中粗绳纹，内壁抹光。泥片贴筑、快轮修整。口径28厘米，厚0.8厘米，残高7.8厘米（图一〇七，7）。

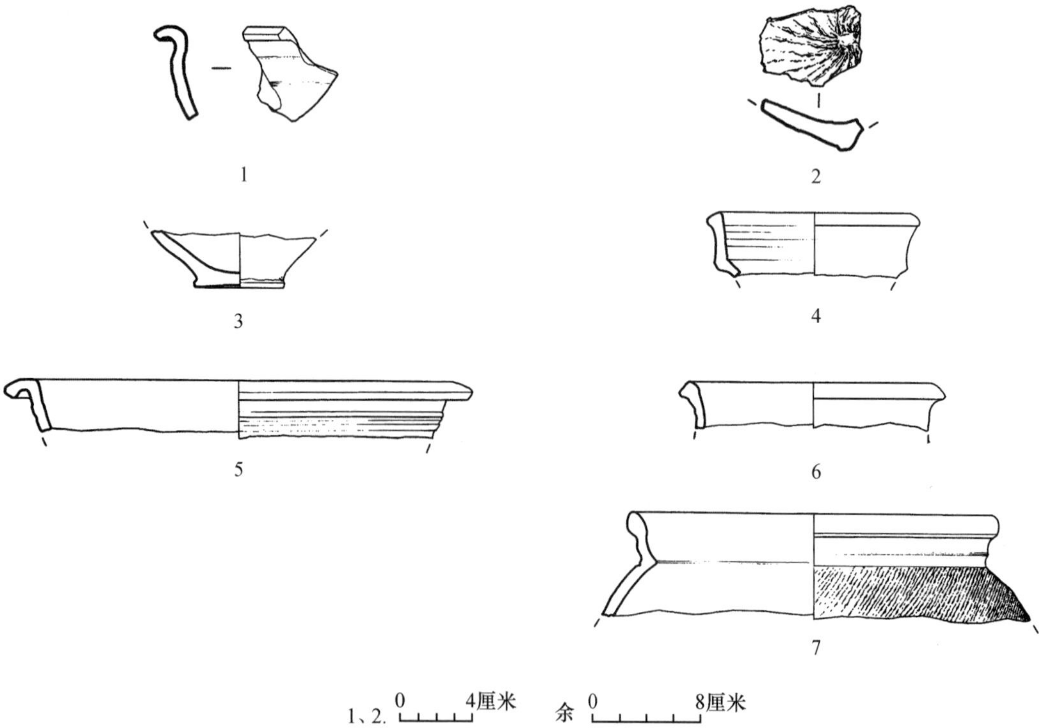

图一〇七　盆儿洼村东二号遗址第一采集点采集标本

1、5. 陶盆口腹部（YPE3①：4、YPE3①：6）　2. 陶釜足（YPE3①：13）　3. 陶钵下腹及底部（YPE3①：5）　4、6. 陶钵口部（YPE3①：3、YPE3①：1）　7. 陶釜口肩部（YPE3①：2）

YPE3①：3，泥质灰陶钵口部。口微敛，圆唇。外表有一周凸棱，内壁有数周瓦楞纹。手制、拉坯、轮修。口径16厘米，厚0.6厘米，残高4.6厘米（图一〇七，4）。

YPE3①：4，泥质深灰色盆口腹部。侈口，斜方唇，卷折沿，腹部弧收。外表素面，内壁有两周暗纹。泥片贴筑、快轮修整。残高5.2厘米，厚0.6厘米，残宽5.4厘米（图一〇七，1）。

YPE3①：5，泥质灰陶钵下腹及底部。下腹斜收至平底，底面略内凹。素面。手制、轮修。底径6.8厘米，厚0.8～0.9厘米，残高4厘米（图一〇七，3）。

YPE3①：6，泥质灰陶盆口腹部。侈口，圆唇，折沿下捺，腹部斜收。外表有宽窄不一数周瓦楞纹。泥片贴筑、快轮修整。口径35厘米，厚0.8厘米，残高4.2厘米（图一〇七，5）。

YPE3①：7，泥质深灰色陶罐腹部。外表饰弦断中粗绳纹和交错绳纹。泥片贴筑、快轮修整。残长6.5厘米，厚0.6厘米，残宽6厘米（图一〇八，1）。

YPE3①：8，夹细砂深灰色陶釜底部。外表饰粗大交错绳纹，内壁为较乱拍印纹。泥片贴筑、手制、轮修。残长5.5厘米，厚0.6厘米，残宽5.2厘米（图一〇九）。

YPE3①：9，泥质灰陶罐肩部。外表饰竖向中粗绳纹且附加压印纹泥条一周。泥片贴筑、快轮修整。残长5.3厘米，厚0.9厘米，残宽5.5厘米（图一〇八，2）。

YPE3①：10，泥质深灰色陶罐腹部。外表饰竖向细绳纹。手制、轮修。残长4.8厘米，厚0.5厘米，残宽4.2厘米（图一〇八，3）。

YPE3①：11，泥质深灰色陶罐肩部。溜肩。肩部外表饰弦断中粗绳纹，内壁手抹。手制、轮修。残宽7厘米，厚0.5厘米，残高5.9厘米（图一〇八，4）。

YPE3①：12，夹细砂灰陶釜腹部。外表饰交错中粗绳纹。泥片贴筑、快轮修整。残长6.3厘米，厚0.7厘米，残宽5厘米（图一〇八，5）。

YPE3①：13，夹细砂灰陶釜足。下腹斜收至小矮足圆钝。外表左斜向、右斜向竖向粗绳纹交会于足尖。手制、轮修。残高1.6厘米，厚0.6～0.8厘米，残宽5.6厘米（图一〇七，2；图一〇八，6）。

盆儿洼村东二号遗址第二采集点

第二采集点位于遗址区西部，中心坐标为北纬40°13′53.1″，东经112°24′43.3″，海拔1497米±4米。采集点地形为南北向坡地，地表植被多为灌木等。采集面积约100平方米。采集遗物分布较集中，所采遗物主要有夹砂灰陶陶釜腹部、鬲口肩部等。采集标本共5件。

YPE3②：1，夹细砂灰褐色陶罐口肩部。侈口，圆方唇，卷沿外翻，溜肩。素面。手制、轮修。口径20厘米，厚0.7厘米，残高4厘米（图一一〇，1）。

YPE3②：2，夹粗砂深灰色陶鬲口肩部。侈口，斜方唇，折沿上翘，束颈，溜肩。肩部饰竖向特粗大绳纹。手制、轮修。口径32厘米，厚1厘米，残高6厘米（图一一〇，2）。

YPE3②：3，夹细砂灰褐色陶釜腹部。外表饰粗大绳纹，内壁抹光。手制、轮修。残长6.5厘米，厚0.5厘米，残宽3.5厘米（图一一一，1）。

YPE3②：4，夹细砂深灰色陶鬲下腹部。含岩粒。外表饰特粗大绳纹，内壁抹光。手制、轮修。残长6.8厘米，厚0.9厘米，残宽5.4厘米（图一一一，2）。

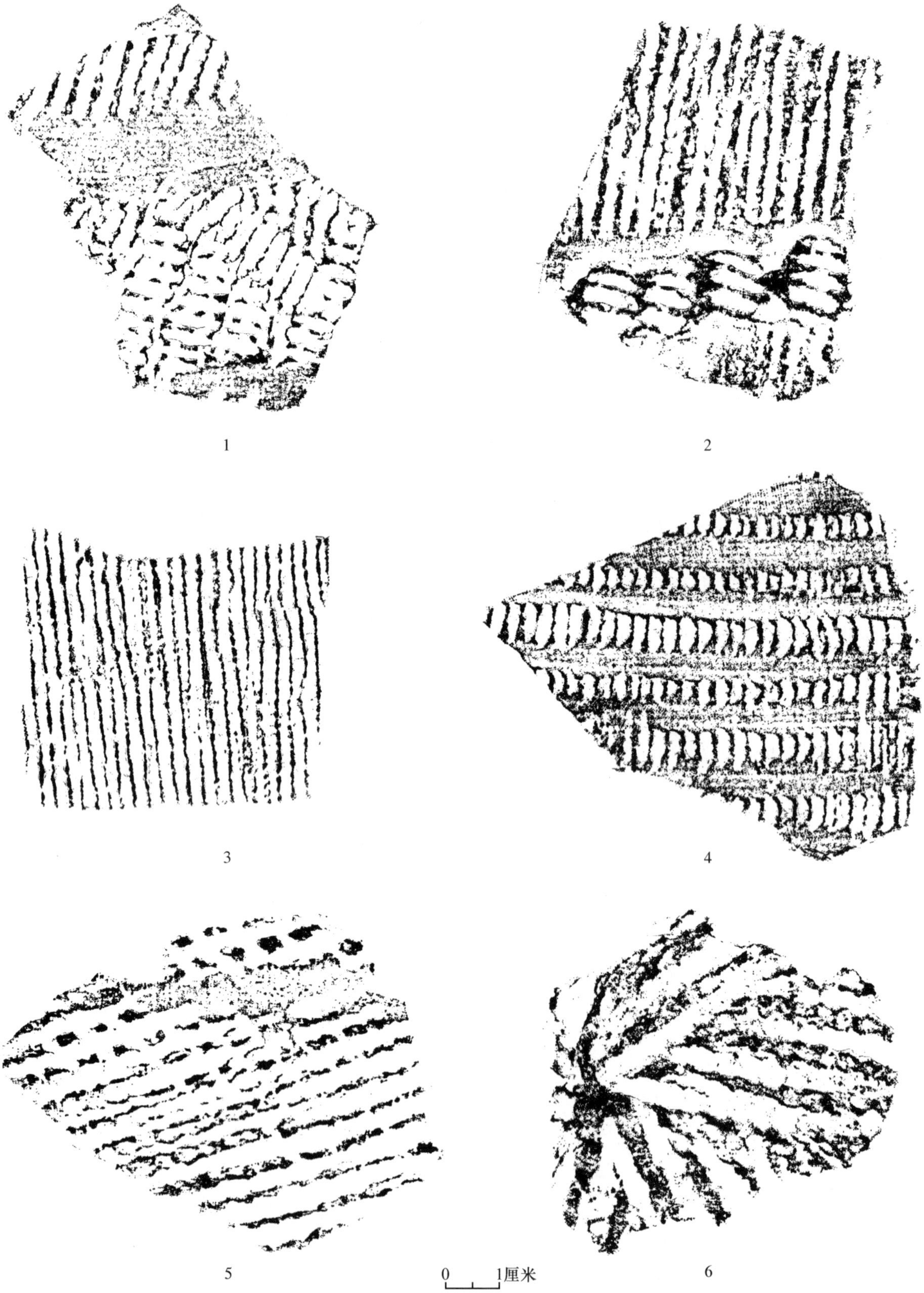

图一〇八　盆儿洼村东二号遗址第一采集点采集标本拓片

1～4. 陶罐腹部（YPE3①：7、YPE3①：9、YPE3①：10、YPE3①：11）　5. 陶釜腹部（YPE3①：12）　6. 陶鬲足（YPE3①：13）

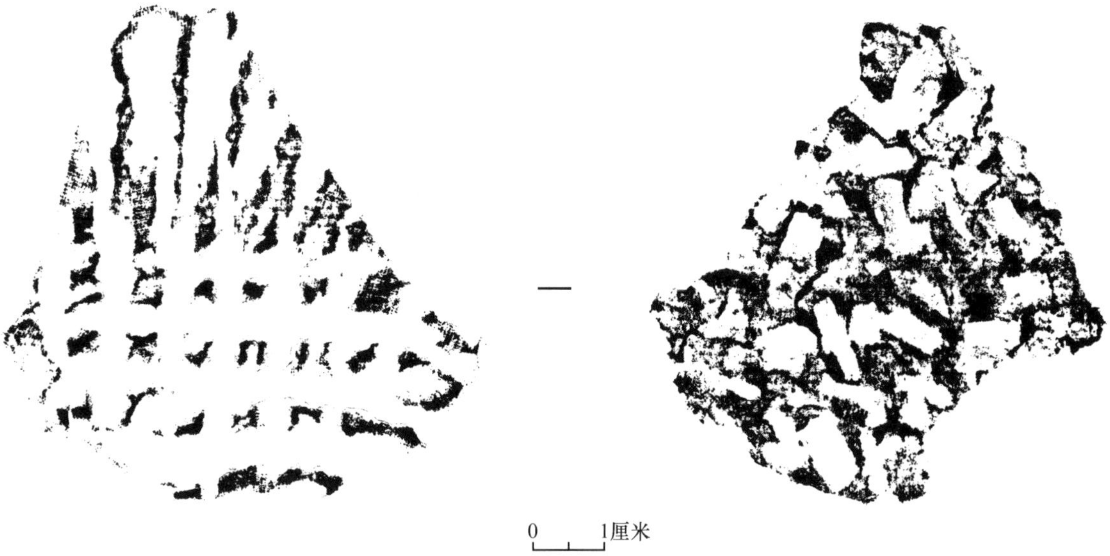

图一〇九　盆儿洼村东二号遗址第一采集点采集标本拓片
陶釜底部（YPE3①：8）（外表、内壁）

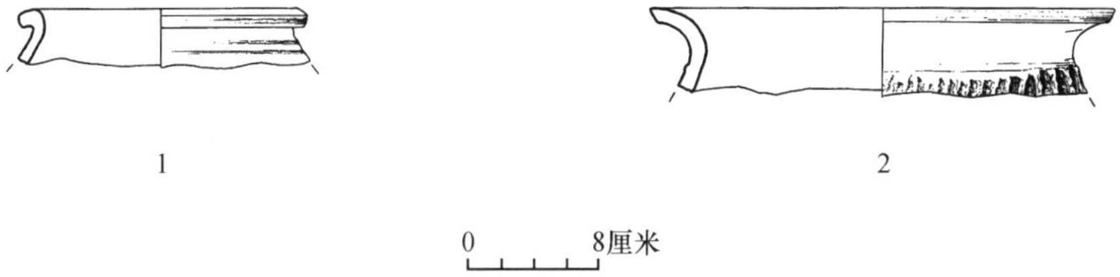

图一一〇　盆儿洼村东二号遗址第二采集点采集标本
1. 陶罐口肩部（YPE3②：1）　2. 陶鬲口肩部（YPE3②：2）

YPE3②：5，夹细砂灰褐色陶釜下腹部。外表饰粗大绳纹。手制、轮修。残长6.4厘米，厚1厘米，残宽4.6厘米（图一一一，3）。

（二）遗址时代

遗址的文化时代为战国中晚期至汉代（表二四）。

YPE3①：6（战国中期）与托克托县黑水泉遗址H型Ⅲ式陶盆T1②：1相似[①]。

表二四　盆儿洼村东二号遗址调查标本与其他地区同时代对比表

序号	盆儿洼村东二号遗址调查标本	对比标本一	对比标本二	其他	备注
1	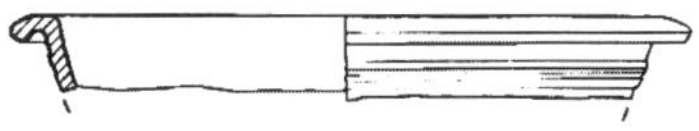 YPE3①：6（战国中期）	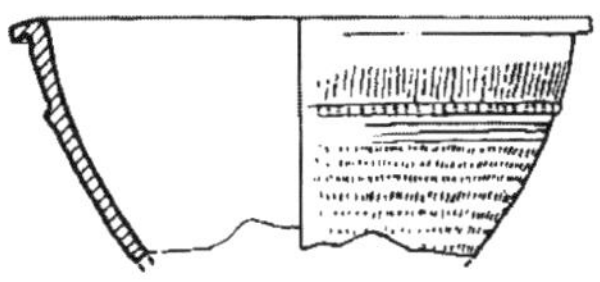 托克托县黑水泉遗址H型Ⅲ式陶盆T1②：1			

① 内蒙古自治区文物考古研究所编：《内蒙古文物考古文集（第三辑）》，科学出版社，2004年，第173页，图三一，3。

图一一一　盆儿洼村东二号遗址第二采集点采集标本拓片

1. 陶釜腹部（YPE3②：3）　2. 陶鬲下腹部（YPE3②：4）　3. 陶釜下腹部（YPE3②：5）

第十九节　破虎堡村附近

一、破虎堡村东遗址（沃阳故城）（2014YP1）

（一）遗址介绍

破虎堡村东遗址位于破虎堡村东约1.4千米处，行政归属李达窑乡破虎堡村，初查时间为2014年7月24日。遗址中心GPS坐标为北纬40°14′40.6″，东经112°34′20.0″，海拔1491米±5米。遗址北靠明代长城，西临由东北向西南流入马营河的季节性河流，季节性河流现无流水，南临马营河，东临庄窝村西阶梯台地，遗址西南部现为平底。地表植被有土豆、荞麦、松树、荒草等。遗址东西约450米，南北约550米，面积总计247500平方米。该遗址西临破虎堡村遗址（图一一二；图版一四，1、2；图版一五，3、4）。

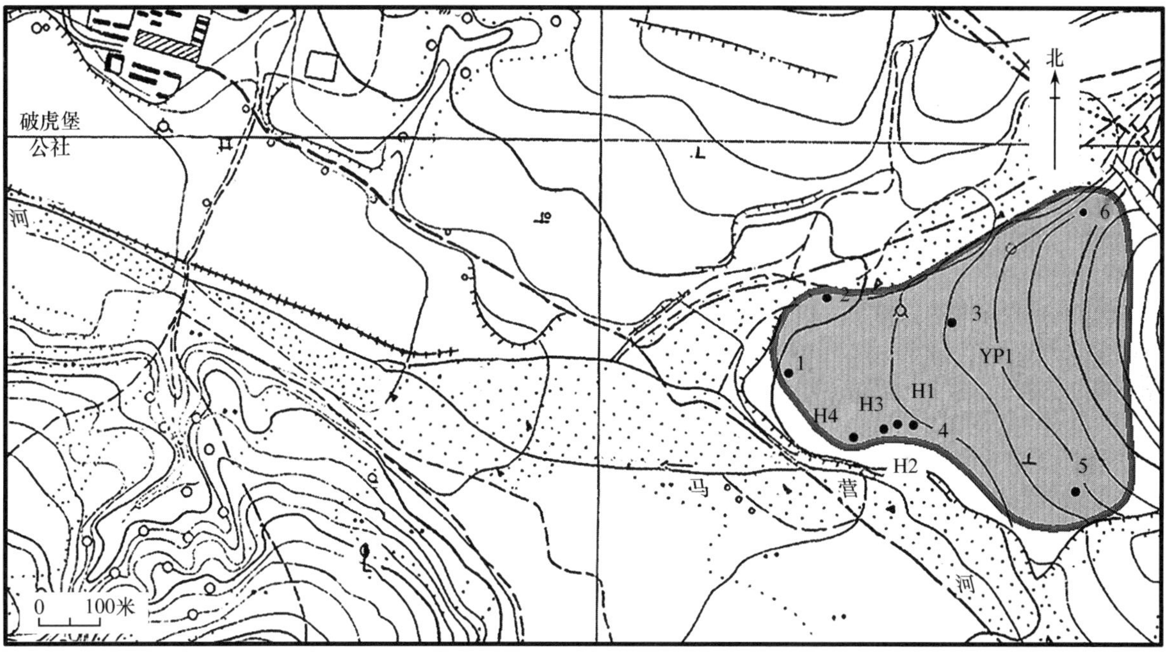

图一一二　破虎堡村东遗址位置示意图

遗址应为沃阳故城城址。城址平面呈长方形，南北残长160米，东西长约200米，城址南墙被马营河冲毁，其余三面仅墙角有高出地面的土堆。现残存面积约4万平方米。

遗址南部断崖发现灰坑15个，大多距河床较高，无法清理，调查队员挑选其中4个进行了简单清理，编号为2014YP1H1～2014YP1H4（以下省略2014YP1）。

H1，剖面呈不规则袋状坑。开口于沃阳故城东城墙下，口径2.4米，最深处0.75米，坑口距现地表1.1米。坑内填土土质疏松，土色为灰褐色，包含物有烧土块、陶片、石块等（图版一五，1）。

H2，剖面呈锅底状坑。开口于第2层下，口径5米，最深1米，坑口距地表1.8米。坑内填土土质较疏松，土色较灰，包含物有夹砂灰陶残片、泥质灰陶片、动物骨骼、红烧土块及石块。

H3，剖面呈锅底状坑。开口于第三层下，口径1.6米，最深1.2米，坑口距地表1.28米。坑内填土土质疏松，土色为灰褐色，包含物有泥质灰陶片、动物骨骼、少量红烧土块、炭粒、石块等。

H4，剖面呈不规则坑袋状坑。开口于第二层下，口径1.6米，底径2.2米，深1.6米，坑口距地表1.2米。坑内填土土质较紧密，土色为灰色，包含物有泥质陶纺轮坯料、板瓦、泥质灰陶罐残片、动物骨骼、石块等（图版一五，2）。

遗址南部断崖还发现文化层一处。该文化层位于耕土层下，耕土层厚0.18～0.2米，文化层厚1～1.6米。文化层土质较疏松，土色为灰褐色，包含物有白釉瓷片、灰陶片、烧土块以及大小不等的石块（图版一五，4）。

遗址区内除发现灰坑及文化层等遗迹外，还设立11个采集点（含H1、H2、H3、H4及H4上文化层）。

破虎堡村东遗址第一采集点

第一采集点位于遗址区的西南部，为沃阳故城现存西南角，中心坐标为北纬40°14′37.9″，东经112°34′10.0″，海拔1501米±5米。采集点地形为平地，地表植被为松树、荒草等。采集面积为700平方米。采集遗物分布较分散，所采遗物主要有泥质灰陶罐口部、斜折沿陶盆口部、折沿陶盆口部、陶罐肩部、青瓷碗底部、筒瓦等。采集标本共12件。

YP1①：1，泥质灰陶罐口部。方唇，卷沿，鼓肩，口沿外侧加厚部分脱落。肩部饰竖向浅细绳纹。泥片贴筑。口径22厘米，厚0.9厘米，残高4.6厘米（图一一三，6）。

YP1①：2，泥质灰陶罐口部。斜方唇，卷沿，溜肩。肩部饰竖向较规则的浅细绳纹。口径28厘米，厚1厘米，残高5.1厘米（图一一三，9）。

YP1①：3，泥质褐色陶筒瓦。筒瓦头部，未粘贴瓦当。瓦面抹光。局部残留左斜向绳纹，瓦沟内头端有磨光痕迹，前低后高。泥条盘筑、外切。残长6厘米，残宽12.2厘米，厚1.2厘米，高8.7厘米（图一一三，4）。

YP1①：4，泥质灰陶釜口部。扁圆唇，外侧加厚，卷沿，溜肩。肩腹部饰左斜向绳纹。泥片贴筑、快轮修整。口径22厘米，厚0.6厘米，残高6厘米（图一一三，8）。

YP1①：5，泥质深灰色陶筒瓦。瓦舌唇部为斜方唇，瓦面残存部分素面，瓦沟内饰布纹。泥片贴筑。残长4.6厘米，厚1.2厘米，残宽7.4厘米（图一一三，1）。

YP1①：6，泥质深灰色陶盆口部。平唇，折沿，腹部较直，唇部饰一周凹槽。内壁有研光痕迹，外壁残存五周瓦楞纹。泥条盘筑、快轮修整。口径44厘米，厚1.1厘米，残高9厘米（图一一三，10）。

YP1①：7，泥质深灰色陶盆口部。斜方唇，折沿下捺，腹部较直。口沿及内壁饰研光平行暗弦纹。泥片贴筑、快轮修整。口径32.8厘米，厚0.8厘米，残高5.6厘米（图一一三，7）。

YP1①：8，泥质深灰色陶罐底部。下腹略内曲，平底。素面。泥片贴筑。底径14厘米，厚0.5厘米，残高4厘米（图一一三，5）。

YP1①：9，泥质深灰色陶片。器表饰左斜向浅细绳纹，残存一周泥条上饰压布纹。泥片

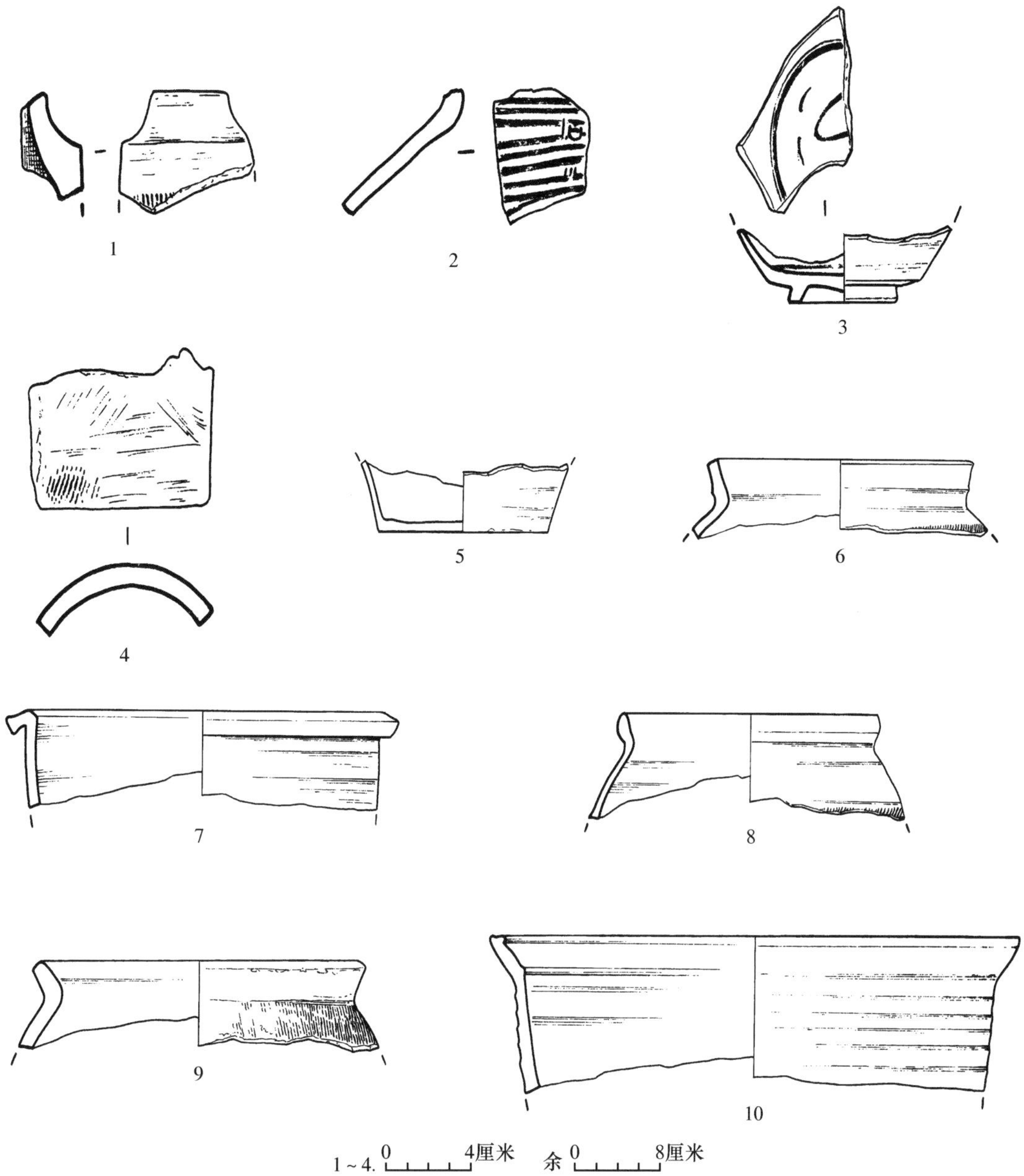

图一一三　破虎堡村东遗址第一采集点采集标本

1. 筒瓦（YP1①：5）　2. 陶罐肩部（YP1①：12）　3. 瓷碗底部（YP1①：11）
4. 筒瓦（YP1①：3）　5. 陶罐底部（YP1①：8）　6、9. 陶罐口部（YP1①：1、YP1①：2）
7、10. 陶盆口部（YP1①：7、YP1①：6）　8. 陶釜口部（YP1①：4）

贴筑。厚0.8厘米，残高4.5厘米，残宽3.6厘米（图一一四，1）。

YP1①：10，泥质深灰色陶盆腹部。折腹，上腹较直，下腹斜收。下腹饰抹断竖向中绳纹，内壁残存三周研光暗弦纹。泥片贴筑、快轮修整。厚0.8厘米，残高6.6厘米，残宽6.2厘米（图一一四，3）。

YP1①：11，瓷碗底部。坩子土较细，灰胎。斜腹，折腰，圈足外撇，外底凸起。外壁施半釉，内壁施满釉，未施化妆土，直接施透明釉，釉色白色泛青；内底折腰处施一周酱色黑彩

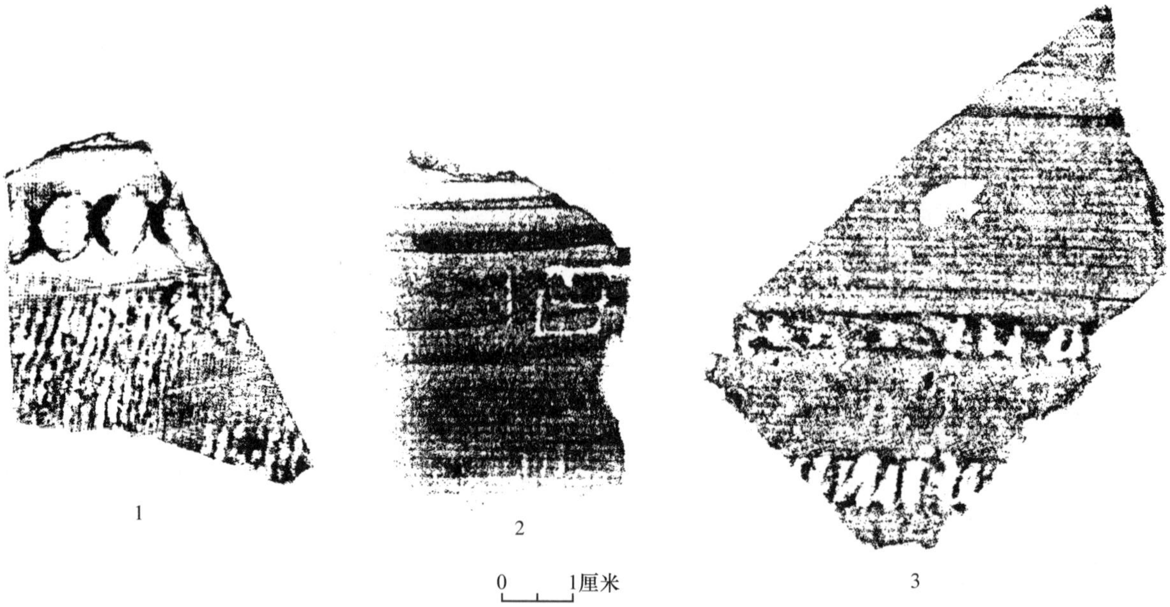

图一一四　破虎堡村东遗址第一采集点采集标本拓片
1. 陶片（YP1①：9）　2. 陶罐肩部（YP1①：12）　3. 陶盆腹部（YP1①：10）

条，中心釉上施酱色黑彩纹。拉坯。底径6厘米，厚0.6厘米，残高3厘米（图一一三，3）。

YP1①：12，泥质灰陶罐肩部。肩部刻划有“石”字，外壁饰数周研光暗弦纹。泥片贴筑、快轮修整。厚0.7厘米，残高7.1厘米，残宽5.2厘米（图一一三，2；图一一四，2；图版一六，1）。

破虎堡村东遗址第二采集点

第二采集点位于遗址区的西部，为沃阳故城原西北城角，中心坐标为北纬40°14′41.6″，东经112°34′12.8″，海拔1486米±4米。采集点地形为平地，地表植被为松树、荒草等。采集面积为900平方米。采集遗物分布较分散，所采遗物主要有绳纹筒瓦残片、外饰绳纹内饰方格纹板瓦残片、泥质灰陶盆口部、夹砂灰陶鬲口部等。采集标本共9件。

YP1②：1，泥质灰黑色陶筒瓦。瓦舌较长，器身变形严重，应为残品，火候较高。瓦面饰抹断竖向中绳纹，瓦沟饰布纹。泥片贴筑。残长8.4厘米，厚0.9厘米，残宽10.6厘米（图一一五，2）。

YP1②：2，泥质深灰色陶罐口部。侈口，圆唇外侧加厚，斜短颈。素面。泥片贴筑、快轮修整。口径26厘米，厚0.7厘米，残高3.6厘米（图一一五，4）。

YP1②：3，泥质灰陶盆口部。斜方唇，卷沿外翻，斜腹。口沿及内壁饰研光平行暗弦纹。泥片贴筑、快轮修整。口径38厘米，厚0.6厘米，残高3.8厘米（图一一五，5）。

YP1②：4，泥质灰黑色陶盆口部。斜方唇，折沿下捺，残存腹部较直。外壁口沿下饰数周凹弦纹。泥片贴筑、快轮修整。口径30厘米，厚0.7厘米，残高2.6厘米（图一一五，3）。

YP1②：5，夹砂灰黑色陶鬲口部。口沿残，肩部略鼓。肩部饰交错粗大绳纹。泥片贴筑、快轮修整。厚0.9厘米，残宽6.5厘米，残高7.8厘米（图一一六，4）。

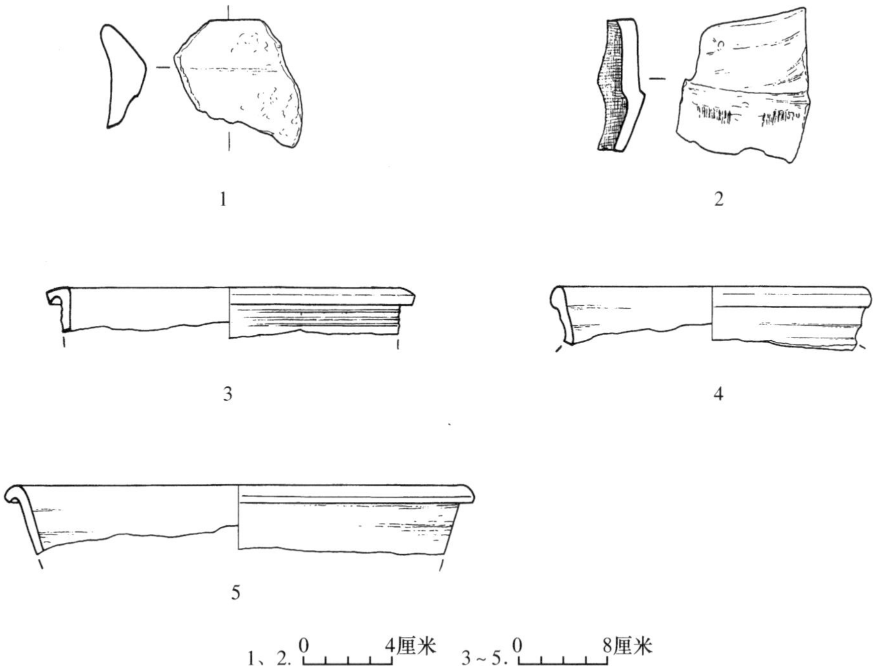

图一一五　破虎堡村东遗址第二采集点采集标本

1、4. 陶罐口部（YP1②：9、YP1②：2）　2. 筒瓦（YP1②：1）　3、5. 陶盆口部（YP1②：4、YP1②：3）

YP1②：6，泥质灰陶板瓦。瓦面饰左斜向较规则的中偏粗绳纹，瓦沟饰排印的麻点纹。泥条盘筑。厚1.2厘米，残长9.2厘米，残宽8厘米（图一一六，3）。

YP1②：7，泥质灰黑色陶板瓦。瓦面饰左斜向中绳纹及粗大绳纹，瓦沟饰压印的麻点纹及凸圆饼纹。泥条盘筑。厚1.2厘米，残长9厘米，残宽11.5厘米（图一一六，1）。

YP1②：8，泥质灰黑色陶板瓦。瓦面饰略左斜向较规则的中偏粗绳纹，瓦沟饰压印的斜方格纹，火候较低。泥片贴筑。厚1.1厘米，残长6.8厘米，残宽9厘米（图一一六，2）。

YP1②：9，夹砂铁锈红色陶罐口部。含蚌片。扁圆唇，折沿，溜肩，工艺原始。陶泥中故意掺杂类似蚌或萤石的荧光材料，十分特殊。素面。泥片贴筑、手制。残宽5.1厘米，最厚1.4厘米，残高3.5厘米（图一一五，1）。

破虎堡村东遗址第三采集点

第三采集点位于遗址区的中部，为沃阳故城原东北城墙角，中心坐标为北纬40°14′40.6″，东经112°34′20.0″，海拔1491米±5米。采集点地形为平地，地表植被为松树、荒草等。采集面积约800平方米。采集遗物分布较分散，所采遗物主要有泥质灰陶绳纹板瓦、绳纹筒瓦、盆口部等。采集标本共7件。

YP1③：1，夹砂铁锈红色陶盆口部。含较多蚌片。斜方唇，折沿，腹部略折，斜收明显，火候不高。素面。泥片贴筑。口径33.6厘米，厚0.9厘米，残高4厘米（图一一七，4）。

YP1③：2，泥质陶罐口部。外壁呈黑色，内壁呈灰色。侈口，斜方唇，短颈，鼓腹。颈部有一周凸棱，唇上及口内侧砑光痕迹，肩部砑光。泥片贴筑、快轮修整。口径26厘米，厚0.9厘米，残高6.4厘米（图一一七，6）。

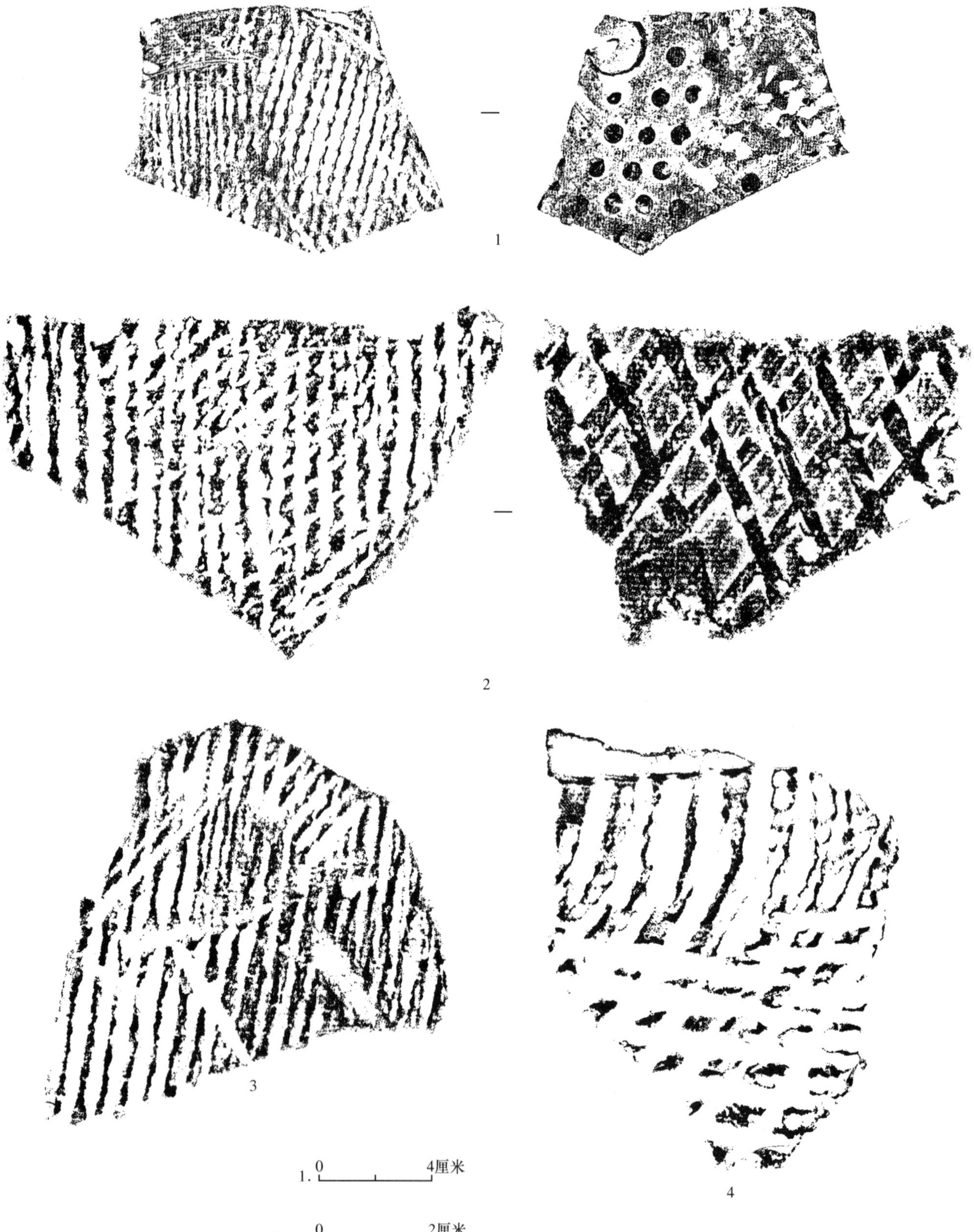

图一一六　破虎堡村东遗址第二采集点采集标本拓片

1、2.板瓦（YP1②：7、YP1②：8）（外表、内壁）　3.板瓦（YP1②：6）　4.陶鬲口部（YP1②：5）

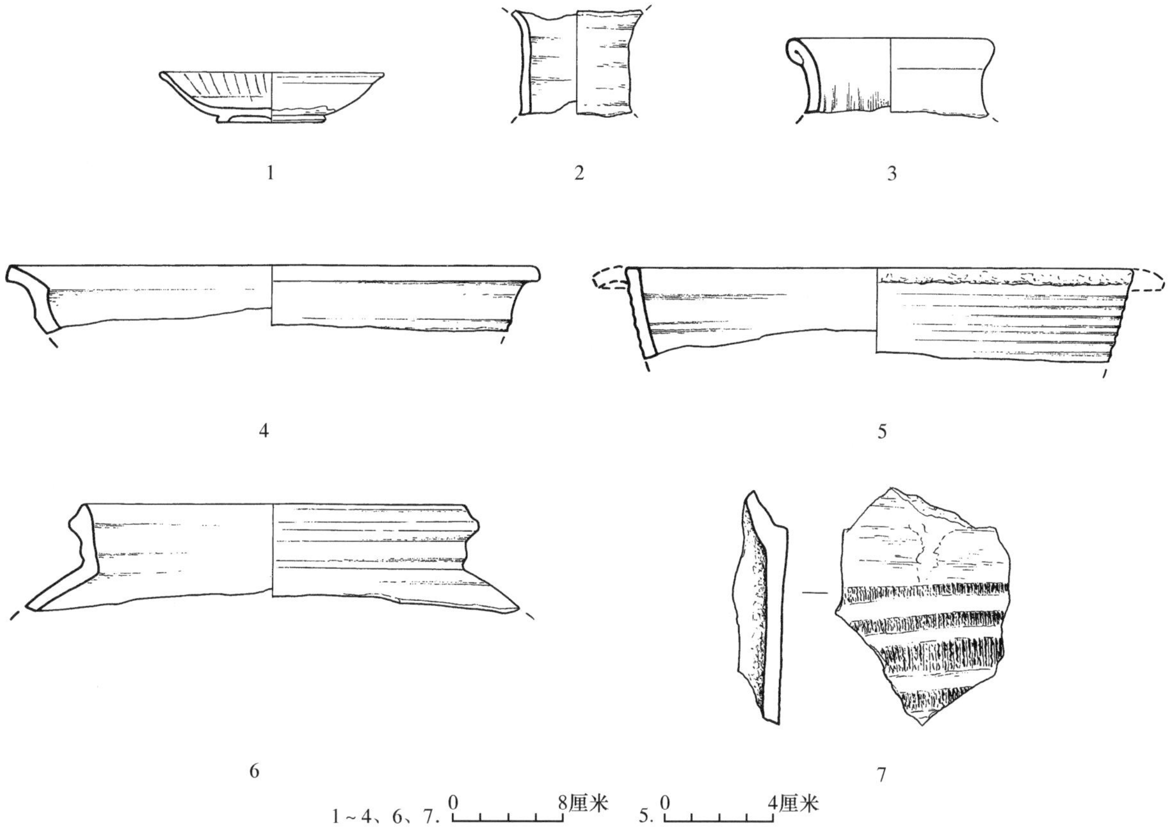

图一一七　破虎堡村东遗址第三采集点采集标本

1. 瓷盘（YP1③：7）　2、3. 陶高领壶颈部（YP1③：5、YP1③：4）　4、5. 陶盆口部（YP1③：1、YP1③：3）　6. 陶罐口部（YP1③：2）　7. 筒瓦（YP1③：6）

YP1③：3，泥质灰色陶盆口部。应为折沿盆，沿脱落，斜腹。外壁饰数周凹槽，内壁有研光形成的平行暗弦纹。泥片贴筑、快轮修整。口内径30厘米，厚0.8厘米，残高5.4厘米（图一一七，5）。

YP1③：4，泥质灰陶高领壶口部。侈口，扁圆唇，卷沿外翻贴于外壁，长颈。素面。泥片贴筑、快轮修整。口径13厘米，厚0.7厘米，残高4.6厘米（图一一七，3）。

YP1③：5，泥质深灰色陶高领壶颈部。长颈。素面。泥片贴筑、快轮修整。厚0.5厘米，残高6.3厘米（图一一七，2）。

YP1③：6，泥质灰陶筒瓦。瓦肩较低，瓦面凸凹不平。瓦面饰抹断竖向中绳纹，瓦沟饰布纹。泥片贴筑、快轮修整。残长14.4厘米，厚1.2厘米，残宽11厘米（图一一七，7）。

YP1③：7，瓷盘。较细坩子土，灰色胎。圆唇，折腰，圈足较矮、外撇，外底略凹，内底平。内壁满釉，外壁半釉，先施白色化妆土，后施透明釉，釉色白色泛黄；内壁下腹部用墨蓝彩釉画出竖向线条；内底残存一个支钉痕，外底残存两个支钉痕，支钉为砂制。拉坯。口径14.2厘米，底径7厘米，高3厘米（图一一七，1）。

破虎堡村东遗址第四采集点

第四采集点位于遗址区的南部，为沃阳故城现存东南角，中心坐标为北纬40°14′35.6″，东经112°34′18.3″，海拔1480米±5米。采集点地形为平地，地表植被为松树、荒草等。采集面积约700平方米。采集遗物分布较集中，所采遗物主要有泥质灰陶盆口部、绳纹板瓦、罐口部等。并且在南部夯土断崖内发现较多遗物，并且采集。因此地表采集标本共10件，夯土断崖内采集标本共9件。

（1）地面采集。

YP1④：1，泥质陶盆口腹部。斜方唇，折沿下捺，上腹部较直。外壁口沿下饰数周凹槽。泥片贴筑、快轮修整。口径54厘米，厚0.6厘米，残高5.8厘米（图一一八，8）。

YP1④：2，泥质灰陶筒瓦。瓦舌较长，瓦面饰抹断竖向中绳纹，瓦沟饰布纹。泥片贴筑。残长8.6厘米，厚1.2厘米，残宽8.8厘米（图一一八，6）。

YP1④：3，泥质灰陶钵底部。斜腹，饼底，残存腹部有磨光痕迹。泥片贴筑、快轮修整。底径5.2厘米，厚0.7厘米，残高2.2厘米（图一一八，1）。

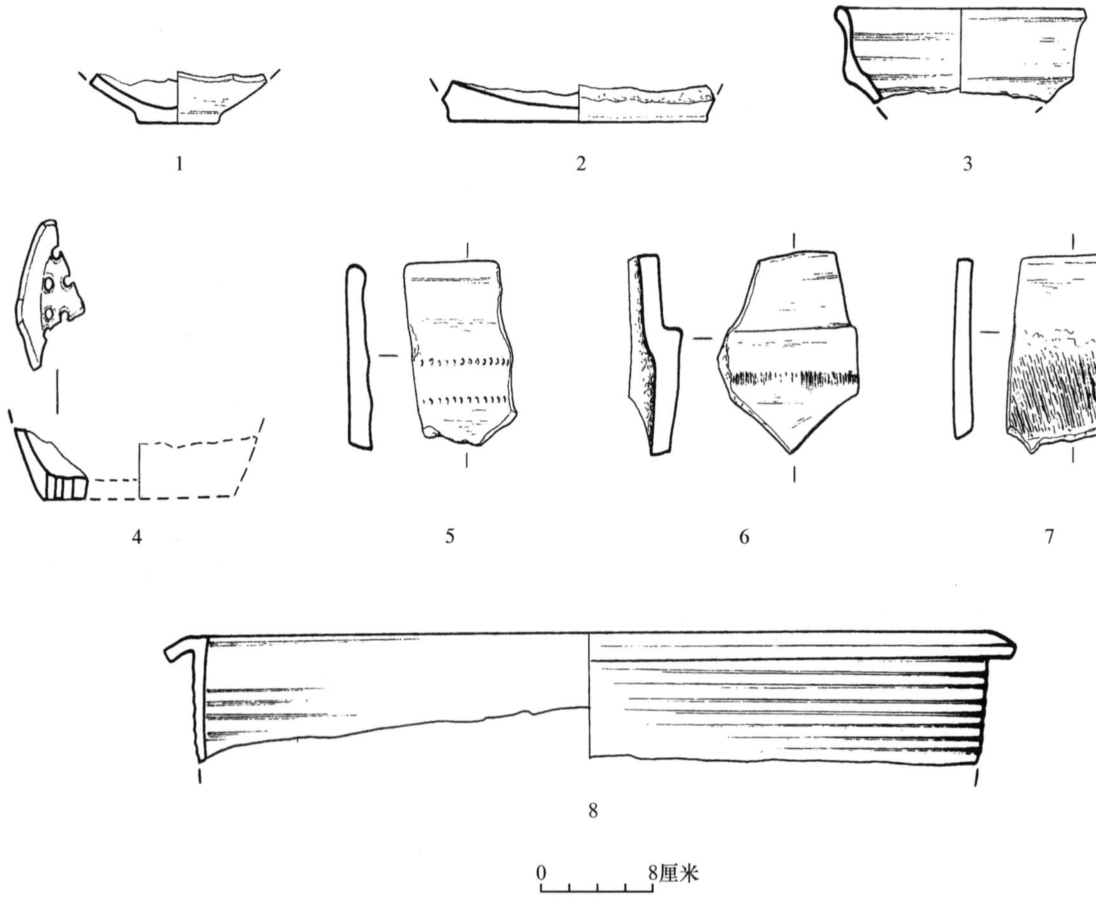

图一一八　破虎堡村东遗址第四采集点采集标本

1. 陶钵底部（YP1④：3）　2. 陶罐底部（YP1④：6）　3. 陶钵口腹部（YP1④：7）　4. 陶甑底部（YP1④：5）　5、7. 板瓦（YP1④：4、YP1④：8）　6. 筒瓦（YP1④：2）　8. 陶盆口腹部（YP1④：1）

YP1④：4，泥质灰褐色陶板瓦。瓦头唇部为斜方唇，瓦面饰抹断竖向粗大绳纹；瓦沟残存部分抹光，有一道右斜向较细的木条印痕。泥条盘筑。残长8厘米，厚1.2厘米，残宽7厘米（图一一八，5）。

YP1④：5，泥质灰黑色陶甑底部。斜腹，平底。底部残存六个由外向内钻的圆孔，外壁磨光，内壁残存一周研光暗弦纹。泥片贴筑、快轮修整。底径12厘米，厚0.8厘米，残高3厘米（图一一八，4）。

YP1④：6，泥质灰陶罐底部。平底，内底略下凹，中心较薄。泥片贴筑、快轮修整。底径16厘米，厚0.9厘米，残高1.8厘米（图一一八，2）。

YP1④：7，泥质灰陶钵口腹部。圆唇，折腹，内壁及唇部饰平行研光暗弦纹。泥片贴筑、快轮修整。口径16厘米，厚0.7厘米，残高4厘米（图一一八，3）。

YP1④：8，泥质灰陶板瓦。黑色。黑色瓦头唇部为方唇，瓦面饰右斜向较规则的粗绳纹，瓦沟饰反绳纹，瓦面及瓦沟两板瓦叠压处均抹光。泥片盘筑。残长8.4厘米，残宽9厘米，厚1.2厘米（图一一八，7）。

YP1④：9，陶罐腹部。泥质灰黑色。外壁两平行附加泥条之间饰竖向较规则的浅细绳纹，泥条上饰压印纹。泥片贴筑。厚0.8厘米，残高6.5厘米，残宽6.4厘米（图一一九，1）。

YP1④：10，泥质灰陶罐腹部。外壁先饰竖向较规则的浅细绳纹，再饰横向及弧形附加泥条。泥片贴筑。残厚0.6厘米，残高5.4厘米，残宽7厘米（图一一九，2）。

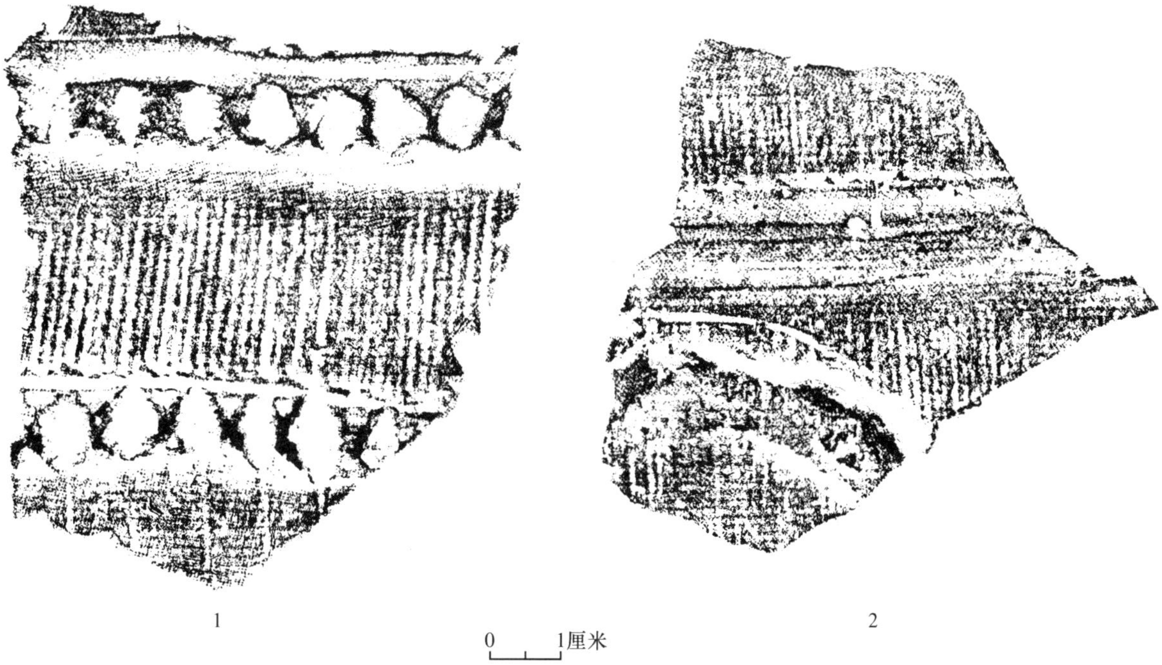

图一一九　破虎堡村东遗址第四采集点采集标本拓片

1、2. 陶罐腹部（YP1④：9、YP1④：10）

（2）夯土断崖采集。

YP1④夯土：1，泥质灰陶罐口部。侈口，扁圆唇。唇上及口内壁有研光的暗弦纹。泥片贴筑、慢轮修整。口径30厘米，厚0.8厘米，残高3.6厘米（图一二〇，2）。

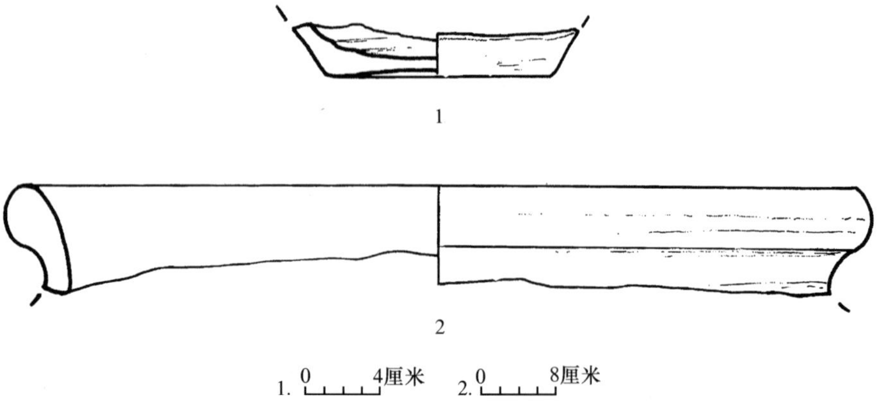

图一二〇　破虎堡村东遗址第四采集点夯土断崖采集标本

1. 陶盆下腹部残片（YP1④夯土：6）　2. 陶罐口部（YP1④夯土：1）

YP1④夯土：2，泥质深灰色陶钵底。斜腹，平底。内底略凹，钵底略内凹，饰研光的同心圆暗纹。泥片贴筑。底径3.6厘米，厚0.6厘米，残高1.8厘米。

YP1④夯土：3，泥质灰黑色陶罐肩部。折肩。器表饰研光的暗弦纹，折肩处可能为竖向绳纹被抹光。泥片贴筑、快轮修整。厚0.8厘米，残高5厘米，残宽5.5厘米。

YP1④夯土：4，泥质浅灰色罐口部。器表先饰抹断左斜向浅细绳纹，再饰两周平行泥条，上饰压印纹。泥片贴筑、快轮修整。厚0.8厘米，残高6.6厘米，残宽7.4厘米（图一二一，6）。

YP1④夯土：5，泥质灰黑色盆腹部。外壁上部残存一周凹槽，下接一周附加泥条，泥条上饰压印纹，泥条下为抹断竖向中偏细绳纹。内壁残存两周研光暗弦纹。泥片贴筑、快轮修整。厚1厘米，残高4.5厘米，残宽5厘米（图一二一，3）。

YP1④夯土：6，泥质灰陶盆下腹部。外壁上部残存少许右斜向中绳纹，下部抹光，内壁残存三周研光暗弦纹。泥片贴筑、快轮修整。厚0.7厘米，残高9厘米，残宽3.9厘米（图一二〇，1；图一二一，2）。

YP1④夯土：7，泥质陶罐。外壁呈灰色，内壁呈红褐色。外壁饰竖向粗大绳纹，内壁饰指印的麻点纹。泥片贴筑。厚1厘米，残高6.1厘米，残宽2厘米（图一二一，5）。

YP1④夯土：8，泥质灰黑色盆腹部。外壁上部饰左斜向细绳纹，下部磨光，内壁有研光痕迹。泥片贴筑、快轮修整。厚0.65厘米，残高4厘米，残宽3.6厘米（图一二一，1）。

YP1④夯土：9，泥质深灰色盆腹部。外壁饰抹断略左斜向中绳纹。泥片贴筑、快轮修整。厚0.7厘米，残高6厘米，残宽4.5厘米（图一二一，4）。

破虎堡村东遗址第五采集点

第五采集点位于遗址区的东部，中心坐标为北纬40°14′32.3″，东经112°34′28.1″，海拔1489米±6米。采集点地形为阶梯式台地，地表植被为土豆等农作物。采集面积约400平方米。采集遗物分布较分散，所采遗物主要有泥质灰陶盆口腹部、甑和钵底部、陶釜口部、板瓦等。采集标本共9件。

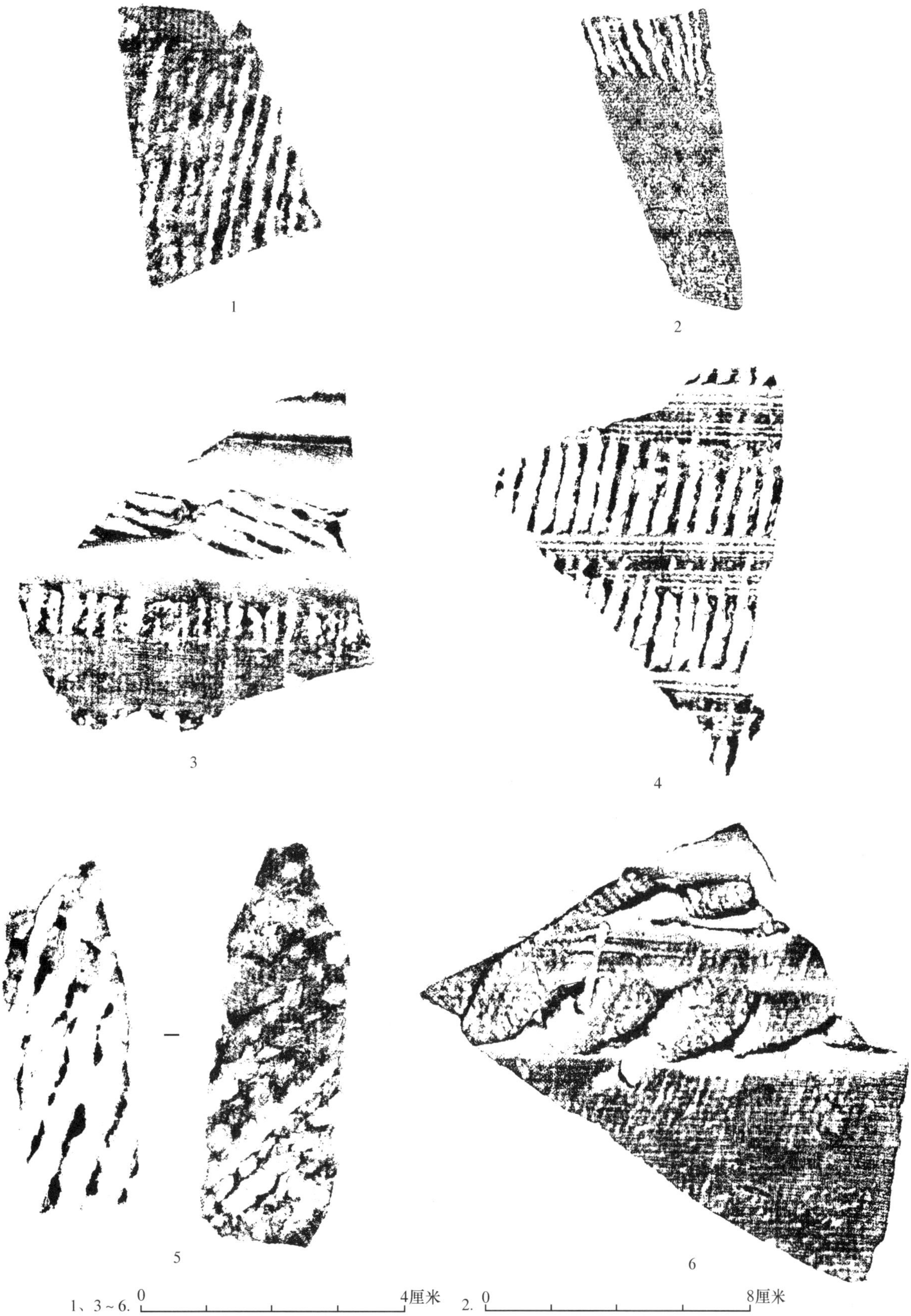

图一二一　破虎堡村东遗址第四采集点夯土断崖采集标本拓片

1、3、4、6. 陶片（YP1④夯土：8、YP1④夯土：5、YP1④夯土：9、YP1④夯土：4）　2. 陶盆下腹部（YP1④夯土：6）
5. 陶罐（YP1④夯土：7）（外表、内壁）

YP1⑤：1，泥质陶甑底部。平底残存九个由外向内的钻孔。孔径0.6厘米，厚1厘米（图一二二，7）。

YP1⑤：2，泥质红褐色陶板瓦。残瓦头唇部饰右斜向中绳纹，瓦面饰左斜向规则的中绳纹，内壁饰拍印的麻点纹。泥片贴筑。厚1厘米（图一二三，3）。

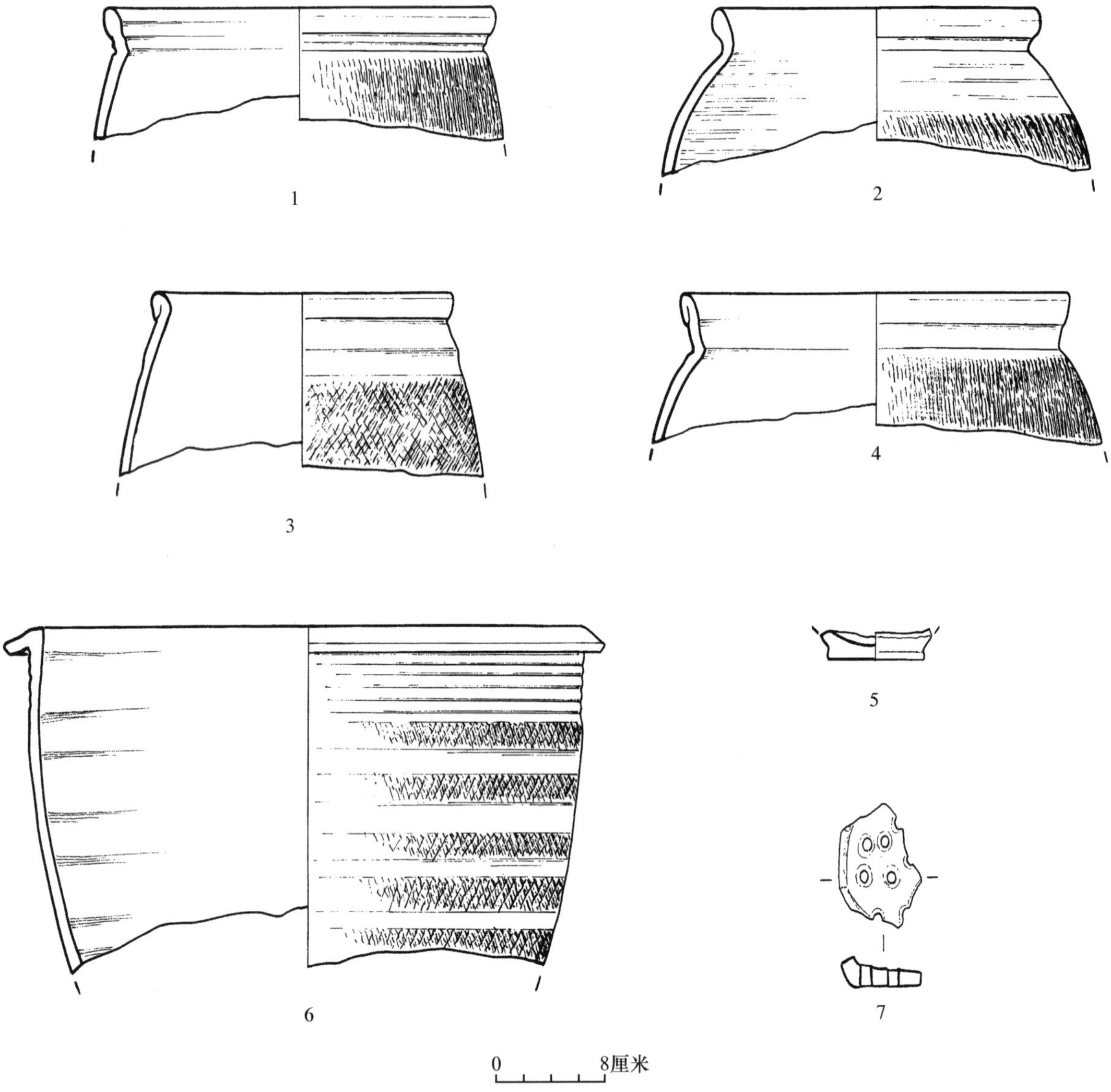

图一二二　破虎堡村东遗址第五采集点采集标本

1～4. 陶釜口部（YP1⑤：6、YP1⑤：5、YP1⑤：3、YP1⑤：8）　5. 陶钵底（YP1⑤：4）
6. 陶盆口腹部（YP1⑤：7）　7. 陶甑底部（YP1⑤：1）

YP1⑤：3，泥质深灰色陶釜口部。扁圆唇，卷沿外翻贴于外壁，敛口。饰规则的交错中绳纹。泥片贴筑、快轮修整。口径20厘米，厚0.7厘米，残高8.4厘米（图一二二，3）。

YP1⑤：4，泥质灰黑色陶钵底。饼底，内底中心略下凹。内底有研光痕迹。中心有两道压印的凹槽，呈“V”形。泥片贴筑、快轮修整。底径6.6厘米，底厚1厘米（图一二二，5；图一二三，1）。

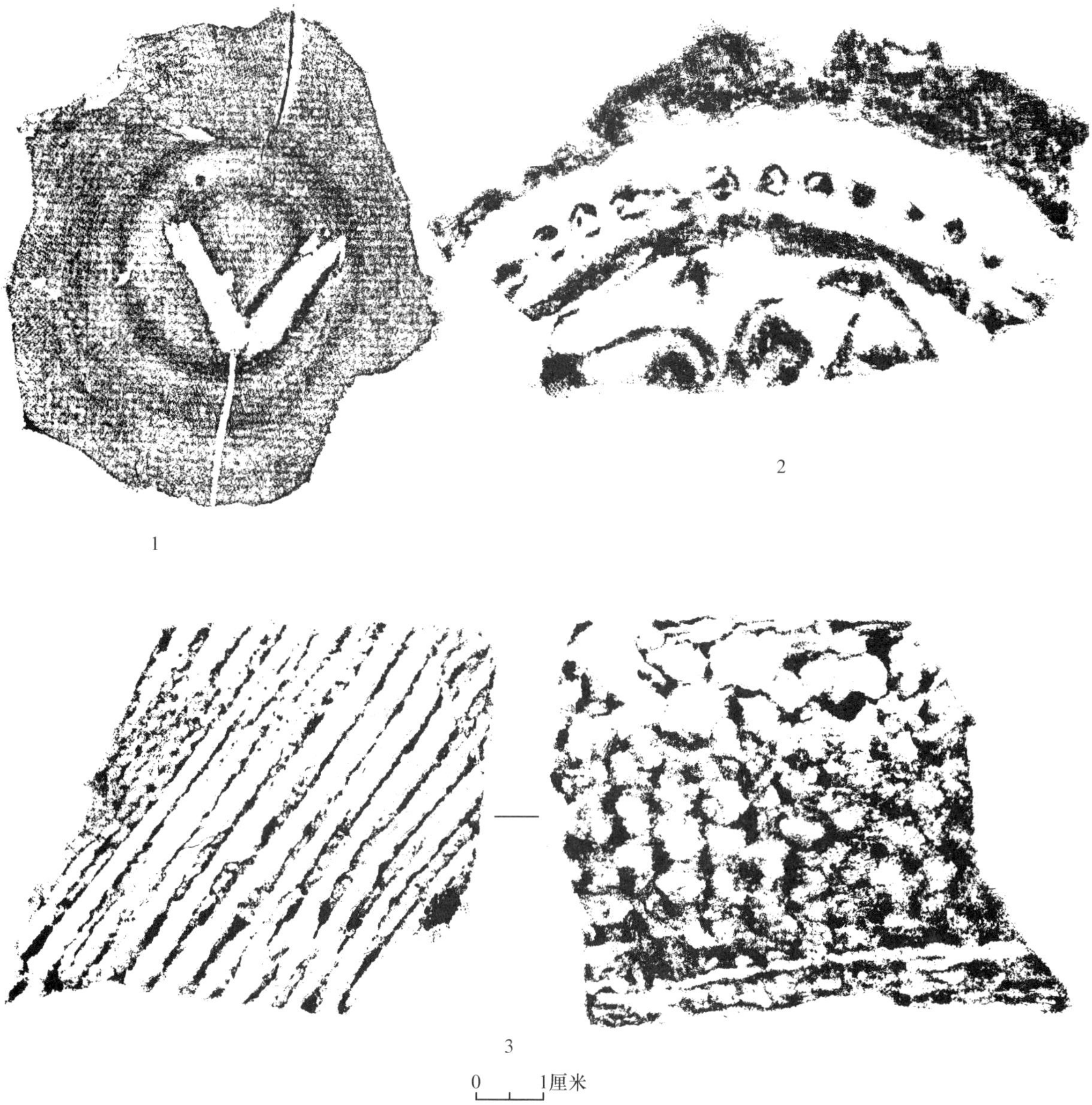

图一二三　破虎堡村东遗址第五采集点采集标本拓片

1. 陶钵底（YP1⑤：4）　2. 陶六瓣宝装莲花瓦当（YP1⑤：9）　3. 板瓦（YP1⑤：2）（外表、内壁）

YP1⑤：5，泥质深灰色陶釜口部。扁圆唇外侧加厚，折沿，敛口，圆唇，肩略鼓。肩部饰右斜向规则的中偏粗绳纹。泥片贴筑、快轮修整。口径2.2厘米，厚0.7厘米，残高7.6厘米（图一二二，2）。

YP1⑤：6，泥质陶釜口部，外壁呈灰色，内壁呈灰褐色。扁圆唇，敛口，折沿，溜肩，肩部饰略右斜向规则的中绳纹。泥片贴筑、快轮修整。口径2.6厘米，厚0.7厘米，残高6厘米（图一二二，1）。

YP1⑤：7，泥质灰陶盆口腹部。斜方唇，宽折沿下捺，直腹斜收。外壁口沿下饰五周凹弦纹，下接五周抹断交错中绳纹。内壁残存七周研光平行暗弦纹。泥片贴筑、快轮修整。口径39.8厘米，厚0.8厘米，残高15.8厘米（图一二二，6）。

YP1⑤：8，泥质深灰色陶釜口部。扁圆唇，卷折沿，溜肩。肩部饰竖向规则的中绳纹。内壁口沿下饰研光暗弦纹。泥片贴筑。口径26厘米，厚0.6厘米，残高7厘米（图一二二，4）。

YP1⑤：9，泥质灰黑色陶六瓣宝装莲花瓦当。边轮较窄，当面略低于边轮平面，当面近边轮处有一周凸弦纹，将当面分为内外两圈，外圈较窄。饰凸起的连珠纹，内圈残存两瓣莲花纹，花瓣肥硕，莲瓣凸起花纹略高于边轮平面，瓦沟内饰布纹。模制。边轮宽1.3厘米，瓦身厚1.2厘米（图一二三，2；图版一六，3）。

破虎堡村东遗址第六采集点

第六采集点位于遗址区的北部，中心坐标为北纬40°14′45.8″，东经112°34′28.6″，海拔1499米±5米。采集点地形为阶梯式台地，地表植被为荒草等。采集遗物分布较分散，所采遗物主要有泥质灰陶罐口部、泥质灰陶甑底部、筒瓦，白瓷碗口部、底部等。采集标本共8件。

YP1⑥：1，泥质灰陶甑底部。底部残存两个由外向内钻的圆孔。泥片贴筑。厚0.6厘米（图一二四，1）。

YP1⑥：2，泥质深灰色陶罐口部。扁圆唇，卷沿外翻，肩略鼓。素面。泥片贴筑、快轮修整。口径33.6厘米，厚0.7厘米，残高4.2厘米（图一二四，7）。

YP1⑥：3，泥质灰黑色陶罐口部。圆唇，盘口，溜肩。口沿及外壁研光。泥片贴筑、快

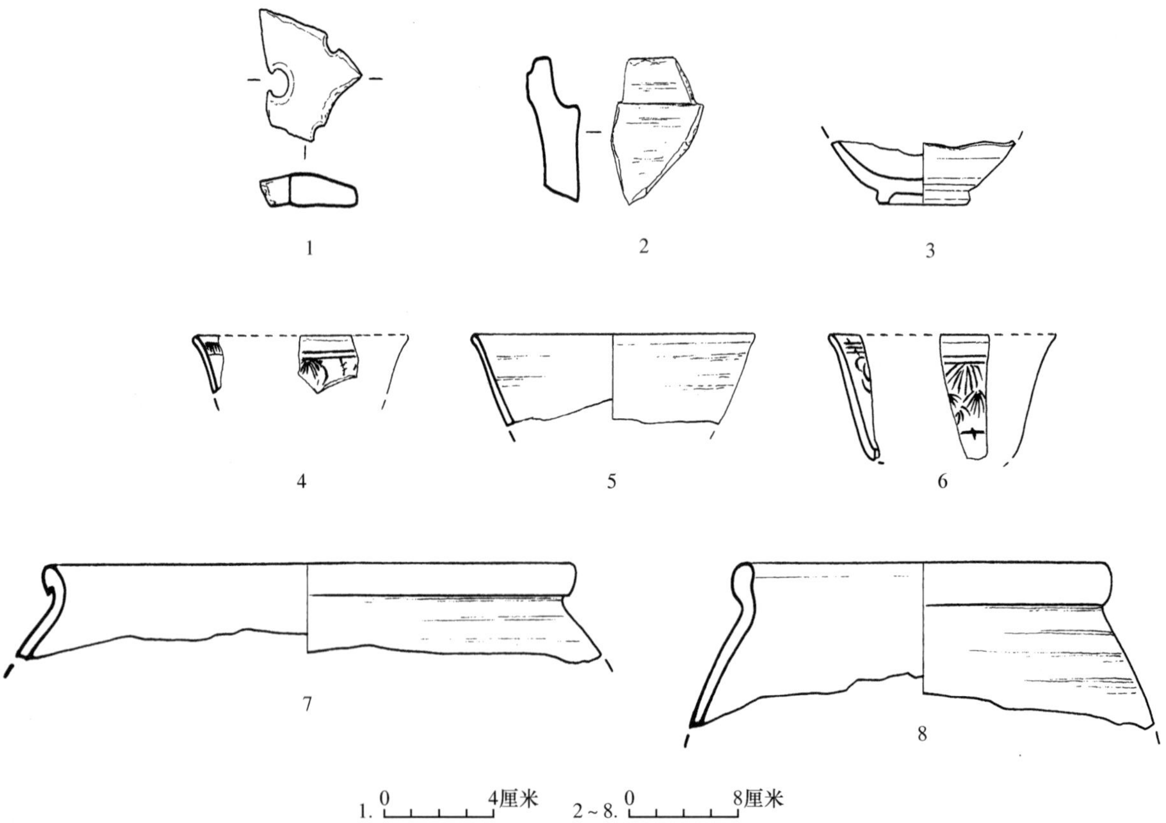

图一二四　破虎堡村东遗址第六采集点采集标本

1. 陶甑底部（YP1⑥：1）　2. 筒瓦（YP1⑥：4）　3. 瓷碗底部（YP1⑥：8）　4、5. 瓷碗口部（YP1⑥：5、YP1⑥：6）　6. 瓷碗口腹部（YP1⑥：7）　7、8. 陶罐口部（YP1⑥：2、YP1⑥：3）

轮修整。口径24厘米，厚0.8厘米，残高7.2厘米（图一二四，8）。

YP1⑥：4，泥质灰黑色陶筒瓦。瓦肩较高，瓦身厚重。瓦面素面抹光，瓦沟饰布纹。泥片贴筑。残长6.2厘米，残宽6厘米，厚2.2厘米（图一二四，2）。

YP1⑥：5，瓷碗口部。坩子胎较细，灰白色。扁圆唇，敞口，斜腹。口下内外壁均施黑釉画花呈酱色，白釉泛青。拉坯。口径13.3厘米，厚3厘米，残高2.4厘米（图一二四，4）。

YP1⑥：6，瓷碗口部。坩子土细腻，灰白色。圆唇，斜腹，口部及内壁施化妆土，再施透明釉，外壁直接施透明釉。内壁釉色白色泛青，外壁呈青色。拉坯。口径18厘米，厚0.4厘米，残高4厘米（图一二四，5）。

YP1⑥：7，瓷碗口腹部。坩子土细腻，灰白色。圆唇，敞口，斜腹，口内外壁均施黑釉画花呈茶叶末色，外壁花纹可辨为松针。内壁施满釉，外壁施半釉。拉坯。口径14.4厘米，厚0.5厘米，残高5.4厘米（图一二四，6）。

YP1⑥：8，瓷碗底部。坩子土较细，灰白色。弧腹斜收，圈足外撇。圈足底残存一个砂钉痕。内壁先施白色化妆土，再施透明釉，外壁直接施釉。内壁白色，外壁青色，砂钉支烧。拉坯。底径6厘米，厚0.7厘米，残高2.8厘米（图一二四，3）。

破虎堡村东遗址第七采集点

为灰坑YP1H1，采集标本共6件。

YP1H1：1，泥质深灰色陶板瓦。残段。外表饰较规则中粗绳纹，内壁为麻点纹。泥片贴筑、手制（内切）。残长9.6厘米，残宽10厘米，厚1～1.3厘米（图一二五，6）。

YP1H1：2，泥质浅灰色陶盆腹部。外表饰弦断中粗绳纹。腹部斜收。泥片贴筑、快轮修整。残高7.1厘米，残宽5.3厘米，厚0.8厘米（图一二五，3）。

YP1H1：3，泥质红褐色陶盆腹部。外表饰弦断粗绳纹，内壁留有明显的旋抹痕。泥片贴筑、快轮修整。残高4厘米，残宽6厘米，厚1.1厘米（图一二五，4）。

YP1H1：4，泥质灰褐色陶罐腹部。外表饰交错粗绳纹，内壁拍印痕上留有刮削痕。泥片贴筑、快轮修整。残高5.9厘米，残宽8.1厘米，厚1厘米（图一二五，5）。

YP1H1：5，泥质浅灰色陶板瓦。残段。外表饰细绳纹，内壁抹光。泥片贴筑、手制（外切）。残长6.7厘米，残宽6厘米，厚1.3厘米（图一二五，1）。

YP1H1：6，泥质深灰色陶板瓦。残段。外表饰竖向中粗绳纹、麦粒状绳纹，两种绳纹之间被弦断。内壁有明显的刮抹痕。泥片贴筑，手制（内切）。残长12.3厘米，残宽7厘米，厚1.2厘米（图一二五，2）。

破虎堡村东遗址第八采集点

为灰坑YP1H2，采集标本共7件。

YP1H2：1，泥质浅灰色陶碗（残）。侈口，扁圆唇，斜腹，饼底，底面较平整。素面，外表有五周较匀称的瓦楞纹。手制、泥片贴筑。口径12厘米，高5厘米，底径5.2厘米（图一二六，1）。

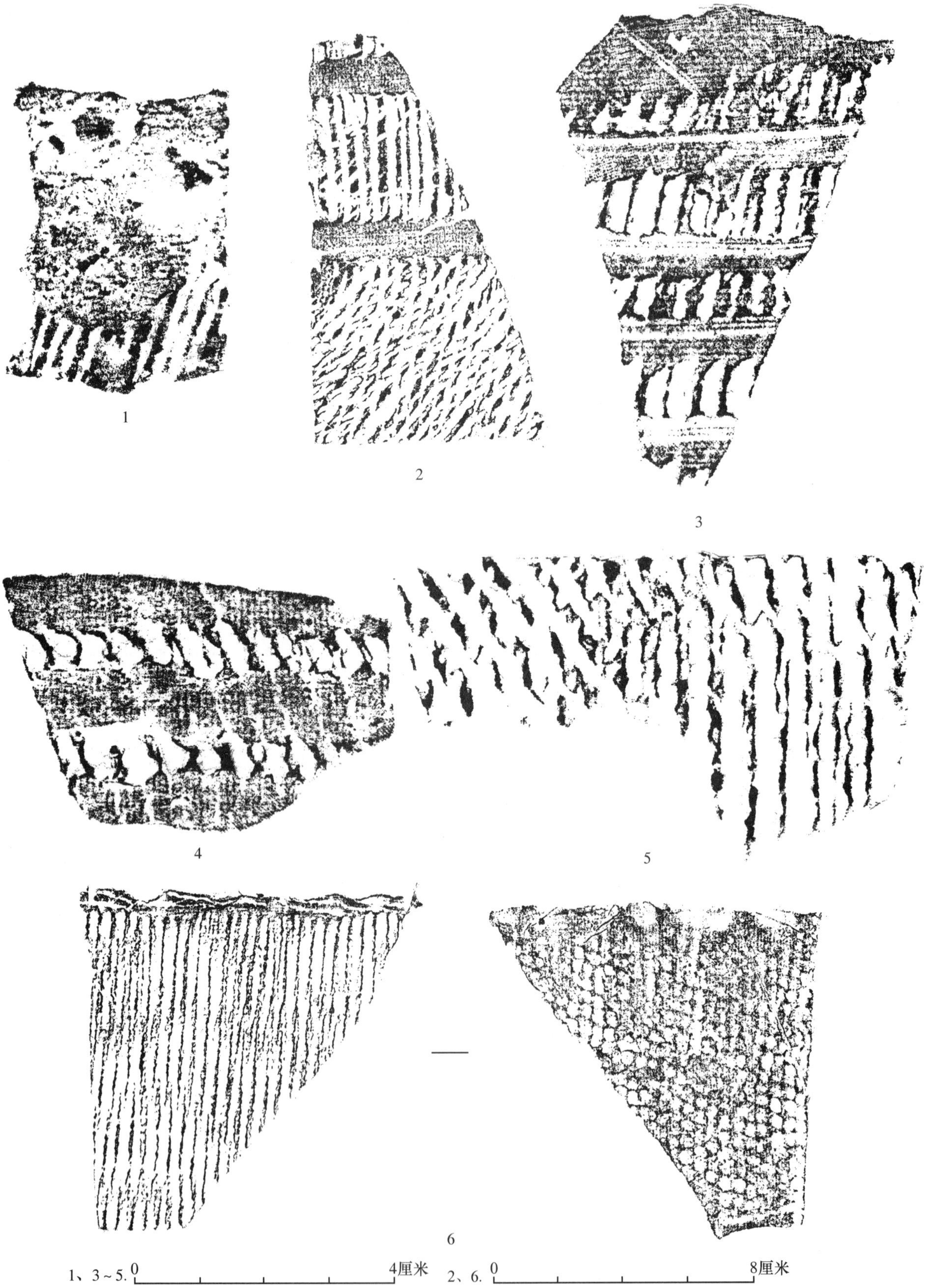

图一二五　破虎堡村东遗址第七采集点采集标本

1、2. 板瓦（YP1H1：5、YP1H1：6）　3. 陶盆腹部（YP1H1：2）　4、5. 陶盆腹部（YP1H1：3、YP1H1：4）

6. 板瓦（YP1H1：1）（外表、内壁）

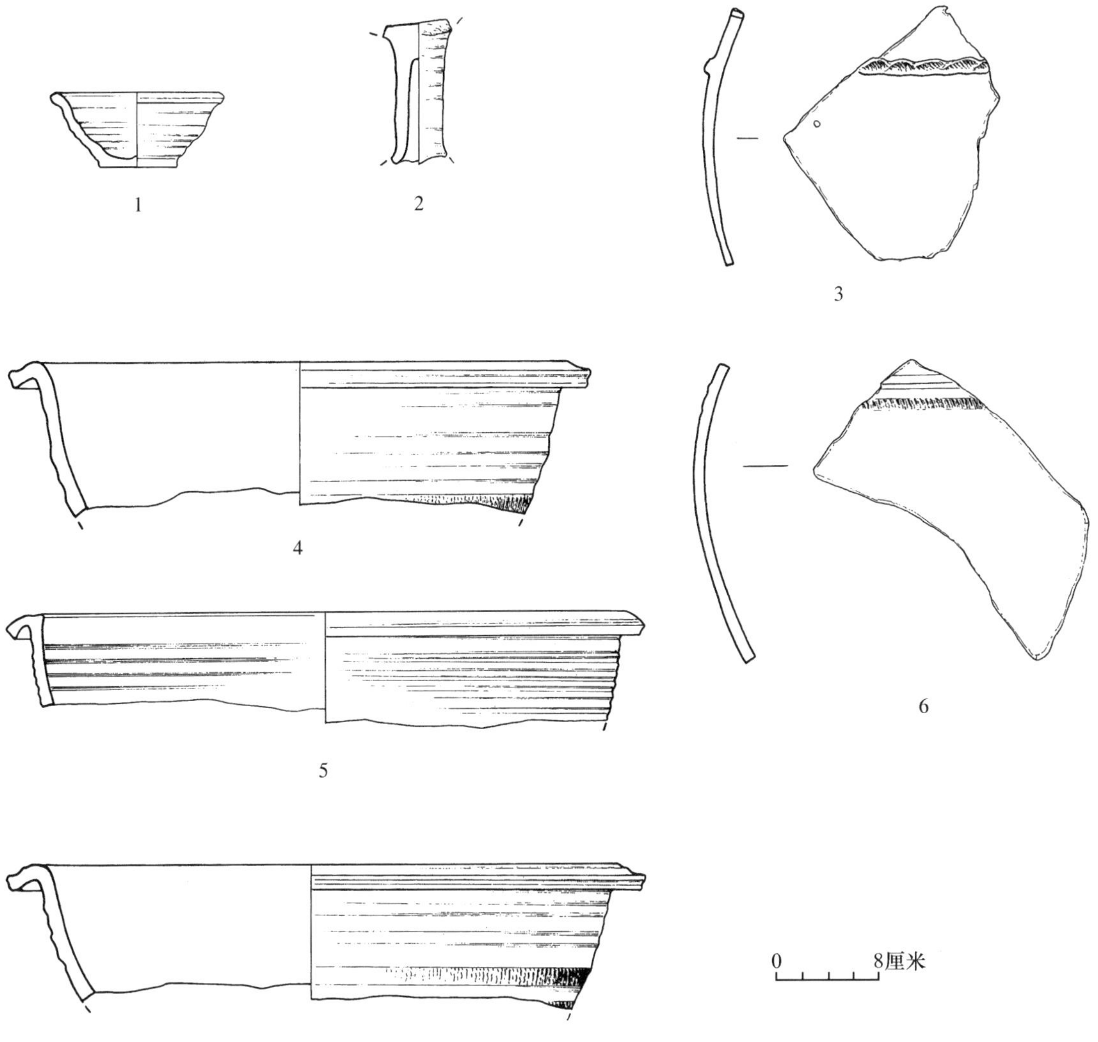

图一二六　破虎堡村东遗址第八采集点采集标本

1. 陶碗（YP1H2：1）　2. 陶豆柄（YP1H2：2）　3. 陶盆腹部（YP1H2：7）　4、5、7. 陶盆口腹部（YP1H2：6、YP1H2：3、YP1H2：4）　6. 陶罐肩腹部（YP1H2：5）

YP1H2：2，泥质浅灰色陶豆柄。呈柱状，中空。素面。手制、拉坯而成。残高9.4厘米，厚0.9厘米（图一二六，2）。

YP1H2：3，泥质深灰色陶盆口腹部。口微敛，方唇，宽折沿下捺，腹斜收。外表饰数周瓦楞纹，内壁有数周暗弦纹。泥片贴筑、快轮修整。口径44厘米，残高7.6厘米，厚0.8厘米（图一二六，5）。

YP1H2：4，泥质深灰色陶盆口腹部。侈口，方唇，宽折沿下捺，腹部斜收。口沿外侧有凹槽一周，沿下有数道旋抹痕，之下有竖向弦断细绳纹，内壁抹光。泥片贴筑、快轮修整。口径44厘米，残高9厘米，厚1.2厘米（图一二六，7）。

YP1H2：5，泥质灰褐色陶罐肩腹部。溜肩，腹部斜收。肩部饰弦断中粗绳纹，以下素面、磨光，内壁手抹。泥片贴筑、轮修。残高20厘米，残宽18.8厘米，厚0.7厘米（图一二六，6；图一二七，2）。

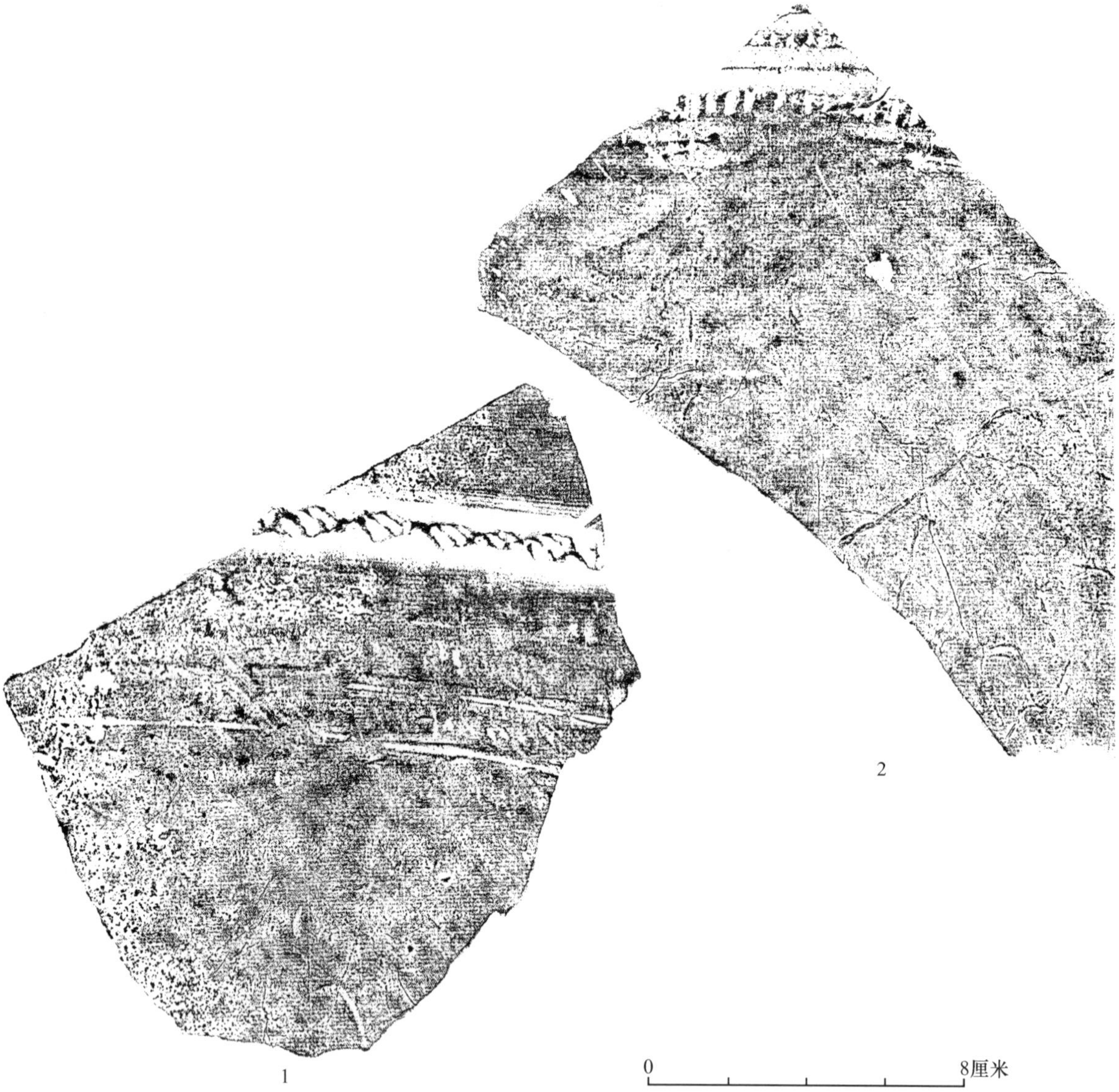

图一二七　破虎堡村东遗址第八采集点采集标本拓片

1. 陶盆腹部（YP1H2：7）　2. 陶罐肩腹部（YP1H2：5）

YP1H2：6，泥质深灰色陶盆口腹部。侈口，方唇，折沿下捺，腹部斜收。口沿外侧有凹槽一周，沿下有数道旋抹痕，之下饰竖向中粗绳纹。泥片贴筑、快轮修整。口径40厘米，残高9.6厘米，厚1厘米（图一二六，4）。

YP1H2：7，泥质灰褐色陶盆腹部。腹部斜收。外表有压印绳纹附加泥条一周，泥条上下各有由内向外的钻孔一个，内壁抹光。泥片贴筑、快轮修整。长16厘米。厚1厘米（图一二六，3；图一二七，1）。

破虎堡村东遗址第九采集点

为灰坑YP1H3，采集标本共24件。

YP1H3：1，泥质灰褐色陶罐口肩部。侈口，圆唇，高领，溜肩。肩部饰弦断绳纹。泥片贴筑、快轮修整。口径16厘米，残高5.2厘米，厚0.7厘米（图一二九，3）。

YP1H3：2，泥质灰褐色陶盆口腹部。口微敛，方唇，宽折沿下捺，腹部斜收。口外侧先有数周瓦楞纹，瓦楞纹处有由外向内的圆形钻孔一个，之下饰弦断中粗绳纹，内壁抹光。泥片贴筑、快轮修整。口径40厘米，残高7.4厘米，厚0.8厘米（图一二九，10）。

YP1H3：3，泥质深灰色陶罐口肩部。侈口，圆唇，束颈，溜肩。素面。泥片贴筑、快轮修整。口径14厘米，残高5厘米，厚0.8厘米（图一二九，2）。

YP1H3：4，泥质深灰色陶盆口腹部。敞口，方唇，宽折沿略下捺，腹部斜收。口外侧有数周瓦楞纹，内壁抹光。泥片贴筑、快轮修整。口径40厘米，残高6.6厘米，厚0.7厘米（图一二九，8）。

YP1H3：5，泥质深灰色陶罐口肩部。口微敛，斜方唇，折沿上翘，溜肩，弧腹。外表先饰右斜向细绳纹，肩部纹饰修整时被抹掉。泥片贴筑、快轮修整。口径20厘米，残高9厘米，厚0.6厘米（图一二九，9）。

YP1H3：6，泥质深灰色陶盆口部。敛口，斜方唇，宽折沿下捺。素面。泥片贴筑、快轮修整。残高3.6厘米，残宽10.2厘米，厚1.2厘米（图一二八，7）。

YP1H3：7，泥质深灰色陶钵下腹及底部。下腹斜收至饼底。素面。泥片贴筑、快轮修整。底径10厘米，残高2.4厘米，厚0.5厘米（图一二八，3）。

YP1H3：8，泥质深灰色陶盆口腹部。口微敛，斜方唇，宽折沿略下捺，腹部斜收至底。口沿外侧有一周凹槽，口外表上腹部有数周瓦楞纹，之下饰数周弦断中粗绳纹，下腹部抹光，内壁抹光。泥片贴筑、快轮修整。口径48厘米，残高20厘米，厚1厘米（图一二九，11）。

YP1H3：9，泥质浅灰色陶甑底部。下腹斜收至平底。底部有由外向内梅花点妆的圆形钻孔，做通气孔。素面。泥片贴筑、快轮修整。底径14厘米，残高3.4厘米，厚0.7～0.8厘米（图一二八，4）。

YP1H3：10，泥质深灰色陶板瓦。残段。瓦头呈弧形，较平滑。外表饰右斜向中粗绳纹，内壁抹光。泥片贴筑、快轮修整。残长4.5厘米，残宽7.6厘米，厚1.3厘米（图一二八，9）。

YP1H3：11，泥质深灰色陶板瓦。残段。外表饰右斜向粗绳纹，近瓦头留有一道凹槽，绳纹被抹，内壁抹光。泥片贴筑、手制。残长9.6厘米，残宽8.4厘米，厚1.1厘米（图一二八，6）。

YP1H3：12，泥质深灰色陶盆腹部。腹部斜收近底部。上腹外表饰弦断中粗绳纹，下腹为素面，内壁抹光。泥片贴筑。残高18厘米，残宽23厘米，厚0.6～0.8厘米（图一二八，11）。

YP1H3：13，泥质浅灰色陶盆口腹部。口微敛，方唇，宽折沿下捺，腹部斜收。口外侧有数周瓦楞纹，之下饰左斜向中粗绳纹，内壁抹光。泥片贴筑、快轮修整。口径32厘米，残高5.8厘米，厚0.8厘米（图一二九，1）。

YP1H3：14，泥质深灰色陶盆口腹部。敛口，扁圆唇，折沿下捺，腹部斜收。口外侧有数周瓦楞纹，之下饰弦断粗绳纹，内壁有间隔较宽的瓦楞纹数周。泥片贴筑、快轮修整。口径28厘米，残高8.6厘米，厚0.7～0.9厘米（图一二九，6）。

YP1H3：15，泥质深灰色陶制器物。其平面呈“L”形。各面全部磨光。手制、打磨。长7.3厘米，高4厘米，宽6.3厘米，厚0.8厘米（图一二八，5）。

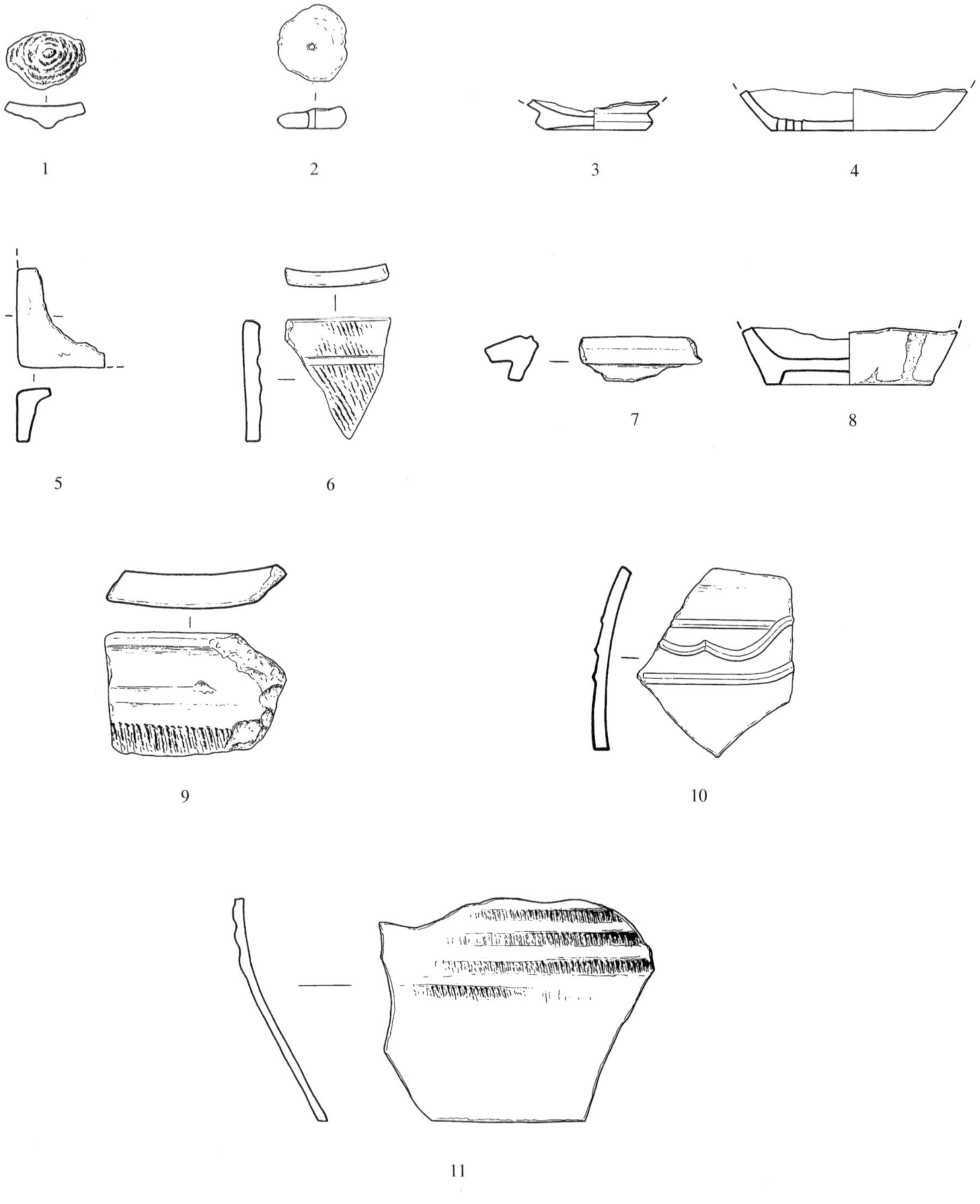

9. 0　4厘米　余 0　8厘米

图一二八　破虎堡村东遗址第九采集点采集标本

1. 陶釜底部（YP1H3：17）　2. 陶纺轮（YP1H3：24）　3. 陶钵下腹及底部（YP1H3：7）　4. 陶甑底部（YP1H3：9）　5. 陶制器物（YP1H3：15）　6. 板瓦（YP1H3：11）　7. 陶盆口部（YP1H3：6）　8. 瓷筒形罐下腹及底部（YP1H3：23）　9. 板瓦（YP1H3：10）　10. 陶罐腹部（YP1H3：19）　11. 陶盆腹部（YP1H3：12）

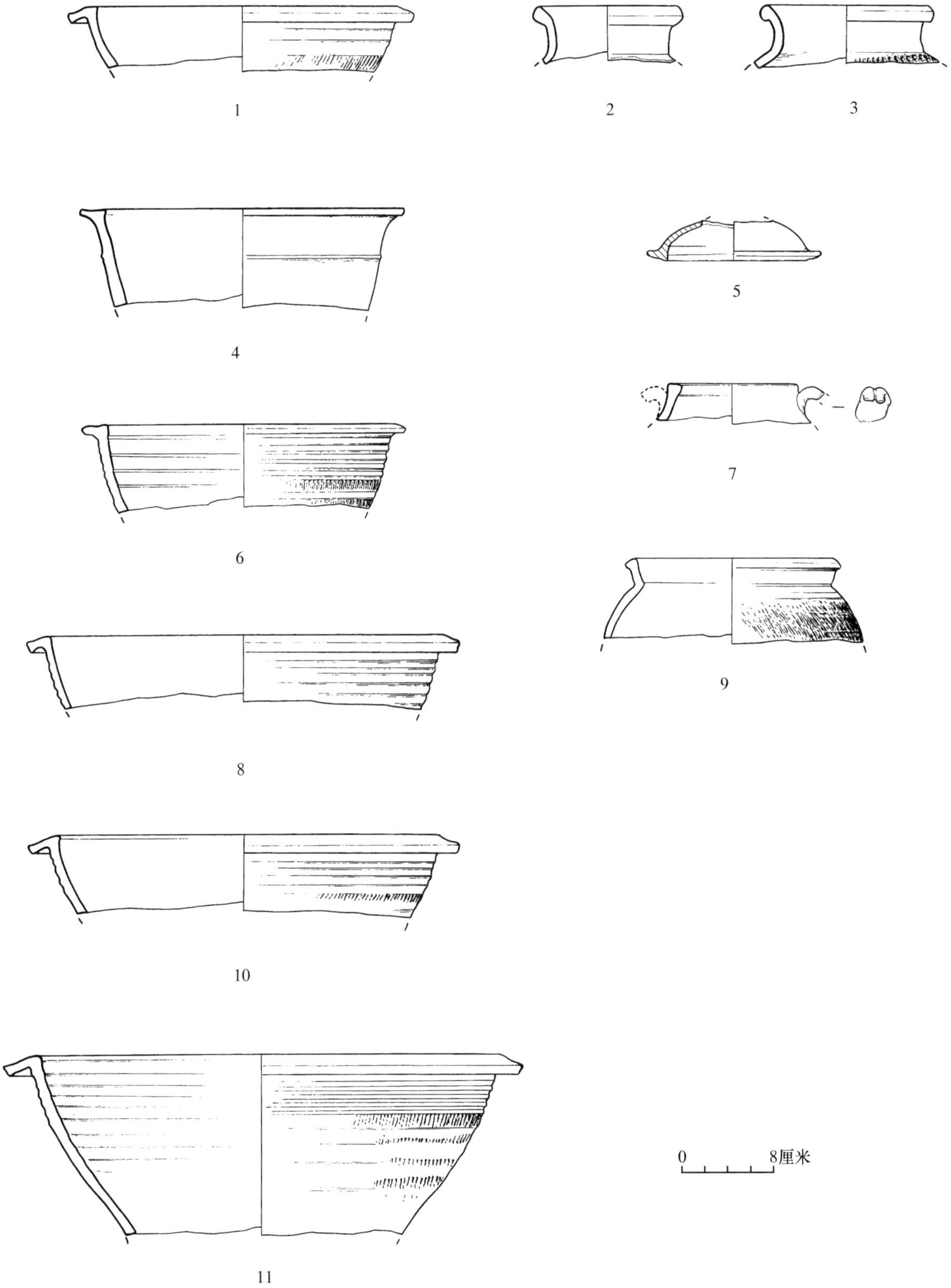

图一二九　破虎堡村东遗址第九采集点采集标本

1、4、6、8、10、11. 陶盆口腹部（YP1H3：13、YP1H3：16、YP1H3：14、YP1H3：4、YP1H3：2、YP1H3：8）
2、3、9. 陶罐口肩部（YP1H3：3、YP1H3：1、YP1H3：5）　5. 瓷器盖（YP1H3：22）　7. 瓷带系罐口部（YP1H3：21）

YP1H3：16，夹蚌质红褐色陶盆口腹部。敛口，宽折沿略上翘，扁圆唇，腹部斜收。外表素面，有一周凸棱。泥片贴筑、手制轮修。口径30厘米，残高9厘米，厚0.8～1.2厘米（图一二九，4；图版一六，6）。

YP1H3：17，夹粗砂浅灰色陶釜底部。呈圆锥形。底外表饰旋转式粗绳纹内底抹光。泥片贴筑、手制。残宽6.5厘米，残高1.8厘米，厚0.9～1厘米（图一二八，1）。

YP1H3：18，泥质深灰色陶盆腹部。外表饰弦断竖向中粗绳纹。内壁有数周暗纹，且有树枝状刻划纹。泥片贴筑、快轮修整。残高8.5厘米，残宽11厘米，厚1厘米（图一三〇，1）。

YP1H3：19，泥质浅灰色陶罐腹部。腹部敛收，器形较大，器壁较厚。外表先饰右斜向细绳纹，局部被旋抹。后附加两周横向泥条，中间夹有波浪式泥条。内壁抹平。泥片贴筑、手制轮修。残高16厘米，残宽12.8厘米，厚1厘米（图一二八，10；图一三〇，3）。

YP1H3：20，泥质深灰色陶罐肩腹部。溜肩，腹部弧收。外表饰弦断左斜向粗绳纹。泥片贴筑、快轮修整。残高7厘米，残宽5.4厘米，厚0.5厘米（图一三〇，2）。

YP1H3：21，瓷带系罐口部。坩子泥，灰胎。敛口，宽平沿，口外侧贴双耳系。外表施满釉，口内侧刷釉，化妆土之下露胎，釉色白釉泛黄。手制、轮修。口径12厘米，残高4厘米，厚0.5～1.4厘米（图一二九，7）。

YP1H3：22，瓷器盖。细瓷，灰胎。扁圆唇，子母扣，平折沿，弧形腹。素面，外侧先施化妆土，后施黑釉。手制、轮修，盖口径16厘米，残高3.6厘米，厚0.5厘米（图一二九，5）。

YP1H3：23，瓷筒形罐下腹及底部。细瓷，灰胎。下腹斜收至假圈足，圈足较大，足墙平整，系三次挖成，挖足至肩。内侧刷满釉，内底有爆釉现象，外表竖向间隔刷釉，有由上自下的流釉痕，系仰烧。釉色为黑釉，未施化妆土。手制、轮修。底径14厘米，残高4.6厘米，厚1～1.4厘米（图一二八，8）。

YP1H3：24，泥质浅灰色陶纺轮。平面呈圆形，圆形小钻孔垂直居中。素面，表面较光。手制，最大径6厘米，厚1.6厘米，钻孔径0.6厘米（图一二八，2；图版一六，2）。

破虎堡村东遗址第十采集点

为灰坑YP1H4，采集标本共11件。

YP1H4：1，泥质浅灰色陶罐口部。圆唇，侈口，矮腹，素面。泥片贴筑、快轮修整。口径18厘米，残高4厘米，厚0.8～1厘米（图一三一，5）。

YP1H4：2，泥质深灰色陶壶肩部。溜肩。外表刻划有类似卷云纹，上下各有一至两周凹槽，表面且磨光。内壁抹光。泥片贴筑、快轮修整。残高4厘米，残宽6厘米，厚0.8～1厘米（图一三一，2）。

YP1H4：3，泥质灰褐色陶盆下腹及底部。下腹斜收至平底。素面，底面有刻划痕。泥片贴筑、快轮修整。底径9.6厘米，残高3.6厘米，厚1～1.2厘米（图一三一，6）。

YP1H4：4，泥质深灰色陶盆下腹部。外表素面磨光，有由外向内圆形钻孔一处。泥片贴筑、快轮修整。残高5.2厘米，残宽7厘米，厚0.5～0.6厘米（图一三一，4）。

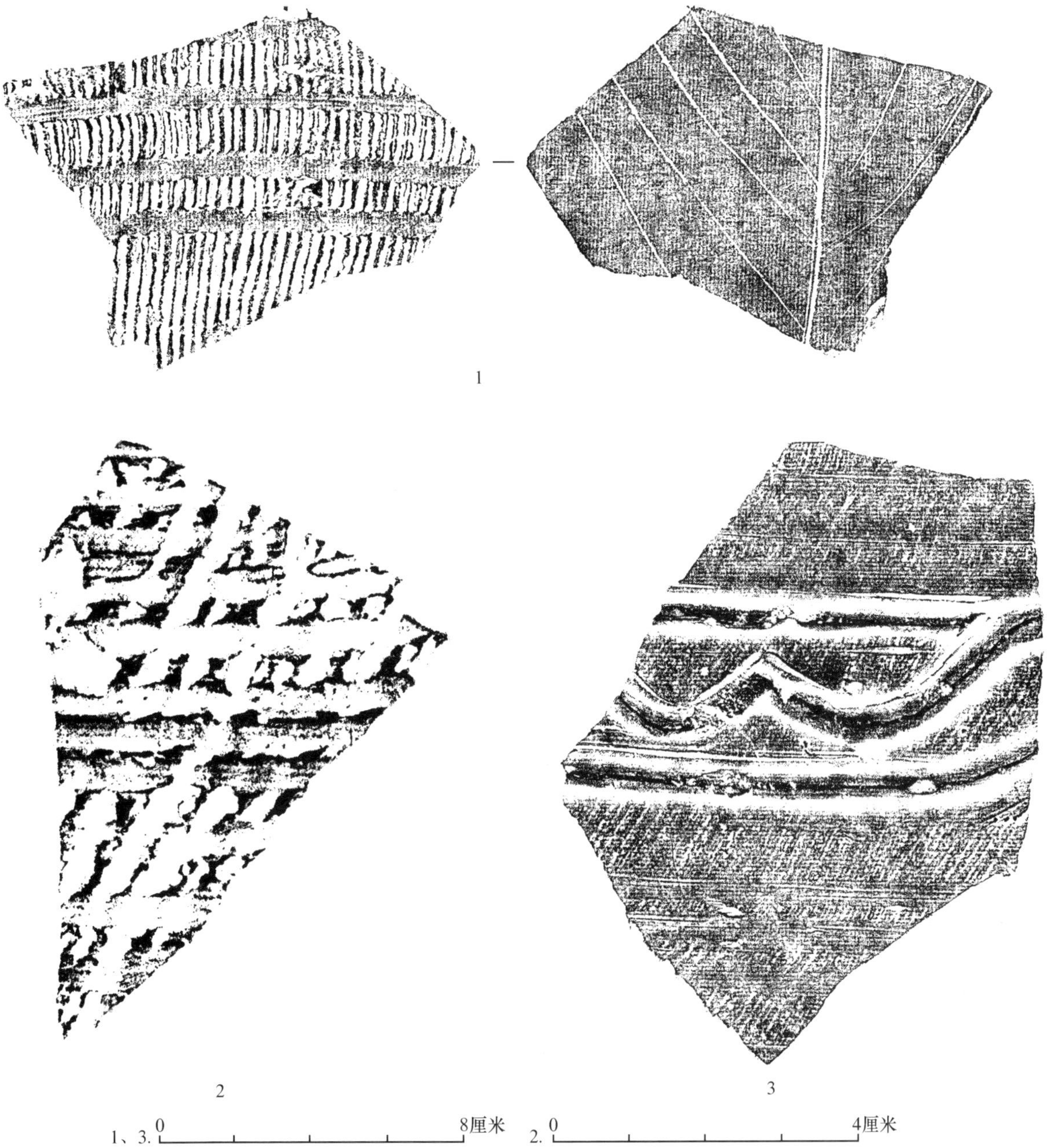

图一三〇　破虎堡村东遗址第九采集点采集标本拓片

1. 陶盆腹部（YP1H3：18）（外表、内壁）　2. 陶罐肩腹部（YP1H3：20）　3. 陶罐腹部（YP1H3：19）

YP1H4：5，泥质深灰色陶纺轮坯。椭圆形。素面。手制。最大径4厘米，厚0.5～0.6厘米（图一三一，1）。

YP1H4：6，泥质深灰色陶罐肩部。外表先饰竖向细绳纹，后附加横向及弧形泥条。泥片贴筑，快轮修整。残高6.6厘米，残宽8.8厘米，厚0.6厘米（图一三一，3；图一三二，5）。

YP1H4：7，夹细砂红褐色陶罐腹部。外表饰较浅中粗绳纹。手制。残宽5厘米，残高4厘米，厚0.8厘米（图一三二，2）。

YP1H4：8，泥质灰褐色陶盆腹部。外表饰弦断交错绳纹。内壁抹光。泥片贴筑、快轮修

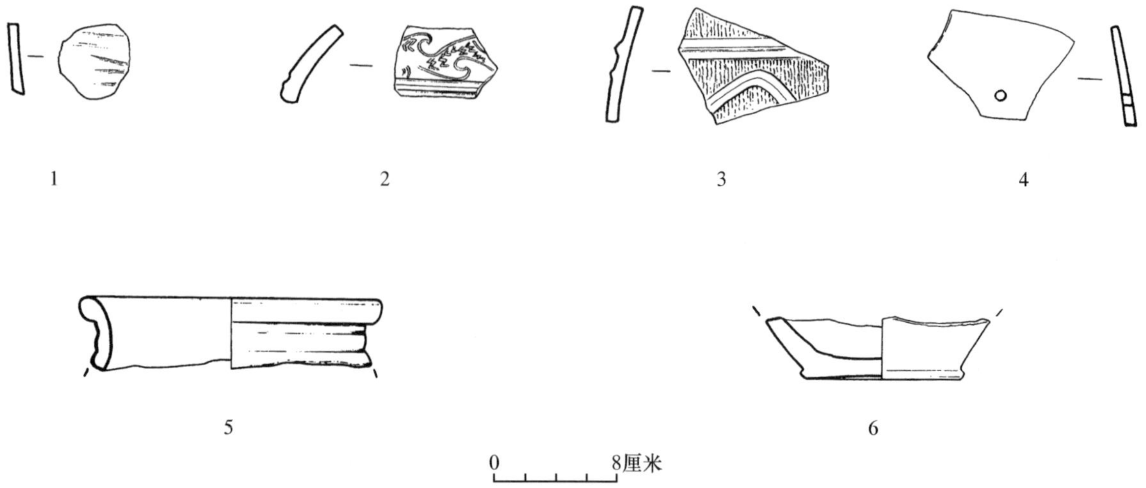

图一三一　破虎堡村东遗址第十采集点采集标本

1. 陶纺轮坯（YP1H4：5）　2. 陶壶肩部（YP1H4：2）　3. 陶罐肩部（YP1H4：6）　4. 陶盆下腹部（YP1H4：4）
5. 陶罐口部（YP1H4：1）　6. 陶盆下腹及底部（YP1H4：3）

整。残宽9厘米，残高7厘米，厚0.7厘米（图一三二，6）。

YP1H4：9，泥质红褐色陶盆腹部。外表饰弦断中绳纹。内壁抹光。泥片贴筑、快轮修整。残宽4厘米，残高2.4厘米，厚0.5厘米（图一三二，1）。

YP1H4：10，泥质深灰色陶罐肩部。外表饰左斜向中粗绳纹，被弦抹，内壁抹光。泥片贴筑、快轮修整。残宽5厘米，残高6.8厘米，厚0.6厘米（图一三二，3）。

YP1H4：11，泥质深灰色陶板瓦。残段。外表饰右斜向粗绳纹。内壁有不规则网格纹。泥片贴筑、手制。残长4.2厘米，残宽3.8厘米，厚1.1厘米（图一三二，4）。

破虎堡村东遗址第十一采集点

为灰坑YP1H4上文化层，采集标本共13件。

YP1H4上文化层：1，泥质深灰色陶釜口腹部。圆唇，折沿上翘，敛口，溜肩。外表饰右斜向中偏粗绳纹。泥片贴筑、快轮修整。口径26厘米，厚0.8～1厘米，残高7厘米（图一三三，5）。

YP1H4上文化层：2，泥质深灰色陶板瓦。残段，个体较大，壁偏厚。外表饰十周瓦楞纹，左斜向中绳纹。泥片贴筑、手制（内切）。残长14厘米，残宽15.2厘米，厚2.2厘米。

YP1H4上文化层：3，泥质浅灰色陶盆口腹部。方唇，折沿下捺，腹部斜收。外表有数周较窄凹槽。泥片贴筑、快轮修整。口径36厘米，残高5.4厘米，厚0.4～0.6厘米（图一三三，3）。

YP1H4上文化层：4，泥质浅灰色陶盆下腹及底部。下腹斜收至平底。素面。泥片贴筑、快轮修整。残高4.6厘米，厚0.5～0.8厘米（图一三三，4）。

YP1H4上文化层：5，泥质深灰色陶钵口腹部。口微敛，扁圆唇，折腹。素面。泥片贴筑、快轮修整。残高4厘米，口径14厘米，厚0.4～0.8厘米（图一三三，1）。

YP1H4上文化层：6，泥质深灰色陶盆下腹及底部。下腹斜收至平底。素面。泥片贴筑、手制，轮修。残高6.6厘米，底径16厘米，厚1～1.2厘米（图一三三，7）。

YP1H4上文化层：7，泥质深灰色陶筒瓦。残段，带瓦舌，瓦身呈筒形。外表饰中粗绳纹

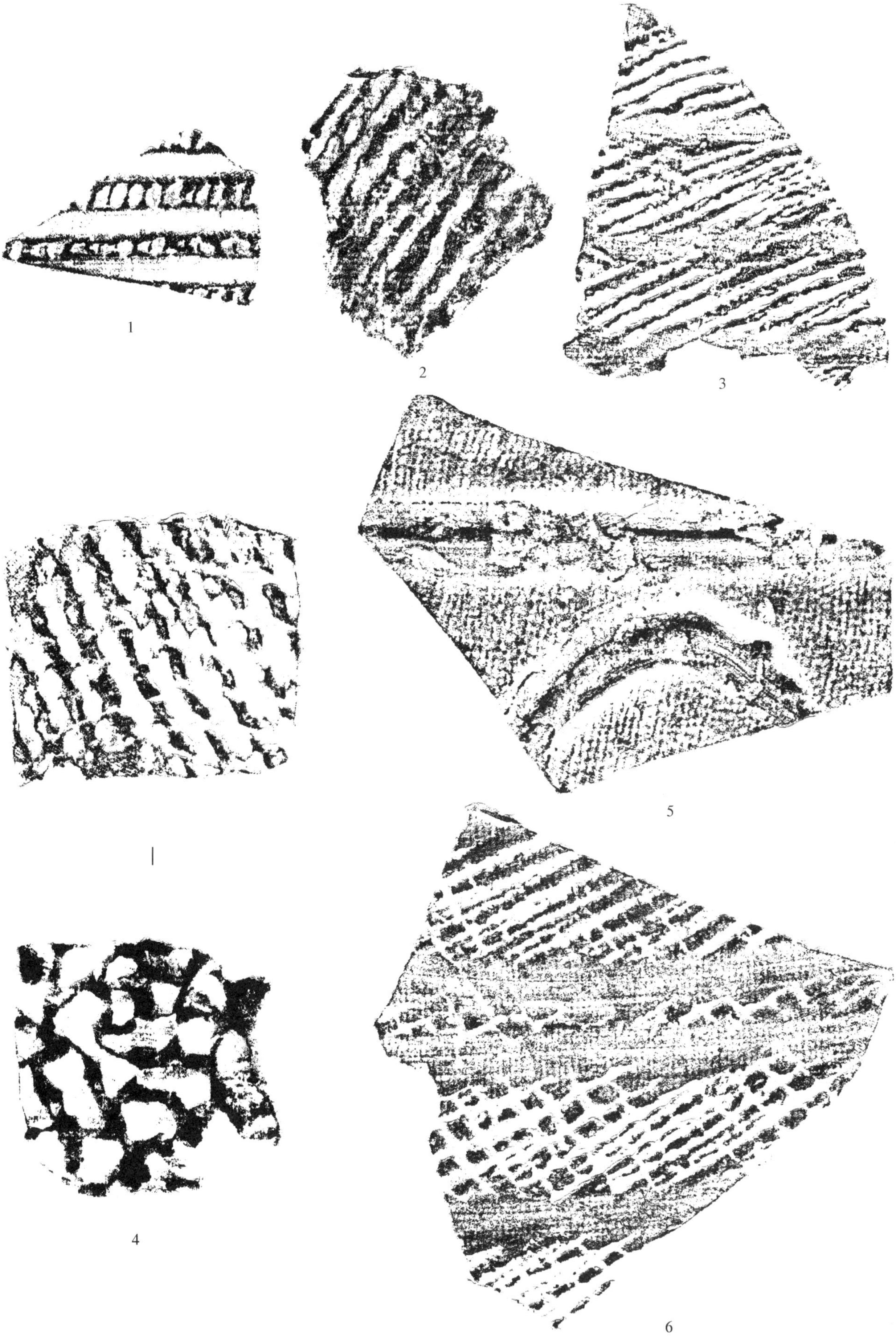

图一三二　破虎堡村东遗址第十采集点采集标本拓片

1. 陶盆腹部（YP1H4：9）　2. 陶罐腹部（YP1H4：7）　3、5. 陶罐肩部（YP1H4：10、YP1H4：6）

4. 板瓦（YP1H4：11）（外表、内壁）　6. 陶盆腹部（YP1H4：8）

图一三三　破虎堡村东遗址第十一采集点采集标本

1. 陶钵口腹部（YP1H4上文化层：5）　2、6. 筒瓦（YP1H4上文化层：7、YP1H4上文化层：12）
3. 陶盆口腹部（YP1H4上文化层：3）　4. 陶盆下腹及底部（YP1H4上文化层：4）　5. 陶釜口腹部（YP1H4上文化层：1）
7. 陶盆下腹及底部（YP1H4上文化层：6）　8. 陶罐腹底部（YP1H4上文化层：9）　9. 板瓦（YP1H4上文化层：10）

且被抹，近瓦头旋抹时留三道较细的凹弦纹。内壁留有不规则的拍打痕。泥片贴筑、手制（外切）。残长8厘米，残宽6.3厘米，厚1厘米（图一三三，2）。

YP1H4上文化层：8，泥质浅灰色陶筒瓦。呈筒形，壁微薄，已残，长度不明确。外表所饰中粗绳纹大多被抹掉，仅局部残留绳纹。内壁有分布不均匀的麻点纹。泥片贴筑、手制（外切）。残长13厘米，厚0.9厘米，内径12厘米（图版一六，4、5）。

YP1H4上文化层：9，泥质深灰色陶罐腹底部。腹部斜收至平底。上腹部外表先饰左斜向中绳纹，后旋抹将大量绳纹抹掉，留有四周宽窄不均匀的凹槽。泥片贴筑、慢轮修整。残高13.4厘米，厚0.7～1厘米，底径12厘米（图一三三，8）。

YP1H4上文化层：10，泥质深灰色陶板瓦。残片。外表饰粗绳纹，内壁有排列均匀的交叉状压印纹（大麦粒状）。泥片贴筑、手制。残长15厘米，残宽8厘米，厚1.1厘米（图一三三，9；图一三四，4）。

YP1H4上文化层：11，泥质灰褐色陶板瓦。残片。外表瓦楞纹上饰左斜向中绳纹。泥片贴筑、手制（内切）。残长9.2厘米，残宽12.5厘米，厚1厘米（图一三四，2）。

YP1H4上文化层：12，泥质浅灰色陶筒瓦。残片。壁偏薄。外表饰弦断细绳纹。内壁有较规则麻点纹。泥片贴筑、手制（内切）。残长9.7厘米，残高7.8厘米，厚0.8厘米（图一三三，6；图一三四，3）。

YP1H4上文化层：13，泥质深灰色陶板瓦。残片。外表饰粗大绳纹。内壁为布纹。泥片贴筑、手制。残长7.4厘米，残宽6.5厘米，厚0.9厘米（图一三四，1）。

（二）遗址时代

破虎堡村东遗址的时代为战国晚期、汉魏时期、辽金时期（表二五）。

YP1⑤：6（战国晚期）与卓资县城卜子古城遗址B型Ⅰ式陶瓮C：8相似[①]；与托克托县古城村古城遗址汉代B型Ⅲ式陶釜T1②：3相似[②]。

YP1H4上文化层：3（战国晚期）与卓资县城卜子古城遗址A型Ⅳ式陶盆C：12相似[③]；与和林格尔县胜利营东沟子遗址B型陶盆TN01E04②：1相似[④]。

YP1⑤：7（汉代）与和林格尔县胜利营东沟子遗址A型陶盆TS02E04②：9相似[⑤]；与托克

① 内蒙古自治区文物考古研究所编：《内蒙古文物考古文集（第三辑）》，科学出版社，2004年，第137页，图一〇，1。

② 内蒙古自治区文物考古研究所编：《内蒙古文物考古文集（第三辑）》，科学出版社，2004年，第233页，图一六，8。

③ 内蒙古自治区文物考古研究所编：《内蒙古文物考古文集（第三辑）》，科学出版社，2004年，第134页，图七，4。

④ 内蒙古师范大学历史文化学院考古文博系、内蒙古自治区文物考古研究所：《和林格尔县胜利营东沟子遗址发掘简报》，《草原文物》2013年第1期，第13页，图七，7。

⑤ 内蒙古师范大学历史文化学院考古文博系、内蒙古自治区文物考古研究所：《和林格尔县胜利营东沟子遗址发掘简报》，《草原文物》2013年第1期，第13页，图七，2。

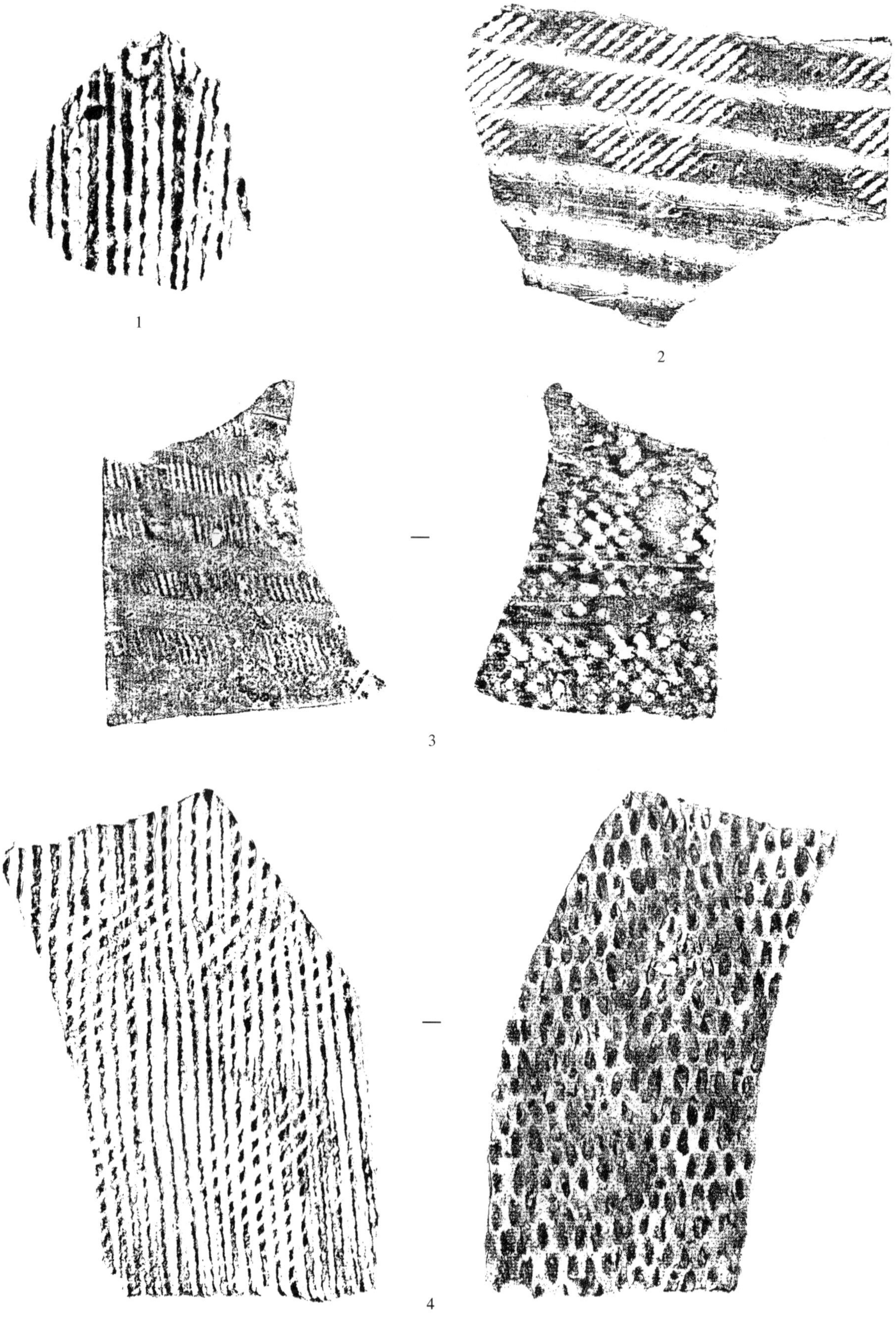

图一三四　破虎堡村东遗址第十一采集点采集标本拓片

1、2. 板瓦（YP1H4上文化层：13、YP1H4上文化层：11）　3. 筒瓦（YP1H4上文化层：12）（外表、内壁）
4. 板瓦（YP1H4上文化层：10）（外表、内壁）

托县黑水泉遗址G型陶盆T6②：1相似[①]。

YP1H3：1（东汉）与托克托县黑水泉遗址A型陶罐H26：15相似[②]；与伊金霍洛旗王家坡汉代窑址B型Ⅲ式陶高领罐Y2：9相似[③]。

YP1H3：9（汉代）与山西大同操场城北魏二号遗址先秦汉代陶甑H296：8相似[④]。

YP1①：1（曹魏）与卓资县城卜子古城遗址C型Ⅰ式陶瓮C：31相似[⑤]；与卓资县土城子村遗址A型Ⅰ式陶瓮H8：2相似[⑥]。

YP1①：2（曹魏）与卓资县城卜子古城遗址B型陶罐C：23相似[⑦]；与托克托县黑水泉遗址B型Ⅰ式陶釜H170：8相似[⑧]。

2014YP1⑤：9（北魏都洛后早、中期）与汉魏洛阳城出土瓦当的分期与研究第三期B式瓦当87BD②：2相似[⑨]。

YP1H3：11（代魏时期）与托克托县古城村古城遗址代魏时期A型Ⅰ式陶盆H39：4相似[⑩]。

YP1③：1（北魏）与托克托县黑水泉遗址L型Ⅲ式陶盆C：6相似[⑪]；与武川县二份子北魏古城调查C型陶盆相似[⑫]。

YP1③：2（北魏）与卓资县土城子村遗址A型Ⅰ式陶瓮T6015②：4相似[⑬]；与托克托县古

---

① 内蒙古自治区文物考古研究所编：《内蒙古文物考古文集（第三辑）》，科学出版社，2004年，第173页，图三一，4。

② 内蒙古自治区文物考古研究所编：《内蒙古文物考古文集（第三辑）》，科学出版社，2004年，第181页，图三六，5。

③ 内蒙古自治区文物考古研究所编：《内蒙古文物考古文集（第三辑）》，科学出版社，2004年，第291页，图一五，2。

④ 山西省考古研究所、大同市考古研究所：《山西大同操场城北魏二号遗址发掘简报》，《文物》2016年第4期，第16页，图二九，5。

⑤ 内蒙古自治区文物考古研究所编：《内蒙古文物考古文集（第三辑）》，科学出版社，2004年，第137页，图一〇，4。

⑥ 内蒙古自治区文物考古研究所、乌兰察布市博物馆、卓资县文物保护管理所：《卓资县土城子村遗址发掘简报》，《草原文物》2013年第2期，第58页，图一二，9。

⑦ 内蒙古自治区文物考古研究所编：《内蒙古文物考古文集（第三辑）》，科学出版社，2004年，第136页，图九，4。

⑧ 内蒙古自治区文物考古研究所编：《内蒙古文物考古文集（第三辑）》，科学出版社，2004年，第182页，图三七，3。

⑨ 钱国祥：《汉魏洛阳城出土瓦当的分期与研究》，《考古》1996年第10期，第71页，图三，4。

⑩ 内蒙古自治区文物考古研究所编：《内蒙古文物考古文集（第三辑）》，科学出版社，2004年，第247页，图二九，12。

⑪ 内蒙古自治区文物考古研究所编：《内蒙古文物考古文集（第三辑）》，科学出版社，2004年，第172页，图三〇，7。

⑫ 内蒙古文物考古研究所编：《内蒙古文物考古文集》，中国大百科全书出版社，1994年，第440页，图三，5。

⑬ 内蒙古自治区文物考古研究所、乌兰察布市博物馆、卓资县文物保护管理所：《卓资县土城子村遗址发掘简报》，《草原文物》2013年第2期，第58页，图一二，4。

城村古城遗址代魏B型陶矮领罐T7③：4相似①。

YP1④：7（北魏）与呼和浩特市榆林镇陶卜齐古城C型Ⅰ式陶碗T7570⑦：1相似②；与卓资县城卜子古城遗址Ab型Ⅱ式陶碗C：10相似③。

YP1⑥：2（北魏）与清水河县城嘴子遗址汉代遗存出土陶敛口瓮ⅡT11②：2相似④。

YP1H3：22（辽代）与和林格尔县红山口遗址A型瓷器盖H41：1相似⑤；与清水河县下城湾古城遗址A型瓷器盖T19③：8相似⑥。

表二五　破虎堡村东遗址调查标本与其他地区同时代对比表

序号	破虎堡村东遗址调查标本	对比标本一	对比标本二	其他	备注
1	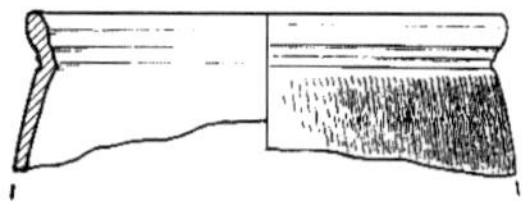 YP1⑤：6（战国晚期）	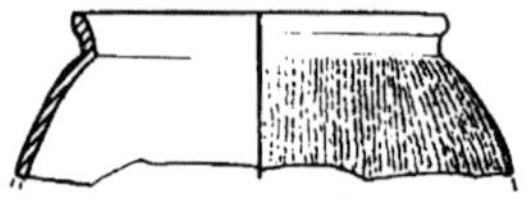 卓资县城卜子古城遗址B型Ⅰ式陶瓮C：8	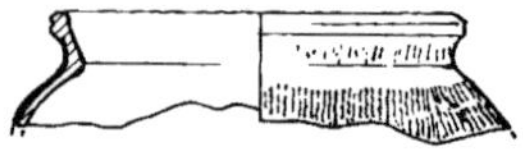 托克托县古城村古城遗址汉代B型Ⅲ式陶釜T1②：3		
2	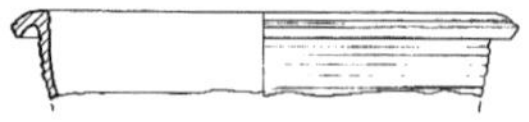 YP1H4上文化层：3（战国晚期）	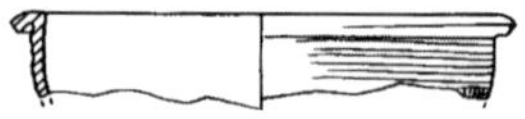 卓资县城卜子古城遗址A型Ⅳ式陶盆C：12	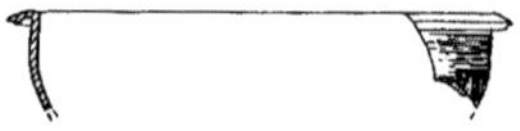 和林格尔县胜利营东沟子遗址B型陶盆TN01E04②：1		
3	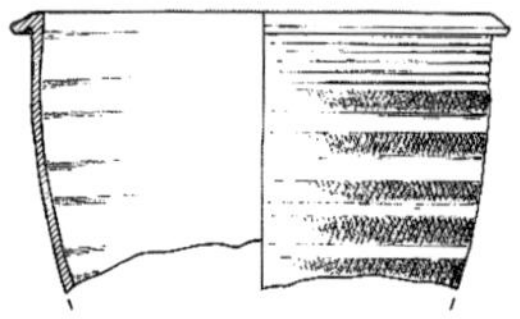 YP1⑤：7（汉代）	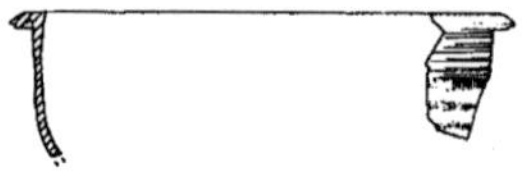 和林格尔县胜利营东沟子遗址A型陶盆TS02E04②：9	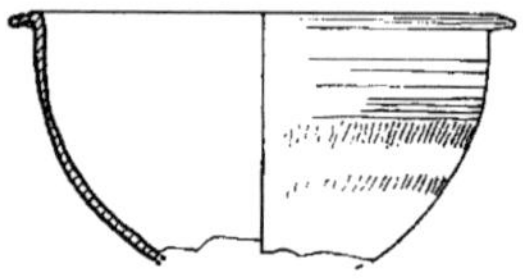 托克托县黑水泉遗址G型陶盆T6②：1		
4	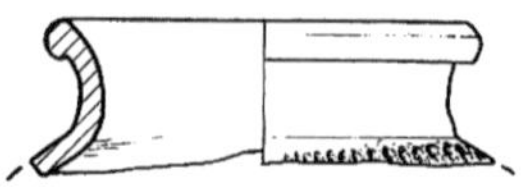 YP1H3：1（东汉）	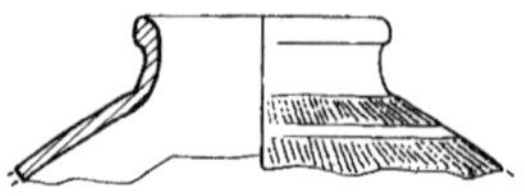 托克托县黑水泉遗址A型陶罐H26：15	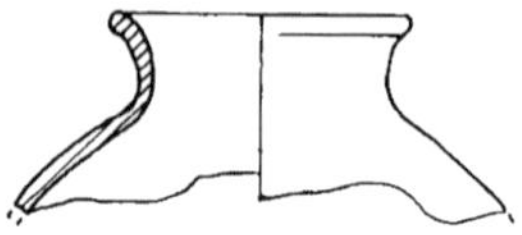 伊金霍洛旗王家坡汉代窑址B型Ⅲ式陶高领罐Y2：9		

① 内蒙古自治区文物考古研究所编：《内蒙古文物考古文集（第三辑）》，科学出版社，2004年，第249页，图三〇，4。

② 内蒙古文物考古研究所编：《内蒙古文物考古文集（第二辑）》，中国大百科全书出版社，1997年，第437页，图一〇，13。

③ 内蒙古自治区文物考古研究所编：《内蒙古文物考古文集（第三辑）》，科学出版社，2004年，第135页，图八，10。

④ 内蒙古自治区文物考古研究所编：《内蒙古文物考古文集（第三辑）》，科学出版社，2004年，第111页，图三七，3。

⑤ 内蒙古自治区文物考古研究所编：《内蒙古文物考古文集（第三辑）》，科学出版社，2004年，第385页，图二六，3。

⑥ 内蒙古自治区文物考古研究所编：《万家寨水利枢纽工程考古报告集》，远方出版社，2001年，第177页，图一九，6。

续表

序号	破虎堡村东遗址调查标本	对比标本一	对比标本二	其他	备注
5	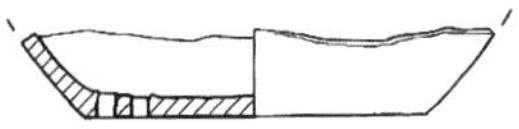 YP1H3：9（汉代）	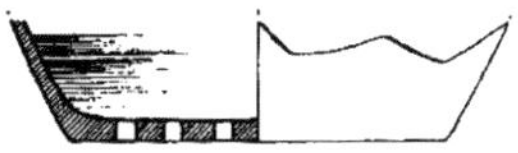 山西大同操场城北魏二号遗址先秦汉代陶甑H296：8			
6	 YP1①：1（曹魏）	 卓资县城卜子古城遗址C型Ⅰ式陶瓮C：31	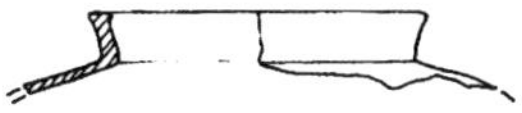 卓资县土城子村遗址A型Ⅰ式陶瓮H8：2		
7	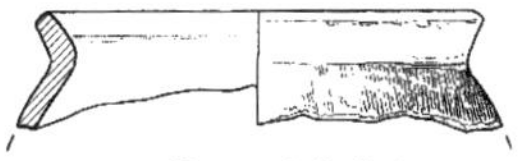 YP1①：2（曹魏）	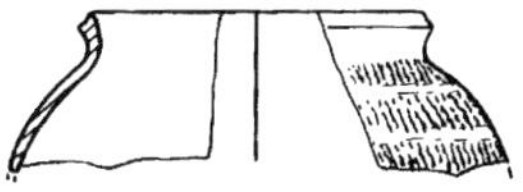 卓资县城卜子古城遗址B型陶罐C：23	 托克托县黑水泉遗址B型Ⅰ式陶釜H170：8		
8	 2014YP1⑤：9（北魏都洛后的早、中期）	B式  汉魏洛阳城出土瓦当的分期与研究第三期B式瓦当87BD②：2			
9	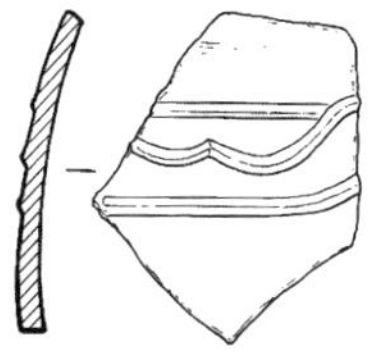 YP1H3：11（代魏时期）	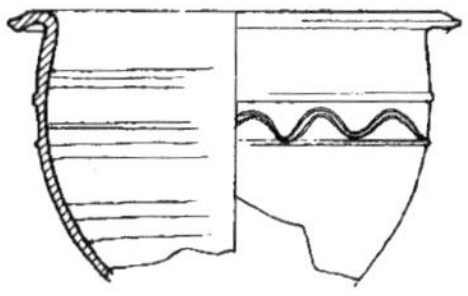 托克托县古城村古城遗址代魏时期A型Ⅰ式陶盆H39：4			
10	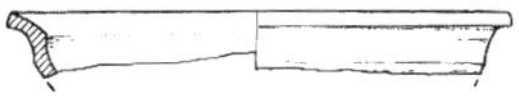 YP1③：1（北魏）	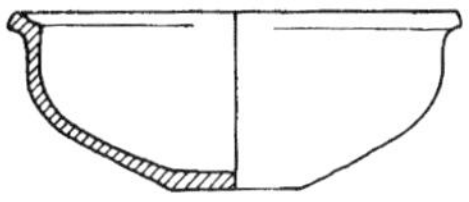 托克托县黑水泉遗址L型Ⅲ式陶盆C：6	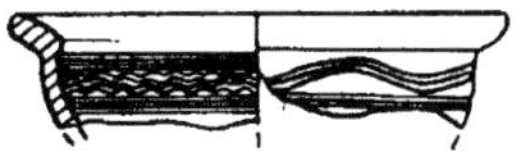 武川县二份子北魏古城调查C型陶盆		
11	 YP1③：2（北魏）	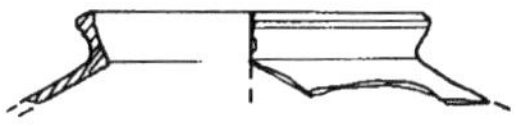 卓资县土城子村遗址A型Ⅰ式陶瓮T6015②：4	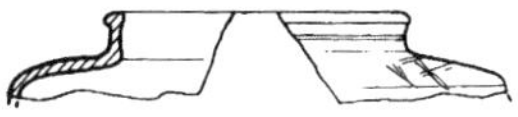 托克托县古城村古城遗址代魏时期B型陶矮领罐T7③：4		
12	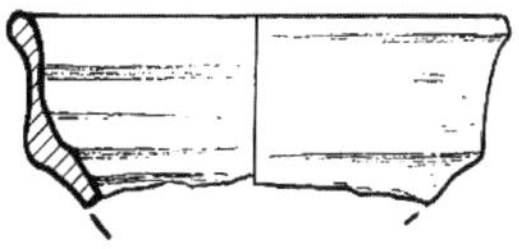 YP1④：7（北魏）	 呼和浩特市榆林镇陶卜齐古城C型Ⅰ式陶碗T7570⑦：1	 卓资县城卜子古城遗址Ab型Ⅱ式陶碗C：10		

续表

序号	破虎堡村东遗址调查标本	对比标本一	对比标本二	其他	备注
13	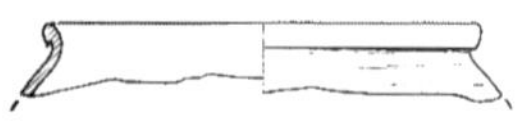 YP1⑥：2（北魏）	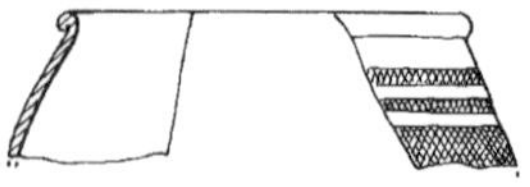 清水河县城嘴子遗址汉代遗存出土陶敛口瓮ⅡT11②：2			
14	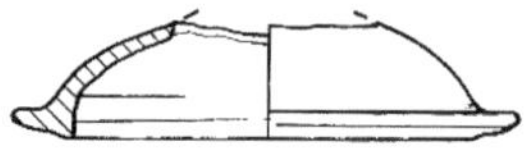 YP1H3：22（辽代）	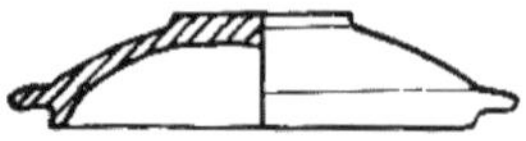 和林格尔县红山口遗址A型瓷器盖H41：1	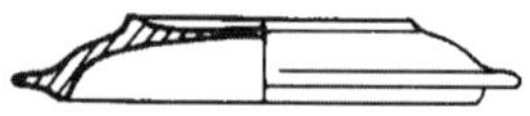 清水河县下城湾古城遗址A型瓷器盖T19③：8		

二、破虎堡村遗址（2014YP2）

（一）遗 址 介 绍

破虎堡村遗址位于破虎堡村东约500米处，行政归属李达窑乡破虎堡村，初查时间为2014年7月26日。遗址中心点GPS坐标为北纬40°14′57.0″，东经112°34′02.6″，海拔1491米±4米。遗址北临明代长城，东临由东北流向西南注入马营河的季节性支流，南临马营河北岸，西临破虎堡村，遗址地形为缓坡台地，地表植被有玉米、莜麻等农作物。遗址东西约1000米，南北约400米，面积总计约400000平方米（图一三五）。

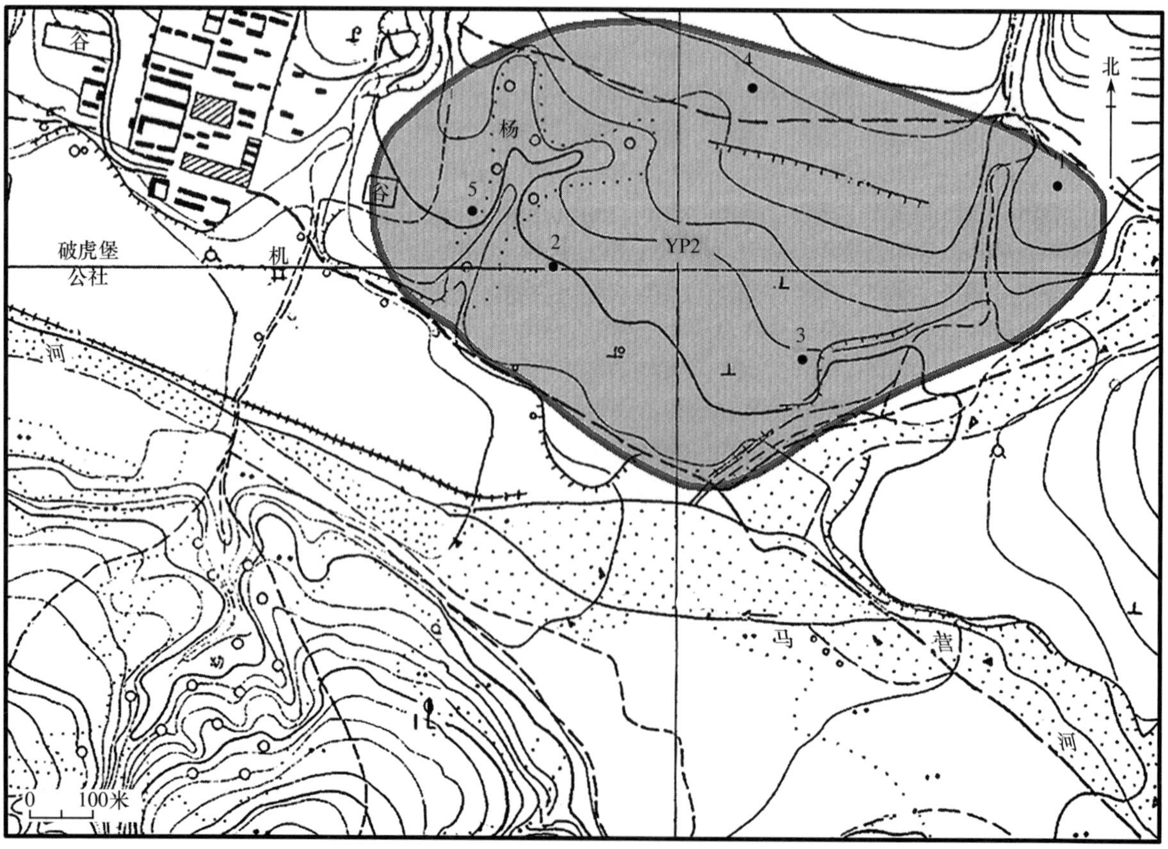

图一三五　破虎堡村遗址位置示意图

遗址区内未发现文化层、灰坑等遗迹，只采集散落遗址区地表的残留遗物。

遗址面积较大，故设立五个采集点。

破虎堡村遗址第一采集点

第一采集点位于遗址区东北部，中心坐标为北纬40°14′53.0″，东经112°34′20.6″，海拔1497米±5米。采集点地形为台地，地表植被为玉米等农作物。采集面积约400平方米。采集遗物分布较分散，所采遗物主要有泥质灰陶罐口肩部、甑底部、盆口部。采集标本共7件。

YP2①：1，泥质深灰色陶盆口腹部。敞口。宽折沿略下捺。圆方唇。腹部斜收。口沿及内壁有若干暗弦纹且施砑光。外表有明显旋抹痕。泥片贴筑、快轮修整。口径36厘米，残高4厘米，厚0.8～1厘米（图一三六，5）。

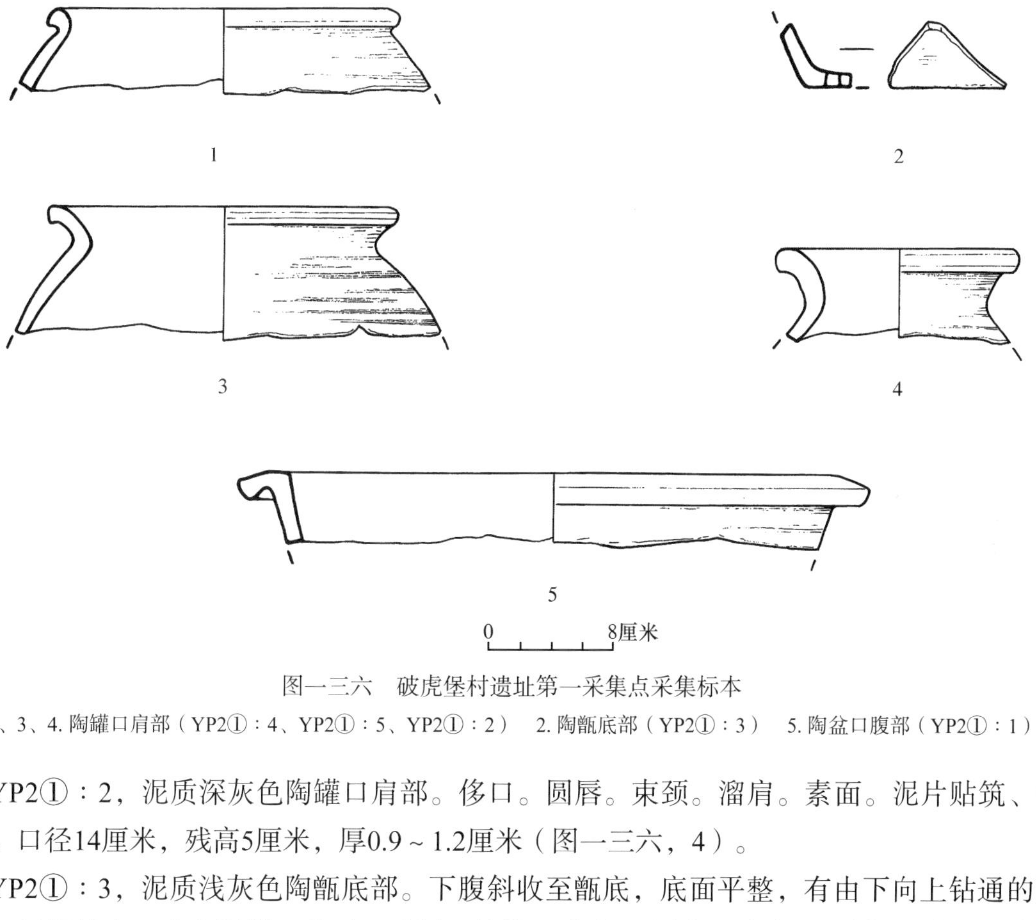

图一三六　破虎堡村遗址第一采集点采集标本

1、3、4. 陶罐口肩部（YP2①：4、YP2①：5、YP2①：2）　2. 陶甑底部（YP2①：3）　5. 陶盆口腹部（YP2①：1）

YP2①：2，泥质深灰色陶罐口肩部。侈口。圆唇。束颈。溜肩。素面。泥片贴筑、快轮修整。口径14厘米，残高5厘米，厚0.9～1.2厘米（图一三六，4）。

YP2①：3，泥质浅灰色陶甑底部。下腹斜收至甑底，底面平整，有由下向上钻通的圆形钻孔。间距较密，为实用器。素面。手制、轮修。残高3.6厘米，残宽6.6厘米，厚0.8厘米，口径0.8厘米（图一三六，2）。

YP2①：4，泥质深灰色陶罐口肩部。卷沿，圆唇，溜肩。素面。泥片贴筑、快轮修整。口径20厘米，残高4.8厘米，厚0.8厘米（图一三六，1）。

YP2①：5，泥质深灰色陶罐口肩部。折沿上翘，圆方唇，溜肩。口肩部有若干周暗弦纹。内壁抹光。泥片贴筑、快轮修整。口径20厘米，残高7厘米，厚0.6～0.8厘米（图一三六，3）。

YP2①：6，泥质深灰色陶罐腹部。外表饰交错中粗绳纹。内壁抹光。泥片贴筑、快轮修整。残高5厘米，残宽6.2厘米，厚0.5厘米（图一四一，1）。

YP2①：7，泥质深灰色陶罐腹部。外表饰竖向中偏细绳纹。泥片贴筑、快轮修整。残长10.5厘米，厚0.6厘米（图一四一，2）。

破虎堡村遗址第二采集点

第二采集点位于遗址区西南部，中心坐标为北纬40°14′48.9″，东经112°33′50.9″，海拔1480米±5米。采集点地形为台地，地表植被为松树。采集面积约1000平方米。采集遗物分布较分散，所采遗物主要有泥质灰陶钵口部、罐口部、筒瓦，釉下彩瓷碗、青白釉瓷碗口部、青白釉瓷盆口沿、青白釉瓷罐口部、器盖抓手等。采集标本共19件。

YP2②：1，瓷器盖抓手。粗瓷。圆柱形。淡黄色，顶部有两周凹槽。轮制、拉坯。最大径6.8厘米，残高4.8厘米（图一三七，3）。

YP2②：2，泥质浅灰色陶钵口部。直口略外侈，扁圆唇，折腹斜收。素面。泥片贴筑、快轮修整。残高4.6厘米，厚0.8厘米，残宽8.8厘米（图一三七，1）。

YP2②：3，泥质浅灰色陶钵底部。大饼底，腹部斜收。素面，底面留有快轮修整过的数周刻划痕。泥片贴筑、快轮修整。底径10.2厘米，厚1厘米，残高5厘米（图一三七，7）。

YP2②：4，泥质灰陶罐口部。圆唇，微卷，短颈，溜肩。肩、腹部饰左斜向中粗绳纹。泥片贴筑、快轮修整。口径23厘米，厚1.2厘米，残高7.6厘米（图一三七，15）。

YP2②：5，泥质深灰色陶罐口部。圆唇，卷沿，溜肩。口外侧肩部上部先饰左斜向中粗绳纹，后被抹掉，之下为弦断中粗绳纹。泥片贴筑、快轮修整。口径20厘米，厚1厘米，残高7.6厘米（图一三七，12）。

YP2②：6，泥质浅灰色陶罐口部。圆唇，沿上翘，溜肩。口沿外侧下有三道划痕，肩部饰交错细绳纹。泥片贴筑、快轮修整。口径24厘米，厚0.9厘米，残高8.4厘米（图一三七，18）。

YP2②：7，泥质浅灰色陶筒瓦。残段。瓦背成弧形，外切磨光。瓦内部有布纹。泥片贴筑、手制。残长7.4厘米，残宽6.2厘米，厚1.5厘米（图一三七，2）。

YP2②：8，泥质浅灰色陶罐口部。侈口，方唇，口沿外卷上翘。口沿上有一道较宽凹槽。泥片贴筑、快轮修整。口径20厘米，厚1厘米，残高5.6厘米（图一三七，10）。

YP2②：9，泥质深灰色陶盆口部。方唇，折沿下捺，腹部斜收。口沿及内外壁均留下较规则的旋抹痕。泥片贴筑、快轮修整。口径32.8厘米，厚1厘米，残高6厘米（图一三七，19）。

YP2②：10，泥质深灰色陶罐口部。侈口，圆唇，高领。外表有较规则的旋抹痕。泥片贴筑、快轮修整。口径13.2厘米，厚0.8厘米，残高6.2厘米（图一三七，9）。

YP2②：11，泥质深灰色陶罐口部。直口，方唇，溜肩，器壁偏厚。口沿内侧有一道较浅凹槽，口沿外侧上有一道较窄凹槽。泥片贴筑、快轮修整。口径20厘米，厚0.6厘米，残高6.8厘米（图一三七，16）。

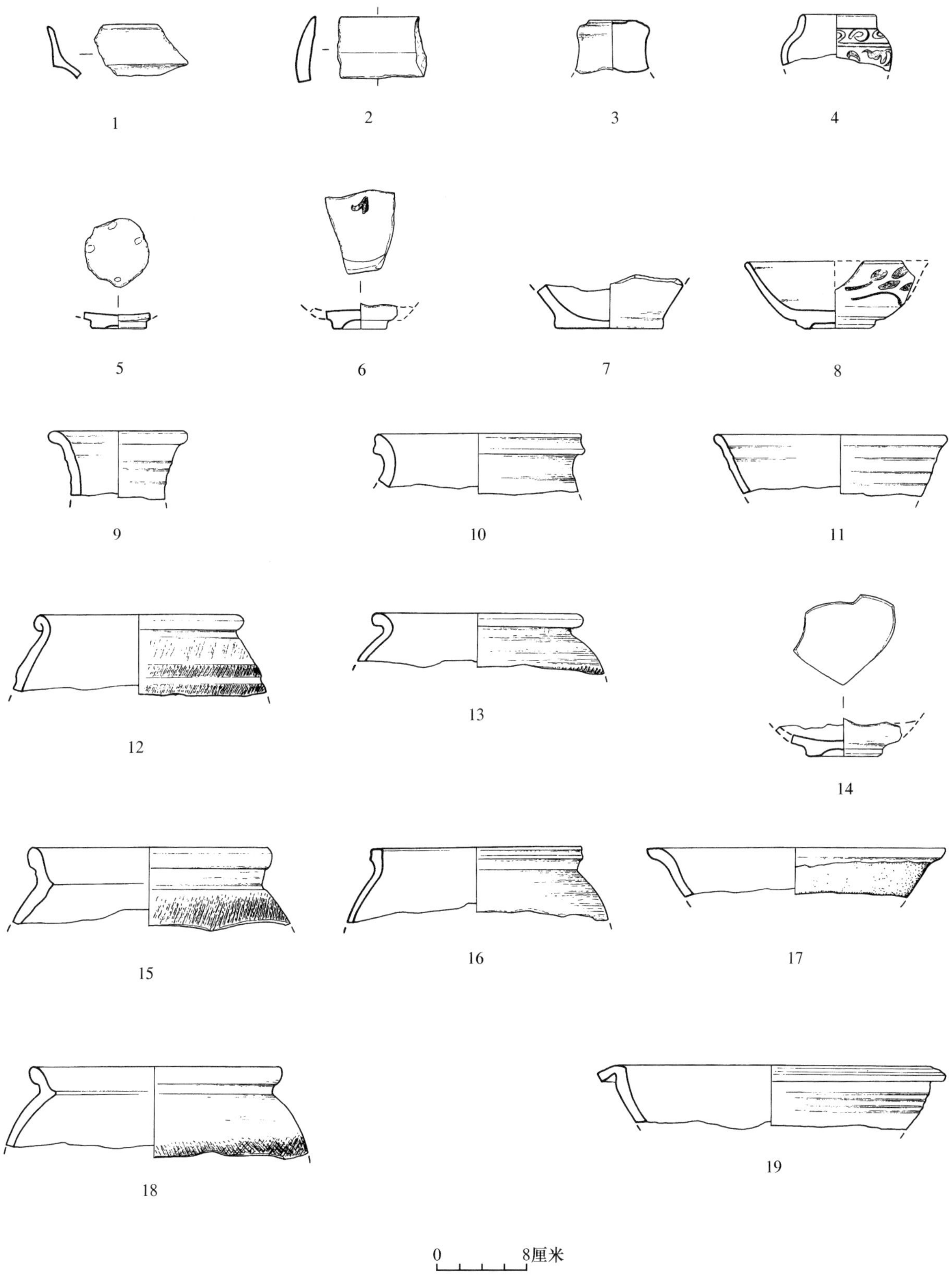

图一三七　破虎堡村遗址第二采集点采集标本

1. 陶钵口部（YP2②：2）　2. 筒瓦（YP2②：7）　3. 瓷器盖抓手（YP2②：1）　4. 瓷罐口部（YP2②：15）　5、6、14. 瓷碗底部（YP2②：18、YP2②：19、YP2②：14）　7. 陶钵底部（YP2②：3）　8. 瓷碗（YP2②：17）　9、10、12、13、15、16、18. 陶罐口部（YP2②：10、YP2②：8、YP2②：5、YP2②：12、YP2②：4、YP2②：11、YP2②：6）　11. 瓷碗口部（YP2②：16）　17. 瓷盆口、腹部（YP2②：13）　19. 陶盆口部（YP2②：9）

YP2②：12，泥质灰陶罐口部。圆唇，卷沿，溜肩。肩部上部饰竖向细绳纹后被抹掉，下部饰左斜向细绳纹。泥片贴筑、快轮修整。口径20厘米，厚7厘米，残高5.4厘米（图一三七，13）。

YP2②：13，瓷盆口腹部。细瓷，灰胎。斜方唇，平折沿，腹部斜收。口沿及内壁先施化妆土，后施白釉，釉色泛黄，口沿外侧下有一周泛褐色的白釉。泥片贴筑、快轮修整。口径28厘米，厚0.9厘米，残高7.6厘米（图一三七，17）。

YP2②：14，瓷碗底部。细瓷，青灰胎。腹部斜收至底部；圈足，足墙较矮、圆钝，墙面略宽、平整；挖足至肩，与肩部平齐，系二次挖成；器壁偏厚。未施化妆土，内壁施白釉较浓，釉色泛青黑，外表施白釉较淡，釉色与胎色相似，釉色泛灰，有流釉现象，圈足上留有支钉痕，底面外围也有支钉痕。泥片贴筑、快轮修整。底径7.2厘米，厚0.6厘米，残高3.4厘米（图一三七，14）。

YP2②：15，瓷罐口部。细瓷，灰胎。直口，圆唇，鼓肩，弧腹，器壁偏厚，个体较小。口沿及外表施白釉，釉色泛黄，未施化妆土，外表有精美的黑花装饰，用若干条横线作为隔断。轮制、拉坯。口径7.4厘米，厚0.6厘米，残高5.2厘米（图一三七，4）。

YP2②：16，瓷碗口部。细瓷，灰胎。扁圆唇，腹部斜收，器壁偏薄。内壁先施化妆土，后施透明釉；外表口沿下略施白釉，釉色泛青，且有流釉现象。轮制、拉坯。口径22厘米，厚0.6厘米，残高5.8厘米（图一三七，11）。

YP2②：17，瓷碗。细瓷，灰胎。扁圆唇，腹部斜收至圈足，足墙较矮 、圆钝，墙面平整，挖足至肩，与肩平齐，系一次挖成，器壁偏厚。通体施白釉，釉色泛青，内壁口沿，底面外围有一周褐色条纹，外表有黑花装饰，底面外围、圈足上有支钉痕。轮制、拉坯。口径17厘米，底径7.4厘米，高6厘米，厚0.8厘米（图一三七，8）。

YP2②：18，瓷碗底部。细瓷，灰胎。下腹斜收至假圈足，底部略内凹，系一次挖成，圈足较矮，足墙圆钝、平整。先施化妆土，内壁施透明白釉，釉色泛黄，底面外围有五处较规整的支钉痕。轮制、拉坯。底径5.3厘米，厚0.6厘米，残高1.4厘米（图一三七，5）。

YP2②：19，瓷碗底部。细瓷，灰胎。下腹折收至圈足，足墙较矮、圆钝，墙面平整，挖足至肩，与肩部平齐，系二次挖成，底面有较矮鸡心钉。未施化妆土，内壁施白釉，釉色泛黄；底面外围有一周黑色条纹，中心有黑花装饰，底面外围也有支钉痕。轮制、拉坯。底径5.2厘米，厚0.6厘米，残高2.4厘米（图一三七，6）。

破虎堡村遗址第三采集点

第三采集点位于遗址区东南部，中心坐标为北纬40°14′45.2″，东经112°34′05.8″，海拔1481米±5米。采集点地形为阶梯式台地，地表植被为松树、葫麻等。采集面积约1200平方米。采集遗物分布较为密集，所采遗物主要有泥质灰陶罐口肩部、盆口部、豆柄、板瓦、钵等。采集标本共14件。

YP2③：1，泥质浅灰色陶瓦当。半当，残。整体呈半圆形，内侧留有明显的刮削痕，且有一处圆形插孔。当面饰粗绳纹，纹饰较浅。泥片贴筑、手制。残高5.6厘米，残宽9.6厘米，厚1～2.2厘米（图一三八，4）。

YP2③：2，泥质深灰色陶罐口肩部。圆唇，卷沿外翻，鼓肩。肩部外表近口部素面，有明显的旋抹痕，之下饰竖向中粗绳纹，内壁抹光。泥片贴筑、快轮修整。口径24厘米，厚0.7厘米，残高5厘米（图一三八，10）。

YP2③：3，泥质浅灰色陶罐口肩部。扁圆唇，沿外卷，溜肩。肩部饰左斜向中粗绳纹。泥片贴筑、快轮修整。口径22厘米，厚0.7厘米，残高4.8厘米（图一三八，8）。

YP2③：4，泥质深灰色陶钵口、腹部。敛口，圆唇，折腹。素面。泥片贴筑、快轮修整。口径18厘米，残高4.8厘米，厚0.5～0.7厘米（图一三八，9）。

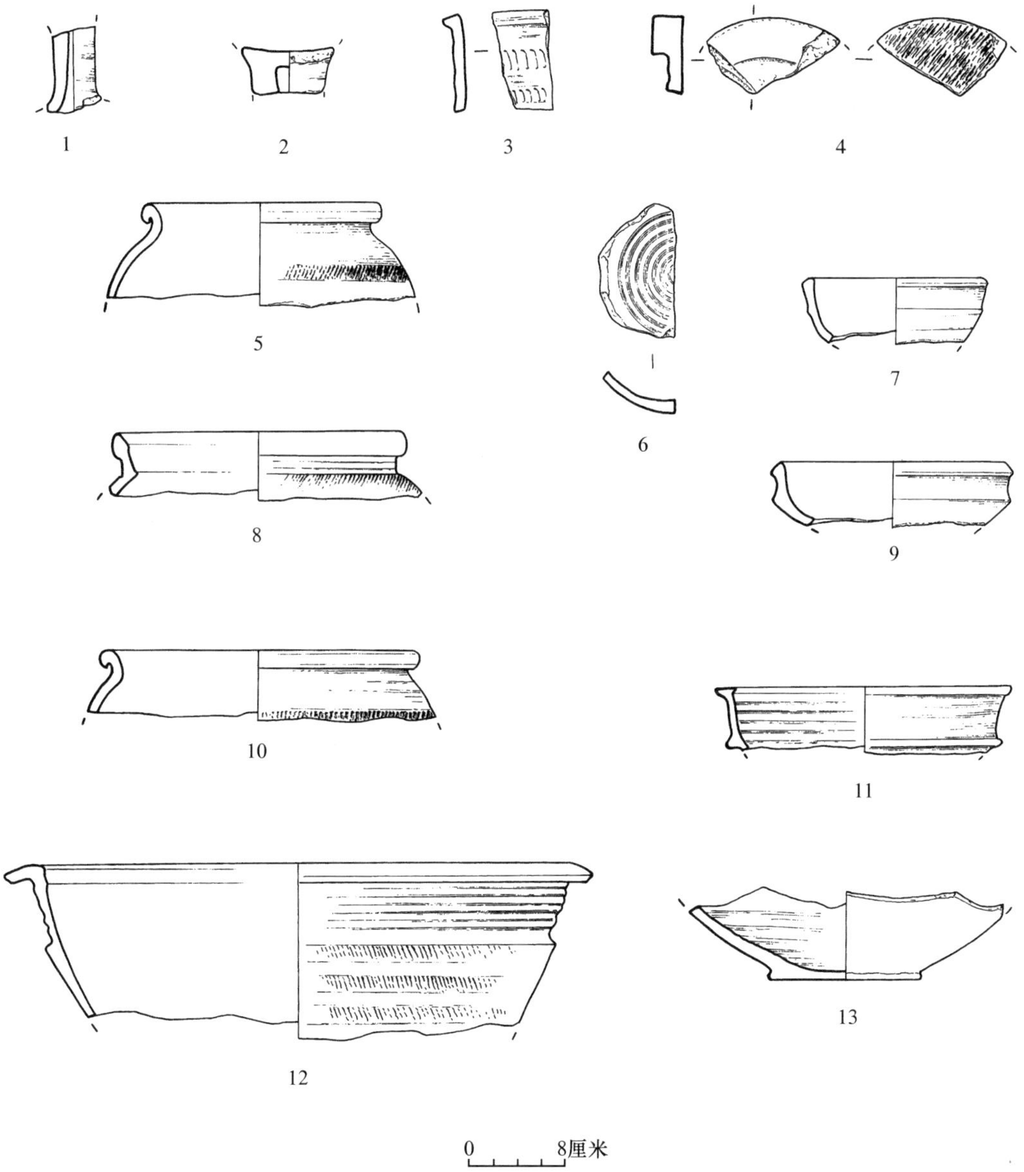

图一三八　破虎堡村遗址第三采集点采集标本

1、2. 陶豆柄（YP2③：12、YP2③：13）　3. 板瓦（YP2③：6）　4. 瓦当（YP2③：1）　5、8、10. 陶罐口肩部（YP2③：8、YP2③：3、YP2③：2）　6. 陶豆盘（YP2③：7）　7、9、11. 陶钵口腹部（YP2③：10、YP2③：4、YP2③：11）　12. 陶盆口腹部（YP2③：11）　13. 陶盆下腹及底部（YP2③：9）

YP2③：5，泥质深灰色陶钵口腹部。敛口，扁圆唇，小平折沿，折腹。外表有数周较均匀若干周旋抹痕，内壁有六周暗弦纹。泥片贴筑、快轮修整。口径22厘米，残高4.3厘米，厚0.5～1.2厘米（图一三八，11）。

YP2③：6，泥质深灰色陶板瓦。残片。瓦头平齐略上昂，瓦身偏薄，弧度不够明显。瓦背饰弦断粗绳纹，内壁抹光。泥片贴筑、快轮修整。残长7.2厘米，残宽4.1厘米，厚0.8厘米（图一三八，3）。

YP2③：7，泥质浅灰色陶豆盘。口残，深盘，内有同心圆。盘内底有若干周暗弦纹，盘底为素面。手制、轮修。残径8.5厘米，残高2.8厘米，厚0.8～1厘米（图一三八，6）。

YP2③：8，泥质深灰色陶罐口肩部。侈口，圆唇，卷沿外翻，鼓肩。肩部外表近口部素面，有明显旋抹痕，之下饰左斜向弦断粗绳纹，内壁抹光。泥片贴筑、快轮修整。口径18厘米，厚0.7厘米，残高7.2厘米（图一三八，5）。

YP2③：9，泥质深灰色陶盆下腹及底部。下腹斜收至饼底，底面平整。外表素面，内壁有若干周暗弦纹。泥片贴筑、快轮修整。底径11.2厘米，厚0.8～1厘米，残高6.4厘米（图一三八，13）。

YP2③：10，泥质深灰色陶钵口腹部。口微敛，圆唇，折腹弧收。素面。泥片贴筑、快轮修整。口径13.8厘米，残高4.6厘米，厚0.6厘米（图一三八，7）。

YP2③：11，泥质深灰色陶盆口腹部。口微敛，斜方唇，宽折沿下捺，腹部斜收。器形较大。口外表有宽窄不一若干周瓦楞纹，之下饰弦断中粗绳纹，内壁有明显旋抹痕。泥片贴筑、快轮修整。口径44厘米，厚0.6～1.1厘米，残高12.4厘米（图一三八，12）。

YP2③：12，泥质浅灰色陶豆柄。圆柱形，中空，外表呈竹节状。素面。手制、轮修。残高5.8厘米，直径3厘米（图一三八，1）。

YP2③：13，泥质深灰色陶豆柄。粗柄，中空，较矮。素面。手制、轮修。残高3厘米，直径6厘米（图一三八，2）。

YP2③：14，泥质深灰色陶板瓦。残片。瓦头平齐，瓦背略呈弧形。瓦背饰交错粗绳纹，瓦内压印网格纹，瓦头饰左斜向粗绳纹。手制、内切、泥片贴筑。残长7.5厘米，残宽11.5厘米，厚1.2厘米（图一四一，4）。

破虎堡村遗址第四采集点

第四采集点位于遗址区北部，中心坐标为北纬40°14′57.0″，东经112°34′02.6″，海拔1491米±5米。采集点地形为阶梯式台地，地表植被为玉米。采集面积约400平方米。采集遗物较为分散，所采遗物主要有夹砂灰陶釜底部，泥质灰陶罐口部、钵、绳纹板瓦、建筑构件等。采集标本共8件。

YP2④：1，泥质深灰色陶钵。底部残。侈口，折腹斜收至底部。内壁及口沿外表被研光，有若干周暗弦纹，外表折腹下有数周瓦楞纹。泥片贴筑、快轮修整。口径20厘米，厚0.6厘米，残高4.8厘米（图一三九，2）。

YP2④：2，泥质浅灰色陶罐口部。侈口，圆唇，卷沿，低领。口沿内侧被研光。泥片贴

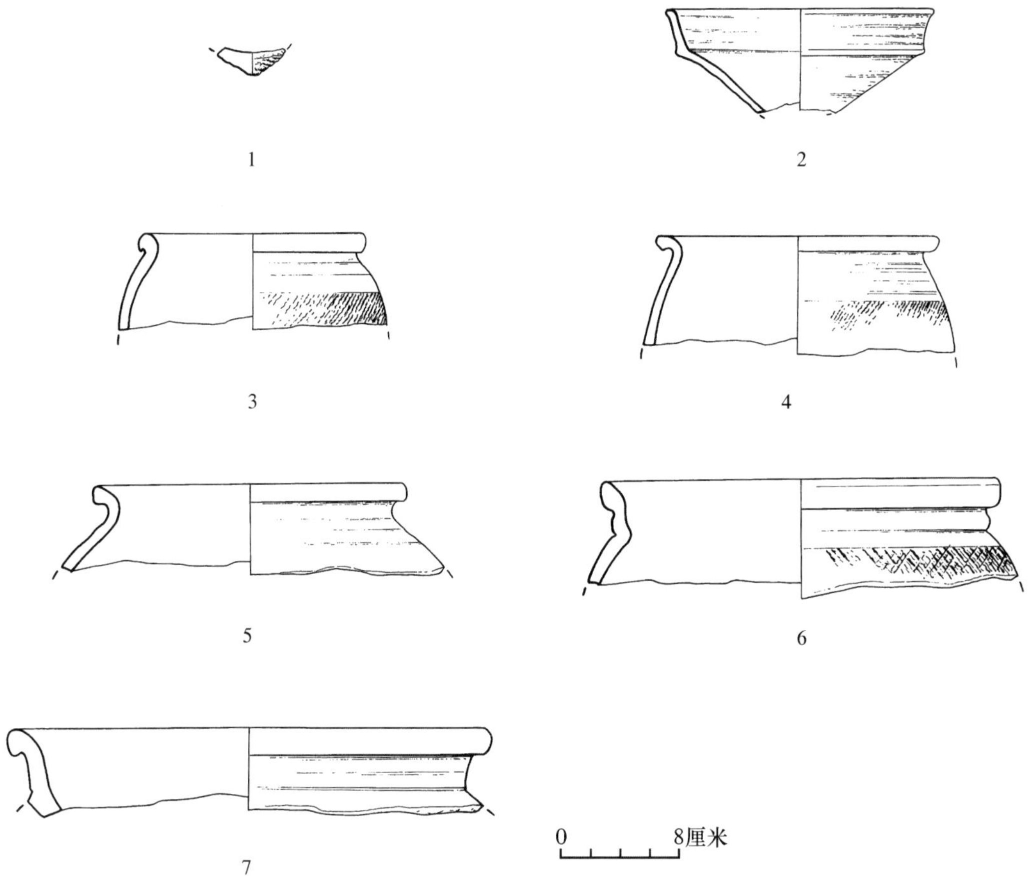

图一三九　破虎堡村遗址第四采集点采集标本

1. 陶釜底（YP2④：7）　2. 陶钵（YP2④：1）　3、7. 陶罐口部（YP2④：4、YP2④：2）

4～6. 陶罐口肩部（YP2④：5、YP2④：6、YP2④：3）

筑、快轮修整。口径34厘米，厚1.2厘米，残高6厘米（图一三九，7）。

YP2④：3，泥质深灰色陶罐口肩部。圆唇，卷沿，颈部有两周较深凹槽，溜肩。外表饰交错绳纹。泥片贴筑、快轮修整。口径28厘米，厚1厘米，残高8厘米（图一三九，6）。

YP2④：4，泥质深灰色陶罐口部。圆唇，沿微卷，溜肩。外表腹部饰左斜向的中粗绳纹。泥片贴筑、快轮修整。口径16厘米，厚0.8厘米，残高6.4厘米（图一三九，3）。

YP2④：5，泥质浅灰色陶罐口肩部。方唇，沿微卷，溜肩。外表肩部下饰交错绳纹。泥片贴筑、快轮修整。口径20厘米，厚0.8厘米，残高8.2厘米（图一三九，4）。

YP2④：6，泥质深灰色陶罐口肩部。方唇，微卷，溜肩。素面。泥片贴筑、快轮修整。口径22厘米，厚0.8厘米，残高6.4厘米（图一三九，5）。

YP2④：7，夹细砂深灰色陶釜底。底部成锥形。涡状绳纹。泥片贴筑。残高1.7厘米，厚0.5厘米（图一三九，1）。

YP2④：8，泥质深灰色陶板瓦。瓦背呈弧形。外表近瓦头处为大小不一的弦断绳纹、左斜向绳纹和竖向绳纹，略有交错，绳纹中偏粗，内壁为排印方格纹。泥片贴筑、手制。残长20.4厘米，残高16厘米，厚1.2厘米（图一四一，5）。

破虎堡村遗址第五采集点

第五采集点位于遗址区西部，中心坐标为北纬40°14′51.2″，东经112°33′42.6″，海拔1477米±5米。采集点地形为缓坡台地，地表植被为荒地。采集面积约300平方米。采集遗物分布较为稀疏，所采遗物主要有泥质灰陶盆口部、罐口肩部、钵口部等。采集标本共8件。

YP2⑤：1，泥质深灰色陶罐颈肩部。高领，束领，溜肩。肩部外表饰弦断中偏细绳纹。内壁有明显旋抹痕。泥片贴筑、快轮修整。残高11.4厘米，残宽16.6厘米，厚0.5～1.1厘米（图一四〇，6）。

YP2⑤：2，夹细砂浅灰色陶罐口肩部。卷折沿上翘。圆唇，溜肩。素面。泥片贴筑、快轮修整。口径22厘米，残高4.2厘米，厚0.8厘米（图一四〇，2）。

YP2⑤：3，泥质浅灰色陶钵口腹部。侈口，圆唇，上腹斜收至下腹部，折收至底。外表有四周暗弦纹。内壁有若干周较明显旋抹痕。泥片贴筑、快轮修整。口径18厘米，残高4.4厘米，厚0.6～0.8厘米（图一四〇，1）。

YP2⑤：4，泥质深灰色陶罐口肩部。斜方唇，溜肩。素面。泥片贴筑、快轮修整。口径22厘米，残高7厘米，厚0.8～0.9厘米（图一四〇，5）。

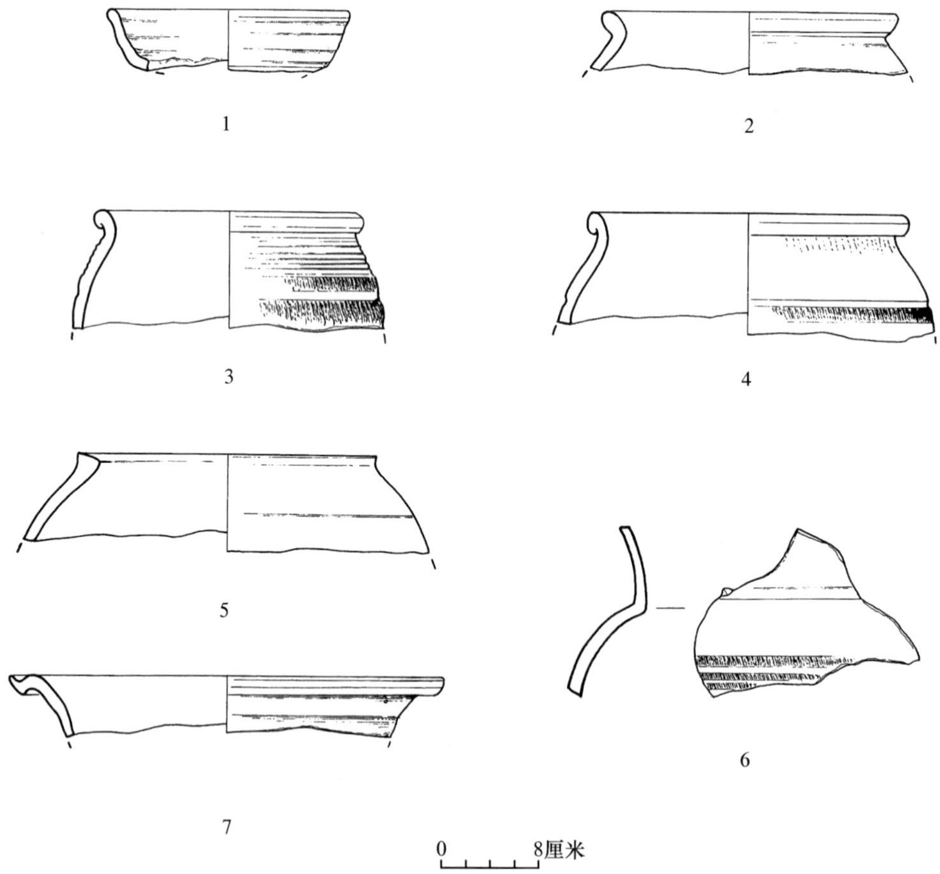

图一四〇　破虎堡村遗址第五采集点采集标本

1. 陶钵口腹部（YP2⑤：3）　2、3、5. 陶罐口肩部（YP2⑤：2、YP2⑤：8、YP2⑤：4）　4. 陶罐口腹部（YP2⑤：7）　6. 陶罐颈肩部（YP2⑤：1）　7. 陶盆口腹部（YP2⑤：5）

YP2⑤：5，泥质深灰色陶盆口腹部。侈口，折沿上翘，尖唇，斜腹。素面。外表抹光，内壁及口部旋抹后研光。口沿处有凹槽一周，口沿与腹部相交处有由内向外圆形钻孔一处。泥片贴筑、快轮修整。口径32厘米，残高4.4厘米，厚0.6～0.8厘米（图一四〇，7）。

YP2⑤：6，泥质深灰色陶罐肩部。肩外表有一周压印纹附加泥条，之下饰左斜向弦断中粗绳纹。内壁有明显旋抹痕及一些较浅较乱划痕。泥片贴筑、快轮修整。残宽8.6厘米，残高4.8厘米，厚0.6厘米（图一四一，3）。

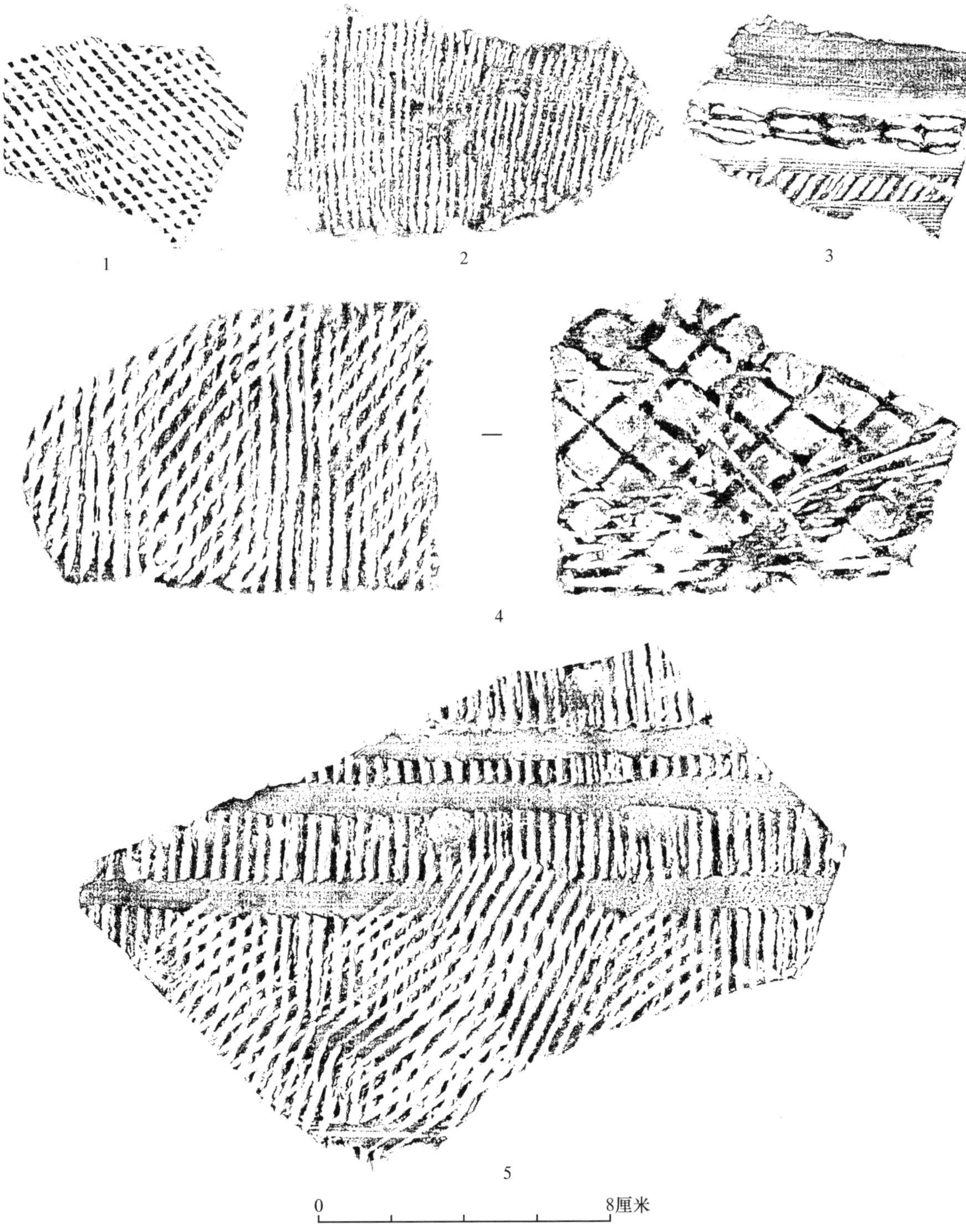

图一四一　破虎堡村遗址第一、三、四、五采集点采集标本拓片

1. 陶罐腹部（YP2①：6）　2. 陶罐腹部（YP2①：7）　3. 陶罐肩部（YP2⑤：6）　4. 板瓦（YP2③：14）（外表、内壁）　5. 板瓦（YP2④：8）

YP2⑤：7，泥质灰陶罐口腹部。卷沿，圆唇，弧腹。外表上腹饰竖向中粗绳纹，口外侧绳纹被抹掉且留有较深凹槽一周，之下为弦断绳纹。泥片贴筑、快轮修整。口径24厘米，残高8.6厘米，厚0.9厘米（图一四〇，4）。

YP2⑤：8，泥质深灰色陶罐口肩部。卷沿，圆唇，溜肩。口外侧有若干周宽窄不一的瓦楞纹，之下饰弦断中粗绳纹，口内壁有明显旋抹痕。泥片贴筑、快轮修整。口径20厘米，残高8.6厘米，厚0.8厘米（图一四〇，3）。

（二）遗址时代

遗址的文化时代为汉魏、辽代、金代（表二六）。

YP2⑤：5（汉代）与托克托县古城村古城遗址汉代B型Ⅱ式陶盆相似[①]。

YP2③：4（汉代）与卓资县土城子遗址Ⅰ式陶碗T6012②：6相似[②]；与卓资县城卜子古城遗址Ab型Ⅰ式陶碗C：18相似[③]。

YP2③：5（汉代）与卓资县土城子遗址C型陶钵T6015②：3相似[④]；与卓资县城卜子古城遗址Ab型Ⅱ式陶碗C：10相似[⑤]。

YP2②：6（东汉）与托克托县古城村古城遗址汉代B型Ⅲ式陶釜T1②：3相似[⑥]；与卓资县城卜子古城遗址B型Ⅰ式陶瓮C：8相似[⑦]。

YP2②：5（东汉）与清水河县城嘴子遗址汉代遗存出土Ⅱ式陶敛口瓮T11②：2相似[⑧]。

YP2⑤：3（汉代）与托克托县古城村古城遗址汉代B型Ⅲ式陶钵T10②：7相似[⑨]；与和林

---

① 内蒙古自治区文物考古研究所编：《内蒙古文物考古文集（第三辑）》，科学出版社，2004年，第111页，图三七，3。

② 内蒙古自治区文物考古研究所、乌兰察布市博物馆、卓资县文物保护管理所：《卓资县土城子村遗址发掘简报》，《草原文物》2013年第2期，第62页，图一七，8。

③ 内蒙古自治区文物考古研究所编：《内蒙古文物考古文集（第三辑）》，科学出版社，2004年，第135页，图八，7。

④ 内蒙古自治区文物考古研究所、乌兰察布市博物馆、卓资县文物保护管理所：《卓资县土城子村遗址发掘简报》，《草原文物》2013年第2期，第62页，图一七，18。

⑤ 内蒙古自治区文物考古研究所编：《内蒙古文物考古文集（第三辑）》，科学出版社，2004年，第135页，图八，10。

⑥ 内蒙古自治区文物考古研究所编：《内蒙古文物考古文集（第三辑）》，科学出版社，2004年，第233页，图一六，8。

⑦ 内蒙古自治区文物考古研究所编：《内蒙古文物考古文集（第三辑）》，科学出版社，2004年，第137页，图一〇，1。

⑧ 内蒙古自治区文物考古研究所编：《内蒙古文物考古文集（第三辑）》，科学出版社，2004年，第111页，图三七，3。

⑨ 内蒙古自治区文物考古研究所编：《内蒙古文物考古文集（第三辑）》，科学出版社，2004年，第235页，图一七，11。

格尔县胜利营东沟子遗址Aa型陶碗TS02E05①：1相似[①]。

YP2①：1（辽金）与察哈尔右翼后旗头道湾古城遗址B型Ⅰ式陶盆ⅡH96：3相似[②]；与准格尔旗城坡古城遗址第二阶段遗存出土B型陶盆F2：2相似[③]。

YP2①：4（辽金）与准格尔旗城坡古城遗址第二阶段遗存出土A型陶瓮T7③：14相似[④]；与察哈尔右翼后旗头道湾古城遗址D型陶罐ⅠH31：1相似[⑤]。

YP2②：11（辽金）与托克托县黑水泉遗址D型陶瓮T0614②：2相似[⑥]；与准格尔旗城坡古城遗址第二阶段遗存出土B型陶壶T2②：18相似[⑦]。

YP2③：11（辽金）与和林格尔县红山口遗址B型Ⅰ式陶盆ⅡH10：4相似[⑧]；与清水河县下城湾古城遗址A型Ⅰ式陶盆T37④：4相似[⑨]。

表二六　破虎堡村遗址调查标本与其他地区同时代对比表

序号	破虎堡村遗址调查标本	对比标本一	对比标本二	其他	备注
1	 YP2⑤：5（汉代）	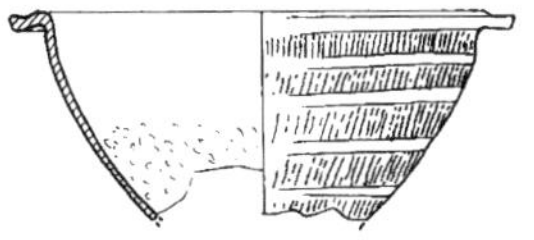 托克托县古城村古城遗址汉代B型Ⅱ式陶盆			
2	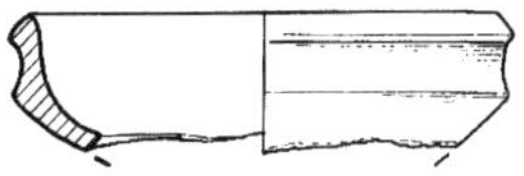 YP2③：4（汉代）	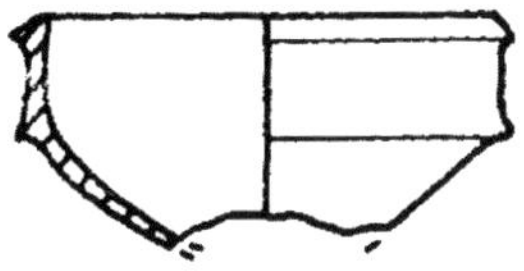 卓资县土城子遗址Ⅰ式陶碗T6012②：6	 卓资县城卜子古城遗址Ab型Ⅰ式陶碗C：18		

① 内蒙古师范大学历史文化学院考古文博系、内蒙古自治区文物考古研究所：《和林格尔县胜利营东沟子遗址发掘简报》，《草原文物》2013年第1期，第14页，图八，4。

② 内蒙古自治区文物考古研究所编：《内蒙古文物考古文集（第三辑）》，科学出版社，2004年，第339页，图二一，6。

③ 内蒙古自治区文物考古研究所编：《万家寨水利枢纽工程考古报告集》，远方出版社，2001年，第100页，图一七，10。

④ 内蒙古自治区文物考古研究所编：《万家寨水利枢纽工程考古报告集》，远方出版社，2001年，第99页，图一六，1。

⑤ 内蒙古自治区文物考古研究所编：《内蒙古文物考古文集（第三辑）》，科学出版社，2004年，第340页，图二二，1。

⑥ 内蒙古自治区文物考古研究所编：《内蒙古文物考古文集（第三辑）》，科学出版社，2004年，第184页，图三八，11。

⑦ 内蒙古自治区文物考古研究所编：《万家寨水利枢纽工程考古报告集》，远方出版社，2001年，第99页，图一六，4。

⑧ 内蒙古自治区文物考古研究所编：《内蒙古文物考古文集（第三辑）》，科学出版社，2004年，第387页，图二七，6。

⑨ 内蒙古自治区文物考古研究所编：《万家寨水利枢纽工程考古报告集》，远方出版社，2001年，第163页，图七，9。

续表

序号	破虎堡村遗址调查标本	对比标本一	对比标本二	其他	备注
3	 YP2③：5（汉代）	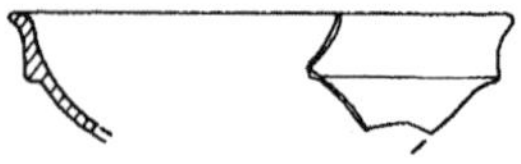 卓资县土城子遗址C型陶钵T6015②：3	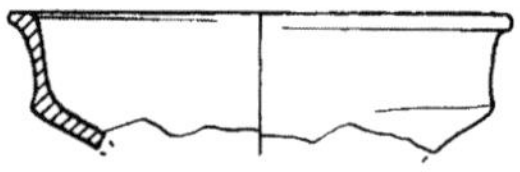 卓资县城卜子古城遗址Ab型Ⅱ式陶碗C：10		
4	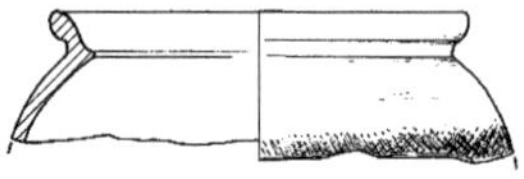 YP2②：6（东汉）	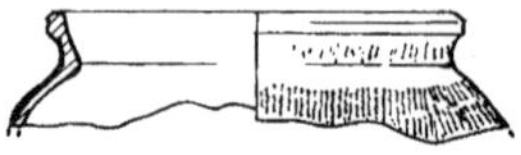 托克托县古城村古城遗址汉代B型Ⅲ式陶釜T1②：3	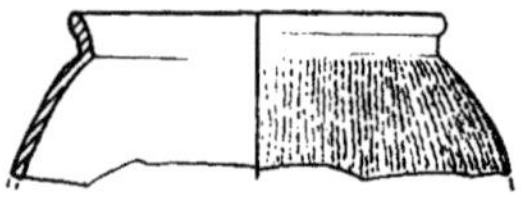 卓资县城卜子古城遗址B型Ⅰ式陶瓮C：8		
5	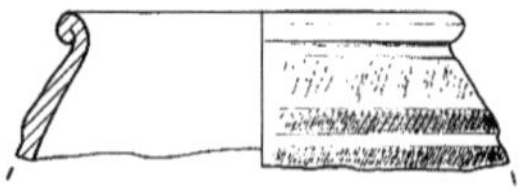 YP2②：5（东汉）	 清水河县城嘴子遗址汉代遗存出土Ⅱ式陶敛口瓮T11②：2			
6	 YP2⑤：3（汉代）	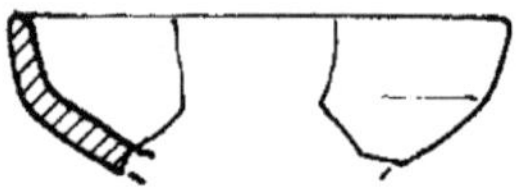 托克托县古城村古城遗址汉代B型Ⅲ式陶钵T10②：7	 和林格尔县胜利营东沟子遗址Aa型陶碗TS02E05①：1		
7	 YP2①：1（辽金）	 察哈尔右翼后旗头道湾古城遗址B型Ⅰ式陶盆ⅡH96：3	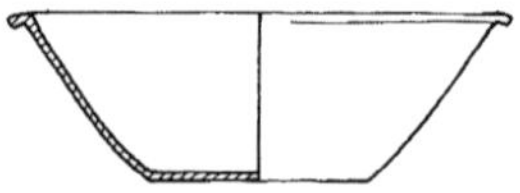 准格尔旗城坡古城遗址第二阶段遗存出土B型陶盆F2：2		
8	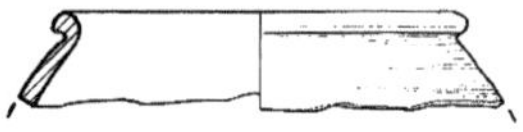 YP2①：4（辽金）	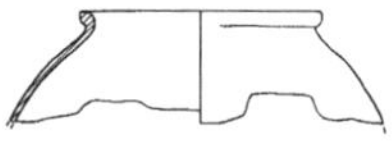 准格尔旗城坡古城遗址第二阶段遗存出土A型陶瓮T7③：14	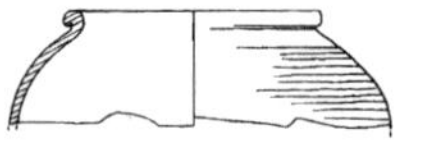 察哈尔右翼后旗头道湾古城遗址D型陶罐ⅠH31：1		
9	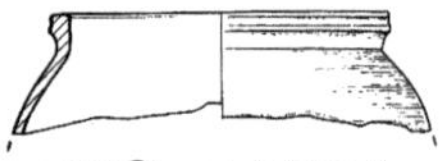 YP2②：11（辽金）	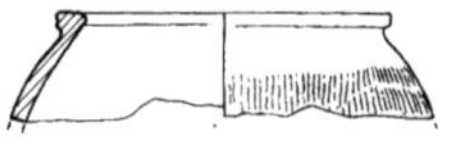 托克托县黑水泉遗址D型陶瓮T0614②：2	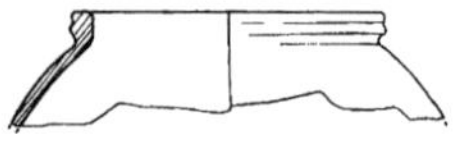 准格尔旗城坡古城遗址第二阶段遗存出土B型陶壶T2②：18		
10	 YP2③：11（辽金）	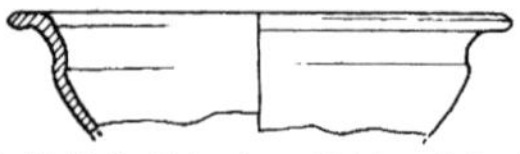 和林格尔县红山口遗址B型Ⅰ式陶盆ⅡH10：4	 清水河县下城湾古城遗址A型Ⅰ式陶盆T37④：4		

三、破虎堡村北遗址（2014YP3）

（一）遗址介绍

破虎堡村北遗址位于破虎堡村北约300米处，行政归属李达窑乡破虎堡村，初查时间为2014年7月26日。遗址中心点GPS坐标为北纬40°15′11.3″，东经112°33′40.4″，海拔1505米±5米。遗址位于南北向的缓坡台地中部，该遗址所处台地种植有土豆、莜麦、玉米等农作物。该遗址北临长城，南临破虎堡及马营河，东临南北流向注入马营河的季节性支流，西临硬化水泥路。遗址东西约120米，南北约100米，面积总计约12000平方米（图一四二）。

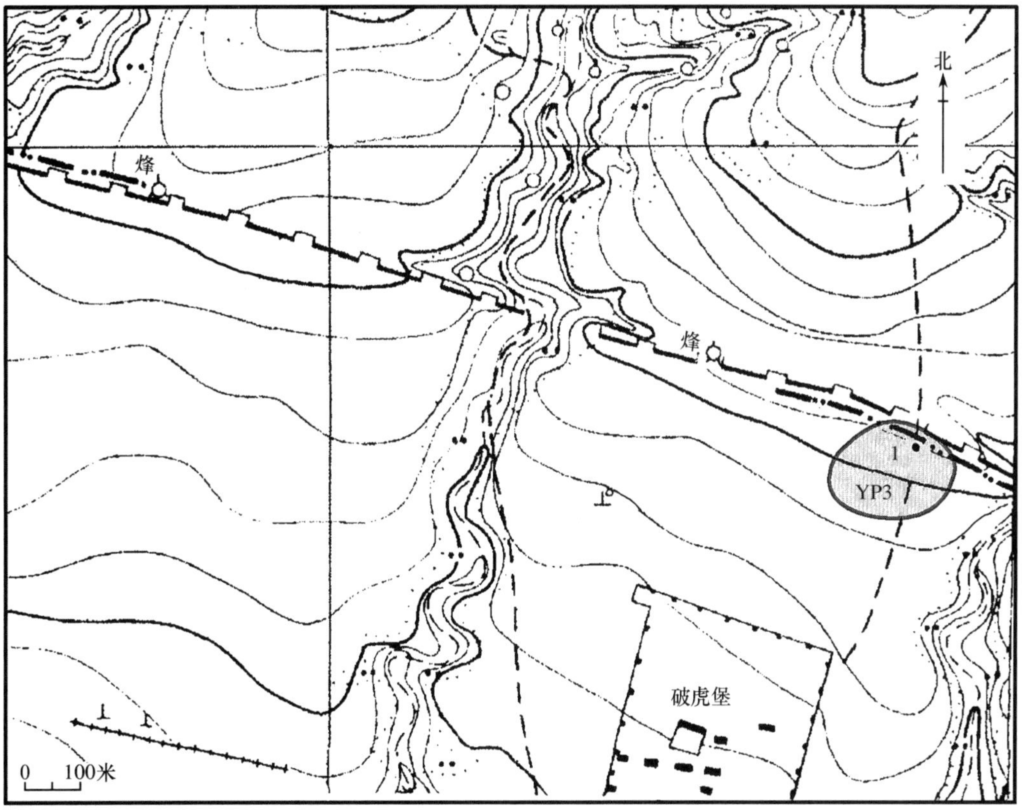

图一四二　破虎堡村北遗址位置示意图

遗址区内未发现文化层、灰坑等遗迹，只采集散落遗址区地表的残留遗物。

遗址区遗物分布较分散，故只设立一个采集点。

破虎堡村北遗址第一采集点

第一采集点位于遗址区中部，中心坐标为北纬40°15′11.3″，东经112°33′40.4″，海拔1505米±5米。采集点地形为南北向缓坡台地，地表植被为土豆、莜麦、玉米等农作物。采集面积约260平方米。采集遗物分布较为集中，所采遗物主要有泥质灰陶折沿盆口部、卷沿盆口部、卷沿罐口部、筒瓦残片及瓷罐口部等。采集标本共14件。

YP3①：1，泥质深灰色陶筒瓦残段。带瓦舌，瓦身呈半圆形。瓦背素面磨光。瓦内侧边缘磨光，内饰较细布纹。泥片贴筑、手制、内切。残长1.厘米，残宽1.厘米，厚1.8厘米（图一四三，6）。

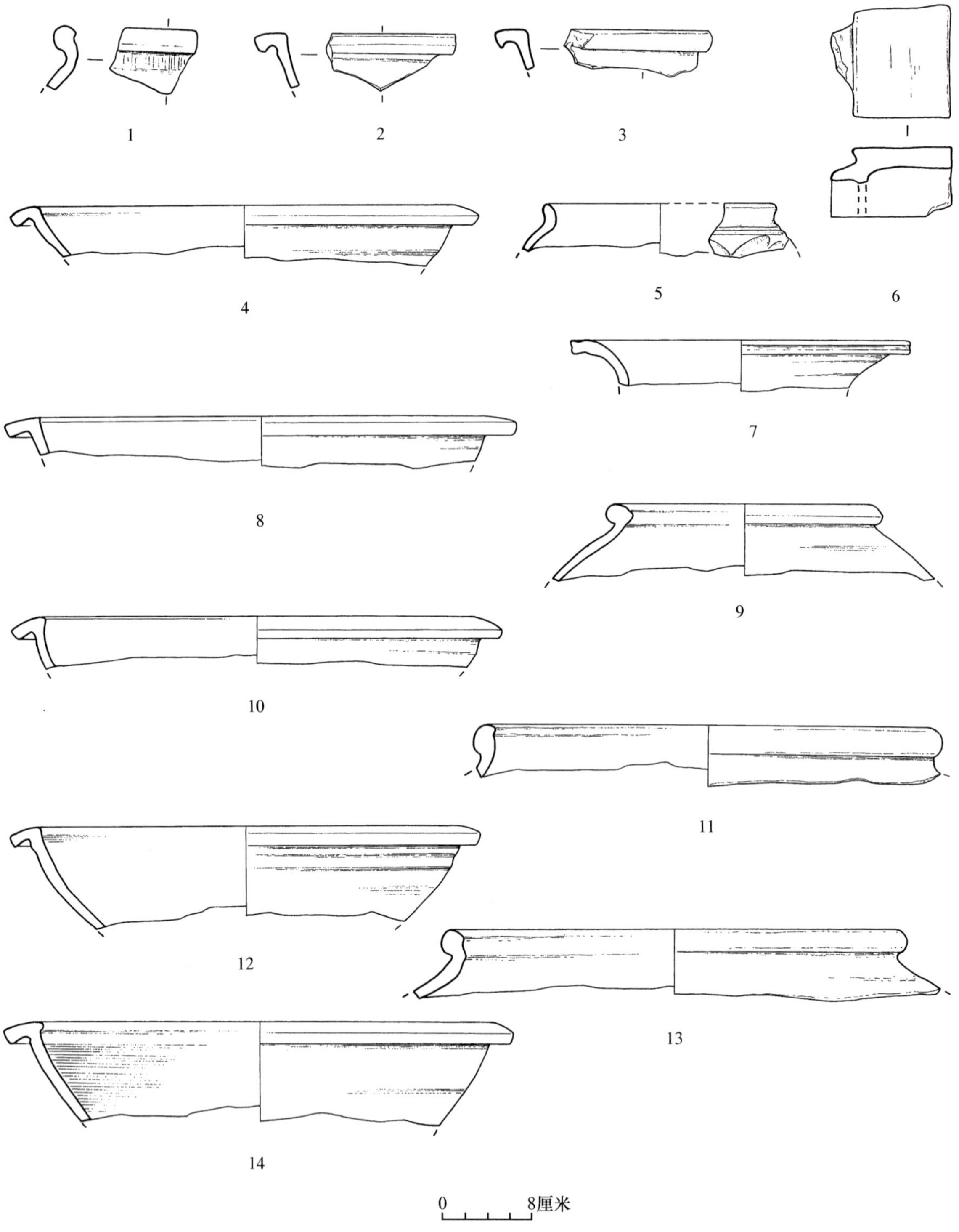

图一四三　破虎堡村北遗址第一采集点采集标本

1、9、11、13. 陶罐口部（YP3①：10、YP3①：9、YP3①：6、YP3①：7）　2～4、8、10、14. 陶盆口部（YP3①：3、YP3①：4、YP3①：11、YP3①：8、YP3①：13、YP3①：2）　5. 瓷罐口部（YP3①：14）　6. 筒瓦（YP3①：1）　7. 陶壶口部（YP3①：12）　12. 陶盆口腹部（YP3①：5）

YP3①：2，泥质深灰色陶盆口部。方唇，折沿下捺，敛口，腹部斜收。内壁被研光，留有数周瓦楞纹。泥片贴筑、快轮修整。口径48厘米，厚1厘米，残高8.4厘米（图一四三，14）。

YP3①：3，泥质深灰色陶盆口部。方唇，折沿下捺，口微敛，腹部斜收。口沿唇上有两周凹槽。口沿外侧下有一周较窄凹槽。内壁被研光，并留有数周暗弦纹。泥片贴筑、快轮修整。厚0.8厘米，残高5.2厘米，残宽12厘米（图一四三，2）。

YP3①：4，泥质深灰色陶盆口部。方唇，折沿略下捺，口微敛，沿下稍卷，腹部斜收。内壁及口沿被研光，且留有数周弦纹。外表有一较小钻孔，内壁有右斜向刻槽。泥片贴筑、快轮修整。厚0.8厘米，残高4.2厘米，残长13.8厘米（图一四三，3）。

YP3①：5，泥质浅灰色陶盆口腹部。方唇，折沿下捺，口微敛，腹部斜收。口沿外侧下有一周凹槽。内壁有数周瓦楞纹，且被研光。泥片贴筑、快轮修整。口径44厘米，厚1厘米，残高8.8厘米（图一四三，12）。

YP3①：6，泥质灰陶罐口部。圆唇，沿微卷，敛口。口沿及外壁被研光，留有数周暗弦纹。泥片贴筑、快轮修整。口径44厘米，厚0.9厘米，残高5.8厘米（图一四三，11）。

YP3①：7，泥质深灰色陶罐口部。圆唇，卷沿，敛口，鼓肩。口沿、外表被研光，且留有数周暗弦纹。口沿内侧有一周较浅凹槽。泥片贴筑、快轮修整。口径43.8厘米，厚1.1厘米，残高6.6厘米（图一四三，13）。

YP3①：8，泥质灰陶盆口部。方唇，折沿下捺，口微敛，腹部斜收。内壁、口沿被研光，且留有数周暗弦纹。泥片贴筑、快轮修整。口径48厘米，厚1厘米，残高4.8厘米（图一四三，8）。

YP3①：9，泥质灰陶罐口部。圆唇，沿微卷，敛口，溜肩。外表被研光，留有数周弦纹。泥片贴筑、快轮修整。口径26厘米，厚0.8厘米，残高6.8厘米（图一四三，9）。

YP3①：10，泥质深灰色陶罐口部。圆唇，卷沿，敛口，溜肩。外表被研光，且留有数周暗弦纹。泥片贴筑、快轮修整。残宽5.8厘米，厚1厘米（图一四三，1）。

YP3①：11，泥质深灰色陶盆口部。方唇，折沿下捺，口微敛，腹部斜收。口沿及内壁被研光，且留有数周暗弦纹。泥片贴筑、快轮修整。口径44厘米，厚0.8厘米，残高5.4厘米（图一四三，4）。

YP3①：12，泥质深灰色陶壶口部。方唇，平沿外翻略上翘。口沿及内壁被研光，留有数周瓦楞纹。唇沿及口沿上有一周较浅凹槽。泥片贴筑、快轮修整。口径32厘米，厚0.8厘米，残高4.6（图一四三，7）。

YP3①：13，泥质深灰色陶盆口部。圆唇，折沿下捺，口微敛，弧腹斜收。泥片贴筑、快轮修整。口径46厘米，厚0.8厘米，残高4.8厘米（图一四三，10）。

YP3①：14，瓷罐口部。细瓷（灰黄胎）。圆唇，卷沿，溜肩。黑釉光洁，玻璃质感强。未施化妆土，口部及内壁施黑釉。肩部有黑釉剔花装饰。刀法粗犷。轮制、拉坯。口径21.8厘米，残高4.8厘米，厚0.8厘米（图一四三，5）。

（二）遗址时代

遗址的文化时代为辽、金（表二七）。

YP3①：6（辽金）与苏尼特右旗新民乡全胜段金界壕B型陶瓮T6②：2相似[①]；与察哈尔右翼后旗头道湾古城遗址C型陶瓮ⅠH51：1相似[②]。

YP3①：14（金代）与准格尔旗城坡古城遗址第二阶段遗存出土A型陶罐F1：3相似[③]；与苏尼特右旗新民乡全胜段金界壕C型瓷罐H3：3相似[④]。

YP3①：2（辽金）与察哈尔右翼后旗头道湾古城遗址B型Ⅱ式陶盆ⅡH106：1相似[⑤]；与和林格尔县前瓦窑沟辽金时代遗址B型盆相似[⑥]。

表二七　破虎堡村北遗址调查标本与其他地区同时代对比表

序号	破虎堡村北遗址调查标本	对比标本一	对比标本二	其他	备注
1	 YP3①：6（辽金）	 苏尼特右旗新民乡全胜段金界壕B型陶瓮T6②：2	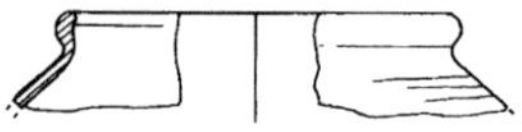 察哈尔右翼后旗头道湾古城遗址C型陶瓮ⅠH51：1		
2	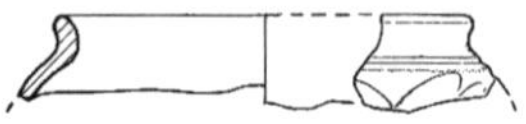 YP3①：14（金代）	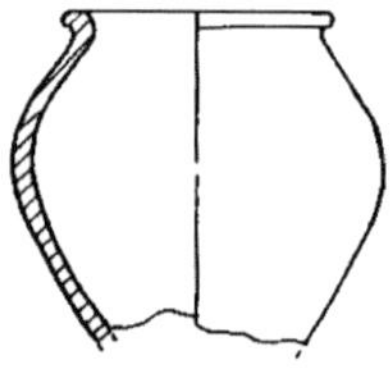 准格尔旗城坡古城遗址第二阶段遗存出土A型陶罐F1：3	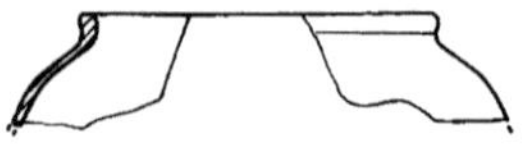 苏尼特右旗新民乡全胜段金界壕C型瓷罐H3：3		
3	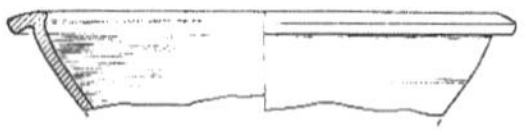 YP3①：2（辽金）	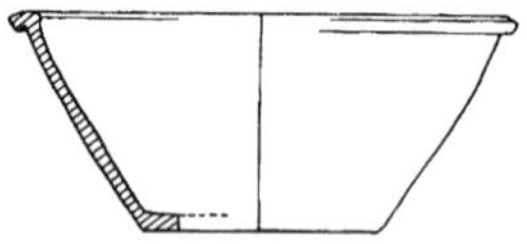 察哈尔右翼后旗头道湾古城遗址B型Ⅱ式陶盆ⅡH106：1	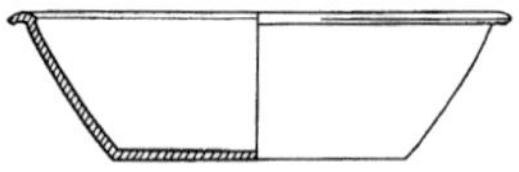 和林格尔县前瓦窑沟辽金时代遗址B型盆		

① 内蒙古自治区文物考古研究所编：《内蒙古文物考古文集（第三辑）》，科学出版社，2004年，第317页，图五，1。

② 内蒙古自治区文物考古研究所编：《内蒙古文物考古文集（第三辑）》，科学出版社，2004年，第340页，图二二，3。

③ 内蒙古自治区文物考古研究所编：《万家寨水利枢纽工程考古报告集》，远方出版社，2001年，第98页，图一五，9。

④ 内蒙古自治区文物考古研究所编：《内蒙古文物考古文集（第三辑）》，科学出版社，2004年，第320页，图七，8。

⑤ 内蒙古自治区文物考古研究所编：《内蒙古文物考古文集（第三辑）》，科学出版社，2004年，第339页，图二一，2。

⑥ 内蒙古文物考古研究所编：《内蒙古文物考古文集》，中国大百科全书出版社，1994年，第556页，图六，1。

第二十节　杀虎口村附近

一、杀虎口村南遗址（2014YSH1）

（一）遗址介绍

杀虎口村南遗址位于杀虎口村南约900米处，行政归属杀虎口乡杀虎口村，初查时间为2014年8月9日。遗址中心GPS坐标为北纬40°13′55.4″，东经112°18′47.0″，海拔1286米±5米。该遗址区位于苍头河的一级台地上，南临海子湾水库，北临S211省道，东西两侧为较小天然冲沟。地形为较平坦的缓冲台地，地表植被为灌木丛。遗址东西约100米，南北约200米，面积总计约20000平方米（图一四四；图版一）。

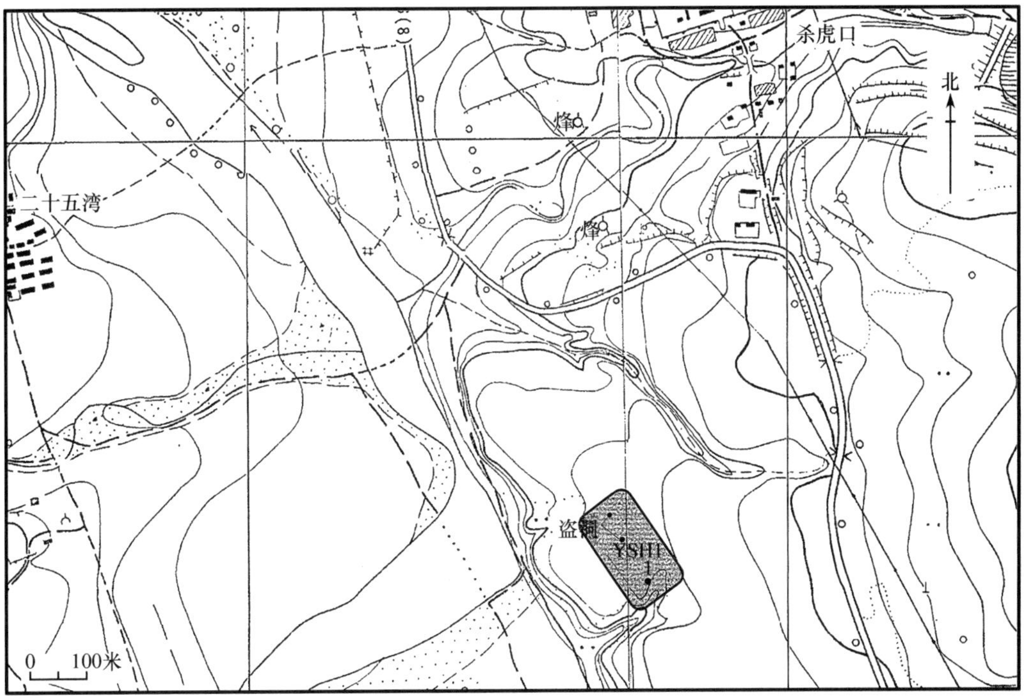

图一四四　杀虎口村南遗址位置示意图

遗址区内未发现文化层、灰坑等遗迹，只采集了散落遗址区地表的残留遗物。但在遗址区附近发现两个盗洞，1号洞的GPS坐标为北纬40°13′59.5″，东经112°18′43.6″，海拔1292米±5米；2号洞的GPS坐标为北纬40°13′57.9″，东经112°18′44.4″，海拔1292米±5米，此洞的口径宽0.4米，长1米，洞深约8米。

遗址区内遗物分布稀疏，故只设一个采集点。

杀虎口村南遗址第一采集点

第一采集点位于遗址区中部，中心坐标为北纬40°13′55.4″，东经112°18′47.0″，海拔1286米±

5米。采集点地形为北高南低的缓冲阶梯式台地，地表植被为灌木。采集面积约400平方米。采集遗物分布较稀疏，所采遗物主要有泥质灰陶釜上腹部、豆座等。采集标本共3件。

YSH1①：1，夹砂灰陶釜下腹部。腹部斜收。器表饰规则的粗大交错绳纹。手制、泥片贴筑。厚0.9厘米（图一四六）。

YSH1①：2，泥质灰陶豆座。喇叭状底座，中空。素面。泥条盘筑、快轮修整。底座直径8厘米，厚0.58厘米，残高4厘米（图一四五，1）。

YSH1①：3，泥质陶釜上腹部。颜色呈夹心，外壁呈灰色，内壁呈红褐色。沿下有一周凹弦纹，器表饰规则的交错粗绳纹。手制、泥片贴筑。残长7.6厘米，厚0.8厘米，残高6.8厘米（图一四五，2）。

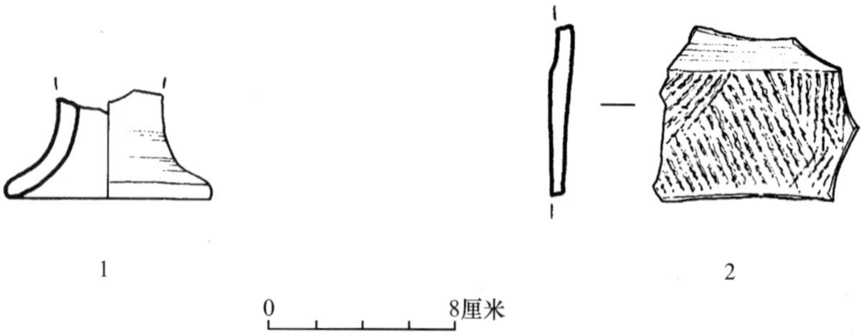

图一四五　杀虎口村南遗址第一采集点采集标本

1. 陶豆座（YSH1①：2）　2. 陶釜上腹部（YSH1①：3）

（二）遗址时代

遗址的文化时代为战国晚期。

二、杀虎口村东南遗址（2014YSH2）

（一）遗址介绍

杀虎口村东南遗址位于杀虎口村东南约600米处，行政归属杀虎口乡杀虎口村，初查时间为2014年8月15日。遗址中心GPS坐标为北纬40°14′19.6″，东经112°19′19.9″，海拔1329米±5米。该遗址位于东西向的缓冲台地上，距苍头河约2400米，北临东西向注入苍头河的季节性河流，南临东西向的硬化公路，东临缓冲台地的二级阶地边缘。地表以坡地和荒地为主，植被以玉米和灌木为多。遗址东西约100米，南北约100米，面积总计约10000平方米（图一四七）。

遗址区内未发现文化层、灰坑等遗迹，只采集了散落遗址区地表的残留遗物。

遗址区内遗物分布稀疏，故只设一个采集点。

0　1厘米

图一四六　杀虎口村南遗址第一采集点采集标本拓片
陶釜下腹部（YSH1①：1）

杀虎口村东南遗址第一采集点

第一采集点位于遗址区中部，中心坐标为北纬40°14′19.6″，东经112°19′19.9″，海拔1329米±5米。采集点地形为缓冲台地，地表植被为玉米、毛豆等农作物。采集面积约500平方米。采集遗物分布较稀疏、分散，所采遗物主要有泥质灰陶豆座、豆盘、钵底部、高领罐口部多为战国晚期遗物；还有夹砂灰陶罐口部、陶鬲颈部；泥质灰陶折沿盆口部、纺轮坯料；多为西汉晚期至东汉时期。采集标本共13件。

YSH2①：1，夹粗砂深灰色陶鬲颈部。唇缺，卷折沿，圆肩。沿下饰两周凹槽，凹槽下饰粗大的交错粗绳纹。手制、轮修。残长6厘米，厚1.1厘米，残高4厘米（图一四八，8）。

YSH2①：2，夹细砂灰陶罐口部。直口，斜方唇，耸肩。肩部饰弦断竖向细浅绳纹。手制、泥片贴筑。口径30.8厘米，厚1.4厘米，残高3.8厘米（图一四八，10）。

YSH2①：3，泥质灰陶折沿盆口部。敛口，方唇，折沿下捺。口沿上饰两周凹槽，沿下饰五周凹槽，凹槽之下饰竖向中偏细纹。泥片贴筑、快轮修整。口径31.2厘米，厚1厘米，残高5.6厘米（图一四八，9）。

YSH2①：4，泥质灰陶钵底部，含细砂。弧腹斜收，下接平底，内底为圜形。外壁素

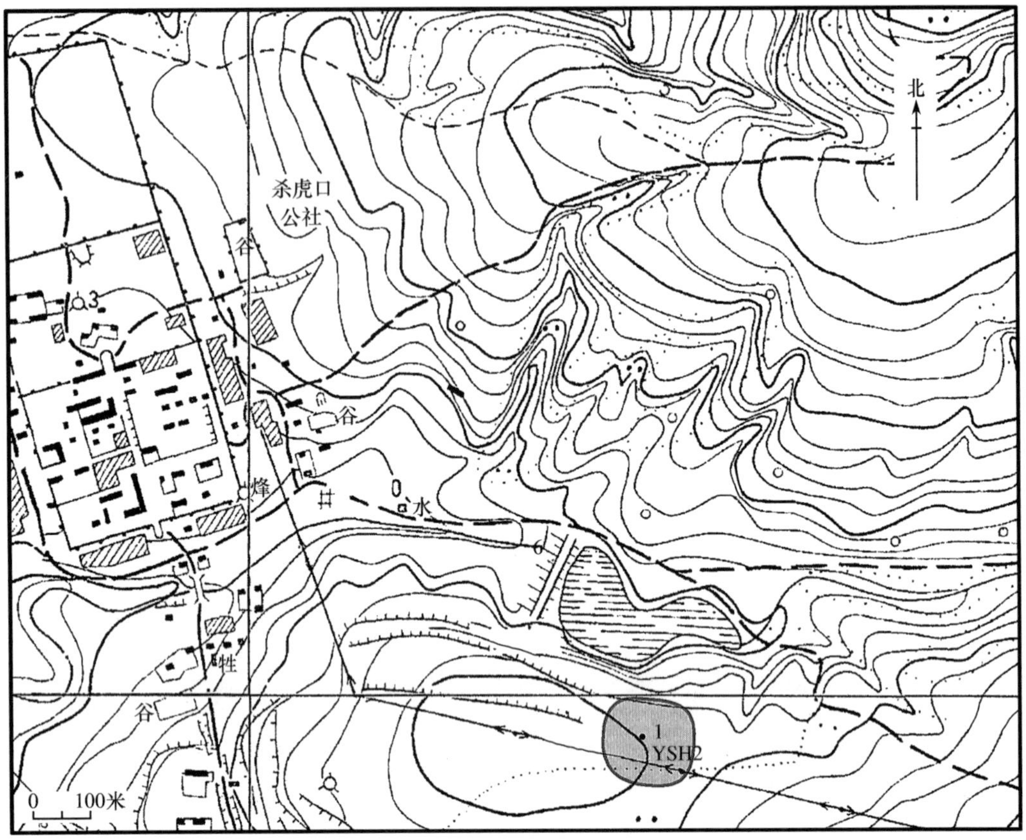

图一四七　杀虎口村东南遗址位置示意图

面，内壁残存五周暗弦纹。泥片贴筑、快轮修整。底径7.2厘米，最厚1.2厘米，残高3.2厘米（图一四八，2）。

YSH2①：5，泥质灰陶豆柄。竹节状，中空，器壁上厚下薄。素面。手制。最大径3.7厘米，最厚1.1厘米，残高5.1厘米（图一四八，6）。

YSH2①：6，泥质灰陶豆座。喇叭状，中空。素面。快轮修整。底径8厘米，厚0.9厘米，残高2.7厘米（图一四八，1）。

YSH2①：7，泥质灰陶纺轮坯。器底打制，近圆形，中间有一未钻穿的小孔。素面。泥片贴筑、打制。直径8.2厘米，厚0.8厘米，孔径0.2厘米（图一四八，7）。

YSH2①：8，泥质灰陶纺轮毛坯。近圆形，中间未穿孔。素面。打制。直径5.4厘米，厚0.8厘米（图一四八，4）。

YSH2①：9，泥质灰陶豆盘。弧腹斜收，下接豆柄，柄残，二次磨平使用。器表残存两周瓦楞纹，内壁残存六周凹弦纹。快轮修整。厚0.7厘米，残高3.2厘米（图一四八，5）。

YSH2①：10，泥质灰陶绳纹盆口腹部。卷沿，略深腹。腹部饰竖向规则的粗绳纹，口沿下的绳纹被抹掉。泥片贴筑。残长8.8厘米，厚0.8厘米，残高9.6厘米（图一四八，3；图一四九，4）。

YSH2①：11，泥质灰陶绳纹陶片。器表饰左斜向弦断浅细绳纹。手制、泥片贴筑。厚0.7

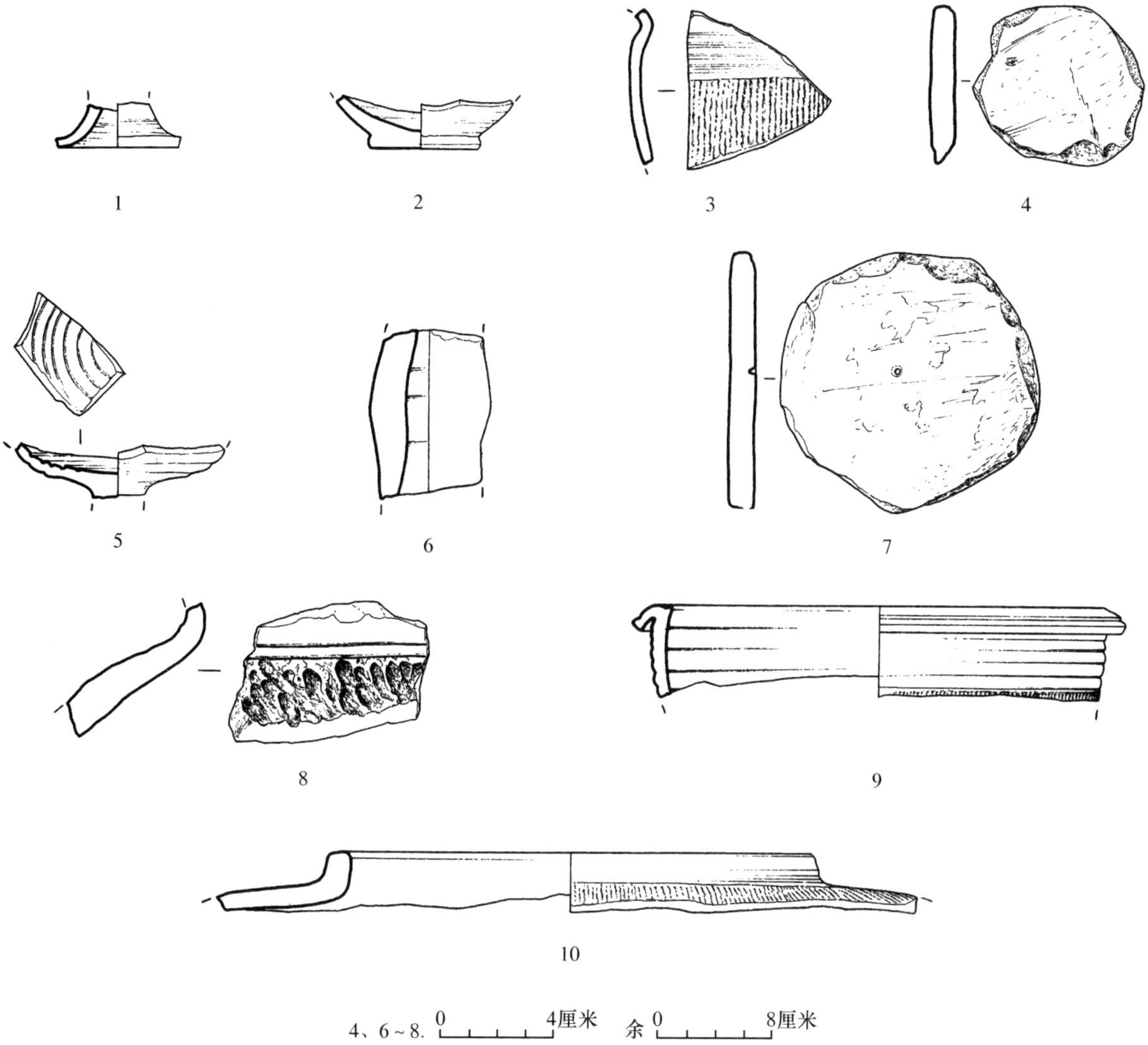

图一四八　杀虎口村东南遗址第一采集点采集标本

1. 陶豆座（YSH2①：6）　2. 陶钵底部（YSH2①：4）　3. 陶绳纹盆（YSH2①：10）
4、7. 陶纺轮毛坯（YSH2①：8、YSH2①：7）　5. 陶豆盘（YSH2①：9）　6. 陶豆柄（YSH2①：5）
8. 陶鬲颈部（YSH2①：1）　9. 陶折沿盆口部（YSH2①：3）　10. 陶罐口部（YSH2①：2）

厘米（图一四九，2）。

YSH2①：12，泥质深灰色绳纹陶片。为器物肩部。器表饰竖向及较粗抹断中绳纹。手制、泥片贴筑。厚0.8厘米（图一四九，3）。

YSH2①：13，夹砂灰陶绳纹陶片。器表饰交错粗大绳纹。手制。厚0.9厘米（图一四九，1）。

（二）遗址时代

遗址的文化时代为战国晚期、西汉晚期至东汉时期（表二八）。

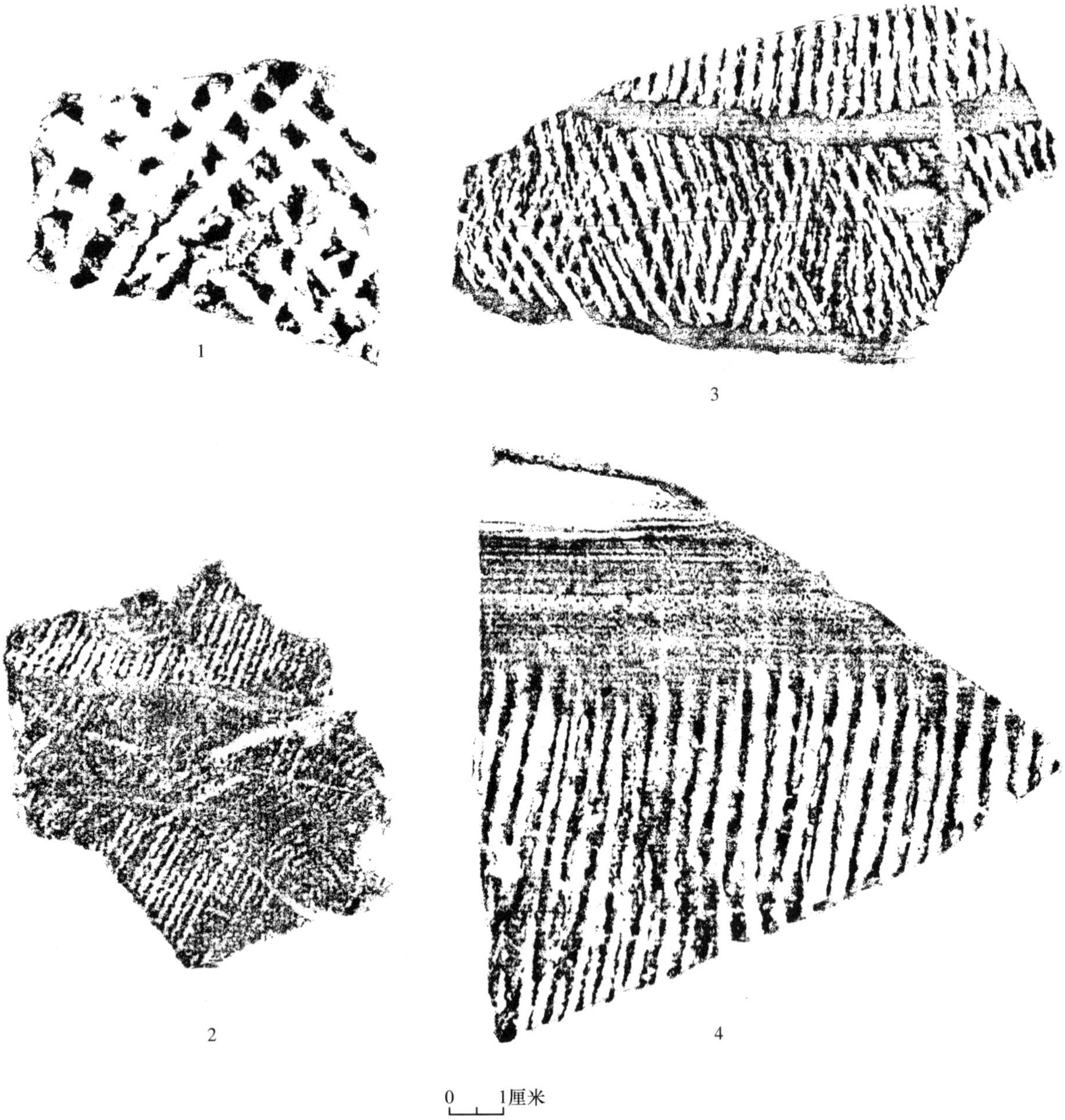

图一四九　杀虎口村东南遗址第一采集点采集标本拓片

1～3. 陶片（YSH2①：13、YSH2①：11、YSH2①：12）　4. 陶绳纹盆（YSH2①：10）

YSH2①：3（东汉）与托克托县黑水泉遗址G型陶盆T6②：1相似[①]；与卓资县城卜子古城遗址A型Ⅴ式陶盆C：21相似[②]。

① 内蒙古自治区文物考古研究所编：《内蒙古文物考古文集（第三辑）》，科学出版社，2004年，第173页，图三一，4。

② 内蒙古自治区文物考古研究所编：《内蒙古文物考古文集（第三辑）》，科学出版社，2004年，第134页，图七，2。

表二八　杀虎口村东南遗址调查标本与其他地区同时代对比表

序号	杀虎口村东南遗址调查标本	对比标本一	对比标本二	其他	备注
1	 YSH2①：3（东汉）	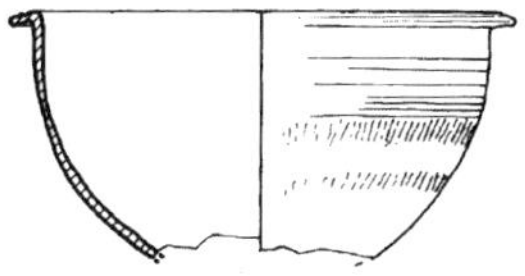 托克托县黑水泉遗址G型陶盆T6②：1	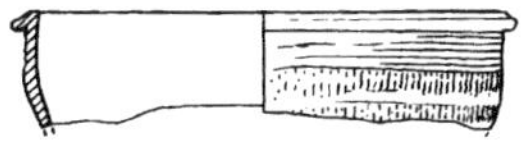 卓资县城卜子古城遗址A型Ⅴ式陶盆C：21		

第二十一节　石塘沟村附近

一、石塘沟村西北遗址（2014YST1）

（一）遗址介绍

石塘沟村西北遗址位于石塘沟村西北约850米处，行政归属李达窑乡石塘沟村，初查时间为2014年8月19日。遗址中心点GPS坐标为北纬40°14′09.9″，东经112°25′22.4″，海拔1517米±5米。该遗址位于南北向小坡地上，地形呈缓坡状，地表无耕作物，系荒地。遗址北临东西向大台地，南临冲沟，距冲沟约30米，东临高出遗址区约5米的小土丘，西临大冲沟，距冲沟约20米，冲沟内无流水，冲沟与遗址高差约15米。遗址东西约100米，南北约50米，面积总计约5000平方米（图一五〇）。

遗址区内未发现文化层、灰坑等遗迹，只采集散落遗址区内地表的残留遗物。

遗址区内只设立一个采集点。

石塘沟村西北遗址第一采集点

第一采集点位于遗址区中部，中心坐标为北纬40°14′09.9″，东经112°25′22.4″，海拔1517米±5米。采集点地形为南北向坡地，地表多为荒地。采集面积约100平方米。采集遗物分布较集中，所采遗物主要有陶器，泥质灰陶卷沿盆口部；瓷器，宽折沿瓷盆口部、卷沿瓷缸口部、瓷罐口部、碗底、青釉圈足碗；石器有白砂岩石磨棒残段和火山岩石臼残块等。采集标本共16件。

YST1①：1，泥质灰陶盆口部。圆唇，卷沿，腹部斜收。外表有一周凹槽，内壁被研光，留有数周暗弦纹。泥片贴筑、快轮修整。口径34厘米，厚0.8厘米，残高4.6厘米（图一五一，9）。

YST1①：2，泥质灰陶盆口部。口微敛，圆唇，外卷沿中空，弧腹。内壁被抹光，口沿及内壁有数周暗弦纹。泥片贴筑、快轮修整。口径32厘米，厚0.6厘米，残高4厘米（图一五一，10）。

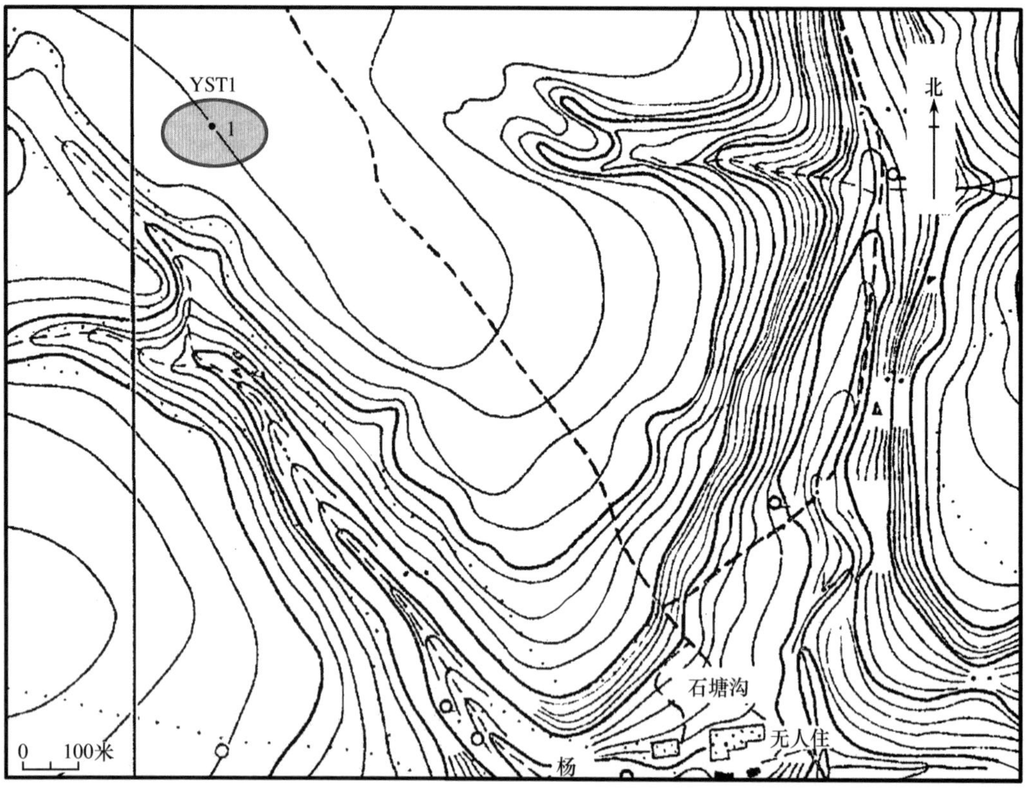

图一五〇　石塘沟村西北遗址位置示意图

YST1①：3，瓷碗口部。细瓷，灰胎。直口，斜方唇。通体施黑釉窑变呈铁锈红。口沿下有数周瓦楞纹。轮制、拉坯。口径20厘米，厚0.6厘米，残高3.8厘米（图一五一，5）。

YST1①：4，瓷碗口部。粗瓷，灰胎。口微敛，圆唇，卷沿，腹部斜收。内、外壁通体施黑釉且透亮。轮制、拉坯。口径34厘米，厚0.7厘米，残高5.5厘米（图一五一，11）。

YST1①：5，瓷盆口腹部。敞口，圆唇，软折沿上翘，腹部向下斜收。口、内壁施白色泛黄透明釉，且口部划有两周黑色条带，腹部内侧划有黑彩；外壁刷黑色透明釉。轮制、拉坯。口径26厘米，厚0.6厘米，残高8厘米（图一五一，6）。

YST1①：6，瓷罐口部。细瓷，灰胎。直口，扁圆唇，短颈，溜肩，颈肩部有耳系残痕。内外壁通体施黑釉。轮制、拉坯。口径12厘米，厚0.6厘米，残高5厘米（图一五一，7）。

YST1①：7，瓷缸口部。粗瓷。敛口，圆唇。外表施黑釉呈酱色，口沿刷白釉；内壁施黑釉呈酱色，黑白釉于口沿下留有涩圈，口沿外侧下有一凹槽。轮制、拉坯。口径49厘米，厚0.8厘米，残高4.6厘米（图一五一，12）。

YST1①：8，瓷盆口部。粗瓷。敞口，圆唇，平折沿，腹部斜收，个体较大。口及内壁施透明黑釉，外表未施釉，外表上腹部留有一周明显的修整痕。轮制、拉坯。口径43.5厘米，厚1.4厘米，残高7厘米（图一五一，13）。

YST1①：9，瓷碗底部。细瓷，灰胎。圈足，足墙较高、圆钝，挖足过肩，系二次挖成，足墙外侧中部有凹槽一周。内外壁均施白釉，满釉，内底面留有支钉痕，外表有流釉痕，足墙台面留有支钉打磨痕，根据支钉痕、流釉痕，可确定该器物为仰叠烧。轮制、拉坯。底径7.2

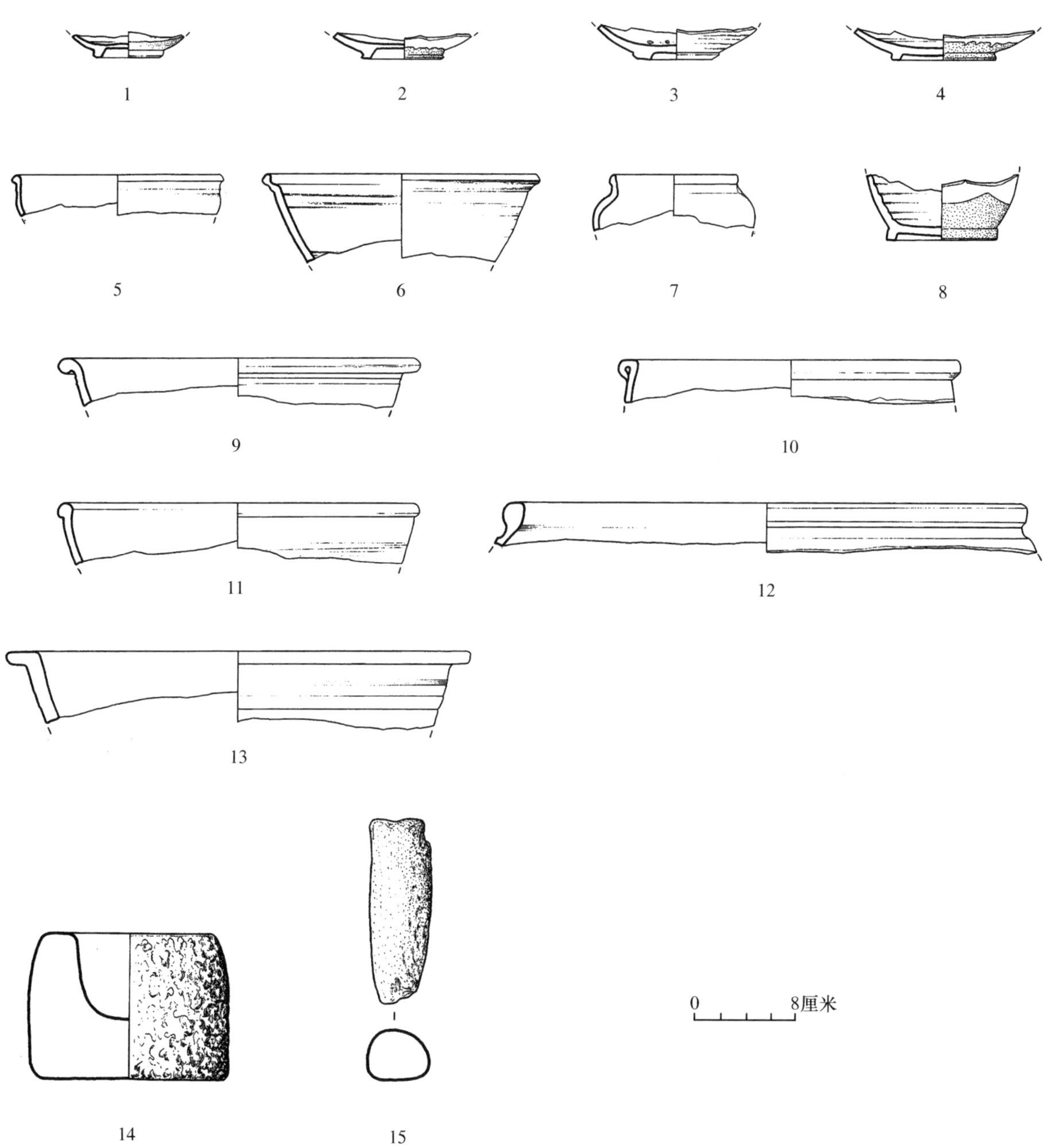

图一五一　石塘沟村西北遗址第一采集点采集标本

1～4. 瓷碗底部（YST1①：10、YST1①：9、YST1①：12、YST1①：11）　5、11. 瓷碗口部（YST1①：3、YST1①：4）　6. 瓷盆口腹部（YST1①：5）　7. 瓷罐口部（YST1①：6）　8. 执壶下腹及底部（YST1①：13）　9、10. 陶盆口部（YST1①：1、YST1①：2）　12. 瓷缸口部（YST1①：7）　13. 瓷盆口部（YST1①：8）　14. 石臼（YST1①：16）　15. 石磨棒残段（YST1①：15）

厘米，厚0.4～0.6厘米，残高2.4厘米（图一五一，2）。

YST1①：10，瓷碗底部。细瓷，深灰胎。圈足，足墙略矮、圆钝，墙面平整，挖足过肩，系二次挖成。内外壁施透明黑釉，底部未施釉、较光，下腹近底部外表有流釉痕，系仰烧。轮制、拉坯。底径6.6厘米，厚0.4～0.6厘米，残高2厘米（图一五一，1）。

YST1①：11，瓷碗底部。细瓷，灰胎。圈足，下腹急收；足墙较矮、略圆钝，墙面平整；挖足未过肩，与肩部平齐，系一次挖成。内壁先施化妆土，后施白釉，底面外围留有大小不均匀的支钉痕；外壁直接施白釉，为半釉，且有自上而下的流釉痕迹。轮制、拉坯。底径9.8厘米，厚0.6厘米，残高2.6厘米（图一五一，4）。

YST1①：12，瓷碗底部。细瓷，灰胎。圈足，下腹弧收；足墙较矮、圆钝，墙面较宽且平整，挖足未过肩，与肩部平齐，系一次挖成。内壁施白釉泛黄，底面外围有两处支钉痕迹，外表未施釉。轮制、拉坯。底径8厘米，厚0.6厘米，残高3.2厘米（图一五一，3）。

YST1①：13，执壶下腹及底部。细瓷，灰胎。下腹斜收至圈足，足墙略高，底面平整，系二次挖成，挖足未过肩，与肩部平齐，圈足底部较光，使用痕迹明显。上腹部内外施黑釉呈酱色，下腹部未施釉，较光滑，内壁下腹近底部有数周瓦楞纹。轮制、拉坯。底径10.4厘米，厚0.6～0.8厘米，残高6厘米（图一五一，8）。

YST1①：14，泥质灰陶缸（或罐）腹片。腹部有两周附加泥条压印纹。泥片贴筑、快轮修整。残高6.5厘米，厚1.4厘米，残宽9厘米（图一五二）。

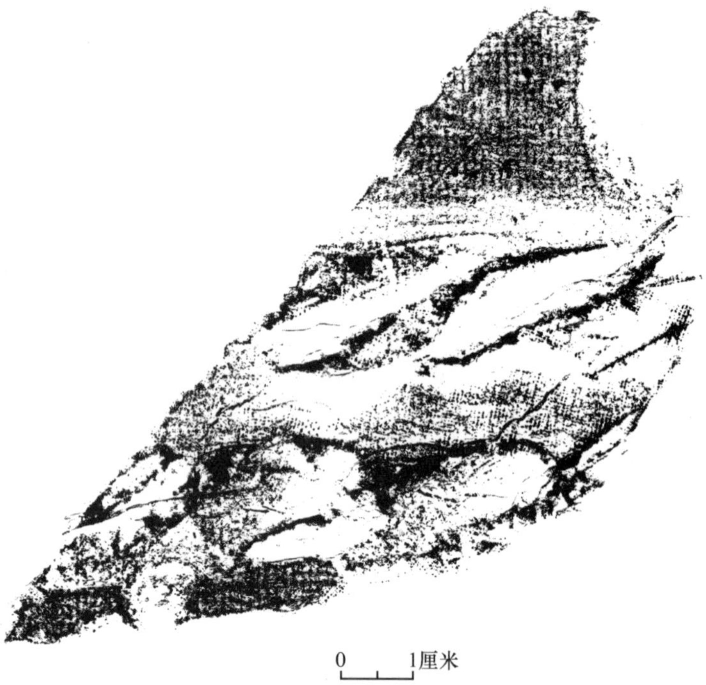

图一五二　石塘沟村西北遗址第一采集点采集标本拓片
陶缸（或罐）腹片（YST1①：14）

YST1①：15，灰白色石磨棒残段。砂岩。整体呈长条形，剖面呈椭圆形，一面较平整，一端为断碴，一端圆钝。素面，表面较光。手工磨制。残长12厘米，最大径4.2厘米（图一五一，15）。

YST1①：16，深灰色石臼。火山岩。通体呈圆形，直口，口小底大，底面平整，内底呈弧底，较光滑。外表较粗糙。手制。口径12厘米，通高9.6厘米，底径12.8厘米（图一五一，14）。

（二）遗址时代

遗址的文化时代为金代（表二九）。

YST1①：3（金代）与准格尔旗城坡古城遗址第二阶段遗存出土C型瓷盆T11②：10相似[①]。

YST1①：6（金代）与准格尔旗城坡古城遗址第二阶段遗存出土E型陶罐F1：2相似[②]。

YST1①：8（金代）与和林格尔县前瓦窑沟辽金时代遗址A型盆相似[③]。

表二九　石塘沟村西北遗址调查标本与其他地区同时代对比表

序号	石塘沟村西北遗址调查标本	对比标本一	对比标本二	其他	备注
1	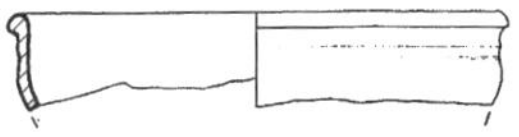 YST1①：3（金代）	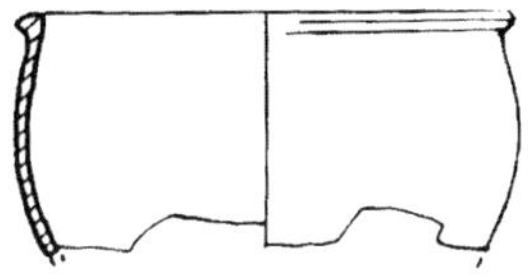 准格尔旗城坡古城遗址第二阶段遗存出土C型瓷盆T11②：10			
2	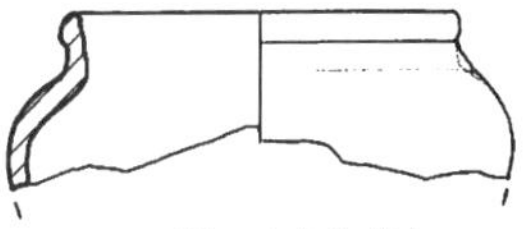 YST1①：6（金代）	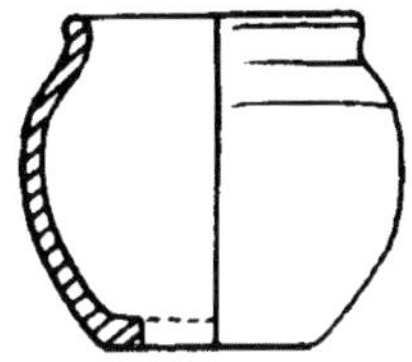 准格尔旗城坡古城遗址第二阶段遗存出土E型陶罐F1：2			
3	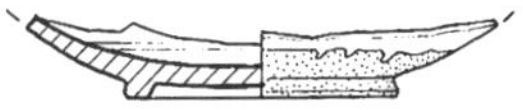 YST1①：8（金代）	 和林格尔县前瓦窑沟辽金时代遗址A型盆			

二、石塘沟村北一号遗址（2014YST2）

（一）遗址介绍

石塘沟村北一号遗址位于石塘沟村北约800米处，行政归属李达窑乡石塘沟村，初查时间为2014年8月19日。遗址中心点GPS坐标为北纬40°14′14.7″，东经112°25′42.2″，海拔1522米±6米。遗址位于南北流向长流水河沟西南的台地，地形较为平坦，地表无耕作物，多为荒地。遗址北临台地北部，南临东西向冲沟，冲沟距遗址中心位置约300米，东临南北流向长

① 内蒙古自治区文物考古研究所编：《万家寨水利枢纽工程考古报告集》，远方出版社，2001年，第110页，图二七，4。

② 内蒙古自治区文物考古研究所编：《万家寨水利枢纽工程考古报告集》，远方出版社，2001年，第98页，图一五，4。

③ 内蒙古文物考古研究所编：《内蒙古文物考古文集》，中国大百科全书出版社，1994年，第558页，图九，5。

流水河沟，遗址中心位置距河沟约60米，河沟于遗址区高差约20米，西临台地西部，台地南部因水土流失，形成数道天然冲沟。遗址东西约200米，南北约100米，面积总计约20000平方米（图一五三）。

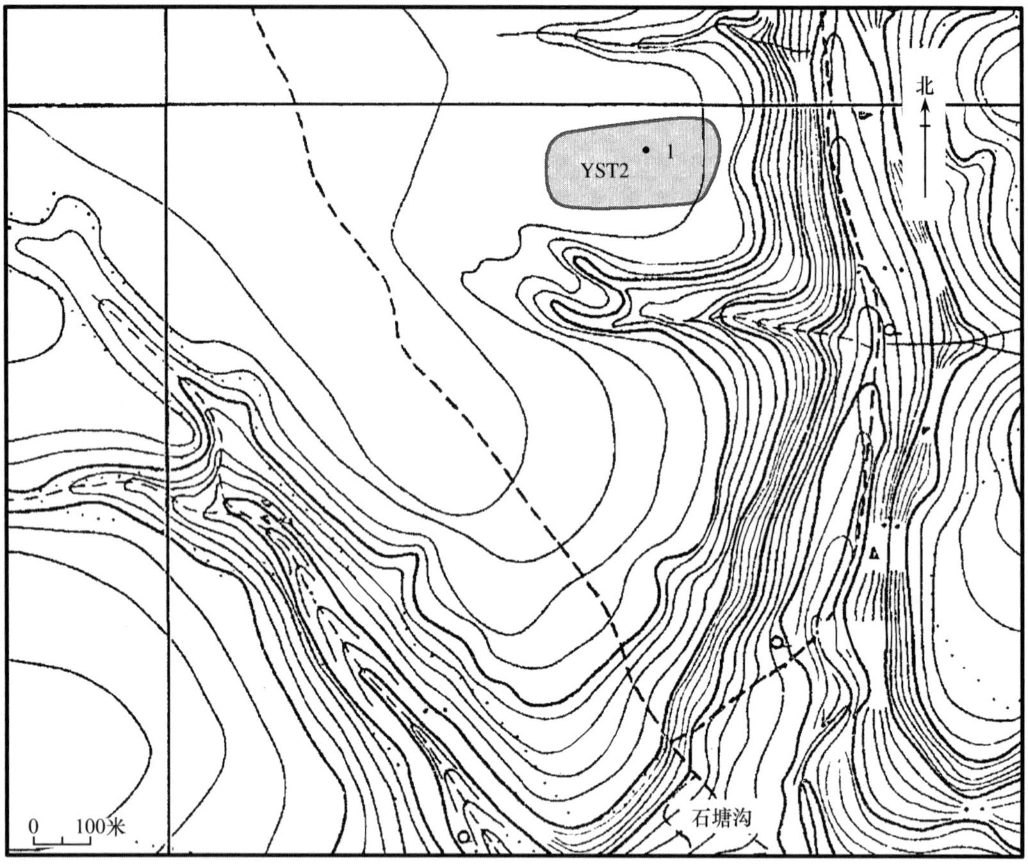

图一五三　石塘沟村北一号遗址位置示意图

遗址区内未发现文化层、灰坑等遗迹，只采集散落遗址地表的残留遗物。

遗址区内设立一个采集点。

石塘沟村北一号遗址第一采集

第一采集点位于遗址区中部，中心坐标为北纬40°14′14.7″，东经112°25′42.2″，海拔1522米±6米。采集点地形为较平整的台地，地表多为荒地，无农作物。采集面积约200平方米。采集遗物分布较集中，所采遗物主要有泥质灰陶卷沿盆口部；瓷器有白釉宽折沿盆口部、白釉瓷罐口部、青釉鸡腿瓶近底部、黑釉卷沿盆口部、青花碗底部、白釉碗底部等。共采集标本15件。

YST2①：1，泥质灰陶盆口部。方唇，卷沿。器表为素面，内侧被抹光。泥片贴筑、快轮修整。口径32厘米，厚1厘米，残高6厘米（图一五四，15）。

YST2①：2，泥质灰陶盆口部。圆唇，卷沿，腹部斜收。器表为素面，内侧被抹光。泥片贴筑、快轮修整。口径42厘米，厚1厘米，残高6.2厘米（图一五四，14）。

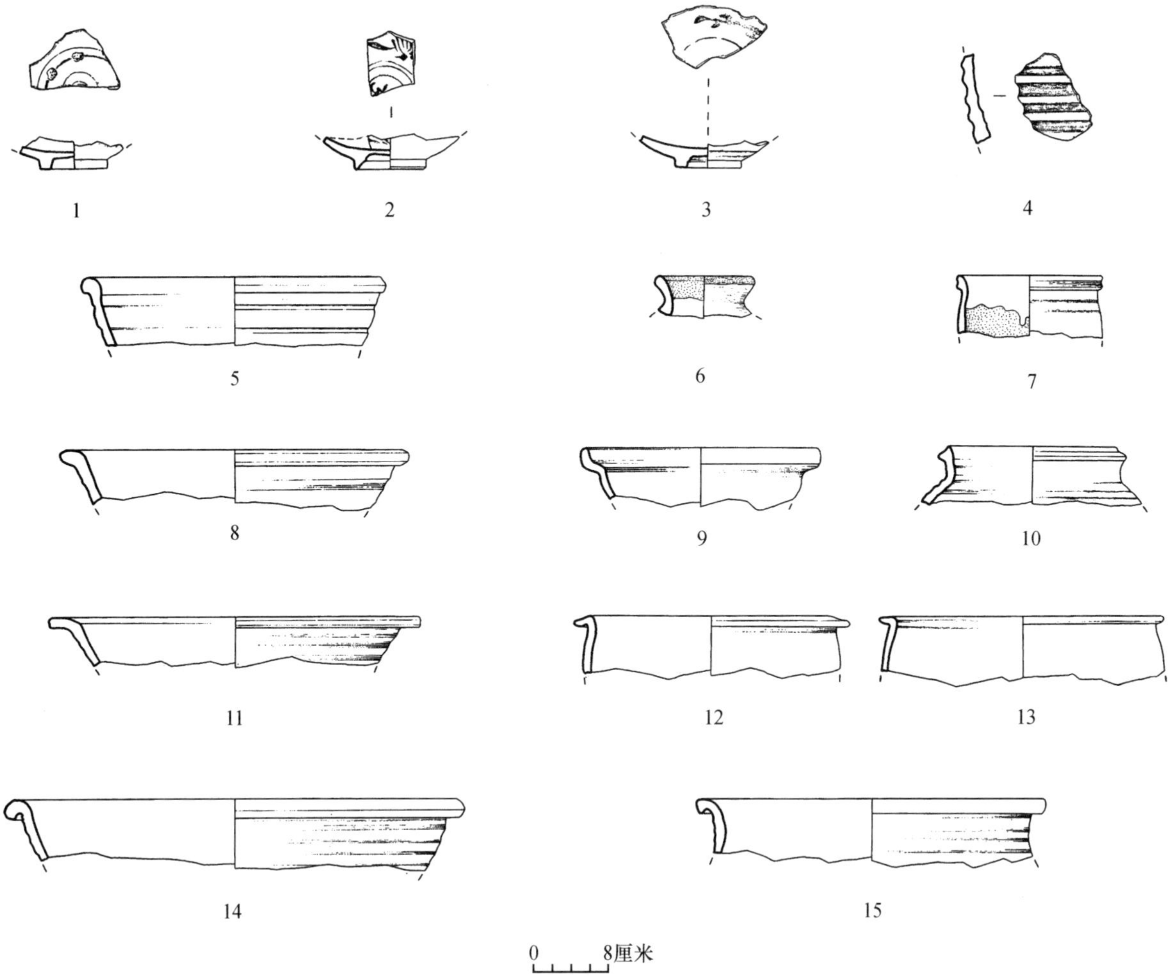

图一五四　石塘沟村北一号遗址第一采集点采集标本

1～3. 瓷碗底部（YST2①：14、YST2①：13、YST2①：12）　4. 鸡腿瓶下腹近底部（YST2①：15）　5、8、9、11～15. 瓷盆口部（YST2①：10、YST2①：4、YST2①：6、YST2①：7、YST2①：5、YST2①：8、YST2①：2、YST2①：1）　6. 瓷瓶口部（YST2①：11）　7、10. 瓷罐口部（YST2①：9、YST2①：3）

YST2①：3，瓷罐口部。细瓷，灰胎。侈口，尖唇，束颈、溜肩。外表先施一层化妆土，后施一层白釉，且肩部划数周褐色彩条纹；内壁仅口部施化妆土，后内壁施白釉，口部釉色较白，其余釉色泛青。轮制、拉坯。口径15.6厘米，厚0.8厘米，残高5.2厘米（图一五四，10）。

YST2①：4，瓷盆口部。细瓷，灰胎。圆唇，折沿略下捺，腹部斜收。口沿及内壁施白釉泛黄，外表未施釉，但有窑粘痕迹。轮制、拉坯。口径32厘米，厚1厘米，残高5.4厘米（图一五四，8）。

YST2①：5，瓷盆口部。细瓷，灰胎。尖唇，折沿下捺，深腹。通体先施化妆土，后施白釉，外表有土锈。轮制、拉坯。口径22厘米，厚0.8厘米，残高5.6厘米（图一五四，12）。

YST2①：6，双腹瓷盆口部。细瓷，灰胎。盘口，扁圆唇，双腹，弧腹斜收。未施化妆土，外表口沿下施黑釉，口沿处黑色较淡，内壁施白釉，口沿下划有两周褐色彩条纹。轮制、拉坯。口径21.6厘米，厚0.6厘米，残高5.4厘米（图一五四，9）。

YST2①：7，瓷盆口部。细瓷，灰胎。方唇，平折沿，腹部斜收。内壁施白釉泛黄，外壁未施釉。轮制、拉坯。口径34厘米，厚1厘米，残高4.4厘米（图一五四，11）。

YST2①：8，瓷盆口部。细瓷，灰胎。扁圆唇，平折沿，深腹。未施化妆土，通体施白釉，釉色莹润光洁。轮制、拉坯。口径25.6厘米，厚0.6厘米，残高6.2厘米（图一五四，13）。

YST2①：9，瓷罐口部。细瓷，灰胎。侈口，圆唇，弧腹。外表施白釉泛黄，口沿有一周凹槽，且上腹部划有两周浅黄色条带；内壁仅口部刷一次白釉，出现滴釉现象，釉色泛黄。轮制、拉坯。口径13.2厘米，厚0.6厘米，残高5.4厘米（图一五四，7）。

YST2①：10，瓷盆口部。细瓷，灰胎。圆唇，口沿外翻，弧腹，斜收。通体施黑釉，呈酱色；外表口沿下有两周瓦楞纹。轮制、拉坯。口径26.8厘米，厚1厘米，残高6.2厘米（图一五四，5）。

YST2①：11，瓷瓶口部。细瓷，青灰胎。侈口，圆唇，束颈。口部及内壁施酱釉，口部釉面被刮掉，外表施黑釉。轮制、拉坯。口径8.8厘米，厚0.8厘米，残高3.6厘米（图一五四，6）。

YST2①：12，瓷碗底部。细瓷，灰胎。小圈足，下腹急收至底部，足墙较矮、圆钝，墙面平整，挖足过肩，系三次挖成。内壁施青白釉，底面外围划有一周褐色条纹，近底部有黑花装饰，底面留有支钉痕，外表施较淡青白釉。轮制、拉坯。底径6厘米，厚0.8厘米，残高2.8厘米（图一五四，3）。

YST2①：13，瓷碗底部。细瓷，灰胎。圈足，下腹急收至底部；足墙略高、圆钝，墙面较窄扁圆；足墙内侧呈斜面，挖足过肩，系三次挖成，个体较小。内壁及底心施酱釉，酱釉表面有黑花装饰，底面外围涩圈上划有两周褐色条纹，外表较光滑，未施釉。轮制、拉坯。底径6.6厘米，厚0.8厘米，残高3厘米（图一五四，2）。

YST2①：14，瓷碗底部。细瓷，灰胎。圈足，下腹斜收至底部。足墙偏高、略宽，墙面平整，挖足过肩，系二次挖成。内壁施青白釉，底面外围划有两周褐色条纹，条纹上残留小支钉两处，外表未施釉。轮制、拉坯。底径6.2厘米，厚0.8厘米，残高2.8厘米（图一五四，1）。

YST2①：15，鸡腿瓶下腹近底部。粗瓷，灰胎。圆形。外表施黑釉，呈淡绿茶叶末色，有数周瓦楞纹，内壁未施釉，留有明显拉坯痕迹。轮制、拉坯。残高8厘米，厚1.4厘米，残宽6厘米（图一五四，4）。

（二）遗址时代

遗址的文化时代为辽代、金代（表三〇）。

YST2①：6（金代）与察哈尔右翼后旗头道湾古城遗址C型瓷盆ⅠH35：2相似[①]。

YST2①：8（金代）与准格尔旗城坡古城遗址第二阶段遗存出土C型瓷盆T11②：10相似[②]。

---

① 内蒙古自治区文物考古研究所编：《内蒙古文物考古文集（第三辑）》，科学出版社，2004年，第336页，图一九，2。

② 内蒙古自治区文物考古研究所编：《万家寨水利枢纽工程考古报告集》，远方出版社，2001年，第110页，图二七，4。

表三〇　石塘沟村北一号遗址调查标本与其他地区同时代对比表

序号	石塘沟村北一号遗址调查标本	对比标本一	对比标本二	其他	备注
1	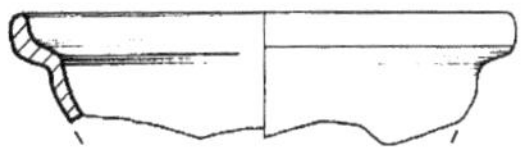 YST2①：6（金代）	 察哈尔右翼后旗头道湾古城遗址C型瓷盆ⅠH35：2			
2	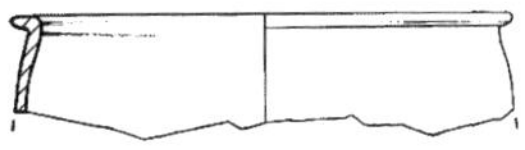 YST2①：8（金代）	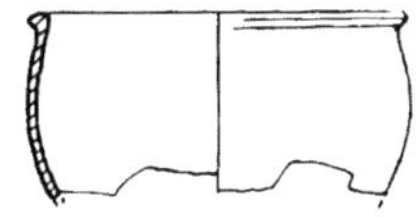 准格尔旗城坡古城遗址第二阶段遗存出土C型瓷盆T11②：10			

三、石塘沟村北二号遗址（2014YST3）

（一）遗址介绍

石塘沟村北二号遗址位于石塘沟村北约1700米处，行政归属李达窑乡石塘沟村，初查时间为2014年8月19日。遗址中心点GPS坐标为北纬40°14′43.4″，东经112°25′38.4″，海拔1512米±6米。遗址区位于南北向的缓冲坡地上，西临小冲沟，南临东西向的注入马营河的季节性河流，现有流水，小河距遗址区约3米，河岸高约8米，东临小冲沟。现地表现状为缓冲坡地，植被为荒地，无任何农作物。遗址东西约140米，南北约70米，面积总计约9800米（图一五五；图版一七，1）。

遗址区内未发现文化层、灰坑等遗迹，只采集散落遗址区地表的残留遗物。

遗址区内遗物较分散，只设立一个采集点。

石塘沟村北二号遗址第一采集点

第一采集点位于遗址区中部，中心坐标为北纬40°14′43.4″，东经112°25′38.4″，海拔1512米±6米。采集点地形为阶梯式台地，地表植被为荒地。采集面积约400平方米。采集遗物分布较稀疏、分散，所采遗物主要有夹砂红褐陶罐口部；夹砂灰陶罐下腹及底部；泥质红陶尖底瓶下腹部；泥质灰陶尖底瓶底部等。采集标本共10件。

YST3①：1，夹砂灰陶罐口部。含岩粒。方唇，软折沿，溜肩。器表饰竖向略显规则的中绳纹，口沿下饰一周附加泥条，上饰指窝纹。火候不高。手制、泥片贴筑。口径22厘米，厚1.2厘米，残高4.4厘米（图一五六，4）。

YST3①：2，夹砂陶罐底部。内壁为灰色，外壁为红褐色。斜腹，小平底。器表饰竖向及左斜向的中偏细绳纹，火候较低。手制、泥条盘筑，器底包器身。底径12厘米，厚1.2厘米，残高3.8厘米（图一五六，2）。

YST3①：3，夹砂灰褐陶缸口部。含岩粒。且颜色夹心，内灰外褐色。铁轨口，外壁加厚，圜底（推测）。器表饰竖向较规则的中绳纹，口部贴指肚大的泥饼，上饰横向绳纹。手

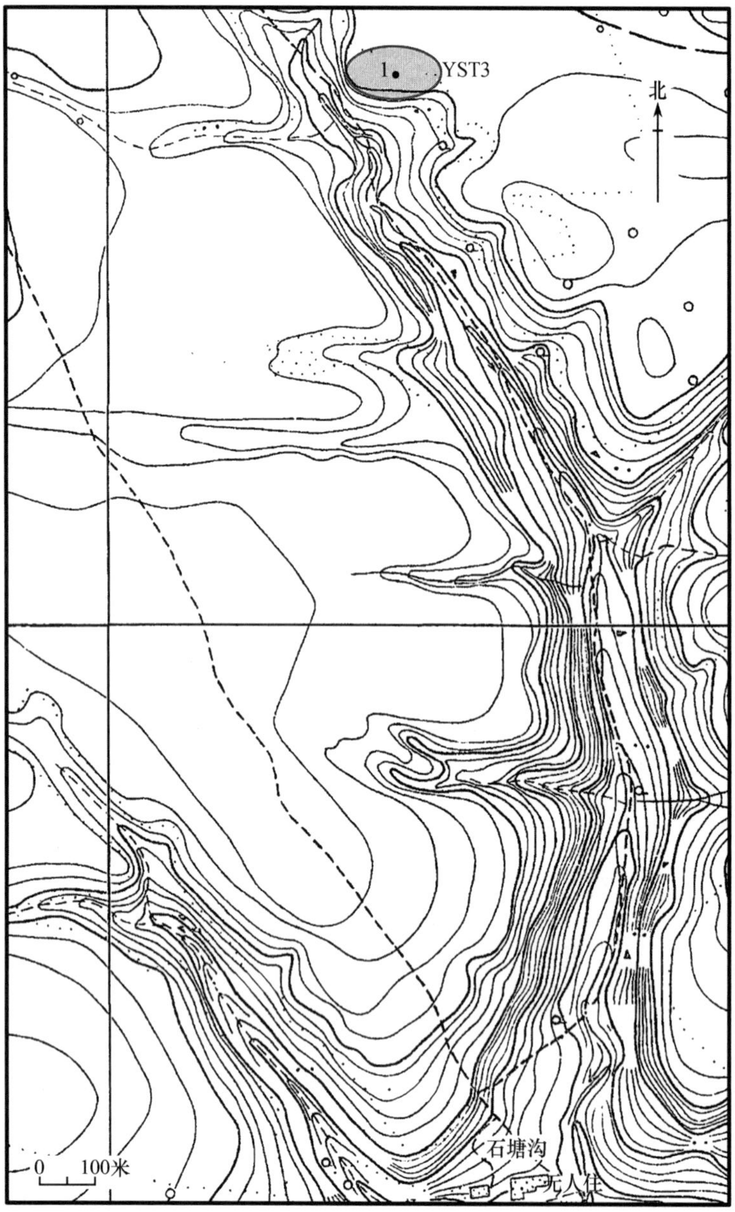

图一五五　石塘沟村北二号遗址位置示意图

制、泥片贴筑。残长3.5厘米，最厚1.6厘米，残高4.3厘米（图一五六，3；图一五七，3）。

YST3①：4，泥质灰陶尖底瓶底部。钝尖底，底尖磨损明显，内底有旋纽的痕迹。素面。手制，泥条盘筑。厚1.1厘米，残高3厘米（图一五六，1；图版一七，3）。

YST3①：5，泥质橙红色钝尖底瓶近底部。近底部有明显的下垂感，底尖缺失。素面。手制、泥条盘筑。厚0.8厘米，残高5.4厘米（图一五六，5）。

YST3①：6，泥质尖底瓶肩部。颜色呈红褐色和灰褐色。肩部略折。器表饰左斜向较宽的线纹。手制、泥条盘筑。厚0.6厘米（图一五七，6）。

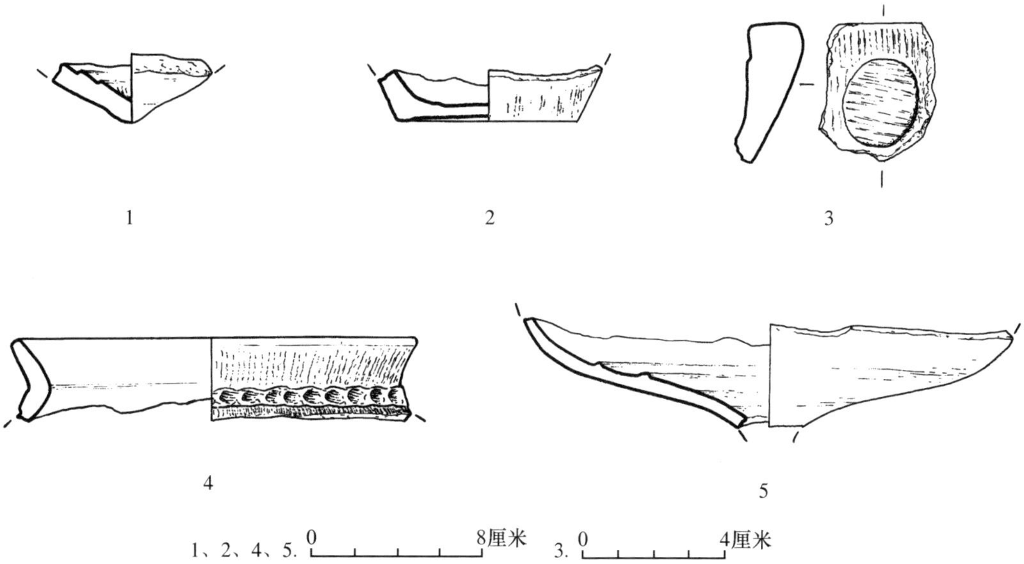

图一五六 石塘沟村北二号遗址第一采集点采集标本

1. 陶尖底瓶底部（YST3①：4） 2. 陶罐底部（YST3①：2） 3. 陶缸口部（YST3①：3） 4. 陶罐口部（YST3①：1）
5. 陶钝尖底瓶近底部（YST3①：5）

YST3①：7，夹砂绳纹陶罐腹部。含岩粒。外壁呈黄褐色，内壁呈灰褐色。火候较低。器表饰竖向不规则的中偏细绳纹。手制、泥片贴筑。厚0.7厘米（图一五七，4）。

YST3①：8，夹砂绳纹陶罐腹部。外壁呈红褐色，内壁呈黄褐色。火候较低。器表外侧饰左斜向较规则的中绳纹。手制、泥片贴筑。厚0.8厘米（图一五七，5）。

YST3①：9，泥质黄褐色篮纹陶片。器表饰横向较规则的中篮纹。手制。厚0.7厘米（图一五七，2）。

YST3①：10，泥质橙红色篮纹陶尖底瓶腹部。器表外侧饰横向较规则的中篮纹。手制、泥条盘筑。厚0.6厘米（图一五七，1）。

（二）遗址时代

遗址的文化时代为仰韶晚期（表三一）。

YST3①：4与华县泉护村二期文化陶1B小口尖底瓶H903：839相似[①]；与兴县刘家峁遗址ⅡH16出土器物尖底瓶ⅡH16：5相似[②]；与兴县刘家峁遗址ⅡH16出土器物尖底瓶ⅡH16：6相似[③]。

---

① 北京大学考古学系、中国社会科学院考古研究所编：《华县泉护村》，科学出版社，2003年，第87页，图62，2。

② 山西省考古研究所、吕梁市文化技术开发中心：《兴县刘家峁遗址发掘简报》，《中国国家博物馆馆刊》2012年第9期，第17页，图一四，5。

③ 山西省考古研究所、吕梁市文化技术开发中心：《兴县刘家峁遗址发掘简报》，《中国国家博物馆馆刊》2012年第9期，第17页，图一四，6。

图一五七　石塘沟村北二号遗址第一采集点采集标本拓片

1、2. 陶片（YST3①：10、YST3①：9）　3. 陶缸口部（YST3①：3）　4、5. 陶罐腹部（YST3①：7、YST3①：8）　6. 陶尖底瓶肩部（YST3①：6）

YST3①：5与准格尔旗寨子疙旦遗址陶喇叭口瓶ZT4④：14相似[①]。

YST3①：3与庙子沟QMF19出土陶平口罐QMF19：5相似[②]。

YST3①：1与庙子沟QMF2出土陶侈沿罐QMF2：9相似[③]。

表三一　石塘沟村北二号遗址调查标本与其他地区同时代对比表

序号	石塘沟村北二号遗址调查标本	对比标本一	对比标本二	对比标本三	其他	备注
1	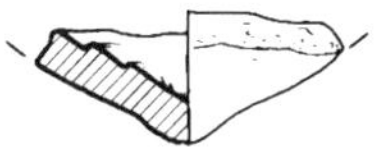 YST3①：4	 华县泉护村二期文化1B陶小口尖底瓶H903：839	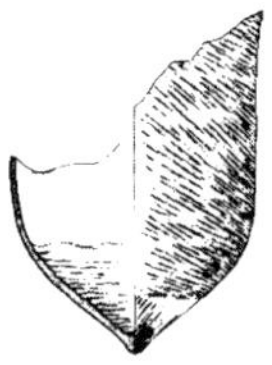 兴县刘家峁遗址ⅡH16出土陶尖底瓶ⅡH16：5	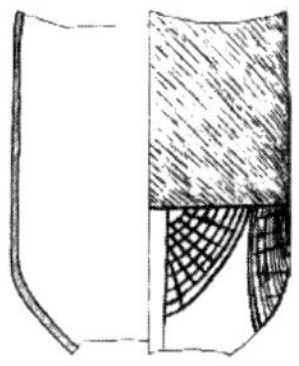 兴县刘家峁遗址ⅡH16出土陶尖底瓶ⅡH16：6		
2	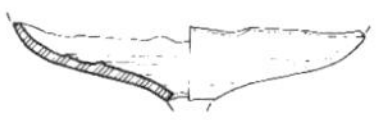 YST3①：5	 准格尔旗寨子疙旦遗址陶喇叭口瓶ZT4④：14				
3	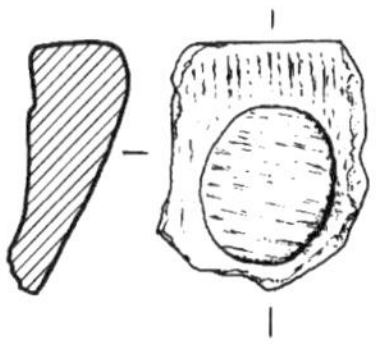 YST3①：3	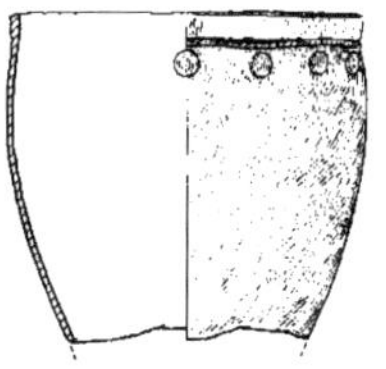 庙子沟QMF19出土陶平口罐QMF19：5				
4	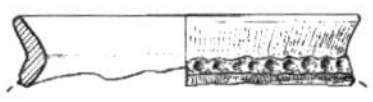 YST3①：1	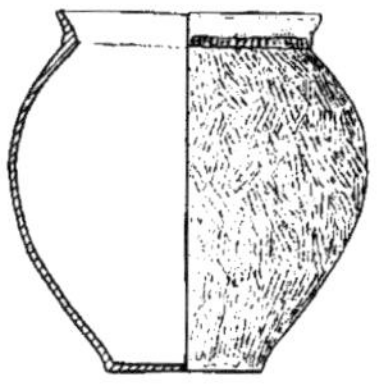 庙子沟QMF2出土陶侈沿罐QMF2：9				

---

① 内蒙古自治区文物考古研究所编：《万家寨水利枢纽工程考古报告集》，远方出版社，2001年，第1版，第11页，图一二，11。

② 内蒙古文物考古研究所：《庙子沟与大坝沟——新石器时代遗址发掘报告》，中国大百科全书出版社，2003年，第66页，图七四，13。

③ 内蒙古文物考古研究所：《庙子沟与大坝沟——新石器时代遗址发掘报告》，中国大百科全书出版社，2003年，第10页，图七，10。

四、石塘沟村东北遗址（2014YST4）

（一）遗址介绍

石塘沟村东北遗址位于石塘沟村东北约600米处，行政归属李达窑乡石塘沟村，初查时间为2014年8月19日。遗址中心GPS坐标为北纬40°13′58.5″，东经112°26′01.7″，海拔1488米±5米。该遗址位于南北走向的阶梯式坡地，地势北高南低，遗址西临由林家堡东南流入石塘沟的季节性河流（后流入马营河），西南临石塘沟村，地表种植有葫麻。遗址东西约400米，南北约200米，面积总计约80000平方米（图一五八；图版一七，2）。

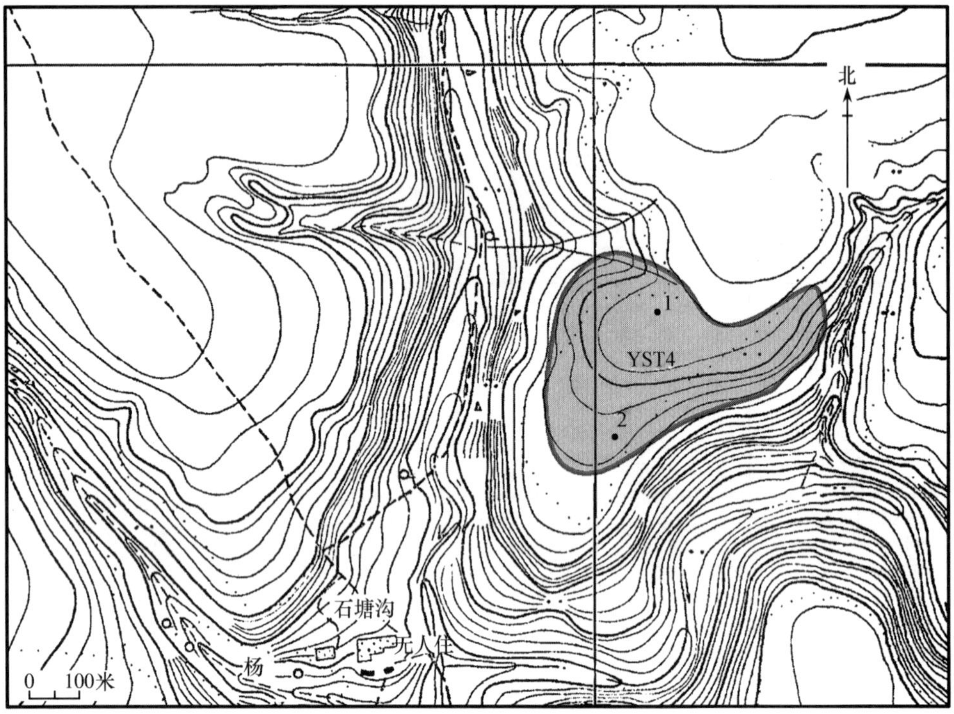

图一五八　石塘沟村东北遗址位置示意图

遗址区内未发现文化层、灰坑等遗迹，只采集散落遗址区地表的残留遗物。

遗物多分布于遗址区的中部，设两个采集点。

石塘沟村东北遗址第一采集点

第一采集点位于遗址区北部，中心坐标为北纬40°14′04.3″，东经112°26′04.4″，海拔1505米±6米。采集点地形为阶梯式台地，地表植被为荒地、葫麻。采集面积约400平方米。采集遗物分布较分散，所采遗物主要有夹砂灰陶敛口瓮口部、绳纹罐腹部、绳纹花边鬲口部、空三足足部。采集标本共11件。

YST4①：1，夹砂灰陶瓮口部。铁轨口，内折沿，鼓肩。内壁口沿下有指窝纹。素面磨光。手制、泥片贴筑。口径32.8厘米，厚1.4厘米，残高6.6厘米（图一五九，8）。

YST4①：2，泥质灰陶瓮口部。含细砂。敛口，斜方唇，器形较小，火候较高。器表先饰绳纹，再抹平。手制、泥片贴筑。口径22厘米，厚0.8厘米，残高4厘米（图一五九，7）。

YST4①：3，夹砂花边鬲口部。含石英。外壁呈黄褐色，内壁呈橙黄色。口微侈，圆唇，折沿。口沿外侧近唇部用收捏成波浪状花边。手制。口径13厘米，厚0.8厘米，残高4厘米（图一五九，6）。

YST4①：4，夹砂红褐色花边鬲口部。斜方唇，侈沿。口沿外侧加厚，饰波浪形花边。手制、泥片贴筑。口径22厘米，厚1厘米，残高3.8厘米。时期为二里头晚期至二里岗（图一五九，5；图版一七，4）。

YST4①：5，夹砂橙红色花边鬲口部。方唇，侈沿，沿外侧加厚。沿外侧近唇处加厚，并饰压印的右斜向绳纹形成花边。手制、泥片贴筑。口径14厘米，最厚1厘米，残高3.8厘米。（图一五九，4）

YST4①：6，泥质灰陶器足部（斝或盉）。夹细砂。扁形空袋足，器壁较厚，火候很高。器表饰竖向较密略显杂乱的麦粒状绳纹。手制、泥条盘筑。残高6.4厘米（图一五九，3；图一六〇，4）。

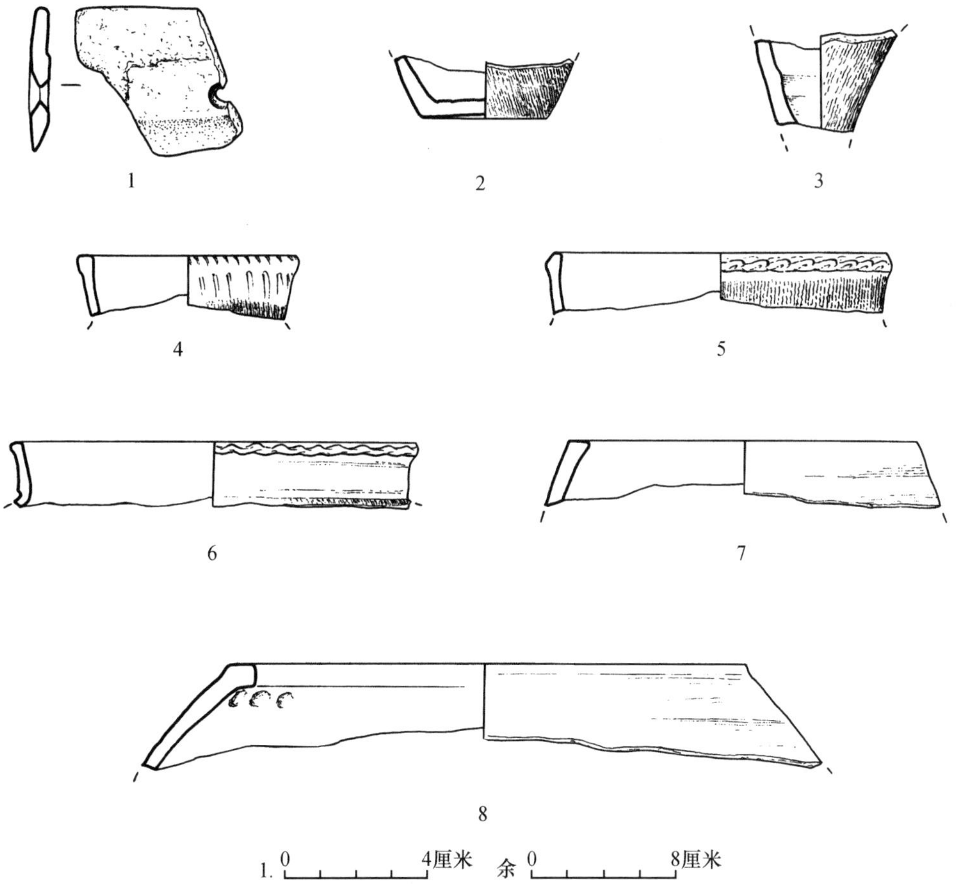

图一五九　石塘沟村东北遗址第一采集点采集标本

1. 石刀（YST4①：11）　2. 陶罐底部（YST4①：8）　3. 陶器足部（YST4①：6）

4～6. 陶花边鬲口部（YST4①：5、YST4①：4、YST4①：3）　7、8. 陶瓮口部（YST4①：2、YST4①：1）

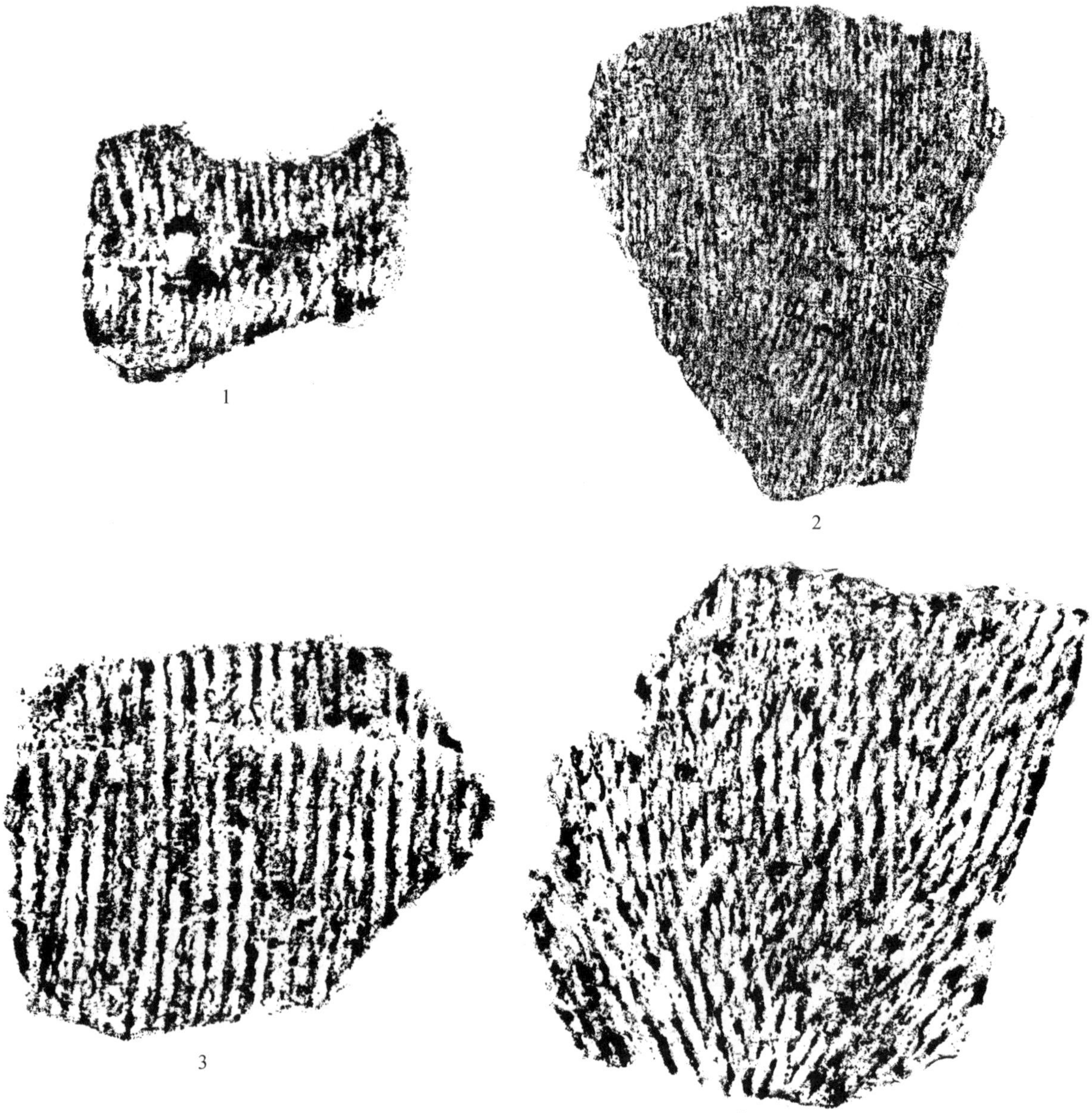

1、3、4. 0 4厘米 2. 0 8厘米

图一六〇 石塘沟村东北遗址第一采集点采集标本拓片

1～3. 陶片（YST4①：7、YST4①：10、YST4①：9） 4. 陶器足部（YST4①：6）

YST4①：7，夹砂黄褐色绳纹陶片。含石英粒。为夹砂罐口部，沿略折。器表饰竖向较规则的细绳纹。手制、泥片贴筑。厚0.8厘米（图一六〇，1）。

YST4①：8，夹砂灰褐色罐底部。斜腹，平底。器表及器底饰较规则的浅中绳纹，器表绳纹为右斜向。手制、泥片贴筑。底径8厘米，厚1厘米，残高3.8厘米（图一五九，2）。

YST4①：9，夹砂绳纹陶片。含石英粒。为夹砂罐腹部残片。器表饰竖向规则的中偏细绳纹。手制、泥片贴筑。厚0.7厘米（图一六〇，3）。

YST4①：10，泥质橙红色绳纹陶片。为绳纹罐下腹部残片。器表饰竖向、左斜向较规则的细绳纹。手制、泥片贴筑。厚0.8厘米（图一六〇，2）。

YST4①：11，灰绿色页岩石刀残断。长条形，偏锋，锋较长，钻孔技术较原始，孔靠近刃端，已残。磨制、对钻。残长4.4厘米，厚0.6厘米，孔径0.5厘米，高4.4厘米（图一五九，1）。

石塘沟村东北遗址第二采集点

第二采集点位于遗址区南部，中心坐标为北纬40°13′58.5″，东经112°26′01.7″，海拔1488米±5米。采集地形为阶梯式台地，地表为葫麻等农作物，其余为荒地。采集面积约500平方米。采集遗物分布较分散，所采遗物主要有夹砂灰陶瓮近足部、瓮足跟、鬲足、敛口瓮口部、鼓腹罐等。采集标本共14件。

YST4②：1，夹砂灰陶瓮足部。牛角状，较粗壮，足尖残缺。器表饰竖向规则的浅细绳纹。用手捏制。残高10.4厘米（图一六一，4）。

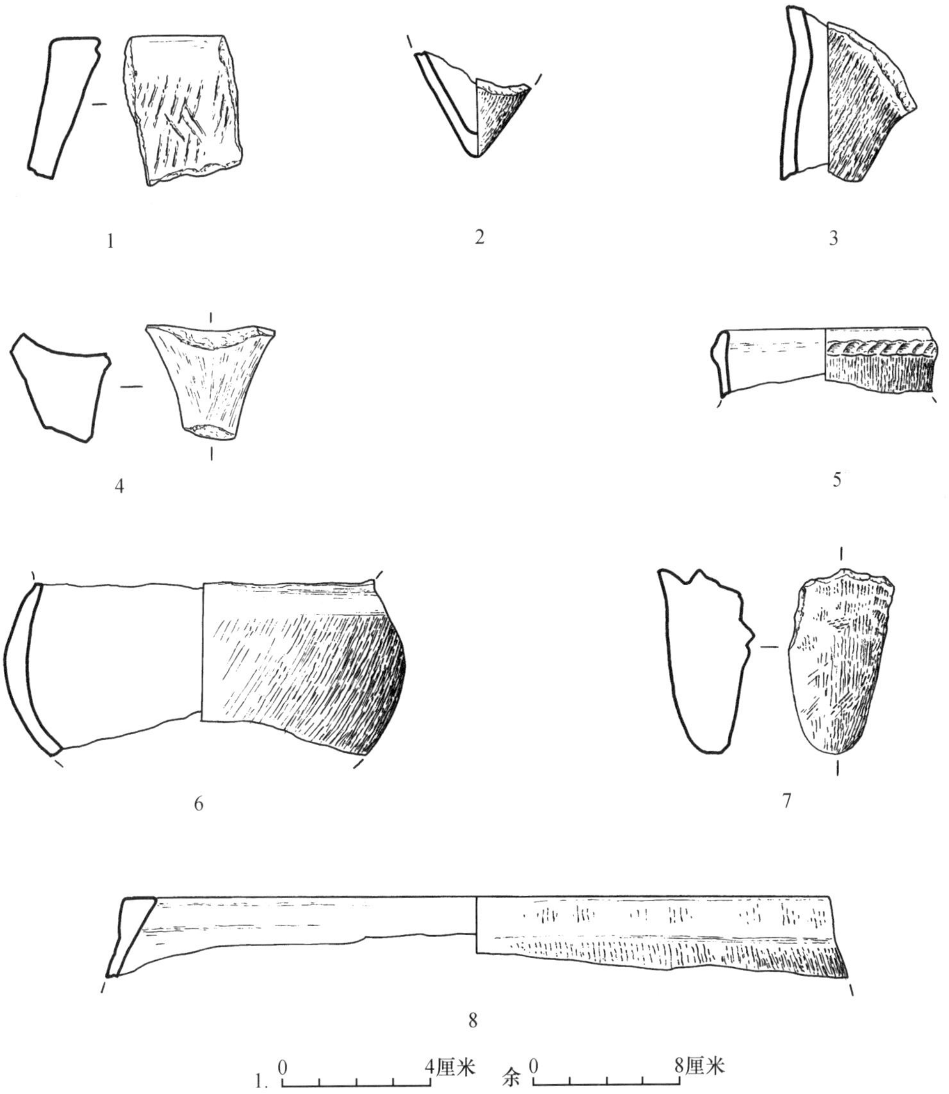

图一六一　石塘沟村东北遗址第二采集点采集标本

1、8. 陶瓮口部（YST4②：4、YST4②：2）　2. 陶鬲足部（YST4②：6）　3. 陶器足部（YST4②：8）　4. 陶瓮足部（YST4②：1）　5. 陶花边鬲口部（YST4②：5）　6. 陶罐形鼎腹部（YST4②：7）　7. 陶瓮足部（YST4②：3）

YST4②：2，泥质黄褐色陶瓮口部。含细砂。敛口，斜方唇，内侧加厚。器表饰竖向规则的中偏细绳纹，口内外均抹光。手制、泥片贴筑。口径44厘米，最厚2.2厘米，残高4.8厘米（图一六一，8）。

YST4②：3，夹砂陶瓮足部。颜色夹心，内呈红褐色，外呈灰褐色。扁圆角状，底部圆钝，磨损明显。器表先饰竖向再施横向的交错细绳纹，器足靠近器底处有压印加固痕迹。外壁有火烧痕迹。用手捏制。残高11厘米（图一六一，7；图版一七，5）。

YST4②：4，夹砂灰褐色陶瓮口部。敛口，斜方唇，内侧加厚。器表饰竖向较规则的浅中绳纹，内口部有一周凹槽。泥片贴筑。残长3.5厘米，最厚1.6厘米，残高4.5厘米（图一六一，1）。

YST4②：5，夹砂灰色花边鬲口部。口微敛，圆唇。器表饰竖向较规则的浅细绳纹，口部外侧饰一周附加泥条，上饰压印纹。手制。口径12.8厘米，最厚1厘米，残高4厘米（图一六一，5）。

YST4②：6，泥质黄褐色陶鬲足部。夹细砂。袋状，中空，无实足根。器表先饰竖向规则的浅中绳纹，器物外侧部分炭化。手制。厚0.7厘米，残高6.4厘米（图一六一，2）。

YST4②：7，泥质灰褐色陶罐形鼎腹部。鼓腹，最大腹径在中腹部，腹部加厚。器表饰竖向不规则的浅中偏细绳纹。手制、泥条盘筑。腹径24.8厘米，最厚1.1厘米，残高10.4厘米（图一六一，6）。

YST4②：8，夹砂陶器足部（斝或盉）。外表呈灰黑色，内壁呈红褐色。袋足，中空，扁圆形。器表饰竖向规则的浅中绳纹。手制，泥片贴筑。厚1.2厘米（图一六一，3）。

YST4②：9，夹砂陶鬲裆部。外表呈红褐色，内壁呈橙红色。鬲裆部。器表饰竖向和左斜向较规则的中绳纹。手制、泥片贴筑。厚0.9厘米（图一六二，3）。

YST4②：10，夹砂灰色篮纹陶片。器表饰较规则的较宽篮纹。手制、泥片贴筑。厚0.9厘米（图一六二，1）。

YST4②：11，夹砂陶鬲袋足部。外壁呈灰褐色，内壁呈橙色。近足跟处加厚。器表饰左斜向不太规则的中绳纹。手制、泥片贴筑。厚1.1厘米（图一六二，5）。

YST4②：12，泥质橙红色绳纹陶片。器表饰不规则的麦粒状细绳纹。手制、泥片贴筑。厚0.9厘米（图一六二，2）。

YST4②：13，夹砂灰褐色陶鬲袋足部。器表饰竖向规则的麦粒状细绳纹。手制、泥片贴筑。厚0.5厘米（图一六二，4）。

YST4②：14，夹砂黄褐色陶纺轮坯。较完整。器表饰不规则的细绳纹。磨制。厚0.9厘米。

（二）遗址时代

遗址的文化时代为龙山时期——商代早期（表三二）。

YST4②：8与华县泉护村三期文化陶斝H352：160相似[①]。

---

① 北京大学考古学系、中国社会科学院考古研究所编：《华县泉护村》，科学出版社，2003年，第100页，图69，3。

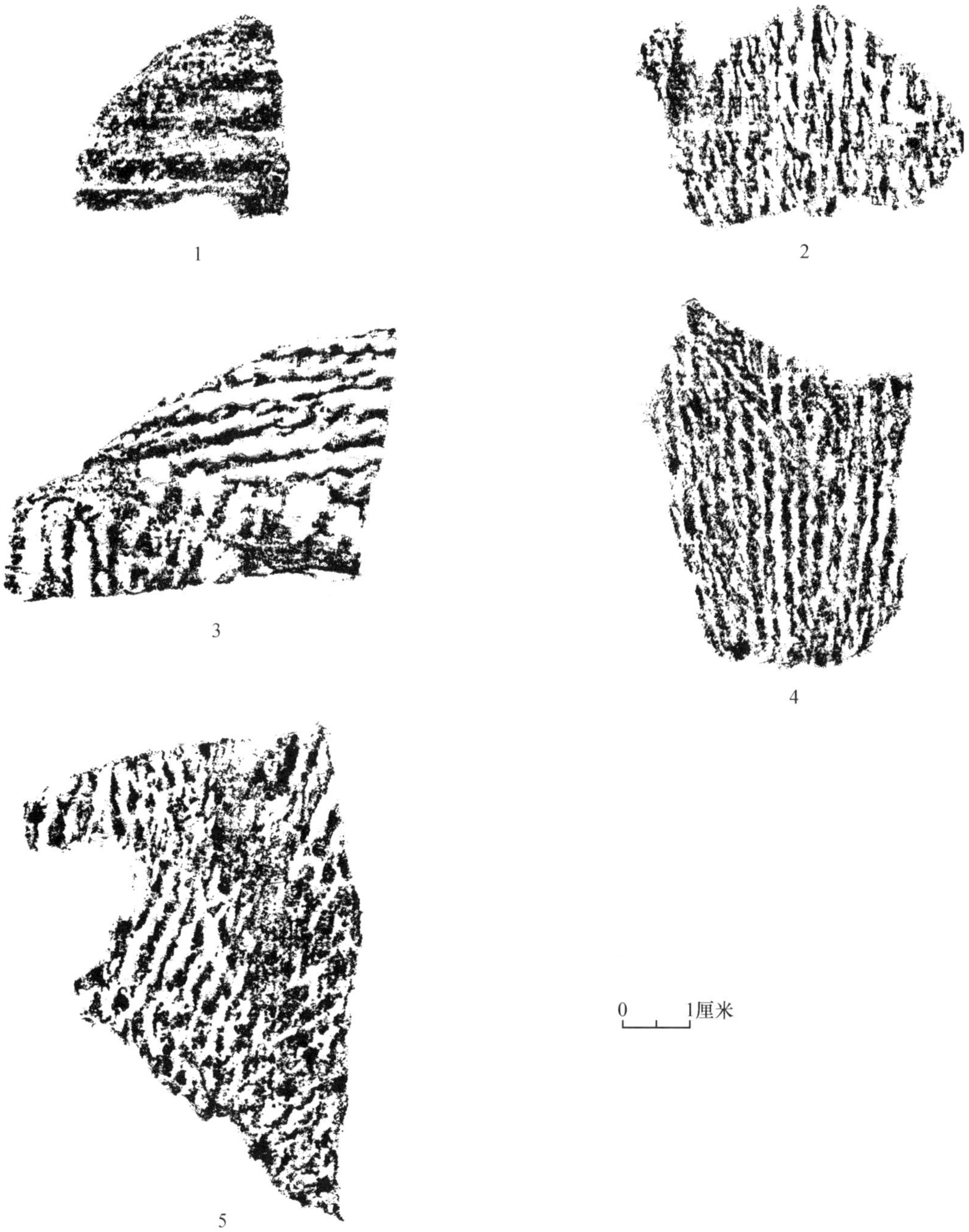

图一六二　石塘沟村东北遗址第二采集点采集标本拓片

1、2. 陶片（YST4②：10、YST4②：12）　3. 陶鬲裆部（YST4②：9）　4、5. 陶鬲袋足部（YST4②：13、YST4②：11）

YST4①：1与游邀遗址夹砂Bc型Ⅱ式陶无鋬瓮W502：2相似[①]。

YST4②：2与游邀遗址晚期5段夹砂四足鼎 H2：61相似[②]。

YST4②：7与游邀遗址晚期6段夹砂陶鼎 H584：6相似[③]。

YST4②：1与忻阜定襄青石遗址二里头时期锥状实足 H54：9相似[④]。

YST4①：5与朱开沟居住遗址A型Ⅰ式陶鬲T229⑤：3相似[⑤]；与朱开沟居住遗址C型Ⅰ式陶鬲T247⑤：2相似[⑥]。

YST4②：6与朱开沟居住遗址J型陶鬲QH110：1（第五段、二里冈上层阶段）相似[⑦]。

YST4②：5与朱开沟居住遗址Bc型Ⅲ式陶鬲T232③：3（第三段、相当于夏代早期）相似[⑧]；与朱开沟居住遗址Bb型Ⅱ式陶鬲F2026：21相似[⑨]；与新华遗址新华晚段 A型直口花边鬲96H15②：9相似[⑩]。

YST4①：4与游邀遗址夹砂无耳陶鬲H2：54相似[⑪]；与新华遗址新华晚段 A型直口花边鬲99H101：2相似[⑫]。

YST4②：3与清水河县西岔遗址第三期文化遗存夹砂陶鬲足H32：10相似[⑬]。

---

① 吉林大学边疆考古研究中心、山西省考古研究所、忻州地区文物管理处编著：《忻州游邀考古》，科学出版社，2004年，第102页，图八八，1。

② 吉林大学边疆考古研究中心、山西省考古研究所、忻州地区文物管理处编著：《忻州游邀考古》，科学出版社，2004年，第93页，图八一，1。

③ 吉林大学边疆考古研究中心、山西省考古研究所、忻州地区文物管理处编著：《忻州游邀考古》，科学出版社，2004年，第93页，图八一，2。

④ 山西省考古研究所、忻州市文物管理处编：《忻阜高速公路考古发掘报告》，2012年，第78页，图七二，9。

⑤ 内蒙古自治区文物考古研究、鄂尔多斯博物馆：《朱开沟——青铜时代早期遗址发掘报告》，文物出版社，2000年，第84页，图六四，6。

⑥ 内蒙古自治区文物考古研究、鄂尔多斯博物馆：《朱开沟——青铜时代早期遗址发掘报告》，文物出版社，2000年，第86页，图六五，5。

⑦ 内蒙古自治区文物考古研究、鄂尔多斯博物馆：《朱开沟——青铜时代早期遗址发掘报告》，文物出版社，2000年，第93页，图六九，5。

⑧ 内蒙古自治区文物考古研究、鄂尔多斯博物馆：《朱开沟——青铜时代早期遗址发掘报告》，文物出版社，2000年，第88页，图六六，6。

⑨ 内蒙古自治区文物考古研究、鄂尔多斯博物馆：《朱开沟——青铜时代早期遗址发掘报告》，文物出版社，2000年，第86页，图六五，3。

⑩ 陕西省考古研究所、榆林市文物保护研究所编著：《神木新华》，2005年，第138页，图一七八，5。

⑪ 吉林大学边疆考古研究中心、山西省考古研究所、忻州地区文物管理处编著：《忻州游邀考古》，科学出版社，2004年，第85页，图七六，6。

⑫ 陕西省考古研究所、榆林市文物保护研究所编著：《神木新华》，2005年，第138页，图一七八，1。

⑬ 内蒙古自治区文物考古研究所编：《万家寨水利枢纽工程考古报告集》，远方出版社，2001年，第170页，图一四，3。

表三二　石塘沟村东北遗址调查标本与其他地区同时代对比表

序号	石塘沟村东北遗址调查标本	对比标本一	对比标本二	对比标本三	其他	备注
1	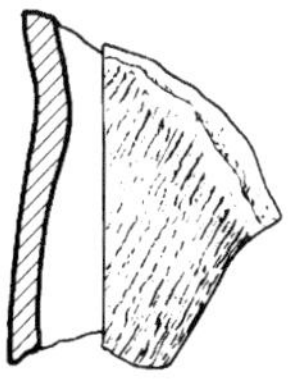 YST4②：8 （龙山时期）	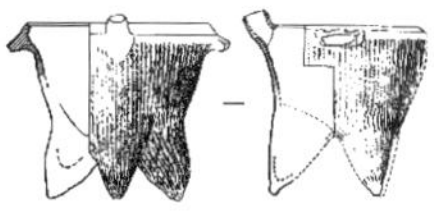 华县泉护村三期文化陶斝H352：160				
2	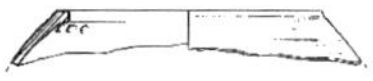 YST4①：1 （龙山时期）	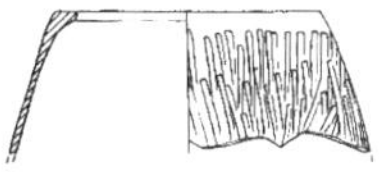 游邀遗址夹砂Bc型Ⅱ式陶无鋬瓮 W502：2				
3	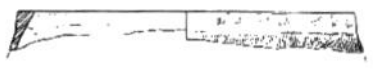 YST4②：2	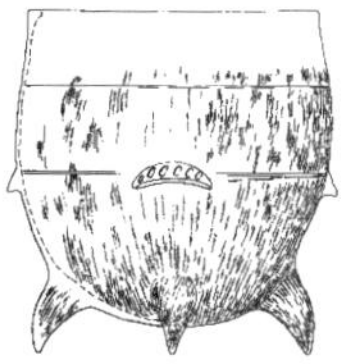 游邀遗址晚期5段夹砂陶四足鼎H2：61				
4	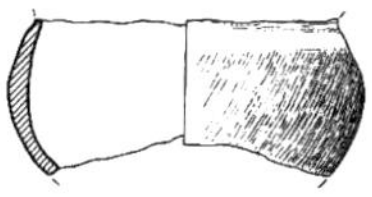 YST4②：7	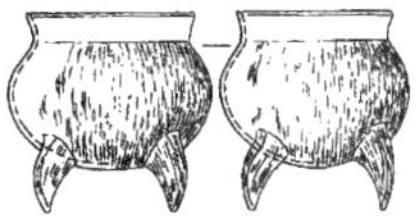 游邀遗址晚期6段夹砂陶鼎H584：6				
5	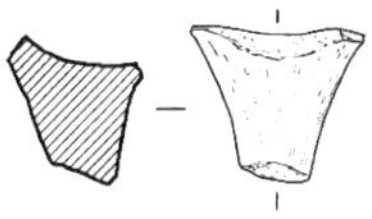 YST4②：1	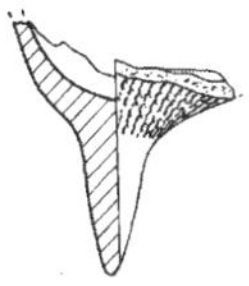 忻阜定襄青石遗址二里头时期陶锥状实足H54：9				
6	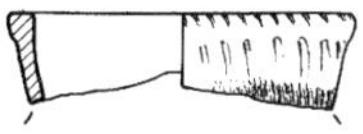 YST4①：5	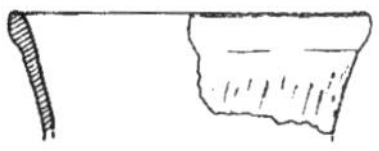 朱开沟居住遗址A型Ⅰ式陶鬲T229⑤：3	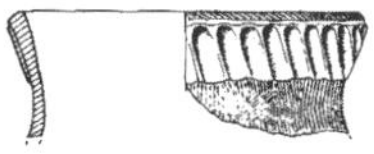 朱开沟居住遗址C型Ⅰ式陶鬲T247⑤：2			

续表

序号	石塘沟村东北遗址调查标本	对比标本一	对比标本二	对比标本三	其他	备注
7	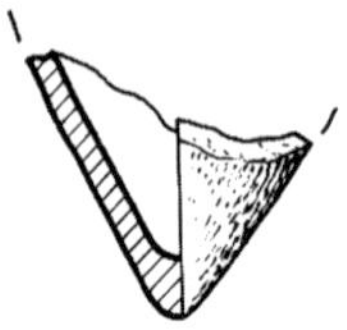 YST4②：6	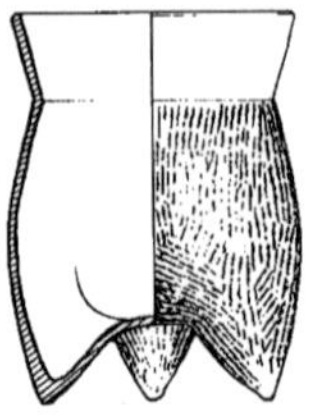 朱开沟居住遗址J型陶鬲QH110：1（第五段、二里冈上层阶段）				
8	 YST4②：5	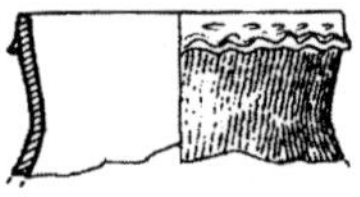 朱开沟居住遗址Bc型Ⅲ式陶鬲T232③：3（第三段、相当于夏代早期）	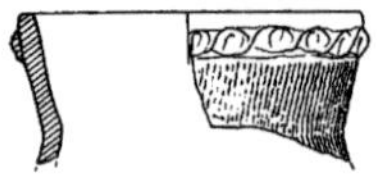 朱开沟居住遗址Bb型Ⅱ式陶鬲F2026：21	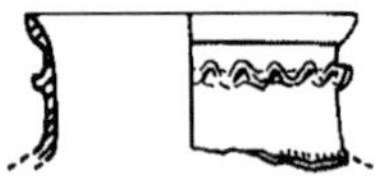 新华遗址新华晚段A型陶直口花边鬲96H15②：9		
9	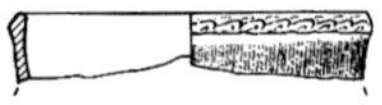 YST4①：4	 游邀遗址夹砂无耳陶鬲H2：54	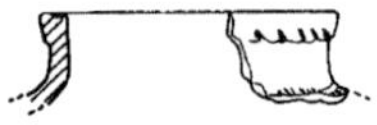 新华遗址新华晚段A型陶直口花边鬲99H101：2			
10	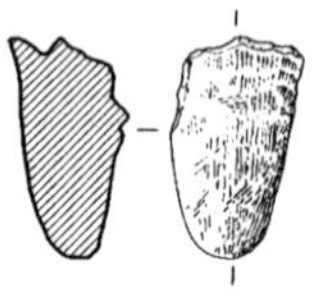 YST4②：3	 清水河县西岔遗址第三期文化遗存夹砂陶鬲足H32：10				

第二十二节　十五沟村附近

一、十五沟村东遗址（2014YS1）

（一）遗址介绍

十五沟村东遗址位于十五沟村东约600米处，行政归属李达窑乡十五沟村，初查时间为2014年7月27日。遗址中心点GPS坐标为北纬40°14′55.9″，东经112°33′05.6″，海拔1450米±4

米。该遗址位于马营河北岸一级台地上，地形较为平坦，台地种植有向日葵、荞麦等农作物。河床与遗址区高差约10米，距遗址区中心位置约25米。遗址东临注入马营河的南北向季节性支流，西临十五沟桥，北临十五沟往破虎堡村的硬化公路，南临马营河。注入马营河南北向季节性支流内现无流水，东西流向马营河内先仍有一股流水。遗址东西约100米，南北约80米，面积总计约8000平方米（图一六三）。

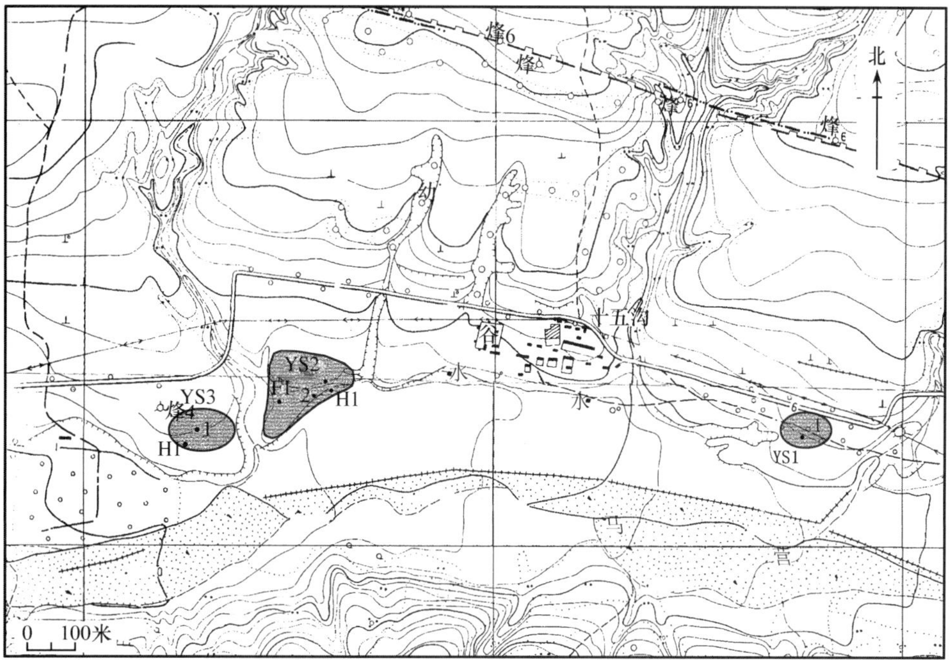

图一六三　十五沟村东遗址、十五沟村西南一号遗址、十五沟村西南二号遗址位置示意图

遗址区内未发现文化层、灰坑等遗迹，只发现散落遗址区地表的残留遗物，故只设一个采集点。

十五沟村东遗址第一采集点

第一采集点位于遗址区中部，中心坐标为北纬40°14′55.9″，东经112°33′05.6″，海拔1450米±4米。采集点地形为台地，地表植被为向日葵、荞麦等农作物。采集面积约200平方米。采集遗物分布较为分散，所采遗物主要有夹砂灰陶釜底部，泥质灰陶折沿盆口腹部、卷沿罐口肩部及豆柄等。采集标本共10件。

YS1①：1，夹砂灰陶釜底部。圜底，外壁饰横向粗篮纹，内壁有拍印痕迹。手制、泥片贴筑。厚1厘米，残高4.6厘米（图一六四，1）。

YS1①：2，泥质灰陶盆口腹部。口微侈，斜方唇，折沿下捺，腹部斜收。外壁饰数周抹断左斜向中绳纹，口沿下绳纹抹去，形成数周凹弦纹。泥片贴筑、快轮修整。口径38厘米，厚0.7厘米，残高10.6厘米（图一六四，6）。

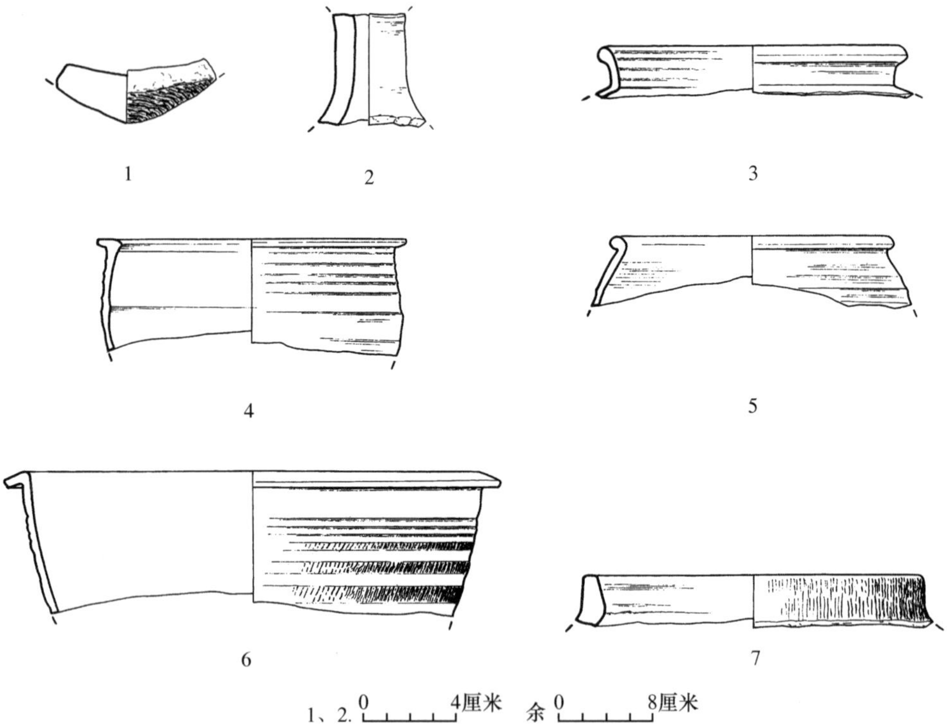

图一六四　十五沟村东遗址第一采集点采集标本

1. 陶釜底部（YS1①：1）　2. 陶豆柄（YS1①：4）　3、5. 陶罐口肩部（YS1①：6、YS1①：7）
4、6. 陶盆口腹部（YS1①：3、YS1①：2）　7. 陶罐口部（YS1①：8）

YS1①：3，夹砂灰陶盆口腹部。含细砂。扁圆唇，折沿略上翘，敛口，腹部略鼓，斜收。外壁口沿下饰数周凹弦纹。口径23.6厘米，厚0.6厘米，残高8.4厘米（图一六四，4）。

YS1①：4，泥质灰陶豆柄。中空。素面。手制。残高4.2厘米（图一六四，2）。

YS1①：5，泥质灰陶绳纹陶直口罐肩部。器壁较厚。外壁饰右斜向较规则的浅细绳纹。手制、泥片贴筑。厚1.2厘米（图一六五，2）。

YS1①：6，泥质灰黑色陶罐口肩部。侈口，圆唇，短径，鼓肩。口沿及内壁颈部饰数周砑光暗弦纹。泥片贴筑、快轮修整。口径24厘米，厚0.7厘米，残高3.8厘米（图一六四，3）。

YS1①：7，泥质灰黑色陶罐口肩部。敛口，圆唇，卷沿外翻，溜肩。肩部饰一周凸弦纹。泥片贴筑、快轮修整。口径22厘米，厚0.6厘米，残高5.2厘米（图一六四，5）。

YS1①：8，泥质灰色陶罐口部。侈口，方唇。外壁饰竖向浅细绳纹。泥片贴筑、手制。口径26厘米，厚1.2厘米，残高4厘米（图一六四，7）。

YS1①：9，泥质深灰色绳纹陶片。外壁饰抹断竖向中绳纹，再饰两周附加泥条，上饰压印绳纹。内壁饰拍印的麻点纹。泥片贴筑、快轮修整。厚0.8厘米，残高5.2～6.1厘米，残宽7.8～10.6厘米（图一六五，3）。

YS1①：10，泥质绳纹陶片。外壁呈灰色，内壁灰黑色。外壁饰左斜向浅细绳纹，再

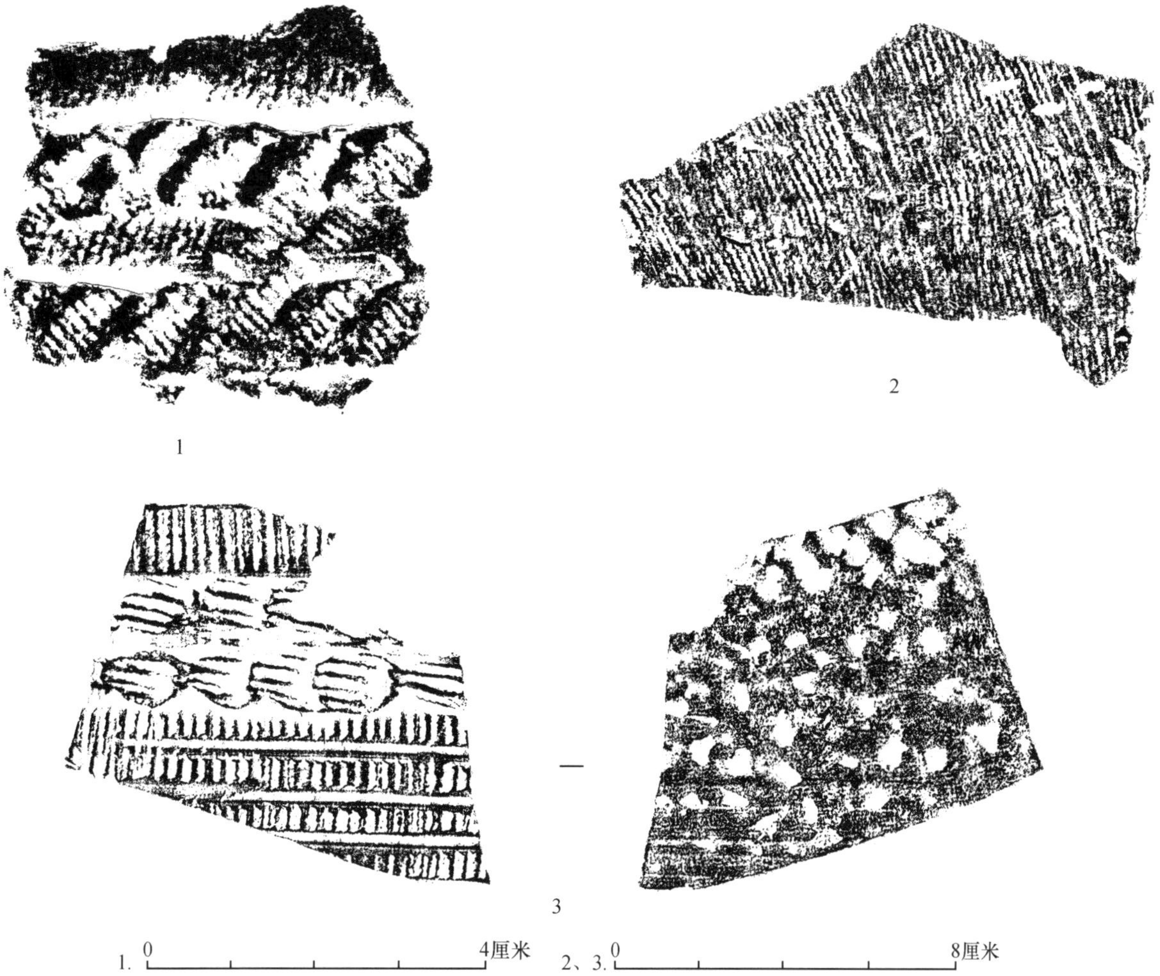

图一六五　十五沟村东遗址第一采集点采集标本拓片

1、3. 陶片（YS1①：10、YS1①：9）（外表、内壁）　2. 陶直口罐肩部（YS1①：5）

饰两周附加泥条，上饰压印绳纹。泥片贴筑、手制。厚0.85厘米，残长6厘米，残宽5厘米（图一六五，1）。

（二）遗址时代

遗址的文化时代为战国晚期、汉代。

二、十五沟村西南一号遗址（2014YS2）

（一）遗址介绍

十五沟村西南一号遗址位于十五沟村西南约700米处，行政归属李达窑乡十五沟村，初查时间为2014年7月27日。遗址中心点GPS坐标为北纬40°15′00.3″，东经112°32′15.8″，海拔1443米 ± 5米。该遗址位于马营河北岸一级台地，北临李达窑乡县级公路，南临马营河，西临南北流向的马营河支流，东距十五沟村700米，地表植被为土豆等农作物，其余多为荒地。遗址东西约150米，南北约200米，面积总计约30000平方米（图一六三；图版一八，1）。

在遗址区南部断面发现遗迹有房址、灰坑各一处，除此未发现其他遗迹。

遗址区南部断面上的房址，编号F1。房址地面厚0.04米，残长7米，房址残深0.4～0.45米，房址地面距现地表0.9米，该房址为半地穴式，房址内遗物包含有泥质灰陶水波纹盆、水波纹陶罐、弦纹盆、长条形石器残块等。

遗址区南部断面上的灰坑，编号H1。灰坑呈锅底状，口径2.4米，暴露深度约0.95米，坑口开口于第2层下，开口距现地表1.6米，耕土层厚0.18米，坑内土质较松散，土色较灰，包含物有泥质灰陶盘豆、罐、盆及少量石块等。

遗址区内遗物较丰富，因此设立四个采集点（含F1、H1）。

十五沟村西南一号遗址第一采集点

第一采集点位于遗址区西南部，中心坐标为北纬40°15′00.3″，东经112°32′15.8″，海拔1443米 ± 5米。采集点地形为马营河北岸的一级台地，地表植被多为荒地。采集面积约300平方米。采集遗物分布较分散，所采遗物主要有泥质灰陶直领罐口部、折沿罐口部等。采集标本共3件。

YS2①：1，泥质灰陶小口直领罐口部。直领，小口，方唇，广肩。器表饰竖向规则的较浅绳纹。轮制。口径22.4厘米，厚1.6厘米，残高4.8厘米（图一六六，2）。

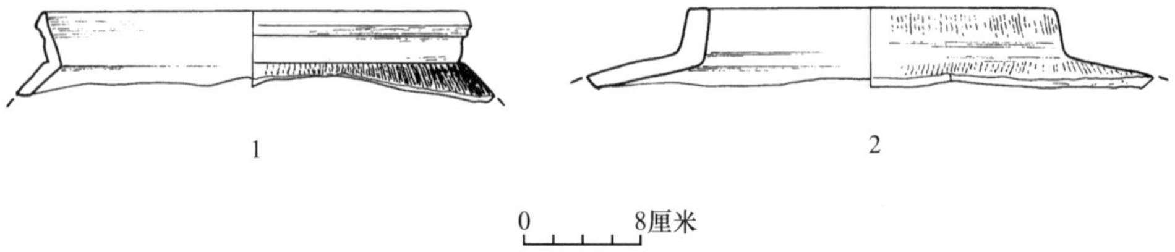

图一六六　十五沟村西南一号遗址第一采集点采集标本

1. 陶折沿罐口部（YS2①：2）　2. 陶直领罐口部（YS2①：1）

YS2①：2，泥质灰陶折沿罐口部。斜方唇，折沿外撇，溜肩，沿外侧有加厚现象。口沿以下饰竖向规则中绳纹。泥片贴筑、快轮修整。口径24厘米，厚0.8厘米，残高5.4厘米（图一六六，1）。

YS2①：3，泥质灰陶折沿罐口部。折沿外撇，溜肩。器壁外口沿下饰交叉绳纹。模制、快轮修整。厚0.9厘米，残高4.9厘米，残宽2.5～4.9厘米。

十五沟村西南一号遗址第二采集点

第二采集点位于遗址区的西南部断崖下河滩，中心坐标为北纬40°14′58.6″，东经112°32′14.4″，海拔1434米 ± 5米。采集点地形为断崖下河滩，地表植被为荒草等。采集面积约

120平方米。采集遗物分布较分散，所采遗物主要有泥质灰陶卷沿盆口腹部、壶口腹部、罐腹部等。采集标本共4件。

YS2②：1，泥质灰黑色陶盆口腹部。口微敛，圆唇，卷沿下捺，弧腹斜收。素面。泥片贴筑、快轮修整。口径24厘米，厚0.6厘米，残高4厘米（图一六七，1）。

YS2②：2，泥质灰色陶壶口部。敞口，斜方唇，窄折沿下捺，束颈。素面。泥片贴筑、快轮修整。口径26厘米，厚0.7厘米，残高4.2厘米（图一六七，2）。

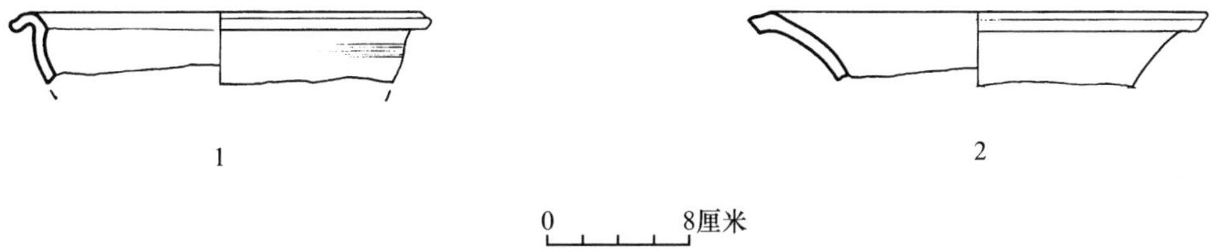

图一六七　十五沟村西南一号遗址第二采集点采集标本

1. 陶盆口腹部（YS2②：1）　2. 陶壶口部（YS2②：2）

YS2②：3，泥质灰陶壶口腹部。直口，方唇，颈部较长，溜肩，鼓腹。颈部饰一周压印三角纹，上下各饰三周凹弦纹；肩腹部饰三组各由两条凹弦纹组成的弦纹带，每两组间夹一周压印三角纹，内壁颈部用泥片加固。泥片贴筑、轮修。残长19厘米，厚0.8厘米（图一六八，2；图一六九，3）。

YS2②：4，泥质灰黑色陶盆腹部。外壁凹凸不平，内壁抹光，残存四周压印纹。泥片贴筑、轮修。厚0.8厘米，残高14.5厘米，残宽14.8厘米（图一六八，1）。

十五沟村西南一号遗址第三采集点

第三采集点（F1）位于遗址区西南部断面，中心坐标为北纬40°14′58.0″，东经112°32′12.4″，海拔1439米±5米。采集点地形为季节河流一级台地，地表植被为荒地。采集面积约30平方米（图版一八，2、3）。采集遗物分布较集中，所采遗物主要有泥质灰陶水波纹盆腹部、细水波纹的罐腹部、压印纹的罐底部及长条形石器残块。采集标本共8件。

YS2F1：1，泥质灰褐色陶盆底部。斜腹，平底，器壁较厚，火候较高。内底饰成组方格草叶纹。轮制。底径16厘米，厚1.2厘米，残高1.8厘米（图一六九，2；图一七二，7）。

YS2F1：2，泥质灰陶盆底部。斜腹，平底，器壁较厚，火候较高。内底残存两周方格纹组成的条带。轮制。底径18厘米，厚1.4厘米，残高3.6厘米（图一六九，1；图一七二，4）。

YS2F1：3，泥质灰陶盆腹片。内壁残存一周凹弦纹，外壁残存两周凹弦纹。泥片贴筑、快轮修整。厚0.6厘米，残高5.2厘米，残高6.1厘米（图一七二，5；图版一九，4）。

YS2F1：4，泥质灰陶罐腹片。外壁残存一周水波纹。快轮修整。厚0.8厘米，残高4.7厘米，残宽5.7厘米（图一七二，6；图版一九，3）。

YS2F1：5，泥质灰陶盆腹片。内壁残存三周凹弦纹，两周水波纹，每两周凹弦纹间夹一组水波纹。此外，还有一周压印方格纹，外壁残存三周凹弦纹。快轮修整。厚0.8厘米，残高5厘米，残宽6.7厘米（图一七〇，2；图版一九，2）。

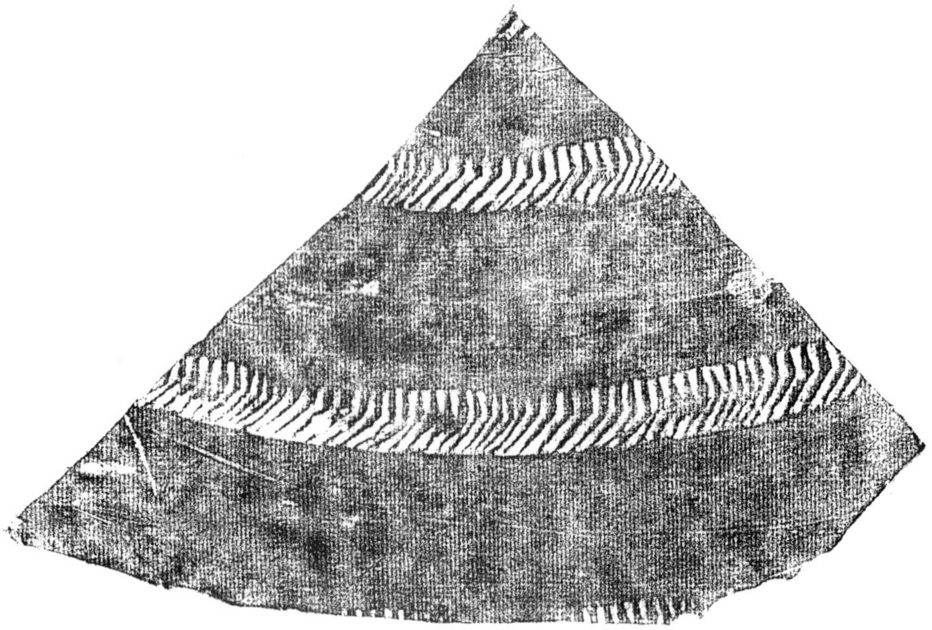

1

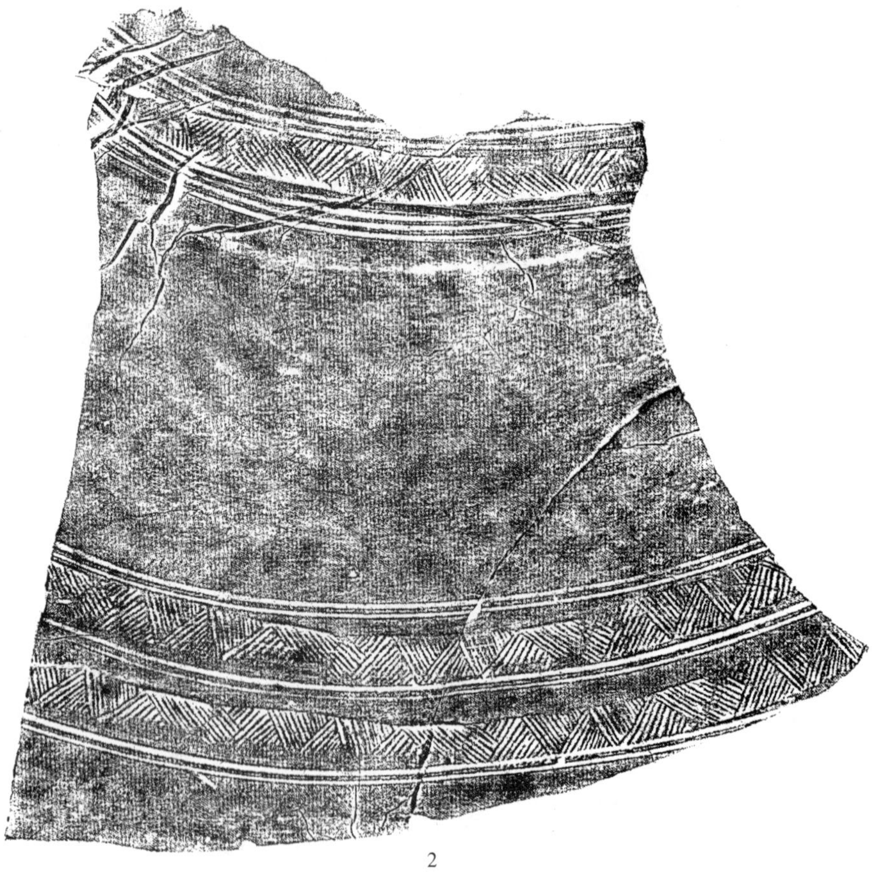

2

0　　8厘米

图一六八　十五沟村西南一号遗址第二采集点采集标本拓片

1. 陶盆腹部（YS2②：4）　2. 陶壶口腹部（YS2②：3）

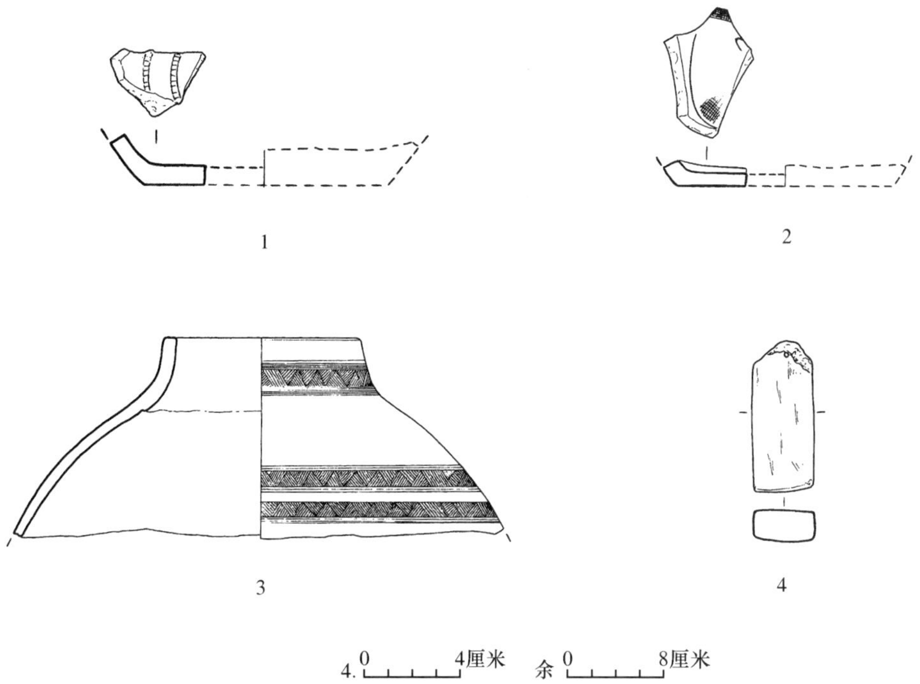

图一六九　十五沟村西南一号遗址第三采集点采集标本

1、2. 陶盆底部（YS2F1：2、YS2F1：1）　3. 陶罐腹片（YS2②：3）　4. 条形石器（YS2F1：8）

YS2F1：6，泥质陶盆腹片。外壁呈灰色，内壁呈黑色。内壁残存三周压印方格纹，外壁残存两周压印方格纹。快轮修整。厚0.9厘米，残高6厘米，残宽5.2厘米（图一七〇，1）。

YS2F1：7，泥质灰陶盆腹片。内壁残存一周水波纹，一周压印方格纹，外壁残存三周凹弦纹。快轮修整。厚0.85厘米，残高5.2厘米，残长7.6厘米（图一七〇，3；图版一九，1）。

YS2F1：8，火山岩条形石器。黑灰色。长条形，较厚，中部残存一未完成的钻孔，磨制不太规整，仅存一半。素面。磨制、钻孔。残长5.4厘米，宽2.3厘米，厚1.1厘米（图一六九，4）。

十五沟村西南一号遗址第四采集点

第四采集点（H1）位于遗址区南部断面，中心坐标为北纬40°14′59.1″，东经112°32′16.2″，海拔1443米±5米。采集点地形为季节性河流一级台地，地表植被为荒地。采集面积约20平方米（图版一八，4）。采集遗物分布较集中，所采遗物主要有泥质灰陶折沿盆口部、压印纹罐腹部；泥质红褐陶压印水波纹盆腹部等。采集标本共5件。

YS2H1：1，泥质灰陶壶口部。斜方唇，浅盘，粗柄。内壁磨光，饰同心圆暗纹。快轮修整。口径12厘米，厚0.6厘米，残高1.8厘米（图一七一，1）。

YS2H1：2，泥质深灰色折沿盆口沿。斜方唇，折沿，沿面较宽。轮制。口径40.4厘米，厚1.2厘米，残高1.2厘米（图一七一，2）。

YS2H1：3，泥质褐色陶罐腹片。器表残存一周水波纹。快轮修整。厚0.5厘米，残长5厘米，残宽1～2.3厘米（图一七二，1）。

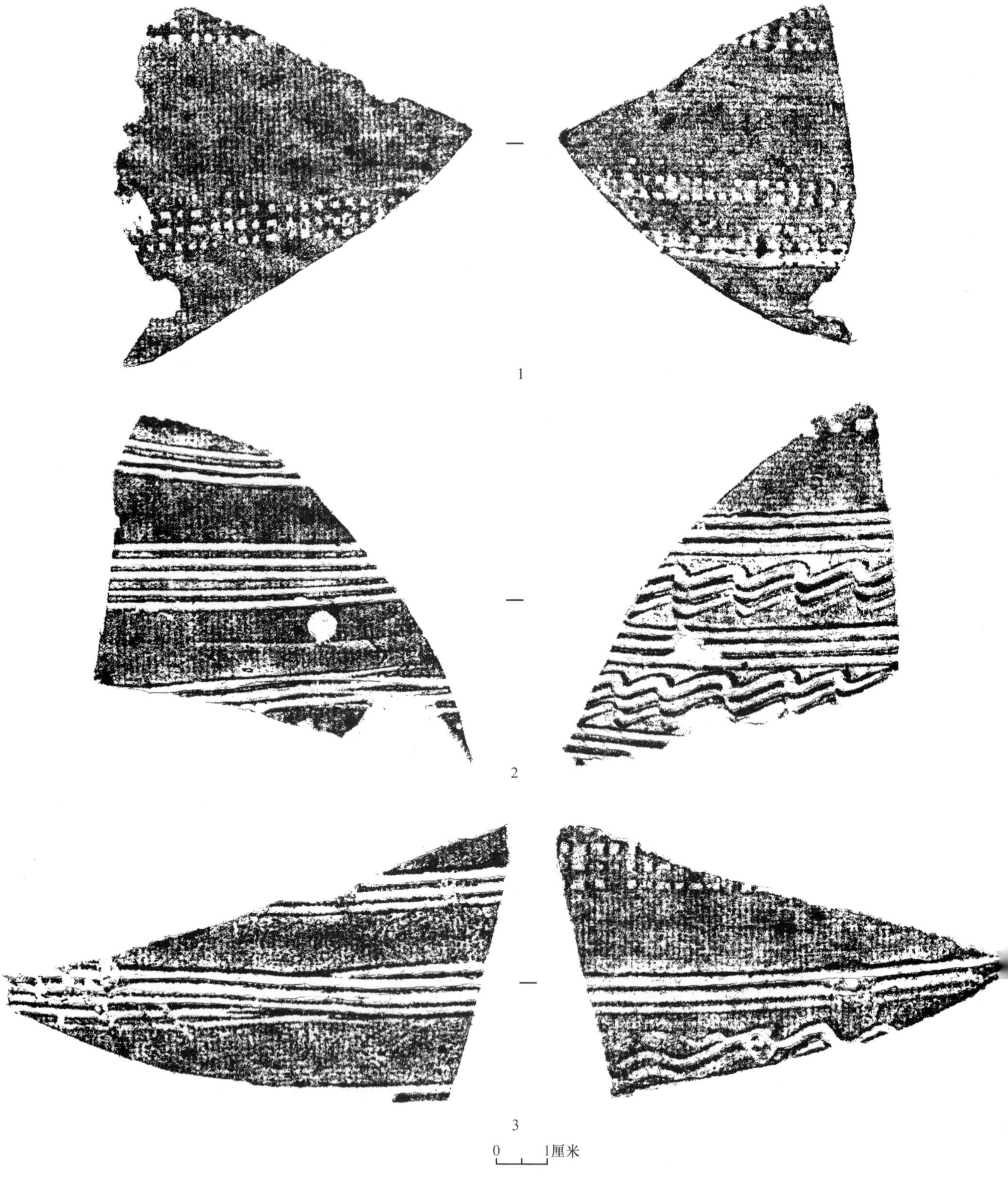

图一七〇　十五沟村西南一号遗址第三采集点采集标本拓片

1～3. 陶盆腹片（YS2F1：6、YS2F1：5、YS2F1：7）（外表、内壁）

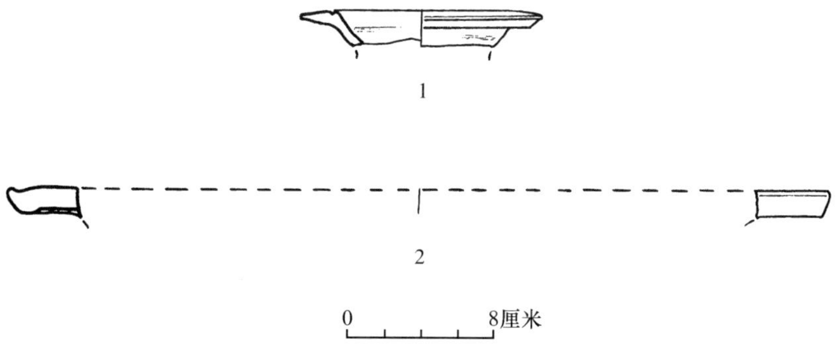

图一七一　十五沟村西南一号遗址第四采集点采集标本
1. 陶壶口部（YS2H1：1）　2. 陶折沿盆口沿（YS2H1：2）

YS2H1：4，泥质灰陶罐腹片。器表残存一周双排方格纹。快轮修整。厚0.6厘米，残高4.1厘米，残宽4.5厘米（图一七二，2）。

YS2H1：5，泥质陶盆腹片。外壁呈黑色，内壁呈灰褐色。内壁磨光，残存一周压印纹。快轮修整。厚0.5厘米，残存6.1厘米，残宽6厘米（图一七二，3）。

（二）遗址时代

遗址的文化时代为东汉、代魏（表三三）。

代魏时期

YS2H1：2（代魏）与原平北贾铺东汉墓葬M1随葬陶盆M1：15相似①。

YS2②：2（代魏）与托克托县古城村古城遗址代魏时期C型陶壶T1③：7相似②。

YS2②：3（代魏）与托克托县古城村古城遗址代魏时期C型陶瓮H20：13相似③；与新巴尔虎左旗伊和乌拉鲜卑墓陶器侈口舌状唇壶纹饰极为相似④。

YS2H1：1（代魏）与托克托县古城村古城遗址代魏时期陶器BⅡ式壶T2②：5相似⑤。

---

① 山西省考古研究所、山西省考古学会编：《三晋考古（第三辑）》，山西人民出版社，2006年，第273页，图一二，3。

② 内蒙古自治区文物考古研究所编：《内蒙古文物考古文集（第三辑）》，科学出版社，2004年，第251页，图三一，8。

③ 内蒙古自治区文物考古研究所编：《内蒙古文物考古文集（第三辑）》，科学出版社，2004年，第251页，图三一，10。

④ 内蒙古文物考古研究所编：《内蒙古文物考古文集（第二辑）》，中国大百科全书出版社，1997年，第455页，图四，4。

⑤ 内蒙古自治区文物考古研究所编：《内蒙古文物考古文集（第三辑）》，科学出版社，2004年，第251页，图三一，5。

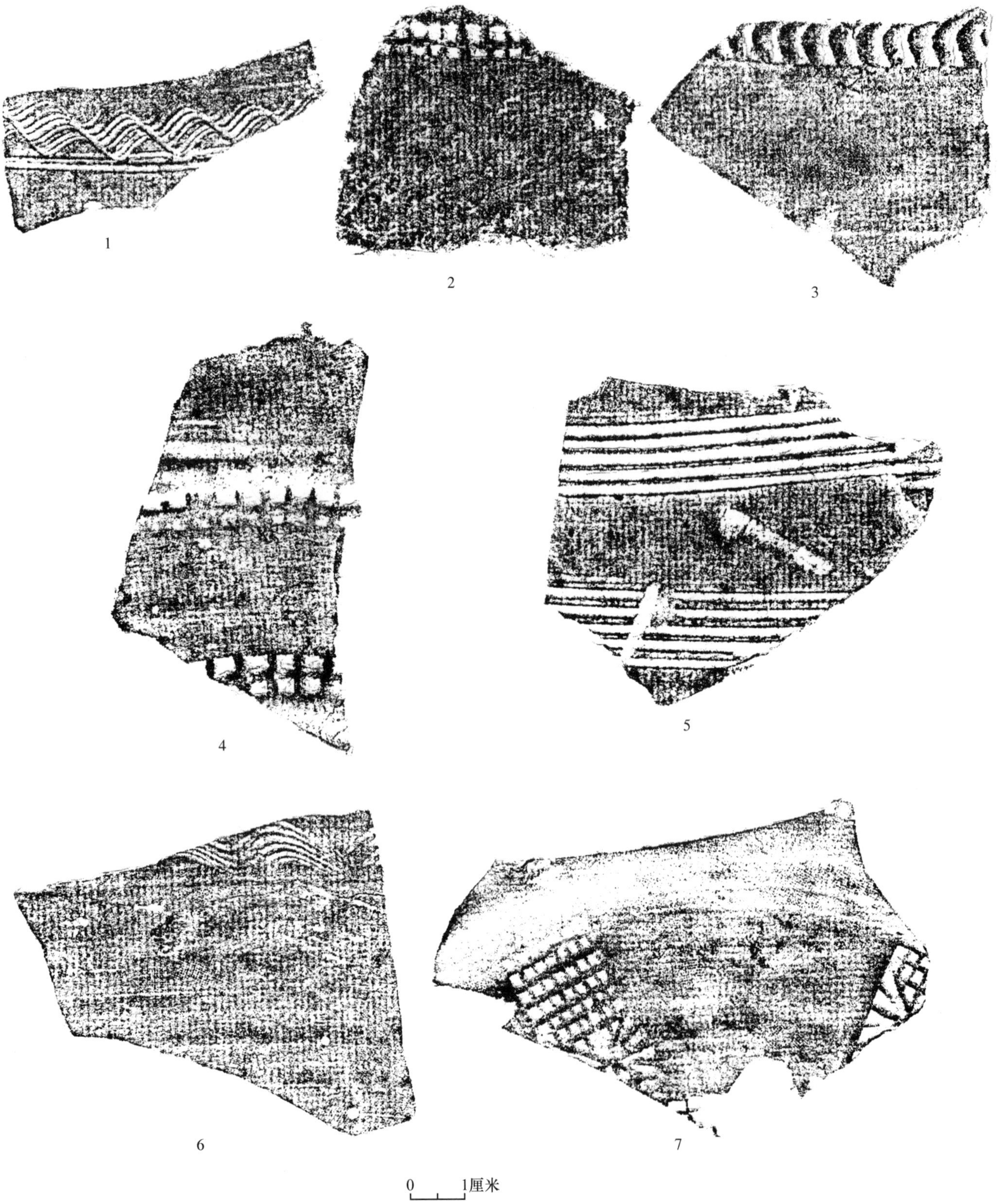

图一七二　十五沟村西南一号遗址第三采集点、第四采集点采集标本拓片

1、2、6. 陶罐腹片（YS2H1：3、YS2H1：4、YS2F1：4）　3、5. 陶盆腹片（YS2H1：5、YS2F1：3）
4、7. 陶盆底部（YS2F1：2、YS2F1：1）（内壁、底内）

表三三　十五沟村西南一号遗址调查标本与其他地区同时代对比表

序号	十五沟村西南一号遗址调查标本	对比标本一	对比标本二	其他	备注
1	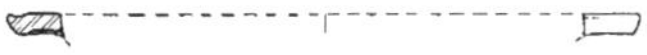 YS2H1：2（代魏）	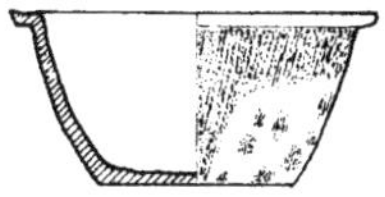 原平北贾铺东汉墓葬M1随葬陶盆M1：15			
2	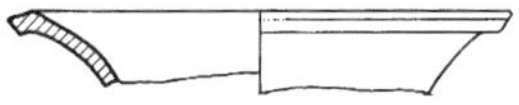 YS2②：2（代魏）	 托克托县古城村古城遗址代魏时期C型陶壶T1③：7			
3	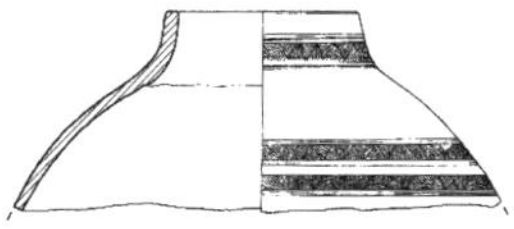 YS2②：3（代魏）	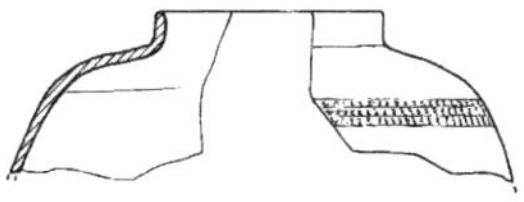 托克托县古城村古城遗址代魏时期C型陶瓮H20：13	 新巴尔虎左旗伊和乌拉鲜卑墓陶侈口舌状唇壶纹饰		新巴尔虎左旗侈口壶的纹饰与其极似
4	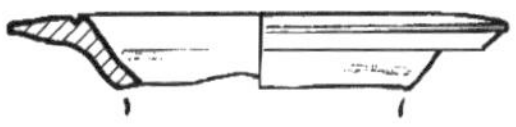 YS2H1：1（代魏）	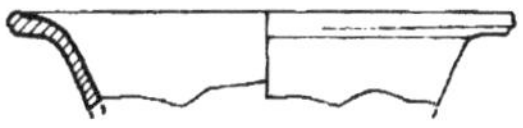 托克托县古城村古城遗址代魏时期B型Ⅱ式陶壶T2②：5			

三、十五沟村西南二号遗址（2014YS3）

（一）遗址介绍

十五沟村西南二号遗址位于十五沟村西南约800米处，行政归属李达窑乡十五沟村，初查时间为2014年7月28日。遗址中心点GPS坐标为北纬40°14′55.9″，东经112°32′03.0″，海拔1438米±7米。该遗址位于马营河北岸一级台地上，北临李达窑乡县级公路，东临由北向南注入马营河的支流，南临马营河，地表植被为土豆等农作物，其余为荒地。遗址东西约140米，南北约80米，面积总计约11200平方米（图一六三）。

于遗址区南部断面发现灰坑一处，编号为H1。该灰坑开口于距现地表第2层下，其中第1层为耕土层厚0.2米，第2层为覆盖层厚0.2～0.25米，该灰坑呈锅底状，口径3.8米，底径3.35米，坑内土色较灰，土质疏散，包含有大量陶片及少量石块。除此外，未发现其他遗迹。

遗址区内设立两个采集点（含H1）。

十五沟村西南二号遗址第一采集点

第一采集点位于遗址区西南部，中心坐标为北纬40°14′55.9″，东经112°32′03.0″，海拔1438米±7米。采集点地形为台地，地表植被为葫麻、土豆等农作物。采集面积约1200平方米。采集遗物分布较分散，遗址区采集点设到灰坑H1内，该坑内所采集遗物主要有夹砂灰陶鬲口肩部、釜口腹部；泥质灰陶折腹盆口腹部、陶甑底部。采集标本共8件。

YS3①：1，夹细砂深灰色陶鬲口肩部。斜方唇，折沿上翘，溜肩。口沿外边缘有凹槽一周。肩部饰竖粗绳纹，内壁抹光。泥片贴筑、手制、轮修。口径32厘米，残高4.6厘米，厚0.7～0.8厘米（图一七三，4）。

YS3①：2，夹细砂深灰色陶鬲口肩部。口部残，折沿上翘，溜肩。肩部饰左斜向中粗绳纹，局部有交错，内壁抹光，水垢附着内壁。泥片贴筑、手制、轮修。残高4.2厘米，厚0.8厘米，残宽10.6厘米（图一七四，2）。

YS3①：3，夹细砂深灰色陶鬲口肩部。口部残，折沿上翘，溜肩。肩部饰左斜向粗大绳纹，内壁抹光。泥片贴筑、手制、轮修。残高8厘米，厚0.5～0.8厘米，残宽7.6厘米（图一七四，1）。

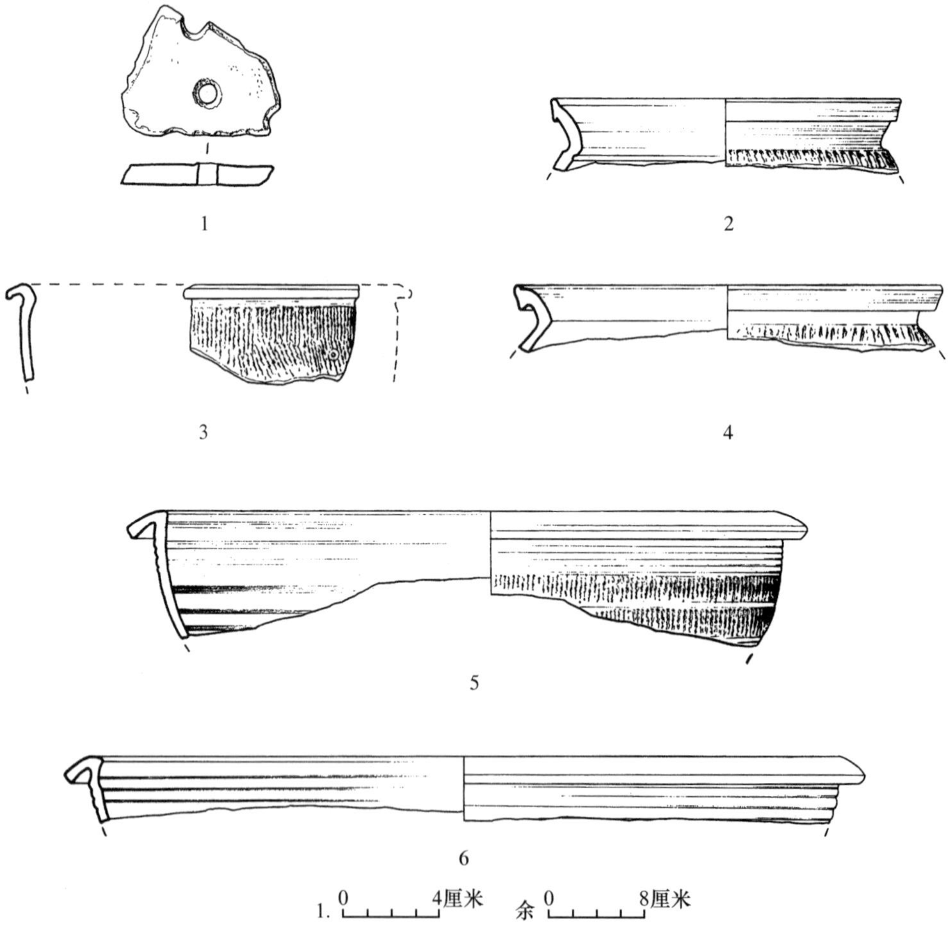

图一七三　十五沟村西南二号遗址第一采集点采集标本

1. 陶甑底部（YS3①：8）　2、4. 陶鬲口肩部（YS3①：4、YS3①：1）

3、5、6. 陶盆口腹部（YS3①：7、YS3①：5、YS3①：6）

1

2

0　1厘米

图一七四　十五沟村西南二号遗址第一采集点采集标本拓片

1、2. 陶鬲口肩部（YS3①：3、YS3①：2）

YS3①：4，夹细砂灰陶鬲口肩部。方唇，折沿上翘，矮颈，口沿外缘有凹槽一周。肩部饰竖向粗大绳纹。泥片贴筑、手制、轮修。口径26厘米，厚0.8厘米，残高5厘米（图一七三，2）。

YS3①：5，泥质深灰色陶盆口腹部。口微敛，宽折沿下捺，腹部弧收，个体较大。外壁数周瓦楞纹之下饰弦断中粗绳纹，内壁抹光，有数周不够规整的暗弦纹。泥片贴筑、快轮修整。口径51厘米，残高9厘米，厚0.5～0.8厘米（图一七三，5）。

YS3①：6，泥质深灰色陶盆口腹部。敛口，宽折沿下捺，深腹，腹部略弧收。外表有数周较规整的瓦楞纹，内壁抹光，有数周暗弦纹。泥片贴筑、快轮修整。口径60厘米，厚0.7厘米，残高4.8厘米（图一七三，6）。

YS3①：7，泥质灰陶盆口腹部。侈口，圆方唇，折沿略下捺，深腹弧收，上腹部有对钻圆形钻孔一个。外表饰交错中粗绳纹，内壁抹光。泥片贴筑、快轮修整。口径30厘米，厚0.7～0.8厘米，残高7.2厘米（图一七三，3）。

YS3①：8，泥质灰陶甑底部。平底，底面有较大规整的圆形通气孔。素面。泥片贴筑、手制。残长5.8厘米，残宽4.7厘米，厚0.7厘米，孔径0.8厘米（图一七三，1）。

十五沟村西南二号遗址第二采集点

第二采集点（H1）位于遗址区南部断面。坐标为北纬40°14′55″，东经112°32′02″，海拔1438米。采集点地形为季节性河流一级台地，地表植被为荒地。采集面积约20平方米。采集遗物分布较集中，所采遗物主要有夹砂灰陶鬲、釜口腹部；泥质灰陶盆、钵、罐、豆座，铁环首刀等。采集标本共24件。

YS3H1：1，夹砂灰黑色陶鬲口部。直口，方唇，卷沿，肩部略鼓。器表饰右斜向规整的粗大绳纹，口沿上有一周凹槽，内壁有轮修痕迹。泥片贴筑、快轮修整。口径20厘米，厚1厘米，残高8厘米（图一七五，10）。

YS3H1：2，夹砂灰黑色陶鬲腹部。器表饰较规则的交错粗绳纹，内壁有轮修痕迹。手制、快轮修整。厚0.9厘米，残长8.5厘米，残宽7.7厘米（图一七六，5）。

YS3H1：3，夹砂灰黑色陶釜下腹部。器壁较薄。器表饰较规则的粗大绳纹，内壁有同心圆状拍印痕迹。手制、内壁有拍印痕迹。厚0.5厘米，残长8.8厘米，残高8厘米（图一七六，4）。

YS3H1：4，泥质陶盆口腹部。夹心陶。外壁呈灰黑色，内壁黑色。口微敛，方唇，折沿下捺明显，弧腹斜收，深腹。器表先饰竖向规则的中绳纹，沿下再饰数周凹弦纹将绳纹抹去，下腹部绳纹抹平。快轮修整。口径24厘米，厚0.8厘米，残高10.6厘米（图一七五，9）。

YS3H1：5，泥质灰陶釜口腹部。口微侈，扁圆唇，口沿外卷贴于口部外侧，短颈，溜肩。器表先饰竖向规则的粗绳纹，肩部再饰数周弦断绳纹，内壁有压印的三角纹。泥片贴筑、快轮修整。口径28厘米，厚0.6厘米，残高9厘米（图一七五，13）。

YS3H1：6，泥质灰陶盆口腹部。口微敛，斜方唇，折沿略下捺，弧腹斜收。器表先饰竖向规则的中绳纹，口沿下再横向抹去绳纹，呈数周凹弦纹；内壁饰数周暗线纹，宽窄不一。快轮修整。残长4.8厘米，残高5～8.6厘米，厚0.6厘米（图一七五，14）。

YS3H1：7，泥质灰陶盆口腹部。直口，方唇，折沿下捺，弧腹。口沿上有一周凹槽，沿下器表饰数周凹弦纹。泥片贴筑、快轮修整。口径36厘米，厚1厘米，残高4.8厘米（图一七五，12）。

YS3H1：8，泥质灰陶盆口腹部。口微敛，方唇，折沿下捺明显，下腹斜收。器表先饰竖向较规则的中偏粗绳纹，口沿下再饰数周抹断绳纹，上腹部残存两周抹断绳纹，口沿上饰一周凹槽。泥片贴筑、快轮修整。口径44.4厘米，厚1厘米，残高10.4厘米（图一七五，16）。

YS3H1：9，泥质灰陶钵口腹部。口微侈，圆唇，弧腹微折，斜收。素面。快轮修整。口径15厘米，厚0.9厘米，残高7.6厘米（图一七五，1）。

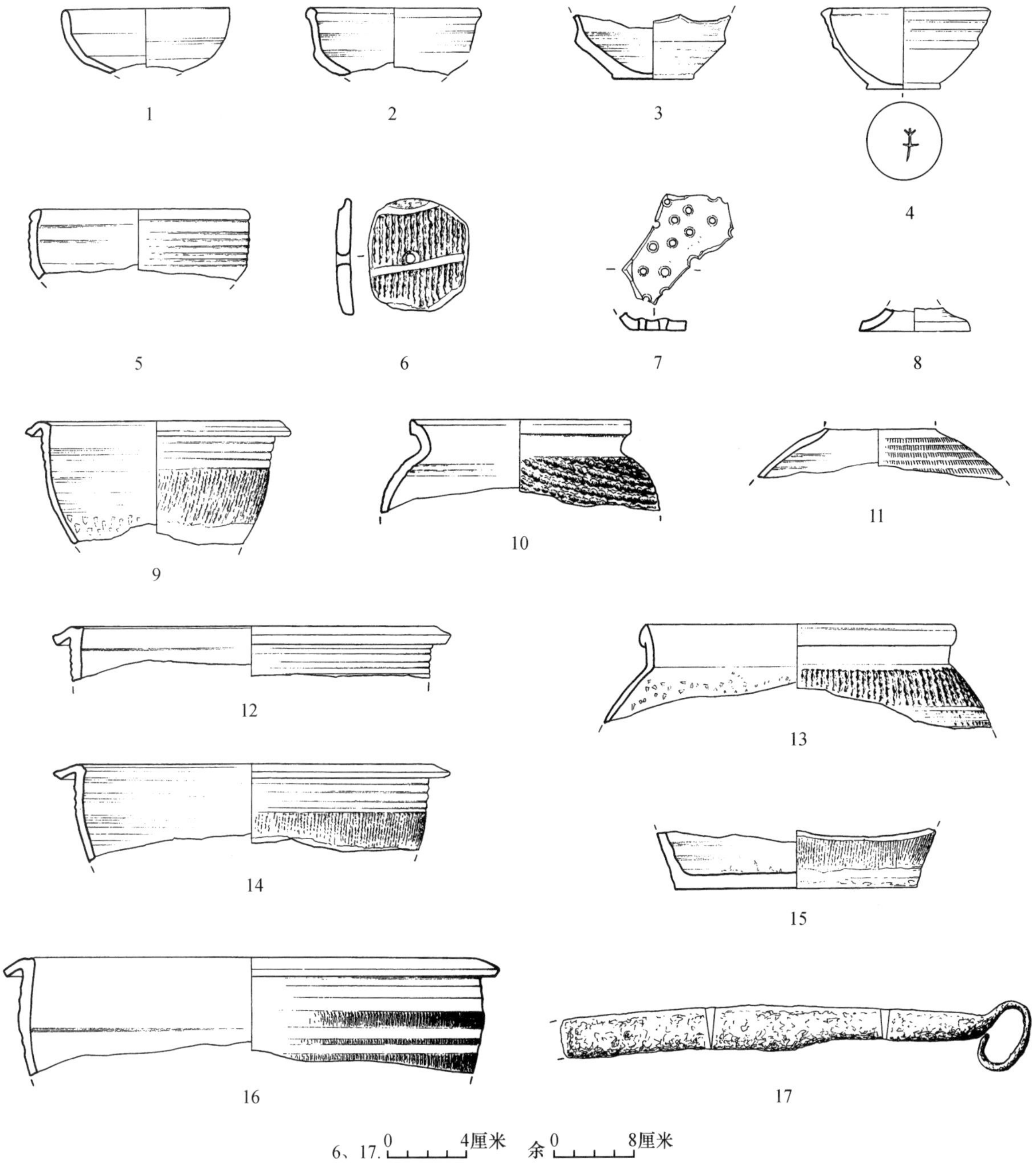

图一七五　十五沟村西南二号遗址第二采集点采集标本

1、2、5. 陶钵口腹部（YS3H1：9、YS3H1：16、YS3H1：10）　3. 陶钵底部（YS3H1：12）　4. 陶钵（YS3H1：23）
6. 陶纺轮（YS3H1：22）　7. 陶甑底部（YS3H1：19）　8. 陶豆座（YS3H1：11）　9、12、14、16. 陶盆口腹部（YS3H1：4、YS3H1：7、YS3H1：6、YS3H1：8）　10. 陶鬲口部（YS3H1：1）　11. 陶罐肩部（YS3H1：14）　13. 陶釜口部（YS3H1：5）
15. 陶罐腹、底部（YS3H1：18）　17. 铁环首刀（YS3H1：24）

YS3H1：10，泥质灰陶钵口腹部。口微敛，扁圆唇，有颈，腹部斜收。颈部饰数周凹弦纹。快轮修整。口径20厘米，厚1厘米，残高6厘米（图一七五，5）。

YS3H1：11，泥质灰陶豆座。喇叭形底座。素面。快轮修整。底径10厘米，厚0.8厘米，残高2厘米（图一七五，8）。

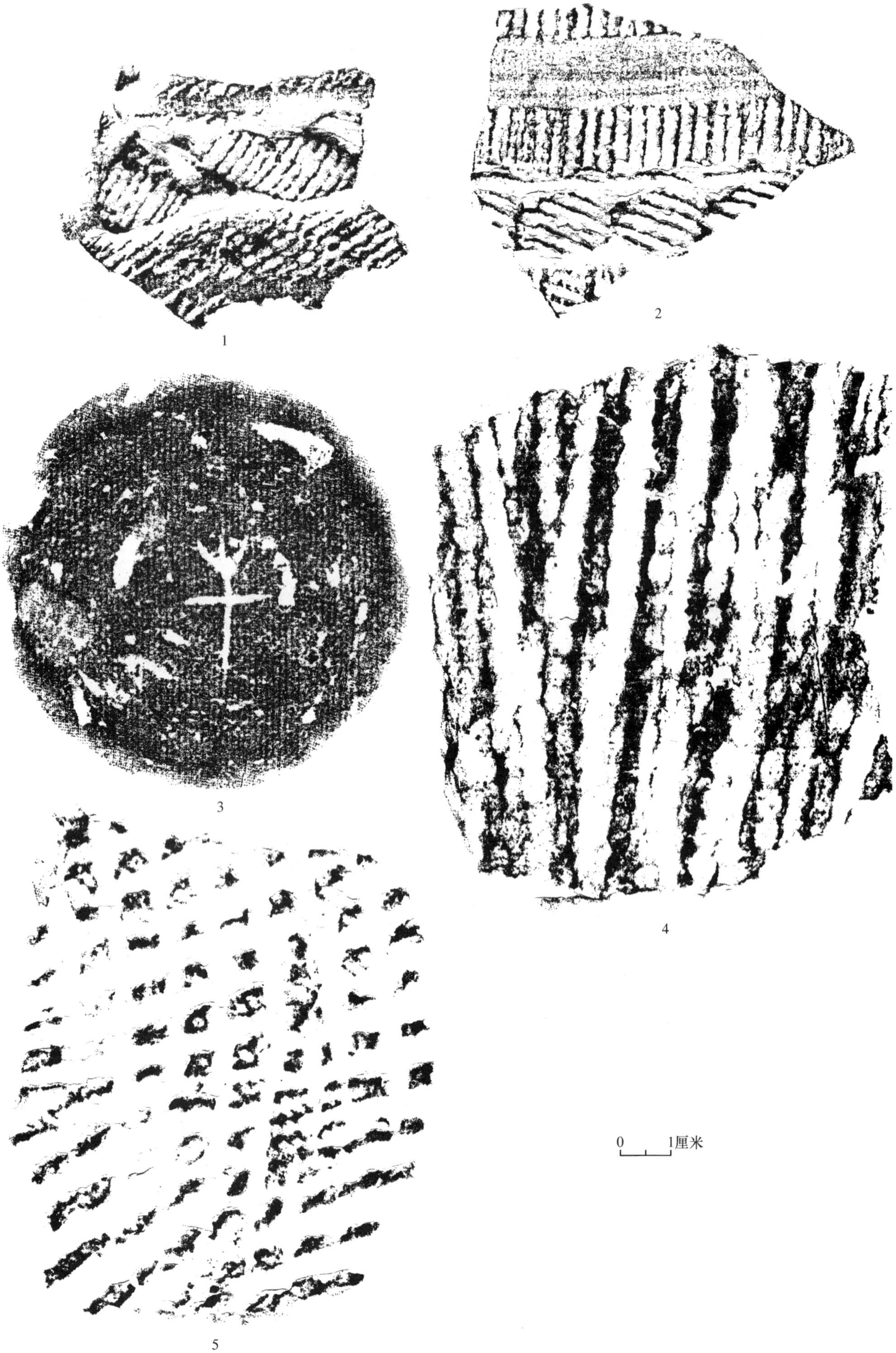

图一七六　十五沟村西南二号遗址第二采集点采集标本拓片

1、2. 陶罐腹部（YS3H1：21、YS3H1：20）　3. 陶钵（YS3H1：23）　4. 陶釜腹部（YS3H1：3）　5. 陶鬲腹部（YS3H1：2）

YS3H1：12，泥质灰陶钵底部。颈部内收明显，下腹斜收，内底下凹，平底。素面。泥片贴筑、快轮修整。底径7.2厘米，厚1厘米，残高5.6厘米（图一七五，3）。

YS3H1：13，泥质灰陶盆腹部。鼓腹斜收。器表先饰左斜向较规则的中偏粗绳纹，然后饰间隔不等的凹弦纹、抹断绳纹，下腹部绳纹被抹光。泥片贴筑、快轮修整。厚0.7厘米（图一七七，4）。

YS3H1：14，泥质灰陶罐肩部。鼓肩，肩部较厚。器壁先饰竖向规则的细绳纹，再横向抹断绳纹，形成较宽的弦纹。泥片贴筑。厚0.9厘米，残高8.7厘米，残宽11.7厘米（图一七五，11；图一七七，2）。

YS3H1：15，泥质灰陶盆下腹部。下腹斜收。器壁先饰竖向规则的中偏粗绳纹，然后再横向抹断绳纹，下腹近底部绳纹被抹光，内壁残存数周暗弦纹。泥片贴筑、快轮修整。厚1厘米（图一七七，5）。

YS3H1：16，泥质陶钵口腹部。外壁呈灰色，内壁呈灰黑色。口微侈，圆唇加厚，有颈，腹部斜收。泥片贴筑、快轮修整。口径16厘米，厚1厘米，残高6厘米（图一七五，2）。

YS3H1：17，泥质灰黑色陶罐腹部。下腹斜收，器壁较薄。器壁先饰竖向不规则的细绳纹，再横向抹断绳纹，呈较粗的凹弦纹。泥片贴筑。厚0.6厘米，残高9.5厘米，残宽9.3厘米（图一七七，3）。

YS3H1：18，泥质灰陶罐腹底部。下腹斜收，器壁较厚。器壁先饰竖向不规则的细绳纹，近底部抹光绳纹，内壁抹光。泥片贴筑。厚0.9厘米，残高5.7厘米，残宽11.4厘米（图一七五，15；图一七七，1）。

YS3H1：19，泥质灰陶甑底部。平底，镂孔从外向内穿通。素面。手制。孔径0.8厘米，底厚0.8厘米，残高1.4厘米（图一七五，7）。

YS3H1：20，泥质灰陶罐腹部。器表先饰竖向规则的中绳纹，再饰一周泥条，上饰右斜向压印绳纹，附加泥条下有一周宽弦纹；内壁有拍印的三角纹。泥片贴筑。最厚0.7厘米，残宽6.5厘米，残高5.4厘米（图一七六，2）。

YS3H1：21，泥质灰陶罐腹部。器表先饰左斜向较规则的细绳纹，再饰一周泥条上饰压印的左斜向绳纹，内壁抹光。泥片贴筑。最厚0.8厘米，残高5.1厘米，残宽6.8厘米（图一七六，1）。

YS3H1：22，泥质灰陶纺轮。为泥片贴筑的器物腹片制成，不规则圆形，对钻孔。器表外壁饰较规则的弦断中绳纹。打制、磨制、钻孔。最大径4.8厘米，孔最大径0.6厘米，厚0.6厘米（图一七五，6；图版一八，5）。

YS3H1：23，泥质灰陶钵。敛口，圆方唇，腹部弧收至饼底，底面平整。口外侧及上腹部外表有两周瓦楞纹，中腹部有凸棱一周。素面。底部正中刻划有"⺦"字。手制、拉坯、轮修。口径15.2厘米，高7厘米，厚0.5～0.7厘米，底径6.7厘米。（图一七五，4；图一七六，3；图版二六，5、6；图版二八，5）。

YS3H1：24，铁质环首刀。铁锈红色。椭圆形环首，长条形刀身，刃部较锋利，刀背平直。表面锈蚀严重，保存较完整。素面。手工锻造。残长21厘米，高1.3～1.8厘米，刀背厚0.4～0.5厘米，刃部厚0.1厘米（图一七五，17；图版二八，2）。

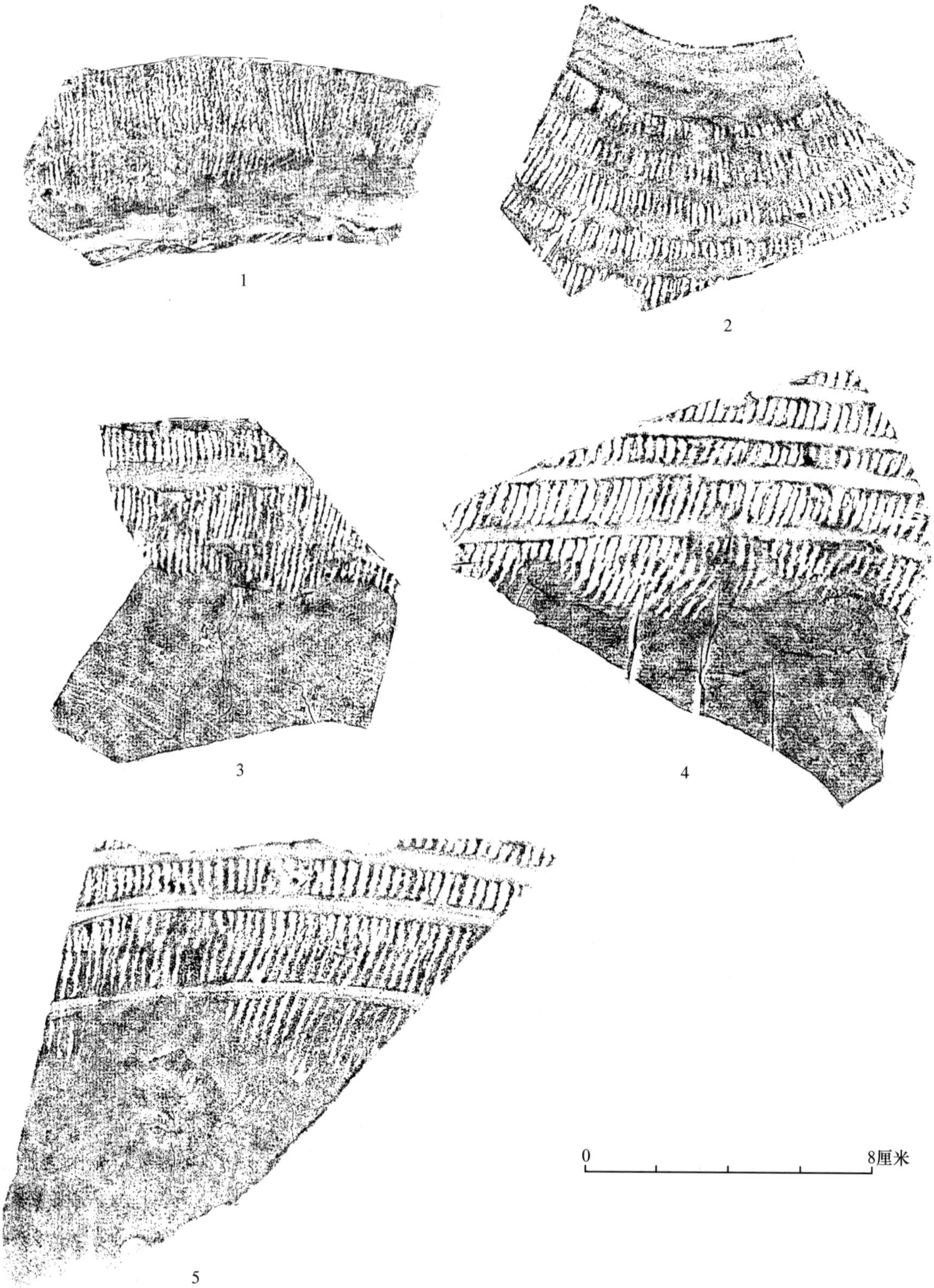

图一七七　十五沟村西南二号遗址第二采集点采集标本拓片

1. 陶罐腹底部（YS3H1：18）　2. 陶罐肩部（YS3H1：14）　3. 陶罐腹部（YS3H1：17）　4. 陶盆腹部（YS3H1：13）　5. 陶盆下腹部（YS3H1：15）

（二）遗址时代

遗址的文化时代为战国晚期至秦代。

四、十五沟村北庙梁圪塔

庙梁圪塔未发现古代遗迹，仅采集若干件陶器标本，未作遗址描述，现将标本公布如下：

（一）采集标本

采：1，泥质灰褐色陶罐口肩部。直口，方唇，鼓肩。肩部饰竖向浅细绳纹，口部外侧绳纹抹光。内壁口沿下饰压印麻点纹。泥片贴筑、轮修口部。口径26厘米，厚1厘米，残高7.4厘米（图一七八，2）。

采：2，泥质灰陶盆口腹部。口微敛，方唇，折沿下捺，腹部较直。外壁口沿下饰数周凹弦纹。泥片贴筑、轮修。口径36厘米，厚0.8厘米，残高6.4厘米。（图一七八，1）。

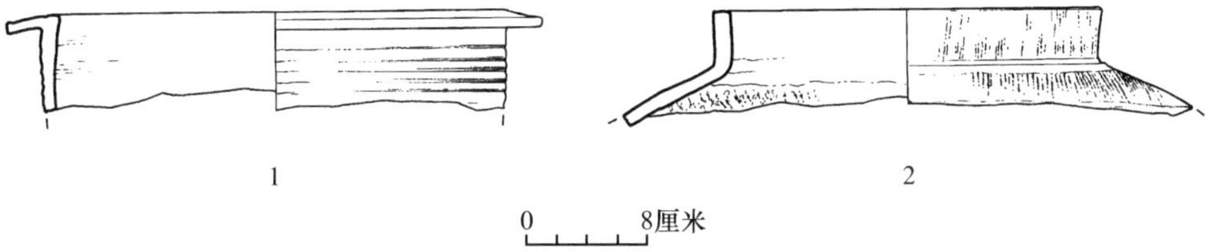

图一七八　十五沟村北庙梁圪塔采集标本
1. 陶盆口腹部（采：2）　2. 陶罐口肩部（采：1）

采：3，泥质灰陶片。罐腹部。外壁残存四周附加泥条，上饰压印纹，附加泥条纹饰较杂乱。泥片贴筑。厚0.8厘米，残宽9.1厘米，残高10.6厘米（图一七九，1）。

采：4，泥质灰陶片。外壁饰刻划纹及弦断压印纹、竖向细绳纹。泥片贴筑、快轮修整。厚0.9厘米，残长8.9厘米，残宽4.1～6.5厘米（图一七九，2）。

采：5，泥质灰黑色陶板瓦。瓦面饰左斜向规则的中绳纹，瓦沟饰横向及绳纹。泥片贴筑。残长10.5厘米，厚1.4厘米，残宽5.6厘米（图一七九，3）。

（二）十五沟村北庙梁圪塔时代

遗址的文化时代为魏晋。

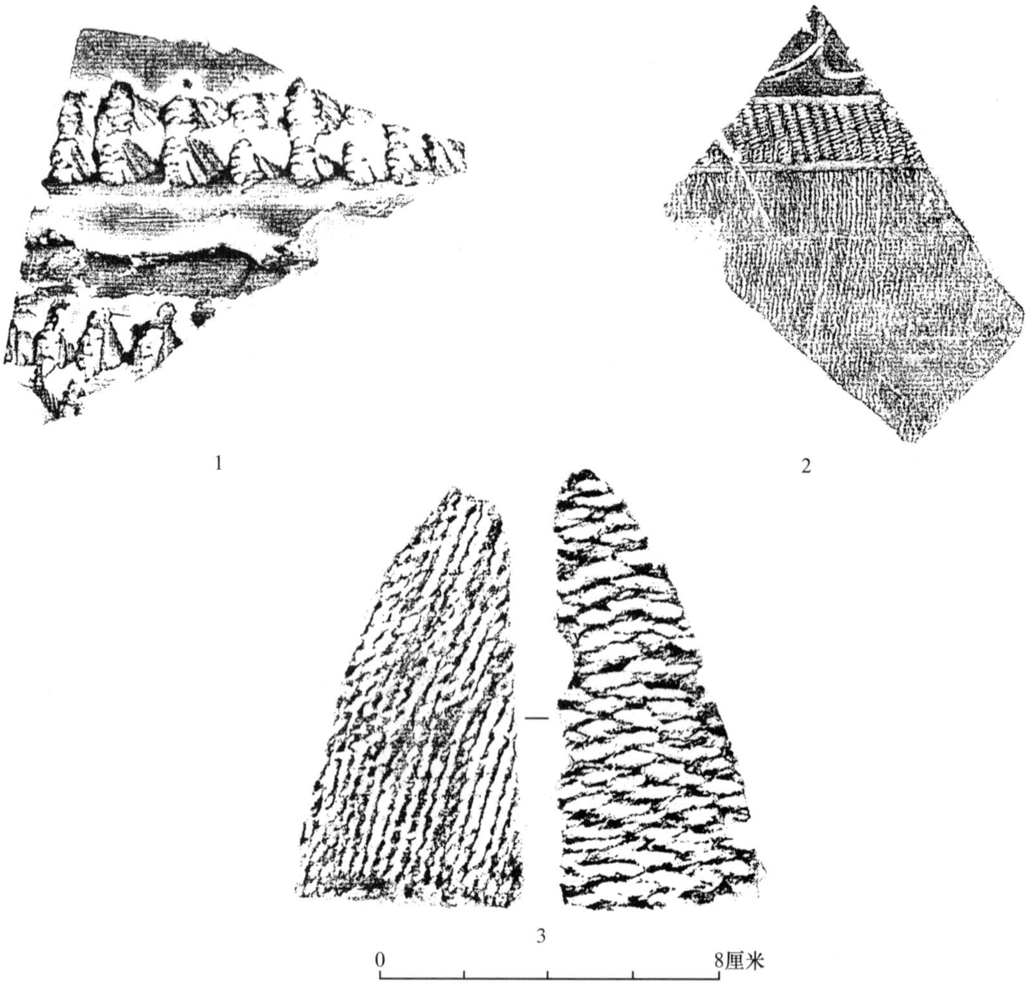

图一七九　十五沟村北庙梁圪塔采集标本拓片
1、2. 陶片（采：3、采：4）　3. 板瓦（采：5）（外表、内壁）

第二十三节　魏家堡村附近

魏家堡村西遗址（2014YW1）

（一）遗址介绍

魏家堡村西遗址位于魏家堡村西约150米处，行政归属李达窑乡魏家堡村，初查时间为2014年7月31日。遗址中心点GPS坐标为北纬40°13′26.7″，东经112°27′05.7″，海拔1383米±4米。该遗址为东西走向的阶梯式台地，地势西高东低，西临娘娘山，北临天然小冲沟，东临魏家堡村，南临马营河，地表植被为灌木丛等。遗址东西约100米，南北约400米，面积总计约40000平方米（图一八〇；图版二〇，1）。

遗址区中部小冲沟断面发现灰坑一处，编号为H1。该灰坑呈袋状，口径为1.4米，底径1.55

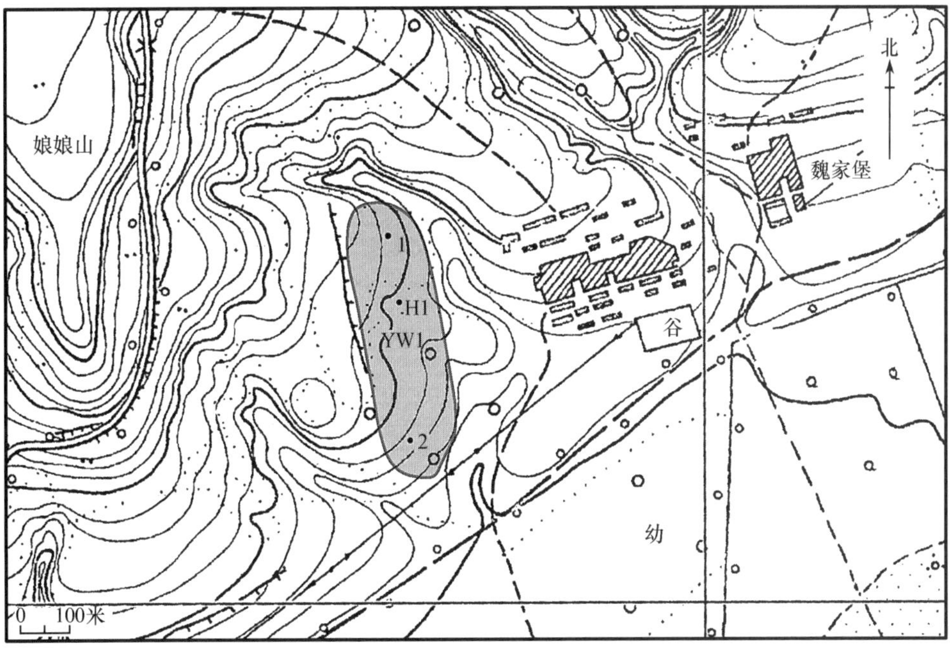

图一八〇　魏家堡村西遗址位置示意图

米，自深1米，开口于第1层下，第1层为耕土层，厚0.05～0.2米，坑内土质疏散，土色较灰，包含物有泥质灰陶盆、瓷碗及少量石块等（图版二〇，2）。除此之外，未发现其他遗迹。只采集散落地表的残留遗物。

遗物主要分布于遗址区的中南部，遗址区内设三个采集点（含H1）。

魏家堡村西遗址第一采集点

第一采集点位于遗址区北部，中心坐标为北纬40°13′26.7″，东经112°27′05.7″，海拔1383米±4米。采集点地形为阶梯式台地，地表植被为灌木丛。采集面积约500平方米。采集遗物分布较分散，所采遗物主要有泥质灰陶高领壶口部、侈口罐口部、盆口部等。采集标本共12件。

YW1①：1，泥质浅灰色陶壶口部。盘口，扁圆唇，宽折沿，沿面略凹，高领。素面。泥片贴筑、快轮修整。口径22厘米，厚1厘米，残高5厘米（图一八一，6）。

YW1①：2，夹细砂浅灰色陶罐口肩部。侈口，扁圆唇，折沿上翘，束颈，溜肩。肩部外表有一周细而浅的凹槽。泥片贴筑、快轮修整。口径24厘米，厚0.8厘米，残高5.4厘米（图一八一，7）。

YW1①：3，泥质深灰色陶壶口部。侈口，扁圆唇，卷折沿，高领，束颈。颈部饰竖向较宽暗纹、横向戳刺纹两周。泥片贴筑、快轮修整。口径16厘米，厚0.7厘米，残高9厘米（图一八一，9；图版二〇，6）。

YW1①：4，泥质深灰色陶罐口肩部。侈口，斜方唇，卷折沿，矮领，溜肩。素面。泥片贴筑、快轮修整。口径22厘米，厚0.8～1厘米，残高5.2厘米（图一八一，4）。

YW1①：5，泥质深灰色陶罐口部。侈口，圆唇，卷沿，高领。素面。泥片贴筑、快轮修整。口径14厘米，厚0.7～0.8厘米，残高6.2厘米（图一八一，8）。

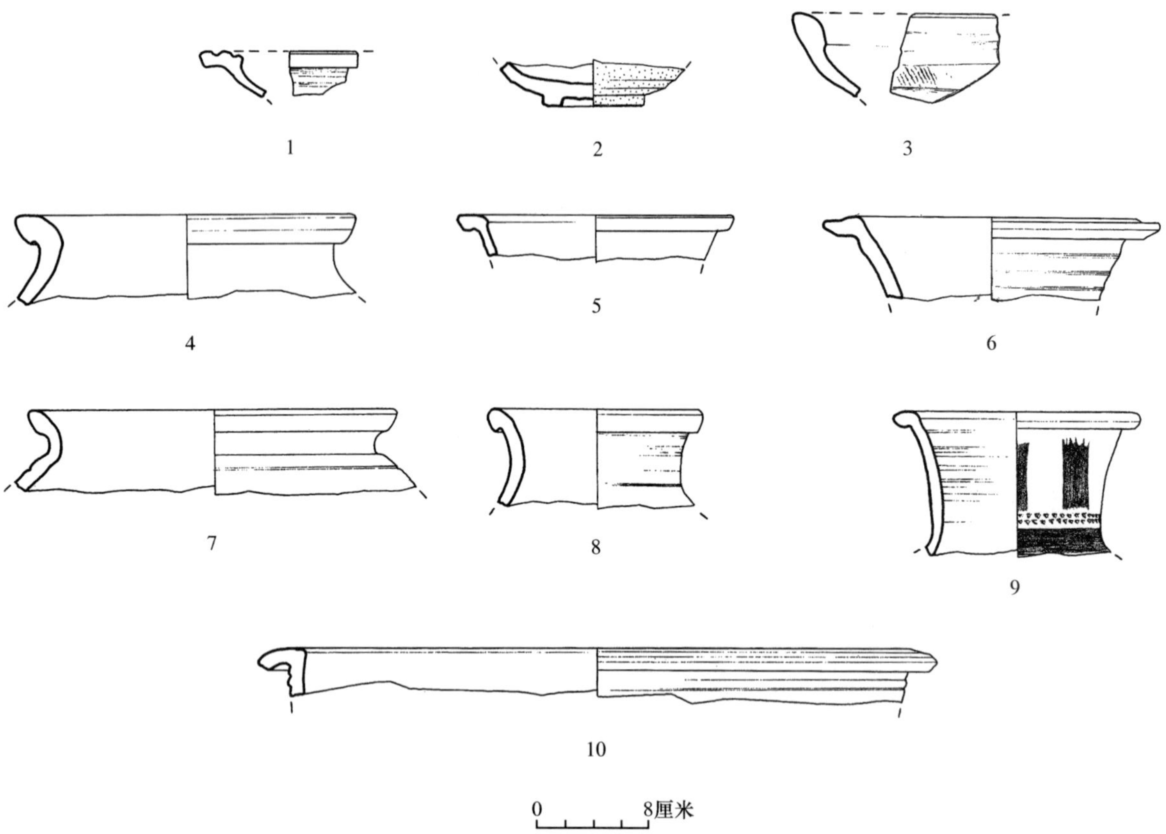

图一八一　魏家堡村西遗址第一采集点采集标本

1、3、10. 陶盆口腹部（YW1①：9、YW1①：6、YW1①：8）　2. 瓷碗下腹及底部（YW1①：10）　4、7. 陶罐口肩部（YW1①：4、YW1①：2）　5、6、9. 陶壶口部（YW1①：7、YW1①：1、YW1①：3）　8. 陶罐口部（YW1①：5）

YW1①：6，泥质深灰色陶盆口腹部。敛口，扁圆唇，沿内卷，腹部斜收。外表有明显刮抹痕，局部有戳刺纹。泥片贴筑、快轮修整。残高5厘米，厚0.6～1厘米，残宽6.2厘米（图一八一，3）。

YW1①：7，泥质浅灰色陶壶口部。斜方唇，小平折沿。素面。泥片贴筑、快轮修整。口径18厘米，厚0.6厘米，残高2.8厘米（图一八一，5）。

YW1①：8，泥质深灰色陶盆口腹部。口微敛，斜方唇，宽折沿下捺，腹部斜收。口沿表面有数周暗纹，外表有数周瓦楞纹，内壁抹光。泥片贴筑、快轮修整。口径44厘米，厚0.8厘米，残高3.4厘米（图一八一，10）。

YW1①：9，泥质深灰色陶盆口腹部。敛口，斜方唇，平折沿，沿面上有两周凹槽，腹部急收。素面。泥片贴筑、快轮修整。残高28厘米，厚0.5厘米，残宽4.4厘米（图一八一，1）。

YW1①：10，瓷碗下腹及底部。坩子土，灰胎。下腹弧收至圈足，足床平整，挖足至肩，系二次挖成。白釉泛黄，内壁施满釉，外表施釉至下腹部，有由上至下流釉痕。手制、轮修（图一八一，2）。

YW1①：11，泥质深灰色陶盆口腹部。外表饰竖向中粗绳纹，内壁抹光。泥片贴筑、快轮修整。残高5.5厘米，厚0.5厘米，残宽7厘米（图一八二，1）。

YW1①：12，深灰色陶釜腹部。上半为泥质、下半为夹粗砂。上下腹部交界处。外表饰右

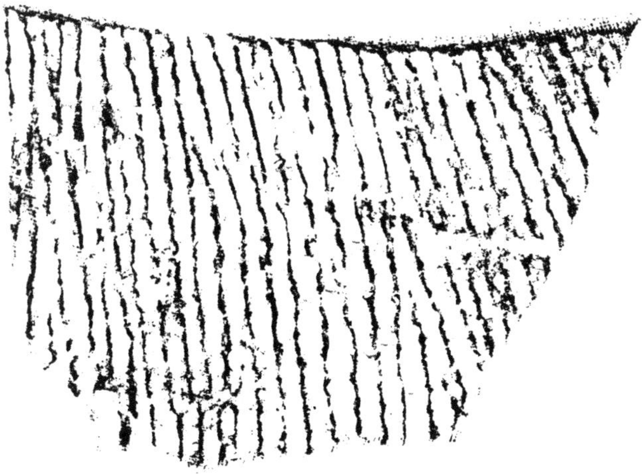

1

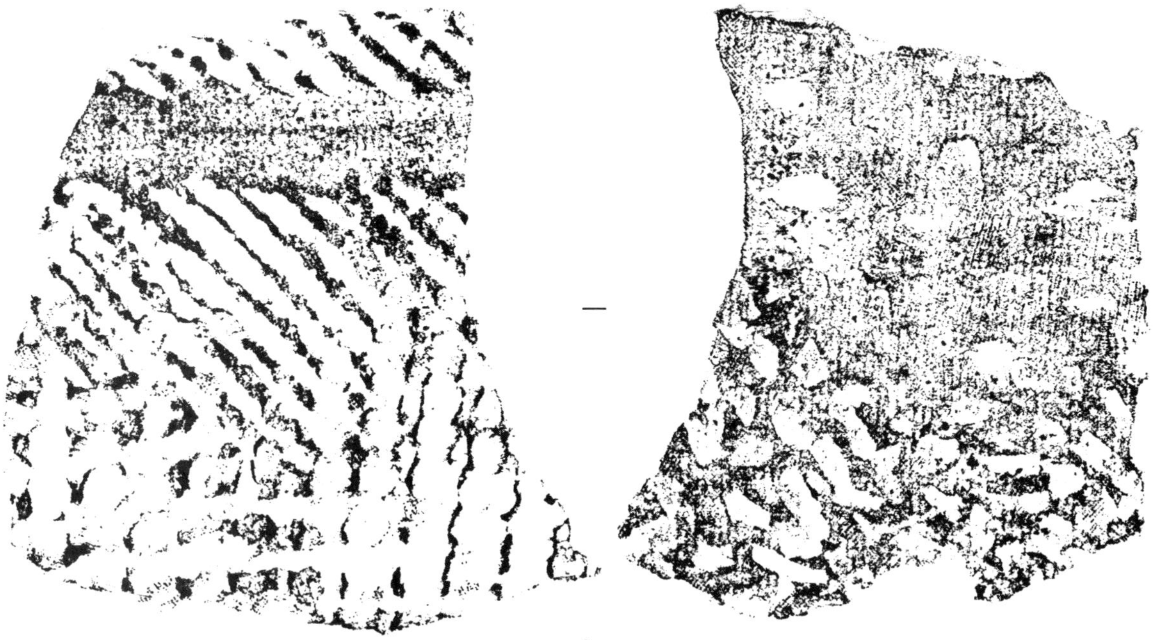

2

0　1厘米

图一八二　魏家堡村西遗址第一采集点采集标本拓片

1. 陶盆口腹部（YW1①：11）　2. 陶釜腹部（YW1①：12）（外表、内壁）

斜向弦断中粗绳纹及交错粗大绳纹，下腹内壁留有不规则的拍印痕。泥片贴筑、手制、轮修。残长7厘米，厚0.9厘米，残宽6.8厘米（图一八二，2）。

魏家堡村西遗址第二采集点

第二采集点位于遗址区南部，中心坐标为北纬40°13′17.7″，东经112°27′06.7″，海拔1372米±5米。采集点地形为阶梯式台地，地表植被为荒地。采集面积约200平方米。采集遗物分布较集中，所采遗物主要有夹砂灰陶釜；泥质灰陶盆底部等。采集标本共8件。

YW1②：1，灰陶釜。上半为泥质、下半为夹砂。敛口，斜方唇，折沿，溜肩，鼓腹，圜底，最大径在套接处。肩部饰三周抹断左斜向中绳纹，上腹饰交错绳纹，下腹饰竖向粗绳纹，近底部饰横向粗绳纹，套接处抹平，内壁下腹饰排印麻点纹。泥片贴筑、快轮修整、套接。口径24厘米，高33.6厘米，腹径30厘米（图一八三，6；图版二〇，3）。

YW1②：2，夹砂灰陶釜。敛口，扁圆唇，卷沿，溜肩，鼓腹，斜收，底残。上腹部饰左斜向中绳纹，被一周抹弦纹隔断，中腹部套接处饰交错绳纹，下腹部饰横向左斜向交错粗绳纹，近底部饰横向粗绳纹，内壁下腹部饰排印麻点纹。泥片贴筑、快轮修整、套接。口径23.6厘米，厚31.6厘米，残高34.8厘米（图一八三，7；图版二〇，4）。

YW1②：3，灰陶釜。上半为泥质、下半为夹砂。敛口，扁圆唇，折沿，溜肩，鼓腹，底残。上腹夹细砂、轮修，下腹夹粗砂。上腹部饰左斜向中绳纹，肩部饰两周抹弦纹，上下套接处饰一周抹弦纹，下腹部饰竖向粗绳纹，近底部饰横向粗绳纹，内壁抹光。泥片贴筑、快轮修整。口径28厘米，厚35.6厘米，残高34.8厘米（图一八三，4）。

YW1②：4，灰陶釜。上半为泥质、下半为夹砂。敛口，扁圆唇，卷沿，溜肩，鼓腹，圜底。上腹饰左斜向中绳纹，上下各饰一周抹弦纹，下腹部饰横向粗绳纹，内壁抹光。泥片贴筑、快轮修整、套接。口径23.6厘米，腹径31.6厘米，高33厘米（图一八三，5；图版二〇，5）。

YW1②：5，夹砂灰陶釜。敛口，扁圆唇，折沿上饰一周凹槽，溜肩，鼓腹斜收。上腹部饰交错绳纹，中腹部饰两周抹弦纹隔断绳纹，下腹套接，套接处以下饰横向粗绳纹，内壁下腹饰排印麻点纹。泥片贴筑、快轮修整、套接。口径24厘米，厚0.6厘米，残高22.6厘米，腹径33.6厘米（图一八三，2）。

YW1②：6，灰陶釜。上半为泥质、下半为夹砂。敛口，折沿，扁圆唇，溜肩，鼓腹斜收，底残。上腹及中腹饰左斜向中绳纹，上腹绳纹被两周抹弦纹隔断，下腹套接处饰一周抹弦纹，下腹饰交错粗绳纹，内壁下腹部饰较浅的反绳纹。泥片贴筑、快轮修整、套接。口径24厘米，厚29.6厘米，残高22.2厘米（图一八三，1）。

YW1②：7，夹砂灰陶釜。斜方唇，敛口，折沿，溜肩，鼓腹斜收，底残。上腹部饰略左斜向规则的中绳纹，中腹部饰四周抹断绳纹，下腹饰不规则的粗绳纹，内壁下腹部饰排印麻点纹，上腹、中腹夹细砂，下腹夹粗砂，套接处在下腹部。泥片贴筑、快轮修整、套接。口径23.6厘米，腹径29.2厘米，厚0.7厘米，残高26厘米（图一八三，3）。

YW1②：8，泥质灰陶盆底部。弧腹斜收，小平底略内凹。下腹残存弦断左斜向中绳纹，近底部抹光。泥片贴筑、轮修。底径14.8厘米，厚0.7厘米，残高10厘米（图一八三，8）。

魏家堡村西遗址第三采集点

YW1H1：1，泥质深灰色陶盆下腹及底部。下腹弧收至平底。下腹及内底均有数周暗纹。泥片贴筑、快轮修整。底径18厘米，厚0.8～1.2厘米，残高7.5厘米（图一八四，2）。

YW1H1：2，泥质深灰色陶盆下腹及底部。下腹斜收至平底。内壁有明显的旋抹痕，外表素面。泥片贴筑、快轮修整。残高9厘米，残宽8.6厘米，厚1.4～1.5厘米（图一八四，3）。

YW1H1：3，瓷碗口腹部。坩子土，灰胎。侈口，扁圆唇，斜折沿，腹部斜收。白釉泛黄，外表先施化妆土，再施透明釉至下腹部，内壁刷满釉。手制、轮修。口径24厘米，厚0.6

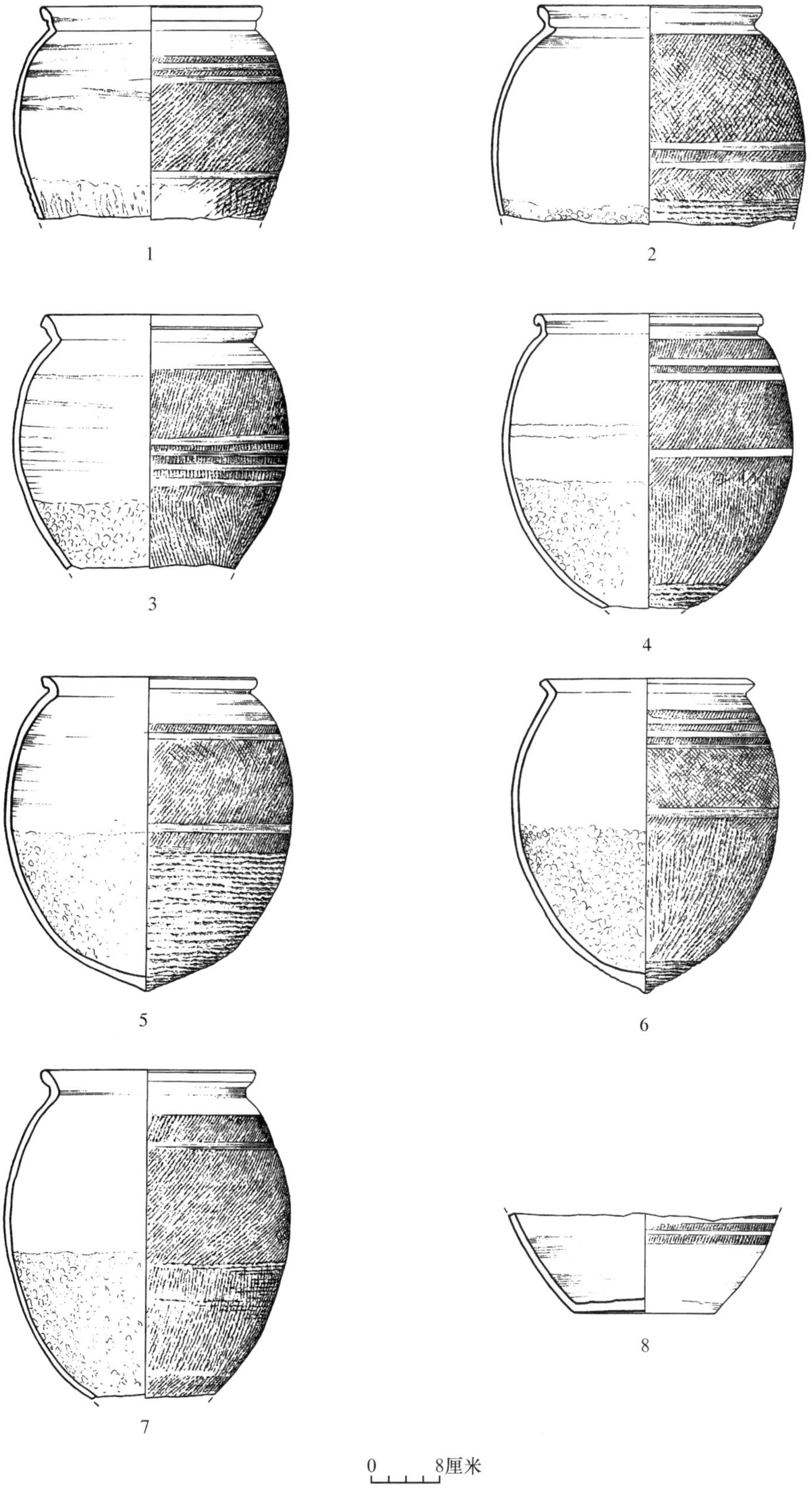

图一八三　魏家堡村西遗址第二采集点采集标本

1～7. 陶釜（YW1②：6、YW1②：5、YW1②：7、YW1②：3、YW1②：4、YW1②：1、YW1②：2）　8. 陶盆底部（YW1②：8）

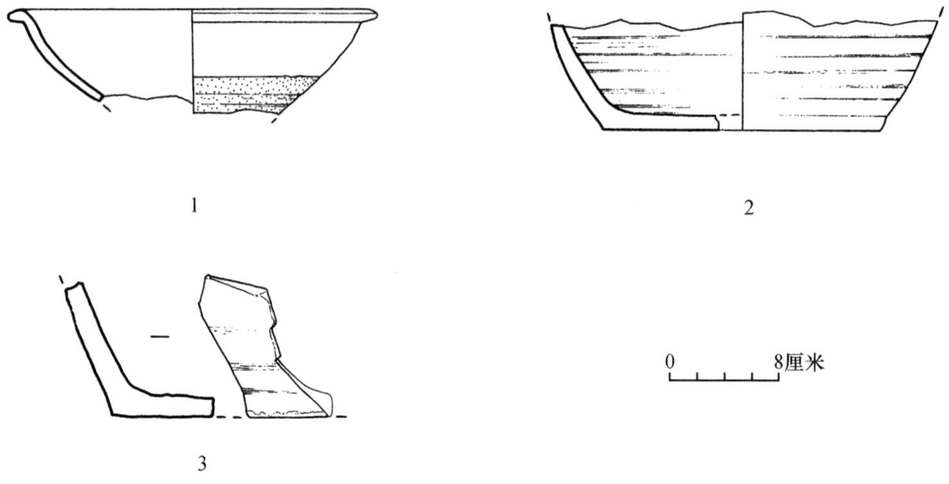

图一八四　魏家堡村西遗址第三采集点采集标本

1. 瓷碗口腹部（YW1H1：3）　2、3. 陶盆下腹及底部（YW1H1：1、YW1H1：2）

厘米，残高6.8厘米（图一八四，1）。

（二）遗址时代

遗址的文化时代为汉魏、代魏、辽金（表三四）。

YW1①：1（代魏）与大同南郊北魏墓M226出土平沿陶罐M226：3相似[①]；与托克托县古城村古城遗址代魏时期B型Ⅱ式陶壶T2②：5相似[②]。

YW1①：7（代魏）与托克托县古城村古城遗址代魏时期C型陶壶T1③：7相似[③]。

YW1①：5（代魏）与托克托县古城村古城遗址代魏时期D型陶壶H52：1相似[④]。

YW1①：8（代魏）与卓资县土城子村遗址B型Ⅳ式陶盆H25：5相似[⑤]；与托克托县古城村古城遗址代魏时期A型Ⅰ式陶盆H39：4相似[⑥]。

YW1①：3（辽代）与科右中旗代钦塔拉辽墓陶瓶M3：171相似[⑦]。

① 山西大学历史文化学院、山西省考古研究所、大同市博物馆：《大同南郊北魏墓群》，科学出版社，2006年，第119页，图六〇，2。

② 内蒙古自治区文物考古研究所编：《内蒙古文物考古文集（第三辑）》，科学出版社，2004年，第251页，图三一，5。

③ 内蒙古自治区文物考古研究所编：《内蒙古文物考古文集（第三辑）》，科学出版社，2004年，第251页，图三一，8。

④ 内蒙古自治区文物考古研究所编：《内蒙古文物考古文集（第三辑）》，科学出版社，2004年，第251页，图三一，9。

⑤ 内蒙古自治区文物考古研究所、乌兰察布市博物馆、卓资县文物保护管理所：《卓资县土城子村遗址发掘简报》，《草原文物》2013年第2期，第62页，图一五，14。

⑥ 内蒙古自治区文物考古研究所编：《内蒙古文物考古文集（第三辑）》，科学出版社，2004年，第247页，图二九，12。

⑦ 内蒙古文物考古研究所编：《内蒙古文物考古文集（第二辑）》，中国大百科全书出版社，1997年，第658页，图六，1。

YW1H1：3（金代）与察哈尔右翼后旗头道湾古城遗址B型瓷盆ⅠH35：1相似[①]。

表三四　魏家堡村西遗址调查标本与其他地区同时代对比表

序号	魏家堡村西遗址调查标本	对比标本一	对比标本二	其他	备注
1	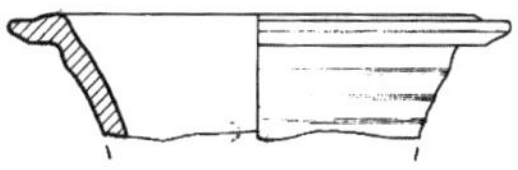 YW1①：1（代魏）	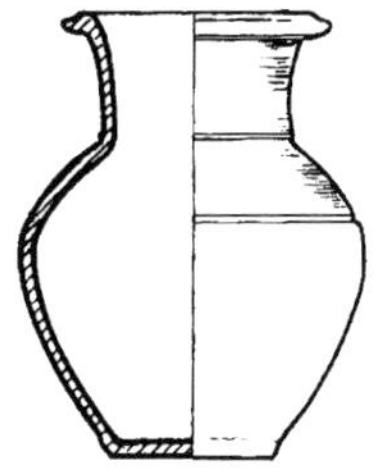 大同南郊北魏墓M226出土陶平沿罐M226：3	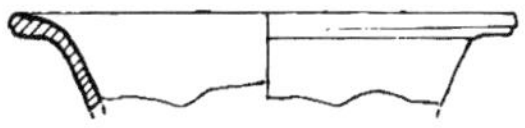 托克托县古城村古城遗址代魏时期B型Ⅱ式陶壶T2②：5		
2	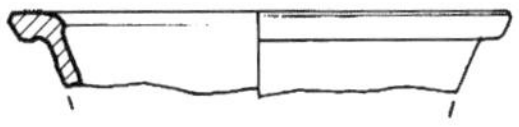 YW1①：7（代魏）	 托克托县古城村古城遗址代魏时期C型陶壶T1③：7			
3	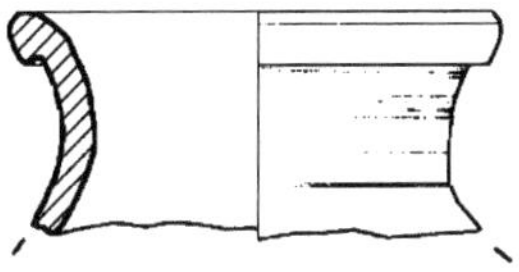 YW1①：5（代魏）	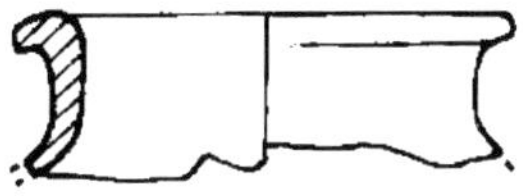 托克托县古城村古城遗址代魏时期D型陶壶H52：1			
4	 YW1①：8（代魏）	 卓资县土城子村遗址B型Ⅳ式陶盆H25：5	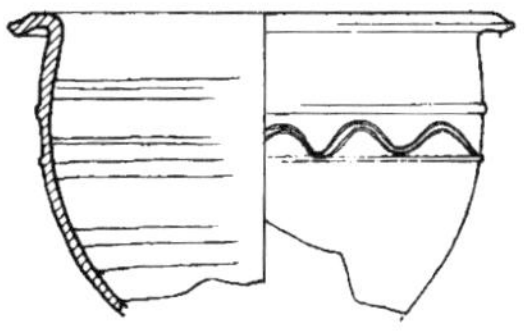 托克托县古城村古城遗址代魏时期A型Ⅰ式陶盆H39：4		
5	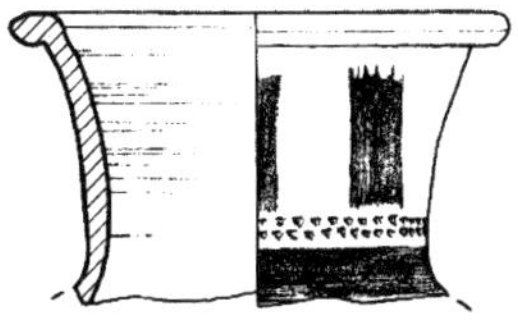 YW1①：3（辽代）	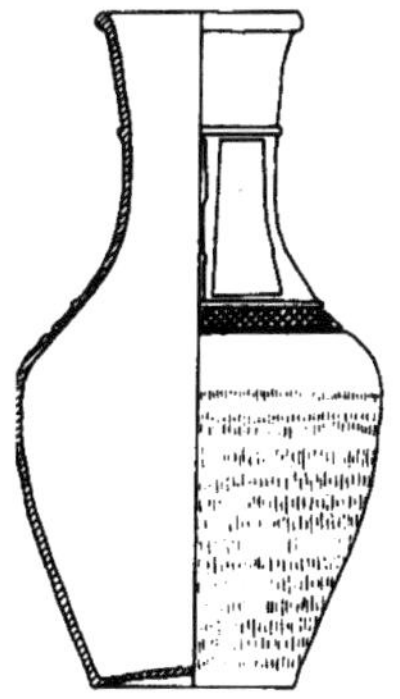 科右中旗代钦塔拉辽墓陶瓶M3：171			

① 内蒙古自治区文物考古研究所编：《内蒙古文物考古文集（第三辑）》，科学出版社，2004年，第336页，图一九，3。

续表

序号	魏家堡村西遗址调查标本	对比标本一	对比标本二	其他	备注
6	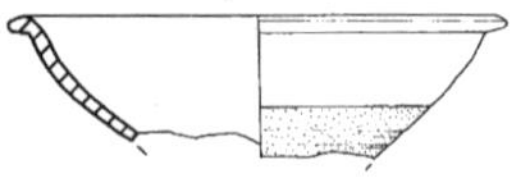 YW1H1：3（金代）	 察哈尔右翼后旗头道湾古城遗址 B型瓷盆Ⅰ H35：1			

第二十四节　薛家堡村附近

一、薛家堡村东一号遗址（2014YXJB1）

（一）遗址介绍

薛家堡村东一号遗址位于薛家堡村东北约900米处，行政归属李达窑乡薛家堡村，初查时间为2014年8月6日。遗址中心GPS坐标为北纬40°12′42.7″，东经112°26′16.0″，海拔1343米±5米。遗址地形为南北走向的阶梯式台地，地势北高南低，遗址中心西临薛家堡村，东临由北向南注入马营河的季节性支流，南临马营河北岸；地表植被有玉米、葫麻等农作物以及灌木丛。遗址东西约650米，南北约300米，面积总计约195000平方米（图一八五）。

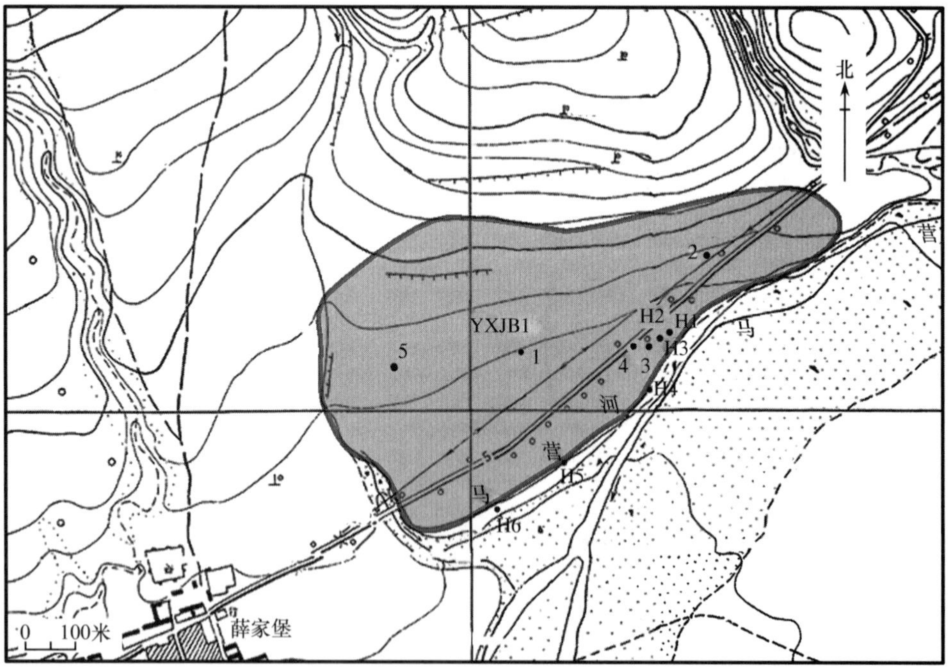

图一八五　薛家堡村东一号遗址位置示意图

在遗址区的南部断面上发现了灰坑6处，由东向西排列顺序分别编号为H1、H2、H3、H4、H5、H6（图版二一，1、2）。

H1，剖面呈锅底状坑。口径3.2米，底径2.7米，坑自深1.8米。开口于耕土层下，耕土层厚0.18～0.2米，坑口距地表2米。坑内填土土质较松散，土色灰褐，包含物有陶片、动物骨骼、红烧土及少量石块。

H2，剖面呈喇叭状坑。口径3.5米，底径2.5米，坑自深1.8米。开口于耕土层下，耕土层厚0.18～0.2米，坑口距地表2米。坑内填土土质较松散，土色较灰，包含物有陶片、红烧土及少量石块。

H3，剖面呈锅底状坑。口径2.5米，底径1.9米，坑自深1.7米。开口于耕土层下，耕土层厚0.18～0.2米，坑口距地表1.9米。坑内填土土质疏松，土色灰褐，包含物有陶片、板瓦、动物骨骼、木炭、红烧土及少量石块。

H4，直壁筒状坑。口径2米，底径2米，坑自深1.5米。开口于耕土层下，耕土层厚0.18～0.2米，坑口距地表1.7米。坑内填土土质松散，土色较灰，包含物有陶片、瓷片、板瓦及少量石块。

H5，剖面呈锅底状坑。口径3.2米，底径2.1米，坑自深1.5米。开口于耕土层下，耕土层厚0.18～0.2米，坑口距地表1.7米。坑内填土土质松散，土色较灰，包含物有陶片、板瓦、动物骨骼及少量石块。

H6，为不规则形状坑。口径6米，底径约4.5米，坑自深0.4～1.7米。开口于耕土层下，耕土层厚0.18～0.2米。坑内填土土质疏松，土色灰褐，包含物有大量陶片及一些建筑构件、瓷片等，且将坑内具有代表性器物分类采集。

遗址内遗物主要分布于遗址区的中、南部，分布较为分散。遗址区内共设采集点11个（含H1～H6）。

薛家堡村东一号遗址第一采集点

第一采集点位于遗址区中部，中心坐标为北纬40°12′47.9″，东经112°26′14.4″，海拔1534米±5米。采集点地形为阶梯式台地，地表植被为葫麻、玉米等。采集面积约800平方米。采集遗物分布较分散，所采遗物主要有泥质灰陶盆口部、小口罐口部、大口罐口部、高领罐口部、钵底部等。采集标本共21件。

YXJB1①：1，泥质灰陶釜口部。扁圆唇，折沿，短颈，溜肩。素面。泥片贴筑。口径23厘米，厚0.8厘米，残高4厘米（图一八六，8）。

YXJB1①：2，泥质灰陶盆口部。方唇，折沿略下捺，斜腹中部略向内折。唇部饰一周凹弦纹，外壁抹光，内壁及口沿上饰研光暗弦纹。泥片贴筑、快轮修整。口径42厘米，厚0.8厘米，残高7.2厘米（图一八六，14）。

YXJB1①：3，泥质灰黑色陶盆口部。敛口，斜方唇，折沿外卷，短颈，鼓腹斜收。口沿上饰一周凹槽，且有磨光痕迹。泥片贴筑。口径38厘米，厚0.9厘米，残高6.8厘米（图一八六，12）。

YXJB1①：4，泥质大口罐口部。外壁呈灰黑色，内壁呈灰色。斜方唇，卷沿，短颈，溜肩。唇上饰一周凹弦纹，颈、肩部饰一周凸弦纹，颈部饰数周暗弦纹，肩部磨光。泥片贴筑。

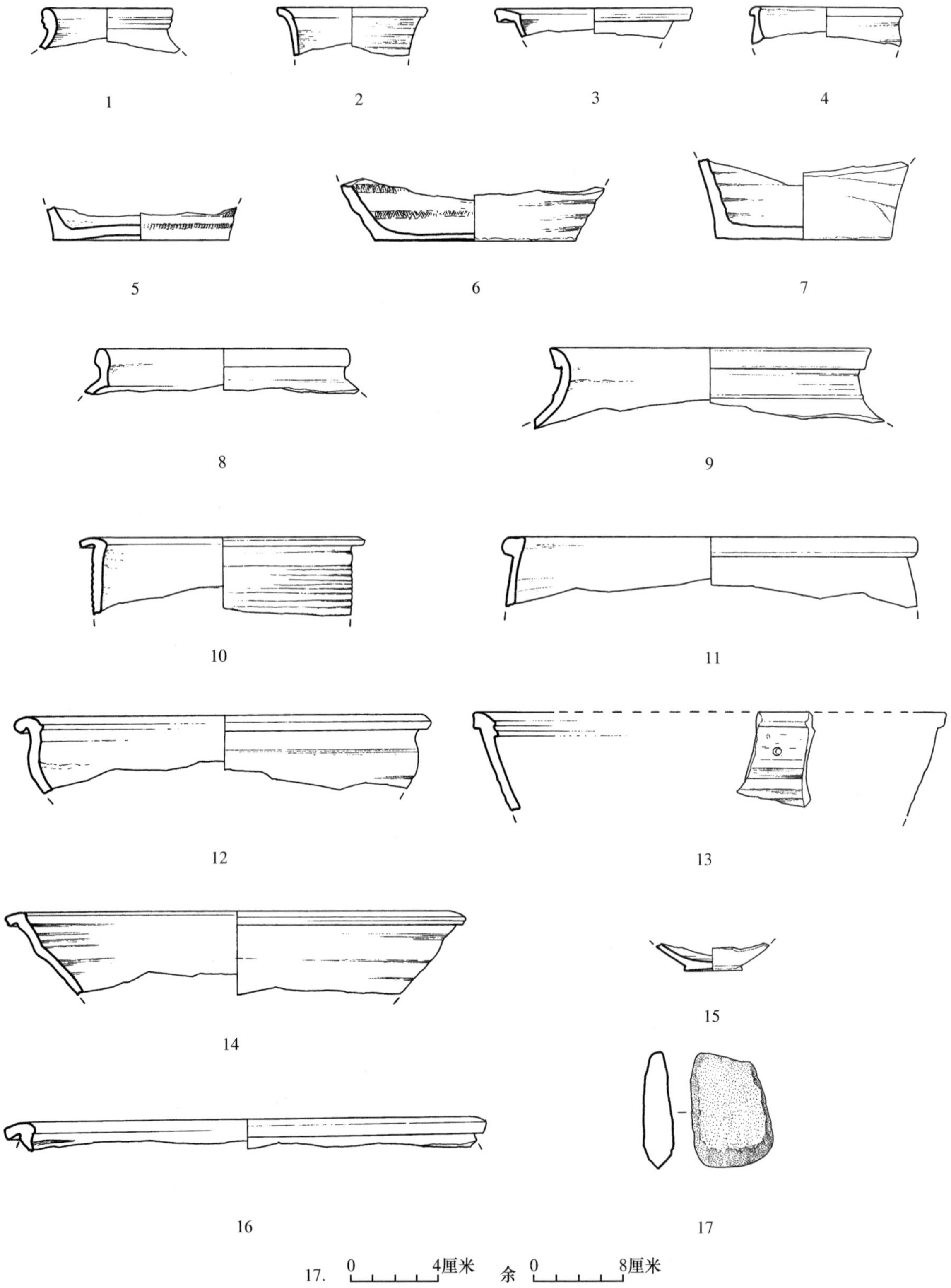

图一八六　薛家堡村东一号遗址第一采集点采集标本

1. 陶罐口部（YXJB1①：9）　2. 陶壶口部（YXJB1①：8）　3、10、12～14、16. 陶盆口部（YXJB1①：10、YXJB1①：6、YXJB1①：3、YXJB1①：7、YXJB1①：2、YXJB1①：11）　4. 陶钵口部（YXJB1①：12）　5. 陶罐底部（YXJB1①：16）　6. 陶盆底部（YXJB1①：15）　7. 陶罐底部（YXJB1①：14）　8. 陶釜口部（YXJB1①：1）　9. 陶大口罐口部（YXJB1①：4）　11. 陶瓮口部（YXJB1①：5）　15. 陶钵底部（YXJB1①：13）　17. 砂岩石锛（YXJB1①：21）

口径29厘米，厚0.9厘米，残高7厘米（图一八六，9）。

YXJB1①：5，泥质深灰色陶瓮口部。敛口，圆唇，溜肩。口部外侧加厚，贴附一周厚泥条。泥片贴筑、快轮修整。口径38厘米，厚0.9厘米，残高6.4厘米（图一八六，11）。

YXJB1①：6，泥质灰色陶盆口部。斜方唇，折沿略下捺，弧腹近直。口沿下上腹部饰数周凹弦纹，下接左斜向中绳纹。泥片贴筑。口径26厘米，厚0.8厘米，残高7厘米（图一八六，10）。

YXJB1①：7，泥质深灰色陶盆口部。方唇，卷沿，斜腹。唇部饰一周凹槽，内壁与口沿连接处饰两周凸棱，上腹部有一两面对钻的不规则圆孔，外壁饰数周瓦楞纹。泥片贴筑。口径43厘米，厚0.9厘米，残高8.6厘米（图一八六，13）。

YXJB1①：8，泥质灰陶壶口部。侈口，圆唇，卷沿，高领。口沿上及领部外侧磨光。泥片贴筑、快轮修整。口径14厘米，厚0.6厘米，残高4.2厘米（图一八六，2）。

YXJB1①：9，泥质灰黑色陶罐口部。侈口，圆唇，短颈，溜肩。口沿外侧饰两周凹槽，唇部有磨光痕迹。泥片贴筑、快轮修整。口径12厘米，厚0.8厘米，残高3.6厘米（图一八六，1）。

YXJB1①：10，泥质浅灰色陶盆口部。口微侈，斜方唇，折沿，斜腹。唇上有一周浅凹槽。泥片贴筑、快轮修整。口径18厘米，厚0.85厘米，残高2.4厘米（图一八六，3）。

YXJB1①：11，泥质灰陶盆口部。斜方唇，折沿略下捺。口沿上饰数周研光暗弦纹。快轮修整。口径44厘米，厚1厘米，残高2.4厘米（图一八六，16）。

YXJB1①：12，夹砂灰褐色陶钵口部。含石英块。敛口，尖圆唇，口部加厚，中腹部加厚。快轮修整。口径14厘米，最厚1厘米，残高3.2厘米（图一八六，4）。

YXJB1①：13，泥质深灰色陶钵底部。弧腹斜收，接饼底；饼底略内凹，个体略小。外表略有磨光。泥片贴筑、快轮修整。底径5.2厘米，厚0.6厘米，残高2.4厘米（图一八六，15）。

YXJB1①：14，泥质陶罐底部。外壁呈灰黑色，内壁呈灰色。斜腹略内曲，平底。内壁饰数周瓦楞纹，外壁素面，器壁较厚。泥片贴筑。底径16厘米，厚1.2厘米，残高7厘米（图一八六，7）。

YXJB1①：15，泥质灰黑色陶盆底部。斜腹，平底。外壁残存三周瓦楞纹，内壁残存两周压印的斜线组成正反方向的三角纹。泥片贴筑。底径18.2厘米，厚1厘米，残高5.4厘米（图一八六，6）。

YXJB1①：16，泥质灰陶罐底部。斜腹，底内凹。外壁饰略左斜向压印的长方格纹，近底处抹光。泥片贴筑。底径16厘米，厚1厘米，残高3厘米（图一八六，5）。

YXJB1①：17，泥质红褐色绳纹砖。正面饰左斜向不规则的粗绳纹。手制。残长14厘米，残宽8.5厘米，厚4厘米（图一八七，2）。

YXJB1①：18，泥质灰色沟槽砖。正面残存两条沟槽，沟槽上宽下窄，系用铁制条状工具掏挖而成。手制。残长11厘米，残宽10.5厘米，厚6厘米，沟槽宽0.7～1厘米（图一八七，1）。

YXJB1①：19，泥质灰陶纺轮毛坯。器表一半饰竖向“I”字形压印纹，另一半磨光，内壁抹光。打制。厚0.8厘米（图一八七，4）。

YXJB1①：20，泥质灰黑色陶盆腹片。外壁饰抹断竖向“I”字形压印纹。泥片贴筑。厚0.5厘米（图一八七，3）。

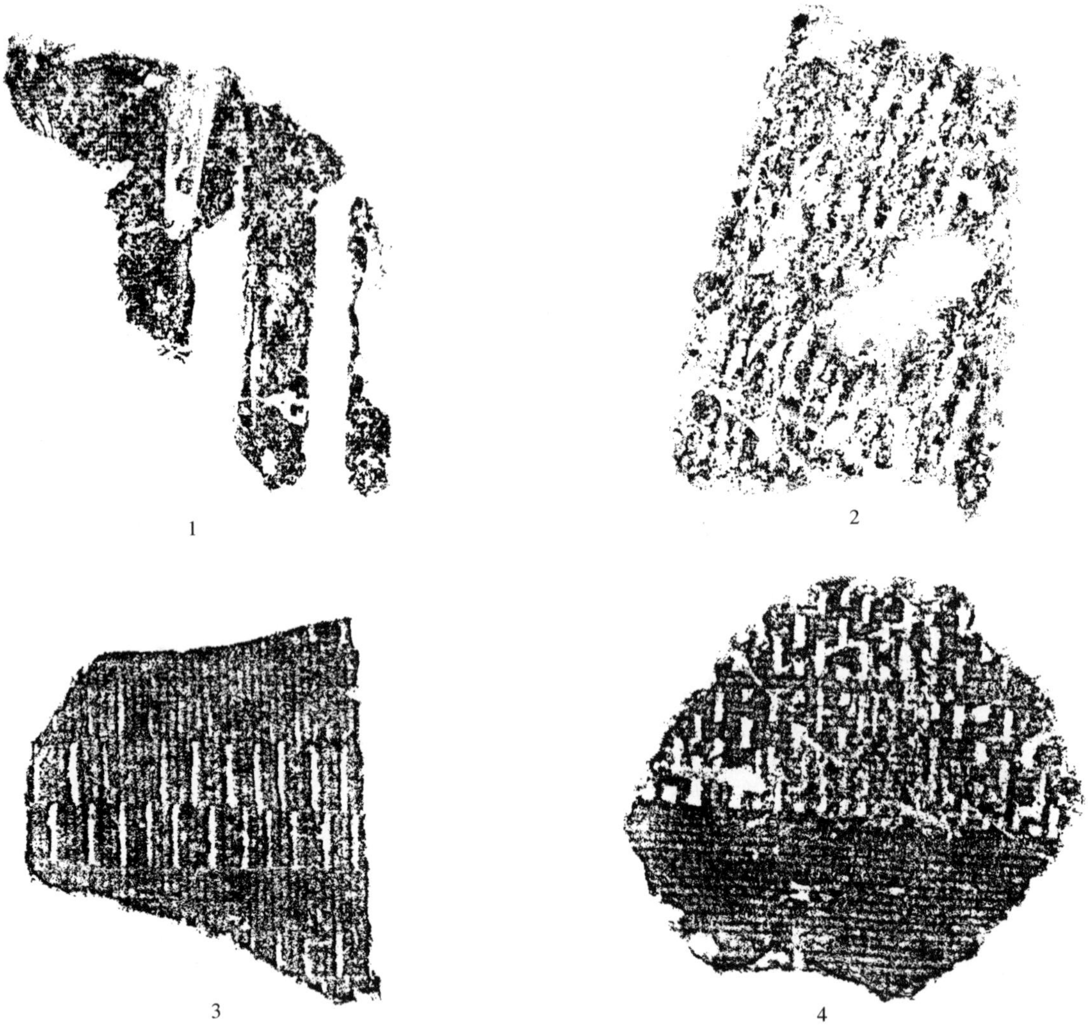

1、2. 0 8厘米　3、4. 0 4厘米

图一八七　薛家堡村东一号遗址第一采集点采集标本拓片

1. 沟槽砖（YXJB1①：18）　2. 绳纹砖（YXJB1①：17）　3. 陶片（YXJB1①：20）　4. 陶纺轮毛坯（YXJB1①：19）

YXJB1①：21，砂岩石锛。尾部残。黄色泛白。平面呈圆角梯形，中锋。磨制。残高5.1厘米，宽3.7厘米，厚1.3厘米（图一八六，17）。

薛家堡村东一号遗址第二采集点

第二采集点位于遗址区东部，中心坐标为北纬40°12′49.9″，东经112°26′20.2″，海拔1348米±5米。采集点地形为阶梯式台地，地表植被为葫麻、玉米等。采集面积约600平方米。采集遗物分布较分散，所采遗物主要有泥质灰陶罐口部、盆口部，条形砖、小石器等。采集标本共12件。

YXJB1②：1，夹砂深灰色陶釜口部。含岩粒。扁圆唇，卷沿外翻贴于口部外侧，溜肩。肩部饰交错绳纹。泥片贴筑。口径18厘米，厚0.9厘米，残高6厘米（图一八八，2）。

YXJB1②：2，泥质深灰色陶盆口部。方唇，卷沿下捺，腹部微鼓。口沿下残存四周凹槽。泥片贴筑、快轮修整。口径28厘米，厚0.7厘米，残高5厘米（图一八八，6）。

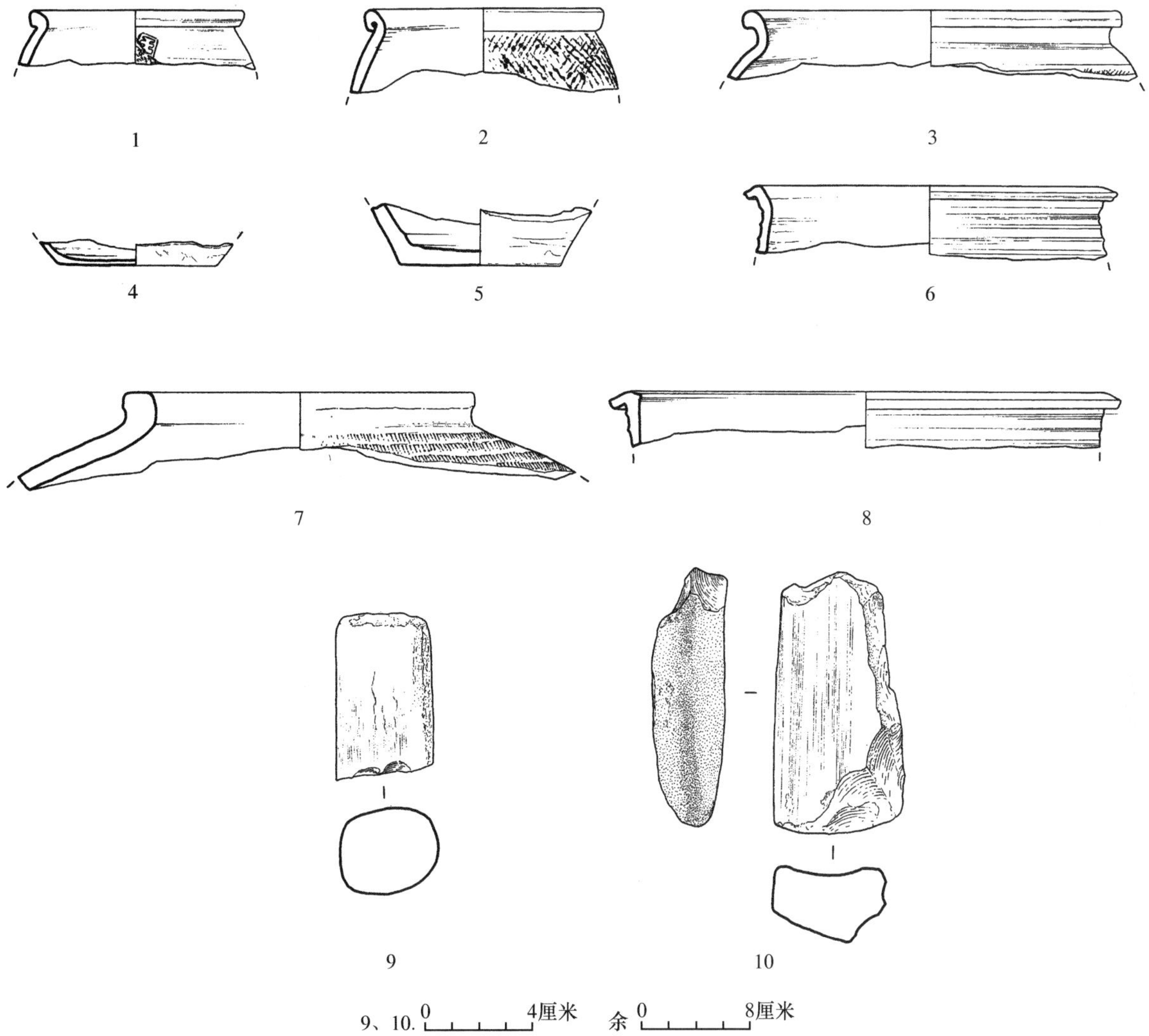

图一八八　薛家堡村东一号遗址第二采集点采集标本

1、7. 陶罐口部（YXJB1②：4、YXJB1②：5）　2、3. 陶釜口部（YXJB1②：1、YXJB1②：6）
4. 陶盆底部（YXJB1②：8）　5. 陶罐底部（YXJB1②：7）　6、8. 陶盆口部（YXJB1②：2、YXJB1②：3）
9. 砂岩磨棒（YXJB1②：12）　10. 石斧（YXJB1②：11）

YXJB1②：3，泥质灰陶盆口部。方唇，折沿下捺，上腹较直。口沿上有一周凹槽，器表口沿下残存两周凹槽。泥片贴筑。口径38厘米，厚0.8厘米，残高4厘米（图一八八，8）。

YXJB1②：4，泥质灰陶罐口部。扁圆唇，卷沿，溜肩。器表口沿下残存戳记，应为“仓”字。泥片贴筑、快轮修整。口径16厘米，厚0.9厘米，残高4厘米（图一八八，1；图一八九，1）。

YXJB1②：5，泥质灰陶罐口部。口微敛，方唇，广肩。肩部饰抹断竖向较规则的浅细绳纹。泥片贴筑。口径26厘米，厚1.8厘米，残高6.2厘米（图一八八，7）。

YXJB1②：6，泥质深灰色陶釜口部。圆唇，卷沿，溜肩。肩腹间残存交错中绳纹。泥片贴筑、快轮修整。口径28厘米，厚0.9厘米，残高5厘米（图一八八，3）。

YXJB1②：7，泥质灰黑色陶罐底部。斜腹，平底，器壁较厚。素面。泥片贴筑。底径12厘米，厚1厘米，残高4.8厘米（图一八八，5）。

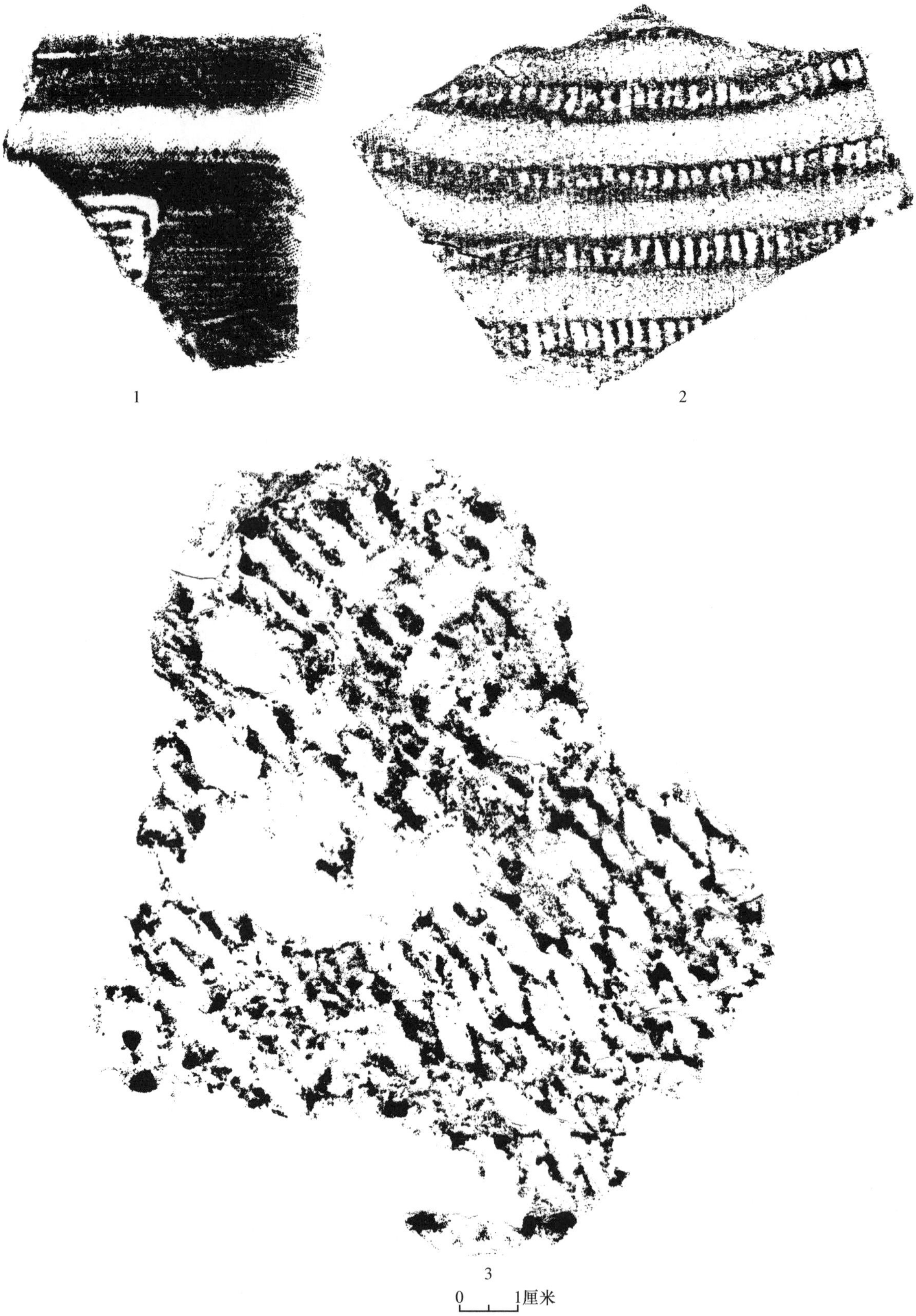

图一八九　薛家堡村东一号遗址第二采集点采集标本拓片

1. 陶罐口部（YXJB1②：4）　2. 陶罐肩部（YXJB1②：10）　3. 绳纹砖（YXJB1②：9）

YXJB1②：8，泥质灰陶盆底部。斜腹，平底，器壁较薄。素面。泥片贴筑、快轮修整。底径12厘米，厚0.5厘米，残高1.8厘米（图一八八，4）。

YXJB1②：9，泥质灰陶绳纹砖。正面饰左斜向较杂乱的粗绳纹。手制。残长10.5厘米，残宽12.5厘米，厚4.5厘米（图一八九，3）。

YXJB1②：10，泥质灰陶罐肩部。肩部略鼓。器表残存四周抹断竖向规则的中绳纹。泥片贴筑、快轮修整。厚0.7厘米（图一八九，2）。

YXJB1②：11，砂岩石斧。残段。呈梯形状，单面刃。素面。淡黄色。磨制。残长9.3厘米，宽4.8厘米，厚2.7厘米（图一八八，10）。

YXJB1②：12，砂岩磨棒。剖面呈不规则的圆角方形。磨制。残长6厘米，宽3.6厘米，厚3厘米（图一八八，9）。

薛家堡村东一号遗址第三采集点

第三采集点位于遗址区西南部，中心坐标为北纬40°12′36.9″，东经112°26′09.0″，海拔1335米±5米。采集点地形为台地，地表植被为荒地等。采集面积约600平方米。采集遗物分布较分散，所采遗物主要有泥质灰陶盆口部、绳纹罐口部；瓷碗、瓷缸、瓷罐、瓷盆、瓷器盖口部等；瓦当、板瓦、筒瓦、绳纹砖、沟槽砖；石臼、石杵、环形石器残件等。采集标本共48件。

YXJB1③：1，泥质灰陶釜口部。敛口，扁圆唇，折沿短颈，溜肩。肩部饰竖向规则的中绳纹。泥片贴筑、快轮修整。口径24厘米，厚0.7厘米，残高6.8厘米（图一九一，2）。

YXJB1③：2，泥质灰陶釜口部。敛口，方圆唇，卷沿，溜肩。肩部饰规则的交错绳纹，口沿下绳纹抹光。泥片贴筑、快轮修整。口径18厘米，厚0.7厘米，残高6厘米（图一九一，1）。

YXJB1③：3，泥质灰陶盆口部。斜方唇，折沿，斜腹。口沿上及内壁研光。泥片贴筑、快轮修整。口径50厘米，厚0.8厘米，残高8.8厘米（图一九〇，6）。

YXJB1③：4，泥质灰黑色大口陶罐口部。敛口，圆唇，溜肩。口内侧凸起，唇部及肩部研光。泥片贴筑。口径34.4厘米，厚1.2厘米，残高5.6厘米（图一九一，8）。

YXJB1③：5，泥质灰陶盆口部。口微敛，斜方唇，折沿，上腹部较直。口沿上有三周凹弦纹，沿下外壁残存两周凹弦纹。泥片贴筑。口径44.2厘米，厚0.9厘米，残高4厘米（图一九〇，5）。

YXJB1③：6，泥质灰陶盆口部。圆唇，卷沿，斜腹。口沿及内壁有研光痕迹。泥片贴筑、快轮修整。口径44厘米，厚0.9厘米，残高3.8厘米（图一九〇，3）。

YXJB1③：7，泥质灰陶盆口部。口微敛，斜方唇，折沿下捺，斜腹。口沿上及内壁有研光痕迹。泥片贴筑、快轮修整 。口径46.8厘米，厚0.7厘米，残高9.6厘米（图一九〇，4）。

YXJB1③：8，泥质灰陶盆口部。斜方唇，折沿，斜腹。内壁口沿下有两周凸楞。泥片贴筑、快轮修整。口径50厘米，厚0.9厘米，残高4厘米（图一九〇，9）。

YXJB1③：9，泥质灰黑色陶盆口部。方唇，折沿，斜腹。口沿及内壁研光，上腹部有一个由外向内的圆形钻孔。泥片贴筑、快轮修整。口径44厘米，厚0.9厘米，残高5厘米

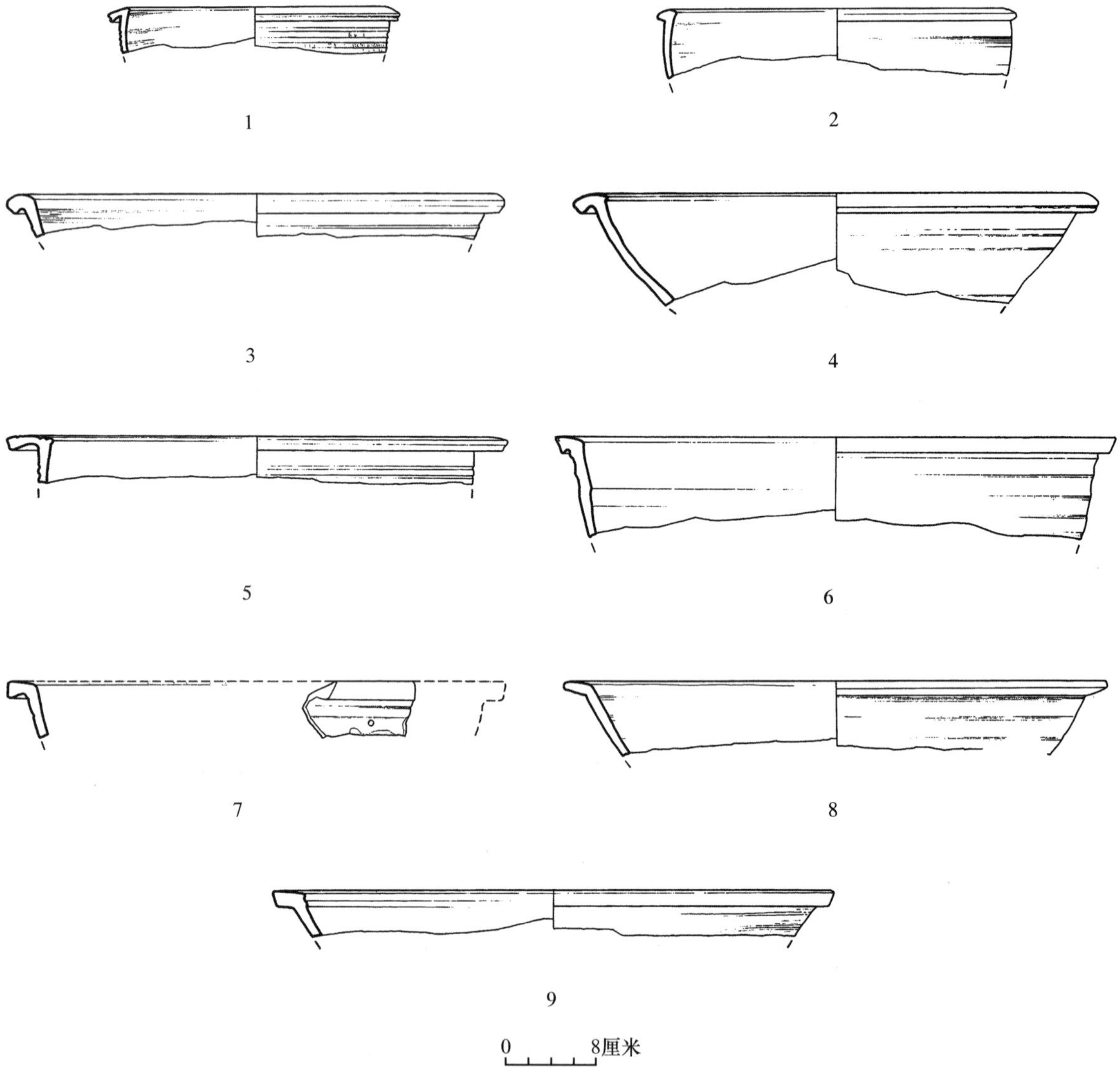

图一九〇　薛家堡村东一号遗址第三采集点采集标本

1、3～7、9. 陶盆口部（YXJB1③：10、YXJB1③：6、YXJB1③：7、YXJB1③：5、YXJB1③：3、YXJB1③：9、YXJB1③：8）
2、8. 瓷盆口部（YXJB1③：26、YXJB1③：29）

（图一九〇，7）。

YXJB1③：10，泥质深灰色陶盆口部。口微敛，斜方唇略内凹，折沿下捺，弧腹。外壁口沿下饰五周凹弦纹，口沿上及内壁有研光的暗弦纹。泥片贴筑、快轮修整。口径26厘米，厚0.7厘米，残高4厘米（图一九〇，1）。

YXJB1③：11，泥质灰色大口陶罐口部。敛口，卷沿，斜方唇，鼓肩。素面。泥片贴筑、快轮修整。口径30厘米，厚0.7厘米，残高3.4厘米（图一九一，4）。

YXJB1③：12，夹砂黑色建筑构件。鸱吻由两泥条拼接而成。用手捏制。宽5.7厘米，厚2.4厘米，残高8厘米（图一九三，5）。

YXJB1③：13，夹砂陶盆底。外壁呈灰色，内壁呈褐色。斜腹，平底，腹底相接处饰一周压印的绳纹。泥片贴筑。底径23.2厘米，厚0.8厘米，残高2.4厘米（图一九二，12）。

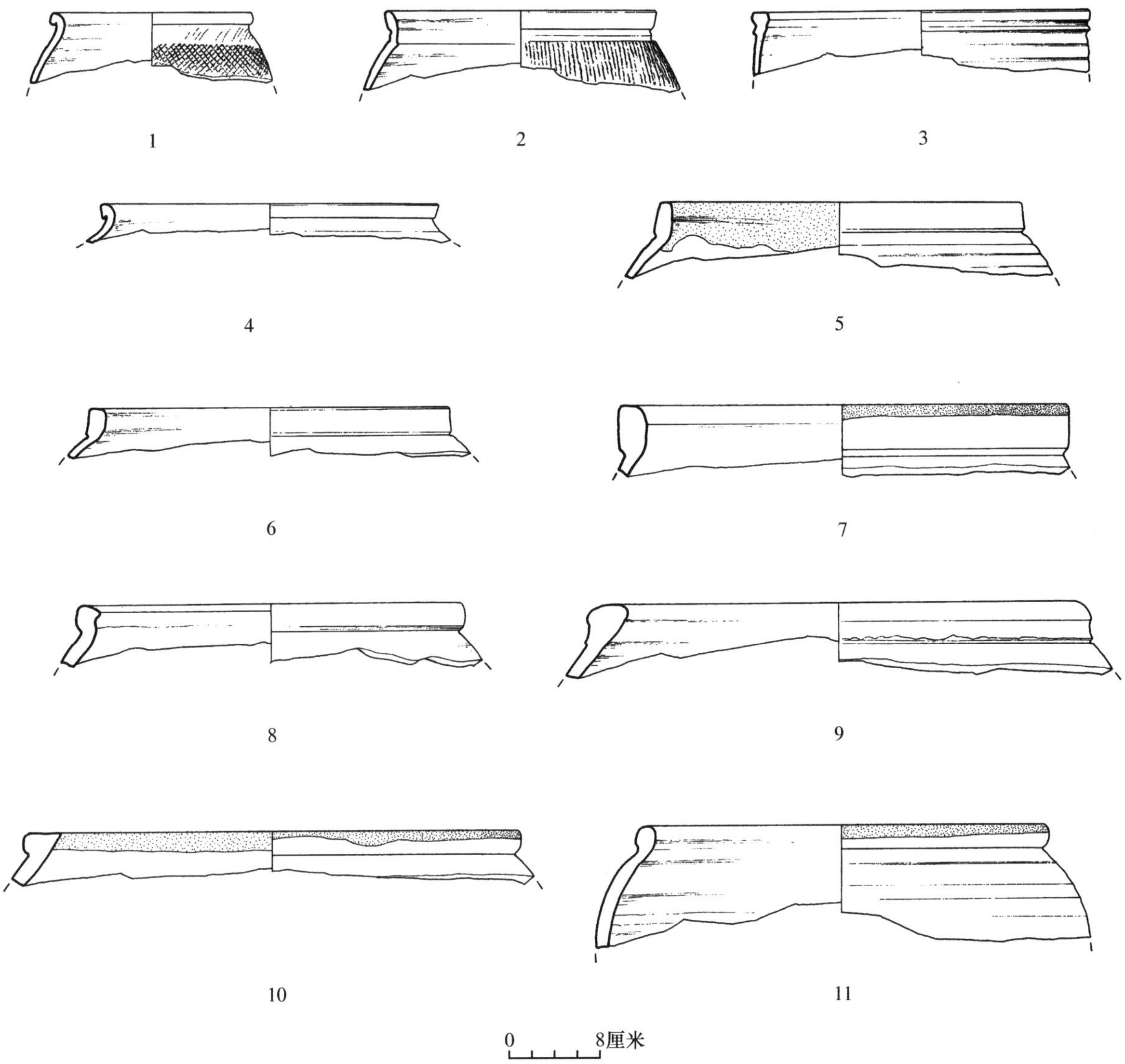

图一九一　薛家堡村东一号遗址第三采集点采集标本

1、2. 陶釜口部（YXJB1③：2、YXJB1③：1）　3、7、9、10. 瓷缸口部（YXJB1③：27、YXJB1③：28、YXJB1③：21、YXJB1③：22）　4、8. 陶罐口部（YXJB1③：11、YXJB1③：4）　5、6、11. 瓷罐口部（YXJB1③：23、YXJB1③：25、YXJB1③：24）

YXJB1③：14，泥质灰陶板瓦。瓦身较窄。厚重。瓦面素面，瓦沟存布纹，两瓦叠压处素面。泥条盘筑、内切。残长14厘米，宽9厘米，厚2.4厘米。

YXJB1③：15，泥质灰陶板瓦。瓦身厚重。瓦面素面，瓦沟存布纹。泥片贴筑、内切。残长12厘米，残宽19厘米，厚2.4厘米。

YXJB1③：16，泥质灰陶板瓦。斜唇，唇上有一周凹棱。瓦面素面，瓦沟存布纹。残长6.6厘米，残宽7.8厘米，厚2.2厘米（图一九三，4）。

YXJB1③：17，泥质灰陶筒瓦。瓦沟两侧斜削。瓦面素面，瓦沟存布纹及抹布褶皱。残长11.2厘米，宽14.4厘米，最厚2.2厘米（图一九三，3）。

YXJB1③：18，泥质灰陶绳纹砖。砖面饰竖向较规则的粗大绳纹。厚5厘米（图一九四，2）。

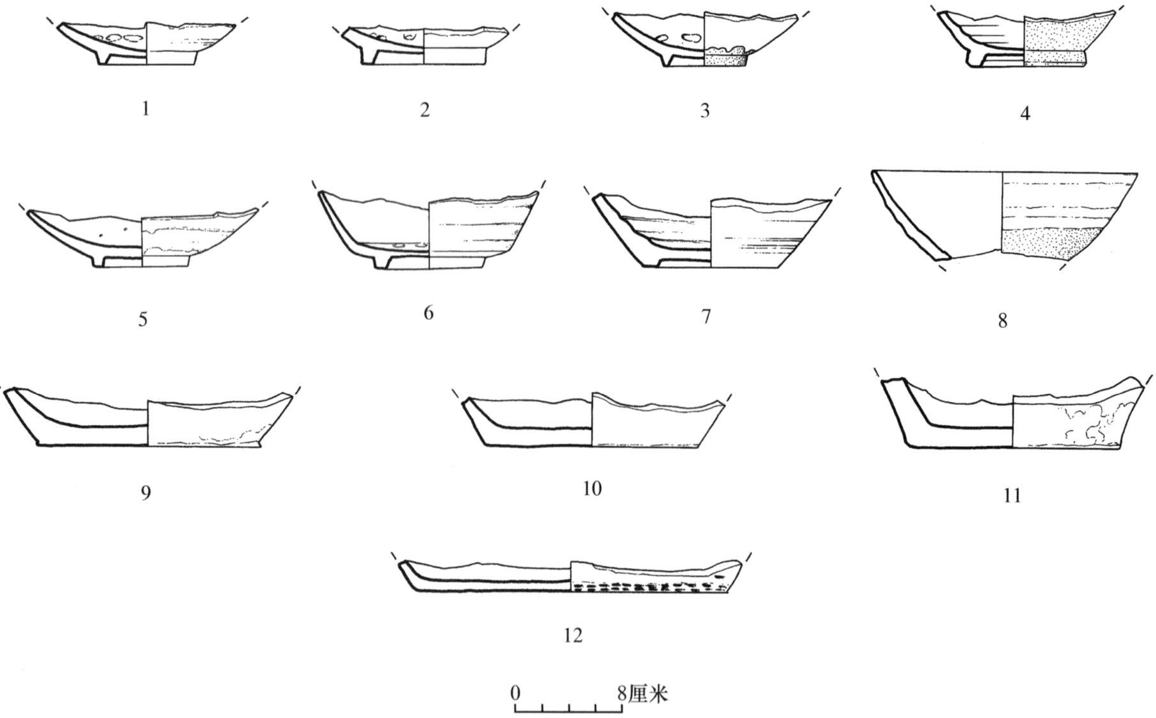

图一九二　薛家堡村东一号遗址第三采集点采集标本

1、3、5、6. 瓷碗底部（YXJB1③：38、YXJB1③：37、YXJB1③：34、YXJB1③：40）　2、7. 瓷罐底部（YXJB1③：35、YXJB1③：31）　4. 瓷罐足部（YXJB1③：39）　8. 瓷碗（YXJB1③：36）　9、10. 瓷盆底部（YXJB1③：32、YXJB1③：33）　11. 瓷缸底部（YXJB1③：41）　12. 陶盆底（YXJB1③：13）

YXJB1③：19，泥质灰陶沟槽砖。砖一面饰四道竖向规则的沟槽，另一面为素面，不平整。沟槽上宽下窄，用铁制工具掏挖而成。手制、泥片贴筑。个体较大，工艺古朴。残长17.6厘米，宽17厘米，厚5.9厘米，沟槽宽1.2～1.8厘米，深0.5～0.9厘米（图一九三，9；图一九五，1；图版二一，3）。

YXJB1③：20，泥质灰陶绳纹砖。砖面饰左斜向不规则的粗绳纹。残长19.6厘米，宽12.5厘米，厚5.3厘米（图一九五，2）。

YXJB1③：21，白瓷缸口部。较粗坩子胎。敛口，圆唇，平沿，溜肩，唇下部略内凹。口以下先施化妆土，再施透明釉，口沿抹光，肩部及唇部刷白釉；内壁口沿下刷黑釉呈酱色。泥条盘筑。（该采集点所有罐、缸口部均较光，是故意磨光，还是被器盖磨光，尚不清楚。这是该采集点大瓷器的共同点。）口径44.4厘米，残高6.4厘米（图一九一，9）。

YXJB1③：22，黑釉瓷缸口部。较粗坩子胎。敛口，圆唇，平沿，溜肩。肩部及唇局部刷黑釉呈茶叶末色，内壁口沿下刷黑釉呈酱色，口沿上抹光，未施化妆土。泥条盘筑。口径44厘米，厚1.2厘米，残高4.6厘米（图一九一，10）。

YXJB1③：23，直口瓷罐口部。较细坩子胎。直口，方唇，溜肩。口肩连接处饰一周凹弦纹，口部刷化妆土，口外侧及肩部施白釉，内壁刷黑釉呈茶叶末色。泥片贴筑。口径32厘米，厚1厘米，残高6.4厘米（图一九一，5）。

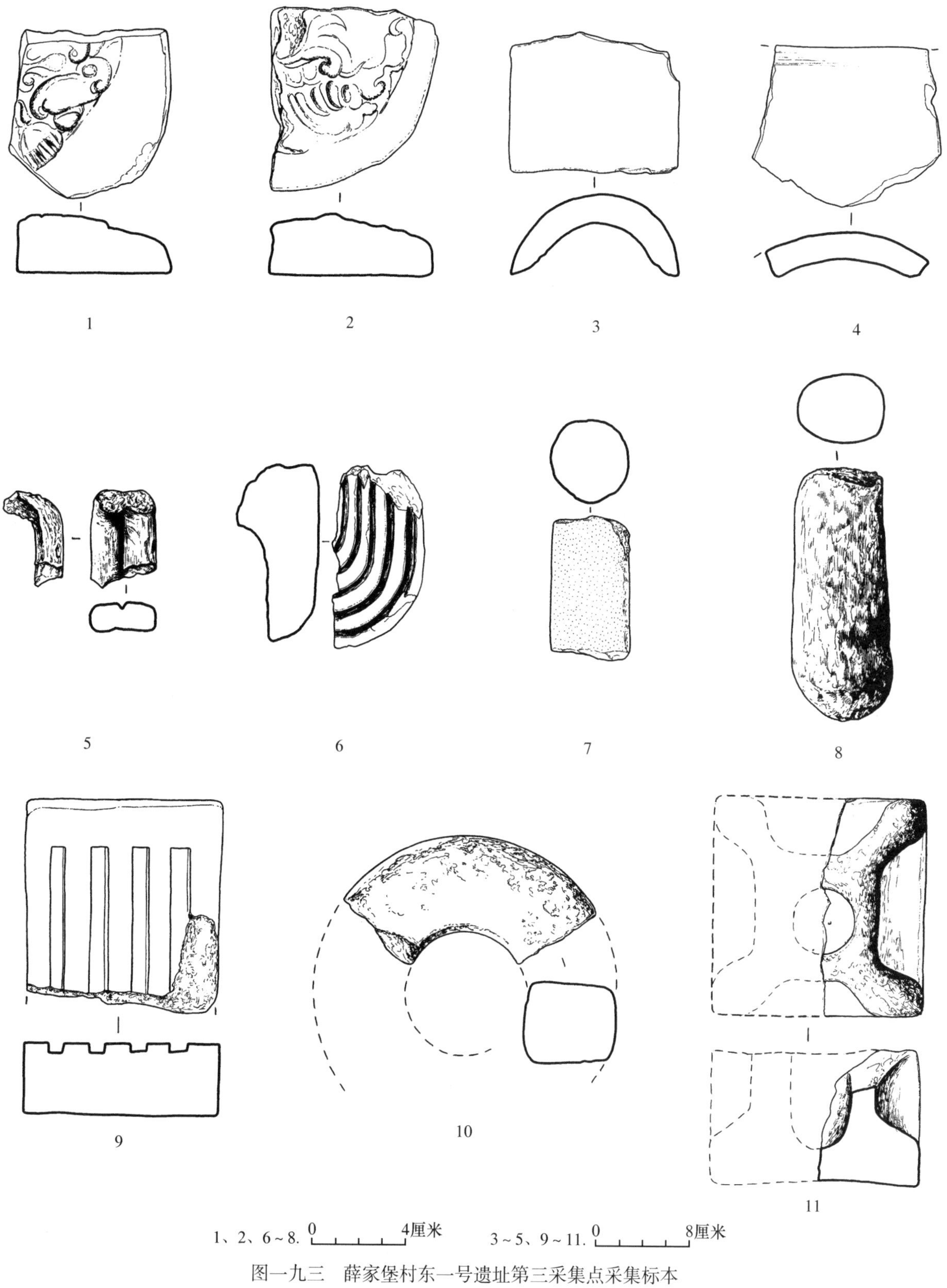

图一九三　薛家堡村东一号遗址第三采集点采集标本

1、2. 瓦当（YXJB1③：43、YXJB1③：44）　3. 筒瓦（YXJB1③：17）　4. 板瓦（YXJB1③：16）
5、6. 建筑构件（YXJB1③：12、YXJB1③：42）　7. 砂岩石棒（YXJB1③：46）　8. 砂岩石杵（YXJB1③：45）
9. 沟槽砖（YXJB1③：19）　10. 环形石器（YXJB1③：47）　11. 方形石臼（YXJB1③：48）

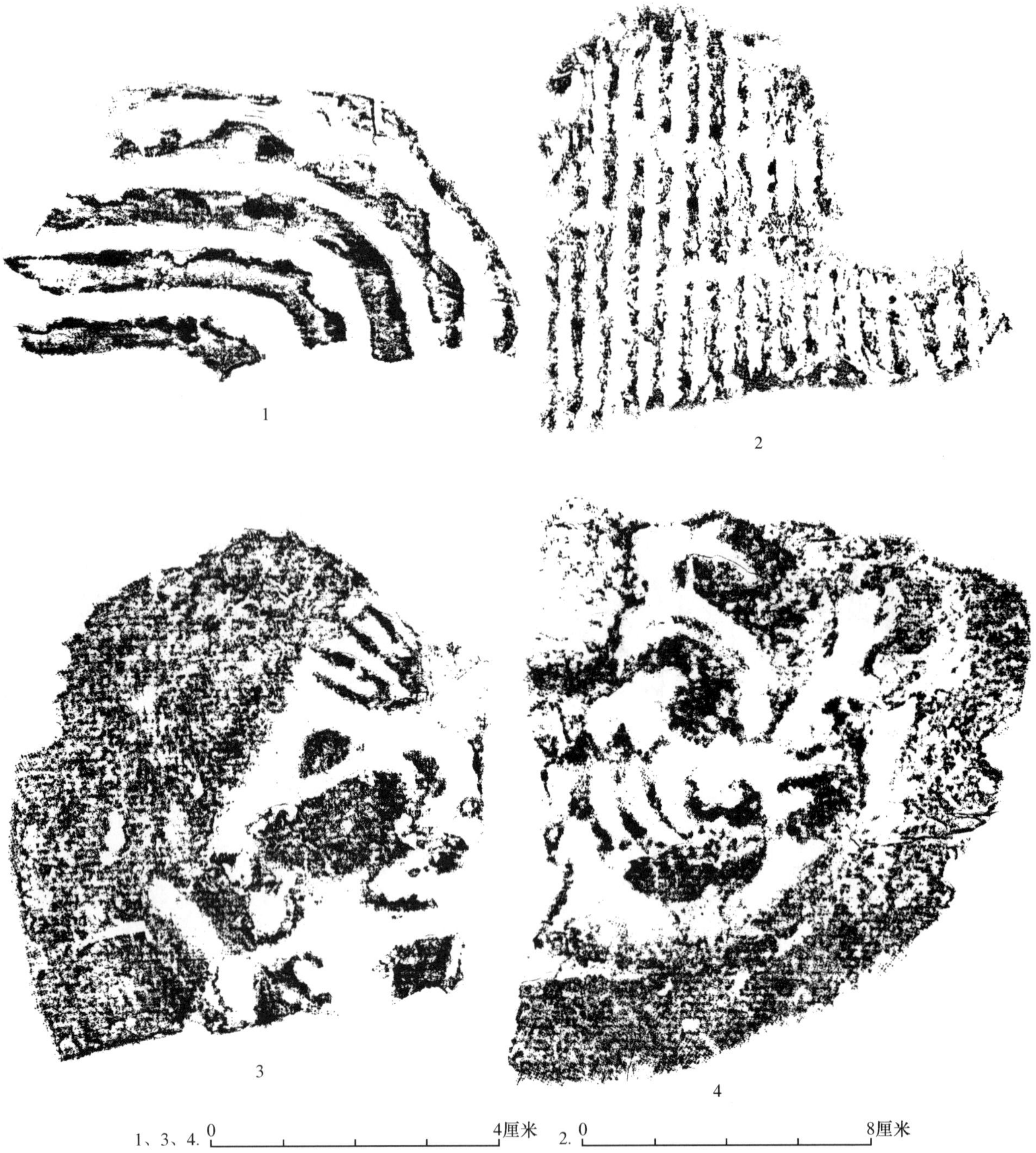

图一九四　薛家堡村东一号遗址第三采集点采集标本拓片

1. 建筑构件（YXJB1③：42）　2. 绳纹砖（YXJB1③：18）　3、4. 瓦当（YXJB1③：43、YXJB1③：44）

YXJB1③：24，大口瓷罐口部。坩子胎。敛口，圆唇，肩略鼓。口部刷化妆土，口外侧局部及肩部刷白釉，内壁刷黑釉呈酱色。泥条盘筑。口径36.4厘米，厚1.1厘米，残高10.4厘米（图一九一，11）。

YXJB1③：25，直口瓷罐口部。坩子胎。直口，方唇，溜肩。口外壁及肩部先施化妆土，再施白釉，内壁刷极薄酱色釉。泥条盘筑。口径32厘米，厚0.7厘米，残高4.2厘米

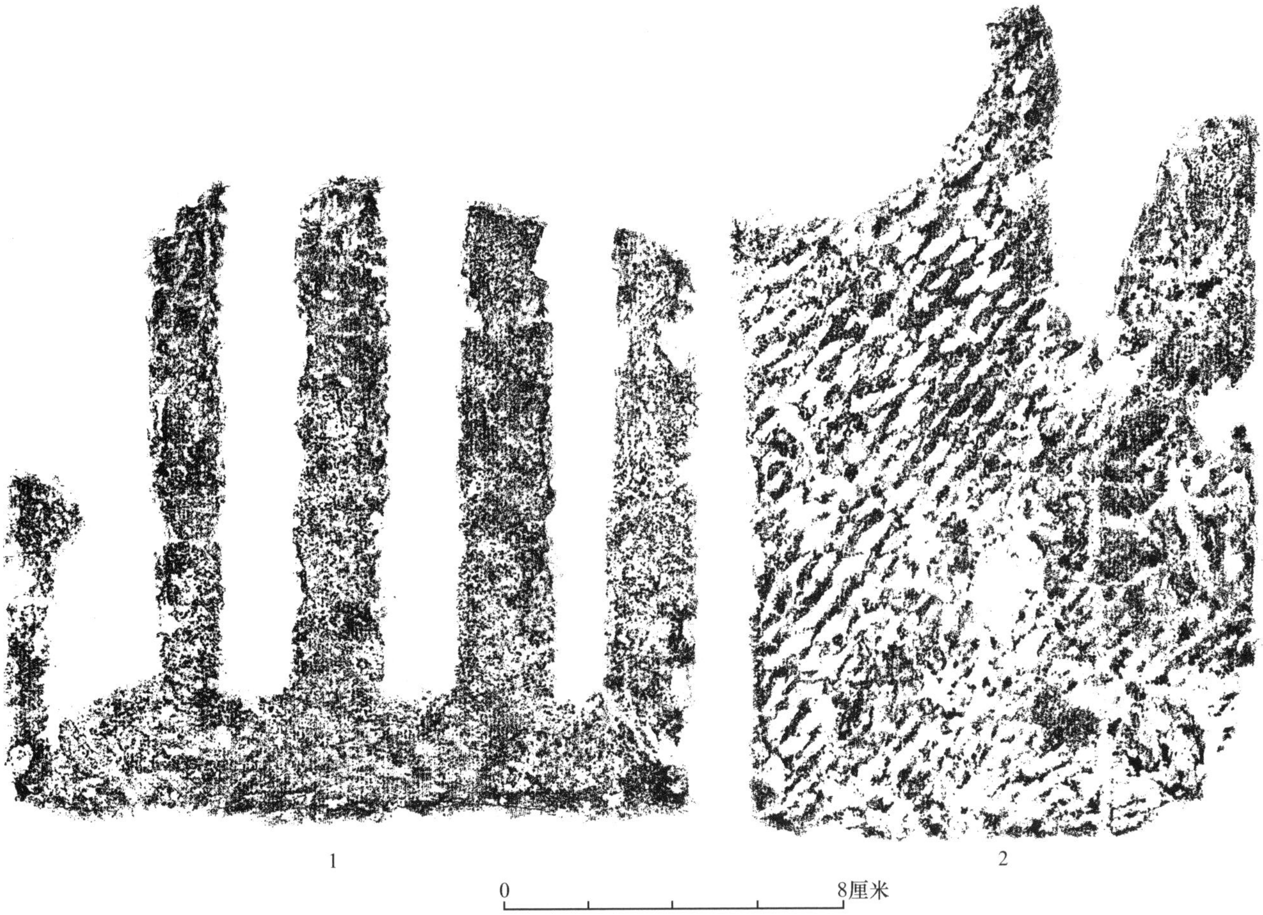

图一九五　薛家堡村东一号遗址第三采集点采集标本拓片
1. 沟槽砖（YXJB1③：19）　2. 绳纹砖（YXJB1③：20）

（图一九一，6）。

YXJB1③：26，瓷盆口部。较细坩子胎。扁圆唇，折沿略窄，弧腹斜收。器表先施化妆土，再施白釉，釉色泛黄。泥条盘筑。口径32厘米，厚0.7厘米，残高6厘米（图一九〇，2）。

YXJB1③：27，大口瓷缸口部。坩子胎。口微敛，平唇，腹较直，器壁较薄。口外部饰一周凹槽。器表内外未施化妆土，直接施黑釉呈茶叶末色，口部釉面被刮掉，唇上留有叠烧痕迹。泥条盘筑。口径30厘米，厚0.6厘米，残高5.4厘米（图一九一，3）。

YXJB1③：28，直口瓷缸口部。坩子胎。直口，平唇，溜肩。外壁口以下先施化妆土后施透明釉，白釉略泛黄，口以上未施化妆土；内壁未施釉。泥条盘筑。口径40厘米，厚1厘米，残高6厘米（图一九一，7）。

YXJB1③：29，瓷盆口部。坩子胎。方唇，折沿，斜腹。口沿及内壁施白釉，釉色泛黄，未施化妆土；外壁未施釉，铁锈红胎。泥条盘筑。口径48..4厘米，厚0.9厘米，残高6.4厘米（图一九〇，8）。

YXJB1③：30，瓷盒盖。较细坩子胎，灰白色。子母口圆形盖，方唇，盝顶，近边处有一周凸棱，近圆心处有一周凹弦纹，内顶存多圈轮制形成的平行弦纹。外壁施白釉，釉色泛黄，有铅类物质析出，内壁施透明釉，口内壁及唇部釉面被刮去，未施化妆土。器物制作规范，表面有长期使用留下的痕迹。轮制、拉坯。口径12厘米，厚0.6厘米，高1.8厘米。

YXJB1③：31，瓷罐底部。坩子胎。斜腹，假圈足较矮。外壁施白釉，釉色泛黄，内壁施黑釉呈酱色，未施化妆土，足墙上釉被刮去。泥条盘筑。底径10厘米，厚1.1厘米，残高5.2厘米（图一九二，7）。

YXJB1③：32，瓷盆底部。较粗坩子胎。斜腹，平底。外壁施白釉，釉色略泛黄，内壁刷黑釉呈酱色，外底未施釉，未施化妆土。泥条盘筑。底径16.5厘米，厚1.2厘米，残高4厘米（图一九二，9）。

YXJB1③：33，瓷盆底部。较细坩子胎。斜腹，平底。外壁施黑釉呈茶叶末色，内壁施白釉，未施化妆土，内底中心有挑刀痕迹，外底未施釉。泥条盘筑。底径16厘米，厚1.1厘米，残高3.8厘米（图一九二，10）。

YXJB1③：34，白瓷碗底部。坩子胎，青灰胎。斜腹，圈足较高，内底残留有两个支钉痕。先施白色化妆土，后施透明釉，内壁施满釉，外壁施半釉近圈足，釉色白色泛青灰。拉坯。底径7厘米，最厚1厘米，残高4.2厘米（图一九二，5）。

YXJB1③：35，瓷罐底部。较细坩子胎，灰白色。高圈足，足墙内壁外撇，内底为圜形，中间较薄，内底残存两个支钉。内壁施透明釉，外壁残存部分未施釉。拉坯。底径9.2厘米，最厚1厘米，残高3.6厘米（图一九二，2）。

YXJB1③：36，白釉瓷碗。较细坩子胎。敞口，扁圆唇，斜腹，外壁存拉坯形成的瓦楞纹。先施白色化妆土，后内壁施满釉，外壁施半釉，釉色白色泛青。拉坯。口径20厘米，厚0.8厘米，残高6.4厘米（图一九二，8）。

YXJB1③：37，白釉瓷碗底部。细腻坩子胎，青白色。斜腹，圈足较高，足墙上宽下窄，底弧形近平，外底平，内底残存四个支钉痕。内壁施满釉，外壁施釉近圈足，釉色白色泛青，未施化妆土。拉坯。底径8厘米，厚0.8厘米，残高3.8厘米（图一九二，3）。

YXJB1③：38，白釉瓷碗底部。较细坩子土，灰白色。斜腹，圈足较高，内底为弧形，残存六个支垫痕，外底平，足墙上宽下窄。内壁施满釉，外壁施釉至足墙外侧，釉色白色泛青，未施化妆土。拉坯。底径7.2厘米，厚0.8厘米，残高3.2厘米（图一九二，1）。

YXJB1③：39，瓷罐足部。坩子土，灰白色。斜腹，高圈足略外撇，外底平，内壁呈圜形，中间较薄。未施化妆土，外壁施灰白色釉，残存部分未施釉，内壁施黑釉呈茶叶末色。泥条盘筑。底径9厘米，最厚0.9厘米，残高4.2厘米（图一九二，4）。

YXJB1③：40，白釉瓷碗底部。细腻坩子胎，灰黄色。斜腹折收，圈足较高，平底，足墙上宽下窄。未施白色化妆土，内壁施满釉，外壁施釉近圈足，内底残存五个支钉痕。拉坯。底径8厘米，厚0.7厘米，残高5.6厘米（图一九二，6）。

YXJB1③：41，白瓷缸底部。较粗坩子胎，泛黄。斜腹，平底。外壁先施化妆土后施白釉，内壁未施化妆土，且与腹底连接处有刷釉痕迹，黑釉呈酱色。泥条盘筑。底径16厘米，厚1.6厘米，残高5.2厘米（图一九二，11）。

YXJB1③：42，泥质灰黑色建筑构件。鸱吻部件。器表饰四道较深的沟槽。用手捏制。残高7.5厘米，残宽4厘米，最厚3.5厘米（图一九三，6；图一九四，1）。

YXJB1③：43，泥质灰陶兽面瓦当。边轮较宽，当面兽首状纹饰凸起并高于边轮平面。纹饰制作不太清晰。模制、工艺粗糙。轮宽2～3.3厘米，厚1.2～2.4厘米（图一九三，1；图一九四，3）。

YXJB1③：44，泥质灰陶兽面瓦当。边轮较宽，当面兽首状纹饰凸起并高于边轮平面。纹饰制作不太清晰。模制。轮宽1～1.5厘米，厚1.3～2.5厘米（图一九三，2；图一九四，4）。

YXJB1③：45，灰色细砂岩石杵。尾部残。头部略粗，剖面近椭圆形。器表磨光。磨制。残长10.3厘米，最宽4.3厘米，最厚2.8厘米（图一九三，8）。

YXJB1③：46，红褐色砂岩石棒。两端均残，剖面近圆形。磨制。残长5.9厘米，直径3.4厘米（图一九三，7）。

YXJB1③：47，黑色火山岩环形石器。器形较大。内壁应为长时间使用，明显磨光；器表较光，用途不明。磨制。直径26厘米，孔径11.2厘米，厚6.6厘米（图一九三，10）。

YXJB1③：48，黑色火山岩方形石臼。形制如图，用途不明。俯视如柿蒂纹，臼窝较小，较深。打制、磨制。长18厘米，残高11.6厘米，残厚8.5厘米（图一九三，11）。

薛家堡村东一号遗址第四采集点

第四采集点位于遗址区中南部，中心坐标为北纬40°12′42.7″，东经112°26′16.0″，海拔1337米±4米。采集点地形为台地，地表植被为荒地等。采集面积约400平方米。采集遗物分布较分散，所采遗物主要有泥质灰陶盆口部、罐口部、陶纺轮、豆柄、板瓦以及瓷碗底部、瓷瓮口部等。采集标本共12件。

YXJB1④：1，泥质深灰色高领壶口部。口微侈，口沿残，高领，溜肩。肩部饰左斜向中偏细绳纹，中间有抹断痕迹。泥片贴筑、快轮修整。厚1厘米，残高9.6厘米（图一九六，2）。

YXJB1④：2，泥质灰黑色陶釜口部。圆唇，卷沿，溜肩。肩部饰右斜向较规则的中偏粗绳纹。泥片贴筑、快轮修整。口径20.4厘米，厚0.9厘米，残高5厘米（图一九六，6）。

YXJB1④：3，泥质灰色陶盆口部。敛口，斜方唇，折沿略下捺，弧腹。口沿下饰若干周凹弦纹。泥片贴筑、快轮修整。口径41.2厘米，厚1厘米，残高5.4厘米（图一九六，5）。

YXJB1④：4，泥质灰色陶板瓦。瓦面饰竖向粗绳纹，瓦头端内外均抹光。泥片贴筑。厚1厘米。

YXJB1④：5，泥质灰陶豆柄。中空。素面。手制。厚0.9厘米，残高5.1厘米（图一九六，3）。

YXJB1④：6，泥质深灰色陶板瓦。瓦面凹凸不平，饰左斜向较规则的粗绳纹，瓦沟饰压印的菱形方格纹。泥片贴筑。厚1.3厘米（图一九七，4）。

YXJB1④：7，泥质深灰色陶板瓦。瓦头端两板瓦叠压处较薄，瓦面饰右斜向和左斜向较规则的粗绳纹，瓦头端抹光，瓦沟饰左斜向不规则的粗绳纹。泥片贴筑。厚1.1厘米（图一九七，1）。

YXJB1④：8，泥质灰陶盆腹部。器表饰抹断左斜向较杂乱的极细浅绳纹，再饰一周附加泥条，泥条上压印右斜向极细绳纹，内壁抹光。泥片贴筑。厚0.9厘米（图一九七，3）。

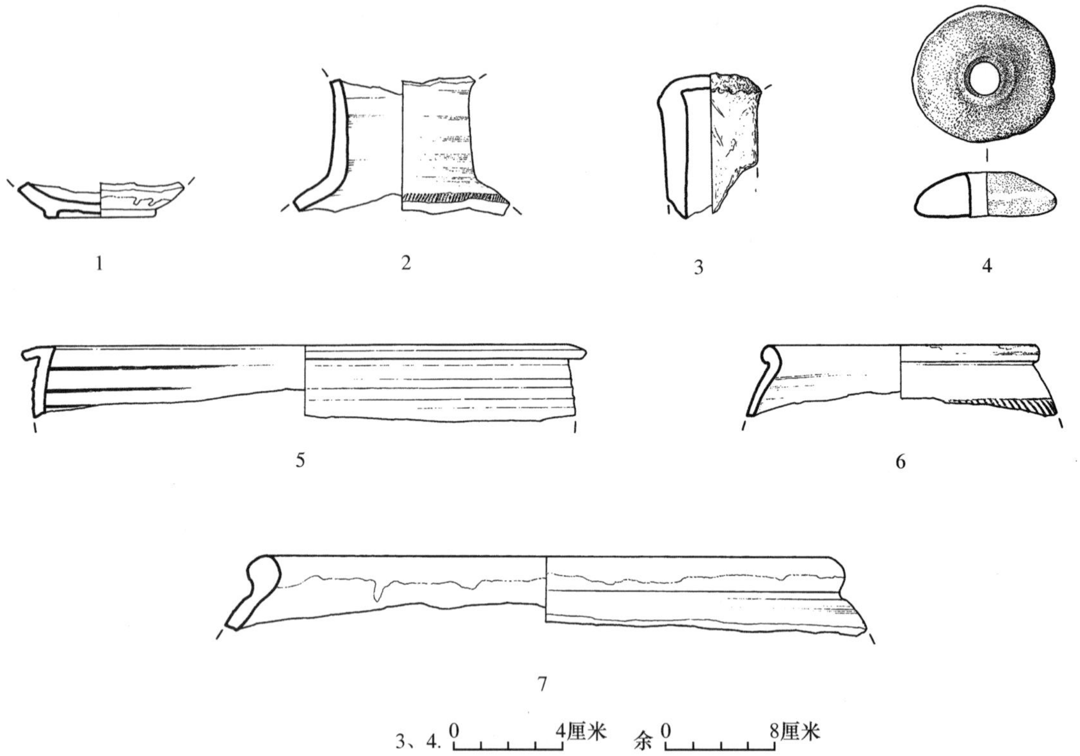

图一九六　薛家堡村东一号遗址第四采集点采集标本

1. 瓷碗底部（YXJB1④：11）　2. 陶高领壶口部（YXJB1④：1）　3. 陶豆柄（YXJB1④：5）　4、6. 陶釜口部（YXJB1④：2、YXJB1④：2）　5. 陶盆口部（YXJB1④：3）　7. 瓷瓮口部（YXJB1④：10）

YXJB1④：9，泥质绳纹陶片。外壁黄褐色，内壁呈橙红色。器壁较薄，外壁饰左斜向规则的粗绳纹，上部抹光。泥片贴筑、快轮修整。厚0.5厘米（图一九七，2）。

YXJB1④：10，瓷瓮口部，缸胎。敛口，圆唇，溜肩。口部及外壁先施化妆土，再施透明釉，釉色白色略泛黄。泥条盘筑。口径44厘米，厚1.1厘米，残高5.4厘米（图一九六，7）。

YXJB1④：11，瓷碗底部。坩子土。斜腹，平底，圈足较矮，足墙内侧较深，内底残存两个支垫痕。内壁施满釉，施釉前先施化妆土，再施透明釉，外壁施半釉，釉色白色泛黄。拉坯。底径8厘米，厚0.8厘米，残高2.4厘米（图一九六，1）。

YXJB1④：12，泥质灰陶纺轮。平面近圆形，中心部位凸起，对钻孔。使用时间较长，磨损严重。磨制。直径5.2厘米，厚1.6厘米（图一九六，4；图版二六，2）。

薛家堡村东一号遗址第五采集点

第五采集点位于遗址区西部，中心坐标为北纬40°12′42.0″，东经112°25′52.9″，海拔1338米±5米。采集点地形为阶梯式台地，地表植被为葫麻、玉米等。采集面积约450平方米。采集遗物分布较分散，所采遗物主要有泥质灰陶罐口部、盆口部、纺轮坯等和青釉瓷碗底部以及素面当头筒瓦、沟槽砖、板瓦等。采集标本共11件。

YXJB1⑤：1，泥质灰陶折沿盆口部。斜方唇，折沿下捺，斜腹。外壁口沿下有一周较宽的凹槽，内壁口沿下饰一周较窄的凹槽。泥条盘筑。口径50.8厘米，厚1厘米，残高6.6厘米

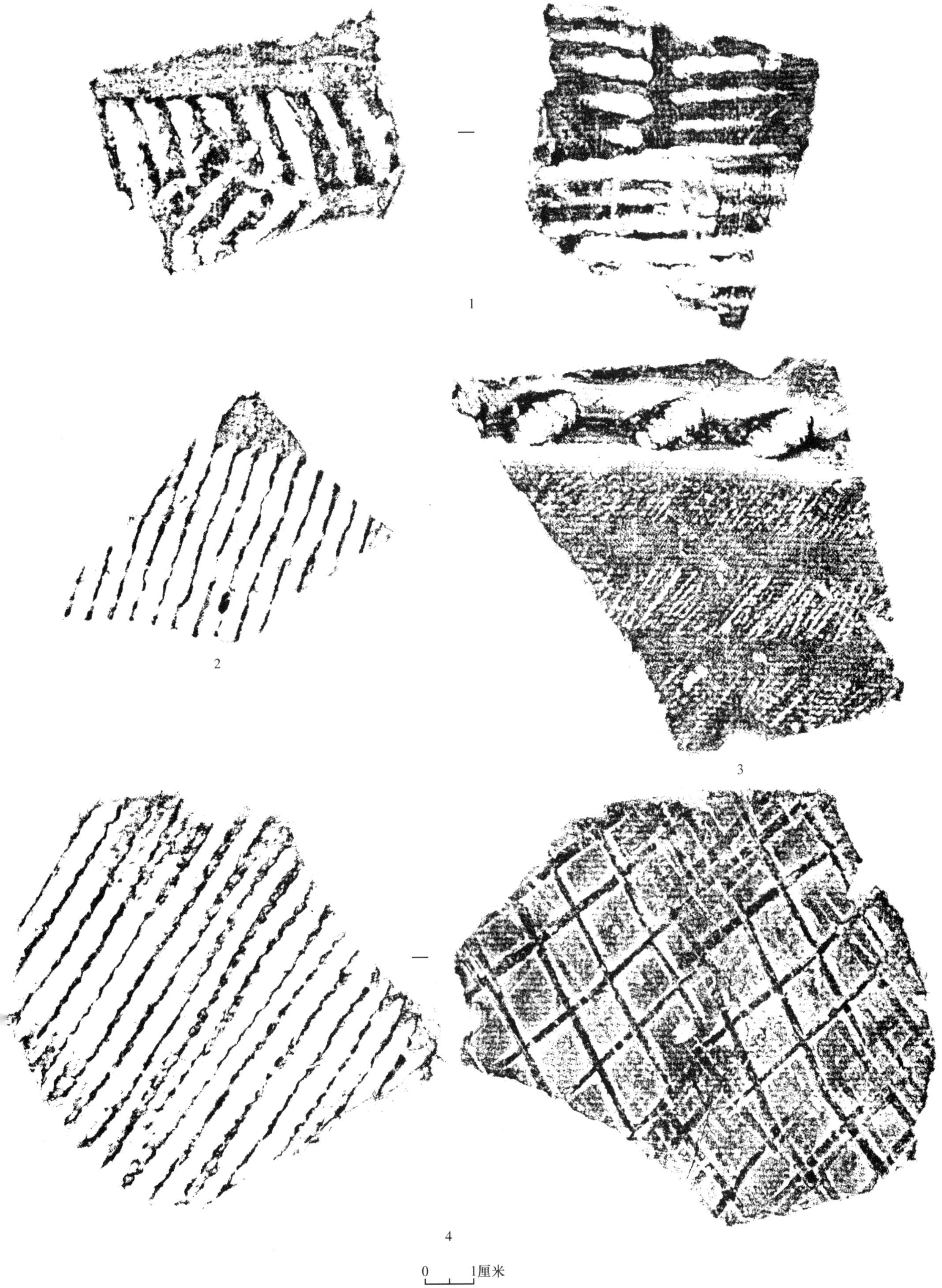

图一九七　薛家堡村东一号遗址第四采集点采集标本拓片

1. 板瓦（YXJB1④：7）（外表、内壁）　2. 陶片（YXJB1④：9）　3. 陶盆腹部残片（YXJB1④：8）　4. 板瓦（YXJB1④：6）（外表、内壁）

（图一九八，7）。

YXJB1⑤：2，泥质黑色陶盆口部。口微敛，方唇，软折沿下捺，斜腹。口沿上及内壁饰研光的暗纹。泥片贴筑。口径42.8厘米，厚0.8厘米，残高5.6厘米（图一九八，5）。

YXJB1⑤：3，泥质灰黑色陶盆口部。圆唇，卷沿，斜腹。口沿及内壁饰研光的暗弦纹。泥片贴筑、快轮修整。口径54厘米，厚1.1厘米，残高6厘米（图一九八，8）。

YXJB1⑤：4，泥质灰黑色陶罐口部。敛口，圆唇，鼓肩。圆唇内侧有一周凸棱，唇上及外壁饰研光的暗弦纹。泥片贴筑、快轮修整。口径36厘米，厚1.1厘米，残高6.4厘米（图一九八，4）。

YXJB1⑤：5，泥质灰黑色素面当筒瓦。器壁厚重，残存部分内外切透。瓦面素面，瓦沟内有垫压形成的布纹，瓦沟靠近边处，斜削，瓦当为泥片粘贴，可见脱落痕迹。泥条盘筑。最

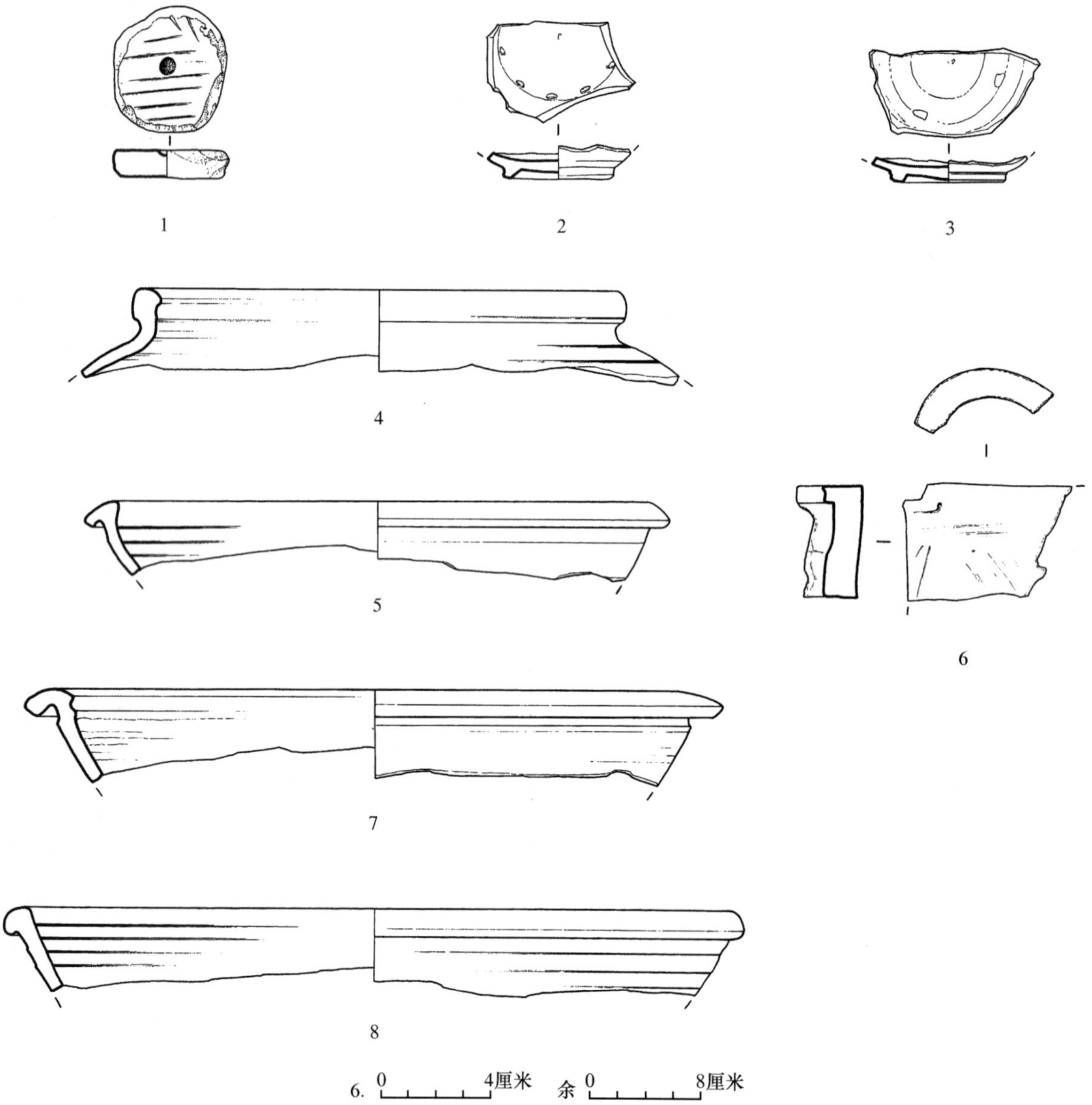

图一九八　薛家堡村东一号遗址第五采集点采集标本

1. 陶纺轮坯（YXJB1⑤：9）　2、3. 瓷碗底部（YXJB1⑤：11、YXJB1⑤：10）　4. 陶罐口部（YXJB1⑤：4）　5、7、8. 陶盆口部（YXJB1⑤：2、YXJB1⑤：1、YXJB1⑤：3）　6. 筒瓦（YXJB1⑤：5）

厚2.4厘米，残长8.2厘米，残高9.8厘米（图一九八，6）。

YXJB1⑤：6，泥质灰陶板瓦。器壁较厚，瓦头端略薄，瓦身窄。瓦面素面，瓦沟布纹，两瓦叠压处布纹抹光。泥片贴筑、内切。宽6.5厘米，厚2厘米。

YXJB1⑤：7，泥质灰陶筒瓦。器壁较厚，瓦面素面，瓦沟有布纹。泥片贴筑。厚2厘米。

YXJB1⑤：8，泥质灰陶沟槽砖。砖厚重，较大。砖面上残存五条竖向沟槽。泥片贴筑、手制。厚6.5厘米。

YXJB1⑤：9，泥质灰黑色陶纺轮毛坯。近似圆形，近中心处有一个未穿透的钻孔。打制、磨制。厚1厘米（图一九八，1）。

YXJB1⑤：10，瓷碗底部。坩子土。平底，圈足较矮，外底凸起，鸡心钉被削去，内底残存两个支钉痕。外壁施半釉，内壁施满釉，釉色泛青，未施化妆土。拉坯、轮修。底径8.4厘米，厚0.6厘米，残高1.8厘米（图一九八，3）。

YXJB1⑤：11，瓷碗底部。坩子土。斜腹，平底，圈足较矮，圈足内侧斜削，外底略凸，内底残存五个支钉痕。施釉先施化妆土，再施透明釉，内壁施满釉，外壁施半釉，釉色白色泛黄，因长期使用足墙磨损变得圆钝。拉坯、轮修。底径8厘米，厚0.7厘米，残高2.4厘米（图一九八，2）。

薛家堡村东一号遗址第六采集点

为灰坑H1，采集标本共15件。

YXJB1H1：1，泥质灰陶盆口腹部。敛口，方唇，折沿下捺，上腹微鼓，下腹斜收。口沿下施若干周凹弦纹，下接抹断竖向规则的中绳纹，口沿上及内壁饰若干周暗弦纹，口沿上饰一周凹弦纹。泥片贴筑。口径42厘米，厚1厘米，残高10.2厘米（图一九九，9）。

YXJB1H1：2，泥质深灰色陶盆口腹部。敛口，斜方唇，折沿略下捺，上腹微鼓，下腹斜收，深腹。口沿下饰若干周凹弦纹，下接一周抹断左斜向规则的中绳纹，下腹绳纹抹光，口沿上折处饰一周凹弦纹，口沿上及内壁饰若干周暗弦纹。泥片贴筑、快轮修整。口径26厘米，厚0.8厘米，残高11厘米（图一九九，7）。

YXJB1H1：3，泥质深灰色陶盆口腹部。敛口，方唇，折沿下捺，弧腹斜收，深腹。口沿下饰若干周凹弦纹，下接四周抹断竖向较规则的中绳纹，下腹饰略左斜向较规则的中绳纹，部分区域抹光，口沿上及内壁饰若干周暗弦纹。泥片贴筑、快轮修整。口径42厘米，厚0.9厘米，残高18.2厘米（图一九九，10）。

YXJB1H1：4，泥质陶罐口肩部。外壁呈灰黑色，内壁呈灰色。口微侈，斜方唇，鼓肩。口部内侧抹光，口部外侧及肩部饰抹断竖向规则的浅细绳纹，口部绳纹被抹掉。泥片贴筑。口径34厘米，厚2.2厘米，残高12.4厘米（图一九九，8）。

YXJB1H1：5，泥质深灰色陶釜口肩部。敛口，圆唇，卷沿上翘，溜肩。肩部残存若干周凹弦纹。泥片贴筑、快轮修整。口径24厘米，厚0.8厘米，残高5厘米（图一九九，5）。

YXJB1H1：6，泥质深灰色陶釜口肩部。敛口，扁圆唇，折沿，短颈，溜肩。肩部残存交错中绳纹，颈部施一周凸弦纹。泥条盘筑、快轮修整。口径26厘米，厚0.8厘米，残高4厘

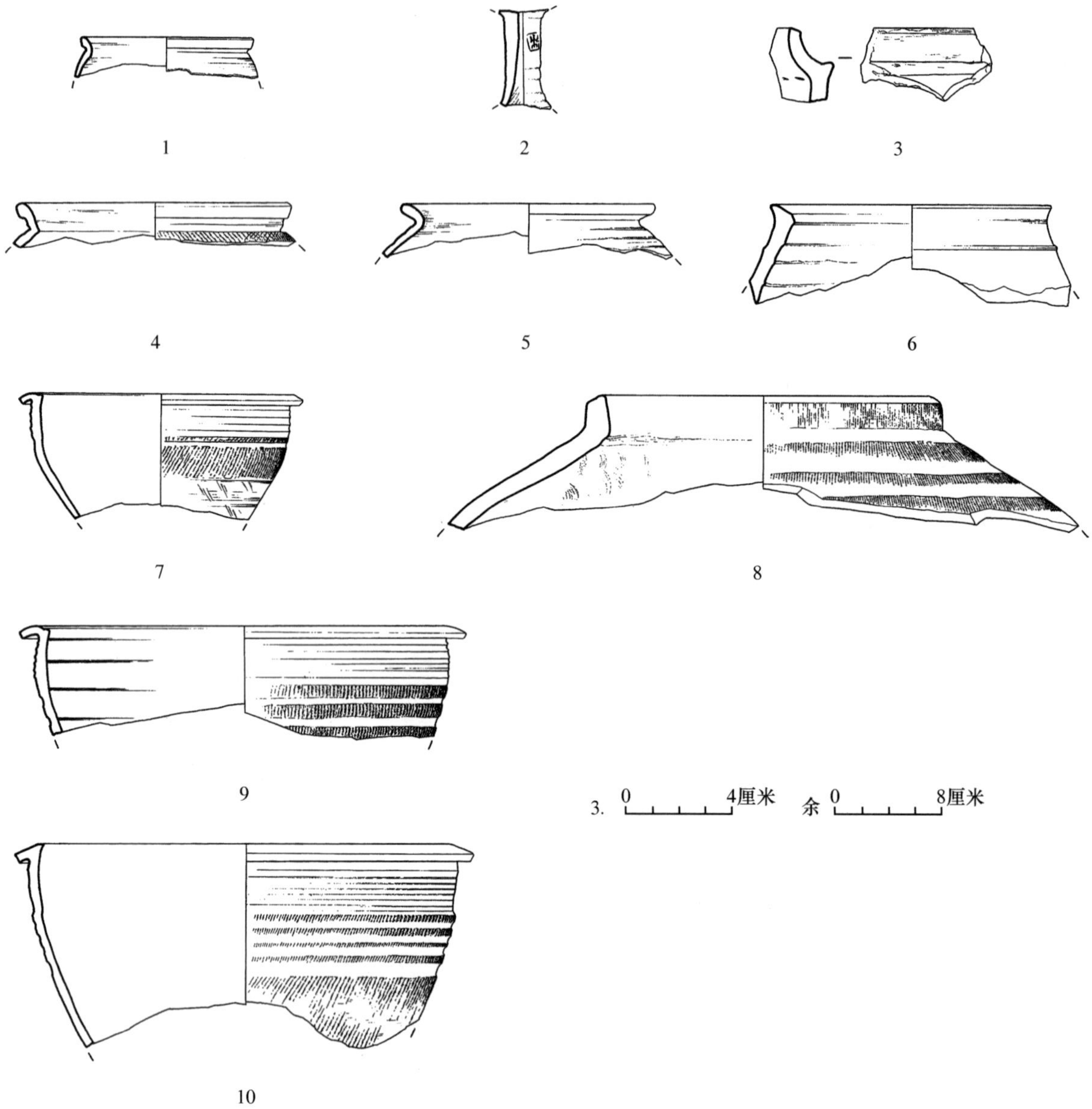

图一九九　薛家堡村东一号遗址第六采集点采集标本

1、6、8. 陶罐口肩部（YXJB1H1：7、YXJB1H1：9、YXJB1H1：4）　2. 陶豆柄（YXJB1H1：15）　3. 筒瓦（YXJB1H1：8）　4、5. 陶釜口肩部（YXJB1H1：6、YXJB1H1：5）　7、9、10. 陶盆口腹部（YXJB1H1：2、YXJB1H1：1、YXJB1H1：3）

米（图一九九，4）。

YXJB1H1：7，夹细砂灰陶罐口肩部。扁圆唇，卷沿上翘，溜肩。烧制火候不高。快轮修整。口径16厘米，厚0.6厘米，残高3.6厘米（图一九九，1）。

YXJB1H1：8，泥质灰陶筒瓦瓦舌。瓦舌与瓦身连接处有为加固留下的按压痕。拼接、快轮修整。残长6.4厘米，残宽12.2厘米（图一九九，3）。

YXJB1H1：9，夹砂陶罐口肩部。夹蚌片。内壁为橙红色，外为灰褐色。敛口，尖圆唇，折沿，溜肩。外壁残存一周凸弦纹，内壁有泥条盘筑痕迹。制作工艺原始，陶泥中间夹杂有类似蚌或萤石的一种荧光材料，十分特殊。泥条盘筑、手制。口径13厘米，厚1.6厘米，残高9厘米（图一九九，6）。

YXJB1H1：10，泥质深灰色陶板瓦。外壁饰抹断竖向较规则的粗大绳纹，内壁有抹痕及垫压形成的长方形纹饰。泥片贴筑、内切。厚1.2厘米（图二〇〇，4）。

YXJB1H1：11，夹砂陶釜下腹部。外壁呈黑色，内壁呈深灰色。外壁饰竖向规则的粗绳纹，内壁饰压印的不规则形三角纹。泥片贴筑。厚0.6厘米（图二〇〇，2）。

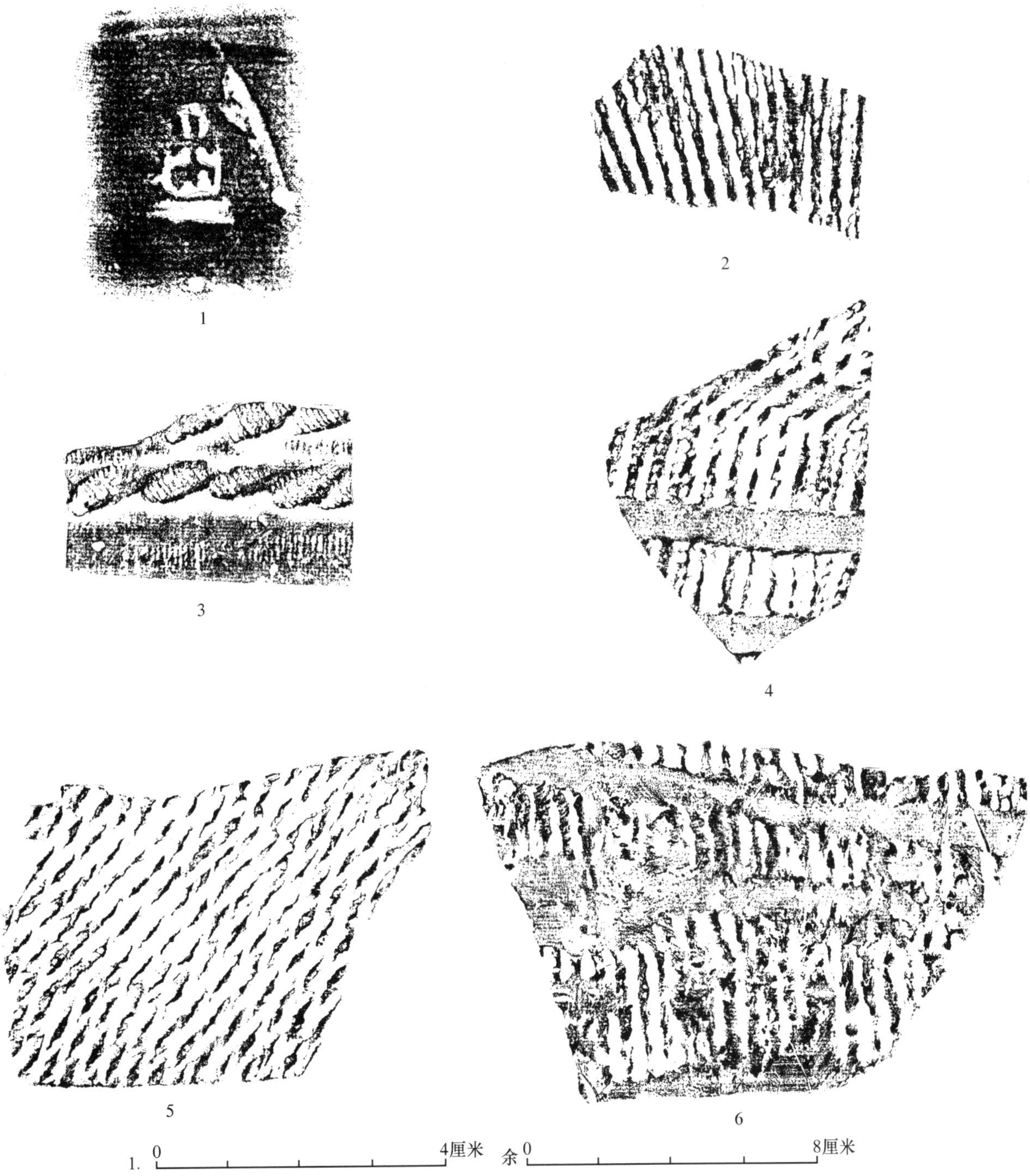

图二〇〇　薛家堡村东一号遗址第六采集点采集标本拓片

1. 陶豆柄（YXJB1H1：15）　2. 陶釜腹部（YXJB1H1：11）　3. 陶片（YXJB1H1：13）

4、5. 板瓦（YXJB1H1：10、YXJB1H1：12）　6. 筒瓦（YXJB1H1：14）

YXJB1H1：12，泥质灰陶板瓦。器表饰左斜向规则的粗大绳纹，内壁饰竖向不规则的浅细绳纹，瓦头有手捏痕迹。泥片贴筑、内切。厚1.2厘米（图二〇〇，5）。

YXJB1H1：13，泥质灰色绳纹陶片。外壁饰抹断竖向较规则的浅细绳纹，再饰两周的附加泥条，上饰压印右斜向浅细绳纹。泥片贴筑。厚0.8厘米（图二〇〇，3）。

YXJB1H1：14，泥质灰黑色陶筒瓦。半圆状。外壁饰不规则的抹断竖向粗大绳纹，内壁凸凹部平，应外垫压印所致。泥条盘筑。厚1.2厘米（图二〇〇，6）。

YXJB1H1：15，泥质灰陶豆柄。上接豆盘，下接喇叭形底座，中空。外壁有一压印的“市”字。制法为手制。残高4.4厘米（图一九九，2；图二〇〇，1；图版二一，4、5）。

薛家堡村东一号遗址第七采集点

为灰坑H2，采集标本共8件。

YXJB1H2：1，泥质灰陶釜口部。扁圆唇，卷沿外翻，短颈，鼓腹。肩部有磨光痕迹。泥片贴筑、快轮修整。口径22厘米，厚0.8厘米，残高4.8厘米（图二〇一，1）。

YXJB1H2：2，泥质深灰色陶釜口肩部。扁圆唇，卷沿外翻，溜肩。肩部饰左斜向较规则的粗绳纹，口沿下绳纹被抹平。泥片贴筑、快轮修整。口径24厘米，厚0.8厘米，残高9厘米（图二〇一，2）。

YXJB1H2：3，夹砂深灰色陶釜口肩部。含细砂。扁圆唇，卷沿外翻，溜肩，鼓腹明显，最大径在中腹部。肩部饰左斜向较规则的粗绳纹，腹部最大径处两道横线抹痕，抹去绳纹，

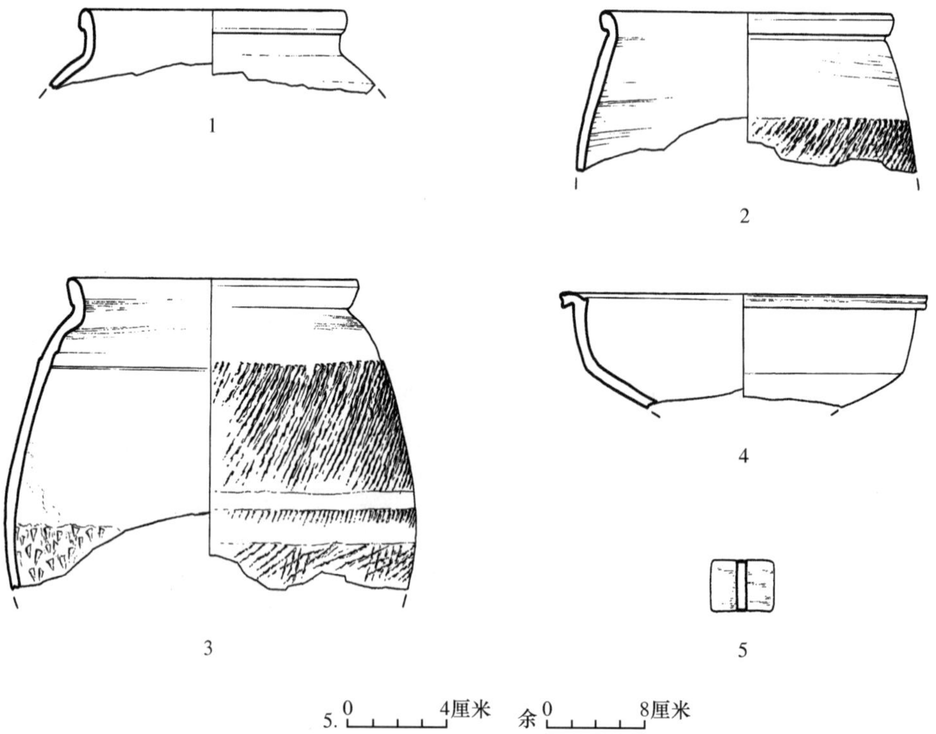

图二〇一　薛家堡村东一号遗址第七采集点采集标本

1～3. 陶釜口肩部（YXJB1H2：1、YXJB1H2：2、YXJB1H2：3）　4. 陶盆（YXJB1H2：4）　5. 骨牌（YXJB1H2：8）

下腹饰交错粗绳纹，口沿下绳纹被抹去，内壁最大径一下饰压印的不规则的三角纹，内壁有旋抹痕。泥片贴筑、快轮修整口部。口径24厘米，厚0.9厘米，残高17.6厘米，最大腹径34厘米（图二〇一，3）。

YXJB1H2：4，泥质灰陶盆。口微敛，方唇，折沿，斜腹折收明显，底部已残。口沿下有两周凹槽，内外壁均研光，形成排列较密的若干周暗弦纹。泥片贴筑、快轮修整（图二〇一，4）。

YXJB1H2：5，夹蚌片铁锈红色绳纹陶片。器表饰竖向较规则的中绳纹。泥片贴筑。厚0.8厘米（图二〇二，1）。

图二〇二　薛家堡村东一号遗址第七采集点采集标本拓片

1. 陶片（YXJB1H2：5）　2. 陶罐肩腹部（YXJB1H2：6）　3. 陶盆下腹部（YXJB1H2：7）

YXJB1H2：6，泥质灰陶罐肩腹部。含细砂。折肩。肩部抹光，腹部饰较密集的抹断竖向粗绳纹。泥片贴筑。厚0.6厘米（图二〇二，2）。

YXJB1H2：7，泥质灰陶盆下腹部。外壁饰抹断左斜向规则的中绳纹，近底部局部绳纹抹光，内壁抹光层脱落，凹凸不平。泥片贴筑。厚0.7厘米（图二〇二，3）。

YXJB1H2：8，骨牌。颜色呈黄白色略泛青。平面呈长方形，每个面均磨光。磨制。长2.6厘米，宽1.5厘米，厚0.35厘米（图二〇一，5；图版二一，6）。

薛家堡村东一号遗址第八采集点

为灰坑H3，采集标本共13件。

YXJB1H3：1，泥质灰黑色陶釜口肩部。扁圆唇，口沿外卷贴于口部外侧，溜肩。口沿下绳纹抹平，肩部饰右斜向较规则的中绳纹，绳纹局部有交错。泥片贴筑、快轮修整。口径26厘米，残高9.6厘米，厚0.6～0.7厘米（图二〇三，7）。

YXJB1H3：2，泥质灰黑色陶豆盘。含细砂。侈口，扁圆唇，折腹斜收接豆柄，内底略下凹，柄中空。泥片贴筑。盘径11厘米，厚0.7厘米，残高3厘米（图二〇三，2）。

YXJB1H3：3，泥质灰陶高领罐口肩部。侈口，尖圆唇，卷沿外翻，高领。外壁领部及口沿内壁有研光的暗弦纹。快轮修整。口径13.2厘米，厚0.8厘米，残高6厘米（图二〇三，4）。

YXJB1H3：4，泥质灰黑色陶罐口部。侈口，扁圆唇，短颈，折肩，斜直腹略鼓。腹部残存三周抹断竖向较规则的中偏细绳纹，内壁肩局部及肩腹连接处有压印的粗绳纹。个体较大，器形少见。泥片贴筑、快轮修整。口径22厘米，厚0.7厘米，残高14.1厘米（图二〇三，9）。

YXJB1H3：5，泥质灰陶高领壶口部。侈口，斜方唇，高领。外壁及内壁口部饰若干周暗弦纹。泥片贴筑、快轮修整。口径12厘米，厚0.6厘米，残高5.4厘米（图二〇三，3）。

YXJB1H3：6，夹砂深灰色陶钵底部。含细砂。下腹折收呈平底。素面。泥片贴筑、快轮修整。底径6.1厘米，厚0.6厘米，残高4.3厘米（图二〇三，1）。

YXJB1H3：7，泥质陶板瓦。瓦面呈灰色，瓦沟呈黑色。瓦前端较薄，瓦面残存抹断右斜向粗绳纹，两板瓦叠压处抹光，瓦沟抹光。泥片贴筑。厚1.1厘米（图二〇三，10）。

YXJB1H3：8，泥质深灰色陶盆口部。敛口，斜方唇，折沿略下捺，鼓腹。口沿上有一周凹槽，口沿上及内壁饰研光的暗弦纹，外壁存三周凹弦纹。泥片贴筑、快轮修整。口径36厘米，厚1厘米，残高4.8厘米（图二〇三，8）。

YXJB1H3：9，泥质深灰色陶釜口肩部。圆唇，卷沿，溜肩，弧腹缓收。肩部绳纹被抹平，腹部饰左斜向规则的粗绳纹。泥片贴筑、快轮修整。口径16厘米，厚0.8厘米，残高10厘米（图二〇三，5）。

YXJB1H3：10，泥质灰陶甑底部。底部残存两个由外向内穿透的钻孔。泥片贴筑。底径8厘米，厚0.8厘米，残高4.2厘米（图二〇三，6）。

YXJB1H3：11，陶釜腹部。上半部为泥质，下半部为夹砂。上半部呈灰色，下半部呈黑色。上下腹部套接处，下腹部较薄，鼓腹。上腹部饰抹断交错中绳纹，下腹部饰交错粗绳纹。

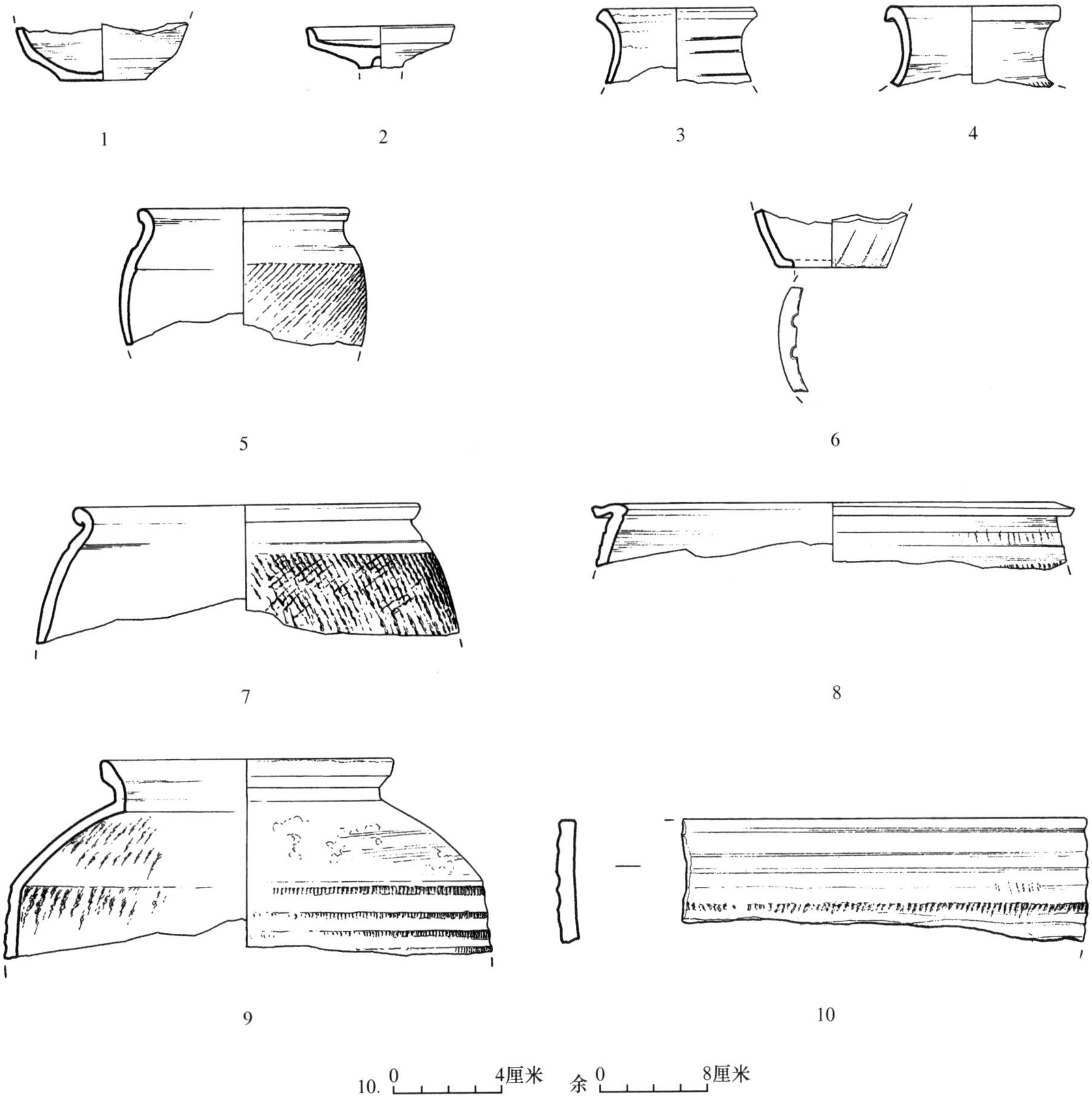

图二〇三　薛家堡村东一号遗址第八采集点采集标本

1. 陶钵底部（YXJB1H3：6）　2. 陶豆盘（YXJB1H3：2）　3. 陶高领壶口部（YXJB1H3：5）
4. 陶高领罐口部（YXJB1H3：3）　5、7. 陶釜口肩部（YXJB1H3：9、YXJB1H3：1）
6. 陶甑底部（YXJB1H3：10）　8. 陶盆口部（YXJB1H3：8）　9. 陶罐口肩部（YXJB1H3：4）　10. 板瓦（YXJB1H3：7）

泥片贴筑。厚0.65厘米（图二〇四，3）。

YXJB1H3：12，泥质灰陶板瓦。瓦面局部红褐色。瓦壁较厚，瓦面饰被弦抹断竖向较规则的粗大绳纹，瓦沟抹光。泥条盘筑、内切。厚1.2厘米（图二〇四，1）。

YXJB1H3：13，泥质灰陶板瓦。瓦壁较厚，瓦面凸凹不平。瓦面饰竖向、局部左斜向较规则的粗绳纹，然后被横向抹断，瓦沟抹光，局部残存斜方格纹及泥条接痕。泥条盘筑。厚1.3厘米（图二〇四，2）。

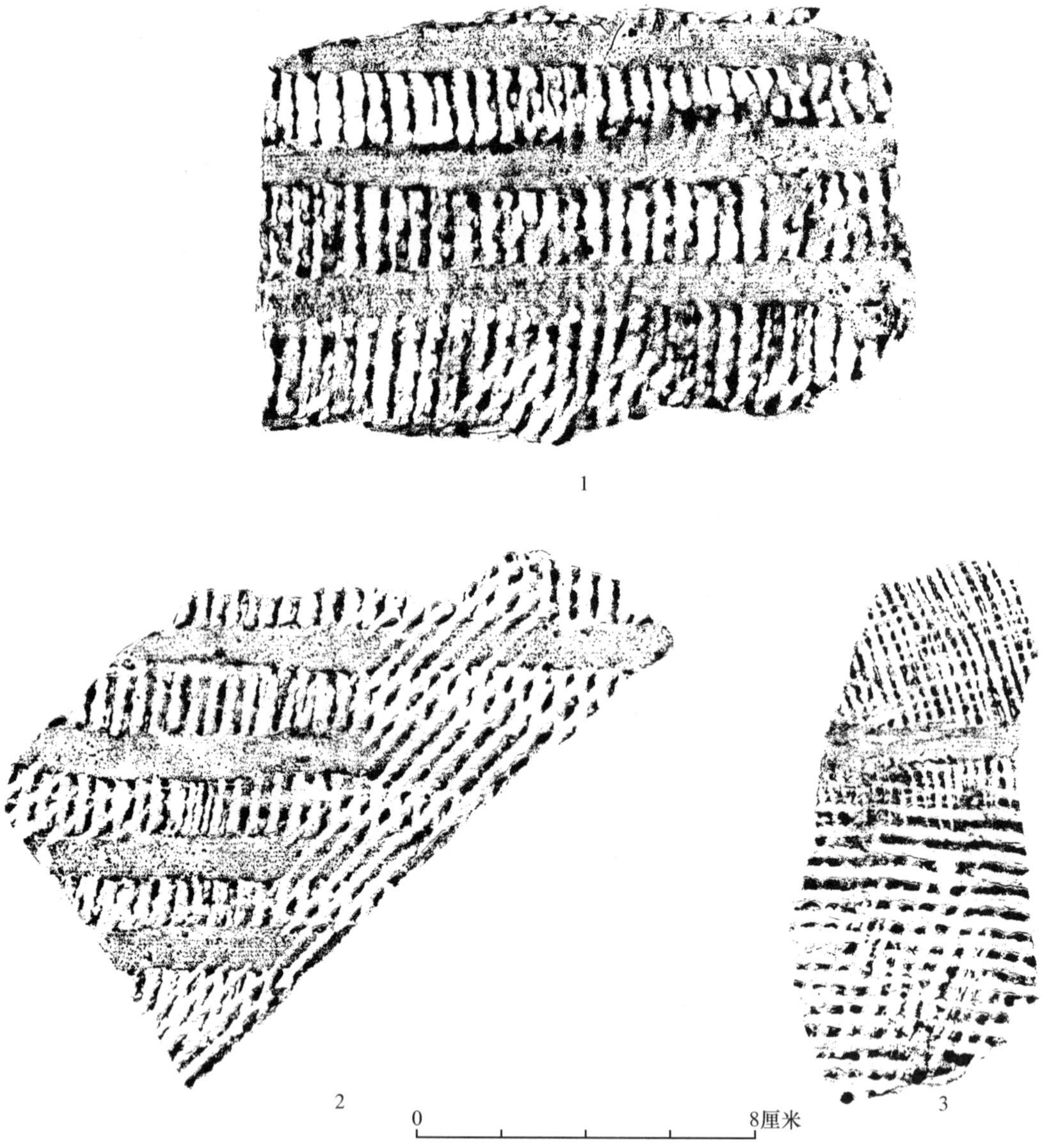

图二〇四　薛家堡村东一号遗址第八采集点采集标本拓片

1、2. 板瓦（YXJB1H3：12、YXJB1H3：13）　3. 陶釜腹部（YXJB1H3：11）

薛家堡村东一号遗址第九采集点

为灰坑H4，采集标本共9件。

YXJB1H4：1，泥质灰陶罐口肩部。圆唇，卷沿外翻贴于口部外侧，溜肩。器表先饰左斜向规则的中绳纹，然后口沿下及肩部饰两周抹痕。泥片贴筑、快轮修整。口径19.2厘米，厚0.9厘米，残高8.4厘米（图二〇五，4）。

YXJB1H4：2，泥质陶釜口肩部，外壁呈灰褐色，内壁呈红褐色。方唇，折沿，溜肩。唇上及沿内各饰一周凹槽，器表先饰竖向规则的中绳纹，口沿下抹光，并饰一周凹弦纹。泥片贴

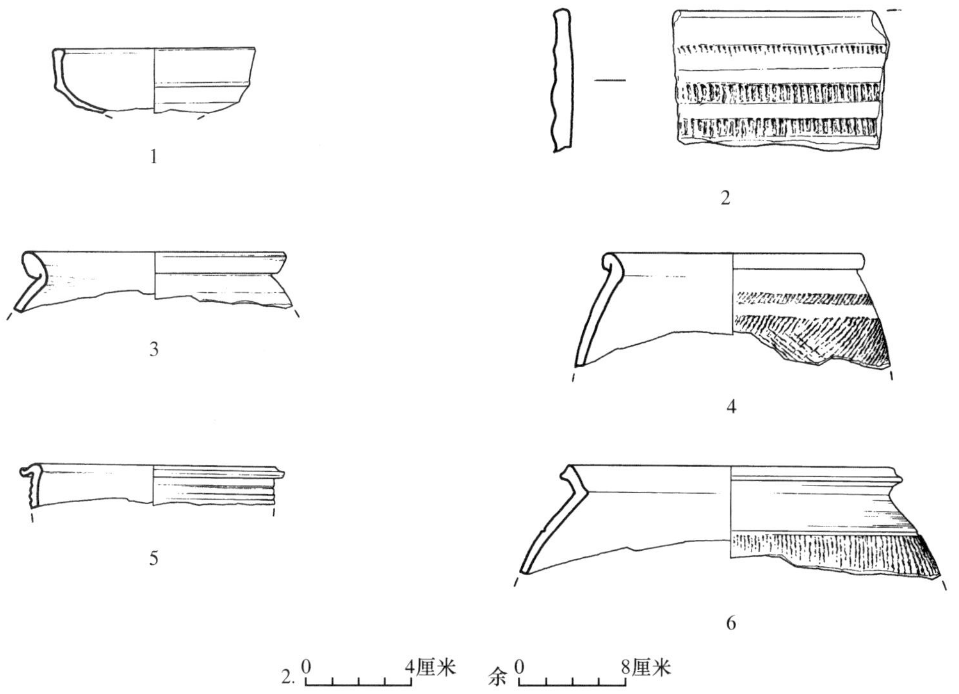

图二〇五　薛家堡村东一号遗址第九采集点采集标本

1. 陶钵口腹部（YXJB1H4：6）　2. 板瓦（YXJB1H4：5）　3、4. 陶罐口肩部（YXJB1H4：3、YXJB1H4：1）
5. 陶盆口部（YXJB1H4：4）　6. 陶釜口肩部（YXJB1H4：2）

筑、快轮修整。口径24.8厘米，厚0.8厘米，残高8.2厘米（图二〇五，6）。

YXJB1H4：3，泥质灰陶罐口肩部。侈口，扁圆唇，卷沿贴于口部外侧，溜肩。素面。泥片贴筑、快轮修整。口径20厘米，厚0.6厘米，残高4.4厘米（图二〇五，3）。

YXJB1H4：4，泥质陶盆口部。外壁呈黄褐色，内壁呈灰色。口微敛，扁圆唇，卷沿下捺。口沿上饰一周凹槽，口沿下饰若干周凹弦纹。泥片贴筑、快轮修整。口径20厘米，厚0.5厘米，残高3.2厘米（图二〇五，5）。

YXJB1H4：5，泥质灰陶板瓦。外表呈灰色，内壁呈红褐色。圆唇，内切。外表先饰竖向规则的粗绳纹，再饰五周抹痕。泥片贴筑。残宽14厘米，厚1.2厘米，残长9.2厘米（图二〇五，2）。

YXJB1H4：6，泥质灰陶钵口腹部。口微敛，圆唇，有颈，腹部斜收，颈下有一周凸棱。泥片贴筑、快轮修整。口径15.2厘米，最厚0.8厘米，残高4.8厘米（图二〇五，1）。

YXJB1H4：7，夹砂灰陶釜腹部。器表饰交错粗绳纹。泥片贴筑。厚0.6厘米（图二〇六，1）。

YXJB1H4：8，泥质陶板瓦。外表呈灰黑色，内壁呈灰褐色。方唇，内切。外表饰竖向和左斜向较规则的粗绳纹，唇上饰横向粗绳纹。泥片贴筑。厚1.7厘米（图二〇六，2）。

YXJB1H4：9，泥质灰黑色陶罐腹部。腹部微鼓，器形较大，器壁较厚。器表上腹部饰左斜向较规则的浅细绳纹，下腹部饰竖向较规则的浅细绳纹，绳纹上残存四周抹痕，上腹部饰两周抹痕肩部饰一周压印纹。泥片贴筑。厚1厘米（图二〇六，3）。

图二〇六　薛家堡村东一号遗址第九采集点采集标本拓片

1. 陶釜腹部（YXJB1H4：7）　2. 板瓦（YXJB1H4：8）　3. 陶罐腹部（YXJB1H4：9）

薛家堡村东一号遗址第十采集点

为灰坑H5，采集标本共7件（图版二一，2）。

YXJB1H5：1，泥质深灰色陶器盖。盖高鼓，呈覆钵状，近口部加厚，外壁饰若干周凹弦纹。泥片贴筑、快轮修整。盖径42厘米，厚0.8厘米，残高4.4厘米（图二〇七，3）。

YXJB1H5：2，泥质深灰色陶盆口部。敛口，方唇，折沿下捺。口沿下残存两周凹弦纹，口沿上近折处饰一周凹槽，口沿上及内壁饰若干周暗弦纹。泥片贴筑、快轮修整。口径38厘米，厚0.8厘米，残高3.4厘米（图二〇七，2）。

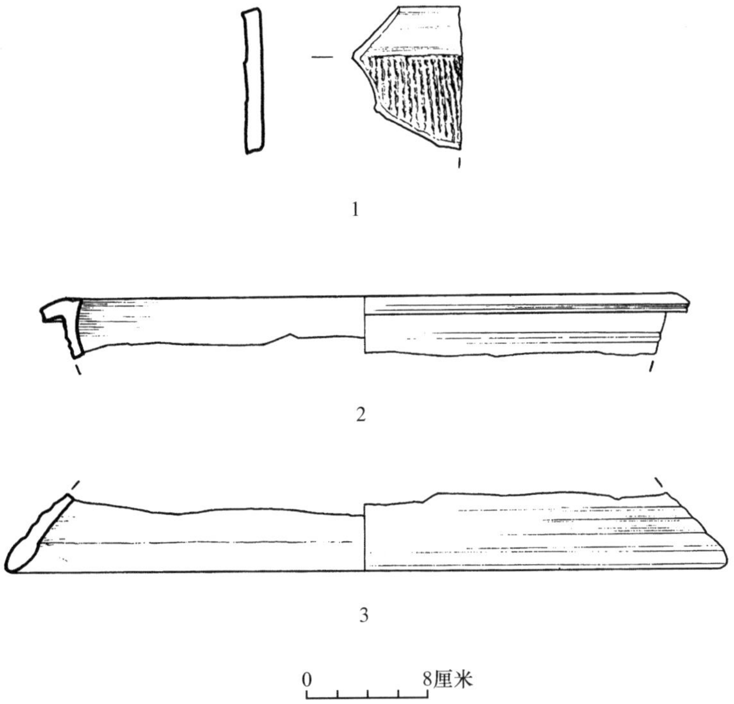

图二〇七　薛家堡村东一号遗址第十采集点采集标本

1. 板瓦（YXJB1H5：5）　2. 陶盆口部（YXJB1H5：2）　3. 陶器盖（YXJB1H5：1）

YXJB1H5：3，泥质铁锈红陶板瓦。瓦头端略上翘，外侧饰右斜向规则的粗大绳纹，瓦头端抹光绳纹。泥片贴筑。残长8厘米，厚0.9厘米，残宽6.1厘米。

YXJB1H5：4，泥质灰陶器底。器底外侧有快轮修整时留下的同心圆抹痕。泥片贴筑、快轮修整。厚0.9厘米。

YXJB1H5：5，泥质红褐色陶板瓦。外侧饰抹断竖向规则的粗大绳纹，内壁凹凸不平，局部残留布纹。泥片贴筑、内切。厚1.3厘米（图二〇七，1；图二〇八，2）。

YXJB1H5：6，泥质陶板瓦。外侧呈红褐色，内壁呈黑色。外侧饰左斜向不规则的粗大绳纹，内壁有压印纹。泥片贴筑。厚1厘米（图二〇八，3）。

YXJB1H5：7，夹蚌片铁锈红绳纹陶片。器表饰竖向较规则的粗绳纹。泥片贴筑。厚1.2厘米（图二〇八，1）。

薛家堡村东一号遗址第十一采集点

为灰坑H6，采集标本共22件。

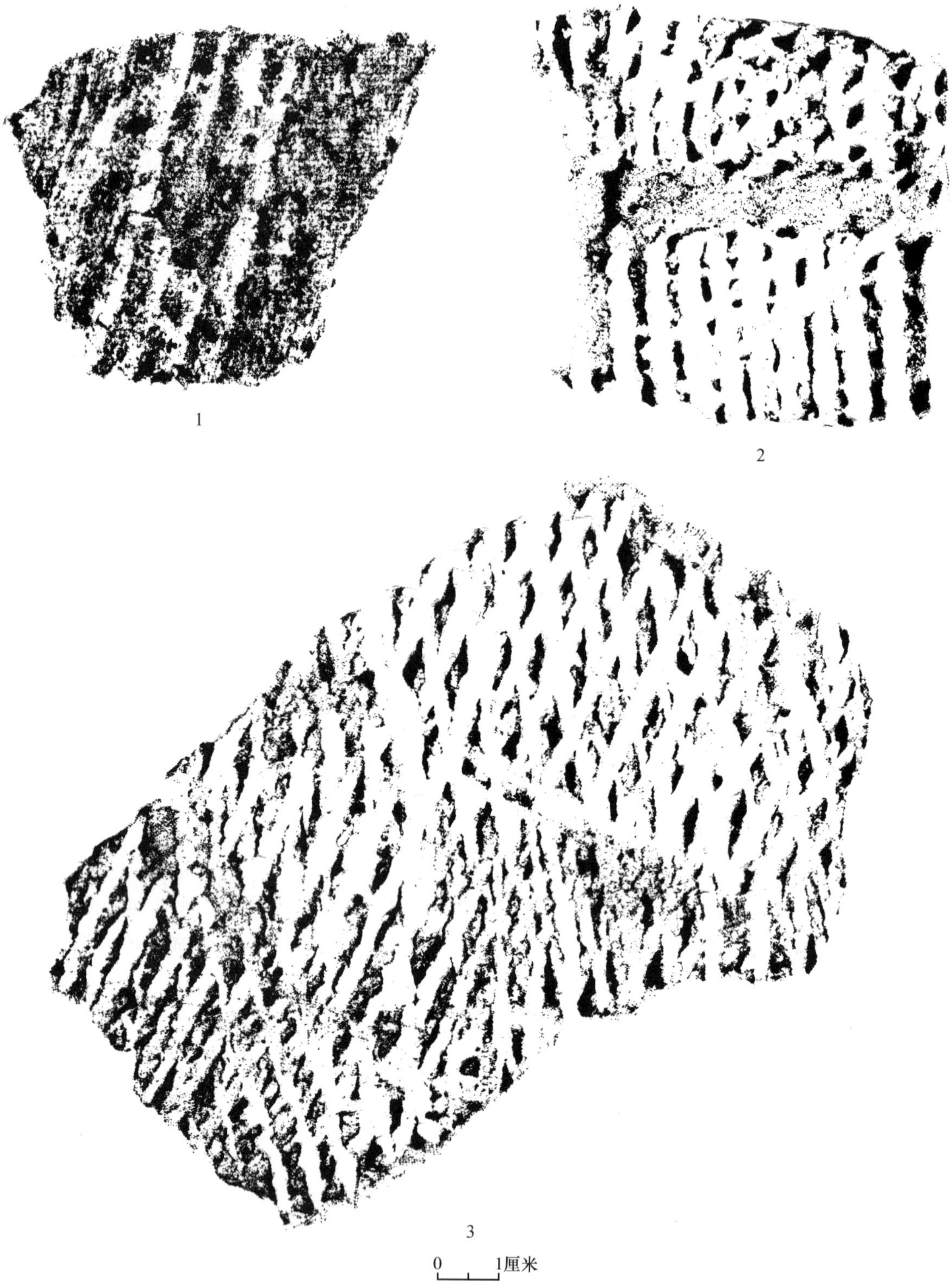

图二〇八　薛家堡村东一号遗址第十采集点采集标本拓片

1. 陶片（YXJB1H5：7）　2、3. 板瓦（YXJB1H5：5、YXJB1H5：6）

YXJB1H6：1，泥质灰陶高领壶。侈口，圆方唇，卷沿，高领，溜肩，鼓腹，下收明显。器表肩部及上腹部饰弦断竖向中绳纹。泥片贴筑、快轮修整。口径12.8厘米，腹径21.4厘米，厚0.8厘米，残高18.8厘米（图二〇九，11）。

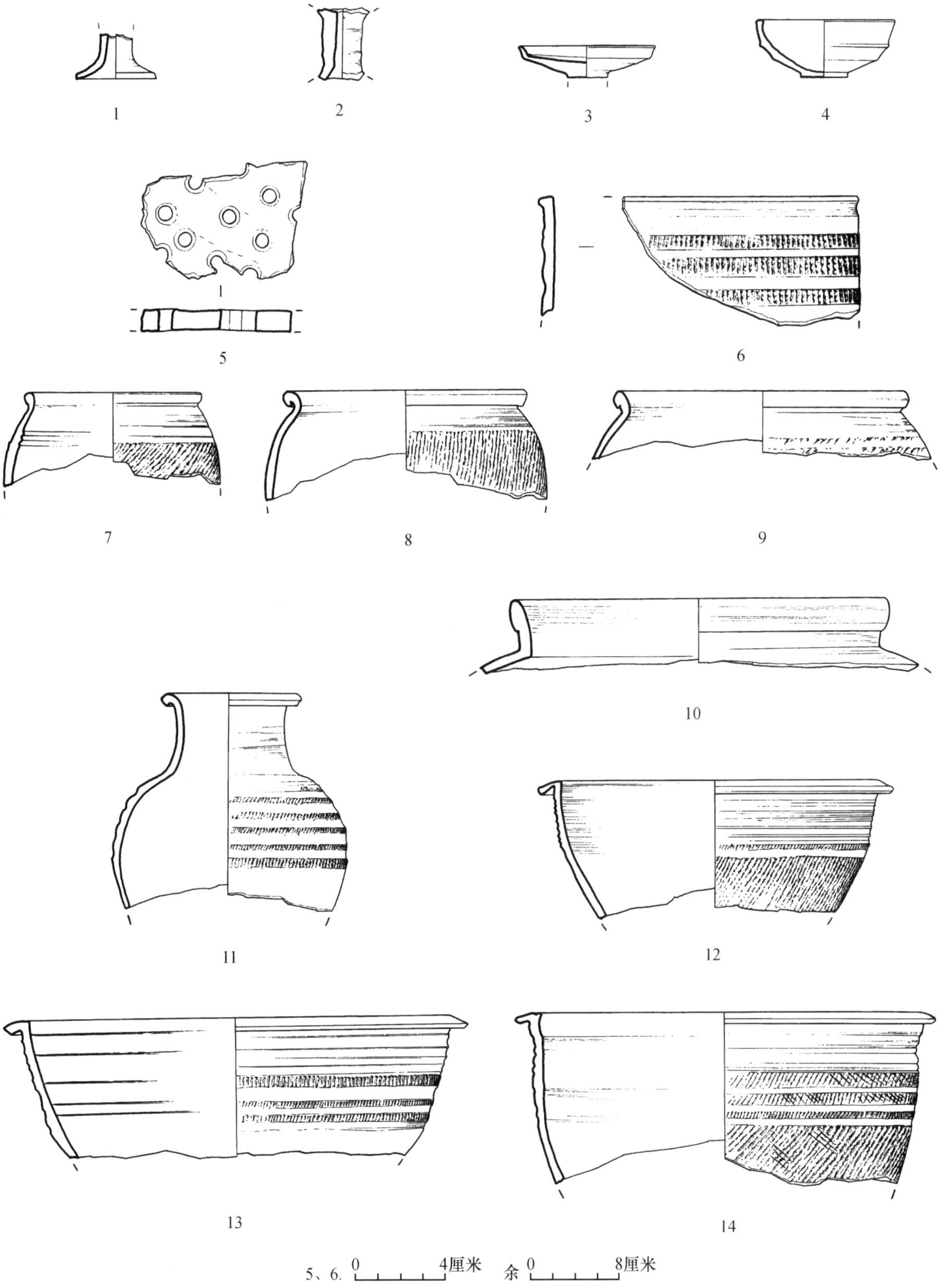

图二〇九　薛家堡村东一号遗址第十一采集点采集标本

1. 陶豆座（YXJB1H6：5）　2. 陶豆柄（YXJB1H6：9）　3. 陶豆盘（YXJB1H6：8）　4. 陶钵（YXJB1H6：7）　5. 陶甑底（YXJB1H6：12）　6. 板瓦头部（YXJB1H6：6）　7～10. 陶釜口肩部（YXJB1H6：14、YXJB1H6：13、YXJB1H6：15、YXJB1H6：16）　11. 陶高领壶（YXJB1H6：1）　12～14. 陶盆口腹部（YXJB1H6：3、YXJB1H6：4、YXJB1H6：2）

YXJB1H6：2，泥质陶盆口腹部。含石块。斜方唇，折沿略下捺，弧腹斜收。器表口沿下饰数周凹弦纹，下饰抹断交错中绳纹，下腹部绳纹被磨光。泥片贴筑、快轮修整。口径38厘米，厚1厘米，残高15厘米（图二〇九，14）。

YXJB1H6：3，泥质灰黑色陶盆口腹部。斜方唇，折沿下捺，弧腹斜收。器表口沿下饰数周凹弦纹，下饰抹断左斜向中绳纹，下腹部绳纹被磨光，口沿上有一周凹槽。泥片贴筑、快轮修整。口径32厘米，厚0.7厘米，残高12厘米（图二〇九，12）。

YXJB1H6：4，泥质灰陶盆口腹部。斜方唇，折沿下捺，下腹急收。器表口沿下有若干周快轮修整留下的凹弦纹，下饰抹断略左斜较规则的中偏粗绳纹，下腹素面，口沿上及内壁饰数周暗弦纹。泥片贴筑、快轮修整。口径42厘米，厚1厘米，残高12厘米（图二〇九，13）。

YXJB1H6：5，泥质灰陶豆座。喇叭状底座，中空。快轮。底径7.2厘米，厚0.7厘米，残高4厘米（图二〇九，1）。

YXJB1H6：6，泥质夹心陶板瓦头部。器表饰较规则的抹断中偏粗绳纹。外灰色，内红褐色。手制、泥片贴筑。残宽10厘米，残长8.8厘米，厚0.8厘米（图二〇九，6）。

YXJB1H6：7，泥质灰陶钵。圆唇，敛口，折腹斜收至饼底。器表下腹部饰一周瓦楞纹。泥片贴筑、快轮修整。口径12.4厘米，底径4.4厘米，高5厘米（图二〇九，4）。

YXJB1H6：8，泥质灰黑色陶豆盘。圆唇，侈口，折腹斜收，平底，下接豆柄，柄残后磨平，二次使用。盘底饰数周砑光近同心圆暗弦纹。快轮修整。口径12.4厘米，残高2.8厘米（图二〇九，3）。

YXJB1H6：9，泥质灰陶豆柄。竹节状，中空。手制。孔径0.6厘米，残高6.2厘米（图二〇九，2）。

YXJB1H6：10，泥质灰黑色陶筒瓦（残）。外切。器表外侧先饰竖向较规则的粗绳纹，然后局部抹光绳纹。泥条盘筑。厚1厘米（图二一一，3）。

YXJB1H6：11，泥质灰陶筒瓦。素面半当。外表素面，内侧有垫压形成的不规则小方格纹。泥条盘筑、外切。残长6厘米，残宽11.7厘米，厚1.4厘米。

YXJB1H6：12，泥质灰陶甑底。底部残存四周分布较规则的镂孔。素面。泥片贴筑。残长7.1厘米，残宽5厘米，厚1厘米，孔径0.6厘米（图二〇九，5）。

YXJB1H6：13，泥质灰陶釜口肩部。扁圆唇，侈口，卷沿，溜肩，鼓腹。肩、腹部饰左斜向规则的中偏粗绳纹。泥片贴筑、快轮修整。孔径22厘米，厚0.6厘米，残高9.6厘米（图二〇九，8）。

YXJB1H6：14，泥质灰陶釜口肩部。圆唇，侈口，卷沿，溜肩。肩部饰左斜向规则的粗绳纹。泥片贴筑、快轮修整。口径16厘米，厚0.8厘米，残高8厘米（图二〇九，7）。

YXJB1H6：15，泥质灰黑色陶釜口肩部。扁圆唇，侈口，卷沿，溜肩。肩部残存抹断左斜向中绳纹。泥片贴筑、快轮修整。口径26.8厘米，厚0.7厘米，残高6厘米（图二〇九，9）。

YXJB1H6：16，泥质夹心陶釜口肩部。扁圆唇，侈口，折沿，短颈，鼓肩。口沿内侧及器表有数周砑光暗弦纹。外灰色，内红褐色。泥片贴筑、快轮修整。口径34厘米，厚1厘米，残高6.4厘米（图二〇九，10）。

YXJB1H6：17，泥质灰陶绳纹陶片。罐腹片，器表外侧饰抹断竖向及左斜向浅细绳纹，再饰两周附加堆纹，上饰压印的右斜向细绳纹。泥片贴筑。厚0.9厘米（图二一〇，4）。

YXJB1H6：18，泥质灰陶板瓦。外壁饰抹断左斜向较规则的粗绳纹，内壁有垫压形成的斜方格纹。泥片贴筑。厚1.3厘米（图二一〇，3）。

YXJB1H6：19，泥质灰陶板瓦（残）。内切。外侧饰抹断左斜向粗大绳纹。内侧有压印的不规则三角形纹饰。泥片贴筑。厚0.8厘米（图二一〇，2）。

YXJB1H6：20，泥质灰黑色陶折肩罐腹部。腹部斜收。肩部残存数周研光的暗弦纹，肩腹间饰一周附加泥条，上饰压印的横向中绳纹，腹部残存数周抹断竖向较规则的中绳纹。泥片贴筑、快轮修整。厚0.6厘米（图二一一，2）。

YXJB1H6：21，夹砂灰陶釜下腹部。器表上饰右斜向较规则的中偏细绳纹，下饰横向较规则的粗大绳纹。泥条盘筑。厚0.6厘米（图二一〇，1）。

YXJB1H6：22，夹砂铁锈红陶片夹蚌片。器表饰竖向较宽的浅细绳纹。泥片贴筑。厚0.8厘米（图二一一，1）。

（二）遗址时代

遗址的文化时代为战国、汉魏、辽金（表三五）。

YXJB1②：6（战国晚期）与卓资县城卜子古城遗址C型Ⅱ式陶罐T1822③：1相似[①]；与卓资县土城子遗址Ⅱ式陶罐H26：10相似[②]。

YXJB1④：2（战国晚期）与卓资县城卜子古城遗址A型陶罐G1：8相似[③]；与托克托县古城村古城遗址汉代D型Ⅱ式陶罐T5②：2相似[④]；与卓资县土城子村遗址Ⅲ式罐T6014②：11相似[⑤]。

YXJB1④：3（战国晚期）与卓资县城卜子古城遗址A型Ⅴ式陶盆C：21相似[⑥]；与卓资县土城子村遗址出土B型Ⅱ式陶盆T5013②：16相似[⑦]；与和林格尔县胜利营东沟子遗址A型陶盆

---

① 内蒙古自治区文物考古研究所编：《内蒙古文物考古文集（第三辑）》，科学出版社，2004年，第136页，图九，7。

② 内蒙古自治区文物考古研究所、乌兰察布市博物馆、卓资县文物保护管理所：《卓资县土城子村遗址发掘简报》，《草原文物》2013年第2期，第59页，图一四，1。

③ 内蒙古自治区文物考古研究所编：《内蒙古文物考古文集（第三辑）》，科学出版社，2004年，第136页，图九，2。

④ 内蒙古自治区文物考古研究所编：《内蒙古文物考古文集（第三辑）》，科学出版社，2004年，第230页，图一四，5。

⑤ 内蒙古自治区文物考古研究所、乌兰察布市博物馆、卓资县文物保护管理所：《卓资县土城子村遗址发掘简报》，《草原文物》2013年第2期，第59页，图一四，8。

⑥ 内蒙古自治区文物考古研究所编：《内蒙古文物考古文集（第三辑）》，科学出版社，2004年，第134页，图七，2。

⑦ 内蒙古自治区文物考古研究所、乌兰察布市博物馆、卓资县文物保护管理所：《卓资县土城子村遗址发掘简报》，《草原文物》2013年第2期，第61页，图一六，6。

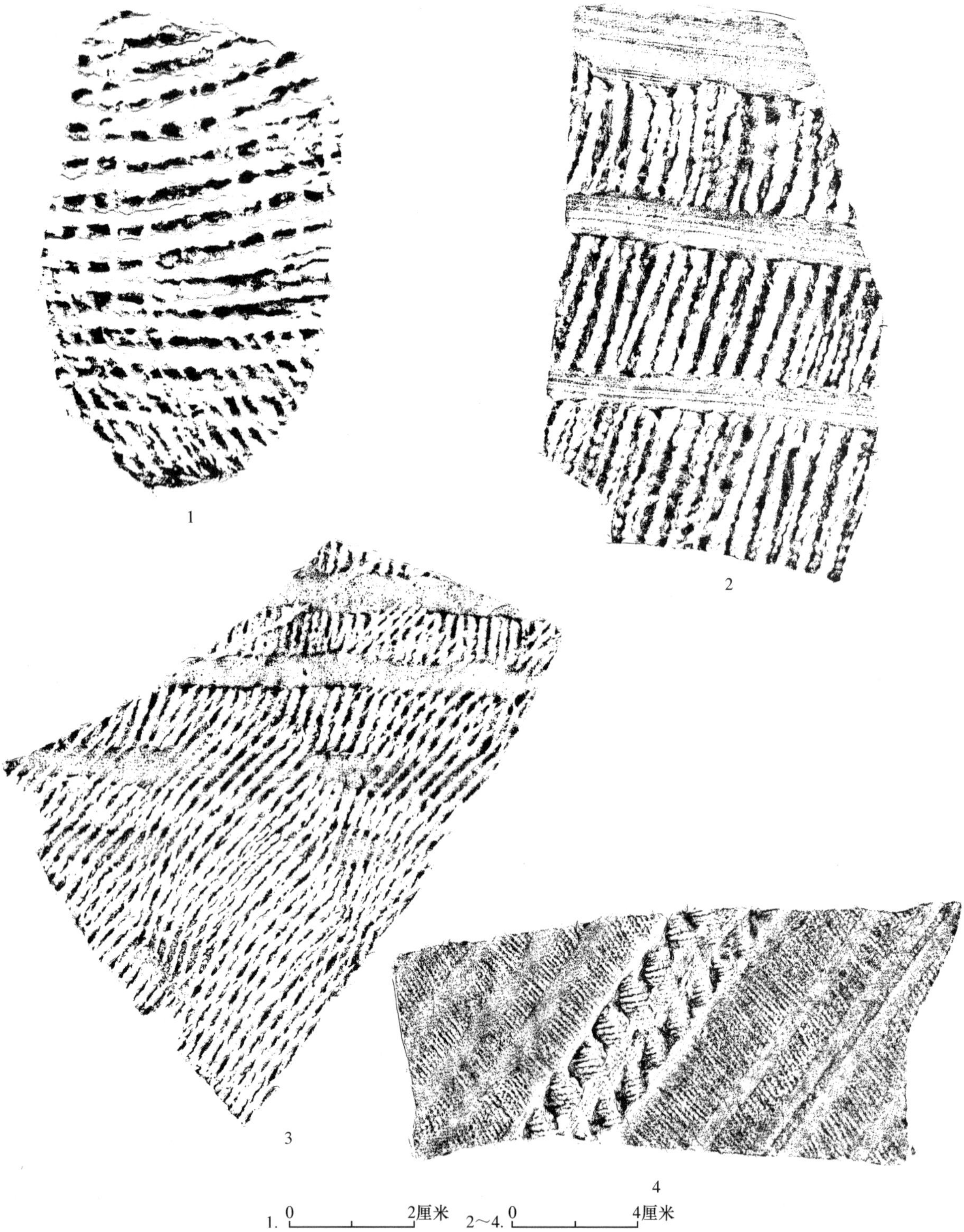

图二一〇　薛家堡村东一号遗址第十一采集点采集标本拓片

1. 陶釜下腹部（YXJB1H6∶21）　2、3. 板瓦（YXJB1H6∶19、YXJB1H6∶18）　4. 陶片（YXJB1H6∶17）

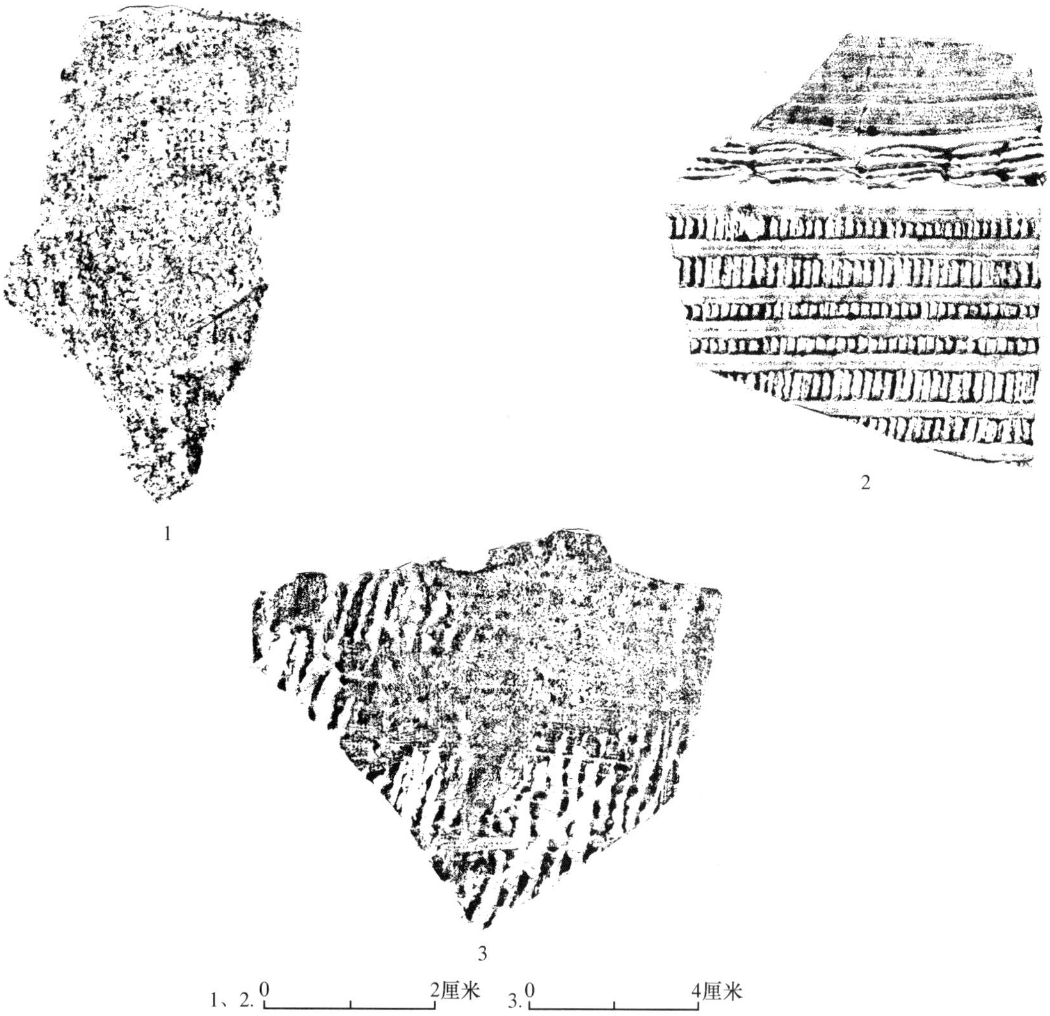

图二一一　薛家堡村东一号遗址第十一采集点采集标本拓片

1. 陶片（YXJB1H6：22）　2. 陶折肩罐腹部（YXJB1H6：20）　3. 筒瓦（YXJB1H6：10）

TS02E04②：3相似[①]。

YXJB1H1：1（战国时期）与卓资县城卜子古城遗址A型Ⅳ式陶盆C：12相似[②]；与托克托县黑水泉遗址H型Ⅱ式陶盆ⅡW13：1相似[③]；与和林格尔县胜利营东沟子遗址C型陶盆TS02E04②：4相似[④]。

---

① 内蒙古师范大学历史文化学院考古文博系、内蒙古自治区文物考古研究所：《和林格尔县胜利营东沟子遗址发掘简报》，《草原文物》2013年第1期，第13页，图七，3。

② 内蒙古自治区文物考古研究所编：《内蒙古文物考古文集（第三辑）》，科学出版社，2004年，第134页，图七，4。

③ 内蒙古自治区文物考古研究所编：《内蒙古文物考古文集（第三辑）》，科学出版社，2004年，第173页，图三一，2。

④ 内蒙古师范大学历史文化学院考古文博系、内蒙古自治区文物考古研究所：《和林格尔县胜利营东沟子遗址发掘简报》，《草原文物》2013年第1期，第13页，图七，8。

YXJB1H2：1（战国时期）与托克托县古城村古城遗址B型陶釜H22：4相似①。

YXJB1H2：3（战国晚期—王莽）与托克托县黑水泉遗址E型Ⅱ式陶罐H91：3相似②。

YXJB1H2：4（战国晚期—王莽）与托克托县黑水泉遗址L型Ⅶ式陶盆H119：3相似③；与山西右玉县中陵古城调查与试掘陶盆C：67相似④。

YXJB1①：6（汉代）与卓资县城卜子古城遗址A型Ⅲ式陶盆C：5相似⑤；与和林格尔县胜利营东沟子遗址C型陶盆TS02E04②：4相似⑥。

YXJB1②：3（汉代）与卓资县土城子村遗址A型Ⅰ式陶盆G3：4相似⑦；与和林格尔县胜利营东沟子遗址C型陶盆TS03E06②：8相似⑧。

YXJB1H1：3（西汉）与卓资县城卜子古城遗址A型Ⅱ式陶盆T1922③：3相似⑨；与卓资县土城子村遗址A型Ⅰ式陶盆G3：4相似⑩；与八拜墓葬陶盆C：5相似⑪。

YXJB1H1：4（汉代）与卓资县城卜子古城遗址C型Ⅰ式陶瓮C：31相似⑫；与托克托县黑水泉遗址D型Ⅱ式陶釜H98：2相似⑬；与卓资县土城子村遗址Ca型陶瓮H26：3相似⑭。

---

① 内蒙古自治区文物考古研究所编：《内蒙古文物考古文集（第三辑）》，科学出版社，2004年，第224页，图八，2。

② 内蒙古自治区文物考古研究所编：《内蒙古文物考古文集（第三辑）》，科学出版社，2004年，第181页，图三六，3。

③ 内蒙古自治区文物考古研究所编：《内蒙古文物考古文集（第三辑）》，科学出版社，2004年，第172页，图三〇，16。

④ 山西省考古研究所、暨南大学历史系考古专业：《山西右玉县中陵古城的调查与试掘》，《考古》2011年第10期，第37页，图六，7。

⑤ 内蒙古自治区文物考古研究所编：《内蒙古文物考古文集（第三辑）》，科学出版社，2004年，第134页，图七，1。

⑥ 内蒙古师范大学历史文化学院考古文博系、内蒙古自治区文物考古研究所：《和林格尔县胜利营东沟子遗址发掘简报》，《草原文物》2013年第1期，第13页，图七，8。

⑦ 内蒙古自治区文物考古研究所、乌兰察布市博物馆、卓资县文物保护管理所：《卓资县土城子村遗址发掘简报》，《草原文物》2013年第2期，第60页，图一五，6。

⑧ 内蒙古师范大学历史文化学院考古文博系、内蒙古自治区文物考古研究所：《和林格尔县胜利营东沟子遗址发掘简报》，《草原文物》2013年第1期，第13页，图七，10。

⑨ 内蒙古自治区文物考古研究所编：《内蒙古文物考古文集（第三辑）》，科学出版社，2004年，第134页，图七，14。

⑩ 内蒙古自治区文物考古研究所、乌兰察布市博物馆、卓资县文物保护管理所：《卓资县土城子村遗址发掘简报》，《草原文物》2013年第2期，第60页，图一五，6。

⑪ 内蒙古文物考古研究所编：《内蒙古中南部汉代墓葬》，中国大百科全书出版社，1998年，第309页，图四，2。

⑫ 内蒙古自治区文物考古研究所编：《内蒙古文物考古文集（第三辑）》，科学出版社，2004年，第137页，图一〇，2。

⑬ 内蒙古自治区文物考古研究所编：《内蒙古文物考古文集（第三辑）》，科学出版社，2004年，第182页，图三七，16。

⑭ 内蒙古自治区文物考古研究所、乌兰察布市博物馆、卓资县文物保护管理所：《卓资县土城子村遗址发掘简报》，《草原文物》2013年第2期，第58页，图一三，1。

YXJB1③：1（汉代）与卓资县城卜子古城遗址B型Ⅰ式陶釜C：8相似[①]；与托克托县古城村古城遗址汉代B型Ⅲ式陶釜T1②：3相似[②]。

YXJB1②：1（汉代）与清水河县城嘴子遗址汉代遗存出土陶敛口瓮ⅡT11②：2相似[③]。

YXJB1H1：5（西汉）与卓资县城卜子古城遗址A型陶罐G1：5相似[④]；与卓资县土城子村遗址Ⅲ式陶罐T6014②：11相似[⑤]。

YXJB1H1：6（西汉）与卓资县城卜子古城遗址B型Ⅰ式陶瓮C：8相似[⑥]；与托克托县古城村古城遗址汉代B型Ⅲ式陶釜T1②：3相似[⑦]。

YXJB1②：5（东汉）与卓资县城卜子古城遗址B型Ⅲ式陶瓮C：28相似[⑧]；与托克托县黑水泉遗址B型陶瓮H126：9相似[⑨]；与托克托县古城村古城遗址汉代B型Ⅱ式陶瓮H37：1相似[⑩]。

YXJB1H1：9（秦汉）与山西大同操场城北魏二号遗址先秦汉代陶罐H295：7相似[⑪]。

YXJB1①：3（辽代）与察哈尔右翼后旗头道湾古城遗址B型Ⅳ式陶盆ⅡH2：2相似[⑫]；与准格尔旗城坡古城遗址第二阶段遗存出土F型陶盆T30②A：4相似[⑬]；与清水河县下城湾古城遗

① 内蒙古自治区文物考古研究所编：《内蒙古文物考古文集（第三辑）》，科学出版社，2004年，第137页，图一〇，1。

② 内蒙古自治区文物考古研究所编：《内蒙古文物考古文集（第三辑）》，科学出版社，2004年，第233页，图一六，8。

③ 内蒙古自治区文物考古研究所编：《内蒙古文物考古文集（第三辑）》，科学出版社，2004年，第111页，图三七，3。

④ 内蒙古自治区文物考古研究所编：《内蒙古文物考古文集（第三辑）》，科学出版社，2004年，第136页，图九，2。

⑤ 内蒙古自治区文物考古研究所、乌兰察布市博物馆、卓资县文物保护管理所：《卓资县土城子村遗址发掘简报》，《草原文物》2013年第2期，第59页，图一四，8。

⑥ 内蒙古自治区文物考古研究所编：《内蒙古文物考古文集（第三辑）》，科学出版社，2004年，第1版，第137页。

⑦ 内蒙古自治区文物考古研究所编：《内蒙古文物考古文集（第三辑）》，科学出版社，2004年，第233页，图一六，8。

⑧ 内蒙古自治区文物考古研究所编：《内蒙古文物考古文集（第三辑）》，科学出版社，2004年，第137页，图一〇，9。

⑨ 内蒙古自治区文物考古研究所编：《内蒙古文物考古文集（第三辑）》，科学出版社，2004年，第184页，图三八，10。

⑩ 内蒙古自治区文物考古研究所编：《内蒙古文物考古文集（第三辑）》，科学出版社，2004年，第231页，图一五，11。

⑪ 山西省考古研究所、大同市考古研究所：《山西大同操场城北魏二号遗址发掘简报》，《文物》2016年第4期，第16页，图二九，3。

⑫ 内蒙古自治区文物考古研究所编：《内蒙古文物考古文集（第三辑）》，科学出版社，2004年，第339页，图二一，5。

⑬ 内蒙古自治区文物考古研究所编：《万家寨水利枢纽工程考古报告集》，远方出版社，2001年，第101页，图一八，8。

址A型Ⅱ式陶盆H7：9相似[①]。

YXJB1①：5（辽代）与察哈尔右翼后旗头道湾古城遗址Bc型瓷罐ⅠH36：1相似[②]；与准格尔旗城坡古城遗址第二阶段遗存出土C型瓷盆T11②：10相似[③]；与和林格尔县前瓦窑沟辽金时代遗址E型罐相似[④]。

YXJB1⑤：4（辽代）与准格尔旗城坡古城遗址第二阶段遗存出土C型陶瓮F3：6相似[⑤]；与苏尼特右旗新民乡全胜段金界壕B型陶瓮T6②：2相似[⑥]；与察哈尔右翼后旗头道湾古城遗址C型陶瓮ⅠH51：1相似[⑦]。

YXJB1⑤：3（辽代）与准格尔旗城坡古城遗址第二阶段遗存出土H型陶盆T15②：9相似[⑧]；与和林格尔县红山口遗址D型Ⅱ式陶盆T1506②：1相似[⑨]。

YXJB1⑤：1（辽代）与察哈尔右翼后旗头道湾古城遗址B型Ⅳ式陶盆ⅡH2：2相似[⑩]。

YXJB1③：4（辽金）与苏尼特右旗新民乡全胜段金界壕B型陶瓮T6②：2相似[⑪]；与察哈尔右翼后旗头道湾古城遗址C型瓮ⅠH51：1相似[⑫]；与准格尔旗城坡古城遗址第二阶段遗存出土C型陶瓮T23②：1相似[⑬]。

---

① 内蒙古自治区文物考古研究所编：《万家寨水利枢纽工程考古报告集》，远方出版社，2001年，第163页，图七，13。

② 内蒙古自治区文物考古研究所编：《内蒙古文物考古文集（第三辑）》，科学出版社，2004年，第336页，图一九，4。

③ 内蒙古自治区文物考古研究所编：《万家寨水利枢纽工程考古报告集》，远方出版社，2001年，第110页，图二七，4。

④ 内蒙古文物考古研究所编：《内蒙古文物考古文集》，中国大百科全书出版社，1994年，第556页，图六，14。

⑤ 内蒙古自治区文物考古研究所编：《万家寨水利枢纽工程考古报告集》，远方出版社，2001年，第99页，图一六，10。

⑥ 内蒙古自治区文物考古研究所编：《内蒙古文物考古文集（第三辑）》，科学出版社，2004年，第317页，图五，1。

⑦ 内蒙古自治区文物考古研究所编：《内蒙古文物考古文集（第三辑）》，科学出版社，2004年，第340页，图二二，3。

⑧ 内蒙古自治区文物考古研究所编：《万家寨水利枢纽工程考古报告集》，远方出版社，2001年，第101页，图一八，5。

⑨ 内蒙古自治区文物考古研究所编：《内蒙古文物考古文集（第三辑）》，科学出版社，2004年，图二七，1。

⑩ 内蒙古自治区文物考古研究所编：《内蒙古文物考古文集（第三辑）》，科学出版社，2004年，第339页，图一二，5。

⑪ 内蒙古自治区文物考古研究所编：《内蒙古文物考古文集（第三辑）》，科学出版社，2004年，第317页，图五，1。

⑫ 内蒙古自治区文物考古研究所编：《内蒙古文物考古文集（第三辑）》，科学出版社，2004年，第340页，图二二，3。

⑬ 内蒙古自治区文物考古研究所编：《万家寨水利枢纽工程考古报告集》，远方出版社，2001年，第99页，图一六，9。

YXJB1③：6（辽金）与苏尼特右旗新民乡全胜段金界壕A型陶盆H7：2相似[①]；与察哈尔右翼后旗韩元店元代古城遗址陶盆H21：1相似[②]。

YXJB1③：7（辽金）与察哈尔右翼后旗头道湾古城遗址B型Ⅱ式陶盆ⅡH106：1相似[③]；与土默特左旗沙尔沁古城遗址Ⅱ式陶盆H2：6相似[④]；与和林格尔县前瓦窑沟辽金时代遗址B型盆相似[⑤]。

YXJB1③：8（辽金）与准格尔旗城坡古城遗址第二阶段遗存出土G型陶盆T7③：3相似[⑥]。

YXJB1③：23（辽金）与和林格尔县前瓦窑沟辽金时代遗址A型瓮相似[⑦]；与乌审旗三岔河古城与墓葬古城出土A型瓷罐WHG：27相似[⑧]。

YXJB1③：24（辽金）与和林格尔县前瓦窑沟辽金时代遗址B型瓮相似[⑨]；与察哈尔右翼后旗头道湾古城遗址A型陶罐ⅡH103：1相似[⑩]；与苏尼特右旗新民乡全胜段金界壕A型陶瓮H8：6相似[⑪]。

YXJB1③：26（辽金）与察哈尔右翼后旗头道湾古城遗址Ba型瓷罐ⅠH13：2相似[⑫]；与准格尔旗城坡古城遗址第二阶段遗存出土C型瓷盆T11②：10相似[⑬]；与清水河县下城湾古城遗址

① 内蒙古自治区文物考古研究所编：《内蒙古文物考古文集（第三辑）》，科学出版社，2004年，第317页，图五，5。

② 内蒙古自治区文物考古研究所编：《内蒙古文物考古文集（第三辑）》，科学出版社，2004年，第363页，图七，2。

③ 内蒙古自治区文物考古研究所编：《内蒙古文物考古文集（第三辑）》，科学出版社，2004年，第339页，图二一，2。

④ 内蒙古自治区文物考古研究所编：《内蒙古文物考古文集（第三辑）》，科学出版社，2004年，第420页，图八，14。

⑤ 内蒙古文物考古研究所编：《内蒙古文物考古文集》，中国大百科全书出版社，1994年，第556页，图六，1。

⑥ 内蒙古自治区文物考古研究所编：《万家寨水利枢纽工程考古报告集》，远方出版社，2001年，第1版，图一八，4。

⑦ 内蒙古文物考古研究所编：《内蒙古文物考古文集》，中国大百科全书出版社，1994年，第558页，图九，1。

⑧ 内蒙古文物考古研究所编：《内蒙古文物考古文集（第二辑）》，中国大百科全书出版社，1997年，第725页，图三，3。

⑨ 内蒙古文物考古研究所编：《内蒙古文物考古文集》，中国大百科全书出版社，1994年，第558页，图九，4。

⑩ 内蒙古自治区文物考古研究所编：《内蒙古文物考古文集（第三辑）》，科学出版社，2004年，第340页，图二二，2。

⑪ 内蒙古自治区文物考古研究所编：《内蒙古文物考古文集（第三辑）》，科学出版社，2004年，第317页，图五，6。

⑫ 内蒙古自治区文物考古研究所编：《内蒙古文物考古文集（第三辑）》，科学出版社，2004年，第336页，图一九，6。

⑬ 内蒙古自治区文物考古研究所编：《万家寨水利枢纽工程考古报告集》，远方出版社，2001年，第110页，图二七，4。

B型Ⅰ式瓷盆T5④：6相似[①]。

YXJB1③：28（辽金）与察哈尔右翼后旗头道湾古城遗址B型陶瓮ⅠH20：2相似[②]。

YXJB1③：40（辽金）与清水河县下城湾古城遗址A型Ⅰ式瓷钵H16：1相似[③]；与察哈尔右翼后旗韩元店元代古城遗址E型瓷碗H23：1相似[④]。

YXJB1③：42（辽金）与准格尔旗城坡古城遗址第二阶段遗存出土陶鸱吻T14②：9相似[⑤]。

YXJB1③：43（辽代）与清水河县下城湾古城出土B型Ⅱ式瓦当T13②：5相似[⑥]。

YXJB1③：44（辽代）与清水河县下城湾古城出土A型Ⅱ式瓦当T33②：5相似[⑦]。

表三五　薛家堡村东一号遗址调查标本与其他地区同时代对比表

序号	薛家堡村东一号遗址调查标本	对比标本一	对比标本二	对比标本三	其他	备注
1	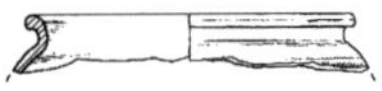 YXJB1②：6（战国晚期）	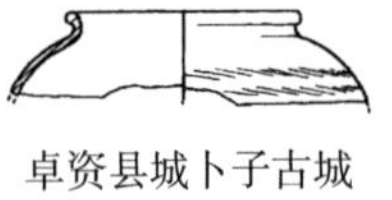 卓资县城卜子古城遗址C型Ⅱ式陶罐T1822③：1	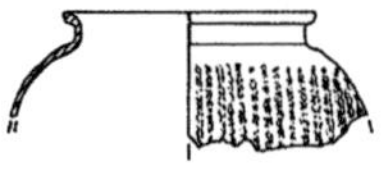 卓资县土城子遗址Ⅱ式陶罐H26：10			
2	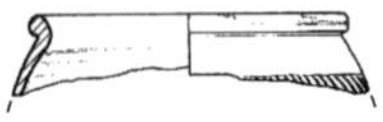 YXJB1④：2（战国晚期）	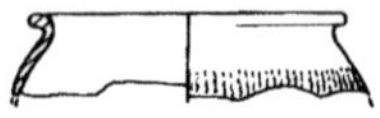 卓资县城卜子古城遗址A型陶罐G1：8	 托克托县古城村古城遗址汉代D型Ⅱ式陶罐T5②：2	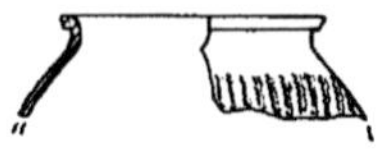 卓资县土城子村遗址Ⅲ式陶罐T6014②：11		
3	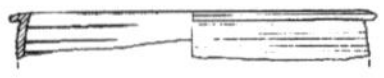 YXJB1④：3（战国晚期）	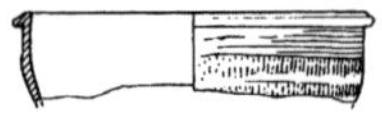 卓资县城卜子古城遗址A型Ⅴ式陶盆C：21	 卓资县土城子村遗址出土B型Ⅱ式陶盆T5013②：16	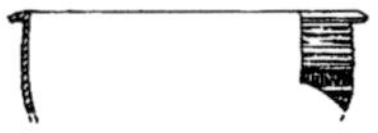 和林格尔县胜利营东沟子遗址A型陶盆TS02E04②：3		

---

① 内蒙古自治区文物考古研究所编：《万家寨水利枢纽工程考古报告集》，远方出版社，2001年，第166页，图九，6。

② 内蒙古自治区文物考古研究所编：《内蒙古文物考古文集（第三辑）》，科学出版社，2004年，第340页，图二二，6。

③ 内蒙古自治区文物考古研究所编：《万家寨水利枢纽工程考古报告集》，远方出版社，2001年，第168页，图一一，1。

④ 内蒙古自治区文物考古研究所编：《内蒙古文物考古文集（第三辑）》，科学出版社，2004年，第364页，图八，11。

⑤ 内蒙古自治区文物考古研究所编：《万家寨水利枢纽工程考古报告集》，远方出版社，2001年，第105页，图二二，4。

⑥ 内蒙古自治区文物考古研究所编：《万家寨水利枢纽工程考古报告集》，远方出版社，2001年，图版拾肆，6。

⑦ 内蒙古自治区文物考古研究所编：《万家寨水利枢纽工程考古报告集》，远方出版社，2001年，图版拾肆，3。

续表

序号	薛家堡村东一号遗址调查标本	对比标本一	对比标本二	对比标本三	其他	备注
4	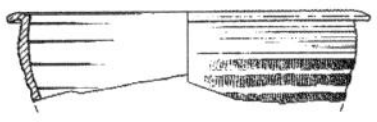 YXJB1H1：1 （战国时期）	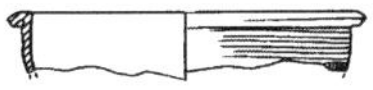 卓资县城卜子古城遗址A型Ⅳ式陶盆C：12	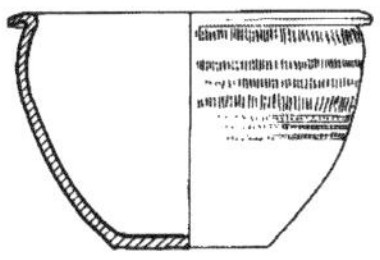 托克托县黑水泉遗址H型Ⅱ式陶盆ⅡW13：1	 和林格尔县胜利营东沟子遗址C型陶盆TS02E04②：4		
5	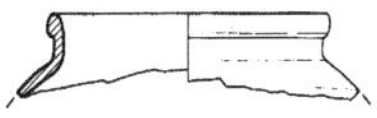 YXJB1H2：1 （战国时期）	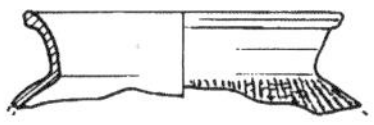 托克托县古城村古城遗址B型陶釜H22：4				
6	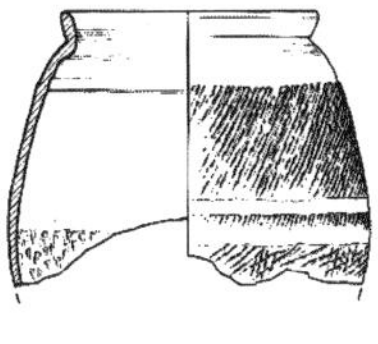 YXJB1H2：3 （战国晚期—王莽）	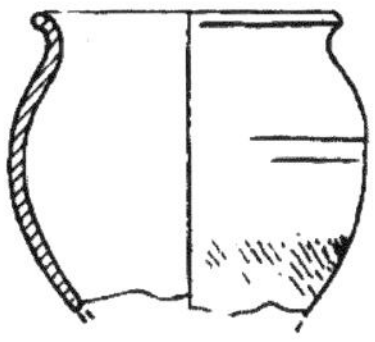 托克托县黑水泉遗址E型Ⅱ式陶罐H91：3				
7	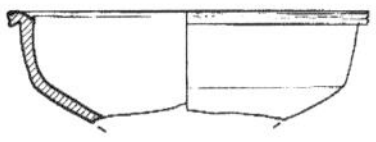 YXJB1H2：4 （战国晚期—王莽）	 托克托县黑水泉遗址L型Ⅶ式陶盆H119：3	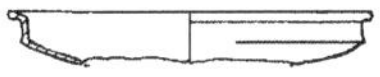 山西右玉县中陵古城调查与试掘陶盆C：67			
8	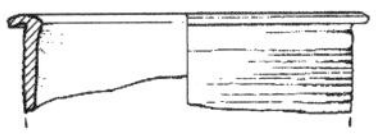 YXJB1①：6（汉代）	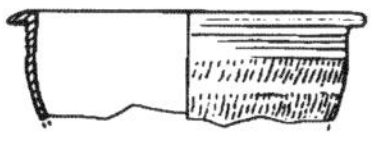 卓资县城卜子古城遗址A型Ⅲ式陶盆C：5	 和林格尔县胜利营东沟子遗址C型陶盆TS02E04②：4			
9	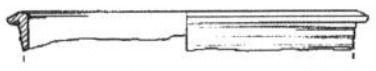 YXJB1②：3（汉代）	 卓资县土城子村遗址A型Ⅰ式陶盆G3：4	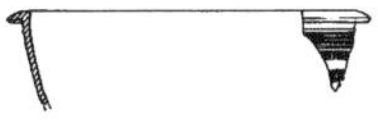 和林格尔县胜利营东沟子遗址C型陶盆TS03E06②：8			
10	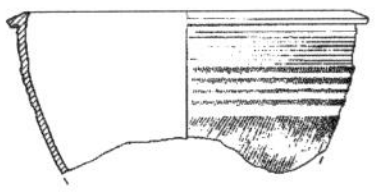 YXJB1H1：3（西汉）	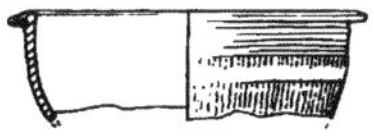 卓资县城卜子古城遗址A型Ⅱ式陶盆T1922③：3	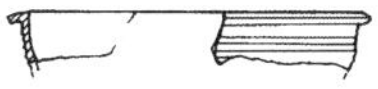 卓资县土城子村遗址A型Ⅰ式陶盆G3：4	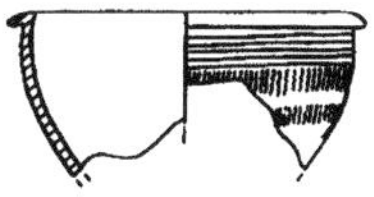 八拜墓葬陶盆C：5		
11	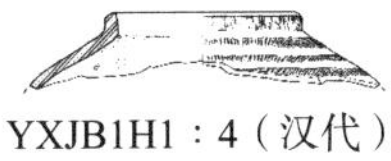 YXJB1H1：4（汉代）	 卓资县城卜子古城遗址C型Ⅰ式陶瓮C：31	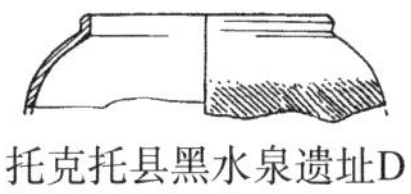 托克托县黑水泉遗址D型Ⅱ式陶釜H98：2	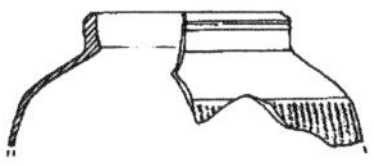 卓资县土城子村遗址Ca型陶瓮H26：3		

续表

序号	薛家堡村东一号遗址调查标本	对比标本一	对比标本二	对比标本三	其他	备注
12	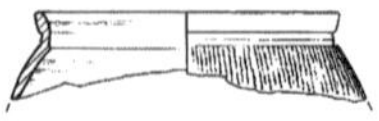 YXJB1③：1（汉代）	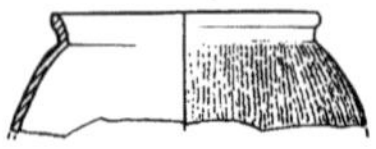 卓资县城卜子古城遗址B型Ⅰ式陶釜C：8	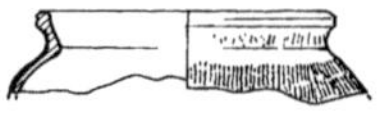 托克托县古城村古城遗址汉代B型Ⅲ式陶釜T1②：3			
13	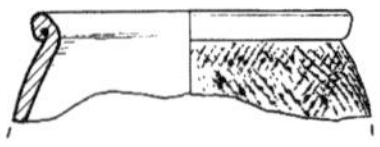 YXJB1②：1（汉代）	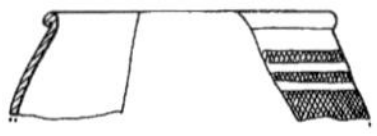 清水河县城嘴子遗址汉代遗存出土陶敛口瓮ⅡT11②：2				
14	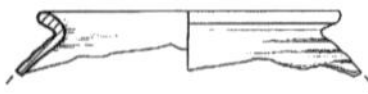 YXJB1H1：5（西汉）	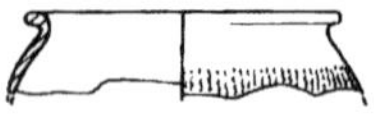 卓资县城卜子古城遗址A型陶罐G1：5	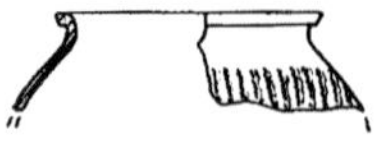 卓资县土城子村遗址Ⅲ式陶罐T6014②：11			
15	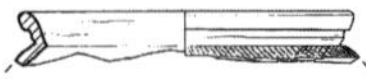 YXJB1H1：6（西汉）	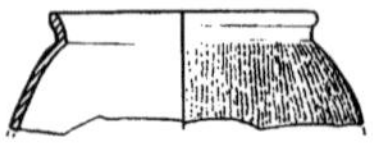 卓资县城卜子古城遗址B型Ⅰ式陶瓮C：8	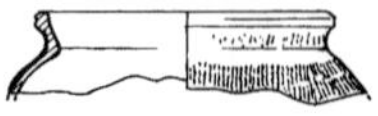 托克托县古城村古城遗址汉代B型Ⅲ式陶釜T1②：3			
16	 YXJB1②：5（东汉）	 卓资县城卜子古城遗址B型Ⅲ式陶瓮C：28	 托克托县黑水泉遗址B型陶瓮H126：9	 托克托县古城村古城遗址汉代B型Ⅱ式陶瓮H37：1		
17	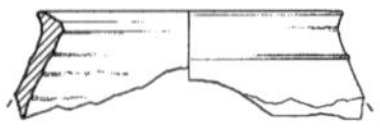 YXJB1H1：9（秦汉）	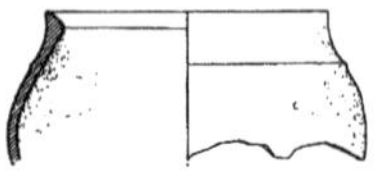 山西大同操场城北魏二号遗址先秦汉代陶罐H295：7				
18	 YXJB1①：3（辽代）	 察哈尔右翼后旗头道湾古城遗址B型Ⅳ式陶盆ⅡH2：2	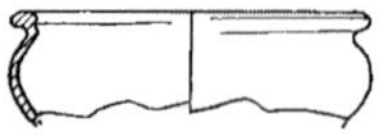 准格尔旗城坡古城遗址第二阶段遗存出土F型陶盆T30②A：4	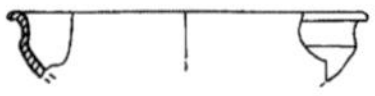 清水河县下城湾古城遗址A型Ⅱ式陶盆H7：9		
19	 YXJB1①：5（辽代）	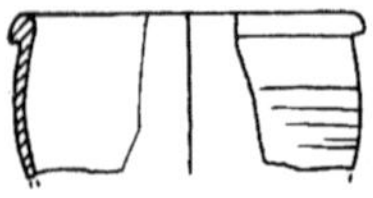 察哈尔右翼后旗头道湾古城遗址Bc型瓷罐ⅠH36：1	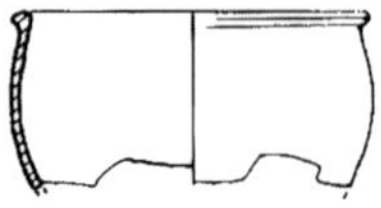 准格尔旗城坡古城遗址第二阶段遗存出土C型瓷盆T11②：10	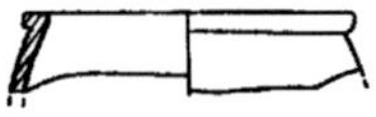 和林格尔县前瓦窑沟辽金时代遗址E型陶罐		

续表

序号	薛家堡村东一号遗址调查标本	对比标本一	对比标本二	对比标本三	其他	备注
20	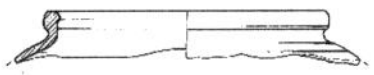 YXJB1⑤：4（辽代）	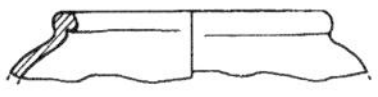 准格尔旗城坡古城遗址第二阶段遗存出土C型陶瓮F3：6	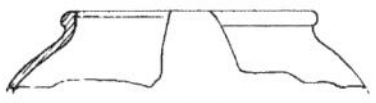 苏尼特右旗新民乡全胜段金界壕B型陶瓮T6②：2	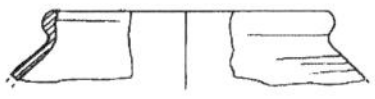 察哈尔右翼后旗头道湾古城遗址C型陶瓮ⅠH51：1		
21	 YXJB1⑤：3（辽代）	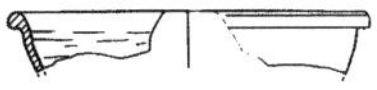 准格尔旗城坡古城遗址第二阶段遗存出土H型陶盆T15②：9	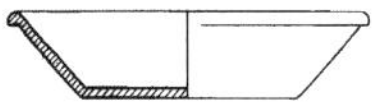 和林格尔县红山口遗址D型Ⅱ式陶盆T1506②：1			
22	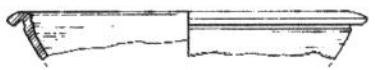 YXJB1⑤：1（辽代）	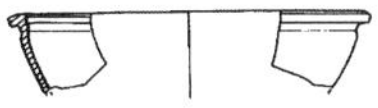 察哈尔右翼后旗头道湾古城遗址B型Ⅳ式陶盆ⅡH2：2				
23	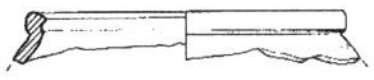 YXJB1③：4（辽金）	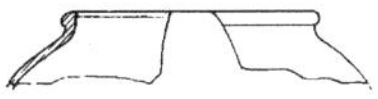 苏尼特右旗新民乡全胜段金界壕B型陶瓮T6②：2	 察哈尔右翼后旗头道湾古城遗址C型瓮ⅠH51：1	 准格尔旗城坡古城遗址第二阶段遗存出土C型陶瓮T23②：1		
24	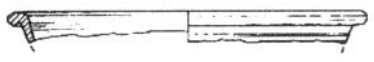 YXJB1③：6（辽金）	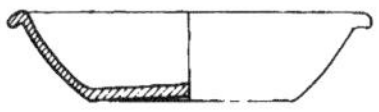 苏尼特右旗新民乡全胜段金界壕A型陶盆H7：2	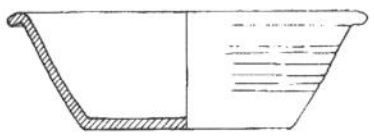 察哈尔右翼后旗韩元店元代古城遗址陶盆H21：1			
25	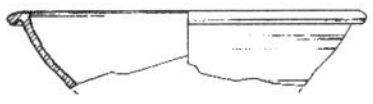 YXJB1③：7（辽金）	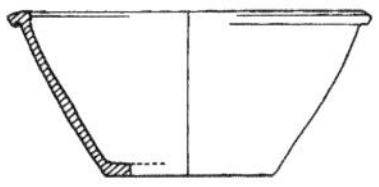 察哈尔右翼后旗头道湾古城遗址B型Ⅱ式陶盆ⅡH106：1	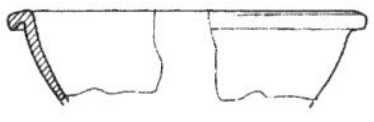 土默特左旗沙尔沁古城遗址Ⅱ式陶盆H2：6	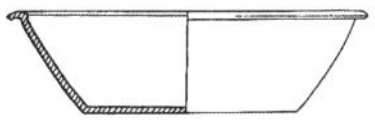 和林格尔县前瓦窑沟辽金时代遗址B型盆		
26	 YXJB1③：8（辽金）	 准格尔旗城坡古城遗址第二阶段遗存出土G型陶盆T7③：3				
27	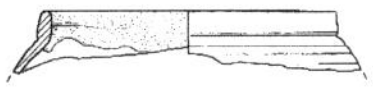 YXJB1③：23（辽金）	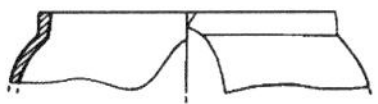 和林格尔县前瓦窑沟辽金时代遗址A型瓮	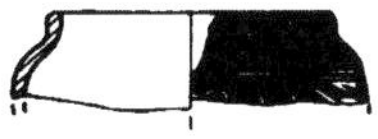 乌审旗三岔河古城与墓葬古城出土A型瓷罐WHG：27			

续表

序号	薛家堡村东一号遗址调查标本	对比标本一	对比标本二	对比标本三	其他	备注
28	 YXJB1③：24（辽金）	 和林格尔县前瓦窑沟辽金时代遗址B型陶瓮	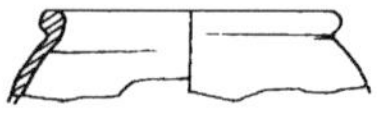 察哈尔右翼后旗头道湾古城遗址A型陶罐ⅡH103：1	 苏尼特右旗新民乡全胜段金界壕A型陶瓮H8：6		
29	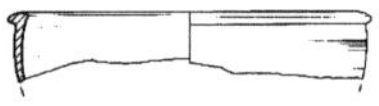 YXJB1③：26（辽金）	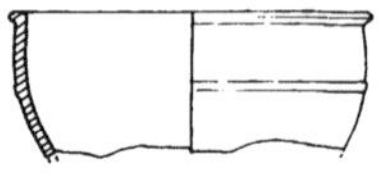 察哈尔右翼后旗头道湾古城遗址Ba型瓷罐ⅠH13：2	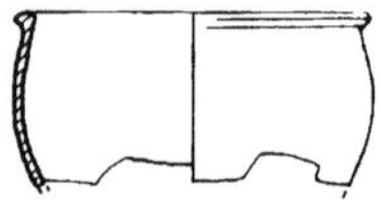 准格尔旗城坡古城遗址第二阶段遗存出土C型瓷盆T11②：10	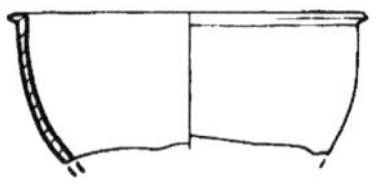 清水河县下城湾古城遗址B型Ⅰ式瓷盆T5④：6		
30	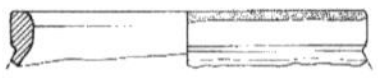 YXJB1③：28（辽金）	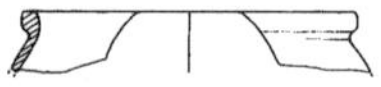 察哈尔右翼后旗头道湾古城遗址B型陶瓮ⅠH20：2				
31	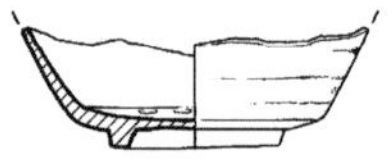 YXJB1③：40（辽金）	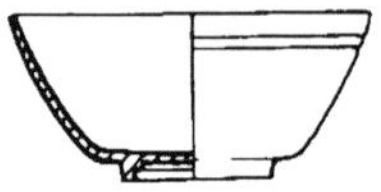 清水河县下城湾古城遗址A型Ⅰ式瓷钵H16：1	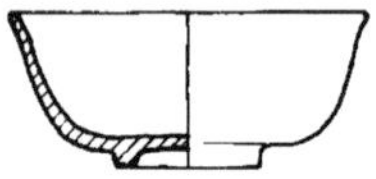 ? 察哈尔右翼后旗韩元店元代古城遗址E型瓷碗H23：1			
32	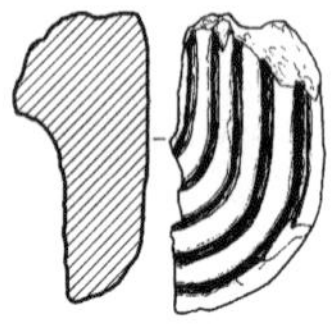 YXJB1③：42（辽金）	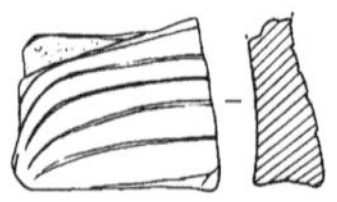 准格尔旗城坡古城遗址第二阶段遗存出土鸱吻T14②：9				
33	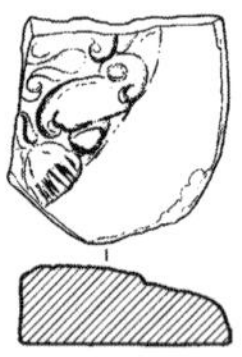 YXJB1③：43（辽代）	 清水河县下城湾古城出土B型Ⅱ式瓦当T13②：5				
34	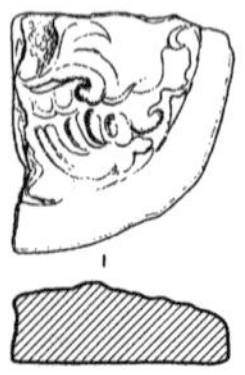 YXJB1③：44（辽代）	 清水河县下城湾古城出土A型Ⅱ式瓦当T33②：5				

二、薛家堡村东北遗址（2014YXJB2）

（一）遗址介绍

薛家堡村东北遗址位于薛家堡村东北约1400米处，行政归属李达窑乡薛家堡村，初查时间为2014年8月9日。遗址中心GPS坐标为北纬40°13′15.3″，东经112°25′37.6″，海拔1385米 ± 5米。该遗址地形为南北走向的阶梯式台地，地势北高南低。遗址西南临薛家堡村约1600米，西临由北向南注入马营河的支流，南临去往李达窑乡县级公路。地表种植有葫麻、玉米等。遗址东西约200米，南北约650米，面积总计约130000平方米（图二一二；图版三）。

遗址区内未发现文化层、灰坑等遗迹，只发现散落遗址区地表的残留遗物。

遗物主要分布于遗址区的中部，故设两个采集点。

薛家堡村东北遗址第一采集点

第一采集点位于遗址区的中北部，中心坐标为北纬40°13′15.3″，东经112°25′37.6″，海拔1385米 ± 5米。采集点地形为阶梯式台地，地表植被为荒地。采集面积约200平方米。采集遗物分布较分散，所采遗物主要有泥质灰陶折沿盆口部、卷沿盆口部、器盖、绳纹砖残块；瓷鸡腿瓶底部、瓷缸口部、瓷碗底部；圆形石饼、石棒、带沟槽石片等。采集标本共19件。

YXJB2①：1，泥质灰陶罐下腹及底部。斜腹，小平底。素面。泥条盘筑、快轮修整。残高6厘米，厚1.2厘米（图二一三，7）。

YXJB2①：2，泥质灰陶盆口部。圆唇，卷沿外翻贴于外壁斜腹。口沿及内壁有研光痕迹。泥片贴筑、快轮修整。口径48厘米，厚1厘米，残高7.4厘米（图二一三，16）。

YXJB2①：3，泥质灰陶盆口部。圆唇，卷沿，斜腹。内壁有研光痕迹。泥片贴筑、快轮修整。口径48厘米，厚1.2厘米，残高8厘米（图二一三，18）。

YXJB2①：4，泥质灰黑色陶盆口部。扁圆唇，内侧加厚，腹部斜收明显。外壁有旋抹形成的瓦楞纹。泥片贴筑、快轮修整。口径24厘米，厚0.8厘米，残高5厘米（图二一三，9）。

YXJB2①：5，泥质灰陶盆底部。斜腹，平底。外壁修整较粗糙。下腹部残存四周平行凹槽，内壁有研光形成的平行暗弦纹。泥片贴筑、慢轮修整。残长10厘米，厚1厘米，残高7.4厘米（图二一三，5）。

YXJB2①：6，泥质灰陶盆口部。斜方唇，卷沿，斜腹。口沿及内壁有研光形成的平行暗弦纹。泥片贴筑、快轮修整。口径56厘米，厚1厘米，残高4厘米（图二一三，10）。

YXJB2①：7，泥质灰陶盆口部。斜方唇，卷沿，斜腹。口沿内饰两周凸棱，内壁残存一周压印纹。泥片贴筑、快轮修整。口径56厘米，厚0.9厘米，残高10厘米（图二一三，12）。

YXJB2①：8，泥质灰陶盆口部。斜方唇，卷沿，斜腹。素面。泥片贴筑。口径28厘米，厚0.9厘米，残高3厘米（图二一三，13）。

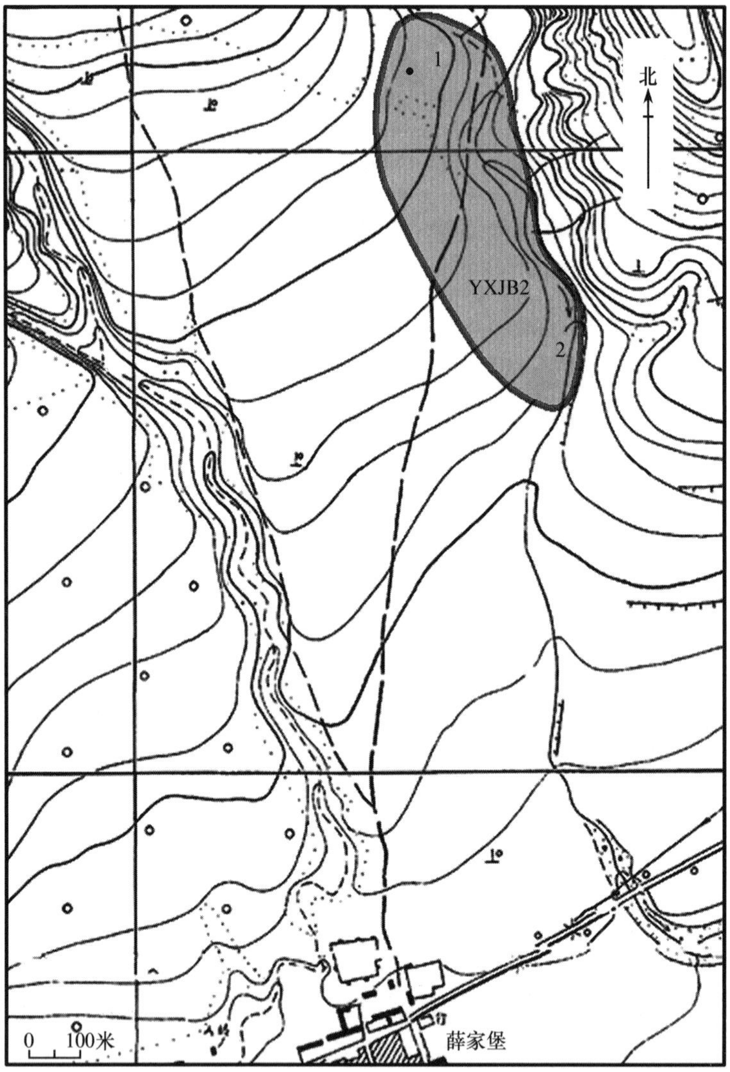

图二一二　薛家堡村东北遗址位置示意图

YXJB2①：9，泥质灰陶罐口部。圆唇上有四周凹槽。敛口，肩略鼓。素面。泥片贴筑、快轮修整。口径21.6厘米，厚0.7厘米，残高3.6厘米（图二一三，14）。

YXJB2①：10，瓷缸口部。粗坩子土，红褐色。圆唇，大口，溜肩，腹较直。器壁厚薄不均，器表内外先施一层红褐色化妆颜料，未施透明釉。内外壁均唇以下施黑釉，呈茶叶末色。制作粗糙。泥条盘筑。口径36厘米，厚1厘米，残高8.4厘米（图二一三，17）。

YXJB2①：11，大口瓷缸口部。粗坩子土，灰白色。圆唇，口微敛，溜肩。内外壁均唇以下施釉，施釉前先施橙红色化妆颜料，再施黑釉呈酱色，未釉透明釉。制作粗糙。泥条盘筑。口径48.8厘米，厚1.2厘米，残高14厘米（图二一三，15）。

YXJB2①：12，瓷罐口部。较细坩子土，灰白色。圆唇，敛口，溜肩。口部施化妆土。外壁施黑釉至唇下部，内壁唇下施黑釉呈酱色。拉坯。口径18厘米，厚0.7厘米，残高5.8厘米（图二一三，11）。

YXJB2①：13，瓷瓶口部。细腻坩子土，灰白色。圆唇，小口，长颈，颈部束腰。口部施

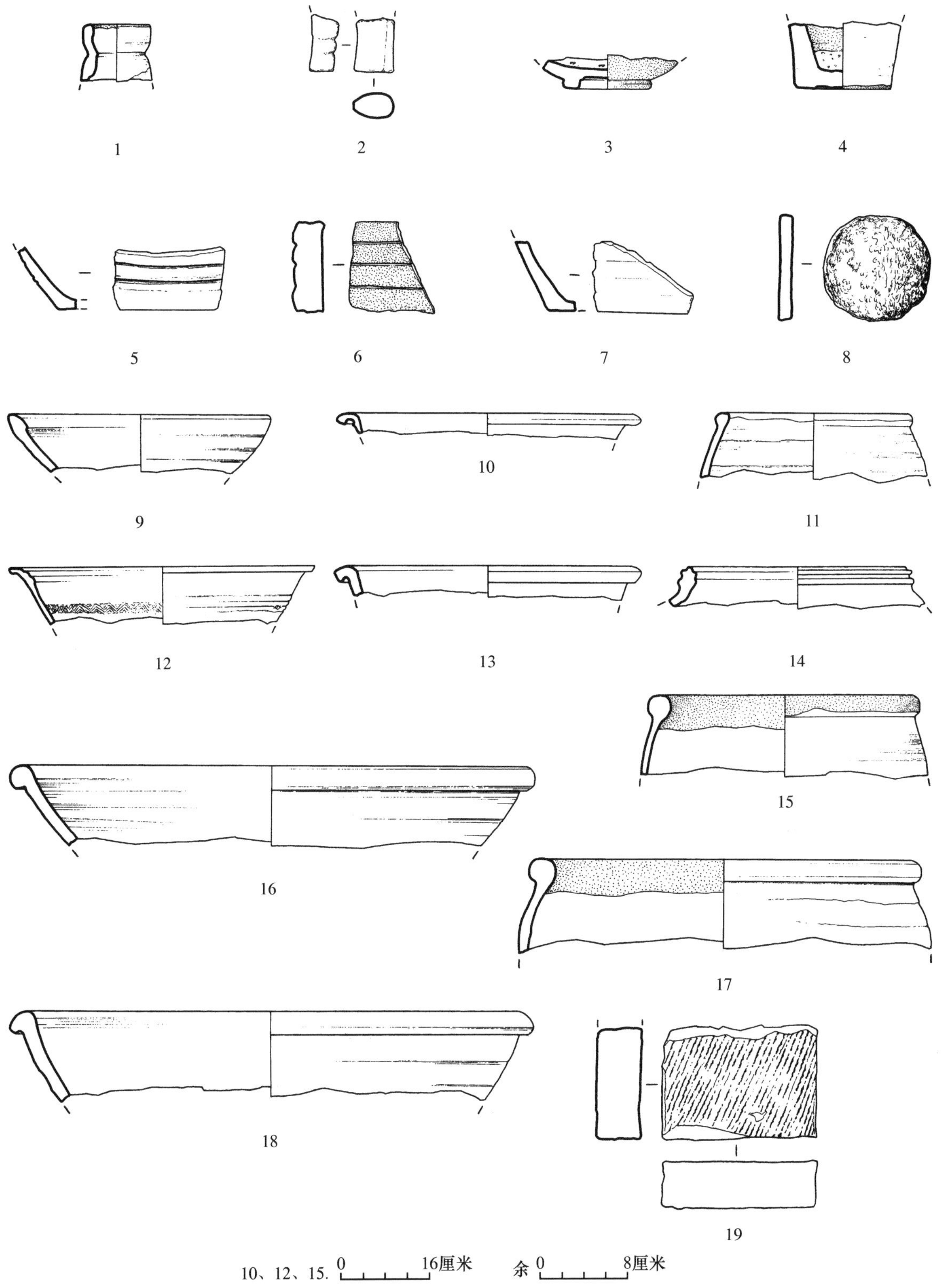

图二一三　薛家堡村东北遗址第一采集点采集标本

1. 瓷瓶口部（YXJB2①：13）　2. 砂岩磨棒（YXJB2①：17）　3. 瓷碗底部（YXJB2①：15）　4. 瓷鸡腿瓶底部（YXJB2①：14）　5. 陶盆底部（YXJB2①：5）　6. 砂岩磨石（YXJB2①：16）　7. 陶罐下腹及底部（YXJB2①：1）　8. 砂岩石饼（YXJB2①：18）　9、10、12、13、16. 陶盆口部（YXJB2①：4、YXJB2①：6、YXJB2①：7、YXJB2①：8、YXJB2①：2）　11、14. 瓷罐口部（YXJB2①：12、YXJB2①：9）　15、17. 瓷缸口部（YXJB2①：11、YXJB2①：10）　18. 陶盆口部（YXJB2①：3）　19. 陶砖（YXJB2①：19）

少量化妆土，器身未施化妆土，器表及内壁口部施黑釉。拉坯。口径6厘米，厚0.6厘米，残高5厘米（图二一三，1）。

YXJB2①：14，瓷鸡腿瓶底部。较粗坩子土，灰白色。器壁厚，斜腹近直，下接矮假圈足，内底有较厚的积釉。内外壁均施黑釉，外壁釉色呈茶叶末色，内壁黑色，外底也施釉，圈足底部釉刮去。未施化妆土。泥条盘筑。厚2厘米，底径8.8厘米，残高6厘米（图二一三，4）。

YXJB2①：15，瓷碗底部。细坩子土，灰白色。弧腹斜收，圈足内有较厚足墙，内侧挖足过肩。内底残存三个支垫痕，内壁施满釉，外壁残存部分未施釉，釉色白色泛黄。先施化妆土，后施白釉。拉坯。底径8厘米，厚0.9厘米，残高3厘米（图二一三，3）。

YXJB2①：16，砂岩灰黄色磨石。其中一面残存三道凹槽。磨制。残长4厘米，残宽4.1厘米，厚1.3厘米（图二一三，6）。

YXJB2①：17，砂岩灰褐色磨棒。平面呈不规则椭圆形，略微束腰，一侧剖面有研磨痕，较宽的一面有两道横向凹槽。磨制。残长5厘米，宽1.8厘米，厚1厘米（图二一三，2）。

YXJB2①：18，砂岩灰黄色石饼。完整。平面近圆形，用途不明。打制。直径9.6厘米，厚1.3厘米（图二一三，8）。

YXJB2①：19，泥质灰陶砖。砖的一面饰左斜向规则的粗绳纹。模制。残长10厘米，宽14厘米，厚4厘米（图二一三，19；图二一四）。

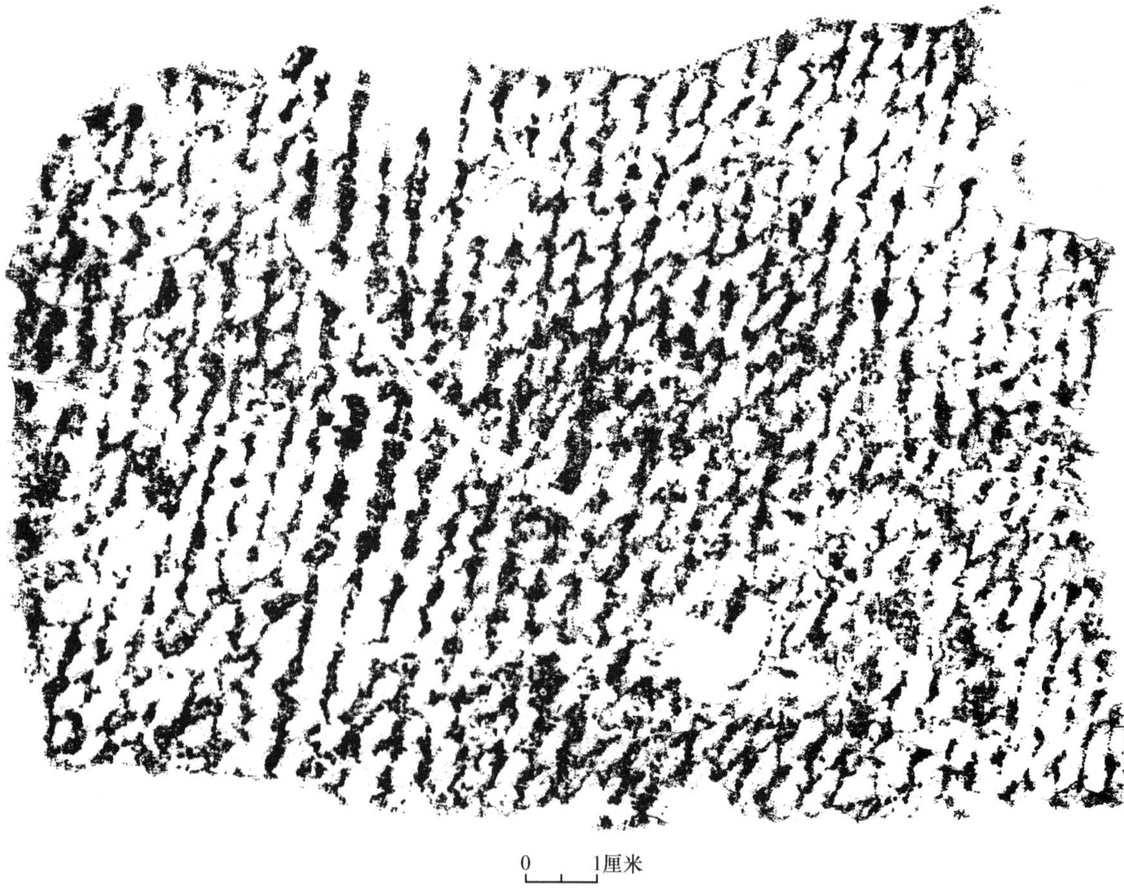

图二一四　薛家堡村东北遗址第一采集点采集标本拓片
陶砖（YXJB2①：19）

薛家堡村东北遗址第二采集点

第二采集点位于遗址区的南部，中心坐标为北纬40°12′59.8″，东经112°25′46.2″，海拔1357米±5米。采集点地形为阶梯式台地，地表植被为荒地。采集遗物分布较分散，所采遗物主要有泥质灰陶折沿盆口部、卷沿盆口部、罐口部，瓷罐口部；瓷碗底部、鋬手等。采集标本共16件。

YXJB2②：1，泥质灰黑色陶盆口部。斜方唇，折沿，略下捺，斜腹。内壁口沿下饰一周凸棱。泥片贴筑、快轮修整。口径50.4厘米，厚1.2厘米，残高10.8厘米（图二一五，9）。

YXJB2②：2，泥质灰黑色陶盆口部。斜方唇，折沿略下捺，斜腹。内壁口沿下饰两周凸棱，内壁残存两周压印纹。泥片贴筑、快轮修整。口径44厘米，厚1厘米，残高8.2厘米（图二一五，13）。

YXJB2②：3，泥质灰黑色陶壶口部。圆唇，盘口。素面。快轮修整。口径16厘米，厚0.6厘米，残高2.2厘米（图二一五，3）。

YXJB2②：4，泥质灰黑色陶罐口部。圆唇，溜肩，唇上有四周凹槽。快轮修整。口径18厘米，厚0.9厘米，残高3.4厘米（图二一五，8）。

YXJB2②：5，泥质大口陶罐口部。斜方唇，卷沿，溜肩。内壁口沿下饰一周凸棱。肩部有研光痕迹，内壁口沿下加厚，并有轮修时留下的凹弦纹。外灰黑色，内灰色。泥片贴筑。口径44厘米，厚1厘米，残高6.4厘米（图二一五，14）。

YXJB2②：6，泥质灰黑色陶盆口部。圆唇，卷沿，斜腹，口沿上及内壁有研光痕迹。泥条盘筑、快轮修整。口径50厘米，厚1.1厘米，残高4.6厘米（图二一五，15）。

YXJB2②：7，泥质夹心陶高领壶口部。斜方唇，敞口。外灰色，内铁锈红色。素面。泥片贴筑、快轮修整。口径16厘米，最厚1.2厘米，残高2.8厘米（图二一五，4）。

YXJB2②：8，泥质灰黑色陶罐底部。斜腹，平底，内壁近底部有轮修时形成的瓦楞纹。泥条盘筑，快轮修整。底径12厘米，最厚1.4厘米，残高8.4厘米（图二一五，10）。

YXJB2②：9，泥质灰陶罐口部。圆唇，内侧有一周凸棱。泥条盘筑。残长6.1厘米，最厚1.9厘米，残高5.4厘米（图二一五，6）。

YXJB2②：10，泥质深灰色陶盆口部。方唇，折沿，斜腹，口沿上有一周凹弦纹，口沿内侧有一周凸棱。素面。泥片贴筑、快轮修整。口径44厘米，厚1厘米，残高4.4厘米（图二一五，11）。

YXJB2②：11，泥质灰陶片。器表先饰两周平行凸棱，再等距离竖向抹断凸棱。泥片贴筑。厚0.6厘米。

YXJB2②：12，泥质灰黑色陶罐口部。圆唇，侈口，束颈，颈部较短。泥片贴筑、快轮修整。口径16厘米，厚0.7厘米，残高4.8厘米（图二一五，7）。

YXJB2②：13，大瓷碗底部。较粗坩子土，灰黄色。器形较大，弧腹斜收，弧底近平，圈足较高，足墙与下腹连接处由于轮修而形成一周凹槽，足墙内侧斜削，底部向内倾斜，内底残存两个支垫痕。内壁施满釉，外壁施半釉。白色泛黄。拉坯。底径8.8厘米，厚0.7厘米，残高

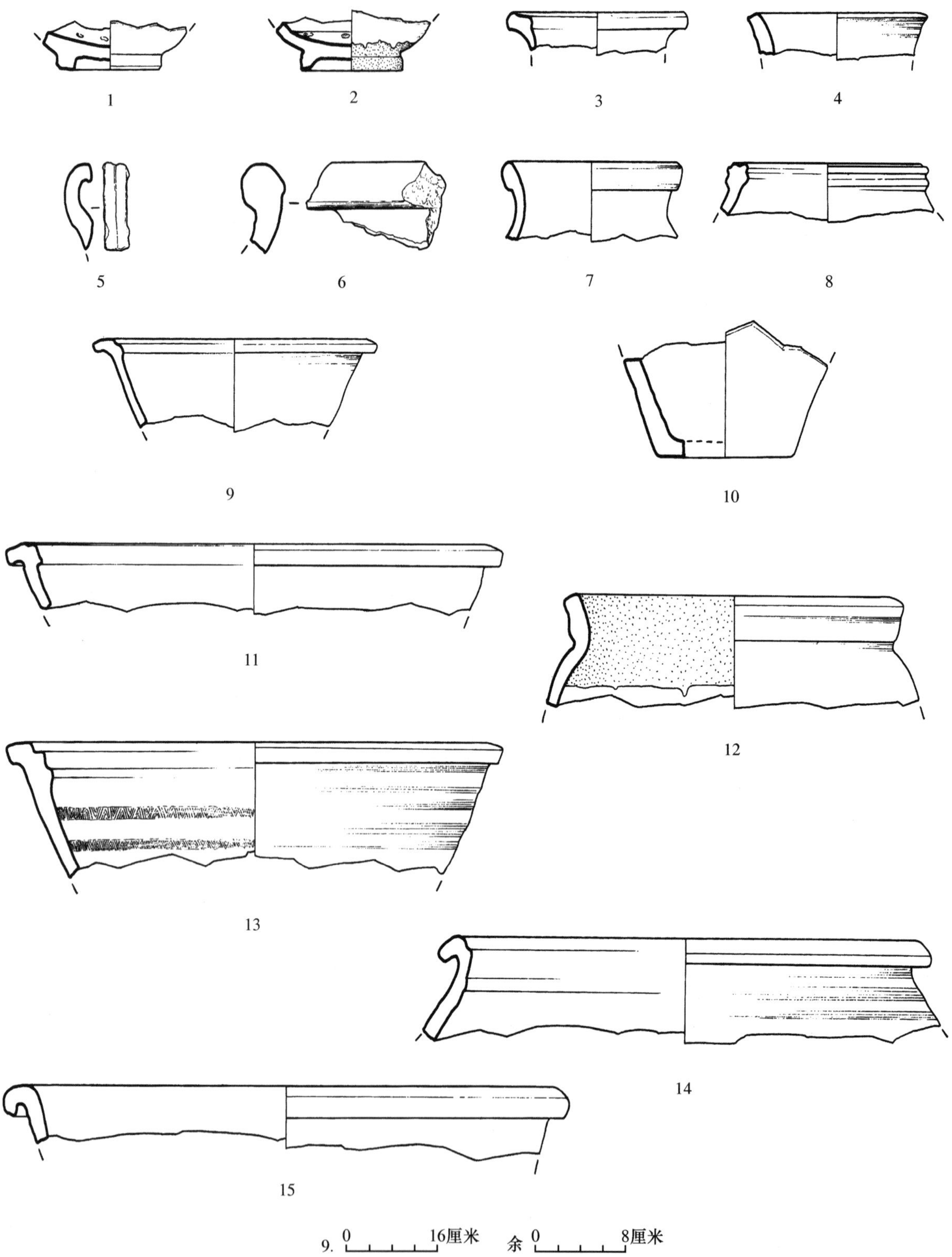

图二一五　薛家堡村东北遗址第二采集点采集标本

1. 瓷碗底部（YXJB2②：15）　2. 大瓷碗底部（YXJB2②：13）　3. 陶壶口部（YXJB2②：3）　4. 陶高领壶口部（YXJB2②：7）　5. 瓷器耳（YXJB2②：16）　6～8、10、14. 陶罐口部（YXJB2②：9、YXJB2②：12、YXJB2②：4、YXJB2②：8、YXJB2②：5）　9、11、13、15. 陶盆口部（YXJB2②：1、YXJB2②：10、YXJB2②：2、YXJB2②：6）　12. 瓷罐口部（YXJB2②：14）

3.7厘米（图二一五，2）。

YXJB2②：14，大口瓷罐口部。较粗坩子土，灰白色。方唇，卷沿，溜肩，口沿外及器表先施化妆土，肩部施白釉，内壁口沿下施黑釉呈茶叶末色，唇部抹光。白色略泛黄。泥条盘筑。口径30厘米，厚1厘米，残高6.8厘米（图二一五，12）。

YXJB2②：15，瓷碗底部。较粗坩子土，灰黄色。器形较大，弧腹，圈足较高，略外撇，足墙头端外侧斜削一周，内底残存四个支垫痕，外底鸡心钉被削。未施化妆土，内壁施满釉，白釉泛青，半壁施半釉，黑釉呈茶叶末色。拉坯。底径9.2厘米，厚1厘米，残高3厘米（图二一五，1）。

YXJB2②：16，瓷罐耳部。坩子胎较粗，灰白色。双泥条耳，内外均施釉，白釉泛青。捏制。宽2厘米，厚1.1厘米，高5.4厘米（图二一五，5）。

（二）遗址时代

遗址的文化时代为辽代、金代（表三六）。

YXJB2①：10（辽金）与准格尔旗城坡古城遗址第二阶段遗存出土D型瓷罐T14②：12相似①；与苏尼特右旗新民乡全胜段金界壕A型陶瓮H8：6相似②；与察哈尔右翼后旗头道湾古城遗址A型陶罐ⅡH103：1相似③。

YXJB2②：4（辽金）与和林格尔县前瓦窑沟辽金时代遗址F型陶罐相似④；与准格尔旗城坡古城遗址第二阶段遗存出土B型陶瓮T2②：18相似⑤。

YXJB2②：2（辽金）与准格尔旗城坡古城遗址第二阶段遗存出土G型陶盆T7③：3相似⑥。

YXJB2②：5（辽金）与土默特左旗沙尔沁古城遗址Ⅲ式陶罐H2：7相似⑦；与和林格尔县前瓦窑沟辽金时代遗址B型陶罐相似⑧。

---

① 内蒙古自治区文物考古研究所编：《万家寨水利枢纽工程考古报告集》，远方出版社，2001年，第109页，图二六，4。

② 内蒙古自治区文物考古研究所编：《内蒙古文物考古文集（第三辑）》，科学出版社，2004年，第317页，图五，6。

③ 内蒙古自治区文物考古研究所编：《内蒙古文物考古文集（第三辑）》，科学出版社，2004年，第340页，图二二，2。

④ 内蒙古文物考古研究所编：《内蒙古文物考古文集》，中国大百科全书出版社，1994年，第556页，图六，9。

⑤ 内蒙古自治区文物考古研究所编：《万家寨水利枢纽工程考古报告集》，远方出版社，2001年，第99页，图一六，4。

⑥ 内蒙古自治区文物考古研究所编：《万家寨水利枢纽工程考古报告集》，远方出版社，2001年，第101页，图一八，4。

⑦ 内蒙古自治区文物考古研究所编：《内蒙古文物考古文集（第三辑）》，科学出版社，2004年，第420页，图八，7。

⑧ 内蒙古文物考古研究所编：《内蒙古文物考古文集》，中国大百科全书出版社，1994年，第556页，图六，26。

YXJB2①：10（金代）与科左中旗珠日河金代窖藏大口瓷瓮相似[①]。

YXJB2①：13（金代晚期）与清水河县下城湾古城瓷杯T40②：3相似[②]。

表三六　薛家堡村东北遗址调查标本与其他地区同时代对比表

序号	薛家堡村东北遗址调查标本	对比标本一	对比标本二	对比标本三	其他	备注
1	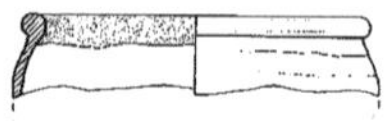 YXJB2①：10（辽金）	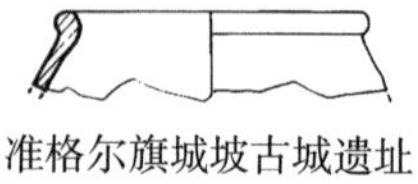 准格尔旗城坡古城遗址第二阶段遗存出土D型瓷罐T14②：12	 苏尼特右旗新民乡全胜段金界壕A型陶瓮H8：6	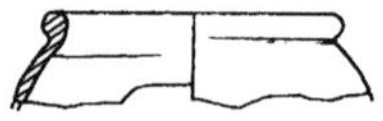 察哈尔右翼后旗头道湾古城遗址A型陶罐ⅡH103：1		
2	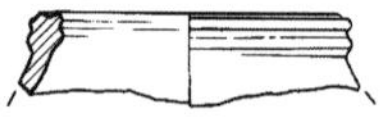 YXJB2②：4（辽金）	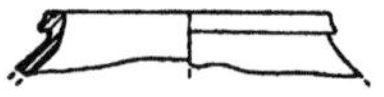 和林格尔县前瓦窑沟辽金时代遗址F型陶罐	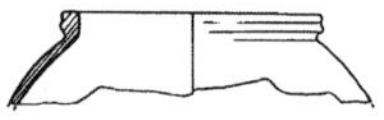 准格尔旗城坡古城遗址第二阶段遗存出土B型陶瓮T2②：18			
3	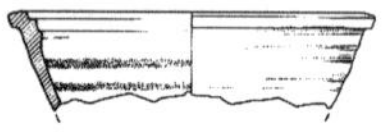 YXJB2②：2（辽金）	 准格尔旗城坡古城遗址第二阶段遗存出土G型陶盆T7③：3				
4	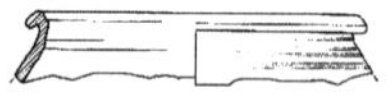 YXJB2②：5（辽金）	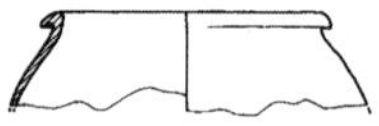 土默特左旗沙尔沁古城遗址Ⅲ式陶罐H2：7	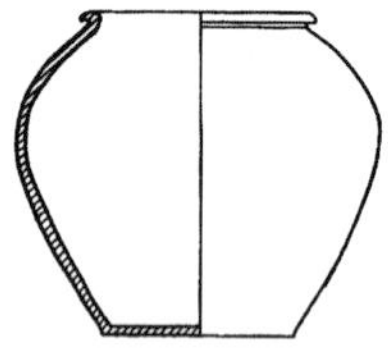 和林格尔县前瓦窑沟辽金时代遗址B型陶罐			
5	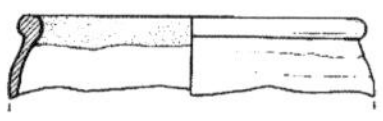 YXJB2①：10（金代）	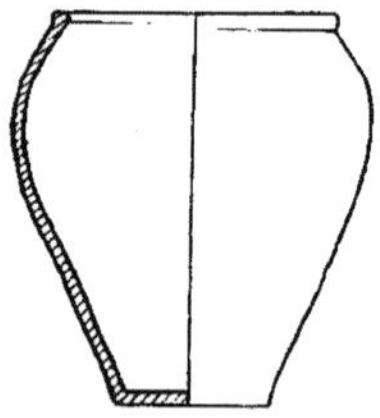 科左中旗珠日河金代窖藏瓷大口瓮				

① 内蒙古文物考古研究所编：《内蒙古文物考古文集（第二辑）》，中国大百科全书出版社，1997年，第669页，图二，4。

② 内蒙古自治区文物考古研究所编：《万家寨水利枢纽工程考古报告集》，远方出版社，2001年，第177页，图一九，15。

续表

序号	薛家堡村东北遗址调查标本	对比标本一	对比标本二	对比标本三	其他	备注
6	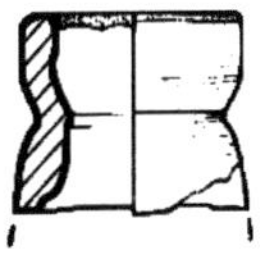 YXJB2①：13 （金代晚期）	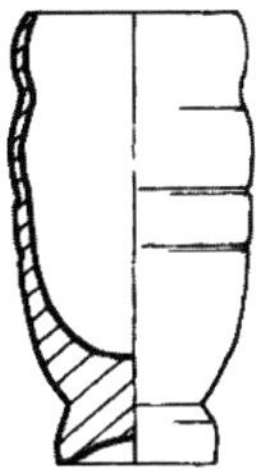 清水河县下城湾古城瓷杯T40②：3				

三、薛家堡村北遗址（2014YXJB3）

（一）遗址介绍

薛家堡村北遗址位于薛家堡村北约1600米处，行政归属李达窑乡薛家堡村，初查时间为2014年8月9日。遗址中心点GPS坐标为北纬40°13′17.6″，东经112°25′21.7″，海拔1398米±5米。该遗址地形为南北走向的阶梯式台地，地势北高南低，西临大冲沟，东临南北走向的季节性河流，南临薛家堡村，地表种植有葫麻、土豆等农作物等。遗址东西约450米，南北约230米，面积总计约103500平方米（图二一六）。

遗址区内未发现文化层、灰坑等遗迹，只发现散落遗址区地表的残留遗物。

遗物主要分布于遗址区的中部，故设两个采集点。

薛家堡村北遗址第一采集点

第一采集点位于遗址区的西部，中心坐标北纬40°13′19.2″，东经112°25′12.5″，海拔1408米±4米。采集点地形为阶梯式台地，地表植被荒地。采集面积约200平方米。采集遗物分布较集中，所采遗物主要有瓷盆下腹及底部，板瓦、筒瓦、带当筒瓦、兽面瓦当、沟槽砖、绳纹砖、建筑装饰构件。采集标本共19件。

YXJB3①：1～YXJB3①：10，泥质建筑构件。鸱吻残段（图版二七，6）。

YXJB3①：11，泥质灰陶花边板瓦。花边，瓦身较厚。泥片贴筑。残长8厘米，残宽15厘米，厚2.2厘米（图二一七，4；图版二七，1）。

YXJB3①：12，泥质灰陶筒瓦。瓦舌短，瓦身厚重。瓦沟两侧面斜削，使瓦边窄与瓦身；瓦头端斜切，切去约四分之一的瓦舌，瓦面素面，瓦沟饰布纹。局部未呈橙红色。泥条盘筑、外切、修边。残长17厘米，宽16厘米，厚2.6厘米（图二一七，6）。

YXJB3①：13，泥质灰陶花边板瓦。花边，器身厚重。瓦沟饰布纹，头端素面，瓦面素面。泥片贴筑。残长7.8厘米，残宽13.2厘米，厚2厘米（图二一七，3）。

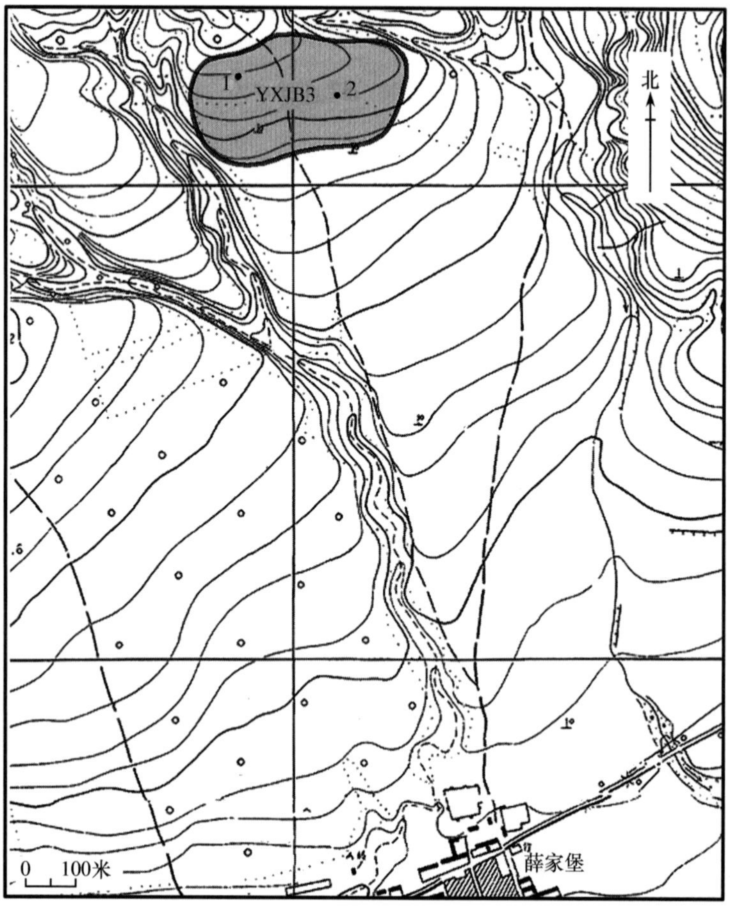

图二一六　薛家堡村北遗址位置示意图

YXJB3①：14，泥质灰陶筒瓦带瓦当。边轮较宽，当面略低于边轮平面。残存部分当面外侧有一周乳钉纹，瓦面素面，瓦沟饰布纹。泥条盘筑（图二一七，5）。

YXJB3①：15，瓷盆下腹及底部。较细坩子胎，灰白色。弧腹斜收，隐圈足较矮。内外壁及底部施满釉，先施化妆土，再施白色泛黄釉，有残损后使用锔孔两处。拉坯。底径16.8厘米，厚1厘米，残高4厘米（图二一七，2）。

YXJB3①：16，瓷碗底部。较细坩子土，灰白色。弧腹斜收，圈足较高，略外撇，足墙内侧挖足过肩明显，内底残存三个支钉痕。先施化妆土，内壁施满釉，外壁施半釉，釉色白色泛青。拉坯。底径7.8厘米，厚0.9厘米，残高3.4厘米（图二一七，1）。

YXJB3①：17，泥质灰陶沟槽砖。砖身厚重，一面残存四道沟槽。模制。残长8.5厘米，残宽17厘米，厚6.5厘米（图二一八，1）。

YXJB3①：18，泥质灰陶兽面瓦当。边轮宽平，当面略低于边轮平面，中心兽首状纹饰凸起，略高于边轮平面。兽首纹周围饰一周乳钉纹。模制。当径15.5厘米，轮宽3厘米（图二一八，2；图版二七，3）。

YXJB3①：19，泥质灰陶绳纹砖。砖面凹凸不平，其中一面饰左斜向较规则的粗大绳纹。模制。残长17厘米，宽14.5厘米，厚5.5厘米（图二一八，3）。

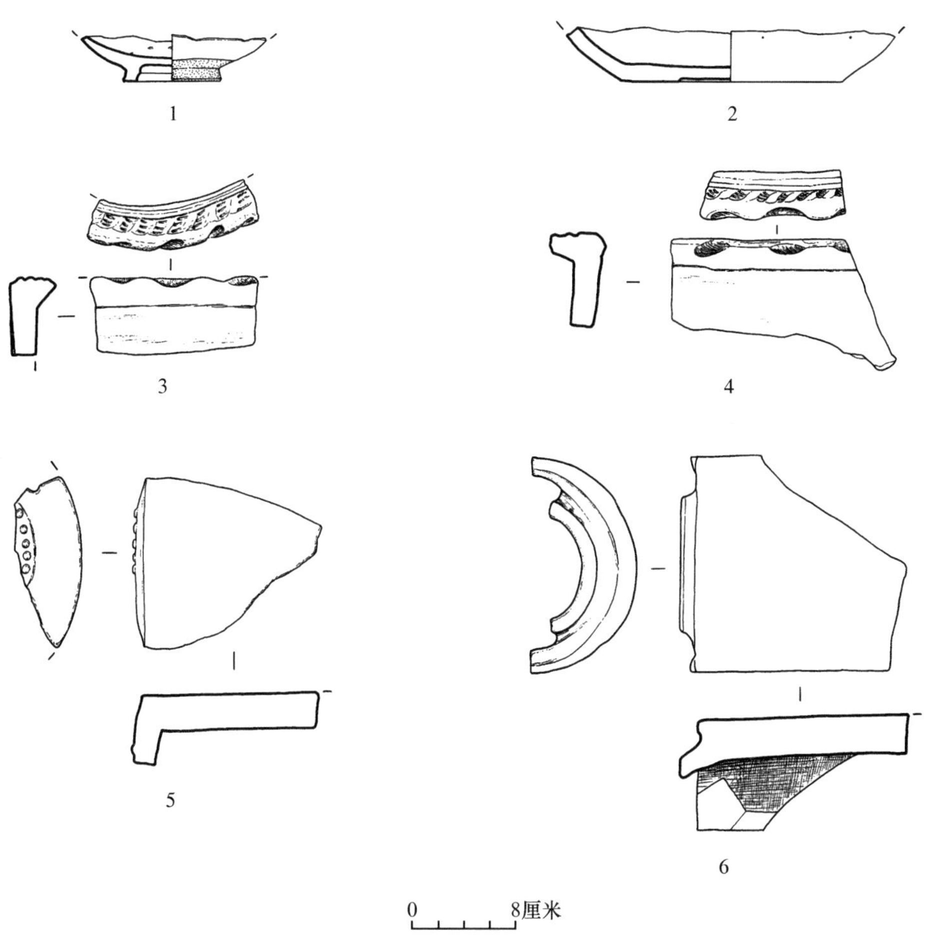

图二一七　薛家堡村北遗址第一采集点采集标本

1. 瓷碗底部（YXJB3①：16）　2. 瓷盆下腹及底部（YXJB3①：15）　3、4. 板瓦（YXJB3①：13、YXJB3①：11）　5. 筒瓦带瓦当（YXJB3①：14）　6. 筒瓦（YXJB3①：12）

薛家堡村北遗址第二采集点

第二采集点位于遗址区的东部，中心坐标北纬40°13′17.6″，东经112°25′21.7″，海拔1398米±5米。采集点地形为阶梯式台地，地表植被为玉米、葫麻等农作物。采集面积约200平方米。采集遗物分布较分散，所采遗物主要有泥质灰陶折沿盆口部、卷沿盆口部、小口罐口部、双耳罐口部、带耳鋬手；瓷碗近底部、粗瓷片等。采集标本共9件。

YXJB3②：1，泥质灰黑色陶盆口部。斜方唇，折沿下捺，斜腹。素面。泥片贴筑、快轮修整。口径52厘米，厚1厘米，残高5.8厘米（图二一九，7）。

YXJB3②：2，泥质陶罐口部。外壁呈灰色，内壁呈灰黑色。直口，圆唇，鼓肩。素面。泥片贴筑、快轮修整。口径50厘米，厚0.9厘米，残高6厘米（图二一九，9）。

YXJB3②：3，泥质灰陶盆口部。圆唇，折沿下卷，斜腹。内壁口沿下有一周凸棱，口沿下有一个由外向内的钻孔。素面。泥片贴筑、快轮修整。口径54厘米，厚1厘米，残高6厘米（图二一九，6）。

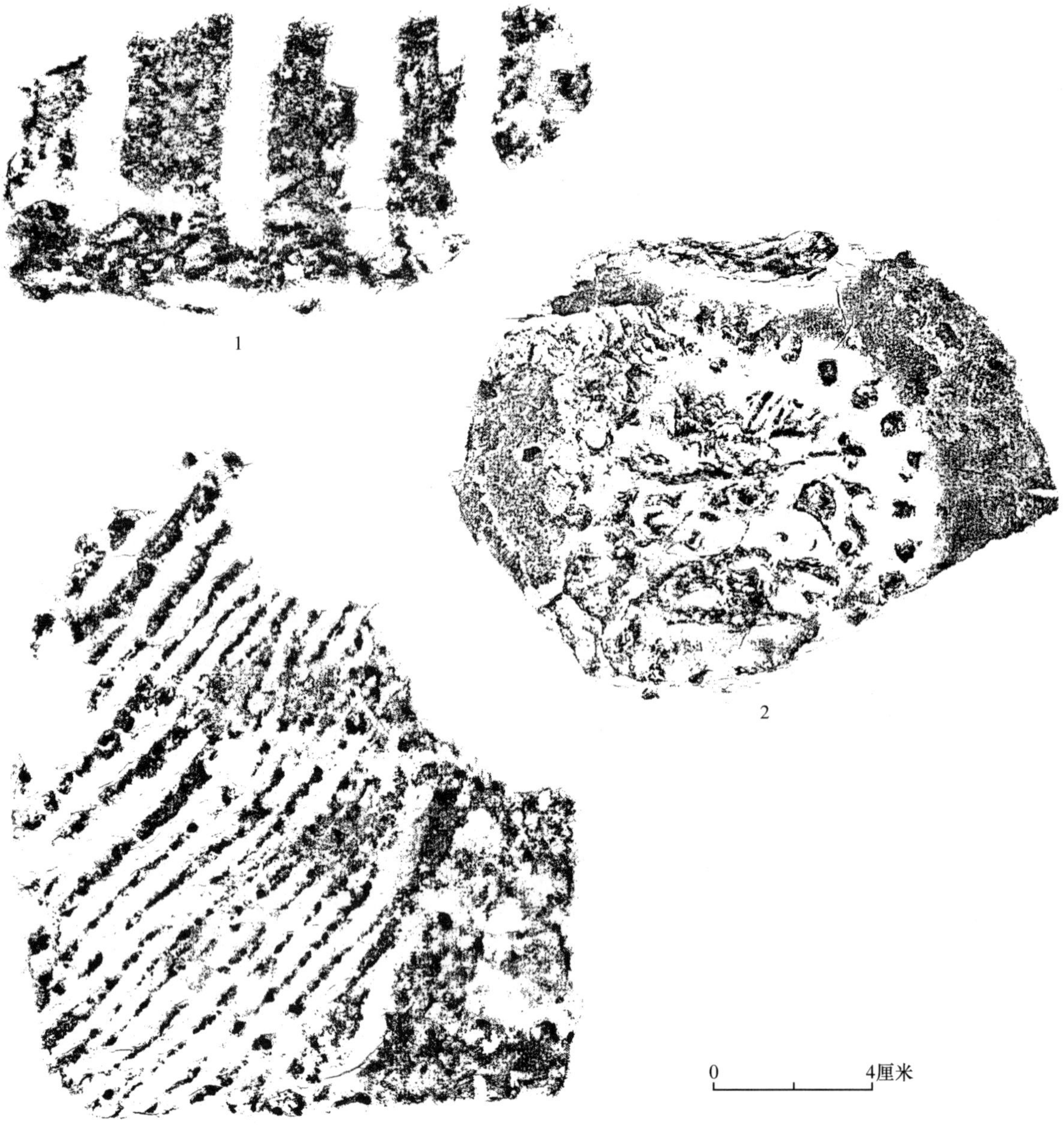

图二一八　薛家堡村北遗址第一采集点采集标本拓片

1. 陶沟槽砖（YXJB3①：17）　2. 瓦当（YXJB3①：18）　3. 陶绳纹砖（YXJB3①：19）

YXJB3②：4，泥质灰陶罐口部。微敛口，圆唇，溜肩。圆唇上饰三周凹槽。素面。泥片贴筑、快轮修整。口径22厘米，厚0.8厘米，残高4厘米（图二一九，1）。

YXJB3②：5，泥质黑色陶盆口部。方圆唇，折沿下捺，斜腹。素面。泥片贴筑、快轮修整。口径42厘米，厚1厘米，残高4.4厘米（图二一九，5）。

YXJB3②：6，泥质陶盆口部。斜方唇，折沿略下捺，斜腹，器壁较厚。口沿上及内壁有研光痕迹。泥片贴筑、快轮修整。口径54厘米，厚1.3厘米，残高5.4厘米（图二一九，8）。

YXJB3②：7，泥质灰黑色陶盆口部。斜方唇，软折沿略下捺，斜腹。口沿上及内壁有研

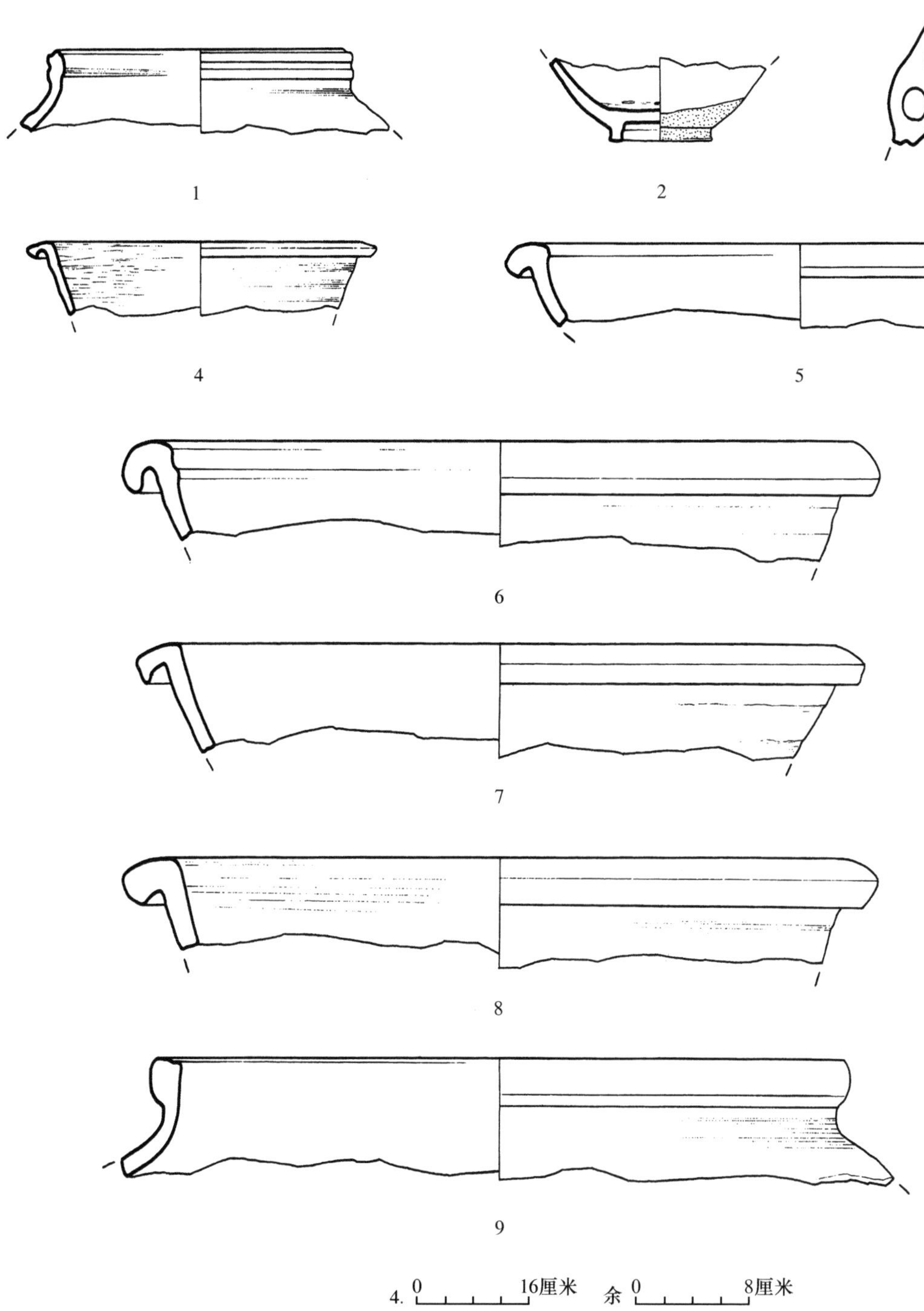

图二一九　薛家堡村北遗址第二采集点采集标本

1、9. 陶罐口部（YXJB3②：4、YXJB3②：2）　2. 瓷碗底部（YXJB3②：9）　3. 陶双耳罐耳部（YXJB3②：8）

4～8. 陶盆口部（YXJB3②：7、YXJB3②：5、YXJB3②：3、YXJB3②：1、YXJB3②：6）

光痕迹。泥片贴筑、快轮修整。口径50厘米，厚0.9厘米（图二一九，4）。

YXJB3②：8，泥质黑色双耳罐耳部。环形耳。素面。手制。残宽4厘米，残高6厘米，系宽1.4厘米，厚0.7厘米（图二一九，3）。

YXJB3②：9，瓷碗底部。较细坩子土，灰白色。斜腹，圈足。足墙内侧挖足过肩，内底残存三个支钉痕。内壁施满釉，器表先施白色化妆土，后施透明釉，外壁施半釉，釉色白色泛青，器表釉面有细小开片。拉坯。底径7.2厘米，厚0.8厘米，残高4厘米（图二一九，2）。

（二）遗址时代

遗址的文化时代为辽金（表三七）。

YXJB3②：2（辽金）与苏尼特右旗新民乡全胜段金界壕B型陶瓮T6②：2相似[①]；与察哈尔右翼后旗头道湾古城遗址D型陶罐ⅠH31：1相似[②]。

YXJB3②：5（金代）与苏尼特右旗新民乡全胜段金界壕B型陶盆H7：3相似[③]；与察哈尔右翼后旗头道湾古城遗址B型Ⅲ式陶盆ⅡH106：1相似[④]。

表三七　薛家堡村北遗址调查标本与其他地区同时代对比表

序号	薛家堡村北遗址调查标本	对比标本一	对比标本二	对比标本三	其他	备注
1	 YXJB3②：2（辽金）	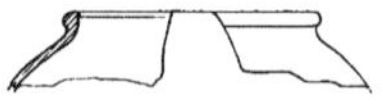 苏尼特右旗新民乡全胜段金界壕B型陶瓮T6②：2	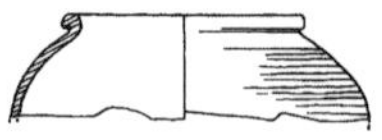 察哈尔右翼后旗头道湾古城遗址D型陶罐ⅠH31：1			
2	 YXJB3②：5（金代）	 苏尼特右旗新民乡全胜段金界壕B型陶盆H7：3	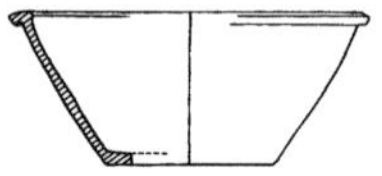 察哈尔右翼后旗头道湾古城遗址B型Ⅲ式陶盆ⅡH106：1			

第二十五节　邢家口村附近

一、邢家口村东遗址（2014YXJ1）

（一）遗址介绍

邢家口村东遗址位于邢家口村东约500米处，行政归属李达窑乡邢家口村，初查时间为

① 内蒙古自治区文物考古研究所编：《内蒙古文物考古文集（第三辑）》，科学出版社，2004年，第317页，图五，1。

② 内蒙古自治区文物考古研究所编：《内蒙古文物考古文集（第三辑）》，科学出版社，2004年，第340页，图二二，1。

③ 内蒙古自治区文物考古研究所编：《内蒙古文物考古文集（第三辑）》，科学出版社，2004年，第317页，图五，3。

④ 内蒙古自治区文物考古研究所编：《内蒙古文物考古文集（第三辑）》，科学出版社，2004年，第339页，图二一，2。

2014年7月29日。遗址中心GPS坐标为北纬40°14′56.3″，东经112°31′14.3″，海拔1431米±5米。遗址位于马营河北岸的一级台地上，北临李达窑乡的县级硬化公路，西临邢家口村，南临马营河北岸。遗址所在台地为北高南低的阶梯式台地，地形较平坦，地表种植有玉米、莜麦等农作物。遗址东西约300米，南北约100米，面积总计约30000平方米（图二二〇）。

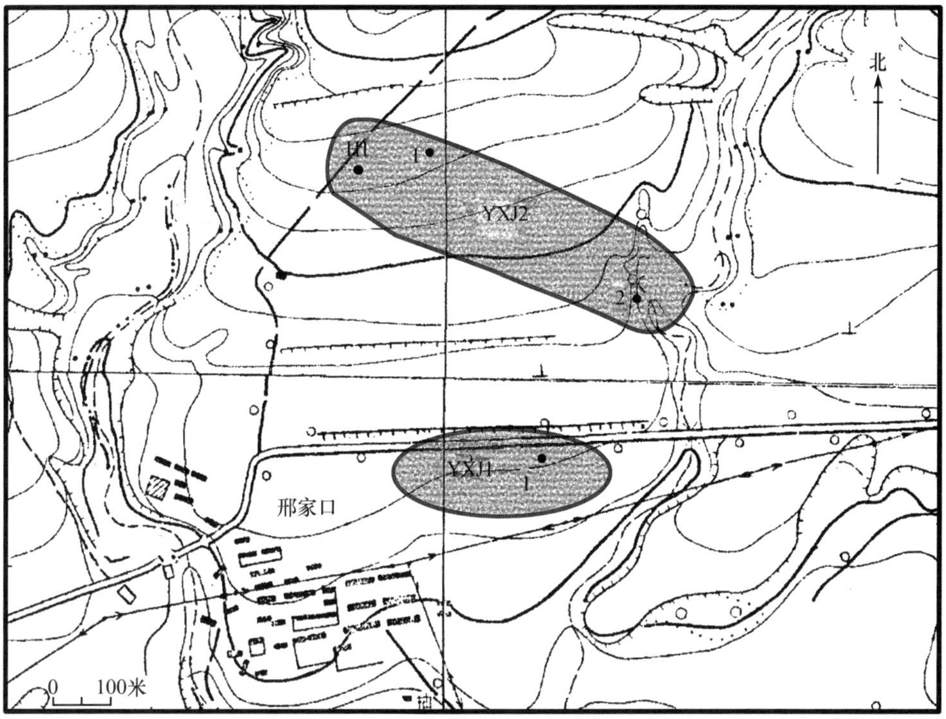

图二二〇　邢家口村东遗址、邢家口村北遗址位置示意图

该遗址未发现文化层及灰坑等遗迹，仅限于地表采集的部分挑选遗物。

遗物主要分布在遗址区的中部，分布较为分散。设一个采集点。

邢家口村东遗址第一采集点

第一采集点位于遗址区的东部，中心坐标为北纬40°14′56.3″，东经112°31′14.3″，海拔1431米±5米。采集点地形为台地，地表植被为土豆、玉米等。采集面积约600平方米。采集遗物分布较分散，所采遗物主要有泥质灰陶罐口肩部、弦纹盆底部、暗弦纹陶碗底部以及素面带当筒瓦。采集标本共10件。

YXJ1①：1，泥质深灰色陶盆口腹部。敛口，方唇，宽折沿，腹部斜收。素面。泥片贴筑、快轮修整。残高5.6厘米，厚0.7～0.8厘米，残宽11.6厘米（图二二一，3）。

YXJ1①：2，泥质深灰色陶盆口腹部。侈口，方唇，宽折沿略下捺，腹部斜收。口沿外侧有一周凹槽，外表有较宽瓦楞纹一周。泥片贴筑、快轮修整。残高6厘米，厚0.8厘米，残宽8.8厘米（图二二一，2）。

YXJ1①：3，泥质深灰色陶罐口肩部。敛口，圆唇，卷沿，溜肩，沿面口内外各有凹槽两周。素面。泥片贴筑、快轮修整。口径22厘米，残高4厘米，厚0.6～0.8厘米（图二二一，7）。

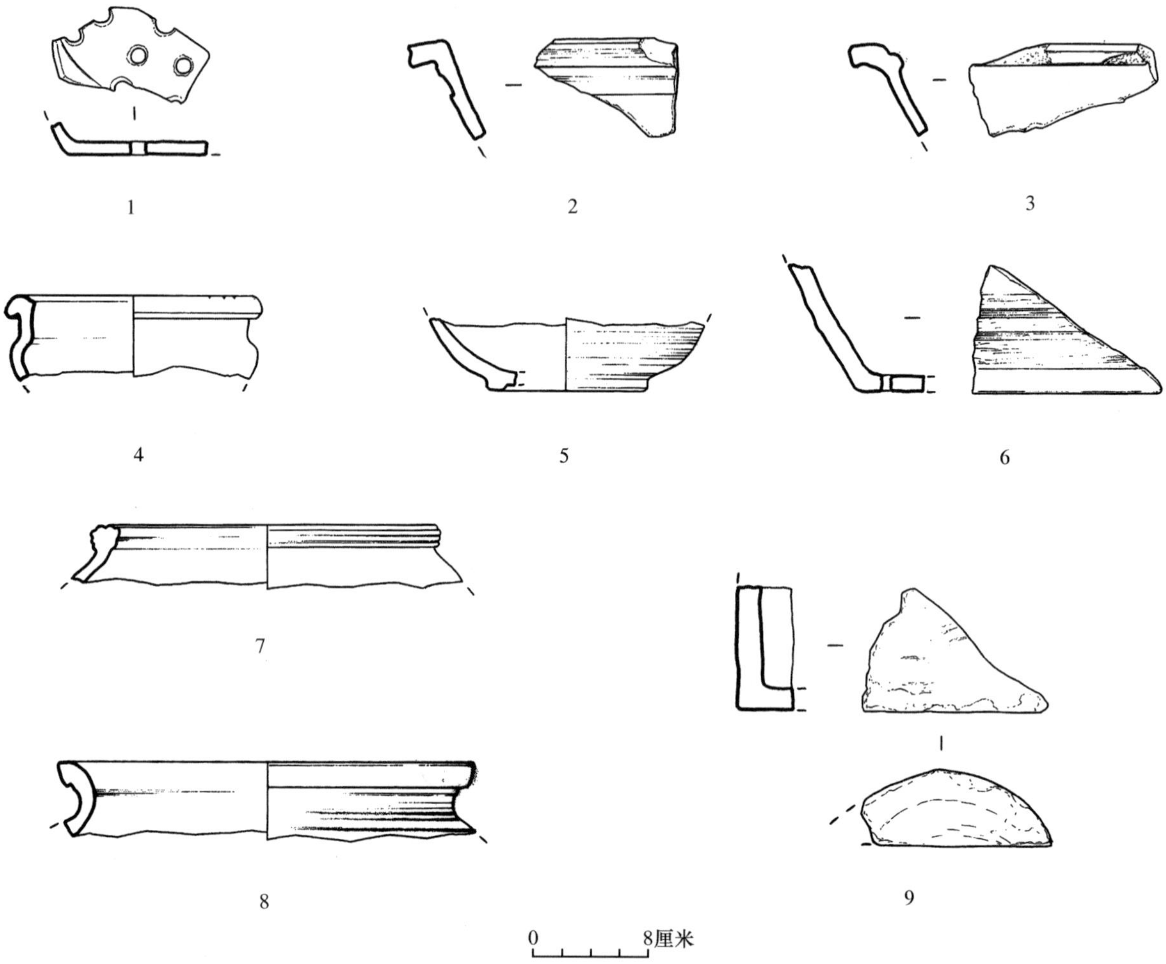

图二二一　邢家口村东遗址第一采集点采集标本

1. 陶甑底部（YXJ1①：9）　2～4. 陶盆口腹部（YXJ1①：2、YXJ1①：1、YXJ1①：4）　5. 陶碗下腹及底部（YXJ1①：6）　6. 陶盆下腹及底部（YXJ1①：7）　7. 陶罐口肩部（YXJ1①：3）　8. 陶罐口部（YXJ1①：5）　9. 筒瓦（YXJ1①：8）

YXJ1①：4，泥质深灰色陶盆口腹部。口微敛，扁圆唇，卷沿下翻，鼓肩，腹部弧收。外表有数周暗纹，口沿上有三处较规则刀刻痕“|||”。泥片贴筑、快轮修整。口径16厘米，厚0.6厘米，残高5厘米（图二二一，4）。

YXJ1①：5，泥质深灰色陶罐口部。方唇，卷沿折。近肩部有三周暗纹。泥片贴筑、快轮修整。口径26厘米，厚0.8～1厘米，残高4.6厘米（图二二一，8）。

YXJ1①：6，泥质浅灰色陶碗下腹及底部。下腹弧收至矮圈足，足床圆钝，挖足略过肩，系二次挖成。素面，外表有明显旋抹痕。手制、轮修。底径10厘米，厚0.7～1厘米，残高4.3厘米（图二二一，5）。

YXJ1①：7，泥质浅灰色陶盆下腹及底部。下腹斜收至平底，底部有一个由下向上圆形钻孔。素面。泥片贴筑、快轮修整。残高7.8厘米，厚1.2厘米，残宽11.8厘米（图二二一，6）。

YXJ1①：8，泥质深灰色陶筒瓦。素面当头，瓦身呈筒形。素面。手制、泥片贴筑。残长7.4厘米，厚1.4～1.6厘米，残宽11.6厘米（图二二一，9）。

YXJ1①：9，泥质浅灰色陶甑底部。下腹斜收至平底，底面有由下向上圆形钻孔若干个。

素面。手制、轮修。残径8.8厘米，厚0.6～0.8厘米，残高2厘米（图二二一，1）。

YXJ1①：10，夹细砂深灰色陶釜下腹部。外表饰竖向中偏细绳纹与竖向粗绳纹交接。手制、轮修。残长10.6厘米，厚0.7厘米，残宽7厘米（图二二二）。

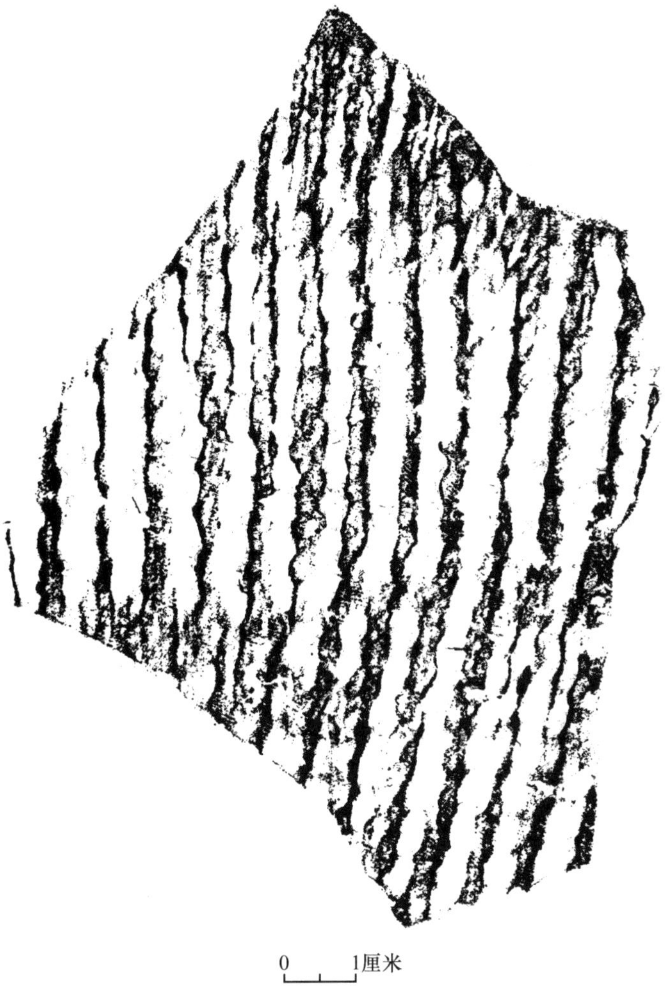

图二二二　邢家口村东遗址第一采集点采集标本拓片
陶釜腹部（YXJ1①：10）

（二）遗址时代

遗址的文化时代为辽金（表三八）。

YXJ1①：3（辽金）与准格尔旗城坡古城遗址第二阶段遗存出土B型陶瓮T2②：18相似[1]。

① 内蒙古自治区文物考古研究所编：《万家寨水利枢纽工程考古报告集》，远方出版社，2001年，第99页，图一六，4。

YXJ1①：4（辽金）与准格尔旗城坡古城遗址第二阶段遗存出土F型陶盆T30②A：4相似[①]。

表三八　邢家口村东遗址调查标本与其他地区同时代对比表

序号	邢家口村东遗址调查标本	对比标本一	对比标本二	其他	备注
1	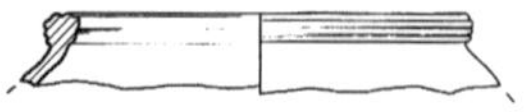 YXJ1①：3（辽金）	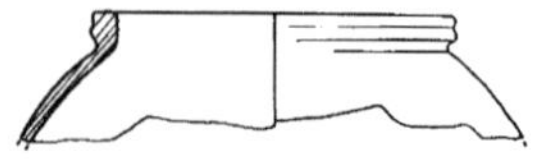 准格尔旗城坡古城遗址第二阶段遗存出土B型陶瓮T2②：18			
2	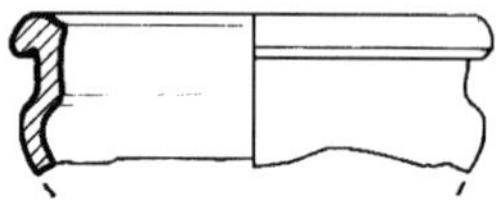 YXJ1①：4（辽金）	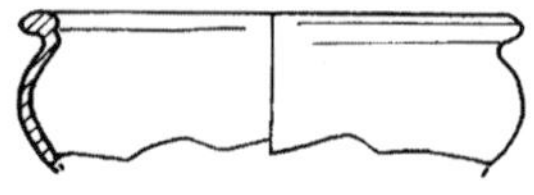 准格尔旗城坡古城遗址第二阶段遗存出土F型陶盆T30②A：4			

二、邢家口村北遗址（2014YXJ2）

（一）遗 址 介 绍

邢家口村北遗址位于邢家口村北约300米处，行政归属李达窑乡邢家口村，初查时间为2014年7月29日。遗址中心GPS坐标为北纬40°15′09.2″，东经112°31′07.3″，海拔1426米±4米。遗址北临二三墩村，南临邢家口至十五沟村的硬化路，东临邢家口村至二三墩村的硬化路，西临注入马营河的南北向季节性支流。遗址位于南北向台地中部，地形较为平坦，地表种植有葫麻、荞麦、莜麦等农作物。遗址东西约500米，南北约150米，面积总计约75000平方米（图二二〇）。

该遗址除灰坑外，未发现其他遗迹。灰坑位于东部耕地的断面处，共发现三处灰坑，两个呈不规则形未编号，一个为袋状灰坑编号为H1。

H1，底径1.7米，坑口距地表1米，自深未知。坑内填土土质疏松，土色呈灰褐色，包含物单一，仅发现灰褐色土、底部发现一层较薄的白灰面。

遗址区共设二个采集点。

邢家口村北遗址第一采集点

第一采集点位于遗址区的西北部，中心坐标为北纬40°15′09.2″，东经112°31′07.3″，海拔1462米±4米。采集点地形为较平坦的台地，地表植被为葫麻、莜麦、玉米等农作物。采集面积约100平方米。采集遗物分布较集中，所采遗物主要有泥质灰陶罐口肩部、折沿盆口腹部，白釉印花瓷碗、白釉折沿瓷盆、黑釉剔花瓷罐口腹部等。采集标本共16件。

YXJ2①：1，泥质灰陶罐口肩部。小口，圆唇，卷沿，溜肩。外表被研光，留有数周暗弦

① 内蒙古自治区文物考古研究所编：《万家寨水利枢纽工程考古报告集》，远方出版社，2001年，第101页，图一八，8。

纹；肩部有三处由外向内的圆形钻孔，内壁有明显旋抹痕迹。泥片贴筑、快轮修整。口径12.8厘米，厚1厘米，残高11.6厘米（图二二三，7）。

YXJ2①：2，泥质灰陶盆口部。口微敛，圆唇，卷沿，腹部斜收。素面，口沿外侧下有一由外向内的圆形钻孔。泥片贴筑、快轮修整。口径40厘米，厚1厘米，残高4厘米（图二二三，10）。

YXJ2①：3，泥质灰陶盆口腹部。口微敛，扁圆唇，折沿略下捺，弧腹。素面，抹光。泥片贴筑、快轮修整。口径37.4厘米，厚0.6厘米，残高6.2厘米（图二二三，13）。

YXJ2①：4，泥质灰陶盆口部。口微敛，方唇，折沿下捺，弧腹。口沿及内壁被研光，且留有数周暗弦纹，口沿外侧下有一周凹槽。泥片贴筑、快轮修整。口径50厘米，厚1厘米，残高5厘米（图二二三，15）。

YXJ2①：5，泥质灰陶盆口部。方唇，平折沿外翻，腹部斜收。口沿及内壁被研光，且留有数周暗弦纹。泥片贴筑、快轮修整。口径56厘米，厚0.8厘米，残高4厘米（图二二三，16）。

YXJ2①：6，黑釉瓷剔花罐肩腹部。细瓷，灰胎。溜肩，鼓腹，器壁偏厚。内、外壁均施黑釉，外表腹部有白色剔花装饰。轮制、拉坯。残高10厘米，厚0.7～0.8厘米（图二二三，5）。

YXJ2①：7，牛腿瓶下腹及底部。细瓷，灰白胎。下腹斜收至底，平底较厚，足墙较宽、平整，挖足很浅，仅挖一次。内壁施透明黑釉，外表先施化妆土后施白釉泛青，内壁有较明显且间距不一的数周瓦楞纹，外表腹部近底部有四处由外向内穿透较浅的圆形钻孔，其四处钻孔相互对应，应为加固时所用钯钉孔，近底部向上留有右斜向划痕一处。轮制、拉坯。底径16厘米，厚0.6～1厘米，残高11.8厘米（图二二三，12）。

YXJ2①：8，瓷碗底部。细瓷，灰白胎。偏大圈足，足墙较矮、圆钝，墙面较平滑，挖足略过肩，系二次挖成，底心留有不太明显的鸡心钉，下腹斜收至底。内壁通体施白釉，未施化妆土，釉色泛黄，外表未施釉，内底留有一周大小不均的支钉痕。轮制。底径7.6厘米，厚0.5厘米，残高2.6厘米（图二二三，1）。

YXJ2①：9，瓷盆口部。细瓷，灰胎。尖唇，平折沿。内壁、口沿外侧及外壁上腹部先施化妆土后施白釉，较浓，釉色泛黄；外表下腹部刷白釉，较淡，釉色泛青，上下釉色形成鲜明对比。轮制、拉坯。口径21.6厘米，厚0.4厘米，残高4.8厘米（图二二三，6）。

YXJ2①：10，瓷碗口部。细瓷，灰胎。扁圆唇，腹部斜收，器壁偏厚。内、外壁通体施白釉，未施化妆土，釉色泛黄，且内壁有压印梅花纹。轮制、拉坯。残宽4.6厘米，厚0.3厘米，残高4.3厘米（图二二三，4）。

YXJ2①：11，瓷盆口腹部。细瓷，灰白胎。口微敛，尖唇，平折沿，直腹。内外壁通体先施化妆土后施白釉，釉色泛黄，外表有数周明显的瓦楞纹，内壁较光滑，局部脱釉。轮制、拉坯。口径36厘米，厚0.4～0.6厘米，残高6厘米（图二二三，11）。

YXJ2①：12，瓷碗口部。细瓷，白胎。侈口，扁圆唇，腹部斜收。内外壁通体施透明白釉，未施化妆土，内壁有压印萱草纹。轮制、拉坯。残高3厘米，残宽3厘米，厚0.16～0.2厘米（图二二三，3）。

YXJ2①：13，瓷瓶口肩部。细瓷，灰胎。直口，扁圆唇，高领，折肩，斜腹。外壁、口沿及内部颈部施白釉泛黄，未施化妆土，口沿处有流釉现象，口沿下有一周凹槽。轮制、拉

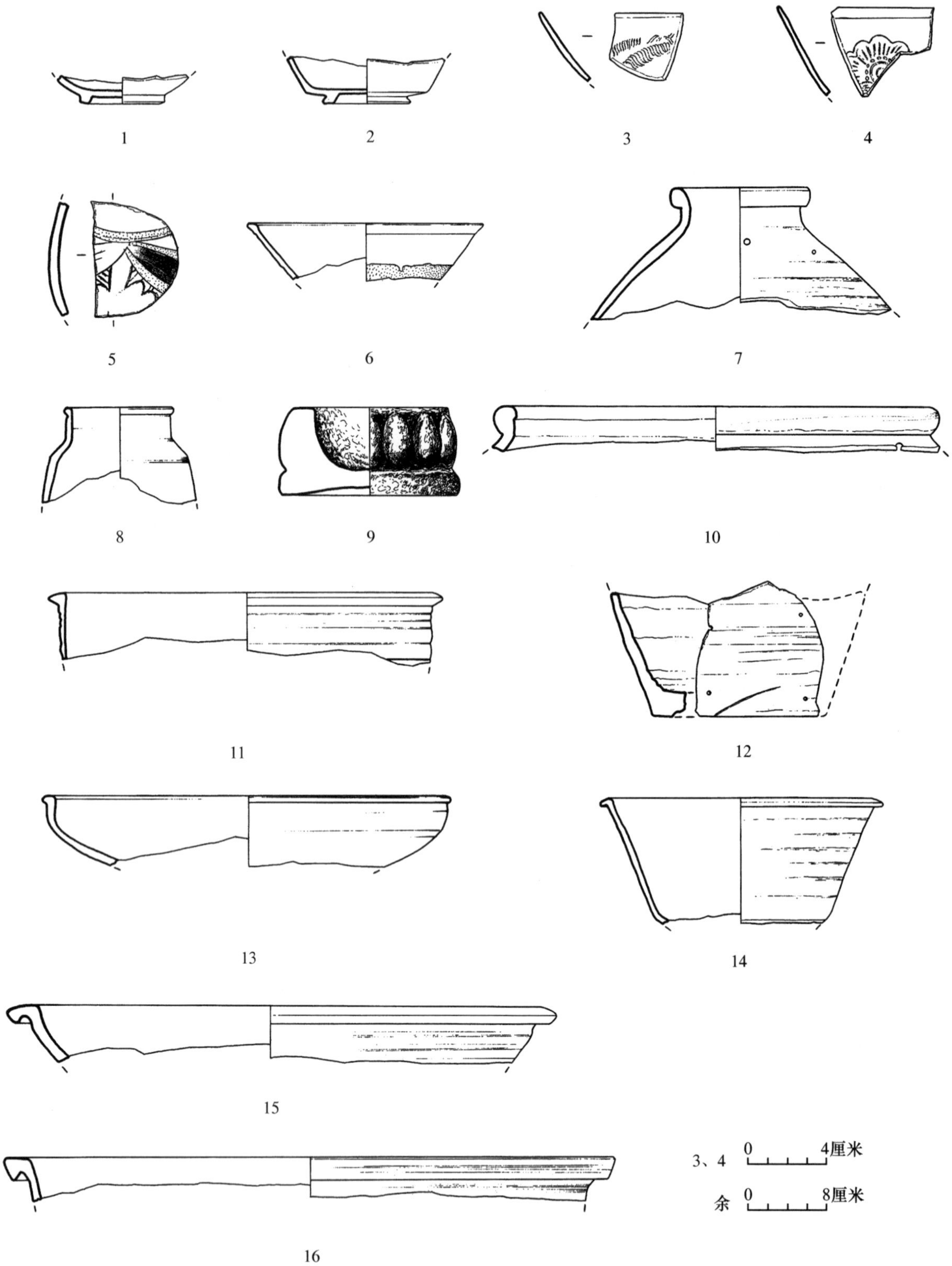

图二二三　邢家口村北遗址第一采集点采集标本

1、2. 瓷碗底部（YXJ2①：8、YXJ2①：14）　3、4. 瓷碗口部（YXJ2①：12、YXJ2①：10）　5. 瓷罐肩腹部（YXJ2①：6）　6. 瓷盆口部（YXJ2①：9）　7. 陶罐口肩部（YXJ2①：1）　8. 瓷瓶口肩部（YXJ2①：13）　9. 石臼（YXJ2①：16）　10、15、16. 陶盆口部（YXJ2①：2、YXJ2①：4、YXJ2①：5）　11. 瓷盆口腹部（YXJ2①：11）　12. 瓷牛腿瓶下腹及底部（YXJ2①：7）　13. 陶盆口腹部（YXJ2①：3）　14. 瓷盆（YXJ2①：15）

坯。口径10厘米，厚0.6厘米，残高8.4厘米（图二二三，8）。

YXJ2①：14，瓷碗底部。细瓷，灰胎。下腹折收至底部，圈足外撇；足墙偏高、圆钝，墙面平整，挖足未过肩，与肩部平齐，系一次挖成。内壁先施化妆土，后施白釉泛青，底面外围画有一周黑色条纹，且有两处支钉痕，外壁直接刷白釉泛青。轮制、拉坯。底径8厘米，厚0.6厘米，残高4.3厘米（图二二三，2）。

YXJ2①：15，瓷盆。细瓷，灰胎。侈口，尖唇，折沿下捺，斜腹至平底，器壁偏厚。内、外壁通体先施化妆土，后施白釉，釉色泛黄透明，器内壁平整光滑，外表显露数周较匀称的拉坯痕。轮制、拉坯而成。口径26厘米，厚0.5厘米，通高11厘米，底径15厘米（图二二三，14）。

YXJ2①：16，火山岩深灰色石臼。通体呈莲花瓣圆柱状，直口，内底成弧形，底座较平整。外表手工刻制莲花瓣一周，表面粗糙。手制、打磨。口径14.4厘米，通高7.6～7.8厘米，底径16.4厘米（图二二三，9；图版二八，3、4）。

邢家口村北遗址第二采集点

第二采集点位于遗址区的东南部，中心坐标为北纬40°15′03.1″，东经112°31′19.2″，海拔1444米±6米。采集点地形为较平坦的台地，地表植被为胡麻、莜麦、玉米等农作物。采集面积约200平方米。采集遗物分布较分散，所采集遗物主要有泥质灰陶卷沿罐口肩部、卷沿圆唇盆口部、宽折沿方唇盆口部，白釉瓷碗，采集标本共7件。

YXJ2②：1，泥质灰陶盆口部。圆唇，平折沿，腹部斜收，器壁偏厚，体型较大。素面，口沿内侧有一周凹槽。泥片贴筑、快轮修整。口径37.6厘米，厚1厘米，残高9.2厘米（图二二四，1）。

YXJ2②：2，泥质灰陶盆口部。口微敛，方唇，卷沿，弧腹。内壁被研光，且留有数周暗弦纹；上腹部留有两处由内向外的圆形钻孔，口沿外侧下有凹槽一周。泥片贴筑、快轮修整。口径70厘米，厚0.8厘米，残高6厘米（图二二四，7）。

YXJ2②：3，泥质深灰色陶罐口肩部。小口，斜方唇，卷沿，溜肩。肩部外表有一周凹槽，暗弦纹数周。轮制、泥片贴筑。口径30厘米，厚0.8厘米，残高6.4厘米（图二二四，5）。

YXJ2②：4，泥质深灰色陶盆口部。口微敛，圆唇，卷沿，弧腹。素面，口沿外侧下有一处较宽凹槽。泥片贴筑、快轮修整。口径30厘米，厚0.6厘米，残高6厘米（图二二四，3）。

YXJ2②：5，泥质灰陶盆口部。圆唇，卷沿，腹部斜收。口沿及内壁被研光，且有若干周暗弦纹，上腹部有一处由内向外的圆形钻孔。泥片贴筑、快轮修整。口径46厘米，厚1厘米，残高8.2厘米（图二二四，6）。

YXJ2②：6，泥质灰陶罐口部。敛口，圆唇，溜肩。口沿上有四周凹槽，且内壁有明显的旋抹痕迹。泥片贴筑、快轮修整。口径17.6厘米，厚0.6厘米，残高5厘米（图二二四，4）。

YXJ2②：7，瓷碗。残。已修复。细瓷，灰胎。直口，尖唇，小平折沿，弧腹至圈足；圈足略高，足墙平整、较宽，挖足至肩，系二次挖成，器壁偏厚。器内壁通体先施化妆土，后施透明白釉，釉色泛黄，局部有爆裂痕，底心留有粘砂痕；外表施白釉至腹中部，釉色泛黄，刷透明釉近底部。轮制、拉坯。口径18.8厘米，通高8.6厘米，底径8.2厘米（图二二四，2；图版二八，7）。

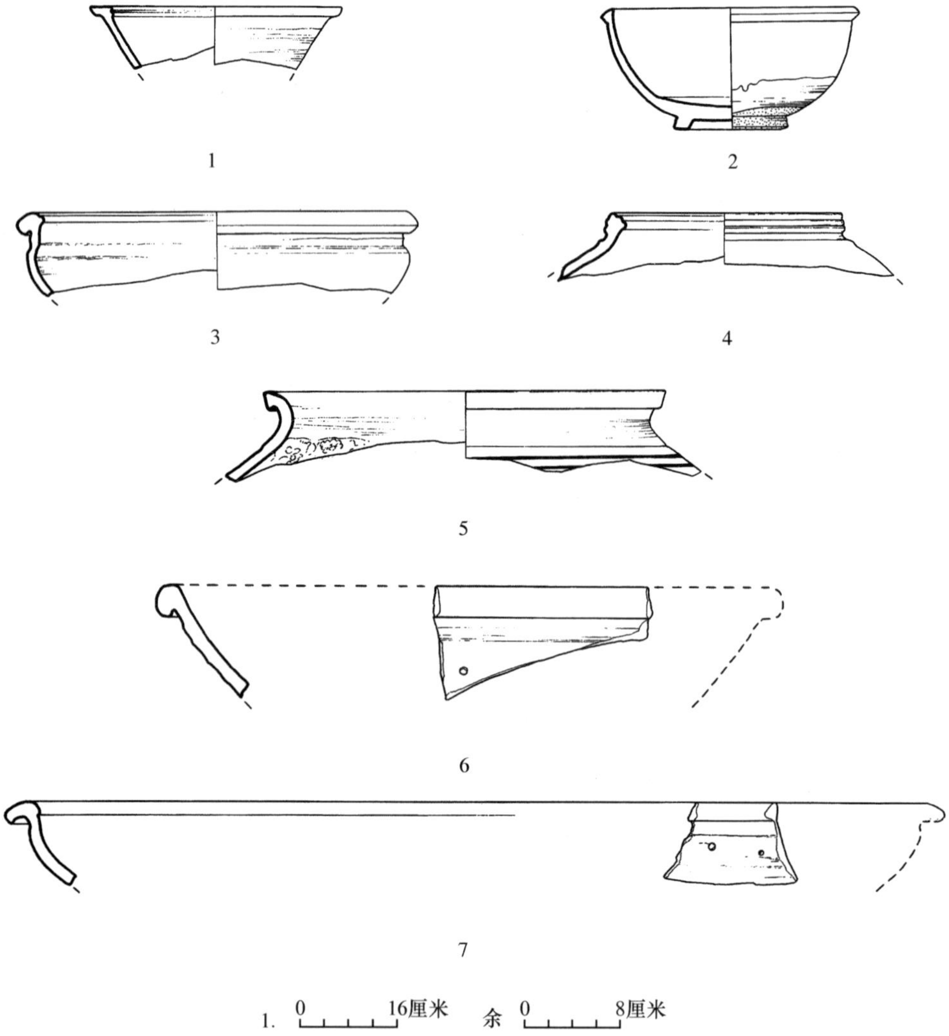

图二二四　邢家口村北遗址第二采集点采集标本

1、3、6、7. 陶盆口部（YXJ2②：1、YXJ2②：4、YXJ2②：5、YXJ2②：2）　2. 瓷碗（YXJ2②：7）
4. 陶罐口部（YXJ2②：6）　5. 陶罐口肩部（YXJ2②：3）

邢家口村南采集

采集：1，泥质灰黑色陶盆。口微敛，扁圆唇，下腹内曲，小平底。外壁饰数周瓦楞纹。泥条盘筑、快轮修整。口径42.4厘米，高16.8厘米，底径17.2厘米。（图二二五；图版二八，8）。

（二）遗址时代

遗址的文化时代为辽金时期（表三九）。

YXJ2①：2（金代）与察哈尔右翼后旗头道湾古城遗址C型陶瓮ⅠH51：1相似[①]；与平鲁

① 内蒙古自治区文物考古研究所编：《内蒙古文物考古文集（第三辑）》，科学出版社，2004年，第340页，图二二，3。

区庄子坪遗址第三期的陶瓮H22：15相似[①]。

YXJ2①：4（金代）与苏尼特右旗新民乡全胜段金界壕B型陶盆H7：3相似[②]；与平鲁区庄子坪遗址第三期的B型陶盆H22：11相似[③]。

YXJ2①：11（辽金）与四子王旗城卜子古城及墓葬出土瓷盆SZC：62相似[④]。

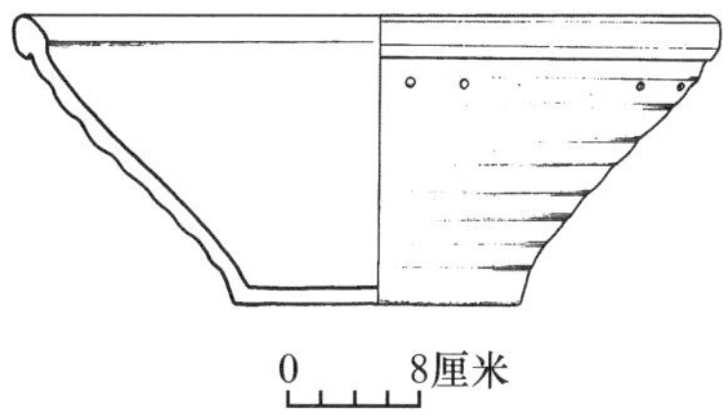

图二二五　邢家口村南采集标本陶盆（采集：1）

YXJ2②：4（金代）与准格尔旗城坡古城遗址第二阶段遗存出土F型陶盆T30②A：4相似[⑤]；与和林格尔县前瓦窑沟辽金时代遗址E型陶盆相似[⑥]。

YXJ2①：5（金代）与平鲁区庄子坪遗址第三期A型陶盆H22：12相似[⑦]。

YXJ2②：6（辽金）与准格尔旗城坡古城遗址第二阶段遗存出土B型陶瓮T2②：18相似[⑧]。

YXJ2①：7（辽金）与清水河县下城湾古城A型牛腿瓷瓶H13：11相似[⑨]；与清水河县下城湾古城A型陶罐H13：3相似[⑩]。

YXJ2①：13（金代）与山西大同市金代徐龟墓出土瓷罐M：10相似[⑪]。

YXJ2②：7（辽代）与四子王旗城卜子古城墓葬龙泉窑青瓷碗SZC：68相似[⑫]；与宁城县

---

① 山西省考古研究所、山西省考古学会编：《三晋考古（第三辑）》，山西人民出版社，2006年，第359页，图一〇，2。

② 内蒙古自治区文物考古研究所编：《内蒙古文物考古文集（第三辑）》，科学出版社，2004年，第317页，图五，3。

③ 山西省考古研究所、山西省考古学会编：《三晋考古（第三辑）》，山西人民出版社，2006年，第359页，图一〇，8。

④ 内蒙古文物考古研究所编：《内蒙古文物考古文集（第二辑）》，中国大百科全书出版社，1997年，第691页，图四，1。

⑤ 内蒙古自治区文物考古研究所编：《万家寨水利枢纽工程考古报告集》，远方出版社，2001年，第101页，图一八，8。

⑥ 内蒙古文物考古研究所编：《内蒙古文物考古文集》，中国大百科全书出版社，1994年，第556页，图六，24。

⑦ 山西省考古研究所、山西省考古学会编：《三晋考古（第三辑）》，山西人民出版社，2006年，第359页，图一〇，9。

⑧ 内蒙古自治区文物考古研究所编：《万家寨水利枢纽工程考古报告集》，远方出版社，2001年，第99页，图一六，4。

⑨ 内蒙古自治区文物考古研究所编：《万家寨水利枢纽工程考古报告集》，远方出版社，2001年，第167页，图一〇，1。

⑩ 内蒙古自治区文物考古研究所编：《万家寨水利枢纽工程考古报告集》，远方出版社，2001年，第163页，图七，3。

⑪ 大同市博物馆：《山西大同市金代徐龟墓》，《考古》2004年第9期，第54页，图四，3。

⑫ 内蒙古文物考古研究所编：《内蒙古文物考古文集（第二辑）》，中国大百科全书出版社，1997年，第691页，图四，8。

埋王沟辽代墓地1号墓出土瓷杯相似①。

YXJ2①：14（金代早期）与清水河县下城湾古城A型Ⅱ式瓷钵T5④：2相似②。

YXJ2①：1（金末元初）与平鲁区庄子坪遗址第三期Bb型陶罐H85：1相似③。

表三九　邢家口村北遗址调查标本与其他地区同时代对比表

序号	邢家口村北遗址调查标本	对比标本一	对比标本二	其他	备注
1	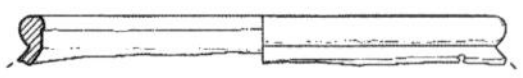 YXJ2①：2（金代）	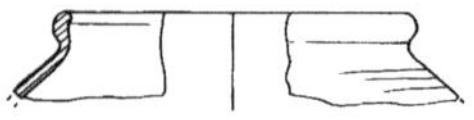 察哈尔右翼后旗头道湾古城遗址C型陶瓮Ⅰ H51：1	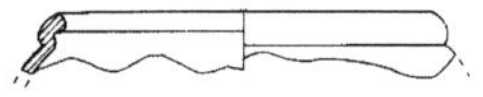 平鲁区庄子坪遗址第三期陶瓮H22：15		
2	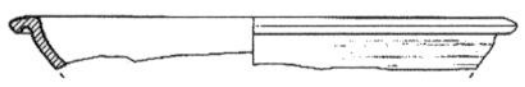 YXJ2①：4（金代）	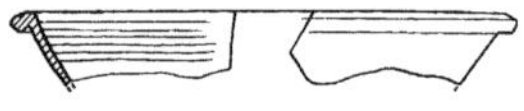 苏尼特右旗新民乡全胜段金界壕B型陶盆H7：3	 平鲁区庄子坪遗址第三期B型陶盆H22：11		
3	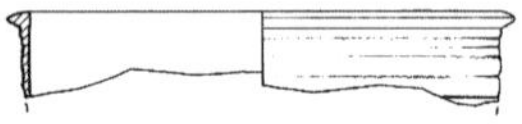 YXJ2①：11（辽金）	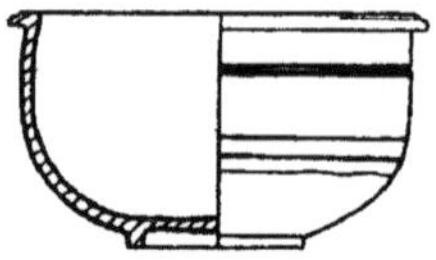 四子王旗城卜子古城及墓葬出土瓷盆SZC：62			
4	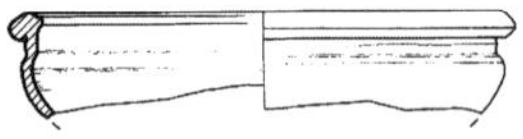 YXJ2②：4（金代）	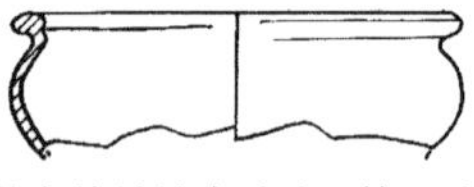 准格尔旗城坡古城遗址第二阶段遗存出土F型陶盆T30②A：4	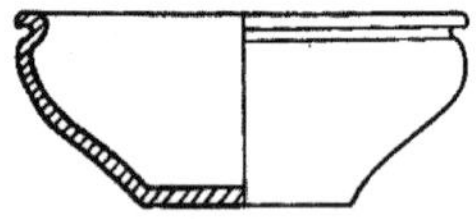 和林格尔县前瓦窑沟辽金时代遗址E型陶盆		
5	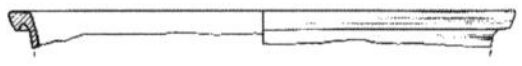 YXJ2①：5（金代）	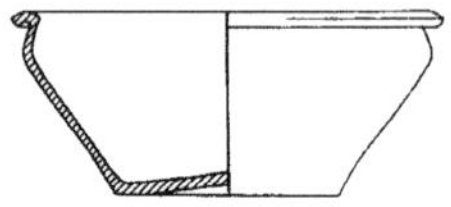 平鲁区庄子坪遗址第三期A型陶盆H22：12			

① 内蒙古文物考古研究所编：《内蒙古文物考古文集（第二辑）》，中国大百科全书出版社，1997年，第612页，图五，2。

② 内蒙古自治区文物考古研究所编：《万家寨水利枢纽工程考古报告集》，远方出版社，2001年，第168页，图一一，2。

③ 山西省考古研究所、山西省考古学会编：《三晋考古（第三辑）》，山西人民出版社，2006年，第359页，图一〇，1。

续表

序号	邢家口村北遗址调查标本	对比标本一	对比标本二	其他	备注
6	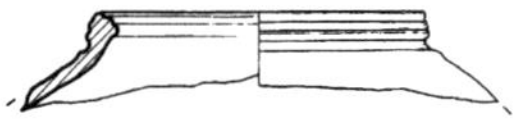 YXJ2②：6（辽金）	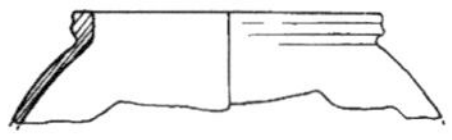 准格尔旗城坡古城遗址第二阶段遗存出土B型陶瓮T2②：18			
7	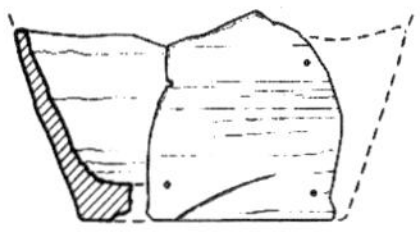 YXJ2①：7（辽金）	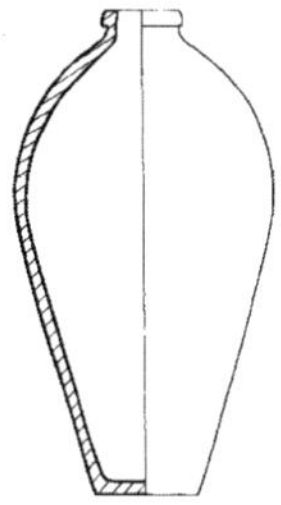 清水河县下城湾古城A型瓷牛腿瓶H13：11	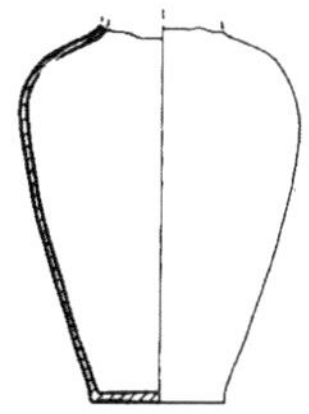 清水河县下城湾古城A型陶罐H13：3		
8	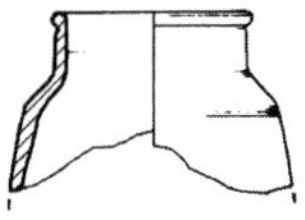 YXJ2①：13（金代）	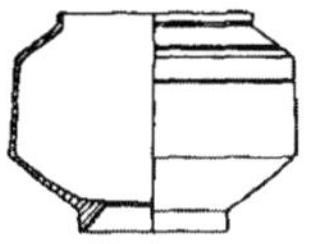 山西大同市金代徐龟墓出土瓷罐M：10			
9	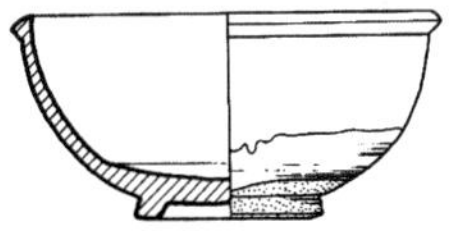 YXJ2②：7（辽代）	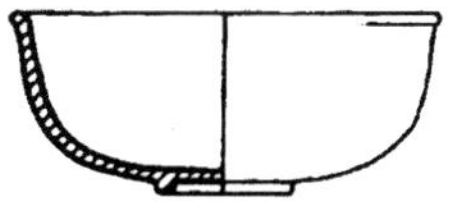 四子王旗城卜子古城墓葬龙泉窑青瓷碗SZC：68	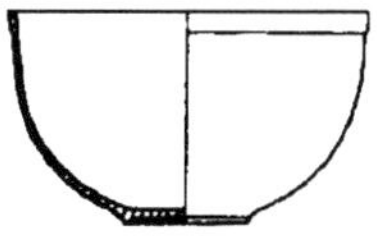 宁城县埋王沟辽代墓地1号墓出土瓷杯		
10	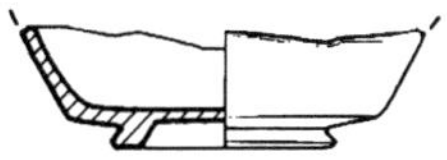 YXJ2①：14（金代早期）	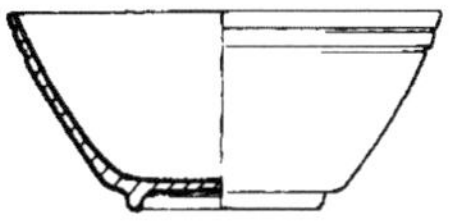 清水河县下城湾古城A型Ⅱ式瓷钵T5④：2			
11	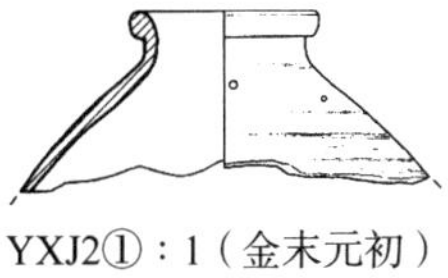 YXJ2①：1（金末元初）	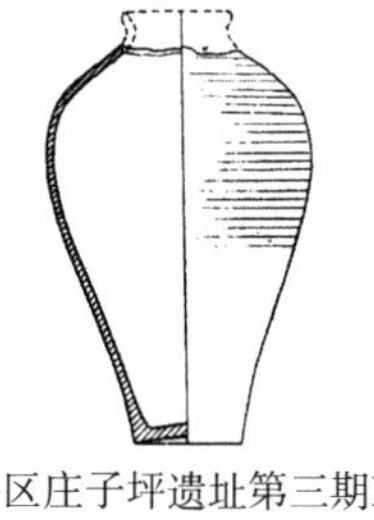 平鲁区庄子坪遗址第三期Bb型陶罐H85：1			

第二十六节　庄窝村附近

一、庄窝村西遗址（2014YZ1）

（一）遗址介绍

庄窝村西遗址紧挨庄窝村西边缘处，行政归属李达窑乡庄窝村，初查时间为三普时间，复查时间为2014年7月21日。遗址中心点GPS坐标为北纬40°14′11.2″，东经112°35′12.1″，海拔1524米±8米。该台地呈东南走向阶梯式台地，台地东高西低，南临由庄窝村流向马营河的支流，东临庄窝村，西临马营河，地表种植有土豆等农作物。遗址东西约900米，南北约200米，面积总计约180000平方米（图二二六；图版二二，1）。

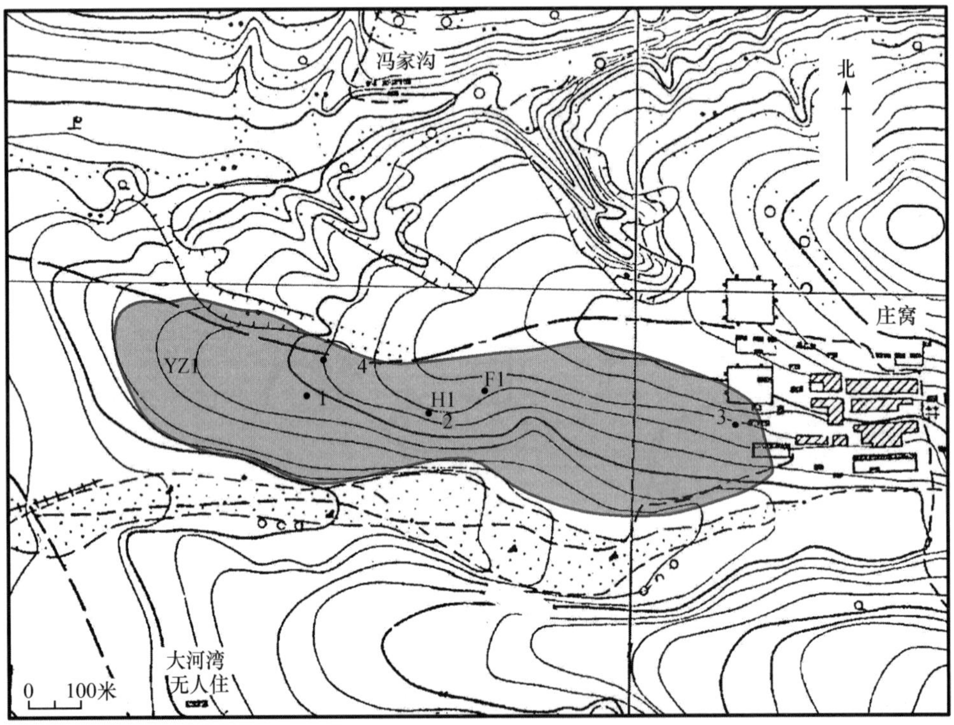

图二二六　庄窝村西遗址位置示意图

在遗址的内发现文化层、房址和灰坑遗迹。文化层分布于两处：第一处分布在遗址区的中部第二采集点，土质疏散，土色呈灰褐色，包含物有陶盆、陶罐、瓷碗、瓷盘、鸡腿瓶等。该文化层厚0.4～1米，不见底，断面暴露长度约40米。第二处分布于第三采集点断面，土质疏散，土色呈深灰色，包含物有大量石块、石片、陶片等。该文化层暴露厚度1.1～2米，暴露长度约80米。

位于遗址区中部第二采集点北断面上暴露灰坑一处，编号H1。H1形状呈不规则形，口部残径3.1米，斜壁，底部西高东低，坑口开口于辽金文化层下，自深0.1～0.7～0.85米，坑内土质疏松，土色较灰，包含有泥质灰陶器物残片及少量红烧土块等（图版二二，2）。

位于遗址区中北部发现残留建筑遗存，编号F1。F1周围残存大量板瓦、筒瓦、沟槽砖、大小不等的石块较散乱。

遗物主要分布于遗址区的中部，东西部次之。故设立四个采集点。

庄窝村西遗址第一采集点

第一采集点位于遗址区西部，中心坐标为北纬40°14′11.9″，东经112°35′04.6″，海拔1522米±5米。采集点地形为阶梯式台地，地表植被为土豆。采集面积约500平方米。采集遗物分布较密集，所采遗物主要有泥质灰陶折沿盆口部、卷沿盆口部及瓷盘、瓷碗残片等。由于农田基本建设破坏较严重，采集点周围零星有同时期碎瓷片，但未采集。采集标本共15件。

YZ1①：1，泥质灰陶盆（残）。敞口，圆唇，卷沿，斜腹，平底。素面。泥片贴筑、快轮修整。口径54厘米，高13.6厘米，底径35.6厘米（图二二七，15）。

YZ1①：2，泥质灰陶盆口腹部。侈口，斜方唇，卷沿，斜腹。沿上有两周凹槽，上腹部存一由内向外的钻孔。内壁残存一周压印纹。泥片贴筑、快轮修整。口径48厘米，厚1厘米，残高6.6厘米（图二二七，12）。

YZ1①：3，泥质灰陶盆口腹部。侈口，圆唇，软折沿下捺，弧腹斜收。口沿及外壁饰数周研光暗弦纹。泥片贴筑、快轮修整。口径48厘米，厚0.6厘米，残高8厘米（图二二七，13）。

YZ1①：4，泥质灰黑色陶盆口腹部。口微敛，斜方唇，折沿，斜腹。折沿上有一周凹槽。泥片贴筑、快轮修整。口径56厘米，厚0.9厘米，残高6厘米（图二二七，14）。

YZ1①：5，泥质灰色陶盆口腹部。敞口，斜方唇，卷沿，斜腹。口沿上有一周凹槽。泥片贴筑、快轮修整。口径38厘米，厚0.6厘米，残高3.8厘米（图二二七，11）。

YZ1①：6，泥质灰黑色陶盆口腹部。侈口，方圆唇，卷沿外翻，斜腹。口沿级内壁饰数周研光暗弦纹。泥片贴筑、快轮修整。口径36厘米，厚0.8厘米，残高4.6厘米（图二二七，8）。

YZ1①：7，泥质陶罐口肩部，内壁呈灰色，外壁呈灰黑色。方唇，卷沿，束颈，溜肩。肩部有研光痕迹。泥片贴筑、快轮修整。口径26厘米，厚0.8厘米，残高5厘米（图二二七，9）。

YZ1①：8，泥质灰陶盆口腹部。侈口，圆唇，卷沿外翻，束颈，折肩，弧腹斜收。内壁沿下有一周凸棱。泥片贴筑、快轮修整。口径20.8厘米，厚0.8厘米，残高6.4 厘米（图二二七，5）。

YZ1①：9，泥质灰陶盆口腹部。尖圆唇，内侧加厚，斜腹内收明显。素面。泥片贴筑、快轮修整。口径40厘米，厚0.7厘米，残高4.6厘米（图二二七，10）。

YZ1①：10，泥质灰黑色陶盆底部。斜腹，小平底，底较厚。素面。泥片贴筑、快轮修整。厚1厘米，残高10.8厘米（图二二七，6）。

YZ1①：11，泥质陶罐底部。外壁呈黑色，内壁呈灰黑色。斜腹，平底。内壁饰数周瓦楞纹。泥片贴筑、快轮修整。底径14厘米，厚0.8厘米，残高9厘米（图二二七，7）。

YZ1①：12，泥质灰色陶片。外壁饰研光纹。泥片贴筑。厚0.8厘米（图二二七，4）。

YZ1①：13，瓷盘底部。细坩子土，灰白色。弧腹，平底，圈足。内底残存两个支钉痕，内壁下腹部饰转轮菊纹，内底部饰花瓣纹；内壁施满釉，外壁半釉，白釉泛青；外壁刮削明

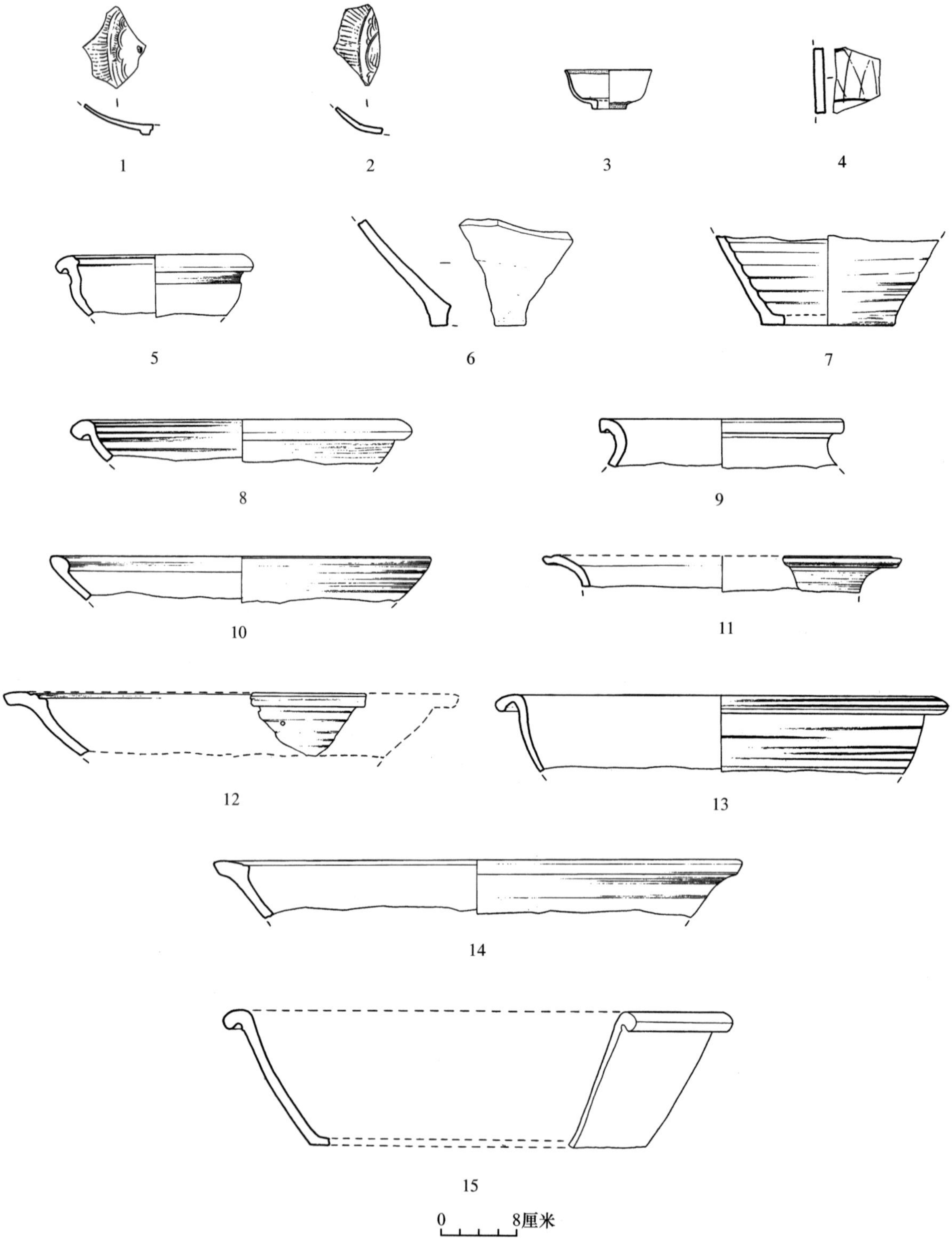

图二二七　庄窝村西遗址第一采集点采集标本

1. 瓷盘底部（YZ1①：13）　2. 瓷碗腹片（YZ1①：14）　3. 小瓷盏（YZ1①：15）　4. 陶片（YZ1①：12）　5、8、10～14. 陶盆口腹部（YZ1①：8、YZ1①：6、YZ1①：9、YZ1①：5、YZ1①：2、YZ1①：3、YZ1①：4）　6. 陶盆底部（YZ1①：10）　7. 陶罐底部（YZ1①：11）　9. 陶罐口肩部（YZ1①：7）　15. 陶盆（YZ1①：1）

显，将器物刮薄。拉坯。厚0.3厘米，残高3.2厘米（图二二七，1）。

YZ1①：14，瓷碗腹片。坩子土，灰白色胎。弧腹，底略下凹。内壁下腹部饰压印转轮菊纹，内底饰浅印花纹。内壁施满釉，外壁施半釉，白釉泛青，未施化妆土。拉坯。厚0.3厘米，残高2.8厘米（图二二七，2）。

YZ1①：15，小瓷盏（残）。坩子土，含高岭土，白胎。侈口，尖圆唇，弧腹较深，下腹略鼓，圈足。内底存一周凹弦纹。内壁施满釉，外壁施釉至圈足，白釉，釉色光亮，玻璃质感强，未施化妆土。拉坯。口径9.2厘米，高4厘米，底径3.6厘米（图二二七，3）。

庄窝村西遗址第二采集点

第二采集点位于遗址区的中部，中心坐标为北纬40°14′11.2″，东经112°35′12.1″，海拔1524米±8米。采集点地形为阶梯式台地，地表植被为土豆等农作物。采集面积约600平方米。采集遗物分布较密集，所采遗物主要有两个时代，汉代的有泥质灰陶绳纹盆残片；金代的有泥质灰陶罐口部、四系罐口部、筒瓦等，白釉印花瓷碗、白釉大口瓷罐、黑釉鸡腿瓷瓶、白釉瓷盏等。采集点北断崖上暴露灰坑一处，编号为H1，H1以上为金代文化层。该采集点周围因农田基本建设破坏严重，现所采集遗物大多应为文化层与灰坑遗物。采集标本共46件。

YZ1②：1，泥质灰陶盆口腹部。敞口，圆唇，卷沿外翻，斜腹。口沿上及内壁饰数周研光平行暗弦纹。泥片贴筑、快轮修整。口径56厘米，厚0.8厘米，残高6厘米（图二二九，2）。

YZ1②：2，泥质深灰色陶器底部。器形不明，下腹外鼓，大平底。素面。泥片贴筑、快轮修整。底径24厘米，厚0.9厘米，残高5.2厘米（备注：怀疑是扑满）（图二二八，19）。

YZ1②：3，泥质灰陶筒瓦尾部。瓦壁尾部较薄，瓦身厚重，瓦面素面，瓦沟饰布纹。泥片贴筑、内切。残长13厘米，宽5.6厘米，厚2.6～3厘米（图二二九，16）。

YZ1②：4，泥质灰陶双耳罐口腹部。敛口，平唇，鼓肩，弧腹，肩部附加环形耳，内壁加固。肩部饰研光斜方格纹，肩部有一由外向内的圆形钻孔。泥片贴筑、快轮修整。口径9.2厘米，厚0.5厘米，残高6.4厘米（图二二九，10）。

YZ1②：5，泥质陶罐口肩部。外壁呈黑色，内壁呈深灰色。敛口，圆唇，鼓肩。唇上饰三周凹弦纹，肩部有一个由外向内的圆形钻孔。泥片贴筑、快轮修整。口径23.2厘米，厚0.7厘米，残高6厘米（图二二九，13）。

YZ1②：6，泥质灰陶盆口腹部。方唇，折沿下捺，上腹微内敛，下腹斜收。口沿上及内壁饰数周研光暗弦纹。泥片贴筑、快轮修整。口径36厘米，厚0.7厘米，残高8.4厘米（图二二九，5）。

YZ1②：7，泥质灰黑色陶盆口腹部。直口，圆唇，卷沿外翻，短颈，鼓肩，斜腹。内壁口沿下饰一周凸棱，口沿上饰一周凸棱，口沿上及外壁饰数周研光暗弦纹。泥片贴筑、快轮修整 。口径30厘米，厚0.8厘米，残高7厘米（图二二九，3）。

YZ1②：8，泥质灰黑色陶盆口腹部。侈口，圆唇，口沿内卷贴于内壁，斜腹。腹部有一个由内向外的圆形钻孔。泥片贴筑、快轮修整。口径40厘米，厚0.7厘米，残高4.6厘米（图二二九，4）。

YZ1②：9，泥质灰色陶盆口腹部。敛口，斜方唇，卷沿，斜腹。内壁饰压印纹，口沿内侧

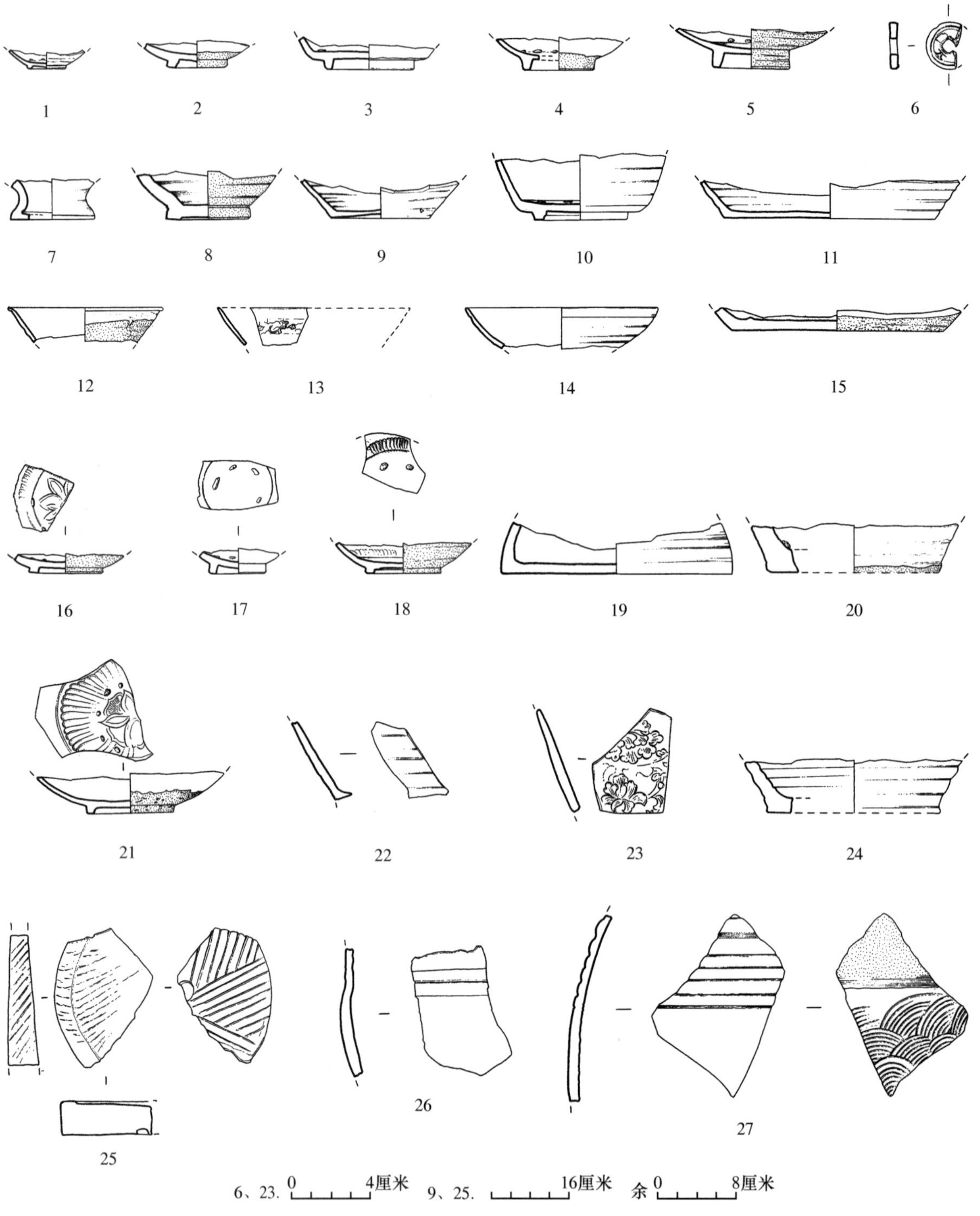

图二二八　庄窝村西遗址第二采集点采集标本

1. 小瓷碗底部（YZ1②：29）　2～5、10、12、16～18、20、21. 瓷碗底部（YZ1②：26、YZ1②：24、YZ1②：18、YZ1②：19、YZ1②：31、YZ1②：28、YZ1②：37、YZ1②：36、YZ1②：25、YZ1②：39、YZ1②：33）　6. 陶钱模（YZ1②：46）　7、19. 陶器底部（YZ1②：17、YZ1②：2）　8. 匣钵（YZ1②：35）　9、11. 陶盆底部（YZ1②：12、YZ1②：16）　13、14. 瓷碗口腹部（YZ1②：27、YZ1②：22）　15. 瓷盆底部（YZ1②：34）　22. 梅瓶下腹部（YZ1②：23）　23.瓷碗腹部（YZ1②：30）　24. 瓷罐底部（YZ1②：38）　25. 石磨盘（YZ1②：43）　26. 鸡腿瓶腹部（YZ1②：32）　27. 瓷缸腹部（YZ1②：20）

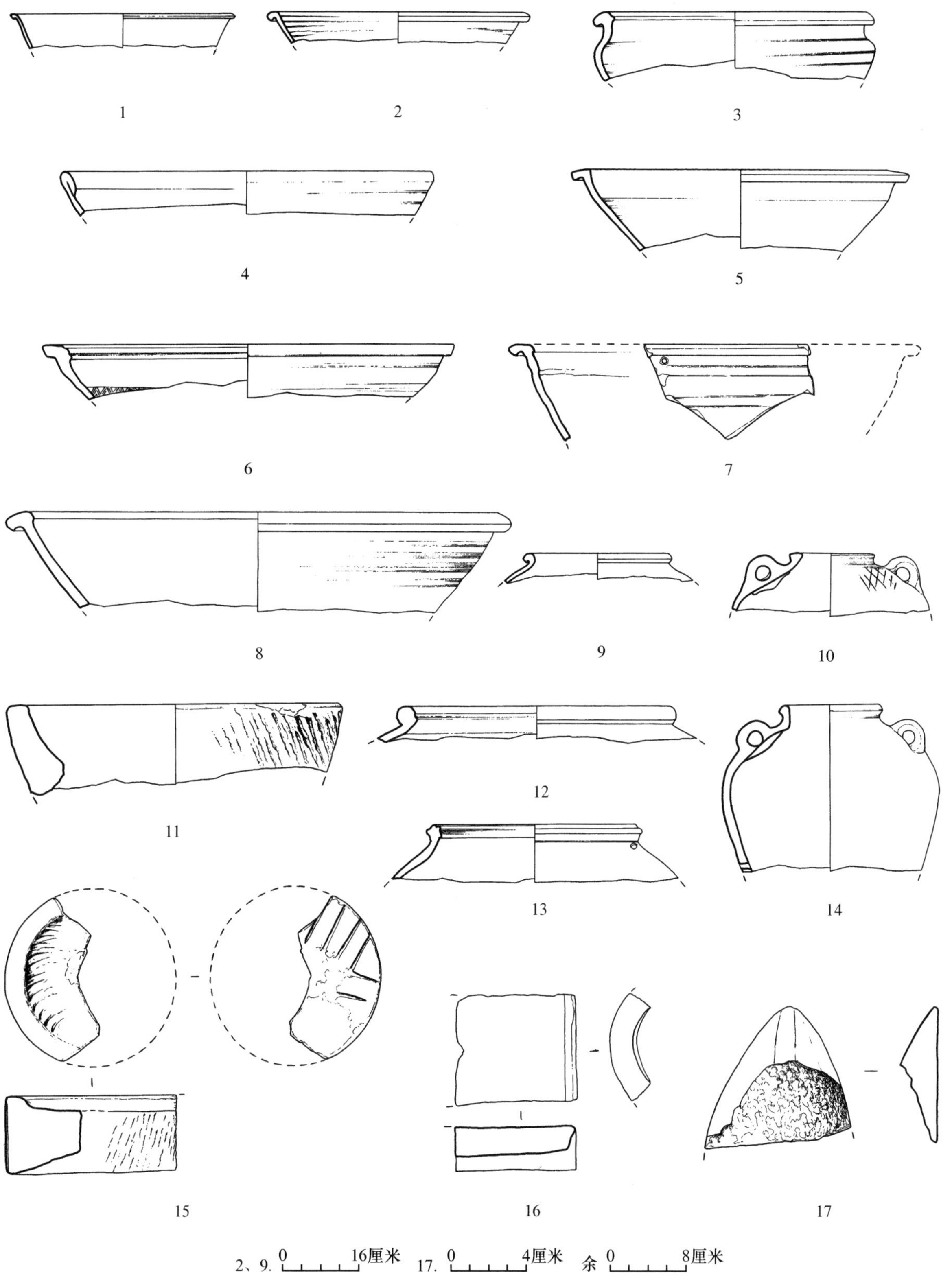

图二二九 庄窝村西遗址第二采集点采集标本

1. 瓷碗口部（YZ1②：21） 2～8. 陶盆口腹部（YZ1②：1、YZ1②：7、YZ1②：8、YZ1②：6、YZ1②：9、YZ1②：10、YZ1②：13） 9. 陶瓮口肩部（YZ1②：14） 10、14. 陶双耳罐口腹部（YZ1②：4、YZ1②：15） 11. 石臼（YZ1②：41） 12. 陶罐口部（YZ1②：11） 13. 陶罐口肩部（YZ1②：5） 15. 石磨盘（YZ1②：42） 16. 筒瓦尾部（YZ1②：3） 17. 石犁（YZ1②：40）

饰两周凹弦纹。泥片贴筑、快轮修整。口径44厘米，厚0.9厘米，残高5.6厘米（图二二九，6）。

YZ1②：10，泥质灰黑色陶盆口腹部。斜方唇，卷沿外翻，短颈，斜腹。内壁口沿下饰一周凹弦纹。泥片贴筑、快轮修整。口径44厘米，厚0.8厘米，残高10厘米（图二二九，7）。

YZ1②：11，泥质陶罐口部。外壁呈黑色，内壁呈灰色。敛口，圆唇，鼓肩。唇内侧有一周凹弦纹，口外侧及肩部磨光。泥片贴筑、快轮修整。口径30厘米，厚0.9厘米，残高3.8厘米（图二二九，12）。

YZ1②：12，泥质灰色陶盆底部。斜腹，平底略内凹。内壁及内底饰数周研光平行暗弦纹。泥片贴筑、快轮修整。底径20厘米，厚1厘米，残高8厘米（图二二八，9）。

YZ1②：13，泥质灰陶盆口腹部。口微敛，圆唇，卷沿外翻，斜腹。素面。泥片贴筑、快轮修整。口径60厘米，厚1厘米，残高11厘米（图二二九，8）。

YZ1②：14，泥质灰陶瓮口肩部。敛口，圆唇，口沿外卷，鼓肩。素面。泥片贴筑、快轮修整。口径32厘米，厚0.9厘米，残高6厘米（图二二九，9）。

YZ1②：15，泥质灰陶双耳罐口腹部。直口，圆唇，鼓肩，弧腹斜收。肩部有两个对称的环形耳，内壁加固。素面。泥片贴筑、快轮修整。口径11.2厘米，厚0.8厘米，残高17厘米（图二二九，14；图版二二，5）。

YZ1②：16，泥质陶盆底部。为夹心陶。外表呈灰黑色，内芯呈红褐色。斜腹，平底。外壁残存部分饰数周瓦楞纹，腹底相接处有研光痕迹。泥片贴筑、快轮修整。底径44厘米，厚0.9厘米，残高8厘米（图二二八，11）。

YZ1②：17，泥质灰陶器底部。下腹斜收为高足，平底。泥片贴筑。底径8.8厘米，厚0.8厘米，残高4厘米（图二二八，7）。

YZ1②：18，瓷碗底部。细坩子土，白色胎。弧腹，平底，圈足。内底残存四个较大的支钉痕，足墙内外均斜削，内壁施满釉，外壁施半釉，白釉略泛青。拉坯。底径8厘米，厚0.4厘米，残高3.2厘米（图二二八，4）。

YZ1②：19，瓷碗底部。细坩子土，灰色胎。斜腹，平底，高圈足。足墙内侧斜削，内壁腹、底连接处存两个支钉痕，内底略下凹，内壁施满釉，外壁残存部分未施釉，白釉泛青。拉坯。底径8厘米，厚0.6厘米，残高4厘米（图二二八，5）。

YZ1②：20，瓷缸腹部。坩子土，灰白色胎。上腹外壁饰瓦楞纹，下腹内壁饰拍印纹，内、外壁先施化妆土，后施满釉，白釉泛黄；内壁施黑釉呈酱色。轮制、泥条盘筑。厚0.9厘米，残高18.5厘米（图二二八，27）。

YZ1②：21，瓷碗口部。细坩子土，灰白色胎。敞口，圆唇，口沿外翻较窄，斜腹。残存部分内外壁均施釉，白釉泛青，未施化妆土。拉坯。口径24厘米，厚0.3厘米，残高3.6厘米（图二二九，1）。

YZ1②：22，瓷碗口腹部。细坩子土，泛白。尖圆唇，弧腹。内壁施满釉，外壁施半釉，白釉略泛青。拉坯。口径20厘米，厚0.3厘米，残高4.2厘米（图二二八，14）。

YZ1②：23，梅瓶下腹部。细腻坩子土，灰白色。斜腹，内壁未施釉，外壁施白釉泛黄。拉坯。厚0.8厘米，残高7.8厘米（图二二八，22）。

YZ1②：24，瓷碗底部。较细坩子土，灰白色。斜腹折收，平底，圈足。足墙内侧挖足过肩，内底残存四个较大的支钉痕，内壁施满釉，外壁施半釉至圈足。拉坯。底径9.2厘米，厚0.6厘米，残高3.2厘米（图二二八，3）。

YZ1②：25，瓷碗底部。较细坩子土，灰色。弧腹，平底，圈足较矮。下腹近底部处饰一周转轮菊纹，内底残存两个支钉痕，内壁施满釉，外壁施半釉，白釉泛青。拉坯。底径8厘米，厚0.4厘米，残高3.2厘米（图二二八，18）。

YZ1②：26，瓷碗底部。较细坩子土，灰白色。腹部斜收，底略下凹，圈足外撇，外底有鸡心钉，内底残存三个支钉痕，足墙内掏挖足过肩。内壁施满釉，外壁施半釉，白釉泛青，施釉前先施化妆土，再施透明釉。拉坯。底径6厘米，厚0.5厘米，残高2.6厘米（图二二八，2）。

YZ1②：27，瓷碗口腹部。较细坩子胎，泛白。尖圆唇，斜腹。内壁口沿下饰浅印花纹，内壁施满釉，外壁施半釉，白釉泛黄。拉坯。口径20厘米，厚0.3厘米，残高3.8厘米（图二二八，13）。

YZ1②：28，瓷碗底部。较细坩子胎，灰白色。敞口，圆唇，斜腹。胎体外壁修整较粗糙，内壁施满釉，外壁施半釉，白釉泛青。拉坯。口径16厘米，厚0.4厘米，残高3.6厘米（图二二八，12）。

YZ1②：29，小瓷碗底部。细坩子胎。斜腹，平底。内底残存两个小支钉痕，腹、底连接处有折棱，内壁施满釉，外壁施半釉，白釉略泛青。拉坯。底径4厘米，厚0.3厘米，残高2厘米（图二二八，1）。

YZ1②：30，瓷碗腹部。细坩子土，灰色。内壁饰印花牡丹花纹，内壁施满釉，外壁施半釉，白釉泛青。拉坯。厚0.4厘米，残高5.2厘米（图二二八，23）。

YZ1②：31，瓷碗底部。细坩子胎，较白。斜腹折收，内底略下凹，外底平整，圈足。内底残存三个较大的支钉痕，内壁施满釉，外壁施釉至圈足，白釉略泛青。拉坯。底径10厘米，厚0.5厘米，残高6.6厘米（图二二八，10）。

YZ1②：32，黑釉鸡腿瓷瓶腹部。缸胎。腹部略鼓，下腹略外撇。内壁存有拉坯时形成的瓦楞纹，内外壁均施黑釉呈茶叶末色。拉坯。厚0.9厘米，残高12.5厘米（图二二八，26）。

YZ1②：33，瓷碗底部。细腻坩子胎，泛白。弧腹平底，圈足较矮，挖足过肩，足墙由于长期使用变异光滑，器壁厚薄均匀，较薄。胎体外壁由于刮削修整变异，凹凸不平；内底残存五个支钉痕。饰浅印花纹，内壁下腹饰浅印转轮菊花纹，中间为变形莲纹，白釉略泛青。拉坯。底径9厘米，厚0.3厘米，残高4厘米（图二二八，21）。

YZ1②：34，瓷盆底部。较粗坩子胎，灰白色。斜腹平底，内底残存一个小支钉，内壁先施化妆土，再施白釉，外壁残存部分未施釉。泥条盘筑、快轮修整。底径22厘米，厚1厘米，残高2.4厘米（图二二八，15）。

YZ1②：35，匣钵。缸胎。斜腹，圈足，足墙内侧矮，内外均未施釉。外壁黄褐色，内壁灰黄色。拉坯。底径8.8厘米，厚1厘米，残高4.8厘米（图二二八，8）。

YZ1②：36，瓷碗底部。细坩子胎，灰白色。弧腹斜收为圜底，圈足。内底残存四个支钉痕，外侧饰一周凹弦纹，外底存鸡心钉，内底施满釉，外壁施半釉，白釉泛青。拉坯。底径6

厘米，厚0.5厘米，残高2.4厘米（图二二八，17）。

YZ1②：37，瓷碗底部。较细坩子胎，灰白色。底略下凹，圈足略外撇。内底饰两周浅凹弦纹，中心饰浅印花纹，下腹饰浅印转菊纹，内底施满釉，外底施半釉，白釉泛青。拉坯。底径8厘米，厚0.6厘米，残高2厘米（图二二八，16）。

YZ1②：38，瓷罐底部。较粗坩子胎。下腹斜收，平底。下腹内外壁均饰瓦楞纹，内壁施黑釉呈酱色，外壁先施白色化妆土，再施透明釉，白色泛黄。泥条盘筑。底径18厘米，厚1厘米，残高5.4厘米（图二二八，24）。

YZ1②：39，瓷缸底部。缸胎。斜腹，平底。器壁较厚，内底残存一较大的支钉。内壁施黑釉呈酱色，外壁施白釉泛青。泥条盘筑。底径18厘米，厚2厘米，残高5厘米（图二二八，20）。

YZ1②：40，黑色火山岩石犁（残）。平面呈三角形，中间有一条脊，顺脊凸起，尾部残。磨制。残长7.3厘米，残宽7.4厘米，残厚2厘米（图二二九，17）。

YZ1②：41，黑色火山岩石臼（残）。打制、磨制。口径15厘米，厚2.2～4.2厘米（图二二九，11）。

YZ1②：42，浅黄色砂岩石磨盘（残）。磨盘上扇。整体呈圆形，盘外边缘高于盘内平面形成围边；盘身厚重，为实用器物，使用时间较长，磨损严重。正面留有由外向内右斜向的较浅打制凹槽，较规则；反面有由外向内的不同角度向轴心打制凹槽。打制。直径36厘米，边厚8厘米（图二二九，15）。

YZ1②：43，灰黑色火山岩石磨盘（残）。磨盘上扇；整体呈圆形，盘外边缘略高于盘内平面形成围边；盘身厚重，凿痕清晰，磨损严重。正面留有较规则的由外向内右斜向较浅打制凹槽，反面留有由外向内的不同角度向轴心的打制凹槽，中部留有轴套，现存铁锈痕。打制。厚3.6～6.4厘米，残径19.2厘米，轴套直径3.6厘米，深2.5厘米（图二二八，25）。

YZ1②：44，泥质陶片。颜色外壁呈黑色，内壁呈灰黑色。为罐腹部残片，外壁饰一周附加泥片，上饰左斜向压印纹，下接数周研光平行暗弦纹。泥片贴筑、手制。厚0.7厘米（图二三〇，1）。

YZ1②：45，泥质灰黑色陶盆腹部。弧腹斜收，上腹部饰三周平行凹弦纹，下接抹断竖向中偏粗绳纹，下腹磨光，内壁残存七周研光平行暗弦纹。泥片贴筑、快轮修整。厚0.7厘米，残高14.5厘米（图二三〇，2）。

YZ1②：46，橙黄色陶钱币。圆形方孔，钱轮较窄，制作粗糙，钱文不明，似有“太”和“元”。模制。直径2.3厘米，厚0.35～0.45厘米（图二二八，6；图版二二，6）。

庄窝村西遗址第三采集点

第三采集点位于遗址区的东部，中心坐标为北纬40°14′10.5″，东经112°35′30.7″，海拔1531米±5米。采集点地形为阶梯式台地，地表植被为土豆。采集面积约500平方米。采集遗物分布较为集中，所采遗物主要有泥质灰陶罐、盖，白釉瓷碗、白釉瓷盆口腹部、黑釉鸡腿瓷瓶等。采集标本共14件。

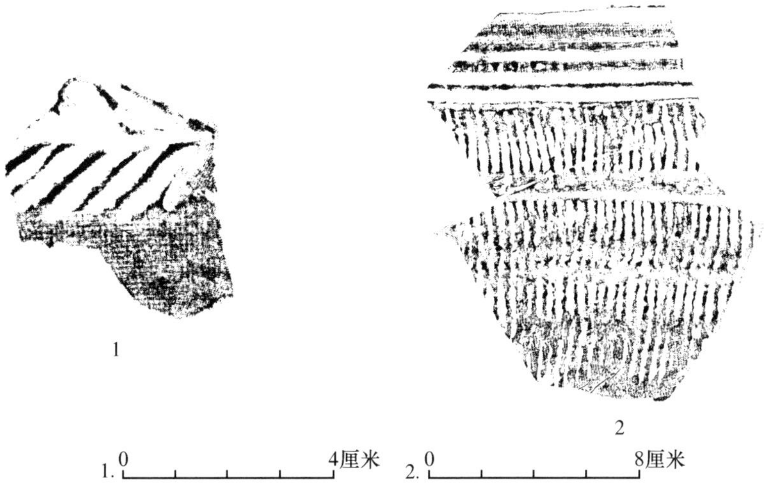

图二三〇　庄窝村西遗址第二采集点采集标本拓片

1. 陶片（YZ1②：44）　2. 陶盆腹部（YZ1②：45）

YZ1③：1，泥质黑色塔式罐盖。子口较高，平沿，盖上鼓，菌状纽。泥片贴筑、快轮修整。口径8厘米，高5.8厘米（图二三一，3）。

YZ1③：2，泥质灰黑色陶器底部。中空，圈足外侧饰一周凹弦纹。泥条盘筑。底径8厘米，厚0.8厘米，残高2.6厘米（图二三一，2）。

YZ1③：3，瓷碗口部。细坩子土，灰白胎。圆唇，斜腹，口下微内折。未施白色化妆土，施透明釉，残存部分内外壁均施釉，白色泛青，釉面有细微的开片。拉坯。口径20厘米，厚0.13厘米，残高2.2厘米（图二三一，6）。

YZ1③：4，瓷碗。细腻坩子土，灰白胎。敞口，扁圆唇，斜腹，圈足。内底略下凹，残存五个支钉痕，圈足底部外侧斜削，未施白色化妆土，施透明釉，内底施满釉，外底施半釉，白釉泛黄。拉坯。口径22厘米，底径9.6厘米，高9.6厘米（图二三一，10；图版二二，3）。

YZ1③：5，鸡腿瓶底部。粗糙坩子土，灰黄胎。斜腹，平底略内凹，内底中心凸起，外侧残存一个小支钉，外底有不规则同心圆痕迹。内壁施满釉，外壁近底部施半釉，黑釉呈茶叶末色，未施化妆土。素面。拉坯。底径8.4厘米，厚1厘米，残高15.4厘米（图二三一，11）。

YZ1③：6，瓷碗底部。细坩子土，白色。弧腹，平底，圈足较矮，略外撇。内底残存三个支钉痕，内外均施白釉略泛青，圈足内侧、底部及外底未施釉，未施化妆土。拉坯。底径9.2厘米，厚0.3厘米，残高2.2厘米（图二三一，5）。

YZ1③：7，瓷盘底部。细坩子土，灰白色。内折腹，外弧腹，平底，圈足略外撇，由底残存一个支钉痕。内壁施满釉，外壁施半釉，白釉泛青，未施化妆土。内底饰浅印牡丹花纹，内壁下腹部饰一周转轮菊纹。拉坯。底径8厘米，厚0.3厘米，残高3.6厘米（图二三一，8）。

YZ1③：8，瓷罐口肩部。较细坩子土，灰白色。敛口，圆唇，溜肩，内壁口下施黑釉，后将黑釉刮掉，施化妆土后再施白釉，白色略泛黄；外表施透明釉，唇部未施釉。拉坯。口径20厘米，厚0.7厘米，残高4.8厘米（图二三一，12）。

YZ1③：9，瓷盆口腹部。较粗坩子土，灰白色。圆唇，折沿，斜腹，折沿处凸起，形成一周凸棱。残存部分内外壁均施釉，白釉泛青，未施化妆土，釉面有细微的开片。泥条盘筑。

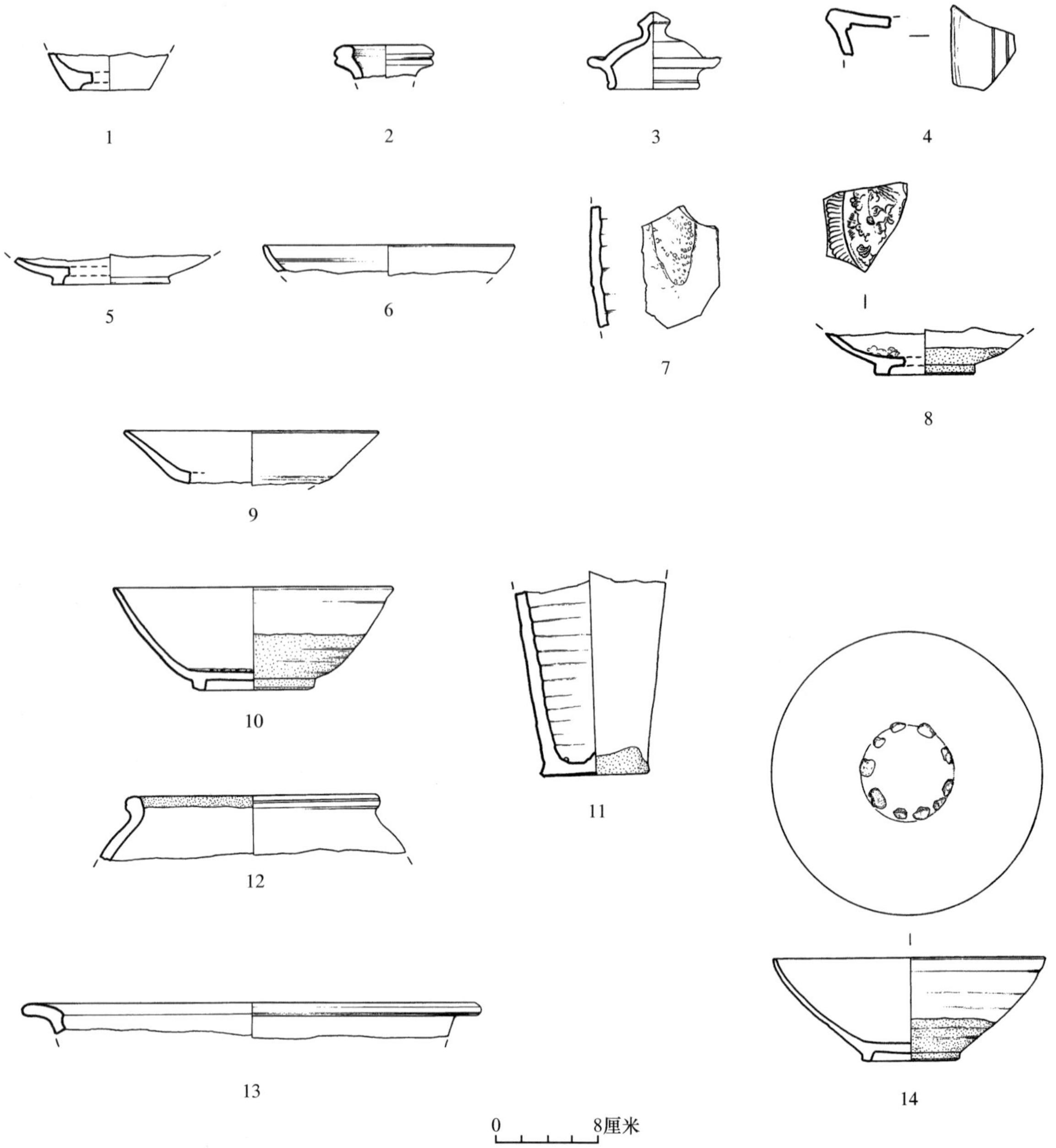

图二三一　庄窝村西遗址第三采集点采集标本

1. 瓷罐底部（YZ1③：11）　2. 陶器底部（YZ1③：2）　3. 陶塔式罐盖（YZ1③：1）　4. 八角枕残片（YZ1③：13）　5. 瓷碗底部（YZ1③：6）　6. 瓷碗口部（YZ1③：3）　7. 瓷片（YZ1③：10）　8. 瓷盘底部（YZ1③：7）　9. 瓷盘口腹部（YZ1③：12）　10. 瓷碗（YZ1③：4）　11. 瓷鸡腿瓶底部（YZ1③：5）　12. 瓷罐口肩部（YZ1③：8）　13. 瓷盆口腹部（YZ1③：9）　14. 白釉大碗（YZ1③：14）

口径36厘米，厚0.7厘米，残高2.8厘米（图二三一，13）。

YZ1③：10，瓷片。较粗坩子土，灰白色。内壁存瓦楞纹，内外壁均施釉，内壁施釉不均，局部未施釉，外壁有窑粘痕迹。未施化妆土，外壁釉色呈茶叶末色，内壁呈酱色。拉坯。厚0.7厘米，残高9.2厘米（图二三一，7）。

YZ1③：11，瓷罐底部。较细坩子土，灰色。斜腹，假圈足。未施化妆土，内外施黑釉呈茶叶末色，圈足底部釉刮去。拉坯。底径6.4厘米，厚0.5厘米，残高2.8厘米（图二三一，1）。

YZ1③：12，瓷盘口腹部。细坩子土，白胎。敞口，尖圆唇，上腹略内曲，下腹折收，浅腹。残存部分内外壁均施白釉略泛青，未施化妆土。拉坯。口径20厘米，厚0.4厘米，残高4厘米（图二三一，9）。

YZ1③：13，瓷枕残片。较粗坩子土，灰白色。弧形枕面，残存两条凹弦纹。未施化妆土，表面施白釉。手制、泥片贴筑。残长2.5厘米，厚0.4厘米，残高1.7厘米（图二三一，4）。

YZ1③：14，瓷碗。较细坩子土。敞口，扁圆唇，斜腹，平底，矮圈足，足墙内侧较深，外底留有工具掏挖残留的鸡心钉，内底有十个支垫痕。内壁施满釉，白色略泛青，器表有细小开片，施釉前先施白色化妆土，再施透明釉，由于长期使用，足墙被磨损变得圆钝（图二三一，14；图版二二，4）。

庄窝村西遗址第四采集点

第四采集点位于遗址的西北部，中心坐标为北纬40°14′10.9″，东经112°35′04.4″，海拔1522米±4米。采集点地势为阶梯式台地地表植被为土豆，采集面积约100平方米，采集遗物分布密集，所采遗物主要有泥质灰陶板瓦瓦当，白釉瓷盆口腹部，白釉瓷碗底部。采集标本共7件。

YZ1④：1，泥质灰陶板瓦。花边板瓦。瓦头饰压印纹，附加一道泥条上饰斜向压印纹呈水波状，板面素面，瓦沟饰细布纹，头端抹光。泥片贴筑、内切。残长12厘米，残宽14.2厘米，厚2.3厘米（图二三二，7）。

YZ1④：2，泥质灰陶兽面瓦当。当面与边轮平面平行，兽面纹凸起，周围分布一圈连珠纹。模制。直径16厘米，厚1.6厘米，边轮宽2.2厘米（图二三二，6）。

YZ1④：3，瓷盆口腹部。较粗坩子土，灰黄胎。敛口，圆唇，平折沿，弧腹斜收。内外壁先施白色化妆土，再施透明釉，口沿仅施化妆土，未施釉，白釉略泛黄。拉坯。口径36厘米，厚0.5厘米，残高7.8厘米（图二三二，4）。

YZ1④：4，瓷盆口腹部。较细坩子土，灰色。方圆唇，折沿，斜腹。口沿及内壁先施白色化妆土，再施透明釉，外壁未施釉。内壁白色泛青，外壁呈铁锈红色。泥条盘筑、快轮修整。口径48厘米，厚0.9厘米，残高4.6厘米（图二三二，5）。

YZ1④：5，瓷碗底部。细坩子土，灰胎。弧腹，平底，圈足略外撇，底部斜削。内底残存四个砂钉痕，内壁先施化妆土，再施透明釉，外壁直接施透明釉，内壁白色泛青，外壁灰色。拉坯。底径6.4厘米，厚0.4厘米，残高4厘米（图二三二，1）。

YZ1④：6，瓷碗底部。细腻坩子土，灰色。斜腹折收，平底，圈足底部残存三个砂钉痕，挖足至肩，足墙平整。内壁施满釉，外壁施半釉，施釉前先施白色化妆土，再施透明釉，内壁腹部及底部施黑釉花纹呈酱色，图案可能为鱼纹。拉坯。底径6厘米，厚0.4厘米，残高2.6厘米（图二三二，3）。

YZ1④：7，瓷盆底部。较细坩子土，灰黄色。斜腹，玉璧底，极浅。内壁施满釉，未施化妆土，黑釉呈茶叶末色，因为需要叠烧，内底外圈釉刮去，外底未施釉。外壁近底部有四周等距凹弦纹。泥条盘筑。底径10厘米，厚1厘米，残高4厘米（图二三二，2）。

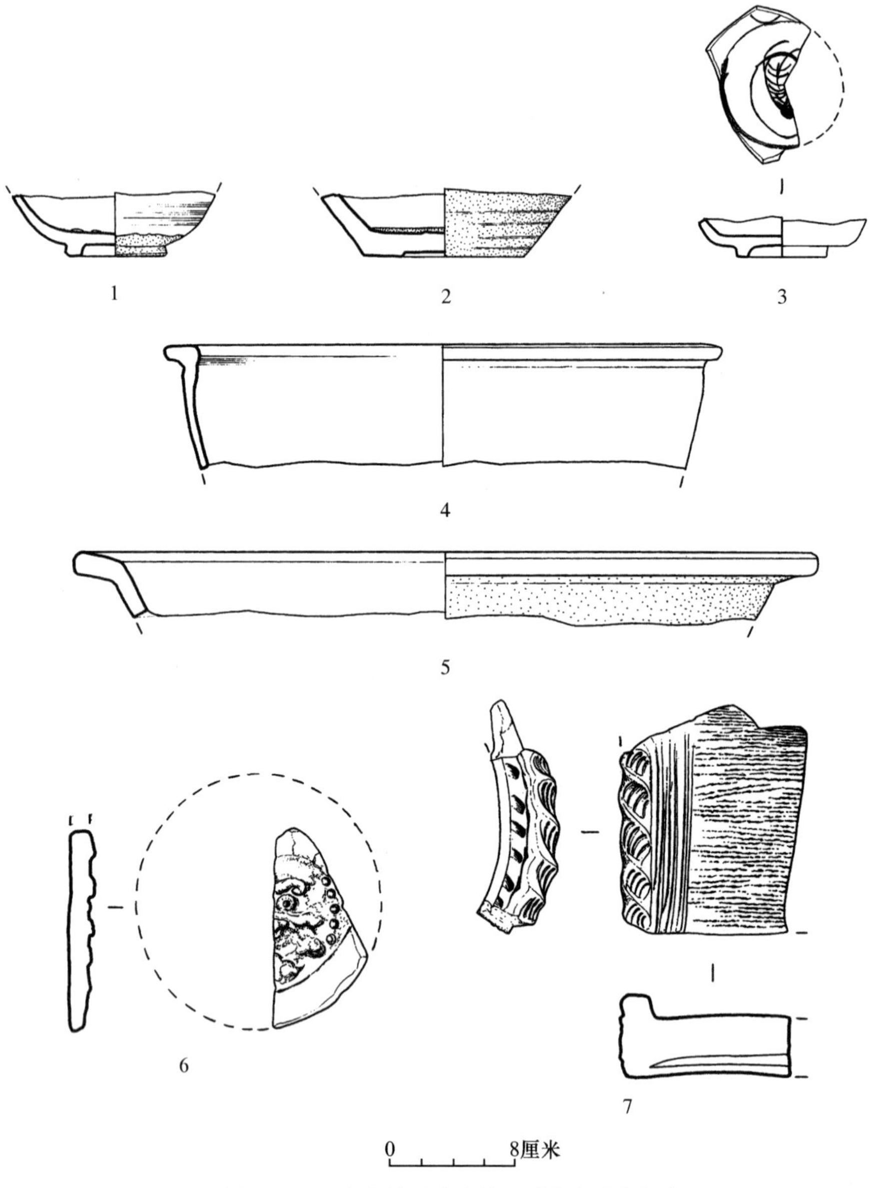

图二三二　庄窝村西遗址第四采集点采集标本

1、3. 瓷碗底部（YZ1④：5、YZ1④：6）　2. 瓷盆底部（YZ1④：7）　4、5. 瓷盆口腹部（YZ1④：3、YZ1④：4）　6. 瓦当（YZ1④：2）　7. 板瓦（YZ1④：1）

庄窝村西遗址第五采集点

第五采集点位于遗址中北部阶梯式台地上，现在地表种植土豆。编号2014YZ1F1。坐标为北纬40°14′12.3″，东经112°35′14.7″。海拔1534米 ± 5米。在500平方米的区域发现陶片、遗物丰富，所采遗物主要有筒瓦、板瓦、沟槽砖残块，建筑上的脊兽及榫卯结构的建筑构件等。采集标本共8件。

YZ1F1：2，板瓦。泥质，泥片贴筑，内切。瓦身厚重，瓦头上扬，呈花边状。深灰色。整体呈弧形，瓦沟近头有布纹。瓦背素面略抹光。残长13厘米，残宽12厘米，厚2.2厘米（图二三三，6）。

YZ1F1:4，筒瓦。泥质，泥片贴筑，内切。整体呈半圆形，瓦舌较短。深灰色，瓦背素面抹光，瓦内侧有较细的布纹。残长18.4厘米，残内宽7.6厘米，厚3厘米（图二三三，7）。

YZ1F1:1、3、5、6，鸱吻。泥质，用手捏成，共四块，深灰色，有动物的鬃毛、胡须等。大小不一，均残，无法测量详细尺寸（图二三三，1～4）。

YZ1F1:7，筒瓦。泥质，泥片贴筑。整体呈半圆形。深灰色，瓦脊背抹光，瓦内侧施细布纹。长宽均残缺。残长13厘米，残内宽10.2厘米，厚2.2厘米（图二三三，5）。

YZ1F1:8，沟槽砖。泥质，手制。砖一面施七道竖向较规则的沟槽，与近边处的沟槽相接。另一面为素面，不平整。沟槽上宽下窄，用铁工具掏挖而成。残长24.5厘米，宽19厘米，厚6厘米；沟槽宽0.6～0.8厘米，深0.4～0.5厘米（图二三三，8）。

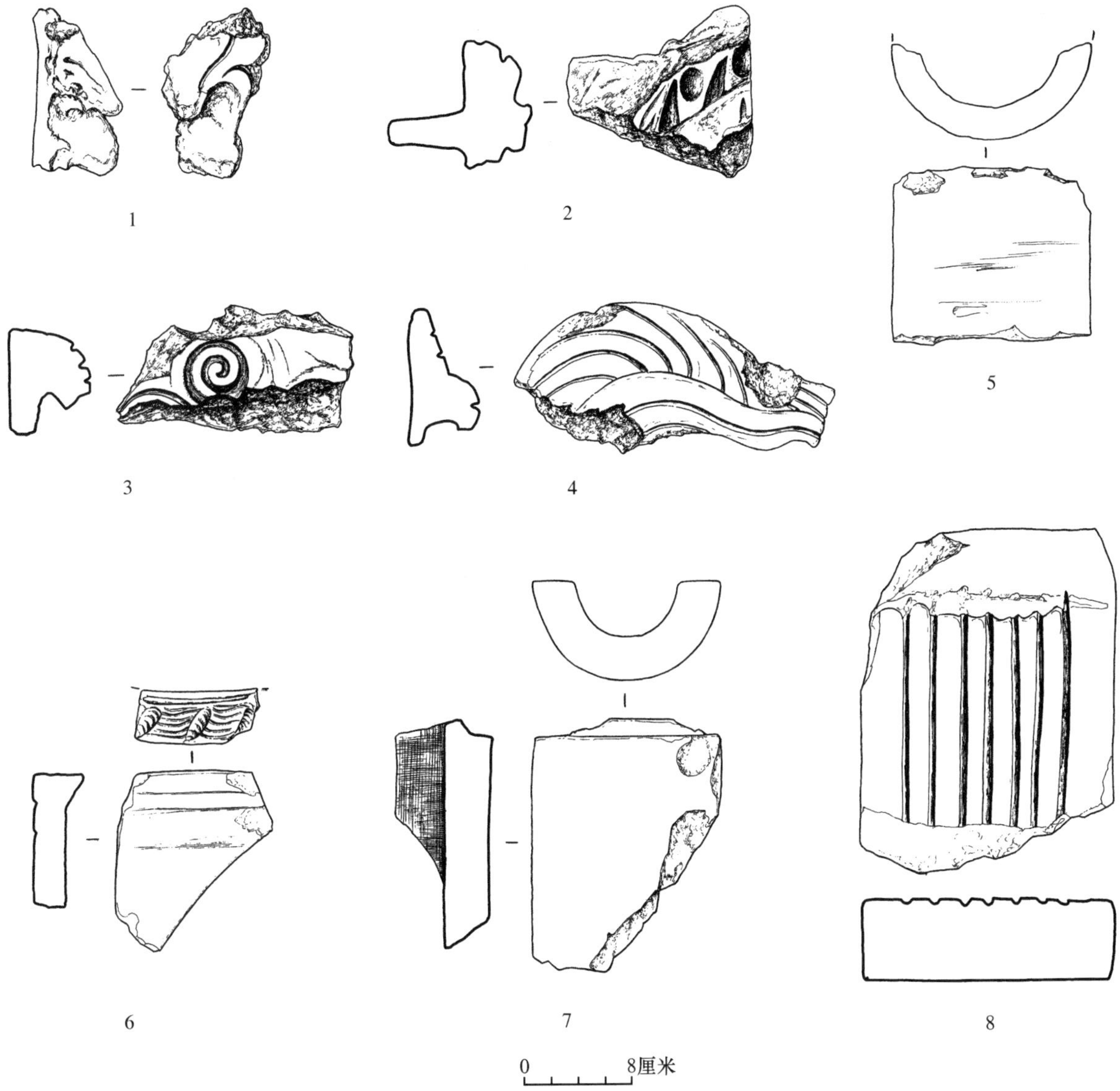

图二三三　庄窝村西遗址第五采集点采集遗物

1～4. 鸱吻（YZ1F1：1、3、5、6）　5、7. 筒瓦（YZ1F1：7、4）　6. 板瓦（YZ1F1：2）　8. 沟槽砖（YZ1F1：8）

（二）遗址时代

遗址的文化时代为汉代、辽、金（表四〇）。

YZ1②：6（辽代）与托克托县后郝家遗址Ⅱ区出土B型陶敞口盆ⅡT2①：2相似[①]；与察哈尔右翼后旗头道湾古城遗址B型Ⅱ式陶盆ⅡH106：1相似[②]；与准格尔旗城坡古城遗址第二阶段遗存出土B型陶盆T2③：8相似[③]。

YZ1②：7（辽代）与和林格尔县前瓦窑沟辽金时代遗址E型陶盆相似[④]；与准格尔城坡古城第二阶段遗存出土F型陶盆T30②A：4相似[⑤]；与清水河县下城湾古城遗址陶小盆H4：1相似[⑥]。

YZ1②：14（辽代）与四子王旗城卜子古城及墓葬A型陶罐SZⅡM5：2相似[⑦]；与察哈尔右翼后旗头道湾古城遗址D型陶罐ⅠH31：1相似[⑧]；与准格尔旗城坡古城遗址第二阶段遗存出土B型陶瓮T30③：1相似[⑨]。

YZ1②：4（晚唐—西夏）与准格尔城坡古城第二阶段遗存出土B型陶罐T4②：21相似[⑩]。

YZ1③：1（辽代）与山西大同西环路辽金墓M1出土陶折腹罐M1：9相似[⑪]；与准格尔旗城坡古城遗址第二阶段遗存出土陶器盖T17②：8相似[⑫]；与察哈尔右翼后旗韩元店元代古城遗址瓷器盖H29：2相似[⑬]。

---

① 内蒙古自治区文物考古研究所编：《内蒙古文物考古文集（第三辑）》，科学出版社，2004年，图七，1。

② 内蒙古自治区文物考古研究所编：《内蒙古文物考古文集（第三辑）》，科学出版社，2004年，第339页，2。

③ 内蒙古自治区文物考古研究所编：《万家寨水利枢纽工程考古报告集》，远方出版社，2001年，第100页，8。

④ 内蒙古文物考古研究所编：《内蒙古文物考古文集》，中国大百科全书出版社，1994年，第556页，24。

⑤ 内蒙古自治区文物考古研究所编：《万家寨水利枢纽工程考古报告集》，远方出版社，2001年，第101页，图一八，8。

⑥ 内蒙古自治区文物考古研究所编：《万家寨水利枢纽工程考古报告集》，远方出版社，2001年，第164页，图八，9。

⑦ 内蒙古自治区文物考古研究所编：《内蒙古文物考古文集（第三辑）》，科学出版社，2004年，第701页，图一六，2。

⑧ 内蒙古自治区文物考古研究所编：《内蒙古文物考古文集（第三辑）》，科学出版社，2004年，第340页，图二二，1。

⑨ 内蒙古自治区文物考古研究所编：《万家寨水利枢纽工程考古报告集》，远方出版社，2001年，第99页，图一六，12。

⑩ 内蒙古自治区文物考古研究所编：《万家寨水利枢纽工程考古报告集》，远方出版社，2001年，第98页，图一五，8。

⑪ 大同市考古研究所：《山西大同西环路辽金墓发掘简报》，《文物》2015年第12期，第57页，图三三，2。

⑫ 内蒙古自治区文物考古研究所编：《万家寨水利枢纽工程考古报告集》，远方出版社，2001年，第102页，图一九，5。

⑬ 内蒙古自治区文物考古研究所编：《内蒙古文物考古文集（第三辑）》，科学出版社，2004年，第364页，图九，8。

YZ1③：4（辽代）与山西大同西环路辽金墓M1出土瓷碗M1：18相似[①]；与察哈尔右翼后旗头道湾古城遗址Db型碗ⅡG3：1相似[②]；与四子王旗城卜子古城及墓葬B型钧窑碗SZC：12相似[③]。

YZ1③：12（辽晚期）与清水河县下城湾古城A型Ⅲ式折腹瓷盘T40③：1相似[④]。

YZ1③：2（辽晚期至金代）与山西浑源界庄窑黑釉瓷器Ⅰ式瓶相似[⑤]；与宁城县埋王沟辽代墓地2号墓出土釉陶瓶相似[⑥]。

YZ1②：15（辽晚期—金代）与察哈尔右翼后旗头道湾古城遗址C型Ⅱ式瓷罐ⅡH52：1相似[⑦]；与山西大同西环路辽金墓M1出土陶双耳罐M1：7相似[⑧]。

YZ1②：5（辽金）与准格尔城坡古城第二阶段遗存出土B型陶瓮T2②：18相似[⑨]；与托克托县后郝家遗址Ⅱ区出土陶敛口罐ⅡHG3：7相似[⑩]。

YZ1②：13（辽金）与山西大同西环路辽金墓M1出土陶盆M1：4相似[⑪]；与准格尔城坡古城第二阶段遗存出土C型陶盆F2：6相似[⑫]。

YZ1③：5（金代）与山西大同西环路辽金墓M6出土瓷鸡腿瓶M6：1相似[⑬]。

YZ1③：11（金代）与侯马M102出土大口罐M102：5相似[⑭]；与苏尼特右旗新民乡全胜段金界壕A型瓷罐H8：8相似[⑮]。

---

① 大同市考古研究所：《山西大同西环路辽金墓发掘简报》，《文物》2015年第12期，第57页，图三三，8。

② 内蒙古自治区文物考古研究所编：《内蒙古文物考古文集（第三辑）》，科学出版社，2004年，第336页，图一九，12。

③ 内蒙古文物考古研究所编：《内蒙古文物考古文集（第二辑）》，中国大百科全书出版社，1997年，第691页，图四，7。

④ 内蒙古自治区文物考古研究所编：《万家寨水利枢纽工程考古报告集》，远方出版社，2001年，第172页，图一五，5。

⑤ 李知宴：《山西浑源界庄窑》，《考古》1985年第10期，第937页，图一〇，7。

⑥ 内蒙古文物考古研究所编：《内蒙古文物考古文集（第二辑）》，中国大百科全书出版社，1997年，第614页，图九，1。

⑦ 内蒙古自治区文物考古研究所编：《内蒙古文物考古文集（第三辑）》，科学出版社，2004年，第338页，图二〇，3。

⑧ 大同市考古研究所：《山西大同西环路辽金墓发掘简报》，《文物》2015年第12期，第57页，图三三，1。

⑨ 内蒙古自治区文物考古研究所编：《万家寨水利枢纽工程考古报告集》，远方出版社，2001年，第99页，图一六，4。

⑩ 内蒙古自治区文物考古研究所编：《内蒙古文物考古文集（第三辑）》，科学出版社，2004年，第77页，图七，4。

⑪ 大同市考古研究所：《山西大同西环路辽金墓发掘简报》，《文物》2015年第12期，第57页，图三三，3。

⑫ 内蒙古自治区文物考古研究所编：《万家寨水利枢纽工程考古报告集》，远方出版社，2001年，第100页，图一七，11。

⑬ 大同市考古研究所：《山西大同西环路辽金墓发掘简报》，《文物》2015年第12期，第58页，图三四，6。

⑭ 山西省考古研究所侯马工作站：《侯马102号金墓》，《文物季刊》1997年第4期，第35页，图八，5。

⑮ 内蒙古自治区文物考古研究所编：《内蒙古文物考古文集（第三辑）》，科学出版社，2004年，第320页，图七，3。

YZ1②：30（金代）与清水河县下城湾古城遗址B型Ⅱ式折腹瓷盘T26③：3（印花缠枝牡丹纹）相似①。

YZ1③：14（金代）与清水河县下城湾古城A型Ⅰ式瓷碗H7：6相似②。

YZ1②：40（金代）与巴林右旗老房身金代窖藏文物铁犁铧M1006：19相似③。

YZ1③：13（金元之际）与平鲁区庄子坪遗址第三期银锭形瓷枕残片H2：2相似④。

表四〇　庄窝村西遗址调查标本与其他地区同时代对比表

序号	庄窝村西遗址调查标本	对比标本一	对比标本二	对比标本三	其他	备注
1	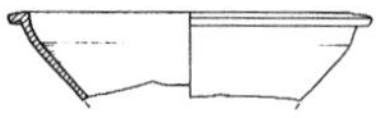 YZ1②：6（辽代）	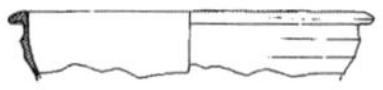 托克托县后郝家遗址Ⅱ区出土B型陶敞口盆ⅡT2①：2	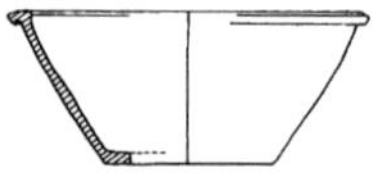 察哈尔右翼后旗头道湾古城遗址B型Ⅱ式陶盆ⅡH106：1	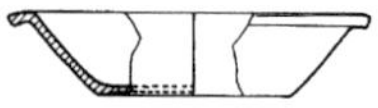 准格尔旗城坡古城遗址第二阶段遗存出土B型陶盆T2③：8		
2	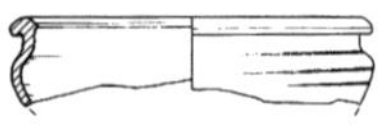 YZ1②：7（辽代）	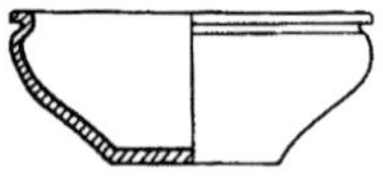 和林格尔县前瓦窑沟辽金时代遗址E型陶盆	 准格尔城坡古城第二阶段遗存出土F型陶盆T30②A：4	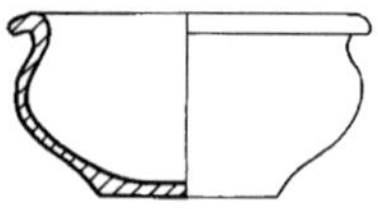 清水河县下城湾古城遗址陶小盆H4：1		
3	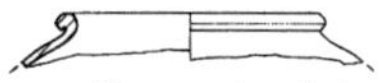 YZ1②：14（辽代）	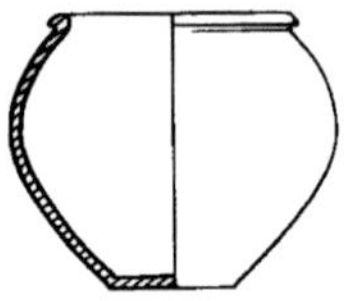 四子王旗城卜子古城及墓葬A型陶罐SZⅡM5：2	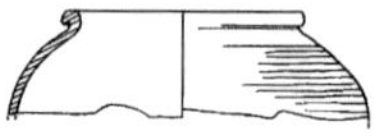 察哈尔右翼后旗头道湾古城遗址D型陶罐ⅠH31：1	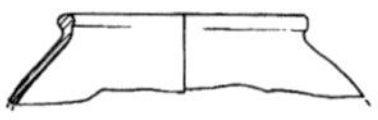 准格尔旗城坡古城遗址第二阶段遗存出土B型陶瓮T30③：1		
4	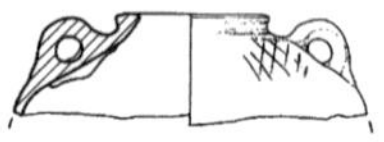 YZ1②：4（晚唐—西夏）	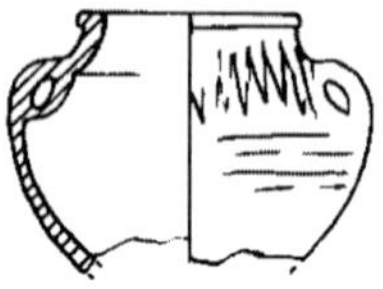 准格尔城坡古城第二阶段遗存出土B型陶罐T4②：21				

① 内蒙古自治区文物考古研究所编：《万家寨水利枢纽工程考古报告集》，远方出版社，2001年，第172页，2。

② 内蒙古自治区文物考古研究所编：《万家寨水利枢纽工程考古报告集》，远方出版社，2001年，第169页，图一二，1。

③ 苗润华：《巴林右旗老房身金代窖藏文物》，《辽海文物学刊》第1994年1期，第32页，图五，1。

④ 山西省考古研究所、山西省考古学会编：《三晋考古（第三辑）》，山西人民出版社，2006年，第367页，图一五，4。

续表

序号	庄窝村西遗址调查标本	对比标本一	对比标本二	对比标本三	其他	备注
5	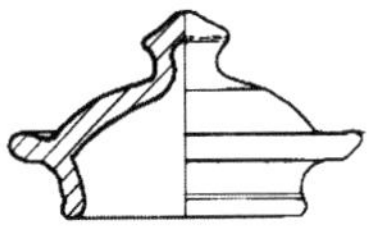 YZ1③：1（辽代）	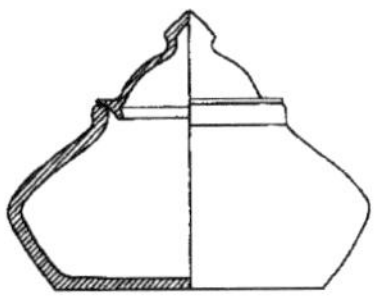 山西大同西环路辽金墓M1出土陶折腹罐M1：9	 准格尔旗城坡古城遗址第二阶段遗存出土陶器盖T17②：8	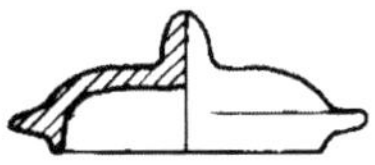 察哈尔右翼后旗韩元店元代古城遗址瓷器盖H29：2		
6	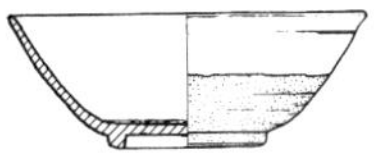 YZ1③：4（辽代）	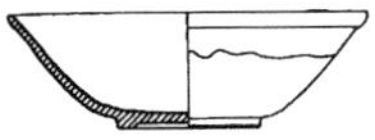 山西大同西环路辽金墓M1出土瓷碗M1：18	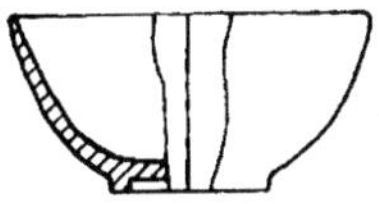 察哈尔右翼后旗头道湾古城遗址Db型瓷碗ⅡG3：1	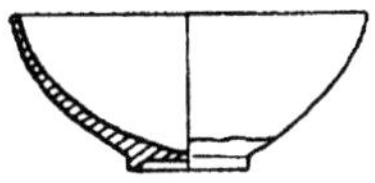 四子王旗城卜子古城及墓葬B型钧窑瓷碗SZC：12		
7	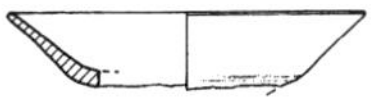 YZ1③：12（辽晚期）	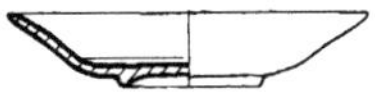 清水河县下城湾古城A型Ⅲ式瓷折腹盘T40③：1				
8	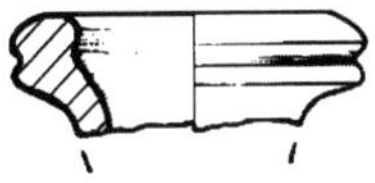 YZ1③：2（辽晚期至金代）	 山西浑源界庄窑Ⅰ式黑釉瓷瓶	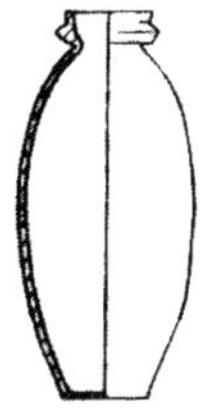 宁城县埋王沟辽代墓地2号墓出土釉陶瓶			
9	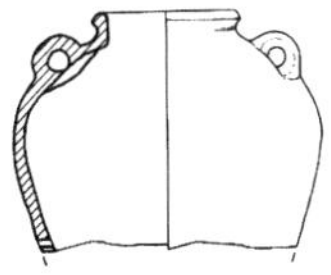 YZ1②：15（辽晚期—金代）	 察哈尔右翼后旗头道湾古城遗址C型Ⅱ式瓷罐ⅡH52：1	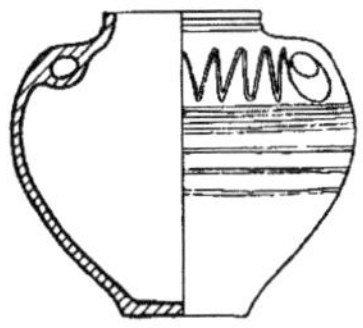 山西大同西环路辽金墓M1出土陶双耳罐M1：7			
10	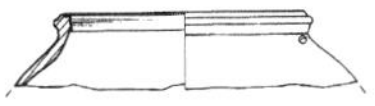 YZ1②：5（辽金）	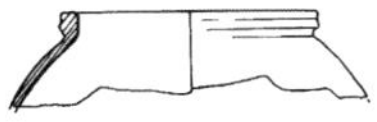 准格尔城坡古城第二阶段遗存出土B型陶瓮T2②：18	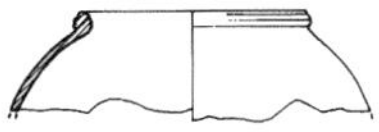 托克托县后郝家遗址Ⅱ区出土陶敛口罐ⅡHG3：7			
11	 YZ1②：13（辽金）	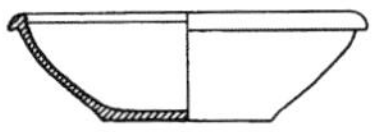 山西大同西环路辽金墓M1出土陶盆M1：4	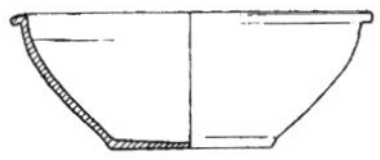 准格尔城坡古城第二阶段遗存出土C型陶盆F2：6			

续表

序号	庄窝村西遗址调查标本	对比标本一	对比标本二	对比标本三	其他	备注
12	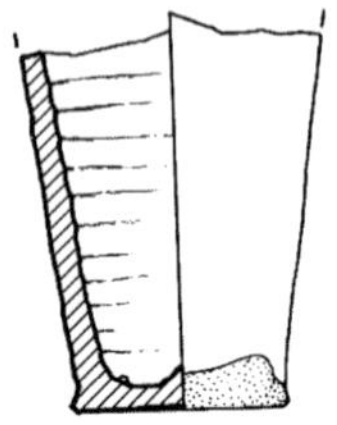 YZ1③：5（金代）	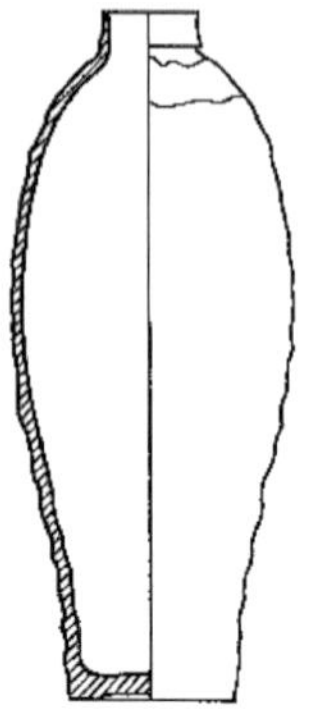 山西大同西环路辽金墓M6出土瓷鸡腿瓶M6：1				
13	 YZ1③：11（金代）	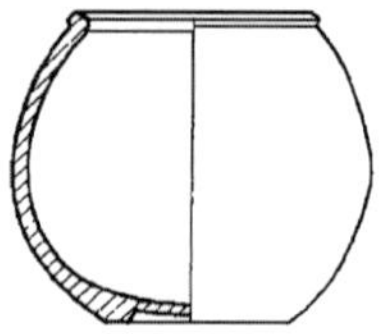 侯马M102出土瓷大口罐M102：5	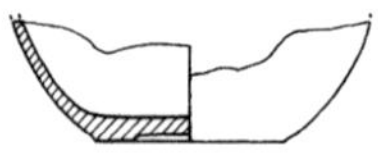 苏尼特右旗新民乡全胜段金界壕A型瓷罐H8：8			
14	 YZ1②：30（金代）	 清水河县下城湾古城遗址B型Ⅱ式瓷折腹盘T26③：3（印花缠枝牡丹纹）				
15	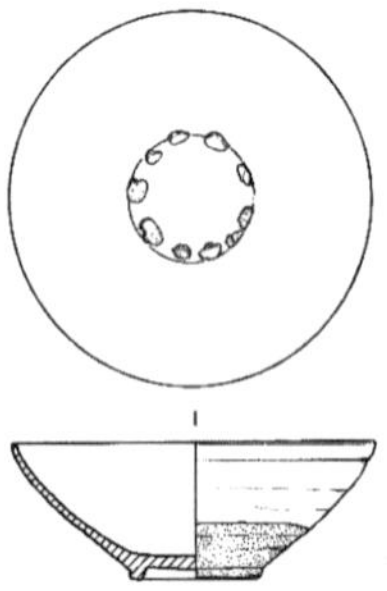 YZ1③：14（金代）	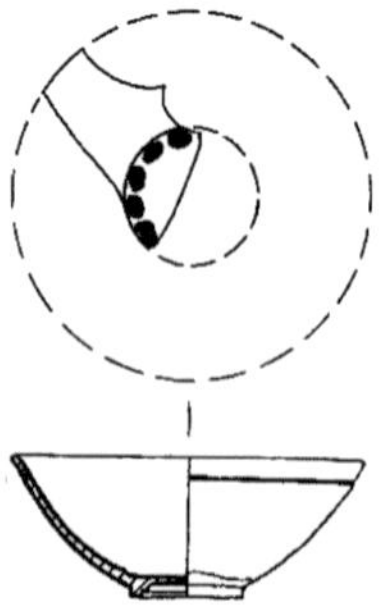 清水河县下城湾古城A型Ⅰ式瓷碗H7：6				

续表

序号	庄窝村西遗址调查标本	对比标本一	对比标本二	对比标本三	其他	备注
16	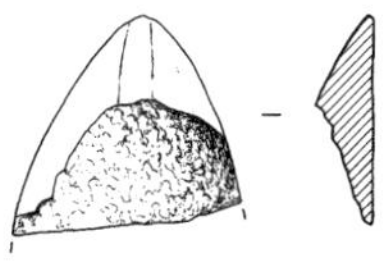 YZ1②：40（金代）	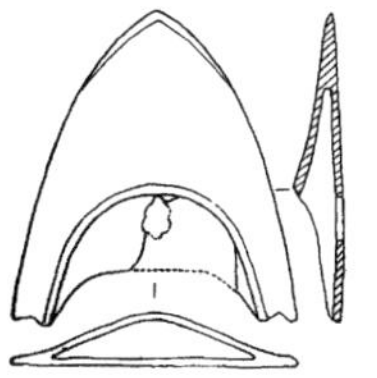 巴林右旗老房身金代窖藏铁犁铧M1006：19				
17	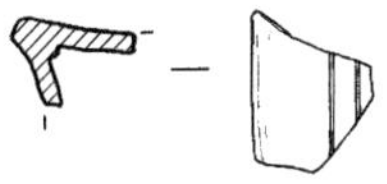 YZ1③：13（金元之际）	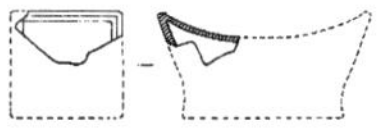 平鲁区庄子坪遗址第三期银锭形瓷枕残片H2：2				

二、庄窝村东遗址（2014YZ2）

（一）遗址介绍

庄窝村东遗址位于庄窝村东约900米处，行政归属李达窑乡庄窝村，初查时间为三普时间，复查时间为2014年7月25日。遗址中心GPS坐标为北纬40°14′18.3″，东经112°36′29.2″，海拔1603米±5米。该遗址位于南北向的陡坡坡地中部，该坡地现以北沟岔分成两部分，地表无耕作物，系荒地。遗址南临东向西的马营河季节性支流，北临高山，东西两侧则均为天然冲沟。遗址距支流约20米，调查时发现河床内仍有一小股流水。遗址东西约250米，南北约200米，面积总计约50000平方米（图二三四；图版四）。

遗址区内未发现文化层、灰坑等遗迹，只发现散落遗址区地表的残留遗物。

遗物主要分布在遗址区的中部和西部，设两个采集点。

庄窝村东遗址第一采集点

第一采集点位于遗址区西部，中心坐标为北纬40°14′17.9″，东经112°36′26.5″，海拔1597米±5米。采集点地形为陡坡地，地表植被为荒地。采集面积约350平方米。采集遗物分布较为集中，所采遗物主要有泥质灰陶素面钵口部、折沿釜口部、折沿方唇盆口部。采集标本共3件。

YZ2①：1，泥质灰陶钵口部。敛口，圆唇加厚，有颈，弧腹斜收。颈部下有一周凸楞。快轮修整。口径16厘米，最厚1厘米，残高6.4厘米（图二三五，2）。

YZ2①：2，泥质灰陶釜口部。圆唇，折沿，唇部加厚，溜肩。器表饰竖向规则的粗绳纹。快轮修整。口径24厘米，最厚1厘米，残高6.8厘米（图二三五，1）。

YZ2①：3，泥质灰陶盆口部。口微敛，斜方唇，折沿略下捺，最大径在上腹部。沿下饰

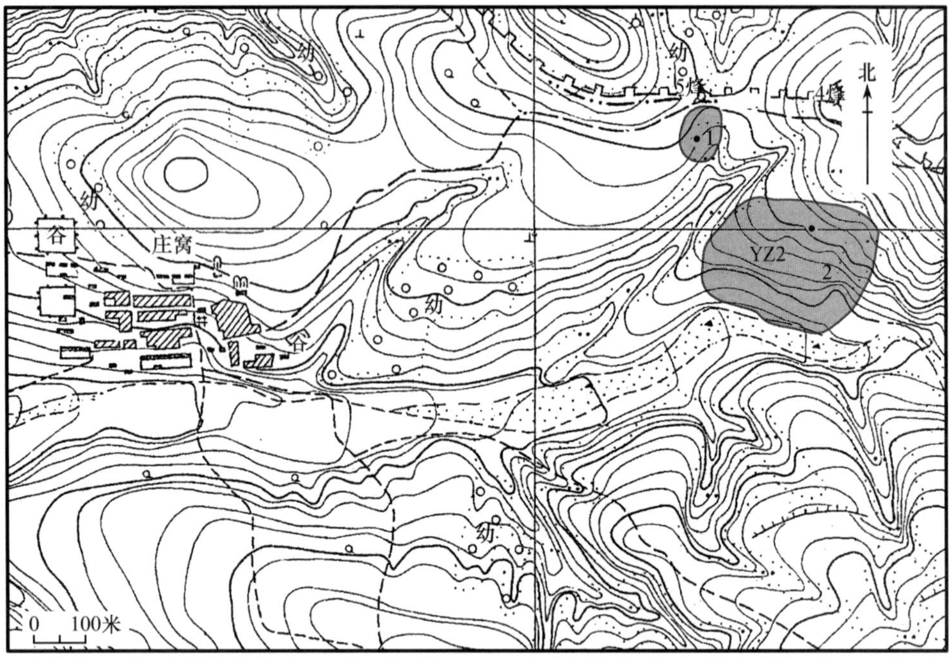

图二三四　庄窝村东遗址位置示意图

数周凹弦纹，弦纹之下饰斜向规则的粗绳纹。快轮修整。口径30厘米，厚1厘米，残高5.4厘米（图二三五，3）。

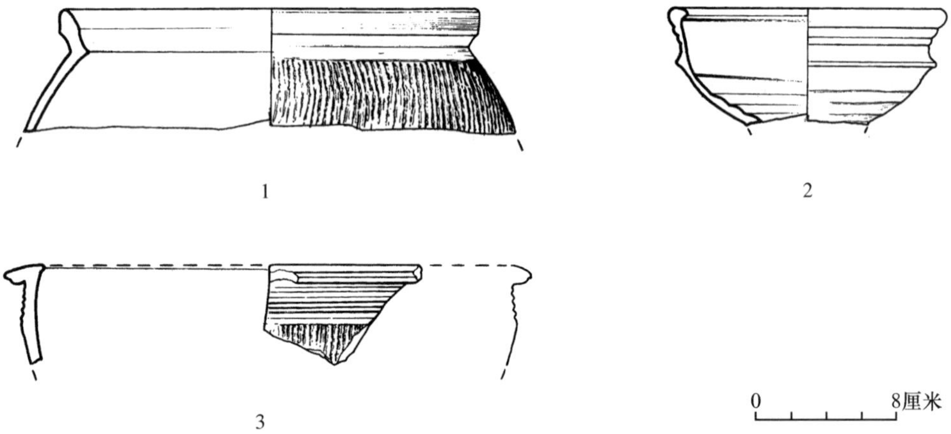

图二三五　庄窝村东遗址第一采集点采集标本

1. 陶釜口部（YZ2①：2）　2. 陶钵口部（YZ2①：1）　3. 陶盆口部（YZ2①：3）

庄窝村东遗址第二采集点

第二采集点位于遗址区中部，中心坐标为北纬40°14′18.3″，东经112°36′29.2″，海拔1603米±5米。采集点地形为陡坡地，地表植被为荒地。采集面积约350平方米。采集遗物分布较为集中，所采遗物主要有泥质灰陶钵口部、夹砂罐口肩部、石环残段、木骨泥墙残块、泥质红陶罐底部、夹砂灰陶绳纹陶片等。采集标本共12件。

YZ2②：1，夹砂灰褐色陶罐口肩部。含岩粒。扁圆唇，软折沿，溜肩。器表先饰竖向较规则的中绳纹，颈部饰一周附加泥条，肩部残存附加泥条。手制、泥条盘筑、慢轮修整口部。口径24厘米，最厚1厘米，残高4.8厘米（图二三六，6）。

YZ2②：2，夹细砂敛口陶瓮口腹部。外壁呈灰褐色，内壁呈红褐色。铁轨口，内敛明显，溜肩，鼓腹。器表饰方向一致的中绳纹，口部抹光。泥片贴筑、慢轮修整口部。口径22厘米，最厚1.8厘米，残高6厘米（图二三六，7）。

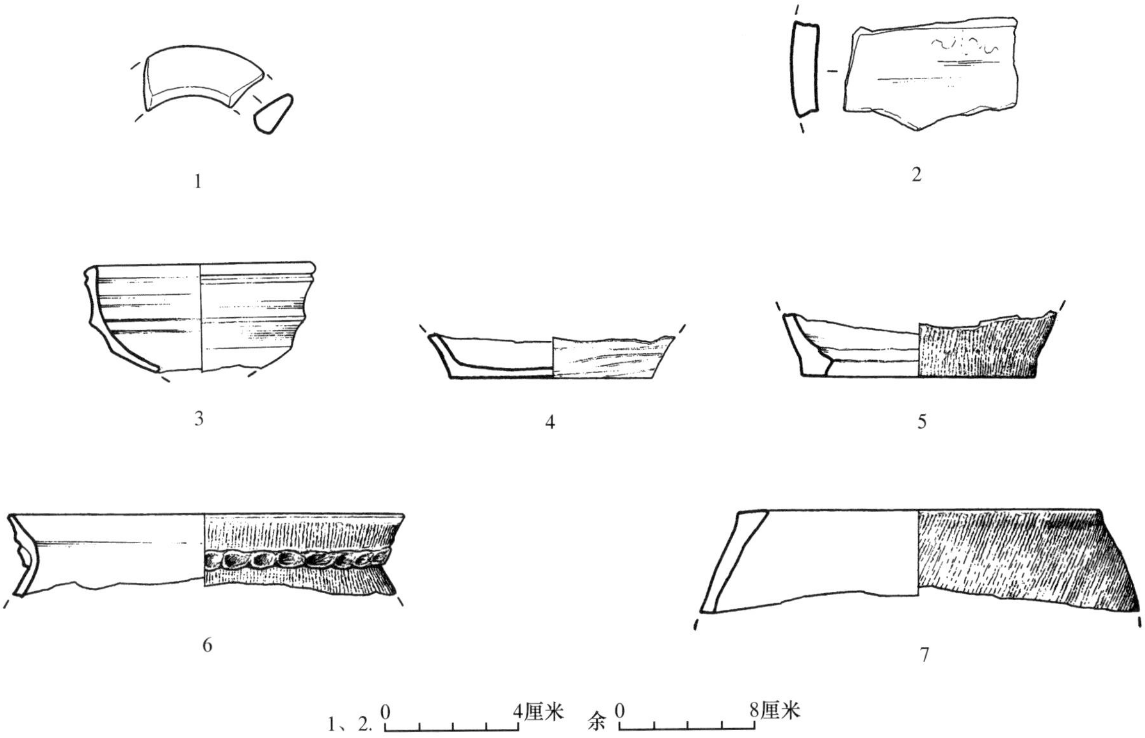

图二三六　庄窝村东遗址第二采集点采集标本

1. 石环（YZ2②：10）　2. 陶片（YZ2②：9）　3. 陶钵口部（YZ2②：11）　4. 陶盆底部（YZ2②：8）　5. 陶罐底部（YZ2②：6）　6. 陶罐口肩部（YZ2②：1）　7. 敛口陶瓮口腹部（YZ2②：2）

YZ2②：3，夹砂灰褐色绳纹陶片。罐腹部残片。器表饰方向不一致的粗绳纹。手制、泥片贴筑。厚0.9厘米（图二三七，5）。

YZ2②：4，夹砂灰褐色绳纹陶片。罐腹部残片。器表饰方向不一致的粗绳纹。手制。厚0.9厘米（图二三七，3）。

YZ2②：5，夹砂灰色绳纹陶片。含石英粒。釜腹部残片。器表饰竖向较规则的粗绳纹。手制。厚0.7厘米（图二三七，4）。

YZ2②：6，夹粗砂灰褐色陶罐底部。含岩粒。近底部内曲，小平底。器表饰竖向较规则的中绳纹，底部有使用磨损痕迹。泥条盘筑。底径14厘米，厚1厘米，残高4厘米（图二三五，5；图二三七，1）。

YZ2②：7，泥质橙红色陶板瓦残块。器外壁饰交错粗绳纹，内壁有压印绳纹。泥片贴筑。厚1.2厘米（图二三七，2）。

图二三七　庄窝村东遗址第二采集点采集标本拓片

1. 陶罐底部（YZ2②：6）　2. 板瓦残块（YZ2②：7）　3～6. 陶片（YZ2②：4、YZ2②：5、YZ2②：3、YZ2②：12）

YZ2②：8，泥质橙红色陶盆底部。近底部内曲，小平底。内壁抹光，外壁略磨光。泥片贴筑。底径12厘米，厚0.6厘米，残高2.4厘米（图二三六，4）。

YZ2②：9，泥质灰褐陶罐肩部。素面，器表磨光。泥片贴筑。残长5.2厘米，厚0.8厘米，残高3厘米（图二三六，2）。

YZ2②：10，灰色细砂岩石环。剖面呈等腰圆三角形，一面宽，一面窄。手制。最厚0.7厘米（图二三六，1）。

YZ2②：11，泥质灰陶钵口部。敛口，圆唇，有颈，弧腹略折，斜收。口沿下饰一周凹弦纹，颈下有一周凸楞，内壁残存数周暗弦纹。快轮修整。口径14厘米，最厚0.9厘米，残高3.1厘米（图二三六，3）。

YZ2②：12，泥质灰陶盆腹部。器表饰左斜向较规则的中绳纹，绳纹有被抹断痕迹。手制。厚0.8厘米（图二三七，6）。

（二）遗址时代

遗址的文化时代为仰韶晚期、战国晚期、汉代（表四一）。

YZ2①：1（战国晚期）与卓资县城卜子古城遗址Ab型Ⅰ式陶碗C：18相似[①]；与托克托县黑水泉遗址A型Ⅳ式陶钵H49：14相似[②]。

YZ2①：2（西汉早期）与托克托县古城村古城遗址汉代B型Ⅲ式陶釜T1②：3相似[③]；与和林格尔县胜利营东沟子遗址陶罐TS02E03①：1相似[④]。

表四一　庄窝村东遗址调查标本与其他地区同时代对比表

序号	庄窝村东遗址调查标本	对比标本一	对比标本二	对比标本三	其他	备注
1	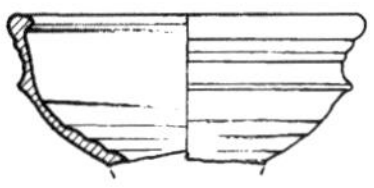 YZ2①：1 （战国晚期）	 卓资县城卜子古城遗址Ab型Ⅰ式陶碗C：18	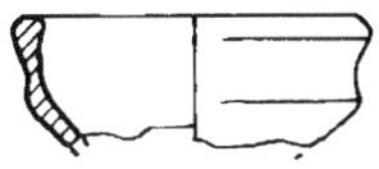 托克托县黑水泉遗址A型Ⅳ式陶钵H49：14			
2	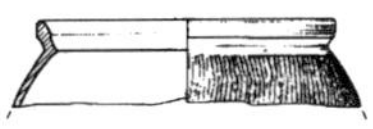 YZ2①：2 （西汉早期）	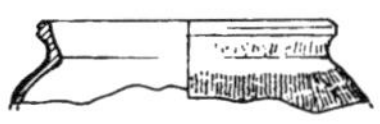 托克托县古城村古城遗址汉代B型Ⅲ式陶釜T1②：3	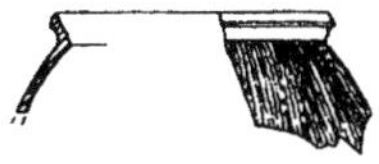 和林格尔县胜利营东沟子遗址陶罐TS02E03①：1			

① 内蒙古自治区文物考古研究所编：《内蒙古文物考古文集（第三辑）》，科学出版社，2004年，第135页，图八，4。

② 内蒙古自治区文物考古研究所编：《内蒙古文物考古文集（第三辑）》，科学出版社，2004年，第178页，图三四，12。

③ 内蒙古自治区文物考古研究所编：《内蒙古文物考古文集（第三辑）》，科学出版社，2004年，第233页，图一六，8。

④ 内蒙古师范大学历史文化学院考古文博系、内蒙古自治区文物考古研究所：《和林格尔县胜利营东沟子遗址发掘简报》，《草原文物》2013年第1期，第11页，图六，2。

第四章　区域外遗址调查概况

为了确定右玉县大川村商代晚期遗址墓葬是否残存，同时复查1970年铜器出土地点，我们选择以大川村为中心近10平方千米的范围作为调查的试点和调查人员培训的基地。这样既做了复查工作，又培训了新队员。

第一节　以右玉县大川村为中心

一、大川村东南一号遗址（2014YD1）

（一）遗 址 介 绍

大川村东南一号遗址距大川村东南约2000米处，行政归属高家堡乡大川村，初查时间为2014年7月12日。遗址中心点GPS坐标为北纬39°41′26.1″，东经112°25′46.4″，海拔1371米 ± 5米。该遗址处在北高南低的缓冲台地南部，南临季节性河流，东临小冲沟，地表较平整，植被有荒草、胡麻、荞麦等，地表以荒地为主，耕地较少。遗址东西约70米，南北约100米，面积总计约7000平方米（图二三八）。

遗址区内未发现文化层、灰坑等遗迹，只发现散落遗址区地表的残留遗物。

遗址区遗物分布较为零散、稀疏，故只设一个采集点。

大川村东南一号遗址第一采集点

第一采集点位于遗址区中部，据说大川青铜簋、胡傅温酒尊均在此采集点附近。中心坐标为北纬39°41′26.1″，东经112°25′46.4″，海拔1371米 ± 5米。采集点地形为北高南低的缓冲台地，地表植被为荞麦、胡麻等农作物。采集面积约3500平方米。采集遗物分布较为稀疏，所采遗物主要有夹砂灰陶绳纹陶片；泥质灰陶折沿盆口腹部、弦断绳纹陶片、钵底部等。采集标本共8件。

YD1①：1，泥质灰陶盆口腹部。敛口，扁圆唇，宽折沿略下捺，沿面内外各有凹槽一周，腹较深直。外表有数周较宽的瓦楞纹，内壁抹光。泥片贴筑，快轮修整。口径为45.2厘米，厚0.5～0.6厘米，残高6厘米（图二三九，3）。

YD1①：2，泥质灰陶盆上腹部。腹部斜收。外表有数周较宽的瓦楞纹。泥片贴筑、快轮修整。残宽为6厘米，厚0.7厘米，残高为4厘米（图二三九，1）。

YD1①：3，泥质灰陶钵下腹及底部。下腹斜收至饼底，底面平整。素面。手制、快轮修整。底径为5.2厘米，厚0.8厘米，残高1.8厘米（图二三九，2）。

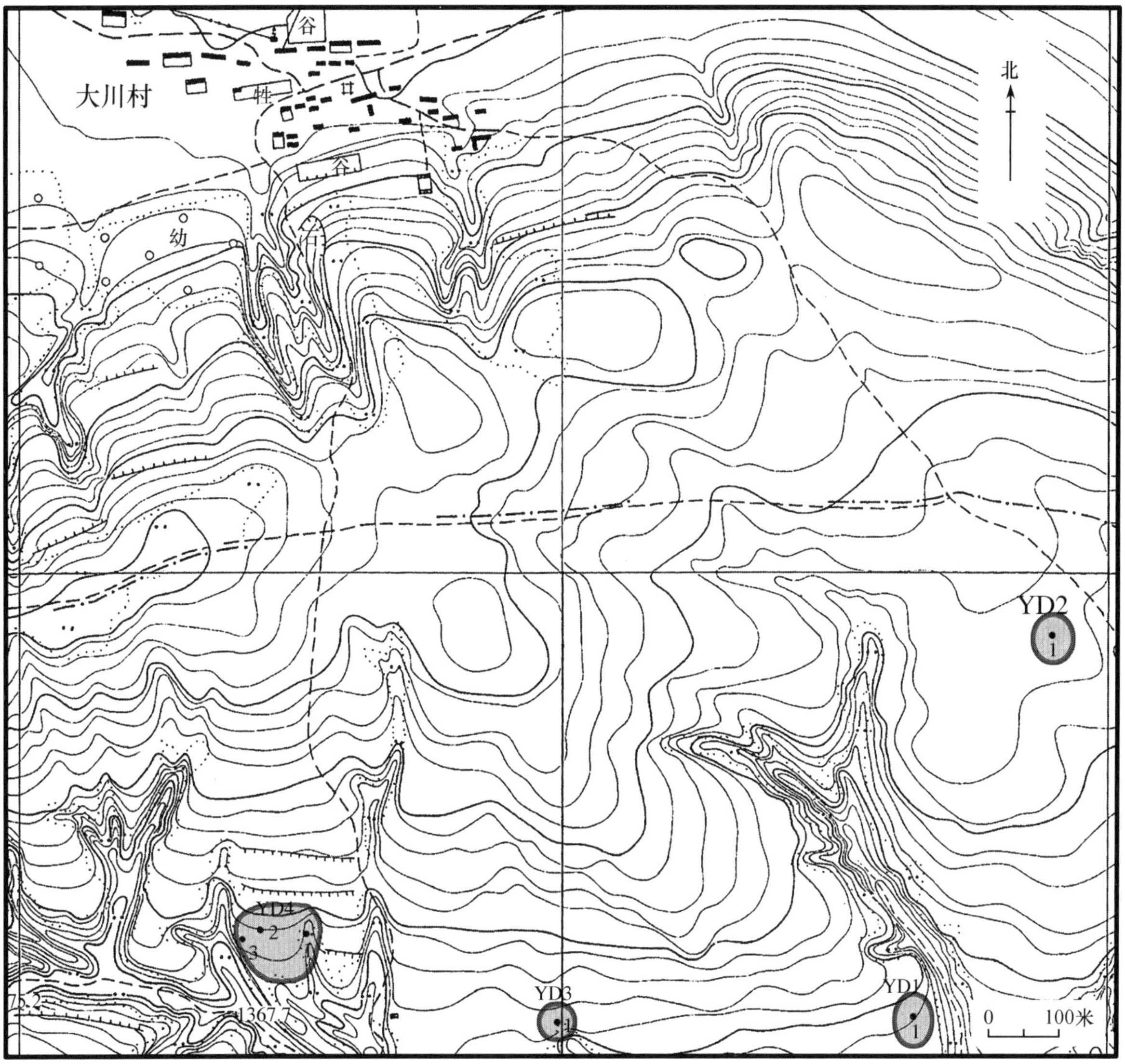

图二三八　大川村东南一号、东南二号、南、西南遗址位置示意图

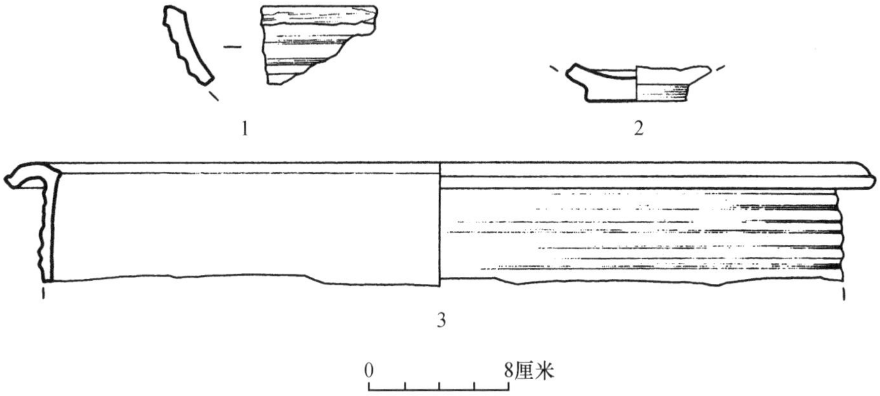

图二三九　大川村东南一号遗址第一采集点采集标本

1. 陶盆上腹部（YD1①：2）　2. 陶钵下腹及底部（YD1①：3）　3. 陶盆口腹部（YD1①：1）

YD1①：4，泥质灰陶盆腹部。外表饰弦断中粗绳纹，内壁抹光。泥片贴筑、快轮修整。残宽4.2厘米，厚0.7厘米，残高7.5厘米（图二四○，5）。

YD1①：5，泥质灰褐陶盆腹部。外表饰弦断中偏细绳纹，内壁抹光。泥片贴筑、快轮修整。残长6.5厘米，厚0.4厘米，残高4厘米（图二四○，4）。

YD1①：6，泥质深灰色陶盆腹部。外表饰弦断中偏细绳纹，内壁有明显的旋抹痕再饰压印纹。泥片贴筑、快轮修整。残宽4厘米，厚0.6厘米，残高4.5厘米（图二四○，3）。

YD1①：7，泥质深灰色陶罐肩部。外表瓦楞纹下有两周附加泥条，之下饰竖向细绳纹且被抹，内壁有拍印痕。泥片贴筑、快轮修整。残宽4.8厘米，厚0.6厘米，残高4.1厘米（图二四○，2）。

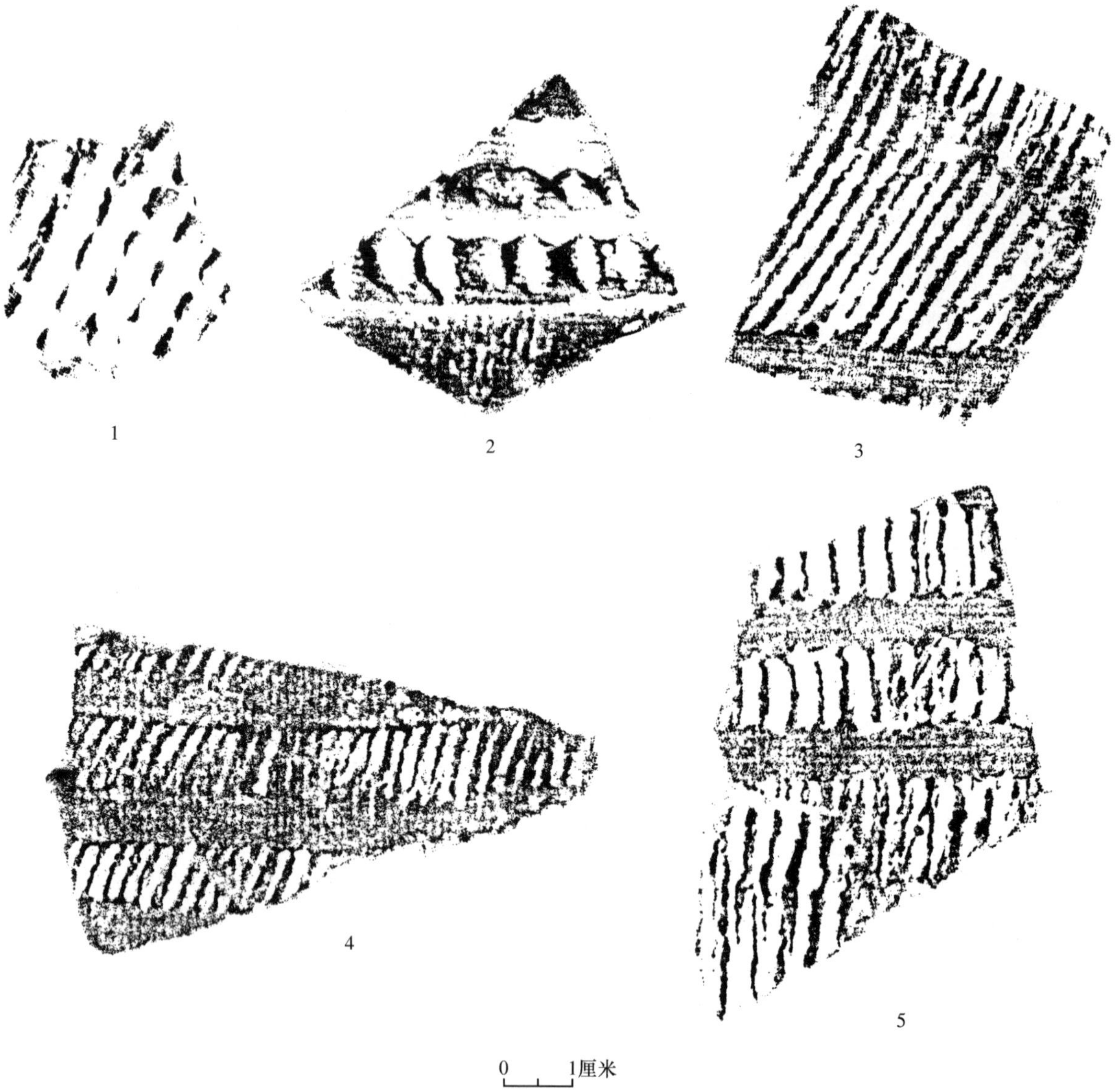

图二四○　大川村东南一号遗址第一采集点采集标本拓片

1. 陶釜腹部（YD1①：8）　2. 陶罐肩部（YD1①：7）　3～5. 陶盆腹部（YD1①：6、YD1①：5、D1①：4）

YD1①：8，夹粗砂深灰色陶釜腹部，外表饰交错粗绳纹，内壁抹光。泥片贴筑、手制、快轮修整。残宽3.1厘米，厚0.6厘米，残高3.2厘米（图二四〇，1）。

（二）遗址时代

遗址的文化时代为战国晚期至汉代。

二、大川村东南二号遗址（2014YD2）

（一）遗址介绍

大川村东南二号遗址距大川村东南方向约1600米，行政归属高家堡乡大川村，初查时间为2014年7月13日。遗址中心GPS坐标为北纬39°41′47.4″，东经112°26′02.5″，海拔1416米±6米。该遗址位于南北向长条形台地中部，东近右玉生态路，台地较为平坦，地表植被为松树等。遗址东西约60米，南北约80米，面积总计约4800平方米（图二三八）。

遗址区内未发现文化层、灰坑等遗迹，只发现散落遗址区地表的残留遗物。

遗址区遗物分布较分散，故只设一个采集点。

大川村东南二号遗址第一采集点

第一采集点位于遗址区中部，中心坐标为北纬39°41′47.4″，东经112°26′02.5″，海拔1416米±6米。采集点地形为台地，地表植被为松树。采集面积约30平方米。采集遗物分布较为分散，所采遗物主要有泥质灰陶小口罐肩部、釜腹部、罐腹部等，纹饰多以绳纹为主。采集标本共4件。

YD2①：1，泥质深灰色陶罐口肩部。侈口，圆方唇，小折沿，高领，溜肩。肩部饰竖向中粗绳纹。泥片贴筑、快轮修整。口径12厘米，厚1～1.2厘米，残高5.6厘米（图二四一）。

YD2①：2，夹细砂深灰色陶鬲腹部。外表饰交错中粗绳纹，内壁有拍印痕。泥片贴筑，手制，快轮修整。残宽5.8厘米，厚0.6厘米，残高9.5厘米（图二四二，3）。

YD2①：3，泥质深灰色陶釜腹部。外表饰中偏粗绳纹，局部有划痕。泥片贴筑、手制、快轮修整。残宽9.3厘米，厚0.5～1厘米，残高7厘米（图二四二，2）。

YD2①：4，泥质灰陶罐腹部。外表饰弦断中粗绳纹，内壁有拍印痕。泥片贴筑、手制、快轮修整。残宽5.9厘米，厚0.6厘米，残高7厘米（图二四二，1）。

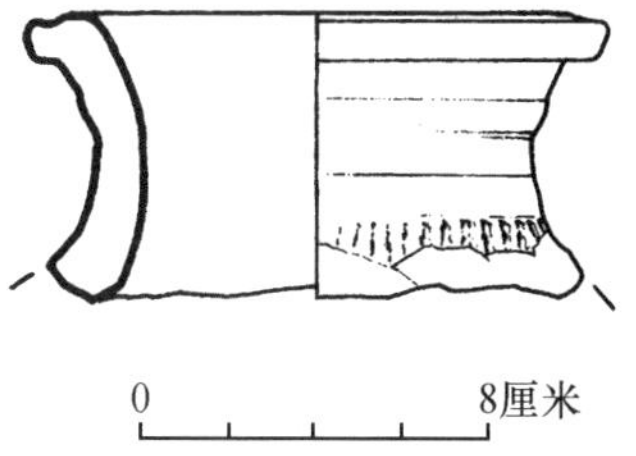

图二四一　大川村东南二号遗址第一采集点采集标本陶罐口肩部（YD2①：1）

（二）遗址时代

遗址的文化时代为汉代。

图二四二　大川村东南二号遗址第一采集点采集标本拓片

1. 陶罐腹部（YD2①：4）　2. 陶釜腹部（YD2①：3）　3. 陶鬲腹部（YD2①：2）

三、大川村南遗址（2014YD3）

（一）遗址介绍

大川村南遗址位于大川村南1700米处，行政归属高家堡乡大川村，初查时间为2014年7月13日。遗址中心点GPS坐标为北纬39°41′24.1″，东经112°25′21.3″，海拔1380米±6米。该遗址所在台地呈南北向阶梯状分布，北高南低，南临季节河，地表为耕地，种植有莜麻、荞麦等。遗址东西约60米，南北约70米，面积总计约4200平方米（图二三八）。

遗址区内未发现文化层、灰坑等遗迹，只发现散落遗址区地表的残留遗物。

遗址区遗物分布较分散，故只设一个采集点。

大川村南遗址第一采集点

第一采集点位于遗址区北部，中心坐标北纬39°41′24.1″，东经112°25′21.3″，海拔1380米±6米。采集点地形为平地，地表植被为莜麻、荞麦等农作物。采集面积约900平方米。采集遗物分布较分散，所采遗物主要有泥质灰陶罐、陶盆等，纹饰以弦断绳纹为主。采集标本共9件。

YD3①：1，泥质灰陶罐口肩部。盘口，圆唇，折沿上翘，溜肩。肩部饰细绳纹。手制、快轮修整。口径15.2厘米，厚0.6～0.8厘米，残高4.2厘米（图二四三，5）。

YD3①：2，泥质灰褐陶罐口部。侈口，斜方唇，卷沿。素面。泥片贴筑、快轮修整。口径14厘米，厚0.8厘米，残高2.4厘米（图二四三，3）。

YD3①：3，泥质灰陶钵口腹部。敞口，圆唇，斜腹。外表有数周较宽瓦楞纹，内壁抹光。泥片贴筑、快轮修整。口径24厘米，厚0.6～0.8厘米，残高3.6厘米（图二四三，4）。

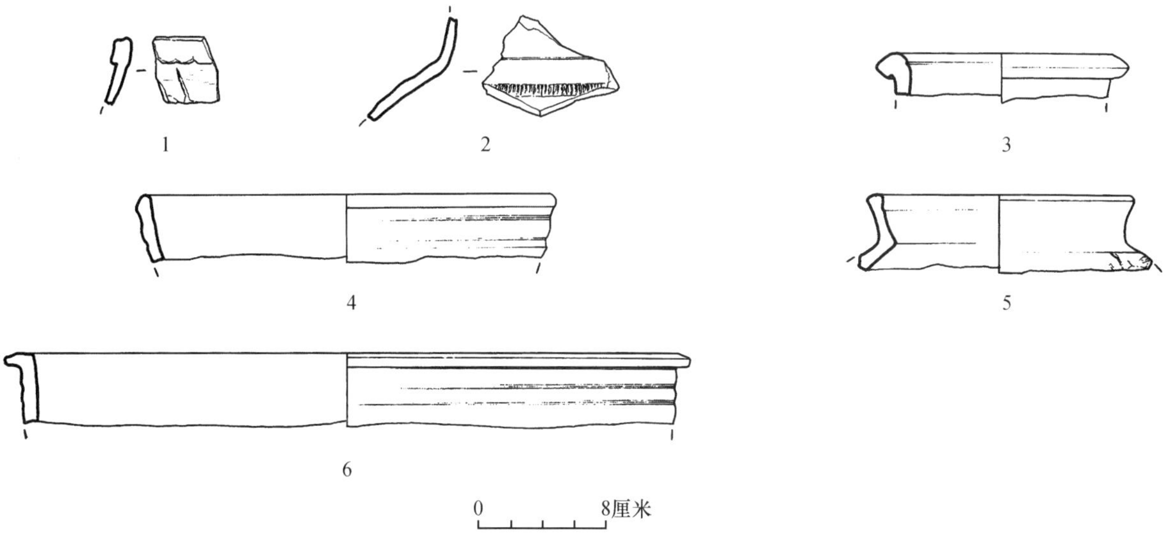

图二四三　大川村南遗址第一采集点采集标本

1. 陶盆或罐口部（YD3①：4）　2. 陶罐领肩部（YD3①：6）　3. 陶罐口部（YD3①：2）
4. 陶钵口腹部（YD3①：3）　5. 陶罐口肩部（YD3①：1）　6. 陶盆口腹部（YD3①：5）

YD3①：4，泥质灰陶盆或罐口部。直口，平沿微卷，沿面有凹槽一周。素面。泥片贴筑、快轮修整。残宽3.6厘米，厚0.4～0.5厘米，残高3.4厘米（图二四三，1）。

YD3①：5，泥质灰陶盆口腹部。侈口，扁圆唇，窄折沿，直腹。外表有数周瓦楞纹，内壁抹光。泥片贴筑、快轮修整。口径38.4厘米，厚0.8厘米，残高4厘米（图二四三，6）。

YD3①：6，泥质深灰色陶罐领肩部。高领，溜肩。肩部饰弦断细绳纹。泥片贴筑、快轮修整。残宽7.6厘米，厚0.5～0.6厘米，残高5.6厘米（图二四三，2）。

YD3①：7，泥质深灰色陶盆腹部。外表饰弦断细绳纹，内壁细绳纹局部被抹掉。手制、快轮修整。残宽4.4厘米，厚0.4厘米，残高4.5厘米（图二四四，2）。

YD3①：8，泥质灰陶罐腹部。外表饰弦断交错中偏细绳纹，内壁有拍印痕。泥片贴筑、手制、快轮修整。残宽5.2厘米，厚0.7厘米，残高5厘米（图二四四，3）。

YD3①：9，夹粗砂深灰色陶鬲腹部。外表饰竖向粗绳纹，内壁有拍印痕迹。手制、快轮修整。残宽4.5厘米，厚0.6厘米，残高3.6厘米（图二四四，1）。

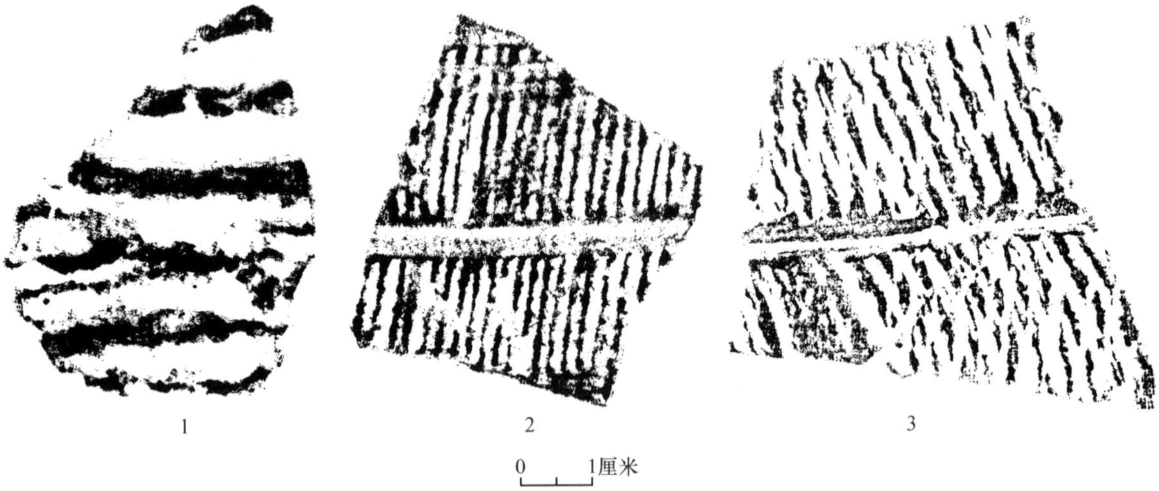

图二四四　大川村南遗址第一采集点采集标本拓片

1. 陶鬲腹部（YD3①：9）　2. 陶盆腹部（YD3①：7）　3. 陶罐腹部（YD3①：8）

（二）遗址时代

遗址的文化时代为汉代。

四、大川村西南遗址（2014YD4）

（一）遗址介绍

大川村西南遗址位于大川村西南方向约1550米处，行政归属高家堡乡大川村，初查时间为2014年7月13日。遗址中心GPS坐标为北纬39°41′31.7″，东经112°24′56.9″，海拔1394米±4米。该遗址南临东西向季节性河，所在台地呈由北向南阶梯状分布，北高南低，东西两侧为冲沟，遗址出现在该台地最前缘，地表植被多荒草。遗址东西约180米，南北约200米，面积总计约36000平方米（图二三八）。

在遗址区的西边断面上耕土层之下发现文化层，文化层土质疏松，土色呈灰褐色，厚0.8～1.2米，暴露长度南北约80米，耕土层厚0.2～0.25米，包含物有石块、木炭屑、陶片等遗物。除发现文化层外，未发现其他遗迹。

遗物主要分布于遗址区的西部及北部，遗址内共设三个采集点。

大川村西南遗址第一采集点

第一采集点位于遗址区东部，中心坐标为北纬39°41′30.6″，东经112°25′00.1″，海拔1399米±5米。采集点地形为台地，前缘中断，地表植被为荒草。采集面积约120平方米。采集遗物分布较为分散，所采遗物主要泥质灰陶折沿盆口腹部、小口罐口部、陶壶口部等。采集标本共6件。

YD4①：1，泥质深灰色陶盆口腹部。敞口，圆唇，腹部斜收。素面。泥片贴筑、快轮修整。口径24厘米，厚0.6厘米，残高3.2厘米（图二四五，5）。

YD4①：2，泥质灰陶罐口部。侈口，圆方唇，卷沿。素面。泥片贴筑、快轮修整。残宽4.8厘米，厚0.6～0.7厘米，残高3.2厘米（图二四五，1）。

YD4①：3，泥质灰陶壶口部。侈口，斜方唇，沿外卷，高领。素面。泥片贴筑、快轮修整。口径14厘米，厚0.1厘米，残高5.2厘米（图二四五，4）。

YD4①：4，泥质深灰色陶盆口腹部。侈口，斜方唇，折沿下捺，腹部斜收，沿面内边缘有凹槽一周。外表竖向细绳纹被抹掉，有数周瓦楞纹，内壁有数周瓦楞纹。泥片贴筑、快轮修整。残宽6.6厘米，厚0.5～0.6厘米，残高4.4厘米（图二四五，3）。

YD4①：5，泥质灰陶釜口肩部。圆方唇，斜折沿上翘，溜肩。肩部饰粗绳纹。泥片贴筑、快轮修整。残宽5厘米，厚0.6厘米，残高4厘米（图二四五，2）。

YD4①：6，泥质灰陶盆上腹部。外表数周瓦楞纹下饰弦断中粗绳纹，内壁抹光。泥片贴筑、快轮修整。残宽5.9厘米，厚0.4～0.6厘米，残高6.4厘米（图二四七，1）。

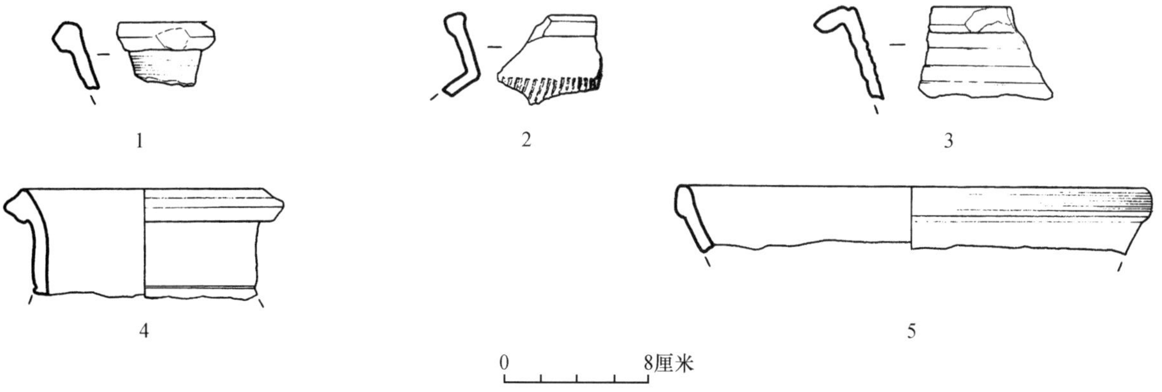

图二四五　大川村西南遗址第一采集点采集标本

1. 陶罐口部（YD4①：2）　2. 陶釜口肩部（YD4①：5）

3、5. 陶盆口腹部（YD4①：4、YD4①：1）　4. 陶壶口部（YD4①：3）

大川村西南遗址第二采集点

第二采集点位于遗址区的北部，中心坐标为北纬39°41′31.9″，东经112°24′59.1″，海拔1393米±4米。采集点地形为较平坦的台地，地表植被为荒草，采集面积约120平方米。采集遗物分布较为分散，所采遗物主要有泥质灰陶罐口肩部，陶盆腹部。采集标本共3件。

YD4②：1，泥质深灰色陶罐口肩部。圆方唇，折沿上翘，口外侧有一周凹槽，鼓肩。素面。泥片贴筑、快轮修整。口径22.4厘米，厚0.6～0.7厘米，残高6.4厘米（图二四六）。

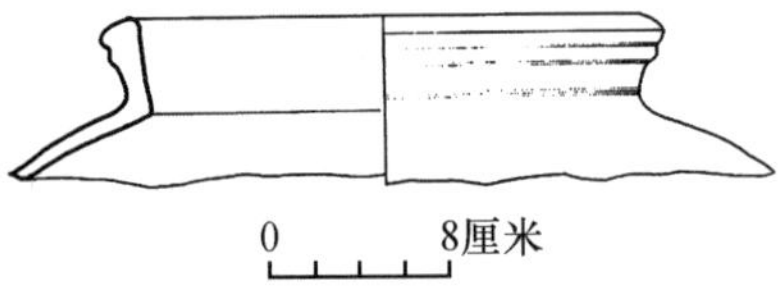

图二四六　大川村西南遗址第二采集点采集标本陶罐口肩部（YD4②：1）

YD4②：2，泥质深灰色陶盆下腹部近底部。外表饰弦断中粗绳纹。泥片贴筑、快轮修整。残宽4.9厘米，厚0.9～1厘米，残高10.3厘米（图二四七，3）。

YD4②：3，泥质灰陶盆腹部。外表饰弦断中粗绳纹，内壁有数周暗纹。泥片贴筑、快轮修整。残宽6.8厘米，厚0.7厘米，残高8厘米（图二四七，2）。

大川村西南遗址第三采集点

第三采集点位于遗址区西部，中心坐标为北纬39°41′31.7″，东经112°24′56.9″，海拔1394米±4米。采集点地形为台地西边断崖，地表植被多荒草。采集面积约120平方米。采集遗物分布较为密集，所采遗物主要有夹砂灰陶釜口肩部，泥质灰陶钵、折沿深腹盆口腹部等；纹饰以细、中、粗大绳纹为主。采集标本共11件。

YD4③：1，泥质深灰色陶釜口肩部。斜方唇，折沿上翘，溜肩。肩部饰粗绳纹。泥片贴筑、快轮修整。残宽4.6厘米，厚0.4～0.5厘米，残高6.6厘米（图二四八，3）。

YD4③：2，泥质灰陶钵。敛口，尖圆唇，折腹，下腹斜收至饼底，底面较平整。素面，内壁有旋抹痕明显。泥片贴筑、快轮修整。口径16厘米，底径6厘米，厚0.5～0.6厘米，高6.6厘米（图二四八，5）。

YD4③：3，泥质深灰色陶釜口肩部。斜方唇，斜折沿上翘，溜肩。领部绳纹被抹，肩部饰中粗绳纹。泥片贴筑、快轮修整。口径26厘米，厚0.6厘米，残高5.4厘米（图二四八，8）。

YD4③：4，泥质深灰色陶盆口腹部。口微敛，斜方唇，折沿下捺，沿面内边缘有凹槽一周，腹部斜收。外表数周瓦楞纹，之下饰中粗绳纹，内壁旋抹痕明显。泥片贴筑、快轮修整。口径34厘米，厚0.6厘米，残高6.2厘米（图二四八，7）。

YD4③：5，泥质深灰色陶罐口肩部。侈口，尖圆唇，卷沿，高领，溜肩。领部刻划有“”符号。泥片贴筑、手制、快轮修整。残宽3.8厘米，厚0.5～0.6厘米，残高6厘米（图二四八，2；图二四九，2）。

YD4③：6，泥质灰陶盆口腹部。敞口，尖圆唇，小折沿，腹较直。外表素面，内壁有两周暗纹，且抹光。泥片贴筑、快轮修整。残宽4.8厘米，厚0.5厘米，残高2.8厘米（图二四八，1）。

YD4③：7，泥质灰陶盆下腹及底部。下腹斜收至平底。素面，底部外边缘有一周间隔压印绳纹。泥片贴筑、快轮修整。底径20厘米，厚1厘米，残高6厘米（图二四八，6）。

YD4③：8，泥质深灰色陶钵口腹部。敞口，扁圆唇，上腹部有凸棱一周，下腹斜收。素面。

图二四七　大川村西南遗址第一、二采集点采集标本拓片

1. 陶盆上腹部（YD4①：6）　2. 陶盆腹部（YD4②：3）　3. 陶盆下腹部近底部（YD4②：2）

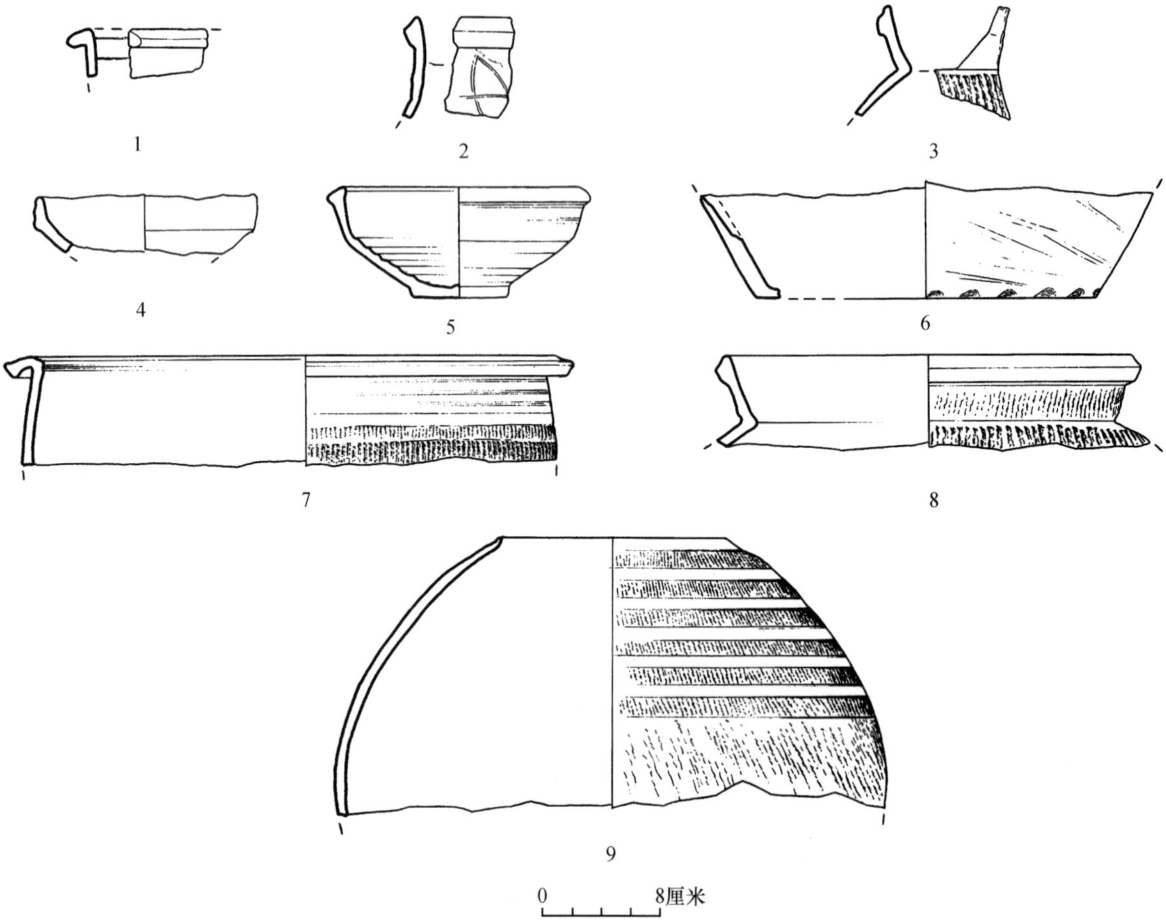

图二四八　大川村西南遗址第三采集点采集标本

1. 陶盆口腹部（YD4③：6）　2. 陶罐口肩部（YD4③：5）　3、8. 陶釜口肩部（YD4③：1、YD4③：3）　4. 陶钵口腹部（YD4③：8）　5. 陶钵（YD4③：2）　6. 陶盆下腹及底部（YD4③：7）　7. 陶盆口腹部（YD4③：4）　9. 陶罐肩腹部（YD4③：9）

泥片贴筑、快轮修整。口径为13.4厘米，厚0.5～0.7厘米，残高3.2厘米（图二四八，4）。

YD4③：9，泥质灰褐色陶罐肩腹部。溜肩，鼓腹。外表饰弦断细绳纹，内壁留有拍印痕。泥片贴筑、手制、快轮修整。厚0.5厘米，残高15.8厘米（图二四八，9）。

YD4③：10，夹粗砂深灰色陶釜下腹部。外表饰粗大绳纹，内壁有拍印痕。泥片贴筑、快轮修整。残宽11厘米，厚0.5厘米，残高12.5厘米（图二四九，3）。

YD4③：11，泥质灰陶盆腹部。外表数周瓦楞纹，之下饰弦断中粗绳纹，内壁抹光。泥片贴筑、快轮修整。残宽5.5厘米，厚0.6厘米，残高8.6厘米（图二四九，1）。

（二）遗址时代

遗址的文化时代为战国晚期至汉代（表四二）。

YD4③：4（战国晚期）与卓资县城卜子古城遗址A型Ⅲ式陶盆C：6相似[①]。

① 内蒙古自治区文物考古研究所编：《内蒙古文物考古文集（第三辑）》，科学出版社，2004年，第134页，图七，3。

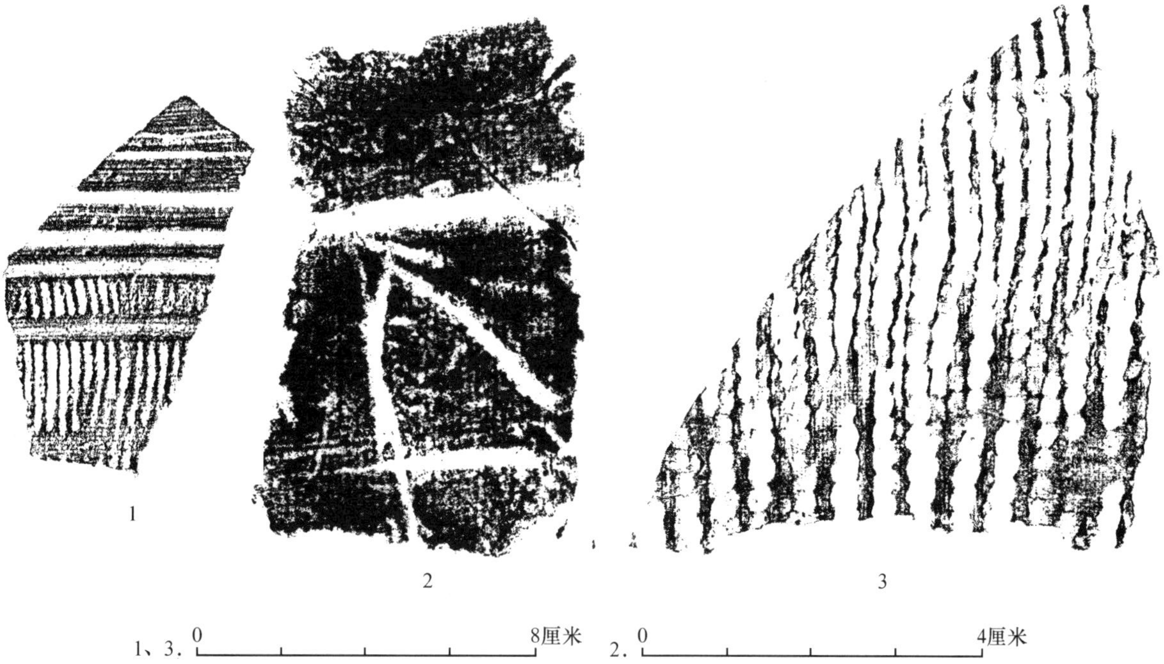

图二四九　大川村西南遗址第三采集点采集标本拓片

1. 陶盆腹部（YD4③：11）　2. 陶罐口肩部（YD4③：5）　3. 陶釜下腹部（YD4③：10）

YD4③：9（战国晚期）与卓资县城卜子古城遗址B型Ⅲ式陶瓮C：28相似[①]。

YD4③：2（战国晚期）与卓资县城卜子古城遗址Ac型Ⅰ式陶碗C：20相似[②]。

表四二　大川村西南遗址调查标本与其他地区同时代对比表

序号	大川村西南遗址调查标本	对比标本一	对比标本二	其他	备注
1	 YD4③：4（战国晚期）	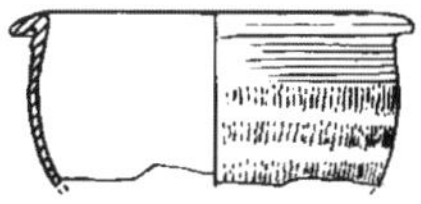 卓资县城卜子古城遗址A型Ⅲ式陶盆C：6			
2	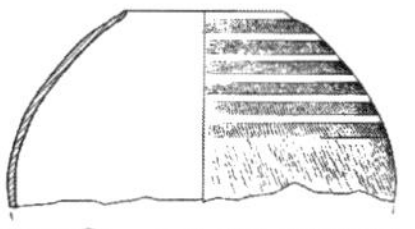 YD4③：9（战国晚期）	 卓资县城卜子古城遗址B型Ⅲ式陶瓮C：28			
3	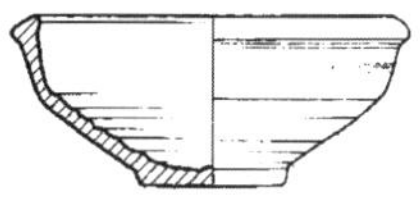 YD4③：2（战国晚期）	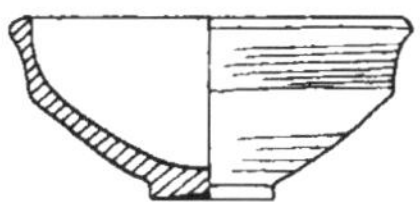 卓资县城卜子古城遗址Ac型Ⅰ式陶碗C：20			

① 内蒙古自治区文物考古研究所编：《内蒙古文物考古文集（第三辑）》，科学出版社，2004年，第137页，图一〇，9。

② 内蒙古自治区文物考古研究所编：《内蒙古文物考古文集（第三辑）》，科学出版社，2004年，第135页，图八，13。

五、大川遗址（2014YD5）

（一）遗址介绍

大川遗址距大川村北部约100米，行政归属高家堡乡大川村，初查时间为三普时间，复查时间为2014年7月16日。遗址中心点GPS坐标为北纬39°43′02.0″，东经112°25′04.0″，海拔1386米±5米。该遗址所处台地东临马家河，西临缓冲台地，地势西北高东南低，遗址中部有冲沟，地表以荒地为主，有少量耕地，植被有荞麦，但多为荒地。公路从遗址中部穿过，将其割为两部分。遗址东西约500米，南北约800米，面积总计约400000平方米（图二五〇；图版二三，1、2）。

该遗址除灰坑外未发现其他遗迹，灰坑编号为H1、H2、H3，主要分布于该遗址的中东部。H1开口于第二层下距现地表0.68米，呈筒状，口径1.24米。H1包含物有木炭屑、烧土、少

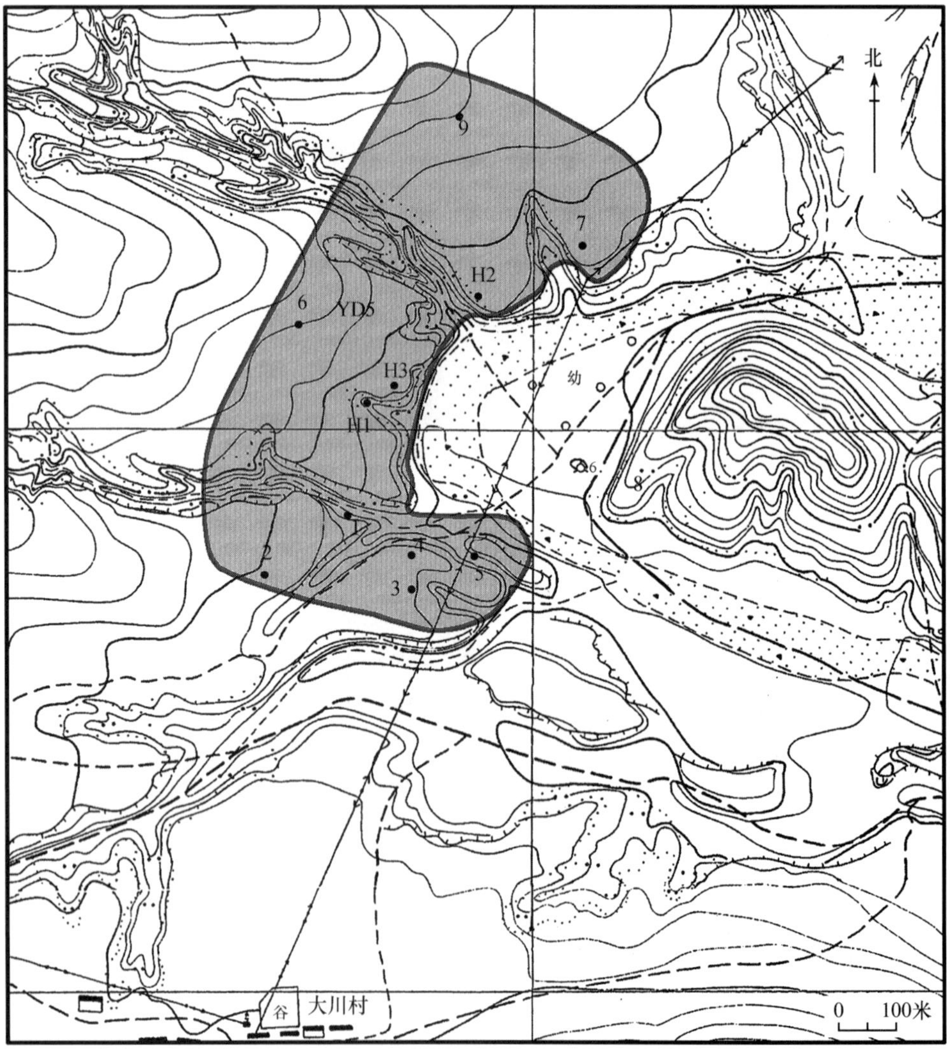

图二五〇　大川遗址位置示意图

量石片等，灰坑内填土土质疏松，呈灰褐色（图版二三，3）。因H2位于断崖上，无法近距离测量。H1、H2未采集遗物，无法测得GPS坐标。H3口径1.55米，暴露深度约1.1米，未见底，灰坑开口于现地表1米下，耕土层厚0.28米，覆盖层厚0.72米，灰坑内填土土质疏松，呈灰褐色，包含物有陶片、瓷片、炭块、石块、牛骨等（图版二三，4）。

遗物主要分布于遗址区的中部、东南部。遗址区内共设10个采集点（含H3）。

大川遗址第一采集点

第一采集点位于遗址区南部，中心坐标为北纬39°42′52.9″，东经112°25′08.0″，海拔1374米±5米。采集点地形为台地，地表植被为荒地。采集面积约300平方米。采集遗物分布较为分散，所采遗物主要有夹砂灰陶釜口肩部，泥质灰陶折沿盆腹部等。纹饰以绳纹为主，也有凸弦纹等。采集标本共7件。

YD5①：1，泥质深灰色陶罐口肩部。尖圆唇，卷折沿上翘，溜肩。肩部饰交错细绳纹。泥片贴筑、快轮修整。口径18厘米，厚0.6厘米，残高4.6厘米（图二五一，1）。

YD5①：2，泥质深灰色陶釜口肩部。圆唇，折沿上翘，溜肩。外表饰竖向中粗绳纹，内壁抹光。泥片贴筑、快轮修整。口径26厘米，厚0.6厘米，残高6厘米（图二五一，2）。

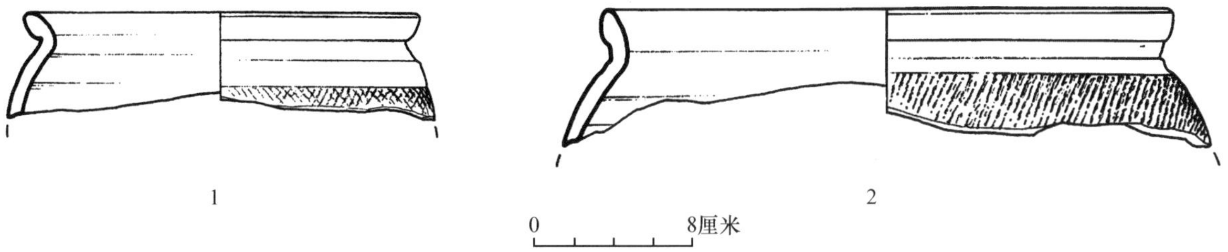

图二五一　大川遗址第一采集点采集标本

1. 陶罐口肩部（YD5①：1）　2. 陶釜口肩部（YD5①：2）

YD5①：3，陶釜腹部。上腹部泥质、下腹部夹细砂。上腹部外表饰竖向中粗绳纹，之下为交错粗绳纹。泥片贴筑、手制、快轮修整。残高11厘米，厚0.5～0.6厘米，残宽9.9厘米（图二五二，2）。

YD5①：4，泥质深灰色陶罐或釜上腹部。外表饰左斜向弦断中偏细绳纹，内壁抹光。泥片贴筑、快轮修整。残高7.7厘米，厚0.5～1厘米，残宽10.5厘米（图二五二，1）。

YD5①：5，泥质浅灰色陶罐肩部。外表饰竖向弦断中偏细绳纹。泥片贴筑、快轮修整。残高6厘米，残宽7厘米，厚0.6～0.7厘米（图二五二，4）。

YD5①：6，泥质深灰色陶盆上腹部。外表数周瓦楞纹之下饰右斜向弦断中粗绳纹，内壁有数周暗纹。泥片贴筑、快轮修整。残高6.3厘米，残宽5.8厘米，厚0.7～0.8厘米（图二五二，3）。

YD5①：7，泥质浅灰色陶盆下腹。外表饰竖向中粗绳纹，局部被抹，内壁抹光。泥片贴筑、快轮修整。残高9厘米，残宽5厘米，厚0.6厘米（图二五二，5）。

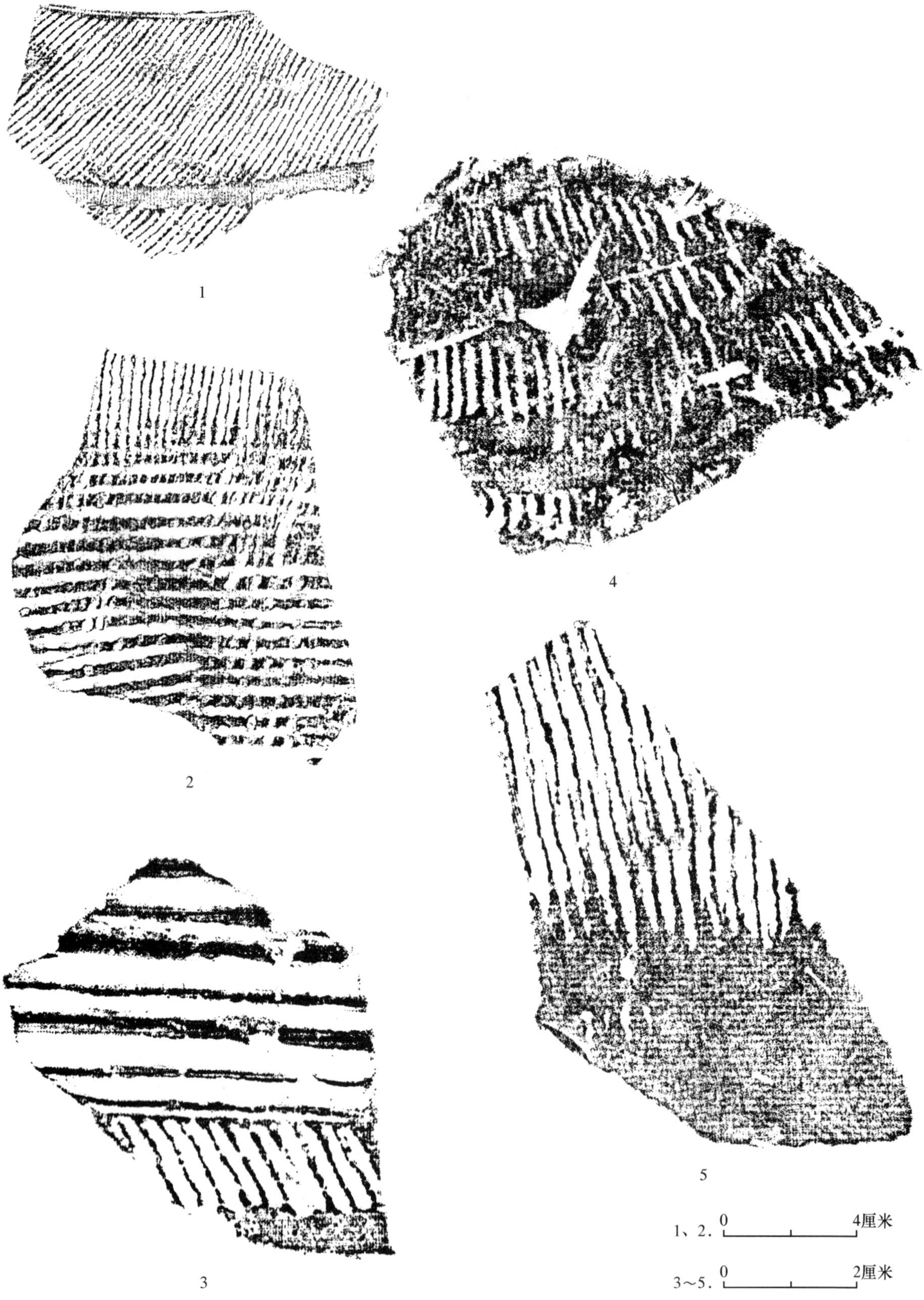

图二五二　大川遗址第一采集点采集标本拓片

1. 陶罐或釜上腹部（YD5①：4）　2. 陶釜腹部（YD5①：3）　3. 陶盆上腹部（YD5①：6）
4. 陶罐肩部（YD5①：5）　5. 陶盆下腹（YD5①：7）

大川遗址第二采集点

第二采集点位于遗址区西南部、中心坐标为北纬39°42′47.4″，东经112°25′0.04″，海拔1373米±5米。采集点地形为台地，地表植被为荞麦。采集面积约50平方米。采集遗物分布较为分散，所采遗物主要有夹砂灰陶罐腹部、泥质灰陶盆口部，纹饰以绳纹为主。采集标本共5件。

YD5②：1，泥质深灰色陶盆口部。侈口，方唇，平折沿，沿上有凹槽一周。素面。泥片贴筑、快轮修整。口径22厘米，厚0.5～0.6厘米，残高1.2厘米（图二五三）。

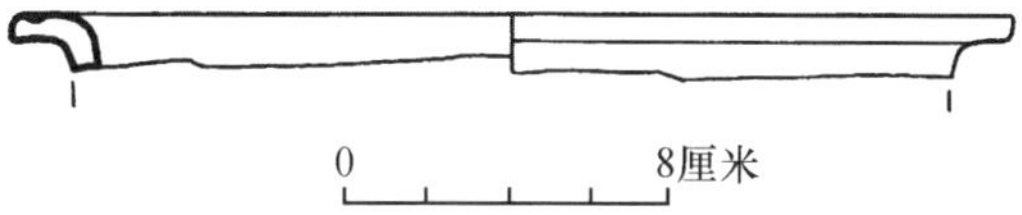

图二五三　大川遗址第二采集点采集标本陶盆口部（YD5②：1）

YD5②：2，夹细砂深灰色陶罐腹片。外表饰竖向粗绳纹。泥片贴筑、快轮修整。残高5厘米，厚0.6厘米，残宽4厘米（图二五五，4）。

YD5②：3，泥质灰褐色陶盆腹部。外表饰竖向弦断中偏细绳纹，内壁脱皮。泥片贴筑、快轮修整。残高6.5厘米，厚0.5厘米，残宽5厘米（图二五五，5）。

YD5②：4，泥质深灰色陶盆腹部。外表饰竖向中粗绳纹，内壁抹光。泥片贴筑、快轮修整。残长6.3厘米，厚0.5厘米，残宽4.8厘米（图二五五，3）。

YD5②：5，泥质浅灰色陶盆腹部。外表饰竖向弦断中粗绳纹，内壁抹光。泥片贴筑、快轮修整。残长4厘米，厚0.8厘米，残宽3.7厘米（图二五五，2）。

大川遗址第三采集点

第三采集点位于遗址区的东南部，中心坐标为北纬39°42′46.7″，东经112°25′08.1″，海拔1376米±5米。采集点地形为台地，地表植被为荒地。采集面积约300平方米。采集遗物分布较分散，所采遗物主要夹砂灰陶鬲腹部，泥质灰陶盆底部、钵底部、罐底部、钵口部。采集标本共7件。

YD5③：1，泥质浅灰色陶钵口腹部。敛口，尖圆唇，小卷沿，弧腹。外表有数周瓦楞纹。泥片贴筑、快轮修整。口径18厘米，厚0.4～0.6厘米，残高3.4厘米（图二五四，5）。

YD5③：2，泥质浅灰色陶钵下腹及底部。下腹斜收至饼底，底面平整，内底略凹。素面。泥片贴筑、快轮修整。底径8厘米，厚0.6～1厘米，残高3厘米（图二五四，3）。

YD5③：3，泥质深灰色陶盆下腹及底部。下腹斜收至平底。素面，底面磨损较光。泥片贴筑、快轮修整。底径20厘米，残高2.4厘米，厚0.6～0.8厘米（图二五四，6）。

YD5③：4，泥质灰褐色陶盆下腹及底部。下腹弧收至平底。素面，内壁留有较明显的旋抹痕迹。泥片贴筑、快轮修整。底径14厘米，厚0.5～1厘米，残高4.7厘米（图二五四，4）。

YD5③：5，泥质深灰色陶罐底部。下腹弧收至平底。素面，底面有涡纹。泥片贴筑、快轮修整。底径8厘米，厚0.8～1厘米，残高2厘米（图二五四，1）。

YD5③：6，泥质浅灰色陶罐下腹及底部。下腹斜收至平底。素面。泥片贴筑、快轮修整。底径10.2厘米，残高1.6厘米，厚0.8厘米（图二五四，2）。

YD5③：7，夹粗砂深灰色陶鬲腹部。外表饰右斜向中粗绳纹连接左斜向中粗绳纹。手制、轮修。残高7.7厘米，残宽7.4厘米，厚0.7厘米（图二五五，1）。

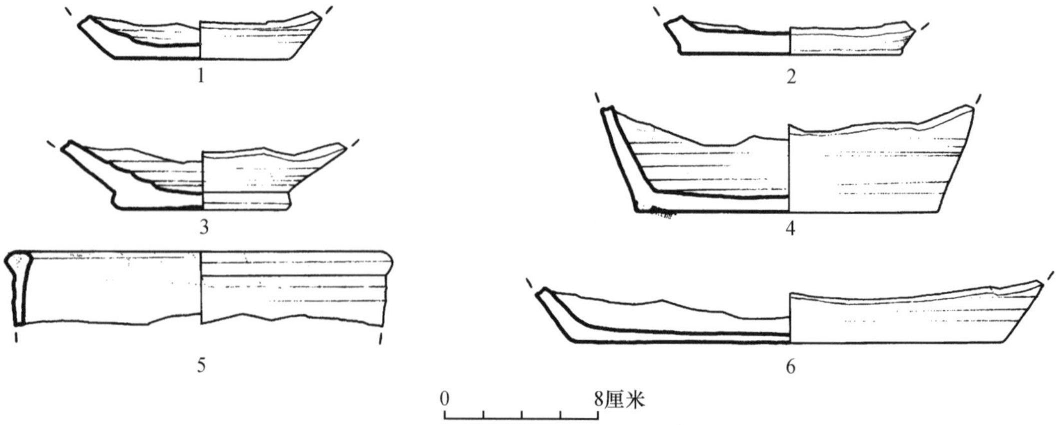

图二五四　大川遗址第三采集点采集标本

1. 陶罐底部（YD5③：5）　2. 陶罐下腹及底部（YD5③：6）　3. 陶钵下腹及底部（YD5③：2）
4. 陶盆下腹及底部（YD5③：4）　5. 陶钵口腹部（YD5③：1）　6. 陶盆下腹及底部（YD5③：3）

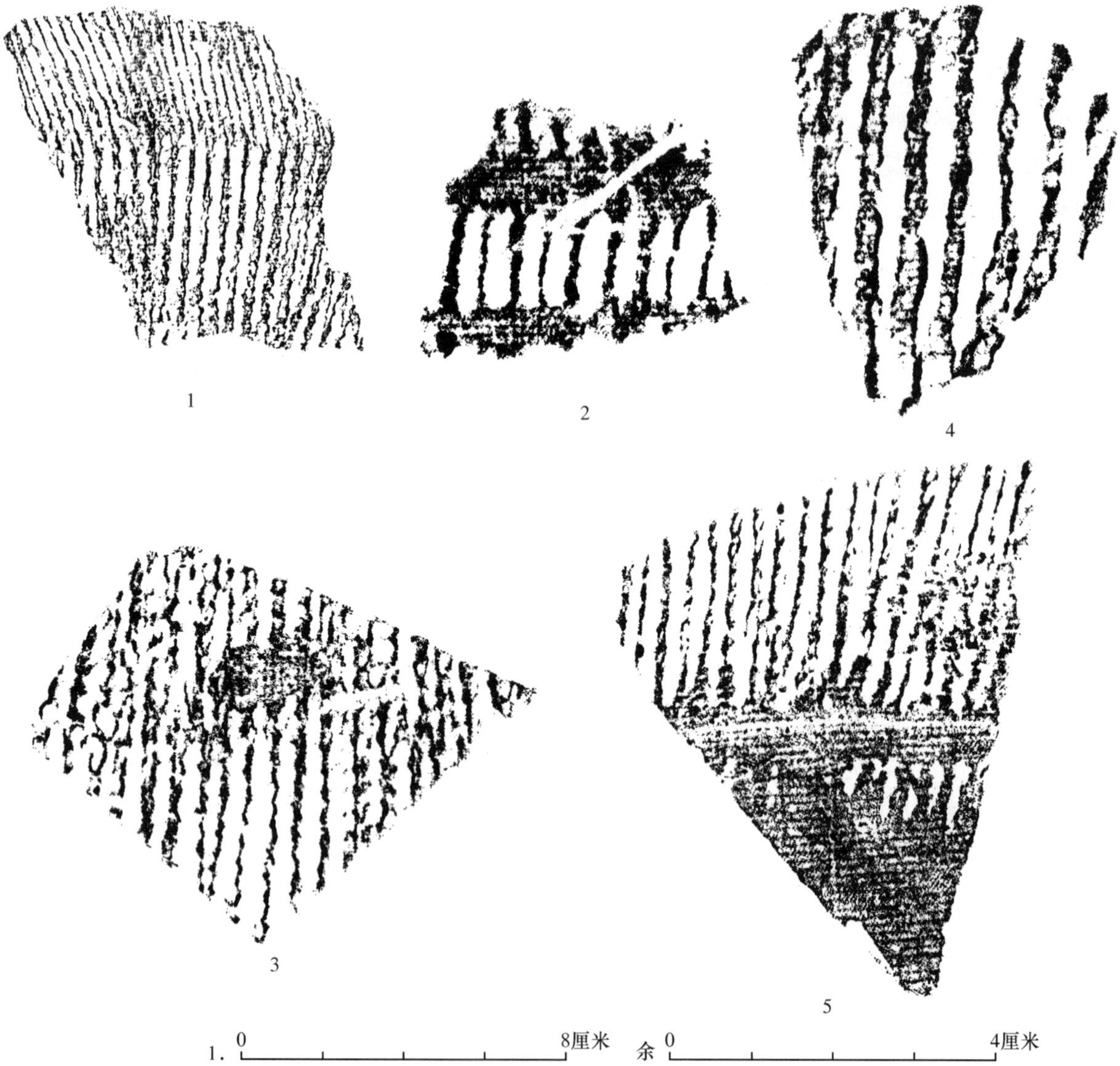

图二五五　大川遗址第二、三采集点采集标本拓片

1. 陶鬲腹部（YD5③：7）　2、3、5. 陶盆腹部（YD5②：5、YD5②：4、YD5②：3）　4. 陶罐腹片（YD5②：2）

大川遗址第四采集点

第四采集点位于遗址区中部，中心坐标为北纬39°42′48.9″，东经112°25′12.5″，海拔1375米±5米。采集点地形为台地，地表植被为荒地。采集面积约300平方米。采集遗物分布较为分散，所采遗物主要有泥质灰陶盆口腹部、罐口肩部、钵底部、瓷碗口腹部等，纹饰有中、粗绳纹和弦断绳纹。采集标本共6件。

YD5④：1，泥质深灰色陶盆口腹部。侈口，折沿（已残缺），腹部斜收。口外表有数周瓦楞纹，之下饰竖向中粗绳纹，内壁有数周暗纹。泥片贴筑、快轮修整。残径22.6厘米，厚0.6厘米，残高6厘米（图二五六，4）。

YD5④：2，泥质浅灰色小陶罐口肩部。侈口，圆唇，沿外卷，溜肩。素面。泥片贴筑、快轮修整。残高2.7厘米，厚0.4厘米，残宽2.4厘米（图二五六，1）。

YD5④：3，泥质浅灰色陶钵口腹部。敛口，圆唇，腹中部有凸棱一周，折腹。素面，下腹部外表有竖向划痕三道。泥片贴筑、快轮修整。口径18厘米，残高6.2厘米，厚0.6厘米（图二五六，3）。

YD5④：4，泥质浅灰色陶钵底部。下腹斜收至饼底，底面平整。素面。泥片贴筑、快轮修整。底径6厘米，残高2厘米，厚0.6～0.7厘米（图二五六，2）。

YD5④：5，泥质浅灰色陶盆腹部。外表饰弦断中粗绳纹，之下绳纹被抹，表面磨光，内壁抹光。泥片贴筑、快轮修整。残长（残高）为10.5厘米，残宽12厘米，厚0.7厘米（图

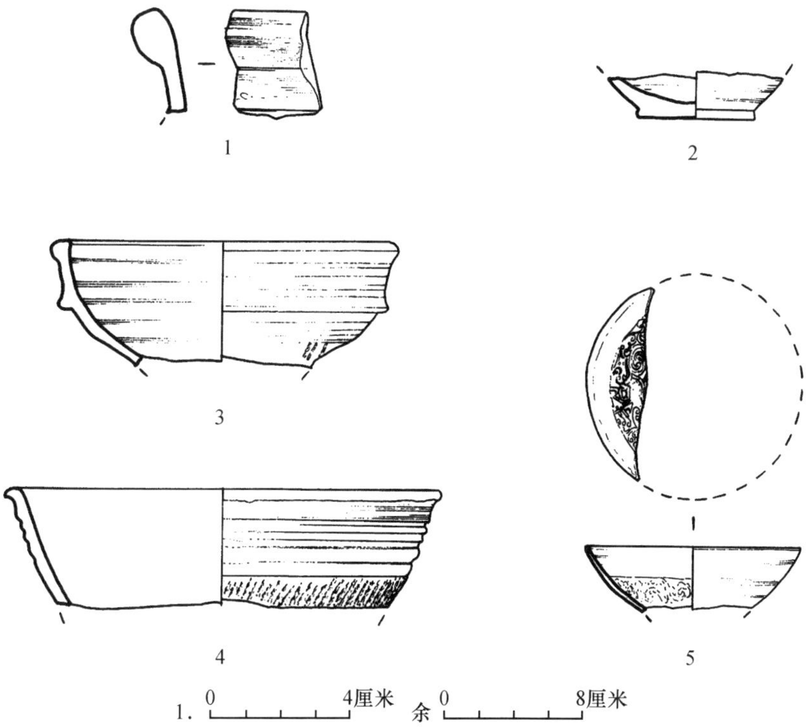

图二五六　大川遗址第四采集点采集标本

1. 陶罐口肩部（YD5④：2）　2. 陶钵底部（YD5④：4）　3. 陶钵口腹部（YD5④：3）
4. 陶盆口腹部（YD5④：1）　5. 小瓷碗口腹部（YD5④：6）

二五八，4）。

YD5④：6，印花小瓷碗口腹部。细瓷，白胎。侈口，扁圆唇，腹部斜收，胎壁极薄，制作工整、精细。通体蘸白釉，未饰化妆土，内壁下腹部印有如意卷草纹，卷草纹之间印有“招”字，推测可为“招财进宝”，印花较深，可能是定窑窑系产品。手制、拉坯、快轮修整。口径11.2厘米，厚0.2～0.3厘米，残高3.3厘米（图二五六，5；图版二三，6、7）。

大川遗址第五采集点

第五采集点位于遗址区东部，中心坐标为北纬39°42′48.8″，东经112°25′17.4″，海拔1370米±5米。采集点地形为台地，地表植被为土豆。采集面积约200平方米。采集遗物分布较为分散，所采遗物主要有泥质灰陶罐肩腹部、釜口腹部、盆腹部，器物纹饰有中粗绳纹、交错绳纹、弦断绳纹。采集标本共5件。

YD5⑤：1，泥质浅灰色陶釜口肩部。盘口，圆方唇，平沿上翘，溜肩。素面。泥片贴筑、快轮修整。口径20厘米，厚0.4～0.5厘米，残高3.4厘米（图二五七，1）。

YD5⑤：2，泥质浅灰色陶罐肩部。鼓肩。肩部饰竖向中粗绳纹且被弦断。泥片贴筑、快轮修整。残高6厘米，厚0.5～0.7厘米，残宽30厘米（图二五七，2）。

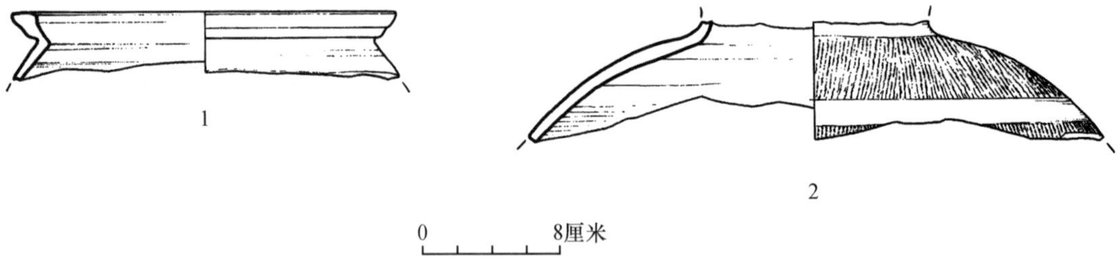

图二五七　大川遗址第五采集点采集标本

1. 陶釜口肩部（YD5⑤：1）　2. 陶罐肩部（YD5⑤：2）

YD5⑤：3，泥质浅灰色陶罐腹部。外表弦断中粗绳纹，内壁抹光。泥片贴筑、快轮修整。残长（高）为3.5厘米，厚0.6厘米，残宽6厘米（图二五八，1）。

YD5⑤：4，泥质深灰色陶盆腹部。外表饰弦断中偏细绳纹，内壁有数周暗纹。泥片贴筑、快轮修整。残长（高）为4厘米，残宽5.8厘米，厚0.7厘米（图二五八，2）。

YD5⑤：5，泥质深灰色陶釜腹部。外表饰右斜向细绳纹、横向粗绳纹。泥片贴筑、快轮修整。残长（高）为4厘米，残宽4.5厘米，厚0.4厘米（图二五八，3）。

大川遗址第六采集点

第六采集点位于遗址区西北部，中心坐标为北纬39°43′02.0″，东经112°25′04.0″，海拔1386米±5米。采集点地形为缓坡台地，地表植被为葫麻等。采集面积约200平方米。采集遗物分布较分散，所采遗物主要有夹砂灰陶鬲口肩部、泥质灰陶豆盘、高领罐口部、折沿盆口腹部、筒瓦等，纹饰有交错绳纹、中或粗绳纹、弦断绳纹。采集标本共13件。

YD5⑥：1，夹粗砂深灰色陶鬲口肩部。侈口，口残，溜肩。外表饰竖向粗大绳纹。手

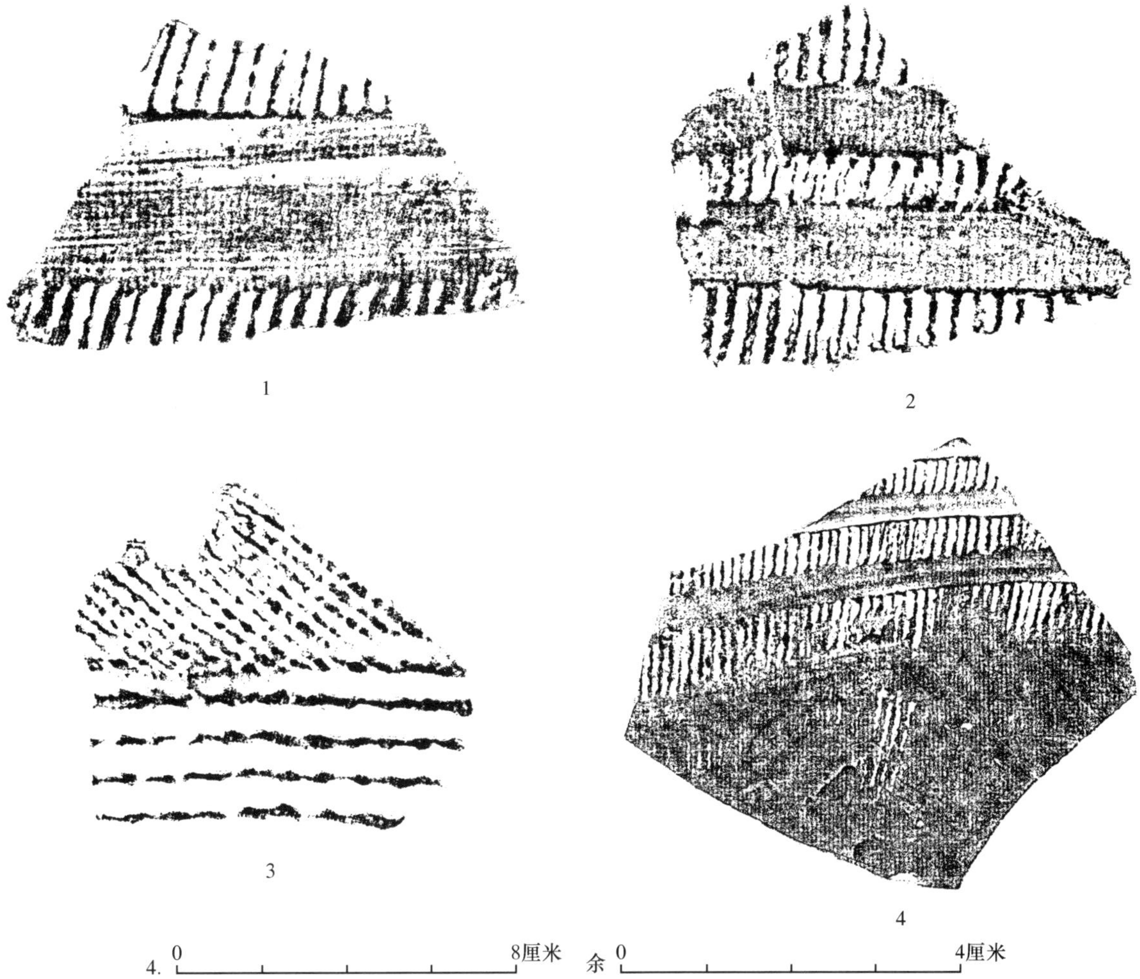

图二五八　大川遗址第四、五采集点采集标本拓片

1. 陶罐腹部（YD5⑤：3）　2. 陶盆腹部（YD5⑤：4）　3. 陶釜腹部（YD5⑤：5）　4. 陶盆腹部（YD5④：5）

制、快轮修整。残高3.5厘米，厚0.6～0.8厘米，残宽5.7厘米（图二五九，3）。

YD5⑥：2，泥质浅灰色陶壶口部。侈口，斜方唇，沿微卷，高领。口沿及口内侧领部有数周暗纹，近肩部有一周剔刺纹。泥片贴筑、快轮修整。口径12厘米，残高6.4厘米，厚0.6厘米（图二五九，4）。

YD5⑥：3，泥质深灰色陶盆口腹部。口微敛，宽折沿向下翻卷，腹部斜收。外表饰较浅竖向中粗绳纹，内壁抹光。泥片贴筑、快轮修整。口径32厘米，厚0.7厘米，残高4厘米（图二五九，8）。

YD5⑥：4，泥质浅灰色陶罐口部。侈口，斜方唇，高领。口沿上有三道竖向三角状刀刻痕，领外表有不规则三角状刻划符号，近肩部有一周暗纹。泥片贴筑、快轮修整。口径16厘米，残高5.6厘米，厚0.6～0.7厘米（图二五九，5；图二六〇，4）。

YD5⑥：5，泥质浅灰色陶罐口部。侈口，斜方唇，高领。素面。泥片贴筑、快轮修整。口径26厘米，残高6厘米，厚0.7～0.8厘米（图二五九，7）。

YD5⑥：6，泥质浅灰色陶盆口腹部。口微敛，斜方唇，宽折沿下捺，腹部弧收。口外侧

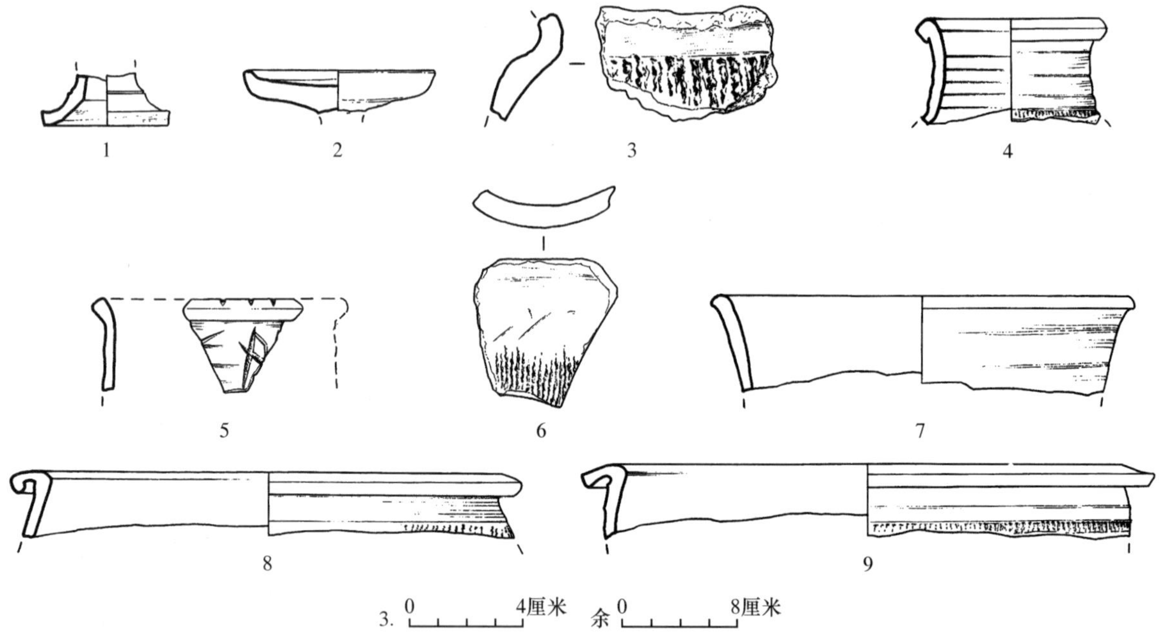

图二五九　大川遗址第六采集点采集标本

1. 陶豆座（YD5⑥：8）　2. 陶豆盘（YD5⑥：7）　3. 陶鬲口肩部（YD5⑥：1）　4. 陶壶口部（YD5⑥：2）
5、7. 陶罐口部（YD5⑥：4、YD5⑥：5）　6. 板瓦（YD5⑥：9）　8、9. 陶盆口腹部（YD5⑥：3、YD5⑥：6）

有宽窄不一的数周瓦楞纹，之下饰较浅中粗绳纹。泥片贴筑、快轮修整。口径36厘米，残高4.4厘米，厚0.7～0.8厘米（图二五八，9）。

YD5⑥：7，泥质深灰色陶豆盘。浅盘，敞口，扁圆唇。素面。手制、拉坯、快轮修整。口径12厘米，高2.4厘米，厚0.6厘米（图二五九，2）。

YD5⑥：8，泥质深灰色陶豆座。呈喇叭状，个体偏小。素面。手制、拉坯、快轮修整。底径8厘米，残高3.2厘米，厚0.6～0.8厘米（图二五九，1）。

YD5⑥：9，泥质浅灰色陶板瓦。瓦头平整。瓦背饰中粗绳纹，瓦内为布纹。泥片贴筑、快轮修整。残长9厘米，厚1.2厘米，残宽9厘米（图二五九，6）。

YD5⑥：10，泥质深灰色陶釜腹部。外表饰左斜向中粗绳纹及交错中粗绳纹。泥片贴筑、快轮修整。残长（高）7.5厘米，残宽5厘米，厚0.5厘米（图二六〇，3）。

YD5⑥：11，泥质浅灰色陶盆腹部。外表饰数周较规整瓦楞纹，之下饰弦断中粗绳纹。泥片贴筑、快轮修整。残长（高）7厘米，残宽9.5厘米，厚0.6厘米（图二六〇，5）。

YD5⑥：12，泥质深灰色陶板瓦。瓦背饰竖向粗绳纹，瓦内有横向条纹压印纹。泥片贴筑、手制。残长5.5厘米，残段4.5厘米，厚1厘米（图二六〇，2）。

YD5⑥：13，夹细砂灰褐色陶鬲或罐腹片。外表饰竖向粗大绳纹。泥片贴筑、手制、快轮修整。残长（高）3.5厘米，残宽5.3厘米，厚0.9厘米（图二六〇，1）。

大川遗址第七采集点

第七采集点位于遗址区东北部，中心坐标为北纬39°43′05.3″，东经112°25′23.2″，海拔1381米±5米。采集点地形为台地，地表植被为荒地。采集面积约200平方米。采集遗物分布较分

0 1厘米

图二六〇 大川遗址第六采集点采集标本拓片

1. 陶鬲或罐腹片（YD5⑥：13） 2. 板瓦（YD5⑥：12） 3. 陶釜腹部（YD5⑥：10）
4. 陶罐口部（YD5⑥：4） 5. 陶盆腹部（YD5⑥：11）

散，所采遗物主要有泥质灰陶罐口肩部、陶钵口腹部、陶盆口腹部、陶釜口肩部、纺轮等。采集标本共12件。

YD5⑦：1，泥质深灰色陶釜口肩部。盘口，圆唇，卷沿，溜肩。肩部饰右斜向细绳纹。泥片贴筑、快轮修整。口径26厘米，残高5厘米，厚0.4～0.5厘米（图二六一，8）。

YD5⑦：2，泥质深灰色陶罐口肩部。侈口，斜方唇，沿微卷，矮颈，溜肩。领部部分竖向细绳纹被抹掉，口内侧贴泥片加固。泥片贴筑、快轮修整。口径16厘米，厚0.7～0.8厘米，残高5.2厘米（图二六一，3）。

YD5⑦：3，泥质深灰色陶釜口肩部。扁圆唇，折沿外卷，溜肩。肩部饰竖向中粗绳纹。泥片贴筑、快轮修整。口径26厘米，厚0.6厘米，残高4厘米（图二六一，7）。

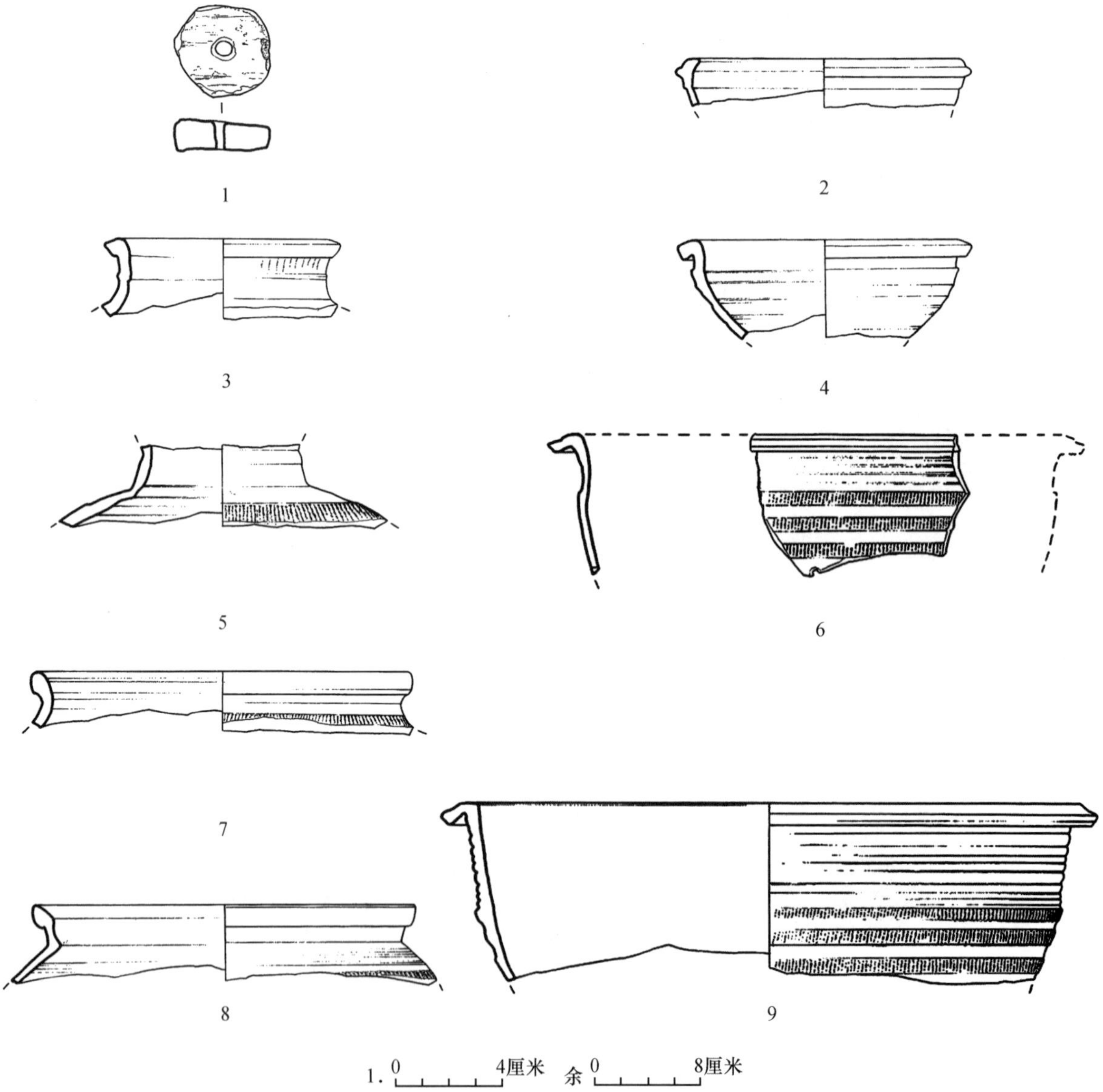

图二六一　大川遗址第七采集点采集标本

1. 陶纺轮（YD5⑦：12）　2. 陶钵口腹部（YD5⑦：8）　3. 陶罐口肩部（YD5⑦：2）　4、6、9. 陶盆口腹部（YD5⑦：7、YD5⑦：5、YD5⑦：4）　5. 陶罐领肩部（YD5⑦：6）　7、8. 陶釜口肩部（YD5⑦：3、YD5⑦：1）

YD5⑦：4，泥质浅灰色陶盆口腹部。口微敛，斜方唇，宽折沿下捺，腹部斜收。口外侧有数周瓦楞纹，瓦楞纹以下饰竖向弦断中粗绳纹。泥片贴筑、快轮修整。口径44厘米，厚0.6～0.8厘米，残高11.4厘米（图二六一，9）。

YD5⑦：5，泥质浅灰色陶盆口腹部。侈口，斜方唇，折沿下捺，腹部斜收，口外侧有一周较宽凹槽。外表饰左斜向弦断中粗绳纹，腹部有由外向内圆形钻孔一个。泥片贴筑、快轮修整。口径36厘米，残高9厘米，厚0.5～0.6厘米（图二六一，6）。

YD5⑦：6，泥质浅灰色陶罐领肩部。口已残缺，高领，耸肩。肩部饰竖向中粗绳纹。泥片贴筑、快轮修整。残口径10.6厘米，厚0.5～0.7厘米，残高5.4厘米。（图二六一，5）。

YD5⑦：7，泥质浅灰色陶盆口腹部。侈口，斜方唇，窄折沿略下捺，口外侧有凹槽一周，腹部弧收。外表有宽而浅数周瓦楞纹。泥片贴筑、快轮修整。口径20厘米，残高6.4厘米，厚0.5～0.6厘米（图二六一，4）。

YD5⑦：8，泥质浅灰色陶钵口腹部。敛口，扁圆唇，平沿，口沿下有凸棱一周，腹部弧收。素面。手制、快轮修整。口径20厘米，残高3.2厘米，厚0.4～0.6厘米（图二六一，2）。

YD5⑦：9，深灰色陶釜腹部。上半为泥质、下半为夹细砂。外表上腹饰左斜向中粗绳纹，下腹饰粗绳纹，且绳纹变化处弦断，内壁有明显旋抹痕。泥片贴筑、快轮修整。残高14.5厘米，厚0.8厘米，残宽15.9厘米（图二六三，6）。

YD5⑦：10，夹细砂浅灰色陶罐腹部。外表饰竖向粗绳纹，内壁有排印痕。泥片贴筑、快轮修整。残高9厘米，厚0.8厘米，残宽6.5厘米（图二六三，4）。

YD5⑦：11，泥质浅灰色陶盆腹部。外表饰弦断压印纹。泥片贴筑、快轮修整。残高5.4厘米，残宽9.6厘米，厚0.6厘米（图二六三，5）。

YD5⑦：12，泥质浅灰色陶纺轮。圆形，对钻圆孔于中心。素面。手制。直径3厘米，厚0.8～1厘米，孔径0.6～0.8厘米（图二六一，1）。

大川遗址第八采集点

第八采集点位于遗址区东部马家河的东岸，中心坐标为北纬39°42′52.4″，东经112°25′30.5″，海拔1361米±5米。采集点地形为台地，地表植被为荒地。采集面积约300平方米。采集遗物分布较为稀疏，所采遗物主要有泥质灰陶盆口腹部、罐口肩部、板瓦等。采集标本共8件。

YD5⑧：1，泥质浅灰色陶钵。敛口，扁圆唇，小平折沿，上腹部有一周凸棱，下腹斜收至小饼底，底面平整。素面。手制、快轮修整。口径15.2厘米，高6.8厘米，底径5.6厘米，厚0.5～0.7厘米（图二六二，1）。

YD5⑧：2，泥质浅灰色陶罐口肩部。直口，尖唇，卷沿，矮颈，溜肩。素面。手制、快轮修整。口径16厘米，厚0.6厘米，残高4.4厘米（图二六二，4）。

YD5⑧：3，泥质浅灰色陶罐口部。方唇，平沿，溜肩。素面。手制、快轮修整。口径14厘米，残高3.8厘米，厚0.6～0.9厘米（图二六二，2）。

YD5⑧：4，泥质浅灰色陶釜口部。圆唇，卷沿。素面。泥片贴筑、快轮修整。口径24厘米，厚0.4厘米，残高2.6厘米（图二六二，5）。

YD5⑧：5，泥质深灰色陶盆口腹部。敛口，斜方唇，小折沿下捺，腹部弧收。外表饰数周较窄瓦楞纹，之下饰竖向中偏细绳纹，内壁抹光。泥片贴筑、快轮修整。口径20厘米，厚0.5厘米，残高4.8厘米（图二六二，3）。

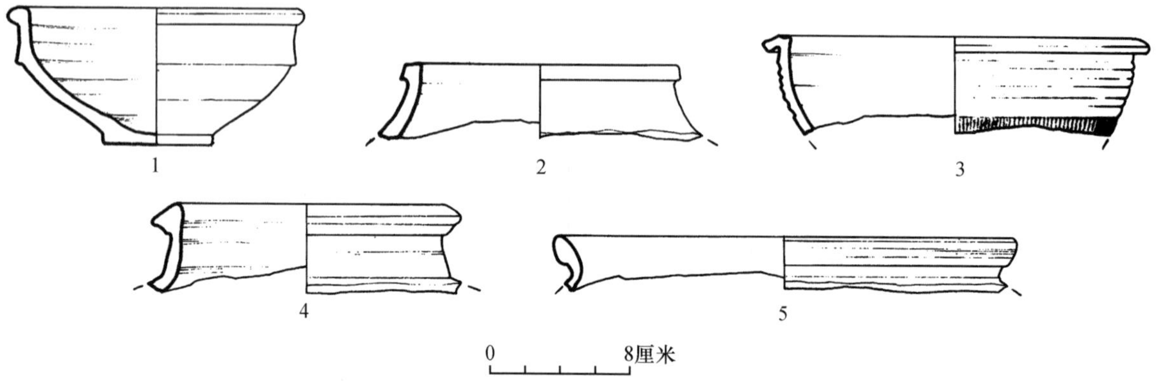

图二六二　大川遗址第八采集点采集标本

1. 陶钵（YD5⑧：1）　2. 陶罐口部（YD5⑧：3）　3. 陶盆口腹部（YD5⑧：5）
4. 陶罐口肩部（YD5⑧：2）　5. 陶釜口部（YD5⑧：4）

YD5⑧：6，泥质浅灰色陶盆腹部。外表饰左斜向中粗绳纹。泥片贴筑、快轮修整。残高为4.6厘米，残宽5.5厘米，厚0.6厘米（图二六三，2）。

YD5⑧：7，夹细砂深灰色陶釜腹部。外表饰交错绳纹。泥片贴筑、快轮修整。残长4.7厘米，厚0.5厘米，残宽3.5厘米（图二六三，3）。

YD5⑧：8，泥质深灰色陶板瓦。瓦背饰竖向细绳纹，瓦内为布纹。手制。残长4.7厘米，厚1厘米，残宽4.9厘米（图二六三，1）。

大川遗址第九采集点

第九采集点位于遗址区西北部，中心坐标为北纬39°43′14.8″，东经112°25′16.6″，海拔1386米±5米。采集点地形为台地，地表植被为莜麦、土豆等农作物，其余为荒地。采集面积约400平方米。采集遗物分布较为集中，所采遗物主要有泥质灰陶盆口腹部、陶甑底部、陶釜腹部、陶罐口肩部等。纹饰多以绳纹为主。该采集点发现有金代瓷片，但未采集。采集标本共8件。

YD5⑨：1，泥质深灰色陶盆口腹部。敞口，斜方唇，折沿下捺，深腹，腹部斜收。外表数周瓦楞纹之下饰弦断中偏细绳纹。泥片贴筑、快轮修整。口径29.2厘米，厚0.8厘米，残高8厘米（图二六四，3）。

YD5⑨：2，泥质深灰色陶盆口腹部。敛口，斜方唇，折沿略下捺，腹部弧收，口沿内、外边缘各有凹槽一周。近口部先饰数周瓦楞纹，之下饰弦断中粗绳纹，内壁抹光。泥片贴筑、快轮修整。口径36厘米，厚0.7～0.9厘米，残高11.6厘米（图二六四，5）。

YD5⑨：3，泥质深灰色陶罐口肩部。敛口，圆唇，卷沿，溜肩。肩部饰数周暗纹。泥片贴筑、快轮修整。口径32.8厘米，厚0.6～0.7厘米，残高5.8厘米（图二六四，2）。

YD5⑨：4，泥质浅灰色陶瓮或缸口肩部。敛口，圆唇，卷沿，溜肩，个体较大，器壁偏

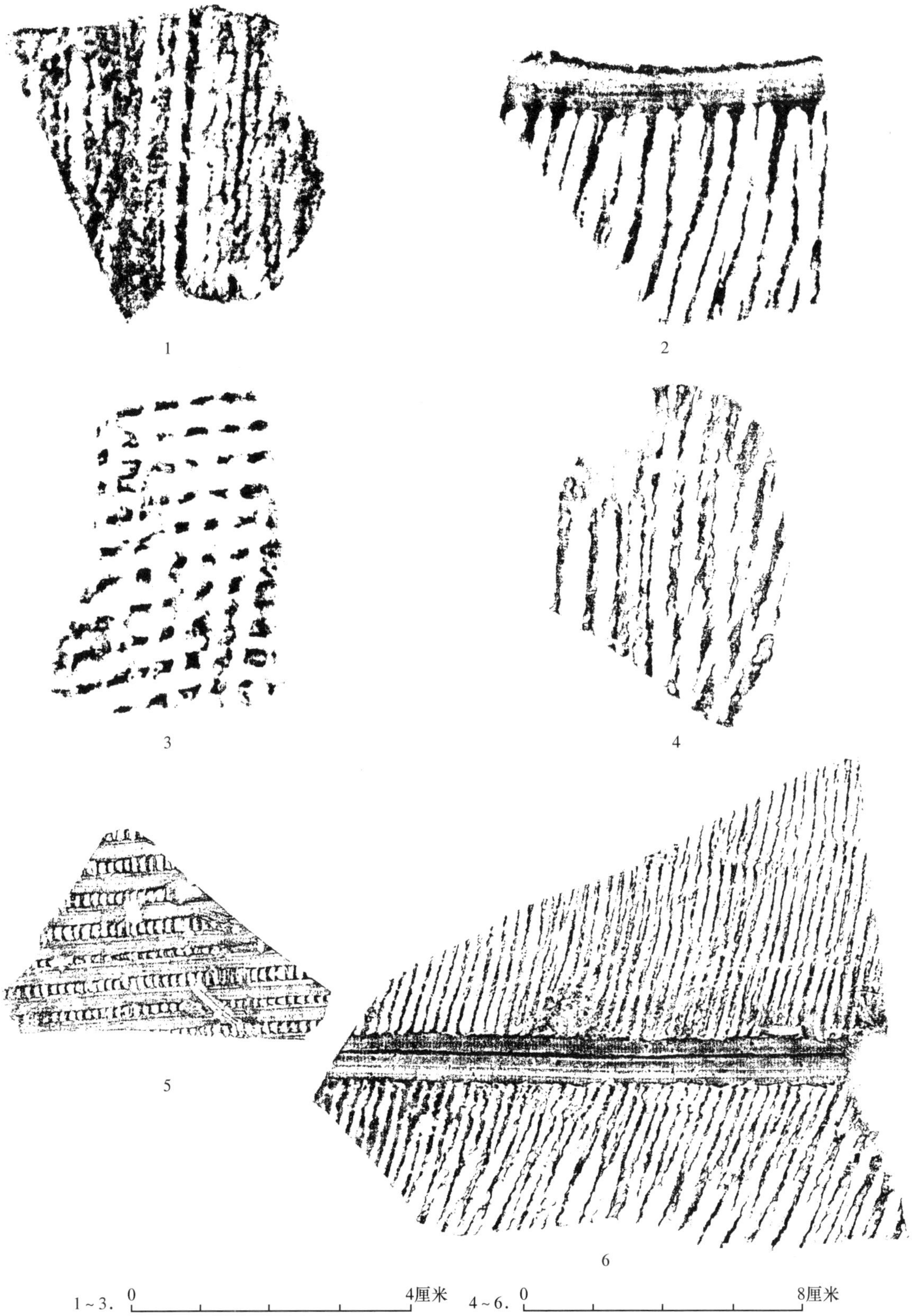

图二六三　大川遗址第七、八采集点采集标本拓片

1. 板瓦（YD5⑧：8）　2、5. 陶盆腹部（YD5⑧：6、YD5⑦：11）
3、6. 陶釜腹部（YD5⑧：7、YD5⑦：9）　4. 陶罐腹部（YD5⑦：10）

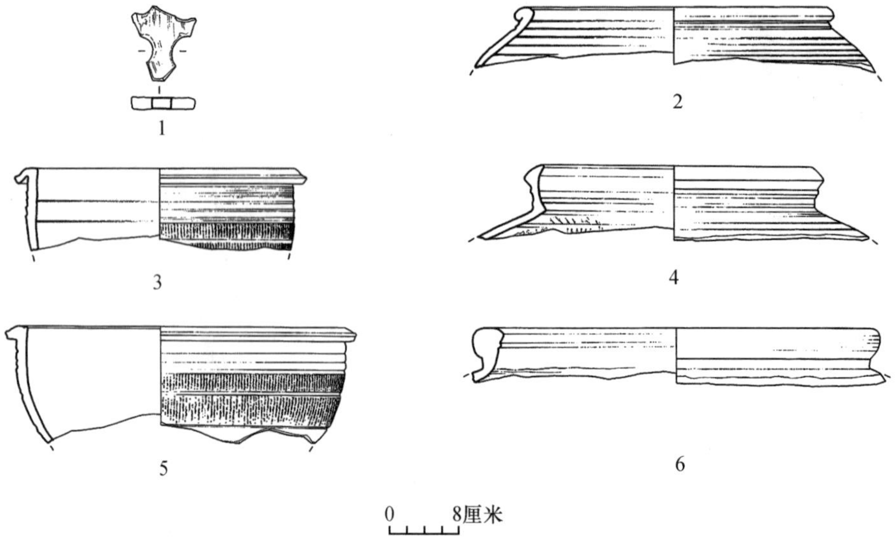

图二六四　大川遗址第九采集点采集标本

1. 陶甑底部（YD5⑨：6）　2. 陶罐口肩部（YD5⑨：3）　3、5. 陶盆口腹部（YD5⑨：1、YD5⑨：2）
4. 陶罐口肩部（YD5⑨：5）　6. 陶瓮或缸口肩部（YD5⑨：4）

厚。素面。泥片贴筑、快轮修整。口径42厘米，厚1厘米，残高5.4厘米（图二六四，6）。

YD5⑨：5，泥质深灰色陶罐口肩部。盘口。圆唇，矮颈，耸肩。口沿及肩部有数周暗纹，口内侧也有三周暗纹。个体较大，该器类较少见。泥片贴筑、快轮修整。口径30.8厘米，残高7.4厘米，厚0.7厘米（图二六四，4）。

YD5⑨：6，泥质浅灰色陶甑底部。平底，底面孔径较大的圆形通气孔若干。素面。手制、快轮修整。残长7.4厘米，残宽6.6厘米，厚1.2厘米，孔径3厘米（图二六四，1）。

YD5⑨：7，夹细砂深灰色陶釜腹部。外表饰交错中粗绳纹。泥片贴筑、快轮修整。残高9厘米，残宽9厘米，厚0.7厘米（图二六五，2）。

YD5⑨：8，深灰色陶釜腹部。上半部为泥质、下半部为夹细砂。外表饰弦断交错绳纹与横向粗绳纹，内壁有排印痕。泥片贴筑、快轮修整。残高6.4厘米，残宽4.9厘米，厚0.6厘米（图二六五，1）。

大川遗址第十采集点

为灰坑，采集标本共16件。

YD5H3：1，泥质浅灰色陶盆口腹部。侈口，圆唇，宽折沿下捺，腹部弧收。外表有较宽而浅的凹槽一周，内壁有较均匀的数周旋抹痕。泥片贴筑、快轮修整。口径40厘米，厚0.8～1厘米，残高7.4厘米（图二六六，11）。

YD5H3：2，泥质深灰色陶盆口腹部。侈口，方唇，宽折沿下捺，腹部斜收。素面，上腹有由内向外的圆形钻孔一个，内壁有数周宽窄不一的暗纹。泥片贴筑、快轮修整。口径50厘米，残高8.6厘米，厚0.8～1.2厘米（图二六六，15）。

YD5H3：3，泥质深灰色陶盆口腹部。侈口，圆唇，宽折沿，腹部斜收。素面，外表有数周宽窄不一的瓦楞纹，内壁有数周暗纹，腹部有由外向内的圆形钻孔一个。泥片贴筑、快轮修

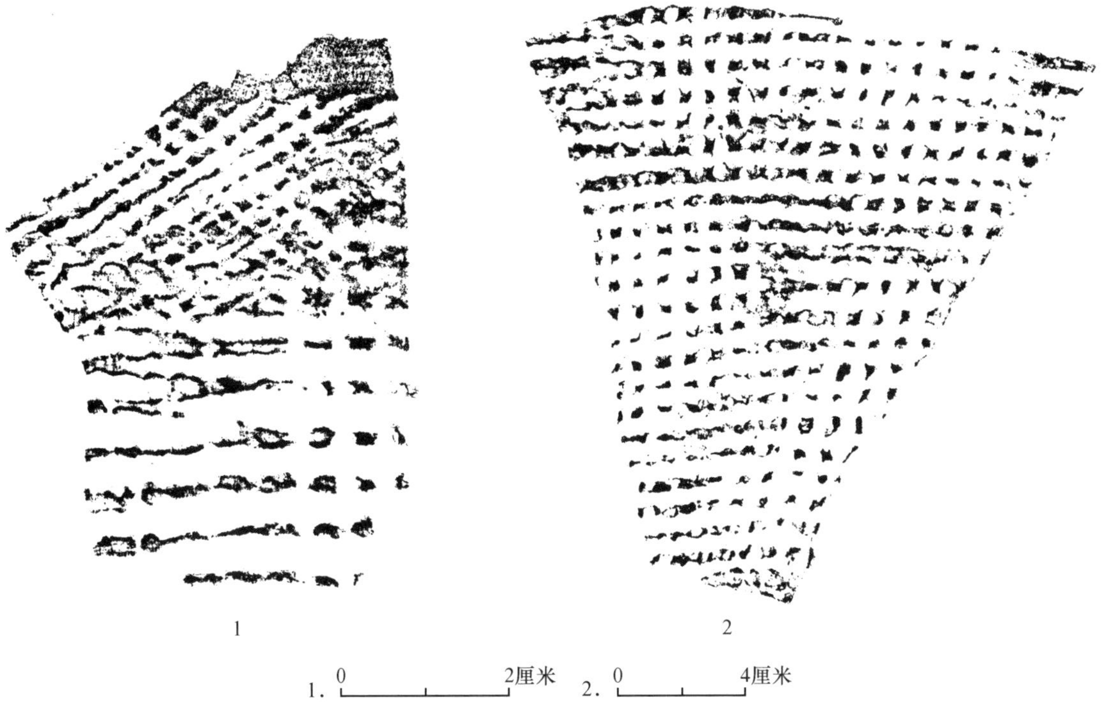

图二六五　大川遗址第九采集点采集标本拓片
1、2. 陶釜腹部（YD5⑨：8、YD5⑨：7）

整。口径50厘米，厚0.7～0.8厘米，残高7.4厘米（图二六六，13）。

YD5H3：4，泥质深灰色陶盆口腹部。口微敛，圆唇，卷沿向外翻卷，腹部弧收。外表有两周较宽瓦楞纹，内壁抹光。泥片贴筑、快轮修整。口径32厘米，厚0.4～0.6厘米，残高5厘米（图二六六，9）。

YD5H3：5，瓷盘。细瓷土，青灰胎。侈口，尖唇，软折沿，腹部斜收至小圈足，足墙平整，挖足过肩，系二次挖成。先施化妆土，内壁蘸青釉，外表蘸青釉至腹以上，有流釉现象。手制、拉坯、快轮修整。口径12厘米，高2.1厘米，底径5厘米（图二六六，6；图版二三，5）。

YD5H3：6，瓷大口缸口肩部。细瓷土，灰白胎。敛口，圆唇，卷沿，溜肩。口及肩部仅施白色化妆土，未施釉，内壁刷青釉，有凸棱一周。手制、拉坯、快轮修整。口径24厘米，残高5厘米，厚0.8厘米（图二六六，12）。

YD5H3：7，瓷碗口腹部。细瓷土，青灰胎。侈口，扁圆唇，腹部斜收。先施化妆土后，内外壁均蘸白釉，局部泛青，外表有流釉现象。手制、拉坯、快轮修整。口径20厘米，残高6.4厘米，厚0.2～0.4厘米（图二六六，8）。

YD5H3：8，瓷碗口腹部。细瓷土，灰黄胎。侈口，扁圆唇，腹部斜收。先施化妆土呈淡黄色，后刷乳白釉，白度特高，外表刷釉至下腹部，有流釉现象，近底部露胎。手制、拉坯、快轮修整。口径18厘米，厚0.3～0.5厘米，残高5.4厘米（图二六六，7）。

YD5H3：9，瓷盆口腹部。坩子土，灰胎。敛口，斜方唇，平折沿，腹部弧收。先施化妆土，后内外壁蘸白釉，釉色泛黄，口沿釉面被刮。手制、拉坯、快轮修整。口径36厘米，残高6厘米，厚0.5～0.7厘米（图二六六，14）。

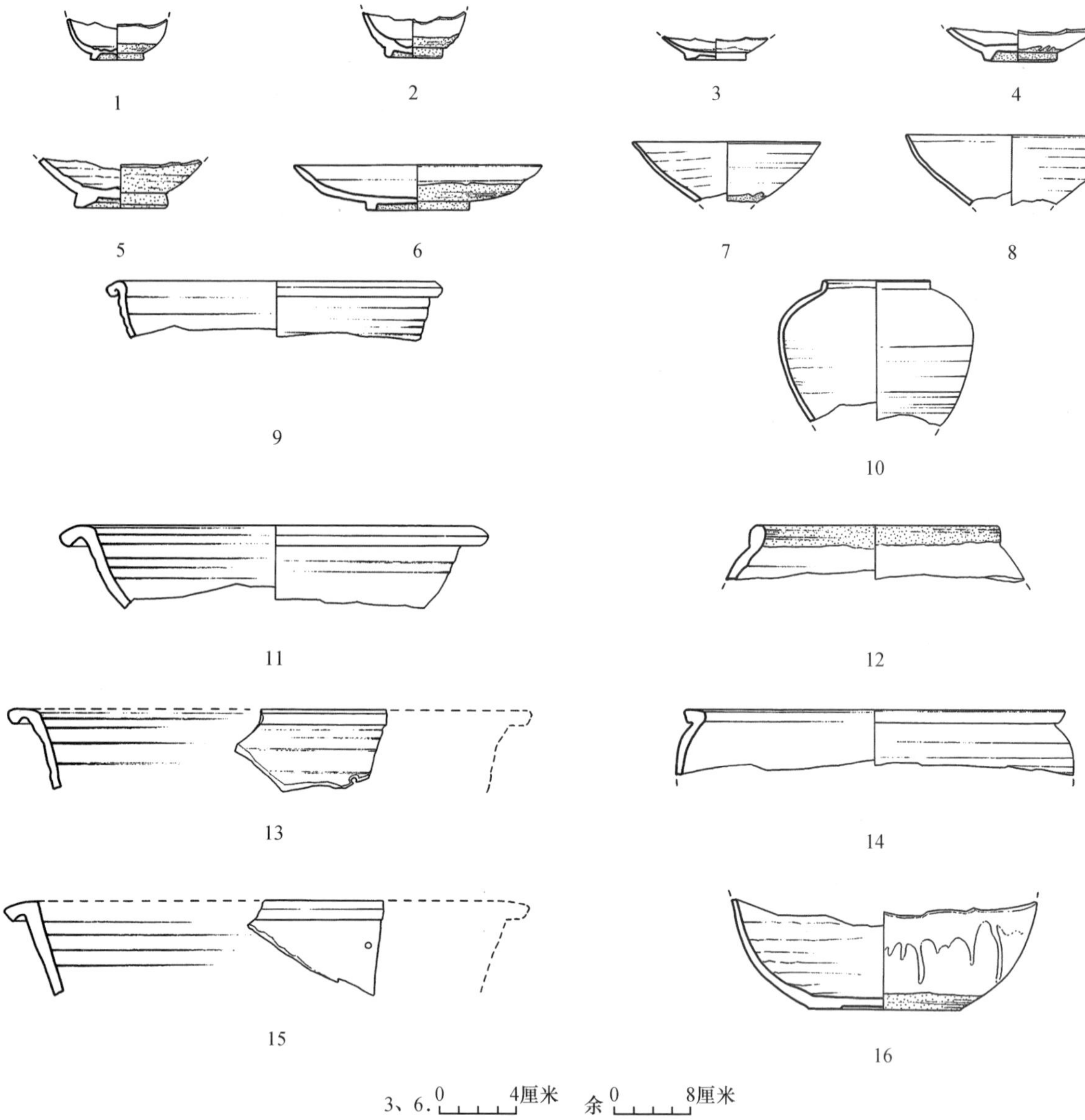

图二六六　大川遗址第十采集点采集标本

1. 小瓷钵下腹部及底部（YD5H3：12）　2. 小瓷罐下腹及底部（YD5H3：13）　3. 瓷碗或盏下腹及底部（YD5H3：14）　4、5. 瓷碗下腹及底部（YD5H3：11、YD5H3：10）　6. 瓷盘（YD5H3：5）　7、8. 瓷碗口腹部（YD5H3：8、YD5H3：7）　9、11、13、15. 陶盆口腹部（YD5H3：4、YD5H3：1、YD5H3：3、YD5H3：2）　10.瓷罐口肩腹部（YD5H3：16）　12. 瓷大口缸口肩部（YD5H3：6）　14. 瓷盆口腹部（YD5H3：9）　16. 瓷盆腹部及底部（YD5H3：15）

YD5H3：10，瓷碗下腹及底部。细瓷土，灰胎。下腹斜收至大圈足，足墙较宽、较高，内侧挖成斜面，外侧圆钝，挖足略过肩，系三次挖成，底面略凸起。内壁刷黑釉，外表部分露胎。手制、拉坯、快轮修整。底径8.8厘米，残高4.6厘米，厚0.6～1厘米（图二六六，5）。

YD5H3：11，瓷碗下腹及底部。细瓷土，灰胎。内折腹外斜收至圈足，足墙平整，挖足过肩，系二次挖成。先施化妆土，后内外壁蘸白釉，外表有粘釉痕、由上而下的流釉痕，足床支钉痕被打磨，内底留有小支钉痕，应为仰置叠烧。手制、拉坯、快轮修整。底径6.5厘米，残高3厘米，厚0.4～0.6厘米（图二六六，4）。

YD5H3：12，小瓷钵下腹部及底部。细瓷土，灰胎。下腹弧收至小圈足，足墙平整，挖足过肩，系二次挖成。内壁施黑色满釉，外壁蘸黑色半釉，内底未施釉，露胎形成涩圈，未施化妆土，外表近底部及底部露胎，局部有粘釉现象，应为砂圈叠烧法。手制、拉坯、快轮修整。底径4.8厘米，残高3.6厘米，厚0.2～0.5厘米（图二六六，1）。

YD5H3：13，小瓷罐下腹及底部。坩子土，灰胎。下腹弧收至小圈足，足墙圆钝，挖足至肩，系二次挖成。外表刷白釉至近底部，之下露胎，未施化妆土，内壁露胎，未施釉，仅留有明显的旋抹痕，内底下凹。手制、拉坯、快轮修整。底径5.4厘米，残高4厘米，厚0.4～0.8厘米（图二六六，2）。

YD5H3：14，小瓷碗或盏下腹及底部。细瓷土，白胎。下腹斜收至小圈足，足墙平整较直偏宽，挖足至肩部，系一次挖成，底中心留有小鸡心钉；足墙外高内低内斜，器壁较薄，胎色较白。通体蘸白釉，为满釉，未施化妆土，足墙上的支钉痕及釉色被打磨，内底留有极小的籽粒大小的三个支钉，有窑变时形成的黑斑。手制、快轮修整。底径2.8厘米，厚0.1～0.2厘米，残高1厘米（图二六六，3）。

YD5H3：15，瓷盆腹部及底部。细瓷土，灰胎。深腹，腹部弧收至壁底，较矮，足墙平整较宽，挖足较浅，系一次挖成。通体先施化妆土后蘸白釉，釉色局部泛青，外表有由上至下流釉现象，外表支钉痕被打磨，内底留有较大支钉痕，系仰置叠烧。手制、快轮修整。底径14.4厘米，厚0.4～1.2厘米，残高9.8厘米（图二六六，16）。

YD5H3：16，小口瓷罐口肩腹部。坩子土，灰胎。小口，口微敛，平沿，鼓腹，弧腹至底，底残缺。外表施白色化妆土，未施釉，内壁刷黑釉，局部有窑变现象。手制、快轮修整。口径10厘米，厚0.4厘米，残高13厘米（图二六六，10）。

（二）遗址时代

遗址的文化时代为战国晚期至汉代、辽金（表四三）。

YD5④：3（汉代）与托克托县古城村古城遗址汉代B型Ⅱ式陶钵H21：10相似①。

表四三　大川遗址调查标本与其他地区同时代对比表

序号	大川遗址调查标本	对比标本一	对比标本二	其他	备注
1	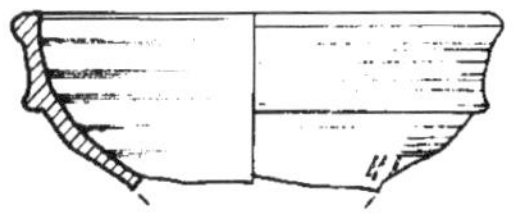 YD5④：3（汉代）	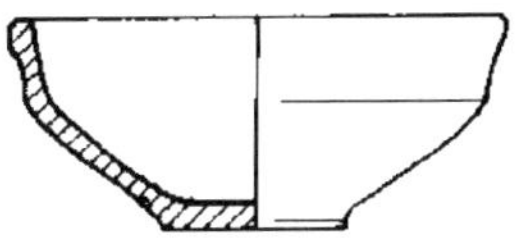 托克托县古城村古城遗址汉代B型Ⅱ式陶钵H21：10			

① 内蒙古自治区文物考古研究所编：《内蒙古文物考古文集（第三辑）》，科学出版社，2004年，第235页，图一七，3。

六、沟北村东遗址（2014YG1）

（一）遗址介绍

沟北村东遗址位于沟北村东约600米的东西向台地上，行政归属高家堡乡沟北村，初查时间为2014年7月13日。遗址的中心点GPS坐标为北纬39°42′35.8″，东经112°24′40.8″，海拔1379米±5米。该遗址南临由西向东的马家河季节性支流，西临沟北村，北临沟北村通往右玉县生态路的乡村硬化路，现地表种植有土豆、葫麻、玉米等农作物。遗址东西约300米，南北约250米，面积总计约75000平方米（图二六七）。

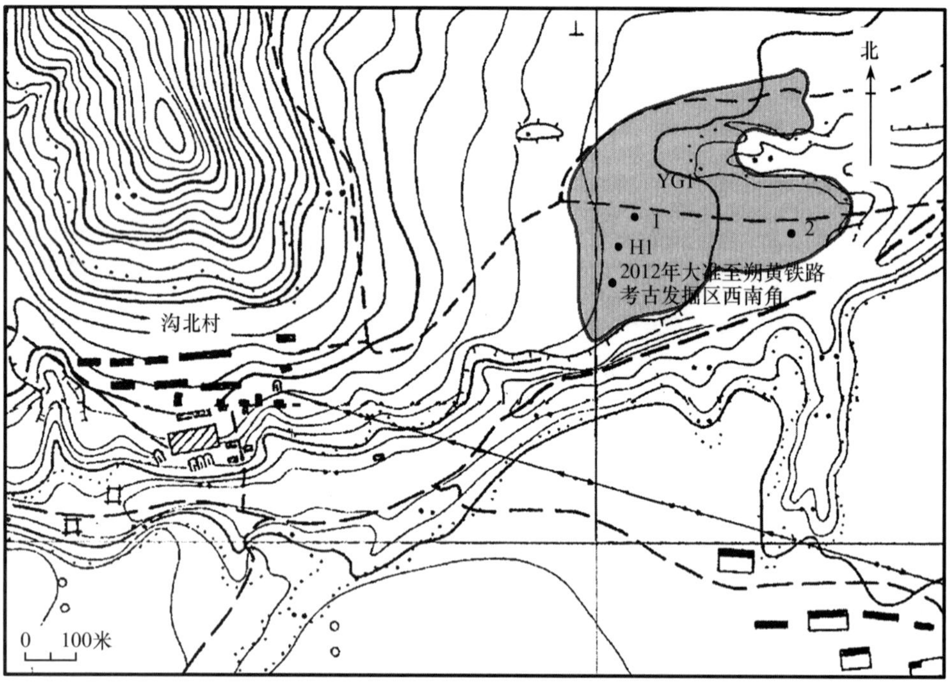

图二六七　沟北村东遗址位置示意图

遗址区西部发现灰坑一处，编号H1。H1开口于第二层下，口径2.6米，暴露深度1.1米，形状呈筒状，坑内填土土质疏松，土色较灰，包含物有大小不等的石块、少量的红烧土块及少量陶片，所采集遗物主要有泥质灰陶罐、宽折沿盆等。除此外，未发现其他遗迹。

遗物主要分布于遗址区的东部及西部，遗址区内设三个采集点（含H1）。

沟北村东遗址第一采集点

第一采集点位于遗址区西南部，中心坐标为北纬39°42′35.8″，东经112°24′40.8″，海拔1379米±5米。采集点地形为台地，地表植被为土豆等农作物。采集面积约30平方米。采集遗物分布较为集中，所采遗物主要有夹砂灰陶罐或缸口部，泥质灰陶宽折沿盆口腹部、折沿深腹盆口腹部等。采集标本共8件。

YG1①：1，夹细砂深灰色陶双耳釜口部。敛口，平沿，近口部贴长条形鋬手一对。素面。手制、快轮修整。口径34厘米，厚0.5～2厘米，残高5.4厘米（图二六八，6）。

YG1①：2，泥质灰陶盆口腹部。侈口，圆唇，卷沿，腹部斜收。素面，内壁有旋抹痕。泥片贴筑、快轮修整。口径44厘米，厚0.8～1厘米，残高5厘米（图二六八，7）。

YG1①：3，泥质灰陶盆口腹部。口微敛，方唇，宽折沿下捺，沿面上有一周凹槽，腹部斜收，器壁偏厚，个体较大。外表有数周瓦楞纹，内壁有旋抹痕。泥片贴筑、快轮修整。口径44厘米，厚0.8～1.2厘米，残高6.6厘米（图二六八，8）。

YG1①：4，泥质深灰色陶盆口腹部。侈口，斜方唇，宽折沿略下捺，腹部斜收。折沿下

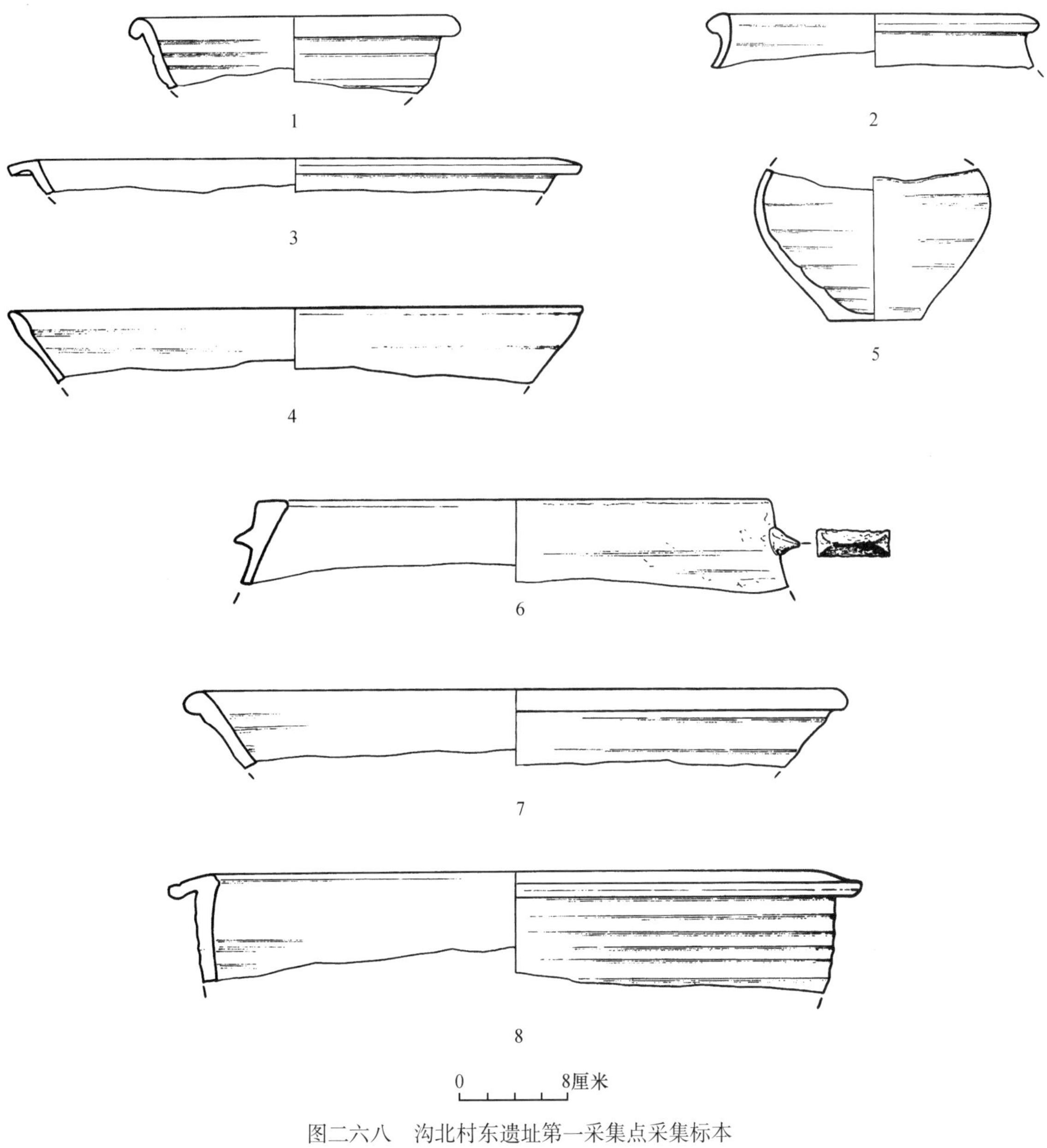

图二六八　沟北村东遗址第一采集点采集标本

1、3、4、7、8. 陶盆口腹部（YG1①：8、YG1①：4、YG1①：6、YG1①：2、YG1①：3）　2. 陶罐口肩部（YG1①：5）　5. 陶罐肩、腹及底部（YG1①：7）　6. 陶双耳釜口部（YG1①：1）

及口外侧有数周暗纹，表面研光，内壁抹光。泥片贴筑、快轮修整。口径38厘米，厚0.5～0.6厘米，残高2.2厘米（图二六八，3）。

YG1①：5，泥质深灰色陶罐口肩部。侈口，扁圆唇，卷沿，溜肩。素面。泥片贴筑、快轮修整。口径22厘米，厚0.4～0.6厘米，残高3.4厘米（图二六八，2）。

YG1①：6，泥质深灰色陶盆口腹部。侈口，扁圆唇，沿内卷，腹部斜收，个体较大。素面。泥片贴筑、快轮修整。口径38厘米，厚0.5～0.6厘米，残高4.6厘米（图二六八，4）。

YG1①：7，泥质深灰色陶罐肩、腹及底部。口残。鼓肩，弧腹，小平底。内、外壁留有拉坯、修整痕。手制、拉坯、快轮修整。底径6厘米，厚0.4～1厘米，残高9.6厘米（图二六八，5）。

YG1①：8，泥质灰陶盆口腹部。侈口，圆唇，卷沿，腹部斜收。素面，内壁有数周暗纹。泥片贴筑、快轮修整。口径22厘米，厚0.6～0.7厘米，残高4.4厘米（图二六八，1）。

沟北村东遗址第二采集点

第二采集点位于遗址区中东部，中心坐标为北纬39°42′36.9″，东经112°24′50.0″，海拔1381米±5米。采集点地形为较平坦的台地，地表植被为葫麻、土豆等农作物，其余为荒地。采集面积约140平方米。采集遗物分布较为分散，所采遗物主要有泥质灰陶盆近底部、罐近底部，器表以素面为主。采集标本共6件。

YG1②：1，泥质深灰色陶盆口部。宽折沿，外侧有凹槽一周。沿面上有两周较细暗纹。泥片贴筑、手制、快轮修整。口径30厘米，厚0.6厘米，残高1厘米（图二六九，4）。

YG1②：2，泥质灰陶板瓦。方圆唇。泥片贴筑、手制。残长3厘米，厚1厘米，宽度不明。

YG1②：3，泥质深灰色陶盆下腹近底部。下腹斜收至平底，底部残缺。素面。手制、快轮修整。残底径16厘米，厚0.7～1厘米，残高4厘米（图二六九，1）。

YG1②：4，泥质灰陶盆下腹及底部。下腹斜收至平底。素面。泥片贴筑、手制、快轮修整。底径16.2厘米，厚0.7厘米，残高2.2厘米（图二六九，2）。

YG1②：5，泥质深灰色盆下腹及底部。下腹斜收至平底。内壁近底部磨光，手制、快轮修整。底径20.2厘米，厚0.3～0.8厘米，残高3.6厘米（图二六九，3）。

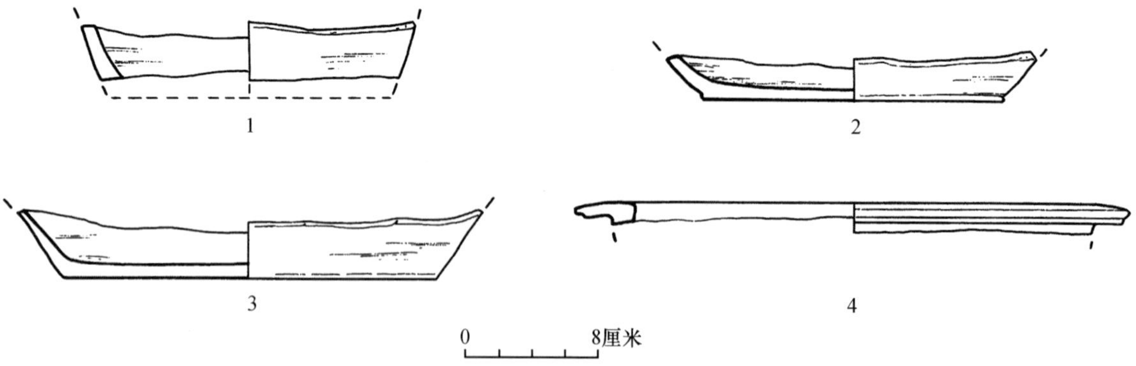

图二六九　沟北村东遗址第二采集点采集标本

1. 陶盆下腹近底部（YG1②：3）　2、3. 陶盆下腹及底部（YG1②：4、YG1②：5）　4. 陶盆口沿（YG1②：1）

YG1②：6，泥质灰陶罐或釜腹部。竖向粗绳纹。手制、快轮修整。残宽3.8厘米，厚0.4厘米，残高4.5厘米（图二七〇）。

图二七〇　沟北村东遗址第二采集点采集标本拓片
陶罐或釜腹部（YG1②：6）

沟北村东遗址第三采集点

为灰坑H1遗迹，采集标本共2件。

YG1H1：1，泥质灰陶小罐口肩部。侈口，圆唇，外卷沿，高领，溜肩。素面。泥片贴筑、快轮修整。口径12厘米，厚0.4～0.6厘米，残高5厘米（图二七一，1）。

YG1H1：2，泥质深灰色陶盆下腹及底部。下腹斜收至大平底，个体较大，器壁偏厚。素面，内壁留有数周较浅的瓦楞纹。泥片贴筑、快轮修整。底径32厘米，厚0.8～1.2厘米，残高7.8厘米（图二七一，2）。

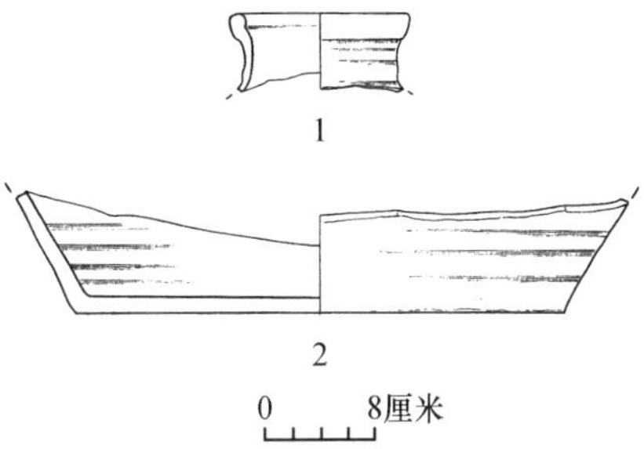

图二七一　沟北村东遗址第三采集点采集标本
1. 陶小罐口肩部（YG1H1：1）
2. 陶盆下腹及底部（YG1H1：2）

（二）遗址时代

遗址的文化时代为辽金时期。

七、下柳沟村遗址（2014YX1）

（一）遗址介绍

下柳沟村遗址位于下柳沟村东北约20米处，行政归属高家堡乡下柳沟村，初查时间为2014年7月17日。遗址的中心点GPS坐标为北纬39°43′36.3″，东经112°26′03.5″，海拔1386米±10米。该遗址东临由北向南流入马家河的季节河，南部、西部为现村庄所在地，北连南北向缓冲台地。遗址东西约80米，南北约40米，面积总计约3200平方米（图二七二）。

遗址区内未发现文化层、灰坑等遗迹，只发现散落遗址区地表的残留遗物。

遗物主要分布在遗址区的中部，遗址区内设一个采集点。

下柳沟村遗址第一采集点

第一采集点位于遗址区的东北部。采集点中心坐标为北纬39°43′36.3″，东经112°26′03.5″，海拔1386米±10米。采集地形为台地，地表植被为莜麦、土豆等农作物。采集面积约200平方米。采集遗物分布较分散，所采遗物主要有泥质灰陶盆腹部、陶钵口腹部等。采集标本共4件。

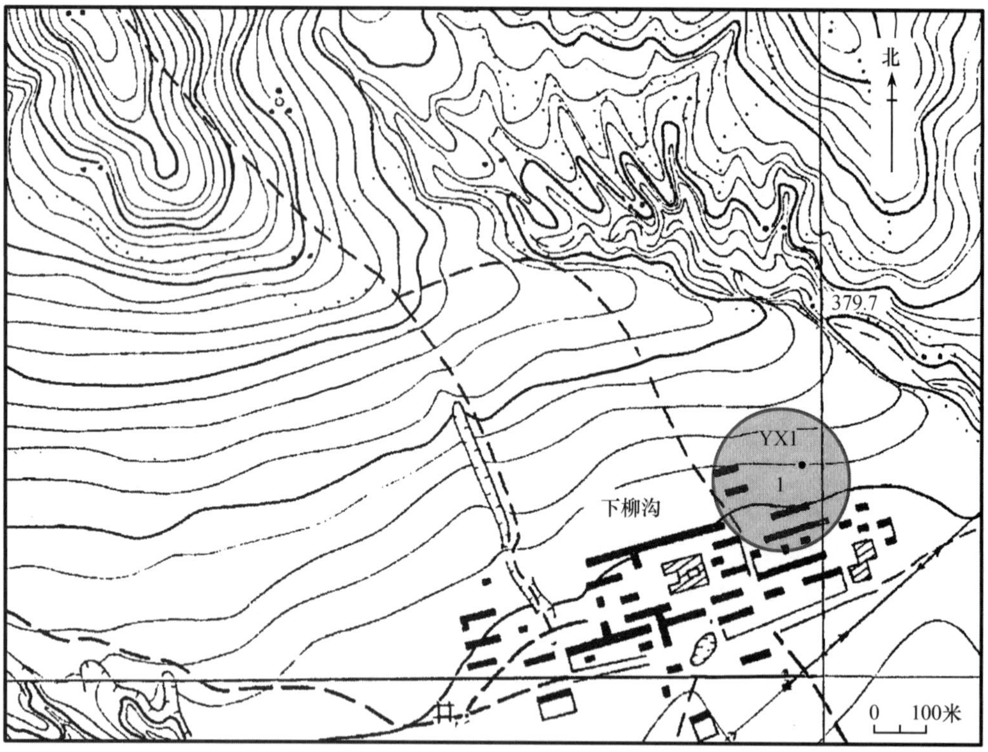

图二七二　下柳沟村遗址位置示意图

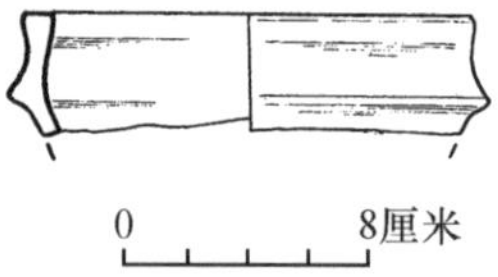

图二七三　下柳沟村遗址第一采集点采集标本
陶钵口腹部（YX1①：1）

YX1①：1，泥质灰陶钵口腹部。口微敛，平沿，上腹部有凸棱一周，腹部弧收。素面。泥片贴筑、快轮修整。口径13.2厘米，厚0.5～0.6厘米，残高3.6厘米（图二七三）。

YX1①：2，泥质深灰色陶盆下腹部。外表饰竖向中粗绳纹，内壁有数周暗纹。泥片贴筑、快轮修整。残宽4厘米，厚0.7厘米，残高3.5厘米（图二七四，2）。

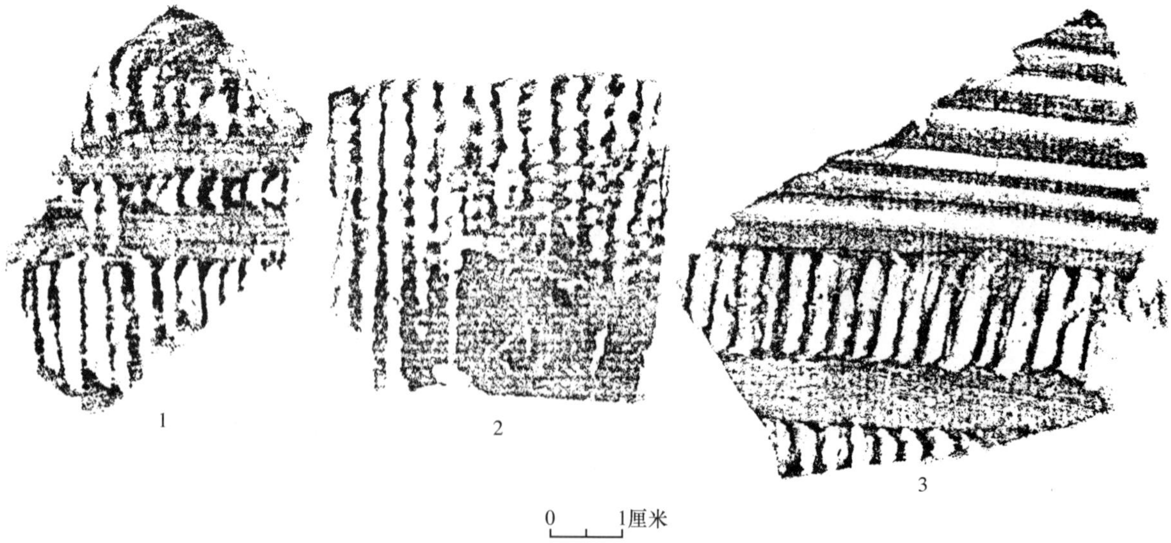

图二七四　下柳沟村遗址第一采集点采集标本拓片
1. 陶盆腹部（YX1①：4）　2. 陶盆下腹部（YX1①：2）　3. 陶盆上腹部（YX1①：3）

YX1①：3，泥质灰陶盆上腹部，外表数周瓦楞纹下饰弦断中粗绳纹，内壁有数周暗纹。泥片贴筑、快轮修整。残宽6厘米，厚0.6厘米，残高6.3厘米（图二七四，3）。

YX1①：4，泥质深灰色陶盆腹部。外表饰弦断中粗绳纹，内壁抹光。泥片贴筑、快轮修整。残宽4厘米，厚0.6厘米，残高4.7厘米（图二七四，1）。

（二）遗址时代

遗址的文化时代为辽代。

第二节　以平鲁区马营村为中心

一、城墙梁遗址（2014PM1）

（一）遗址介绍

城墙梁遗址位于马营村北部约400米处，行政归属榆岭乡马营村，初查时间为三普时间，复查时间为2014年7月18日。遗址中心点GPS坐标为北纬39°33′42.6″，东经112°22′44.1″，海拔1412米±4米。该遗址位于东南向缓坡台地上，南临马营村，北临071县道，东临东南至西北向的冲沟，地表植被为杏树。遗址上残存古城一座，城址东西约360米，南北约450米，面积总计约162000平方米（图版二四，1）。

该遗址除城墙外，未发现其他遗迹。该城址平面略成方形，基本呈南北走向。西段城墙暴露于地表约0.5米，经断面解剖发现西段城墙墙基宽15～18米，夯层厚0.16～0.18米，平夯法夯筑。该处测定GPS坐标为北纬39°33′41.4″，东经112°22′43.7″，海拔1405米±5米。初步判断该处为城墙西南角。经调查发现该城址东南角残存有马面，测定GPS坐标为北纬39°33′38.7″，东经112°23′02.5″，海拔1380米±5米。该城址的西北角坐标为北纬39°33′57.7″，东经112°22′52.4″，海拔1403米±5米。东北角坐标为北纬39°33′55.5″，东经112°23′06.7″。在该城址东北角以北方向发现一座封土堆墓葬，可能为同时代墓葬。

该遗址区内所采集遗物分布于该城址的东南部、西北部与西南部。遗址区内设立四个采集点（图二七五）。

城墙梁遗址第一采集点

第一采集点位于城址内的西北部，中心坐标为北纬39°33′41.8″，东经112°22′47.4″，海拔1408米±5米。采集点地形为台地，地表植被多杏树等。采集面积约400平方米。采集遗物分布较为集中，所采遗物主要有泥质灰陶罐口肩、腹部、折沿釜口肩部；泥质灰陶折沿盆口腹部、豆柄、豆盘、筒瓦、板瓦；纹饰以绳纹为主。采集标本共19件。

PM1①：1，泥质深灰陶釜口肩部。敛口，扁圆唇，折沿，溜肩。肩部饰左斜向中绳纹。

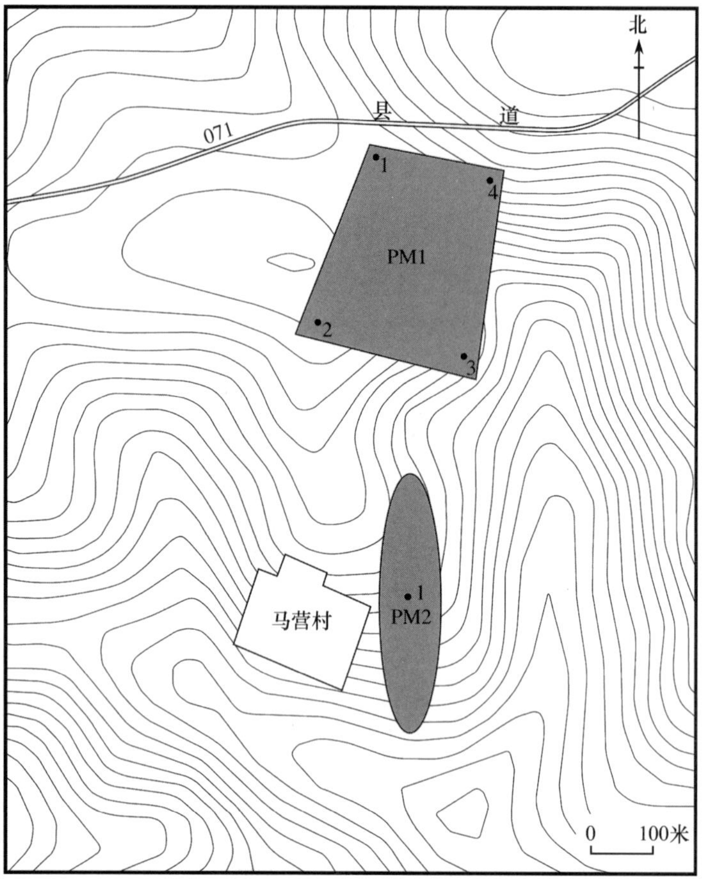

图二七五　城墙梁遗址、马营村村东遗址位置示意图

泥片贴筑、快轮修整。口径32厘米，厚0.7厘米，残高4.8厘米（图二七六，11）。

PM1①：2，夹砂灰黑陶器耳部。桥形耳。手制。厚0.7厘米，残高8厘米（图二七六，13）。

PM1①：3，泥质深灰陶釜口肩部。扁圆唇，卷沿，溜肩。肩部饰竖向规则的中绳纹，口沿下绳纹抹光。泥片贴筑、快轮修整。口径24厘米，厚0.8厘米，残高5.1厘米（图二七六，6）。

PM1①：4，泥质灰陶罐口肩部。敛口，圆唇，卷沿外侈，鼓肩。口沿上饰数周研光暗弦纹。泥片贴筑、快轮修整。口径18厘米，厚0.6厘米，残高4.2厘米（图二七六，2）。

PM1①：5，泥质灰黑陶釜口肩部。敛口，扁圆唇，折沿外侈，溜肩。残存部分为素面。泥片贴筑、快轮修整。口径21.2厘米，厚0.6厘米，残高4.8厘米（图二七六，4）。

PM1①：6，泥质深灰陶罐口腹部。敛口，圆唇外凸，双腹。内壁抹光、磨光，外壁近口部右斜向细绳纹被抹掉，有凸棱一周，瓦楞纹数周，有二次磨平再使用痕迹。手制、轮修。口径36厘米，厚0.8厘米，残高5.8厘米（图二七六，1）。

PM1①：7，泥质陶盆口腹部。直口，斜方唇，折沿下捺，弧腹斜收。口沿上近折沿处饰一周凹弦纹，外壁口沿下饰数周凹弦纹，口沿上及内壁饰数周研光暗弦纹。泥片贴筑、快轮修整。口径36厘米，厚0.7厘米，残高5厘米（图二七六，3）。

PM1①：8，泥质浅灰陶盆口腹部。含细砂。直口，斜方唇，折沿下捺，残存腹部较直。外壁口沿下饰数周凹弦纹。泥片贴筑、快轮修整。口径36厘米，厚0.7厘米，残高5.2厘米

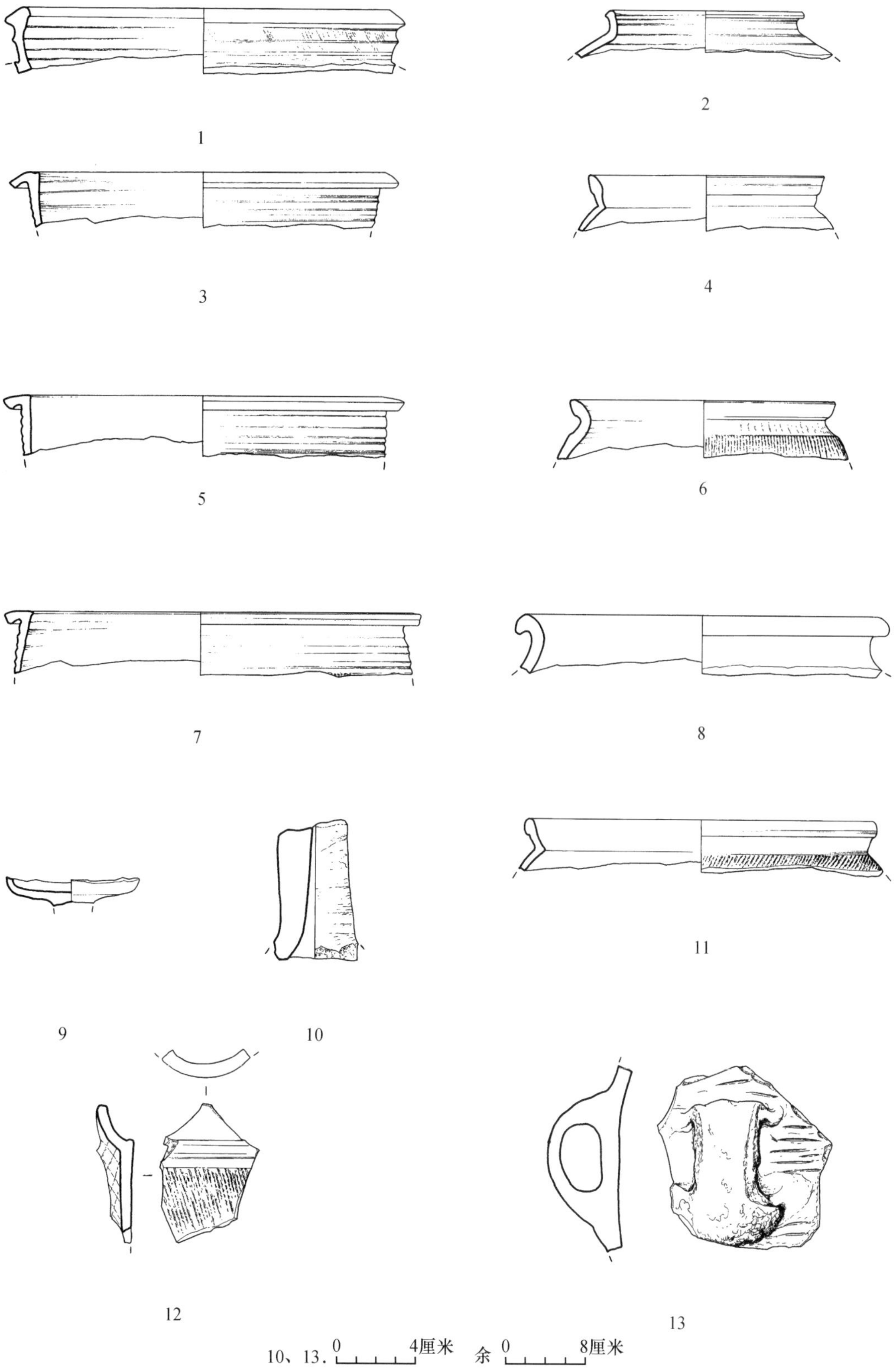

图二七六　城墙梁遗址第一采集点采集标本

1. 陶罐口腹部（PM1①：6）　2. 陶罐口肩部（PM1①：4）　3、5、7. 陶盆口腹部（PM1①：7、PM1①：8、PM1①：9）　4、6、11. 陶釜口肩部（PM1①：5、PM1①：3、PM1①：1）　8、10. 陶罐口部（PM1①：10、PM1①：11）　9. 陶豆盘（PM1①：12）　12. 筒瓦（PM1①：19）　13. 器耳部（PM1①：2）

（图二七六，5）。

PM1①：9，泥质浅灰陶盆口腹部。敛口，斜方唇，平折沿唇部略下捺，残存腹部外撇。外壁饰竖向绳纹，口沿下绳纹抹光，形成数周凹弦纹。泥片贴筑、快轮修整。口径38厘米，厚0.5厘米，残高5.6厘米（图二七六，7）。

PM1①：10，泥质灰陶罐口部。敛口，扁圆唇，卷沿外翻。素面。泥片贴筑、快轮修整。口径34厘米，厚1厘米，残高5厘米（图二七六，8）。

PM1①：11，泥质灰黑陶豆柄。中空。素面。手制。残高6.2厘米。（图二七六，10）。

PM1①：12，泥质深灰陶豆盘。口残缺。斜腹弧收，内底略下凹。素面。手制、泥片贴筑、轮修。残口径12厘米，厚0.6厘米，残高2.4厘米（图二七六，9）。

PM1①：13，泥质灰黑陶罐肩部。鼓肩。肩部饰竖向细绳纹，再饰数周研光暗弦纹隔断绳纹。泥片贴筑、轮修。厚0.8厘米（图二七七，1）。

PM1①：14，泥质灰陶盆腹部。弧腹斜收。外壁饰抹断竖向中偏粗绳纹，近口沿处饰数周凹弦纹抹去绳纹，内壁饰数周不规则研光暗弦纹。泥片贴筑、快轮修整。厚0.8厘米（图二七七，2）。

PM1①：15，泥质灰陶板瓦。方唇上饰压印横向绳纹，瓦面饰左斜向和竖向交错粗绳纹，瓦沟抹光。模制。残长7.8厘米，厚1厘米，残宽14厘米（图二七七，5）。

PM1①：16，泥质灰陶筒瓦。器壁凹凸不平，外切痕较深，部分切透。瓦身饰抹断竖向中绳纹，局部抹光绳纹，瓦沟饰抹光拍印的麻点纹。模制、泥条盘筑、外切。残长21厘米，残宽10.4厘米，厚1厘米（图二七七，4）。

PM1①：17，泥质灰陶筒瓦。器壁薄，外切痕较深，部分切透。瓦面饰抹断右斜向细绳纹，瓦沟抹光。泥条盘筑、模制、外切。残长14厘米，残宽8.5厘米，厚0.8厘米（图二七七，3）。

PM1①：18，泥质灰陶筒瓦。瓦面素面（残长部分），瓦沟饰拍印的横向篮纹。泥条盘筑、模制、外切。残长12.5厘米，残宽9.3厘米，厚1厘米（图二七八，2）。

PM1①：19，泥质灰陶筒瓦。器身厚薄不均，瓦身饰右斜向中粗绳纹，头端抹光，瓦沟先饰细绳纹，再有压印菱形方格纹，拍印痕明显。泥条盘筑、模制。残长12.2厘米，残宽10厘米，厚0.9厘米（图二七六，12；图二七八，1）。

城墙梁遗址第二采集点

第二采集点位于城址内的西南部，中心坐标为北纬39°33′42.6″，东经112°22′44.1″，海拔1412米±4米。采集点地形为台地，地表植被多荒地。采集面积约300平方米。采集遗物分布较集中，所采遗物主要有夹砂灰陶罐口部、底部；板瓦、筒瓦；纹饰多以绳纹、篮纹为主。采集标本共8件。

PM1②：1，泥质灰陶板瓦。瓦身较薄，方唇。瓦面饰竖向中绳纹，头端抹光，残长部分抹光。泥片贴筑、模制。残长4厘米，残宽5.6两厘米，厚1厘米（图二七九，2）。

PM1②：2，泥质灰陶板瓦。斜方唇。残存部分瓦面，瓦沟均抹光。泥片贴筑、模制。残长6.8厘米，残宽5.4厘米，厚1.1厘米（图二七九，3）。

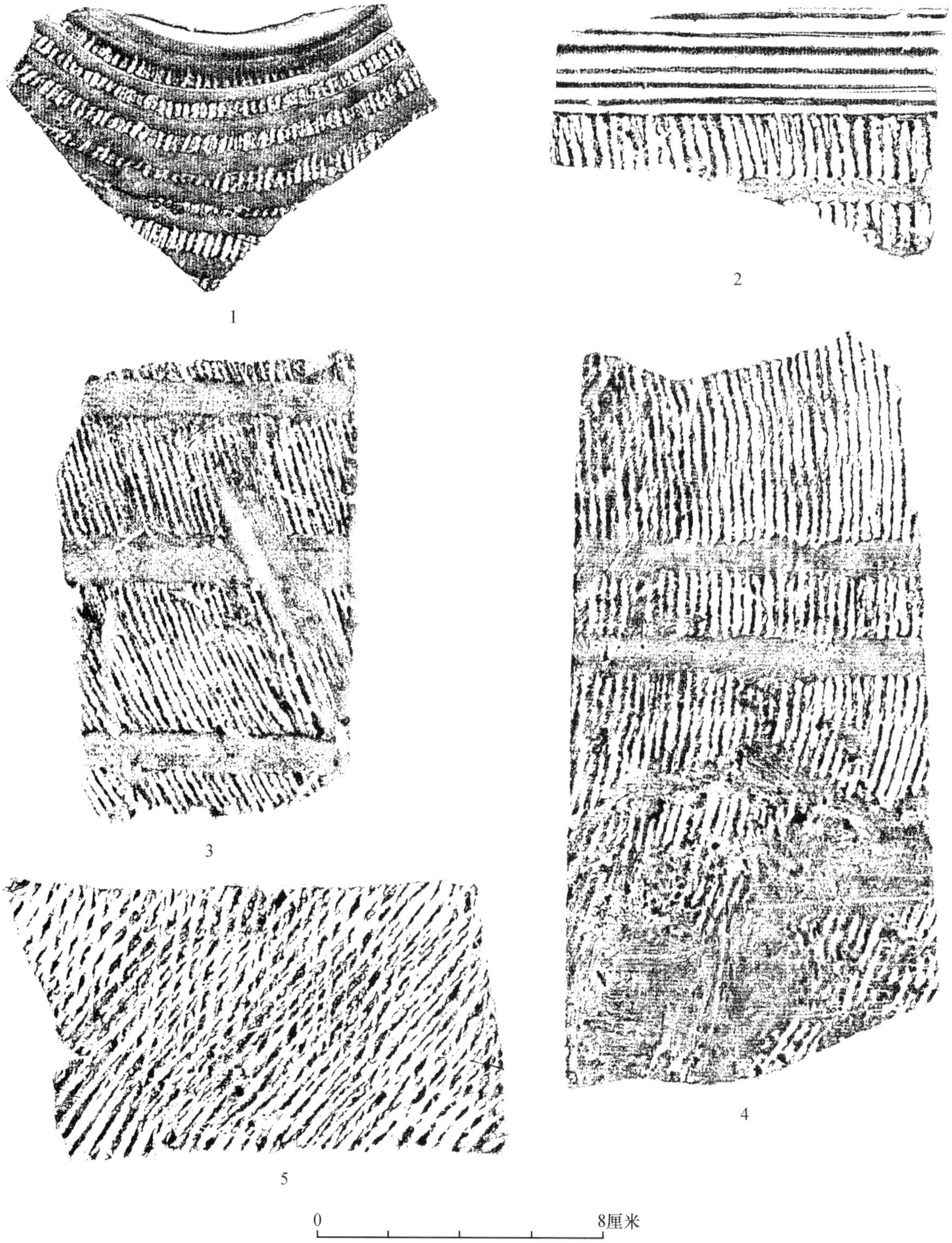

图二七七　城墙梁遗址第一采集点采集标本拓片

1. 陶罐肩部（PM1①：13）　2. 陶盆腹部（PM1①：14）　3、4. 筒瓦（PM1①：17、PM1①：16）　5. 板瓦（PM1①：15）

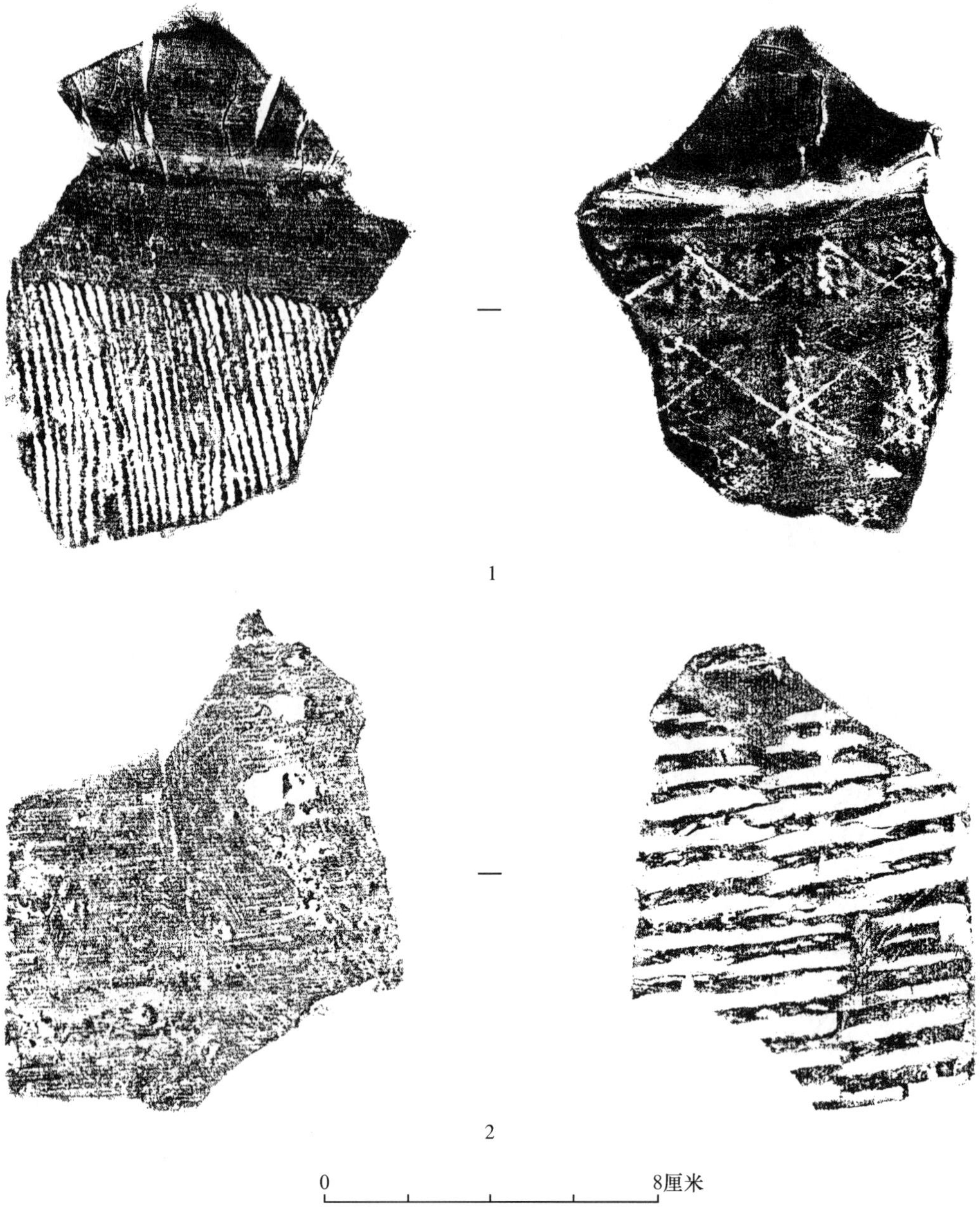

图二七八　城墙梁遗址第一采集点采集标本拓片

1、2. 筒瓦（PM1①：19、PM1①：18）（外表、内壁）

PM1②：3，夹砂灰陶罐底部。斜腹，平底。外壁饰横向篮纹，内壁素面。手制、泥片贴筑。底径8.8厘米，厚0.55厘米，残高2.6厘米（图二七九，5）。

PM1②：4，夹砂篮纹大罐。小口，侈沿，溜肩，壁厚，器形较大。肩部饰横向篮纹。手制、泥条盘筑。厚1.3厘米，残高6厘米（图二七九，4）。

PM1②：5，泥质灰黑色筒瓦。瓦身厚薄不均，前端略薄，外切痕较深，局部切透。瓦面饰竖向中绳纹，前端横向抹光形成数道抹弦纹。瓦沟残存部分被抹光。泥条盘筑、模制、外切。残长9厘米，残宽10厘米，厚1.2厘米（图二七九，6）。

PM1②：6，夹细砂灰陶片。外壁饰横向篮纹，内壁有拍印痕迹。手制、泥片贴筑。厚0.65

厘米（图二八一，4）。

PM1②：7，泥质灰黑色筒瓦。瓦身薄，瓦面饰竖向浅细绳纹，前端抹光形成数周抹弦纹，瓦沟抹光。泥片贴筑、模制、外切。残长6.3厘米，残宽6厘米，厚0.8厘米（图二八一，3）。

PM1②：8，土黄色砂岩石环（残）。磨制。残长3厘米，宽1.2厘米，厚0.9厘米（图二七九，1）。

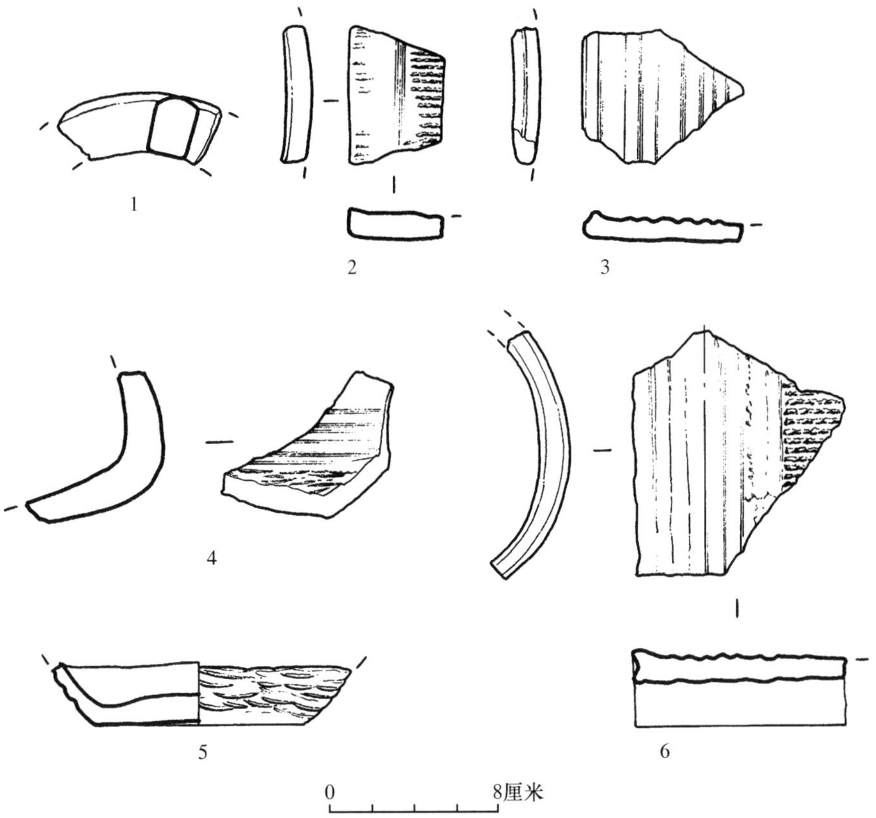

图二七九　城墙梁遗址第二采集点采集标本

1. 石环（PM1②：8）　2、3. 板瓦（PM1②：1、PM1②：2）

4. 陶大罐（PM1②：4）　5. 陶罐底部（PM1②：3）　6. 筒瓦（PM1②：5）

城墙梁遗址第三采集点

第三采集点位于城址内的东南部。采集点中心坐标为北纬39°33′38.7″，东经112°23′02.5″，海拔1380米±5米。采集点地形为台地，地表植被多为杏树。采集面积约400平方米。采集遗物分布较集中，所采遗物主要有夹砂灰陶鬲底足部；泥质灰陶罐肩部、盆口腹部、钵口腹部、豆柄、筒瓦、板瓦；纹饰多以绳纹为主。采集标本共10件。

PM1③：1，夹粗砂灰黑陶鬲底足部。外底圜底近平，三个实心小足外撇。器表粗糙，凹凸不平。手制、泥条盘筑。厚0.7厘米，残高3厘米（图二八〇，3）。

PM1③：2，夹砂灰黑陶高领壶口部。侈口，尖唇，长颈，肩部近平折。外壁唇下饰一周附加泥条。手制、泥条盘筑。口径6.4厘米，厚0.8厘米，残高10.2厘米（图二八〇，2）。

PM1③：3，泥质深灰陶盆口腹部。侈口，扁圆唇，卷沿，束颈，折肩，弧腹斜收。

口沿磨光上饰一周附加泥条，腹部饰交错中绳纹，被一周抹弦纹隔断，内壁饰数周高低起伏不规则的研光暗弦纹。泥片贴筑、快轮修整。口径39.2厘米，厚0.7厘米，残高10厘米（图二八〇，8）。

PM1③：4，泥质灰陶钵口腹部。口微敛，方圆唇，折腹斜收。器表饰数周抹弦纹，内壁饰数周研光平行暗弦纹。泥片贴筑、快轮修整。口径20厘米，厚0.7厘米，残高7厘米（图二八〇，4）。

PM1③：5，泥质深灰陶豆柄。喇叭形底座。残。中空。素面。手制。残高6厘米（图二八〇，1）。

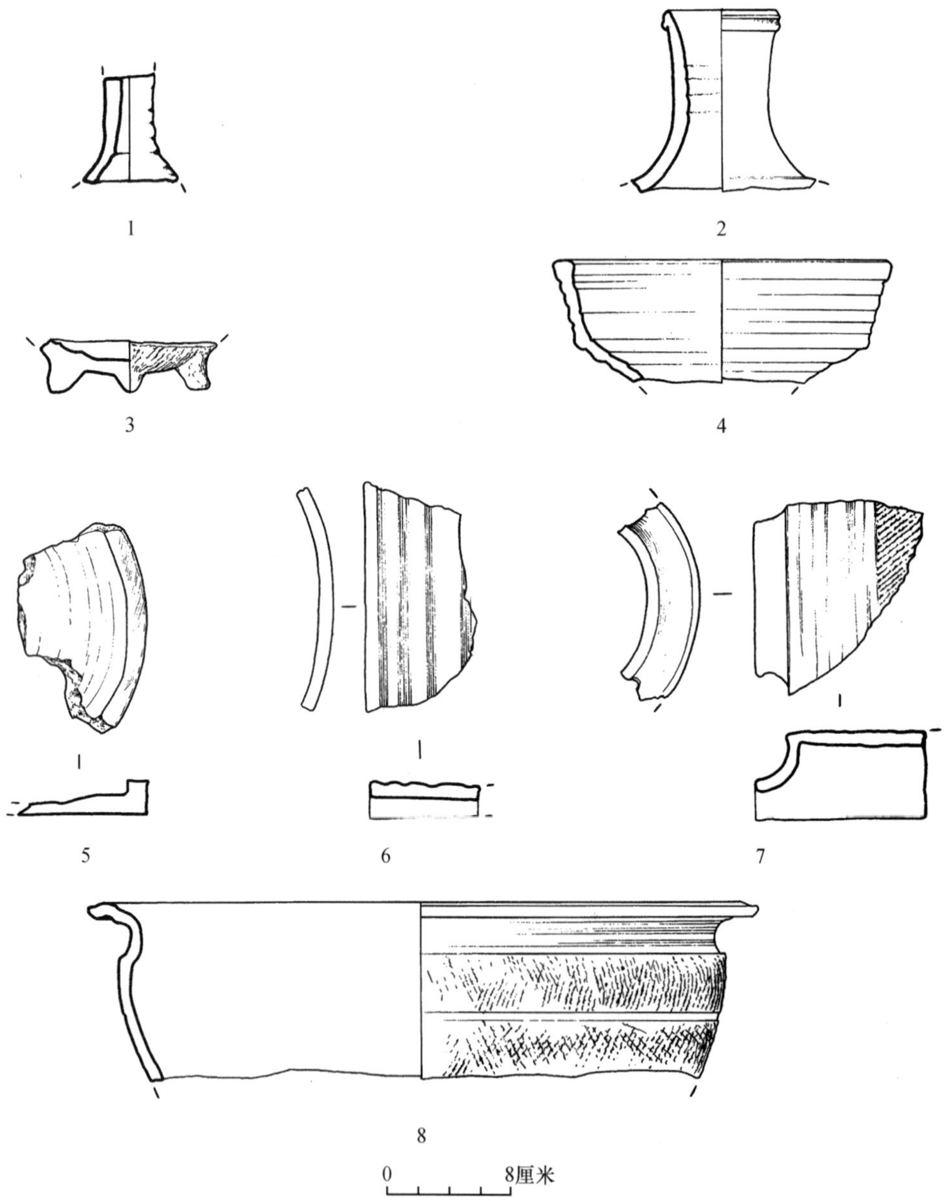

图二八〇　城墙梁遗址第三采集点采集标本

1. 陶豆柄（PM1③：5）　2. 陶高领壶口部（PM1③：2）　3. 陶鬲底足部（PM1③：1）　4. 陶钵口腹部（PM1③：4）　5. 瓦当（PM1③：8）　6. 板瓦（PM1③：6）　7. 筒瓦（PM1③：7）　8. 陶盆口腹部（PM1③：3）

PM1③：6，泥质橙黄陶板瓦。方唇，瓦面饰竖向中绳纹，两板瓦叠压处抹光形成数周抹弦纹，瓦沟抹光，器形规整，火候较高。泥片贴筑、模制。残长6.4厘米，残宽13厘米，厚0.9厘米（图二八〇，6）。

PM1③：7，泥质灰黑陶筒瓦。方唇，瓦舌较短，器身较薄。瓦面饰右斜向中绳纹，前端抹光，瓦沟抹光，凹凸不平。泥条盘筑、快轮修整。残长10厘米，残宽10.8厘米，厚0.8厘米（图二八〇，7）。

PM1③：8，泥质陶瓦当。器形不规整，边轮较窄，上有抹痕，当面凹凸不平，中间较薄。素面。手制。边轮宽0.8～1.2厘米，厚2厘米，当面厚0.6～1.2厘米（图二八〇，5）。

PM1③：9，夹砂绳纹陶片。含细砂。颜色外壁呈灰色，内壁呈灰黄色。外壁饰竖向浅细绳纹，再饰一周附加泥条，上饰横向压印细绳纹，内壁抹平。泥片贴筑。厚0.5厘米（图二八一，1）。

PM1③：10，泥质深灰陶罐肩部。内壁凹凸不平，口沿残缺，口沿下饰刻划符号，符号为“V⊲←”，下接抹断竖向中偏细绳纹，火候较高。手制、泥片贴筑。厚0.6厘米，残高4.5厘米，残宽6.5厘米（图二八一，2；图版二四，2）。

城墙梁遗址第四采集点

第四采集点位于城址内的东北部，中心坐标为北纬39°33′40.2″，东经112°22′49.4″，海拔1395米±5米。采集地形为台地，地表植被多为杏树。采集面积约400平方米。采集遗物分布较集中，所采遗物主要有夹砂灰陶釜底部、夹砂灰褐陶鸡冠状鋬手、泥质红陶罐肩部、泥质灰陶折沿盆口腹部、泥质灰陶甑底部；纹饰多以绳纹为主，篮纹次之。采集标本共14件。

PM1④：1，夹砂灰褐陶瓮口部。敛口，铁轨口，溜肩。外壁口下饰一周凹弦纹，下饰指甲戳印纹，内壁抹光。手制、泥片贴筑。口径50厘米，厚1厘米，残高6.6厘米（图二八二，12）。

PM1④：2，夹砂灰黑色陶釜底部。圜底。外壁饰竖向粗绳纹。手制、泥片贴筑。残高1.4厘米，厚0.6厘米（图二八二，1）。

PM1④：3，泥质陶鋬手。外壁呈灰色，内壁呈橙黄色。鸡冠状。手制。厚0.5厘米，残高4.2厘米，鋬手宽5.8厘米（图二八二，3）。

PM1④：4，夹砂灰色陶罐口肩部。敛口，扁圆唇，折沿外侈，溜肩。外壁饰麻点纹，内壁凹凸不平，有拍印痕迹。手制、泥条盘筑。口径18厘米，厚0.8厘米，残高5.4厘米（图二八二，8）。

PM1④：5，夹砂陶鋬手。为夹心陶。外壁呈灰褐色，内芯呈红褐色。手制。厚0.4厘米，残高5.8厘米（图二八二，4）。

PM1④：6，夹砂红褐陶豆柄。中空。手制。残高2.8厘米（图二八二，2）。

PM1④：7，泥质灰陶釜口肩部。敛口，扁圆唇，卷沿，溜肩。器表饰左斜向中绳纹，口沿下绳纹抹光。泥片贴筑、快轮修整。口径26厘米，厚0.7厘米，残高6.6厘米（图二八二，9）。

PM1④：8，泥质陶釜口肩部。外壁呈灰色，内壁呈红褐色。敛口，圆唇，卷沿外翻贴于

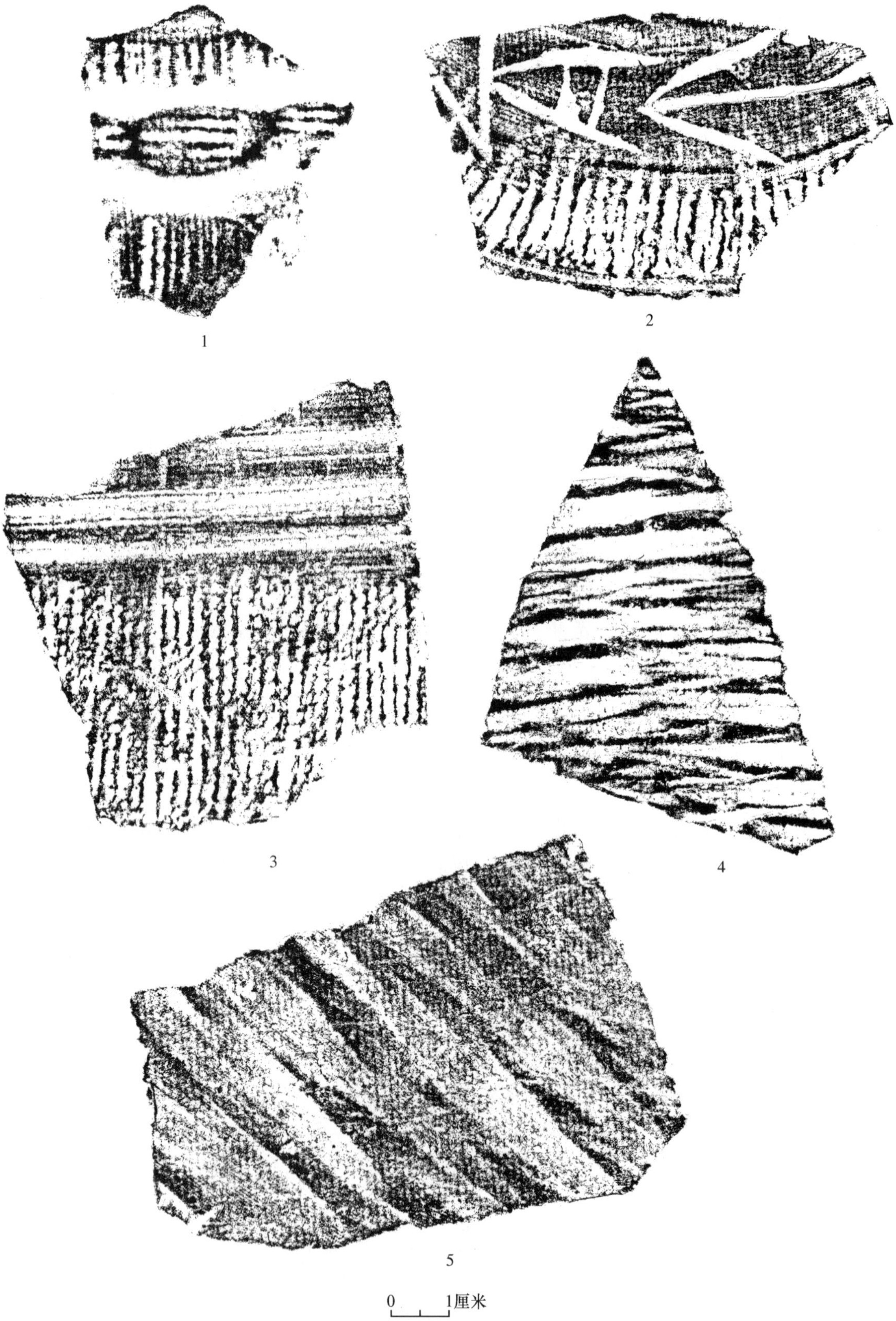

图二八一　城墙梁遗址第二、三、四采集点采集标本拓片

1、4、5. 陶片（PM1③：9、PM1②：6、PM1④：14）　2. 陶罐肩部（PM1③：10）　3. 筒瓦残片（PM1②：7）

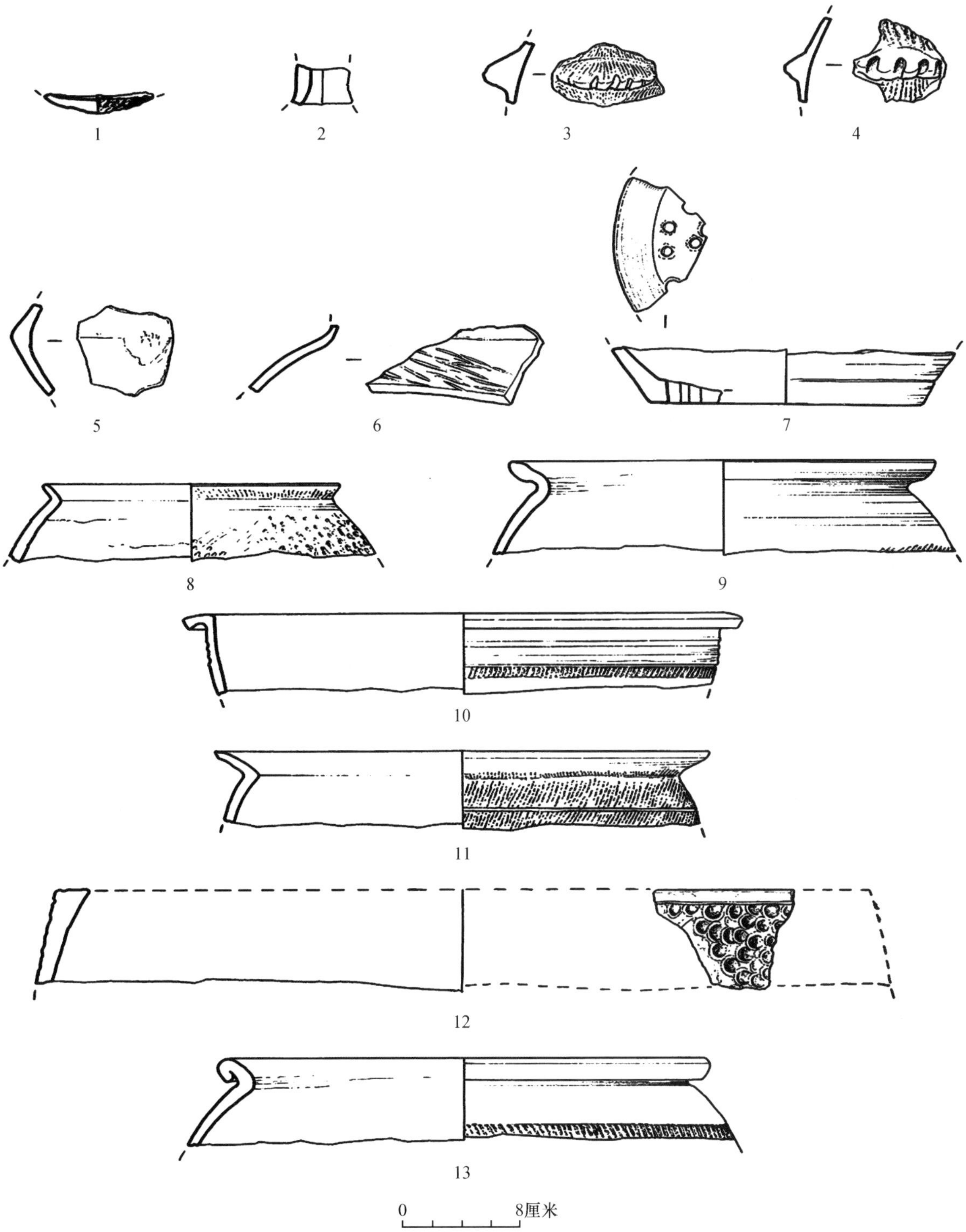

图二八二　城墙梁遗址第四采集点采集标本

1. 陶釜底部（PM1④：2）　2. 陶豆柄（PM1④：6）　3、4. 陶鋬手（PM1④：3、PM1④：5）
5、6. 陶罐肩部（PM1④：13、PM1④：12）　7. 陶甑底部（PM1④：11）　8、11. 陶罐口肩部（PM1④：4、PM1④：10）
9、13. 陶釜口肩部（PM1④：7、PM1④：8）　10. 陶盆口腹部（PM1④：9）　12. 陶瓮口部（PM1④：1）

外壁，溜肩。器表饰竖向中绳纹，口沿下绳纹抹光。泥片贴筑、快轮修整。口径30厘米，厚0.8厘米，残高6.2厘米（图二八二，13）。

PM1④：9，泥质灰黑陶盆口腹部。直口，斜唇，折沿略下捺，弧腹斜收。器表饰抹断左斜向中绳纹，口沿下抹光绳纹形成数周凹弦纹，口沿上及内壁饰数周研光暗弦纹。泥片贴筑、快轮修整。口径34厘米，厚0.8厘米，残高5.6厘米（图二八二，10）。

PM1④：10，泥质深灰陶罐口肩部。敛口，斜方唇，宽折沿外侈，溜肩。器表饰略左斜向抹断中偏细绳纹。手制、泥片贴筑。口径30厘米，厚0.6厘米，残高5.6厘米（图二八二，11）。

PM1④：11，泥质灰陶甑底部。斜腹，平底。底部残存留个由外向内的圆形钻孔。泥片贴筑、快轮修整。底径16厘米，厚0.6厘米，残高3.8厘米（图二八二，7）。

PM1④：12，泥质灰黄陶罐肩部。口残，溜肩。肩部饰右斜向浅篮纹，内壁有拍印痕迹。手制、泥片贴筑。厚0.8厘米，残高5.6厘米（图二八二，6）。

PM1④：13，泥质橙红陶罐肩部。斜腹，平底，底部泥片剥落，器表饰不规则的短线纹。手制、泥片贴筑。底径16厘米，厚0.7厘米，残高3厘米（图二八二，5）。

PM1④：14，夹砂灰褐篮纹陶片。器表饰横向篮纹。手制、泥片贴筑。厚0.7厘米（图二八一，5）。

（二）遗址时代

遗址的文化时代为庙底沟二期、战国晚期、曹魏、代魏[①]（表四四）。

PM1①：3（战国晚期）与清水河县城嘴子遗址战国时代遗存出土A型陶瓮ⅠY1：3相似[②]。

PM1①：1（战国时期）与卓资县土城子村遗址的C型陶釜T6013②：8[③]。

PM1③：1（战国时期）与永和县龙吞泉遗址战国遗存鬲H12：8相似[④]。

PM1③：3（战国时期）与永和县龙吞泉遗址战国遗存盆T8③：8相似[⑤]；与卓资县土城子

① 王连龙：《新见北齐〈尔朱世邕墓志〉及相关问题研究》，《华夏考古》2014年第4期：尔朱氏祖籍称为梁郡，《太平寰宇记》卷五十一《河东道十二》朔州鄯阳县条："故武郡城。《冀州图》云：梁郡城在鄯阳北二十里，即尔朱荣所居。"是梁郡城与鄯阳相临。又据《元和郡县志》卷十四"河东道"朔州鄯阳条"本汉马邑县，……高齐于此置招远县，属郡不改。隋开皇三年罢郡，改属朔州。大业元年改为鄯阳县"，可知，鄯阳为隋唐之称谓，即汉马邑县，北齐迁朔州治所于此，后经历代修建，即今朔县。也就是说，梁城郡在今山西朔县北。《旧唐书》卷六八《尉迟敬德传》（《新唐书》卷八九同）：尉迟敬德，朔州鄯阳人。大业末，从军于高阳，讨捕群贼，以武勇称，累迁朝散大夫。刘武周起，以为偏将。

② 内蒙古自治区文物考古研究所编：《内蒙古文物考古文集（第三辑）》，科学出版社，2004年，第102页，图二七，2。

③ 内蒙古自治区文物考古研究所、乌兰察布市博物馆、卓资县文物保护管理所：《卓资县土城子村遗址发掘简报》，《草原文物》2013年第2期，第57页，图一一，1。

④ 山西省考古研究所、山西省考古学会编：《三晋考古（第三辑）》，山西人民出版社，2006年，第179页，图六，8。

⑤ 山西省考古研究所、山西省考古学会编：《三晋考古（第三辑）》，山西人民出版社，2006年，第175页，图四，5。

村遗址A型Ⅲ式陶盆H14：1相似[①]。

PM1①：12（战国晚期）与卓资县土城子村遗址陶豆T6013②：7相似[②]；与右玉县中陵古城陶豆C：57相似[③]。

PM1③：5（战国时期）与卓资县土城子村遗址陶豆T5012②：5相似[④]。

PM1①：8（曹魏时期）与山西省右玉县中陵古城遗物陶盆T02②：1相似[⑤]。

PM1③：4（曹魏时期）与永和龙吞泉遗址汉魏遗存钵H13：9相似[⑥]。

PM1①：4（代魏时期）与托克托县古城村古城遗址代魏时期D型陶瓮T4②：8相似[⑦]。

PM1③：2（代魏时期）与托克托县古城村古城遗址代魏时期E型陶壶H45：11相似[⑧]。

表四四　城墙梁遗址调查标本与其他地区同时代对比表

序号	城墙梁遗址调查标本	对比标本一	对比标本二	其他	备注
1	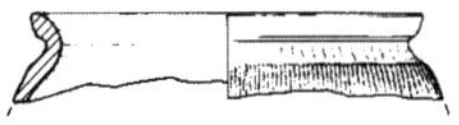 PM1①：3（战国晚期）	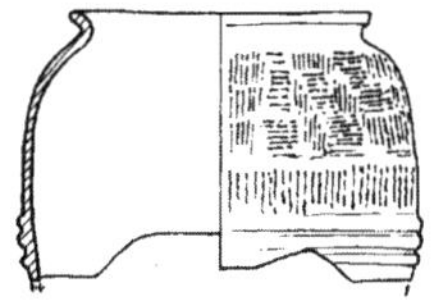 清水河县城嘴子遗址战国遗存出土A型陶瓮ⅠY1：3			
2	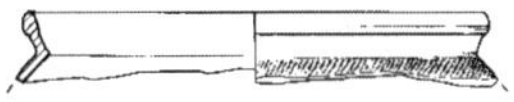 PM1①：1（战国时期）	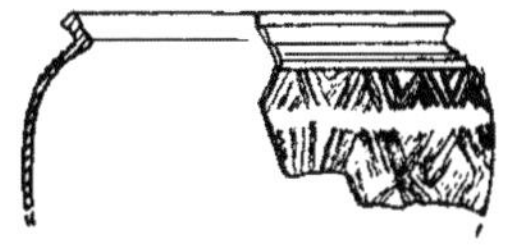 卓资县土城子村遗址C型陶釜T6013②：8			

① 内蒙古自治区文物考古研究所、乌兰察布市博物馆、卓资县文物保护管理所：《卓资县土城子村遗址发掘简报》，《草原文物》2013年第2期，第60页，图一五，10。

② 内蒙古自治区文物考古研究所、乌兰察布市博物馆、卓资县文物保护管理所：《卓资县土城子村遗址发掘简报》，《草原文物》2013年第2期，第61页，图一六，4。

③ 山西省考古研究所、暨南大学历史系考古专业：《山西右玉县中陵古城的调查与试掘》，《考古》2011年第10期，第37页，图六，5。

④ 内蒙古自治区文物考古研究所、乌兰察布市博物馆、卓资县文物保护管理所：《卓资县土城子村遗址发掘简报》，《草原文物》2013年第2期，第61页，图一六，12。

⑤ 山西省考古研究所、暨南大学历史系考古专业：《山西右玉县中陵古城的调查与试掘》，《考古》2011年第10期，第37页，图六，2。

⑥ 山西省考古研究所、山西省考古学会编：《三晋考古（第三辑）》，山西人民出版社，2006年，第196页，图二一，6。

⑦ 内蒙古自治区文物考古研究所编：《内蒙古文物考古文集（第三辑）》，科学出版社，2004年，第252页，图三二，2。

⑧ 内蒙古自治区文物考古研究所编：《内蒙古文物考古文集（第三辑）》，科学出版社，2004年，第251页，图三一，4。

续表

序号	城墙梁遗址调查标本	对比标本一	对比标本二	其他	备注
3	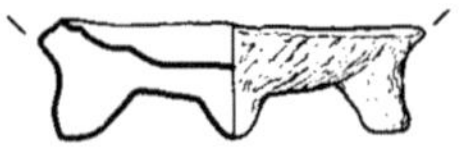 PM1③：1（战国时期）	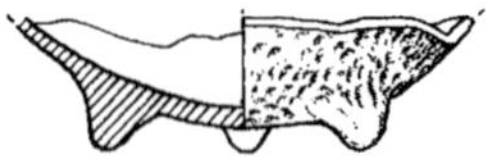 永和县龙吞泉遗址战国陶鬲 H12：8			
4	 PM1③：3（战国时期）	 永和县龙吞泉遗址战国陶盆 T8③：8	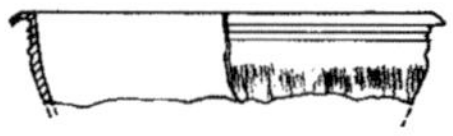 卓资县土城子村遗址A型Ⅲ式陶盆H14：1		
5	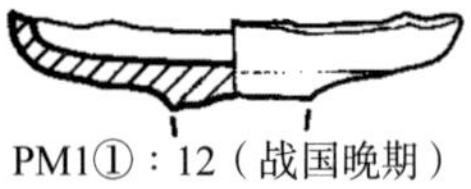 PM1①：12（战国晚期）	 卓资县土城子村遗址陶豆 T6013②：7	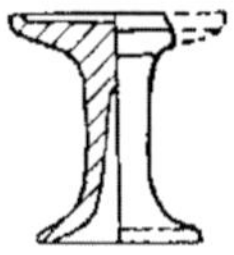 右玉县中陵古城陶豆C：57		
6	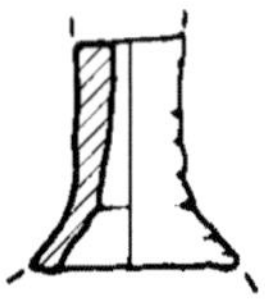 PM1③：5（战国时期）	 卓资县土城子村遗址陶豆 T5012②：5			
7	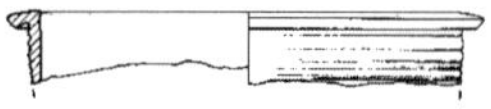 PM1①：8（曹魏时期）	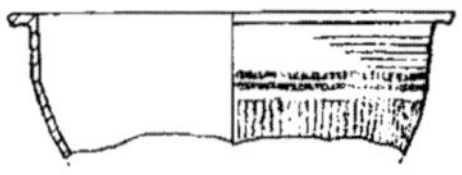 山西省右玉县中陵古城陶盆 T02②：1			
8	 PM1③：4（曹魏时期）	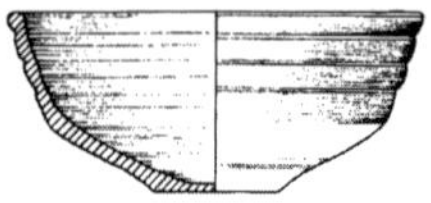 永和龙吞泉遗址汉魏时期陶钵 H13：9			
9	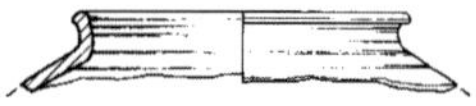 PM1①：4（代魏时期）	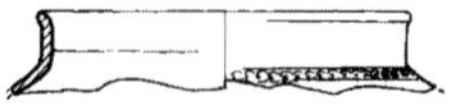 托克托县古城村古城遗址代魏时期D型陶瓮T4②：8			
10	 PM1③：2（代魏时期）	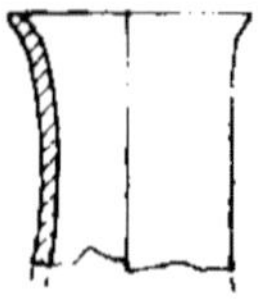 托克托县古城村古城遗址代魏时期E型陶壶H45：11			

二、马营村村东遗址（2014PM2）

（一）遗址介绍

马营村村东遗址位于马营村东约70米处，行政归属榆岭乡马营村，初查时间为三普时间，复查时间为2014年7月18日。遗址中心点GPS坐标为北纬39°33′20.8″，东经112°22′56.1″，海拔1364米±5米。该遗址位于南北向缓冲式阶梯式台地，西临马营村及村西由北向南流水的季节河，北临城墙梁，南临季节河转弯处，地表种植有土豆、葫麻等农作物。遗址东西约100米，南北约40米，面积总计约4000平方米（图二七五）。

该遗址未发现文化层及灰坑等遗迹，仅限于地表采集的部分挑选遗物。

遗物主要分布于遗址区的中部，故只设一个采集点。

马营村村东遗址第一采集点

第一采集点位于遗址区中部，中心坐标为北纬39°33′20.8″，东经112°22′56.1″，海拔1364米±5米。采集点的地形为缓冲阶梯式台地，地表植被为土豆、葫麻等农作物等。采集遗物主要分布遗址中部，西部、南部次之，所采遗物主要有夹砂灰陶绳纹鬲口腹部、口肩部；附加泥条绳纹陶片等。采集点被现代居民修建的养殖场破坏严重。采集标本共6件。

PM2①：1，夹砂深灰陶罐口肩部。含岩粒。扁圆唇，卷沿外侈，溜肩。肩部饰横向篮纹。手制、泥片贴筑。口径14厘米，厚0.7厘米，残高3.8厘米（图二八三，1）。

PM2①：2，夹砂灰褐陶鬲口肩部。敛口，扁圆唇，折沿外侈，斜肩。外壁饰右斜向中绳纹。手制。口径18.4厘米，厚0.6厘米，残高4.2厘米（图二八三，2）。

PM2①：3，泥质灰陶鬲口腹部。斜方唇，折沿，溜肩，弧腹。外壁饰竖向中绳纹，口沿外侧和口沿下绳纹被抹去，口沿内侧有磨光痕迹。泥片贴筑、轮修。口径36厘米，厚0.5厘米，残高12厘米（图二八三，4）。

PM2①：4，泥质灰陶鬲口肩部。敛口，尖圆唇，折沿，斜肩。口沿上磨光。手制、泥片

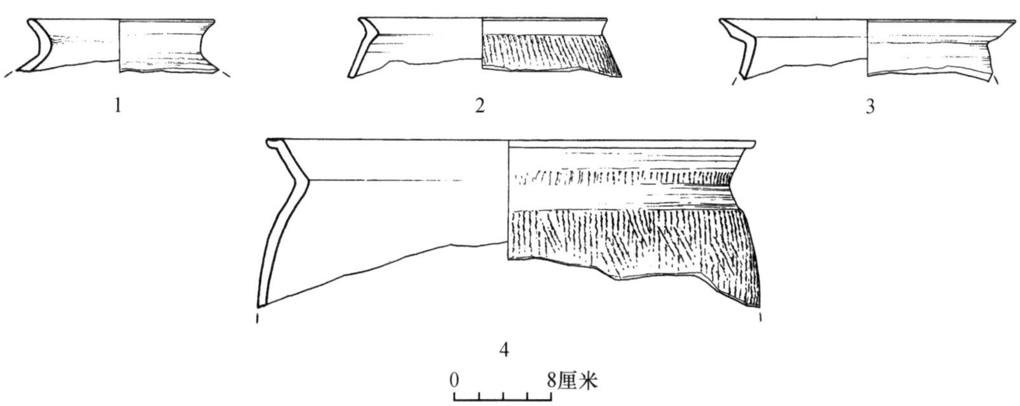

图二八三　马营村村东遗址第一采集点采集标本

1. 陶罐口肩部（PM2①：1）　2、3. 陶鬲口肩部（PM2①：2、PM2①：4）　4. 陶鬲口腹部（PM2①：3）

贴筑、磨光。口径22厘米，厚0.7厘米，残高4.4厘米（图二八三，3）。

PM2①：5，泥质灰陶片残。外壁饰抹断竖向规则的细绳纹，再饰一周附加泥条，上饰压印纹。泥片贴筑。厚0.6厘米（图二八四，2）。

PM2①：6，泥质灰陶残片。器表饰横向篮纹。手制、泥片贴筑。厚0.5厘米（图二八四，1）。

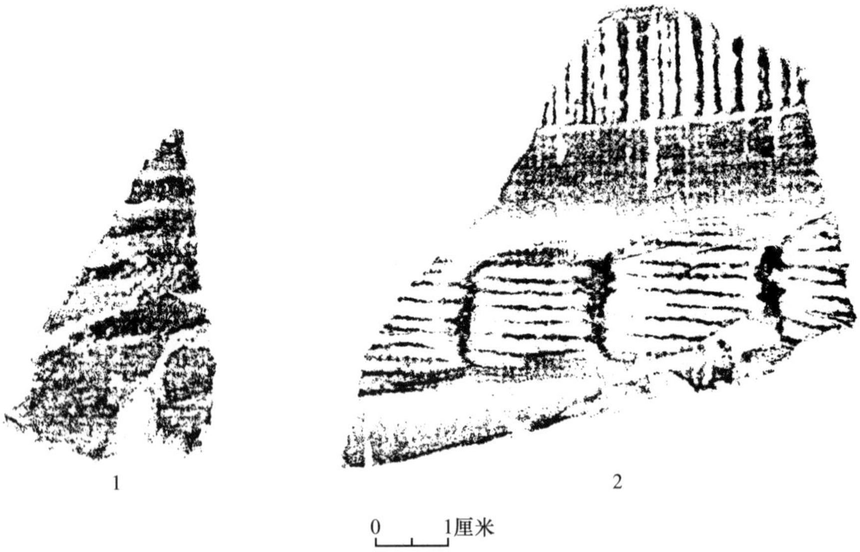

图二八四　马营村村东遗址第一采集点采集标本拓片

1、2. 陶片（PM2①：6、PM2①：5）

（二）遗址时代

遗址的文化时代为二里冈时期、汉代。

第五章　遗址的分期与历史纪年表

第一节　遗物的分期

表四五　右玉县苍头河流域区域考古调查标本对比表（仰韶文化时期）

序号	右玉苍头河区域调查标本	对比标本一	对比标本二	对比标本三	其他	备注
1	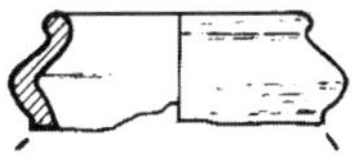 YB1②：3	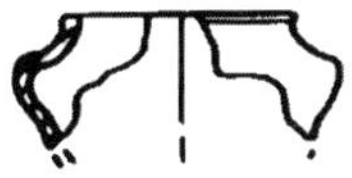 清水河县后城嘴遗址第一阶段遗存Ⅰ式陶尖底瓶F13：01	 《榆林市的仰韶时期遗存》半坡文化标本陶尖底瓶子洲县怀宁湾采：1			
2	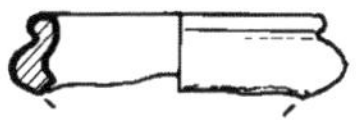 YHS1②：6	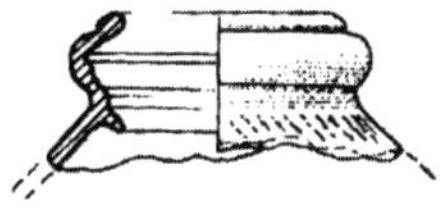 童子崖二期陶小口尖底瓶040	 王墓山坡下遗址ⅠF5陶小口尖底瓶ⅠF5：19	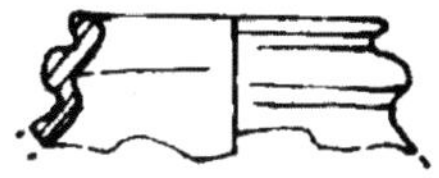 托克托县耿庆沟上游支流西沟与南沟沟畔遗址的调查与发掘第2地点出土及采集陶A型陶重唇口尖底瓶ⅡF1：8		
3	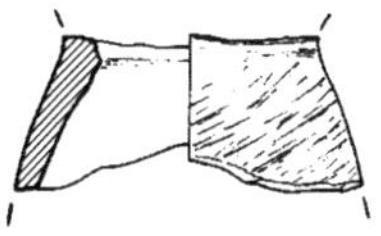 YHS1②：7	 西阴村史前遗存第二次发掘西阴文化陶葫芦口瓶Y1：7				
4	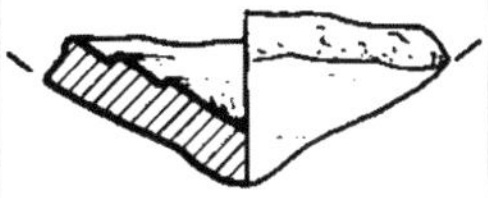 YST3①：4	 华县泉护村二期文化1B陶小口尖底瓶H903：839	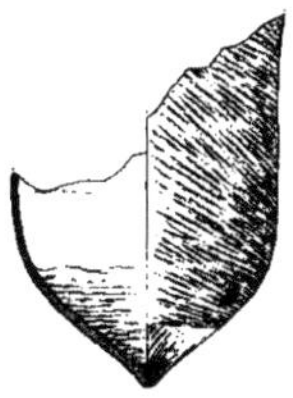 兴县刘家岇遗址ⅡH16出土陶尖底瓶ⅡH16：5	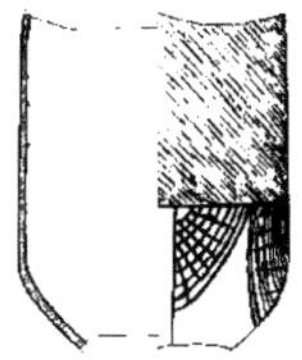 兴县刘家岇遗址ⅡH16出土陶尖底瓶ⅡH16：6		

续表

序号	右玉苍头河区域调查标本	对比标本一	对比标本二	对比标本三	其他	备注
5	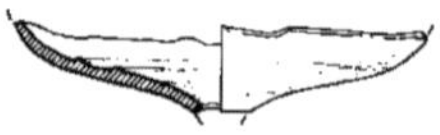 YST3①：5	 准格尔旗寨子疙旦遗址陶喇叭口瓶ZT4④：14				
6	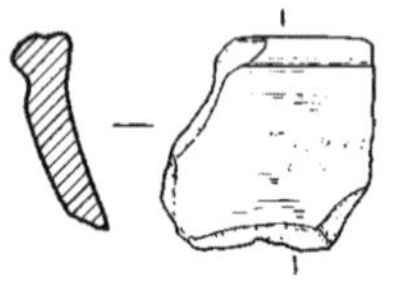 YHS1②：1	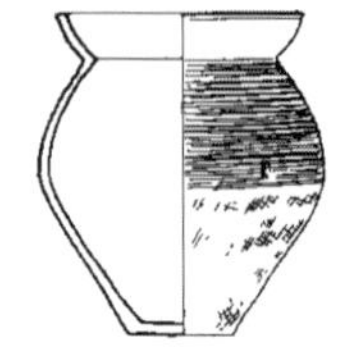 王墓山坡下遗址ⅠF5陶中口罐ⅠF5：14	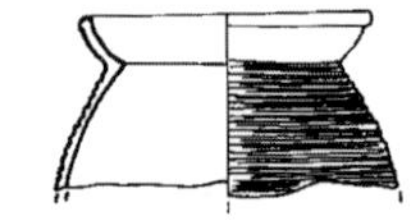 王墓山坡下遗址ⅠF5陶中口罐ⅠF5：15	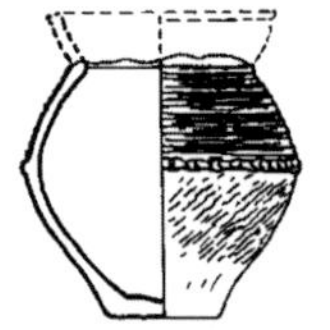 王墓山坡下遗址ⅠF5陶中口罐ⅠF5：20		
7	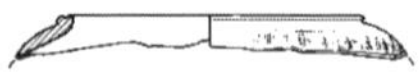 YHS1①：5	 窑子梁出土白泥窑文化早期陶夹砂罐	 清水河县庄窝坪遗址一期遗存陶敛口瓮H20：2	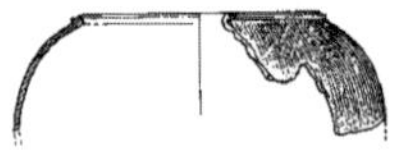 娄烦西街遗址娄烦一期陶器LXH1：1		
8	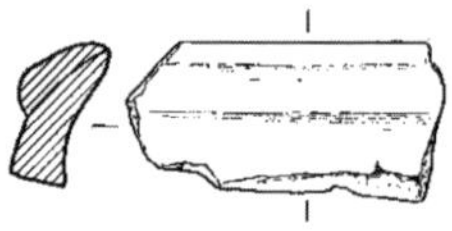 YHS1①：2	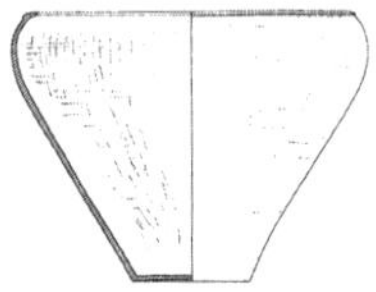 娄烦童子崖遗址二期陶瓮H7：1	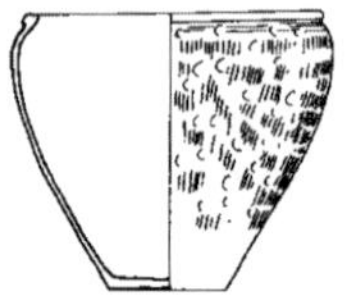 王墓山坡下遗址ⅠF5陶大口瓮ⅠF5：11			
9	 YLJ1①：17	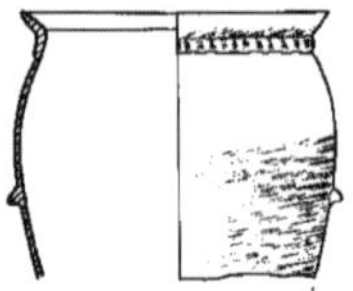 山西河津固镇遗址第二期篮纹泥质陶大口罐T107③c：5	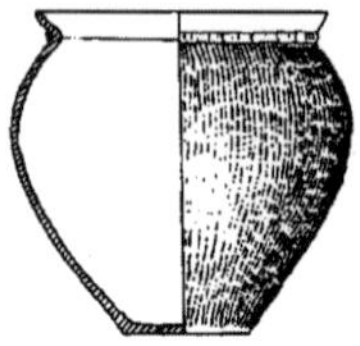 凉城县王墓山坡上遗址A型Ⅱ式陶侈口鼓腹罐F10：5			
10	 YLJ1①：19	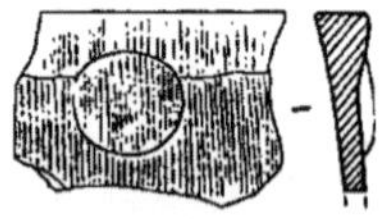 凉城县王墓山坡上遗址陶敛口瓮 H10②：2				
11	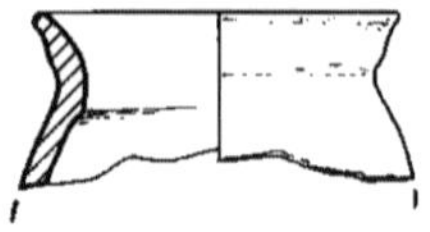 YLJ1①：3	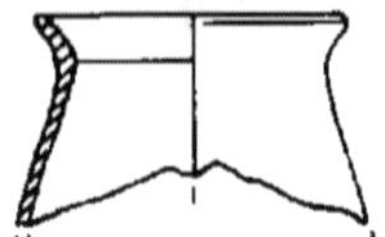 庙子沟QMF20出土陶小口双耳罐QMF20：27				

续表

序号	右玉苍头河区域调查标本	对比标本一	对比标本二	对比标本三	其他	备注
12	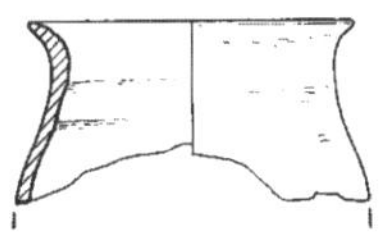 YLJ1①：2	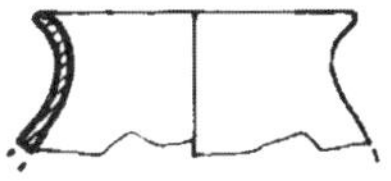 托克托县耿庆沟上游支流西沟与南沟沟畔遗址的调查与发掘第4地点出土早期Ⅰ式泥质陶小口双耳罐ⅣT12②：4				
13	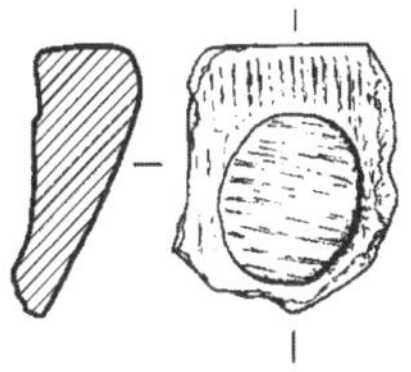 YST3①：3	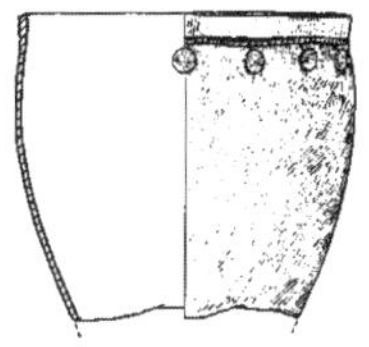 庙子沟QMF19出土陶平口罐QMF19：5				
14	 YST3①：1	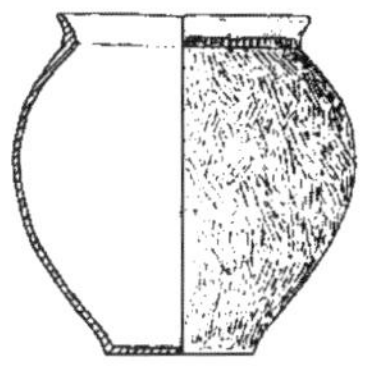 庙子沟QMF2出土陶侈沿罐QMF2：9				
15	 YHS1②：3	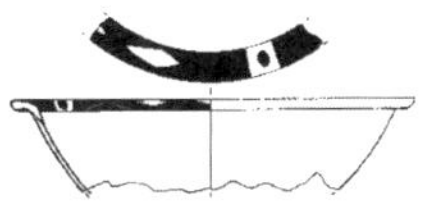 王墓山坡下遗址ⅠF6陶盆ⅠF6：15	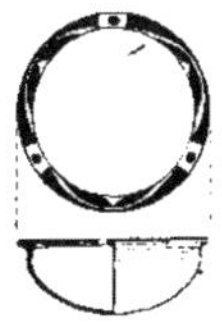 大同马家小村新石器时代遗址DMF1陶盆F1：2			

表四六　右玉县苍头河流域区域考古调查标本对比表（龙山文化时期）

序号	右玉苍头河区域调查标本	对比标本一	对比标本二	对比标本三	其他	备注
1	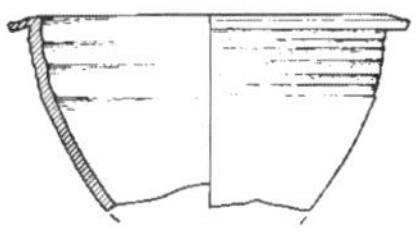 HN1①：5 怀仁县南街村鹅毛口遗址	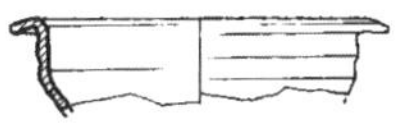 托克托县耿庆沟上游支流西沟与南沟沟畔遗址的调查与发掘陶盆ⅥC：3				
2	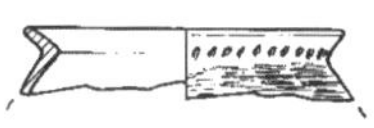 HN1①：2 怀仁县南街村鹅毛口遗址	 准格尔旗寨子疙旦遗址陶侈口罐ZT3外②：3	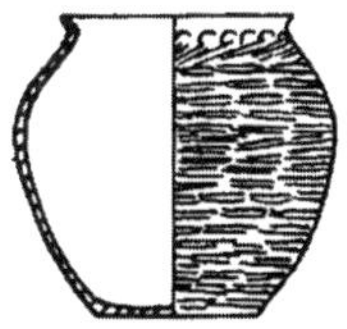 清水河县白泥窑子遗址D点发掘陶小罐F3：28			

续表

序号	右玉苍头河区域调查标本	对比标本一	对比标本二	对比标本三	其他	备注
3	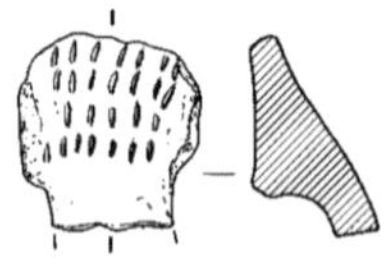 HN1①：6 怀仁县南街村鹅毛口遗址	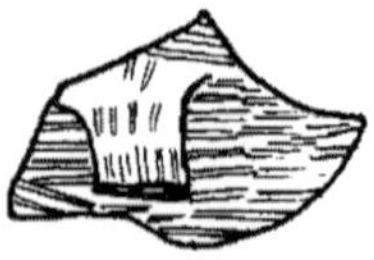 准格尔旗寨子疙旦遗址陶器耳ZT4④：13				
4	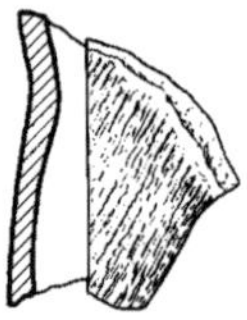 YST4②：8	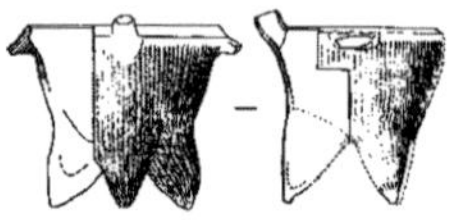 华县泉护村三期文化陶斝H352：160				
5	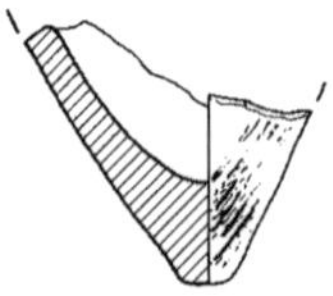 HN1②：1 怀仁县南街村鹅毛口遗址	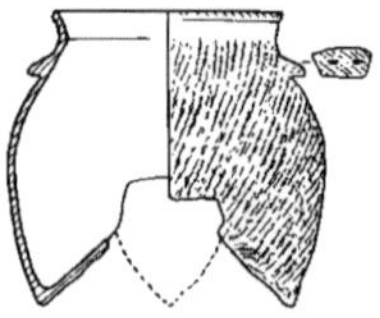 准格尔旗洪水沟遗址A型Ⅱ式陶鬲 H9：1				
6	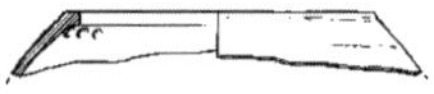 YST4①：1	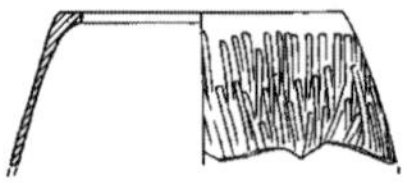 游邀遗址Bc型Ⅱ式夹砂陶无鋬瓮 W502：2				

表四七　右玉县苍头河流域区域考古调查标本对比表（夏商西周时期）

序号	右玉苍头河区域调查标本	对比标本一	对比标本二	对比标本三	其他	备注
1	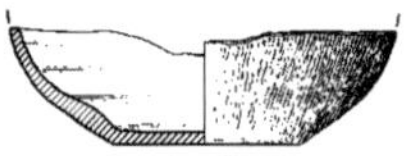 YHS3①：7	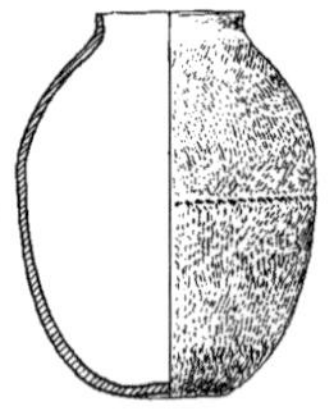 汾阳与孝义薛家会遗址陶罐H1：2	 朱开沟M1083随葬品A型Ⅵ式陶带纽罐M1083：5（五段相当于二里冈文化阶段）			
2	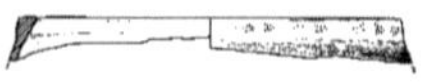 YST4②：2	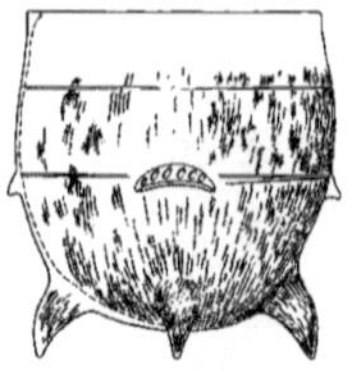 游邀遗址晚期5段夹砂陶四足鼎 H2：61				

续表

序号	右玉苍头河区域调查标本	对比标本一	对比标本二	对比标本三	其他	备注
3	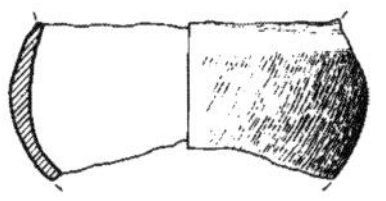 YST4②：7	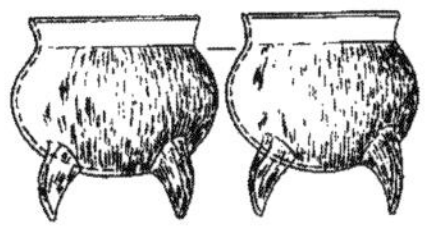 游邀遗址晚期6段夹砂陶鼎 H584：6				
4	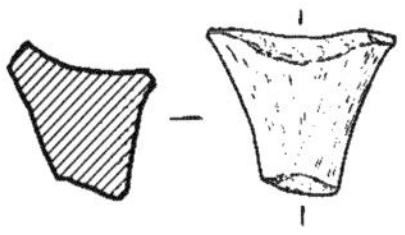 YST4②：1	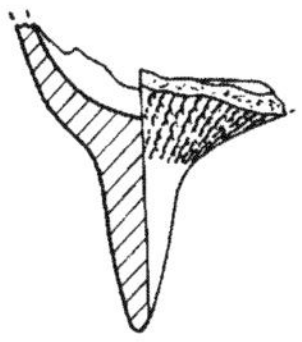 忻阜定襄青石遗址二里头时期陶锥状实足 H54：9				
5	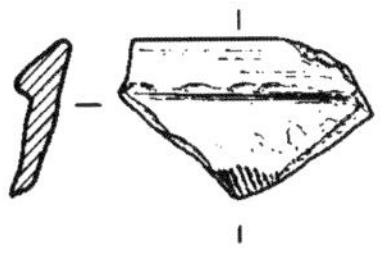 YHS3①：4	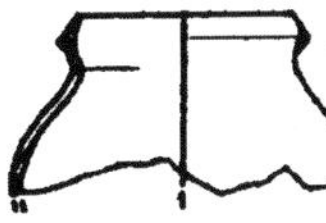 准格尔旗寨子塔遗址夏代中期或略早D型陶鬲 H22：1				
6	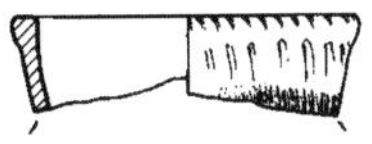 YST4①：5	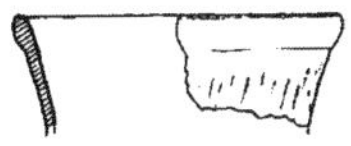 朱开沟居住遗址A型Ⅰ式陶鬲T229⑤：3	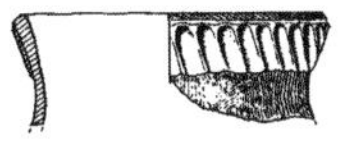 朱开沟居住遗址C型Ⅰ式陶鬲T247⑤：2			
7	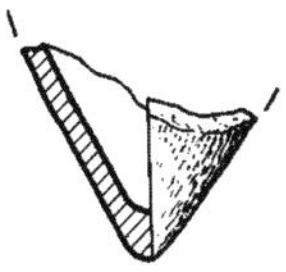 YST4②：6	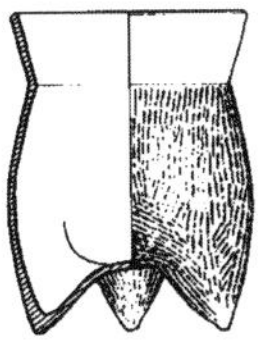 朱开沟居住遗址J型陶鬲QH110：1（第五段、二里冈上层阶段）				
8	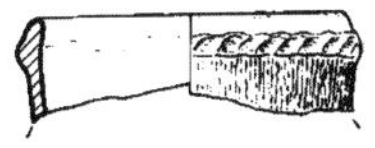 YST4②：5	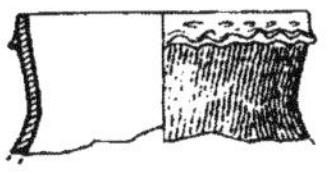 朱开沟居住遗址Bc型Ⅲ式陶鬲T232③：3（第三段、相当于夏代早期）	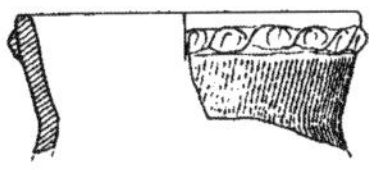 朱开沟居住遗址Bb型Ⅱ式陶鬲F2026：21	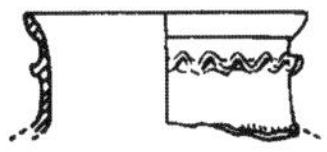 新华遗址新华晚段A型陶直口花边鬲96H15②：9		
9	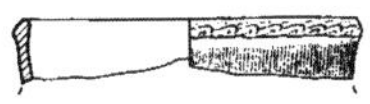 YST4①：4	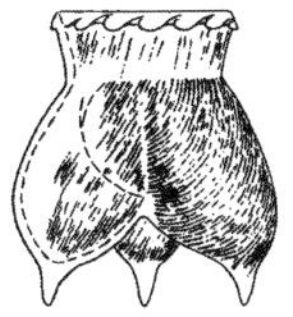 游邀遗址夹砂无耳陶鬲 H2：54	新华遗址新华晚段A型陶直口花边鬲99H101：2			

续表

序号	右玉苍头河区域调查标本	对比标本一	对比标本二	对比标本三	其他	备注
10	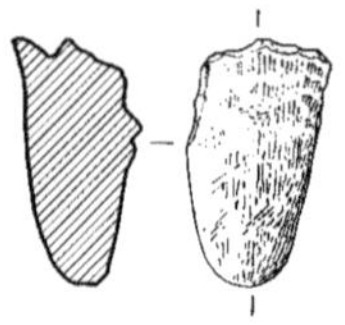 YST4②：3	 清水河县西岔遗址第三期文化遗存夹砂陶鬲足H32：10				

表四八　右玉县苍头河流域区域考古调查标本对比表（春秋战国时期）

序号	右玉苍头河区域调查标本	对比标本一	对比标本二	对比标本三	其他	备注
1	 YHS2③：2（战国晚期）	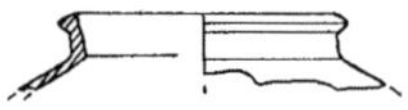 卓资县土城子村遗址A型Ⅰ式陶瓮H23：5	 和林格尔县胜利营东沟子遗址Aa型陶罐TS02E03②：2			
2	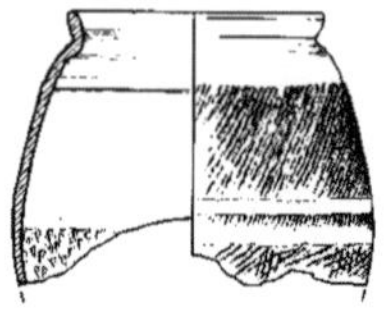 YXJB1H2：3（战国晚期）—王莽	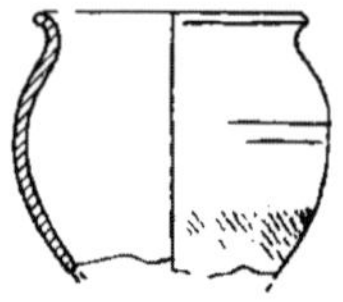 托克托县黑水泉遗址E型Ⅱ式陶罐H91：3				
3	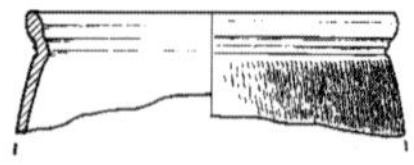 YP1⑤：6（战国晚期）	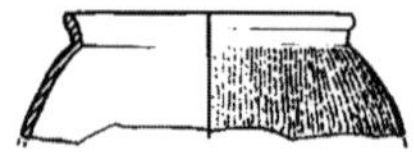 卓资县城卜子古城遗址B型Ⅰ式陶瓮C：8	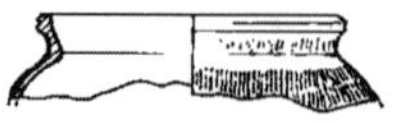 托克托县古城村古城遗址汉代陶釜B型Ⅲ式T1②：3			
4	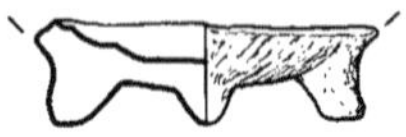 PM1③：1（战国时期）	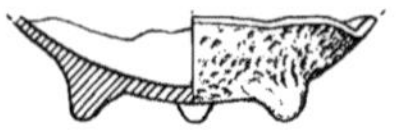 永和县龙吞泉遗址战国陶鬲H12：8				
5	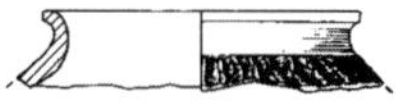 YC2①：1（战国晚期）	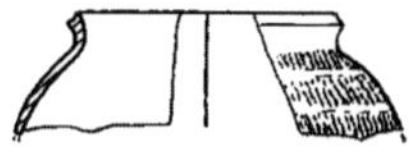 卓资县城卜子古城遗址B型陶罐C：23				
6	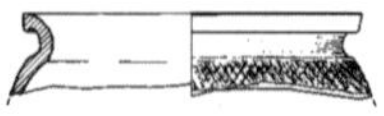 YDY1③：1（战国晚期）	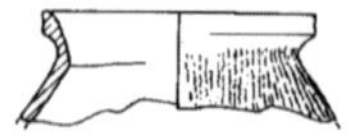 准格尔旗城坡古城遗址第一阶段遗存出土A型陶罐H6：4				
7	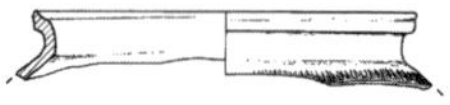 YH1①：1（战国晚期）	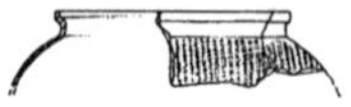 卓资县土城子村遗址A型Ⅱ式陶瓮T6014②：19				

续表

序号	右玉苍头河区域调查标本	对比标本一	对比标本二	对比标本三	其他	备注
8	 PM1③：3（战国时期）	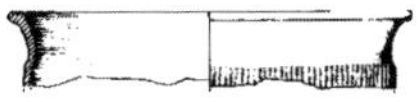 永和县龙吞泉遗址战国陶盆T8③：8	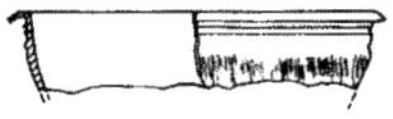 卓资县土城子村遗址A型Ⅲ式陶盆H14：1			
9	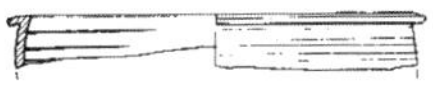 YXJB1④：3（战国晚期）	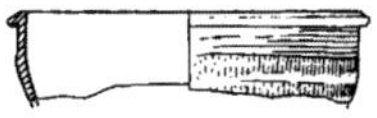 卓资县城卜子古城遗址A型Ⅴ式陶盆C：21	 卓资县土城子村遗址出土B型Ⅱ式陶盆T5013②：16	 和林格尔县胜利营东沟子遗址A型陶盆TS02E04②：3		
10	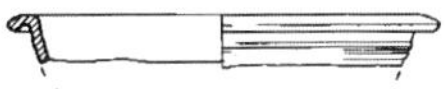 YPE3①：6（战国中期）	 托克托县黑水泉遗址H型Ⅲ式陶盆T1②：1				
11	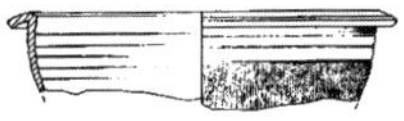 YC2①：6（战国晚期）	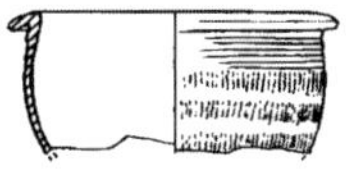 卓资县城卜子古城遗址A型Ⅲ式陶盆C：6				
12	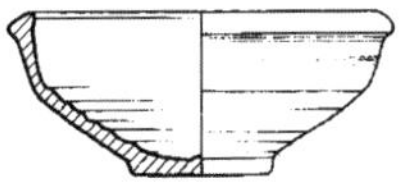 YD4③：2（战国晚期）	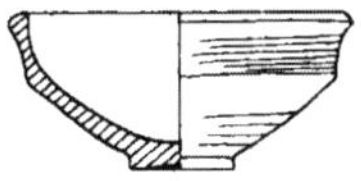 卓资县城卜子古城遗址Ac型Ⅰ式陶碗C：20				
13	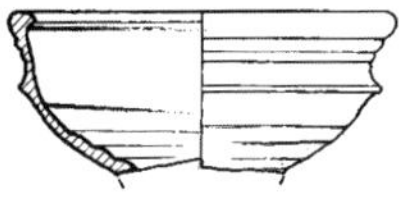 YZ2①：1（战国晚期）	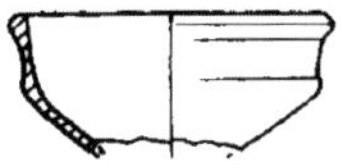 卓资县城卜子古城遗址Ab型Ⅰ式陶碗C：18	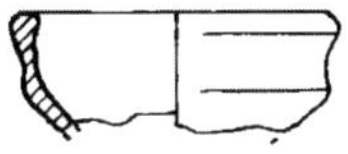 托克托县黑水泉遗址A型Ⅳ式陶钵H49：14			
14	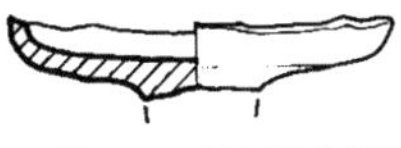 PM1①：12（战国晚期）	 卓资县土城子村遗址陶豆T6013②：7	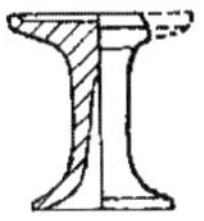 右玉县中陵古城陶豆C：57			

表四九　右玉县苍头河流域区域考古调查标本对比表（秦、两汉时期）

序号	右玉苍头河区域调查标本	对比标本一	对比标本二	对比标本三	其他	备注
1	 YB3①：4罐（东汉）	 张龙圪旦汉墓B型陶罐M4：8				

续表

序号	右玉苍头河区域调查标本	对比标本一	对比标本二	对比标本三	其他	备注
2	 YE1①：3（东汉晚期）	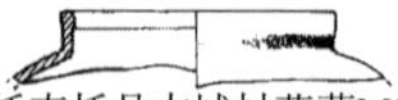 托克托县古城村墓葬M3出土陶罐05TGM3：3	 山西离石马茂庄东汉画像石墓M14出土陶罐	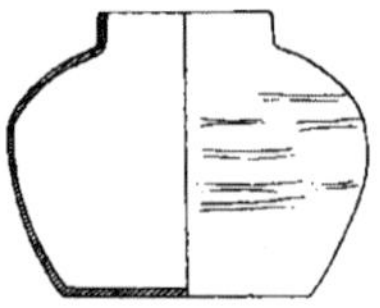 包头召湾90～97号墓葬A型陶矮领罐M91：12		
3	 YP2②：6（东汉）	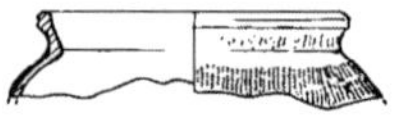 托克托县古城村古城遗址汉代B型Ⅲ式陶釜T1②：3	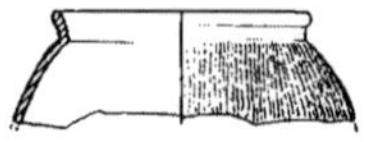 卓资县城卜子古城遗址B型Ⅰ式陶瓮C：8			
4	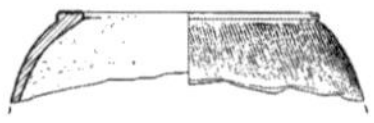 YHS2②：2（汉代）	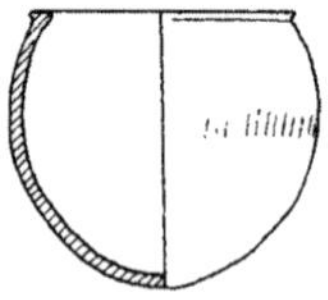 托克托县黑水泉遗址A型Ⅱ式陶釜H49：26				
5	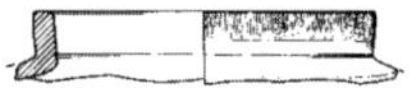 YC1①：3（东汉）	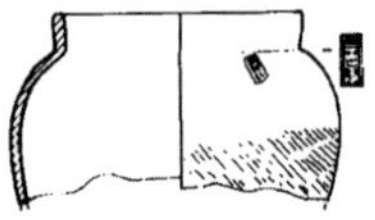 托克托县古城村古城遗址汉代A型Ⅱ式陶釜H55：3				
6	 YH1①：4（东汉）	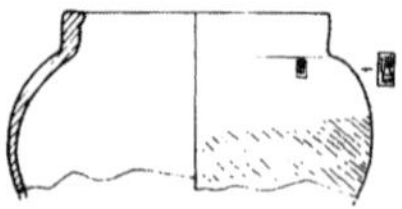 托克托县古城村古城遗址汉代A型Ⅲ式陶釜H55：2				
7	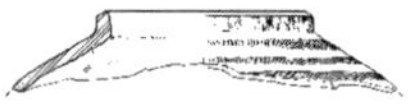 YXJB1H1：4（汉代）	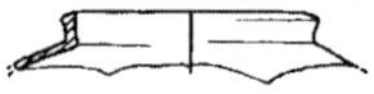 卓资县城卜子古城遗址C型Ⅰ式陶瓮C：31	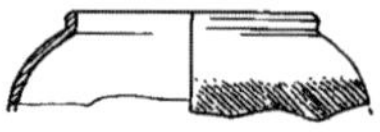 托克托县黑水泉遗址D型Ⅱ式陶釜H98：2	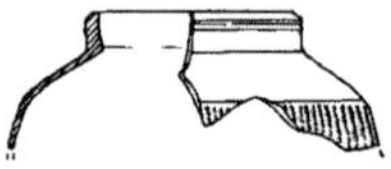 卓资县土城子村遗址Ca型陶瓮H26：3		
8	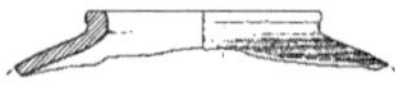 YXJB1②：5（东汉）	 卓资县城卜子古城遗址B型Ⅲ式陶瓮C：28	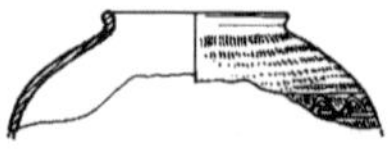 托克托县黑水泉遗址B型陶瓮H126：9	 托克托县古城村古城遗址汉代B型Ⅱ式陶瓮H37：1		
9	 YXJB1H1：9（先秦汉代）	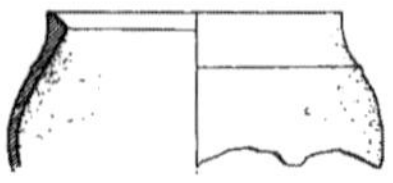 山西大同操场城北魏二号遗址先秦汉代陶罐H295：7				

续表

序号	右玉苍头河区域调查标本	对比标本一	对比标本二	对比标本三	其他	备注
10	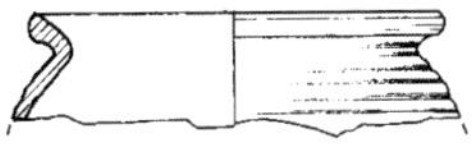 YB3①：5（东汉）	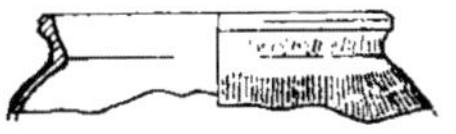 托克托县古城村古城遗址汉代B型Ⅲ式陶釜T1②：3				
11	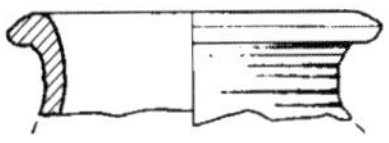 YB3①：7（东汉）	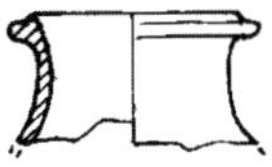 托克托县古城村古城遗址汉代C型陶壶H40：8				
12	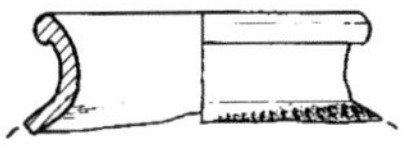 YP1H3：1（东汉）	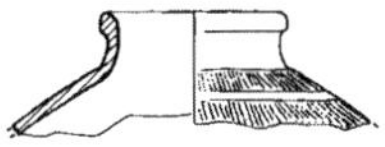 托克托县黑水泉遗址A型陶罐H26：15	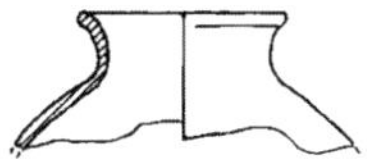 伊金霍洛旗王家坡汉代窑址B型Ⅲ式陶高领罐Y2：9			
13	 68号（东汉） 右玉县博物馆藏	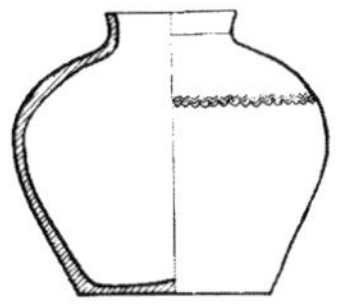 原平北贾铺东汉墓葬M4随葬Ⅰ型陶罐M4：27	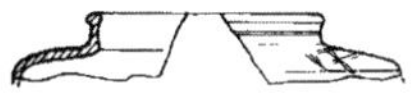 托克托县古城村古城遗址代魏时期B型陶矮领罐T7③：4			
14	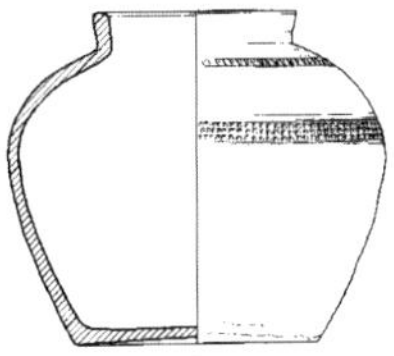 77号（东汉） 右玉县博物馆藏	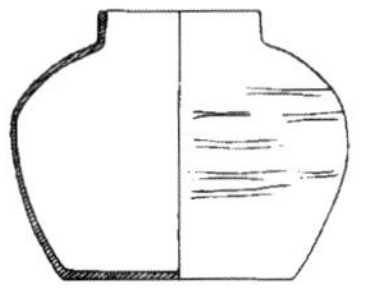 包头召湾90～97号墓葬A型陶矮领罐M91：12	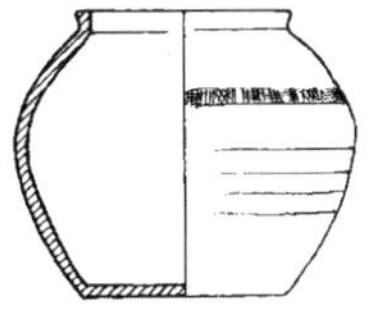 托克托县古城村古城遗址代魏时期A型Ⅱ式陶矮领罐H20：7			东汉建宁三年左右
15	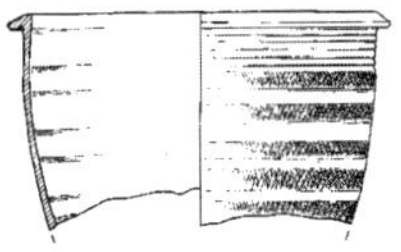 YP1⑤：7（汉代）	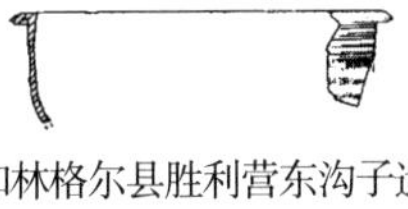 和林格尔县胜利营东沟子遗址A型陶盆TS02E04②：9	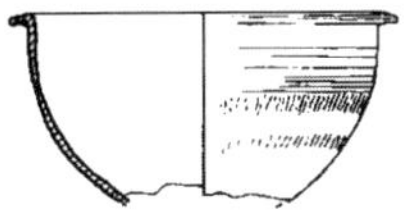 托克托县黑水泉遗址G型陶盆T6②：1			
16	 YH1①：3（西汉晚期）	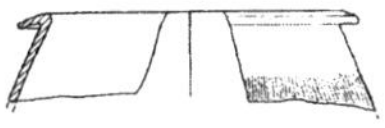 伊金霍洛旗王家坡汉代窑址A型Ⅱ式陶盆Y2：4				
17	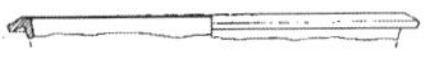 YB3②：3（东汉）	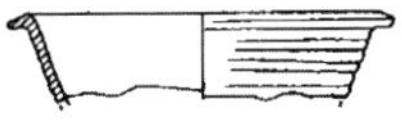 包头市麻池三队遗址D型Ⅰ式陶盆M1：12				

续表

序号	右玉苍头河区域调查标本	对比标本一	对比标本二	对比标本三	其他	备注
18	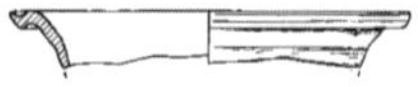 YP2⑤：5（汉代）	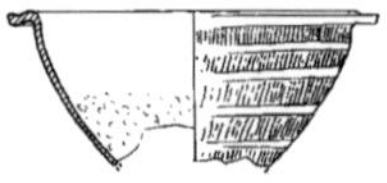 托克托县古城村古城遗址汉代B型Ⅱ式陶盆				
19	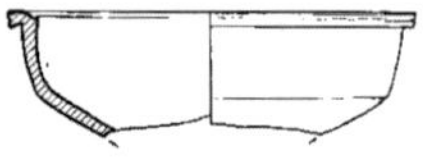 YXJB1H2：4（西汉晚期）	 托克托县黑水泉遗址L型Ⅶ式陶盆H119：3	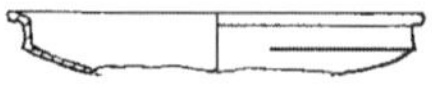 山西右玉县中陵古城调查与试掘陶盆C：67			
20	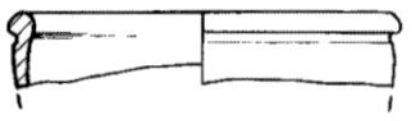 YSW1①：8（西汉）右玉县右卫镇善无古城遗址	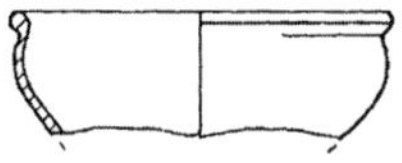 山西右玉县中陵古城陶盆C：61				
21	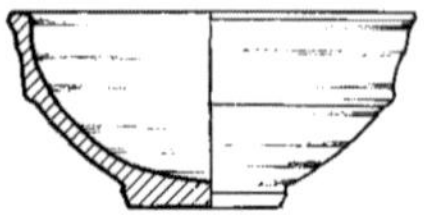 YHS2②：1（汉代）	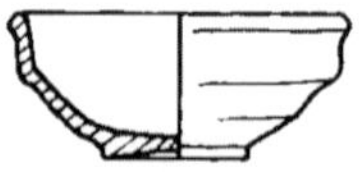 清水河县城嘴子遗址汉代遗存出土Ba型陶碗ⅠT13③：1	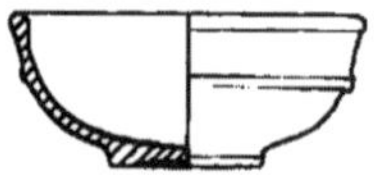 卓资县城卜子古城遗址Aa型Ⅰ式陶碗C：1			
22	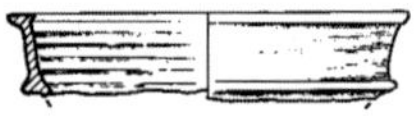 YP2③：5（汉代）	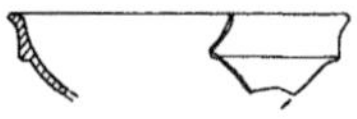 卓资县土城子遗址C型陶钵T6015②：3	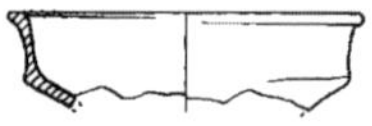 卓资县城卜子古城遗址Ab型Ⅱ式陶碗C：10			
23	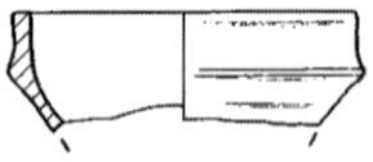 YSW1①：9（西汉）右玉县右卫镇善无古城遗址	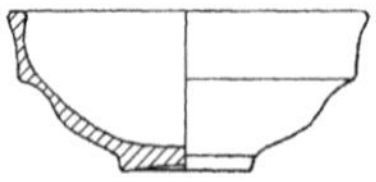 山西右玉县中陵古城陶钵C：59	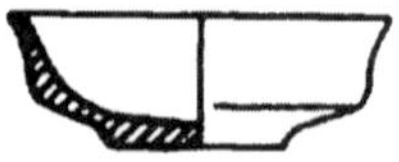 呼和浩特市榆林镇陶卜齐古城D型陶碗T1370③：1			
24	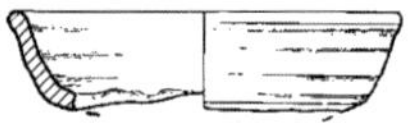 YP2⑤：3（汉代）	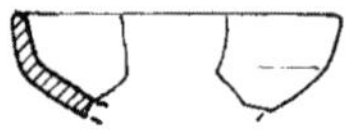 托克托县古城村古城遗址汉代B型Ⅲ式陶钵T10②：7	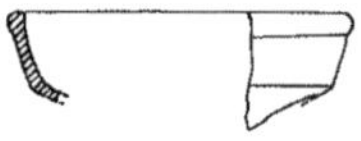 和林格尔县胜利营东沟子遗址Aa型陶碗TS02E05①：1			
25	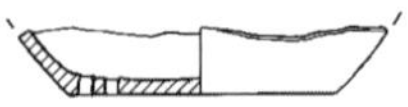 YP1H3：9（汉代）	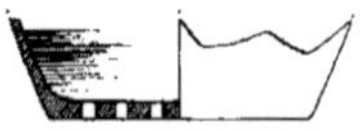 山西大同操场城北魏二号遗址先秦汉代陶甑H296：8				

表五〇　右玉县苍头河流域区域考古调查标本对比表（魏晋北朝时期）

序号	右玉苍头河区域调查标本	对比标本一	对比标本二	对比标本三	其他	备注
1	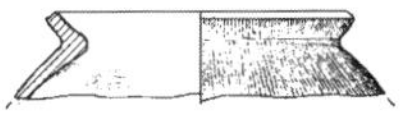 YC1①：2（曹魏时期）	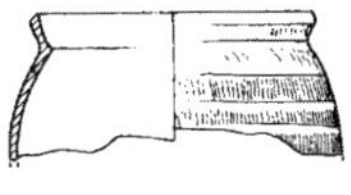 托克托县古城村古城遗址汉代B型Ⅰ式陶釜H50：1				
2	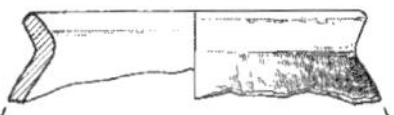 YP1①：2（曹魏时期）	 卓资县城卜子古城遗址B型陶罐C：23	 托克托县黑水泉遗址B型Ⅰ式陶釜H170：8			
3	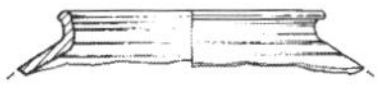 PM1①：4（代魏时期）	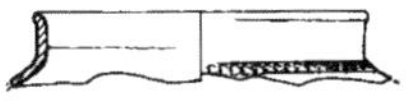 托克托县古城村古城遗址代魏时期D型陶瓮T4②：8				
4	 PM1①：8（曹魏时期）	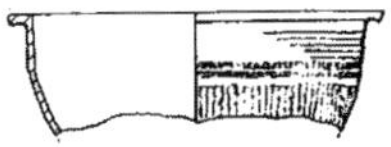 山西省右玉县中陵古城陶盆T02②：1				
5	 YW1①：8（代魏时期）	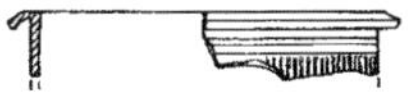 卓资县土城子村遗址B型Ⅳ式陶盆H25：5	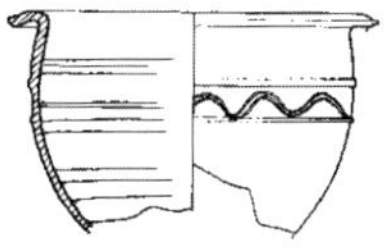 托克托县古城村古城遗址代魏时期A型Ⅰ式陶盆H39：4			
6	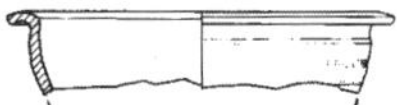 YB3①：8（代魏时期）	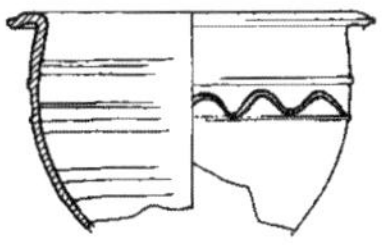 托克托县古城村古城遗址代魏时期A型Ⅰ式陶盆H39：4				
7	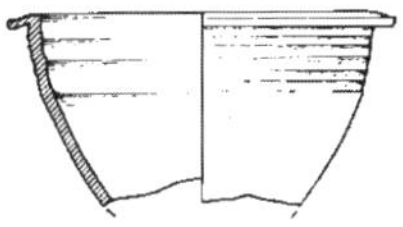 HN1①：5（代魏时期）怀仁县南街村鹅毛口遗址	 托克托县耿庆沟上游支流西沟与南沟沟畔遗址调查与发掘陶盆ⅥC：3				

续表

序号	右玉苍头河区域调查标本	对比标本一	对比标本二	对比标本三	其他	备注
8	 YSW1①：6（代魏时期） 右玉县右卫镇善无古城遗址	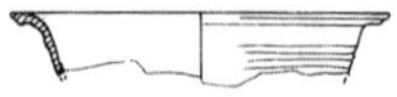 托克托县古城村古城遗址代魏时期A型Ⅲ式陶盆F1：3				
9	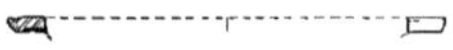 YS2H1：2（代魏时期）	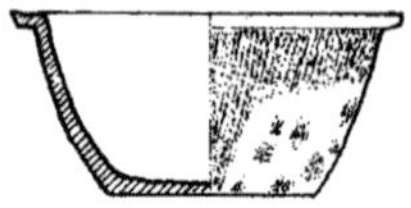 原平北贾铺东汉墓葬M1随葬陶盆M1：15				
10	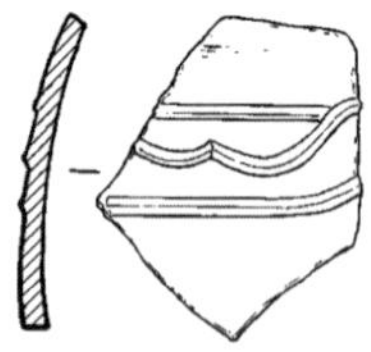 YP1H3：11（代魏时期）	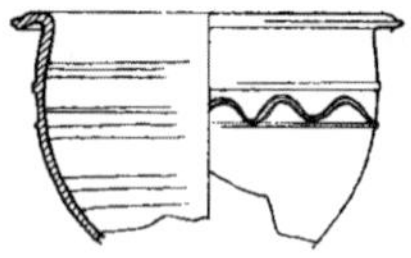 托克托县古城村古城遗址代魏时期A型Ⅰ式陶盆H39：4				
11	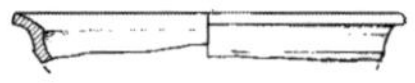 YP1③：1（北魏时期）	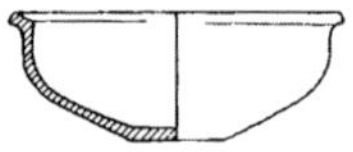 托克托县黑水泉遗址L型Ⅲ式陶盆C：6	 武川县二份子北魏古城调查C型陶盆			
12	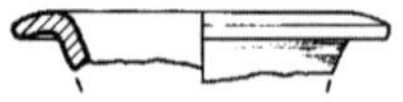 YDZ3①：2（代魏时期）	 托克托县古城村古城遗址代魏时期C型陶壶T1③：7				
13	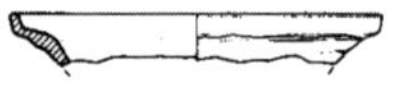 YL1①：12（代魏时期）	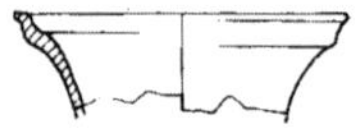 托克托县古城村古城遗址代魏时期A型Ⅲ式陶壶T2②：4				
14	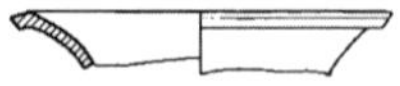 YS2②：2（代魏时期）	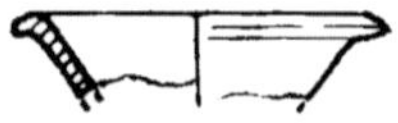 托克托县古城村古城遗址代魏时期C型陶壶T1③：7				
15	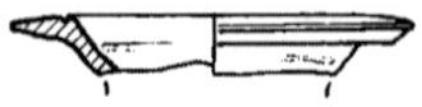 YS2H1：1（代魏时期）	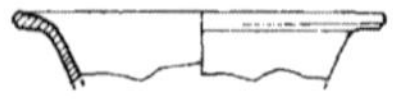 托克托县古城村古城遗址代魏时期B型Ⅱ式陶壶T2②：5				

续表

序号	右玉苍头河区域调查标本	对比标本一	对比标本二	对比标本三	其他	备注
16	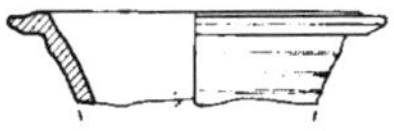 YW1①：1（代魏时期）	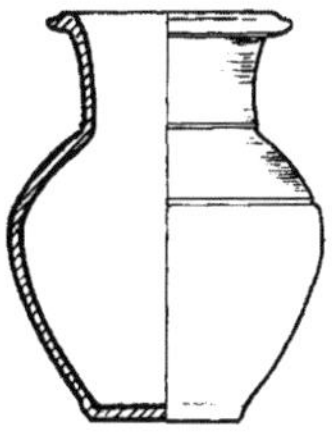 大同南郊北魏墓M226出土陶平沿罐M226：3	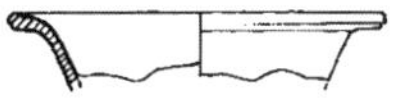 托克托县古城村古城遗址代魏时期B型Ⅱ式陶壶T2②：5			
17	 YW1①：7（代魏时期）	 托克托县古城村古城遗址代魏时期C型陶壶T1③：7				
18	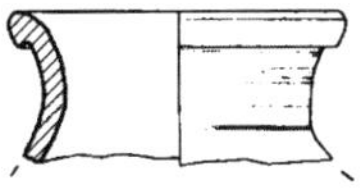 YW1①：5（代魏时期）	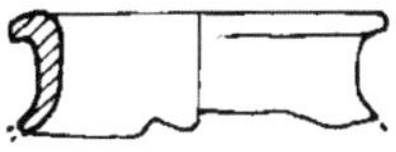 托克托县古城村古城遗址代魏时期D型陶壶H52：1				
19	 PM1③：2（代魏时期）	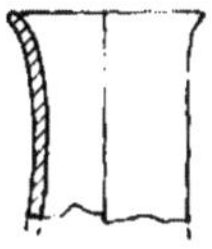 托克托县古城村古城遗址代魏时期E型陶壶H45：11				
20	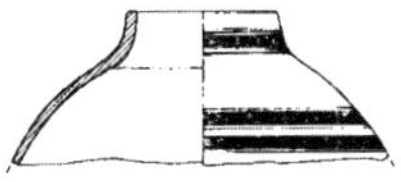 YS2②：3（代魏时期）	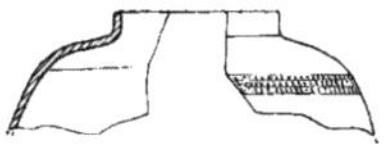 托克托县古城村古城遗址代魏时期C型陶瓮H20：13	 新巴尔虎左旗伊和乌拉鲜卑墓陶侈口舌状唇壶		新巴尔虎左旗侈口壶的纹饰与其极似	
21	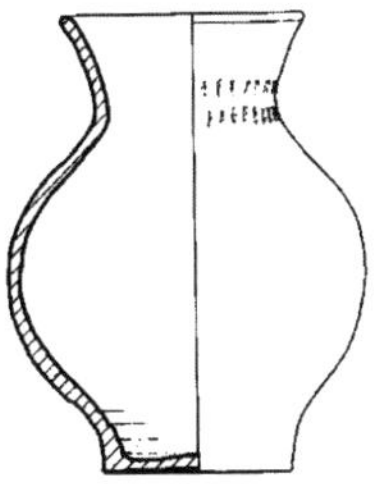 M11：1（代魏时期）右玉县博物馆藏善家堡墓地	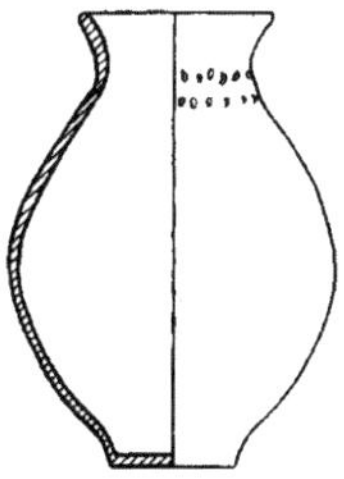 察右后旗三道湾墓地A式陶壶M103：1	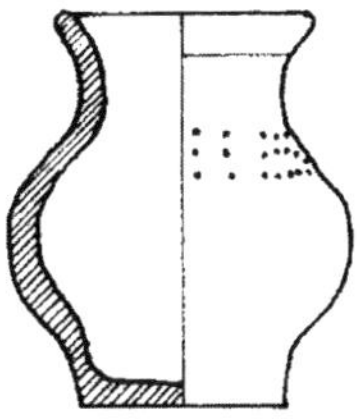 原平北贾铺东汉墓葬M1随葬Ⅰ型陶壶M1：11			

续表

序号	右玉苍头河区域调查标本	对比标本一	对比标本二	对比标本三	其他	备注
22	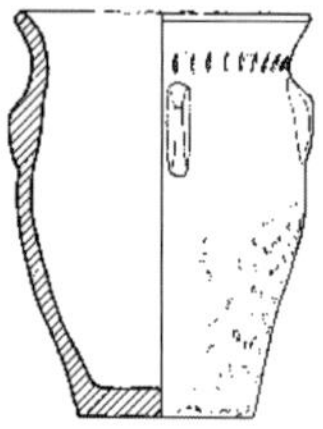 M17：1（代魏时期） 右玉县博物馆藏 善家堡墓地	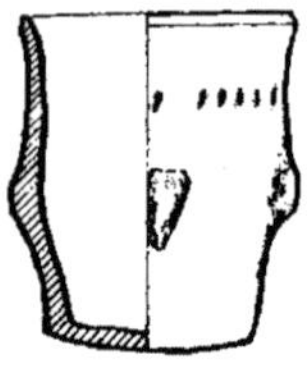 原平北贾铺东汉墓葬M14 随葬Ⅱ型陶罐M14：2	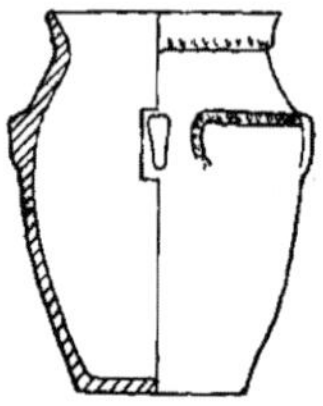 商都县东大井墓地SDM6 夹砂陶侈口罐SDM6：3			
23	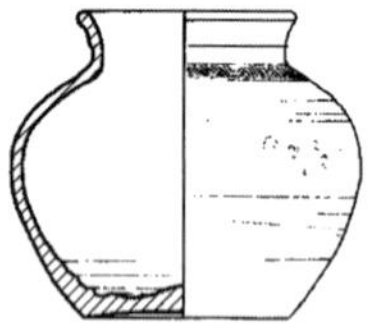 M10：3（代魏时期） 右玉县博物馆藏 善家堡墓地	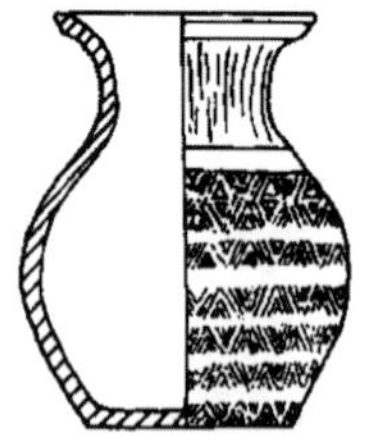 伊和乌拉组墓葬随葬陶侈 口舌状唇壶M2：1				
24	 PM1③：4（曹魏时期）	 永和龙吞泉遗址汉魏遗存 陶钵H13：9				
25	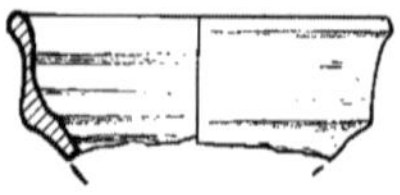 YP1④：7（北魏）	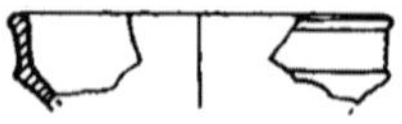 呼和浩特市榆林镇陶 卜齐古城C型Ⅰ式陶碗 T7570⑦：1	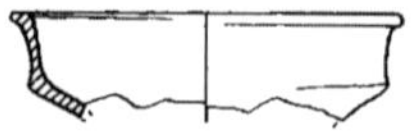 卓资县城卜子古城遗址Ab 型Ⅱ式陶碗C：10			
26	 2014YP1⑤：9（北魏都洛 后的早、中期）	 汉魏洛阳城出土瓦当的分 期与研究第三期B式瓦当 87BD②：2				

表五一　右玉县苍头河流域区域考古调查标本对比表（唐辽金元时期）

序号	右玉苍头河区域调查标本	对比标本一	对比标本二	对比标本三	其他	备注
1	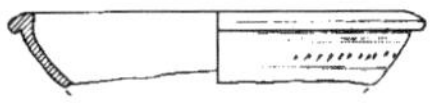 YMB1①：2（唐以后）	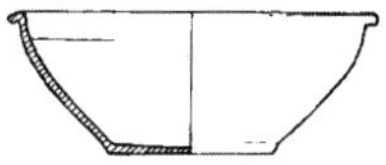 准格尔旗城坡古城遗址第二阶段遗存出土C型陶盆F2：6	 山西大同操场城北魏二号遗址唐至清代陶盆H279：2			
2	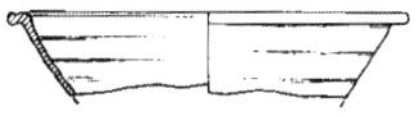 YMB1①：8（唐以后）	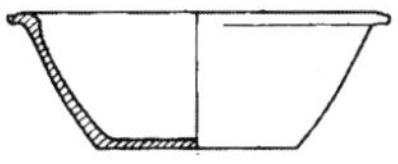 准格尔旗城坡古城遗址第二阶段遗存出土B型陶盆T26②：2	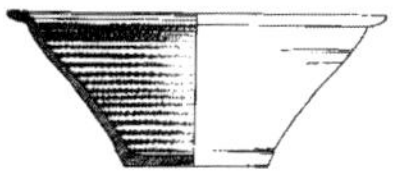 山西大同操场城北魏二号遗址唐至清代陶盆H242：4			
3	 YDH1①：2（辽金）	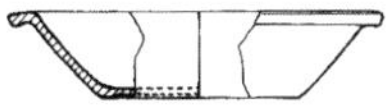 准格尔旗城坡古城遗址第二阶段遗存出土B型陶盆T2③：8				
4	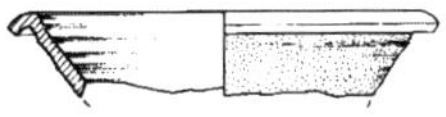 YL1①：16（辽金）	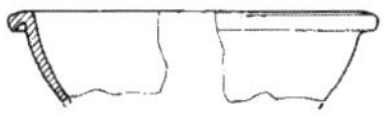 呼和浩特市土默特左旗沙尔沁古城遗址Ⅱ式陶盆	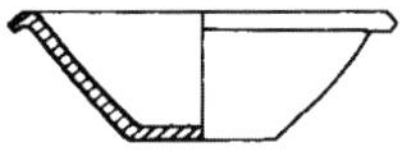 四子王旗城卜子古城及墓葬出土陶盆SZⅡM3：2			
5	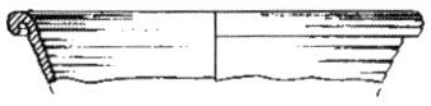 YPE1②：2（辽代）	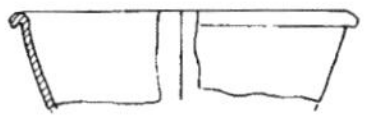 准格尔旗城坡古城遗址第二阶段遗存出土D型陶盆T7②：24				
6	 YMB1①：4（金代）	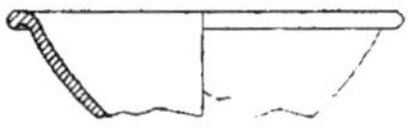 平鲁区庄子坪遗址第三期B型瓷盆H33：7	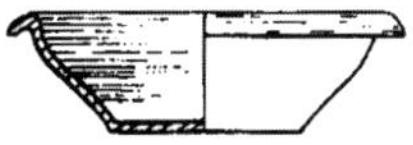 山西大同市金代徐龟墓出土陶盆M：13			
7	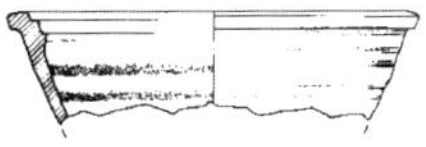 YXJB2②：2（辽金）	 准格尔旗城坡古城遗址第二阶段遗存出土G型陶盆T7③：3				
8	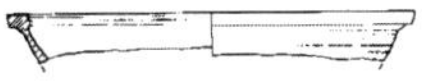 YDY1③：4（辽代）	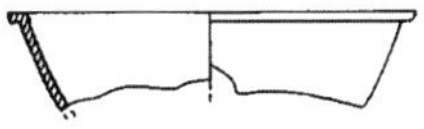 和林格尔县前瓦窑沟辽金时代遗址C型陶盆				

续表

序号	右玉苍头河区域调查标本	对比标本一	对比标本二	对比标本三	其他	备注
9	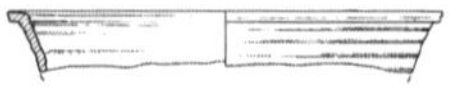 YDM1①：4（辽代）	 察哈尔右翼后旗边墙路及其周边遗址察汗不浪古城采集A型陶盆C：4				
10	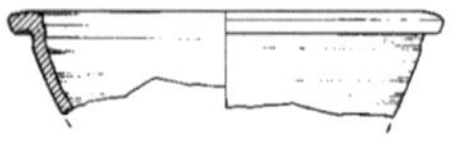 YHS4①：1（辽金）	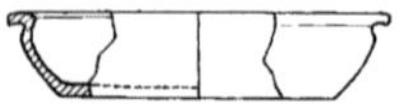 准格尔旗城坡古城遗址第二阶段遗存出土A型陶盆T4③：4	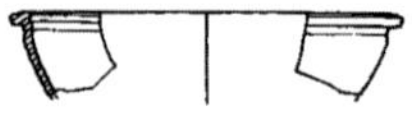 察哈尔右翼后旗头道湾古城遗址B型Ⅳ式陶盆ⅡH2：2			
11	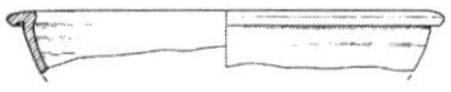 YLJ2①：6（辽金）	 苏尼特右旗新民乡全胜段金界壕A型陶盆H7：2				
12	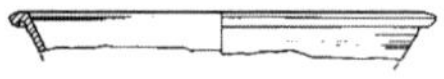 YDZ1①：3（辽金）	 察哈尔右翼后旗头道湾古城遗址B型Ⅰ式陶盆ⅡH13：1				
13	 YLJ2①：3（金代）	 察哈尔右翼后旗头道湾古城遗址B型Ⅰ式陶盆ⅡH13：1				
14	 YW1H1：3（金代）	 察哈尔右翼后旗头道湾古城遗址B型瓷盆ⅠH35：1				
15	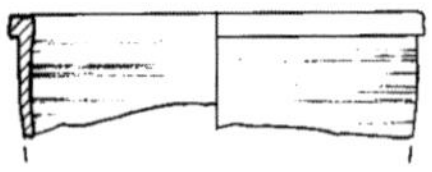 YHS4①：10（辽金）	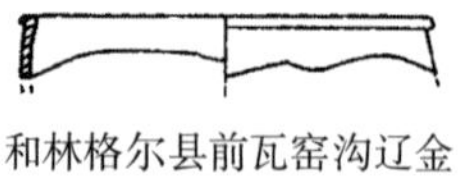 和林格尔县前瓦窑沟辽金时代遗址B型瓷盆	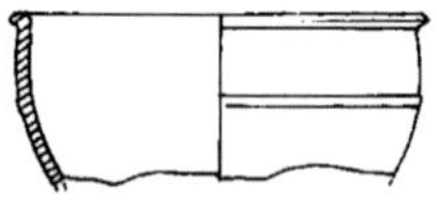 察哈尔右翼后旗头道湾古城遗址Ba型瓷罐ⅠH13：2			
16	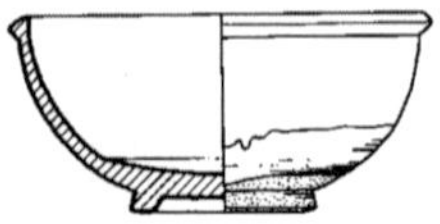 YXJ2②：7（辽代）	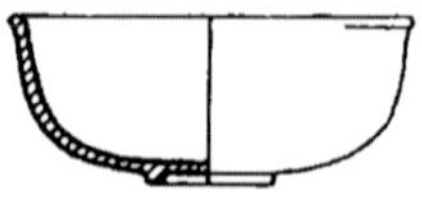 四子王旗城卜子古城墓葬龙泉窑青瓷碗SZC：68	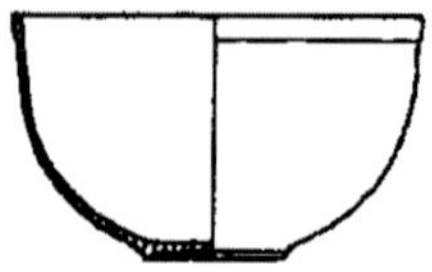 宁城县埋王沟辽代墓地1号墓出土瓷杯			

续表

序号	右玉苍头河区域调查标本	对比标本一	对比标本二	对比标本三	其他	备注
17	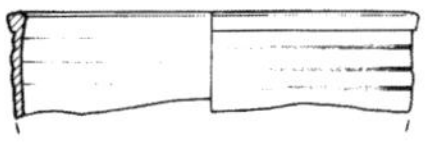 YGT1②：9（辽金）	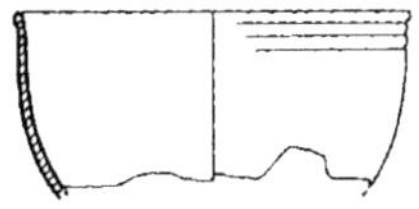 准格尔旗城坡古城第二阶段遗存出土B型瓷盆T7③：6				
18	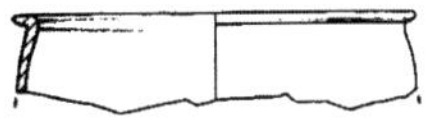 YST2①：8（金代）	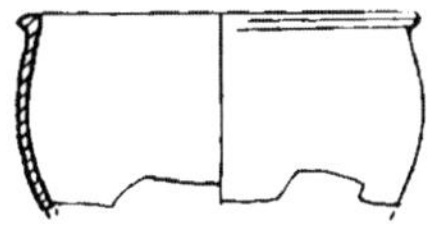 准格尔旗城坡古城遗址第二阶段遗存出土C型瓷盆T11②：10				
19	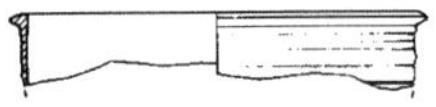 YXJ2①：11（辽金）	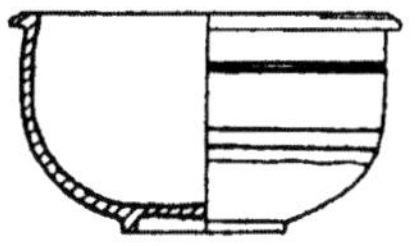 四子王旗城卜子古城及墓葬出土瓷盆SZC：62				
20	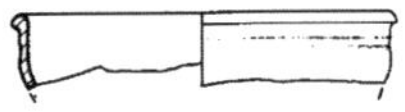 YST1①：3（金代）	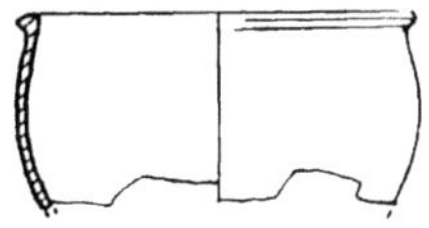 准格尔旗城坡古城遗址第二阶段遗存出土C型瓷盆T11②：10				
21	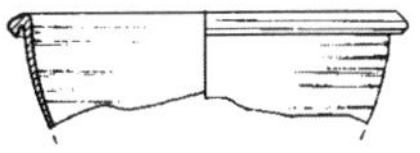 YHS4①：5（金代）	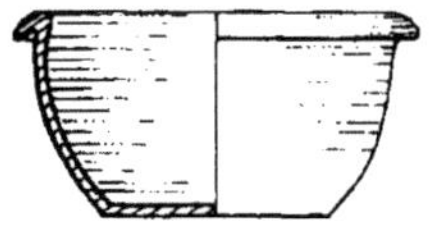 山西大同市金代徐龟墓出土陶盆M：14				
22	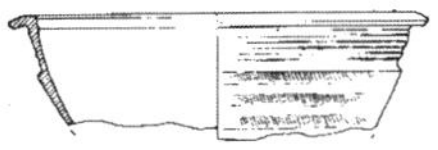 YP2③：11（辽金）	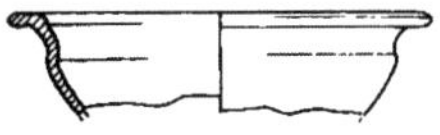 和林格尔县红山口遗址B型Ⅰ式陶盆ⅡH10：4	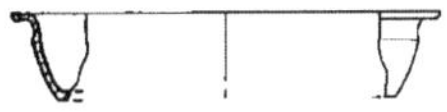 清水河县下城湾古城遗址A型Ⅰ式陶盆T37④：4			
23	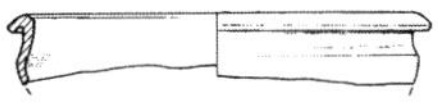 YDM1①：5（辽金）	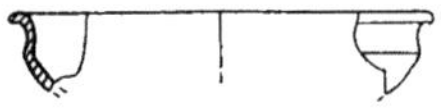 清水河县下河湾古城遗址A型Ⅱ式陶盆H7：9				

续表

序号	右玉苍头河区域调查标本	对比标本一	对比标本二	对比标本三	其他	备注
24	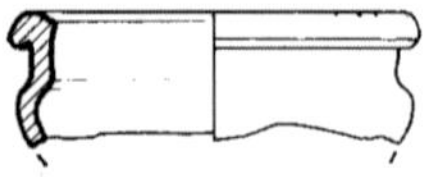 YXJ1①：4（辽金）	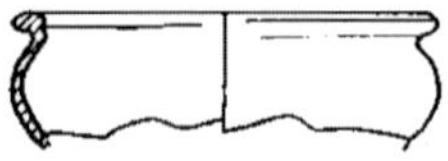 准格尔旗城坡古城遗址第二阶段遗存出土F型陶盆 T30②A：4				
25	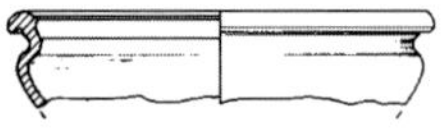 YDZ1①：2（金代）	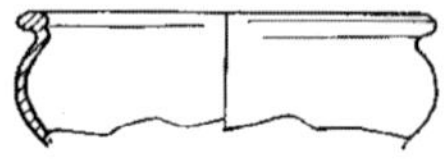 准格尔旗城坡古城遗址第二阶段遗存出土F型陶盆 T30②A：4				
26	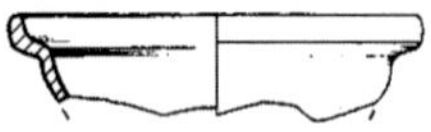 YST2①：6（金代）	 察哈尔右翼后旗头道湾古城遗址C型瓷盆 I H35：2				
27	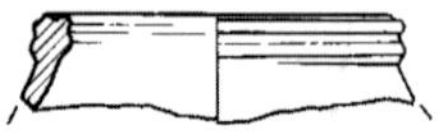 YXJB2②：4（辽代）	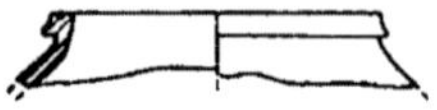 和林格尔县前瓦窑沟辽金时代遗址F型陶罐	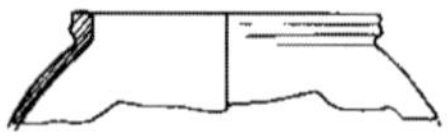 准格尔旗城坡古城遗址第二阶段遗存出土B型陶瓮 T2②：18			
28	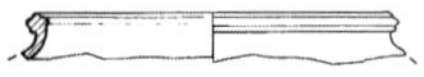 YDH1②：3（辽金）	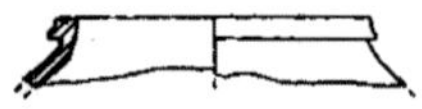 和林格尔县前瓦窑沟辽金时代遗址的F型陶罐				
29	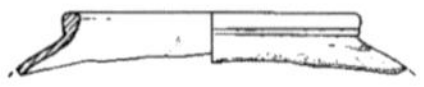 YMB1①：7（辽代）	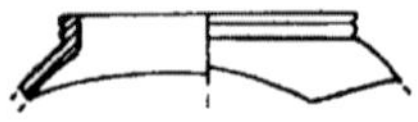 和林格尔县前瓦窑沟辽金时代遗址C型陶罐				
30	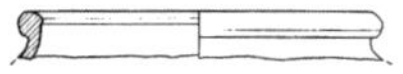 YDH1①：3（辽金）	 察哈尔右翼后旗头道湾古城遗址的C型陶瓮 I H51：1				
31	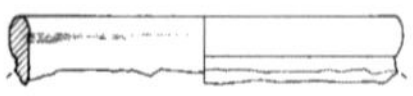 YHS4①：3（辽金）	 苏尼特右旗新民乡全胜段金界壕B型陶瓮 T6②：2	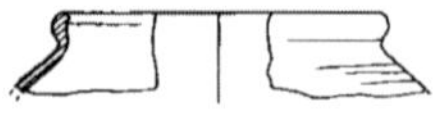 察哈尔右翼后旗头道湾古城遗址C型陶瓮 I H51：1			

续表

序号	右玉苍头河区域调查标本	对比标本一	对比标本二	对比标本三	其他	备注
32	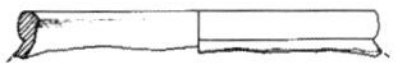 YDY1②：7（辽金）	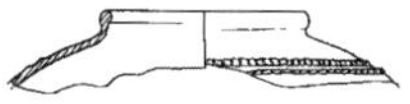 准格尔旗城坡古城遗址第二阶段遗存出土B型陶瓮T24③：1				
33	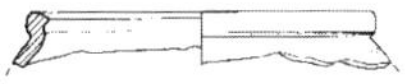 YXJB1③：4（辽金）	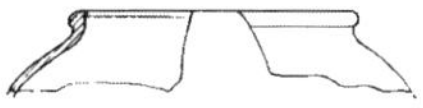 苏尼特右旗新民乡全胜段金界壕B型陶瓮T6②：2	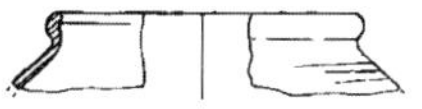 察哈尔右翼后旗头道湾古城遗址C型陶瓮ⅠH51：1	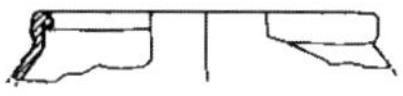 准格尔旗城坡古城遗址第二阶段遗存出土C型陶瓮T23②：1		
34	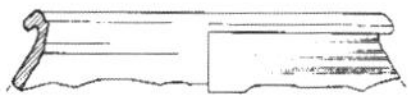 YXJB2②：5（辽金）	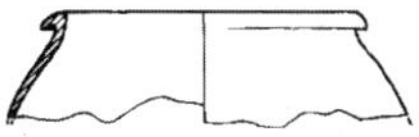 土默特左旗沙尔沁古城遗址Ⅲ式陶罐H2：7	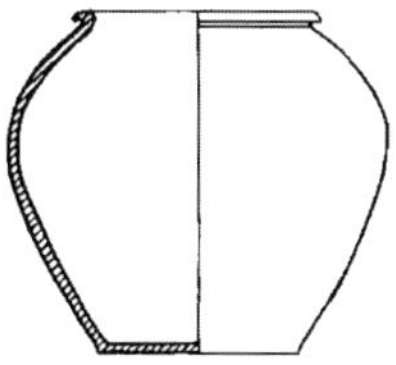 和林格尔县前瓦窑沟辽金时代遗址B型陶罐			
35	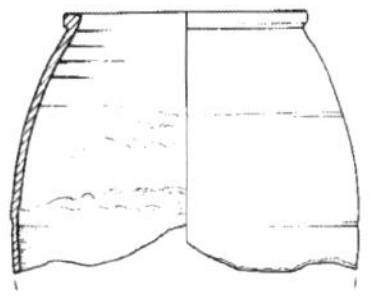 YHS4①：15（辽金）	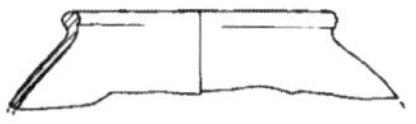 准格尔旗城坡古城遗址第二阶段遗存出土B型陶瓮T30③：1				
36	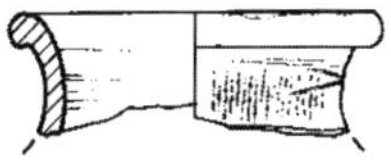 YE1①：5（唐代晚期至西夏）	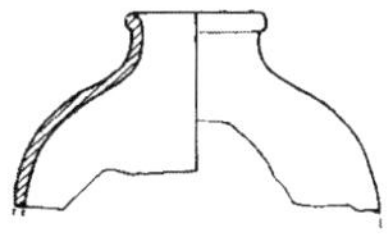 准格尔旗城坡古城第一阶段遗存出土B型陶壶H6：1				
37	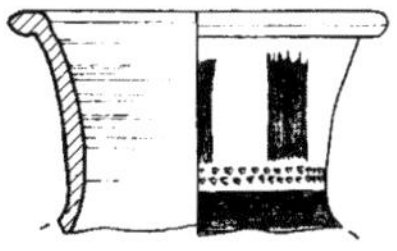 YW1①：3（辽代）	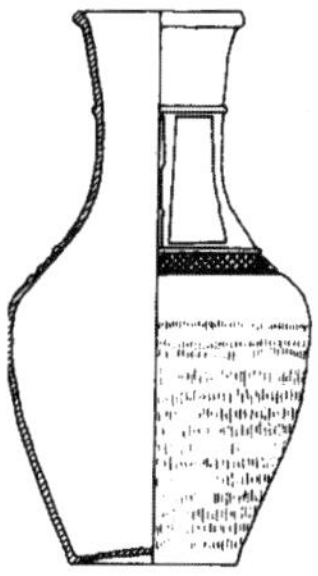 科右中旗代钦塔拉辽墓陶瓶M3：171				

续表

序号	右玉苍头河区域调查标本	对比标本一	对比标本二	对比标本三	其他	备注
38	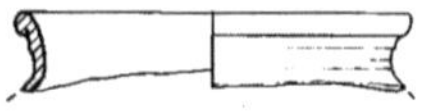 YDY1①：6（辽金）	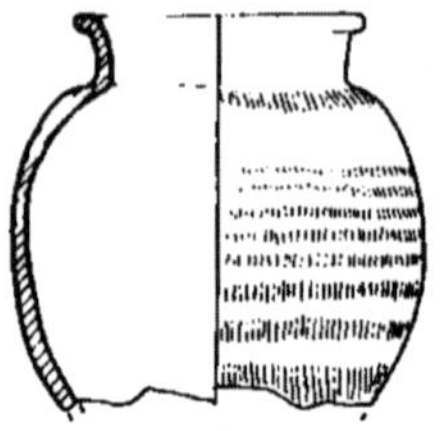 和林格尔县红山口遗址D型陶罐H98：2				
39	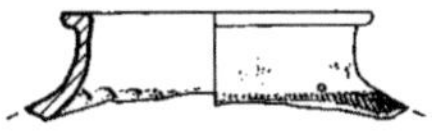 YDY1②：12（辽金）	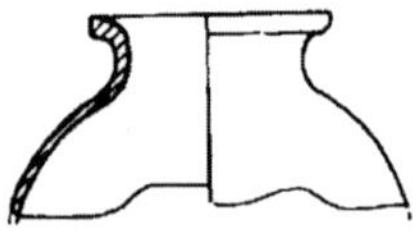 准格尔旗城坡古城遗址第二阶段遗存出土B型陶壶T3③：6				
40	 YDY1③：6（辽金）	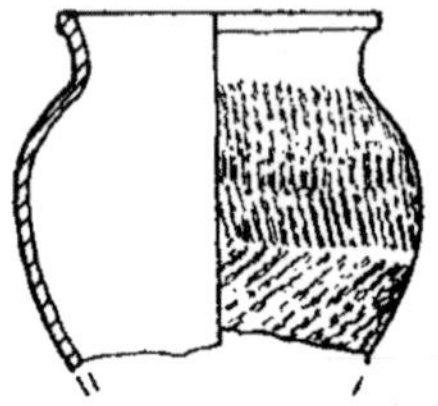 卓资县土城子村遗址Ⅱ式陶罐T5014②：10				
41	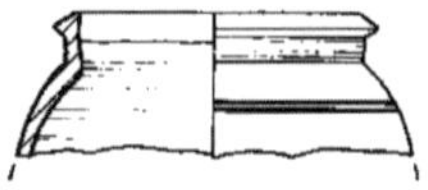 YPE1①：8（辽代）	 山西浑源县界庄窑图一〇Ⅳ式黑釉瓷瓶				
42	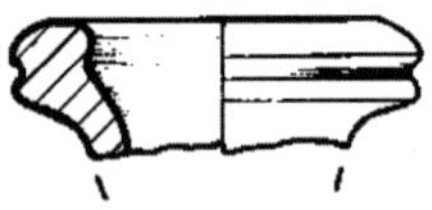 YZ1③：2（辽晚期至金代）	 山西浑源界庄窑Ⅰ式黑釉瓷瓶	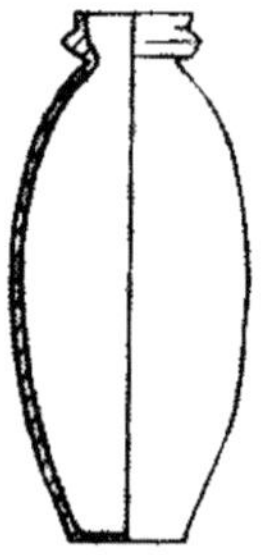 宁城县埋王沟辽代墓地2号墓出土釉陶瓶			

续表

序号	右玉苍头河区域调查标本	对比标本一	对比标本二	对比标本三	其他	备注
43	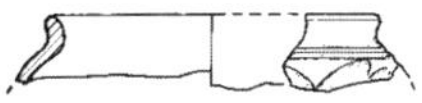 YP3①：14（金代）	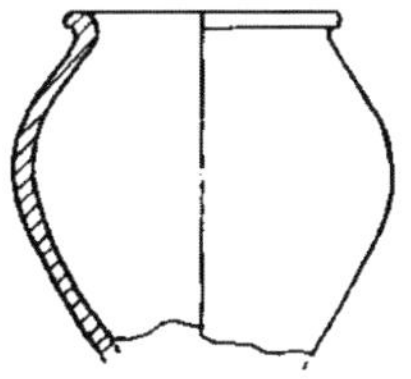 准格尔旗城坡古城遗址第二阶段遗存出土A型陶罐F1：3	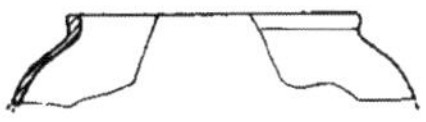 苏尼特右旗新民乡全胜段金界壕C型瓷罐H3：3			
44	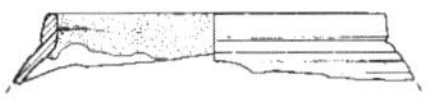 YXJB1③：23（辽金）	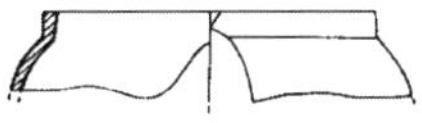 和林格尔县前瓦窑沟辽金时代遗址A型陶瓮	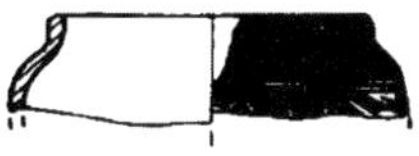 乌审旗三岔河古城与墓葬古城出土A型瓷罐WHG：27			
45	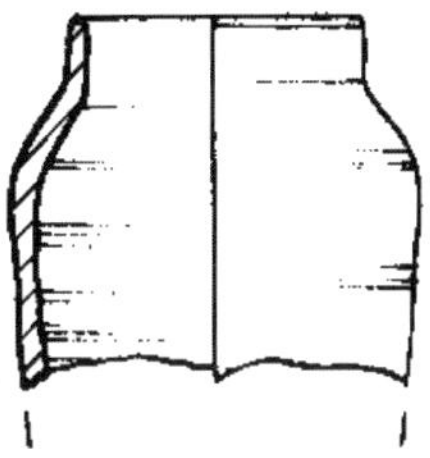 YHS4①：8（金代）	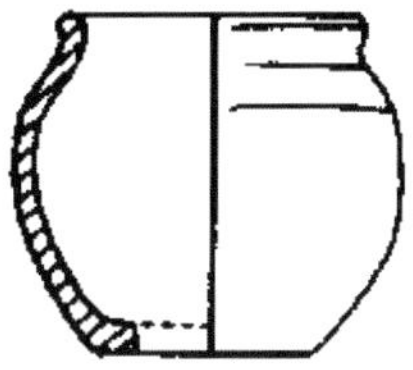 准格尔旗城坡古城遗址第二阶段遗存出土E型陶罐F1：2				
46	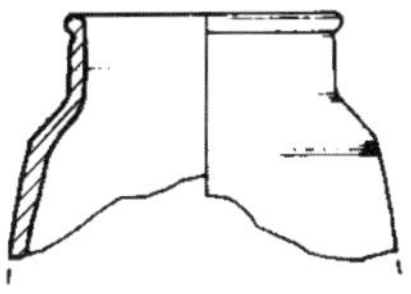 YXJ2①：13（金代）	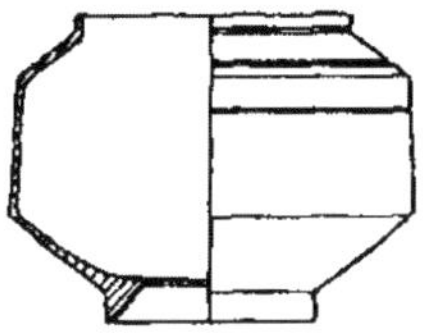 山西大同市金代徐龟墓出土瓷罐M：10				
47	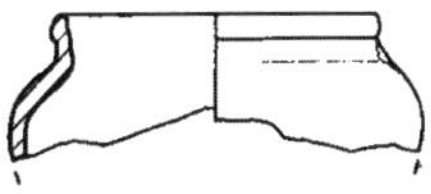 YST1①：6（金代）	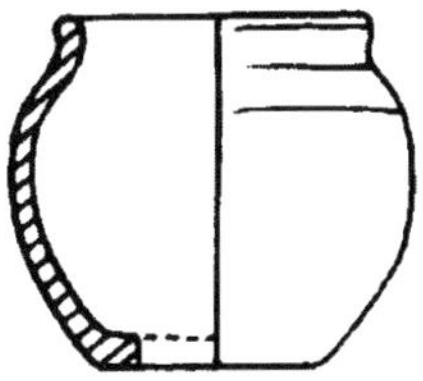 准格尔旗城坡古城遗址第二阶段遗存出土E型陶罐F1：2				

续表

序号	右玉苍头河区域调查标本	对比标本一	对比标本二	对比标本三	其他	备注
48	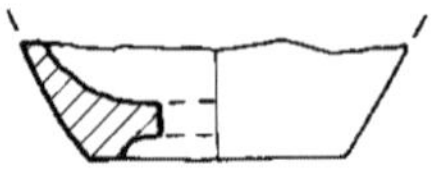 YZ1③：11（金代）	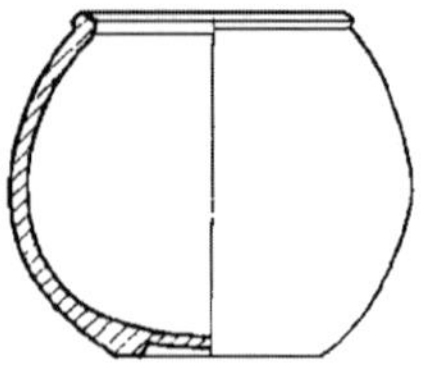 侯马M102出土瓷大口罐M102：5	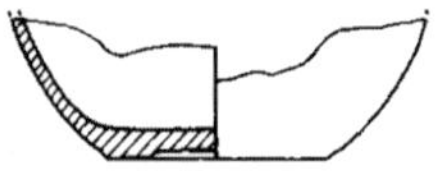 苏尼特右旗新民乡全胜段金界壕A型瓷罐H8：8			
49	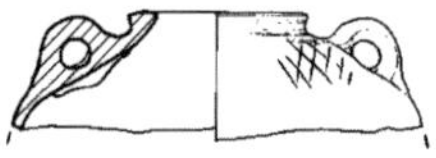 YZ1②：4（晚唐—西夏）	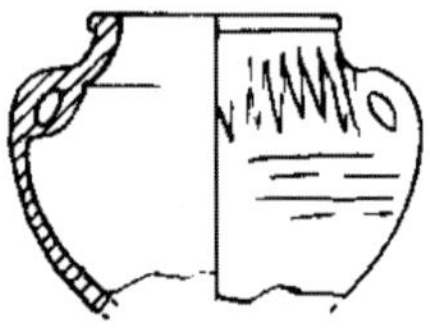 准格尔城坡古城第二阶段遗存出土B型陶罐T4②：21				
50	 YFJ1①：11（辽代）	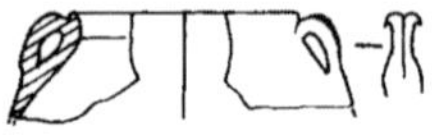 察哈尔右翼后旗头道湾古城遗址C型Ⅰ式瓷罐ⅠH26：3				
51	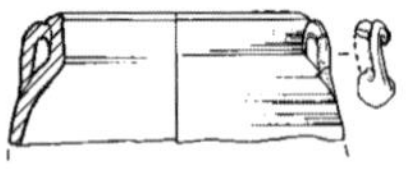 YPE1①：9（辽代）	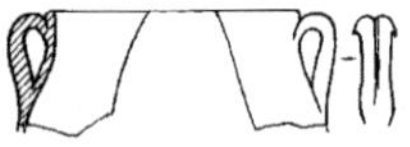 苏尼特右旗新民乡全胜段金界壕B型瓷罐H4：6	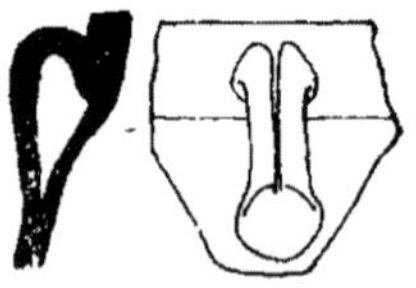 山西浑源县界庄窑Ⅲ式粗白瓷罐			
52	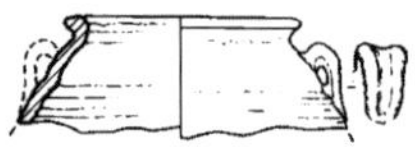 YL1①：9（辽金）	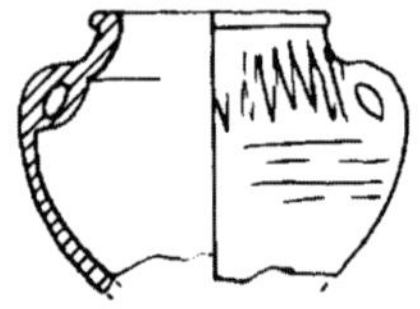 准格尔旗城坡古城遗址第二阶段遗存出土B型陶罐T4②：21	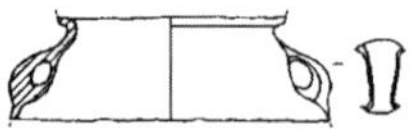 大连西甸子辽代遗址出土陶罐口T0201⑤：13			
53	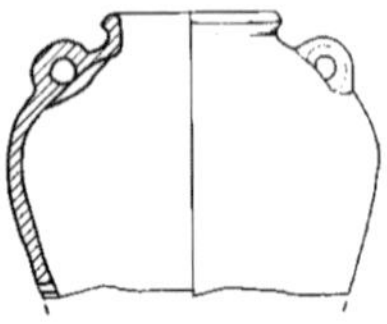 YZ1②：15（辽晚期—金代）	 察哈尔右翼后旗头道湾古城遗址C型Ⅱ式瓷罐ⅡH52：1	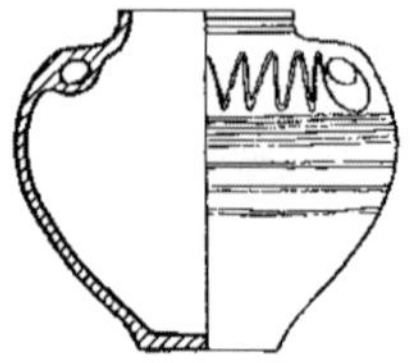 山西大同西环路辽金墓M1出土陶双耳罐M1：7			

续表

序号	右玉苍头河区域调查标本	对比标本一	对比标本二	对比标本三	其他	备注
54	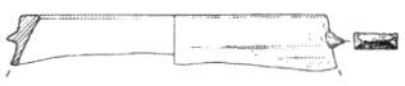 YG1①：1（辽金）	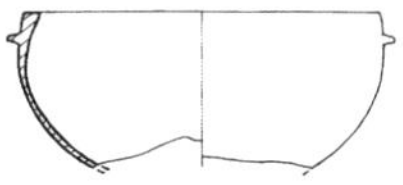 清水河县下城湾古城陶器（锅）H13：6	 和林格尔县前瓦窑沟辽金时代遗址B型陶锅	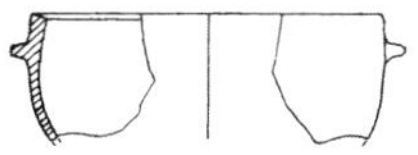 准格尔旗城坡古城遗址第二阶段遗存出土A型陶坩埚T21③：3		
55	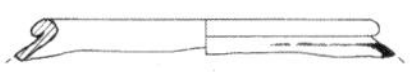 YFJ1①：1（辽代）	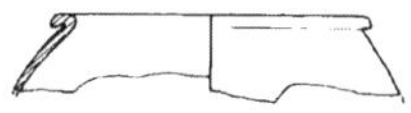 土默特左旗沙尔沁古城遗址Ⅲ式陶罐H2：4				
56	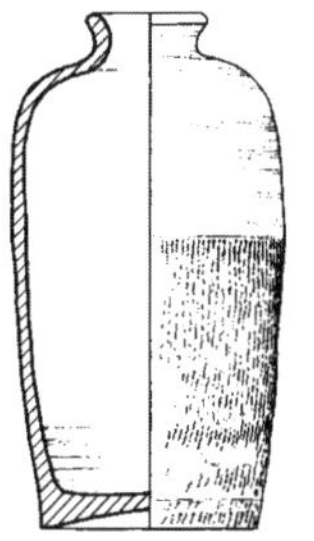 16号（辽代早期） 右玉县博物馆藏	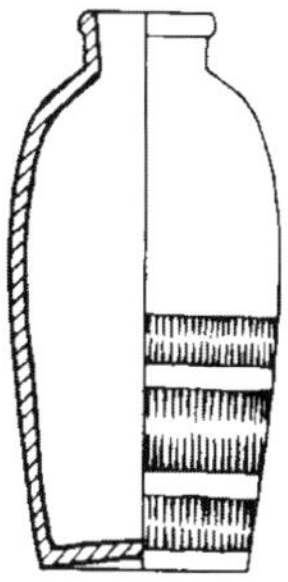 巴林右旗敖包恩格尔辽墓M1随葬瓷牛腿瓶 M1：3				
57	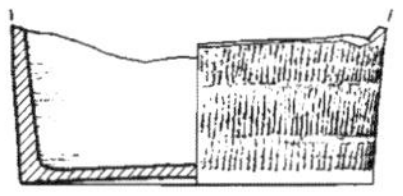 YDY1③：9（辽代）	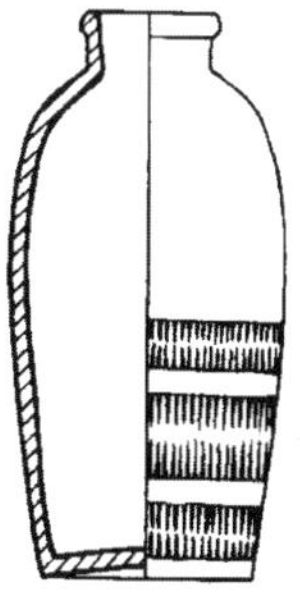 巴林右旗敖包恩格尔辽墓M1随葬瓷牛腿瓶 M1：3				
58	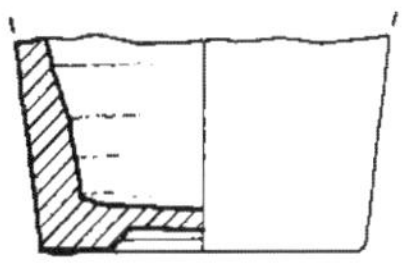 YPE1①：10（辽代）	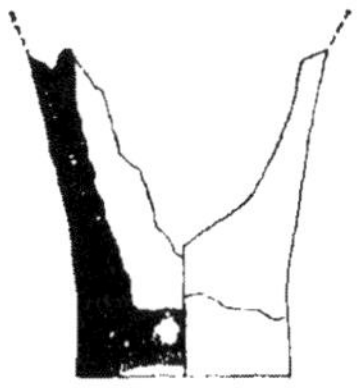 山西浑源县界庄窑图一〇Ⅴ式黑釉瓷瓶				

续表

序号	右玉苍头河区域调查标本	对比标本一	对比标本二	对比标本三	其他	备注
59	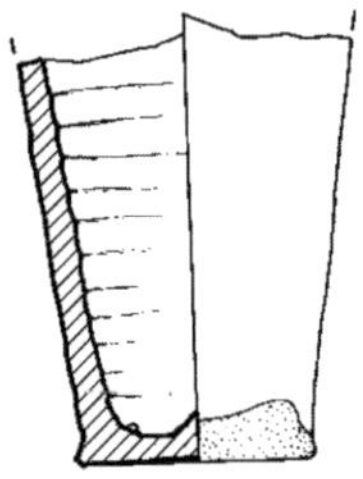 YZ1③：5（金代）	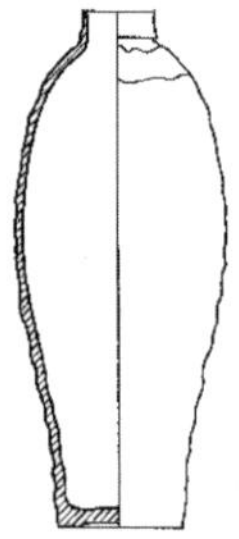 山西大同西环路辽金墓M6出土瓷鸡腿瓶M6：1				
60	 YXJ2①：7（辽金）	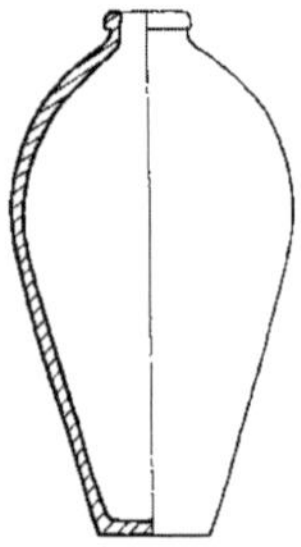 清水河县下城湾古城A型瓷牛腿瓶H13：11	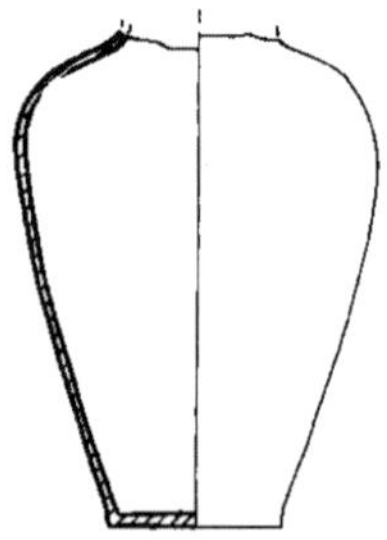 清水河县下城湾古城A型陶罐H13：3			
61	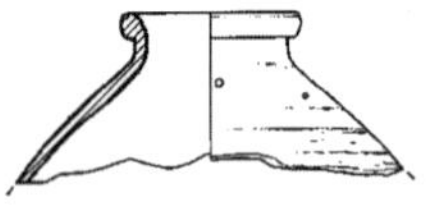 YXJ2①：1（金末元初）	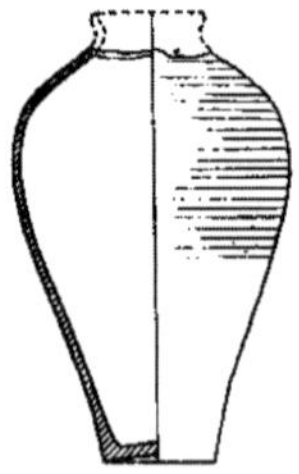 平鲁区庄子坪遗址第三期Bb型陶罐H85：1				
62	 YHS4①：14（辽晚期至金中期）	 凉城县古城梁遗址B型瓷盘H28：3				
63	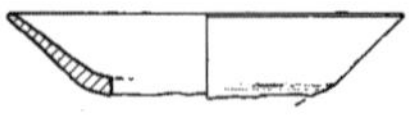 YZ1③：12（辽晚期）	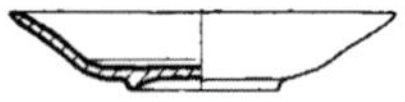 清水河县下城湾古城A型Ⅲ式折腹瓷盘T40③：1				
64	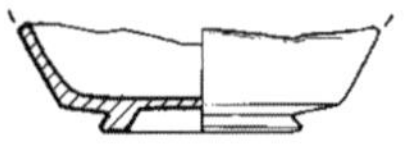 YXJ2①：14（金代早期）	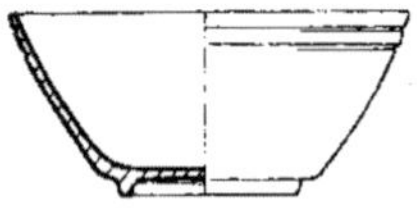 清水河县下城湾古城A型Ⅱ式瓷钵T5④：2				

续表

序号	右玉苍头河区域调查标本	对比标本一	对比标本二	对比标本三	其他	备注
65	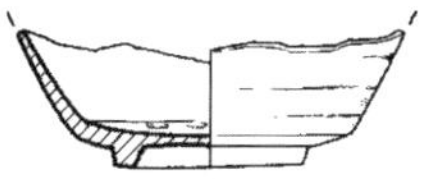 YXJB1③：40（辽金）	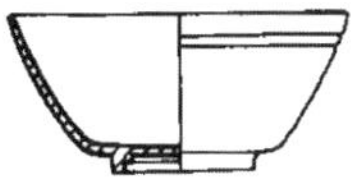 清水河县下城湾古城遗址A型Ⅰ式瓷钵H16：1	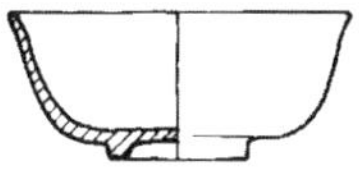 察哈尔右翼后旗韩元店元代古城遗址E型瓷碗H23：1			
66	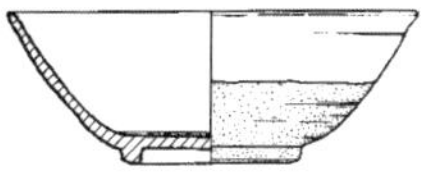 YZ1③：4（辽代）	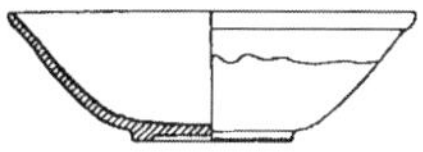 山西大同西环路辽金墓M1出土瓷碗M1：18	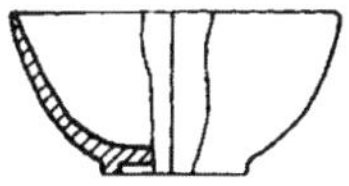 察哈尔右翼后旗头道湾古城遗址Db型瓷碗ⅡG3：1	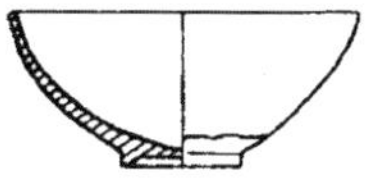 四子王旗城卜子古城及墓葬B型钧窑瓷碗SZC：12		
67	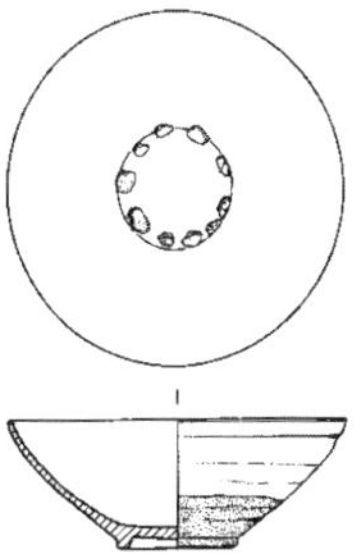 YZ1③：14（金代）	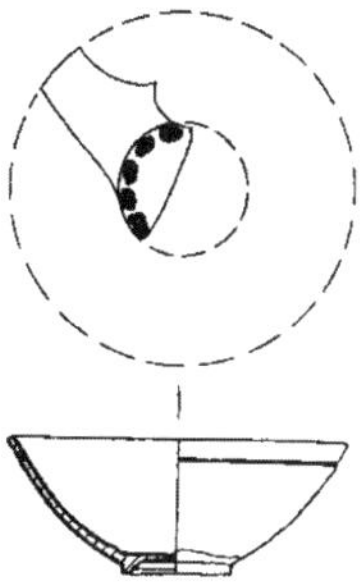 清水河县下城湾古城A型Ⅰ式瓷碗H7：6				
68	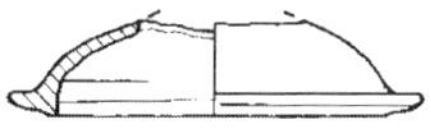 YP1H3：22（辽代）	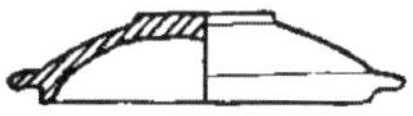 和林格尔县红山口遗址A型瓷器盖H41：1	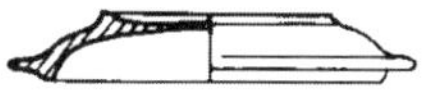 清水河县下城湾古城遗址A型瓷器盖T19③：8			
69	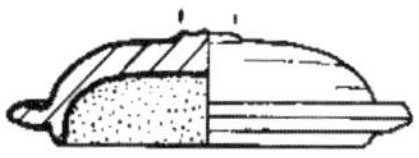 YPE1①：6（金元之际）	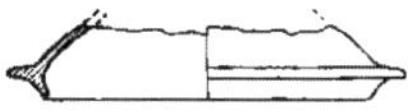 平鲁区庄子坪遗址第三期瓷罐盖采：01				
70	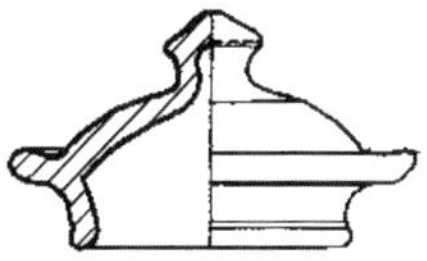 YZ1③：1（辽代）	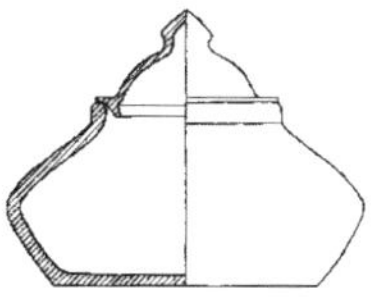 山西大同西环路辽金墓M1出土陶折腹罐M1：9	 准格尔旗城坡古城遗址第二阶段遗存出土陶器盖T17②：8	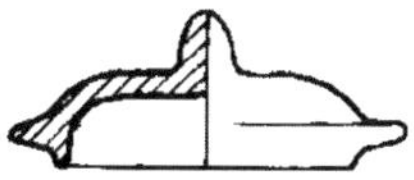 察哈尔右翼后旗韩元店元代古城遗址瓷器盖H29：2		
71	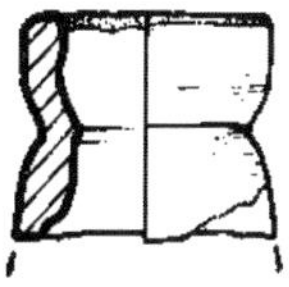 YXJB2①：13（金代晚期）	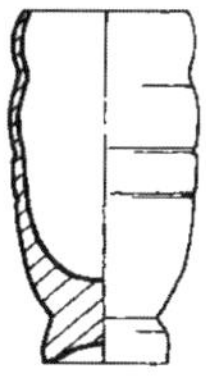 清水河县下城湾古城瓷杯T40②：3				

续表

序号	右玉苍头河区域调查标本	对比标本一	对比标本二	对比标本三	其他	备注
72	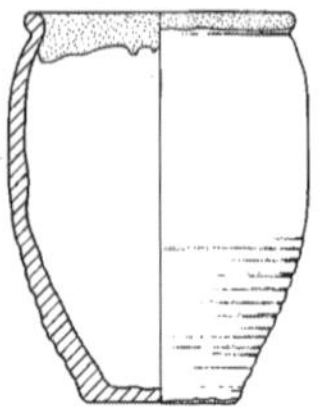 山阴县吴马营乡马家河村采集M1（元代）	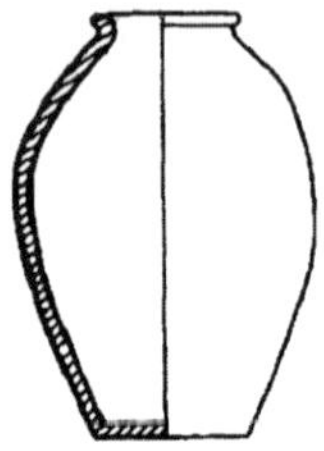 科左中旗珠日河金代窖藏侈口瓷罐	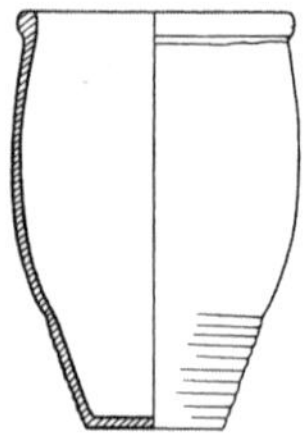 准格尔旗周家壕与马家疙旦西夏元代遗址釉陶缸T1：5			
73	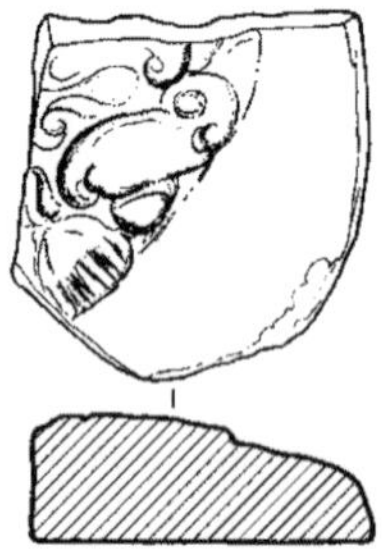 YXJB1③：43（辽代）	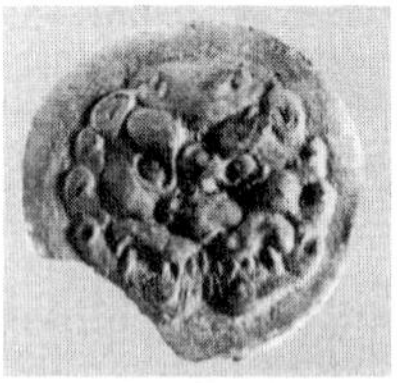 清水河县下城湾古城出土B型Ⅱ式瓦当T13②：5				
74	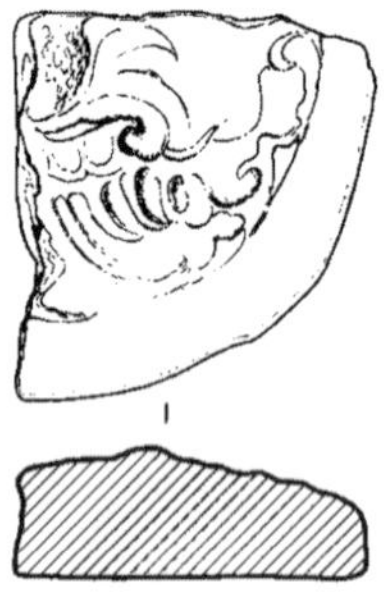 YXJB1③：44（辽代）	 清水河县下城湾古城出土A型Ⅱ式瓦当T33②：5				

第二节　本区域的年代学框架

本区域年代学基本框架为：第一至三段仰韶文化时期，第四段为龙山文化时期，第五段为夏商时期，第六段春秋战国时期，第七段秦、两汉时期，第八段魏晋北朝时期，第九段唐辽金元时期。

一、仰韶文化时期

本流域此次调查共发现仰韶时期的遗址5处，从最东端的庄窝村至流域中部北草场村、李家堡村、火烧岭村及石塘沟村，遗址分布有一定的规律性（图二八五；图版二九，1）。发现

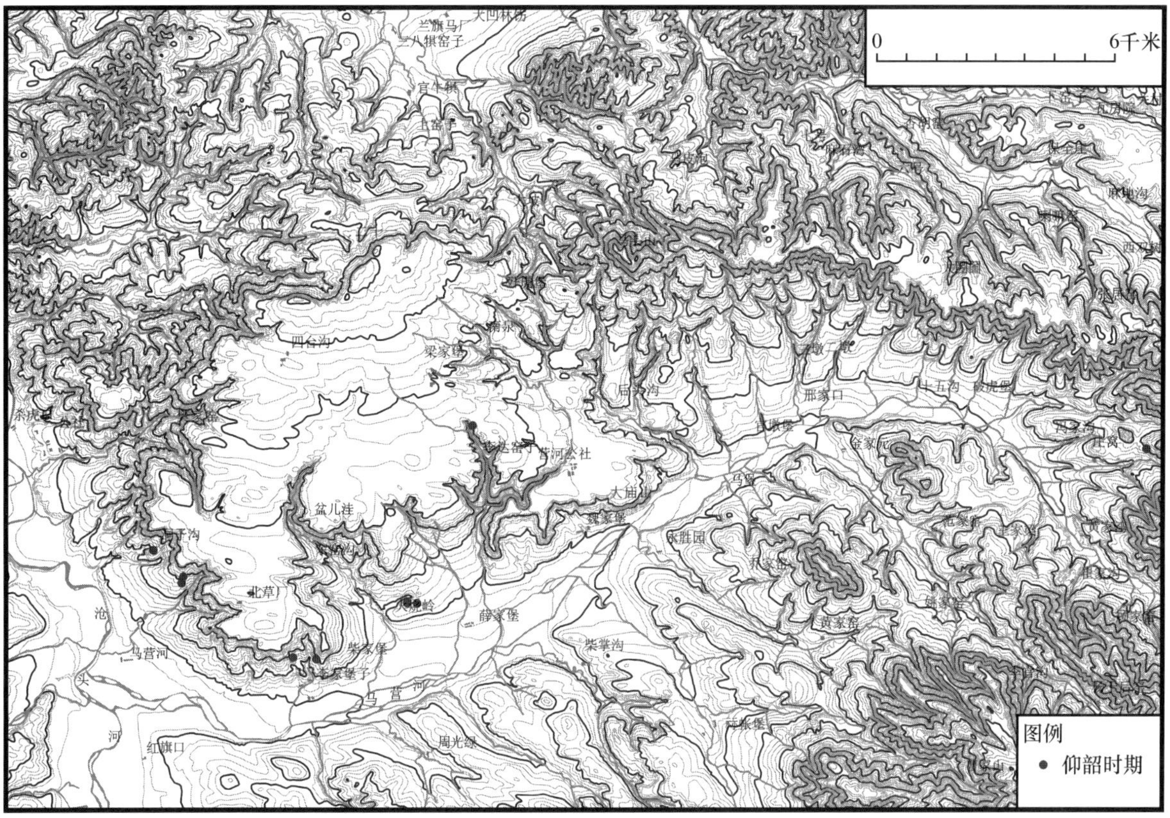

图二八五　仰韶文化时期

的遗址面积不大，未发现文化层，遗物均为残片，有的还比较碎小，对遗址的年代、文化类型及与其他文化关系对比研究带来一定的困难。

经过初步对比研究，本区域仰韶文化基本上可分成三段。

第一段为仰韶中期含半坡类型和庙底沟类型，又可分为早、晚两小段。

第二段为仰韶晚期，主要是泉护二期的遗物，有海生不浪类型的特征。

第三段为庙底沟二期，但没有发现斝等标形器。

第一段的早段为半坡类型、庙底沟类型的混合体，以半坡类型为主，其中还掺和了当地石虎山Ⅰ类遗存；这类遗存是后岗一期文化的后继者，但不是石虎山遗存的直接后裔。

早段在本流域发现最早的遗存为火烧岭村北遗址的第二采集点，共发现5件标本，有瓶口、瓶颈部、彩陶盆口沿、黑色彩带钵口部、黑色细彩条钵口沿等。最具有特征的是矮杯形口的尖底瓶，这样的尖底瓶在岱海南部的王墓山坡下中比较多见[①]。这种尖底瓶在孝义市童子崖二期陶器中也能见到，《晋中考古》的编者认为是西阴文化的范畴[②]。这种矮杯口尖底瓶与大同马家小村重环口尖底瓶还是存在明显区别的，与岱海地区相似性较强[③]。马家小村的作者指

① 内蒙古文物考古研究所、北京大学中国考古学研究中心“聚落演变与早期文明”课题组：《岱海考古（三）——仰韶文化遗址发掘报告集》，科学出版社，2003年。

② 国家文物局、山西省考古研究所、吉林大学考古学系：《晋中考古》，文物出版社，1999年。

③ 山西省考古研究所、大同市博物馆：《山西大同马家小村新石器时代遗址》，《文物季刊》1992年第3期。

出："其中尖底瓶（指器口以下部分）、敛口钵、叠唇盆等器以及线纹大量存在和彩陶中弧边三角、圆点纹等晋南地区庙底沟文化中常见的器物和纹饰，颇具庙底沟文化风格，而庙底沟文化中常见的釜、灶和动物形体为母题的彩陶在马家小村遗存中毫无迹象。这种情况同晋中、河套和张家口十分接近。"但是仔细比较器物及组合、纹饰等还是可以看出大同马家小村出土遗物与山西桑干河流域调查器物及河北张家口地区更加接近，与右玉马营河调查标本还是有明显区别的。这样的认识在王志浩、杨泽蒙的《鄂尔多斯地区仰韶时代遗存及其编年与谱系初探》中得到呼应，"在内蒙古中南部的东胜以西地区曾发现半坡文化的杯口尖底瓶，而东部地区尚无发现这种现象，说明很可能这种文化因素是黄河上游的甘肃东部发展而来，与晋中晋南无关。"[①]本人认为与甘肃东部文化因素有关这种观点还是应当仔细斟酌；杯口尖底瓶与叠唇口尖底瓶很可能在右玉东部山区是分界线，这一点现在来看还是比较明显的。

《岱海考古》报告的作者认为："瓶形口尖底瓶是怎样出现的，从王墓山坡下遗址房址出土数量不少的尖底瓶，作者认为：口部有从低到高，先尖后圆的发展规律。""而石虎山Ⅰ、Ⅱ遗存并未见到此类遗存，岱海仰韶二期、三期的遗存可以看到此类尖底瓶，但缺少火种罐，直到第三期之末才出现钝尖底瓶及双耳罐，此地又重新回到庙子沟、海生不浪文化的怀抱。"在清水河沿岸在清水河县岔河口新石器时代遗址中，此类瓶口比较多见，并且还有更早一期的尖底瓶口，时代与石虎山、官地、杨湾同时[②]。

这类遗存在黄河西岸的陕西榆林市也有不少发现，如神木县马如梁、子洲县怀宁湾及靖边县张家老坟坬等；看来此类遗存有向西北扩展的趋势[③]。火烧岭遗址中发现的"较矮有唇杯口尖底瓶"与半坡类型第二段器物相似，它与原始重唇口尖底瓶一起向东北进入内蒙古中南部，在内蒙古王墓山坡下发现了丰富的该时期遗存。庙底沟文化时期之后，该种遗存发生了大规模收缩，取而代之的是海生不浪和西王村两种类型。

张忠培先生长期关注河套地区考古学文化研究，在与关强先生合著的《"河套地区"新石器时代遗存的研究》一文中认为："相当于本文一期时，泰沂方面的后岗一期文化势力控制这一地区，并与渭河方面的半坡文化有个接触的过程，而随着半坡文化的后继者——庙底沟文化的强大，后岗一期文化被挤出这个地区。目前所知，庙底沟文化的势力一直达到阴山脚下，控制了整个'河套地区'。"[④]

第一段的晚段主要遗存为北草场西北遗址，共有2个采集点，主要遗存还是早段遗存的延续。可辨器类有矮瓶口、黑色宽带钵口、斜边三角纹钵口及黑色细彩带纹钵等，并未发现釜、灶或火种罐。

第二段遗存是半坡四期和西王村三期的后继者，虽然与内蒙古的庙子沟文化、海生不浪文化同时共存，但文化面貌或者说文化内核还是有一些区别的。从马营河流域调查情况来看，西

---

① 王志浩、杨泽蒙：《鄂尔多斯地区仰韶时代遗存及其编年与谱系初探》，《内蒙古南部原始文化研究文集》，海洋出版社，1991年。

② 内蒙古文物考古研究所：《清水河县岔河口新石器时代遗址调查》，《内蒙古文物考古》2003年第2期。

③ 康宁武：《榆林市的仰韶时期遗存》，《考古与文物》2013年第4期。

④ 张忠培、关强：《"河套地区"新石器时代遗存的研究》，《江汉考古》1990年第2期。

王村三期的文化因素更多一些，与山西西部吕梁山一线仰韶晚期遗存共性较大，而与晋中、大同盆地有细微的差别。

这一时期遗存在山西大同市仅有吉家庄经过调查，吉家庄遗址位于大同盆地东南边缘，临近浑源县；调查者认为该遗址主要是受东部大司空类型影响的仰韶晚期遗址①。这一时期主要发现是石塘沟村北二号遗址第一采集点，共发现5件标本，器类有夹砂侈沿罐、夹砂平口瓮、钝尖底的尖底瓶等。另外，山西兴县刘家峁、2005年保德县区域考古调查中都有发现；但基本上都在黄河岸边。在陕西华县泉护村二期文化遗存、内蒙古庙子沟文化遗存、准格尔旗寨子圪旦遗址均有这一时期的钝尖底瓶、夹砂平口瓮及侈沿夹砂罐。这一时期夹砂平口瓮在近口部有附加泥饼，显得个性十足。

第三段遗存主要发现为李家堡村北一号遗址第一采集点，发现的标本有26件。主要器类有黑宽彩带钵、橙红陶敛口钵、深折腹钵、双耳壶的口部、罐或瓮的耳部、大量夹砂平口瓮口部、石斧、陶刀及少量的细石器等。这类遗存主要分布于内蒙古白泥窑子D地点、庙子沟遗址，尤其是小口双耳壶是这类遗址的主要遗存，内蒙古岱海地区分布最广，业内习惯称之为庙子沟文化或海生不浪类型。这种平口瓮或平口罐的口沿在庙子沟文化遗址中数量最多，有的除了附加泥条之外，还另外贴有泥饼。时代基本上在仰韶晚期，与海生不浪文化或类型时代相若。在《庙子沟与大坝沟——新石器时代遗址发掘报告》中，编者认为夹砂平口瓮有以下变化规律："一期略直口，唇外侧贴泥条偏下，多施竖绳纹。二期口部微敛，唇外侧数周泥条贴近口部，通体施交错绳纹或细密竖绳纹。三期敛口较甚，泥条贴至口部，通体施密集细绳纹。"②

二、龙山文化时期

第四段为龙山早期。

龙山时期的遗址是本次调查一个比较大的缺环，在马营河北岸台地上仅仅发现2处遗址可能进入龙山时期，而山西、陕西之间吕梁山地常见的龙山中期遗存一处都没有发现，这是令我们倍感迷惑的问题（图二八六；图版二九，2）。

本区域发现的仰韶晚期至龙山早期的遗址如洞子沟四号遗址，共发现16件标本。可辨器形有浅腹盆、钵、平沿罐或瓮、夹砂侈沿罐及大量篮纹器底；如李家堡村北一号遗址的罐、瓮等。并未发现龙山时期的斝、鬲、甗等传统器形。我们认为这两个单位可能已进入龙山时期。

区域外遗址我们调查了朔州市怀仁县鹅毛口镇南街村鹅毛口遗址，遗址的时代处于龙山中期，正好可以填补本区域空白。属于龙山时代的标本有篮纹小罐、带剔刺纹的器耳、平底碗、斝足等；可资比较的标本在万家寨报告集中均有发现报道③。

---

① 张德光：《临水和吉家庄遗址的调查》，《文物季刊》1989年第2期。

② 内蒙古文物考古研究所：《庙子沟与大坝沟——新石器时代遗址发掘报告（上下）》，中国大百科全书出版社，2003年，第526页。

③ 内蒙古自治区文物考古研究所：《万家寨水利枢纽工程考古报告集》，远方出版社，2001年。

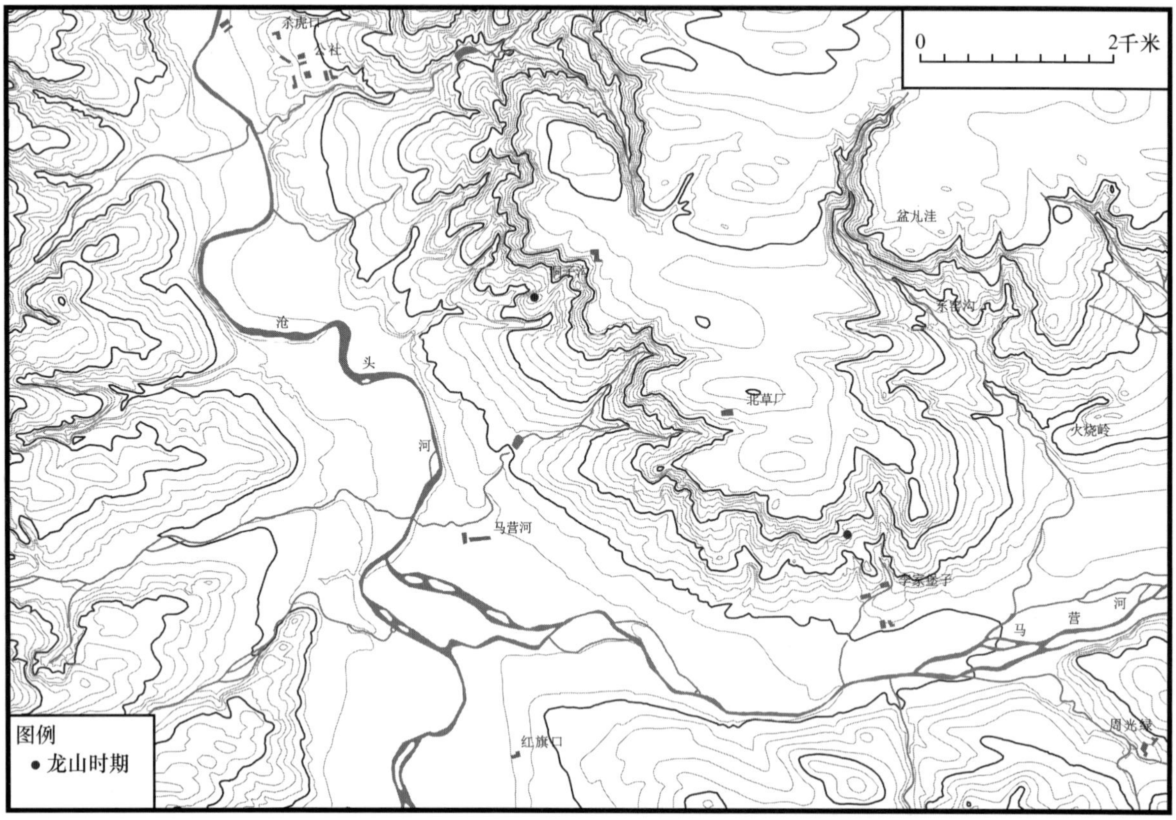

图二八六　龙山文化时期

三、夏商时期

第五段为夏代至商代早期，如石塘沟的花边鬲等（图二八七；图版三〇，1）。

夏商时期的遗址发现比较少，但对于晋蒙之间这么一个特殊的区域来说，能够发现这一时期的遗存已经是十分幸运的了。属于这一时期的遗址仅仅有2处，它们分别是：火烧岭村西北遗址的第一采集点，石塘沟遗址的第一、第二采集点。火烧岭村西遗址发现的典型器物有鬲或者甗的裆部、甗腰、鬲口沿、罐底、甑底等。通过与晋、陕、蒙三地出土标本对比可知，鬲裆部与准格尔旗寨子塔遗址D型鬲、朱开沟遗址Ba型Ⅰ式鬲相似，推测时代应在夏代中期至二里冈上层之间。本遗址中发现的有隔甗与山西杏花村第四至第五期的甗相似，时代为进入夏纪年。遗址中发现的有唇鬲口沿与准格尔旗寨子塔遗址D型鬲口部相似，时代为夏代中期或略早。遗址中发现的罐底与夏代橄榄形罐颇似，主要对比标本为孝义市薛家会的夹砂罐、内蒙古朱开沟M1083带纽罐底部相似，前者认为进入夏纪年，后者认为相当于二里冈文化阶段。

商代遗址仅有石塘沟村东北遗址1处，共有2个采集点。第一采集点共有8件标本，分别为花边鬲口部、斝足、瓮口部、罐底、石刀等。花边鬲与朱开沟遗址A型Ⅰ式T229⑤：3口部形态形似，只是前者唇上刻有花边。敛口折沿瓮与游邀Bc型Ⅱ式无鋬瓮W502：2相似，只是前者无篮纹。时代在夏商之间，特别是花边鬲的时代明显晚于第二采集点。石塘沟遗址第二采集点共发现标本8件，分别为瓮口部、鬲足、斝足、花边鬲口部、罐形鼎腹部、瓮足（实足）等。

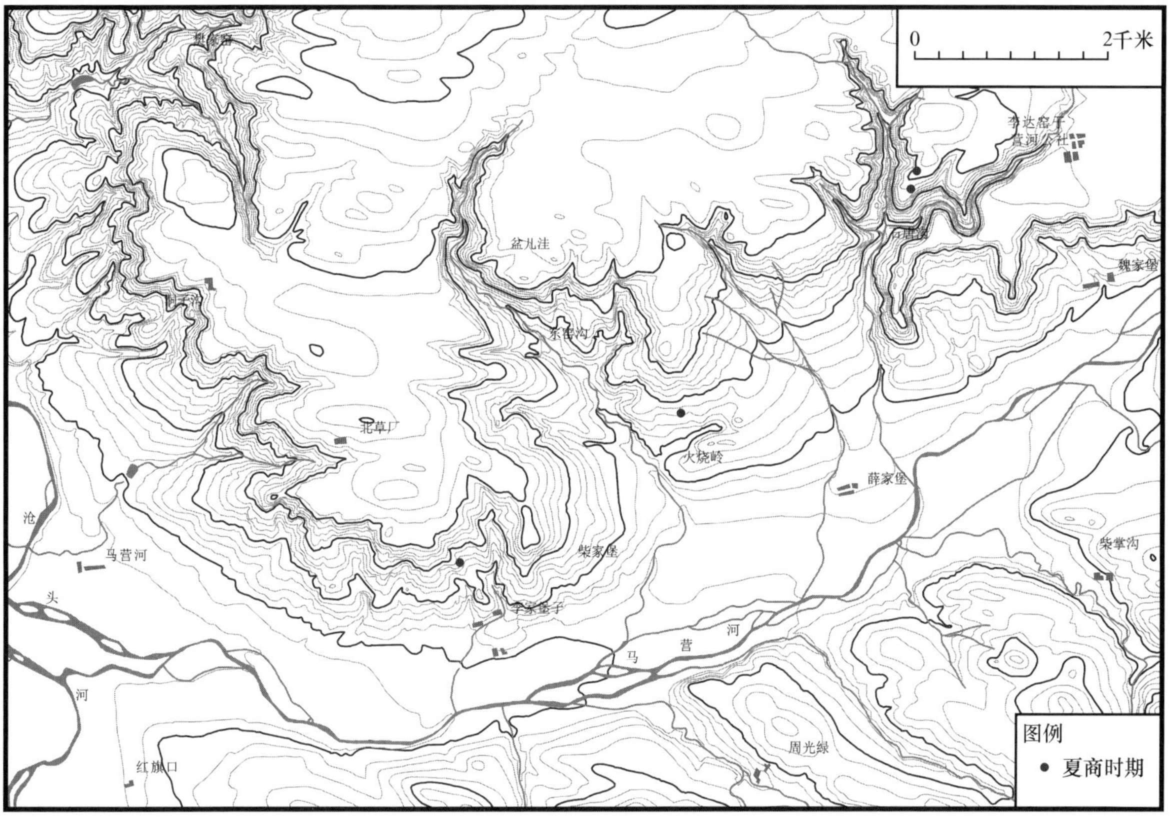

图二八七　夏商时期

敛口瓮口部与游邀遗址晚期第五段夹砂四足鼎H2：61口部相似；鬲足与朱开沟第五段（二里冈上层）J型QH110：1足部形态相似；斝足与华县泉护村三期文化陶器斝H352：160足部相似；夹砂罐形鼎与游邀遗址晚期第六段夹砂陶鼎H584：6的腹部相似；花边鬲与新华晚期A型直口花边鬲相似，领部较直，唇外侧加厚；与朱开沟第三段BC型Ⅲ式T232③：3陶鬲、忻州游邀无耳鬲H2：54相似，基本上进入夏纪年，有的报告作者认为时代晚至夏代晚期。

马家营河北岸夏商时期遗存十分稀少，但与龙山时期相比还相对略多一些。从目前调查的情况看，主要是与黄河对岸的新华遗址晚期、朱开沟遗址某些遗存相类似，应是受这一文化影响或者说是这一文化控制的区域之一。尤其是花边鬲、夹砂四足鼎、蛋形敛口瓮等，基本上是新华文化或朱开沟文化的特征。晋中的文化因素在这一时期也加入进来，如高实足根鬲是通过黄河故道或者汾河流域上行所至。而传统的老虎山文化因素则表现得十分弱势，或者说基本不见，这一点颇值得深思。另外，有隔甗与无隔甗同时出现，空三足蛋形瓮少见而实足瓮反而出现这一事实，证实了这一区域自古以来便是南北东西的交通孔道，其考古学地位不可小视。

西周时期的遗址未能发现。商代晚期发现的花边鬲文化遗存未能延续，而土著文化的东西是否与杀虎口口外、清水河（苍头河进入内蒙古以后称为清水河）下游西岔文化相同呢？[①]

① 内蒙古文物考古研究所、清水河县文物管理所：《清水河县西岔遗址发掘简报》，《万家寨水利枢纽工程考古报告集》，远方出版社，2001年。

四、春秋战国时期

第六段为春秋战国时期（图二八八；图版三一）。

黄河河套及南流黄河以东地区，自春秋以来，本是林胡、楼烦共有的游牧之地。楼烦大体在今山西宁武、岢岚以西的地区，林胡更在其西北，则战国初赵国西北部的疆域当在今管涔山、芦芽山一线。秦穆公时（公元前659～前621年）："晋北有林胡、楼烦之戎。"说的就是这一区域①。春秋早期晋人势力范围还主要位于山西南部，准确地说在今天霍太山以南。春秋晚期，赵卿家臣董安于在太原盆地中部的汾河西岸筑晋阳城。随后，晋国赵卿的势力逐渐向忻定盆地渗透，沿今天雁门关南的繁峙、代县一线向河北发展，终于灭掉代（前475年）、中山等白狄建立的小国②。进入战国以后林胡、楼烦之地，先归赵国，后归秦国。赵人进入这一区域最早是在赵列侯弟赵武公③时期（前374～前350年），《水经注校正》引《虞氏记》："赵武侯自五原、河曲筑城，东至阴山。又于河西造大城，一箱崩不就，仍改阴山河曲而祷焉。昼见群鹄游于云中，徘徊经日，见大光在其下，武侯曰：'此为我乎？乃即于其处筑城，今云中城是也。'"④赵武灵王（公元前325～前299年）二十年（前306年）也曾"西略胡地，至榆中，林胡王献马"。战国晚期，赵国势力扩展到阴山西段、大青山、乌拉山和狼山的山前地带。《史记·匈奴列传》："赵武灵王变俗胡服，习骑射，北破林胡、楼烦。筑长城，自代并阴山下，至高阙，而置云中郡、雁门郡、代郡。"魏坚先生对河套地区的秦汉塞防也有研究，特别提到《史记·李牧列传》：赵孝成王初年（前256年）："李牧者，赵之北边良将也。常居代、雁门，备匈奴……大破匈奴十余万骑。"

从调查所获的陶片判断，春秋时期遗物没有发现；但是杀虎口外的内蒙古凉城县小双城古城却有这一时期的墓葬，发现并发掘墓葬14座，主要以偏洞室墓为主，遗物有陶罐、虎形牌饰、铜刀、铜管为主要组合，发掘者认为时代为春秋晚期至战国早期的游牧民族遗存；虽然发掘者也注意到与东部的毛庆沟墓地、崞县窑子、忻州窑子的区别，但还是采取了折中态度，并未指出其为楼烦或林胡遗存⑤。这类遗存进入杀虎口以内情况目前还不明晰。

目前发现战国晚期的遗存比较多，如魏家堡村西遗址、薛家堡村东一号遗址、盆儿洼村东二号遗址、大川村西南遗址；区域外有平鲁区马营村城墙梁遗址、右玉县善无古城遗址等。尤

① 王蘧常：《秦史》，上海古籍出版社，2000年，第305页。"当是时，秦晋为强国，攘戎狄居于河西圁、潞之间。其后散居各地，因地为号；而晋北有林胡、楼烦，燕北有东胡、山戎，而胡之名渐著。"

② 沈长云、魏建震、白国红、张怀通、石延博：《赵国史稿》，中华书局，第99～111页。自"定公十六年夏，晋围朝歌，齐侯、鲁侯会于牵，以'谋救范、中行氏'"开始，至出公二十二年，韩、赵、魏三家又共灭知伯，瓜分其地。P114史籍记载，当赵简子病逝安葬后不久，还在服丧之中，（前475年）襄子就遵照简子生前的布置，北登夏屋之山，以观察代地的风土人情；陈昌远：《赵国的疆域与地理特征》，《河北学刊》1989年第5期。

③ 司马光《资治通鉴》："周安王二年（前400年）赵烈侯薨，国人立其弟武侯。周安王十五年（前387年）赵武侯薨，国人复立烈侯太子章，是为敬侯。《史记·卷四十三·赵世家第十三》：烈侯卒，弟武公立。武公十三年卒，赵复立烈侯太子章，是为敬侯。是岁，魏文侯卒。敬侯元年，武公子朝作乱，不克，出奔魏。赵始都邯郸。"

④ （北魏）郦道元著，陈桥驿校正：《水经注校正》，中华书局，2007年，第78、79页。

⑤ 内蒙古文物考古研究所：《内蒙古凉城县小双古城发掘简报》，《考古》2009年第3期。

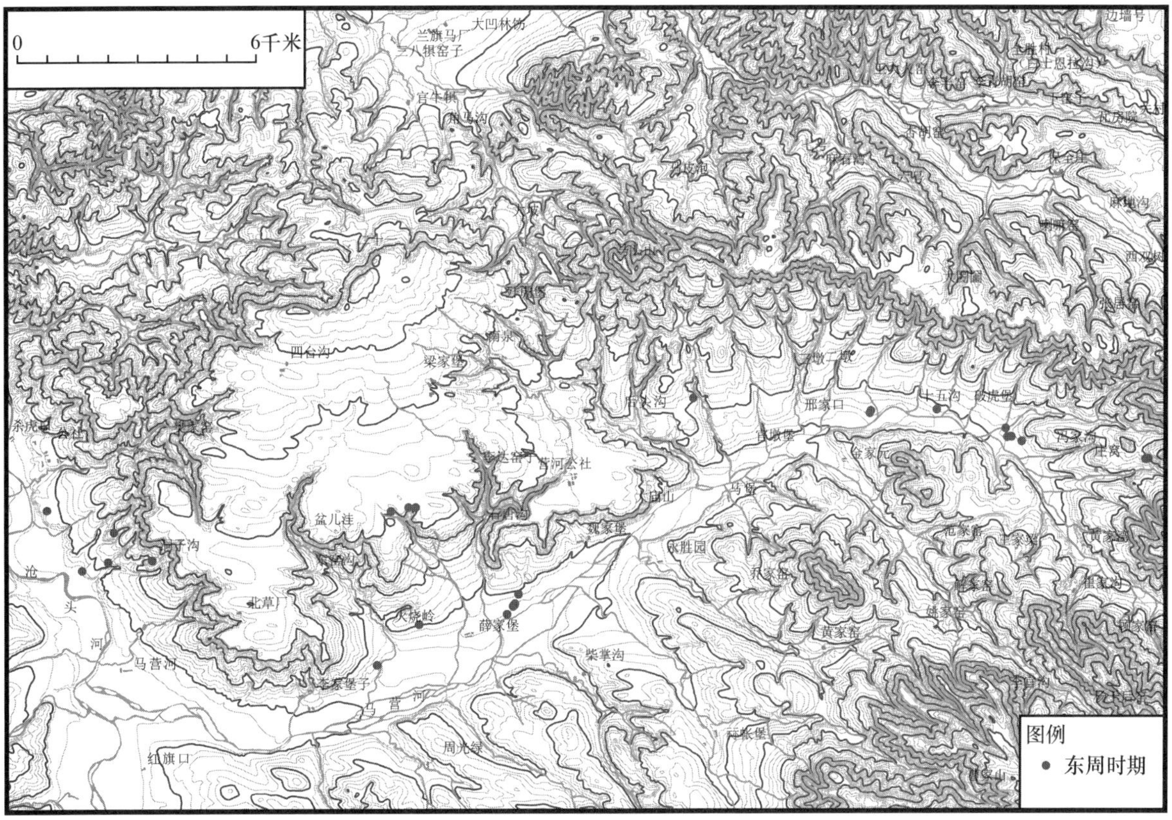

1. 马营河北岸

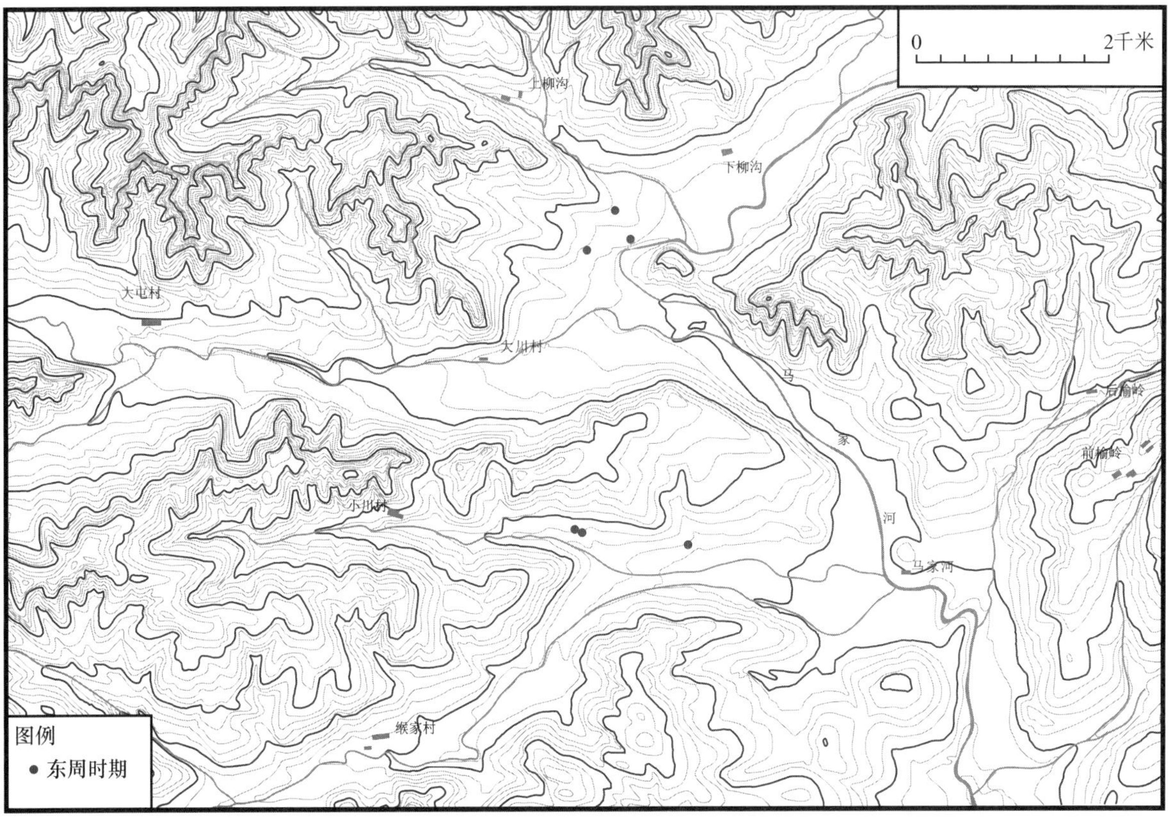

2. 大川村附近

图二八八　春秋战国时期

其在魏家堡村西遗址第二采集点中发现数量比较多且比较集中的陶釜，类型简单。从目前比对的情况来看，时代应该是公元前307年赵武灵王统一此地之后的产物。

秦灭赵，秦统一六国后“分天下为三十六郡”，在托克托县北古城村设云中郡，主要沿用赵城。本调查区域归雁门郡。

战国时期主要器物为釜、鬲、盆、豆、钵，尤其以盆、釜的类型居多。但是，战国时期有一种三足罐（鬲），如PM1③：1与永和龙吞泉遗址H2：8相似，这类遗存现在看比较特殊，应与北方草原文化有着密切的关系[①]。本区域内调查发现战国晚期的遗物比较多，如YP1⑤、YHS2③等。这样的遗存是否已经进入秦朝目前还不能确定，姑且归入战国晚期。

五、秦、两汉时期

第七段为秦、西汉时期（图二八九；图版三二）。

公元前234年，秦大举攻赵，将取得的赵国土地设置为雁门郡和云中郡。秦将李信从云中出兵，说明最晚至战国晚期已经进入九原、云中地区[②]。秦国的雁门郡沿袭赵国的建制，治所在善无（今山西省右玉县北右卫镇）。秦长城遗迹经内蒙古卓资县中部、丰镇市西北、察右前旗南部。雁门郡辖境除有山西北部之外，还包括内蒙古凉城县、丰镇市及卓资县、察右前旗南部。雁门郡西北经杀虎口孔道可至云中郡[③]。

西汉初年刘恒封代王，至武帝（前123年）北伐匈奴，山西全境为汉王朝直接统治。《汉书》卷六《武帝纪》：“六年（前123年）春二月，大将军卫青将六将军兵十余万骑出定襄，斩首三千余级而还，休士马于定襄、云中、雁门。赦天下。”公元前119年再出定襄。两次北伐匈奴的卫青都是先驻扎在雁门郡，出杀虎口至定襄郡（内蒙古托克托县北）再伐匈奴的。

西汉元封五年（前106年），全国设十三州刺史部，并州刺史部监九郡，其中六郡在山西，即雁门郡、太原郡、上党郡、代郡大部、西河郡小部分、河东郡。依《汉书·地理志》所记平帝元始二年（2年）政区设置雁门郡治善无，辖十四县，今山西有十二县。东汉废除王莽政区建制，全国郡县多有省并。山西境内有十六县，分属八郡国，及雁门郡治阴馆，辖十四县，今山西有十三县；定襄郡治善无，辖五县，今山西有二县[④]。西汉有善无县，为雁门郡治；东汉时雁门郡南徙，以善无为定襄郡治；东汉末该郡与县皆废[⑤]。

自王莽以来，北方民族及边疆形式变化，匈奴深入内部郡县，北部边防体系遭到破坏，至东汉中期之后已基本瓦解，被以夷制夷和屯营、坞堡为主新的北部边疆防御体系所取代[⑥]。这

---

① 山西省考古研究所、山西省考古学会编：《三晋考古（第三辑）》，山西人民出版社，2006年，第196页，图二一，6。

② 见《战国策》。

③ 王晓琨：《内蒙古中南部地区秦代城址及其相关问题》，《北方民族考古（第2辑）》，2015年。

④ 王银田：《山西汉代城址研究》，《暨南史学（第六辑）》，2009年第12期。

⑤ 李凭：《北魏平城时代》，上海古籍出版社，2014年，第351、352页，“善无县条”。

⑥ 赵虹波：《汉代北方边城研究——以朔方、五原、云中、定襄郡为中心》，中央民族大学硕士学位论文，2013年。

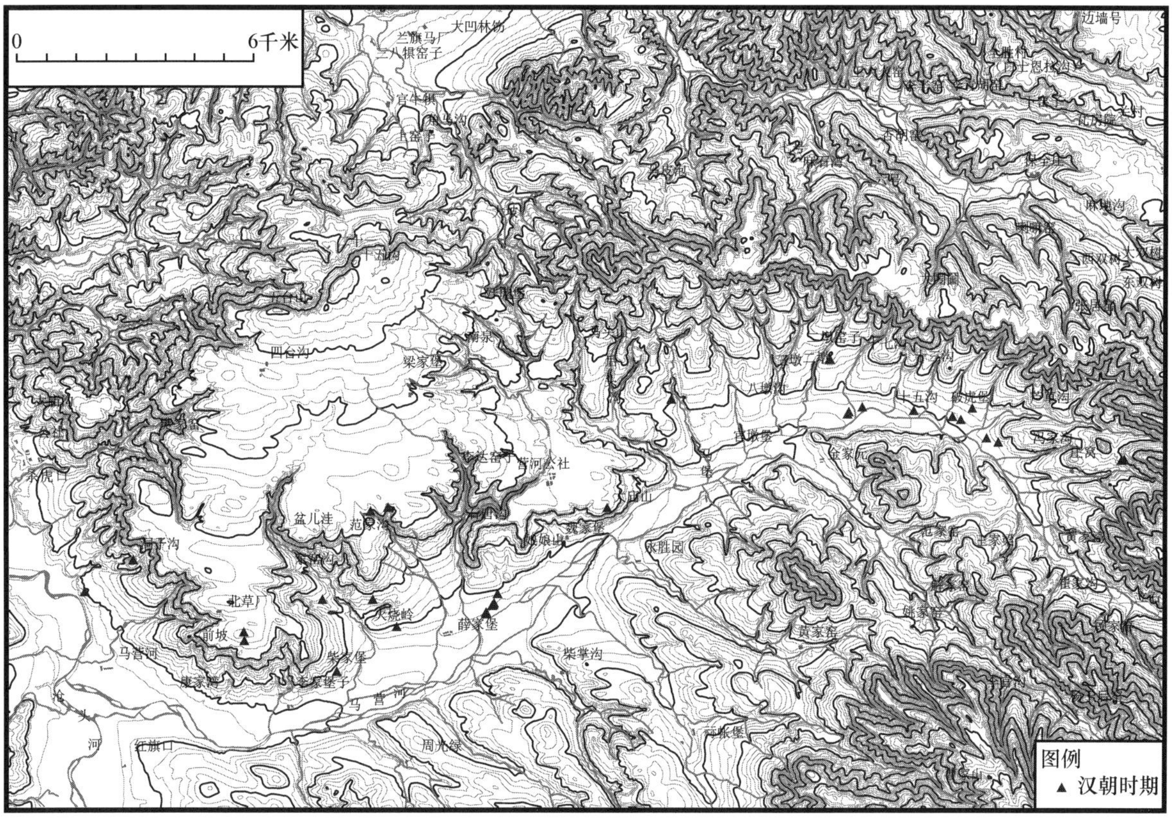

1. 马营河北岸

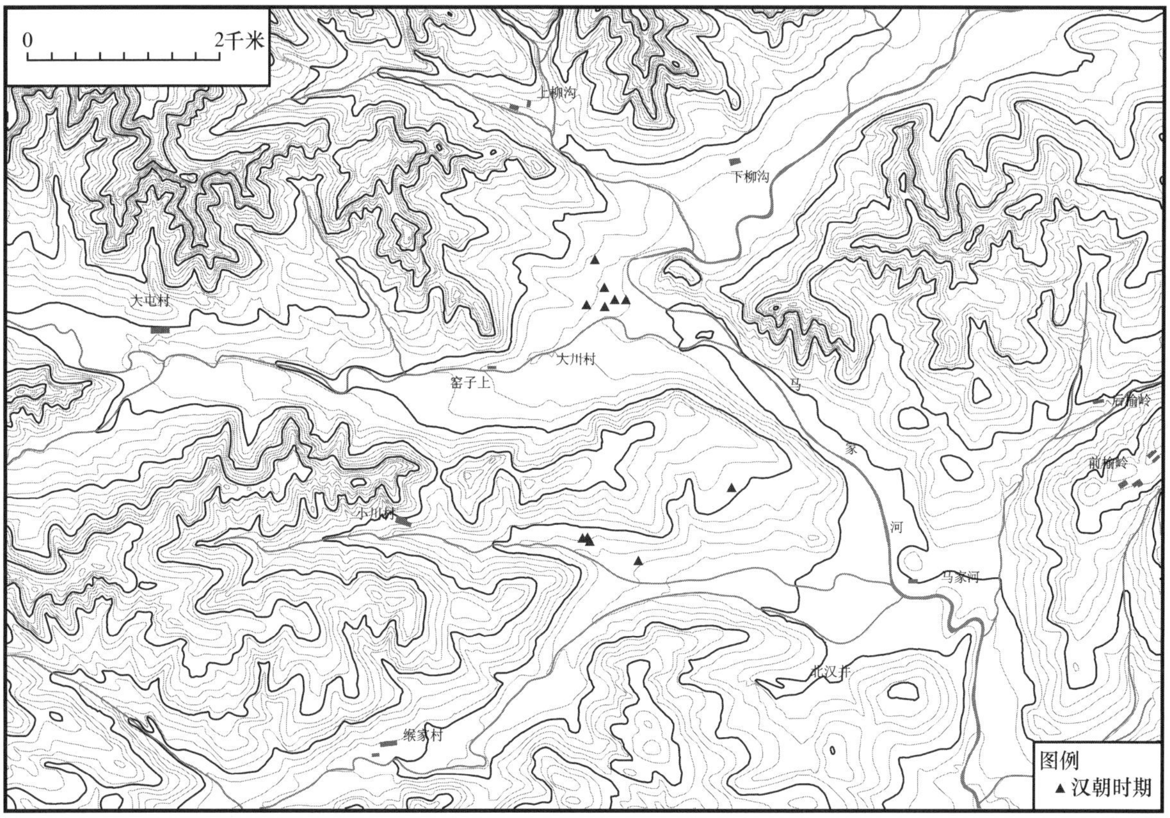

2. 大川村附近

图二八九　秦、两汉时期

样的论述还是十分中肯的，考古发现也有这样的例子，如内蒙古和林格尔县小板申东汉墓葬就是最好的例子。

马营河北岸发现秦汉代遗存数量比较多，仅仅少于辽金元时期的遗存，是本次调查的主要收获之一。右玉县、平鲁县这一时期的很多遗址、墓葬经过发掘，统计下来有：1975年右玉县常门铺汉墓发掘①、1982年右玉县大川村汉代遗存②、2008年右玉县中陵古城的调查和试掘③；平鲁县上面高西汉墓发掘④。

这一时期的遗址或城址有善无古城、中陵古城和位于调查区域内的破虎堡村东遗址及“沃阳”城。善无古城位于苍头河中段，现在右玉县右卫镇，城址保存一般，城址西部北被苍头河冲毁，北部的高台基址尚存。中陵古城的情况可以参见王银田先生的简报，这里不做赘述，只是将传说中的“沃阳”城加以讨论。李孝聪判定马营河支流的兔毛河故称沃水，在其北岸上游破虎堡村东1000米的汉代遗址为西汉雁门郡的沃阳县城遗址，其东西1000米，南北500米，周长6里⑤。通过本次调查可知：该城址平面呈长方形，南北残长160米，东西长约200米，城址南墙被马营河冲毁，其余三面仅墙角有高出地面的土堆；现残存面积约4万平方米。与李孝聪先生公布的数据差异甚大，我们也怀疑它不是汉代善无郡的下属县——“沃阳城”。汉代的城市考古经验告诉我们，一般汉代的县治，边长600～1000米，小于600米的县，不太可能是两汉时期的。这样的推断得道了内蒙古凉城县的考古发现的支持（汉代沃阳县位于今天内蒙古凉城县双古城，时代为西汉，东汉废弃，它应当是汉代沃阳县治所。这个问题在附录一《参合陂问题研究始末》一文中有专述）。

西汉时期比较重要的遗址有薛家堡村东一号遗址，不但是因为遗址面积巨大，主要是遗址内涵丰富，时代跨越战国晚期至西汉王莽时期，是研究西汉雁门郡物质文化的重要遗址。

位于明长城南侧的二三墩村东遗址是一个比较特殊的东汉遗址，遗址中有少量晚唐至西夏时期的瓷片。从目前调查发现的遗物看，有的遗物已经晚至东汉熹平时期。东汉早期虽然也对匈奴发动过几次战役，但基本上以失败而告终。此次发现的夯土台基约（20×20）平方米，应该是汉代的隧，可以参考孙机先生的论述，故在索引中录入全文⑥。

---

① 戴尊德：《右玉常门铺汉墓》，《文物季刊》1989年第1期。

② 郭勇：《山西省右玉县出土的西汉陶器》，《文物》1963年第11期。

③ 山西省考古研究所、暨南大学历史系考古专业：《山西右玉县中陵古城的调查与试掘》，《考古》2011年第10期。

④ 支配勇：《山西平鲁上面高村西汉木椁墓》，《文物》1989年第1期。

⑤ 李孝聪：《孔道与平台：杀虎口在历史上的地位与作用》，《山西大学学报（哲学社会科学版）》2007年第30卷第2期。

⑥ 孙机：《汉代物质文化资料图说》（增订本），上海古籍出版社，2008年，第184页。“塞防设施”条：障以下为亭隧。在内地，亭负责治安的基本单位；在塞防线上，隧是警戒、设防的基本单位。故隧亦可以称为亭。亭隧中应有供吏卒驻防的坞和作为烽台的堠。《通俗文》：“营居曰坞。”（《玄应音义》卷一一引）。故汉简中有时候将隧长称为坞长。堠一般是方台。居延汉简说：“堠高四丈，上堞高五尺。则其通高合10.35米，与现存敦煌烽火台最高者为9米的数字相近。若据山险，更可顺地势修筑。……经过发掘设置情况比较清楚的隧，可以甲渠塞第四隧为例。此隧位于甲渠候官障南5千米许，每障相距3隧。此隧之堠为方形，夯筑，基础（7.7×8）平方米，残高3.4米。”

这一时期的器物组合与中原地区并无二致。主要有釜、直口矮领罐、小口绳纹罐、深腹盆、折腹盆、小盆、钵、甑等。比较特殊的是出现一种敛口的釜，如YHS2②：2与托克托县黑水泉遗址A型Ⅱ式陶釜H49：26颇为相似。另外，在托克托县古城村发现的汉代陶釜上一般都有戳记，而本区调查中却没有发现。

东汉晚期的遗存除了二三墩村的夯土台地，在右玉县博物馆馆藏的汉代陶器中有些陶罐如68号、77号与原平北贾铺M4：7[①]、包头召湾90～97号墓M91：2[②]、托克托县古城村H20：7矮领罐[③]等早期鲜卑遗存十分接近，我们怀疑其时代已经进入西晋或代魏时期。

六、魏晋北朝时期

第八段为魏晋北朝时期（图二九〇；图版三〇，2）。

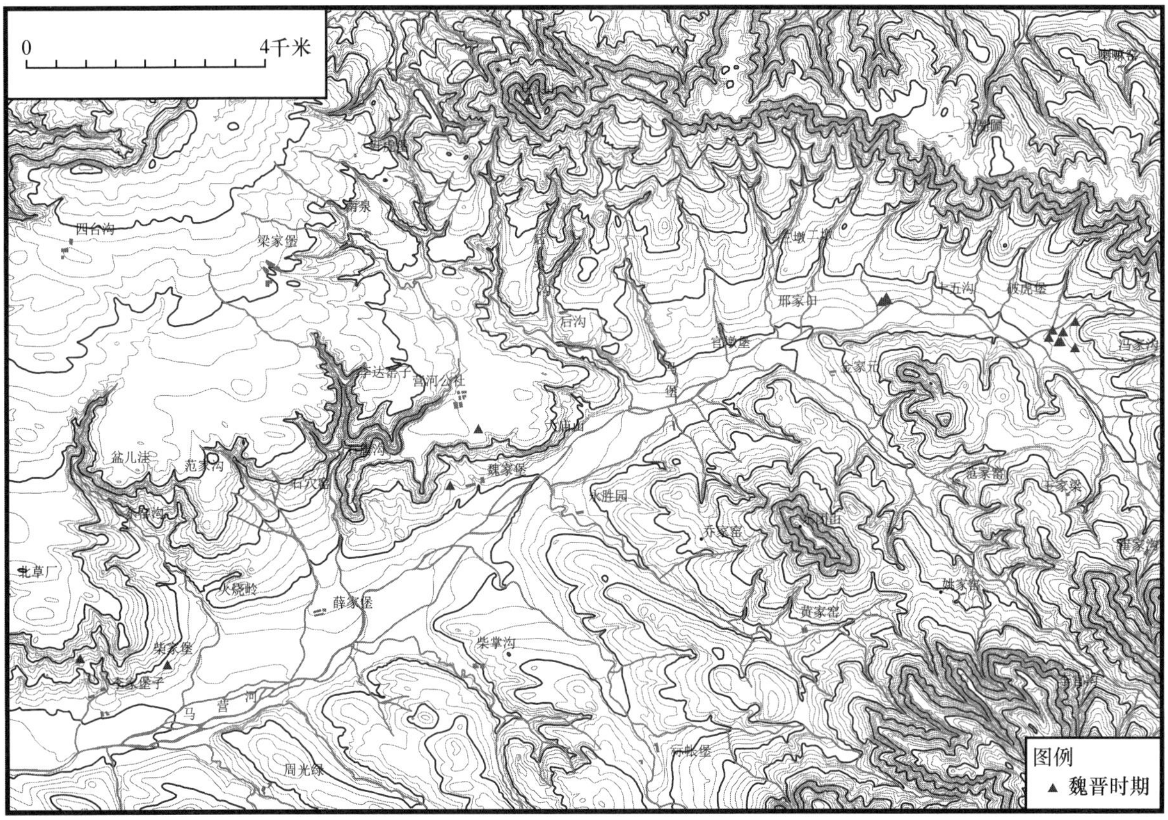

图二九〇 魏晋北朝时期

① 山西省考古研究所、山西省考古学会编：《三晋考古（第三辑）》，山西人民出版社，2006年，第276页，图一四，16。

② 内蒙古文物考古研究所编：《内蒙古中南部汉代墓葬》，中国大百科全书出版社，1998年，第260页，图九，4。

③ 内蒙古自治区文物考古研究所编：《内蒙古文物考古文集（第三辑）》，科学出版社，2004年，第249页，图三〇，14。

魏晋北朝时期的考古学文化遗存发现比较少，目前具体原因还不太清楚。从地理位置上判断，右玉县马营河北岸在魏晋时期多数时间处于汉胡交战地带，特别是曹魏时期把雁门之北的五郡撤回置新兴郡，更是这一地区沦为胡人聚居地。西晋时期鲜卑势力在此更加扩张。《魏书》卷一《序纪》穆帝三年（310年）条载："晋怀帝进帝（指拓跋部首领拓跋猗卢）大单于，封代公。帝以封邑去国悬远，民不相接，乃从（刘）琨求勾注山陉北之地。琨自以托附，闻之大喜，乃徙马邑、阴馆、楼烦、繁畤、崞五县之民于陉南，更立城邑；尽献其地，东接代郡，西连西河、朔方，方数百里。帝乃徙十万家以充之。"这样的考古证据还有发现，列举其二：一是"猗㐌"刻铭金牌，发现于内蒙古凉城县小坝子滩，这是知道确切时间为西晋晚期的纪年牌①；另外是一件白玉龙纹鲜卑头，经考证是西晋某位皇帝的御用品。从以上两点略可以看出西晋时期鲜卑与中原王朝的关系②。

山西北部在这一时期的发现有右玉县善家堡墓地③、平鲁井坪娄烦墓地④及近年发现的原平北贾铺汉墓⑤中发现有大量的早期鲜卑文化因素；虽然大家对这几处墓地文化归属认识存在分歧⑥，但是其时代判定还是比较一致的。

代魏时期，本区域主要是匈奴刘库仁部控制。拓跋鲜卑经历种种磨难之后，"西元二五八年，拓跋力微将根据地迁移至位于五原、长川两地之间的'定襄（郡）之盛乐（内蒙古自治区和林格尔县西北土城子）'，并于四月举行象征权威的祭天典礼。……当时，居地在平城西边犲山地区的白部大人，可能因为势力较强，与南临的匈奴部众也有交往，对拓跋力微的祭天大典'观望不至'，终于为拓跋力微所杀。"⑦上引郑钦仁先生的观点，本调查区域东部与左云之间的低山当时称为犲山，由匈奴部关系较好的白部大人和跋控制。

当拓跋珪称帝之后，为了盛乐与平城之间京畿重地的安全，把右玉县南部的部落大人庾岳和犲山的白部大人寻找各种理由给斩杀。郑钦仁先生是这样论述的："原居地在善无（山西右玉县南）地区的部落大人庾岳与在平城、善无之间犲山地区的白部大人和跋，二人都是拓跋珪继位牛川的基本支持者，屡受重用，却先后在这一时期被杀。史籍的记载虽然隐晦，但仍可判断出，似与二部原居地都在畿内重地，拓跋珪有意将它们迁至畿外有关。《和跋传》中更隐约

① 内蒙古文物队：《内蒙古出土文物选集》，文物出版社，1963年，图59～61。

② 上海博物馆：《琳琅》，北京大学出版社，2015年，第257、258页。白玉龙纹鲜卑头：它用和田羊脂白玉琢成，上刻一条蟠龙，龙身上的小孔原用于镶嵌宝石，如今宝石均已遗失。四面边框钻很多小孔，供用线缝制于衮带上。背面刻有铭文，右为"庚午，御府造白玉衮带鲜卑头，其年十二月丙辰就，用工七百"，左为"将臣范许、奉车都尉臣程泾、令奉车都尉关内侯臣张余"，共计四十六字，记述了其制作的年代、制作机构、器物名称、制作工时、监造官的姓名等，经考证这件作品应是西晋某位皇帝的御用品。

③ 王克林、宁立新、孙春林、胡生：《山西省右玉县善家堡墓地》，《文物季刊》1992年第4期。

④ 支配勇、高平如：《平鲁井坪娄烦墓》，《文物季刊》1992年第1期。

⑤ 山西省考古研究所、忻州市文管处：《原平北贾铺东汉墓葬发掘简报》，《三晋考古（第三辑）》，山西人民出版社，2006年。

⑥ 乔梁：《山西原平北贾铺东汉墓葬所见的北方草原文化因素——附汉鲜卑遗存的发现与辨识》，《考古与文物》2015年第2期。

⑦ 郑钦仁、吴慧莲、吕春盛、张继昊：《魏晋南北朝史》，同仁书局，2007年，第262页。

可见他对被迫迁徙的不服之意。……即便如此，还有像尔朱氏或一些高车部落，或因势力不致造成威胁，表现出让拓跋珪放心，或以‘以类粗犷，不任使役’的理由，得以保留部落机构。”[①]这里让我们看到以往不知道的北魏建国过程中的细节，尤其是在对待畿内部落民族的态度，如白部、庾岳部、高车部、尔朱氏部等。

本调查区域在北魏时期属于京畿之地。善无属于京畿西部区域，是平城与盛乐之间的主要交通要道。“西汉有善无县，为雁门郡治；东汉时雁门郡南徙，以善无为定襄郡治；东汉末该郡与县皆废。但北魏迁都平城之前，此地仍沿用善无旧名。北魏复置善无县，为京畿的西界，则其位置仍在汉代旧县。”[②]“北魏建国之初将大同盆地及其周围山区划分为畿内与畿外两个区域。在畿内，安置的是内徙新民和经‘离散’后的部民，他们在那里主要从事农业生产；在畿外，安置的是未被‘离散’的游牧部落，他们继续从事游牧活动。无论是畿内还是畿外，都被划分为四方四维，畿内四方四维归八部大夫管理，畿外四方四维归八部帅监督。”[③]《北齐书》卷一五《厍狄干传》：越豆眷部统领部落，道武帝曾“割善无之西腊汙山地方百里以处之”。从《北齐书》提供的资料来看厍狄氏在道武帝时期主要活动于善无之西的西腊汙山，即今天的右玉县西与内蒙古自治区清水河县境内。善无古城最终毁弃应该是在北齐至隋统一期间。

本区域这一时期的陶器种类没有太多改变，特别是曹魏至西晋时期。主要为釜、小口矮领罐、折沿盆等。至代魏时期盆、壶的种类明显增加，贴塑的水波纹和压印纹十分流行，不但装饰在器物外部，在器物内部如盆等也有装饰。需要值得一提的是出现了大量低温陶器，主要以罐为主，它是鲜卑进入该区域的代表性器物。

本区域内发现的曹魏时期遗址实在不能确指，但通过器物比对，考虑某些遗物有可能进入曹魏时期。YC1①：2釜与托克托县古城村古城遗址的汉代陶器相似[④]；YP1①：2釜与卓资县城卜子古城遗址陶器C：23[⑤]、托克托县黑水泉遗址B型Ⅰ式H170：8陶釜相似[⑥]。

北魏早期遗址是李达窑乡十五沟村西南一号遗址、洞子沟村三号遗址第一采集点、破虎堡东“沃阳城”遗址中发现有北魏晚期兽面瓦当及马头山北魏墓葬；尤其以十五沟村西南一号遗址时代最早，也最为重要。十五沟村西南一号遗址发现的拍印纹的罐、盆口沿（YS2H1：2）与原平北贾铺M1：15盆口沿口部特征相似[⑦]、壶（YS2H1：1、YS2②：2）与内蒙古托克托

① 郑钦仁、吴慧莲、吕春盛、张继昊：《魏晋南北朝史》，同仁书局，2007年，第276页。

② 李凭：《北魏平城时代》，上海古籍出版社，2014年，第351～352页，“善无县条”。

③ 李凭：《北魏平城时代》，上海古籍出版社，2014年，第56页。

④ 内蒙古自治区文物考古研究所编：《内蒙古文物考古文集（第三辑）》，科学出版社，2004年，第233页，图一六，9。

⑤ 内蒙古自治区文物考古研究所编：《内蒙古文物考古文集（第三辑）》，科学出版社，2004年，第136页，图九，4。

⑥ 内蒙古自治区文物考古研究所编：《内蒙古文物考古文集（第三辑）》，科学出版社，2004年，第182页，图三七，3。

⑦ 山西省考古研究所、忻州市文物管理处、原平市博物馆：《原平北贾铺东汉墓葬发掘简报》，《三晋考古（第三辑）》，山西人民出版社，2006年，第273页，图一二，3。

县古城村古城遗址代魏时期同类器物（B型Ⅱ式壶T2②：5、C型壶T1③：7）相似[①]。壶还有一种特别的样式，如PM1③：2；仅在内蒙古出现，与托克托县古城村古城遗址代魏陶器E型壶H45：11相似，看来平鲁区张马营古城的时代下限应在代魏或北魏早期还在使用[②]。盆（YP1H3：11）与内蒙古托克托县古城村古城遗址代魏时期同类器物（A型Ⅰ式盆H39：4）相似，此件标本口沿卷折形态似代魏，只是腹部比较浅[③]。YP1③：1小盆（北魏）与托克托县黑水泉遗址陶盆L型Ⅲ式C：6相似[④]；与武川县二份子北魏古城调查C型陶盆相似[⑤]。另外，YS2②：3小口瓮也十分重要，它与托克托县古城村古城遗址代魏C型陶瓮H20：13相似[⑥]，与新巴尔虎左旗伊和乌拉鲜卑墓陶侈口舌状唇壶纹饰相似[⑦]。

马头山墓地（YMT1）发现的北魏早期墓葬仅有3座，全部被盗掘。从残存的遗迹、遗物判断应该是北魏早期的金陵的陪葬墓。墓室全部用块石垒砌，墓葬平面为刀把形，墓室上部用条石封盖，之后再用土石夯筑。目前看到一座墓葬依然保留了方形台基和圆形封土。马头山墓群周围未发现陶器碎片，仅发现较少的建筑材料，如条砖和板瓦。这样的建筑材料与内蒙古乌兰察布武川县二份子古城发现的建筑材料相似[⑧]。马头山墓群位于马头山顶峰，山顶地势十分宽阔平坦，与传统观念上的狭小、陡峭判然有别。这一点在笔者看过大同市方山北魏冯太后陵、左云县北魏墓葬的地形、地势后，对马头山墓葬的时代更加肯定。文献上记载在盛乐与平城之间有北魏金陵，由于这一地区面积辽阔，涵盖山西大同市西北部、左云县、右玉县中北部，内蒙古自治区的凉城、和林格尔县、托克托县等地，自古以来就有争议。目前学者普遍认为左云、右玉之间是北魏平城时期的金陵范围，这一观点看来比较中允。为了更好地理解金陵与其他北魏墓葬，特将北魏窦氏、常氏与冯太后陵资料引用

① 内蒙古自治区文物考古研究所、托克托县博物馆：《托克托县古城村古城遗址发掘报告》，《内蒙古文物考古文集（第三辑）》，科学出版社，2004年，第251页，图三一，5、8。

② 内蒙古自治区文物考古研究所编：《内蒙古文物考古文集（第三辑）》，科学出版社，2004年，第251页，图三一，4。

③ 内蒙古自治区文物考古研究所、托克托县博物馆：《托克托县古城村古城遗址发掘报告》，《内蒙古文物考古文集（第三辑）》，科学出版社，2004年，第247页，图二九，12。

④ 内蒙古自治区文物考古研究所编：《内蒙古文物考古文集（第三辑）》，科学出版社，2004年，第172页，图三〇，7。

⑤ 内蒙古文物考古研究所编：《内蒙古文物考古文集》，中国大百科全书出版社，1994年，第440页，图三，5。

⑥ 内蒙古自治区文物考古研究所编：《内蒙古文物考古文集（第三辑）》，科学出版社，2004年，第251页，图三一，10。

⑦ 内蒙古文物考古研究所编：《内蒙古文物考古文集（第二辑）》，中国大百科全书出版社，1997年，第455页，图四，4。

⑧ 乌兰察布博物馆：《武川县二份子古城调查记》，《内蒙古文物考古文集》，中国大百科全书出版社，1994年，第439页，图二。“建筑材料有筒瓦、板瓦等。板瓦：皆灰色，厚度分别为1.3、1.8和2.2厘米。表面多素面，少量的作纵向压光；内壁多压印不规则的布纹，个别的亦作纵向压光，制作技术比较粗糙。依其头部的变化可分为三型。A型，方头，头内侧有一凹槽；B型，在头部作水波纹；C型，头部上下均用手指压成波浪纹。”

出来，以资参考。

《魏书》卷一三《世祖保母窦氏传》："真君元年（440年）崩，时年六十三。诏天下大临三日，太保卢鲁元监护丧事，谥曰惠，葬崞山，从后意也。初，后尝登崞山，顾谓左右曰：'吾母养帝躬，敬神而爱人，若死而不灭，必不为贱鬼。然于先朝本无位次，不可违礼以从园陵。此山之上，可以终托。故葬焉。别立后寝庙于崞山，建碑颂德。'"崞山：李凭《北魏平城时代》（2014年12月第一版第325页）有专门论述，他认为是今山西省大同市浑源县下韩村乡麻庄村。之后高宗乳母常氏也别葬广宁磨笄山，俗谓鸡鸣山。《魏书》卷一三《文成文明皇后冯氏传》："太后与高祖游于方山，顾瞻川阜，有终焉之志，因谓群臣曰：'舜葬苍梧，二妃不从。岂必近附山陵，然后为贵哉！吾百年之后，神其安此。'高祖乃诏有司建寿陵于方山，又起永固石室，将终为清庙焉。太和五年（481年）起作，八年而成。刊石立碑，颂太后功德。"

东魏、北齐、北周、隋四个时期虽然史书上明确记载曾经发生过某些历史事件，但在此次考古调查中并没有明确的发现，姑且不论。

七、唐辽金元时期

第九段为唐辽金元时期（图二九一；图版三三）。

整个右玉县唐代资料发现比较少，目前可知仅有《唐代王液墓志》出土，且是征集而来[①]。由于北宋的疆域始终没有越过今天的雁门关，北宋遗存没有发现。

2012年大准至朔黄铁路右玉县高家堡乡沟北村东约500米发掘辽金时期遗址一处，遗物有陶罐、白釉瓷盆、白釉瓷盘等，发掘区的西北角残存一个堡子遗址，有东、西、北三面堡墙，东西长50米，南北残长26米，夯土层厚8～12厘米，推断其时代为辽金时期[②]。调查区域内发现辽金元时期的遗址比较多，有的为辽金时期相连续，有的辽金元三个时期共存，这给我们判断遗物的时代和文化归属带来不少困难。辽金时期本区域属于辽金西京路管辖，文化面貌与附近的左云县、偏关县、平鲁区等基本相同；只是个别遗址面积比较大，出土了一些印花、剔花、划花的白釉、黑釉瓷器，从制作工艺上看与山西地方窑口如浑源窑（辽代浑源窑出土器物基本上无涩圈，金代则涩圈已经出现）、大同窑、朔州窑等调查采集的标本基本相似，应当是山西地方窑口本地制造的产品占多数。这样的推测与北京大学考古文博学院科技考古中心实验室测试结果基本吻合[③]。金末元初本区域的行政归属出现一些变化。蒙古大汗成吉思汗发动对西夏的战争，其在早期归附的汪古部族主要控制丰州、东胜州、云内州（包括右玉杀虎口的调查区域）等交给河东山西道宣慰司西京

① 殷宪：《大同新出唐辽金元志石新解》，山西出版传媒集团、三晋出版社（原山西古籍出版社），2012年。

② 因材料未发表，文字引自《新建大准至朔黄铁路联络线考古发掘完工报告》，山西省考古研究所，2012年。

③ 崔剑锋、王俊：《2014年右玉县苍头河流域区域考古调查所获瓷片的初步分析》，见本报告附录四。

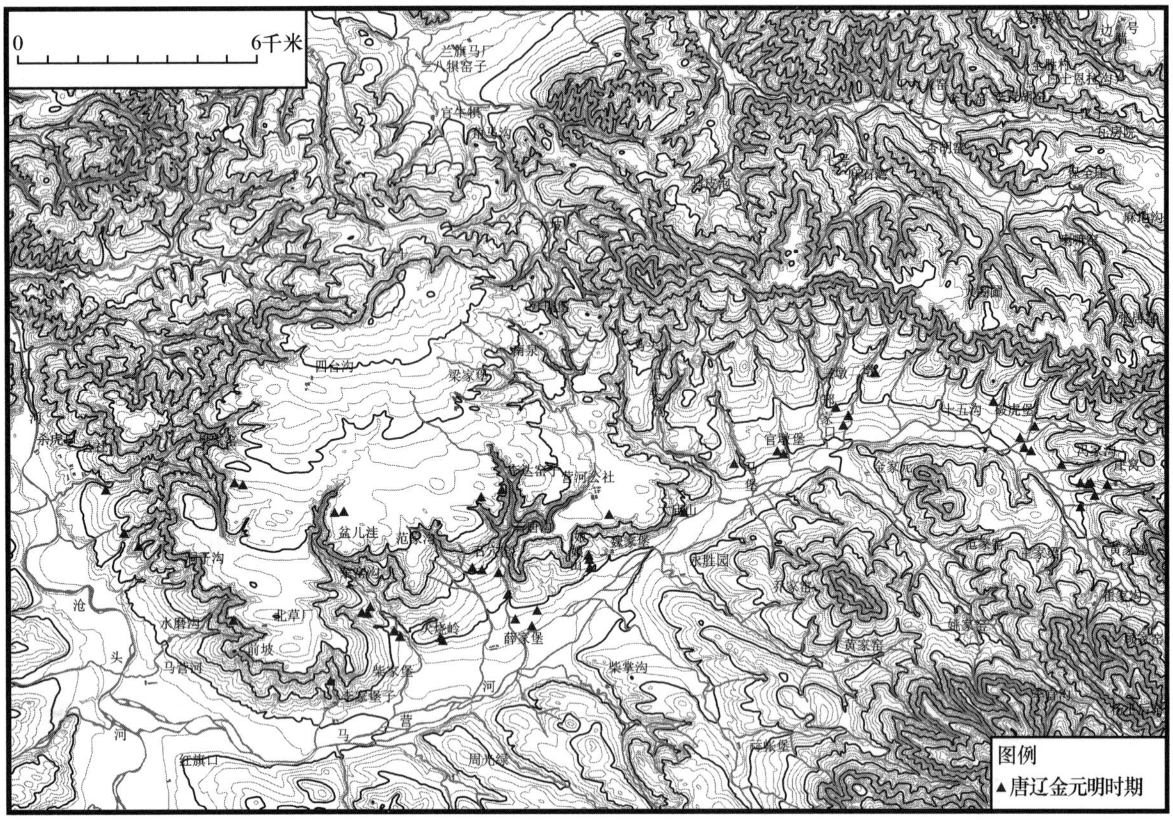

1. 马营河北岸

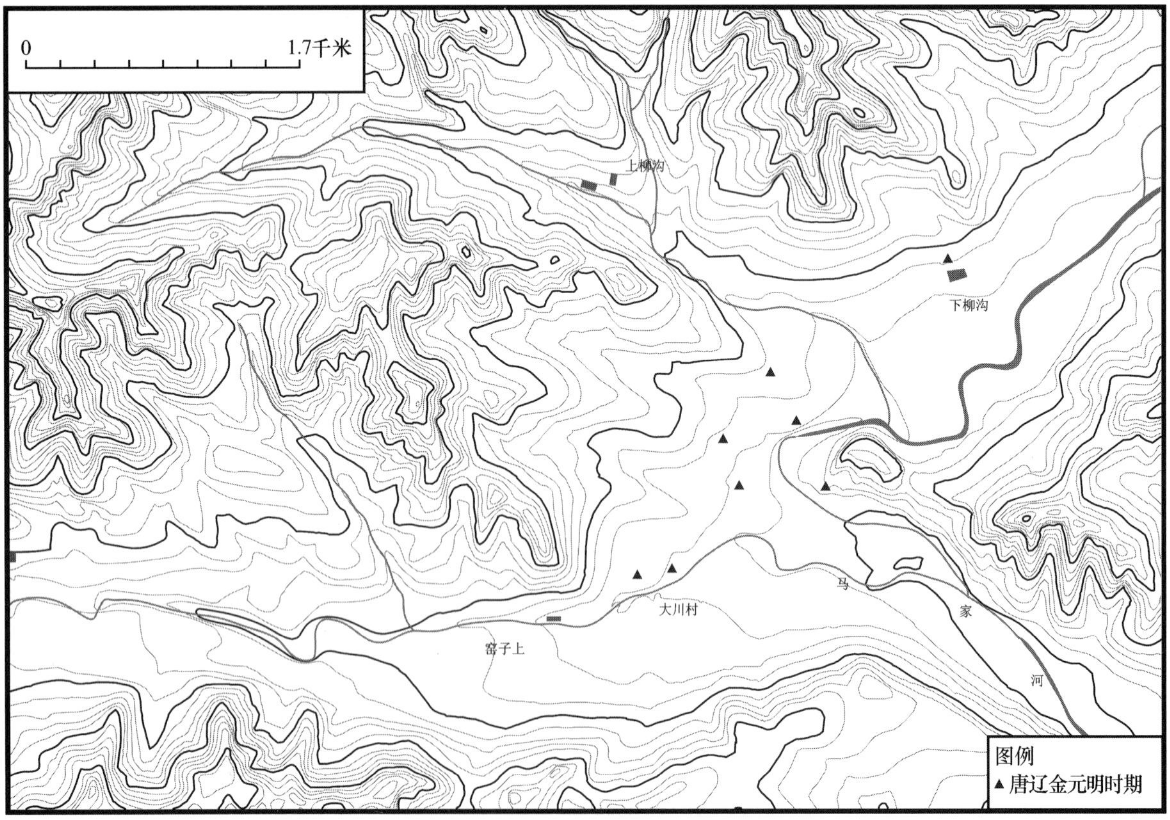

2. 大川村附近

图二九一　唐辽金元时期

路下[①]。元代蒙古人开始大量进入以往汉、契丹、女真人聚居的山西地区，形成多民族杂居场面。石坚军、张晓菲在《元初汪古部政治中心变迁考》一文中有详细论述，兹引述如下："西京路至元二十五年（1282年）二月改称大同路，河东山西道宣慰司次年八月徙治大同路。"[②]"至元二十七年（1290年）十一月，大同路许多蒙古人冒名支粮时，有司置有千户、百户十员，且以达鲁花赤总领蒙古人户。'诸王海都在西北叛乱后，其民归来者七十万户，散居云朔间[③]。'"[④]"又据元廷至元二十九年（1292年）十一月命西京宣慰司总领燕只哥赤斤地面及红城周边屯田[⑤]、公元1297年徙大同军储所于红城[⑥]，而并非交由当时汪古部领主阔里吉思掌管屯田军储事宜，基本可肯定忽必烈后期西三州已划归西京路或大同路管辖。《平治甸城山谷道路碑》亦反映延祐七年（1320年）时丰州行政区划上属'大同总府'。"[⑦]从类型学上看，器物时间上连续紧密，变化不明显，是否与此有关，还需进一步研究。

从本区域调查收获的瓷器、陶器标本来看，主要是日用陶器、瓷器，如盆、温碗、小盆、双腹碗、陶罐、陶瓶、双耳罐、双耳釜、牛腿瓶、鸡腿瓶、白釉碗、器盖、杯和兽面纹瓦当、莲花纹石臼等，涵盖日常生活的方方面面。简单对比如下：

陶盆YMB1①：2与准格尔旗城坡古城遗址第二阶段遗存出土C型陶盆F2：6相似[⑧]；与山西大同操场城北魏二号遗址唐至清代器物陶盆H279：2相似[⑨]。YMB1①：4（金代）与平鲁区庄子坪遗址第三期的B型瓷盆、H33：7相似[⑩]；与山西大同市金代徐龟墓出土陶盆M：13相似[⑪]。这一时期盆的变化规律可以参考：在陶器中变化最明显的是盆类。第3层出土陶盆以B、C两型盆为主，多平沿或沿面作弧形，卷沿极少，盆的器形比较大，腹部较深；第2层所出陶盆除了保留第3层陶盆的因素之外，卷沿盆的数量大幅度增长，类型也更加丰富。器形明显变小，腹部变浅[⑫]。这个规律，无疑成为此次调查辽金时期陶盆的分期的依据。

---

① 郭声波整理：《大元混一方舆胜览》，四川大学出版社，2003年，第81～93页。

② 石坚军、张晓菲：《元初汪古部政治中心变迁考》，《中国历史地理论丛》2014年第3期，第112～131页。

③ 见《元史》卷173《马绍传》。

④ 瞿大风：《元朝时期的山西地区——文化、教育、宗教》，辽宁民族出版社，2006年，第16页。

⑤ 见《元史》卷100《兵志三》，第2561页。

⑥ 见《元史》卷19《成宗本纪二》，第414页。

⑦ 石坚军、张晓菲：《元初汪古部政治中心变迁考》，《中国历史地理论丛》2014年第3期，第112～131页。

⑧ 内蒙古自治区文物考古研究所编：《万家寨水利枢纽工程考古报告集》，远方出版社，2001年，第100页，图一七，11。

⑨ 山西省考古研究所、大同市考古研究所：《山西大同操场城北魏二号遗址发掘简报》，《文物》2016年第4期，第23页，图四一，4。

⑩ 山西省考古研究所、山西省考古学会编：《平鲁庄子坪遗址发掘报告》，《三晋考古（第三辑）》，山西人民出版社，2006年，第365页，图一四，1。

⑪ 大同市博物馆：《山西大同市金代徐龟墓》，《考古》2004年第9期，第55页，图五，3。

⑫ 乌兰察布博物馆：《和林格尔前瓦窑沟辽金时代遗址》，《内蒙古文物考古文集（第三辑）》，科学出版社，2004年，第336页。

瓷温碗YHS4①：10（辽金）与和林格尔县前瓦窑沟辽金时代遗址陶瓷器B型盆相似[①]；与察哈尔右翼后旗头道湾古城遗址Ba型瓷罐ⅠH13：2相似[②]。

陶双腹盆YP2③：11（辽金）与和林格尔县红山口遗址陶盆B型Ⅰ式ⅡH10：4相似[③]；与清水河县下城湾古城遗址A型Ⅰ式盆T37④：4相似[④]。

陶小口罐YXJB2②：4（辽金）与和林格尔县前瓦窑沟辽金时代遗址F型陶罐相似[⑤]；与准格尔旗城坡古城遗址第二阶段遗存出土B型陶瓮T2②：18相似[⑥]。YXJB2②：5（辽金）与土默特左旗沙尔沁古城遗址Ⅲ式陶罐H2：7相似[⑦]；与和林格尔县前瓦窑沟辽金时代遗址B型陶罐相似[⑧]。

陶高领罐YE1①：5（唐代晚期至西夏）与准格尔旗城坡古城第一阶段遗存出土陶器B型壶H6：1相似[⑨]。瓷盆YW1H1：3（金）与察哈尔右翼后旗头道湾古城遗址B型瓷盆ⅠH35：1相似[⑩]。

瓷瓶YZ1③：2（辽晚期至金代）与山西浑源界庄窑Ⅰ式黑釉瓷瓶相似[⑪]；与宁城县埋王沟辽代墓地2号墓出土随葬釉陶瓶相似[⑫]。

双耳罐质地可分陶质和瓷质。YL1①：9（辽金）与准格尔旗城坡古城遗址第二阶段遗

---

① 内蒙古文物考古研究所编：《内蒙古文物考古文集》，中国大百科全书出版社，1994年，第558页，图九，2。

② 内蒙古自治区文物考古研究所编：《内蒙古文物考古文集（第三辑）》，科学出版社，2004年，第336页，图一九，6。

③ 内蒙古自治区文物考古研究所编：《内蒙古文物考古文集（第三辑）》，科学出版社，2004年，第387页，图二七，6。

④ 内蒙古自治区文物考古研究所编：《万家寨水利枢纽工程考古报告集》，远方出版社，2001年，第163页，图七，9。

⑤ 内蒙古文物考古研究所编：《内蒙古文物考古文集》，中国大百科全书出版社，1994年，第556页，图六，9。

⑥ 内蒙古自治区文物考古研究所编：《万家寨水利枢纽工程考古报告集》，远方出版社，2001年，第99页，图一六，4。

⑦ 内蒙古自治区文物考古研究所编：《内蒙古文物考古文集（第三辑）》，科学出版社，2004年，第420页，图八，7。

⑧ 内蒙古文物考古研究所编：《内蒙古文物考古文集》，中国大百科全书出版社，1994年，第556页，图六，26。

⑨ 内蒙古自治区文物考古研究所编：《万家寨水利枢纽工程考古报告集》，远方出版社，2001年，第93页，图七，2。

⑩ 内蒙古自治区文物考古研究所编：《内蒙古文物考古文集（第三辑）》，科学出版社，2004年，第336页，图一九，3。

⑪ 李知宴：《山西浑源界庄窑》，《考古》1985年第10期，第937页，图一〇，7。

⑫ 内蒙古文物考古研究所编：《内蒙古文物考古文集（第二辑）》，中国大百科全书出版社，1997年，第614页，图九，1。

存出土B型陶罐T4②：21相似[①]；与大连西甸子辽代遗址出土陶罐口T0201⑤：13相似[②]。YPE1①：9（辽）与苏尼特右旗新民乡全胜段金界壕B型瓷罐H4：6相似[③]；与山西浑源县界庄窑Ⅲ式粗白瓷罐相似[④]。

陶双耳釜YG1①：1（晚唐至西夏）与清水河县下城湾古城陶器锅H13：6相似[⑤]；与和林格尔县前瓦窑沟辽金时代遗址B型陶锅相似[⑥]；与准格尔旗城坡古城遗址第二阶段遗存出土A型陶坩埚T21③：3相似[⑦]。

瓷牛腿瓶YDY1③：9（辽代）与巴林右旗敖包恩格尔辽墓M1随葬陶瓷器牛腿瓶M1：3相似[⑧]。

瓷鸡腿瓶YZ1③：5（金代）与山西大同西环路辽金墓M6出土瓷鸡腿瓶M6：1相似[⑨]。

瓷盆YXJ2①：11（辽金）与四子王旗城卜子古城及墓葬瓷盆SZC：62相似[⑩]。

白釉碗YZ1③：14（金代）与清水河县下城湾古城A型Ⅰ式瓷碗H7：6相似[⑪]。

器盖YP1H3：22（辽代）与和林格尔县红山口遗址A型瓷器盖H41：1相似[⑫]；与清水河县下城湾古城遗址A型瓷器盖T19③：8相似[⑬]。YPE1①：6（金元之际）与平鲁区庄子坪遗址第三期的瓷盆瓷罐罐盖采：01相似[⑭]。

---

① 内蒙古自治区文物考古研究所编：《万家寨水利枢纽工程考古报告集》，远方出版社，2001年，第98页，图一五，8。

② 辽宁省辽金契丹女真史研究会编：《辽金历史与考古》，辽宁教育出版社，2009年，第21页，图四，1。

③ 内蒙古自治区文物考古研究所编：《内蒙古文物考古文集（第三辑）》，科学出版社，2004年，第320页，图七，1。

④ 李知宴：《山西浑源县界庄窑》，《考古》1985年第10期，第933页，图三，25。

⑤ 内蒙古自治区文物考古研究所编：《万家寨水利枢纽工程考古报告集》，远方出版社，2001年，第164页，图八，12。

⑥ 内蒙古文物考古研究所编：《内蒙古文物考古文集》，中国大百科全书出版社，1994年，第556页，图六，15。

⑦ 内蒙古自治区文物考古研究所编：《万家寨水利枢纽工程考古报告集》，远方出版社，2001年，第102页，图一九，2。

⑧ 内蒙古文物考古研究所编：《内蒙古文物考古文集》，中国大百科全书出版社，1994年，第540页，图四，2。

⑨ 大同市考古研究所：《山西大同西环路辽金墓发掘简报》，《文物》2015年第12期，第58页，图三四，6。

⑩ 内蒙古文物考古研究所编：《内蒙古文物考古文集（第二辑）》，中国大百科全书出版社，1997年，第691页，图四，1。

⑪ 内蒙古自治区文物考古研究所编：《万家寨水利枢纽工程考古报告集》，远方出版社，2001年，第169页，图一二，1。

⑫ 内蒙古自治区文物考古研究所编：《内蒙古文物考古文集（第三辑）》，科学出版社，2004年，第385页，图二六，3。

⑬ 内蒙古自治区文物考古研究所编：《万家寨水利枢纽工程考古报告集》，远方出版社，2001年，第177页，图一九，6。

⑭ 山西省考古研究所、山西省考古学会编：《平鲁庄子坪遗址发掘报告》，《三晋考古（第三辑）》，山西人民出版社，2006年，第365页，图一四，7。

第六章　结　　语

右玉县苍头河支流马家营河区域的考古调查是山西省考古研究所成立六十年来的第一次。这个地区地处晋、陕、蒙交界处，文化面貌十分特殊。从本次调查获得的成果看，年代学框架基本完整。虽然经过严格的考古类型学比对，对采集的标本进行了年代学的划分和初步研究，但是存在的问题依然很多（由于本区域内的调查标本特别是龙山文化时期、商末西周时期和汉魏时期三段中典型标本缺失，为了弥补年代学框架的缺环，我们用了右玉县临近的朔州市平鲁区马营村战国至汉代城址中发现的龙山时期的标本和右玉县博物馆馆藏善家堡墓地陶器标本等，特此说明）。下面谈一下主要认识和存在问题。

仰韶文化时期的主要遗存从目前发现来看，主要与陕西半坡类型遗存交流密切，应当是通过黄河故道进行交流。当进入仰韶文化晚期，杀虎口以外主要有海生不浪文化，杀虎口以内主要有庙底沟文化与当地仰韶文化半坡类型遗存混合而成的文化，与义井类型也颇为不同。

龙山文化时期目前发现的遗址稀少，具体原因还需要进一步研究。

夏商时期遗存发现也不多，但是文化面貌特殊。有的器形与内蒙古朱开沟遗存十分相似，受其影响明显。十分惹人注意的是在怀仁县鹅毛口遗址发现有蛇纹袋足鬲，时代应在二里冈上下层之间，正好弥补了朱开沟墓地与山西尹村遗址蛇纹陶鬲之间的缺环。

春秋战国时期是一个汉与戎狄杂居的时期。本次调查发现的遗存以战国晚期最为丰富，与《史记》《汉书》对这一地区的记载基本相符。在赵烈侯时期，赵人开始进入这一地区，至秦始皇统一全国，此地互有易手。无论调查还是考古发掘成果都认为如中陵古城、善无古城等始建年代为战国晚期。

秦、两汉时期是这一地区最为发达的历史时期，考古遗存极为丰富。一方面与汉武帝伐匈奴的主要战略方针有关，另一方面是与杀虎口特殊的地理位置有关。至西汉末年王莽时期，汉匈关系恶化，这一地区频频遭受外族侵扰，人口稀少，考古遗存也十分少见。

魏晋北朝时期的主要遗存在以往的考古报告、简报之中往往与东汉晚期混为一谈。此次调查所获的遗物中，我们试图通过更加严格的比对把代魏时期的遗物分离出来。在发现的65处遗址中包含代魏至北魏时期遗物的遗址共有6处，丰富了对这一时期考古学文化的认识，对研究代魏及北魏平城期的考古无疑具有积极的推动作用。

唐辽金元时期以唐时期遗址颇为少见，仅在右玉博物馆（杀虎口）看到《唐王液墓志》，时代已至晚唐。北宋早期试图收复被契丹人占领的幽云十六州，未果。而这一时期辽、金、元三朝文化遗存极为丰富，遗址数量也最多。尤其是辽金时期，大同为西京府，战略位置重要。这一时期的考古学文化遗存连续时间长，具有很高的研究价值。

附录一　参合陂问题研究始末

参合陂这个问题在研究北魏建国史及北魏早期历史中不能回避。这个地点关系很多历史事件，如北魏对北燕的战争。在拓跋珪迁都平城之后，对京畿四至有明确规定，其北界为参合。那为什么要在右玉调查报告中把“参合陂研究”专门提出来呢？因为在新版的《山西省历史地图集》“东魏西魏”图中，把参合口画到了杀虎口之内，在撰写结论的过程中，笔者深感这个问题的重要，再次初步加以论述，以求教方家①。

最早对北魏参合陂问题进行研究的无疑是严耕望先生，他在《唐代太原北塞交通图考》附录中有《北魏参合陂考》专文②。参合坡是一个比较敏感的问题，自严先生提出来之后，争讼不决。可以看到有王凯的《北魏盛乐时代》附篇四《参合陂等地望考》③，李凭的《北魏平城时代》④，张畅耕、张海啸的《代郡参合考》⑤、张文平的《燕魏参合陂之战地望新考》⑥等，各位先生均以翔实的资料论述参合县、参合陂、参合口三个地名之间的关系。我们认为参合陂的地名与参合县、参合口密不可分，同时还有汉代、魏晋时期的时代区别，不应混为一谈。北魏早期参合陂首先是与北魏早期交通、京畿四至及北魏与后燕之间的战争密不可分，当然问题解决过程中还牵扯到北魏早期金陵的位置问题。这样，参合陂及金陵问题的叠加效应，使现今的争论更加白热化。

笔者认为，要解决金陵的位置问题，首先要进行大规模的考古调查与试掘。在调查中充分运用当前史学界的研究成果，将参合陂作为一个基点和重要的突破点，这样其他问题将有望迎刃而解。

参合陂作为一个地名它不会是固定不变的。从《汉书》上最早出现来看，应该就是一个地名。《魏书》《北史》更加多见，我们把（北魏）郦道元《水经注·河水》关于此区域的描述完整地录在下面：

“西南流，右合中陵水。水出中陵县西南山下。（今水曰兔毛河，出平鲁县西南。）北俗曰谓之大浴真山，水亦取名焉。东北流，迳中陵县故城东北，俗谓之北右突城，王莽之遮害也。《十三州志》曰‘善无县南七十里，有中陵县，世祖建武

① 山西省地图编辑委员会：《山西省历史地图集》，中国地图出版社，2000年，第46页。

② 严耕望：《唐代太原北塞交通图考》附《北魏参合陂考》，《新亚学刊》卷3一三，1980年。

③ 王凯：《北魏盛乐时代》，内蒙古人民出版社，2003年。

④ 李凭：《北魏平城时代》，上海古籍出版社，2014年。

⑤ 张畅耕、张海啸：《代郡参合考》，《2010年三晋文化研究会论文集》，三晋文化研究会出版，内部图书准印证〔2011〕字第7号。

⑥ 张文平：《燕魏参合陂之战地望新考》，《历史地理研究》2019年第2期。

二十五年置。（赵云：班《志》已有中陵县，不应置自光武也。）其水又西北，右合一水，水出东山，北俗谓之贷敢山，水又受名焉。其水西北流，注于中陵水。又西北流，迳善无县故城西，王莽之阴馆也。《十三州志》曰：旧定襄郡治。《地理志》雁门郡治。其水又西北流，右会一水。水出东山下，北俗谓吐文水，山又取名焉。北流迳锄亭南，又西流，迳土壁亭南，西出峡，左入中陵水。又北分为二水，一水东北流，谓之沃水（沃水在今右玉县东北，观下文东北流注入盐池。）又东迳沃阳县故城南（守敬按：汉县属雁门郡，后汉废。后魏复置，属善无郡。在今右玉县东北。）北俗谓之可不泥城，王莽之敬阳城也。又东北迳沃阳城东，又东合可不泥水，水出县东南六十里山下，西北流注沃水，（守敬按：水当在今右玉县东。）合流而东，迳参合县南，魏因参合陉，以即名也。（守敬按：汉已有参合县，属代郡，不在此。参合陉盖今右玉县东北之长城。）北俗谓之仓鹤陉。道出其中，亦谓之参合口。陉在县之西北，及《燕书》（守敬按：《隋书》，《燕记》二十卷，记慕容儁军，燕尚书范亨撰。）所谓太子宝自河还师参合，三军奔溃，即此处也。魏立县以隶梁城郡也。县北十里有都尉城。《地理志》曰：沃阳县，西部都尉治所也。北俗谓之阿养城。其水又东合一水，水出县东南六十里山下，北俗谓之宂豆浑水，西北流注于沃水，又东北流，注盐池。《地理志》曰：盐泽在东北者也。今盐池西南去沃阳县故城六十五里，池水瀓渟，渊而不流，东西三十里，南北二十里。池北七里即梁城郡治。池西有旧城，俗谓之凉城也，郡取名焉。《地理志》曰：泽有长、丞。此城即长、丞治所也。城西三里有小阜，阜下有泉。东南流注池，北俗谓之大谷北堆，水亦受目焉。中陵川水，自枝津西北流，右合一水于连岭北，水出沃阳县东北山下，北俗谓之乌伏直山，水曰诰升袁河。西南流，迳沃阳县，右合中陵川，乱流西南，与一水合，北俗谓树颓水。水出东山下，西南流，右合诰升袁水，乱流西南注，分为二水。”[①]

仔细阅读这段描述，笔者有两点认识：第一，兔毛河是今中陵故城附近的干河（苍头河的上游支流）[②]，与《右玉县志》的记载有明显出入[③]，但这个观点不是郦道元的，而是其他人的。从“西出峡，左入中陵水”之后，开始描述“沃水”、“沃阳县故城”及“参合县”、“仓鹤陉”、“参合口”等，之后又开始描述“沃水”，并且明确说“沃水”注入盐泽，即岱海；最后说到“梁城郡”。给人整体感觉是，这一部分描述存在着明显的前后错乱，并且错误地认为沃水注入盐泽。我们研读发现这样的观点，确认不是王凯先生的发明，也不是杨守敬，而是《水经注》中早已有之。如果说沃水确实注入岱海的话，那么沃水应当在今天凉城县西南的弓坝河。魏

---

① （北魏）郦道元注，杨守敬、熊会贞疏，段熙仲点校，陈桥驿复校：《水经注疏》（上中下），江苏古籍出版社，1989年，第241～245页。

② 山西省考古研究所、暨南大学历史系考古专业：《山西右玉县中陵古城的调查与试掘》，《考古》2011年第10期。

③ 山西省右玉县志编纂委员会：《右玉县志》，中华书局，1999年，第123页，水系：“苍头河：古名中陵川水，流至马营河村以北段又称兔毛河。”

坚先生在《内蒙古中南部汉代墓葬》第五章《乌兰察布汉墓》中指出：“西汉武帝元朔二年以后，汉王朝完全控制了阴山以南地区，并在阴山之南设立云中、雁门、代郡等八郡，今乌兰察布分别为定襄、雁门和代郡的属地。从目前发现来看，这一地区有6座属于汉代的古城，其中经过考证认定的古城有：卓资县三道营古城为定襄郡武要县，凉城县板城村古城为雁门郡参合县，凉城县双古城古城为雁门郡沃阳县。此外，还有凉城县左卫窑古城、察右前旗呼和乌素古城和兴和县南湾古城。”①由于汉代沃阳、参合两县均在杀虎口外，至北魏郦道元时对沃水的准确位置难以判明，加上东汉至北魏时期的沃阳县位置可能有了变化，导致《水经注》出现前后错乱、描述不清的现象。至于东魏沃阳县和马营河流域发现的破虎堡村东的古城，后面有专节论述，此不赘言。第二，善无县在王莽时期改为阴馆，这一点应当给予重视。如果这一条史料明确无误的话，那么胡傅温酒樽上的“阴城”是否就是这个“阴馆”，而不是今应县西南的“阴馆故城”呢？

王凯先生认为：汉代的参合县一说在山西省阳高县东南，一说在阳高县东北。东魏参合县治所在今内蒙古凉城县西南近长城处；参合陂在凉城县东北；参合陉在和林格尔县东北，俗称苍鹤陉，又名参合口②。我们认为：这里说的汉代参合县治所、参合陂、参合口不是一个地名，而是一个地名演化出来的子地名，应该不是指一个具体位置。杜世铎先生在《北魏史》中认为北魏时期的参合陂在“今内蒙古凉城县西北五十里的是匣子沟”，罗丛先生同意这个观点，他认为通过对凉城县实地考察，对阳高县的历史沿革和阳高县古参合县遗址的地形、地貌与《晋书》所描述相对照，指出《水经注》卷三《河水》所记参合陂不容置疑。北魏的参合陂和参合县遗址不在大同东南或东北，而在大同境外西北方向的内蒙古凉城县③。

王凯先生接着论述了汉代参合县、北魏参合县，他认为：“《汉书·地理志》代郡条下领县十八之一有‘参合’”，并且还引证《汉书·魏豹田儋韩信传》载：十一年（韩王）信复与胡骑入居参合。汉使柴将军击之……柴将军居参合，斩信。而《后汉书·郡国志》雁门、代二郡条下无参合县名。西汉初年（前206年）置参合县，汉文帝十一年（前169年）柴武斩韩王信于此。西汉末年王莽更改县名，东汉建武十五年（39年），光武帝恢复被修改的县名，并适当调整区划，把代郡由桑干迁到高柳，属县仅保留桑干等11县，参合等7县废。前汉参合城址在今山西省阳高县罗文皂与莫家堡之间的古城④。

张畅耕、张海啸与上述诸人的观点不同，他们认为：“秦汉时期的参合故城位于今天镇县于八里古城。参合陂位于参合故城北，由雁门水（黑河水）、敦水（白登河）、泌河（沙河）汇聚而成的陂潭。北魏参合县迁到凉城西北的时间‘不尽于世祖初（424～427年）。具体位置待考。”⑤这样的论断得到内蒙古自治区文物考古研究所张文平先生的支持，笔者在

---

① 内蒙古文物考古研究所（魏坚）：《内蒙古中南部汉代墓葬》，中国大百科全书出版社，1998年，第336页。

② 王凯：《北魏盛乐时代》，内蒙古人民出版社，2003年，第246页，附录四。

③ 罗丛：《参合陂战场考》，“2001年大同北朝史国际学术研讨会暨中国南北朝史学会第七届年会”论文；戴卫红：《北朝史国际学术研讨会暨中国魏晋南北朝史学会第七届年会纪要》，《中国史研究动态》2001年第12期。

④ 王凯：《北魏盛乐时代》，内蒙古人民出版社，2003年，第247页。

⑤ 张畅耕、张海啸：《代郡参合考》，《2010年三晋文化研究会论文集》，三晋文化研究会出版，内部图书准印证〔2011〕字第7号。

写作过程中特意致电询问获知：凉城县双古城的时代是汉代，东汉废弃，应当是汉代沃阳县治所；和林格尔县新店子古城应当是汉代的武成县，新店子东汉壁画墓应当与武成县有关；凉城永兴乡附近的古城时代为汉代，但并不是汉代参合县，魏坚先生的论断与汉代的参合县在代郡的事实不符。张文平先生近年发文《燕魏参合陂之战地望新考》，努力将汉代代郡参合县、北魏凉城郡参合县分开，他结合考古调查成果，认为参合陂实为叁合陂，为汉代代郡参合县，北魏凉城郡参合县或参合陉非同一地名，而是指今天内蒙古乌兰察布市境内的黄旗海[①]。此观点不失为新论。

《魏书·地理志》载："梁城郡，天平二年置。领县二：参合，鸿。""善无郡天平二年置。领县二：善无，沃阳。"[②]而《太平寰宇记》卷四九《河东道十》云州云中县条载："善无城，后魏善无县，隋废，今故城存。"此处所谓故城，应指今右玉县威远镇古城村，亦即建在汉县旧址上的北魏善无县。善无郡的设置晚于善无县，按《魏书》卷一〇六《地形志上》记载，善无郡设置于东魏天平二年（535年），领善无、沃阳二县，隶恒州。但《周书》卷二《叱列伏龟传》载："正光五年，魏广阳王琛北征，请龟为宁朔将军，委以帐内兵事，寻除善无郡守。"则正光五年（524年）之前北魏已设善无郡。李凭先生首先发现此条资料，特备注明，不敢掠美[③]。

看来东魏时期在杀虎口内置善无郡，是在北魏晚期善无郡基础之上的，在杀虎口外之梁城郡，每郡各领二县。杀虎口内善无郡治所就是今天右玉县旧城右卫镇善无古城，沃阳县正是马营河流域此次调查发现的破虎村东古城遗址。这次重新置郡县主要是来自北方蠕蠕的入侵压力。东魏天平二年，孝静帝已迁都邺城，高欢主政；孝武帝在高欢挥师南下时匆忙逃往关中投靠宇文泰。这样东西魏彻底决裂并且展开长时间拉锯战。开始双方争夺焦点位于泄水、洛水流域的恒农、沙苑、虎牢；之后转战汾水下游的玉壁。北方的安全因受到蠕蠕的威胁，双方都尽力与之和好。此时，六镇之地尽失柔然，善无郡、梁城郡已成东魏的北部边境。

我们还注意到王凯先生在论述参合县时，对《水经注》中某些字句的解读还是有问题，如"中陵水即内蒙古和林格尔县浑河，其上游山西杀虎口以上为苍头河，出杀虎口被分为二，一向西北称中陵川，一往东北入沃水。沃水系由数条支流汇合，包括今永兴河，注入盐池（今凉城县岱海）"，前面解读没有问题，最后"注入盐池（今凉城县岱海）"则是明显错误，上面已经论及。永兴河及沃水由北往南流，与苍头河汇流之后往西成为中陵川，也就是今天和林格尔县的浑河（图一）。这一点在《山西省历史地图集》上特别清晰，不需多言。而岱海是一个盆地形成的内陆湖，由多条季节河汇聚而成，与苍头河、永兴河无关。我们建议东魏设置梁城郡及属县（参合、鸿）还是应该在凉城与永兴之间寻找。

---

① 张文平：《燕魏参合陂之战地望新考》，《历史地理研究》2019年第2期。

② 《魏书·地理志》卷106，中华书局，1974年，第2497页。

③ 李凭：《北魏平城时代》，上海古籍出版社，2014年，第352页。

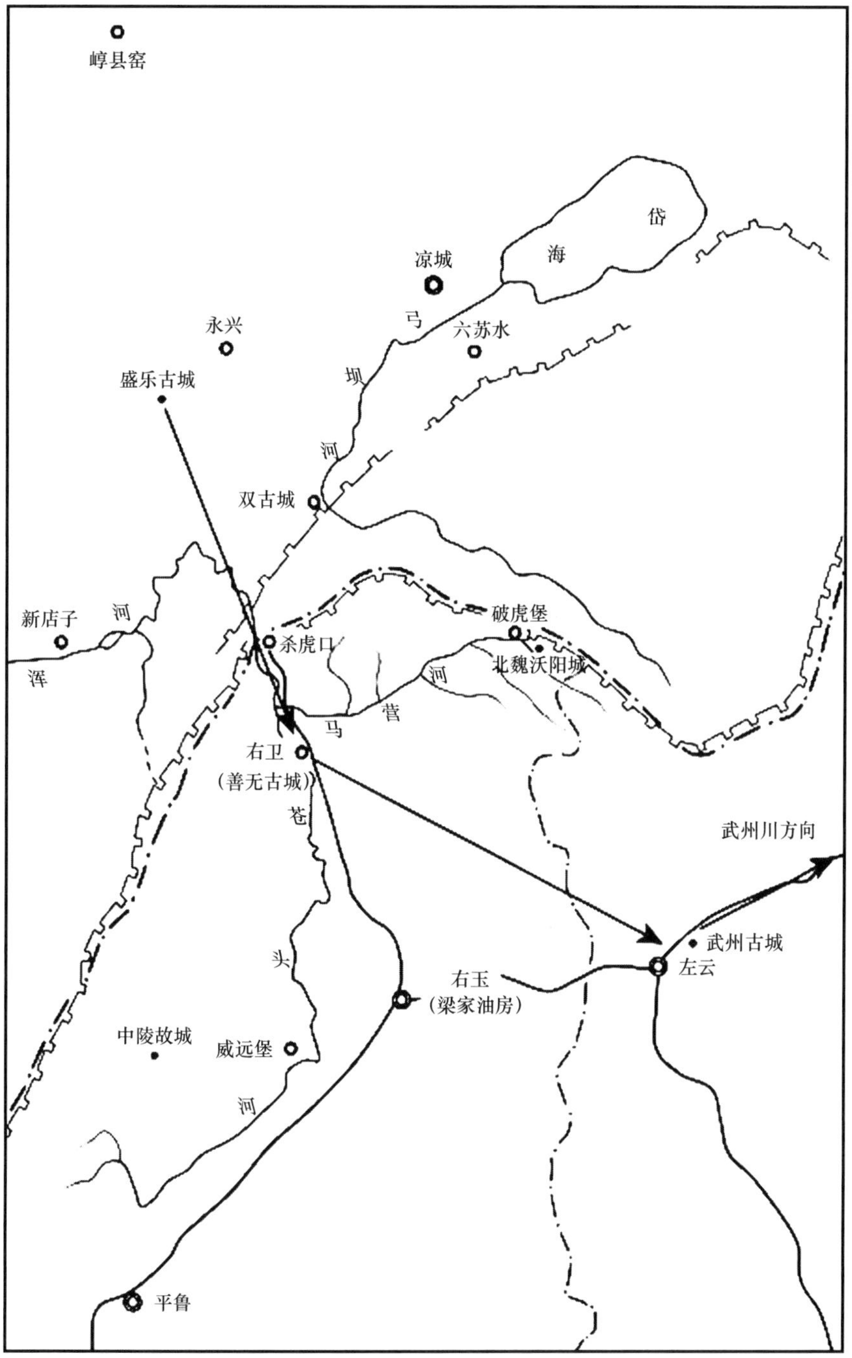

图一　北魏沃阳城与《水经注》

附录二　北魏早期从盛乐迁平城迁都的路线初探（附沃阳城）

1. 迁都路线探索

西晋北魏时期的遗址共发现4处，除沃阳城址的时代为北魏晚期之外，其余基本上在北魏平城时期或者迁都平城之前。

北魏迁都平城的具体时间为：公元398年秋7月。《魏书·太祖纪》：“秋七月，迁都平城。始营宫室，建宗庙，立社稷。”鲜卑拓跋部自公元258年南迁盛乐至公元398年迁都平城，前后计140年。盛乐一直是拓跋鲜卑的政治、经济、军事、交通和文化中心，是拓跋部发展壮大的军事基地，是北魏王朝的发祥地。

迁居桑干河流域是北魏统治者的梦想，早在穆帝猗卢之时就有此意。《魏书·穆帝纪》：“（猗卢）六年（313年），城盛乐以为北都，修故平城以为南都，帝登平城两山，观望地势，乃更南百里，于水之阳黄瓜堆筑新平城，使长子六修镇之，统领南部。”后来什翼犍又有迁都平城之意，《魏书》卷一三《皇后·平文皇后王氏传》载：“昭成（什翼犍）初（338年左右）欲定都于灅源川，筑城郭，起宫室，议不决。”但还是因为皇太后的阻挠，没有成功。

道武帝不但做出了不被保守势力允许的事，还仿效中原都城模式，极力营造新都。也许他早在迁都平城之前就营建繁畤宫。这一点李凭先生在《北魏的平城时代》中已有论述，这里仅仅略作转述：“皇始元年八月，道武帝发动攻灭后燕的战争……第二年十二月，灭后燕的战争结束。”《魏书》卷二《太祖纪》天兴元年载：“（正月）辛酉，车驾发自中山，至于望都尧山。徙山东六州民吏及徒河、高丽、杂夷三十六万，百工伎巧十万余口，以充京师。车驾次于恒山之阳。……二月，车驾自中山幸繁畤宫，更选屯卫。诏给内徙新民耕牛，计口受田。三月，……征丞相、卫王仪还京。”这是迁平城之前道武帝的活动路线。李凭先生已明确指出这两处“京师”，并非指“盛乐”，也不是“平城”，而是“繁畤”。他还进一步指出：“在道武帝来到大同盆地之后，北魏最初的政治中心并非在平城，而是繁畤宫所在的繁畤。”[①]北魏的繁畤距今天的繁峙县较远，位于今山西省应县的东北，大约在龙首山支脉边耀山的西南浑河曲畔。繁畤宫应在浑河北岸，而浑河南岸今应县西南有下阴馆城。这里的阴馆与汉代中晚期胡傅温酒樽上所刻的阴城不应为一处。阴馆距繁畤宫应该不远，这一点从《魏书·毗陵王顺传》可以看出，史载：“及太祖（道武帝拓跋珪）平中山，留顺守京师。……时贺力眷等聚众作乱于阴馆，顺讨之不克，乃从留官自白登南入繁畤故城，阻灅水为固，以宁人心。”[②]李凭先生

---

① 李凭：《北魏的平城时代》，上海古籍出版社，2014年，第49页，注③。

② 见《魏书》卷十五《昭成子孙·毗陵王顺传》。

还进一步指出，繁畤故城是道武帝攻伐后燕的驻跸之地①。

通过以上论述，我们可以看到北魏早期从盛乐迁都平城是一个比较长时间的运作，自从定都盛乐之时，北魏统治阶级就积极筹划这样的方案。这是鲜卑贵族仰慕汉族中原文化，积极参与中原列国纷争的战略构想，最终可能只是将神祖、器用、后宫、家眷及物资从盛乐迁往平城。我们调查的马营河流域至今还有一条道路（可行车）直到武州古城，由于沿岸发现的北魏早期遗址太少，并且途中还要翻越右玉与左云之间的犲山，交通不便。通过此次调查，我们基本上否认了它作为迁都的主要路线。因此，我们认为北魏早期从盛乐迁都平城主要还是从盛乐出发——杀虎口——善无古城——武州古城——武州川——平城。

2.“沃阳城”考

沃阳城是本次调查的重要收获，其位于马营河支流（由北向南）与马营河交汇处的北岸（图一）。在支流的两边均有汉代遗址，沃阳城位于支流的东边，其高程约1500米。城址南部被马营河冲毁，东西长约200米，南北残长约160米，现存面积约4万平方米，残存部分平面略呈长方形。城址地表仅西、北部分区域存有略高于地表的夯土墙体，地表植被为松树苗和荒草。在城址南部断面发现4个灰坑，根据所采集的标本判断，4个灰坑的年代均属战国晚期至北魏晚期。地表采集标本非常丰富，发现了北魏洛阳时期的莲花纹瓦当。

沃阳城位于马营河西端比较开阔的地带，这个地方发现丰富的汉代遗存。至今这里还有一条通向内蒙古自治区乌兰察布市凉城县北水泉乡东双树村的古道，这条道路至东双树后，往北

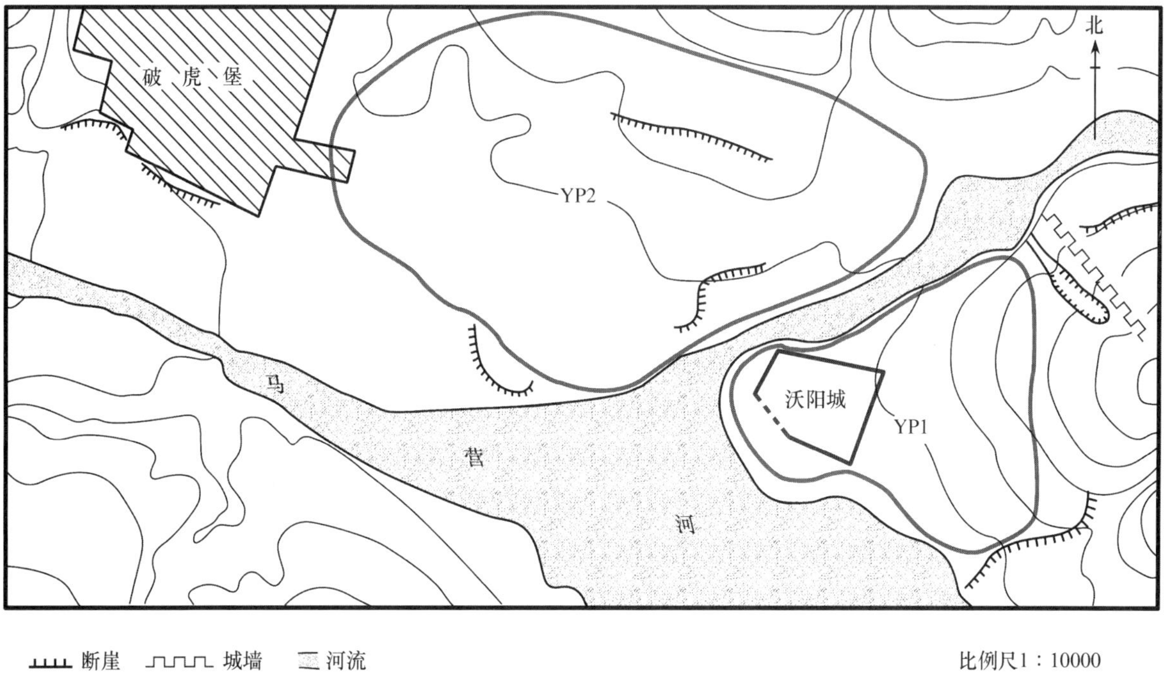

图一　北魏沃阳城位置示意图

① 李凭：《北魏的平城时代》，上海古籍出版社，2014年，第49页。

可至凉城的小双古城[①]，往南可至左云县（汉代武州故城）。沃阳城汉代遗存的发现，让我们看到自战国晚期至汉代这个位置一直是防御游牧民族南下中原的关口，虽然遗址内至今还未发现春秋晚期至战国早期的遗存，这很可能是因为我们这次工作仅限于地面调查，如果今后有试掘或正式发掘机会，发现早期遗存的可能性是十分大的。

西汉晚期至魏晋时期此地的遗存不太明了，史载王莽专政时期统治阶级采用了不明智的民族政策，导致汉匈关系破裂，匈奴、鲜卑等再次进入此地。王莽始建国元年（前9年），更善无为阴馆、更中陵为遮害。东汉建武初（25年），均恢复原名。东汉建武二十六年（50年），定襄郡治所由盛乐（今和林格尔土城子）迁到善无县（今右卫），定襄郡领善无、中陵、桐过、武城、骆5县。东汉延光元年（122年）冬，鲜卑进攻雁门郡、定襄郡。破，十一月南下攻打太原郡。建安二十年（215年），所领5县合并为定襄县移居今雁门关内，属新兴郡[②]。

北魏道武帝登国元年（386年），复置善无县，隶属畿内之地。孝明帝正光年间（516～528年），境内置善无郡，兼管沃阳县，隶属恒州。东魏天平二年（535年），寄治秀容郡，郡县并废。北齐文宣帝高洋时（550～559年），在威远堡一带置威远县，后周废，为北朔州之地[③]。从文献上看沃阳城为县治所已进入北魏孝明帝正光年间，此时北魏已迁都洛阳［孝文帝元宏于太和十八年（494年）十一月］近30年，这与此前发现的北魏洛阳时期莲花纹瓦当的时代判断还是十分契合的。东魏时期由于柔然威胁，东魏政府将善无郡寄治秀容郡（今山西省忻州市），沃阳县的历史也宣告结束。

---

① 内蒙古文物考古研究所：《内蒙古凉城县小双古城墓地发掘简报》，《考古》2009年第3期。虽然墓地的时代为春秋至战国，但是报告的作者推测为游牧民族的遗存，这样的遗存还包括凉城县崞县窑子墓地、毛庆沟墓地、忻州窑子墓地、水泉墓地和林格尔县的新店子墓地等。

② 山西省右玉县县志编纂委员会编：《右玉县志》，中华书局，1999年。

③ 山西省右玉县县志编纂委员会编：《右玉县志》，中华书局，1999年，第95页。

附录三　右玉大川村商代铜簋、汉代胡傅温酒樽的发现与西汉中晚期史实互证

右玉大川村在山西商代考古的历史上可以说是一个谜。在笔者最初开始商周考古研究的时候，就对这个地方产生了浓厚的兴趣。2004年7月在配合平鲁露天煤矿考古发掘时笔者就十分想去大川村看看，因为暴雨连日未能成行。十年后的2014年山西省文物局批准了笔者申报的“山西省右玉县苍头河流域区域考古调查”的课题，课题的批准文号为晋财教〔2014〕27号。右玉大川村周边调查是此课题内容之一，这也许是老天的安排。

在本次调查的计划大川村周围近10平方千米的范围就成为调查练兵的首选区域。经过为期十天的调查、整理，现在基本上搞清了大川村周围从汉代至金元时期考古学文化面貌，初步揭开了大川村商代铜簋（图一）和胡傅温酒樽（图二）发现之谜。

图一　大川村商代铜簋

图二　胡傅温酒樽

大川村附近共发现6处汉代遗址，分别为：大川村东南一号遗址、大川村东南二号遗址、大川村遗址、大川村南遗址、大川村西南遗址和沟北村遗址；时代分别为西汉、东汉、辽金元。其中以大川村遗址面积最大，可达40万平方米，遗址中发现灰坑比较多，保存比较好。本次调查在此遗址中设10个采集点，基本可以判断此遗址就是大川村附近汉代遗址群的中心遗址，其意义不可小视。

据山西博物院的同志提供信息，右玉大川村1963年出土的汉代青铜器共9件，温酒樽3、盘1、鼎4、环纽1。而西汉中期墓葬的器物组合为鼎、圆壶、提梁壶、盒、樽等，西汉晚期加上刁斗、卮；与胡傅温酒樽的组合差异很大，我们考虑大川村1963年的发现应该为窖藏，不应该是墓葬。吴小平先生也持同样的观点，并且认为“这时期（西汉晚期）‘物勒工名’制度已经非常发达，若为政府内部制造的铜器，没有理由不勒刻工官，而若专为私人定造，则可能可以省略烦琐的工官记载”[①]。

① 吴小平：《汉代青铜容器的考古学研究》，岳麓书社，2005年，第287页。

胡傅的身份从发现的铜温酒樽、铜鼎、铜盘上的铭文大约可以知道他是西汉河平三年（公元前26年）左右的一位高级官员。铭文的内容郭勇先生做过推断："铜温酒樽铭文称中陵胡傅，铜酒樽铭文又称勮阳阴城胡傅，皆为西汉成帝河平三年同时所造，胡傅当为造器的人名，然在两器之中，所写的三个籍贯不同，这个问题，还有待于进一步研究。"① "铜盘铭文中'上郡小府'四字，当为上郡太守官署中少府所造。"作者引用了《汉书·循吏文翁传》："减省少府用度，买刀布蜀物，赍记吏以迁博士。"颜师古注云："少府，郡掌管财务之府，以供太守者也。"论证少府在每郡均有设置，并且认为铜盘"为上郡少府之物无疑"。

我们对于"上郡少府"的管辖范围先做一下论证。上郡，亦称上地。秦惠文王十年（前328年）魏纳上郡15县于秦，秦始扩其东境于黄河西岸。秦设上郡于昭王三年（前304年）。西汉上郡，早期因秦。元朔四年（前125年），武帝把上郡一部分分为二，西部不变，东部析为西河郡。东汉永和五年（140年），汉畏胡势，上郡迁夏阳（今韩城），是向东南方向撤退。上郡有二十三县②。右玉青铜盘铭文中的上郡一定是武帝元朔四年以后的上郡，治所在今延安市。

西汉时期的雁门郡，治善无；下辖十四县③分别为：中陵、武州（今左云县城）、东部都尉平城（今大同市城）、汪陶（今山阴县城）、剧阳（今应县城东北）、繁峙（今应县东）、崞县（今浑源县城西）、阴馆（今朔州市东南之夏官城）、马邑（今朔州市城区）、埒县（今神池县城），共十县位置比较明确，其余还需要进一步探索。

李丽娟、安孝文认为已知汉代雁门郡所辖城址有：善无，今右玉县旧城关；中陵，今右玉县威远堡村东南；武州，今左云县东古城村；平城，今大同市城区；马邑，今朔州市城区；娄烦，今朔城区梵王寺村西；阴馆，今朔城区里仁村西南；崞县，今浑源县西北"古城洼"；繁畤，今应县城东张寨村北。作者还认为："汉代勮阳古城是从怀仁县河头乡下峪遗址（700米×800米）迁来；勮阳古城应是怀仁县东昌城村的东古城，现今地面保留有城墙，东西约620米，南北850米，面积约50万平方米。与之对应的是怀仁县海北头墓地，此墓地目前发掘八座砖券洞室墓，出土有日光镜、陶案、陶盘、耳杯、铜釜等。"对于阴城的性质，他们认为是勮阳城的属城，应该位于今天怀仁县温庄和大同县要庄交界处，南北350米，东西180米，残高4米，面积54000平方米。至于作者转述对"胡傅"身份为郡尉，葬于右玉县大川村为归故里的猜测，笔者认为还需要考证，仅备一说④。

王杰瑜认为秦至西晋时期的娄烦县治所在今山西宁武县西7.2千米的于庄乡苗庄古城，颇有见识⑤。郭银堂等人也有相似的观点，但并未确指⑥。

温酒樽上刻铭"勮阳阴城"、"中陵"地名，郭勇先生有过考证。依据最新考古材料，右

---

① 郭勇：《山西省右玉县出土的西汉铜器》，《文物》1963年第11期。

② 李零：《陕北笔记》，《九州（第五辑）》，商务印书馆，2014年。

③ 山西省右玉县县志编纂委员会编：《右玉县志》，中华书局，1999年，第7页。

④ 李丽娟、安孝文：《怀仁战国古城考——浅谈汉代雁门郡所辖勮（剧）阳城、阴城的地理位置及始建年代》，《文物世界》2010年第3期。

⑤ 王杰瑜：《秦至西晋娄烦县治所考》，《晋阳学刊》2011年第6期。

⑥ 郭银堂、刘小胖、张建华：《宁武苗庄古城及长城考》，《山西省考古学会论文集（三）》，山西古籍出版社，2000年。

玉县威远镇中陵村附近发现汉代中陵古城，发掘者认为它就是汉代雁门郡领十四县[①]之一，且明确指出右玉大川村出土的温酒樽上面的铭文“中陵胡傅铜温酒樽廿四斤和平三年造二”的“中陵”即此[②]。“勮阳”在《汉书·地理志》雁门郡有“劇阳县”，只是偏旁与刻铭不同，从力不从刀，但与《续封泥考略》卷四“勮丞之印”正同，应该以刻铭为准。那勮阳是哪里呢？从字面上的意思推测勮阳乃勮水之阳。汉代雁门郡有没有勮水？传统意义上认为，劇阳县，汉置。晋省。故城在今山西应县东北。胡傅此人与勮阳、中陵、上郡都有关联。

以汉代河平三年为基点上下共百年汉代史实发现，经过汉武帝多次北伐匈奴，南北匈奴由于“五单于纷争”导致联盟分裂[③]，南匈奴臣服汉廷。如汉武帝元光六年（前129年），武帝遣四将军各万骑出击匈奴：卫青出上谷，公孙敖出代，公孙贺出云中，李广出雁门。仅卫青军至茏城，有所获，余皆败。公元前58～前31年匈奴呼韩邪单于归属汉朝，请居汉地河套以北的光禄塞下（内蒙古稒阳县北），遣子入侍，自为藩臣。公元前36年，西汉西域都护、骑都尉甘延寿和副校尉陈汤调集西域诸国军队四万余人，彻底消灭了郅友单于的北匈奴残余势力。西汉竟宁元年（前33年）王昭君出塞和亲。此后，西汉王朝北部出现了“边城晏闭，牛马布野，三世无犬吠之警，黎庶无干戈之役”的和平局面。公元前1年春，匈奴单于和乌孙大昆弥都来汉朝拜。

而胡傅恰好处于昭君出塞和亲之后的汉匈持续和平时期，这一时期西汉北部边境无战事，百姓安居乐业。胡傅持重器于此，让人十分费解。有的研究者认为，胡傅是一位郡尉，器物出现在这里应该是他晚年归葬所致。但是，当年的发掘信息中并没有发现人骨、棺椁及随葬的陶器等，所以不便断然认为是一处墓葬。此后不久，由于王莽专政，汉匈关系恶化，边警再起，至汉光武帝时期虽极力挽救也无大的改善。这批铜器很可能就在这一时期藏于大川村地下。

另外，本次调查在平鲁区、山阴县与右玉县大川之间平鲁区榆岭乡马营村发现一座古城址，从目前调查的情况看应当是战国晚期至汉代的一个县城。现在还无法判断它的具体归属，应该是善无郡的一个属县（图三）。

在大川村发现的商代青铜簋是研究商代晚期遗存的重要材料。这次有幸近距离观察、绘图、照相。在寻找同类型器物的过程中，发现陕西宝鸡石鼓山M4中有一件青铜簋与其十分相似，这一发现然使我们对胡傅身份猜测多了一些假想。胡傅一定与关中贵族有密切联系才能得到这样的青铜簋，他是某些皇族的亲戚或子弟？拿现在的胡傅温酒樽来看，无论器型还是制作工艺、器物体量在同时期遗存中算得上重量级的。西汉时期的王侯墓葬中经常出土三代青铜器，这样的例子举不胜举。最近的西汉元康四年海昏侯刘贺（公元前62年）的墓葬，其中就有西周青铜提梁卣[④]。它给我们一个重要信息，只有王侯贵戚才有可能拥有这样的三代铜器；加

① 山西省右玉县县志编纂委员会编：《右玉县志》，中华书局，1999年，第7页。

② 山西省考古研究所、暨南大学历史系考古专业：《山西右玉县中陵古城的调查与试掘》，《考古》2011年第10期；王银田：《山西汉代城址研究》，《暨南史学（第六辑）》，暨南大学出版社，2009年。

③ 陈序经：《匈奴史稿》，上海人民出版社，2007年。

④ 徐长青、杨军：《西汉王侯的地下奢华——江西南昌西汉海昏侯墓葬考古取得重大收获》，《中国文物报》2016年3月16日。

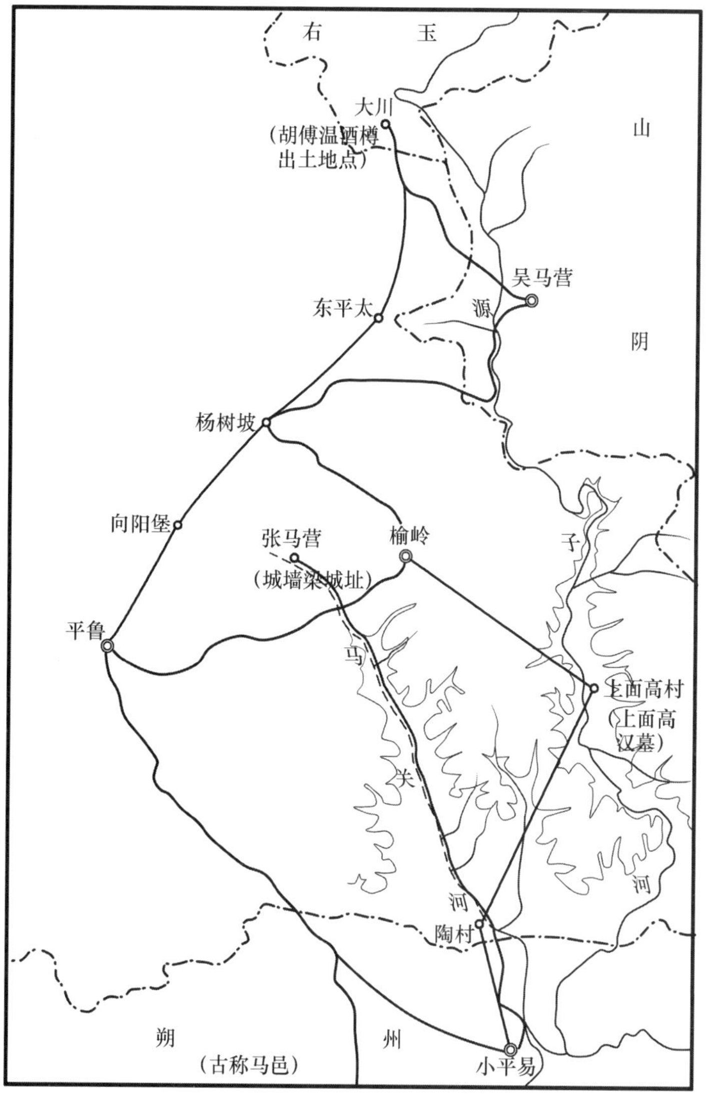

图三　大川遗址、胡傅温酒樽及张马营村城墙梁城址与马邑关系图

上大川村出土铜鼎上“千岁”刻铭，再来分析胡傅的身份是否更加有趣，更加科学？

把上述资料合在一起分析，胡傅应该是一个与长安有着密切关系的高级官员，生前主要在上郡、雁门郡任职，也许与西汉皇室有密切关系。其生卒年月应该在昭君出塞前后的五十年，也就是公元前60～前10年。

附录四　苍头河流域考古调查出土植物遗存的鉴定和分析

赵志军
（中国社会科学院考古研究所）

一、植物遗存采集背景

2014年，山西省考古研究所在山西北部的右玉县开展了苍头河流域区域考古调查。伴随着调查过程，在发现的一些重要考古遗迹现象时及时采集了浮选土样，以期从中获取古代植物遗存，并通过对出土植物遗存的整理和鉴定，分析苍头河流域地区不同时期古代先民对植物的利用情况。

浮选土样采自四个地点，即十五沟村西南、薛家堡村东、破虎堡村东和庄窝村西，其中在十五沟村西南发现了两处遗迹，各采集了一份土样，所以合计采集浮选土样共5份，每份土样的土量在15升上下（表一）。浮选样品采集的遗迹背景包括灰坑和房址，其中以采自灰坑的样品数量为多，共4份，房址的样品仅1份。根据出土遗物判断，这些遗迹单位的相对年代早的可到战国时期，晚的至辽金时期。

表一　浮选样品采集背景

样品编号	采样地点	遗迹单位	相对年代
2014YS3	十五沟村西南二号	灰坑 H1	战国晚期至秦代
2014YS2	十五沟村西南一号	房址 F1	代魏
2014YXJB1	薛家堡村东一号	灰坑 H1	战国—汉代
2014YP1	破虎堡村东	灰坑 H4	东汉
2014YZ1	庄窝村西	灰坑 H1	辽金

浮选工作采用了水桶浮选方法，收取浮出炭化物质的分样筛的规格是80目（筛网孔径0.2毫米）。浮选结果在当地阴干后被送交中国社会科学院考古研究所植物考古实验室进行分类、鉴定和分析。植物种属的鉴定工作由杨金刚馆员负责完成。

二、植物遗存鉴定结果

通过实验室整理和显微镜观察，在5份浮选样品中共出土了3146粒炭化植物种子，经过植物种属鉴定，分别属于27个不同的植物种类（表二）。这些出土植物又可依性质分为农作物和其他植物两大类：农作物包括粟（谷子）、黍（糜子）、小麦、大麦、荞麦、豌豆、兵豆和大麻等8个品种，合计数量1676粒，占出土植物种子总数的53.3%。其他植物种子分别属于禾本科、豆科、藜科、蓼科、唇形科、锦葵科、牻牛儿苗科、菊科、鸢尾科等植物科属，合计数量1470粒，占出土植物种子总数的46.7%。下面分别给予介绍（图版三四～三六）。

表二　出土植物种子统计

浮选样品	十五沟村西南二号H1	十五沟村西南一号F1	薛家堡村东一号H1	破虎堡村东H4	庄窝村西H1	合计
相对年代	战国晚期至秦代	代魏	战国—汉代	东汉	辽金	
浮选土样量（升）	15	18.5	17	15	12.5	
农作物						
粟（*Setaria italica*）	14	127	35	32	454	662
黍（*Panicum miliaceum*）	2	82	5	44	57	190
小麦（*Triticum aestivum*）						
完整麦粒		67	6	13	62	148
残破麦粒	4	316	25	21	158	524
小麦穗轴		2	3	3	202	
大麦（*Hordeum vulgare*）						
完整麦粒		2	2	4		8
残破麦粒		13	3	10		26
荞麦（*Fagopyrum sagittatum*）					99	99
豌豆（*Pisum sativum*）		2	3		3	8
兵豆（*Lens culinaris*）				1	1	2
大麻（*Cannabis sativa*）					9	9
其他植物种子						
禾本科（Poaceae）						
狗尾草（*Setaira viridis*）	1	13	1	140	692	847
野燕麦（*Avena fatua*）				2	20	22
豆科（Leguminosae）						
扁茎黄芪（*Astragalus complanatus*）		2	3		4	9
草木犀（*Melilotus*）				2	11	13
藜科（Chenopodiaceae）						
虫实（*Corispermum hyssopifolium*）	2	16	14	10	205	247
藜（*Chenopodium album*）		67	9	11	112	199
猪毛菜（*Salsola collina*）		1		3	10	14
地肤（*Kochia scoparia*）					6	6
蓼科（Polygonaceae）						
长戟叶蓼（*Polygonum maackianum*）					6	6
萹蓄（*Polygonum aviculare*）					1	1
杠板归（*Polygonum perfoliatum*）					1	1
唇形科（Lamiaceae）						

续表

浮选样品	十五沟村西南二号H1	十五沟村西南一号F1	薛家堡村东一号H1	破虎堡村东H4	庄窝村西H1	合计
水棘针（*Amethystea caerulea*）			5		12	17
益母草（*Leonurus artemisia*)					6	6
香薷（*Elsholtzia ciliata*）					6	6
锦葵科（Malvaceae）						
圆叶锦葵（*Malva rotundifolia*）	1	1	4	1		7
牻牛儿苗科（Geraniaceae）						
牻牛儿苗（*Erodium stephanianum*）					10	10
菊科（Rosaceae）						
冷蒿（*Artemisia frigida*）					56	56
野菊（*Chrysanthemum indicum*）					1	1
鸢尾科（Iridaceae）						
马蔺（*Iris lactea*）					2	2

（一）农　作　物

1. 粟（*Setaria italica*）

浮选出土的炭化粟粒共计662粒，占出土农作物总数的39.5%，占出土植物种子总数的21%。这些粟粒均已炭化，近球状，表面较光滑，胚部因烧烤而爆裂呈沟状（图一）。在十五沟村西南一号房址F1出土的炭化粟粒中随机抽取了10粒进行测量，结果显示，代魏时期的粟粒平均粒长1.47毫米，粒宽1.32毫米，粒厚1.12毫米（表三），与现代种植的粟在籽粒尺寸上已经基本相同。

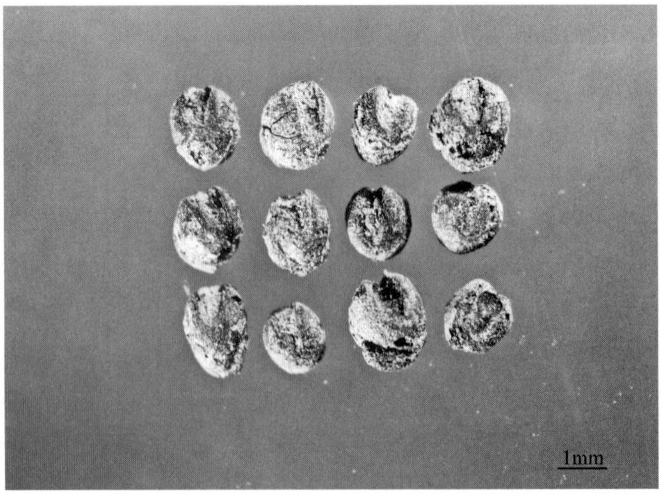

图一　粟（十五沟村西南一号F1）

表三　炭化粟粒测量数据　（单位：毫米）

粒长	粒宽	粒厚	粒长	粒宽	粒厚
1.46	1.43	1.22	1.50	1.37	1.08
1.62	1.40	1.03	1.46	1.32	1.22
1.72	1.28	1.26	1.45	1.23	1.25
1.34	1.24	0.91	1.44	1.42	1.06
1.34	1.21	1.00	1.42	1.31	1.13

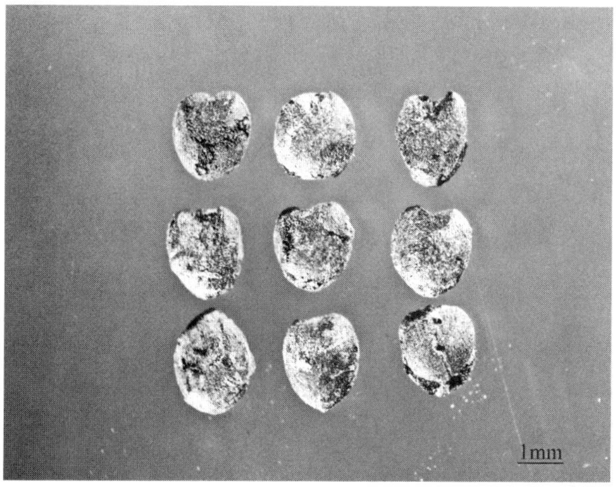

图二　黍（十五沟村西南一号F1）

2. 黍（*Panicum miliaceum*）

相对粟粒而言，黍粒的出土数量较少，共190粒，占出土农作物总数的11.3%，出土植物种子总数的6%。这些黍粒也是炭化的，形状也是近球状，但个体较大，表面粗糙，胚部因烧烤而爆裂呈张开的凹口状（图二）。在十五沟村房址西南一号F1出土的炭化黍粒中随机抽取10粒进行测量，结果显示，代魏时期的黍粒平均粒长1.84毫米，粒宽1.65毫米，粒厚1.35毫米（表四），与现代种植的黍在籽粒尺寸上也基本相同。

表四　炭化黍粒测量数据　（单位：毫米）

粒长	粒宽	粒厚	粒长	粒宽	粒厚
1.83	1.71	1.33	1.82	1.66	1.33
1.75	1.46	1.42	2.13	1.69	1.17
1.74	1.64	1.25	2.02	1.64	1.30
1.91	1.68	1.44	1.63	1.71	1.32
1.82	1.71	1.31	1.73	1.62	1.60

3. 小麦（*Triticum aestivum*）

在苍头河流域地区浮选出土的农作物中，以炭化小麦粒的出土数量最多，总计达682粒，占出土农作物总数的40.7%，出土植物种子总数的21.7%。这些炭化小麦粒均呈圆柱状，背部隆起，腹沟很深，其中多数已经残破，完整的有148粒。我们分别在十五沟村西南一号房址F1和庄窝村西灰坑H1出土的炭化小麦粒中随意抽取了10粒进行测量（表五），结果显示，代魏时期小麦粒的平均粒长为4.48毫米，粒宽3.03毫米，粒厚2.50毫米（图三），辽金时期的小麦粒的平均粒长为3.96毫米，粒宽2.55毫米，粒厚2.12毫米（图四）。我们曾对不同地区的现生的小麦粒进行过测量和统计，例如采自河南的一组现生小麦粒的平均粒长是5.68毫米，粒宽3.13毫米，粒厚2.64毫米；采自河北的一组现生小麦粒的平均粒长是6.14毫米，粒宽2.98毫米，粒厚2.85毫米。不难看出，苍头河流域地区浮选出土的不论是代魏时期的还是辽金时期的小麦粒都明显小于现生小麦粒，具体原因有待农学家做进一步品种鉴定。

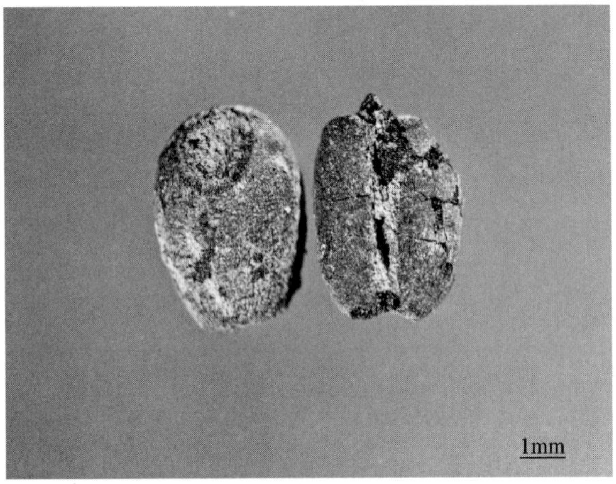

图三　小麦（十五沟村西南一号F1）

图四　小麦（庄窝村西H1）

表五　炭化小麦粒测量数据　　（单位：毫米）

十五沟村西南一号F1			庄窝村西H1		
粒长	粒宽	粒厚	粒长	粒宽	粒厚
4.43	3.08	2.64	5.00	3.05	2.38
4.64	3.28	2.76	4.25	2.28	1.92
4.89	2.99	2.37	4.41	2.65	2.33
4.19	3.00	2.32	4.43	2.53	1.90
4.48	2.90	2.29	3.95	3.30	2.69
4.13	3.61	2.69	3.91	2.75	2.20
3.34	2.27	2.09	3.53	2.42	2.00
4.74	2.38	1.72	3.31	2.04	1.78
5.32	3.64	2.70	3.02	1.68	1.61
4.65	3.11	2.50	3.81	2.76	2.38

除了炭化小麦粒之外，在浮选结果中还发现了一定数量的小麦穗轴（图五），总计多达210个，绝大多数出土自辽金时期的庄窝村西灰坑H1浮选样品中。在小麦的生长过程中，小麦籽粒是通过小穗（spikelet）与麦穗相连接的，小穗的顶端与麦粒底部连接的部位被称作“小穗轴”。在西亚地区有关小麦起源的研究，考古出土的小穗轴是最重要的植物遗存资料，因为其特征是判别栽培小麦和野生小麦的关键依据。但是，中国不是小麦的起源地，从理论上讲，传

入中国的小麦应该都是栽培小麦品种，因此不存在判别栽培小麦和野生小麦的问题，所以在中国考古遗址出土的小麦的小穗轴的研究价值稍低，但仍然是很重要的资料，除了可以证明出土有小麦之外，还可以用来探讨收割和加工小麦的过程。

由于小穗轴不是种子，与其他植物种子之间不具备数量上的可比性，因此在表二的植物种子统计数据中未包含小穗轴的出土数量，特此说明。

4. 大麦（*Hordeum vulgare*）

与炭化小麦粒的出土数量相比，炭化大麦粒的出土数量非常少，仅发现了34粒，其中完整的有8粒，在出土植物种子总数中所占比例微不足道。这些大麦粒的形态特征相对一致，麦粒的一端或两端略尖，整体呈梭形，背部略弓呈浅弧状，腹部扁平，腹沟较浅，有的因爆裂在腹沟中显现了一条纵脊（图六）。根据对8粒完整大麦粒的测量结果，平均粒长为4.48毫米，粒宽2.94毫米，粒厚2.44毫米，明显小于现代大麦粒的尺寸（表六）。历史上和现生的大麦有很多种类，农学家们以去皮的难易将其分为皮大麦和裸大麦两类，前者也被称作草大麦或有稃大麦，后者也被称为青稞、米大麦或元麦。通过显微镜仔细观察，苍头河流域地区浮选出土的炭化大麦粒均是裸粒，麦粒表面未见残存内稃。因此初步判断，代魏时期在苍头河流域地区种植的大麦应该是裸大麦。

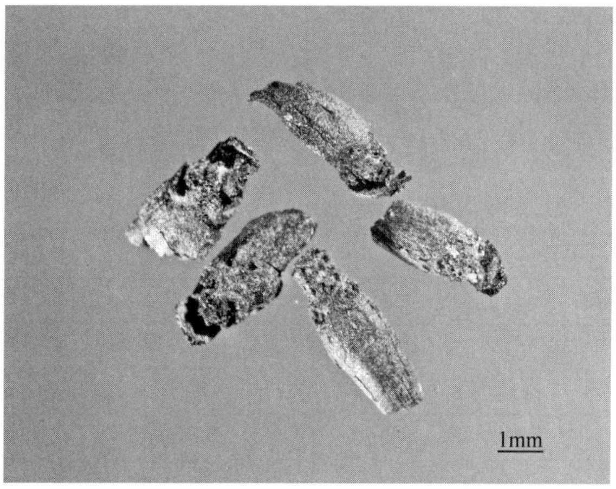

图五　小麦穗轴（庄窝村西H1）

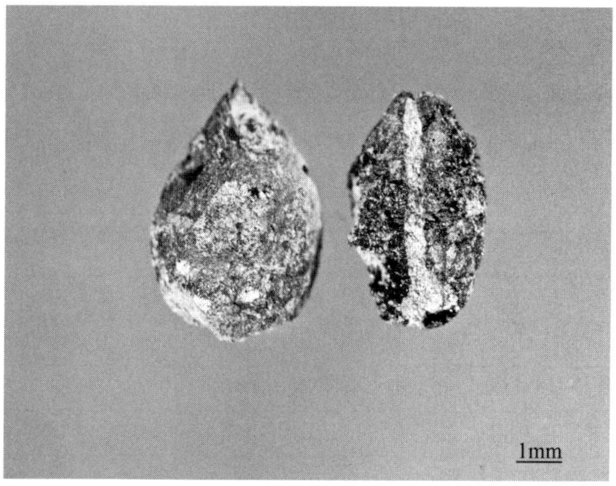

图六　大麦（十五沟村西南一号F1）

表六　炭化大麦粒测量数据　（单位：毫米）

	粒长	粒宽	粒厚
薛家堡村东一号H1	5.54	3.30	3.00
薛家堡村东一号H1	5.23	3.52	2.78
破虎堡村东H4	4.02	3.17	2.63
破虎堡村东H4	5.52	3.16	2.16
破虎堡村东H4	2.77	1.78	1.78
破虎堡村东H4	2.36	1.71	1.56
十五沟村西南一号F1	5.44	3.80	2.68
十五沟村西南一号F1	4.99	3.05	2.91

5. 荞麦（*Fagopyrum sagittatum*）

此次浮选的一个重要发现是荞麦遗存，共出土99粒炭化荞麦粒，占出土农作物总数的5.9%，出土植物种子总数的3.1%，全部出自属于辽金时期的庄窝村西灰坑H1浮选样品中。与大多数谷物属于禾本科不同，荞麦属于蓼科（Polygonaceae），所以荞麦粒的形状与其他谷物籽粒相差甚远，呈金字塔形，三棱三尖。此次浮选出土的荞麦籽粒大多数是裸粒（图七），但也有些尚存谷壳，甚至有些谷壳保存基本完整（图八）。在出土的炭化荞麦粒中随意抽取了20粒脱壳的荞麦裸粒和10粒仍然保存谷壳的谷粒进行了测量（表七、表八），结果显示，庄窝村西灰坑H1浮选样品出土的辽金时期荞麦粒的尺寸是：裸粒平均棱宽2.33～2.79毫米，谷壳保存完整的谷粒平均棱宽2.32～3.25毫米。

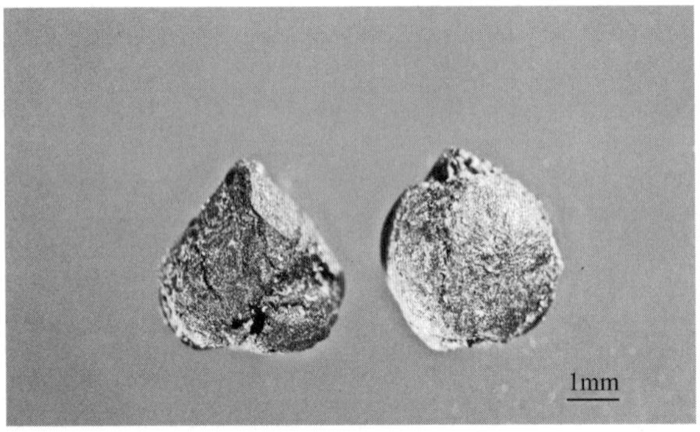

图七　脱壳荞麦（庄窝村西H1）

图八　带壳荞麦（庄窝村西H1）

表七　炭化荞麦粒（裸粒）测量数据　（单位：毫米）

粒长	粒宽	粒长	粒宽
3.27	2.89	2.94	2.91
2.52	3.08	2.35	1.64
2.72	2.18	2.68	2.25
2.91	1.51	2.60	2.44
2.61	2.58	2.95	2.40
2.77	1.91	2.42	1.65
2.92	2.52	2.42	2.22
2.66	1.95	1.90	1.53
3.46	3.53	3.06	1.95
3.60	2.83	3.04	2.72

表八　炭化荞麦粒（带壳）测量数据　（单位：毫米）

粒长	粒宽	粒长	粒宽
5.03	2.87	3.14	2.07
4.19	2.92	2.91	1.85
2.7	2.75	2.75	2.09
2.75	1.79	2.81	1.76
3.67	3.26	2.53	1.83

6. 豌豆（*Pisum sativum*）

在苍头河流域地区浮选结果中发现了8粒炭化豌豆粒，近圆球状，直径在4毫米上下（图九）。豌豆为耐寒性作物，是现今世界上最为重要的豆类作物之一。豌豆起源于西亚，后传入中国。此次出土豌豆的遗迹背景包括了战国—汉代的薛家堡村东灰坑H1和代魏时期的十五沟村西南房址F1，这为探讨豌豆传入中国的时间提供了重要的信息。

7. 兵豆（*Lens culinaris*）

除了豌豆之外，此次浮选还发现了2粒炭化兵豆粒，豆粒扁圆，呈双面凸镜形，尺寸较小，粒径约2.8毫米，粒厚约2.0毫米（图一〇）。兵豆也是一种重要的栽培豆类作物，豆粒可以食用，茎叶可以作为家畜饲料。兵豆也是起源于西亚，此次出土的兵豆的遗迹背景包括了东汉时期的破虎堡村东灰坑H4，说明至迟在东汉时期兵豆已经传入到中国境内。

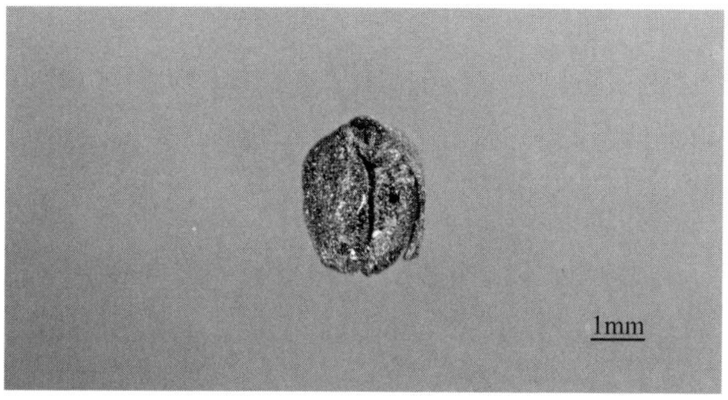

图九　豌豆（庄窝村西H1）

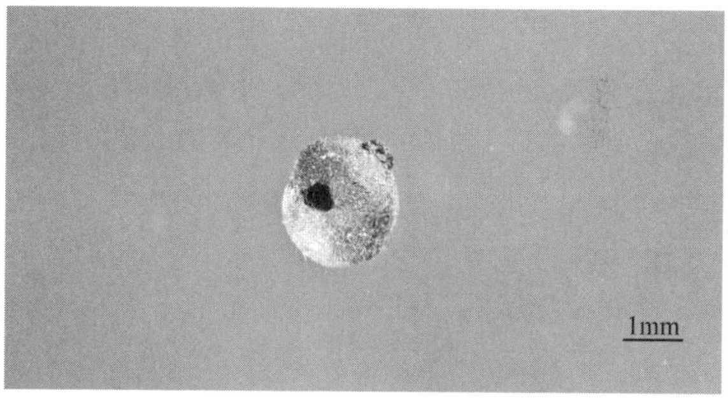

图一〇　兵豆（庄窝村西H1）

8. 大麻（*Cannabis sativa*）

在苍头河流域地区浮选结果中发现的9粒炭化大麻籽也比较重要，其中完整的有5粒，呈扁卵形，种皮较坚硬，炭化后爆裂成片（图一一）。根据对5粒完整大麻籽粒的测量结果，平均粒长为3.45毫米，粒宽2.55毫米（表九）。大麻属于桑科（Moraceae）的大麻属（*Cannabis*），纤维可以纺织麻布，是我国古代最为重要的经济类作物。大麻纤维与蚕丝同为我国古代先民衣着服装材料的主要来源，与民生关系十分密切，在中国古代先民的农业生产和日常生活中具有重要的地位和价值。

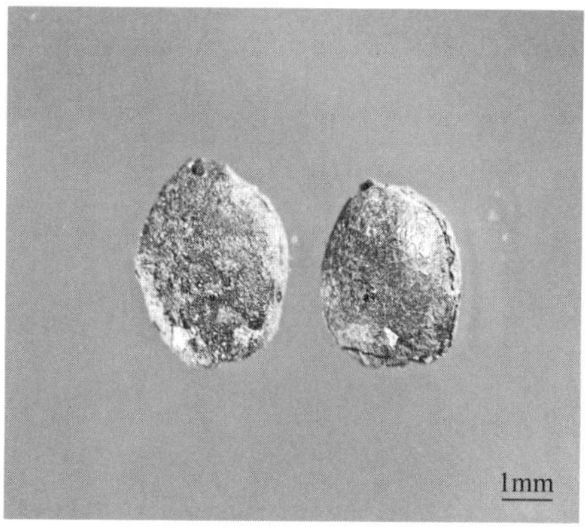

图一一　大麻（庄窝村西H1）

表九　炭化大麻籽粒测量数据　（单位：毫米）

粒长	粒宽	粒长	粒宽
3.49	2.29	3.46	2.68
3.82	2.9	3.08	2.17
3.42	2.71		

（二）其他植物种子

1. 禾本科（Poaceae）

在苍头河流域地区浮选结果中发现的非农作物植物种子中以属于禾本科的为大宗，总计达869粒，占出土植物种子总数的27.6%。

这些出土禾本科植物种子中的绝大多数属于狗尾草（*Setaria viridis*）种子，共计847粒，占出土植物种子总数的26.9%。狗尾草种子呈长扁形，背部微凸，腹部扁平，平均粒长约1.5毫米，粒宽约0.9毫米，粒厚约0.5毫米（图一二）。狗尾草为一年生杂草，是秋熟旱田的主要杂草种类。

相比较而言，野燕麦（*Avena fatua*）种子的出土数量很少，计22粒，大部分出土自庄窝村西灰坑H1浮选样品中。野燕麦种子呈圆柱形，平均粒长约4.4毫米，粒宽约1.2毫米（图一三）。野燕麦也称作铃铛麦，是夏熟作物麦田中常见的伴生杂草。

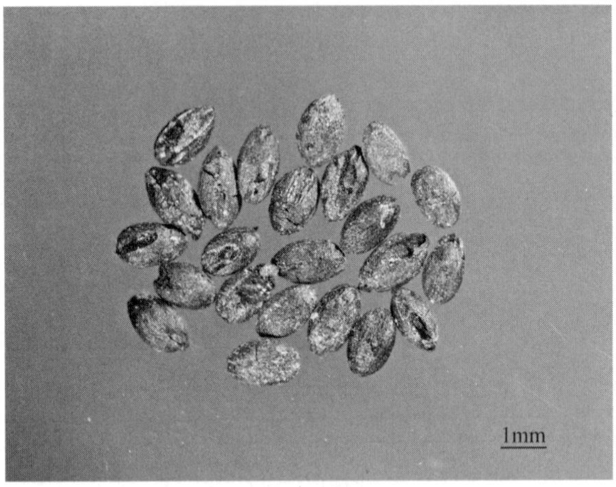

图一二　狗尾草

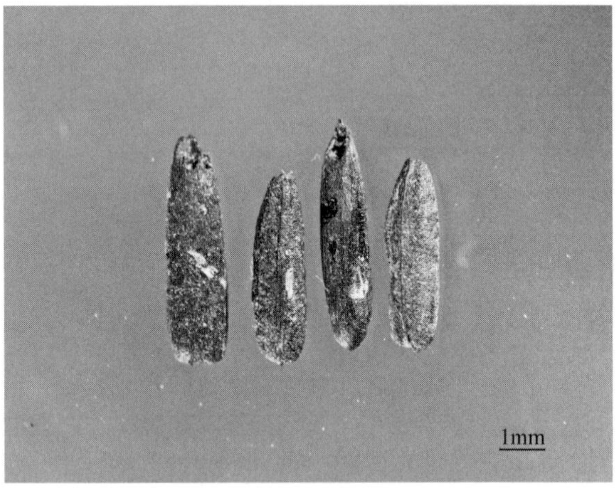

图一三　野燕麦

2. 豆科（Leguminosae）

除了豌豆和兵豆两种栽培作物之外，在苍头河流域地区浮选结果中还发现了一些野生的豆科植物种子，包括扁茎黄芪和草木犀属，共22粒，占出土植物种子总数的0.7%。

出土的扁茎黄芪（*Astragalus complanatus*）种子共9粒，呈肾形，尺寸较小，平均粒长约1.4毫米，粒宽约1.0毫米。扁茎黄芪是一种多年生的草本豆科植物，茎叶有特殊气味，猪、鸡、牛、羊等家畜家禽都喜食，是一种优良饲料。

草木犀属（*Melilotus*）种子的出土数量也不多，计13粒，呈肾状，豆脐为环丘状，位于腹侧下部凹陷处，平均粒长约1.7毫米，粒宽约1.1毫米（图一四）。草木犀是一种草本类豆科植物，其中包括各种牧草和杂草等，例如白花草木犀和黄花草木犀就是我国北方草原地带的两种重要牧草。

3. 藜科（Chenopodiaceae）

在苍头河流域地区浮选结果中，藜科植物种子的出土数量也比较突出，总计达466粒，占出土植物种子总数的14.8%。经过进一步鉴定，从中发现了虫实、藜、猪毛菜、地肤等四个不同的植物种子。

在出土藜科植物种子中，虫实（*Corispermum hyssopifolium*）种子的数量最多，总计247粒，呈椭圆形，平均粒长约2.7毫米，粒宽约1.5毫米（图一五）。虫实是一年生草本植物，主要生长在河谷沙滩或砂质草原，可以用做家畜饲料。

藜（*Chenopodium album*）种子的出土数量也比较多，计199粒，尺寸较小，扁圆形，呈双凸透镜状，腹部具有放射状网纹，胚根显著，平均粒径约1.2毫米，粒厚约0.6毫米（图一六）。藜俗称"灰菜"，属于中国北方地区麦田中危害较大的一种田间杂草，但茎叶可以食用，所以成为现在餐桌上常见的一种野生蔬菜。

猪毛菜（*Salsola collina*）种子数量很少，仅出土了14粒，呈扁圆形，胚的特征很明显，呈螺旋状，尺寸较小，粒径在1.5毫米左右（图一七）。猪毛菜是一种分布广泛的田间杂草，嫩茎叶可食用，现今也成了一种餐桌上常见的野菜。

地肤（*Kochia scoparia*）种子数量也很少，仅出土了6粒，呈扁圆形，直径在1.5毫米左右。地肤是一年生杂草，嫩叶茎可以食用，成熟后可以作扫帚，所以也被称作"扫帚菜"。

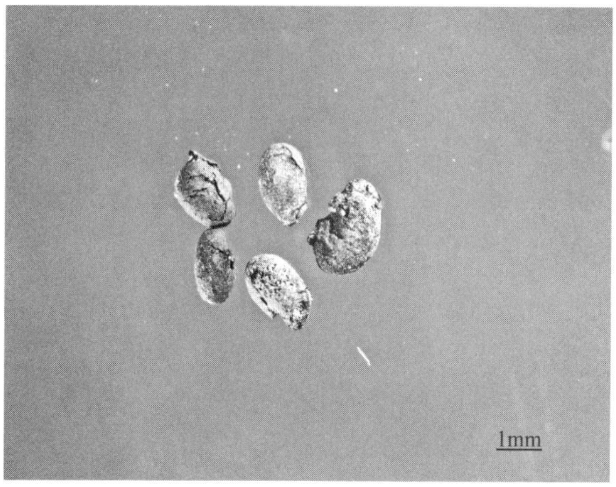

图一四　草木樨

图一五　虫实

图一六　藜（灰菜）

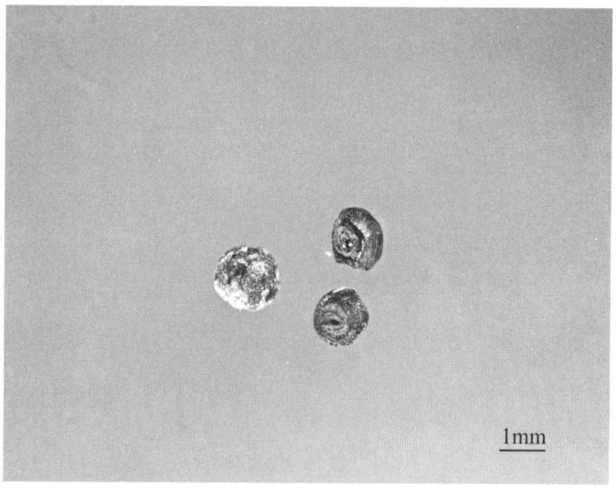

图一七　猪毛菜

4. 蓼科（Polygonaceae）

此次浮选出土的蓼科植物种子数量很少，仅8粒，从中识别出长戟叶蓼（*Polygonum maackianum*）、萹蓄（*P. aviculare*）和杠板归（*P. perfoliatum*）等三个不同的种。长戟叶蓼和萹蓄的种子形态特征相近，均呈金字塔状（图一八），而杠板归的种子呈扁圆形（图一九）。这三种蓼属植物都是一年生草本植物，一般生长在水边或潮湿地带，除了可作为中药材，与人类生活的关系不大。

图一八　长戟叶蓼

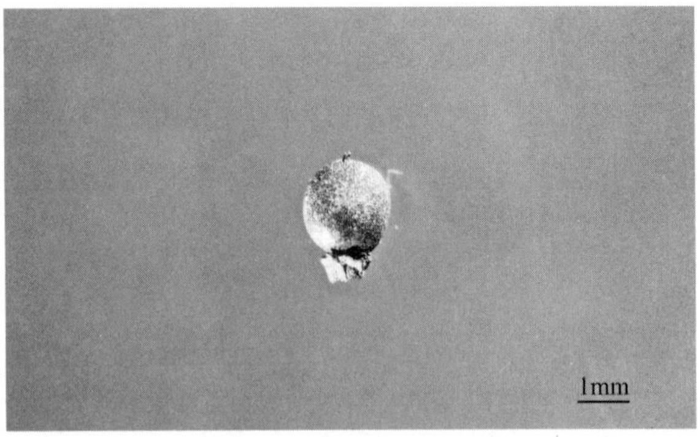

图一九　杠板归

5. 唇形科（Labiatae）

出土的唇形科植物种子数量也很少，计25粒，从中鉴定出了水棘针、益母草和香薷三个不同的种。

水棘针（*Amethystea caerulea*）是一种常见的杂草，种子很小，呈三棱状卵形，表面密布网状纹，粒长约1.5毫米，粒宽约0.8毫米（图二〇）。水棘针是一种常见的杂草。

益母草（*Leonurus artemisia*）种子呈长尖状，粒长约2.1毫米，粒宽约1.5毫米（图二一）。益母草是一种重要的中草药，有收缩子宫的特效，是古今中医治疗妇科病的主要药材。

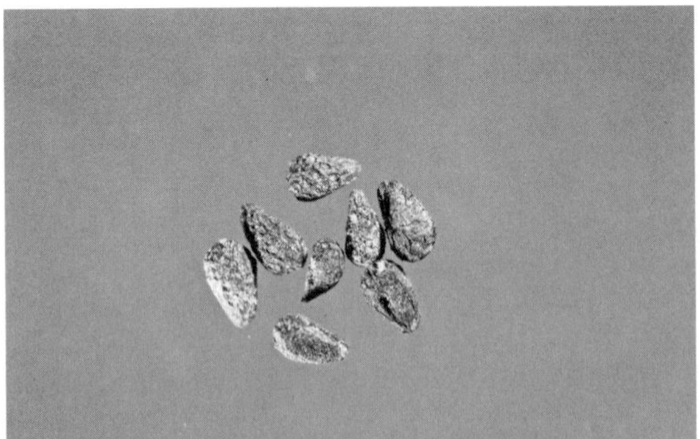

图二〇　水棘针

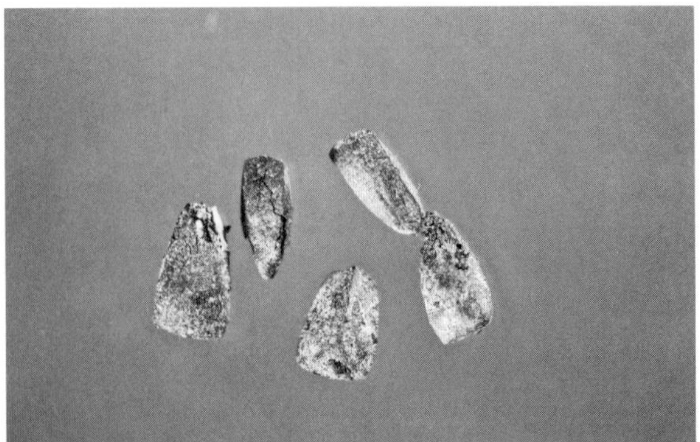

图二一　益母草

香薷（*Elsholtzia ciliata*）种子呈水滴状，粒长约2.1毫米，粒宽约1.1毫米（图二二）。香薷是一年生草本植物，多生长在山坡荒地，也是一种常见的中药材，可发散解表。

6. 锦葵科（Malvaceae）

在苍头河流域地区浮选结果中发现了7粒圆叶锦葵（*Malva rotundifolia*）种子，呈肾形，粒长约1.4毫米，粒宽约1.0毫米（图二三）。圆叶锦葵是多年生草本植物，花色鲜艳，是一种常见的观赏类植物。

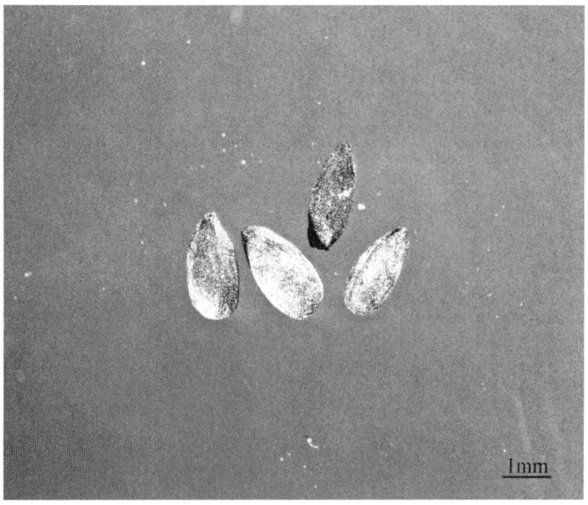

图二二　香薷

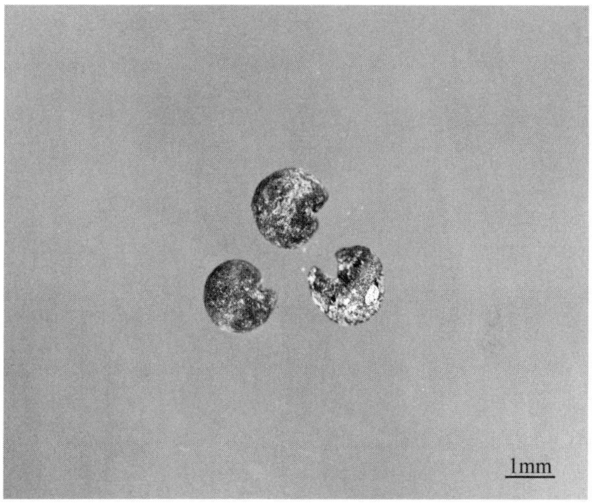

图二三　圆叶锦葵

7. 牻牛儿苗科（Geraniaceae）

在属于辽金时期的庄窝村西灰坑H1浮选样品中发现了10粒牻牛儿苗（*Erodium stephanianum*）种子，呈圆柱状，平均粒长3.5毫米，粒宽1.4毫米（图二四）。牻牛儿苗是多年生草本植物，多生长在山坡田间。

8. 菊科（Compositae）

菊科是植物界的一个大科，包含了上千个属，近三万个种。此次浮选出土了冷蒿和野菊两个种。

出土的冷蒿（*Artemisia frigida*）种子数量较多，计56粒，占出土植物种子总数的1.8%，集中发现于庄窝村西灰坑H1浮选样品，呈水滴状，平均粒长1.6毫米，粒宽0.8毫米（图二五）。冷蒿是多年生的草本植物，主要分布在草原或荒漠草原地带，是一种营养价值较高的牲畜牧草。

野菊（*Chrysanthemum indicum*）种子仅发现1粒，长扁圆形，粒长3.89毫米，粒宽1.58毫米（图二六）。野菊也是多年生草本植物，主要分布在田边路旁。

9. 鸢尾科（Iridaceae）

出土了2粒马蔺（*Iris lactea*）种子，呈扁圆形，粒长和粒宽均约3毫米，粒厚约2毫米

（图二七）。马蔺是一种耐旱耐盐碱的植物，多生长在由于放牧过度而盐碱化的草场，所以是一种生态标志性植物品种。

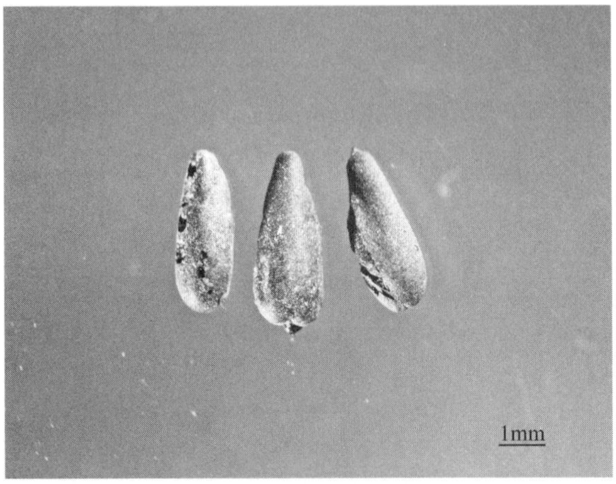

图二四　牻牛儿苗

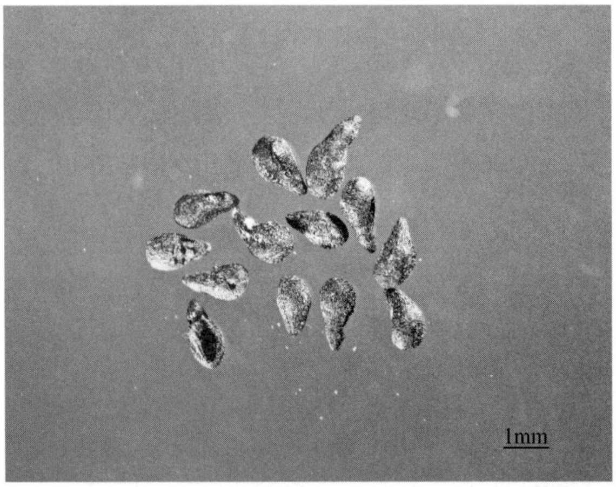

图二五　冷蒿

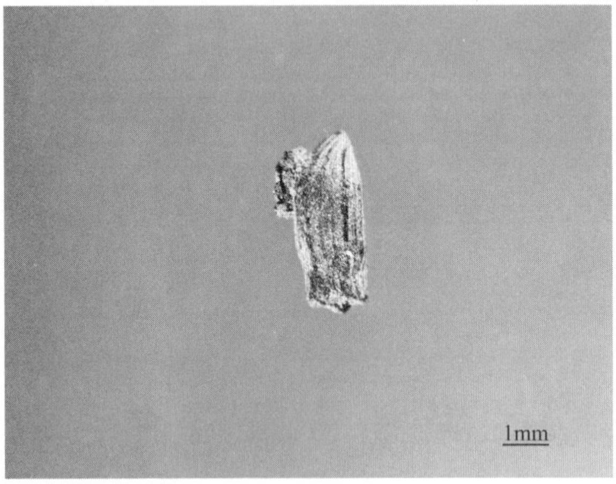

图二六　野菊

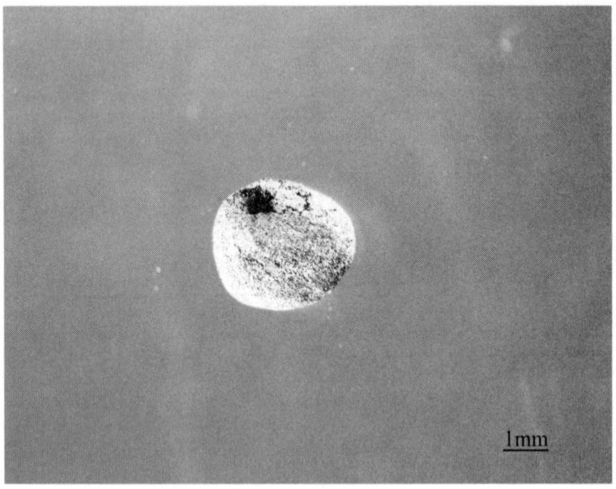

图二七　马蔺

三、分析和讨论

苍头河流域位于山西北部吕梁山北段，苍头河流经右玉县全境注入内蒙古中南部的凉城地区，明长城横跨苍头河谷，关城杀虎口历来是游牧文化与农耕文化相互交往的重要关口。该地区背靠大同盆地，面向土默川平原（敕勒川草原），属于典型的农牧交错带地区。然而，根据此次浮选结果分析，苍头河流域地区生业形态在战汉时期至辽金时代应该是以农业为主，家畜饲养业为辅。

浮选出土的植物种子中多数属于农作物遗存，包括粟、黍、小麦、大麦、荞麦、豌豆、兵豆和大麻等8个农作物品种，在非农作物植物种子中各种农田杂草也很突出，例如狗尾草、野燕麦、藜、猪毛菜等。由此看出，苍头河流域地区浮选出土植物遗存在总体上所反映的是农耕生产和谷物加工的信息，农业应该是苍头河流域地区当时物质生活资料的主要来源。

在浮选出土的农作物遗存中，以小麦和粟的出土数量最为突出。这两种农作物不仅出土数量多，而且出土概率也最高，在浮选的5份样品中均发现有小麦和粟，说明这两种农作物始终都是苍头河流域地区农业生产中的主要农作物品种。粟和黍两种小米是中国古代北方旱作农业的主体农作物，21世纪以来，在中国北方地区一系列考古遗址开展的浮选工作证实了这一看法，在大多数遗址中浮选出土的秦汉以前的植物遗存中，粟和黍两种小米一般都是出土数量最多的农作物遗存。粟和黍均是耐逆性较强的旱地谷物品种，但二者之间相比较，粟的单位面积产量高，作为食物口感好，而且易储藏。因此，在古代北方旱作农业中虽然粟和黍同为代表性农作物品种，但在农耕生产条件相对较好的地区粟一般都是首选。这在苍头河流域地区浮选出土植物遗存中再次得到证明，黍的出土数量明显少于粟。

近期的考古发现证实，起源于西亚的小麦在距今4000年前后传入中国。小麦在传入中国后逐步地取代了粟和黍两种小米，成了中国北方旱作农业的主体农作物，由此形成了现今中国“南稻北麦”的农业生产格局。但是，究竟是在什么时期小麦取代了粟和黍两种小米成为北方旱作农业的主体农作物品种，这仍然是个值得探讨的学术问题。植物考古新发现揭示，大约在距今3500年前的商代早期，小麦已经在黄河中下游地区被普遍种植，到了距今3000年前的西周时期，小麦的种植规模又有所提高，但在当时的农业生产中依然是以种植粟和黍两种小米为主，在各考古遗址浮选出土的商周时期的农作物遗存中，粟和黍的比重仍占绝对优势。

然而，在苍头河流域地区浮选出土的植物遗存中，炭化小麦粒的出土数量惊人，总计多达682粒，在出土农作物总数中的比例不仅高于黍，甚至还高于粟。这说明，至迟在汉魏时期，在苍头河流域地区农业生产中小麦已经成为主要农作物品种。小麦作为一种优良的高产旱地粮食作物，传入中国后势必对北方旱作农业原有的主体粮食作物粟和黍两种小米产生巨大的冲击，促使当地的农业种植制度逐步地由依赖粟类作物向以种植小麦为主的方向转化。苍头河流域地区浮选结果显示，这个转变过程在代魏时期之前可能已经完成。

此次浮选出土的荞麦遗存值得关注。国内外学术界一般认为，荞麦最早是在中国被栽培的，但至今缺乏系统的研究，原因之一是缺少考古出土实物证据。苍头河流域地区浮选出土了99粒炭化荞麦粒，均出土自庄窝村西灰坑H1浮选样品中。庄窝村西灰坑H1属于辽金时期遗存，年代虽然相对较晚，但对探索荞麦的驯化和发展过程仍然具有重要的学术价值。再则，荞麦属于小杂粮，产量低，但生长期非常短，抗逆性很强，在现今常被作为抗灾补种的农作物品种。苍头河流域所处的农牧交错带属于生态环境相对脆弱的地带，农业生产条件不稳定，因此，很可能早在辽金时期荞麦便成为当地农业生产中的重要农作物品种。

苍头河流域地区浮选出土的豌豆和兵豆遗存也值得关注，因为这两种豆类作物都是起源于西亚，后传入中国。有关东西方文化交流中的农作物传播问题，以往的研究主要关注的是小麦，但是西亚农业起源中心区的重要栽培作物除了小麦和大麦等麦类作物之外，还有多种豆类作物，例如鹰嘴豆、蚕豆、豌豆、兵豆等。此次浮选结果揭示，豌豆和兵豆这些起源于西亚的豆类作物至迟在汉魏时期已经传入中国境内。

最后值得指出的是，在苍头河流域地区浮选结果中除了农作物之外，还发现了一些现今被用作牧草的植物遗存，例如扁茎黄芪、草木犀、虫实、冷蒿等，而栽培作物兵豆的茎叶也被用作家畜饲料。一般而言，考古遗址中埋藏的植物遗存绝大多数属于文化堆积，即人类通过劳动主动地或被动地所获得的、而后又被人类有意识地遗弃或无意识地遗漏在遗址中的植物遗存。据此推测，此次浮选发现的属于牧草的这些植物遗存很有可能是被人们采集收获的家畜饲料，如是，这就反映出了苍头河流域地区古代先民在从事农业生产的同时也经营家畜饲养生产活动。猪与人同属于杂食类动物，家猪饲料的来源主要是人们食物的剩余或废弃部分，而羊是食草类动物，适宜牧养，也可以圈养，但需要提供牧草。此次浮选出土的牧草类植物遗存说明当时的家畜饲养的动物品种中应该包括了羊。当然，这仅是从植物考古的角度通过对牲畜饲料的分析提出的推测，具体到苍头河流域古代先民饲养的家畜究竟是羊还是猪，应该以动物考古研究结果为准。

四、结　　语

苍头河流域区域考古调查采集的浮选样品出土了丰富的炭化植物遗存，从5份样品中共发现炭化植物种子3146粒，平均每份浮选样品出土植物种子629粒。如果按每份样品土量15升计算，平均每升土样出土植物种子42粒，这个数据明显高于大多数考古遗址的浮选结果。

苍头河流域地区浮选出土的农作物遗存不仅数量多，而且种类也丰富，包括粟、黍、小麦、大麦、荞麦、豌豆、兵豆和大麻等8个农作物品种。量化分析结果显示，苍头河流域地区生业形态在战汉时期至辽金时期应该是以农业生产为主，家畜饲养为辅。农业生产是以种植小麦和粟、黍两种小米为主，属于北方旱作农业传统。浮选出土的牧草类植物遗存反映出苍头河流域地区古代先民在从事农业生产的同时也经营家畜饲养生产活动，饲养的家畜包括羊。

起源于西亚的小麦传入中国后，对北方旱作农业原有的主体粮食作物粟和黍两种小米产生巨大的冲击，促使当地的农业种植制度逐步地由依赖粟类作物向以种植小麦为主的方向转化，苍头河流域地区浮选结果显示，这个转变过程在代魏时期甚至之前已经完成。

此次浮选出土的豌豆和兵豆两种外来豆类作物，以及荞麦都值得关注，前者揭示了起源于西亚农业起源中心区的豆类作物至迟在汉魏时期已经传入中国境内，后者对探索荞麦的驯化和发展过程提供了重要的考古实物证据。

附录五　2014年右玉县苍头河流域区域考古调查所获瓷片的初步分析

崔剑锋
（北京大学考古文博学院）

一、样 品 简 介

山西省考古研究所于2014年在右玉县苍头河流域进行了考古调查，并采集了较多瓷片，为了研究这些瓷片的可能生产窑口及时代，本文使用成分分析等科技手段对这些瓷片进行了分析，并与已有数据库的数据进行了对比（图版三七）。

共分析瓷片样品8件，如表一所示。

表一　瓷片样品

序号	遗址名称	遗址编号	瓷片所属单位	器物名称	备注
1	石塘沟村西北遗址	2014YST1（图一，1）	第一采集点：①	（1）瓷碗底部 （2）瓷罐口沿	（1）白釉黑花 （2）青白釉蓝草花
2	石塘沟村北1号遗址	2014YST2（图一，2）	第一采集点：①	瓷碗底部（2件）	酱釉、白釉黑花
3	火烧岭村西遗址	2014YHS4（图一，3）	第一采集点：①	瓷碗口沿	透明白釉
4	北草场村西遗址	2014YB2（图一，4）	第一采集点：①	瓷碗底部	钧釉
5	樊家窑村东南遗址	2014YFJ1（图一，5）	第一采集点：①	瓷碗口沿	白釉
6	李达窑村南遗址	2014YL1（图一，6）	第一采集点：①	瓷碗底部	白釉印花

二、分 析 方 法

采用能量色散型X射线荧光光谱（ED-XRF）进行了胎釉成分的无损分析。仪器使用日本堀场制作所（Horiba Inc.）生产的XGT-7000型能量色散X荧光光谱仪。分析条件：X入射线光斑直径：1.2mm；X光管管电压：30kV；X光管管电流：0.029mA；数据采集时间：150s。解谱方法为单标样基本参数法。

同时还对3件样品进行了烧成温度测试。烧成温度测试采用美国TA公司DIL806型热膨胀仪，升温速率为每秒1K，从室温升到1300℃。

三、分 析 结 果

成分分析结果参见表二。

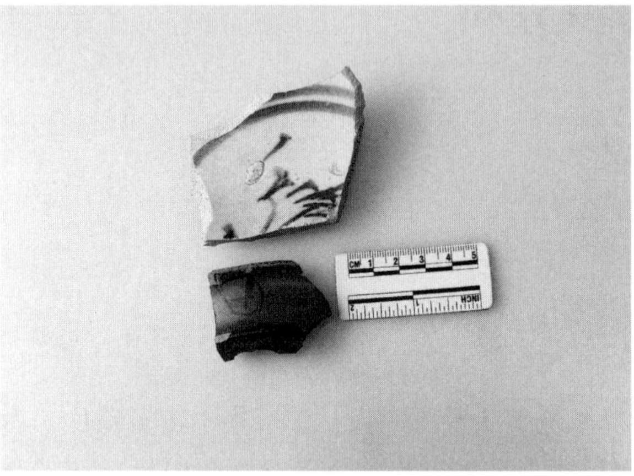

1. 2014YST1

2. 2014YST2

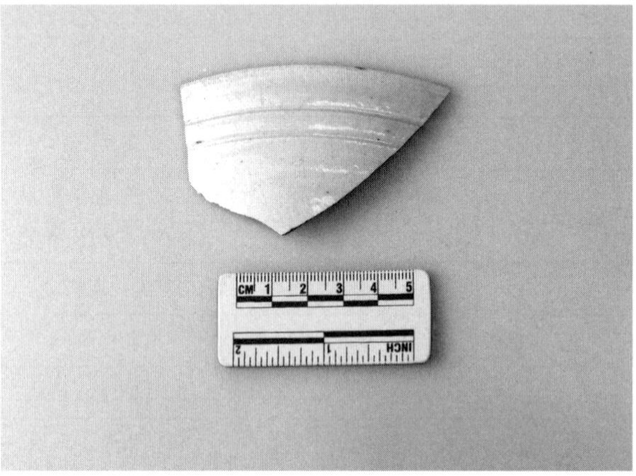

3. 2014YHS4

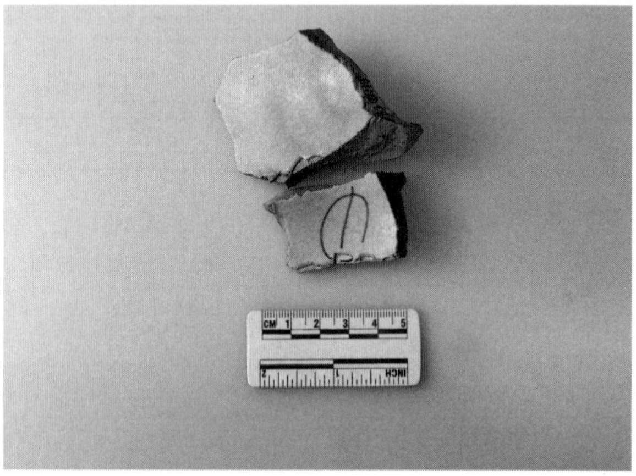

4. 2014YB2

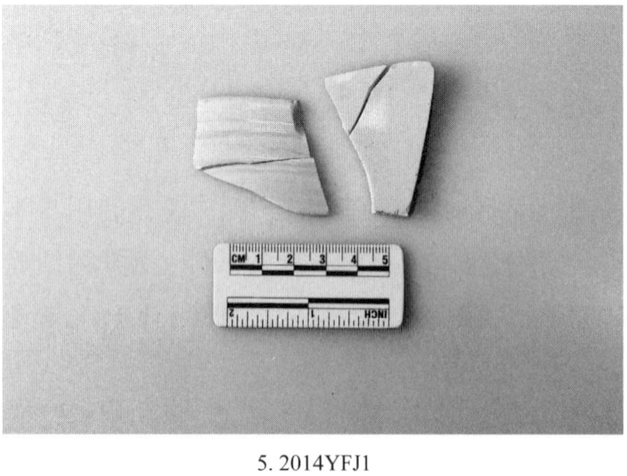

5. 2014YFJ1

6. 2014YL1

图一　苍头河流域调查瓷片分析样品

表二 苍头河流域调查所获瓷片胎釉（彩）成分 （质量百分比/%）

成分 / 样品	Na_2O	MgO	Al_2O_3	SiO_2	P_2O_5	K_2O	CaO	TiO_2	Fe_2O_3	CoO
CHT1-1（釉）	1.27	3.73	16.01	69.83	0	3.18	3.47	0.33	2.06	
CHT1-1（黑彩）	1.24	3.54	15.9	68.51	0	3.13	3.3	0.33	3.98	
CHT1-1（胎）	0.5	0.5	29.66	63.3		2.13	0.75	0.78	3.25	
CHT1-2（釉）	0.5	1.55	15.92	70.21	0.04	2.91	6.44	0.46	2.04	0.21（含As_2O_5 0.1%）
CHT1-2（胎）	1.16	1.42	28.87	58.95		2.45	0.91	0.9	5.23	
CHT2-1（釉）	0.5	4.32	11.97	61.09	0.19	3.31	9.12	0.58	9.06	
CHT2-1（胎）	0.4	3.69	29.38	55.82	0.46	1.6	4.77	1.11	3.03	
CHT2-2（釉）	0.4	3.45	15.03	69.74	0.17	3.13	4.15	0.62	1.79	
CHT2-2（胎）	0.6	3.14	27.95	60.00	0.16	2.78	1.05	0.89	3.6	
CHT3（釉）	0.5	1.56	15.21	72.53	0.18	3.15	5.83	0.57	0.85	
CHT3（胎）	0.5	2.32	32.8	58.83		1.3	3.59	0.47	0.63	
CHT4（釉）	0.4	1.66	8.97	74.45	0.3	3.4	8.36	0.16	2.57	0.04（CuO）
CHT4（胎）	0.6	0.6	37.7	53.18		1.34	1.1	1.31	4.55	
CHT5（釉）	0.4	2.18	14.59	71.17	0.84	3.13	5.25	0.48	0.9	
CHT59（胎）	0.6	2.67	31.32	61.54		1.58	1.7	0.49	0.61	
CHT6（釉）	0.7	3.65	14.32	69.73	0.11	1.87	7.88	0.38	1.87	
CHT6（胎）	0.5	0.5	28.85	63.47		1.98	2.41	0.94	2.07	

胎体烧成温度测试结果见表三。

表三 胎体烧成温度测试结果

样品号	烧成温度
CHT1-2	1247℃ ± 20℃
CHT4	1264℃ ± 20℃
CHT5	＞1300℃

四、结果讨论

胎体成分分析结果表明，所有的样品都是高铝低硅的高岭土质胎，显示出这些瓷器都应该是北方烧造的。釉的成分也证实了这一点，釉中的CaO含量都低于10%，而釉灰料用量少是北方瓷器的特点[①]。特别是如CHT5等细白瓷，这通常属于钙碱釉甚或是碱钙釉瓷器。这和南方的高温钙釉瓷CaO含量通常超过10%的情况不一样。以下分别予以讨论。

① 李家治等编著：《中国科学技术史·陶瓷卷》，科学出版社，1998年。

1. 石塘沟村四件标本

标本1-1白釉黑花样品，其釉层中助熔剂CaO和K_2O含量接近，是典型的碱钙釉，同时还含有较高的MgO。该样品从釉成分的分析结果显示时代可能并不很早。对于典型的白釉黑花样品生产窑口如宋金时期的磁州窑，通常CaO的含量会达到10%左右。而类似的助熔剂氧化物水平，在宋金时期只有生产细白瓷的窑口如定窑或山西的一些仿定窑的窑厂在生产细白瓷时使用。因此这件标本或者是比较晚的，或者是细白瓷窑口生产的。而并非产自磁州窑系宋金时期的窑口。

标本1-2标注为青白釉兰草花。经过分析样品中含有相当高的钴，因此这是一件北方生产的青花产品，其釉色发青的原因，应该是由于釉中混入了钴料。从钴料的分析结果看，并不同于景德镇生产青花的“进口钴料”或者“国产钴料”[①]即其中既不含有铁，也不含有锰。但是经过分析，其中含有0.1%的砷，这说明该产品使用了砷钴矿，钴料常见的一种矿物。从胎土成分看，该产品为北方制作。根据地质调查报告，山西南部中条山矿区有砷钴矿的产出[②]因此不排除这件青花为山西窑口所烧。同时，北方生产青花的年代非常晚近，因此该标本的时代可能会到晚清民国时期。

标本2-1标注为酱釉，但仔细观察该釉层为典型的茶叶末釉。经过分析釉中含有高达9%的Fe_2O_3，同时CaO的含量也达到9%，是典型的钙釉瓷，因此这件瓷器应属于古代瓷片。同时釉中的MgO含量也较高，达到4%左右，根据以前的研究，茶叶末釉形成的原因是釉中的氧化镁高温下反应形成顽火辉石类的结晶，微晶酷似茶叶末，其原料中MgO的含量需要到一定的高度，而标本2-1的成分符合这种情况。

标本2-2胎釉的化学组成与1-1的近似，二者来自同一窑口的可能性较大，且综合上述讨论，这件器物的时代也许并没有当初判断的早。

2. 火烧岭村西标本

标本3的成分显示，无论胎还是釉都符合宋金时期典型定窑系细白瓷的特点。其中胎的成分中含有3.5%以上的CaO，其胎土中为了达到烧结也添加助熔剂，这和我们对五代北宋定窑细白瓷胎体分析情况接近，而定窑从北宋晚到金代，胎体中不再添加钙质原料，而以钾质原料代替[③]表明火烧岭村西标本可能是北宋时期定窑系的产品。

3. 北草场村西标本

标本4为一件钧釉瓷，其釉的成分完全符合普通钧釉瓷的成分特征，最明显的是Al_2O_3含量较低，不到9%，而CaO含量较高。Al_2O_3在釉中起到稳定剂的作用，抑制分相，因此降低其中

① 张福康：《中国古陶瓷的科学》，上海人民美术出版社，2000年。

② 丰成友、张德全、党兴彦：《中国钴资源及其开发利用概况》，《矿床地质》2004年第1期。

③ Cui J. F., Wood N., Qin D. S., Zhou L. J., Ko M. K., Li X. Chemical analysis of white porcelains from the Ding kiln site, Hebei Province, China. Journal of archaeological Science, 2012, 39 (4): 818-827.

Al_2O_3含量[①]。经过分析的钧窑瓷器，其中P_2O_5的含量都比较高，P_2O_5为分相促进剂，可以促进钧釉的形成。标本4中P_2O_5含量并不高，说明该钧釉瓷并不是钧窑所产，更可能是本地窑厂仿钧窑的产品。钧釉发明之后，为北方很多窑厂所仿效。同时釉中还检出少量的铜，是其中紫斑形成的原因。

4. 樊家窑村标本

标本5与标本3近似，胎釉都符合宋金时期典型定窑系细白瓷的特点。但其胎中CaO含量水平较低，同时釉中P_2O_5含量水平较高，达到0.9%，这与金代定窑含量水平接近，综合以上分析，樊家窑村标本时代应为金代定窑系细白瓷产品。

5. 李达窑村标本

标本6具有较为典型的宋金时期细白瓷的化学组成，但其胎和釉的Fe_2O_3含量均较定窑等知名白瓷窑的高，说明其使用黏土的质量不及定窑。这件白瓷当为山西某处定窑系窑址所生产。

五、结　　语

综上所述，苍头河流域考古调查所获瓷片其时代和来源均较为复杂。时代可从北宋到晚清民国时期，而窑口则都为北方窑口所产，两片细白瓷可能是宋金时期定窑的产品，其他大多为本地窑口所烧。

烧成温度测试表明胎体烧成温度都接近或超过1250℃，部分可超过1300℃，均符合北方馒头窑的烧成温度。

---

① 罗永明、潘伟、李淑琴等：《钧釉呈色机理及烧制工艺的研究》，《陶瓷》2000年第6期。

附录六　山西省右玉县苍头河流域区域考古调查所获动物骨骼鉴定

赵静芳

（中国科学院大学考古学与人类学系）

一、概　　述

苍头河流域位于山西省右玉县。2014年，山西省考古研究所对该流域进行拉网式密集考古调查，获得了一批重要的考古学材料。在调查过程当中，考古人员对出土的遗迹单位进行了清理，注意收集各类考古学材料。在调查的遗址当中，破虎堡村东遗址和薛家堡村东一号遗址的遗迹内包含有动物骨骼，考古人员对其收集、清洗、编号，为进一步考古鉴定和研究提供了便利条件。

本文按照国际上通行的动物考古学研究方法，对每一件标本进行种属、部位鉴定，观察标本上人工和自然原因留下的痕迹，对保存完整的头骨、牙齿、四肢骨等进行测量（图版三八、图版三九）。标本鉴定主要依据北京大学考古文博学院动物考古标本室所藏现代动物样本，以及哺乳动物鉴定指南[①]等参考书，标本测量依据《考古遗址出土动物骨骼测量指南》[②]。标本照相采用CANON EOS7D，显微照片拍摄使用体视显微镜NIKON SHUTTLEPIX。

破虎堡村东遗址（2014YP1）和薛家堡村东一号遗址（2014YXJB1）共获得动物骨骼标本26件，可鉴定标本（NISP）22件，代表种类包括牛（*Bos* sp.）、猪（*Sus domesticus*）、羊（*Capra* or *Ovis*）、马（*Equus* sp.）4种，最小个体数（MNI）为12（表一）。

表一　苍头河流域区域考古调查动物骨骼

遗址名称	动物种属	可鉴定标本数		最小个体数		重量/g	
		NISP	%	MNI	%	Wt	%
破虎堡村东遗址（2014YP1）	牛	9	64.3	3	50.0	1037.1	77.7
	马	3	21.4	2	33.3	229.2	17.2
	猪	2	14.3	1	16.7	68.9	5.2
	合计	14	100.0	6	100.0	1335.2	100.1
薛家堡村东一号遗址（2014YXJB1）	牛	3	37.5	3	50.0	292.2	47.9
	马	3	37.5	1	16.7	248.4	40.7

① 伊丽莎白·施密德：《动物骨骼图谱》，中国地质出版社，1992年。

② 安格拉·冯登德里施著，马萧林、侯彦峰译：《考古遗址出土哺乳动物骨骼测量指南》，科学出版社，2007年。

续表

遗址名称	动物种属	可鉴定标本数		最小个体数		重量/g	
		NISP	%	MNI	%	Wt	%
薛家堡村东一号遗址（2014YXJB1）	羊	1	12.5	1	16.7	50	8.2
	猪	1	12.5	1	16.7	19.1	3.1
	合计	8	100.0	6	100.1	609.7	99.9

二、出土动物骨骼遗址

（一）破虎堡村东遗址

1. 考古背景

破虎堡村东遗址位于破虎堡村东约1.4千米处，行政归属于李达窑乡破虎堡村，初查时间为2014年7月24日。遗址中心GPS坐标为北纬40°14′40.6″，东经112°34′20.0″，海拔1491米 ± 5米。遗址北靠明代长城，西临由东北向西南流入马营河的季节性河流，季节性河流现无流水，南临马营河，东临庄窝村西阶梯台地，遗址西南部现为平底。地表植被有土豆、荞麦、松树、荒草等。遗址东西约450米，南北约550米，面积总计约247500平方米。该遗址西临破虎堡村遗址。遗址的文化时代为战国晚期、汉魏时期、辽金时期。

遗址应为沃阳故城城址。城址平面呈长方形，南北残长160米，东西长约200米，城址南墙被马营河冲毁，其余三面仅墙角有高出地面的土堆。现残存面积约4万平方米。

遗址南部断崖发现灰坑15个，大多距河床较高，无法清理，调查队员挑选其中4个进行了简单清理，编号为2014YP1H1 ~ H4。其中H2、H3、H4中发现动物骨骼。

H2，剖面呈锅底状坑。开口于第1层下，口径5米，最深1米，坑口距地表1.8米。坑内填土土质较疏松，土色较灰，包含物有夹砂灰陶残片、泥质灰陶片、动物骨骼、红烧土块及石块。

H3，剖面呈锅底状坑。开口于第3层下，口径1.6米，最深1.2米，坑口距地表1.28米。坑内填土土质疏松，土色为灰褐色，包含物有泥质灰陶片、动物骨骼、少量红烧土块、炭粒、石块等。

H4，剖面呈不规则袋状坑。开口于第2层下，口径1.6米，底径2.2米，深1.6米，坑口距地表1.2米。坑内填土土质较紧密，土色为灰色，包含物有泥质陶纺轮坯料、板瓦、泥质灰陶罐残片、动物骨骼、石块等。

2. 动物种属

破虎堡村东遗址调查共发现动物骨骼16件，种类为牛、马、猪，其中14件可鉴定种属，其余2件为不确定种属的残肢骨片。H2共出土9件，种类包括牛、马、猪；H3出土1件，种类为牛；H4出土2件，种类分别为牛、马。

表二　破虎堡村东遗址动物骨骼鉴定表

出土单位	动物种属	部位	保存状况	左/右	可鉴定标本数	最小个体数	重量/克
H2	牛	头骨	残块，眼眶部分	右	5	1	445.6
		臼齿	脱落	—			
		肩胛骨	肩臼、肩胛冈	右			
		跖骨	完整	左			
		胫骨	残片	—			
	马	跖骨	下端	右	2	1	165.3
		近端指骨	残块	—			
	猪	上颌	带P2-M2	左	2	1	68.9
		胫骨	完整，未愈合	右			
H3	牛	头骨	上颌+泪骨	左	3	1	369.5
		距骨	完整	左			
		前臼齿	脱落	—			
H4	牛	跖骨	下端	左	1	1	222.0
	马	跖骨	上端	右	1	1	63.9
合计					14	6	1335.2

据表一和表二可知，从数量上讲，破虎堡村东遗址中牛的可鉴定标本（NISP）和最小个体数（MNI）均占优势，分别为9件和3个；其次为马，NISP和MNI分别为3件和2个；猪的数量最少，NISP和MNI分别为2件和1个。

从发现的动物部位上讲，以头骨和后肢骨数量较多，即上下颌骨以及肩胛骨较多，而基本不见前肢骨。各类动物中，牛仅发现头骨、肩胛骨以及胫骨、跖骨、距骨等部位。马则仅发现跖骨和指骨；猪发现了上颌和胫骨。在发现的部位当中，跖骨的数量最多。

3. 分类描述

（1）牛。

可鉴定标本9件，其中头骨2件、肩胛骨1、胫骨1件、跖骨2件、距骨1件、脱落牙齿2件。其中1件跖骨和1件距骨保存完整，1件头骨保存较大。H2、H3、H4均有发现，每个灰坑的最小个体数为1，最小个体数总和为3。

2014YP1H3：1，头骨，保存左侧上颌和泪骨部分，带M1-M3，M3刚萌出。M1长27.36、宽19.19毫米，M2长32.82、宽21.24毫米（图一，1）。

2014YP1H2：1，头骨残块，右眼眶部分。可见两处砍痕。

2014YP1H2：3，右侧肩胛骨，保存肩臼、肩胛颈，部分肩胛冈，缺喙突。肩臼长69.85、宽58.7毫米（图一，2）。

2014YP1H2：4，左侧跖骨，完整。近端长45.72、宽47.07毫米，远端长30.19、宽54毫米，总高216.85毫米。骨表可见开裂（图一，4）。

2014YP1H4：1，左侧跖骨下端。远端长33.17、宽65.01毫米。滑车上可见食肉类啃咬痕，外侧可见砍痕（图一，5）。

2014YP1H3：2，距骨，完整。外长70.02、内长65.95、前宽46.02、后宽47.08、厚39.56毫米。

（2）马。

可鉴定标本3件，跖骨2件、指骨1件，最小个体数为2。仅在H2和H4中发现。

2014YP1H2：5，右侧跖骨下端。滑车上可见砍痕与切割痕。长36.34、宽46.31毫米（图一，3）。

2014YP1H4：2，马，右侧跖骨上端。长41.97、宽46.1毫米。

（3）猪。

可鉴定标本2件，上颌1件、胫骨1件。仅在H2中发现。

2014YP1H2：7，左上颌。带P2-M2，M1磨出梅花状图案，M2刚磨蚀。M1长16.09、宽11.86毫米，M2长20.33、宽14.49毫米。

（4）未定种属。

不可鉴定种属标本2件，1件为头骨残块、1件为肢骨片。

4. 骨骼表面痕迹

骨骼表面人工痕迹的鉴定可以提供古代人类对动物的利用模式，包括肢解动物、剥皮、烧烤等[①]。破虎堡村东遗址16件标本当中3件发现人工痕迹。其中牛头骨上1处、牛跖骨下端1处、马跖骨下端1处。1件标本可见食肉类动物啃咬痕迹。

2014YP1H2：1，牛头骨的眼眶部分，可见两处明显砍痕。

2014YP1H4：1（图二，3a），牛左侧跖骨下端滑车上可见食肉类啃咬痕，外侧可见三道砍痕（图二，3b），痕迹剖面呈v字形，即两侧斜面较为一致，痕迹在骨表上表现为砍砸用力的不规则锯齿状破裂。较薛家堡村东一号牛髋骨留下的砍痕（图二，1）要弱，说明使用工具不同。

2014YP1H2：5，马右侧跖骨下端滑车上可见砍痕与切割痕。

5. 小结

破虎堡村东遗址发现动物骨骼16件，最少代表6个个体。由于标本数量较少，本文以基本描述和基础统计为主。仅就目前的发现做如下结论。

（1）破虎堡村东遗址的动物种类有牛、马、猪三种，以牛的数量为多，马其次，猪最少。从动物的形态特征和动物的分布，并结合遗址发现的年代来看，三种动物应当均为驯化动物，与汉魏沃阳古城人类的日常生活或社会活动密切相关。

（2）从发现的遗迹单位来讲，H2发现数量和种类最多，H3居次、H4最少。从每个动物种类在各个遗迹单位的分布来讲，牛的分布最广，在三个灰坑均有发现，马在2个灰坑中发现，

① Zooarchaeology 2nd PP129; Vertebrate taphonomy.

猪仅发现于一个灰坑。

（3）该遗址发现的动物部位以头骨和后肢骨为主，缺乏前肢骨。各部位中，以跖骨数量最多，跖骨是附着肌肉组织较多的部位，表明人类对肉食资源的利用。

（4）从人工痕迹的分布来看，跖骨下端为肢解动物之处，这与新石器时代肢解动物痕迹发现位置相似。说明了先民至少从新石器以来就掌握了肢解动物的技术，并延续至汉代以后。头骨部位出现人工痕迹也说明了人类对肉量相对少的头骨也有所利用，但利用头骨的原因尚不清楚。

（二）薛家堡村东一号遗址

1. 考古背景

薛家堡村东一号遗址位于薛家堡村东北约900米，行政归属于李达窑乡薛家堡村，初查时间为2014年8月6日。遗址中心GPS坐标为北纬40°12′42.7″，东经112°26′16.0″，海拔1343米±5米。遗址地形为南北走向的阶梯式台地，地势北高南低，遗址中心西临薛家堡村，东临由北向南注入马营河的季节性支流，南临马营河北岸，地表植被有玉米、葫麻等农作物以及灌木丛。遗址东西约650米，南北约300米，面积总计约195000平方米。遗址的文化时代为战国晚期、汉魏、辽金。

在遗址区的南部断面上发现了灰坑6处，由东向西排列顺序分别编号为H1、H2、H3、H4、H5、H6。其中H1、H3、H5发现动物骨骼。

H1，剖面呈锅底状坑。口径3.2米，底径2.7米，坑自深1.8米。开口于耕土层下，耕土层厚0.18～0.2米，坑口距地表2米。坑内填土土质较松散，土色灰褐，包含物有陶片、动物骨骼、红烧土及少量石块。

H3，剖面呈锅底状坑。口径2.5米，底径1.9米，坑自深1.7米。开口于耕土层下，耕土层厚0.18～0.2米，坑口距地表1.9米。坑内填土土质疏松，土色灰褐，包含物有陶片、板瓦、动物骨骼、木炭、红烧土及少量石块。

H5，剖面呈锅底状坑。口径3.2米，底径2.1米，坑自深1.5米。开口于耕土层下，耕土层厚0.18～0.2米，坑口距地表1.7米。坑内填土土质松散，土色较灰，包含物有陶片、板瓦、动物骨骼及少量石块。

2. 种属鉴定

10件，种类为牛、马、羊，其中8 件可鉴定到种属、2件为不确定种属的肢骨片。H1出土6件，其中牛1件、马3件，最小个体数均为1；另有2件不确定种属的残骨片，其中1件为工具。H3出土2件，牛、羊各1件。H5出土2件，牛、猪各1件。

表三　薛家堡村东一号遗址动物骨骼鉴定表

出土单位	动物种属	部位	保存状况	左/右	可鉴定标本数NISP	最小个体数MNI	重量/克
H1	牛	寰椎	保留前侧，后侧被侵蚀	/	1	1	103.0
	马	头骨	残块，眼眶部分	右	3	1	248.4

续表

出土单位	动物种属	部位	保存状况	左/右	可鉴定标本数NISP	最小个体数MNI	重量/克
H1	马	肩胛骨	肩胛骨体+肩胛冈	右	3	1	248.4
		掌骨	第Ⅳ掌骨	左			
H3	牛	髋骨	髋臼	左	1	1	141.2
	羊	肱骨	完整	右	1	1	50.0
H5	牛	掌骨	下端		1	1	48.0
	猪	下颌	完整，带dm3		1	1	19.1
合计					8	6	609.7

据表一和表三可知，从数量上讲，薛家堡村东一号遗址中牛和马的可鉴定标本数较多，但由于牛在三个灰坑当中均有分布，则牛的最小个体数为3，马的为1，其余猪和羊的可鉴定标本数和最小个数均为1。

从发现的部位来看，有头骨、肩胛、寰椎、掌骨、肱骨等，不见股骨、胫骨等后肢骨。各类动物中，牛发现寰椎、髋骨和掌骨，马发现头骨、肩胛骨和掌骨，羊发现肱骨，猪发现下颌。

3. 分类描述

（1）牛，可鉴定标本数3，最小个体数3，发现寰椎、髋骨和掌骨各1件。

2014YXJB1H1：1，寰椎，基本完整。联结枢椎处略被侵蚀（图一，6）。

2014YXJB1H3：1，左侧髋骨残块，髋臼部分。髋臼上有若干砍痕，坐骨部分有明显砍痕（图二，1b）。

2014XYJB1H5：1，掌骨下端，未愈合。骨表有风化开裂。

（2）马，可鉴定标本数3，最小个体数1，发现头骨、肩胛骨、掌骨各1件。

2014YXJB1H1：2，头骨残块，右眼眶部分。

2014YXJB1H1：3，肩胛骨残块，仅保留肩胛骨体、肩胛冈部分（图一，7）。

（3）羊，可鉴定标本数1，最小个体数1。

2014YXJB1H3：2，右侧肱骨，完整。上端长44.42、宽39.26毫米，下端25.42、宽31.27毫米，高165.1毫米。

（4）猪，可鉴定标本数1件，最小个体数1。

2014YXJB1H1：2，猪下颌完整，带dm3，dm3刚萌出，未磨蚀。右侧角长90.98毫米，髁长97.96毫米，髁高40.59毫米。

（5）未定种属。

2014YXJB1H1：5，肢骨片。骨表新鲜，表面有明显砍痕；边缘为连续敲砸形成的断口。

2014YXJB1H1：6，工具，原型为肢骨片，边缘为连续打制而形成的刃口，边缘有微疤和磨圆，可能为使用导致，尖部可见磨圆，可能为使用导致（图一，8）。

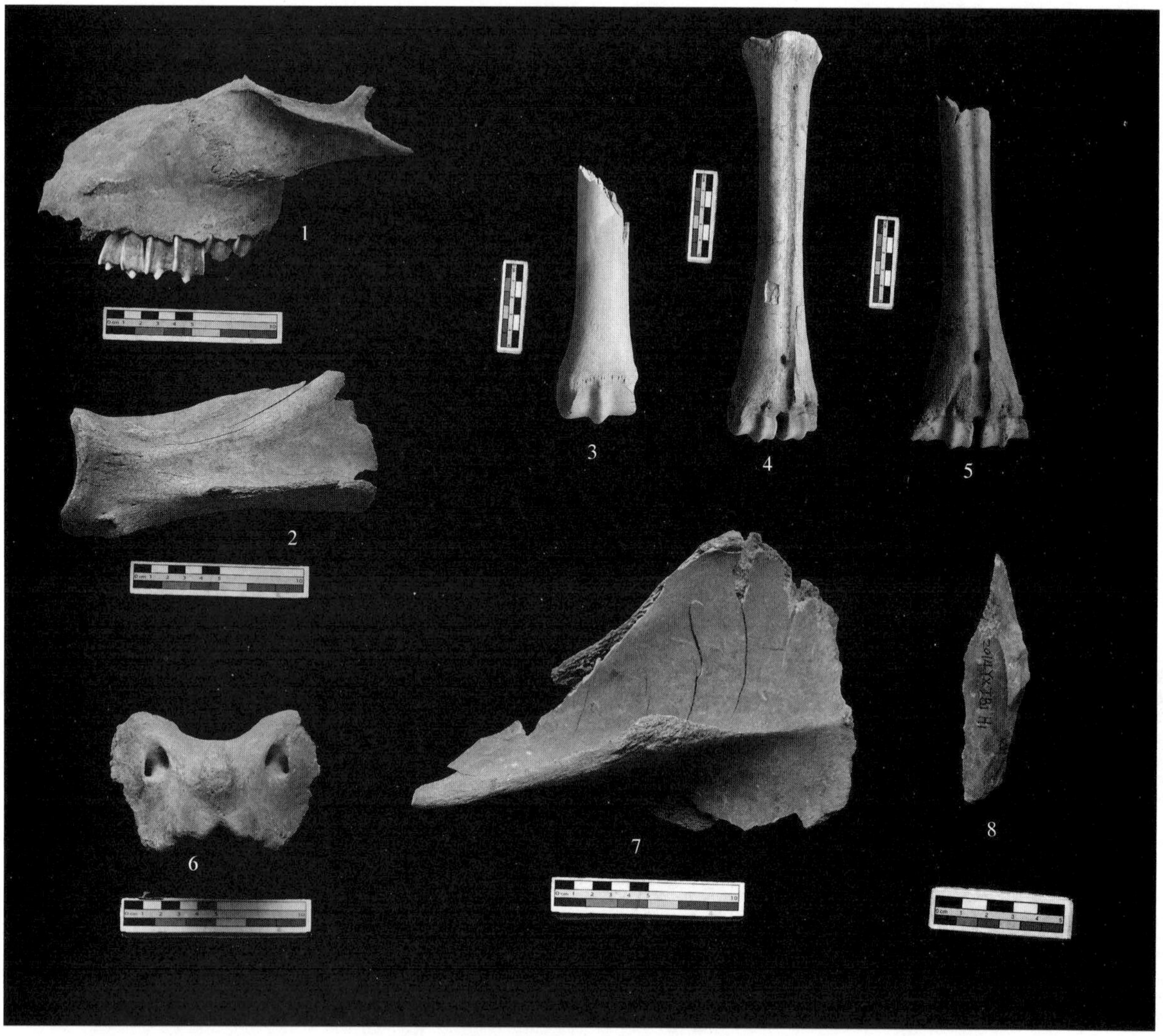

图一　苍头河流域调查所获动物骨骼

1. 牛头骨（2014YP1H3：1）　2. 牛右侧肩胛骨（2014YP1H2：3）　3. 马右侧跖骨下端（2014YP1H2：5）
4. 牛左侧跖骨（2014YP1H2：4）　5. 牛左侧跖骨下端（2014YP1H4：1）　6. 牛寰椎（2014YXJB1H1：1）
7. 牛肩胛骨（2014YXJB1H1：3）　8. 工具（2014YXJB1H1：6）

4. 人类对动物的利用

（1）骨骼表面人工痕迹。

薛家堡村东一号遗址10件动物骨骼有3件可见人工痕迹。

牛，2014YXJB1H3：1，左侧髋骨的髋臼上可见若干砍痕，坐骨部分有明显砍痕（图二，1a）。髋臼砍痕为平行于髋臼面而多次用力，髋臼上留下一个砍过的平面和之前多次用力砍而留下的切迹（图二，1b），坐骨上留下了一侧较直而另一侧较为平缓的√形砍痕（图二，1c）。根据痕迹形状特点和部位可推测这是在屠宰过程中用重量较大、硬度较强、较锋利的工具（金属工具）肢解动物后肢时而留下的痕迹。

马，2014YXJB1H1：2，头骨的右眼眶部分可见2处砍痕。痕迹较细长，痕迹较浅。

肢骨片，2014YXJB1H1：5，新鲜骨骼表面可见明显砍痕（图二，2a），边缘为连续敲砸

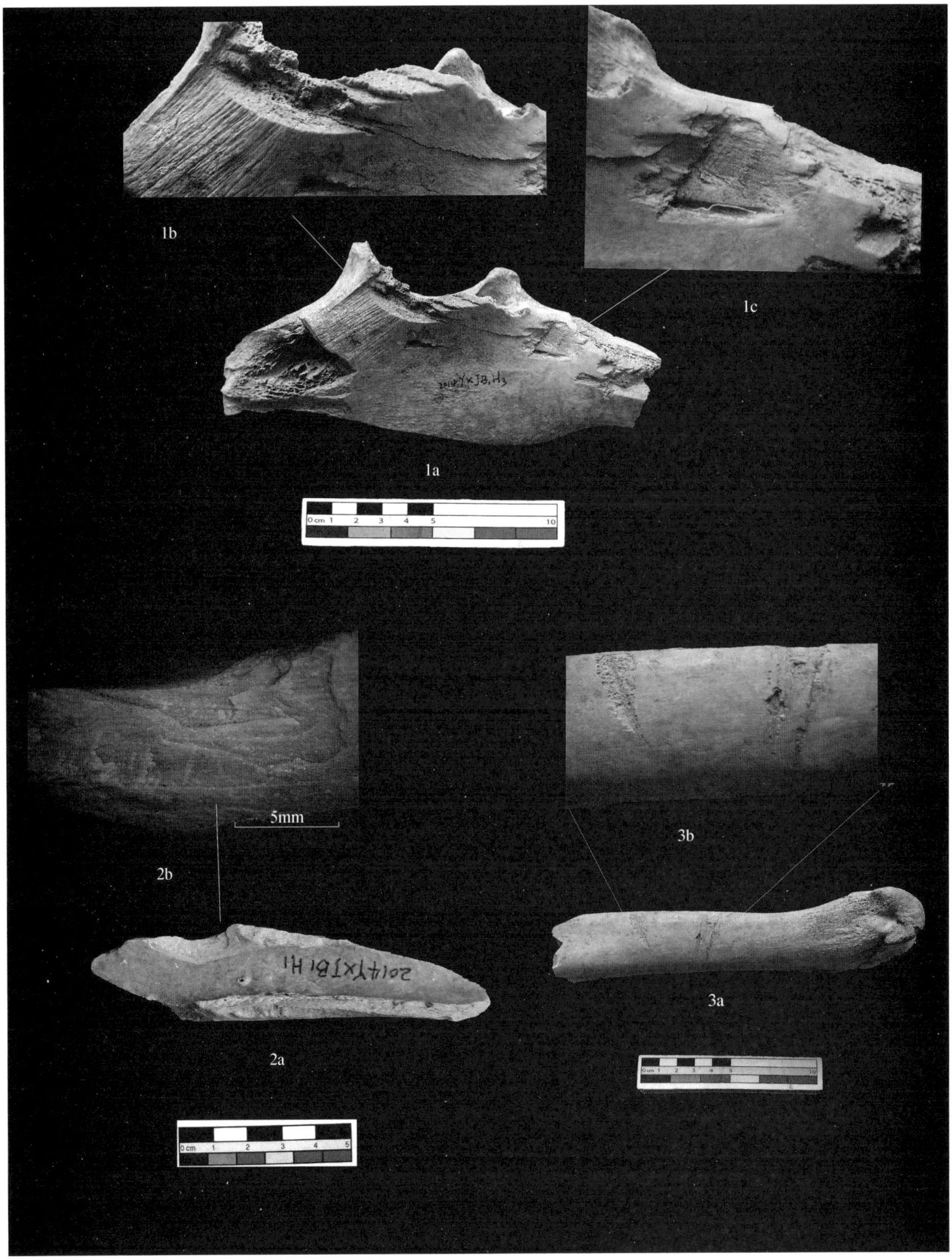

图二 动物骨骼表面人工痕迹

1. 牛左侧髋骨（2014YXJB1H3：1） 2. 肢骨片（2014YXJB1H1：5） 3. 牛左侧跖骨（2014YP1H4：1）

形成的断口（图二，2b）。

（2）工具类。

仅1件，2014YXJB1H1：6，原型为肢骨片，边缘为连续打制而形成的刃口，边缘有微疤和磨圆，可能为使用导致，尖部磨圆，应为使用导致。

5. 小结

薛家堡村东一号遗址发现动物骨骼10件，最小个体数6个。由于标本数量较少，本文以基础描述和基本统计为主。仅就目前的发现做如下结论。

（1）动物种类有牛、马、猪、羊4种动物，以牛的个体数为多，3个，其余均为1个。从动物形态特征和动物分布，以及遗址所处的年代综合来看，四种动物均已驯化，与战国、汉、辽代当地人群的日常生活和社会活动密切相关。

（2）从发现的遗迹单位来讲，每个灰坑均发现2种动物，但H1数量占多数。从每种动物的分布来讲，牛在三个灰坑中均有分布，其余动物则仅分布于1个灰坑中。

（3）从人工痕迹的分布来讲，牛的髋骨处明显的砍痕表明先民肢解动物或食用肉类剔骨的部位。马的头骨眼眶部位的砍痕也说明先民对肉类较少的头骨部分的利用。

（4）将动物四肢骨的骨体加工成工具，是我国旧石器时代晚期先民就已经掌握的生存技能，薛家堡村东一号遗址仍有发现，说明至少到战国时期，甚至到辽金，人类对动物的利用不仅仅是食用肉类、社会礼仪，还会利用其骨骼制造工具。

三、结　　语

破虎堡村东遗址和薛家堡村东一号遗址共发现动物骨骼26件，可鉴定标本22件，最小个体数12。由于数量较少，本文重点内容为对两个遗址动物骨骼的基本描述和基本统计。总体上有如下特征。

（1）种类有牛、马、猪、羊四种动物，以牛的数量为多，可鉴定标本12件，最小个体数为6；马的数量其次，可鉴定标本数为6，最小个体数为3；猪的可鉴定标本数为3，最小个数2；羊的最少，可鉴定标本数和最小个数均为1。从时代和出土位置判断，均为家养动物。种类方面缺少食肉类，如狗等，更多是为人类提供肉类的动物种类。

（2）从发现的部位讲，两个遗址的骨骼均以头骨和四肢骨为主。头骨上肉量附着较少，四肢骨则是附着肉量最多的部位。破虎堡村东遗址的跖骨数量较多，可能反映了人类对这类带肉骨骼的依赖性。

（3）两个遗址发现的人工痕迹的位置和形态特征均非常典型，如破虎堡村东遗址跖骨下端痕迹，以及薛家堡村东一号遗址的牛髋骨砍痕，均可以反映战国—辽金人类对动物肢解或剔除肉类等行为的模式。

后　记

经历半年的田野调查和三年的调查报告的编写工作，《右玉县苍头河流域区域考古调查报告》就要与读者见面了。这本调查报告是山西北部区域考古调查的第一本报告，有着划时代的意义。看着堆在眼前的终校稿子，心中还是免不了荡起串串涟漪，2014年夏秋之际在右玉县田野调查工作场面不断浮现在眼前。

右玉县调查工作顺利开展和调查报告出版首先离不开山西省文物局提供的专项经费的资助，更离不开山西省考古研究所前所长谢尧亭和现任所长王晓毅的大力支持，也离不开当时的考古所领导班子成员马昇、范文谦的关心和帮助，在这里我代表课题组给予特别的感谢。报告的后期整理校对，杨志宏、甄志远付出最多，司机邱敏跟着我几上大同、内蒙古观察标本，使我更加全面、深刻地认识调查成果，得以顺利完成报告结论的撰写。

报告的附录部分是我们专门邀请中国社会科学研究院考古研究所赵志军研究员做了浮选遗物的研究、邀请了北京大学考古文博学院的崔剑锋研究员做了关于瓷器成分分析研究、邀请了中国科学院大学与人类学系的赵静芳女士做了动物骨骼种属鉴定和研究，他们的研究成果使调查报告内容更加充实，更加具有专业性、趣味性和可读性。最后感谢科学出版社文物考古分社的赵越女士对报告仔细编辑和修改，使本报告增色不少。

参加本次调查工作的有：山西省考古研究所的干部王俊、穆文军，技工张银才、杨志宏；广西师范大学的2013级研究生郭建新、卢训、2014级研究生铁元神，山西大学本科生甄志远、张弛；司机邱敏、王福。原平朔考古队的贾有林、唐鑫短暂参加本次工作。

报告执笔：王俊、穆文军

报告绘图：畅红霞、耿鹏

田野摄影：穆文军、郭建新

器物摄影：王俊

器物修复：张银才、杨志宏

本报告付梓之际，正值山西省考古研究院在各方支持和努力下正式成立，本报告就是献给山西省考古研究院成立的一份厚礼！

本报告编辑、撰写中肯定存在疏漏和不足，还请读者批评指正。

王　俊

2020年6月

杀虎口村南遗址（2014YSH1）全景

图版二

洞子沟村三号遗址（2014YDZ3）全景

薛家堡村东北遗址（2014YXJB2）全景

图版四

庄窝村东遗址（2014YZZ2）全景

火烧岭村西北遗址（2014YHS3）全景

图版六

李家堡村北三号遗址（2014YLJ3）全景

1. 善无古城遗址碑

2. 善无古城遗址（2014YSW1）现状

善无古城遗址（2014YSW1）碑及现状

图版八

1. 大庙山村遗址（2014YDM2）远景

2. 石杵（YDM2①：12）

3. 石杵内剖面（YDM2①：12）

4. 陶罐肩部附加泥条（YDM2①：11）

大庙山村遗址（2014YDM2）远景及遗物

1. 洞子沟村四号遗址（2014YDZ4）远景

2. 细石器（YDZ4①：12）

洞子沟村四号遗址（2014YDZ4）远景及遗物

1. 二三墩村东遗址（2014YE1）远景

2. 遗址侧面全景

3. 建筑基址夯土细节

二三墩村东遗址（2014YE1）远景、全景及遗迹

1. 火烧岭村北遗址（2014YHS1）全景

2. 彩陶纺轮（YHS1①：10）

3. 彩陶盆口沿（YHS1②：3）

火烧岭村北遗址（2014YHS1）全景及遗物

图版一二

1. 李家堡村北一号遗址（2014YLJ1）全景

2. 李家堡村北一号遗址附近地貌

3. 细石器（正面、背面）（YLJ1①：6）

4. 陶鬲口部（YLJ1①：16）

李家堡村北一号遗址（2014YLJ1）全景、地貌及遗物

1. 马头山墓群（2014YMT1）全景

2. 墓葬盗洞及封土夯土细节

3. 墓葬散落遗物标本

4. 水波纹瓦（YMT①：1）

5. 水波纹瓦（YMT①：2）

马头山墓群（2014YMT1）全景、遗迹及遗物

1. 破虎堡村东遗址（2014YP1）全景（自北向南拍摄）

2. 破虎堡村东遗址全景（自南向北拍摄）

破虎堡村东遗址（2014YP1）全景

1. YP1H1近景

2. YP1H4近景

3. 城墙夯土细节

4. 城墙夯层

破虎堡村东遗址（2014YP1）遗迹

图版一六

1. 陶盆外壁刻“石”（YP1①：12）

2. 陶纺轮（YP1H3：24）

3. 筒瓦当头（YP1⑤：9）

4. 筒瓦（外侧）（YP1H4上文化层：8）

5. 筒瓦（内侧）（YP1H4上文化层：8）

6. 夹蚌质红褐色陶盆口部（YP1H3：16）

破虎堡村东遗址（2014YP1）出土遗物

1. 石塘沟村北二号遗址（2014YST3）全景

2. 石塘沟村东北遗址全景

3. 泥质灰陶尖底瓶底部内侧（YST3①：4）

4. 花边鬲口沿（YST4①：4）

5. 夹砂实足瓮足内侧（YST4②：3）

石塘沟村北二号遗址（2014YST3）、村东北遗址（2014YST4）全景及遗物

图版一八

1. 十五沟村西南一号遗址（2014YS2）全景

2. YS2F1远景

3. YS2F1近景

4. YS2H1正视

5. 绳纹纺轮（YS3H1：22）

十五沟村西南一号遗址（2014YS2）全景、遗迹及十五沟村西南二号遗址（2014YS3）出土遗物

图版一九

1. YS2F1：7水波纹（外侧、内侧）

2. YS2F1：5水波纹（外侧、内侧）

3. YS2F1：4水波纹外侧

4. YS2F1：3水波纹外侧

十五沟村西南一号遗址（2014YS2）出土遗物

图版二〇

1. 魏家堡村西遗址（2014YW1）全景

2. YW1H1侧视

3. 灰陶釜（YW1②：1）

4. 灰砂灰陶釜（YW1②：2）

5. 灰陶釜（YW1②：4）

6. 泥质浅灰色陶壶口部（YW1①：3）

魏家堡村西遗址（YW1）全景、遗迹及遗物

1. 薛家堡村东一号遗址（2014YXJB1）H1、H2、H3、H4全景

2. 薛家堡村东一号遗址（2014YXJB1）H5正视

3. 泥质灰陶沟槽砖（YXJB1③：19）

4. 泥质灰陶豆柄（YXJB1H1：15）

5. 豆柄细节（YXJB1H1：15）

6. 骨牌（YXJB1H2：8）

薛家堡村东一号遗址（2014YXJB1）全景、遗迹及遗物

图版二二

1. 庄窝村西遗址（2014YZ1）全景

2. H1正视

3. 瓷碗（YZ1③：4）

4. 白釉瓷碗及底部（YZ1③：14）

5. 泥质灰陶双耳罐口腹部（YZ1②：15）

6. 橙黄色陶钱币（YZ1②：46）

庄窝村西遗址（2014YZ1）全景、遗迹及遗物

1. 大川遗址（2014YD5）全景

2. 大川遗址地形

3. YD5H1正视

4. YD5H3正视

5. 瓷盘（YD5H3：5）

6. 印花小瓷碗（YD5④：6）

7. 印花小瓷碗细节（YD5④：6）

大川遗址（2014YD5）全景、遗迹及遗物

1. 城墙梁遗址（2014PM1）全景

2. 泥质深灰色陶罐肩部残片（PM1③：10）

城墙梁遗址（2014PM1）全景及遗物

1. 蛙形水盂（YDM1①：17）（侧面、背面、底面）

2. 印花瓷碗底部（YMB1①：12）

3. 印花瓷碗底部外（YMB1①：12）

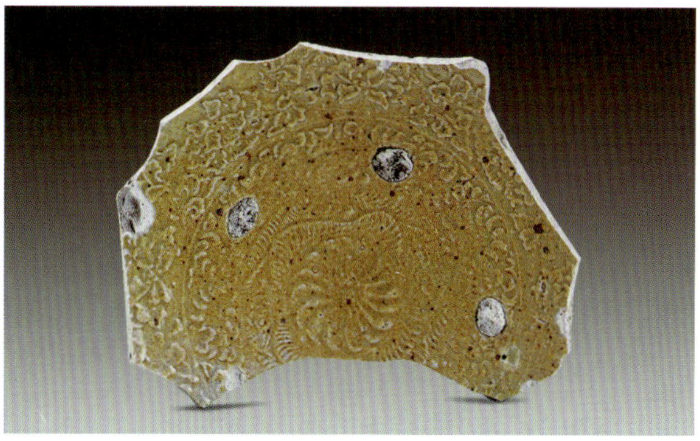

4. 印花瓷碗底部内（YMB1①：12）

5. 钧釉瓷碗底部（YB2①：18）

6. 钧釉瓷碗底部正视（YB2①：18）

7. 钧釉瓷碗底部外侧（YB2①：18）

大庙山村东遗址（2014YDM1）、马堡村北遗址（2014YMB1）、
北草场村西遗址（2014YB2）出土遗物

图版二六

1. 陶刀（YLJ1①：11）

2. 陶纺轮（YXJB1④：12）

3. 泥质陶豆盘内及豆盘外侧刻划符号（YC2①：10）

4. 泥质浅灰色陶罐口肩部（YMB1①：1）

5. 泥质灰陶钵（YS3H1：23）

6. 泥质灰陶钵底部刻字（YS3H1：23）

李家堡村北一号遗址（2014YLJ1）、薛家堡村东一号遗址（2014YXB1）、柴家堡村东遗址（2014YC2）、马堡村北遗址（2014YMB1）、十五沟村西南二号遗址（2014YS3）出土遗物

1. 泥质灰陶花边板瓦（YXJB3①：11）

2. 筒瓦（YDY1③：9）

3. 泥质灰陶兽面瓦当（YXJB3①：18）

4. 瓦当（YSW1①：15）

5. 瓦当（YSW1①：14）

6. 鸱吻残段（YXJB3①：10）

7. 铺地砖（YSW1①：13）

薛家堡村北遗址（2014YXJB3）、东窑沟村西遗址（2014YDY1）、
善无古城遗址（2014YSW1）出土遗物

图版二八

1. 瓷碗口腹部（YGT1②：7）

2. 铁质环首刀（YS3H1：24）

3. 火山岩深灰色石臼内（YXJ2①：16）

4. 火山岩深灰色石臼外（YXJ2①：16）

5. 泥质灰陶钵（YS3H1：23）

6. 泥质灰陶钵（YHS2②：1）

7. 瓷碗（YXJ2②：7）

8. 邢家口村南断崖出土泥质灰黑色陶盆（采集：1）

官屯堡村北遗址（2014YGT1）、十五沟村西南二号遗址（2014YS3）、
火烧岭村东遗址（2014YHS2）、邢家口村北遗址（2014YXJ2）出土遗物

图版二九

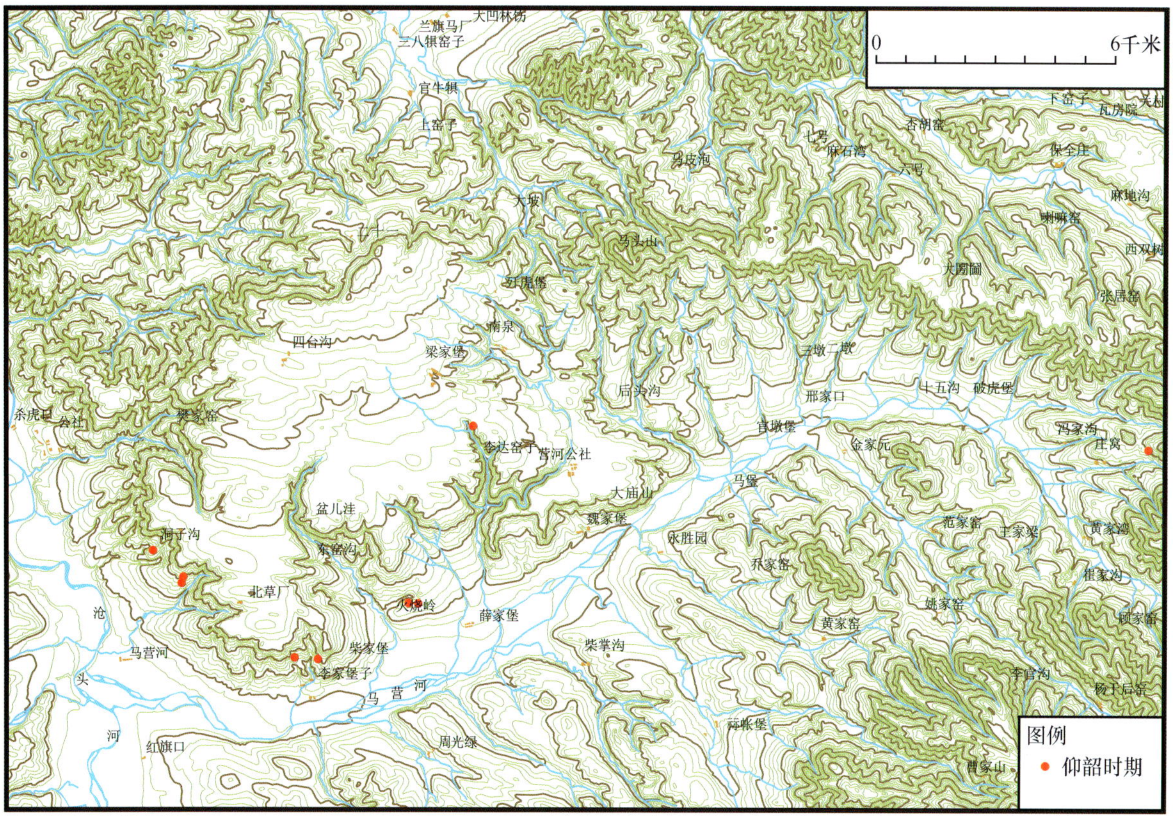

1. 仰韶文化时期

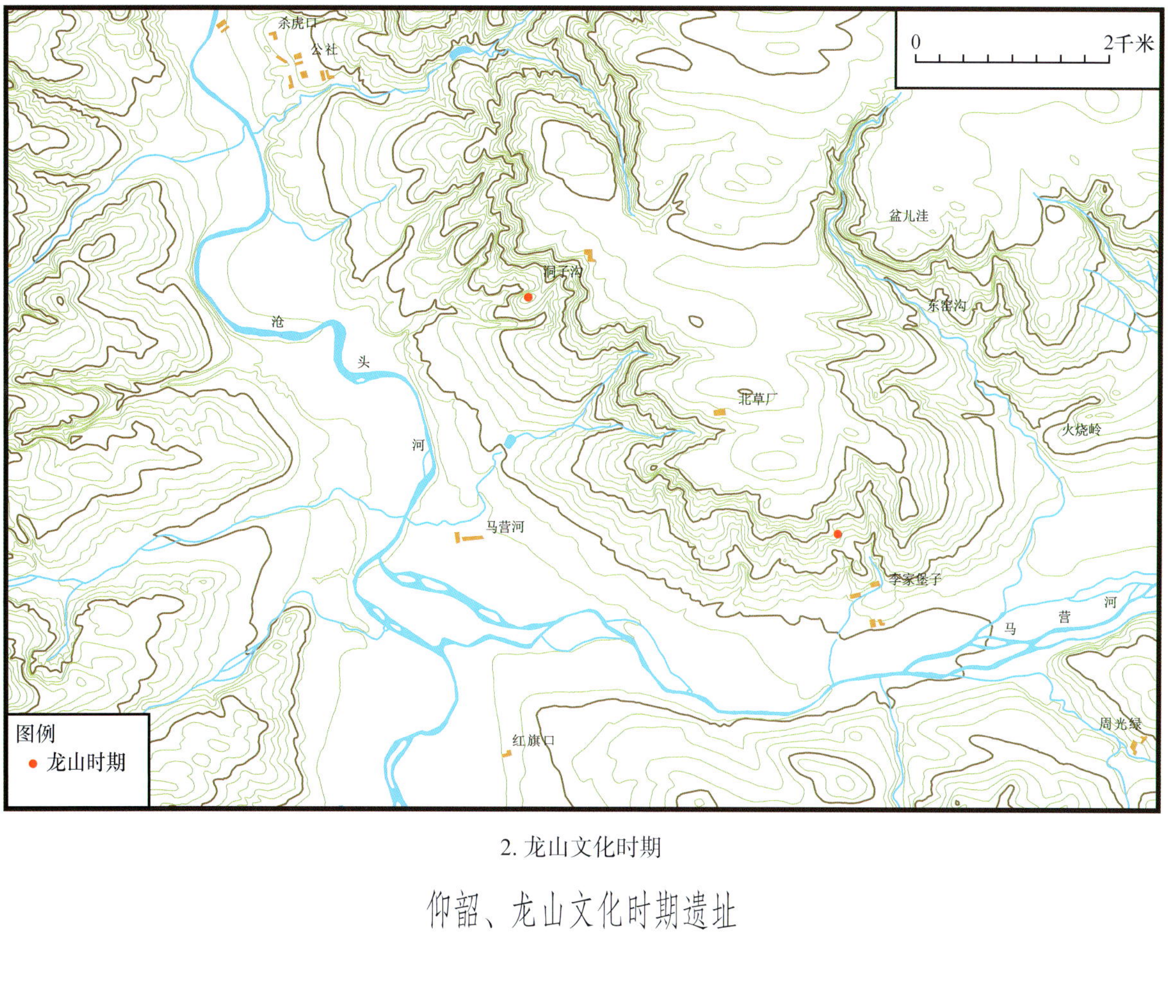

2. 龙山文化时期

仰韶、龙山文化时期遗址

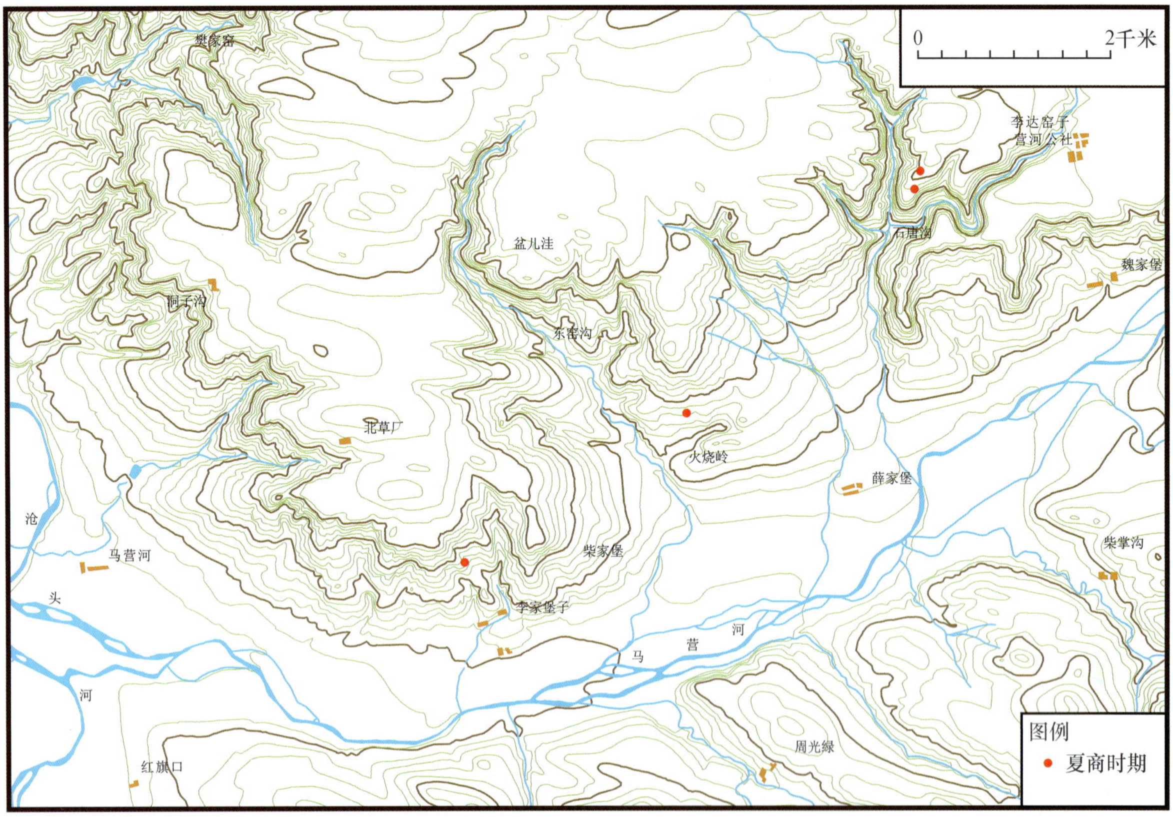

1. 夏商时期

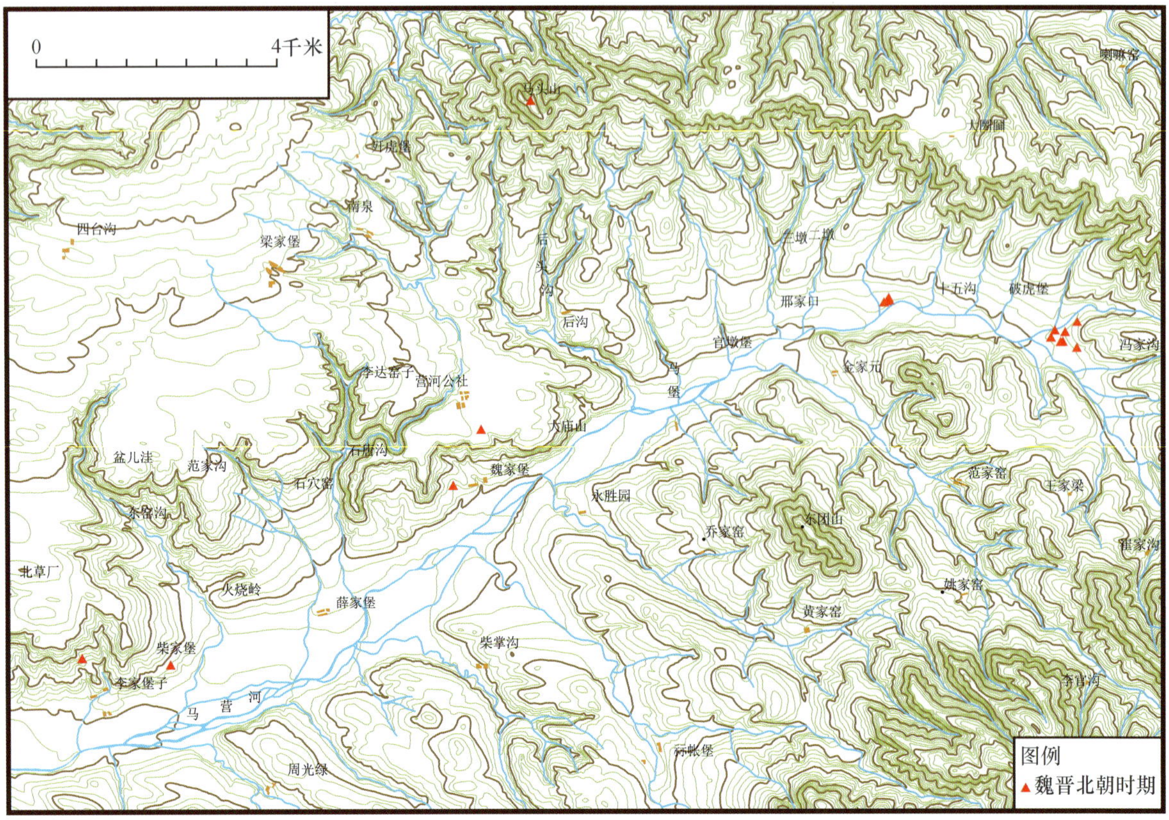

2. 魏晋北朝时期

夏商、魏晋北朝时期遗址

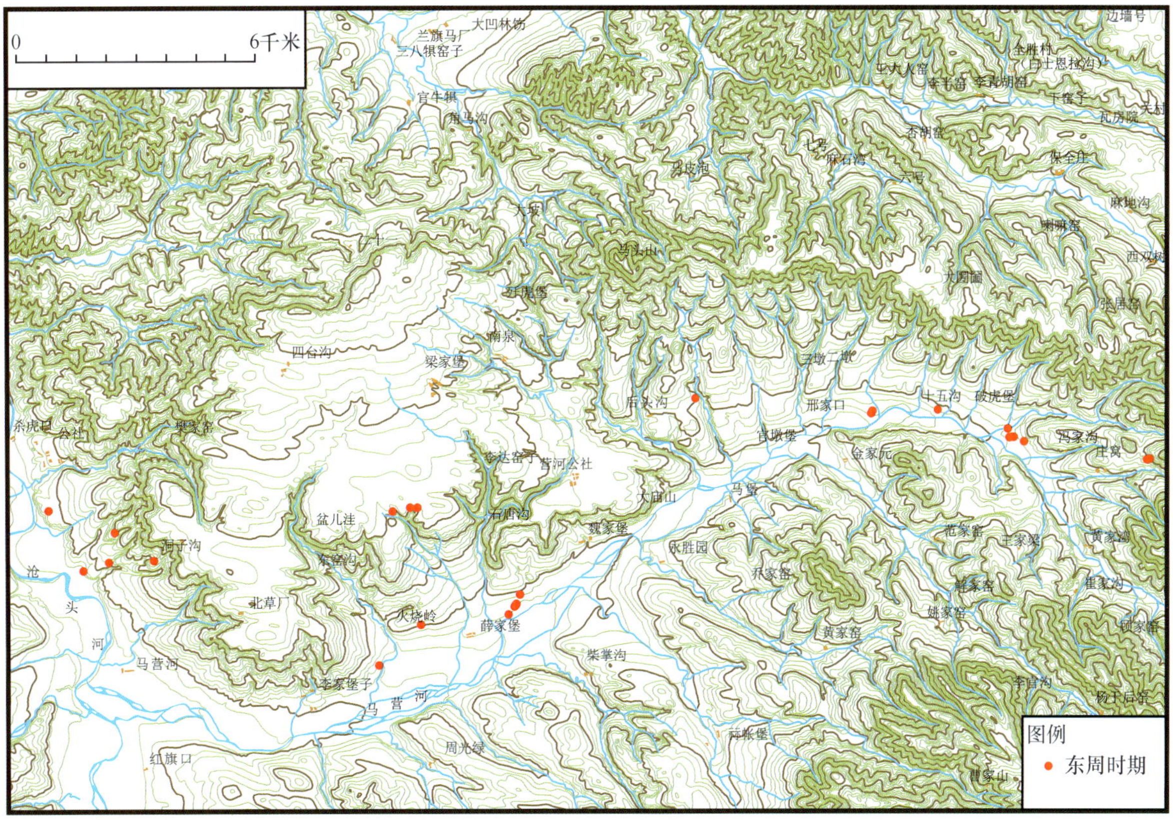

1. 马营河北岸

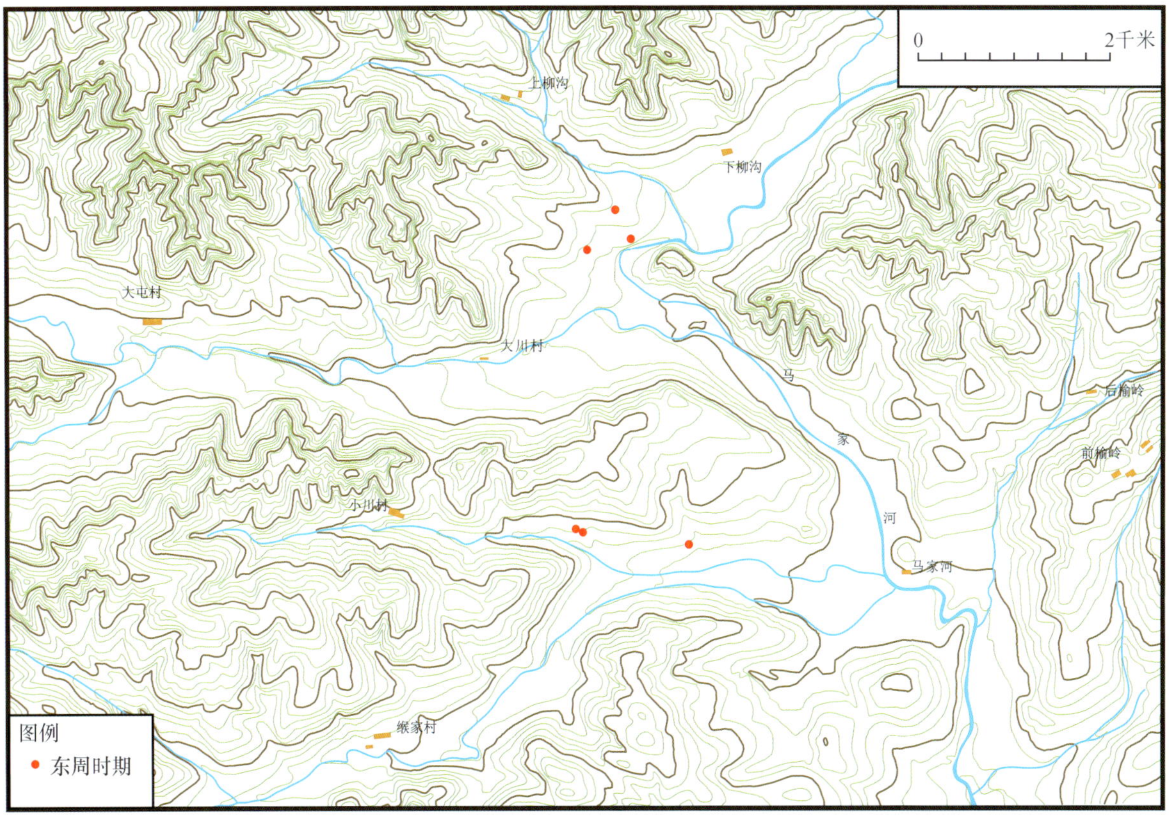

2. 大川村附近

春秋战国时期遗址

图版三二

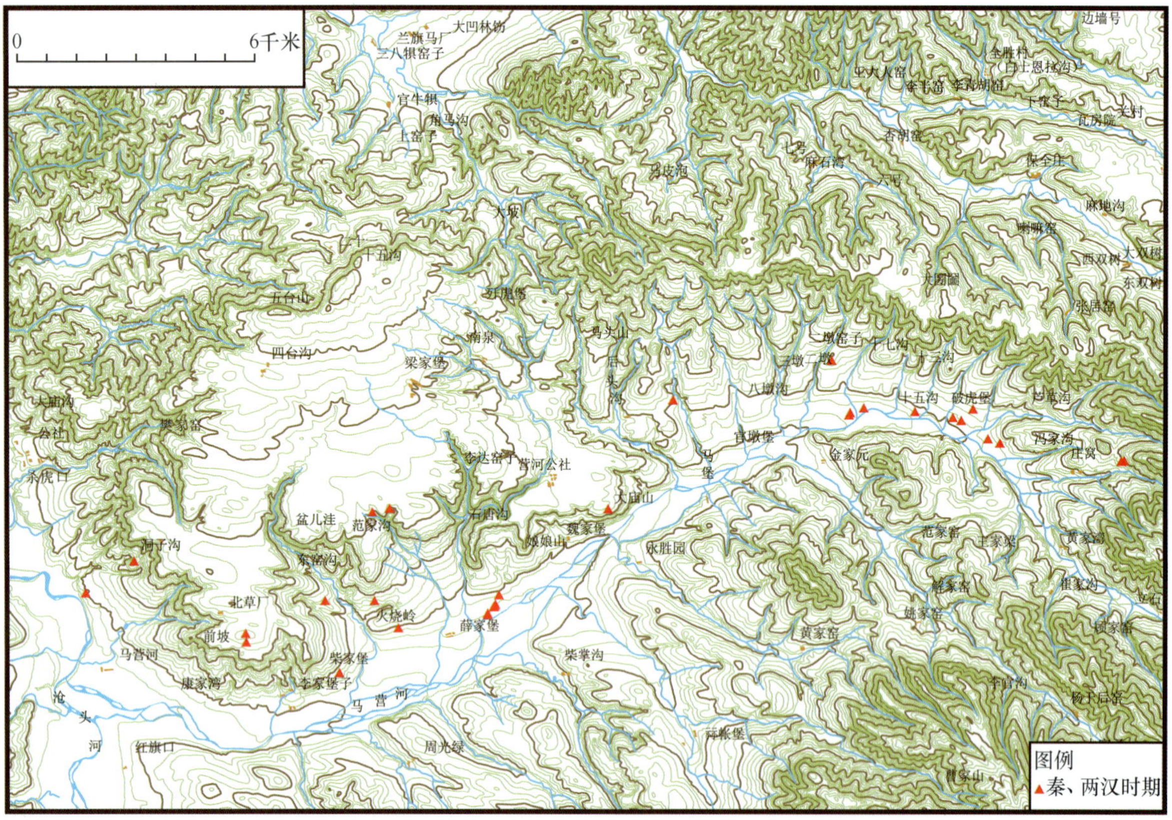

1. 马营河北岸

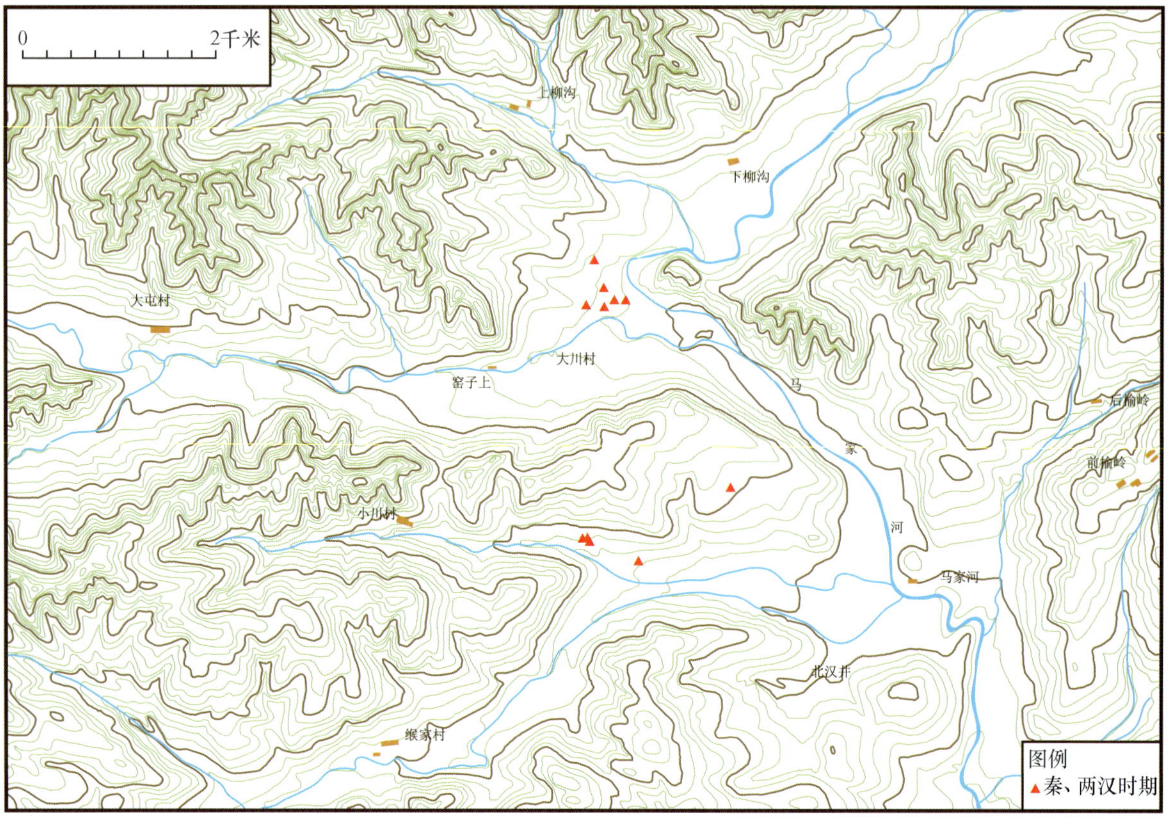

2. 大川村附近

秦、两汉时期遗址

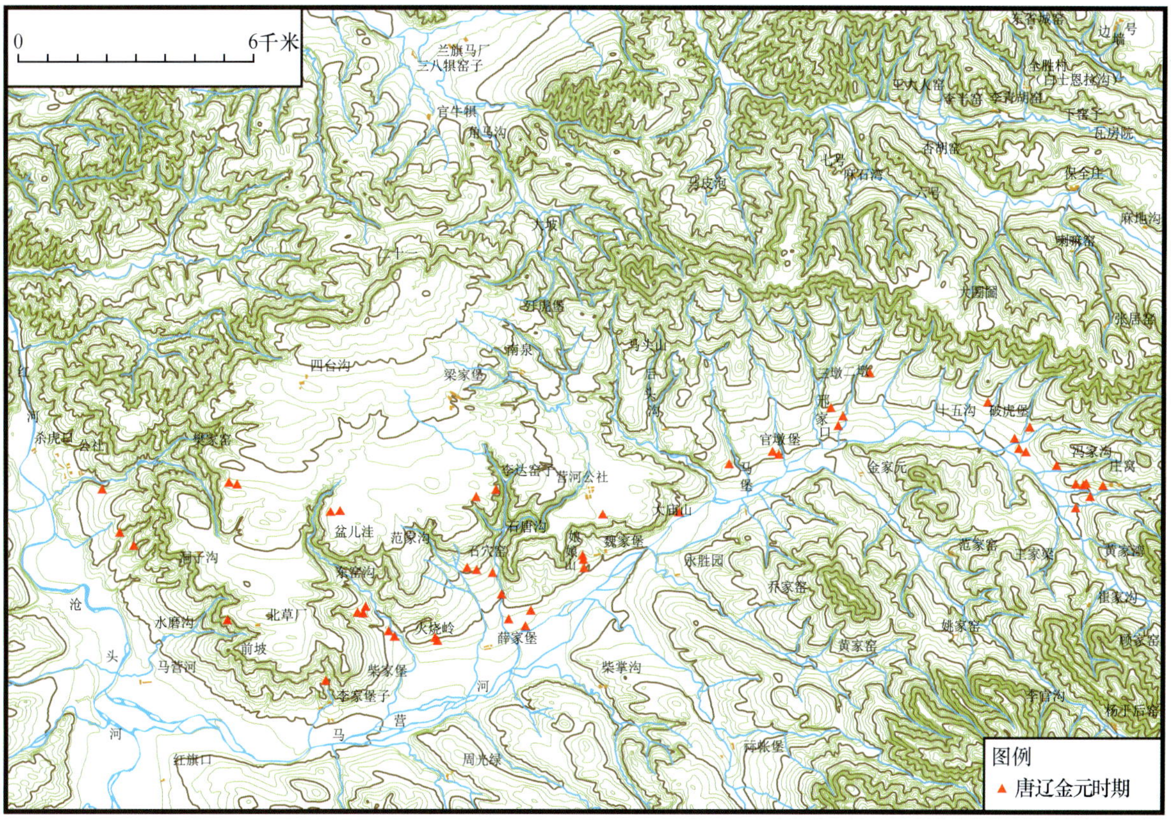

1. 马营河北岸

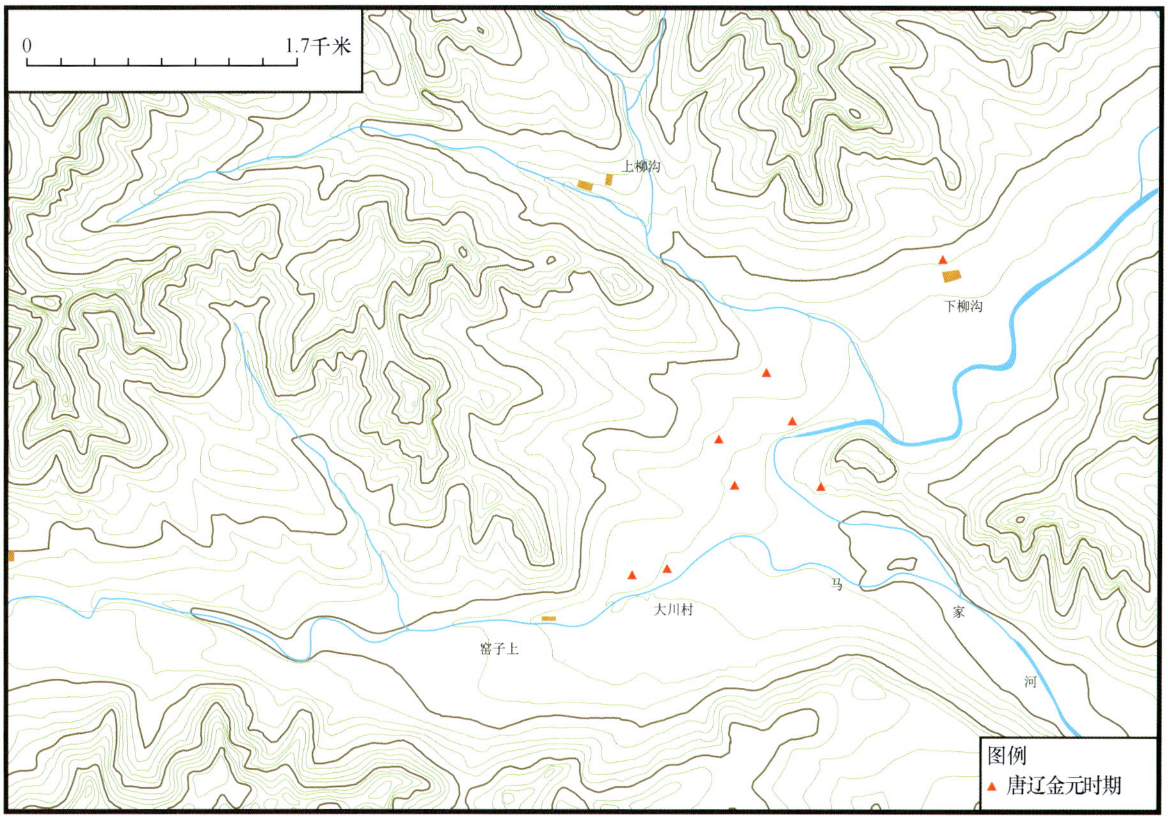

2. 大川村附近

唐辽金元时期遗址

图版三四

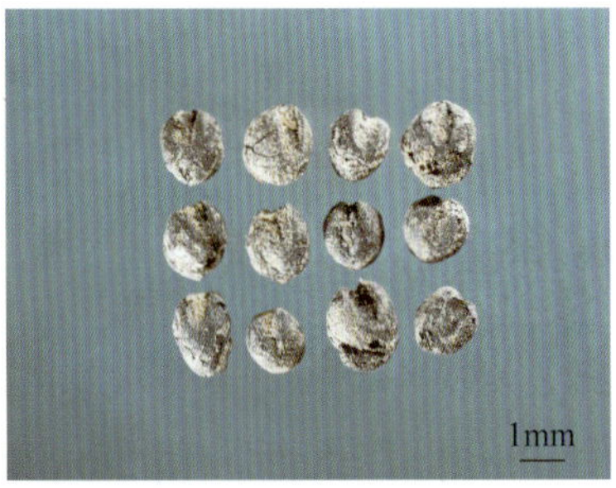

1. 粟（十五沟村西南一号F1）

2. 黍（十五沟村西南一号F1）

3. 小麦（十五沟村西南一号F1）

4. 小麦（庄窝村西H1）

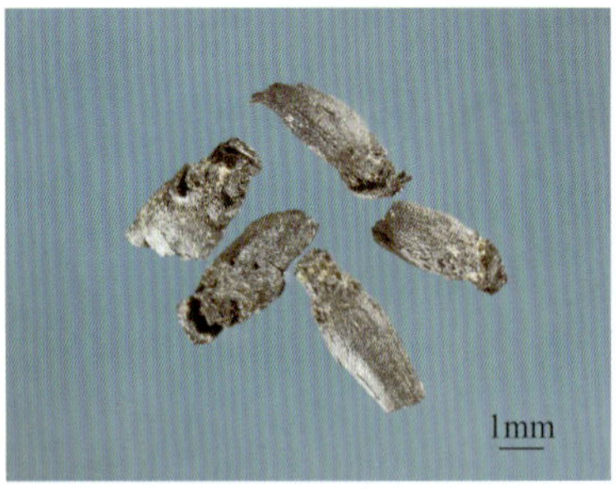

5. 小麦穗轴（庄窝村西H1）

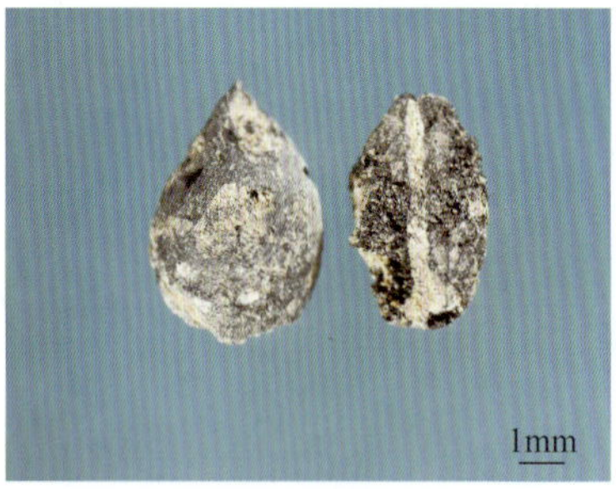

6. 大麦（十五沟村西南一号F1）

7. 脱壳荞麦（庄窝村西H1）

8. 带壳荞麦（庄窝村西H1）

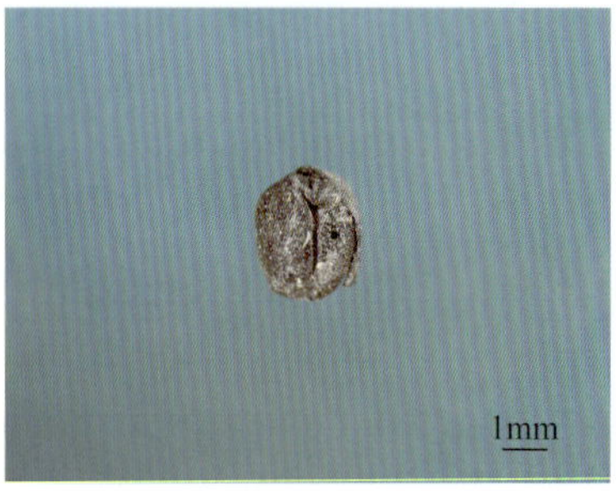

9. 豌豆（庄窝村西H1）

图版三五

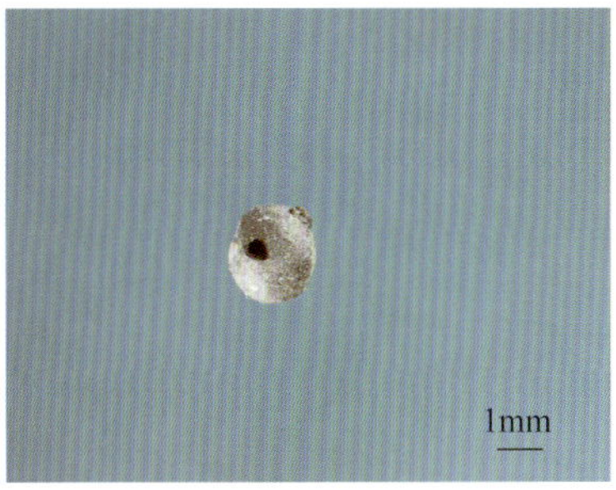

1. 兵豆（庄窝村西H1）

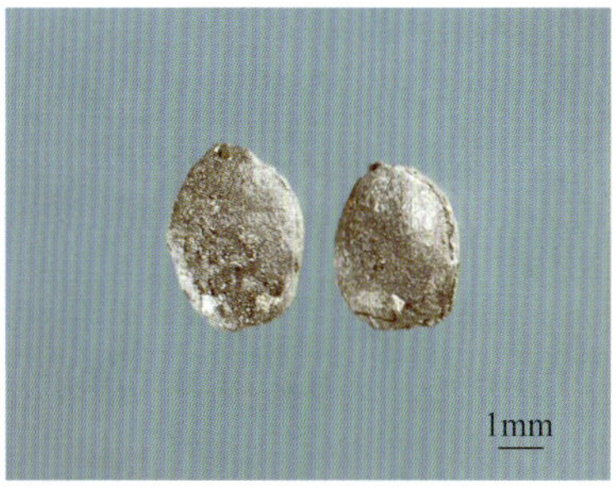

2. 大麻（庄窝村西H1）

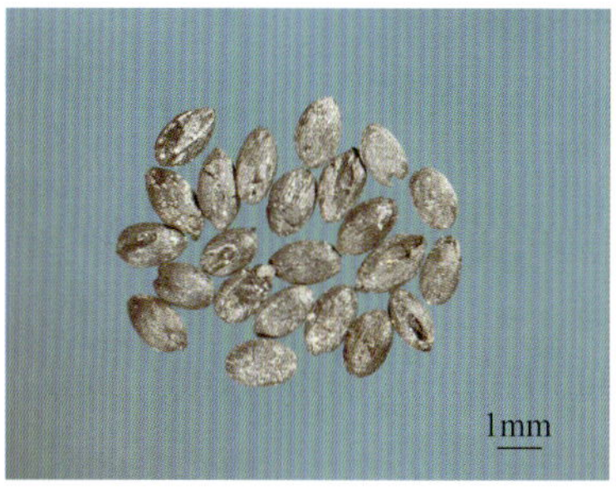

3. 狗尾草

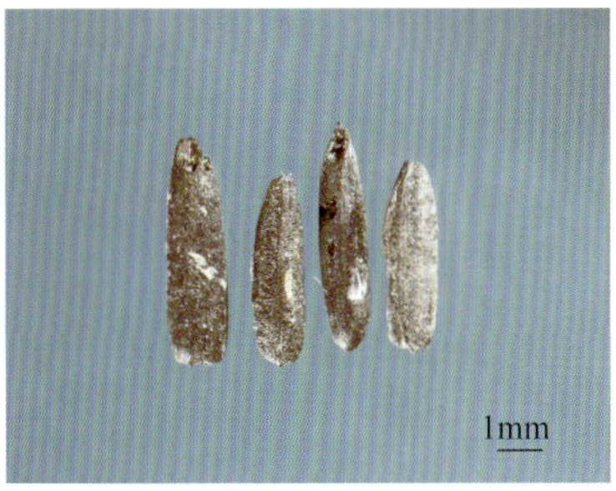

4. 野燕麦

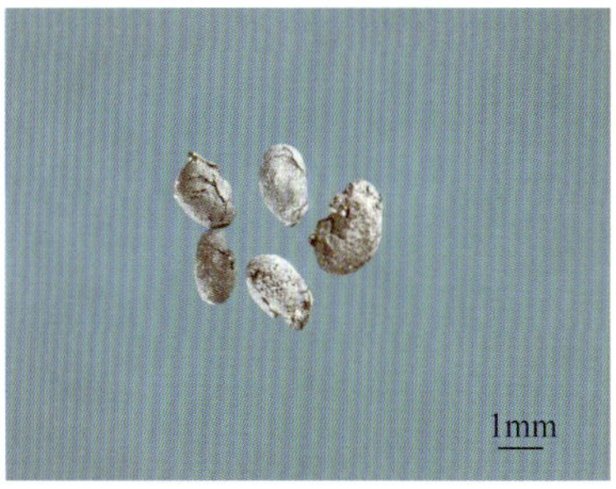

5. 草木樨

6. 虫实

7. 藜（灰菜）

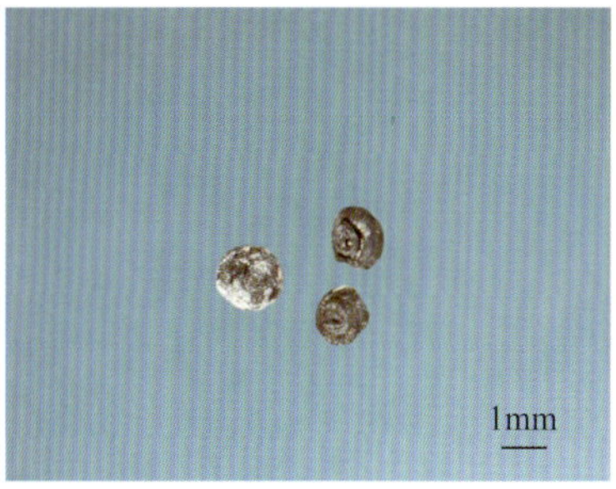

8. 猪毛菜

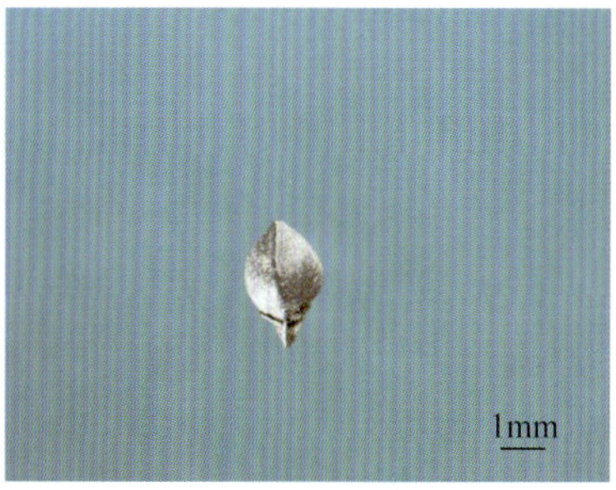

9. 长戟叶蓼

植物遗存（二）

图版三六

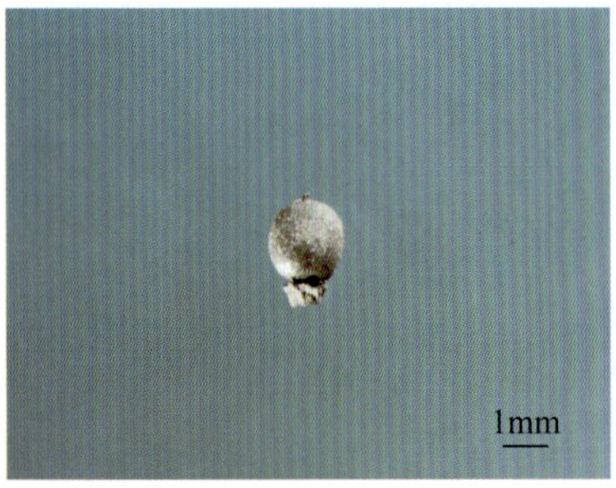

1. 杠板归

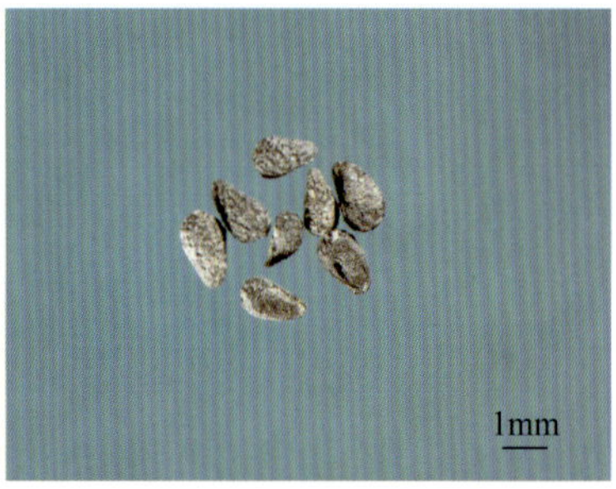

2. 水棘针

3. 益母草

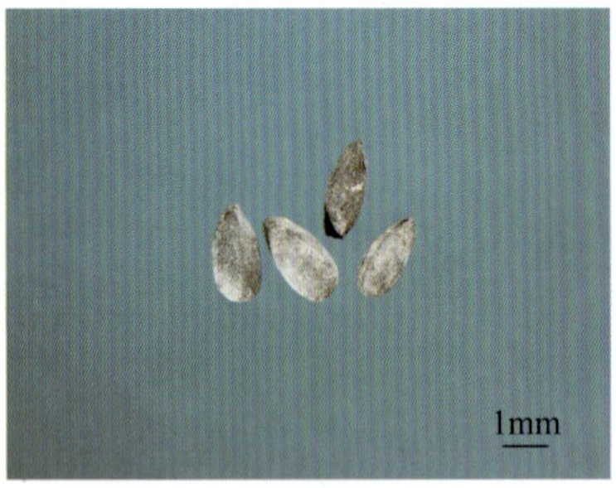

4. 香薷

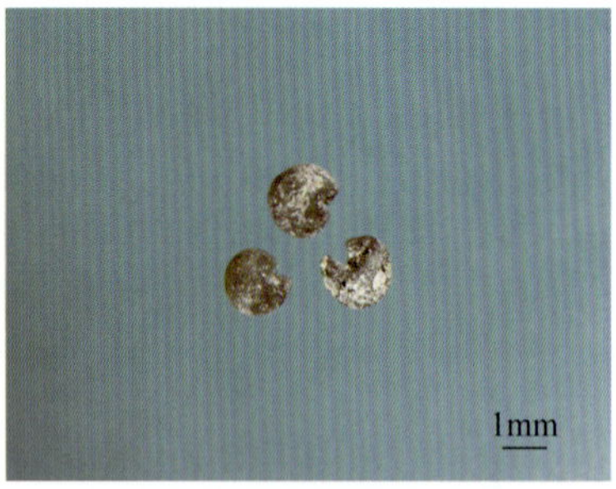

5. 圆叶锦葵

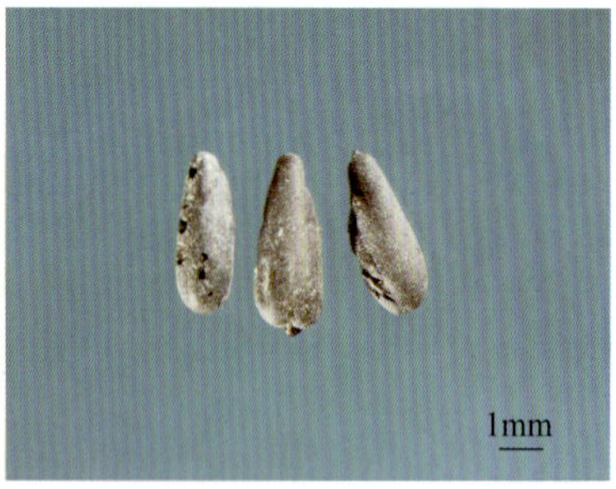

6. 牻牛儿苗

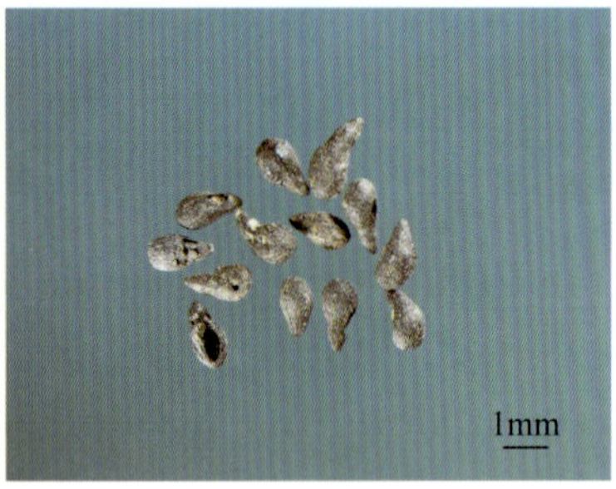

7. 冷蒿

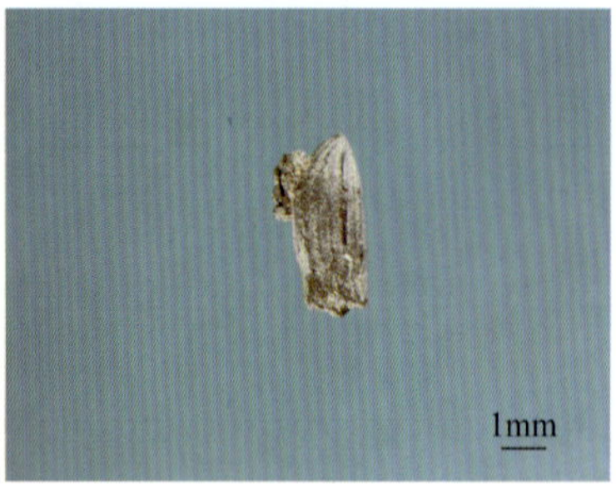

8. 野菊

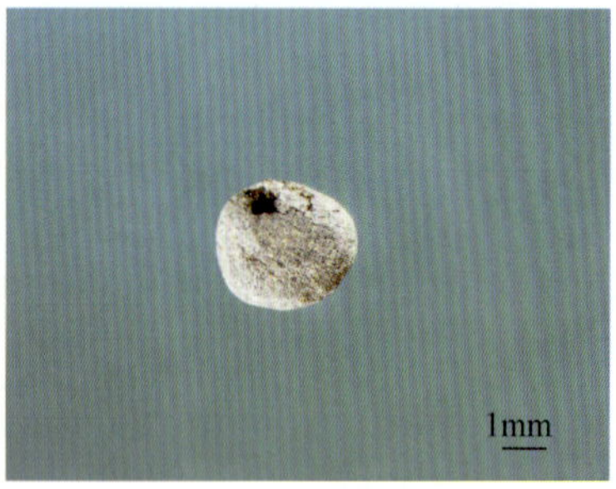

9. 马蔺

植物遗存（三）

图版三七

1. 2014YST1

2. 2014YST2

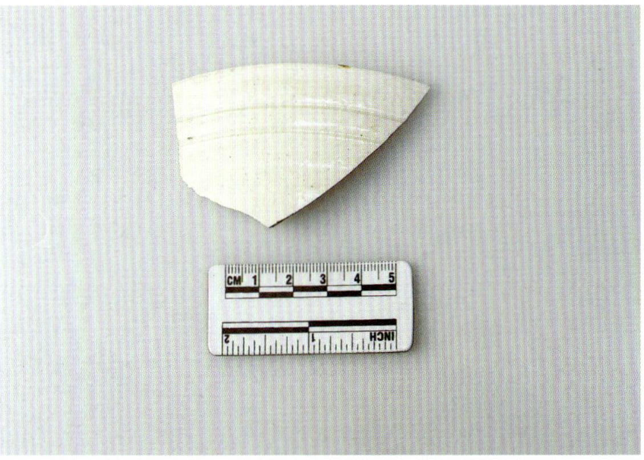

3. 2014YHS4

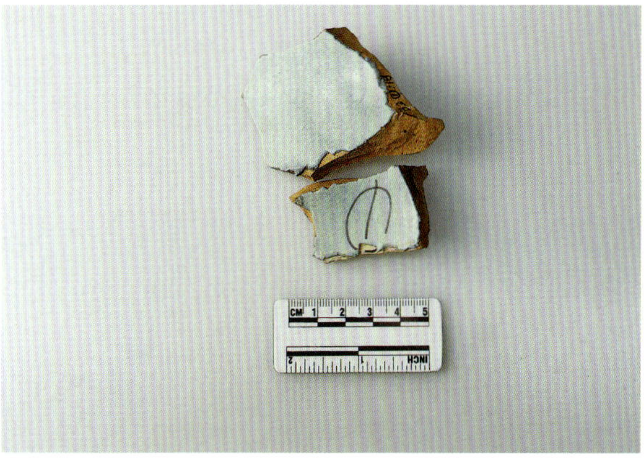

4. 2014YB2

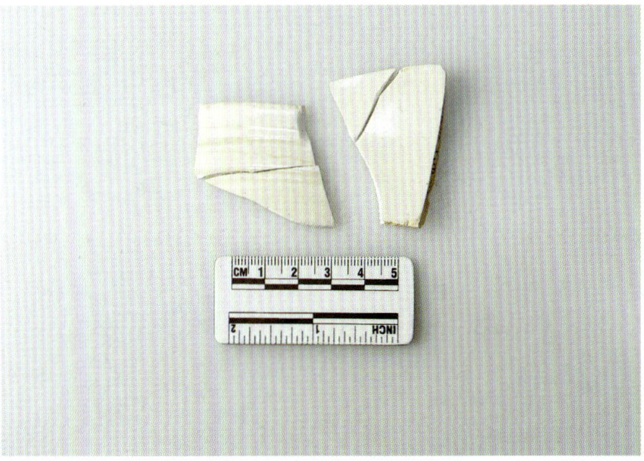

5. 2014YFJ1

6. 2014YL1

苍头河流域调查所获瓷片分析样品

图版三八

1. 牛头骨（2014YP1H3：1） 2. 牛右侧肩胛骨（2014YP1H2：3） 3. 马右侧跖骨下端（2014YP1H2：5）
4. 牛左侧跖骨（2014YP1H2：4） 5. 牛左侧跖骨下端（2014YP1H4：1） 6. 牛寰椎（2014YXJB1H1：1）
7. 牛肩胛骨（2014YXJB1H1：3） 8. 工具（2014YXJB1H1：6）

苍头河流域调查所获动物骨骼

1. 牛左侧髋骨（2014YXJB1H3：1） 2. 肢骨片（2014YXJB1H1：5） 3. 牛左侧跖骨（2014YP1H4：1）

动物骨骼表面人工痕迹

工作现场

www.sciencep.com

(K-3233.01)

ISBN 978-7-03-064670-5

9 787030 646705 >

定 价：368.00 元

科学出版社互联网入口

赛博古二维码

文物考古分社
部门：(010) 64009636
部门E-mail：arch@mail.sciencep.com